CHRISTOPH LINDENBERG
RUDOLF STEINER

Febr 98

CHRISTOPH LINDENBERG

RUDOLF STEINER

EINE BIOGRAPHIE

BAND I

1861 – 1914

VERLAG FREIES GEISTESLEBEN

ISBN 3-7725-1551-7

1. Auflage 1997 im Verlag Freies Geistesleben
Landhausstraße 82, 70190 Stuttgart

Einband: Walter Schneider
Umschlagabbildung und Frontispiz: Photographien von Otto Rietmann
mit freundlicher Genehmigung des Verlages am Goetheanum
Druck: Offizin Chr. Scheufele, Stuttgart
Einbandarbeiten: Lachenmaier, Reutlingen

INHALT

BAND I: 1861 bis 1914

BAND II: 1915 bis 1925

VORWORT

«Ich will nicht verehrt werden!
Ich will verstanden werden.»
Rudolf Steiner, 1915

Diese Biographie soll ein Beitrag zum Verständnis Rudolf Steiners sein. Wer das Leben Rudolf Steiners verfolgt, muß den Eindruck gewinnen, daß dieses Leben von einem bestimmten Zeitpunkt an auch der beständige und mit vielen Mitteln unternommene Versuch war, tätiges, werktätiges Verständnis für die Anthroposophie zu erwecken. Bestimmte Themen und Aufgaben hat Rudolf Steiner mit schöpferischer Phantasie in vielen Formen immer wieder neu behandelt. Beobachtet man die Variationen dieser Darstellungsformen, kann man die sein Leben leitenden Intentionen daran ablesen. Eine Biographie, die diese Intentionen und Bemühungen Steiners in ihrem Zusammenhang vor dem Hintergrund der Zeit- und Lebensverhältnisse zeigt, will nicht allein erzählen, wie es gewesen ist, sondern auch, worum es ging, und so zum Verstehen führen.

Es geht also in dieser Biographie nicht bloß um die Rekonstruktion des faktischen Lebenslaufes, sondern auch und vor allem um das Verständnis des Werkes Steiners im Zusammenhang mit seinem Leben. Das Werk soll nicht – wie es bei manchen modernen Biographien üblich ist – hinter dem Leben verschwinden. Sinn und Entwicklung der verschiedenen Lebensmotive sollen im Werk aufgezeigt werden. Zugleich aber habe ich mich jeder überhöhenden esoterischen *Deutung* enthalten, die in meinen Augen ein Rückfall in Aussageformen wäre, wie sie zu Beginn des Jahrhunderts in theosophischen Kreisen üblich waren. Ich wollte *beschreiben*, was das Denken im Nachvollzug der Aussagen Steiners beobachten kann.

Selbstverständlich muß der Darsteller einer Biographie aus der Fülle der Überlieferung das Charakteristische und Symptomatische auswählen: Er muß jene Symptome aufzeigen, die den Durchblick auf das

Wesentliche gewähren. Das ist kein Akt der Willkür. Gerade bei Steiner ist das, worauf es ihm ankommt, leicht zu bemerken. Es geht ihm nie um einzelne Vorschläge, etwa zur medizinischen, sozialen oder pädagogischen Praxis, sondern immer um den grundlegenden Ansatz, die Praxis aus einem umfassenden, gesteigerten Erkennen zu ergreifen. Man kann das Wirken Rudolf Steiners von diesem Gesichtspunkt aus als eine Summe von Metamorphosen des Anliegens der *Philosophie der Freiheit,* aus Erkenntnis zu handeln, verstehen.

Dabei schien es mir in unserer verwirrten Zeit, in der alle Meinungen gleichermaßen Geltung beanspruchen, zuvörderst notwendig, die *grundlegenden* Themen in ihrem Wandel zu verfolgen und sie, so komplex sie im einzelnen sein mögen, eindeutig darzustellen. Damit aber können innerhalb einer solchen Biographie nur bestimmte Linien verfolgt werden. Ich gestehe ganz offen, daß es mir angesichts der heute vorliegenden Überlieferung, die nicht nur die annähernd vierhundert* Bände der Rudolf Steiner-Gesamtausgabe und die dazugehörigen Dokumentationen, sondern auch eine reiche Memoiren-Literatur umfaßt, ganz unmöglich war, alles in gleicher Weise zu berücksichtigen. Besonders schmerzlich berührt es mich, daß sich in diese Darstellung eine ausführliche Schilderung der Entwicklung der künstlerischen Bemühungen Rudolf Steiners in Dichtung, Malerei und Architektur nicht einfügen wollte; ich habe den Eindruck, daß man diesen Themen nur in eigenen Monographien, die die Kunstausübung auch wirklich zur Anschauung bringen müßten, gerecht werden kann.

Aber auch andere Fragen, etwa den ganzen Komplex der Arbeitervorträge Steiners, die Kosmologie, die naturwissenschaftlichen Kurse über Licht und Wärme und manches weitere, habe ich aus ähnlichen Erwägungen heraus nicht einbezogen. Dennoch meine ich, daß mit dieser Biographie, in die jeder seine besonderen Studien und Kenntnisse an ihrem Ort einfügen kann, manchem Bedürfnis nach Zusammenschau von Leben und Werk Rudolf Steiners gedient sein kann.

Diese Biographie ist dadurch entstanden, daß ich im Laufe von vier Jahrzehnten zunächst die an vielen Orten verstreuten Überlieferungen gesammelt habe und mich gleichzeitig in verschiedene Themenkreise –

* Diese Zahl ergibt sich, wenn man zu der Rudolf Steiner-Gesamtausgabe im engeren Sinne auch die Dokumentationen der Wandtafelzeichnungen, zum künstlerischen Werk und so weiter hinzunimmt.

Erkenntnisweg, Philosophie, Menschenkunde, Christologie, Geschichtsauffassung, soziales Denken Steiners und andere Fragen – immer wieder aufs neue vertieft habe. Dabei gab ich, wo dies möglich war, jeweils der authentischen Überlieferung, das heißt dem geschriebenen Werk Steiners den Vorzug.

Aus dieser vorbereitenden Arbeit ist neben veröffentlichten und unveröffentlichten Studien meine *Chronik* des Lebens von Rudolf Steiner entstanden, die 1988 erschien. Mit der *Chronik* wurde der Versuch unternommen, die Tatsachen des Lebens Rudolf Steiners vorzulegen und sie zum Leser sprechen zu lassen. Diese Absicht liegt auch meinen anderen Arbeiten und vor allem dieser Biographie zugrunde: Das geistig Tatsächliche soll zur Anschauung gebracht werden. Die Art meines Vorgehens brachte es mit sich, daß ich – von wenigen Ausnahmen abgesehen – mich relativ wenig mit anderen biographischen Darstellungen zum Leben Steiners auseinandersetze. Zu Dank aber bin ich den grundlegenden Studien von Emil Bock verpflichtet. Das Werk von Guenther Wachsmuth *Rudolf Steiners Erdenleben und Wirken*, in dem viel Material zusammengestellt ist, erschien mir eher als eine Quelle denn als Biographie. Insgesamt orientiert sich meine Darstellung fast ausschließlich am Werk Steiners sowie an den überlieferten Zeugnissen; sie ist nicht in einer Auseinandersetzung mit anderen Biographien oder Deutungen Rudolf Steiners geschrieben worden.

Ich habe mich bemüht, die Fragen, die sich selbstverständlich auch aus dem Leben Steiners ergeben, nach keiner Seite provozierend zuzuspitzen, sondern Gedanken, Vorgänge und Verhaltensweisen Steiners verständlich zu machen. Selbstverständlich wurden auch alle wichtigen, mir bekannten kritischen Punkte des Lebens Steiners zur Sprache gebracht. Das erfordert die Wahrheitsliebe. Doch versuche ich auch an diesen Punkten, das Denken und Handeln Steiners zu verstehen. Dabei enthalte ich mich weitgehend *psychologischer* Deutungen, bemühe mich aber zu zeigen, wie sich diese kritischen Punkte aus dem gesamten Leben, der Haltung oder dem Charakter Steiners verstehen lassen. Der Biograph und der Geschichtsschreiber haben, so wie ich ihre Aufgabe verstehe, nicht eines Richteramtes zu walten, sondern zu verstehen und geistig zu beschreiben. Das heißt freilich nicht, daß sie sich jeglichen Urteils zu enthalten haben, aber dort, wo sie ihr Urteil zum Ausdruck bringen, sollte das der Leser bemerken können und das Urteil nicht mit dem Sachverhalt verwechseln.

Wenn ich diese Biographie den Lesern vorlege, handele ich nicht leichtfertig. Ich berufe mich dabei nicht auf die Tatsache, daß ich mich vierzig Jahre hindurch mit dem Leben Steiners beschäftigt habe, denn man kann sehr wohl vierzig Jahre lang in Vorurteilen und Mißverständnissen verharren. Ich schöpfe den Mut, diese Arbeit zu veröffentlichen, auch nicht aus meinen Studien zum geistesgeschichtlichen und geschichtlichen Umkreis, in dem Steiners Leben steht, sondern ganz schlicht aus der Tatsache, daß Rudolf Steiner selbst sich in allen wesentlichen Punkten immer klar und deutlich ausgesprochen und verständlich gemacht hat. Es ist daher allein erforderlich, wirklich genau zu lesen, vorurteilsfrei zu verstehen und innerlich nachzuvollziehen, wovon die Rede ist, um Steiner angemessen aufzufassen. In meinen Augen ist es ein gravierendes Unrecht, das man Steiner zufügt, wenn man so tut, als könne man ihn letztlich nicht verstehen, und meint, man müsse sich auf Ahnung und Glaube beschränken.

Bei dem geneigten Leser, der über den Umfang dieses Buches erschrickt, möchte ich mich entschuldigen. Ich habe die Darstellung so kurz wie möglich gehalten und manches aus meinen Entwürfen gestrichen. Darüber hinaus sind die Kapitel so angelegt, daß sie bis zu einem gewissen Grade auch für sich einigermaßen verständlich sind. So enthält beispielsweise das Kapitel über die *Philosophie der Freiheit* die Entwicklung der Idee der Freiheit von 1882 an, das Kapitel über die Dreigliederung des Menschen versucht die Geschichte der Erforschung dieser Idee von Beginn an umrißhaft nachzuzeichnen. In diesem Sinne sind viele Kapitel thematisch orientiert, erst vom Jahre 1922 an folgt die Darstellung dem zeitlichen Ablauf.

Schließlich darf ich bemerken, daß ich mich bemüht habe, meine früheren Darstellungen nicht zu wiederholen. Eine biographische Gesamtdarstellung hat andere Gesetze als eine Spezialstudie. Für manche spezielle Frage darf ich deshalb auf meine früheren Arbeiten verweisen.

Schließlich habe ich die angenehme Pflicht, all denen zu danken, die mir bei dieser Arbeit geholfen haben. Zunächst denen, die ich schon in der *Chronik* genannt habe, die durch ihre Arbeiten die Grundlage dieser Biographie geschaffen haben, jenen, die mir Einsicht in Unterlagen gewährten. Dann denen, die Zeit und Mühe zur Durchsicht des Textes geopfert haben und mir durch ihre Vorschläge vielfach halfen. Auch jene seien nicht vergessen, mit denen im Gespräch manche Frage geklärt werden konnte. Vor allem aber danke ich meinem Freunde Götz Deimann, der diese Arbeit beständig gefördert hat.

Zarten im Februar 1997 *Christoph Lindenberg*

EINLEITUNG

Als Rudolf Steiner im Dezember 1923 begann, seine Memoiren niederzuschreiben, richtete sich sein erinnernder Blick vor allem auf jene Vorgänge und Erlebnisse, die ihm als prägend oder charakteristisch für seinen Werdegang erschienen. Seine Darstellung beschränkt sich daher weitgehend auf die Schilderung seines eigenen Entwicklungsweges: auf die Fragen, die ihn innerlich bewegten, die Gedanken, die er bildete, die Menschen, die ihn anregten. Er verzichtet aber in seinem Lebensbericht auf die Betonung der Widerstände und Schwierigkeiten, die diese innere Entwicklung äußerlich begleiteten. Mit keinem Wort beklagt er die mangelnde geistige Anregung durch das Elternhaus. Auch die oftmals drückende Armut, die Kindheit und Jugend, ja die Zeit bis zum fünfundvierzigsten Lebensjahr kennzeichnete, wird kaum erwähnt. Die miserable Honorierung seiner literarischen Arbeiten wird schlicht übergangen, und auch von den finanziellen Krisen, die mit der Herausgabe des Magazins für Literatur verbunden waren, ist keine Rede. Vergebens sucht man in der Autobiographie nach einer Schilderung der äußeren Konflikte, der Bitterkeiten und der enttäuschten Hoffnungen, mit denen Steiner zu ringen hatte. Wie leicht hätte man aus diesem Lebensgang die Geschichte eines Aufstieges aus Armut und Verkennung zum Erfolg machen können. Aber nichts dergleichen.

Es war auch nicht die Absicht Steiners, in seiner Autobiographie ein Gemälde seiner Zeit zu entwerfen, das Wien der achtziger Jahre, das Hofleben in Weimar oder die Theaterverhältnisse in Berlin um die Jahrhundertwende zu schildern. Leicht hätte er hier manches Aperçu einflechten und manchen Farbtupfer zur Kulturgeschichte beitragen können. Ein überaus launiges Kapitel hätte sich über die Theosophische Gesellschaft schreiben lassen. Manche Bemerkungen in seinen Vorträgen lassen ahnen, welche unausgeschöpften Möglichkeiten für einen Erzähler – und Steiner konnte erzählen – dort geschlummert haben. Von all diesen Dingen ist nur soweit die Rede, als sie in den Entwicklungsweg Steiners hineinspielten und das Milieu charakterisieren, in dem Steiner lebte.

In der Autobiographie findet sich der Satz: «Ich will von dem Privatleben in diesem ‹Lebensgange› nirgends etwas anderes erwähnen, als was in meinen Werdegang hineinspielt.» (28/373)* Noch deutlicher heißt es auf der folgenden Seite: «Im übrigen gehören Privatverhältnisse nicht in die Öffentlichkeit. Sie gehen sie nichts an.» In diesen Bereich des Privaten fällt ganz offensichtlich das Verhältnis zu seiner Mutter und seinen Geschwistern, über das Steiner völlig schweigt. Dabei war dieses Verhältnis überaus harmonisch. Sobald Steiner dazu in der Lage war, begann er, Mutter und Geschwister zu unterstützen, und noch in seinen letzten Lebenstagen gelten Sorge und Fürsorge Rudolf Steiners seinen Geschwistern. Dennoch erfährt man über sie aus der Autobiographie gar nichts. In diesem Sinne schweigt Steiner auch über manche anderen Tatsachen und Verhältnisse, oder er erwähnt sie nur am Rande. Nur sehr knapp spricht er über seine Ehe mit Anna Eunike; über die Trennung schweigt er. Die Schwierigkeiten der Zusammenarbeit mit Otto Erich Hartleben bei der Herausgabe des «Magazins für Literatur» muß der Leser erraten. Das jahrelange Leiden unter der Schulmeisternatur seines Vorgesetzten am Goethe-Archiv, Bernhard Suphan, schrumpft zu dem Satz: «Ich kann nicht in Abrede stellen, daß mich manchmal recht unangenehm berührte, was Suphan tat, … ich habe daraus nie ein Hehl gemacht.» (28/208) Ähnlich knapp erwähnt er die Machenschaften von Elisabeth Förster-Nietzsche, deren Opfer er wurde, um dann schließlich zu sagen, daß er Frau Förster-Nietzsche doch dankbar sei, weil sie ihn in das Zimmer geführt habe, in dem der kranke Nietzsche ruhte: ein unauslöschlicher Eindruck für Rudolf Steiner. In diesem Sinne lenkt Rudolf Steiner den erinnernden Blick auf das Fördernde, das ihm begegnete, selbst dann, wenn es ihm als Widerstand oder Ungunst der Verhältnisse entgegentrat. So fehlt in dieser Autobiographie vieles von dem, was andere Biographien füllt.

* Zitate von Rudolf Steiner werden mit der Nummer der Gesamtausgabe (GA) und nach dem Schägstrich mit der Seitenzahl des entsprechenden Bandes angegeben. Zur zitierten Literatur siehe das Literaturverzeichnis.

Ebenso fehlt viel von dem, was Steiners innere Kämpfe und Erfahrungen ausmachte. Das hängt mit dem Umstand zusammen, daß das heutige Buch *Mein Lebensgang* zunächst abschnittsweise in der Wochenschrift *Das Goetheanum* erschien. Diese Darstellung im *Goetheanum* sollte indes nur Auszüge eines späteren Buches (262/210) bringen. In einem Vortrag bemerkt Steiner zu den Schilderungen: «Ich konnte nur die Äußerlichkeiten dieser Dinge im ‹Goetheanum› erzählen, und die Aufsätze werden ja als Buch erscheinen, mit Anmerkungen, in denen auch das Innerliche berücksichtigt werden wird.» (238/70) Wie Rudolf Steiner im Jahre 1925 dieses «Innerliche» seiner Entwicklung beschrieben hätte, läßt sich am ehesten aus manchen Andeutungen in jenen Kapiteln von *Mein Lebensgang* entnehmen, die er 1924/25 in Ruhe auf dem Krankenlager geschrieben hat. Insgesamt aber fehlt auch hier oft jener Teil der Darstellungen, der die inneren Kämpfe und Probleme vollends verdeutlicht hätte. In der Autobiographie – sie führt bis zum Mai 1907 – vermißt man somit zwei Elemente: erstens die beabsichtigte Fortsetzung über das Jahr 1907 hinaus und zweitens die Schilderung bestimmter innerlicher Aspekte der Biographie.

Obwohl Steiners Autobiographie also ein Torso geblieben ist, obwohl manche von Steiner in Aussicht genommene Ergänzung fehlt, muß man *Mein Lebensgang* als die grundlegende Quelle für jede Steiner-Biographie ansehen, und jedermann, der sich ernsthaft mit dem Leben Steiners beschäftigen will, kann nicht darauf verzichten, *Mein Lebensgang* zu lesen. Es wäre auch sinnlos, die Schilderungen, die in diesem Buch enthalten sind, hier nur mit anderen Worten zu wiederholen, da wäre dem Leser mit der Lektüre des Originals besser gedient. Das gilt in ganz besonderem Maße für die Kindheits- und Jugendentwicklung Steiners, die praktisch nur aus seinen eigenen Darstellungen bekannt ist. – Deshalb sollen hier Kindheit und Jugend Steiners bloß in den Hauptzügen zusammengefaßt und nur durch einiges ergänzt werden, was sich aus anderen, zumeist wenig bekannten Quellen ergibt.

Der Biograph, der Steiners Leben beschreiben will, sieht sich vor mehreren Aufgaben und Schwierigkeiten. Er muß die Kämpfe, Leiden und Entbehrungen Steiners nicht mit derselben Zurückhaltung behandeln, derer er selbst sich befleißigte. Er hat allen Grund, dieses Leben – soweit es die Zeugnisse erlauben – aus der Perspektive des damaligen Erlebens so nachzuzeichnen, wie es vermutlich gelebt worden ist. Die Briefe

Steiners aus den Jahren 1881 bis 1925 gewähren hier manchen Einblick, der eine einigermaßen zuverlässige Darstellung der persönlichen Erlebnisse Steiners ermöglicht. Der Biograph kann auch versuchen, den – unter anderem im Vortragswerk und in wenigen Aufzeichnungen gegebenen – Hinweisen auf die verborgene Biographie Steiners nachzugehen. Hier wird er aber behutsam vorgehen und manches nur als Frage formulieren können. Über Steiners «Privatverhältnisse», die in unserer voyeuristischen Zeit leicht ein großes Interesse finden, soll das gesagt werden, was als wichtig und gesichert angesehen werden kann, weil sonst der Verdacht entstehen könnte, es solle etwas vertuscht werden. Aber man darf bei Steiner die Bedeutung des Privaten, das sehr wenig aufschlußreich ist, nicht überschätzen, denn das Wesentliche dieser Biographie findet sich in der Entwicklung und im Wirken Steiners. Es liegt durch die Fülle der Zeugnisse vor aller Augen und muß nur gesehen werden. – Die Aufgabe der hier vorgelegten Biographie wird weitgehend darin bestehen, daß sie den Weg Steiners anhand der jeweils zeitgenössischen Äußerungen sichtbar macht. Diese unmittelbar zeitgenössischen Aussagen liegen in den Briefen und frühen Aufsätzen, in den Erstausgaben mancher Werke und später in Vorträgen und Protokollen vor und sind in mancherlei Hinsicht aufschlußreich, indem sie Steiners spätere Selbstdeutung ergänzen. So soll beispielsweise der von Steiner in seiner Autobiographie erwähnte Umschwung im sechsunddreißigsten Lebensjahr anhand von Zeugnissen aus jener Zeit anschaulich werden. Das scheint mir legitim, weil so Steiners zusammenfassende Deutung seiner Entwicklung in einer Form erläutert wird, die dem Leser vieles deutlich machen kann.

Ganz bewußt verzichte ich in dieser Biographie darauf, esoterische Spekulationen vorzubringen oder auf solche Spekulationen anderer Autoren einzugehen, und zwar nicht deshalb, weil es nicht reizvoll wäre, solche Spekulationen zu diskutieren, sondern weil die Achtung vor Rudolf Steiner einerseits und dem Leser andererseits gebietet, solche Gedankenbildungen der jeweils persönlichen Bemühung des Lesers zu überlassen. Sobald nämlich Einsichten in Esoterisches schriftlich fixiert und in gängige Begriffe und Vorstellungen übersetzt werden, öffnet sich ein Tor für zahllose Mißverständnisse, weil ein anderer solche Begriffe und Vorstellungen nur allzu leicht in seinem Sinne deutet und mit Vorstellungen verbindet, die nicht zutreffen. Vor allem aber sind esoterische Zusammenhänge so lebendig und beweglich, daß man nicht gut tut, sie ein für allemal auszusprechen und in eine Formel zu bringen, die dann zur gängigen Münze wird. Ich halte mich deshalb an Goethe, der in seinen Maximen und Reflexionen einmal bemerkt: «Das Esoterische schadet nur, wenn es exoterisch zu werden trachtet.» Rudolf Steiner hat diese Maxime hilfreich kommentiert: «Esoterisch ist ein Begriff, wenn er im Zusammenhang mit den Erscheinungen betrachtet wird, aus denen er gewonnen ist. Exoterisch, wenn er als Abstraktion abgesondert für sich betrachtet wird.» (1e/377) In diesem Sinne sollen die Ideen und Begriffe in dieser Darstellung esoterisch bleiben, sie werden nicht abstrakt für sich formuliert.

Mein Bemühen in dieser Biographie geht jedenfalls dahin, die geistigen, seelischen und äußeren Tatsachen sprechen zu lassen und *die Deutung dem Leser zu überlassen.*

Schließlich ist auf zwei Eigentümlichkeiten der Autobiographie Steiners aufmerksam zu machen. Steiner stellt die Ereignisse nicht immer in zeitlicher Reihenfolge dar. So hatte er den ersten Band von Goethes Naturwissenschaftlichen Schriften herausgegeben, *bevor* er im Hause von Ladislaus Specht als Erzieher und Hauslehrer tätig wurde. In *Mein Lebensgang* aber folgt die Schilderung dieser Goethe-Arbeit erst nach dem Bericht über den Eintritt ins Haus Specht. An anderen Stellen, namentlich auch in Vorträgen, neigt Steiner dazu, Ereignisse, die auf anderem Wege exakt datierbar sind, zu früh anzusetzen.* In dieser Darstellung werden diese Zeitangaben stillschweigend berichtigt.

Zweitens ist beim Lesen der Autobiographie Steiners zu berücksichti-

* So erwähnt Steiner zweimal den Gründungsparteitag der österreichischen Sozialdemokraten, der 1874 in der Nähe Neudörfls stattfand (GA 330/331, S. 43 und GA 354, S. 223), und fügt bei der zweiten Erwähnung hinzu: «Dazumal war ich acht, zehn oder elf Jahre alt» – er war jedoch bereits dreizehn Jahre alt. Über seine erste Kant-Lektüre berichtet er in dem autobiographischen Vortrag vom 4. Februar 1913, er sei damals «zwischen dem vierzehnten und fünfzehnten Jahre» gewesen. Anhand des Erscheinungsdatums der stets von Steiner erwähnten Reclam-Ausgabe, in der er Kant gelesen hat, die im Frühjahr 1877 erschien, ist davon auszugehen, daß Steiner *Die Kritik der reinen Vernunft* frühestens im Mai 1877 in die Hand bekommen hat. Er war also sechzehn Jahre alt. Ferner erwähnt Steiner, daß er Nietzsche bei seinem ersten Besuch in Naumburg, also spätestens am 26. Mai 1894 gesehen habe. Es gibt aber eine datierte Aufzeichnung über den Besuch bei Nietzsche von Steiners eigener Hand. Diese ist datiert: 22. Januar 1896.

gen, daß er seit dem Jahre 1916 heftig angegriffen wurde. Unter anderem hatte man einige seiner frühen Schriften und Aufsätze ausgegraben, die erste und die zweite Auflage der *Philosophie der Freiheit* miteinander verglichen und aus dem Vergleich der früheren und späteren Schriften und Aussagen auf einen völligen Wandel des Denkens und der Gesinnung geschlossen. In *Mein Lebensgang* wie auch in anderen Zusammenhängen betont Rudolf Steiner die innere Kontinuität seiner geistigen Entwicklung. Er tut das – Änderungen und Wandlungen sind ja keine Schande –, weil in seinem Selbstverständnis die Kontinuität für seine Entwicklung wichtiger ist als Wandlung. In manchen Abschnitten der Autobiographie begegnet man deshalb der Abwehr bestimmter Deutungen seiner Entwicklung. – Hätte es die zahlreichen Angriffe, die von einem Bruch oder einer totalen Wandlung sprachen, nicht gegeben, so hätte Steiner auch seine eigenen Entwicklungsschritte, seine Wandlungen oder Prüfungen, von denen *Mein Lebensgang* ja auch berichtet, wesentlich unbekümmerter darstellen können.

Das letzte Kapitel der Autobiographie Rudolf Steiners beginnt mit den Worten: «In dem folgenden wird die Darstellung meines Lebensganges von einer Geschichte der anthroposophischen Bewegung schwer zu trennen sein. Und dennoch, ich möchte nur soviel aus der Geschichte der Gesellschaft bringen, als für die Darstellung meines Lebensganges notwendig ist.» (28/460) Rudolf Steiner hat diesen letzten Teil seiner Biographie nicht mehr schreiben können. Es liegen jedoch genügend Selbstzeugnisse vor, um nicht nur eine äußere Beschreibung seines weiteren Weges schreiben zu können. Allerdings steht der Biograph hier vor der schwierigen Aufgabe, eben nicht in erster Linie eine Geschichte der Anthroposophischen Gesellschaft und des Wirkens Steiners innerhalb der anthroposophischen Bewegung zu liefern, sondern zunächst und vor allem das Leben und Erleben, ja, wo irgend möglich die weitere Entwicklung Steiners zu beschreiben. Deshalb findet man in dieser Biographie zum Beispiel auch keine ausführliche Darstellung der wirtschaftlichen Unternehmungen, *Der Kommende Tag* oder *Futurum AG,* oder eine Baugeschichte des ersten Goetheanum, sondern, soweit es die Quellen hergeben, eine Schilderung dessen, was Rudolf Steiner in solchen Zusammenhängen getan und erlebt hat. Man mag daran zweifeln, ob das möglich ist. Aber es muß versucht werden. Es ist zu hoffen, daß im Laufe der Zeit andere Autoren bessere, umfassendere und bisher noch ungeahnte Gesichtspunkte zu einer solchen Darstellung beibringen, aber es muß einmal ein Anfang gemacht werden. Das soll mit diesem Buch geschehen.

Freilich habe ich nicht die Absicht, die zahlreichen Einzelheiten und Daten zur Biographie Steiners, die schon in meinem Buch *Rudolf Steiner – eine Chronik* (1988) enthalten sind, hier zu wiederholen. Wenn diese Chronik in einer Neuauflage wieder erscheint, soll in sie eine größere Anzahl von Ergänzungen, die sich zumeist aus der seither erschienenen Literatur ergeben haben, eingearbeitet werden. Die seither publizierten Werke werden in das Literaturverzeichnis, das sich auch am Ende dieser Biographie findet, aufgenommen.

I.

DER FREMDLING

In der Fremde geboren, ein Fremder im Dorfe, ein Fremdling im Elternhause, so erlebte Rudolf Steiner Kindheit und Jugend. Heimatlosigkeit – ein Kennzeichen unseres Jahrhunderts – bestimmte sein Schicksal. Er war – von den zehn Jahren in Neudörfl und den sieben Jahren in Weimar abgesehen – immer unterwegs. Die Stationen seines Lebens waren nur Zwischenaufenthalte: Kraljevec, Mödling, Pottschach, Neudörfl, Oberlaa, Brunn am Gebirge, Wien, Weimar, Berlin, Stuttgart und schließlich Dornach waren keine «festen Wohnsitze» dauernder Verwurzelung. Ein eigenes Haus besaß Rudolf Steiner nirgends. Seit 1904 steigerte Rudolf Steiner dieses «Unterwegssein» durch seine Vortragsreisen, zuerst durch Deutschland, dann in die Schweiz, nach Österreich, Skandinavien, nach England, Italien, Ungarn, Frankreich und in die Niederlande; in manchem Jahr war er mehr auf Reisen als an seinem Wohnort.

Vorbereitet hatte sich dieses Schicksal durch den Entschluß der Eltern Rudolf Steiners, die, um heiraten zu können, ihre Heimat, das Waldviertel, verlassen hatten und in die «Fremde» gegangen waren. Das niederösterreichische Waldviertel, aus dem Vorfahren und Eltern Rudolf Steiners stammten, ist ein sanft hügeliger, waldreicher Landstrich, in den zu jener Zeit Industrie und modernes Leben noch keinen Einzug gehalten hatten; man lebte noch ganz in der Tradition sowie in jener gemüthaften Mundart, die sich vom Wienerischen deutlich unterscheidet. Innerlich blieben die Eltern diesem Waldland nördlich der Donau auch in der «Fremde» stets verbunden; und als sich der Vater schließlich nach vierzigjährigem Bahndienst in den Ruhestand versetzen ließ, zog die Familie sogleich wieder nach Horn ins Waldviertel.

Abb. 1: Die Mutter Franziska Steiner (1834 – 1918), eine ungemein stille Frau, die sich ganz der liebevollen Pflege ihrer Kinder und der Besorgung von Haus und Garten widmete.

Abb. 2: Der Vater Johann Steiner (1829 – 1910), «ein durch und durch wohlwollender Mann, aber mit einem Temperament, das namentlich als er noch jung war, leidenschaftlich aufbrausen konnte». (28/9)

Der Vater Steiners war in Geras, nahe der heutigen tschechischen Grenze aufgewachsen, hatte im dortigen Prämonstratenserstift «gedient», war von den Mönchen des Stifts unterrichtet worden und hatte sogar ein Stipendium zum Besuch der ersten Gymnasialklassen erhalten. Das sollte für Rudolf Steiner wichtig werden, denn der Vater, der dadurch eine erste Idee von Bildung erhalten hatte, beschloß, seinem Sohn eine vollständige Ausbildung angedeihen zu lassen. Nach der Zeit im Stift wurde Johann Steiner Jäger im Dienste des Grafen Hoyos, der in Horn ein Besitztum hatte. Dort in Horn lernte Johann Steiner Franziska Blie kennen, und die beiden beschlossen zu heiraten. Da aber der Graf Hoyos, wie überliefert wird, nur ledige Jäger haben wollte, mußte sich Johann Steiner von seinem geliebten Waidwerk trennen und sich nach einem neuen Beruf umsehen. Mutig und entschlossen bewarb er sich bei der damals noch im Ausbau begriffenen österreichischen Südbahn. Er wurde zunächst als Telegraphist eingestellt, und die Leitung der Südbahn schickte den einunddreißigjährigen Telegraphisten auf eine Station in der südlichen Steiermark. Diese Station lag mutmaßlich zwischen Marburg an der Drau (heute: Maribor) und Laibach (heute: Ljubljana). Das war im Sommer 1860. Erst kurz vor der Geburt Rudolf Steiners – also etwa im Januar 1861 – wurde der Vater nach Kraljevec, das auf der Murinsel im nördlichsten Zipfel des heutigen Kroatiens liegt, versetzt. Kraljevec lag an der soeben neueröffneten Bahnlinie zwischen Pettau (Ptuj) und Nagykanizsa, die Triest mit Budapest verbindet.

Es ist nicht schwer, sich die Empfindungen der Franziska Steiner vorzustellen, als sie, der Geburt ihres ersten Kindes entgegensehend, mitten in dem extrem kalten Januar des Jahres 1861 jene ärmliche niedrige Behausung in Kraljevec beziehen mußte. Der wärmende Herd, Bett, Tisch und Stühle und vielleicht ein Schrank oder eine Truhe waren das einzige Mobiliar. Das Wasser mußte selbstverständlich vom Brunnen geholt werden. Abends spendete eine Petroleumlampe ein spärliches Licht. Ringsherum wurde fast ausschließlich kroatisch gesprochen. Der Ehemann hatte regelmäßig drei Tage hintereinander Dienst zu tun, bevor er, meist völlig erschöpft, für einen Tag nach Hause kam. Alle Verwandten lebten in unerreichbarer Ferne. Franziska Steiner mußte sich in dieser Welt mutterseelenallein fühlen. Erfreulich war nur, daß im Februar 1861 die scharfe Kälte schnell nachließ, früher als gewöhnlich kam der Frühling in jenem Jahr in die fruchtbare Ebene zwischen Mur und Drau.

Hier nun wurde, wenn man einer undatierten autobiographischen Aufzeichnung aus den zwanziger Jahren folgen will, Rudolf Steiner am 25. Februar 1861 geboren und zwei Tage später getauft. (B 49/50, S. 6) Auch im engsten Kreise um Steiner hat man jedoch stets des 27. Februars, der in allen offiziellen Urkunden als Geburtstag erwähnt ist, gedacht; das zeigt besonders der Briefwechsel zwischen Marie und Rudolf Steiner. – Über seinen Geburtsort hat sich Rudolf Steiner nur knapp geäußert: «Ich selber bin in einer slawischen Gegend, in einer Gegend, die vollständig fremd war dem ganzen Milieu und der ganzen Eigentümlichkeit, aus der meine Vorfahren stammen, geboren.» (158/202) Man hat diese Äußerung so verstanden, als ob es Steiner wichtig gewesen sei, daß er in einer *slawischen* Gegend zur Welt gekommen ist. Mit dem Slawentum aber kam das neugeborene Kind überhaupt nicht in Berührung. An seiner Wiege wurde nicht kroatisch gesprochen. Für ihn war

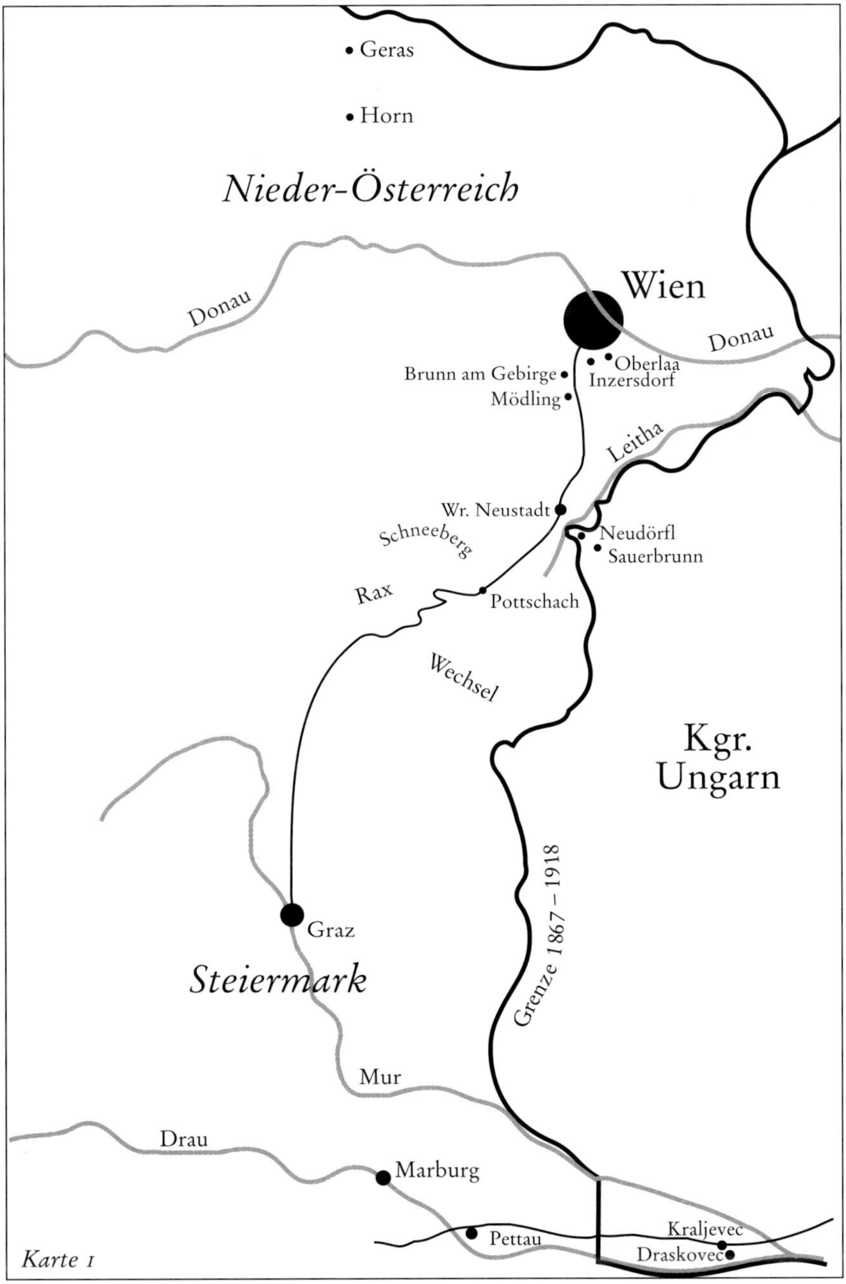
Geras
Horn
Nieder-Österreich
Donau
Wien
Donau
Oberlaa
Inzersdorf
Brunn am Gebirge
Mödling
Leitha
Wr. Neustadt
Schneeberg
Neudörfl
Sauerbrunn
Rax
Pottschach
Wechsel
Kgr.
Ungarn
Grenze 1867 – 1918
Graz
Steiermark
Mur
Drau
Marburg
Pettau
Kraljevec
Draskovec
Karte 1

die Tatsache, daß er nicht im Lande seiner Vorfahren geboren wurde, der symbolische Ausdruck dafür, daß er die Aufgabe hatte, die Anthroposophie von allen Spezialinteressen loszulösen (158/202). So liegt der Nachdruck hier – das zeigt der Kontext ebenso wie andere Äußerungen – vielmehr auf den Worten «vollständig fremd». Dem entspricht zum Beispiel eine spätere Bemerkung Steiners: «Für mich war es gewissermaßen, ich möchte sagen, symptomatisch bezeichnend, daß ich gerade in meinen Entwicklungsjahren eigentlich aufwuchs innerhalb eines Milieus, in dem mich selbst die signifikantesten Dinge im Grunde genommen nichts angingen.» (185/157)

In einem anderen Zusammenhang betont Steiner mit Nachdruck, daß er «zufällig» in Kraljevec geboren wurde, und fügt dann hinzu: «Ich stamme nicht aus Ungarn, sondern ich stamme wirklich aus Niederösterreich, und zwar in ältester Abstammung aus Niederösterreich, aus einer urdeutschen Familie. Ich bin nur in Ungarn geboren, weil mein Vater Beamter war an der österreichischen Südbahn … und er dort stationiert war an einer Station der ungarischen Linie, Kraljevec, wo ich zufällig geboren worden bin und bis zu eineinhalb Jahre lebte.» (176/89)

Die Schwester Leopoldine Steiner hat noch in ihrem letzten Lebensjahr erzählt, was sie von der Mutter über die Geburt ihres Bruders gehört hatte: «Als Neugeborener wurde Rudolf Steiner von der Hebamme so schlecht verbunden, daß er viel Blut verlor. Erst als das Blut durch den Wickelpolster sickerte, bemerkte man es. Infolge dieses Blutverlustes war Rudolf Steiner immer ein schwaches Kind. Erst mit acht Jahren trat er in die Neudörfler Schule ein.» Ob die frühe Zartheit Rudolf Steiners auf diesen Blutverlust zurückzuführen ist, sei dahingestellt. Aber jedenfalls war er kein robustes Kind.

Marie Steiner, die vom Jahre 1902 an mehr als zwei Jahrzehnte Rudolf Steiner aus nächster Nähe beobachten konnte, erlebte von dieser Schwäche nichts mehr, aber sie erkannte in seiner Konstitution seine Herkunft aus dem niederösterreichischen Bauerntum: «Eine feingliedrige und elastische Physis, geschmeidig, zäh und kühn-kräftig, mit oft antik-kameenhaftem Schnitt der Gesichtszüge … verbindet sich hier mit liebenswürdiger Innigkeit und seelischem Feuer, und metamorphosiert sich im Geistesmenschen zu solchen Erscheinungen, wie es Robert Hamerling, Fercher von Steinwand, Rudolf Steiner waren. Alle drei entstammen demselben Berglande; es verbindet sie eine gewisse Ähnlichkeit; ein anpassungsfähigeres Instrument zu großen Aufgaben als diese Physis könnte man nicht haben.» (M. Steiner, *Schriften* I, S. 63)

Kennzeichnend für die frühe Kindheit Rudolf Steiners ist die Tatsache, daß das Kind gegen äußere Einflüsse abgeschirmt aufwuchs. Es gab keine Verwandten, keine Großmutter und keine Tanten, die sich um das Kind kümmerten. Es gab in Kraljevec keine Freunde oder Bekannten der Familie Steiner. So war der kleine «Rudl» ausschließlich der Mutter anvertraut. Das einzige, was wir aus dieser Zeit wissen, ist, daß die sehr stille Mutter das lang und kräftig schreiende Kind oft zur Beruhigung um das Haus getragen hat. Vielleicht hat sie dabei beruhigende Worte in der Mundart des Waldviertels gesprochen. – Die Zeit in Kraljevec dauerte jedoch nicht lange, denn nach anderthalb Jahren wurde der Vater nach Mödling bei Wien versetzt, nach einem weiteren halben Jahr avancierte er zum Stationsvorsteher in Pottschach, wo er zu Beginn des Jahres 1863 seinen Dienst antrat.

Pottschach liegt im Tal der Schwarza, im Süden, Westen und Norden durch Wechsel, Semmering, Raxalp und Schneeberg geschützt. Im Rückblick auf seine Kindheit erwähnt Steiner immer die stimmungsvolle Naturumgebung Pottschachs, die charakteristischen Berge und das durch Wiesen, Hecken, Bäche und Wälder liebliche Tal: «Was der Knabe – man könnte sagen – stündlich sah, waren auf der einen Seite die hereinblickenden, oftmals in so schönem Sonnenschein erstrahlenden, oftmals von den herrlichsten Schneefeldern bedeckten steirisch-niederösterreichischen Berge. Auf der anderen Seite waren da zum Erfreuen des Gemütes die Vegetations- und sonstigen Naturverhältnisse einer solchen Gegend, die dort, als am Fuße des österreichischen Schneeberges und des Sonnwendsteins gelegen, vielleicht zu den schönsten Flecken des österreichischen Landes gehören.» (B 83/84, S. 3) Die Größe und Schönheit dieser Voralpenwelt haben die gesunde Entwicklung des Kindes gefördert. «Ich glaube, daß es für mein Leben bedeutsam war, in einer solchen Umgebung die Kindheit verlebt zu haben.» (28/10).

In Pottschach hätte die Familie Steiner heimisch werden können. Bald ergab sich hier ein freundschaftlicher Verkehr mit den Besitzern der Mühle, die drei Minuten vom Bahnhof entfernt war; fast täglich erschien der Pfarrer des Nachbarorts St. Valentin, erzählte allerlei Schnurren und Geschichten und erfreute sich an der Heiterkeit, die er verbreitete; oft kam der Rechnungsführer des in Pottschach gelegenen Gutes zu Besuch. Überhaupt war der Bahnhof der Mittelpunkt des geselligen Verkehrs. Der Schullehrer, der Bürgermeister und der Pfarrer erschienen, um die ankommenden und abfahrenden Züge zu sehen oder auch nur um ein wenig zu plaudern. – In Pottschach kamen auch die Geschwister Rudolf Steiners zur Welt: 1864 die Schwester Leopoldine, in der Familie Poldi gerufen, und 1866 das Sorgenkind der Familie, der taubstumme Bruder Gustav.

In die damals noch unverstellte, großzügige Natur ragten mit der Eisenbahn und der gegenüber dem Bahnhof gelegenen Spinnfabrik die ersten Ausläufer der technischen Welt hinein. Der Junge lebte zwischen zwei Welten: Die Natur war der selbstverständliche, erquickende Hintergrund des Lebens, die technische Welt hingegen ließ in dem Kinde viele Fragen entstehen. Was ging in der für die Kinderaugen verschlossenen Spinnerei vor? Wie kann ein Eisenbahnwagen in Brand geraten? Wie funktioniert der Telegraph? Woher kommen und wohin fahren die Züge? Meine «Interessen wurden stark in das Mechanische dieses Daseins hineingezogen. Und ich weiß, wie diese Interessen den Herzensanteil in der kindlichen Seele immer wieder verdunkeln wollten, der nach der anmutigen und zugleich großzügigen Natur hin ging, in die hinein in der Ferne diese dem Mechanismus unterworfenen Eisenbahnzüge doch jedesmal verschwanden.» (28/10)

Die wirtschaftlichen Verhältnisse der Familie Steiner waren in Pottschach wie auch später drückend. Die Bezahlung der kleinen Eisenbahnbeamten reichte kaum für das Nötigste. Die Mahlzeiten, namentlich im Winter, wenn der Garten nichts lieferte, waren kärglich. Aber die Armut beeinträchtigte weder das in sich ruhende Selbstgefühl des Vaters noch den Gerechtigkeitssinn oder die Freiheitsliebe des Sohnes. Der Bub war nicht dazu zu bewegen, Vorgesetzte des Vaters, die zur Sommerfrische in Pottschach weilten, untertänig zu begrüßen oder mit ihnen zu reden. Meist entzog er sich den ihm unlieben Situationen: Er entschwand. Zwei Episoden kennzeichnen hier besonders die Haltung des Vaters, der sich schützend vor seine Kinder stellte. Rudolf Steiner sollte in der Dorfschule wegen einer Tat, die er nicht begangen hatte, geprügelt werden. Zu Hause schilderte er den Sachverhalt so klar, daß der Vater ihn kurzerhand aus der Schule nahm und ihn selbst unterrichtete. Interessant ist, daß dies schon im folgenden Jahr nicht mehr möglich gewesen wäre, weil in Österreich die allgemeine Schulpflicht eingeführt wurde. Wenige Jahre später wiederholte sich die Situation in Neudörfl. Als «Kirchen-

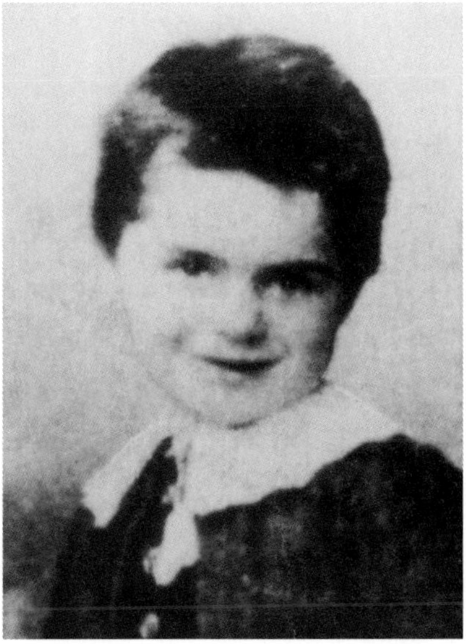

Abb. 3: Rudolf Steiner, 1867 in Pottschach

bub» hatte Rudolf Steiner beim Meßopfer zu ministrieren. Steiner berichtet: «Mehrere Kirchenbuben, darunter auch ich, waren des Morgens zu spät zum Ministrieren gekommen. Diese alle sollten nun in der Schule Prügel bekommen. Ich hatte eine ganz unwiderstehliche Abneigung gegen solche und wußte mich derselben zu entziehen. Ich habe dieses Entziehen immer so durchgeführt, daß ich nie Prügel bekommen habe. Mein Vater war aber so entrüstet bei dem Gedanken, daß ‹sein Sohn› hätte geprügelt werden sollen, daß er sagte: ‹Jetzt ist es aus mit der Kirchendienerei. Du gehst mir nimmer hin›.» (B 49/50, S. 11)

Ebenso wichtig wie die humane pädagogische Gesinnung des Vaters war die nüchterne, von Bildung und Tradition unbelastete Atmosphäre des Elternhauses, wo sich alle Interessen auf die praktischen Erfordernisse des täglichen Lebens konzentrierten. Der Vater verstand sich in jenen Jahren als «Freigeist». In der Kirche sah man ihn nicht. «Die ganze Atmosphäre war ungeeignet, irgendwelche schwärmerischen Anlagen auszubilden. Alle Interessen der Menschen, die ich sah, hingen mit dem Eisenbahnwesen, mit der in der Nähe befindlichen Spinnfabrik zusammen. Der Valentiner Pfarrer war ein nüchterner Mann mit einem etwas zynischen Anfluge in seinen Gesprächen, oft etwas wie ein Schalk.»

Abb. 4: Pottschach

(B 49/50, S. 8) «Mein Knabenleben verfloß, ohne daß dies äußerlich von jemand beabsichtigt wurde, so, daß mir nie ein Mensch mit einem Aberglauben entgegentrat; und wenn in meiner Umgebung jemand von Dingen des Aberglaubens sprach, so war es *nie* anders, als mit einer stark betonten Ablehnung.» Nirgends sei «eigentliche Frömmigkeit oder Religiosität vorhanden» gewesen, auch bei den Priestern nicht. «Dagegen traten mir fort und fort gewisse Schattenseiten des katholischen Klerus vor Augen.» (262/7) Das Bild dieser recht modernen und aufgeklärten Familie muß man für das Folgende im Hintergrund haben. Auch die Tatsache, daß Steiner katholisch getauft worden war, hatte sich schlicht aus der Tatsache, daß die Kirchen damals noch als Standesämter fungierten, ergeben. Daß die Knaben in der Kirche zu ministrieren hatten, war damals auf dem Lande eine selbstverständliche Gewohnheit.

In das letzte Jahr in Pottschach fällt ein Ereignis, das für den siebenjährigen Rudolf Steiner einen neuen Lebensabschnitt eröffnete. Steiner hat dieses Ereignis in zwei verschiedenen Versionen berichtet. Hier sei der schriftliche Bericht wiedergegeben: «Einen tiefen Eindruck machte auf den Knaben das folgende Erlebnis. Die Schwester meiner Mutter war auf tragische Art gestorben. Der Ort, an dem sie lebte, war ziemlich weit von dem unsrigen entfernt. Meine Eltern hatten keine Nachricht. Ich sah, sitzend im Wartesaal des Bahnhofs im Bilde das ganze Ereignis. Ich machte einige Andeutungen in Gegenwart meines Vaters und meiner Mutter. Sie sagten nur ‹Du bist a dummer Bua›. In einigen Tagen sah ich, wie mein Vater nachdenklich wurde durch einen erhaltenen Brief, wie er dann, ohne mein Beisein nach einigen Tagen mit meiner Mutter sprach und diese dann tagelang weinte. Von dem tragischen Ereignisse erfuhr ich erst nach Jahren.» (B 49/50, S. 9) – In dem zweiten, in einem Vortrag gegebenen Bericht über dieses Ereignis teilt Steiner mit, daß die Tante, die er selbst nie gesehen hatte, Selbstmord begangen und ihn mit eindringlichsten Gebärden um Hilfe für ihr nachtodliches Leben gebeten habe. Er fährt dann fort: «Der Knabe hatte niemanden in der Familie, zu dem er von so etwas hätte sprechen können, und zwar aus dem Grunde, weil er schon dazumal die herbsten Worte über seinen dummen Aberglauben hätte hören müssen, wenn er von diesem Ereignis Mitteilung gemacht hätte.» (B 83/84, S. 6) Rudolf Steiner stand mit jenem Erlebnis, über das er so gerne gesprochen hätte und das ihn bedrückte, ganz alleine da. Dieses Schicksal wiederholte sich später, als er als Ministrant in der Kirche zu Neudörfl den Kultus als eine Vermittlung zwischen der sinnlichen und übersinnlichen Welt erlebte: «Von Anfang an war mir das alles nicht eine bloße Form, sondern tiefgehendes Erlebnis. Das war um so mehr der Fall, als ich damit im Elternhause ein Fremdling war. Mein Gemüt verließ das Leben, das ich mit dem Kultus aufgenommen hatte, auch nicht bei dem, was ich in meiner häuslichen Umgebung erlebte. Ich lebte ohne Anteil an dieser Umgebung. Ich sah sie, aber ich dachte, sann und empfand eigentlich fortwährend mit jener anderen Welt.» (28/28)

So lernte Rudolf Steiner von Kindheit an zu schweigen. Als Siebenjähriger bereits wußte er, daß man mit den meisten Menschen über innere Fragen, über geistige Erlebnisse nicht reden konnte.

Entscheidend für den weiteren Weg aber war ein anderer Aspekt dieses Erlebnisses. Steiner berichtet nämlich, «daß von jenem Ereignisse ab für den Knaben ein Leben in der Seele anfing, welchem sich durchaus diejenigen Welten offenbarten, aus denen nicht nur die äußeren Bäume, die äußeren Berge zu der Seele des Menschen sprechen, sondern auch jene Welten, die hinter diesen sind. Und der Knabe lebte etwa von jenem Zeitpunkt ab mit den Geistern der Natur, die ja in einer solchen Gegend ganz besonders zu beobachten sind, mit den schaffenden Wesenheiten hinter den Dingen, in derselben Weise, wie er die äußere Welt auf sich wirken ließ.» (B 83/84, S. 7) Das Erlebnis steht also – vielleicht als Auslöser – am Beginn einer kindlichen Hellsichtigkeit, die als «ein Leben in der Seele» auftrat. Dabei offenbarte sich dem Knaben zunächst die Naturgeistigkeit, die ihm in der Gegend von Pottschach besonders ursprünglich erschien. Wenig später zog die Familie nach Neudörfl, wo die mächtige, mit dem Gebirge verbundene Geistigkeit in den Hintergrund trat und nur in der Ferne, Erinnerung weckend, wahrzunehmen war. Dafür zeigte sich nun jene Naturgeistigkeit, die im Übergang zur ungarischen Tiefebene damals anzutreffen war. In seiner Autobiographie berichtet Rudolf Steiner nicht über diese neuen Erfahrungen, aber er erwähnt die ausgedehnten Spaziergänge in den Wäldern Neudörfls, und das im zweiten Mysteriendrama erzählte «Märchen vom Quellenwunder» ist möglicherweise auch eine autobiographische Reminiszenz an die Erlebnisse auf den Gängen zwischen Neudörfl und Sauerbrunn oder bei der Marienquelle.

Diese innere Situation deutet Rudolf Steiner in seiner Autobiographie nur kurz an: «Ich hatte zwei Vorstellungen, die zwar unbestimmt waren, die aber schon vor meinem achten Lebensjahr in meinem Seelenleben eine große Rolle spielten. Ich unterschied Dinge und Wesenheiten, ‹die man sieht› und solche, ‹die man nicht sieht›.» (28/22) – Nun ist es nicht abwegig, zu vermuten, daß diese Erlebnisse für den Knaben keineswegs allein beglückend waren. Schon die Begegnung mit der Tante, die sich selbst das Leben genommen hatte, war hinreichend düster. Vor allem aber fehlte Rudolf Steiner gegenüber den neuen Erfahrungen Orientierung und Hilfe. Er kannte in seinem Umkreis niemanden, mit dem er über seine Erlebnisse hätte sprechen können, und so blieben ihm für längere Zeit diese Erfahrungen eine bedrückende Frage, die er unbeantwortet mit sich herumtrug.

Eine erste Lösung dieser den Knaben bedrückenden Fragen ergab sich erst nach dem Umzug nach Neudörfl, wo Rudolf Steiner in die dortige Volksschule kam. Der offizielle Unterricht in dieser einklassigen Schule war wenig ergiebig: «Es war schlechterdings unmöglich, etwas anderes zu tun, als die Seele stumpf brüten zu lassen und das Abschreiben mit den Händen fast mechanisch zu besorgen.» (28/20) Aber Rudolf Steiner erhielt in Neudörfl durch den Hilfslehrer «Extrastunden», für die seine

Abb. 5: Neudörfl

Eltern monatlich einen Gulden zu zahlen hatten. Im Zimmer dieses Hilfslehrers, Heinrich Gangl, entdeckte der Knabe ein Geometriebuch. «Ich stand so gut mit diesem Lehrer, daß ich das Buch ohne weiteres eine Weile zu meiner Benutzung haben konnte. Mit Enthusiasmus machte ich mich darüber her. Wochenlang war meine Seele ganz erfüllt von der Kongruenz, der Ähnlichkeit von Dreiecken, Vierecken, Vielecken; ich zergrübelte mein Denken mit der Frage, wo sich eigentlich die Parallelen schneiden; der pythagoreische Lehrsatz bezauberte mich. Daß man seelisch in der Ausbildung rein innerlich angeschauter Formen leben könne, ohne Eindrücke der äußeren Sinne, das gereichte mir zur höchsten Befriedigung. Ich fand darin Trost für die Stimmung, die sich mir durch die unbeantworteten Fragen ergeben hatte. Rein im Geiste etwas erfassen zu können, das brachte mir ein inneres Glück. Ich weiß, daß ich an der Geometrie das Glück zuerst kennen gelernt habe.» (28/20f)

An der Geometrie erlebte Rudolf Steiner, daß der Mensch rein innerlich ein Wissen in sich erzeugen kann, ein selbständiges Wissen, das von der Sinneswelt unabhängig ist: «Bei der Geometrie sagte ich mir, hier *darf* man etwas wissen, was nur die Seele selbst durch ihre eigene Kraft

Abb. 6: Blick auf das Rosaliengebirge, rechts die Leitha

erlebt; in diesem Gefühle fand ich die Rechtfertigung, von der geistigen Welt, die ich erlebte, ebenso zu sprechen wie von der sinnlichen.» (28/22) – Das Erleben der geistigen Welt sowie die Offenbarungen der Naturgeistigkeit ließen also zunächst für Rudolf Steiner Fragen entstehen: Was erlebe ich da? Wie ist dieses Erleben einzuschätzen? Wie muß ich über mich selber denken, da ich offensichtlich mit diesen Erlebnissen allein dastehe? Diese Fragen dürften sich über Monate hin gesteigert haben, da er mit niemandem über sie sprechen konnte. Sie bedrückten ihn. Durch die Geometrie aber schuf er sich den Trost für die Stimmung, «die sich mir durch die unbeantworteten Fragen ergeben hatte» (28/21). Hier gewann er selbstgeschaffene innere Gewißheit, hier fand er etwas, mit dem er sich seelisch gegenüber den Erfahrungen der Naturgeistigkeit behaupten konnte, weil es ihm völlig klar war. Den selbstgeschliffenen Kristall geometrischen Denkens konnte er den vielfältigen Geistern der Natur entgegenhalten. Hier, an dieser Stelle ist einer der Ausgangspunkte der späteren Anthroposophie zu suchen. Rudolf Steiner faßt diese Erfahrung zusammen:

«Ich sagte mir: die Gegenstände und Vorgänge, welche die Sinne wahr-

Abb. 7:
Der Hilfslehrer Heinrich Gangl. «Er brachte mir das künstlerische Element. Er spielte Violine und Klavier. Und er zeichnete viel.» (28/23)

nehmen, sind im Raume. Aber ebenso wie dieser Raum außer dem Menschen ist, so befindet sich im Innern eine Art Seelenraum, der der Schauplatz geistiger Wesenheiten und Vorgänge ist. In den Gedanken konnte ich nicht etwas sehen wie Bilder, die sich der Mensch von den Dingen macht, sondern Offenbarungen einer geistigen Welt auf diesem Seelen-Schauplatz. Als ein Wissen, das scheinbar von dem Menschen selbst erzeugt wird, das aber trotzdem eine von ihm ganz unabhängige Bedeutung hat, erschien mir die Geometrie. Ich sagte mir als Kind natürlich nicht deutlich, aber ich fühlte, so wie Geometrie muß man das Wissen von der geistigen Welt in sich tragen.» (28/21)

Hier wird also für das Kind Rudolf Steiner im Alter von etwa zehn Jahren eine Tatsache zur Erfahrung, die die meisten Menschen bestenfalls dunkel ahnen oder überhaupt nicht kennen. Immanuel Kant wußte, daß zwar alle unsere Erkenntnis mit der Erfahrung beginnt, aber dennoch nicht der Erfahrung allein entstammt. Er war durch langes Nachsinnen auf philosophischem Wege zu dieser Einsicht gelangt. Für Rudolf Steiner dagegen war schon am Anfang seines Nachdenkens deutlich, daß im inneren Seelenraum eine selbständige Gedankenwelt aufleuchtet, die ihren

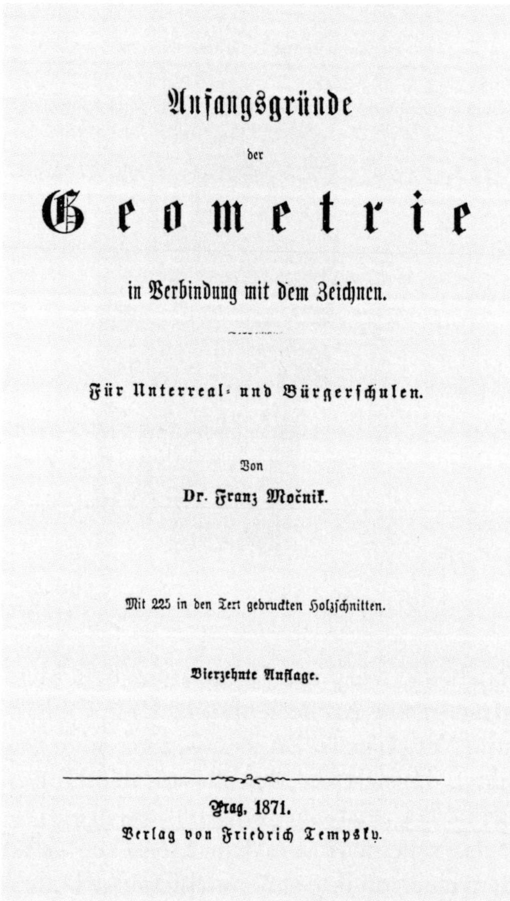

Anfangsgründe

der

Geometrie

in Verbindung mit dem Zeichnen.

Für Unterreal- und Bürgerschulen.

Von

Dr. Franz Močnik.

Mit 225 in den Text gedruckten Holzschnitten.

Vierzehnte Auflage.

Prag, 1871.

Verlag von Friedrich Tempsky.

Abb. 8/9: Das Geometriebuch von Franz Mocnik. «Der pythagoreische Lehrsatz bezauberte mich.» (28/21)

Ursprung nicht in der durch die Sinne wahrnehmbaren Welt hat. Ihm war klar, daß die Sinnenwelt für sich genommen ein völlig dunkles Rätsel ist, das von einer anderen Seite her beleuchtet werden muß, wenn es zu einer sinnvollen Lösung geführt werden soll. Diese Urerfahrung hat Steiner zeitlebens begleitet, ihr Ausdruck findet sich schon in seinen ersten philosophischen Schriften. So schreibt er 1882: «Man muß dem Begriffe seine Ursprünglichkeit, seine eigene auf sich selbst gebaute Daseinsform lassen und ihn in dem sinnenfälligen Gegenstande nur in anderer Form wiedererkennen.» (B 63, S. 6) Und in diesem Sinne wird dann in den

126

Flächeninhalt der einen Figur nach der ersten, den Inhalt der andern aber nach der zweiten hier angeführten Methode.

§. 168. Wenn man zwei ähnliche Vielecke, deren Seiten sich z. B. wie 5 : 3 verhalten, durch gleichliegende Diagonalen in Dreiecke zerlegt, so verhalten sich nach §. 164 je zwei gleichliegende Dreiecke der beiden Vielecke wie 25 : 9; es müßen sich demnach auch die Summen aller dieser Dreiecke d. i. die beiden Vielecke selbst wie 25 : 9 verhalten.

Die Flächeninhalte zweier ähnlicher Vielecke verhalten sich also wie die Quadrate ihrer gleichliegenden Seiten.

Wird daher eine in der Wirklichkeit aufgenommene Figur im verjüngten Maße auf das Papier verzeichnet, so daß jede Linie auf dem Papiere nur $\frac{1}{2}$, $\frac{1}{5}$, $\frac{1}{10}$, . . . von der wirklich gemessenen Länge beträgt, so ist der Flächeninhalt der Figur auf dem Papiere $\frac{1}{4}$, $\frac{1}{25}$, $\frac{1}{100}$, . . . von dem Flächeninhalte der ähnlichen, in der Wirklichkeit aufgenommenen Figur.

3. Pythagoräischer Lehrsatz.

§. 169. Verzeichne einen rechten Winkel ABC (Fig. 149), trage dann auf den einen Schenkel 3, auf den andern 4 gleiche

Fig. 149

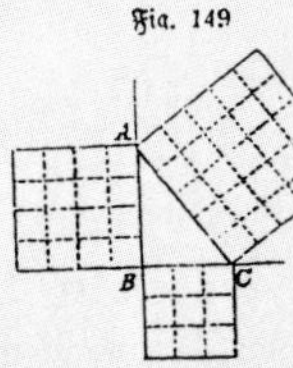

Theile, z. B. Fuß auf, und verbinde die Endpunkte durch eine Gerade AC; die Hypotenuse des dadurch entstehenden Dreieckes wird genau 5 Fuß enthalten. Das Quadrat von 3 ist 9, das Quadrat von 4 ist 16, und die Summe der Quadrate 25; das Quadrat der Hypotenuse 5 ist auch 25. Es ist also das Quadrat der Hypotenuse

127

so groß, als die Summe aus den Quadraten der beiden Katheten. Dieses läßt sich auch geometrisch ableiten. Beschreibt man nämlich sowohl über der Hypotenuse, als über den Katheten Quadrate, und zerlegt jedes derselben in Quadratfuß, so sieht man, daß in dem Quadrate der Hypotenuse eben so viele Quadratfuß vorkommen, als in den Quadraten der beiden Katheten zusammengenommen. Durch diese Betrachtungen wird man auf den Satz geführt:

In einem rechtwinkligen Dreiecke ist das Quadrat der Hypotenuse gleich der Summe aus den Quadraten der beiden Katheten.

Um zu zeigen, daß dieser Satz für irgend ein rechtwinkliges Dreieck ABC (Fig. 150) giltig ist, errichte man über der Hypotenuse AC das Quadrat ACDE, verlängere BC und fälle darauf die Senkrechten DF und EG; eben so fälle man auf EG die Senkrechten AH und DI. Die rechtwinkligen Dreiecke ABC, CDF, DEI und EAH, die wir kürzer durch m, n, p und q bezeichnen wollen, haben nun eine Seite, nämlich die Hypotenuse, gleich; ferner haben sie außer dem rechten Winkel auch die spitzen Winkel wechselseitig gleich, weil ihre Schenkel beziehungsweise entweder parallel, oder auf einander senkrecht sind; jene vier Dreiecke sind demnach congruent. Aus der Congruenz dieser Dreiecke folgt, daß AH = AB, daß also ABGH das Quadrat über der Kathete AB ist; ferner, daß DF = DI = BC, daß also DFGI das Quadrat der Kathete BC ist. — Betrachtet man nun die Figur ABFDIH, so sieht man, daß sie die Quadrate der beiden Katheten enthält; man erhält aber offenbar denselben Flächenraum, wenn man von dieser Figur die zwei Dreiecke m und n unten wegnimmt, und sie oben an die Stelle der Dreiecke p und q anlegt; die Figur ACDE, die dadurch entsteht, ist das Quadrat der Hypotenuse AC. Da nun diese neu entstandene Figur mit der früheren gleichen Flächenraum enthält, so ist wirklich das Quadrat der Hypotenuse gleich der Summe aus den Quadraten der beiden Katheten.

Fig. 150.

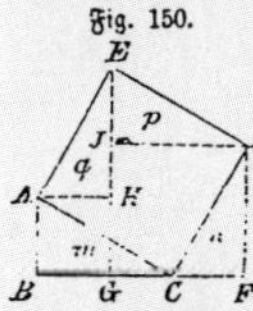

Dieser Beweis kann leicht anschaulich gemacht werden, wenn man die ganze vorhergehende Figur auf Papier verzeichnet, und den Theil ABFDIH herausschneidet, dann das Quadrat ABGH mit irgend einer, und das Quadrat DFGI mit einer andern Farbe anstreicht, und endlich

folgenden Werken immer wieder der in sich selbst gegründete, inhaltvolle Charakter des Denkens und der Gedankenwelt beschrieben. – Zunächst aber mußte sich der junge Rudolf Steiner außer in der Gedankenwelt auch in seiner durchaus irdischen Umgebung zurechtfinden.

Der Bahnhof von Neudörfl lag am östlichen Ortsrand, durch Friedhof und Kirche vom übrigen Dorf getrennt. Einen Freund fand er im Dorfe nicht. In der Kirche aber, bei Prozessionen und Leichenbegängnissen hatte Rudolf Steiner mit anderen Schulknaben den schon erwähnten Ministranten- und Chordienst zu verrichten. Das dauerte nur kurze Zeit,

Abb. 10:
Franz Maraz, Pfarrer in Neudörfl. «Unter den Menschen, die ich bis zu meinem zehnten, oder elften Jahre kennen lernte, war er der weitaus bedeutendste.» (28/24)

aber er tat es gerne, denn er schätzte und erlebte intensiv das Feierliche der lateinischen Sprache und des Kultus. Dadurch war er oft in der Nähe des damaligen Dorfpfarrers Franz Maraz. «Unter den Menschen, die ich bis zu meinem zehnten, oder elften Jahre kennenlernte, war er der weitaus bedeutendste.» (28/24) Maraz war «Magyar, vom Scheitel bis zur Sohle. Klerikaler bis aufs Messer. Er konnte predigen, daß in der kleinen Pfarrkirche alle Kirchenstühle ins Wanken kamen.» (B 49/50, S. 11)

Dieser Geistliche machte den zehnjährigen Rudolf Steiner als erster mit dem neuzeitlichen Weltbild bekannt. Eines Tages erschien er in der Schule, versammelte die Schüler um sich, auf deren Verständnis er hoffte, entfaltete eine Zeichnung, die er selbst angefertigt hatte, und begann anhand der Zeichnung, das kopernikanische Weltsystem zu erklären. «Er sprach dabei sehr anschaulich über die Erdbewegung um die Sonne, über die Achsendrehung, die schiefe Lage der Erdachse und über Sommer und Winter, sowie über die Zonen der Erde. Ich war ganz von der Sache hingenommen, zeichnete tagelang sie nach, bekam dann von dem Pfarrer noch eine Spezialunterweisung über Sonnen- und Mondfinsternisse und richtete damals und weiter alle meine Wißbegierde auf diesen Gegenstand.» (28/26)

Es ist symptomatisch, daß dieses erste, von außen vermittelte Bildungserlebnis des jungen Steiner das mechanische Weltbild war. Hier begegnete er jener ebenso klaren wie nüchternen Denkart, die an der Wiege der neuzeitlichen Physik steht und die das moderne Denken in ihrer begrifflichen Form weitgehend bestimmt. Durch die mächtigste Autorität des Dorfes lernte er, wie man über die elementaren Naturerscheinungen denkt, und es sollte nicht lange dauern, bis er diesem Denkmodell auch noch in anderer Form begegnete.

Die Übersiedlung nach Neudörfl hatte die Familie Steiner aus den in Pottschach gerade entstandenen sozialen Bindungen herausgerissen. So lebte man im Bahnhof Neudörfls am Ortsrande weitgehend für sich. Der Kummer und die Sorge um den nicht ganz vollsinnigen Bruder Gustav waren Anlaß für die Familie, sich noch enger zusammenzuschließen, was zu einer Isolierung der Familie beitrug. Kontakte ergaben sich nur zu den ärmsten Dorfbewohnern, den «Kleinhäuslern», die auch am östlichen Dorfrande ihre Hütten hatten. «Bei Kleinhäusler-Leuten machte ich jedes Jahr die Weinlese und einmal eine Dorfhochzeit mit.» (28/24) Unter den Buben des Dorfes galt Rudolf Steiner jedoch als «Fremder im Dorfe» (28/24), der in ihre Spiele und den jährlichen Wettbewerb um die größte Nußernte nicht aufgenommen wurde. Diese Isolierung verstärkte sich später noch dadurch, daß Rudolf Steiner vom Jahre 1872 an die Realschule in Wiener-Neustadt besuchte und somit – abgesehen von den Ferienzeiten – den größten Teil des Tages nicht im Dorfe war. Aber auch mit den Altersgenossen in Wiener-Neustadt ergaben sich kaum engere Beziehungen. Ein Klassenkamerad – Albert Pliwa – erinnert sich: «Dadurch, daß Rudolf Steiner sämtliche sieben Jahre» der Schulzeit «niemals abends in Wiener-Neustadt war, mit uns also niemals am ‹Glacis› oder sonstwo spazieren ging, war er für uns als Klassenkamerad eigentlich gestrichen. Tatsächlich wurde er bei allen losen Streichen, die wir anderen ausheckten und wofür wir bestraft wurden, stets selbstverständlich überhaupt nicht genannt. Dieses von den Verhältnissen erzwungene Alleinsein brachte es aber mit sich, daß er im Eisenbahnwagen» – in dem er die Zeit bis zur Abfahrt des Zuges verbrachte – «sich mit Lektüre beschäftigte» (Picht 1964, S. 37f). Freude und Erholung fand Rudolf Steiner also in jenen Jahren auf seinen einsamen Waldspaziergängen, in den Ferien auf seinem Weg nach Sauerbrunn, von wo er mit einem «Blutzer» genannten porösen Tonkrug das

Abb. 11: Die Leitha, Grenzfluß zwischen Österreich und Ungarn

Wasser des dortigen Säuerlings holte, oder im Sommer beim Pflücken der Waldbeeren, die in jener Gegend reichlich wuchsen: «Solche Spaziergänge machten auch dadurch eine besondere Freude, daß man in der entsprechenden Jahreszeit mit reichlichen Gaben der Natur beschenkt zurückkehren konnte. Denn in den Wäldern waren Brombeeren, Himbeeren, Erdbeeren zu finden.» Diese waren eine willkommene Zugabe zum Familienabendbrot, das sonst «nur aus einem Butterbrot oder einem Stück Brot mit Käse bestand» (28/17).

Das Leben in Neudörfl brachte es aber mit sich, daß Rudolf Steiner gerade von diesem Ort aus die politisch-sozialen Verhältnisse besonders deutlich miterlebte. Neudörfl lag in «Transleithanien», also im ungarischen Teil der Doppelmonarchie östlich der Leitha, Wiener-Neustadt hingegen im österreichischen Teil. Wenn Rudolf Steiner also später täglich von Neudörfl nach Wiener-Neustadt zur Schule und wieder zurück nach Hause fuhr oder ging, so überquerte er jedesmal den Grenzfluß Leitha. Es war die Zeit der Magyarisierungs-Politik. In der Dorfschule lernten die Kinder die Helden der ungarischen Geschichte kennen. So ist die erste erhaltene Zeichnung Rudolf Steiners eine mit Kohlestift gefertigte Kopie des ungarischen Grafen Széchenyi (1792 bis 1860). – Offiziell hieß Neudörfl in jenen Tagen Laitha Szent Miklos (Sankt Niklaus an der Leitha); Sauerbrunn hieß Savanyukut. Der Vater fürchtete ständig, von Neudörfl an einen anderen Ort versetzt zu werden, weil er des Ungarischen nicht mächtig war. In kindlicher Art nahm Rudolf Steiner Partei. Eine kleine Szene illustriert das: «Als Rudolf Steiner einmal in Sauerbrunn aus dem Zug stieg, wollte er trotzig seine Fahrkarte nicht abgeben, weil auf dem Gebäude nicht der deutsche Name Sauerbrunn stünde, das ‹hunnische› Savanyukut verstünde er nicht. Darauf holte der Stationschef zu einer gewaltigen Ohrfeige aus, worauf Rudolf Steiner ihn mit ‹Hunne› traktierte und sah, daß er aus dem Faustbereich des Schlagfertigen kam.» (Pliwa bei Picht, S. 42)

Eine Beigabe dieser Verhältnisse an der Grenze, die von den Zeitgenossen für wichtig genommen wurden, waren auch die Existenz einer Freimaurerloge in Neudörfl, gegen die der Pfarrer energisch predigte, ein in der Nähe befindliches Redemptoristen-Kloster, auf das die Dorfbewohner immer wieder zu sprechen kamen, und dann als größte Sensation der bourbonische Kronprätendent, Graf von Chambord, der 1871 den mißlungenen Versuch machte, König von Frankreich zu werden, und der manchmal mit seinem Gefolge in Neudörfl den Zug bestieg. Rudolf Steiner empfand jedoch, daß ihn alle diese Dinge, wie auch das «unaufhörliche Politisieren» (28/29) seines Vaters, im Grunde nichts angingen und nichts sagten. Sie waren und blieben ihm fremd.

So verlief die Kindheit Rudolf Steiners in einem ganz ländlichen Milieu und in einer noch fast ungestörten Naturumgebung, deren Großartigkeit und deren stiller Zauber den Knaben ebenso stark wie zart beeindruckten. Mit der Eisenbahn, dem Stationstelegraphen und der Spinnerei ragte die industrielle Moderne in diese Welt hinein. Sie bot Anlaß zu allerlei Gedankenbildungen. Besonders wichtig erscheint, daß diese Kindheit kaum durch irgendwelche Kulturfaktoren von außen beeinflußt wurde: Im Elternhaus herrschte eine nüchterne Atmosphäre, alles drehte sich um die Dinge des täglichen Lebens. Sprachlich wuchs er in dem gemüthaften Dialekt des Waldviertels auf, den seine Eltern sprachen und der von modischen Neuerungen noch ganz frei war. Die Verhältnisse waren die denkbar einfachsten und bescheidensten. So wurde Rudolf Steiner in keiner Richtung verbildet oder abgerichtet, weder durch bürgerliches Bildungsgehabe noch durch Bigotterie, weder durch die Schule noch durch Reichtum oder Luxus. Viele Dinge, die ihm von außen entgegentraten, waren ihm völlig fremd oder blieben für ihn eine Kuriosität. Das Schicksal, in vielerlei Hinsicht ein Fremdling zu sein, bewahrte das Kind davor, unvermittelt in die Umwelt hineinzuwachsen und die moderne Kultur und Zivilisation als selbstverständlich hinzunehmen.

So war der Bub gegen vieles abgeschirmt, was seine Altersgenossen in Wien beeindruckte. Sein inneres Leben entwickelte sich sehr weitgehend aus seinen eigenen Erlebnissen und Fragen. Seine Gedanken bildete er weitgehend selbständig. Gewiß, den Stationstelegraphen wird ihm der Vater erklärt haben, aber die Geometrie erwarb er sich ausschließlich aus eigenem Antrieb; das kopernikanische Weltsystem wurde ihm zwar vom Dorfpfarrer erklärt, aber auch hier fragte er aus eigenem Wissensdrang weiter und eignete sich die Vorstellungen dann selbständig an. So bildete sich Rudolf Steiner seine innere Welt in einem weit größeren Maße, als dies sonst meist der Fall ist, selbst. Der Preis für diese Selbständigkeit war das Alleinsein mit den eigenen Fragen.

2.

LERNEN

Lernen war für das Leben Rudolf Steiners schicksalsbestimmend. Durch Lernen konnte er aus dem dörflichen Milieu herauswachsen, durch Lernen verschaffte er sich den Zugang zur Welt, auf seinen Lernleistungen beruhte – zumindest in der ersten Lebenshälfte – seine Karriere. Doch auch in der zweiten Lebenshälfte, als er längst ein Lehrender geworden war, blieb Rudolf Steiner ein unaufhörlich Lernender. Noch auf dem Krankenlager in seinen letzten Lebensmonaten ließ er sich – so berichtet Guenther Wachsmuth – wöchentlich die neuesten Erscheinungen vom Buchmarkt vorlegen, um die ihm wichtigen auszuwählen und zu studieren.

Bereits der Vater legte offenbar großen Wert auf das Lernen, obschon er seinen Sohn nur in den ersten Anfängen begleiten konnte. Das Verdienst der Eltern aber war es, daß sie das Lernen ihres Sohnes rückhaltlos gefördert haben. Es war der Vater, der dafür Sorge trug, daß der Sohn die höhere Schule besuchen konnte, die Mutter verschaffte ihm im Hause die notwendige Ruhe. Der Besuch der höheren Schule war für die Eltern mit erheblichen finanziellen Opfern verbunden. Zwar wurde Rudolf Steiner in der Oberrealschule vom dritten Jahr an «Vorzugsschüler» und hatte somit kein Schulgeld mehr zu zahlen, und von der fünften Klasse an begann er, Nachhilfestunden zu geben und konnte damit zum eigenen Unterhalt beitragen, aber das Verhalten der Eltern war – zumindest in dieser sozialen Schicht – ganz ungewöhnlich. Nach dem Abitur dürfte es der Vater gewesen sein, der seinem Sohn – natürlich aufgrund seiner Leistungen – ein Stipendium für den Besuch der Technischen

Abb. 12:
Der Schuldirektor,
Heinrich Schramm

Hochschule verschaffte. Rudolf Steiner hat dies alles nie vergessen. In einem Brief an seine Eltern und Geschwister aus dem Jahre 1892 schreibt er: «Ich kann Euch nur versichern, daß ich tief durchdrungen bin von den Pflichten, die ich Euch gegenüber zu erfüllen habe, und daß ich mit allen Kräften danach streben werde, sie zu erfüllen.» (39/159) Daran hat er sich gehalten. Insbesondere nach dem Tode seines Vaters hat er seine Mutter sowie Bruder und Schwester regelmäßig finanziell unterstützt. Und noch einer seiner letzten Briefe, am 25. März 1925 – also fünf Tage vor seinem Tode – geschrieben, galt der Fürsorge um seine fast erblindete Schwester.

Der Besuch der Realschule in Wiener-Neustadt begann im Herbst 1872. In den ersten beiden Schuljahren wurde Rudolf Steiners Interesse am Unterricht noch nicht geweckt. Er hatte durchaus Mühe mitzukommen. Des öfteren langweilte er sich und versuchte, irgendwo auf den hinteren Bänken verborgen im Lesebuch die Märchen zu lesen, bis er eines Tages dabei ertappt und dann täglich «examiniert» wurde. Darüber hinaus war der Unterricht in einigen Fächern herzlich schlecht: «Wir hatten zwei Karmeliter, von denen der eine uns Französisch, der andere Englisch beibringen sollte. Der für Englisch besonders konnte … kaum irgendwie ein englisches Wort, nun, jedenfalls nicht einen Satz sprechen. In der Naturgeschichte hatten wir einen Mann, der verstand wirklich von Gott und der Welt gar nichts.» Im Religionsunterricht wurde einfach das Buch – freilich ein vorzügliches – auswendig gelernt (185/160). Das Sprachliche lag Rudolf Steiner aber auch von Natur aus nicht. So berichtet er selber: «Schwierig erging es ihm nur in allem Sprachlichen, auch im Deutschen. Jener Knabe», gemeint ist er selber, «hat bis zu seinem vierzehnten, fünfzehnten Jahr die allertörichtsten Fehler in der deutschen Sprache bei seinen Schulaufgaben gemacht.» Über seine Schwierigkeiten mit den Fremdsprachen berichtet Elisabeth Vreede noch 1912, daß Steiner dafür «überhaupt kein Gefühl» habe, er hätte ihr eine Passage aus einer englischen Zeitschrift vorgelesen «mit einer englischen Aussprache, die mehr als komisch war» (Vreede, S. 48f).

Der Schulbesuch war mit Anstrengungen und Belastungen verbunden. Oft war im Winter die Eisenbahnstrecke verschneit, so daß Rudolf Steiner den fünf Kilometer langen Weg mit seiner recht schweren Schultasche zu Fuß gehen mußte. Abends fuhr zeitweilig ohnehin kein Zug, der Knabe kam dann als «Schneemann» zu Hause an. Manchmal ging ihm seine Schwester Leopoldine entgegen, um ihm in seiner Angst vor den Zigeunern beizustehen. Ziemlich erschöpft hatte er dann die Hausaufgaben zu erledigen. In einem Brief an Anna Eunike schreibt Steiner später im Rückblick auf diese Zeit: «Ich habe dir ... doch manchmal von meiner schweren Zeit in den Jahren erzählt, wo ich elf bis siebzehn Jahre alt war. Das gab reichlich Gelegenheit, gerade meine Gesundheit abzuhärten.» (39/300, vgl. auch B 83/84, S. 10) In der Tat: Rudolf Steiner war – wie ein Klassenphoto aus dem Jahre 1876 zeigt (Abb. 15) – im Vergleich zu seinen robusteren Mitschülern ein schmächtiger, zart gebauter Knabe, für den der tägliche Schulbesuch eine wirkliche Strapaze war.

Wichtiger als der Unterricht war für den Zwölfjährigen, daß er in dem Jahresbericht der Schule für das Jahr 1873 einen Aufsatz des Schuldirektors Heinrich Schramm entdeckte: «Die Anziehungskraft betrachtet als eine Wirkung der Bewegung». Der Schulbub verstand davon zwar kaum etwas: «Denn es fing gleich mit höherer Mathematik an.» (28/35) Er wurde aber durch den Aufsatz auf ein Buch Schramms verwiesen: Die *allgemeine Bewegung der Materie als Grundursache aller Naturerscheinungen* (Wien 1872). Der Knabe sparte, bis er das Buch erwerben konnte, und trieb nun selbständige Studien, um nach und nach den Inhalt von Aufsatz und Buch zu verstehen. Mit Unterbrechungen zogen sich diese Studien durch mehrere Jahre hin. Entscheidend war, daß dem Schüler in diesen Arbeiten Heinrich Schramms die damals modernste Naturwissenschaft in einer ganz bestimmten, einseitigen Form entgegentrat. Steiner referiert die Lehre Schramms folgendermaßen: «Der Schuldirektor hielt die von dem Stoffe aus in die Ferne wirkenden ‹Kräfte› für eine unberechtigte ‹mystische› Hypothese. Er wollte die ‹Anziehung› sowohl der Himmelskörper wie auch der Moleküle und Atome ohne solche ‹Kräfte› erklären ... Zwei Sätze fand ich ausgesprochen auf den ersten Seiten des Buches: ‹1. Es existiert ein Raum und in diesem eine Bewegung durch längere Zeit. 2. Raum und Zeit sind kontinuierliche homogene Größen; die Materie aber besteht aus gesonderten Teilchen (Atomen).› Aus den Bewegungen, die ... zwischen den kleinen und großen Teilen der Materie entstehen, wollte der Verfasser alle physikalischen und chemischen Naturvorgänge erklären.» (28/35f)

Die materialistische Weltauffassung trat Rudolf Steiner also sofort als mechanistisch vorgestellter Atomismus entgegen: die Welt sei nichts als Materie und Bewegung. Steiner bemerkte sehr bald die Verwandtschaft dieses Weltbildes mit der Lehre des Kopernikus: «Es bildete sich in mir eine Gedankenbrücke von den Lehren über das Weltgebäude, die ich von dem Pfarrer erhalten hatte, bis zu dem Inhalte dieses Aufsatzes.» (28/36) Zugleich wurde ihm deutlich, wie repräsentative Menschen, der Pfarrer und der Schuldirektor, über die Welt denken. Ihn selber drängte es nicht, sich zu dieser Anschauung zu bekennen, aber er empfand, daß es für ihn ungemein wichtig war, diese Denkart zu verstehen. So versuchte er mathematische und physikalische Bücher aufzutreiben, die ihn im Verstehen dieser Gedankengänge fördern sollten. «Ich setzte mit dem Lesen von Aufsatz und Buch immer wieder an; es ging jedesmal etwas besser.» (28/36)

Für die geistige Entwicklung Rudolf Steiners war es von nicht zu unterschätzender Bedeutung, daß ihm das materialistische Weltbild sogleich als radikaler Atomismus entgegentrat, in dem die Welt ausschließlich als aus materiell gedachten, bewegten Atomen bestehend erklärt wurde. An diesem Weltbild konnte er sehr schnell bemerken, daß von einer so vorgestellten Welt keine einzige Brücke zu dem führte, was er als Mensch innerlich erlebte. Damit mußte ihm früher oder später deut-

Abb. 13: Laurenz Jelinek, der geliebte Lehrer für Mathematik und Physik, an dessen Exaktheit der Schüler ein Vorbild für sein mathematisches Denken hatte. (28/37)

lich werden, daß das so konstruierte Weltbild nicht zur Erklärung der erlebten und erfahrenen Welt führen kann. Zunächst aber kam es dem jungen Steiner nicht darauf an, diesem Weltbild zu widersprechen, sondern es zu verstehen. Dazu wurde er auf die Mathematik als rein ideelles Gebilde verwiesen.

Diese mathematischen Studien erhielten in der dritten Klasse eine besondere Förderung durch den Lehrer, der nun den Mathematikunterricht übernahm: «Ihm konnte ich nachstreben. Er unterrichtete Rechnen, Geometrie und Physik. Sein Unterricht war von einer außerordentlichen Geordnetheit und Durchsichtigkeit. Er baute alles so klar aus den Elementen auf, daß es dem Denken im höchsten Grade wohltätig war, ihm zu folgen.» (28/36) Der Name dieses Lehrers war Laurenz Jelinek. Dieser Mathematiker, der sich weder für Botanik noch Zoologie interessieren konnte, war zugleich der Klassenlehrer Steiners und blieb ihm als Mathematik- und Physiklehrer durch die ganze Schulzeit erhalten. Interessanterweise bemerkt Steiner, nachdem er Laurenz Jelinek geschildert hat: «Mit dem, was ich durch ihn lernte, kam ich dem Rätsel, das mir durch die Schriften des Schuldirektors aufgegeben war, immer näher.» (28/37) Nach einiger Zeit ergab sich auch ein gutes Verhältnis zu dem

Abb. 14:
Georg Kosak, Steiners Lehrer für geometrisches Zeichnen. «Er war ein großartiger Konstrukteur.» (28/37)

Lehrer, der geometrisches Zeichnen und darstellende Geometrie unterrichtete. Dieser Lehrer, Georg Kosak, war ein großartiger, wenn auch einseitiger Konstrukteur. Er hatte auf rein konstruktive Weise entwikkelt, daß der Kreis der Ort des konstanten Quotienten ist – und da er sich nicht mit analytischer Geometrie befaßte, hielt er sich für den Entdecker dieser Tatsache. Aus der Beschreibung des Unterrichts, den Kosak erteilte, kann man entnehmen, daß sein Vorgehen für Steiner später zum Vorbild der in der Waldorfschule eingeführten Epochenhefte wurde: «Die Art nun, wie dieser Lehrer die Geometrie vorbrachte und Anleitung gab, Zirkel und Lineal zu gebrauchen, war etwas außerordentlich Praktisches, und es darf gesagt werden, daß sich der Knabe infolge der Anleitung des Lehrers ganz in die Geometrie vernarrte und auch in das geometrische Zeichnen mit Zirkel und Lineal. Die übersichtliche und praktische Art, Geometrie durchzunehmen, war auch noch dadurch besonders erhöht, daß jener Lehrer verlangte, daß man die Bücher eigentlich nur als so eine Art Dekoration habe. Was er gab, diktierte er den Schülern und zeichnete es selbst an die Tafel; man zeichnete es ab, machte sich auf diese Weise selbst sein Heft und brauchte eigentlich nichts anderes zu wissen, als was man selbst im Hefte ausgearbeitet hatte. Es war eine gute Art, selbsttätig mitzuarbeiten. In anderen Fächern dagegen war oft eine recht gute Anleitung vorhanden, alles, was vorkam, zu verschlafen.» (B 83/84, S. 11f)

Die selbstverständliche Anschauung der geistigen Welt, in der Rudolf Steiner lebte, gewann durch die Pflege der Mathematik und Geometrie Klarheit und Sicherheit. Andererseits aber stand die Natur vor seinen Sinnen. Beide Welten standen einander deutlich getrennt gegenüber.» Ich sagte mir, man kann doch nur zurechtkommen mit dem Erleben der geistigen Welt durch die Seele, wenn das Denken in sich zu einer Gestaltung kommt, die an das Wesen der Naturerscheinungen herangelangen kann. Mit diesen Gefühlen lebte ich mich durch die dritte und vierte Realschulklasse durch. Ich ordnete alles, was ich lernte, selbst daraufhin an, mich dem gekennzeichneten Ziele zu nähern.» (28/37f) Diese außergewöhnliche Bewußtseinskonfiguration, die die durch das Denken erfaßte mathematische Welt ebenso wie das Erleben des Übersinnlichen scharf vom Erleben der Sinne sondert und so das Geistige als selbständiges Sein erfaßt, bildet den Hintergrund der späteren erkenntniswissenschaftlichen Schriften. Sie spiegelt sich andererseits in der Tatsache, daß Rudolf Steiner als Kind nicht unvermittelt in seine Umwelt hineinwuchs, sondern «ein Fremdling» blieb.

Von der Umwelt Rudolf Steiners wurde diese Eigenart des Knaben nicht bemerkt. Er erschien als besonders begabter, eifriger Schüler, der sich aber auch durchaus praktischen Arbeiten widmete: Er half im Garten umgraben, Kartoffeln setzen und ernten, er ging für die Familie einkaufen, er konnte seine Schuhe besohlen und lernte, seine Bücher einbinden. Mit besonderem Eifer übte er sich in der Stenographie. Ein Mitschüler berichtet: «Rudolf Steiner war ein leidenschaftlicher Stenograph. Er schrieb, um es dahin zu bringen, jedem Vortragenden mit Stenographie folgen zu können, alle Vorträge mit und brachte es wirklich dahin, jedem Redner nachfolgen zu können.» (Pliwa bei Picht, S. 41)

Es nimmt nicht wunder, daß die Lehrer der Realschule Rudolf Steiner gerne Nachhilfeschüler vermittelten. Er hatte dabei Schüler des gleichen oder eines niedrigeren Jahrgangs zu betreuen: «Ich verdanke diesem Nachhilfeunterricht sehr viel. Indem ich den aufgenommenen Unterrichtsstoff an Andere weiterzugeben hatte, erwachte ich gewissermaßen für ihn. Denn ich kann nicht anders sagen, als daß ich die Kenntnisse, die mir selbst von der Schule übermittelt wurden, wie in einem Lebenstraume aufnahm.» (28/44f) Diese Sätze beleuchten nicht allein pädagogische Fragen der Lernpsychologie. Sie werfen auch ein Licht auf das vielfach von Steiner gebrauchte Bild des «Erwachens», und man bemerkt sogleich, daß unter diesem Bild eine Steigerung der eigenen Tätigkeit gemeint ist, in diesem Falle der Schritt von einem mehr verstehend passiven Aufnehmen zu einem aktiven Aneignen. Durch den Nachhilfeunterricht lernte er aber auch die Probleme und Schwierigkeiten seiner Kameraden kennen und erwarb so erste Einsichten in die angewandte Psychologie. – Die Nachhilfestunden erlaubten Rudolf Steiner «ein Geringes zu dem beizusteuern, was meine Eltern von ihrem kärglichen Einkommen für meine Ausbildung aufwenden mußten» (28/44); ein kleiner Teil des Geldes blieb aber auch für andere Zwecke übrig.

Die einzigen Geschäfte in Wiener-Neustadt, die das Interesse des Schülers erregten, waren die Buchhandlungen mit ihren damals kleinen Schaufenstern. Vor ihnen blieb er oft und lange stehen. Nur selten wird er sich in diese Schatzkammern getraut haben, denn es fehlten oft die Kreuzer oder Gulden, um ein Buch zu erwerben. Aber dann und wann hatte er genügend Geld zusammengespart, um etwas zu kaufen. Unter den ersten Büchern, die er erwarb, waren die Bücher, die Heinrich Borchert Lübsen zum Selbstunterricht in Mathematik verfaßt hatte. «Da konnte ich analytische Geometrie, Trigonometrie und auch Differential- und Integralrechnung mir aneignen, lange bevor ich sie schulmäßig lernte. Das setzte mich in den Stand, zu der Lektüre der Bücher über ‹Die allgemeine Bewegung der Materie als Grundursache aller Naturerscheinungen› wieder zurückzukehren.» (28/42) Auch erwarb er Rottecks Weltgeschichte und Werke von Tacitus und Johannes von Müller. Durch dieses Selbststudium verschärfte sich freilich der Kontrast zu dem fragwürdigen Geschichtsunterricht. «Aber ich versuchte, mir diesen Unterricht durch alles das zu beleben, was ich außerhalb desselben mir angeeignet hatte.» (28/44)

Eines Tages – wohl im Mai oder Juni 1877 – entdeckte Rudolf Steiner in einer Buchhandlung die soeben erschienene Reclam-Ausgabe von Kants *Kritik der reinen Vernunft.* Der Sechzehnjährige hatte noch keine Vorstellung von Kants Stellung in der Philosophiegeschichte. Der Titel aber muß ihn fasziniert haben: «Ich strebte auf meine knabenhafte Art danach zu verstehen, was menschliche Vernunft für einen wirklichen

Abb. 15: Klassenphoto 1876. Rudolf Steiner ganz rechts, Zweiter von oben.

Einblick in das Wesen der Dinge zu leisten vermag.» (28/38) So wurde wieder einmal Kreuzer auf Kreuzer gelegt, bis das wohlfeile Buch gekauft werden konnte.

Allzuviel Zeit hatte der Schüler nicht, als er mit seiner Kant-Lektüre begann. Da aber der Geschichtslehrer nur aus dem Lehrbuch vortrug, konnte man diese Vorlesung ruhig versäumen. Deshalb wurden die einzelnen Lagen der *Kritik der reinen Vernunft* sorgfältig in das Geschichtsbuch geheftet, und während der Lehrer vom Katheder das Buch vorlas, versuchte Rudolf Steiner, Kant zu lesen. Die Frage, mit der Rudolf Steiner an Kant herantrat, betraf nicht die geistige Erfahrung, die ihm als «Inhalt der menschlichen Anschauung galt». Vielmehr trachtete er danach, sich über das Verhältnis von Religion und Vernunft aufzuklären, denn die Religionslehre, Dogmatik und Symbolik, Kirchengeschichte und die Beschreibung des Kultus fesselten ihn damals ungemein. «Auf der anderen Seite beschäftigte mich unaufhörlich die Tragweite der menschlichen Gedankenfähigkeit.» (28/40)

Wie kann das menschliche Denken, das in rein ideellen, sinnlichkeitsfreien Zusammenhängen lebt, an die Natur herankommen? Wie hängt der Geist mit der sinnlich erscheinenden Welt zusammen? Diese Frage, die in elementarer Form bereits den vierzehnjährigen Steiner bewegte, trat nun in neuer, klarerer Form wieder auf. «Ich empfand, daß das Denken zu einer Kraft ausgebildet werden könne, die die Dinge und Vorgänge wirklich in sich faßt. Ein ‹Stoff›, der außerhalb des Denkens liegen bleibt, über den bloß ‹nachgedacht› wird, war mir ein unerträglicher Gedanke. Was in den Dingen ist, das muß in die Gedanken des Menschen herein, das sagte ich mir immer wieder.» (28/40) – In den Sommerferien, auf langen Spaziergängen sann Rudolf Steiner über diese Frage nach. Dann und wann setzte er sich still hin und schlug die *Kritik der reinen Vernunft* wieder auf: Manche Seite las er zwanzigmal durch, und dennoch half ihm die Kant-Lektüre nicht bei der Beantwortung seiner Fragen: «Ich verhielt mich zu Kant damals ganz unkritisch; aber ich kam durch ihn nicht weiter.» (28/41) Auch die weiteren philosophischen Studien, die Steiner während seiner Schulzeit anhand der Schriften des Herbart-Schülers Gustav Lindner pflegte, förderten die Beantwortung seiner Probleme nicht.

Wenig hilfreich war für Rudolf Steiner auch der Deutschunterricht, den Dr. Josef Mayer erteilte. Zwar erinnern sich andere Schüler an den

Abb. 16:
Der Deutschlehrer Josef Mayer.
«Er galt unter meinen Mitschülern als der ‹gescheiteste Professor› und als besonders strenge.» (28/45)

«prachtvollen Vortrag» des Dr. Mayer, Steiner jedoch bemerkte seine Orientierung an Herbart und spickte daraufhin seine Aufsätze zum Mißfallen des Lehrers mit den entsprechenden Anspielungen und Termini. Liest man heute etwa die von Mayer gestellten Aufsatzthemen, namentlich die Themen der Besinnungsaufsätze, so weiß man, welcher Geist in diesem Unterricht herrschte. So lautete etwa das Thema des Abituraufsatzes: «Der Patriotismus der Bürger ist die festeste Stütze des Staates (belegt durch geschichtliche Beispiele)», und zwei Jahre vor der Abschlußprüfung durften die Schüler über das Sprichwort: «Es ist nicht alles Gold, was glänzt» ihre Gedanken zu Papier bringen!

Förderung wurde Steiner von ganz anderer Seite zuteil. In der Schule wurde die Literatur anhand der im Lesebuch enthaltenen «Proben» aus den Werken deutscher Dichter und Schriftsteller kursorisch abgehandelt. Dabei wurden neben Goethe und Schiller auch Klopstock, Wieland, Geibel, Grillparzer, Platen, Eichendorff und manche anderen Dichter «durchgenommen». Dieser Unterricht sagte Steiner wenig zu. Aber schon von Pottschach her war die Familie Steiner mit dem Bahnarzt Carl Hickel bekannt. Dieser hatte bereits vor Besuch der Realschule Rudolf Steiner von deutschen Dichtern und von deutscher Literatur

Abb. 17:
Hugo von Gilm, der Chemielehrer. «Er hatte einen Blick, der die Aufmerksamkeit stark anzog. Man bekam das Gefühl, dieser Mann ist gewohnt, scharf auf die Naturerscheinungen hinzusehen und sie dann im Blicke zu behalten.» (28/43)

erzählt. Nun, als Rudolf Steiner etwa in der fünften oder sechsten Klasse war, lud er ihn zu sich ein, erzählte ihm wieder von Literatur, gab ihm Lessings *Minna von Barnhelm* zu lesen und forderte ihn auf, bald wieder zu kommen. «So gab er mir immer wieder Bücher zum Lesen und erlaubte mir, von Zeit zu Zeit zu ihm zu gehen. Ich mußte ihm dann jedesmal, wenn ich ihn besuchen durfte, von meinen Eindrücken aus dem Gelesenen erzählen. Er wurde dadurch eigentlich mein Lehrer in dichterischer Literatur.» (28/42) Steiner bewahrte diesen Wohltäter, der ihn so ganz freilassend in die Dichtung einführte, stets im Gedächtnis. 1892 schickte er Carl Hickel seine Dissertation. Hickel dankte mit warmen Worten und schrieb: «Sie danken mir für das wenige, was ich für Sie tun konnte; was hätte ich erst für Sie getan, wenn ich gewußt hätte, welchen idealen Zielen Sie nachstreben.» (B 49/50, S. 48)

Fördernd und freilassend war auch der Unterricht des Chemie-Lehrers, Hugo von Gilm. «Er gab den Unterricht fast ausschließlich experimentierend. Er sprach wenig. Er ließ die Naturvorgänge für sich sprechen ... Er hatte einen Blick, der die Aufmerksamkeit stark anzog. Man bekam das Gefühl, dieser Mann ist gewohnt, scharf auf die Naturerscheinungen hinzusehen und sie dann im Blicke zu behalten.» (28/43)

Das beständige Verfolgen der komplizierten Experimente, das dauernde Beobachten der Vorgänge, die Fülle der Tatsachen waren für Rudolf Steiner nicht immer leicht zu fassen, da sein Denken damals nach Vereinheitlichung strebte, Hugo von Gilm ihn aber auf die bunte Welt der Beobachtungen wies.

In der letzten Klasse erhielt Rudolf Steiner in Albert Löger einen Geschichtslehrer, der als Persönlichkeit stark wirkte. Die Schüler wußten, daß er außerhalb der Schule für die fortschrittlich liberale Partei eintrat. Obwohl er seine persönlichen Auffassungen im Unterricht nicht inhaltlich zur Geltung brachte, gewann seine Darstellung der neueren Geschichte durch die persönliche Anteilnahme am geschichtlichen Werden Farbigkeit und Leben. Durch seine Lektüre des Werks von Karl von Rotteck, ebenfalls ein liberaler Historiker, wußte sich Steiner die temperamentvolle Darstellung Lögers zu deuten. «Ich muß es als wichtig für mich ansehen, daß ich gerade die neuzeitliche Geschichte auf diese Art in mich aufnehmen konnte.» (28/49) Mit Albert Löger blieb Rudolf Steiner über seine Schulzeit hinaus verbunden. Als Löger wegen seiner Zugehörigkeit zur altkatholischen Glaubensgemeinschaft, die das Unfehlbarkeitsdogma von 1870 ablehnte, gemaßregelt wurde, trat Rudolf Steiner durch einen Zeitungsartikel, der das pädagogische Wirken Lögers in leuchtenden Farben schilderte, öffentlich für seinen alten Lehrer ein.

Am 5. Juli 1879 bestand Rudolf Steiner die Matura-Prüfung «mit Auszeichnung». In Physik hatte er das damals noch kaum in Gebrauch gekommene Telephon zu erklären. In den sechs naturwissenschaftlich-mathematischen Fächern sowie in Geschichte erhielt er die Note «Vorzüglich». Nur in Deutsch und Freihandzeichnen mußte er sich mit «Befriedigend» abfinden. Ob die Note in Deutsch das Ergebnis der versteckten Fehden mit dem Deutschlehrer war oder auf die oft überlangen Hausaufsätze Steiners zurückzuführen ist, weiß man nicht. Beim Valet, dem Abschiedsfest der Maturanden, sagte Josef Mayer, der Deutschlehrer, zu Steiner: «Ja, Sie waren mein stärkster Phraseur, ich fürchtete mich immer schon, wenn Ihr Heft kam.» (B 83/84, S. 16)

Überblickt man den Bildungsweg Rudolf Steiners bis zur Matura, so fällt als erstes auf, wie sehr sich sein Weg von dem seiner bekannteren österreichischen Zeitgenossen unterschied. Er entstammt einer bildungsfernen Familie. In seinem Elternhaus kümmerte man sich weder

Abb. 19: Ausschnitt aus dem nebenstehenden Gruppenbild

um Literatur noch um Kunst oder Religion. Es gab bei Steiners keinen Bücherschrank, und Konzertbesuche lagen außerhalb des Denkbaren. Die Dorfschule und Realschule halten ihn von einer klassischen Bildung fern. Weitgehend entbehrt er in seiner Jugend die für andere so wichtige Musik. Was ihm von außen entgegenkam und ihn beeindruckte, sind einerseits die technischen Vorgänge, die mit der Eisenbahn zusammenhängen, andererseits die Natur Niederösterreichs und des Burgenlandes. Auf der Realschule werden Mathematik, Geometrie, Physik und Chemie vorzüglich gepflegt, Deutsch und die Sprachen eher mäßig. Ganz eindeutig dominieren Technik und Naturwissenschaften dort, wo Steiner zu einer positiven Kommunikation mit seiner Umwelt gelangt. Den Zugang zu Literatur, Geschichte und Religionslehre sucht und bahnt er sich selbst. Von deutscher Literatur liest er mit Begeisterung, was der Arzt Carl Hickel ihm gibt und was ihm sonst in die Hände fällt: ganz unsystematisch. So blieb ihm der *Faust* und vieles andere unbekannt. Den eigentlichen Zugang zur Geschichte findet er durch die

Abb. 18: Die Maturanten der Oberrealschule Wiener-Neustadt, 1879. Rudolf Steiner rechts oben.

private Lektüre älterer Historiker. Die Bücher der Religionslehre dürfte Steiner mit den Fragen gelesen haben, die ihm seine eigenen geistigen Erfahrungen eingegeben haben.

Wichtiger als die Art der äußeren Anregungen ist die Tatsache, daß sich Rudolf Steiner sehr viel, um nicht zu sagen das meiste, durch Selbststudium beibrachte. Es begann anhand des Geometriebuchs des Dorfschullehrers, führte über die Lektüre des Schuldirektors zum Selbststudium der Trigonometrie und der Differential- und Integralrechnung. In Literatur und Geschichte suchte sich Steiner durch seine Lektüre eigene Wege. Das frühzeitige Studium Kants – Steiner las während der Schulzeit nicht nur die *Kritik der reinen Vernunft*, sondern auch weitere Werke Kants, die bei Reclam erschienen waren – ist für die damalige Zeit nicht so außergewöhnlich. Auch von Ernst Mach wird beispielsweise berichtet, daß er mit fünfzehn Jahren die *Prolegomena* gelesen habe. Wichtig aber ist, daß Steiner mit einer bestimmten Fragestellung lebte. «Ich wollte zu einem Urteile darüber kommen, wie das menschliche Denken zu dem Schaffen der Natur steht.» (28/39) Auf diese Frage fand er bei Kant keine Antwort. Es fehlte ihm auch jeglicher Gesprächspartner; so erwarb er sich sein Wissen eigenständig, so bildete er eigene Fragen und Gedanken aus. Mit diesen Fragen verließ er im Sommer 1879 die Schule.

3.
STUDENT IN WIEN

Es war Sommer, Ende Juli oder Anfang August 1879, als Rudolf Steiner zum ersten Mal nach Wien kam. Der Zug von Inzersdorf, wohin der Vater versetzt worden war, brachte ihn zum Südbahnhof. Von dort führte der Weg in die Innenstadt über die Ringstraße, an der damals das Parlament, das Rathaus und die Votivkirche ihrer Fertigstellung entgegengingen. Diese dekorative Kunst der verschiedenen historisierenden Baustile erschien dem Achtzehnjährigen zunächst nur fremd und wunderlich. Bei seinem ersten Gang durch Wien hat er den Bauten Sempers, Hansens und Ferstels auch nicht viel Aufmerksamkeit geschenkt. Doch die Atmosphäre dieser Bauten prägte die Stadt. Später aber folgte Steiner an der Technischen Hochschule den Vorlesungen Joseph Bayers, der – höchst merkwürdig angesichts dieses Stilwirrwarrs – das Ganze mit dem Satz erläuterte: «Das Ornament ist eine Form der äußeren Technik.» Diese Unterwerfung der Form unter die Technik, war für Steiner der bedrückende Ausdruck des künstlerischen Materialismus, der nun in den nächsten elf Jahren seine Umgebung sein sollte (286/48).

Das Ziel Steiners bei seinem ersten Besuch in Wien waren die Antiquariate der Innenstadt. Unter dem Arm trug er den Stapel seiner von ihm selbst sorgfältig gebundenen Schulbücher – und in der Tat bekam er für sie ein «nettes Sümmchen», das sofort wieder für philosophische Bücher ausgegeben wurde. Der Hauptfund waren Johann Gottlieb Fichtes *Wissenschaftslehre* und *Die Bestimmung des Menschen*. Da sich Steiner in der Philosophie damals noch nicht auskannte, erwarb er neben frühen Schriften Kants auch Bücher von Traugott Krug und Karl Leonhard Reinhold sowie eine Geschichte der Philosophie des Herbartianers C. A. Thilo. So ausgerüstet bestieg er abends den Zug nach Inzersdorf und ging zu Fuß von dort nach Oberlaa, wo die Familie wohnte. In der Zeit, die bis zum Beginn des Studiums am 1. Oktober blieb, konnte er sich nun seinen philosophischen Studien widmen. «Der Gegensatz des Denkens bei Fichte und Herbart trat mit aller Intensität vor meine Seele.» (28/53) – Über die inhaltliche Seite dieses Studiums wird weiter unten zu berichten sein. Biographisch wichtig ist, daß sich der Student nicht unvermittelt ins Studium stürzte, sondern einige Wochen Zeit hatte, sich über seine Gedanken klar zu werden. Bald konzentrierte er sich ganz auf Fichte, der ihm half, seinen spirituellen Idealismus gedanklich zu fassen und zu befestigen, denn bei Fichte fand er jene Ideen der Freiheit und Selbsttätigkeit formuliert, die ihn selbst bewegten und durch die Menschenwürde begründet wird. Durch Fichte konnte er auf die *Bestimmung des Gelehrten* und auf die Aufgaben des deutschen Volkes blicken: Es eröffneten sich persönliche und historische Perspektiven, die eine Beurteilung der Gegenwart und der Wissenschaften möglich machten und ihn gegen manche Sinnlosigkeit wappneten.

Diese Klärung und Festigung der eigenen Gedanken abseits der damals herrschenden Auffassungen war notwendig, denn Steiner trat nun in eine für ihn geistig, politisch und wirtschaftlich vielfach verwirrende und geistig hoffnungsarme Umwelt ein. Durch seinen politisch interessierten Vater dürfte er erfahren haben, daß sich im Sommer 1879 ein politischer Wettersturz ereignet hatte. Die deutschen Liberalen, die seit 1861 versucht hatten, Österreich auf den Weg zur politischen Modernisierung zu führen, hatten seit dem Wiener Börsenkrach von 1873, der eine lange Rezessionsperiode einleitete, an Ansehen verloren und schließlich im Sommer 1879 bei den Wahlen zum Reichsrat eine Niederlage erlitten, von der sie sich nie mehr erholen sollten. Kaiser Franz-Josef ernannte daraufhin am 12. August 1879 seinen Jugendfreund - Eduard Graf Taaffe zum Ministerpräsidenten. Die Bildung des Kabinetts Taaffe signalisierte den schrittweisen Übergang von einer deutschliberalen Regierung zu einem Regime, das sich auf eine Koalition von Polen, konservativen Tschechen und deutsch-katholischen Konservativen stützte und damit den sogenannten «Eisernen Ring» um den deutschen Liberalismus bildete.

Aus seiner Autobiographie wissen wir, daß Steiner während seiner Studentenzeit – intensiver als die Mehrzahl seiner Kommilitonen – das politische Leben in Österreich unmittelbar an der Quelle beobachtete, indem er von den Galerien des Abgeordneten- und Herrenhauses aus die parlamentarischen Debatten verfolgte. Sein Interesse galt damals vorzüglich den einzelnen Rednerpersönlichkeiten, die ihm einen tiefen Eindruck machten. Noch 1924 wußte er sie lebhaft zu schildern. Die politischen Verhältnisse jedoch waren für ihn in diesen Jahren verwirrend und inkommensurabel: «Zu Gedanken über das öffentliche Leben Österreichs, die in irgendeiner Art tiefer in meine Seeele eingegriffen hätten, konnte ich damals nicht kommen. Es blieb beim *Beobachten* der außerordentlich komplizierten Verhältnisse.» (28/89)

Aber auch aus dem Beobachten ergaben sich bestimmte Auffassungen. Im Jahre 1900 erinnert sich Rudolf Steiner: «Der Liberalismus, der nach der Niederlage von Königgrätz eine kurze Blütezeit erlebt hatte, weil maßgebende Kreise von ihm die Rettung des durch die Bürokratie in die völlige Verwirrung gebrachten Staates erhofften, war in seinem Ansehen gesunken. Er hatte die Führung im Reiche verloren, teils aus Schwäche, teils weil man ihm eine allzu kurze Zeit zur Verwirklichung seiner Absichten gelassen hatte. Wir jungen Leute von damals erwarteten von ihm nichts Erhebliches mehr.» (31/361) Noch weniger erwartete man von der Regierung Taaffe, die das «Fortwursteln» auf alten Bahnen zu einer Kunst entwickelt hatte und nach dem zynischen Prinzip handelte, alle nationalen Gruppen in einem Zustand wohltemperierter Unzufriedenheit zu halten.

Der Blick der Studentenschaft richtete sich über die Grenzen Österreichs ins Deutsche Reich. Ja, einige österreichische Studenten gingen damals so weit, in Berlin die Annexion Deutsch-Österreichs durch das Reich zu fordern, womit sie allerdings im Reichskanzleramt kein Echo fanden. Die Mehrheit der deutschen Studenten in Wien nannte sich damals «deutsch-national» – wobei man freilich nicht an die viel spätere Deutsch Nationale Volks-Partei in der Weimarer Republik denken darf, sondern an eine idealistisch orientierte, recht diffuse Bewegung von Studenten und Kleinbürgern, die sich im Vielvölkerstaat nicht mehr zu Hause fühlte. Steiner selbst rechnete sich zu dieser Bewegung, die nach dem Versagen des Liberalismus die junge Intelligenz ergriff: «Mit um so größerer Begeisterung verschrieben wir uns der aufstrebenden deutschnationalen Bewegung. Ihre Führer kümmerten sich wenig um das, was man vorher den ‹österreichischen Staatsgedanken› genannt hatte. Sie sahen in diesem ein wirklichkeitsfeindliches Abstraktum. Ein österreichischer Staat, der auf die Mannigfaltigkeit seiner Volkskulturen keine Rücksicht nimmt, sondern auf der Grundlage eines recht gemäßigten Fortschrittes sich mit einer allen möglichen ererbten Vorurteilen und Rechten Rechnung tragenden Demokratie abfinden will, erschien den Jüngeren ein Unding. Um so hoffnungsfreudiger glaubten die jüngeren Deutschen in die Zukunft blicken zu dürfen, wenn sie ihr eigenes Volkstum betonten, wenn sie sich in ihre Nationalkultur vertieften und den Zusammenhang mit dem Gange des Geisteslebens in Deutschland pflegten. In solche Ideale lebten sich die deutschen akademischen Jünglinge in den achtziger Jahren ein.» (31/361)

In diesem Sinne engagierte sich Rudolf Steiner weit über das übliche Maß hinaus in dieser Strömung, indem er Mitglied der «Deutschen Lesehalle an der Technischen Hochschule» wurde. In diesem durchaus politisierenden Studentenverein wurde er nacheinander Kassierer, Bibliothekar und schließlich mit wenig Glück für ein Semester Vorsitzender: «Als ich ein halbes Jahr Vorsitzender war, stimmten alle *gegen* mich. Denn bis dahin hatten sie gefunden, daß ich keiner Partei so stark recht geben konnte, als sie es wollte.» (28/87)

Es gibt zwei Zeugnisse, die Einblick in die politische Gedankenwelt Steiners aus dieser Zeit geben. Beide stammen aus dem Jahr 1884, entstanden also etwa drei Jahre nach dem Engagement in der «Deutschen Lesehalle». Im ersten lenkt er den Blick auf das Streben der europäischen Völker, «jene Form des Staates zu finden, in dem die sittliche Würde und die Freiheit jedes einzelnen Staatsbürgers am vollsten zur Geltung kommt». «Der Staat hat dafür zu sorgen, daß das Glück des Einzelnen nicht von Zufall oder Willkür abhängt, sondern daß das nach den Grundsätzen der Vernunft aufgebaute Ganze die Wohlfahrt des Individuums soweit sichert, daß letzteres in physischer und geistiger Richtung sich frei entwickeln kann. Nicht der Staat kann die Menschen frei machen, das kann nur die Erziehung; wohl aber hat der Staat dafür zu sorgen, daß jeder den Boden findet, auf dem seine Freiheit gedeihen kann.» (30/235f) Diesem in seiner ersten Form freilich noch sehr allgemeinen Grundgedanken, der die Freiheit des Menschen in den Mittelpunkt stellt, zugleich aber weiß, daß der Staat den Menschen nicht wirklich frei machen kann, und der fordert, daß im öffentlichen Leben Zufall und Willkür überwunden werden, ist Rudolf Steiner stets treu geblieben. Seine späteren Vorschläge zur Dreigliederung des sozialen Organismus sollen ja zeigen, auf welchen Wegen die Vernunft praktisch zur Geltung kommen und ein Boden für produktive Freiheit geschaffen werden kann.

Dabei lag Steiner das Geschick des einzelnen Menschen besonders am Herzen. In jenen Jahren schrieb er einmal, daß für einen vernünftigen Volksorganismus alles darauf ankomme, daß der Einzelne seine ganze Kraft in den Volksverband einbringen könne: «Es kommt darauf an, daß sein Platz innerhalb seines Volkes ein solcher ist, daß er die Macht seiner Individualität voll zur Geltung bringen kann. Das ist nur möglich, wenn der Volksorganismus ein derartiger ist, daß der einzelne den Ort finden kann, wo er seinen Hebel anzusetzen vermag. Es darf nicht dem Zufall überlassen bleiben, ob er diesen Platz findet.» (2/122f) In diesen Worten spiegeln sich wohl auch die schmerzvollen Erfahrungen, die Steiner selbst machen mußte: Er fühlte sich in bezug auf seine eigene Laufbahn dem Zufall ausgesetzt. Letztlich ungesehen und unerkannt mußte er sich selber seinen Weg bahnen. Nirgendwo gab es eine Instanz, die begabte junge Menschen an den Platz beförderte, wo sie die Macht ihrer Individualität zur Geltung bringen konnten.

Hier aber ist bemerkenswert, daß Steiner 1884 meint, die «ersten wirklich lebensfähigen Keime» eines solchen Staates, in dem «die Vernunft die oberste Regentschaft führt», in Deutschland sehen zu können. Er begrüßt die Tatsache, «daß in Deutschland die Führung des Staates einem Manne obliegt, der tief durchdrungen ist von jener Mission des Staates», dem Bürger den Boden der Freiheit zu schaffen. Dieses frühe Lob Bismarcks und die positive Bewertung der deutschen Sozialpolitik werden schon 1898 einer ganz anderen Beurteilung gewichen sein. Dann wird Steiner von «den staatssozialistischen Allüren des Fürsten Bismarck» schreiben (31/261f) und betonen, daß Bismarck seinen politischen Erfolg allein dem Umstand verdanke, «daß er seiner Zeit niemals auch nur um wenige Jahre voraus war» (31/264).

Die zweite Äußerung ist leider nur unvollständig erhalten. Sie stammt aus einem Brief an einen unbekannten Freund, und sie bezieht sich auf die Verhältnisse in Österreich: «Für den Deutschen gibt es in Österreich nur zweierlei Parteibestrebungen. Entweder er ist in der Minorität, dann muß er die Fahne der Kultur entfalten und den Slawen und Magyaren geistig imponieren. Oder er ist in der Majorität und am Ruder, dann muß er in echt demokratischem Geiste den Autonomismus und die freie

Selbstbestimmung der Völker auf seine Fahne schreiben und jenem Zukunftsstaate entgegenstreben, der der Kultur am günstigsten ist: dem geschlossenen Handelsstaate ohne ‹Geld› und ‹Börse›.» (38/110) Diese kurze Äußerung ist von höchstem Interesse, nicht nur, weil sie die politische Gesinnung und den kulturellen Optimismus des jungen Steiner zeigt, sondern und vor allem, weil hier konkretere Gedanken über die Gestaltung des sozialen Organismus angedeutet werden. In der unkontrollierten Herrschaft des Geldes, das nicht der Warenproduktion und dem Warentausch dient, sondern willkürlich die Wirtschaft unter einseitigen Gesichtspunkten steuert, sieht Steiner das Grundübel der sozialen Struktur. In den spekulativen Interessen der «Börse» erblickt er den Störenfried einer vernünftigen Regelung der Wirtschaft, die sich durch den Eingriff der «Börse» nicht an den Menschen, ihren Rechten und Bedürfnissen, sondern ausschließlich am Gewinn orientiert. In den Erfahrungen, die man in Österreich namentlich durch den Börsenkrach von 1873 mit dieser Art der Wirtschaftspolitik gemacht hatte, liegt auch der Grund, warum Steiner vom Liberalismus nichts erhoffte: Der Liberalismus trat in Österreich vorzüglich als wirtschaftlicher Liberalismus, als sogenannte reine Marktwirtschaft auf. Mit dem Wort «geschlossener Handelsstaat» verweist Steiner auf die von Fichte entwickelten Vorstellungen einer staatlichen Garantie der Selbsterhaltung durch eigene Tätigkeit, die nach Fichte durch eine Art von Planwirtschaft zu realisieren ist. Die Zufälligkeiten des Marktes sollen durch die Vernunft des Staates ausgeschaltet werden. Später wird Steiner an dieser Idee einer Planwirtschaft nicht festhalten. Im Jahre 1919 rückt er die Idee des «geschlossenen Handelsstaates» in die Nähe der Gedanken Lenins und Trotzkis (189/97ff) und macht damit auf das Bedenkliche dieser Vorstellung aufmerksam. Der Grundgedanke einer menschenwürdigen, einer nicht auf Konkurrenz- und Verdrängungskämpfen beruhenden Gesellschaft wird Steiner jedoch auch weiterhin bewegen.

1884 waren die Vorstellungen vom Staat als Ordner der wirtschaftlichen Verhältnisse die Form, in der sich Steiner gegen den ökonomischen Liberalismus gedanklich wehren und seinen Wunsch nach einer gerechten Sozialordnung artikulieren konnte. Bei anderen Menschen wurde gerade in jenen Jahren das durch «Geld und Börse» erlittene soziale Unrecht zu einer der Triebfedern des Antisemitismus, der in diesen Jahren in Wien unter der Führung Georg von Schönerers virulent wurde.

Mit den Hinweisen auf die jüdischen Bankhäuser konnte man trefflich agitieren, und so wurde innerhalb eines Jahrzehnts der Antisemitismus zur politisch dominierenden Macht in Wien. In den idealistisch eingestellten Kreisen, in denen Steiner verkehrte, wurde diese Gefahr, die Symptom einer tiefliegenden sozialen Erkrankung war, nicht hinreichend wahrgenommen: «Sie bemerkten nicht, daß die Entwicklung der wirklichen Vorgänge eine Richtung nahm, in der nur Bestrebungen Aussicht auf Erfolg hatten, die auf viel gröberen Voraussetzungen ruhten, als die ihrigen waren. Die große Wirkung, die bald darauf Georg von Schönerer erzielte, der an die Stelle der idealistischen deutsch-nationalen Tendenzen den Rassestandpunkt des Antisemitismus setzte, konnte uns zu keiner Bekehrung veranlassen.» (31/361f)

So fiel die eigentliche Studienzeit Rudolf Steiners in jenen Zeitabschnitt, in dem der endgültige Niedergang der Doppelmonarchie beginnt. 1879 enden die schwachen, aber doch noch von Idealismus angehauchten Reformversuche der österreichischen Liberalen. Es beginnt Taaffes Politik des Taktierens und Finassierens, mit der die alten, unhaltbar gewordenen Verhältnisse aufrecht erhalten werden sollten. Als eine der Folgen dieser ziellosen Politik eröffneten sich seit etwa 1883 die Chancen für den schnellen Aufstieg des Wiener Antisemitismus. Dieser rassistische Antisemitismus ergriff das Kleinbürgertum als neue naturwissenschaftliche Ideologie. Die gebildeten Stände bemerkten nicht, wie damit ein ganz anderer Ton in die Politik kam, man nahm den Antisemitismus zunächst nicht ernst. In der Rückschau jedoch bemerkt Steiner: «Diesen Idealisten wurde damals in Österreich gewissermaßen der Boden unter den Füßen weggezogen.» (31/362) In anderen Ländern vollzog sich diese Abkehr von einer Ideenpolitik auf andere Weise: Vom Jahre 1884 an datiert man den Beginn der bewußten imperialistischen Weltpolitik. In Deutschland begann man von Macht- und Realpolitik zu schwärmen, ganz allgemein fanden sozialdarwinistische Vorstellungen vom Auslesekampf der Völker und Rassen immer mehr Anklang.

Das Studium an der Technischen Hochschule begann Rudolf Steiner als ein «Brotstudium» (28/53), das er zunächst mit dem offiziellen Ziel, Realschullehrer zu werden, aufnahm. Mathematik zu studieren entsprach seiner Neigung, zusätzlich ließ er sich in Naturgeschichte und Chemie einschreiben. Es ist auffällig, daß Steiner in seiner Autobiographie und auch sonst über seine offiziellen Studien weitgehend schweigt. Er erwähnt aus seinen Fachstudien im wesentlichen nur zwei Tatsachen.

Die erste betrifft das Problem des Raumes. Ihn quälte die Vorstellung des nach allen Seiten offenen, nach allen Seiten in die unendliche Leere verlaufenden Raumes, die den damals herrschenden naturwissenschaftlichen Vorstellungen zugrunde lag. Durch die neuere synthetische Geometrie wurde ihm auf exakte Weise vermittelt, daß dieser Raum ideell strukturiert sei und daß der nach rechts liegende unendlich ferne Punkt derselbe wie der nach links liegende sei. «Ich ging aus der Vorlesung, in der mir das zuerst vor die Seele getreten ist, hinweg, wie wenn eine Zentnerlast von mir gefallen wäre. Ein befreiendes Gefühl kam über mich. Wieder kam mir, wie in meinen ganz jungen Knabenjahren, von der Geometrie etwas Beglückendes.» (28/64) – Über die näheren Umstände dieser Einsicht – etwa durch wen sie vermittelt wurde – scheint sich Steiner nicht geäußert zu haben. Entscheidend für ihn war, daß sich aus der synthetischen Geometrie ergibt, daß der Raum als ideelles Gebilde durchaus strukturiert und nicht einfach nur «leer» ist.

Zum anderen berichtet Steiner von seinem akademischen Lehrer in Physik, Edmund Reitlinger. Bei Reitlinger arbeitete er im physikalischen Labor, wobei er sich besonders der Spektralanalyse zuwandte, des weiteren hörte er bei Reitlinger zwei Vorlesungsreihen über die Geschichte der Physik. Diese genetische Einführung in die Probleme der Physik und ihre Methoden, die Reitlinger höchst anschaulich vortrug, war für Steiner besonders anregend, weil er so mit den entscheidenden Punkten der physikalischen Gedankenbildung und den meist vergessenen Alternativen physikalischen Denkens bekannt wurde. Später sollte er sich selbst im Zusammenhang mit der Herausgabe von Goethes Geschichte der Farbenlehre intensiv mit der Geschichte der Naturwissenschaft befassen. 1882 bewunderte er die universelle Art, mit der der bereits todkranke Reitlinger, überall kulturgeschichtliche Perspektiven eröffnend, die Entwicklung der physikalischen Forschung darstellte. Steiner legte am 1. Juli 1882 eine Semestralprüfung bei Reitlinger ab und erhielt von ihm noch einige Empfehlungsschreiben, die ihm zu Privatschülern verhalfen – zwei Monate später, am 3. September, starb Reitlinger.

Aus dem Studienbuch Rudolf Steiners geht hervor, daß er ein recht umfangreiches Studienprogramm absolvierte. Außer Mathematik, Phy-

Abb. 20:
Edmund Reitlinger (1830 – 1882).
«Ich arbeitete bei ihm im physikalischen Laboratorium auf vielen Gebieten, besonders auf dem der Spektralanalyse.» (28/67)

sik und Chemie hörte er Botanik, Zoologie, Mineralogie und Geologie sowie Staatsrecht. Da er ein Stipendium von 300 Gulden (600 Goldmark) pro Jahr erhielt, mußte er regelmäßig seine Studienerfolge nachweisen. Bei den entsprechenden Prüfungen erhielt er zehnmal das Prädikat «vorzüglich», dreimal das Prädikat «sehr gut» und sechsmal das Prädikat «gut». Diese Prüfungen erforderten einen gehörigen Arbeitsaufwand. So hatte Steiner beispielsweise vom 1. bis zum 22. Juli 1881 vier derartige Prüfungen abzulegen. Er berichtet darüber an einen Freund: «Prüfungen müssen einmal gemacht sein und die beiden letzten» – in Mathematik und mathematischer Physik – «erforderten bei mir heuer einige Tage mehr als ich vorher ahnen konnte. Ich kann Sie nur versichern, daß es eine wahre Geistesdressur ist, ein bestimmtes Quantum Formelgeschnörksel in einer Tour sich anzueignen.» (38/18) Gegenüber einem anderen Freund, dem er am selben Tag schreibt, wird er grundsätzlicher: «Die Wissenschaften sind voll von *Schnörkeleien und Pedanterien*, die einen gesunden Geist abstoßen. ... Das Böse ist nur, daß die sozialen Zustände derart sind, daß man sich die Schnörkeleien neben dem Wahren auch aneignen muß; übrigens verlangt's ja auch das Pflichtgefühl, denn man kann was nur dann beurteilen, wenn man's kennt. Will man behaupten, daß etwas stinkt, so muß man dazu gerochen haben.» (38/17) – Ein Jahr später schreibt Steiner an seinen ehemaligen Geschichtslehrer Albert Löger: «Nun werde ich hoffentlich auch dies letzte Jahr der Fadheiten an der mir unlieben technischen Hochschule hinter mir haben. Dann kommt erst jene jämmerliche Prüfung über die massenweise in den Bibliotheken aufgetürmte mathematische Weisheit. Wenn ich daran denke, an die verstand- und geistlose Zitatenarbeit, die da für mich kommen soll – ich meine die schriftliche –, da graut's mir. Doch ich muß es tun, will es tun, tue es.» (38/49f) Diese wenigen erhaltenen zeitgenössischen Zeugnisse zeigen ebenso wie das Schweigen über das eigentliche Fachstudium, daß Steiner sein Pensum an der Technischen Hochschule zwar sehr gut und gewissenhaft, aber doch nur pflichtmäßig erledigte. Von den erwähnten Ausnahmen abgesehen, machte es ihm keine Freude. So ist es nicht erstaunlich, daß er nach allen Seiten aus dem einförmigen Trott der *Pedanterien* auszubrechen trachtete.

Das erste, was sich anbot, war, an der Universität einige Kollegs zu schinden. Wer Steiners Autobiographie liest, muß den Eindruck erhalten, als habe Steiner damals Franz Brentano und Robert Zimmermann besonders geschätzt. Das ist nicht der Fall. Zunächst zu Zimmermann. In Briefen aus dem Jahre 1881 finden sich zwei Bemerkungen, die deutlich eine negative Beurteilung Zimmermanns erkennen lassen. So schreibt Steiner über die von ihm schon damals geplante «Freiheitsphilosophie», «daß sie nicht zimmermannisch aussehen will» (38/19); an einer anderen Stelle heißt es: «Was möchte *Lessing* zur Zimmermannschen Ästhetik, was *Schiller* oder Hegel zu ‹Kraft und Stoff› sagen, wenn sie hörten, daß deutsche Bücher mit solchem Inhalte existieren?» (38/43) Die mit diesen Worten angedeutete herbe Kritik an Zimmermann findet sich auch noch im Jahre 1913, als sich Steiner an den Eindruck erinnert, den Zimmermann auf ihn machte. Steiner hatte, bevor er Zimmermann zum ersten Mal hörte, eine gewisse Ahnung von der Philosophie Herbarts, und Zimmermann galt als der führende Herbartianer. So ging er erwartungsvoll in dessen Kolleg. «Das war tatsächlich eine Enttäuschung, weil man in der Schätzung der Herbartschen Philosophie sehr herabgestimmt wurde, wenn man den sonst geistvollen, aber auf dem Katheder unerträglichen Robert Zimmermann hörte.» (B 83/84, S. 19)

Ähnlich steht es mit Franz Brentano, dessen Kolleg über Moralphilosophie Steiner zeitweilig besuchte, das ihn aber inhaltlich nur wenig beeindruckte. 1913 räumt Steiner ein, daß die Vorträge Brentanos «nicht einen so starken Eindruck auf den Jüngling gemacht haben» (ebda). In der Tat stand Steiner Brentano, den er dann etwa 1908 für sich neu entdeckte, als Student sehr kritisch gegenüber. Noch im Jahre 1900 nennt er ihn einen «geistreichen Poseur» (30/423). Trotzdem hat er sich für die Art Brentanos immer interessiert und ihm später einen gewichtigen Nachruf und einen Essay *Philosophenhände* gewidmet.

Ganz massiv war die Abneigung gegen den Scherer-Schüler Erich Schmidt, der zu jener Zeit in Wien deutsche Literatur las. Wirklicher Schätzung erfreute sich in den Augen des Studenten hingegen der Historiker Ottokar Lorenz. Er beeindruckte nicht nur Steiner, sondern die Studentenschaft überhaupt als freiheitlicher und kritischer Geist, der auch der Selbstkritik fähig war. Einen irgendwie nennenswerten Einfluß auf den jungen oder späteren Steiner hatte Lorenz aber nicht.

Sieht man also von den wenigen genannten Ausnahmen ab, so ist es leicht zu verstehen, daß sich Steiner manchmal recht pauschal abwertend über seine Studienzeit äußert: «Es waren lauter Dinge, die mich nichts angingen, denn nirgends konnte man den Impuls desjenigen verspüren, was wirklich zusammenhängt mit der Evolution unseres Zeitalters.» (185/171) Der Student vermißte also, daß in irgendeiner Form auf die großen Fragen der Zeit, etwa auf das Freiheitsproblem oder auf die Grundfragen der Naturwissenschaft und ihrer Methode wirklich eingegangen wurde. Was er erlebte, war zumeist biederes geistiges Handwerkertum, Überlieferung von längst abgestandenen Kenntnissen und Methoden. Kraß bezeichnet Steiner deshalb die «Universitätsgelehrsamkeit aller Fakultäten» als «antediluvianisch.» (185/170) Die Fragen, die ihn bewegten, fanden an der Hochschule keine Antwort, ja sie wurden nicht einmal aufgeworfen. So trieb Steiner neben dem Hochschulstudium auf eigene Faust seine Studien über Licht und Schall, über Raum und Zeit.

Nun scheint es, als müsse man dieses Urteil sofort zurücknehmen, wenn man daran denkt, daß Rudolf Steiner doch an der Technischen Hochschule seinen eigentlichen akademischen Lehrer und väterlichen Freund Karl Julius Schröer gefunden hat, dessen Bedeutung für den Lebensweg Steiners man gar nicht hoch genug einschätzen kann. Schon in dem ersten überlieferten Zeugnis dieser Begegnung klingt das Schicksalhafte dieser Begegnung an. Im Januar 1881 schreibt Rudolf Steiner an einen Freund: «Ich danke es Gott und einem guten Geschicke, daß ich hier in Wien einen Mann kennenlernte, der – nach Goethe selbstverständlich – sich als der beste Faustkenner rühmen darf, einen Mann, den ich hochschätze und verehre als Lehrer, als Gelehrten, als Dichter, als Menschen. Es ist Karl Julius Schröer ... » (38/15) – Nun ist es gewiß richtig, daß Schröer an der Technischen Hochschule lehrte und daß Steiner ihm dort begegnet ist. Die Tatsache aber, daß Schröer an der Technischen Hochschule lehrte, war eigentlich ein «objektives Mißverständnis». Schröer war kein Vertreter der anerkannten Wissenschaft, er wurde von der Zunft der Philologen nicht als einer der ihren betrachtet. Emil Kuh, der Biograph Hebbels, hatte Schröers Werk *Die Dichtung des 19. Jahrhunderts in ihren bedeutenden Erscheinungen* 1875 in einer Rezension als eine «Literaturgeschichte aus dem Handgelenk» verrissen. Erich Schmidt hielt Schröer für einen ausgemachten Schwachkopf, und für die Techniker und Naturwissenschaftler an der Technischen Hochschule dürfte Schröer eine exotische Erscheinung gewesen sein.

Schröer, 1825 geboren, war, als er dem achtzehnjährigen Steiner begegnete, 54 Jahre alt. Einen Teil seiner Studienzeit hatte er in Deutschland verbracht und dort noch die Nachklänge der idealistischen Philosophie aufgenommen. Später hatte er sich als Dialektforscher, der die Mundarten der deutschen Sprachinseln in den Donauländern erforschte, einen Namen gemacht. Schröers große Liebe aber galt Goethe. Was Steiner an Schröer anzog, war die Begeisterung und Wärme, mit der sich Schröer mit seiner Sache identifizierte. So wohltätig der sittliche Ernst und die seelische Atmosphäre bei Schröer für Steiner waren, so wenig konnte Schröer andererseits Steiner geistig weiterhelfen, da er zu dessen eigensten Fragen keinen Zugang hatte. «Ich hörte geistig mit der allergrößten Sympathie alles, was von Schröer kam. Dennoch konnte ich nicht anders, als auch ihm gegenüber, das, wonach ich geistig intim strebte, in der eigenen Seele ganz unabhängig aufbauen.» (28/92f)

Auf einem Gebiet allerdings hatte Schröer auf die Anschauungen seines Schülers einen beachtlichen Einfluß. Für Schröer war mit Goethe «für lange Zeit ein Blütenalter der Dichtung abgeschlossen.» Schröer lebte innerlich ganz in dieser abgeschlossenen Vergangenheit als Bürger der Goethezeit. Alles, was nach Goethe kam, war für ihn der Abstieg von einmaliger Höhe. Durch seine Vorlesungen und Gespräche nahm Schröer Steiner auf eine Reise in die Goethezeit mit. Steiner sah die Größe und

Abb. 21: Karl-Julius Schröer, um 1880. «Ich hörte mit der allergrößten Sympathie alles, was von Schröer kam.» (28/92)

Erhabenheit der deutschen Klassik mit Schröers Augen und sah mit Schröer die Gegenwart als Niedergangszeit. So schreibt 1881 der Zwanzigjährige: «Nun ist aber klar, daß nicht eine jede Zeit besonders reich an grundlegenden Gedanken ist, sondern, daß oft Jahrhunderte dazu verbraucht werden, einmal geltend gemachte Gesichtspunkte in's Lange und Breite zu spinnen. Solche Zeiten sind eben die Epigonenzeiten und in einer derselben leben wir jetzt.» (38/35) Diese Ansicht wiederholte Steiner lange Zeit. In einem frühen Aufsatz aus dem Jahre 1884 findet sich zum Beispiel die Passage: «Diese Kulturhöhe, auf der die Deutschen einst standen, erscheint uns heute nur mehr als ein Gewesenes, wir Jüngeren blicken mit Wehmut auf jene bessere Zeit zurück; scheint uns ja doch fast nichts anderes als die wenig tröstliche Aufgabe geblieben zu sein, die Totengräber und Denkmalsetzer jener großen Geister zu sein, die die gewaltige Epoche herbeiführten.» (30/233)

Diese Deutung der eigenen Gegenwart als Niedergangszeit ist eine zweischneidige Sache. Zum einen gibt diese Sicht der Dinge einen festen Halt; man kann sich an dem Bewährten, Alten orientieren und ist davor geschützt, das Neue schon deshalb zu überschätzen, weil es neu und modern ist. In den Ideen und Darstellungen der Goethezeit, in der Sprache des deutschen Idealismus fand Steiner ihm Verwandtes, Bestätigung seines eigenen Strebens. In diesem Sinne war auch die Deutung der Gegenwart für Rudolf Steiner ein Schutz, der ihn durch lange Jahre von seiner eigenen Zeit distanzierte. Mindestens bis zum Jahre 1890 lebte Steiner in dieser ideellen Schutzhülle. An das, was ihm seine Gegenwart bot, konnte er zunächst nirgends positiv anschließen; Fichte und Goethe waren es, an die er anknüpfen konnte.

Mit einer solchen Distanzierung droht aber zum andern immer auch die Gefahr, daß man allzuschnell mit der eigenen Umwelt fertig ist, daß man sie nicht einmal hinreichend genau zur Kenntnis nimmt und sich so von der Gegenwart entfremdet. Bei Steiner trat diese Entfremdung tatsächlich ein. 1890 rechnete er in einem Aufsatz mit der «Moderne» ab: «Nach unserer Ansicht ist diese ‹Moderne› nichts anderes als das wahnwitzige Gefasel des unreifen und ohne von dem Streben nach der Reife beseelt auftretenden Geschlechts.» (29/46). Diese Distanzierung von seiner Gegenwart und die Orientierung an der Goethezeit war ihm zunächst eine Lebensnotwendigkeit, erst im Jahre 1897 hat er sich ganz konsequent von ihr abgewandt, um für einige Jahre mit Haut und Haaren in die literarische Moderne einzutauchen. Damit entstand dann freilich ein höchst bewußtes, frei errungenes Verhältnis zur Gegenwart und ihrer Kunst.

Durch Schröer, der viele Jahre den Spuren des deutschen Volkstums im ungarischen und slawischen Sprachgebiet nachgegangen war und das Schicksal der deutschen Siedlergruppen stark mitfühlte, wurde Steiner auch zu Gedanken über die Mission des Deutschtums angeregt. In Deutschland sahen Schröer und Steiner den Kreuzungspunkt europäischer Entwicklungen (30/233). In England und Frankreich werden bedeutende Entdeckungen gemacht, durch die große Fragen aufgeworfen werden. Eine solche Frage verbindet sich zum Beispiel mit der Entwicklung der Arten. Für deutsche Denker wird diese Entdeckung zum moralischen und philosophischen Problem; für sie geht es nicht darum, das Faktische zu konstatieren, sondern Sinn und Bedeutung dieser Tatsache für die menschliche Lebensanschauung zu ergründen. – In England und Frankreich werden die Menschenrechte postuliert. Deutsche Denker trachten danach, den Gedanken der Freiheit zu begründen und mit Inhalt zu füllen, für den deutschen Staatsmann stellt sich die Aufgabe, die Menschenrechte auch im sozialen und wirtschaftlichen Bereich zu realisieren. Gegenüber den kulturell noch weniger entwickelten Völkern des Ostens ergibt sich – namentlich für das Deutschtum in Österreich – die Aufgabe, «*den Samen westlicher Kultur über den Osten hinauszustreuen*» (20/94). In diesem Sinne deuten Schröer und Steiner auch die Aufgabe der zahlreichen Deutschen, die als Siebenbürger Sachsen, als Banater Schwaben oder gar als Wolgadeutsche im Osten siedeln: «Vielleicht fällt gerade *diesen* Deutschen nicht der unbedeutendste Teil der gemeinsamen Kulturarbeit zu.» (30/336) – Solche Gedanken über die kulturelle Mission des Deutschtums waren damals keineswegs außergewöhnlich, in den sechziger Jahren wurden sie von manchen Liberalen in Österreich vertreten, die dabei nachdrücklich betonten, daß es nicht die Aufgabe der Deutschen sei, die anderen Völker der Donaumarchie politisch zu beherrschen, vielmehr sollten die österreichischen Deutschen den Völkern des Ostens die europäische Bildung und Kultur vermitteln.

Neben seinen Vorlesungen hielt Schröer auch «Übungen im mündlichen Vortrag und schriftlicher Darstellung» ab. Bei diesen Übungen lernte Rudolf Steiner eine Anzahl gleichaltriger Studenten näher kennen. Schröer überließ jedem Teilnehmer die Wahl des Themas, über das er sprechen wollte, und so konnte sich jeder Student schon durch das Thema, das er aufgriff, zu erkennen geben. Das gab Anlaß zu Debatten und Gesprächen, die schnell zu Freundschaften führten. Die meisten dieser Studenten, die sich im Kreise um Schröer fanden, stammten aus eingeschränkten Verhältnissen und konnten nach einem Besuch der Realschule – im heutigen Sinne: naturwissenschaftliches Gymnasium – nicht an den Universitäten studieren. Sie hatten sich also mehr oder weniger an die Technische Hochschule verirrt und hatten zumeist nichts mit Technik und der modernen Naturwissenschaft im Sinn. Der in *Mein Lebensgang* zuerst geschilderte Freund, sein Name war Emil Schönaich, schwärmte für Wagner, die beiden nächst beschriebenen, Rudolf Ronsperger und Moriz Zitter, fühlten sich als Dichter, der vierte, Josef Köck, war ein verschlossener Mensch, der seinen Träumen nachhing. Sie alle fühlten sich vom Leben irgendwie mißhandelt. «Ihre Tätigkeit wurde gelähmt durch einen öffentlichen Geist, an dessen Bestrebungen sie keinen Anteil haben wollten.» (31/362) Steiner erlebte, wie diese und andere Mitstudenten, von Resignation ergriffen, sich der philosophischen Modeströmung des Pessimismus oder dem Materialismus zuwandten. Mit brieflichen Ermahnungen, «mit wahren Donnerworten» (28/78) in der Diskussion und in nie endenwollenden Gesprächen ging Steiner gegen diese Stimmungen an. Als Tröster, Berater, ja als Beichtvater versuchte der «Prior», so der Spitzname Steiners – der sich allerdings von *apriori* herleitete –, in seiner Studentenzeit zu helfen und aufzurichten. Doch oft war die perspektivlose Düsternis der Zeitverhältnisse mächtiger als er. Er mußte erleben, daß Ronsperger Selbstmord beging, daß Schönaich am Leben scheiterte und ein trauriges Ende fand. Köck schrieb Steiner schon 1890 nach Weimar: «Weißt Du wohl, wir sind einmal ausgezogen, selbander, voll stolzer Pläne. Aber Du hattest starke Beine und starken Mut – ich blieb zurück. Du stiegst aufwärts, aufwärts höher und höher. Und nun stehst Du schon im Licht. Oh, sag uns, was Du dort oben siehst, schildere uns die Schönheit jener uns verschlossenen großen Welt – vielleicht schöpfen wir Mut, die wir hier zurückgeblieben im armen Dunkel ... » (B 55, S. 21) Von diesen Freunden gelang es allein Moriz Zitter, einigermaßen erfolgreich das Leben zu meistern.

Als Rudolf Steiner im Jahre 1900 auf seine Studentenzeit zurückblickte, erschienen ihm die Schicksale seiner Freunde als Symptome für die Entwicklung des öffentlichen Geistes in Österreich, als Symbol jener Politik, die breiten Schichten jegliche Hoffnung auf ein sinnvolles Leben nahm und den Niedergang der Donaumonarchie einleitete. Die große Politik und die Niedergangsstimmung spiegelten sich im Schicksal der einzelnen Menschen: «Ein Politiker hat das Leben der österreichischen Deutschen in der Gegenwart einen Kirchhof genannt, auf dem eine Unzahl von Hoffnungen begraben liegen. Ein Außenstehender wird sich nur schwer eine Vorstellung von den Gründen machen können, durch die den Deutschen des Donau- und Alpenlandes ihr Schicksal in den letzten Jahrzehnten bestimmt worden ist. Wer aber, wie ich, die ersten dreißig Jahre seines Lebens in Österreich verbracht hat, wer namentlich seine akademische Lernzeit im Anfange der achtziger Jahre in Wien verlebt hat, für den gibt es in dem Gange der Entwicklung Österreichs kaum etwas Unbegreifliches. Denn er hat an zahlreichen einzelnen Persönlichkeiten individuelle Schicksale sich abspielen sehen, die nichts weiter sind, als eine Wiederholung jenes Entwicklungsganges im Kleinen.» (31/360)

In einem geistvollen Essay *Hofmannsthal und seine Zeit* hat Hermann

Abb. 22: Moriz Zitter († 1922). «Ihm verdankte ich damals, daß ich mit vielen Menschen verkehren konnte.» (28/80)

Broch versucht, das Wien der achtziger Jahre zu charakterisieren. Broch bezeichnet dort Wien als das «Zentrum des europäischen Wert-Vakuums», in dem die Leere durch Dekoration überdeckt und nichts sonderlich ernst genommen wurde. Ein heiterer Hedonismus genoß vor musealen Kulissen eine «fröhliche Apokalypse». Im Gegensatz zu Deutschland jedoch seien die Jahre von 1870 bis 1890 in Wien nicht die Gründerzeit des Arbeitsrausches, sondern bloß die «Backhendlzeit» der schieren Lebensdekoration gewesen. So sehr diese Beschreibung auf manche Kreise des Bürgertums zutreffen mag, verdeckt sie doch das soziale Elend der unteren Schichten, die Hoffnungslosigkeit jener, die aus diesen Schichten aufzusteigen trachteten. Für sie war die Apokalypse nicht fröhlich, und an «Backhendeln» fehlte es durchaus. Hinter den teuren Dekorationen und prächtig inszenierten Festzügen breitete sich Fäulnis aus, entstanden jene giftigen Gase des spezifisch wienerischen Antisemitismus. Rudolf Steiners Blick richtete sich aber auf jene Menschen, die diese Tendenzen nicht mitmachen und die in dieser Luft nicht atmen konnten; er resümierte: «Wenige nur haben sich aufgerafft, um in Lebensberufen Befriedigung zu suchen, die abseits lagen von dem öffentlichen Leben Österreichs; viele sind in unerfreulicher Resignation einem dumpfen Philisterleben verfallen; nicht wenige aber haben völlig Schiffbruch gelitten im Leben.» (31/362)

Über diese gedrückte Zeitstimmung seiner Studentenjahre spricht Rudolf Steiner in seiner Autobiographie ebenso wenig wie über seine wirtschaftlich ärmlichen Verhältnisse, die ihn immer wieder zwangen, durch Privatunterricht Geld zu verdienen. Für ihn persönlich dürften diese Dinge eher widrige äußere Umstände gewesen sein, denen positive Chancen gegenüberstanden. Selbstverständlich ergriff er als Student die Gelegenheit, in der Bibliothek der Technischen Hochschule oder in der Hofbibliothek jene Bücher zu lesen, die ihn interessierten und die er sich nicht anschaffen konnte. Schnell holte er nach, was ihm die Realschule vorenthalten hatte. Schon die frühen Briefe zeugen von einer erstaunlichen Belesenheit auf philosophischem und literarischem Gebiet. Wichtiger waren für ihn aber der Verkehr und das persönliche Gespräch mit Menschen, zumal er ja in seiner Jugend kaum irgendeinen Gesprächspartner gehabt hatte. «Ich lechzte nach Geselligkeit.» (28/80) Vor allem durch seinen Freund Moriz Zitter wurde ihm der Zugang zu immer neuen Menschenkreisen erschlossen. «Er liebte es, mich zu allen Leuten zu bringen, mit denen er Zusammenhang hatte.» (ebd.) Diese bescheidene Geselligkeit war nach der Einsamkeit in Neudörfl bereits eine Wohltat, doch allzuviel Anregung bot auch sie nicht. In seiner Autobiographie vergleicht Steiner Wien und Weimar in dieser Hinsicht und spricht von der «Enge, in der ich in Wien gezwungen war zu leben» (28/302). Im kleinen Weimar gab es später für Rudolf Steiner mehr Kontakte mit der «großen Welt» und mit persönlich bedeutenden Menschen. So lebte Steiner als Student – also bis zum Jahre 1884 – in Wien im Milieu ärmerer Studenten, und die Geselligkeit spielte sich zumeist auf langen Spaziergängen durch die Gassen Wiens oder bei einer Tasse Kaffee in einer kleinen Gaststube ab. Steiner erwähnt dieses Ambiente kaum, vom Prater oder von Ausflügen nach dem damals noch ländlichen Grinzing ist nirgends die Rede. Gewicht hatte allein der Austausch mit anderen Menschen, das Gespräch.

Wien war in den achtziger Jahren eine Musikstadt ersten Ranges. Hier lebten Brahms und Bruckner, Hugo Wolf und Johann Strauß; Konzerte und Opern und natürlich auch die Operetten waren öffentliche Ereignisse, vom «Papst» der Wiener Musikkritik, Eduard Hanslick, stets zensiert. Hanslick schätzte von den zeitgenössischen Komponisten Brahms

Abb. 23: Rudolf Steiner als Student, um 1882

vor allen anderen. Zugleich war er ein erklärter Feind der Musik Richard Wagners, zu dessen Verehrern in Wien nicht nur Anton Bruckner zählte, sondern auch viele Freunde Steiners. Hier wäre vorgreifend von Friedrich Eckstein zu sprechen, der im Jahre 1882 zu Fuß nach Bayreuth pilgerte und dort an der ersten im privaten Kreise stattfindenden *Parsifal*-Aufführung teilnahm. Im Zeichen Richard Wagners fanden sich damals viele «suchende Seelen», die sich nach einer neuen Kultur sehnten und sie im Gesamtkunstwerk Wagners verkündet sahen.

Steiner, der selbst kein Instrument spielte, liebte die Musik: Das «reine musikalische Tongebilde» erschien ihm wie das reine Denken als «Offenbarung einer wesentlichen Seite der Wirklichkeit» (28/73). So hörte er mit Begeisterung, was er reine Musik nannte. Unter seinen studentischen Freunden waren aber vorzugsweise Anhänger der Musik Richard Wagners. Diese feierten das «Ausdrucksvolle» und Bedeutungsschwere der Wagnerschen Musik, das Steiner ganz zuwider war. Zusammen mit Emil Schönaich besuchte Steiner «manches Konzert und manche Oper. Wir waren stets verschiedener Meinung. In meinen Gliedern lagerte etwas wie Blei, wenn die ‹ausdrucksvolle Musik› ihn bis zur Ekstase entflammte; er langweilte sich entsetzlich, wenn Musik erklang, die nichts als Musik sein wollte.» (28/74) Eine Tristan-Aufführung war für Steiner «ertötend langweilig» (28/76).

Der Streit um Wagner führte zu endlosen Debatten. Steiner sprach von der Wagnerschen «Barbarei» und verlieh seinem Anti-Wagnertum den heftigsten Ausdruck, sein Freund verteidigte Wagner als den Entdecker des eigentlich Musikalischen. Man weiß, daß Steiner damals Beethoven über alle anderen Komponisten stellte. Ansonsten ist aber nur wenig über Steiners Musik-Erleben überliefert. Wie stand er in seiner Wiener Zeit zu dem Wagner- und Bruckner-Kritiker Hanslick, den er später des öfteren erwähnt? Hörte er Mozart? Zählte er sich damals zu den Freunden von Johannes Brahms? Wir wissen, daß Steiner in Wien einer Aufführung von Bruckners vierter Symphonie beigewohnt hat, aber wir wissen nicht, wie er sie erlebt hat. Was wir einzig wissen, ist, daß die musikalische Kunst ihm gerade in der Wiener Zeit von entscheidender, ja krisenhafter Bedeutung war.

Im Jahre 1896 formulierte er in knappster Form seine Gedanken über Musik. Goethe hatte geschrieben: «Die Würde der Kunst erscheint bei der Musik vielleicht am Eminentesten, weil sie keinen Stoff hat, der abgerechnet werden müßte. Sie ist ganz Form und Gehalt und erhöht und veredelt alles, was sie ausdrückt.» Steiner kommentiert diesen Gedanken Goethes: «Die Musik hat in der Wirklichkeit keine Vorbilder. Der Musiker schafft Form und Gehalt aus dem Inneren. Deshalb wird die Musik unter allen Künsten am wenigsten der Gefahr ausgesetzt sein, daß man sie nicht nach dem *Wie*, das der Künstler schafft, sondern nach dem *Was*, das er in der Außenwelt vorfindet, fragt. Deshalb eignet sich die Musik am besten dazu, sich über die Wirklichkeit zu erheben und auf die tieferen Seiten des Lebens hinzuleiten; aber auch dazu, den Ernst der Wirklichkeit vergessen zu lassen.» (1e/501)

4.

DER EINSAME WANDERER

Die Darstellung seiner Jugendfreundschaften der Wiener Zeit unterbricht Rudolf Steiner mit einigen Bemerkungen, die seine innere Situation schlaglichtartig beleuchten. Auf der einen Seite lebte er ganz in den vielen Freundschaftsbeziehungen, sie machten einen wesentlichen Teil seines Lebens aus. Auf der anderen Seite vertiefte er sich in Erkenntnisfragen, die ihm mindestens ebenso wichtig waren. So entstand eine Art «Doppelleben in der Seele». Seine Freunde interessierten sich zwar durchaus für die Probleme, die Steiner bewegten, aber sie hatten nur wenig dazu zu sagen: «Ich blieb im Erleben dieser Rätsel ziemlich einsam ... So gingen zwei Lebensströmungen in mir nebeneinander: eine, die ich wie ein einsamer Wanderer verfolgte; und die andere, die ich in lebendiger Geselligkeit mit liebgewonnenen Menschen durchmachte.» (28/81) Dieses einsame Streben nach Erkenntnis hat, obgleich es in die äußeren Lebensumstände eingebettet ist, seine eigene Gesetzmäßigkeit und Konsequenz. Man kann deshalb den Weg des einsamen Wanderers zunächst für sich verfolgen, ohne ständig auf die äußeren Ereignisse blicken zu müssen.

Zwei Hauptfragen waren es, die Rudolf Steiner schon als Schüler bewegt hatten: die Frage nach der Natur des geistigen Erlebens, das ihm klar vor dem inneren Auge stand, und die Frage nach der Reichweite des Denkens: Wie dringt das Denken wirklich in die Welterscheinungen ein? Als er von seinem ersten Besuch in Wien wieder nach Oberlaa kam, begann er sofort mit der Lektüre von Fichtes *Wissenschaftslehre* (1794). Ein erstaunlicher Tatbestand, wenn man bedenkt, daß wohl niemand den Achtzehnjährigen auf die Stellung Fichtes in der Entwicklung der Philosophie eigens hingewiesen hatte. Woher wußte Steiner, daß Fichte ihn fördern würde?

Er berichtet: «Ich hatte es mit meiner Kantlektüre soweit gebracht, daß ich mir eine, wenn auch unreife Vorstellung von dem Schritte machen konnte, den Fichte über Kant hinaus tun wollte.» (28/51) Bekanntlich wollte Fichte die bedingenden Faktoren des menschlichen Bewußtseins, namentlich das, was der «ursprünglich synthetischen Einheit der Apperzeption» (*Kritik der reinen Vernunft*, §16) bei Kant zugrunde liegt, ergründen. Dieser historische Aspekt des Fichteschen Ansatzes interessierte Steiner nicht «allzu stark». Er wollte sich ein «strenges Gedankenbild» vom Leben des Geistes in der Seele machen. Nun las er bei Fichte: «*Dasjenige, dessen Sein* (Wesen) *bloß darin besteht, daß es sich selbst als seiend setzt*, ist das Ich, als absolutes Subjekt. So wie es sich setzt, ist es; und so wie es ist, setzt es sich; und das Ich ist demnach für das Ich schlechthin, und notwendig. Was für sich selbst nicht ist, ist kein Ich.» (*Wissenschaftslehre*, 1794, S. 9) Indem Steiner den Prozeß nachvollzog, der zu diesen Gedankenschritt und dann zu weiteren führte, wurde er zur eigenen Tätigkeit, zur Selbstklärung angeregt. Entscheidend aber war, daß Steiner nicht nur die Schritte Fichtes nachvollzog, sondern daß er sie sogleich aktiv aufnahm. So gelangte er zunächst zu der Auffassung, die er 1924 zusammenfaßte: «Wenn das Ich tätig ist und diese Tätigkeit selbst anschaut, so hat man ein Geistiges in aller Unmittelbarkeit im Bewußtsein.» (28/52)

Um sich weiter über seine Gedankenschritte aufzuklären, begann er, sie aufzuschreiben. Dieses Manuskript hat sich glücklicherweise erhalten. Es umfaßt auf zehn Seiten eine «Einleitung» und ein erstes Kapitel, im Anfang des zweiten Kapitels bricht es ab. Das Ziel der Einleitung ist es, darzulegen, daß alle Formen des Wissens und Erkennens im Laufe der Geschichte von Personen hervorgebracht werden, daß Personen Träger und Produzenten des Wissens sind und daß das Wissen nicht einfach aus der Erfahrung entsteht. «Denn man kann durch Erfahrung doch nicht bestimmen, welche Überzeugungskraft für uns die Erfahrung hat.» So kommt er zu dem Ergebnis: «Die Quelle der Gewißheit und somit auch der Wissenschaftslehre ist die erkennende Person.» Da aber die Erkenntnisse der verschiedenen Personen teilweise widersprüchlich, teilweise partikulare Entwicklungsschritte sind, bedarf es einer grundlegenden Untersuchung des Wissens und seiner Genese. Das ist die Aufgabe der Wissenschaftlehre. Diese Wissenschaftslehre «kümmert sich nicht nach dem Was der Erkenntnisse, sie handelt nur von dem Wie derselben.» (B 30, S. 29)

Um dieses Wie des Erkennens zu fassen, wendet sich Steiner dem Zentrum der Persönlichkeit, dem «Ich» zu: «Wir sehen also, daß in der Mannigfaltigkeit der Anschauungen das eigene Ich der erkennenden Persönlichkeit einen ruhigen Pol bildet, von dem wir zunächst auszugehen haben.» So gelangt er zum zweiten Kapitel «Die Lehre von der Person oder dem ‹Ich›». Dieses «Ich» wird als der Identifikations- oder Brennpunkt bestimmt, auf den die einzelnen Handlungen des «Ich» bezogen werden. Dieses «reine Ich» ist qualitativ und numerisch über alle Zeitverhältnisse mit sich selbst identisch. Wenn man jedoch dieses «Ich» in den Blick nehmen und zum Gegenstand einer direkten Betrachtung machen will, so ergibt sich: «Das Ich ist in aller Mannigfaltigkeit von Anschauungen, Erkenntnissen u.s.f. jener Brennpunkt, welchen zu ergreifen unmöglich ist, da er immer und immer nach rückwärts entschlüpft, wenn wir ihn ins Auge fassen wollen.» (B 30, S. 30) Mit anderen Worten: Die Person weiß sich mit sich selbst in jeder Hinsicht identisch, sie bezieht alles auf einen Punkt, sie weiß sicher von sich, aber sie kann jenes «reine Ich», das der Grund der Identität ist, nicht gegenständlich anschauen, denn es ist nicht einfach der gegenständliche Mittelpunkt der Vorstellungen, als die sich ein Ich vorstellen kann. Letzteres wäre das psychologische «Ich», das als Gegenstand der Reflexion bezeichnet werden kann.

Schon in diesen Ausführungen zeigt sich, wenngleich sie sich sehr deutlich an Fichte orientieren, der Ansatz des späteren Steiner in der Frage nach der *Beobachtung*. So wie der spätere Steiner in der *Philosophie der Freiheit* von der Beobachtung des Denkens und nicht etwa vom Denken über das Denken spricht, so geht es Steiner hier nicht um die schiere Konstruktion eines Ich-Begriffs, sondern um die Frage, wie das «Ich» Gegenstand der *Erfahrung* werden kann.

Nun ist aber die Einsicht, daß das reine Ich nicht Gegenstand der Betrachtung werden kann, nicht die letzte Einsicht. Im nächsten Abschnitt wird beschrieben, wie man das Ich ergreifen kann: «Das reine Ich *ist* weder, noch ist es irgend etwas im strengsten Sinne des Wortes. Sein ganzes ergreifbares Wesen ist gegeben durch sein Tätigsein, wir können nicht wissen, was es ist, sondern nur, was es tut.» (B30, S. 31) Das so von Steiner konzipierte Ich unterscheidet sich vom «Ich» Fichtes insofern, als Fichtes «Ich» zwar auch reine Tätigkeit ist, aber als Tätigkeit des Ich ausschließlich das «Setzen» annimmt. Diese Beschreibung hält Steiner für zu eng. Das tätige Ich kann in verschiedenen Weisen tätig sein. In den verschiedenen Tätigkeiten modifiziert es sich; es wird in den Weisen α, β, γ tätig und gewinnt damit einen jeweils verschiedenen Charakter und ist doch immer mit sich identisch.

In diesen Überlegungen zeigt der Achtzehnjährige, wie er Fichtes Gedanken in einer für ihn charakteristischen Art verwandelt. Er hält ganz offensichtlich den Fichteschen Ansatz der Philosophie im Ich für richtig, zugleich aber findet er, daß das bloße Setzen des *Seins* des Ich in eine Sackgasse führt, denn erstens geht es der erkennenden Philosophie nicht darum, ein Sein zu produzieren, und zweitens ist das bloße *Setzen* eine viel zu starre Tätigkeit. Steiner denkt das Ich ganz «flüssig». Er will es also nicht auf sich beschränkt wissen, sondern es so fassen, daß es für die Welt offen ist. Mit diesem Gedankenbild der allseits offenen Tätigkeit schafft er sich den Ansatz seiner späteren anthroposophischen Auffassung des Ich-Gedankens.

Nun berichtet Steiner in seiner Autobiographie, daß er vom «Ich» ausgehend den Weg zur Natur suchte, er wollte «von dem Ich aus in das Werden der Natur einbrechen. Geist und Natur standen damals in ihrem vollen Gegensatz vor meiner Seele. Eine Welt der geistigen Wesen gab es für mich. Daß das ‹Ich›, das selbst Geist ist, in einer Welt von Geistern lebt, war für mich unmittelbare Anschauung. Die Natur wollte aber in die erlebte Geisteswelt nicht herein.» (28/52) In dem Manuskript aus dem Jahre 1879 taucht dieses Problem in der Frage auf, wie «etwas ganz Fremdartiges in die Tätigkeit des Ich eintreten» könne (B 30, S. 34). – Diese Frage wäre leicht zu beantworten, wenn es nur darum ginge, einzelne Elemente der Natur gedanklich zu bestimmen, etwa das Blatt als Teil der Pflanze oder die Pflanze als Lebewesen. Erinnert man sich aber an die Aussage aus *Mein Lebensgang*, wo Steiner davon spricht, daß es ihm darum geht, die Dinge und Vorgänge wirklich mit dem Denken zu fassen, und wo er dann sagt: «Ein ‹Stoff›, der außerhalb des Denkens liegen bleibt, über den bloß ‹nachgedacht› wird, war mir ein unerträglicher Gedanke» (28/40) –, so sieht man, daß es sich hier darum handelt, beispielsweise eine Lilie oder das Eisen nicht nur begrifflich zu umschreiben, sondern die Lilie oder das Eisen selbst denkend zu erfassen. Er wollte verstehen, wie das Denken in unmittelbarer Beobachtung in das Wesen der Dinge eindringt. Das Manuskript aus dem Jahre 1879 bricht jedoch ab, bevor die Frage, wie etwas Fremdartiges in die Tätigkeit des «Ich» eindringen kann, beantwortet wird.

Da für Steiner das unmittelbar Gegebene und sein Verhältnis zum Denken zunächst ein Rätsel blieb, vertiefte er sich weiter in die Natur des «Ich» und gelangte dabei von Fichte zu Schelling und zu dessen *Philosophischen Briefen über Dogmatismus und Kritizismus* (1795). Über das Ergebnis dieser Schelling-Studien berichtet der erste erhaltene Brief Steiners. Er stammt aus dem Jahre 1881. «Es war die Nacht vom 10. auf den 11. Januar, in der ich keinen Augenblick schlief. Ich hatte mich bis 1/2 1 Uhr mitternachts mit einzelnen philosophischen Problemen beschäftigt, und da warf ich mich endlich auf mein Lager; mein Bestreben war voriges Jahr, zu erforschen, ob es denn wahr sei, was Schelling sagt: ‹Uns allen wohnt ein geheimes, wunderbares Vermögen bei, uns aus dem Wechsel der Zeit in unser innerstes, von allem, was von außen hinzukam, entkleidetes Selbst zurückzuziehen und da unter der Form der Unwandelbarkeit das Ewige in uns anzuschauen.› Ich glaubte und glaube nun noch, jenes innerste Vermögen ganz klar an mir entdeckt zu haben – geahnt habe ich es ja schon längst –; die ganze idealistische Philosophie steht nun in einer wesentlich modifizierten Gestalt vor mir; was ist eine schlaflose Nacht gegen solch einen Fund!» (38/13) – Schelling hat an der genannten Stelle (Schellings Werke, 1854, 1/1, S. 318f) diese Erfahrung, die «nur durch Freiheit hervorgebracht» werden kann, noch erläutert: «Diese intellektuale Anschauung tritt dann ein, wo wir für uns selbst aufhören, *Objekt* zu sein, wo, in sich selbst zurückgezogen, das anschauende Selbst mit dem angeschauten identisch ist.»

Vielleicht versteht man diesen Bericht am ehesten, wenn man von dem Satz «die ganze idealistische Philosophie steht nun in einer wesentlich modifizierten Gestalt vor mir» ausgeht. Diese Bemerkung besagt, daß es sich bei dieser Erfahrung nicht um ein punktuelles Erlebnis gehandelt haben kann. Die neue Erkenntnis hat vielmehr ein neues Organ erschlossen, das seine bisherigen Gedanken verwandelte. Die Ideen des Idealismus werden so nicht allein theoretisch als durch das «Ich» frei hervorgebrachte Gedanken *vorgestellt,* als durch Lektüre aufgenommene Gedanken. Sie erscheinen in diesem Licht vielmehr als aus der Substanz des «Ich» geboren und auf das Wesen des «Ich» hingeordnet, und als Wesen des «Ich» zeigen sich Freiheit und Liebe, die beide nicht bloße Ideen, sondern gestaltende Kräfte sind. Man gewahrt, daß die menschliche Tätigkeit und Organisation auf diese Kräfte hingeordnet ist. Das zeigt sich zuerst in der idealistischen Philosophie, die insgesamt danach strebte, die Gedankenwelt so zu organisieren, daß sie den Kräften von Freiheit und Liebe entsprach. So wird die gesamte Gedankenwelt von der Starrheit des Dogmatismus und der Unverbindlichkeit des Kritizismus befreit zu einem absolut flüssigen Element, in dem sich das Ich frei-schöpferisch bewegt.

Nachdem die menschliche Geisteswelt so in ein neues Licht gerückt war, wurde die Frage, wie man an die Natur herankommt, immer drängender. Darüber nachsinnend kam Rudolf Steiner auf den Gedanken, «eine sogenannte Bauernphilosophie zu schreiben» (327/115f), in der er sich von der aus dem täglichen Umgang mit der Natur stammenden Sprache und Gedankenbildung der Bauern anregen lassen wollte. Vielleicht hoffte er auch nur, im Denken der Bauern ein Gegengewicht gegen das naturwissenschaftliche Denken, in dem er sich täglich zu üben hatte, zu finden. In einem Brief schreibt er: «Ich sprach vom Studium der Bauernphilosophie. Dies kann Sie vielleicht befremden; doch ich versichere Sie, nicht alles, was der Bauer denkt, ist eine Frucht von Predigten etc., sondern das Landvolk hat seine ureigenen Überzeugungen ethischer, theoretischer und sogar ästhetischer Natur, die gar viel Interessantes an sich haben.» (38/25)

So unternahm er im Sommer 1881 einige Exkursionen nach Münchendorf, wo er zunächst dem Leben und Wirken des Schulmeisters Johann Wurth nachspürte. Von Münchendorf führte sein Weg nach Trumau, wo er den Kräutersammler Felix Koguzki, den er auf seinen Bahnfahrten nach Wien kennengelernt hatte, aufsuchen wollte. Bei seinem ersten Besuch am 21. August traf er den Kräutersammler nicht an, am Freitag, den 26. August aber hatte der Besuch Erfolg. Rudolf Steiner berichtet: «Über der Eingangstür stand: ‹In Gottes Segen ist alles gelegen›. Ich selber war in diesem Häuschen nur ein einziges Mal während meiner Jugendzeit. Dort aber wohnte ein Mann, der äußerlich sehr unscheinbar war. Kam man in sein Häuschen, so war es überall voll von Heilkräutern. … Und diese Heilkräuter packte er sich an einem bestimmten Tage der Woche in einen Ranzen» (192/204), um sie in Wien zu verkaufen. Auf diesen Fahrten nach Wien war Rudolf Steiner dem Kräutersammler begegnet. Das streng-herbe Antlitz und der nüchtern-tiefe Blick des fast Fünfzigjährigen hatten seine Aufmerksamkeit erregt und ihn angezogen. Es dauerte dann einige Zeit, bis er die Ausdrucksweise, den geistigen Dialekt des Felix Koguzki zu verstehen begann. Wie weit die Bekanntschaft mit Felix Koguzki im August 1881 gedieh, wissen wir nicht. In einem Brief, den er abends noch am selben Tage nach der Rückkehr aus Trumau schrieb, schweigt er über diesen Besuch: «Ich komme gerade jetzt aus Münchendorf, ich habe von dort aus den Weg nach Trumau hin et retour zu Fuß zurückgelegt; ein Weg von einer Stunde ... Ich lerne dabei das niederösterreichische Volk kennen und zugleich liebgewinnen. Diese Leute kommen einem mit einer erstaunlichen Aufmerksamkeit entgegen und werden bald recht zutraulich.» (38/44)

Steiner hat erzählt, daß er den Kräutersammler wenige Male auf seinen einsamen Wanderungen begleiten durfte, wobei Koguzki versuchte, «jede einzelne Pflanze aus ihrem Wesen, aus ihren okkulten Untergründen heraus zu erklären» (B 83/84, S. 17). Dabei führte ihn Koguzki an jene Orte, wo seltene, besondere Pflanzen zu finden waren, und sprach über deren Wirken. Einen poetischen Abglanz, nicht unbedingt äußerlich realistischen Bericht, findet man in den Paralipomena zu den Mysteriendramen. Dort berichtet die «Lilie» dem «Mann mit der Lampe», was ihr der «Mensch» über seine Wanderungen mit ihm mitgeteilt hat: «Er erzählte mir, wie er Sie auf Wanderungen begleitet, wo Sie die Kräuter sammelten und die Wurzeln, welche für die Drogisten Sie besorgen. Und er erzählte mir, wie Sie ihn führten an verborgne Stelle, wo auf harter Felsenplatte, im Boden, den kaum Erdreich deckte, sproßten seltsame Pflanzenformen; und wie in wildem Sturme dort Donner und Blitze sich entluden, doch anders als sie sonst die Menschen sehen. Wie der Elemente geheime Offenbarung ertönte in ferner Felsenhöhe.» (44/35) Die elementarische Welt enthüllt sich also dem auf dem *Fels* Stehenden in «Blitz und Donner».

In *Mein Lebensgang* faßt Steiner seinen Eindruck zusammen: «Er offenbarte sich so, als ob er als Persönlichkeit nur das Sprachorgan wäre für einen Geistesinhalt, der aus verborgenen Welten heraus sprechen wollte. Wenn man mit ihm zusammen war, konnte man tiefe Blicke in die Geheimnisse der Natur tun. Er trug auf dem Rücken sein Bündel Heilkräuter; aber in seinem Herzen trug er die Ergebnisse, die er aus der Geistigkeit der Natur bei seinem Sammeln gewonnen hatte. ... vom ersten Kennenlernen an hatte ich die tiefste Sympathie für ihn. Und so wurde es mir nach und nach, wie wenn ich mit einer Seele aus ganz alten Zeiten zusammen wäre, die unberührt von der Zivilisation, Wissen-

Abb. 24: Felix Koguzki (1833 – 1909). «Er trug auf dem Rücken sein Bündel Heilkräuter; aber in seinem Herzen trug er die Ergebnisse, die er aus der Geistigkeit der Natur beim Sammeln gewonnen hatte.» (28/60)

schaft und Anschauung der Gegenwart, ein instinktives Wissen der Vorzeit an mich heranbrächte.» (28/60f) – Für das geistige Ringen Rudolf Steiners, vom «Ich» aus in «das Werden der Natur einzubrechen», war die Begegnung mit Felix Koguzki nicht nur ein entscheidender Fingerzeig, sondern eine sich in «Blitz und Donner» vollziehende geistige Offenbarung der Elemente. Doch Steiner konnte diese Weisheit des Kräutersammlers nicht unmittelbar übernehmen. Er mußte die Sprache der Geist-Natur, die aus Koguzki sprach, durch und für das Ich neu schaffen. – Aber Felix Koguzki bedeutete noch mehr.

In dem autobiographischen Vortrag vom 4. Februar 1913 nennt Steiner den Kräutersammler den «Vorherverkünder einer anderen Persönlichkeit», und in den Aufzeichnungen für Edouard Schuré aus dem Jahre 1907 heißt es: «Nicht sogleich begegnete ich dem M. (Meister), sondern einem von ihm Gesandten, der in die Geheimnisse der Wirksamkeit aller Pflanzen und ihres Zusammenhanges mit dem Kosmos und mit der menschlichen Natur vollkommen eingeweiht war. Ihm war der Umgang mit den Geistern der Natur etwas Selbstverständliches, das ohne Enthusiasmus vorgebracht wurde, doch um so mehr Enthusiasmus erweckte.» (262/8) Der Kräutersammler bereitete also durch sein Wirken – wissend oder unwissend – die Begegnung mit dem eigentlichen okkulten Lehrer, den Steiner 1907 nach theosophischem Brauch einen «Meister» nannte, vor.

Diese Begegnung war durch die doppelte Vorbereitung Rudolf Steiners möglich geworden. Auf philosophischem Wege hatte er sich ein vollbewußtes Wissen vom ewigen Wesen des Ich errungen, das hatte ihn zu Felix Koguzki geführt. Dieser konnte dem so Vorbereiteten die Geheimnisse der Natur beleuchten. Einem anderen Menschen gegenüber hätte er geschwiegen. Denn er stand unter dem Gesetz des «Alten mit der Lampe», von dem es in Goethes *Märchen* heißt: «Ihr wißt, daß ich das Dunkle nicht erleuchten darf.»

Über die Begegnung mit seinem geistigen Lehrer hat sich Rudolf Steiner nur andeutungsweise geäußert. In dem Buch *Die Mystik im Aufgange des neuzeitlichen Geisteslebens* spricht Rudolf Steiner einmal über die Begegnung eines solchen Geistesführers mit einem Schüler. Über den Geistesführer, den «Gottesfreund vom Oberland», heißt es dort: «Man weiß nicht, wann er geboren und gestorben ist, und was er innerhalb des äußerlichen Lebens getrieben hat. Daß der Verfasser über diese

Tatsachen seines äußeren Lebens ein ewiges Geheimnis erstrebt hat, gehört schon zu der Art, in der er wirken wollte. Nicht das in einem bestimmten Zeitpunkte geborene ‹Ich› dieses oder jenes Menschen soll zu uns sprechen, sondern die Ichheit, auf deren Grund sich ‹die Besonderheit der Individualitäten› erst entwickelt.» (7/67) In diesem Sinne wird man auch über den Lehrer Rudolf Steiners denken müssen. Steiner nannte dessen bürgerlichen Namen nie und sagte nur, daß er in seinem äußeren Beruf «ebenso unansehlich» wie Koguzki war. Name, Beruf und Wohnort sind uns also unbekannt.

Im Jahre 1907 hat Steiner Edouard Schuré über seine Begegnung mit dem «Meister» einiges erzählt; das wurde von Schuré dann in schriftliche Form gebracht. Dieser Bericht kann nur mit größter Zurückhaltung als Quelle benutzt werden, weil er eine Reihe nachweisbarer Fehler enthält und überdies von Schuré literarisch aufgeputzt und mit dem ihm eigenen Pathos garniert wurde. Zwei Passagen der Darstellung Schurés seien dennoch hier angeführt, weil sie im Kern Zutreffendes zu enthalten scheinen. Nachdem Schuré Steiner eine «fast weibliche Feinfühligkeit» zugeschrieben hat, heißt es über den Meister: «Es war ein männlicher Geist, eine Herrschernatur, welche nur auf die Gattung schaute und für welche die Individuen kaum eine Bedeutung haben. Er schonte sich selbst nicht, so wenig wie die anderen. Sein Wille war einer Kanonenkugel vergleichbar, welche, nachdem sie einmal den Lauf verlassen hat, direkt ihrem Ziel zuschießt und alles auf ihrem Wege mit sich reißt.» (B 42, S. 10) Entkleidet man diese Aussage ihrer grimmigen Rhetorik, so bleibt der Gedanke an eine Persönlichkeit, die aus weltgeschichtlicher Verantwortung entschlossen handelt und wirkt, ohne auf Kleinliches zu achten. – Das zweite, was Schuré mitteilt, ist, daß die Schulung Steiners nur kurze Zeit – wie lange es genau war, sei dahingestellt – gedauert habe: «Rasch ließ er ihn durch die verschiedenen Etappen der inneren Disziplin hindurchgehen, um ihn auf die Stufe des bewußten und vernunftgetragenen Hellsehens hinaufzuheben. In wenigen Monaten war der Schüler durch mündlichen Unterricht mit der unvergleichlichen Tiefe und Schönheit der esoterischen Zusammenschau bekannt geworden.» (B 42, S. 9)

Rudolf Steiner selbst legt in seiner knappen Darstellung den Akzent darauf, daß sein Lehrer bei ihm, der sich mit seinem eigenen Erleben in der geistigen Welt bewegte, «die regulären, systematischen Dinge» anregte, «mit denen man bekannt sein muß in der spirituellen Welt. Es bediente sich jene Persönlichkeit ... der Werke Fichtes, um gewisse Betrachtungen daran anzuknüpfen, aus denen sich Dinge ergaben, in welchen doch die Keime zu der ‹Geheimwissenschaft› gesucht werden könnten, die der Mann, der aus dem Knaben geworden ist, später schrieb. Und manches, aus dem die ‹Geheimwissenschaft› geworden ist, wurde damals in Anknüpfung an Fichtes Sätze erörtert.» Des weiteren zielte die Unterweisung auf die richtige Orientierung in der geistigen Welt: «Jene eigenartigen Strömungen, die durch die okkulte Welt gehen, die man nur erkennen kann, wenn man eine aufwärts- und eine abwärtsgehende Doppelströmung ins Auge faßt, traten damals lebendig vor» seine Seele (B 83/84, S. 18).

In den handschriftlichen Vorbereitungsnotizen für den Vortrag, dem diese Worte entnommen sind, ist von einem «Doppelstrom der Zeit» und von der «Doppelströmung des Werdens» die Rede. Die Darstellung Steiners schließt mit der Bemerkung, daß er, als er jene Schulung durchmachte, den zweiten Teil des *Faust* noch nicht kannte. Da sich aus Briefen ergibt, daß Steiner im Sommer des Jahres 1882 den zweiten Teil des *Faust* gelesen hatte, kann man die Zeit des intensiveren Verkehrs mit Felix Koguzki bis zum Frühherbst 1881 ansetzen und damit das Winterhalbjahr 1881/82 als die Zeit der Schulung durch den okkulten Lehrer bestimmen. In diese Zeit fällt der 21. Geburtstag Rudolf Steiners.

Die lakonischen Andeutungen Rudolf Steiners sind Gegenstand mancher Interpretationen geworden. Ohne den Anspruch zu erheben, eine vollständige Deutung zu geben, sollen die folgenden Erwägungen zeigen, in welche Richtung man die Gedanken lenken kann. Man muß davon ausgehen, daß es sich bei dem, was Rudolf Steiner erfuhr, um eine okkulte Unterweisung handelte. Obwohl bei dieser Unterweisung Sätze Fichtes als Ausgangpunkt dienten, ging es nicht in erster Linie um philosophische Fragen, sondern um diejenigen geistigen Einsichten, die einer philosophischen Gedankenbildung zugrunde liegen können. Rudolf Steiner spricht von «regulären, systematischen Dingen», die der Orientierung in der geistigen Welt dienen. Zu dieser Systematik gehört ganz sicher die Unterscheidung der Stufen der Evolution: die Alter Saturn, Alte Sonne, Alter Mond und Erde genannten Zustände jener Entwicklung, die in der *Geheimwissenschaft* dargestellt werden und die sich in der Gliederung des Menschen und der Naturreiche als physischer Leib, ätherischer Leib, astralischer Leib und Ich wiederfinden. Im okkulten Unterricht geht es dabei freilich nicht um die Worte und Begriffe, sondern um die Tatsachen, um die Anschauungen und Erfahrungen, auf die die Worte deuten. Mit den Stufen der Evolution wird zugleich auf Stufen des *Alters* aufmerksam gemacht; dadurch wird die Anschauung der Zeit konkret. Der geistig Ungeschulte bildet sich seine Zeitvorstellung am Zifferblatt der Uhr oder an ähnlichen *räumlichen Repräsentanten der Zeit.* Ein erster Schritt zum Verständnis der Zeit wird getan, wenn man durch das im Raume Anwesende auf das «Alter» des Erscheinenden blickt und zu einer qualitativen Wahrnehmung gelangt. Das wahre Verständnis der Zeit ergibt sich aber erst, wenn man den «Doppelstrom» der Zeit kennenlernt. Es handelt sich hier um die «Erkenntnis, daß es eine mit der vorwärtsgehenden interferierende rückwärtsgehende Evolution gibt» (262/7). Rudolf Steiner nennt diese beiden Strömungen auch Evolution und Involution und formuliert: «Evolution ist die Expansion des Geistes im Äußeren des Stofflichen. Involution ist die Contraction des Geistes im Inneren des Seelischen. Es ist keine Evolution möglich, ohne gleichzeitige entsprechende Involution. Es ist keine Involution möglich, ohne gleichzeitige entsprechende Evolution.» (B 67/68, S. 18)

Man hat es also bei aller Evolution mit einer Doppelheit des «in Erscheinung Tretens» und des sich «Verbergens in der Innerlichkeit» zu tun. Im Erscheinen verbirgt sich der Geist, im Verbergen offenbart sich der Geist. Ohne Verständnis für diesen Doppelstrom bleibt die Evolution unverständlich. Vor allem muß der Mensch diese beiden Ströme in sich deutlich unterscheiden und ihre Gleichzeitigkeit bemerken. Der Strom des denkenden Erkennens ist stets ein rückwärtsgehender Strom: er geht von unserer Gegenwart aus und strebt in Gedanken nach den Gründen und Bedingungen des Entstandenen. Zugleich aber möchte er das Werden verfolgen. Indem das gewöhnliche Denken aber die Ereignisse zumeist von ihrem Anfang an vorstellt, gerät der Denkende allzuleicht in naive Konstruktionen eines kausal-bedingten Werdens. Er stellt dann nur den einen Strom des Werdens vor und vergißt, wie diese Vorstellung gedanklich aus dem Geist gebildet wurde.

Wirkliches Verstehen wird dadurch möglich, daß der Okkultist diese Vorgänge zuerst in sich selbst beobachtet und erlebt: Der Mensch muß zum Schlüssel des Erkennens werden. Ein Beispiel, an dem dieses Doppelverhältnis von Evolution und Involution auch für den Uneingeweihten deutlich werden kann, ist das Verhältnis von Sprechen und Hören. Das Sprechen ist Äußerung, das Hören nimmt ins Innere auf. Sprechen ist die Expansion und Veräußerlichung des Geistigen, im Hören und im Verstehen und Bedenken kann das Gesprochene wieder stufenweise verinnerlicht werden.

Das bewußte innere Erleben der Doppelströmung nennt Rudolf Steiner in dem Buch *Wie erlangt man Erkenntnisse der höheren Welten?* die «geistige Wahrnehmungskraft». In der Erstveröffentlichung dieser Schrift in der Zeitschrift «Lucifer-Gnosis» wird diese Wahrnehmungskraft noch als «Kundalinifeuer» bezeichnet (Heft 24, S. 355). Über dieses Kundalinifeuer notiert Rudolf Steiner einmal, daß es sich dabei um eine zweifache Strömung, «die zunächst Wärme und Licht ist», handelt. Und er fügt hinzu: «Solange das Kundalinifeuer nicht erregt wird, *tastet* man zwischen den Gegenständen und Wesen der höheren Welt; wie in der Nacht zwischen den physischen Gegenständen. Ist das Kundalinifeuer da, so beleuchtet man sich selbst die Gegenstände.» (B 51/52, S. 38 u. 39) An der hier angeführten Stelle in «Lucifer-Gnosis» bemerkt Steiner dann noch: «Wie dieses Kundalinifeuer im Herzorgane erzeugt wird, das kann nur einen Gegenstand der Geheimschulung selbst bilden. Öffentlich wird darüber nichts mitgeteilt.»

Das Grundmotiv von Licht und Wärme tritt an entscheidenden Stellen im Werk Rudolf Steiners auf. In der Schlüssel-Meditation, die im ersten Mysteriendrama Johannes in die geistigen Höhen erhebt, ertönt es aus dem Munde des Hierophanten Benediktus (14/67):

Des Lichtes webend Wesen, es erstrahlet
Durch Raumesweiten
zu füllen die Welt mit Sein.
Der Liebe Segen, er erwarmet
Die Zeitenfolgen,
Zu rufen aller Welten Offenbarung.
Und Geistesboten, sie vermählen
Des Lichtes webend Wesen
Mit Seelenoffenbarung;
Und wenn vermählen kann mit beiden
Der Mensch sein eigen Selbst,
Ist er in Geisteshöhen lebend.

Auch in der letzten Strophe des «Grundsteins» der Allgemeinen Anthroposophischen Gesellschaft wird das göttliche Licht, die Christus-Sonne, angerufen:

Göttliches Licht,
Christus-Sonne
Erwärme
Unsere Herzen;
Erleuchte
Unsere Häupter;
Daß gut werde,
Was wir aus Herzen
Gründen,
Was wir aus Häuptern
Zielvoll führen wollen.

Die zur Tat führende Wärme und das Licht des denkenden Erkennens werden so verbunden, daß das klare Licht die Wärme nicht erkältet und daß das Feuer der Begeisterung die Klarheit des Lichtes nicht trübt.

Auch wenn diese Deutung der Initiation durch den Meister nicht zutreffen sollte – in jedem Falle war die Initiation eine Verwandlung, die im Innersten des Geistesschülers ein neues höheres *Leben* erweckte. Der Lehrer Rudolf Steiners führte ihn zur *bewußten Praxis* des Umgangs mit geistigen Kräften und zeigte ihm, wie diese Kräfte zu verstehen sind. Nicht «Theorien» standen bei dieser Unterweisung im Vordergrund, sondern die geistigen Handgriffe oder Urkategorien, die eine Orientierung im Geistigen ermöglichen. Seinen geistig-gedanklichen Weg freilich mußte Rudolf Steiner von dieser neuen Erfahrungsbasis aus *selbständig* fortsetzen. Aber von der neuen Erkenntnisstufe aus konnte er die ihn bewegenden Fragen anders als bisher angehen.

In seiner Autobiographie hat Steiner – wenn ich recht sehe – diesen Erkenntnisschritt in allgemeiner Form beschrieben. Allerdings zeigt sich das in dieser Beschreibung Gemeinte erst, wenn man den dort angesprochenen Bewußtseinszustand nicht als eine bloße Änderung von Inhalten, sondern als das Ergebnis einer verwandelten geistigen Existenz versteht und weiß, daß sich die Formen des Bewußtseins aus Seelenkräften und Geisteshaltungen ergeben. Hier Steiners eigene Darstellung:

«Schiller hat von dem Bewußtseinszustand gesprochen, der da sein muß, um die *Schönheit* der Welt zu erleben. Konnte man nicht auch an einen solchen Bewußtseinszustand denken, der die Wahrheit im Wesen der Dinge vermittelt? Wenn das berechtigt ist, dann kann man nicht in Kantscher Art das zunächst gegebene menschliche Bewußtsein betrachten und untersuchen, ob dieses an das wahre Wesen der Dinge herankommen könne. Sondern man mußte erst den Bewußtseinszustand erforschen, durch den der Mensch sich in ein solches Verhältnis zur Welt setzt, daß ihm die Dinge und Tatsachen ihr Wesen enthüllen.

Und ich glaubte zu erkennen, daß ein solcher Bewußtseinszustand bis zu einem gewissen Grade erreicht sei, wenn der Mensch nicht nur Gedanken habe, die äußere Dinge und Vorgänge abbilden, sondern solche, die er *als Gedanken selbst erlebt.* Dieses Leben in Gedanken offenbarte sich mir als ein ganz anderes als das ist, in dem man das gewöhnliche Dasein und auch die gewöhnliche wissenschaftliche Forschung verbringt. Geht man immer weiter in dem Gedanken-Erleben, so findet man, daß diesem Erleben die geistige Wirklichkeit entgegenkommt. Man nimmt den Seelenweg zu dem Geiste hin. Aber man gelangt auf diesem inneren Seelenwege zu einer geistigen Wirklichkeit, die man dann auch im Innern der Natur wiederfindet.» (28/71)

So erfährt Steiner sich selbständig sowohl dem Gedanken als auch der Natur gegenüberstehend und beide, Gedanke und Natur, durch das innere Licht beleuchtet. Dabei wird der Gedanke gegenständlicher, er erscheint als bildhafte Qualität; die Natur wird durchsichtiger und geistverwandter. Man kann dieses Erleben der Gedanken, dem die geistige Welt entgegenkommt, als eine besonders wichtige Stufe der Involution ansehen.

Glücklicherweise ist ein Dokument erhalten geblieben, in dem man diese neue Entdeckung gespiegelt finden kann. Es wurde 1938 im Nachlaß von Friedrich Theodor Vischer gefunden. Es handelt sich um den Aufsatz *Einzig mögliche Kritik der atomistischen Begriffe,* den Steiner am 20. Juni 1882 an Vischer geschickt hatte. In dem Begleitbrief betont Rudolf Steiner: «Was ich vorbringe, ist daher nicht bloße Dialektik, sondern eigene innere Erfahrung.» (38/48) In dem genannten Aufsatz nun wendet sich Rudolf Steiner gegen die Auffassung, daß Begriffe und Ideen bloße Abstraktionen von der Sinneswelt seien. Er fordert, daß man Begriffe und Ideen an sich betrachte: «Man muß dem Begriffe seine Ursprünglichkeit, seine eigene, auf sich selbst gebaute Daseinsform lassen und ihn in dem sinnenfälligen Gegenstande nur in anderer Form

Abb. 25: Friedrich Theodor Vischer (1807-1887). Seine Antwort auf den ihm zugesandten Aufsatz ermutigte Steiner (B 49/50, S. 26f).

wiedererkennen.» Diese Begriffe werden zunächst erlebt, und dieses Erleben kannte Steiner bereits vor der Begegnung mit seinem Lehrer. Ihm war auch klar, daß diese Erfahrung den meisten Zeitgenossen fehlte, weil die Begriffe ihnen «meist Zeichen für sinnliche Gegenstände sind». (38/30) Nun aber stand er dem Begriff und der Idee frei gegenüber, und dabei ging ihm auf, daß die sinnliche Welt eine andere Form der Offenbarung des Geistes ist. Während man im gesteigerten, anschauenden Denken die bildende Kraft der Idee von innen ergreift, tritt einem im Werden der Natur dieselbe Kraft von außen entgegen.

Man hat es also mit zwei Formen des Erlebens zu tun, und beide Formen sind wichtig: Im inneren Anschauen enthüllen sich die gesetzmäßigen Triebkräfte, in der sinnlichen Welt kann man deren Wirken objektiv anschauen. Die Objektivität der Idee in der sinnlichen Welt führt zu immer neuen Fragen, an denen sich die Innerlichkeit überprüfen kann. So schreibt Steiner in dem Aufsatz aus dem Frühsommer des Jahres 1882: «Erst wenn man einsieht, daß es Begriff und Idee ist, was die Wahrnehmung bietet, aber in wesentlich anderer Form als in der von allem empirischen Gehalt befreiten des reinen Denkens, und daß diese Form das Ausschlaggebende ist, begreift man, daß man den Weg der Erfahrung einschlagen muß.» (B 63, S. 7) Für den Menschen gibt es also zwei Formen der Erfahrung: die innere Erfahrung der Idee (Involution) und die äußere Erfahrung durch die Sinne (Evolution). Für das menschliche Erleben sind diese beiden Formen das Ausschlaggebende; es kommt alles darauf an, die jeweilige Form der Erfahrung, die sich im *ersten* Auftreten zeigt, zu überwinden. Dies geschieht der Natur gegenüber, indem man herzlich Anteil nehmend ihr Werden begleitet, ihre Prozesse verfolgt und so schrittweise, dem natürlichen Zeitstrom folgend, in ihre Gesetzmäßigkeit eintaucht. Durch das Licht der Idee jedoch, die schon immer Resultat und Ziel ist, verfolgt man erinnernd und damit rückwärts blickend, wie die Dinge wurden. In diesem Verhältnis von Wahrnehmung und Idee bildet sich der Doppelstrom des Werdens ab. Man könnte in der Verwandlung der Idee zum Bild, das sich der Wahrnehmung nähert, den abwärtsgehenden Strom des Denkens sehen, in der Steigerung der Erfahrung bis zu dem Punkt, wo sie für das Denken durchsichtig wird, hingegen den aufwärtsgehenden Wärmestrom.

In seiner Autobiographie beendet Rudolf Steiner die Darstellung seines Ringens um den Bewußtseinszustand, der «die Wahrheit im Wesen der Dinge vermittelt», mit der Beschreibung jenes Bewußtseins, dem der Gedanke anschaulich und die Natur durchsichtig wird:

«Eine geistige Schauung stellte sich mir vor die Seele hin, die nicht auf einem dunklen mystischen Gefühle beruhte. Sie verlief vielmehr in einer geistigen Betätigung, die an Durchsichtigkeit dem mathematischen Denken sich voll vergleichen ließ. Ich näherte mich der Seelenverfassung, in der ich glauben konnte, ich dürfe die Anschauung von der Geistwelt, die ich in mir trug, auch vor dem Forum des naturwissenschaftlichen Denkens für gerechtfertigt halten.

Ich stand, als diese Erlebnisse durch meine Seele zogen, in meinem zweiundzwanzigsten Lebensjahre.» (28/72)

Der Einundzwanzigjährige hatte an diesem Punkt den Ansatz zur Beantwortung der Frage gefunden, die er sich bei seinen Fichte-Studien 1879 gestellt hatte: Wie kann das «Ich» den Weg zur Natur finden? Zunächst wurde ihm im geistigen Bilde klar, daß neben die Ich-Tätigkeit des Denkens die nicht weniger wichtige Ich-Tätigkeit des Wahrnehmens treten muß. Das «Ich» ist nicht nur ein denkendes, sondern auch ein wahrnehmendes Wesen. Bis diese Einsicht zur vollen Lebenserfahrung werden sollte, vergingen freilich, wie Rudolf Steiner in seiner Autobiographie berichtet, noch viele Jahre. Zunächst aber, im Jahre 1882, konnte er sich der Natur*wissenschaft* zuwenden und den Weg wissenschaftlicher Erfahrung betreten.

Er traf in der Naturwissenschaft auf die Begriffe von «Licht» und «Schall», die beide analog als Schwingungen gedeutet wurden. Steiner wehrte sich gegen diese Deutung. Aus dem bewußten Auffassen der Wahrnehmung ergab sich ihm ein deutlicher Unterschied. Hörend nehmen wir Töne und Geräusche direkt sinnlich wahr und abstrahieren dann aus dem Brummen, Summen und Singen, aus dem Pfeifen und Quietschen den zusammenfassenden, nominalistischen Oberbegriff «Schall», der die unmittelbaren Wahrnehmungen des Ohres unter sich subsummiert. Beobachten wir hingegen unser Sehen, so sehen wir beleuchtete und leuchtende Gegenstände, wir sehen Farben, Grauschattierungen und Dunkles. Wir sehen aber kein Licht. Mit dem Wort «Licht» wird nicht auf eine Summe von Wahrnehmungen gedeutet. Das Licht ist selber unsichtbar, dank des Lichtes aber sehen wir einen Baum oder eine Kerze. Die Dinge und Farben werden durch das Licht sichtbar gemacht. So deutet das Wort Licht nicht auf eine direkte sinnliche Wahrnehmung, sondern auf das, was die visuelle Wahrnehmung erst möglich macht, selber aber nicht wahrgenommen wird. «So wurde mir das Licht eine wirkliche Wesenheit *in der Sinneswelt*, die aber selbst außersinnlich ist.» (28/95) «Ich sagte mir: die Farbe wird nicht nach Newton'scher Denkungsweise aus dem Licht hervorgeholt; sie kommt zur Erscheinung, wenn dem Licht Hindernisse seiner freien Entfaltung entgegen gebracht werden. … Damit aber war für mich das *Licht* aus der Reihe der eigentlich physikalischen Wesenhaftigkeiten ausgeschieden. Es stellte sich als eine Zwischenstufe dar zwischen den für die Sinne faßbaren Wesenhaftigkeiten und den im Geiste anschaubaren.» (28/97f)

Für das Denken kann das Licht so zu einer Brücke zwischen dem Sinnlichen und dem Übersinnlichen werden. Indem das Licht selbstlos, das heißt ohne sich selbst bemerkbar zu machen, anderes sichtbar macht und zur Erscheinung kommen läßt, gleicht es in dieser Hinsicht dem Denken, welches sich selbst vergißt, wenn es über die Dinge nachdenkt und deren Zusammenhänge zur Erscheinung bringt. Daß das Denken einen Zugang zu den Dingen hat, daß es sie ruhig und distanziert betrachten kann, dankt es unter anderem dem Licht.

Den Kenner der Philosophiegeschichte wird dies an die bei Parmenides beginnende, von Plato und Plotin gesteigerte, im Mittelalter weitergeführte und bis zur Aufklärung, ja bis zu Fichte und Hegel reichende Licht-Metaphorik erinnern. Nicht zu Unrecht. Doch man muß auch den Unterschied sehen. Der Ansatz Steiners liegt nicht in einer metaphorischen Auffassung des Lichtes. Es geht ihm nicht um das Gleichnis: Erkennen = Licht. Sein Ansatz liegt vielmehr in der Fragestellung, wie im Sinne der Naturwissenschaft Licht zu denken sei. Die Antwort auf diese Frage ist für ihn, daß das Licht eine reale Wesenheit ist, während das Wort «Schall» nur als eine benennende Zusammenfassung unterschiedlicher Phänomene gebraucht wird. Durch diesen naturwissenschaftlichen Ausgangspunkt unterscheidet sich Steiners Ansatz von der Metaphysik des Lichtes, wie man sie zum Beispiel bei Augustinus findet.

Nachdem Steiner seine Gedanken über das Licht zu einem ersten Abschluß gebracht hatte, entdeckte er eine zweite Brücke, die das Sinnliche mit dem Übersinnlichen verbindet: «Ich kam auf die *sinnlich-übersinnliche Form*, von der Goethe spricht, und die sich sowohl für eine wahrhaft naturgemäße wie auch für eine geistgemäße Anschauung zwischen das Sinnlich-Erfaßbare und das Geistig-Anschaubare einschiebt.» (28/99)

Die Form oder die Gestalt erscheint zwar am Sinnlichen und ist insofern eine sinnliche Gegebenheit, als sie räumlich und zeitlich erscheint; sie zeigt sich räumlich als ein vielfach gegliedertes Ganzes, zeitlich als eine kontinuierliche Folge von Entwicklungsstufen. Doch die Ganzheit, die sich so in Raum und Zeit entfaltet, der Zusammenhang der Glieder und Entwicklungsstufen wird nur ideell wahrgenommen. Entscheidend ist, daß unmittelbar und sicher gewußt wird, daß man es bei einer Linde mit einer Ganzheit zu tun hat, und daß man auch die Einzelheiten immer als Glieder eines übergeordneten Ganzen und nicht als beliebige Teile einer Summe ansieht. Bei fortschreitender Betrachtung erkennt man im einzelnen Glied den Zusammenhang mit dem Ganzen und begreift es als Glied eines Organismus. Damit ist das räumlich-zeitliche Gebilde zugleich ein ideelles, mithin: eine sinnlich-übersinnliche Form.

Während man es beim Licht mit einem Einfachen zu tun hat, das in Auseinandersetzungen mit anderem vielfarbige Erscheinungen hervorruft, ist die Gestalt nicht nur gegliedert und auf Entwicklung angelegt, sondern es existieren auch ungezählte Arten, immer neue Gestalt-Typen erblickt das Auge. Dadurch führt die Gestalt zur Vermittlung des konkret sinnlichen Wesens mit dem konkret individuell Geistigen; gerade auf diesem Gebiet lassen sich die polaren Prozesse von Evolution im Sinnlichen und Involution ins Geistige besonders gut verfolgen. Man sieht und erlebt, wie Gestalt erscheint und sich ins Äußere entfaltet, man trachtet denkend und sinnend, das geheime Gesetz jedes einzelnen Typus zu verstehen.

Diese Gedanken bildete Steiner ganz alleine für sich aus. «Ich fand damals niemanden, zu dem ich von diesen Anschauungen hätte sprechen können.» Umschau haltend, fiel der Blick auf Goethe. Steiner stieß auf dessen Aufsatz «Glückliches Ereignis», in dem Goethe von seinem Gespräch mit Schiller über die Urpflanze berichtet. «In der Stimmung, die auf meiner Seele aus solcher Vereinsamung mit Anschauungen lastete, fand ich nur innere Erlösung, indem ich immer wieder das Gespräch las, das Goethe mit Schiller geführt hatte, als die beiden aus einer Versammlung der naturforschenden Gesellschaft in Jena zusammen weggingen.» (28/100) Bekanntlich war es in diesem Gespräch zu einem Streit gekommen, ob die Urpflanze, wie Schiller meinte, eine Idee, oder, wie Goethe es sah, eine Erfahrung sei. Knapp ein Jahr nach der ersten Lektüre dieses Gesprächs kommentierte es Rudolf Steiner in einer Fußnote seiner Goethe-Edition: «Indem Schiller das, was ihm Goethe vordemonstrierte, betrachtete, war ihm sogleich klar, daß hier eine Idee vorlag.» Denn Schiller ging von dem Gegensatz von Idee und Wirklichkeit aus, «und da ist es denn auch ganz richtig, daß die Pflanze, welche Goethe zeichnete, keine Erfahrung ist.» Goethe aber habe seine Idee der «Urpflanze wohl auf dem Wege der Beobachtung gefunden» (1a/112). So wird der prinzipielle Gegensatz von Idee und Wirklichkeit überwunden: Wenngleich die Ideen keine bloße Erfahrung sind, so können sie doch durch die Erfahrung des beobachtenden Denkens gefunden werden.

Was Rudolf Steiner hier bewegte, war die Tatsache, daß die Idee nicht nur gedacht, sondern durch Erfahrung gefunden werden kann. So wurde er auf Goethes naturwissenschaftliche Schriften aufmerksam und begann, sie «in allen Einzelheiten» durchzuarbeiten. Als Ergebnis entstanden einige «kleine Abhandlungen», die Steiner seinem Lehrer Schröer vorlegte. Diese Aufsätze waren noch «nicht aus Goethes Anschauungsart heraus gearbeitet», sondern aus der jeweils sachlichen Fragestellung entstanden; Steiner hatte nur am Schluß angemerkt, «wenn man dazu kommen werde, über die Natur so zu denken, wie ich es dargestellt habe, dann erst werde Goethes Naturforschung in der Wissenschaft Gerechtigkeit widerfahren» (28/96).

In der Zeit, in der sich die bisher beschriebenen Vorgänge abspielten, erlebte Rudolf Steiner noch etwas , was ihn tief bewegte. In einem seiner vielen Notizbücher findet sich eine Aufzeichnung zu dem Vortrag, den er am 10. Mai 1914 in Kassel gehalten hat. Sie lautet: «Meine Vision vor 30 Jahren. Der Niederschlag davon in der Fr. Schles. Presse. Es war der ungeschickte Ausdruck dessen, was *schlief* im Hintergrunde der Seele. –» (B 49/50, S. 44) Leider sind die Aufsätze, die Rudolf Steiner im Jahre 1882 für die Freie Schlesische Presse in Troppau schrieb, nicht erhalten. Man weiß nur aus den Briefen seines Freundes Emil Schönaich, daß sie – und zwar in der ersten Hälfte des Jahres 1882 – geschrieben worden sind. Im Vortrag vom 10. Mai jedoch berichtet Rudolf Steiner aus der Erinnerung über den Hintergrund eines dieser Aufsätze. Dabei spricht er von sich selbst in der dritten Person:

«Ein Mensch ist mir bekannt, der hatte etwa in seinem dreiundzwanzigsten, vierundzwanzigsten Jahr eine Art Vision. Diese Vision brachte er zunächst in einer – man kann sagen – ungeschickten Weise zur schriftlichen Darstellung. Die Vision bestand darin, daß er die bedeutenderen Geister der deutschen Geistesentwickelung vom Ende des achtzehnten und Anfang des neunzehnten Jahrhunderts eben ungeschickt hinstellte wie in einer Art von Szenerie. Er wußte nicht recht, warum er diese Szenerie entwarf. Was Goethe tat, was Lessing, Schiller, Herder tat, alles aber taten, schon entrückt in die Welt, die der Mensch betritt, wenn er durch die Pforte des Todes gegangen ist. Also eine Vision hatte der Betreffende von dem Leben solch bedeutender Genies in der geistigen Welt oben. Gleichsam was sie jetzt tun, davon hatte er eine Vision. Geistesforscherisch muß man sich fragen: Was bedeutet denn eine solche Vision? Was stellt denn eine solche Vision vor? – Nun, eine solche Vision ist ein ungeheures Durchdringen der menschlichen Seele von der geistigen Welt aus. Gewisse Einflüsse von der geistigen Welt kommen hier über die Seele, drängen sich in sie herein und werden so etwas wie ein ungeheurer Traum, der sich so ausdrückt, daß man dann das, was man innerlich fühlt und empfindet, aber unklar, in einer solchen Vision zur Anschauung bringt, wie ich sie angedeutet habe. Einflüsse wirken auf die Seele aus der geistigen Welt. ... Und so fühlte sich der, der die Vision hatte, ohne daß ihm dieses Gefühl ins Bewußtsein kam, wie auf der Erde stehend beobachtet von den Geistern, die der Menschheitsentwickelung gesandt worden sind. Das kann unklar werden; das drückte sich in die Vision herein, die er dann in ungeschickte Worte kleidete: wie Lessing, wie ein Marschall der geistigen Welt, voranschritt, Goethe, Schiller, Herder nach ihm, leitend und lenkend die Nachkommenden, die auf der Erde leben.» (B 49/50, S. 40-44)

Versucht man das in dieser Form Überlieferte zu überschauen, so fällt der Blick zunächst noch einmal auf die Notizbuch-Eintragung: «Es war der ungeschickte Ausdruck dessen, was *schlief* im Hintergrunde der Seele.» Die «Vision», die aus der geistigen Welt in die Seele wirkte, ergriff also wie ein Impuls den wollenden, schlafenden Menschen. Dieser fühlte sich von der geistigen Welt gesehen. Er erlebte seine Aufgabe, die Aufgabe, im Sinne jener zu wirken, die ihn aus der geistigen Welt anschauten. Der Impuls durchdrang die Tiefen der Seele und fand sein Echo im Gewissen Rudolf Steiners. Er fühlte sich von nun an gegenüber den geistigen Mächten verantwortlich. Aus der nicht voll-bewußten Verbindung mit den Individualitäten der Verstorbenen erwuchsen ihm aber auch der Mut und die Energie, seine Aufgabe zu ergreifen.

Diese Aufgabe kam dann, nach der Initiation durch seinen geistigen Lehrer, nach der Durchdringung aus der geistigen Welt, nach ersten selbständigen Gedanken zur Naturerkenntnis wie von außen auf ihn zu.

5.

GOETHE ALS HOFFNUNG

Während Rudolf Steiner im Sommer 1882 darüber nachsann, wie man ein Gebiet der Naturwissenschaften selbständig erforschen und darstellen kann, kam Karl Julius Schröer auf den Gedanken, der dem Schicksal Steiners eine entscheidende Wende geben sollte. Am 4. Juni wandte Schröer sich brieflich an Joseph Kürschner und schlug ihm vor, einem Studenten in den höheren Semestern, Steiner, die Herausgabe von Goethes naturwissenschaftlichen Schriften anzuvertrauen. Kürschner war damals der literarische Leiter des Verlages Spemann und gab ein monumentales Sammelwerk unter dem Titel «Deutsche National-Litteratur» heraus. Schröer war an dem Unternehmen selbst beteiligt. Am 21. Juni antwortete Kürschner interessiert. Steiner wußte von dem ganzen Vorgang nichts. Im Juli war er jedenfalls mit den üblichen Semestralprüfungen beschäftigt, und noch Anfang August schrieb er seinem ehemaligen Lehrer Albert Löger über das bevorstehende letzte Studienjahr. Erst im September, nachdem Schröer von einer langen Reise nach Wien zurückgekehrt war, eröffnete er Steiner seine Pläne.

Dann geht alles zunächst mit einer kaum vorstellbaren Geschwindigkeit. Am 28. September schreibt Steiner an Kürschner, daß er bereit sei, die Aufgabe zu übernehmen. Nach knapp fünf Monaten kann er Kürschner berichten, daß die Arbeit am ersten Bande abgeschlossen ist. Steiner muß also unmittelbar nach der Mitteilung Schröers mit einem wahren Feuereifer an die Arbeit gegangen sein. Zugleich aber traf er eine weitere Entscheidung: Er gab seinen Plan, Lehrer zu werden, auf und beendete de facto sein Studium an der Technischen Hochschule, aus der er dann ein Jahr später auch formell austrat. Rudolf Steiner begann also mit der Übernahme der Goethe-Arbeit eine literarische Karriere mit all ihren Risiken und Mühseligkeiten.

Die Herausgabe des ersten Bandes von Goethes Naturwissenschaftlichen Schriften ist in mehrfacher Hinsicht eine erstaunliche Leistung. Der Umfang der zur Kenntnis zu nehmenden Literatur war riesig. Neben den Schriften zur Morphologie und Geologie waren Goethes autobiographische Werke, waren große Partien von Goethes Briefwechsel, die Tag- und Jahreshefte und die entsprechenden Schriften von Goethes Zeitgenossen durchzugehen. Ferner waren viele Sachfragen, die im Text berührt werden, aufzuklären.

Hier hatte Steiner zwei Hilfen. Salomon Kalischer hatte bereits 1877 eine gute und gründlich gearbeitete Ausgabe von Goethes Naturwissenschaftlichen Schriften veranstaltet. Von den von Kalischer ausgegrabenen Goethe-Zitaten lebt heute noch – oft ohne es zu wissen – mancher Goethe-Kommentator. Für Steiner bedeutete die Arbeit Kalischers, daß Text und Fundorte erschlossen waren. Wer aber Steiners Arbeit mit der Kalischers vergleicht, sieht sofort, daß Steiners Leistung von Kalischers Arbeit ganz unabhängig ist. – Die zweite Hilfe kam von Karl Julius Schröer, der das bis dahin veröffentlichte Werk Goethes gut kannte und sicher manchen Hinweis gab. Darüber hinaus hat er den ganzen Text mit Steiner durchgearbeitet und sogar mit Steiner zusammen Korrektur gelesen. So wurde unter Schröers Anleitung insbesondere die Einleitung more philologico mit präzisen Anmerkungen und Zitat-Nachweisen gearbeitet. In den Einleitungen zu den späteren Bänden vermißt der Philologe die Zitatnachweise ebenso wie die Darstellung der historischen Entwicklung der Studien Goethes zur Farbenlehre oder zur Naturwissenschaft im Allgemeinen in der Form, wie sie für den ersten Band geleistet wurde. Mit anderen Worten: Schröer, der sich für seinen Schüler verbürgt hatte, kümmerte sich fachkundig um jedes Detail. Diese Durchsicht des Textes wird wohl einige Monate in Anspuch genommen haben. Steiner hat Schröer das Manuskript Ende Februar 1883 zur Durchsicht gegeben, aus einem Brief vom 11. Mai 1883 kann man schließen, daß die Durchsicht zu diesem Zeitpunkt beendet war. Bis auf Schröers Vorwort lag der Text des 1. Bandes also nach neun Monaten fertig vor. – Was den Goetheschen Text anlangt, so hat sich Steiner auf die älteren, namentlich auf Kalischers Ausgabe verlassen, nur die Abhandlung über den Zwischenknochen der oberen Kinnlade hat Steiner mit einer bis dahin ungenutzten Handschrift verglichen und die abweichenden Lesarten im Text notiert. Die wesentliche Leistung Steiners

*Abb. 26:
Joseph Kürschner (1853 – 1902),
der Herausgeber des monumentalen
Sammelwerks «Deutsche National-
Litteratur»*

liegt aber beim ersten Band nicht in der philologischen Akkuratesse und in den ausführlichen Anmerkungen zum Text, sondern in der Deutung der Naturwissenschaft Goethes. Diese Deutung ist die völlig selbständige Leistung des damals Einundzwanzigjährigen.

Karl Julius Schröer hat in seinem Vorwort die Leistung Steiners umrissen und ihn damit in die literarische Welt eingeführt: «Von naturwissenschaftlichen Studien ausgehend, sehe ich ihn von Goethes Persönlichkeit angezogen. Er widmet sich dem Studium seiner Schriften mit hingebender Begeisterung. Er gelangt zu der Erkenntnis, daß sie nur im Zusammenhang mit dem Ganzen seines Wesens zu beurteilen sind. Er erkennt, daß der Schlüssel zu Goethes ganzem Denken doch im Geistesleben seiner Zeit zu suchen ist. Obwohl Goethe nicht als Philosoph zu nehmen ist, so erscheint er doch angeregt von der philosophischen Zeitströmung und wirkt auf sie zurück. Der Herausgeber unterläßt nicht, auch in dieser Richtung aus unmittelbarer Quelle schöpfend, klare Anschauung des Geschichtlichen zu erstreben.» (1a/XIII)

Die Bedeutung Goethes in der Naturwissenschaft ist bis heute umstritten. So schreibt der Physiker Carl Friedrich von Weizsäcker im Nachwort zum 13. Band der Hamburger Ausgabe von Goethes Werken zwar poetisch, daß Goethe ein Stern sei, der «uns auf jeder Reise begleiten wird» (S. 554), sobald es aber zur Sache geht, nämlich zu Goethes Farbenlehre, wird der Stern zum Irrlicht, und von Weizsäcker schreibt: «Wie konnte ein so großer, so umfassender Geist so irren? Ich weiß nur eine Antwort: er irrte, weil er irren wollte.» (S. 537) Diese Perfidie ist typisch: Der Respekt vor dem großen Dichter wird gerne signalisiert, Poetisches aus seinen Werken wird gern und oft zitiert, anerkennend wird zugestanden, daß Goethe den Zwischenkieferknochen entdeckt habe, aber seine Polemik gegen Newton wird ihm nicht verziehen: Wer sich so deutlich gegen den Erzvater der modernen Physik ausspricht, der muß irren, ja irren wollen. Als Resultat ergibt sich: Goethe war ein Dichter, ein Liebhaber der Natur, der Pflanzen betrachtete und Steine beklopfte; kurzum ein Dilettant und «umfassender Geist». Eine angesichts der nicht geringen theoretischen Probleme und der fragwürdigen praktischen Folgen in der technischen und chemischen Praxis längst fällige, tiefergehende kritische Reflexion der naturwissenschaftlichen Methoden unterbleibt.

Da ist es dann erfrischend, wenn ein Naturwissenschaftler die Kratzfüße vor dem Olympier unterläßt und auf unverbindliche Poetizismen verzichtet. Das geschah just in dem Augenblick, in dem Rudolf Steiner seine Goetheforschung begann: Am 15. Oktober 1882 hielt Emil Du Bois-Reymond, Offizier im «geistigen Leibregiment des Hauses Hohenzollern», wie dieser Ordinarius für Physiologie seine Berliner Universität nannte, seine Rektoratsrede «Goethe und kein Ende». Schon der *Faust* mißfiel dem Herrn Professor, und er fand, daß «Faust, anstatt an den Hof zu gehen und ungedecktes Papiergeld auszugeben, und zu den Müttern in die vierte Dimension zu steigen, besser getan hätte, Gretchen zu heiraten und sein Kind ehrlich zu machen und die Elektrisiermaschine und die Luftpumpe zu erfinden». In der Hauptsache wendet sich Du Bois-Reymond offen gegen den Naturforscher Goethe. Er räumt ein, daß Goethe dies oder jenes entdeckt haben mag, aber ohne Goethe wäre man heute genauso weit. Insgesamt aber habe Goethe – zusammen mit der idealistischen Naturphilosophie – der deutschen Wissenschaft geschadet. Seine Urphänomene seien Nebelbilder, er habe den Wert des Experiments verkannt, die Farbenlehre sei die «totgeborene Spielerei eines autodidaktischen Dilettanten». Dies, fürwahr, sind ehrliche Worte, und auch Rudolf Steiner kann nur anerkennen, daß Du Bois-Reymond «von seinem Standpunkt aus vollkommen recht» hat. «Es ist auch alle Polemik gegen ihn, die von denselben Prämissen wie er ausgeht, unberechtigt. ... Daß andere von denselben Prämissen ausgehen und zu anderen Resultaten gelangen, ist bloße Inkonsequenz.» (1a/XIX)

Neben dieser nur selten so offen hervortretenden Ablehnung Goethes stand im letzten Drittel des 19. Jahrhunderts der Versuch, Goethe für den Darwinismus zu vereinnahmen. Schon in der *Generellen Morphologie* (1866) und auch in der *Natürlichen Schöpfungsgeschichte* (1868) läßt Ernst Haeckel Goethe als Stammvater der Deszendenztheorie erscheinen. Für Haeckel wird Goethes «Typus» zur realen Stammform der verwandten Organismen, die durch Auslese, Mutation, Anpassung und Vererbung sich entwickeln und mannigfach entfalten. Gegen diese Deutung erhob sich Widerspruch. Man behauptete, Goethes Typus sei nur eine Abstraktion, eine Idee, die keine Realität habe. Als Salomon Kalischer dann 1877 in der Hempelschen Ausgabe Goethes naturwissenschaftliche Schriften mit einer ausführlichen Einleitung versah, trat er eindeutig für Haeckels Auffassung ein (S. LXIff). So schreibt Kalischer, daß «schon Goethes wohlbekannter Realismus an und für sich und die eminent objektive Richtung seines Geistes gegen die Annahme sprechen, daß er sich mit einem ‹Typus› als Idealcharakter» begnügt hätte. So kommt Kalischer zu der Ansicht, daß Goethes Urtier nichts anderes sei als Haeckels Urzelle oder Urcytode. Von seinem Standpunkt aus möchte Kalischer Goethe als Erforscher der organischen Natur akzeptieren. Er gilt ihm als «Schöpfer von Ideen, die das sichere Postament der heutigen Wissenschaft bilden» (ebd., S. LIII). Vom «Naturforscher von Profession», der durch Abstraktion vom Besonderen zum Allgemeinen vorschreite, unterscheide sich Goethe durch die aufs Höchste gesteigerte Intuition. Zugleich aber ist für Kalischer klar, daß Goethe irrte, «wo nicht die reine Beobachtung zu sicheren Resultaten führen kann, sondern das richtig angestellte Experiment, ... also im Physikalischen» (ebd., S. LVIII).

Diese wenigen Schlaglichter beleuchten das schwierige Feld, das Rudolf Steiner mit seiner Goethe-Deutung betreten sollte. Sein Bestreben war ein Doppeltes. Erstens wollte er das Berechtigte der Goetheschen Erkenntnismethode auf naturwissenschaftlichem Feld nachweisen. Dazu mußte gezeigt werden, daß Goethe als Experimentator systematisch verfuhr, daß er die Gesamtheit der Phänomene zur Erscheinung zu bringen trachtete und die Bedingungen des Erscheinens aus den Phänomenen ableitete.

Dazu gehörte ferner zu zeigen, daß Goethe der Begründer einer neuen Organik war, der eine dem Organischen angemessene Methode des Forschens und Anschauens entwickelt hatte. Zweitens wollte Rudolf Steiner in diesen Jahren eine getreue Interpretation Goethes geben. Er sagt, daß in seiner Darstellung der «Versuch gemacht wird, Goethe aus sich selbst heraus zu erklären» (30/229). Er will Goethe nicht an anderen Ansichten messen, sondern «Goethes Anschauung *ohne Voraussetzung irgend eines positiven Standpunktes* rein aus Goethes Wesen, aus dem Ganzen seines Geistes» erklären (1a/LXXXII). Mit anderen Worten: Durch eine sachlich und historisch *ursprüngliche* Untersuchung und Darstellung der Goetheschen Naturwissenschaften sollte die Berechtigung der Goetheschen Forschungsweise dargestellt werden.

Rudolf Steiner eröffnet die Reihe der Naturwissenschaftlichen Schriften Goethes mit den morphologischen Arbeiten. Hier konnte man zumindest an eine aktuelle Diskussion anknüpfen, hier waren die Vorurteile gegen Goethe noch nicht zum Dogma verhärtet, hier bot die Sache selbst soviel Anschauungsmaterial, daß Steiner hoffen konnte, Interesse und Verständnis zu finden. – An einer Vielzahl von Beispielen, die einleitend im historischen Teil vorgeführt werden, wird nachgewiesen, wie Goethe immer von der Erfahrung ausgeht, konkrete Tatsachen und Vorgänge beobachtet, wie er die Beobachtungen vermehrt, vergleicht und ordnet und wie er nach dem Abstreifen des Zufälligen zu dem gelangt, was in seinem Sinne eine Idee ist. «Die Methode, der sich Goethe bedient, bleibt selbst da noch die auf die reine Erfahrung gebaute, wo er sich zur Idee erhebt.» (1b/VIII) Das wird an der Geschichte der botanischen Studien Goethes und anhand der entsprechenden Passagen aus der *Italienischen Reise* und aus den Briefen nachgewiesen. Ebenso eigneten sich die anatomischen und osteologischen Arbeiten, Goethes Vorgehen – durch eine sich steigernde Beschreibung zur Idee zu gelangen – dem Leser anschaulich vorzuführen. Auf diese Weise zeigt Steiner, daß Goethe im eminentesten Sinne Erfahrungswissenschaftler ist, daß er nie von einer Hypothese oder vorgefaßten Idee ausgeht, sondern sich von der Natur belehren läßt und nur auszusprechen versucht, was die Natur selber sagt. Die Idee ist für Goethe das Resultat der Erfahrung.

Inhaltlich gesehen hat es die Morphologie mit der Gestalt zu tun. Die Gestalt, die sich entwickelt und mit relativer Konstanz vererbt wird, ist das Kennzeichen des Lebendigen. Sie ist deshalb die zentrale Erkenntnis-aufgabe jeder Organik. Durch die Gestalt zeigt sich der Typus. Steiners erste Leistung bei der Deutung Goethes war es, das Wesen des Typus im Sinne Goethes genau zu bestimmen. Er fand zwei kontroverse Deutungen vor: Die eine sah im Typus eine Abstraktion, das heißt eine bloße Summe von Kennzeichen; die andere, darwinistische Auffassung deutete Goethes Typus als reale Urform, die von außen durch Auslese und Anpassung weiterentwickelt wird. Also: Abstraktion oder Ding? Diese falsche Alternative wurde um 1880 herum diskutiert. Steiner zeigt auf, daß Goethe mit dem Wort Typus auf eine in der Erfahrung, im Einzelwesen wirkende Idee hinweist, und beschreibt diese Wirkungsweise, indem er sie von der in der anorganischen Natur herrschenden *Wechselwirkung* scharf abgrenzt: «In der unorganischen Natur herrscht Wechselwirkung der Teile einer Erscheinungsreihe, gegenseitiges Bedingtsein der Glieder derselben durcheinander. In der organischen ist dies nicht der Fall. Hier bestimmt nicht ein Glied eines Wesens das andere, sondern das Ganze (die Idee) bedingt jedes Einzelne aus sich selbst, seinem eigenen Wesen gemäß. Dieses sich aus sich selbst Bestimmende kann man mit Goethe eine *Entelechie* nennen. Entelechie ist also die sich aus sich selbst ins Dasein rufende Kraft. Was in Erscheinung tritt, hat auch sinnenfälliges Dasein, aber dies ist durch jenes entelechische Prinzip bestimmt.» (1a/LIX) In der Tat tritt uns jedes Lebewesen als ein Ganzes entgegen, und wir verstehen die Funktionen der Glieder und Teile von diesem Ganzen her. Das Lebewesen erscheint immer in Entwicklung, auf verschiedenen Gestaltstufen, es korrespondiert mit seiner Umgebung. Das Lebewesen als Typus ist dasjenige Wesen, das die darwinistische Theorie stillschweigend voraussetzt: das strebende, sich anpassende, sich verwandelnde und entwickelnde Wesen. Nur ein reales Wesen, nämlich der wirklich lebendige Typus, kann jene Leistungen vollbringen, von denen Darwin spricht.

Nachdem Rudolf Steiner den Goetheschen Typus allgemein als das reale, den Organismus konstituierende Prinzip, das dem Lebewesen innewohnt, bestimmt hat, beschreibt er im folgenden die konkreten Formen der Ausgestaltung des Typus in der ihm jeweils eigenen Lebensweise von Ausdehnung und Zusammenziehung: «Im ganzen Leben der Pflanze wechseln drei Ausdehnungen mit drei Zusammenziehungen. Alles, was in die dem Wesen nach identischen Bildungskräfte der Pflanze Verschiedenes hineinkommt, rührt von dieser wechselnden Ausdehnung und Zusammenziehung her.» (1a/LXIV) Steiner beschreibt die

Zusammenziehung in Samen, Kelch, Staubgefäßen und Stempel sowie die Ausdehnung in Blatt, Blüte und Frucht und zeigt dann, wie diese Ausdehnungen und Zusammenziehungen die Antwort des Typus auf bestimmte Lebensbedingungen – Leben in der Erde für den Samen, Leben im Frost für die Knospe und so weiter – ist. Dieser dreifache Prozeß ergreift auch die physische Substanz, die in den Stoffwechsel der Pflanze aufgenommen wird: Im Erd- und Wurzelbereich ist die Pflanze unmittelbar von ihrer äußeren anorganischen Umgebung abhängig. «Jedes folgende Organ erhält daher eine gleichsam für sich, durch das vorhergehende zubereitete Nahrung. Die Natur schreitet vom Samen zur Frucht in einer Stufenfolge fort, so daß das Nachfolgende als Resultat des Vorangehenden erscheint. Und dieses Fortschreiten nennt Goethe ein *Fortschreiten auf einer geistigen Leiter.*» (1a/LXVI)

Es ist hier von größter Wichtigkeit zu bemerken, daß Steiner Goethes Idee des Typus nicht nur allgemein und philosophisch interpretiert, sondern daß er die Interpretation bis zur Physiologie der Pflanze durchführt. In dieser Durchführung der Deutung im Detail liegt der Beweis für die Richtigkeit der Deutung. – Steiner schließt diese Passage mit folgender Zusammenfassung ab:

«Die hier dargelegten Ideen sind die im Wesen der Urpflanze gelegenen Elemente und zwar in der bloß dieser selbst angemessenen Weise, nicht so, wie sie in einer bestimmten Pflanze zur Erscheinung kommen, wo sie nicht mehr ursprünglich, sondern den äußeren Verhältnissen angemessen sind.» (1a/LXVI)

Auf die Beschreibung der Urpflanze folgt die Beschreibung der tierischen Organisation. Auf diese Beschreibung soll hier eingegangen werden, weil in dieser Gliederung – anorganische Natur, pflanzliches Leben und tierisches Dasein – bereits wichtige Grundelemente der späteren Anthroposophie in gedanklich klarer Fassung vorliegen. Das, was Steiner hier 1882 schildert, erscheint 1904 als die Gesetzmäßigkeit von physischer, ätherischer und astralischer Organisation. Die Pflanze ist ein allgemeines Leben in der beschriebenen Gestaltung von Zusammenziehung und Ausdehnung, von Gestaltung und Verfeinerung der Substanzen. «Bei der Pflanze ist in jedem Organe die ganze Pflanze, aber das Lebensprinzip existiert nirgend als ein bestimmtes Zentrum, die Identität der Organe liegt in der Gestaltung nach denselben Gesetzen.» (1a/LXVII) Populär – gesprochen ist also die Pflanze die Ausgestaltung des «Blattes». Dieses

Leben der Pflanze ist ganz an die Umwelt hingegeben. Der Typus des Tieres steht dagegen in einem anderen Verhältnis zu seiner sinnlichen Erscheinung. Der tierische Organismus ist insgesamt in funktional differenzierte Organsysteme zu gliedern. Der Typus bedient sich der einzelnen Organe. «Beim Tiere erscheint jedes Organ als aus dem Zentrum kommend, das Zentrum bildet seinem Wesen gemäß alle Organe.» Aber dieses Zentrum befindet sich gewissermaßen oberhalb der Organe; die einzelnen Organe sind nicht Metamorphosen des Zentrums, sondern nur von ihm her bestimmt. Bei den einzelnen Tierarten treten je bestimmte Organsysteme in den Vordergrund, bei dem einen Tier sind es bestimmte Sinnesorgane, bei anderen der Stoffwechsel, bei wiederum anderen ist der Bewegungsapparat dominant ausgebildet. Zugleich hat das Tier, auch wenn es sich ebenfalls in die Umgebung einpaßt, doch ein höheres Maß an Unabhängigkeit von der Umgebung als die Pflanze.

Schließlich ist es Rudolf Steiner wichtig klarzumachen, auf welche Weise der Typus erkannt wird. Würde man den Typus nur mit Verstandesbegriffen beschreiben, so gelangte man zu der Vorstellung, daß der Typus die Wechselwirkung verschiedener Faktoren, also ein bloßes Bündel von Kausalitäten sei. Diese auch heute beliebte Vorstellung entspricht aber nicht der Wirklichkeit, wenngleich mannigfache Wechselwirkungen zu konstatieren sind. Der Typus wird zunächst durch unmittelbare Anschauung erfaßt. Goethe berichtet in der «Geschichte meines botanischen Studiums», daß er von der unmittelbaren Anschauung der Pflanzenwelt ausgegangen ist: «Ich ging allen Gestalten, wie sie mir vorkamen, in ihren Veränderungen nach.» So gelangt er durch aktive Betrachtung der Gestalt zu der Idee, «daß die Anschauung noch auf eine höhere Weise belebt werden könnte: eine Forderung, die mir damals unter der sinnlichen Form einer übersinnlichen Urpflanze vorschwebte. ... und so leuchtete mir am letzten Ziel meiner Reise, in Sizilien, die *ursprüngliche Identität* aller Pflanzenteile vollkommen ein.» (1a/80) So gelangte Goethe zu der Auffassung, daß er den Typus, die Idee «mit Augen sehe». Steiner kommentiert diese Erfahrung des Typus: «Die ideelle Form, der Typus der Organismen hat eben das Charakteristische, daß er aus räumlich-zeitlichen Elementen besteht, er erschien deshalb auch Goethe als eine *sinnlich-übersinnliche* Form. Er enthält räumlich-zeitliche Formen als ideelle Anschauung (intuitiv).» (1a/LXX)

Die Wurzeln dieser Auffassung, die im Sinnlichen das Übersinnliche erschaut, lagen für Goethe in seinem Verständnis der Philosophie Spinozas, der von einer Scientia intuitiva sprach. Die intuitive Erkenntnis sieht das Unendliche in den Dingen. «Die Natur verbirgt Gott! Aber nicht jedem», notiert Goethe (1e/379), und in seinem Aufsatz über «Anschauende Urteilskraft» hat er das Verfahren beschrieben, wie er zu dieser Erkenntnisart gelangt ist. Er habe sich «durch das Anschauen einer immer schaffenden Natur zur geistigen Teilnahme an ihren Produktionen würdig» gemacht (1a/116). Der gewöhnliche Betrachter der Pflanzen- und Tierwelt richtet seinen Blick zumeist nur auf die sinnlich gegebenen Einzelheiten, die an der Pfanze erscheinen, die Anmutung des Ganzen wird aber meist nicht bewußt aufgefaßt. Erst durch ein bewußtes Auffassen und tätig-nachschaffendes Denken, das den Gesamteindruck bewußt vergegenwärtigt und anschauend denkend die Gestaltungstendenzen nachvollzieht, wird bewußt, daß das Ganze als sinnenfällige Einheit erscheint. Das begrifflich Erfaßbare und das Sinnenfällige «sind nicht identisch, aber der Begriff erscheint nicht mehr *außer* der sinnlichen Mannigfaltigkeit als Gesetz, sondern in derselben als Prinzip. Er liegt ihr als das sie Durchsetzende, nicht mehr sinnlich Wahrnehmbare zu Grunde, das wir Typus nennen.» (1c/XIX) Das produktive, intuitive Anschauen durchdringt die sinnliche Anschauung und erfaßt das Ideelle, das in ihr wirksam ist.

Das Interesse Rudolf Steiners an dieser von Spinoza postulierten, von Kant für den Menschen verworfenen und von Goethe praktizierten intuitiven Erkenntnis ist leicht zu verstehen. Er fand bei Goethe den von der Natur der Sache geforderten Übergang zum Übersinnlichen. Goethes Erkenntnispraxis in der Organik ist für ihn eine erste Stufe der höheren Erkenntnis im Sinne seiner späteren Anthroposophie. So wurde ihm Goethe zum Gefährten in seiner Einsamkeit. Es scheint aber, daß Steiner schon hier, in seiner ersten Goethe-Deutung einen Schritt tut, der über das von Goethe in seiner behutsamen Art Angedeutete hinausgeht. Er spricht nämlich von einer Erkenntnisart, «welche nicht bloß Sinnenfälliges erfassen kann, sondern auch rein Ideelles für sich, abgesondert von der sinnlichen Welt. Man kann nun einen Begriff, der nicht durch Abstraktion aus der Sinnenwelt genommen ist, sondern der einen aus ihm und nur aus ihm fließenden Gehalt hat, einen *intuitiven Begriff* und die Erkenntnis desselben eine intuitive nennen. Was daraus folgt, ist klar: *Ein Organismus kann nur im intuitiven Begriffe* erfaßt werden.

Daß es dem Menschen vergönnt sei, so zu erkennen, das zeigte Goethe durch die Tat.» (1a/LIX) Wo Goethe immer den Zusammenhang der anschauenden Urteilskraft mit der durchaus sinnlichen Erfahrung betont, weist Steiner auf das «rein Ideelle für sich», das «abgesondert von der sinnlichen Welt» erfaßt wird, weil er von der Anschauung durchdrungen war, daß die intuitive Erkenntnis, die sich im Sinnlichen bewährt, im Übersinnlichen ihren Ursprung hat.

Es dauerte noch bis zum zum 15. September 1883, bis der vollständige Text des ersten Bandes von Goethes naturwissenschaftlichen Schriften an Kürschner abging. Als Joseph Kürschner im März 1884 Steiners Arbeit durchgesehen und zum Druck befördert hatte, schrieb er an Steiner: «Es liegt mir selbst aufrichtig am Herzen, Ihrer geradezu meisterhaften Arbeit zur vollsten Anerkennung zu verhelfen. Schon heute freue ich mich auf die Fortsetzung Ihrer Arbeiten und bedauere nur, daß Goethe nicht statt drei sechs Bände naturwissenschaftlicher Schriften verfaßt hat.» (38/75f) Auf diese Anerkennung sollten weitere folgen. Maßgebende Gelehrte sprachen sich günstig über die Arbeit Steiners aus, so der Wiener Geologe Eduard Sueß, der Schröer zu seinem Schüler gratulierte. Im «Literarischen Zentralblatt für Deutschland» war zu lesen, daß die Ausgabe von Goethes naturwissenschaftlichen Schriften «einer der wertvollsten Bestandteile der ganzen Sammlung» der Deutschen National-Literatur zu werden verspreche, und das Münchener Tageblatt hielt «Steiners Darstellung für die bedeutendste der auf diesem Gebiete vorliegenden Arbeiten» (38/301f). Der Philosoph Eduard von Hartmann, dem Steiner seine Publikation zugeschickt hatte, würdigte Steiners Arbeit durch eine ausführliche kritische Besprechung. Alles sah nun so aus, als sei Rudolf Steiner der Aufbruch in die gelehrte Welt geglückt. War der Weg für eine wissenschaftliche Laufbahn nun frei?

Gewiß hat Rudolf Steiner, der ja auch sehr wohl wußte, was er geleistet hatte, im stillen die Erwartung gehegt, daß seine Arbeit nicht nur vereinzelt wahrgenommen und gepriesen werde, sondern daß dieses außergewöhnliche Werk die Pforten zu einer akademischen Laufbahn eröffnen würde. Waren nicht Schelling und Nietzsche schon in jungen Jahren als Professoren berufen worden?

6.
RETARDIERUNG

In wenigen Monaten hatte Rudolf Steiner seinen ersten Goethe-Band fertiggestellt, bereits nach einem Jahr lag er gedruckt vor. Bis aber schließlich nach stetem Drängen des zuletzt resignierenden Joseph Kürschner die letzten beiden Bände dieser Ausgabe 1897 vorliegen sollten, vergingen dreizehn Jahre. Dieses Wechselspiel schnell vorwärtsdrängender und durch lange Zeit zurückhaltender Kräfte begegnet uns im Leben Rudolf Steiners des öfteren. Schnell und zielstrebig wurde vom Oktober 1913 bis zum Juli 1914 das erste Goetheanum errichtet, dann brach der Erste Weltkrieg aus, der die Bautätigkeit in jeder Hinsicht hemmte. Als der Bau in der Sylvesternacht 1922/23 ein Raub der Flammen wurde, war er noch nicht ganz fertiggestellt. Im Jahre 1902 beabsichtigte Rudolf Steiner, die geisteswissenschaftliche Arbeit in Deutschland auf der Grundlage der Erkenntnisse von Karma und Reinkarnation aufzubauen. Er fand zunächst kein Verständnis. Nach zehn Jahren vorbereitender Arbeit wiederholte er 1912 den Versuch; wieder blieb das Echo aus, erst in seinem letzten Lebensjahr versuchte er mit aller Kraft, seine ursprünglichen Intentionen zu realisieren.

Für Steiners eigenen Werdegang war die Retardierung seines Strebens von allergrößter Wichtigkeit. Bis zum Jahre 1897 war die Verlangsamung des eigenen Werdegangs mit der Goethe-Arbeit verbunden. Im Rückblick erkennt Rudolf Steiner den Sinn dieser scheinbaren Verzögerungen durch die Goethe-Arbeit für seine Entwicklung: «Diese Entwikkelung ging dadurch viel langsamer vor sich, als es der Fall gewesen wäre, wenn sich die Goethe-Aufgabe nicht schicksalsgemäß auf meinen Lebensgang hingestellt hätte. Ich hätte dann meine geistigen Erlebnisse verfolgt und sie ebenso dargestellt, wie sie vor mich hingetreten wären.

Ich wäre schneller in die geistige Welt hineingerissen worden; ich hätte aber keine Veranlassung gefunden, ringend unterzutauchen in das eigene Innere. ... Ich hatte in der Zeit, da ich an meiner Goethe-Interpretation arbeitete, Goethe stets im Geiste wie einen Mahner neben mir, der mir unaufhörlich zurief: Wer auf geistigen Wegen zu rasch vorschreitet, der kann zwar zu einem engumgrenzten Erleben des Geistes gelangen; allein er tritt an Wirklichkeitsgehalt verarmt aus dem Reichtum des Lebens heraus.» (28/176f)

Die Wiener Zeit von 1884 bis 1890 war in besonderem Maße eine Zeit der Retardierung, denn der Beifall, den Rudolf Steiner mit seinem ersten Goethe-Band gefunden hatte, blieb für sein tägliches Leben ohne Folgen. Sein wissenschaftlicher Erfolg eröffnete Steiner keine akademische Karriere. So mußte Steiner eine Stelle als Hauslehrer, oder wie man damals noch sagte, als «Hofmeister» antreten. In dieser Hauslehrerzeit hatte er nicht nur seine pädagogischen Aufgaben zu erfüllen, es blieb ihm genügend Zeit, seine Goethe-Studien zu verfolgen, umfangreiche philosophische Studien zu treiben, sich mit Fragen der Ästhetik zu befassen, für ein halbes Jahr in das politisch-journalistische Leben einzutauchen, indem er die «Deutsche Wochenschrift» redigierte, und vor allem hatte er hinreichend viel Zeit, in den unterschiedlichsten Menschenkreisen zu verkehren. Dabei lernte er die katholischen Theologen der Wiener Universität, die Theosophen, die sich um Marie Lang und Friedrich Eckstein scharten, und eine Reihe österreichischer Dichter kennen. Zeitweilig verkehrte er regelmäßig im Café Griensteidl, wo er neben den Dichtern des «jungen Wien» den Führer der östereichischen Sozialdemokraten, Viktor Adler, und Engelbert Pernerstorfer kennenlernte. Kurzum, die Zeit der Retardierung erweiterte den Horizont seiner praktischen Erfahrung und seine Weltkenntnis. Doch zurück ins Jahr 1884!

Beruflich und ökononisch stand Rudolf Steiner, der im Herbst 1883 ohne Abschlußexamen aus der Technischen Hochschule ausgetreten war, im Frühsommer des Jahres 1884 vor dem Nichts. Karl Julius Schröer, selbst ein Außenseiter, konnte nicht viel für ihn tun, aber er empfahl ihn an den Landesschulrat Walser, und diesem gelang es, Steiner an die Familie des Baumwollimporteurs Ladislaus Specht zu vermitteln. Am 16. Juni 1884 fragte Pauline Specht bei Rudolf Steiner an, ob er bereit sei, eine «Hofmeister-Stelle» in ihrem Hause zu übernehmen.

Abb. 27:
Pauline Specht (1846 – 1916).
«Es war eine Zeit, wo ich das tiefste Bedürfnis hatte, alles, was mir nahe ging, mit ihr zu besprechen.» (28/191)

Eine solche Stelle war nicht unbedingt das, was sich Rudolf Steiner gewünscht hatte, hatte er doch schon acht Jahre lang Privatunterricht – erst an Mitschüler und dann an Studenten – erteilt. Anfang Juli muß er einen verzweifelten Brief an seinen Freund Emil Schönaich in Troppau geschrieben haben. Schönaich, durch diesen Brief alarmiert, schrieb postwendend zurück: «Dein gestriger Brief hat mich in wirkliche Aufregung versetzt, ... denn jedes Wort in Deinem Schreiben sagt mir, daß Du in der Seele tief betrübt bist. ... Mein einziger Freund, was ist mit Dir geschehen, ich bin diesen klagenden Ton nie bei Dir gewöhnt worden.» Leider kennen wir diesen «kummervollen, herzkranken Brief» (B 51/52, S. 50) nicht. Wir können nur mutmaßen, daß es Steiner bitter war, seine Freiheit aufzugeben, seine Hoffnungen dahinschwinden zu sehen und nun einen höchst regelmäßigen Dienst als Hofmeister anzutreten. Die Familie Specht scheint damals überdies nicht in Wien, sondern in Vöslau, etwa dreißig Kilometer südlich Wiens, gewohnt zu haben und erst im Herbst 1885 nach Wien gezogen zu sein. Steiner erwähnt später einmal die «Vöslauer Zeit» (38/149). Praktisch bedeutet das, daß Steiner nun ein und ein viertel Jahr nicht in Wien, sondern abwechselnd in Vöslau und in Brunn am Gebirge bei seinen Eltern in einem winzigen

Kämmerchen lebte. So markiert die Vöslauer Zeit einen deutlichen Einschnitt; das Studentenleben endet und mit ihm die relativ freie Verfügung über die eigene Zeit. Als Steiner im Herbst 1885 wieder nach Wien kommt, beginnt ein völlig anderes Leben, das ihn aus dem Milieu armer Studenten gänzlich heraus- und, wenn man so will, in die «bessere Gesellschaft» einführte.

Mit der Familie Specht hatte Steiner es gut getroffen. Das Klima im Hause Specht war von geistigen Interessen bestimmt, man pflegte die Musik und war literarisch höchst interessiert. Ladislaus und Pauline Specht waren großzügig, aufgeschlossen und tolerant, wohlhabend, wenn auch nicht reich. In der Vöslauer Zeit gab es «kleine Differenzen» (38/149), Steiner, als Student weitgehend Herr seiner eigenen Zeit, war nun in einen geregelten Tagesablauf eingespannt. Doch nach einem Jahr hatte man sich aufeinander eingespielt, und Steiner wurde als Freund des Hauses behandelt. Viel wird er im Hause Spechts nicht verdient haben, aber er war der Sorge um seinen täglichen Lebensunterhalt enthoben, er konnte sich einigermaßen bewegen und sich dann und wann ein neues Buch kaufen. – Durch den Beruf von Ladislaus Specht gewann Steiner Einblick in den damals entstehenden Welthandel. Voller Interesse verfolgte er, wie Ladislaus Specht zwischen Baumwollagenten in Amerika und Indien und den österreichischen Textilfabrikanten vermittelte. Er studierte «die Muster der amerikanischen und indischen Baumwolle, die im Kontor hochaufgestapelt waren» (203/119). An jedem Muster war ein Papierstreifen mit der genauen Spezifikation, und er lernte, wie man die chiffrierten Depeschen, die die Angebote von Sorten und Mengen enthielten, entzifferte.

Wichtiger noch als der Herr des Hauses wurde für Steiner Frau Pauline Specht. Frau Specht kümmerte sich selbst um die Erziehung ihrer Kinder. «Für den musikalischen Teil des Künstlerischen hatte sie Anlage und Begeisterung. Die Musikübungen mit ihren Knaben besorgte sie, solange diese klein waren, zum Teile selbst.» Vor allem aber sorgte sie sich um die rechte Entwicklung ihrer Söhne: «Man konnte an ihr geradezu den großen Stil der Mutterliebe studieren.» (28/191) Über die moralische und seelische Entwicklung «dachte sie ganz im Zusammenhang mit der gesunden oder kranken Körperkonstitution. Ich möchte sagen, sie dachte instinktiv über den Menschen medizinisch, wobei dieses eben einen naturalistischen Einschlag hatte.» (28/192) Dieses medizinische

Abb. 28:
Josef Breuer (1842 – 1925).
«Die Art, wie er in seinem ärztlichen Berufe drinnen stand, bewunderte ich.» (28/195)

Denken hatte einen bedeutsamen Hintergrund. Frau Specht war seit ihrer Jugend mit dem berühmten Wiener Arzt Professor Josef Breuer (1842 bis 1925) befreundet (28/195). Ob nun das von Natur veranlagte medizinische Interesse diese Freundschaft entstehen ließ oder ob dieses Interesse von Breuer geweckt wurde, sei dahingestellt. Jedenfalls gehörte Breuer zu den bedeutendsten der damals an großen Medizinern gewiß nicht armen Wiener Schule der neueren Medizin. Er hatte bei Rokitansky, Skoda und Oppolzer, hervorragenden Vertretern der Wiener medizinischen Schule, studiert und selber zur physiologischen Forschung durch Untersuchung der Selbststeuerung der Atmung sowie durch Erhellung der Bogengangsfunktionen bedeutend beigetragen. In den achtziger Jahren war Breuer besonders mit hysterischen und depressiven Erkrankungen befaßt und verfolgte die Möglichkeiten, die sich aus einer hypnotischen Behandlung seelisch-physischer Erkrankungen eröffneten. Für die Nachwelt wurde Breuer durch seine Beziehung zu Sigmund Freud bekannt, der später, in den neunziger Jahren auf der Grundlage der viel behutsamer interpretierten Entdeckungen Breuers die Psychoanalyse entwickelte. Von Zeit zu Zeit kam Breuer zu Spechts, und Steiner hatte dann Gelegenheit, den Gesprächen zwischen Frau Specht und Josef Breuer zuzuhören. Dabei erfuhr er von den Fragen, die Breuer bewegten: den Problemen Sucht- und Drogenkranker, den Verdrängungsmechanismen und außergewöhnlichen Bewußtseinszuständen. Das alles interessierte ihn brennend, und er hat diese Fragen später in Weimar und in seiner anthroposophischen Zeit beständig weiter verfolgt (vgl. u.a. 30/333ff, 30/475ff, 178/123-169; 253/64ff, 253/108ff). Auf diesem Wege dürfte er überhaupt mit den zeitgenössischen Forschungen, die in Wien zum Beispiel Wilhelm von Brücke über Gehirnphysiologie trieb, bekannt geworden sein. Jedenfalls sprach er noch 1924 von der «Wiener medizinischen Schule, mit der ich eigentlich aufgewachsen bin» (316/63), und einen Teil seiner Bekanntschaft mit der Wiener Medizin, die in jenen Jahren in der Welt überhaupt führend war, verdankte er Frau Specht.

Die Begegnung mit der Wiener medizinischen Schule eröffnete für Rudolf Steiner eine bedeutsame Perspektive. Wie durch ein Okular konnte er die sozial-menschlichen Folgen einer ins Extrem getriebenen naturwissenschaftlichen Denkweise verfolgen. Denn in der Wiener Medizin feierte die reine Naturwissenschaft ihre eigentlichen Triumphe. Man interessierte sich fast ausschließlich für die Diagnose der Krankheiten. Einer der führenden Anatomen der Wiener Schule, Carl von Rokitanski (1804 bis 1878), führte über 85000 Autopsien durch und machte so die pathologische Anatomie zu einem Instrument der Diagnose. Diese Begeisterung für die deskriptive Diagnose verdrängte das Interesse an der Therapie, ja, man gelangte vielfach zu der Auffassung, daß man eigentlich in den natürlichen Verlauf der Krankheiten nicht eingreifen könne. Diese Haltung, die im Extrem durch Joseph Dietl vertreten wurde, nannte man «therapeutischen Nihilismus», und dieser therapeutische Nihilismus trat nicht nur in der Medizin, sondern im Denken vieler gebildeter Wiener in Erscheinung. «Otto Weininger, Richard Wahle, Karl Kraus und Ludwig Wittgenstein verkörperten die Überzeugung, daß sich Krankheiten der Gesellschaft oder der Sprache einer Heilung entziehen. Ausgesprochene Gegner dieser Weigerung, eine Therapie auch nur vorzuschlagen, waren unter anderem Bertha von Suttner, Rosa Mayreder, Josef Popper-Lynkeus, Theodor Herzl und Otto Neurath.» (Johnston 1980, S. 230) – Josef Breuer selber war freilich kein Vertreter dieser Denkart. Steiner deutet in seiner Autobiographie jedoch an, daß das Denken von Pauline Specht zu dieser Richtung neigte, und so waren die Gespräche zwischen Frau Specht und

Dr. Breuer ein Guckloch, durch das er auf diese Denkweise blicken und sie dann weiter verfolgen konnte.

Pauline und Ladislaus Specht haben Steiner im Laufe der Zeit schätzen gelernt und sind vielfach auf seine Wünsche oder Eigenheiten eingegangen. In einem Brief, den er den Spechts gleich nach seiner Ankunft in Weimar 1890 schrieb, sagt er: «Sie haben mir stets alle das gegeben, was ich so sehr brauchte: Wohlwollen und freundschaftlichstes Entgegenkommen. Ihre gütige Gesinnung verstand es, über manches hinwegzusehen, was der böse Geist der Laune und Mißstimmung bei mir oft anrichtete. Ich weiß das zu schätzen und werde es immer zu schätzen wissen. Nicht minderen Dank schulde ich Ihrer jederzeit hilfsbereiten Freundschaft, die dem unerfahrenen Büchermenschen oft so nottat.» (39/11) Als Rudolf Steiner, dessen Gesundheit bis in die Weimarer Zeit hin oft labil war, Anfang 1887 schwer erkrankte, nahm sich Frau Specht seiner an und pflegte ihn. Einem Freund berichtet der Genesende: «Es wird mir von dieser Seite viel mehr zuteil, als ich eigentlich verdiene, und ich verdanke meine Gesundung nicht mir, sondern diesen ganz außerordentlich lieben Menschen. Die Frau des Hauses gehört zu den besten Frauen, die ich überhaupt je kennengelernt habe.» (38/149)

Einmal allerdings kam es zu einer erheblichen Verstimmung zwischen Ladislaus Specht und Rudolf Steiner. Steiner hatte sich in einer Besprechung von Robert Hamerlings Epos *Homunkulus* über das Judentum geäußert. Zwar hatte er in der Rezension den Rassenkampf als die «widerlichste Form» des Parteiengezänks bezeichnet und sich auch gegen den Antisemitismus ausgesprochen. Zugleich aber hatte er geschrieben: «Es ist gewiß nicht zu leugnen, daß heute das Judentum noch immer als geschlossenes Ganzes auftritt und als solches in die Entwickelung unserer gegenwärtigen Zustände vielfach eingegriffen hat und das in einer Weise, die den abendländischen Kulturideen nichts weniger als günstig war. Das Judentum als solches hat sich aber längst ausgelebt, hat keine Berechtigung innerhalb des modernen Völkerlebens, und daß es sich dennoch erhalten hat, ist ein Fehler der Weltgeschichte, dessen Folgen nicht ausbleiben konnten. Wir meinen hier nicht die Formen der jüdischen Religion allein, wir meinen vorzüglich den Geist des Judentums, die jüdische Denkweise.» (32/152) – Nun waren Spechts Juden, und als Ladislaus Specht den Aufsatz gelesen hatte, «stand er mir gegenüber, ganz von innerstem Leid durchwühlt, und sagte mir: ‹Was Sie da über

Abb. 29:
Ladislaus Specht (1834 – 1905). In seinem Baumwoll-Importgeschäft konnte Steiner Blicke in den damals entstehenden Welthandel tun.

die Juden schreiben, kann gar nicht in einem freundlichen Sinne gedeutet werden; aber das ist es nicht, was mich erfüllt, sondern daß Sie bei dem nahen Verhältnis zu uns und unseren Freunden die Erfahrungen, die Sie veranlassen so zu schreiben, nur an uns gemacht haben können.›» 1924 fügt Steiner hinzu: «Der Mann irrte; denn ich hatte ganz aus der geistighistorischen Überschau heraus geurteilt; nichts Persönliches war in mein Urteil eingeflossen. Er konnte das nicht so sehen. Er machte, auf meine Erklärungen hin, die Bemerkung: ‹Nein, der Mann, der meine Kinder erzieht, ist, nach diesem Aufsatze, kein Judenfreund›. Davon war er nicht abzubringen.» (28/193) Aber Ladislaus Specht war souverän genug, Steiner diese Entgleisung nachzusehen, und die Beziehung zwischen den beiden Männern blieb trotz der Differenz herzlich und freundschaftlich.

Die eigentliche Aufgabe Rudolf Steiners im Hause Specht bestand in der Betreuung der vier Kinder Richard, Otto, Arthur und Ernst Specht. Das Sorgenkind der Eltern war Otto. Steiner berichtet über ihn: «Er hatte, als ich ins Haus kam, sich kaum die allerersten Elemente des Lesens, Schreibens und Rechnens erworben. Er galt als abnormal in seiner körperlichen und seelischen Entwickelung in einem so hohen Grade,

Abb. 30:
Rudolf Steiner, 1888/89

daß man in der Familie an seiner Bildungsfähigkeit zweifelte. Sein Denken war langsam und träge. Selbst geringe geistige Anstrengung bewirkte Kopfschmerz, Herabstimmung der Lebenstätigkeit, Blaßwerden, besorgniserregendes seelisches Verhalten.» (28/104) Steiner hatte den Eindruck, daß bei entsprechender Erziehung die schlummernden Fähigkeiten des Knaben zum Erwachen gebracht werden könnten, und so wurde verabredet, daß Otto soweit als möglich von Steiner betreut und unterrichtet werden sollte. Zunächst gewann er das Vertrauen des Kindes: «Ich konnte das Kind bald zu einer liebevollen Anhänglichkeit an mich bringen.» In der ersten Zeit durfte Steiner die Aufmerksamkeit des Buben nur für jeweils kurze Zeit beanspruchen, weil jede längere Arbeit und alles intensive Lernen gesundheitlich negative Folgen zeigte. So mußte Steiner die knappe Zeit aufs beste ausnutzen. Deshalb kostete die Vorbereitung des Unterrichts viele Stunden und manche Erwägungen, damit in «der geringsten Zeit und mit möglichst wenig Anspannung der geistigen und körperlichen Kräfte ein Höchstmaß der Leistungsfähigkeit des Knaben» (28/105) erreicht werden konnte.

Schon im Laufe der ersten beiden Jahre seiner Erziehertätigkeit gelang es Steiner, Otto Specht so weit zu fördern, daß die schulischen Mängel

Abb. 31:
Otto Specht (1873 – 1915),
der Rudolf Steiner besonders
anvertraute Schüler

überwunden waren. Otto konnte dadurch dem regulären Unterricht am Gymnasium folgen. Auch die gesundheitlichen Verhältnisse hatten sich wesentlich gebessert. Die krankhafte Disposition war deutlich zurückgegangen. – Für Rudolf Steiner war diese Erziehungsaufgabe sein eigentliches Studium der Psychologie und Physiologie. An den unmittelbaren Lebenstatsachen mußte er die Wirkungen seines Tuns ablesen und einschätzen lernen. Bald konnte er die verschiedenartigen Anstrengungen, die mit den einzelnen Unterrichtsgegenständen einhergehen, beobachten und die Reihenfolge der Fächer entsprechend einrichten und durch Übung der feineren Bewegung der Gliedmaßen der einseitigen Beanspruchung des Kopfes entgegenwirken. Rückblickend sagt er: «Ich muß dem Schicksal dafür dankbar sein, daß es mich in ein solches Lebensverhältnis gebracht hat. Denn ich erwarb mir dadurch auf lebendige Art eine Erkenntnis der Menschenwesenheit, von der ich glaube, daß sie so lebendig auf einem andern Wege von mir nicht hätte erworben werden können.» (28/106) – Im Zusammenhang mit der Tätigkeit eines Hauslehrers war es damals auch selbstverständlich, daß Steiner die Hausaufgaben der Kinder beaufsichtigte, die Kinder bei Spaziergängen in den Prater oder sonstwohin begleitete, mit den älteren Buben Kon-

Abb. 32:
Richard Specht (1870 – 1932)
wurde später Dichter
und Schriftsteller.

zerte besuchte und sie überhaupt beim Spielen zu beaufsichtigen hatte. So holte er das Spielen, zu dem er als Knabe kaum gekommen war, als junger Mann nach, und zwar besonders während der Sommerferien, die die Familie Specht in Unterach am Attersee verbrachte.

Richard Specht, der älteste der Specht-Söhne, hat unmittelbar nach dem Tode Steiners seine Erinnerungen an diese Zeit aufgeschrieben. Wenngleich dieser Bericht einige Ungenauigkeiten und Übertreibungen enthält, so gibt er doch den Eindruck wieder, den der damals heranwachsende hochbegabte Richard Specht hatte: «Er sah damals schon ganz so aus wie in den späteren Jahren, hatte damals schon das blasse, ein wenig faltige Asketengesicht mit den braunen Augen hinter scharfen Brillengläsern. Das lange straffe, schwarze Haar, den hageren Hals mit dem großen Adamsapfel, die hochgewachsene, vom langen Schoßrock umflatterte Erscheinung, in der etwas vom Geistlichen, etwas vom Philosophen und etwas vom rechthaberischen Pedanten war.» Richard Specht gedenkt dann weiter der «seltsamen Mischung von Gelehrtenernst und Knabenhaftigkeit» und der unerhörten Willensstärke, mit der sich Rudolf Steiner seiner Arbeit widmete: «Körperlich war er so schwächlich, daß er sofort zu Boden stürzte, wenn einer von uns Buben sich in einem Anfall von Liebe oder Übermut an seinen Hals hängen wollte. Geistig aber war er von der größten Energie. Wie oft habe ich ihn, wenn auch ich des Nachts ihm gegenüber am Schreibtisch saß, beobachten können, wie er mit dem Schlafe kämpfte und ihm auch oft erlag. Niemals aber gab er nach, ließ sich niemals von mir überreden, zu Bette zu gehen, half mit schwarzem Kaffee, oft auch durch den Zwang mechanischen Abschreibens einiger ganz uninteressanter Grammatikseiten nach, um sich um jeden Preis wach zu erhalten. Er wollte damals den Doktorgrad erwerben, der ihm infolge des Realschulstudiums verschlossen war, lernte Latein wie ein kleiner Gymnasiast, erledigte, gleichsam mit der linken Hand, all die dazu nötigen Studien neben all den umfangreichen für sein eigentliches Ziel und erreichte es, wirklich in verhältnismäßig kurzer Zeit promoviert zu werden.» (*Neues Wiener Journal*, 26. April 1925)

Nachdem sich Rudolf Steiner in seine Erzieheraufgabe eingearbeitet hatte und der Unterricht für Otto Specht weniger aufwendig geworden war, fand er auch wieder mehr Zeit für seine eigenen Arbeiten und Studien, die er in den ersten beiden Jahren als Erzieher nur in wenigen freien Stunden betreiben konnte. Die zwei Jahre, die seine philosophische Entwicklung gebremst hatten, hatten jedoch zu einer Verwurzelung im Alltag, zu einer Verbreiterung seiner Interessen über den bisherigen Kreis hinaus geführt. In ganz besonderem Maße wandte sich Steiner seit dem Sommer 1886 der Philosophie Eduard von Hartmanns zu. Er bewunderte diesen Denker, der sich den Spaß geleistet hatte, seine eigene Philosophie in einer anonymen Schrift vom Gesichtspunkt des Darwinismus aus zu widerlegen, und der mit dieser glänzenden Widerlegung nicht nur den Beifall der Deszendenztheoretiker gefunden hatte, sondern vor allem bewiesen hatte, daß er noch allemal so klug wie die Darwinisten war. Die eingefleischten Darwinisten machten jedenfalls lange Gesichter, als die zweite Auflage der Schrift, die sie mit den Worten: «Der Verfasser nenne sich, er ist einer der unseren!» begrüßt hatten, den Namen des Verfassers, Eduard von Hartmann, zu erkennen gab.

Die Grundrichtung der Philosophie Hartmanns war nun Rudolf Steiner selbst durchaus zuwider. Er lehnte den Pessimismus und den Dualismus Hartmanns prinzipiell ab. Das hinderte ihn jedoch nicht daran, gerade die Behandlung kulturhistorischer, politischer und pädagogischer Fragen durch Hartmann mit größtem Gewinn zu lesen: «Ich fand ‹gesunde› Lebenserfassung bei diesem Pessimisten, wie ich sie bei manchem

Abb. 33:
Eduard von Hartmann (1842 – 1906).
«Ich fand auch in denjenigen Schriften des ‹Philosophen des Unbewußten›, die ich im Prinzip ablehnte, vieles, das mir außerordentlich anregend war.»
(28/110)

Optimisten nicht finden konnte. Gerade ihm gegenüber empfand ich, was ich brauchte: anerkennen zu können, auch wenn ich widersprechen mußte.» Und so berichtet Steiner dann weiter: «Ich verbrachte so manchen Spätabend am Attersee, wenn ich meine Buben sich selbst überlassen konnte und die Sternenwelt vom Balkon des Hauses aus bewundert war, mit dem Studium der ‹Phänomenologie des sittlichen Bewußtseins› und dem ‹Religiösen Bewußtsein der Menschheit im Stufengang seiner Entwicklung›. Und während ich diese Schriften las, bekam ich eine immer größere Sicherheit über meine eigenen erkenntnistheoretischen Gesichtspunkte.» «Mir erschien die Betrachtung der sittlichen Welt bei Hartmann sympathisch, weil er dabei seinen Jenseitsstandpunkt völlig zurücktreten läßt und sich an das Beobachtbare hält. Durch die Vertiefung in die Phänomene bis zu dem Grade, daß sie ihre geistige Wesenheit enthüllen, wollte ich Erkenntnis des Seienden zustande gebracht wissen, nicht durch Nachdenken darüber, was ‹hinter› den Phänomenen ist.» (28/109f)

So war Eduard von Hartmann für Steiner eine symptomatische Instanz im Geistesleben der damaligen Gegenwart. Hartmann beherrschte die zeitgenössische Naturwissenschaft, aber er war doppelt so klug wie die bloßen Naturwissenschaftler, seine Fragestellungen zielten auf Tieferes. Im Winter 1886/87 schrieb Steiner deshalb in der Einleitung zum zweiten Bande von Goethes naturwissenschaftlichen Schriften: «Die Philosophie dieses Denkers ist von größter geschichtlicher Bedeutung. Mit den übrigen Schriften Hartmanns, die das dort Skizzierte nach allen Seiten ausbauen, ... spiegelt sich in ihr der gesamte geistige Inhalt unserer Zeit. Hartmann zeichnet ein bewunderungswerter Tiefsinn und eine erstaunliche Beherrschung des Materials der einzelnen Wissenschaften aus. Er steht heute auf der Hochwacht der Bildung. Man braucht sein Anhänger nicht zu sein, und man wird ihm das rückhaltlos zuerkennen müssen.» (1b/LXII)

Neben Eduard von Hartmann galt Steiners Achtung in jenen Jahren besonders Johannes Volkelt. Die Beurteilung Volkelts ähnelt insofern der Beurteilung Hartmanns, als Steiner auch bei diesem Denker mit dessen Grundprinzipien nicht einverstanden war. Doch schätzte er seinen kühnen und freien Sinn, der so mutig und deutlich gegen die politischen und moralischen Schäden der Zeit Stellung bezog, daß er als Österreicher in Österreich keine Professur erhielt. Volkelts Werk über die *Traumphantasie* gehörte zu den Büchern, die einen tiefen Eindruck auf Steiner gemacht und sein eigenes Denken stark angeregt haben. Nicht weniger brauchbar erschienen Steiner die Analysen Volkelts zu der Form der unmittelbaren Erfahrung. Ausführlich zitiert er dessen Werk *Erfahrung und Denken* in seinen 1886 geschriebenen *Grundlinien einer Erkenntnistheorie*. Daneben blieb im Hause Specht auch die Zeit, Bücher von Richard Wahle, Johannes Rehmke und anderen zeitgenössischen Philosophen zu studieren. Die Hauptarbeit galt freilich der Arbeit an Goethes Naturwissenschaftlichen Schriften, die 1886 wieder aufgenommen wurde.

7.
ERKENNTNISTHEORIE

Am 1. Dezember 1884 wandte sich Rudolf Steiner brieflich an Joseph Kürschner und bat ihn, sich dafür zu verwenden, daß Spemann, der Verleger der «Deutschen National-Litteratur», eine «6 – 8 Bogen umfassende Broschüre» mit dem Titel «Erkenntnistheorie auf Grund der Goethe-Schillerschen Weltanschauung und des deutschen Idealismus» veröffentliche. Er wolle, so schrieb er, «sehr gerne *auf jeden materiellen Vorteil verzichten*», wenn Spemann die Sache nur übernehmen würde. Kürschner kam der Bitte Steiners nach und antwortete schon unter dem 6. Dezember mit einer Zusage. Bereits am 18. Dezember teilt Steiner mit, daß das Manuskript jetzt abgeschrieben und mit einem Vorwort versehen werde. Das Manuskript, das dann mit dem Titel *Grundlinien einer Erkenntnistheorie der Goetheschen Weltanschauung* erschien, ging aber erst am 9. Mai 1886 – also fast anderthalb Jahre nach Ankündigung – an Kürschner ab, der es umgehend in Druck gab.

Es ist nun kaum anzunehmen, daß jenes Manuskript, das Steiner im Mai 1886 zum Druck gab, dasselbe Manuskript ist, das im Dezember 1884 abgeschrieben worden war. Es liegt vielmehr nahe, anzunehmen, daß Rudolf Steiner mit seinem Text nicht zufrieden war, daß er die Arbeit einige Monate hat ruhen lassen, um dann aufs Neue an die Arbeit zu gehen. Jedenfalls änderte er den Titel, und diese Änderung des Titels läßt den Gedanken zu, daß in dem ersten Entwurf die Ideen Schillers und des deutschen Idealismus eine größere Rolle gespielt haben. Es ist auch denkbar, daß ein so weit gefaßtes Vorhaben: eine Erkenntnistheorie der Weltanschauung Goethes und Schillers sowie des deutschen Idealismus zu liefern, die Grenzen des geplanten Umfangs gesprengt hätten. Dafür, daß der uns heute vorliegende Text durch einige Stufen der Sublimierung und Überarbeitung gegangen ist, spricht die ausgefeilte, systematische Darstellung. In seiner Autobiographie erinnert sich Rudolf Steiner: «Das Büchelchen wurde 1886 fertig.» (28/117)

Um die Eigenart dieses Werks zu sehen, gilt es zu bedenken, daß im Leben Rudolf Steiners Zeiten der Goethe-Nähe und der Goethe-Ferne einander abwechselten. Nach der intensiven Beschäftigung mit den morphologischen Schriften Goethes, einer Phase des Einatmens, folgte ein Ausatmen, in dem Rudolf Steiner zunächst seine eigenen Gedanken weiter ausgestaltete. In seiner Autobiographie schreibt er über diesen Pendelschlag seines Geistes: «Während ich daran arbeitete, Goethes Stellung zur Naturwissenschaft in die rechte Ideengestaltung zu bringen, mußte ich auch im Formen dessen weiterkommen, was sich mir als geistige Erlebnisse in der Anschauung der Weltvorgänge vor die Seele gestellt hatte. So drängte es mich immer wieder von Goethe ab nach der Darstellung der eigenen Weltanschauung und zu ihm hin, um mit den gewonnenen Gedanken seine Gedanken besser zu interpretieren.» (28/174)

Mit der Arbeit an den *Grundlinien einer Erkenntnistheorie* wollte Steiner also vor allem seine eigenen geistigen Erkenntniserlebnisse in gedankliche Form bringen. Die Schwierigkeit dieser Arbeit wird leicht unterschätzt, weil nur wenige Menschen die Probleme kennen, die sich bei der gedanklichen Fassung geistiger Erfahrungen ergeben. Hilfreich war indes für Steiner, daß er an Goethes Erkenntnispraxis anknüpfen konnte. Mit Goethes morphologischen Arbeiten war ihm ein Ausschnitt wirklichen Erkennens vor das geistige Auge getreten, und es war ihm gelungen, die Prinzipien dieses speziellen Naturerkennens darzustellen. Nun aber ging es ihm darum, das Ganze des Erkennens in seinen Grundzügen allgemein und verständlich darzulegen. Seit seiner Begegnung mit seinem uns unbekannten «Meister» hatte er bestimmte Erlebnisse auf dem Felde des Erkennens gemacht. Jetzt wollte er diese Überzeugungen zusammenhängend begründen und damit eine systematische Grundwissenschaft für alles Erkennen schaffen. Bei seinen Versuchen, zu einer Darstellung seiner Einsichten zu gelangen, wurde ihm klar, daß seine selbständig errungenen Einsichten mit Goethes Erkenntnispraxis in Übereinstimmung standen. Er berichtet im Herbst 1923 in der Vorrede zur zweiten Auflage der *Grundlinien einer Erkenntnistheorie*: «Nun aber wurde mir an meinen Goethe-Studien klar, wie meine Gedanken zu einem Anschauen vom Wesen der Erkenntnis führen, das in Goethes

Schaffen und seiner Stellung zur Welt überall hervortritt. Ich fand, daß meine Gesichtspunkte mir eine Erkenntnistheorie ergaben, die die der Goetheschen Weltanschauung ist.» (2/11)

Bevor Steiner also an die Ausarbeitung einer Erkenntnistheorie der Goetheschen Weltanschauungsart ging, hatte er seine eigenen Einsichten gewonnen, und erst später entdeckte er, daß seine Auffassung der Erkenntnis in Goethes Erkenntnispraxis lebte. Man hat es deshalb in den *Grundlinien* in erster Linie mit der Darstellung der Erkenntnistheorie Rudolf Steiners und weniger mit einer Goethe-Interpretation zu tun. Das wußte Steiner auch genau, als er an seinem Buch arbeitete. So schrieb er erläuternd in einem Brief an Friedrich Theodor Vischer, dem er seinen philosophischen Erstling übersandte:

«Wenn sich dieselbe auch an Goethe anschließt, so gestehe ich doch ganz offen, daß ich in erster Linie einen Beitrag zur Erkenntnistheorie und keineswegs einen solchen zur Goetheforschung habe geben wollen. Von Goethes Weltanschauung waren für mich nicht dessen positive Aufstellungen maßgebend, sondern die Tendenz seiner Weltbetrachtungsweise. Goethes und Schillers wissenschaftliche Darlegungen sind für mich eine Mitte, zu der Anfang und Ende zu suchen ist. Der Anfang: durch Darstellung der prinzipiellen Grundlage, von der wir uns diese Weltansicht getragen denken müssen; das Ende: durch Auseinandersetzung der Konsequenzen, die diese Betrachtungsweise für unsere Anschauung über Welt und Leben hat.» (38/141)

In diesem Sinne sind die *Grundlinien* – auch wenn sie sich da und dort auf Goethe beziehen – ein eigenständiges Werk Steiners, die erste philosophische Rechtfertigung seiner Anschauungen. Das wurde auch sofort bemerkt. Robert Hamerling, ein heute vergessener österreichischer Dichter und Philosoph, schrieb an Steiner: «Fast möchte ich wünschen, Sie hätten die Beziehung auf *Goethes* Erkenntnistheorie im Titel des Buches weggelassen. Was Sie bieten, ist weit mehr als die Erläuterung der Goethe'schen Naturanschauung. Diese kommt, meines unmaßgeblichen Erachtens, in dem Büchlein auch nicht in jenem Maße von Klarheit zum Ausdruck, welcher für *weitere* Leserkreise ausreichen würde.» (*Goetheanum*, 1930, S. 99) Naturgemäß gab es auch Kritik. Es wurde die Frage aufgeworfen, ob es überhaupt gerechtfertigt sei, eine Erkenntnistheorie der Goetheschen Weltanschauung zu schreiben. Der von Steiner hochgeschätzte Gideon Spicker, der über Lessings Weltanschauung gearbeitet hatte, schrieb an Steiner, daß er «nicht ganz» mit seiner Auffassung übereinstimme, und führte begründend aus:

«Ich halte nämlich dafür, daß Goethe von der gegenwärtigen Modekrankheit der Erkenntnistheorie noch gar nicht angesteckt war, daß er von seinem intuitiv pantheistischen Standpunkt aus dafür gar kein Verständnis hatte, wie aus verschiedenen Äußerungen und aus seiner ganzen Art, die Natur und das Leben zu betrachten, hervorgeht. Abgesehen hiervon ist Ihre Arbeit sehr klar, fließend und überzeugend.» (38/155) – Selbstverständlich war es auch Steiner deutlich, daß eine theoretische und prinzipiell vorgehende Denkweise Goethe ganz fern lag, durch Spicker trat ihm jedoch der Einwand entgegen, daß man die Denkrichtung Goethes nicht bis zu ihrem prinzipiellen Ursprung hin verfolgen dürfe, weil dies Goethe nicht angemessen sei, und überdies hielt Spicker den Hang zur Erkenntnistheorie für eine Modetorheit. Spicker hat sich denn auch dahingehend ausgesprochen, daß man das «ewige Messerwetzen» einstellen und ans konkrete Erkennen gehen solle.

Nun hätte Steiner durchaus die Möglichkeit gehabt, Goethes Erkenntnisweise historisch und philologisch darzustellen; er hätte Goethes Erfahrungsart vielfältig beschreiben können, er hätte zeigen können, wie der praktisch tätige Goethe sich immerfort an der Erfahrung orientierte, wie der reisende Goethe stets neue Erfahrungen sammelte, wie der experimentierende Goethe behutsam mit der Erfahrung umging – in Goethes Werk fließen hier die Quellen reichlich. Auch wäre es ein leichtes gewesen, anhand des Aufsatzes «Der Versuch als Vermittler von Objekt und Subjekt» nachzuweisen, daß sich Goethe seiner Methode sehr wohl bewußt war, auch hätte es nicht große Mühe gemacht, aus Goethes Aufsätzen zu Erkenntnisfragen oder aus seinen Maximen und Reflexionen prinzipiellere Auffassungen herauszudestillieren. – Dieses Vorgehen hätte den unschätzbaren Vorteil gehabt, daß etwa am Beispiel der Farbenlehre nicht nur Goethes wirkliche Erkenntnispraxis, sein Erfahrungsbegriff und die Stellung des Gedankens zur Erfahrung zur Darstellung gelangt und seine Idee des Typus philologisch genau nachgewiesen worden wären, sondern daß darüber hinaus ein Werk entstanden wäre, an dem vorbeizugehen der Goetheforschung unmöglich gewesen wäre.

Daß Steiner diesen Weg verschmähte, ist für ihn charakteristisch. Er wollte nicht irgendwelche historischen Richtigkeiten nachweisen, er wollte auch nicht im einzelnen zeigen, wie Goethe wirklich gedacht hat;

Abb. 34:
Gideon Spicker (1840 – 1912),
Professor der Philosophie in Münster

das hätte ein bloß historisches, umfangreiches Buch ergeben und wäre eben ein geistiges Porträt eines längst verstorbenen Heroen geworden. Steiner kam es auf das Historische aber überhaupt nicht an. Nicht nur, weil man dann auch das hier oder dort Fragwürdige der positiven Aufstellungen Goethes umständlich hätte behandeln und zurechtrücken müssen, sondern und vor allem, weil es ihm um die Erörterung des Prinzipiellen des Erkenntnisvorgangs ging. Und hier baute er nicht auf historische Hinweise, sondern auf Einsicht ins Prinzipielle. Diesem Vorgehen bleibt er bis an sein Lebensende treu. So sollte er es viel später ablehnen, die Wahrheit der anthroposophischen Medizin durch den Hinweis auf die Wirksamkeit der Heilmittel zu begründen: «Wir müssen den Mut haben, solch ein Vorgehen verlogen zu finden.» (260/279) In diesem Sinne wollte Steiner bereits als Fünfundzwanzigjähriger nicht durch die Hintertür der historischen Philologie in die Arena der zeitgenössischen Philosophie gelangen, sondern durch den Haupteingang einer prinzipiellen Darstellung eintreten.

So finden sich in diesem Buch auch ganz offene, biographisch wichtige Bekenntnisse. Im Abschnitt über das Erkennen kann man zum Beispiel lesen: «Bürger zweier Welten, der Sinnen- und der Gedankenwelt, die eine von unten an ihn herandringend, die andere von oben leuchtend, bemächtigt sich der Mensch der Wissenschaft, durch die er beide in eine ungetrennte Einheit verbindet. Von der einen Seite winkt uns die äußere Form, von der anderen das innere Wesen; wir müssen beide vereinigen.» (2/79) Der Biograph blickt durch solche Worte auf die Bewußtseinskonfiguration Steiners in den achtziger Jahren. Die Tatsache der geistigen, in Gedankenform sich offenbarenden Welt erfüllt seine Seele. Er ist sich sicher, daß durch die geistige Welt sich der Kern der Dinge enthüllt und daß das Denken jenes Organ des Menschen ist, durch das er sich mit der oberen Welt verbindet. Nicht weniger charakteristisch ist, daß von der Sinnenwelt gesagt wird, sie dringe von unten an den Menschen heran. Die Sinneswelt erscheint dem Menschen anfänglich als eine fremde Welt. Diese «Erscheinung für die Sinne» ist zu «überwinden» (2/42), damit der Mensch zum Kern der Dinge vordringen kann. «Alle Sinnenwahrnehmung löst sich, was das Wesen betrifft, zuletzt in ideellen Inhalt auf.» (2/67) Damit erscheint das Erkennen als Sieg über die Welt, die von unten herandringt.

Noch wichtiger erscheint eine andere Passage des Buches. Der landläufige Idealismus steht immer in Gefahr, in einem Platonismus oder in einem Hegelianismus zu enden. Man erklärt die Idee zur welt- und menschenüberlegenen Weltherrscherin. Außer der Ideenwelt gilt nichts als wirklich, die Vernunft herrscht über das Individuelle, die ewige Sonne des Objektiven versengt die Welt. Wenn man die *Grundlinien* nicht ganz liest, könnte man zu der Ansicht gelangen, daß Steiner in den achtziger Jahren einem so konzipierten objektiven Idealismus huldige, zumal er das Denken als das Organ zur Auffassung der Ideenwelt beschreibt: «Es können also unbestimmt viele geistbegabte Individuen dem *einen* Gedankeninhalte gegenüberstehen. Der Geist nimmt also den Gedankeninhalt der Welt wahr, wie ein Auffassungsorgan. Es gibt nur *einen* Gedankeninhalt der Welt. Unser Bewußtsein ist nicht die Fähigkeit, Gedanken zu erzeugen und aufzubewahren, wie man so vielfach glaubt, sondern die Gedanken (Ideen) wahrzunehmen.» (2/78) – Diese Ansicht scheint auf einen an sich existierenden Gedankeninhalt der Welt zu deuten, der hehr und einsam über der Welt sein Wesen treibt.

Diesem Mißverständnis tritt Steiner jedoch zweifach entgegen. Die Ideenwelt ist für ihn nicht das hehre und austernhaft schimmernde Absolute. Sie haust nicht in einem Jenseits, und der Mensch ist ihr nicht unterworfen. «Der Weltengrund hat sich in die Welt vollständig ausgegossen; er hat sich nicht von der Welt zurückgezogen, um sie von außen zu lenken, er treibt sie von innen; er hat sich ihr nicht vorenthalten. Die höchste Form, in der er innerhalb der Wirklichkeit des gewöhnlichen Lebens auftritt, ist das Denken und mit demselben die menschliche Persönlichkeit. Hat somit der Weltengrund Ziele, so sind sie identisch mit den Zielen, die sich der Mensch setzt, indem er sich darlebt. Nicht indem der Mensch irgendwelchen Geboten des Weltenlenkers nachforscht, handelt er nach dessen Absichten, sondern indem er nach seinen eigenen Einsichten handelt. Denn in ihnen lebt sich jener Weltenlenker dar. Er lebt nicht als Wille irgendwo außerhalb des Menschen; er hat sich jedes Eigenwillens begeben, um alles von des Menschen Willen abhängig zu machen.» (2/125)

Diese Sätze laden zu tiefgründigen Betrachtungen ein. Letztlich erscheinen sie als der Ausdruck einer christlichen Philosophie, die das mosaische Gesetz der Ge- und Verbote hinter sich gelassen hat. Indem der Weltengrund sich in die Welt vollständig ausgegossen hat, hat er sich den Menschen anvertraut und in ihre Hand gegeben. Er ist nicht mehr der weltüberlegene Richter, der über Untertanen herrscht. Hier klingt das Motiv des Johannesevangeliums auf, wo es heißt: «Ich nenne euch nicht mehr Knechte, weil der Knecht nicht weiß, was sein Herr tut; vielmehr habe ich euch Freunde genannt, weil ich euch alles, was ich von meinem Vater gehört, kundgetan habe.» (Joh. 15,15)

Das Ausgießen des Weltengrundes, die Verchristlichung des Denkens, die zu diesem Zeitpunkt allerdings noch nicht so benannt wird, hat aber noch einen anderen Aspekt, der im Erkennen hervortritt. Die Tatsache, daß der Weltengrund durch das Denken in der menschlichen Persönlichkeit auftritt, kann in zweifacher Weise verstanden werden. Einmal so, daß die Weisheit des Weltengrundes einförmig und unverwandelt nunmehr im Menschen auftritt, zum anderen so, daß sie nun im Menschen eine andere Sprache spricht als bisher. Was bedeutet es, daß der Mensch durch sein Denken tätig Einsichten und Ideen produziert? Welchen Sinn hat die hervorbringende Tätigkeit des Menschen? Folgt die Produktion des Menschen als schiere Reproduktion den Vorgaben des Weltengrundes, den Mustern einer vorgegebenen Ideenwelt?

Als Antwort auf diese Frage findet sich in den *Grundlinien* eine Aussage, aus der hervorgeht, daß die Erkenntnis ein neues, menschliches Gesicht gewinnt. In dem 14. Kapitel «Der Grund der Dinge und das

Erkennen» findet sich gegen Ende folgender Absatz: «So tritt das Wesen eines Dinges nur dann zutage, wenn dasselbe in Beziehung zum Menschen gebracht wird. Denn nur im letzteren erscheint für jedes Ding das Wesen. Das begründet einen Relativismus als Weltansicht, das heißt die Denkrichtung, welche annimmt, daß wir alle Dinge in dem Lichte sehen, das ihnen von Menschen selbst verliehen wird. Diese Ansicht führt auch den Namen Anthropomorphismus. Sie hat viele Vertreter. Die Mehrzahl derselben aber glaubt, daß wir uns durch diese Eigentümlichkeit unseres Erkennens von der Objektivität, wie sie an und für sich ist, entfernen. Wir nehmen, so glauben sie, alles durch die Brille der Subjektivität wahr. Unsere Auffassung zeigt uns das gerade Gegenteil davon. Wir müssen die Dinge durch diese Brille betrachten, wenn wir zu ihrem Wesen kommen wollen. Die Welt ist uns nicht allein so bekannt, wie sie uns erscheint, sondern sie erscheint so, allerdings nur der denkenden Betrachtung, wie sie ist. *Die Gestalt von der Wirklichkeit, welche der Mensch in der Wissenschaft entwirft, ist die letzte wahre Gestalt derselben.*» (2/84f)

Diesen Gedanken hat Steiner später in dem Buch *Goethes Weltanschauung* (6/63ff) und in anderen Zusammenhängen (1e/353 sowie 30/541) dahingehend weiter ausgeführt, daß das persönliche menschliche Erleben der Schlüssel zum Welterkennen überhaupt ist. Nach dem Jahre 1900 nimmt er dann die Wendung, daß der Mensch als Organ der Weltauffassung sich bewußt schulen kann, um durch sein Denken, Erleben und Wahrnehmen das Wesen der Dinge zur Erscheinung zu bringen. 1886, in den *Grundlinien,* zeigt das Bekenntnis zum Anthropomorphismus, daß bereits der junge Steiner die Gefahren eines Hegelianismus, der den Menschen der Idee unterwirft, erkannt hatte und zu umschiffen trachtete.

So findet man überhaupt – meist in lapidarer Knappheit – bewundernswerte Abhandlungen, etwa über Verstand und Vernunft im 12. Abschnitt, die ohne davon großes Aufheben zu machen, zentrale Fragen der Philosophie lösen. So gehört die Widerlegung der Gründe, die Kant für die Behauptung anführt, daß die Sätze der Mathematik synthetische Urteile a priori seien, zu den Passagen, die man wegen ihrer Schlichtheit zwar leicht verkennt, die aber für jeden logisch denkenden Menschen schlagende Beweiskraft haben. Noch großartiger sind die Darlegungen zum Naturerkennen, die in der Begründung einer «rationellen Organik» gipfeln (2/107) und im Vorbeigehen das Unzureichende der Theorie

Darwins mit dem Satz: *Die Darwinsche Theorie setzt den Typus voraus* kennzeichnen (2/103).

Die größten Schwierigkeiten hatte Steiner, den Begriff der *reinen Erfahrung* herauszuarbeiten. Das lag zunächst in der Sache selbst begründet: Die reine Erfahrung kann im Grunde nur umschrieben und negativ charakterisiert werden, sie selbst entzieht sich der begrifflich-verbalen Beschreibung, ferner ist der Begriff der *reinen Erfahrung* ein Kunstbegriff, der für einen philosophischen Begründungszusammenhang geschaffen wurde und dementsprechend verwendet und möglicherweise nicht realistisch gedeutet werden darf: «Reine Erfahrung ist die Form der Wirklichkeit, in der diese uns erscheint, wenn wir ihr mit vollständiger Entäußerung unseres Selbstes entgegentreten.» (2/28) In anderer Form tritt ein verwandter Begriff später als «reine Wahrnehmung» auf, und schließlich berichtet Steiner in seiner Autobiographie, daß ihm der eigentümliche Charakter der Sinneswelt erst sehr spät in seinem Leben aufgegangen sei (28/316ff). Man fragt sich deshalb, ob wohl eine Charakteristik dessen, was in den frühen philosophischen Schriften Steiners als *reine Erfahrung* oder *reine Wahrnehmung* figuriert, in späterer Zeit anders ausgefallen wäre. Leider liegt meines Wissens eine solche spätere Fassung dieser Begriffe in explizierter Form nicht vor.

An einer Stelle des Buches treten uns auch die Nöte des zum Hauslehrerdasein verdammten Philosophen entgegen. Die entsprechende Bemerkung findet sich im Abschnitt über «Psychologisches Erkennen». Der Blick richtet sich dort auf den Menschen in der Gesellschaft. Der Mensch gehöre nicht nur sich selber an, er sei auch ein Glied eines Volkes und aus diesem Volk hervorgegangen. Welches Schicksal hat der einzelne in seinem Volke? Wir befinden uns in einer Zeit, in der die Berufswahl nicht mehr durch Familie und Tradition bestimmt wird, wie es noch zwei Generationen zuvor üblich war. Damit ist die Lebensbahn des einzelnen Menschen zur Disposition gestellt. So schreibt Steiner über den Lebensweg des einzelnen in der Gesellschaft: «Es kommt darauf an, daß sein Platz innerhalb seines Volkes ein solcher ist, daß er die Macht seiner Individualität voll zur Geltung bringen kann. Das ist nur möglich, wenn der Volksorganismus ein derartiger ist, daß der einzelne den Ort finden kann, wo er seinen Hebel anzusetzen vermag. Es darf nicht dem Zufall überlassen bleiben, ob er diesen Platz findet.» (2/122f) In diesen Worten kann man neben der allgemeinen Aufforderung zu einer auf Menschenerkenntnis und Vernunft gegründeten Gesellschaftsform auch die objektiv gewordene Klage Steiners vernehmen, der wohl meint, zunächst den Ort noch nicht gefunden zu haben, wo er seinen Hebel anzusetzen vermag, die Klage eines Menschen, der sich dem Zufall ausgesetzt weiß und der es der als zufällig erscheinenden Tatsache, daß sein Vater ihn auf die Realschule geschickt hat, zuschreiben muß, daß er in Österreich nicht die Universität besuchen, Philosophie studieren und eine akademische Karriere ergreifen kann.

Im Winter 1886/87 schrieb Steiner die Einleitung zum zweiten Band von *Goethes Naturwissenschaftlichen Schriften.* Diese Einleitung enthält de facto eine zweite Fassung der *Grundlinien.* Sie unterscheidet sich in der Form der Darstellung von den *Grundlinien*, häufiger wird an Goethe angeknüpft, das Problem «Kunst und Wissenschaft», welches in den *Grundlinien* den Schluß bildet, steht hier am Beginn, viele Gedanken werden auf andere Art erläutert, Bezüge zu anderen Weltansichten werden dargestellt und manche Themen ausführlicher behandelt – der wesentliche Inhalt jedoch ist weitgehend derselbe. Die Philologen werden mit Mißfallen bemerkt haben, daß eine historische Entwicklung des Goetheschen Erkennens nicht geboten wird und daß die Zitatennachweise fehlen. Der unter Anleitung Schröers gearbeitete erste Band hatte auf beides nicht verzichtet. Steiner tritt nunmehr als Souverän auf, ja er spricht schon von «meiner Philosophie» (1b/v).

Wenn hier auch darauf verzichtet werden muß, auf diese zweite Fassung der Erkenntnistheorie des näheren einzugehen, so muß doch in jedem Falle die «Vorrede» erwähnt werden, weil sich in ihr ein ganz neuer Ton findet. Das Pathos einer Freiheitsphilosophie kündigt sich an. Steiner spricht sich ganz persönlich aus:

«Es erhöht die Würde des Menschen, daß grausam immer zerstört wird, was er schafft, denn er muß immer aufs neue bilden und schaffen, und im Tun liegt unser Glück, in dem, was wir selbst vollbringen. Mit dem geschenkten Glück ist es wie mit der geoffenbarten Wahrheit. Es ist allein des Menschen würdig, daß er selbst die Wahrheit suche, daß ihn weder Erfahrung noch Offenbarung leite.» (1b/iv)

«Indem sich das Denken der Idee bemächtigt, verschmilzt es mit dem Urgrunde des Weltendaseins; das, was außen wirkt, tritt in den Geist des Menschen ein: er wird mit der objektiven Wirklichkeit auf ihrer höchsten Potenz *eins. Das Gewahrwerden der Idee in der Wirklichkeit ist die wahre Kommunion des Menschen.»* (1b/IV)

Gerade der letzte Satz: «Das Gewahrwerden der Idee in der Wirklichkeit ist die wahre Kommunion des Menschen» ist später vielfach von Auslegern Steiners zitiert und als Beleg für seine religiöse Grundeinstellung in Anspruch genommen worden. In der Tat deutet das Wort *Kommunion* auf einen religiösen Zusammenhang; man denkt an die Kommunion in den Kirchen. Man muß aber sehen, daß der Satz von der wahren Kommunion auf derselben Seite steht wie die vorher angeführte Passage, in der das geschenkte Glück ebenso wie jegliche Leitung des Menschen durch irgendeine Offenbarung abgelehnt wird. Im Tun, im Schaffen liegt unser Glück, in der selbst gefundenen Wahrheit. Die Religiosität, die den jungen Steiner hier bewegt, ist also die Religion des faustischen Menschen, der aus eigner Kraft zum Höchsten, zur Wahrnehmung dessen, was die Welt «im Innersten zusammenhält», gelangen will.

So beginnt Rudolf Steiner die Einleitung zum zweiten Band von *Goethes Naturwissenschaftlichen Schriften* mit einer Reihe ganz persönlicher Fanfarenstöße, die freilich damals nicht bemerkt wurden und erst recht keinen Anklang fanden.

8.

GESELLIGES LEBEN IN WIEN

Das Haus Specht wurde vom Winter 1885/86 an auch zum Ausgangspunkt der Ausflüge Steiners in das gesellige Leben Wiens. Da wäre zunächst der kleine Kreis gleichaltriger Freunde zu nennen. Zu diesem Kreis gehörten Walter Fehr, seine Schwestern Johanna und Radegunde, Josef Köck und einige andere. Zur Familie Fehr hatte Steiner auf merkwürdige Weise ein besonderes Verhältnis gewonnen. Zunächst entspann sich eine Freundschaft mit Walter Fehr, den Steiner wegen seiner offenen und treuen Art und seines sicheren Urteils schätzte. Walter Fehr führte Steiner in seine Familie ein. Der Vater der Geschwister Fehr war offensichtlich ein gelehrter Sonderling. Steiner bekam ihn nie zu Gesicht, obwohl er neben dem Zimmer lebte, in dem Steiner seine Freunde besuchte. Durch die Schilderungen der Kinder und durch Bücher aus der Bibliothek des Vaters gewann Steiner nach einiger Zeit ein Bild dieses Menschen. Als der Vater starb, baten die Geschwister Fehr Rudolf Steiner, ihrem Vater die Grabrede zu halten; offensichtlich erkannten sie in dem gleichaltrigen Freund den zu dieser Aufgabe berufenen Menschen. Steiners Worte bewegten die Geschwister tief, und sie fanden, daß ihr Freund ein treues Bild des Vaters entworfen hatte.

Während Steiner mit Walter Fehr und seinen Freunden literarische Fragen diskutierte und recht intensiv feucht-fröhliche Feste feierte, entstand zwischen ihm und der jüngeren Schwester Radegunde eine wechselseitige tiefe Zuneigung: «Wir liebten einander und wußten beide das wohl ganz deutlich; aber konnten auch beide nicht die Scheu davor überwinden, uns zu sagen, daß wir uns liebten. Und so lebte die Liebe zwischen den Worten, die wir miteinander sprachen, nicht *in* denselben.» (28/120) Die recht ärmlichen Verhältnisse, in denen beide damals lebten, verboten weitergehende Pläne, und Steiner konnte dem «sehr geehrten Fräulein» nur brieflich seine «tief-freundschaftlichen Empfindungen» versichern und sagen, daß sein Gefühl für Radegunde «unauslöschlich» sei (38/168). Die Hoffnungen, die in Gundi, wie sie genannt wurde, lebten, zerrannen langsam, nachdem Rudolf Steiner nach Weimar entschwunden war. Sie starb 1903, fünfunddreißigjährig, in Wien. Eine Erinnerung an dieses Verhältnis verbirgt sich möglicherweise im ersten Bilde des Dramas *Die Pforte der Einweihung* in den Worten, in denen Johannes Thomasius der Freundin gedenkt, die er verließ und die, ihrer Lebenshoffnung beraubt, dahinsiechte.

Diese ganz persönlichen Freundschaften dürften aber nur einen kleinen Teil der freien Zeit Steiners beansprucht haben, denn sein Hang zur Geselligkeit, die Lust, viele Menschen kennen zu lernen, führte ihn mit ganz verschiedenartigen Menschen zusammen. – Im Februar oder März des Jahres 1886 besuchte er wieder einmal seinen Lehrer Karl Julius Schröer. Schröer hatte gerade die Dichtungen der damals einundzwanzigjährigen Marie Eugenie delle Grazie (1864 bis 1931) gelesen; vor allem hatten ihn das Epos *Hermann* (1883) und das Drama *Saul* (1885) fasziniert. Begeistert teilte er seine Entdeckung Steiner mit, nicht ohne hinzuzufügen, daß Robert Zimmermann bemerkt habe, das sei das einzig wirkliche Genie, das er in seinem Leben kennengelernt habe. Nun verschlang also auch Steiner die Dichtungen dieser jungen Frau, und recht schnell hatte er ein Feuilleton geschrieben, das sein Freund Emil Schönaich in Troppau in der Freien Schlesischen Presse zum Abdruck brachte. Völlig unkritisch und ganz naiv feierte Steiner die «genialische Dichterin»: «Wir haben es hier mit einer gewaltigen Erscheinung zu tun. Delle Grazie ist so originell, wie es nur ein Geist sein kann, der aus dem nie versiegenden Quell deutschen Wesens herausgebildet ist, sie ist so kräftig und tief in der Charakteristik, wie es nur dem deutschen Geiste mit seiner liebevollen Vertiefung in das menschliche Herz und Gemüt möglich ist. Sie schildert mit einer solchen Bitterkeit die der edlen deutschen Gesittung gegenüberstehende römische Verderbtheit, wie es nur der vornehm denkende Deutsche imstande ist, der auf seiner moralischen Höhe keine Schonung für das Unlautere, für das Schlechte, sondern nur Verachtung kennt.» (32/115) Gegen Ende der ausführlichen Preisung findet man den schönen Satz. «Ein Volk, das solche Blüten treibt, hat nichts zu fürchten.» (32/124) Kurzum: Auch Steiner war hingerissen.

Abb. 35:
Marie Eugenie delle Grazie (1864 – 1931). «Wahr ist es: Gegenwartsmüdigkeit und Zukunftshoffnungslosigkeit strömen ihre Dichtungen aus. Ich möchte aber nicht zu denen gehören, in denen von alledem keine verwandte Saite anklingt.» (32/73)

Dieses Feuilleton wurde für Steiner zum Eintrittsbillet für den regelmäßigen jour fixe, den Marie Eugenie delle Grazie an jedem Samstag im Hause ihres väterlichen Freundes Laurenz Müllner im Wiener Cottage hielt. Müllner war damals Professor für christliche Philosophie an der Theologischen Fakultät der Wiener Universität. Er hatte Thomas von Aquin ebenso wie Schelling studiert, sich mit dem Darwinismus und der Naturphilosophie überhaupt befaßt, sein verehrter Lehrer war Karl Werner, Verfasser einer umfangreichen Thomas-Biographie. Da Müllner auch ein feinsinniger Kenner von Literatur und Ästhetik war, fand sich beim jour fixe ein schwarz-bunt gemischter Kreis: katholische Theologen, Philosophen, Dichter, Musiker, Bildhauer und Publizisten. - Schröer freilich blieb schon nach dem zweiten oder dritten Besuch fern, weil ihm der pessimistisch-naturalistische Grundton des Epos *Robespierre*, aus dem delle Grazie vortrug, aufs äußerste mißfiel.

Ganz anders Rudolf Steiner. Natürlich widerstrebte auch ihm der Pessimimus und der schwarzmalende Naturalismus der delle Grazie, aber ihm erschien die Konsequenz, mit der sie das Schreckliche darstellte, als groß. Er verfaßte im Sommer 1886 ein «Sendschreiben an die Dichterin des *Hermann*», in welchem er deren Pessimismus den Idealismus der

Abb. 36:
Laurenz Müllner (1848 – 1911).
«Dazwischen kamen die sarkastischen, oft ätzenden Bemerkungen Müllners über allerlei Philosophisches, Künstlerisches und anderes.»
(28/129)

schöpferischen Freiheit gegenüberstellte, und er wurde von da an zu einem gern gesehenen Gast der Runde um delle Grazie.

Hier tat sich ihm eine ganz neue Welt auf. Mit Laurenz Müllner, Vincenz Knauer und Adolph Stöhr traf er auf philosophisch gebildete Köpfe; in den Professoren der theologischen Fakultät – namentlich dem Alttestamentler und Zisterzienserpater Wilhelm Neumann – begegnete ihm eine umfassende Gelehrsamkeit; dann erschienen die Schriftsteller Emilie Mataja und Fritz Lemmermayer, die zwar gewiß keine überragenden Dichter, in jedem Falle aber auch keine Durchschnittsmenschen waren. Für Rudolf Steiner tat sich damit ein ganz neues Milieu auf, wirkliche Gesprächspartner, die etwas zu sagen hatten. Und auch die Themen waren neu. Keineswegs wurde, wie manchmal behauptet wird, in erster Linie katholische Theologie verhandelt, vielmehr war die neueste Dichtung das hauptsächliche Thema. Wie ein Blitz schlug es ein, als einer aus dem Kreise über Dostojewskis *Raskolnikoff* zu erzählen begann: «Eine neue Welt war da, eine Welt – ja, wie wenn man ungefähr plötzlich auf einen anderen Planeten versetzt würde.» (258/20) Leopold von Sacher-Masoch sah man «als einen glänzenden, vor keiner Wahrheit zurückschreckenden Darsteller dessen an, was im modernen Sumpfleben als zerstörenswürdiges Allzumenschliches hervorsproßt» (28/125). – Ebenso waren auch der Darwinismus, Haeckel und dann und wann die Gedanken des von delle Grazie hochverehrten Bartholomäus Carneri Themen des Gesprächs. Gelegentlich, wenn die Mehrzahl der Besucher gegangen war, las delle Grazie wieder neue Passagen aus dem frischen Manuskript ihres Epos *Robespierre* vor. In gleichmäßigen fünfhebigen Jamben und edler Sprache entrollten sich vor den Zuhörern die Bilder der Revolutionsschrecken.

Steiner berichtet: «Sie las aus ihren Dichtungen vor; sie sprach im Geiste ihrer Weltauffassung mit entschiedener Wortgeberde; sie beleuchtete mit den Ideen dieser Auffassung das Menschenleben. Es war keine Sonnenbeleuchtung. Eigentlich immer Mondendüsterkeit. Drohender Wolkenhimmel. Aber aus den Wohnungen der Menschen stiegen in der Düsternis Feuerflammen hinauf, wie die Leidenschaften und Illusionen tragend, in denen sich die Menschen verzehren. Alles aber auch menschlich ergreifend, stets fesselnd, das Bittere von dem edlen Zauber einer ganz durchgeistigten Persönlichkeit umflossen.» (28/124) – «Es waltete ein wahrer Zauber über diesen Sonnabend-Zusammenkünften. Wenn es dunkel geworden war, dann brannte die mit rotem Stoff umhüllte Deckenlampe, und wir saßen in einem die ganze Gesellschaft feierlich machenden Lichtraume.» (28/129) Fritz Lemmermayer ergänzt diese Schilderung: «Ich sehe das malerische Bild nach Jahrzehnten noch in jedem Detail deutlich vor mir: die jugendlich blonde Dichterin, mit festlich farbenfrohem Kleide aus roter Seide angetan, hoch aufgerichtet, schlank im roten Salon stehend neben einem Abguß der schönen Büste des Apoll von Belvedere, lesend mit feierlichem Pathos.» (Lemmermayer 1929, S. 27)

Steiner charakterisiert das Haus delle Grazies als «eine Stätte, in der der Pessimismus mit unmittelbarer Lebenskraft sich offenbarte», ja er nennt das Haus Müllner / delle Grazie «eine Stätte des Anti-Goetheanismus». Und er fügt hinzu: «Trotzdem war für mich jeder Besuch in diesem Hause – und ich wußte, daß man mich dort gerne sah – etwas, dem ich Unsägliches verdanke; ich fühlte mich da in einer geistigen Atmosphäre, die mir wahrhaft wohltat.» (28/129) Warum? Die erste Antwort ist, daß Steiner hier ebenbürtige Gesprächspartner fand, Menschen, denen er nicht wie seinen studentischen Kommilitonen von vorneherein überlegen war. Zweitens dürfte er sehr lebhaft empfunden haben, daß sich hier sein Horizont weitete. Während sein väterlicher Freund Schröer, monothematisch um Goethe kreisend, ständig dem Guten, Edlen und Schönen zugewandt, in der Vergangenheit lebte, kamen hier andere Welten ins Spiel. Wenn auch manches im Hause Müllners und delle Grazies nicht wirklich modern war, anregend war es allemal. Drittens – und vor allem – hat Steiner delle Grazie wirklich geschätzt und verehrt. Bis zum Jahre 1900 widmet er ihr fünf Aufsätze, von denen einer mehr als zwanzig Seiten umfaßt. In einem 1893 geschriebenen Aufsatz vergleicht er delle Grazie sogar vorteilhaft mit Goethe, über den er dort schreibt: «Er wurde nicht der Messias einer neuen Zeit. Dafür aber brachte er uns die schönste, reifste Erfüllung einer nunmehr abgestorbenen Epoche.» Über delle Grazie hingegen heißt es: «Ich habe nun dieses Kennzeichen echt modernen Strebens, das in Byron aufdämmerte, bei keinem Zeitgenossen so prägnant, so klar umrissen gefunden wie bei der österreichischen Dichterin Marie Eugenie delle Grazie. Ich habe mir diese Ansicht nicht aus ihren Erstlingsschriften ‹Gedichte›, ‹Die Zigeunerin›, ‹Hermann›, ‹Saul› gebildet, sondern aus ihren in letzter Zeit in verschiedenen Zeitschriften erschienenen Gedichten. Diese Dichtungen sind das streng gesetzmäßige Spiegelbild der modernen Weltanschauung aus einer tiefen, stark empfindenden, klar sehenden und mit einer großen künstlerischen Gestaltungskraft ausgestatteten Seele. Was eine gemütvolle und stolze Natur von dieser Anschauung zu leiden hat, das hat delle Grazie in ihren Gedichten zum Ausdruck gebracht.» (32/65f)

Was Steiner schätzte, war die Ehrlichkeit, die Konsequenz delle Grazies. Sie gab sich der modernen, materialistischen Weltanschauung rückhaltlos hin. Der Materialismus wird ihr zum persönlichen Erlebnis, und so spricht sie aus, daß die altüberlieferten Ideale vor dieser Naturauffassung nichts als «Schaumblasen und Dunstgebilde» sind, die ins Leere zerstäuben. Pathetisch feiert sie die Nichtigkeit der menschlichen Existenz. Wie im Gegenschlag formuliert Steiner angesichts dieser Auffassung den Grundimpuls seiner Freiheitsphilosophie in seinem *Sendschreiben* an delle Grazie: «Wo bliebe die göttliche Freiheit, wenn die Natur uns, gleich unmündigen Kindern, am Gängelbande führend, hegte und pflegte? Nein, sie muß uns alles *versagen*, damit, wenn uns Glück wird, dieses ganz das Erzeugnis unseres freien Selbstes ist! Zerstöre die Natur täglich, was wir bilden, auf daß wir uns täglich aufs neue des Schaffens freuen können! Wir wollen *nichts* der Natur, uns selbst *alles* verdanken!» (30/238)

Die Begegnung mit delle Grazie und ihrem Kreis, das Erlebnis der seelischen Konsequenzen des modernen Naturbildes, das hier nicht im Theoretischen steckenblieb, das in den klugen, sarkastischen und oft ätzenden Bemerkungen Müllners über Philosophisches und Künstlerisches ebenso vital hervortrat wie in den Dichtungen delle Grazies, führte Steiner in einem erhöhten Maße zu sich selbst. War er in Schröer einem Geist begegnet, mit dem er bis zu einem gewissen Grade harmonierte, so wurde er sich seiner eigenen Überzeugungen bei delle Grazie viel stärker bewußt. Er war nun nicht mehr – wie bei Schröer – in seinem geistigen Elternhaus, sondern in der Fremde, wo man sich in der Differenz zu den anderen erlebt.

Aus diesem persönlichen Erlebnis muß man die frühen Äußerungen Steiners über delle Grazie deuten. Er erlebte in der Begegnung mit dem Geiste delle Grazies eine Herausforderung des Schicksals. Er erkannte im «Inhalt ihrer Ideen ... das Gegenbild alles dessen, was mir als Anschauung von der Welt vor dem Geiste stand» (28/122), ja er erblickte in ihrer Weltauffassung den Gegenpol (28/131) seiner Lebensanschauung. Das faszinierte ihn. Sein Urteil gründet sich nicht auf die äußere Übereinstimmung der Gedankeninhalte mit seinen eigenen. Das hat ihn auch später kaum interessiert. Er blickte stets auf die Ehrlichkeit und Konsequenz, mit der gedacht und gefühlt wurde. Daß er delle Grazie als Dichterin weit überschätzte, daß er nicht das Konventionelle, Artifizielle, ja Klischeehafte ihrer Verse durchschaute, daß er nicht spürte, daß hinter diesen Werken nicht die Kraft eines gelebten Lebens stand, mag mit einem Willen zur Positivität angesichts der entgegengesetzten Anschauung oder mit der damals allgemeinen Anerkennung der «Größe» delle Grazies zusammenhängen. Überhaupt findet man bei Steiner auch später den sympathischen Zug, daß er gerne anerkennt und lobt. Besonders Menschen, die ihm nahestehen, finden reichliches Lob. So feierten seine Rezensionen später seinen Freund Ludwig Jacobowski, und erst in seiner Autobiographie räumt Steiner ein, daß diese Dichtungen «nicht ganz ursprünglich» gewesen seien. So hat er auch Schuré erst hoch gerühmt und dann erst viel später, in *Mein Lebensgang*, geschrieben, daß Schuré in nur «schwacher Form» an das alte Mysterienwesen anzuknüpfen vermochte. In bezug auf delle Grazie hat Steiner jedoch seine Hochschätzung ihrer Dichtungen nie widerrufen, obwohl delle Grazie – besonders nach 1912 – den heroischen Pessimismus ihrer Jugend hinter sich gelassen und zum Glauben ihrer Kinderjahre zurückgekehrt war. So trifft auf delle Grazie eigentlich das zu, was Steiner – um delle Grazie zu rühmen – Goethe vorgeworfen hat. «Sein Alter stimmt schlecht zu seiner Jugend. Wir finden nirgends die Erfüllung dessen, was er uns versprochen hat.» (32/64)

Von kompetenter Seite (Bock 1961, S. 51) wurde auch angenommen und ausgesprochen, daß Steiner im Hause delle Grazies der mittelalterlichen Philosophie, besonders der Gedankenwelt des Thomas von Aquin begegnet sei. Es ist nun ganz gewiß zutreffend, daß delle Grazie den Thomas-Forscher und Theologie-Historiker Carl Werner hoch verehrte. Immer wieder sprach sie von diesem kindlich-einfachen Gelehrten, der selbstlos und exakt seinen Themen hingegeben war. So war Carl Werner oft geistig anwesend, wenn er auch in der Zeit, da Steiner delle Grazie aufsuchte, nie selbst erschien. Aber ob an den Samstagnachmittagen auch über Thomas von Aquin ausführlich gesprochen wurde, wird eine offene Frage bleiben. Steiner selbst hat das jedenfalls nirgends behauptet, und noch 1891 hatte er den Eindruck, daß er sich in der Philosophie des Mittelalters nicht hinreichend auskenne. So schrieb er in einem Brief vom 19. 11. 1891: «Ich studiere die Philosophie des Mittelalters, das Kapitel, in dem ich mein Wissen doch immer als lückenhaft bekannt habe.» (39/122) Vielleicht war es also mit dem Thema Thomas von Aquin so wie mit Carl Werner: Es existierte bei einigen Gesprächsteilnehmern irgendwie im Hintergrund, ohne je direkt im Gespräch in Erscheinung zu treten.

Man kann allerdings vermuten, daß bei den Gesprächen, die Rudolf Steiner auf dem Heimweg vom Wiener Cottage zum Stadtzentrum mit Professor Neumann führte, theologische Fragen des öfteren verhandelt wurden. Dabei ging es aber auch manchmal heiter zu. Rudolf Steiner berichtet: «Die Gespräche, die ich mit ihm führte und die mir bedeutsam waren, das waren die, welche sich auf das Christentum bezogen. Was damals von diesem Gelehrten über das Christentum gesprochen wurde, bezog sich einmal auf die Frage der Conceptio immaculata, der unbefleckten Empfängnis. Ich versuchte ihm zu beweisen, daß eine völlige Inkonsequenz in diesem Dogma vorhanden ist, bei dem es sich nicht nur handelt um die unbefleckte Empfängnis der Maria, sondern auch um die Mutter der Maria, der heiligen Anna; da müsse man ja dann immer weiter hinaufgehen. Nun war er einer jener Theologen, dem der Theo-

Abb. 37:
Wilhelm Neumann (1837 – 1919).
«Müllner verehrte ihn mit Recht wegen seiner umfassenden Gelehrsamkeit.»
(28/126)

loge so gar nicht im Nacken saß, ein durchaus freisinniger Theologe, und er fügte hinzu: ‹Das können wir nun nicht tun; denn da kämen wir nach und nach beim Davidl an, und da würde die Sache schlimm werden.›» (B 83/84, S. 24 und 343/219) – In einem anderen Gespräch entwickelt Rudolf Steiner seine Idee von der Wesenheit Christi und davon, wie der Christus in die Erdenentwicklung eintritt, und er berichtet, wie Neumann durch die katholische Dogmatik gehindert wurde, sich den Gedanken seines Gesprächspartners anzuschließen. Im dritten Gespräch kam Steiner auf die wiederholten Erdenleben zu sprechen, und er mußte bemerken, daß Neumann keine Neigung hatte, auf das ihm absonderlich erscheinende Thema einzugehen (28/126f). Aus keiner dieser Schilderungen geht hervor, daß die Philosophie und Theologie des Thomas ausdrückliches Thema im Kreis um delle Grazie gewesen sei, dazu eignet sich diese Philosophie auch nicht. Viel eher wäre anzunehmen, daß man über die Fragwürdigkeit des 1879 von Papst Leo XIII. verordneten Neu-Thomismus, über Dogmatik im allgemeinen und die Entwicklungen innerhalb der katholischen Kirche diskutiert hat. Im dauernden Mittelpunkt der Gespräche dürften aber auch diese Fragen nicht gestanden haben. Nur einmal erwähnt Steiner, daß ihn Professor

Abb. 38:
Fercher von Steinwand (1828 – 1902).
«Ich war in tiefster Seele ergriffen von dem Zauber dieser Persönlichkeit.»
(28/134)

Neumann ausdrücklich auf Thomas gewiesen hat. Nachdem Steiner am 9. November 1888 über Goethes Ästhetik gesprochen hatte, trat der Zisterzienser-Pater auf ihn zu und sagte (nach Steiners Bericht): «Die Keime zu diesem Vortrage, den Sie heute uns gehalten haben, die liegen schon bei Thomas von Aquino!» (74/93f) Diese Worte, die ihn auf Thomas wiesen, haben Steiner freilich lange begleitet; ob sie ihn aber schon damals zu einem Studium der Gedanken des großen Scholastikers angeregt haben, muß dahingestellt bleiben.

Durch Fritz Lemmermayer wurde Rudolf Steiner im Spätherbst des Jahres 1887 in den Kreis der «deutschen» Dichter und Schriftsteller Wiens eingeführt. Diese Gruppe stand in einem gewissen Gegensatz zu jener, die sich bald darauf als «Wiener Moderne» um Hermann Bahr sammelte. Zu diesem Kreise gehörten außer Lemmermayer Hermann Hango, Franz Gristel und Josef Kitir, und bald zogen diese Jüngeren Fercher von Steinwand in ihre Mitte. Die Gestalt Ferchers beeindruckte Steiner tief. Als er Ferchers *Chor der Urtriebe* und *Chor der Urträume* in der «Deutschen Wochenschrift» veröffentlichte, schrieb er an Radegunde Fehr: «Das ist ein origineller Geist. Der hat ein ursprüngliches Streben, das sich mit elementarer Gewalt an die Oberfläche gearbeitet hat.» (38/173) Im Blick auf die Gestalt Ferchers verdeutlichte sich für Steiner die Anschauung der wiederholten Erdenleben. Im Nachsinnen über das, was ihm in Fercher entgegentrat, blickte er auf eine lang entfernte Vergangenheit. In der Erinnerung an die erlebte Anschauung dieses Mannes trat ihm die Intuition entgegegen, die auf eine individuelle Gestalt in einem früheren Erdenleben deutete. So schreibt er in seiner Autobiographie: «Ich betrachte die Tatsache, daß ich Fercher von Steinwand habe kennen lernen dürfen, als eine der wichtigen, die in jungen Jahren an mich herangetreten sind.» (28/135)

Fritz Lemmermayer, offenbar ein merkuriales Talent, führte Rudolf Steiner auch in das Haus des Pfarrers Alfred Formey ein. Formey war mit einer Sängerin verheiratet, die aber ihren Beruf seit längerem aufgegeben hatte und nun die Gäste, die Lemmermayer ins Haus brachte, «mit hinreißender Anmut» versorgte. Da kamen Christine Hebbel, die Witwe Friedrich Hebbels, die Schauspielerin Irma Wilborn, der Dichter Friedrich Schlögl, der Komponist Alfred Stroß und manch andere markante Gestalt aus dem Wiener Kulturleben. Wie Lemmermayer berichtet, deklamierten Christine Hebbel und Irma Wilborn Gedichte, Friedrich Schlögl las aus seinen witzig satirischen Wiener Skizzen vor, Stroß spielte eigene Kompositionen, Frau Formey sang Arien oder Lieder, Lemmermayer gab eine seiner Novellen zum besten, und Rudolf Steiner hielt dann und wann einen improvisierten Vortrag. Sobald sich dieser Kreis bei Irma Wilborn traf, wandelte sich die im Hause Formey ernste und getragene Unterhaltung in ein Feuerwerk von Witz und Humor und dauerndes Gelächter, so «daß die Stühle klapperten».

Die Kreise, in denen sich Steiner so im Wien der späten achtziger Jahre bewegte und in denen er sich wohl fühlte, gehören insgesamt einer älteren Kulturtradition an. Mit wenigen Ausnahmen – Eugenie delle Grazie und Fritz Lemmermayer – gehörten die Bekannten Steiners zu der vor 1850 geborenen Generation. Christine Hebbel war 1817, Schlögl 1821, Schröer 1825, Vinzenz Knauer und Fercher 1828, Wilhelm Neumann 1837, Alfred Formey 1844 und Ludwig Müllner 1848 geboren. Durch diese Menschen konnte Steiner wie durch ein Okular in ältere Schichten des österreichischen Geisteslebens blicken. Allen gemeinsam war auf die eine oder andere Art ein idealisches Streben. Ohne Zweifel war für Steiner der Ernst dieses Strebens das entscheidende Kriterium wirklicher geistiger Arbeit, und dieser Ernst, der nicht auf Effekte aus ist und

Moden nachläuft, kennzeichnete jene Menschen, mit denen Steiner geselligen Verkehr pflegte, diskutierte und lachte, bis die Stühle wackelten.

Damit stand Rudolf Steiner in Opposition zu jener in Wien herrschenden Kultur des Feuilletonismus, die später so hoch gerühmt wurde. In einem Aufsatz aus jener Zeit polemisiert er gegen «jene leichte, französierende Geistreichtuerei, welche die Herren Ludwig Speidel, Eduard Hanslick, Hugo Wittmann oder gar Oppenheim und Spitzer entfalten, die angeblich über irgendeinen bedeutenden Gegenstand sprechen, in Wahrheit aber ihr Publikum mit schalen Witzeleien und gedankenleeren Phrasen unterhalten.» (30/247) Mit solchen Worten legt Steiner sich mit den führenden Wiener Journalisten, namentlich mit der «Neuen Freien Presse», dem einzigen österreichischen «Weltblatt», an. Ihm erschienen nicht nur die «eleganten» Feuilletons, sondern die gesamte Haltung dieses Blattes, das den wirtschaftlichen Liberalismus vertrat, korrumpierend (30/249f). Den vielen Gestalten des damaligen «Fortschritts» jedenfalls stand Steiner höchst skeptisch gegenüber, er schätzte das, was er als aufrecht und gesund ansah.

So feierte er damals Robert Hamerling und Ludwig Anzengruber als die «beiden größten Geister» Österreichs, und er war empört, daß man diese eigenständigen Geister, die sich keiner Schule oder Mode angeschlossen hatten, in ihrer Heimat verkannte. Die Schuld an diesen Verhältnissen trage der oberflächliche Wiener Kulturbetrieb. «Dazu kommt dann die Verlogenheit unserer Tagespresse, die vor keiner Schändlichkeit zurückschreckt, wenn es ihr gilt, das Bild eines Zeitgenossen zu entstellen, der ihr entweder nicht ganz zu Willen war oder dessen Leistungen ihr gegen den Strich gehen. Wir haben dies vor einigen Monaten an Hamerling erfahren müssen, jetzt an Anzengruber. Die Berichte der Wiener Tagesblätter über jenen zeugten von einer Unkenntnis seines Lebens und seiner Werke und waren voll von absichtlichen Entstellungen seines Wirkens als Mensch und Dichter. Bei Anzengruber konnten wir keine besseren Erfahrungen machen. Was er wirklich ist, was er für sein Volk und für die deutsche Dichtung ist, das in würdiger Weise auszusprechen, dazu fühlte man durchaus keinen Beruf.» (32/17f)

Diese Einschätzung liegt – nicht nur in einer Hinsicht – quer zum Urteil der Geschichtsschreibung, die in der «Neuen Freien Presse» ein Muster des liberalen Journalismus sieht und die Aufnahme in das Feuilleton dieses Blattes mit der Aufnahme in die österreichische Literatur

Abb. 39: Rudolf Steiner, 1889

gleichsetzt. In der Tat verfügte die «Neue Freie Presse» über ein ausgezeichnetes Korrespondentennetz im Ausland, und insofern war sie in Sachen der internationalen Politik ein wirkliches Weltblatt. Steiner hingegen hatte die innen- und kulturpolitische Haltung der Zeitung im Blick. Ein Jahrzehnt später hat dann Karl Kraus auf seine Weise konsequent den Kampf gegen die Wiener Presse aufgenommen und in seiner «Fackel» Wilhelm Liebknecht zitiert: «Keine Niedertracht, welche die Presse nicht für Hochsinnigkeit auszugeben, kein Verbrechen, das sie nicht zu einer großherzigen Tat umzufälschen bereit wäre; kein Schurke, dem sie nicht den Lorbeer des Ruhmes oder den Eichenkranz der Bürgertugend aufs Haupt setzte, wenn es ihr zweckdienlich erscheint.» (*Fackel* 54, S. 17) Mit spitzer Feder hat Kraus in diesem Sinne seinen Kampf gegen die «Neue Freie Presse», gegen den literarischen und ästhetischen Opportunismus, gegen echte Kulissen und unechte Schauspieler sowie gegen das Kokettieren mit der eingebildeten «Décadence» geführt und immerhin Aufmerksamkeit und reichen Widerspruch gefunden.

9.

DER REDAKTEUR – EIN AUSFLUG IN DIE POLITIK

Am 1. Januar 1888 übernahm Rudolf Steiner, völlig unvorbereitet und überstürzt, inoffiziell die Redaktion der «Deutschen Wochenschrift». Wir wissen nicht, wie es dazu kam und welche Hoffnungen Rudolf Steiner mit dieser Sache verband. Jedenfalls packte er sich zu seinen übrigen Pflichten, zu denen gerade zu jener Zeit auch die Mitarbeit an einem von Joseph Kürschner herausgegebenen Lexikon gehörte, eine weitere Bürde auf.

Das Blatt bezeichnete sich als «Organ für die nationalen Interessen des deutschen Volkes» und war von dem freisinnigen und durchaus beachtenswerten Historiker Heinrich Friedjung fünf Jahre vorher gegründet wurden. Man kann verfolgen, wie Steiner in den ersten Monaten nur Wochenübersichten verfaßt hat; es sind Chroniken eines abwägenden und teilnehmenden Zeitgenossen. Im April folgt die schon erwähnte Besprechung von Hamerlings Epos «Homunkulus», erst gegen Ende Mai geht er dazu über, auch politische Hauptartikel zu schreiben, und als er so recht auf den Geschmack gekommen ist, findet das ganze Unternehmen durch die Schuld des Herausgebers, der sich mit Friedjung nicht über den Kaufpreis einigen kann, ein plötzliches Ende, ein Ende, das Steiner allerlei Scherereien bereitet, ja ihn sogar in einen Prozeß verwickelt, doch war Steiner, nachdem der Prozeß gewonnen worden war, wie er berichtet, «von einer großen Last befreit».

Die acht politischen Hauptartikel, die Steiner zwischen Mai und Juli verfaßte, sind jedoch von größtem Interesse, weil sie nicht nur Auskunft über die politischen Ideen des Siebenundzwanzigjährigen geben, sondern auch ein Licht auf manches Spätere werfen. – Der erste und der letzte Artikel befassen sich mit der parlamentarischen Vertretung der

Deutschen in Österreich. Die politische Situation, in der diese Artikel geschrieben wurden, ist dadurch gekennzeichnet, daß unter der Regierung des Grafen Taaffe der Einfluß des spezifisch deutschen und auch des eigentlich liberalen Elements in Österreich immer weiter zurückgedrängt wurde. Taaffe versuchte in jenen Jahren, sich mit den Tschechen und Polen zu arrangieren. Sie und die Klerikalen erhielten einen immer größeren Einfluß auf den Verwaltungsapparat des österreichischen Reichsteils. Posten und Pöstchen wurden dementsprechend vergeben. Die politische Vertretung der Deutschen in Österreich jedoch hatte sich in jenen Tagen in kleine und kleinste Grüppchen aufgelöst, die sich um einzelne Volksvertreter scharten.

Zu Beginn seines Artikels blickt Steiner zurück auf jene Politik, die die Deutschen Österreichs getrieben haben, solange sie die Leitung des Staates in Händen hatten. Sie hätten «ein abstraktes Staatsideal» verfolgt, «dem einfach die liberale Schablone zugrunde lag. Über die tatsächlichen Verhältnisse habe man dabei hinweggesehen. Man glaubte, man könne den Volksgeist nach der Idee richten, und vergaß, daß die leitende Staatsraison vielmehr umgekehrt dem Volksgeiste entspringen müsse.» (31/111) In hehrer Selbstvergessenheit habe man «die Kulturmission, die dem deutschen Volke in Österreich obliegt» (31/112), und die geschichtlich gewachsene Wirklichkeit übersehen. Bei diesen Betrachtungen kommt ein Stück Geschichtsphilosophie zum Vorschein, in dem Steiner seine Gedanken über den Kulturprozeß zum Ausdruck bringt: «Wenn die Völker Österreichs wetteifern wollen mit den Deutschen, dann müssen sie vor allem den Entwicklungsprozeß nachholen, den jene durchgemacht haben, sie müssen sich die deutsche Kultur in deutscher Sprache ebenso aneignen, wie es die Römer mit der griechischen Bildung in griechischer, die Deutschen mit der lateinischen in lateinischer Sprache getan haben. Der aus der Geschichte mit Notwendigkeit sich ergebende Entwicklungsprozeß der Völker sollte die Gesichtspunkte abgeben, von denen aus zum Beispiel der Kampf um die Errichtung slavischer Bildungsstätten geführt wird.» (31/112f) Mit anderen Worten: Die Slawen sollen nicht in erster Linie ihre nationalen Traditionen pflegen, sondern sich vor allem die deutsche Kultur aneignen. – Dieser Gedanke kehrt auch im zweiten Aufsatz wieder, und er wird sogar mit einer gewissen Vehemenz formuliert: «Die Slaven müssen noch lange leben, bis sie die Aufgaben, die dem deutschen Volke obliegen, verstehen, und es ist eine unerhörte

Kulturfeindlichkeit, dem Volksstamm bei jeder Gelegenheit Prügel vor die Füße zu werfen, von dem man das geistige Licht empfängt, ohne welches einem die europäische Bildung ein Buch mit sieben Siegeln bleiben muß.» (31/141f) Bemerkenswert aber ist, daß Steiner im zweiten Artikel die Höhe prinzipieller Betrachtung verläßt und praktische Forderungen erhebt: «Ein deutscher Parteitag, einberufen von wahrhaft nationalen Männern, sollte die nächsten Aufgaben der Deutschen als deren entschiedenen Willen vor aller Welt verkünden.» (31/143) Die deutschen «Vereine müssen eine einheitliche Organisation gewinnen, sie müssen Fühlung miteinander haben. Dann werden ihre Kundgebungen überall, wo es notwendig ist, den rechten Eindruck machen.» (31/144) Kurzum: Steiner ruft zur Sammlung aller wahrhaft deutsch Gesinnten auf. Einigkeit macht stark, und er mahnt: «Nur eine Opposition, die nie daran denkt, das Heft in die Hände zu bekommen, kann sich den Luxus der Parteizerklüftung gestatten.» (31/145) In der Politik also geht es nicht um die Bewahrung individueller Eigenheiten und persönlicher Gesinnungen, sondern darum, Herr der staatlichen Entscheidungen zu werden.

Ein zweites wichtiges Thema, über das sich Steiner 1888 äußert, ist die Schul- und Bildungspolitik. In der Öffentlichkeit wurde in jenen Tagen der Unterrichtsminister Paul Gautsch von Frankenthurn, der später zum Ministerpräsidenten avancierte, als «Mann der Tat» und als fähiger Schulreformer gefeiert. Wenn man Steiner folgt, so bestand die Reform in einem Sieg der Bürokratie, die durch detaillierte Lehrpläne und durch eine Flut von Verordnungen, die dem Lehrer jede Unterrichtsstunde im Detail genau vorschrieben, das gesamte Schulleben reglementierte. Die Lehrerbildungsanstalten wurden damals zu «einer Art methodischer Drill-Insitute» (31/123) gemacht. – Das alles erschien Steiner als völlig abwegig. Im Hinblick darauf, daß Menschen am besten durch Menschen gebildet werden, daß Erziehung ein personaler und höchst individueller Prozeß ist, konnte er nicht in der immer weitergehenden Perfektion der Curricula, sondern in der Förderung der Lehrerpersönlichkeiten, gegebenenfalls in der Förderung des Lehrerstandes, etwas Sinnvolles sehen. So lehnte er die Reformen Gautschs entschieden ab: «Ein solches Vorgehen macht jede Entwicklung der Individualität unmöglich, und doch hängt das Gedeihen des Unterrichtswesens einzig und allein von der

Abb. 40: Wien um 1888

Pflege der Individualitäten der künftigen Lehrer ab. Diesen muß man Spielraum lassen, sich möglichst frei zu entfalten, dann werden sie am günstigsten wirken.» (ebd.) Steiner ging so weit, daß er auch auf die Gefahren eines normativen Methodikunterrichts für Lehrer hinwies. Um zu verdeutlichen, was er meinte, tat Steiner an dieser Stelle etwas Gewagtes: Er verwies auf das Beispiel des früheren Unterrichtsministers Leo Graf Thun. Ein moderner Historiker, William M. Johnston, umreißt Thuns Leistung treffend: «Dieser ergebene Katholik fegte die konfessionellen Vorurteile der Ära Metternichs hinweg und führte die humanistische und naturwissenschaftliche Ausbildung sowohl an den höheren Schulen als auch an den Universitäten ein. Ausgehend von den Leibnizschen Voraussetzungen, daß Religion und Wissenschaft einander nicht widersprechen können, riskierte es Thun, die Studenten zu lehren, wie sie selbständig zu denken hätten, und verhalf damit der österreichischen Gelehrsamkeit zu einer Wiedergeburt.» (Johnston 1980, S. 283) Im Jahre 1888 jedoch galt Graf Thun in vielen Kreisen noch als pechschwarzer Klerikaler. Dennoch schrieb Steiner. «Wir haben in Österreich eine Periode gehabt, wo man in der Heranziehung guter Lehrer-Individualitäten die Hauptaufgabe der Unterrichtsverwaltung sah. Damals erstreckte sich die Fürsorge freilich mehr auf das höhere Schulwesen, das aber einen Aufschwung nahm, der in der Geschichte des österreichischen Unterrichtswesens nicht seinesgleichen hat. Und merkwürdigerweise fällt diese Periode in die Regierungszeit des klerikalen Ministers Thun. Es ist noch in aller Erinnerung, welcher Geist damals in unser Gymnasialwesen drang, und wie Thun, selbst mit Außerachtlassung seiner persönlichen Meinungen und seines klerikalen Standpunktes, es sich angelegen sein ließ, das höhere Unterrichtswesen dadurch zu heben, daß er die Individualität, wo er sie finden konnte, heranzog.» (31/123f)

Diese Äußerungen sind in mehrfacher Hinsicht wichtig. Der Hinweis auf Thun war mutig und verstieß gegen ein verbreitetes Vorurteil, es trug Steiner Tadel ein, sogar Schröer brachte sein Mißfallen zum Ausdruck. Es kennzeichnet Steiner, daß er das Vorzügliche ohne konfessionelle Scheuklappen auch dort anerkannte, wo es nach einer eng gefaßten Meinung nicht hätte sein dürfen. Vor allem aber kann man in diesen Gedanken den Ansatzpunkt zu einer treffenden Interpretation der von Steiner 1919 formulierten Idee eines «freien Geisteslebens» sehen. Das freie

Geistesleben ist in diesem Sinne auf Individualitäten angewiesen. Individualität ist aber kein Naturprodukt. Sie muß gepflegt und gefördert werden. Das geschieht nicht durch schiere Vergötzung des Persönlichen, sondern dadurch, daß die Individualität in den Strom des allgemeinen Geisteslebens hineinwächst: «Der künftige Lehrer soll die Ziele der Kulturentwicklung seines Volkes, die Richtung, in der sie sich bewegt, kennen. Historische und ästhetische Bildung soll den Mittelpunkt hiebei bilden. Er soll eingeführt werden in die Geistesentwicklung der Menschheit, an der er ja mitarbeiten soll.» (31/124) Mit solchen Worten skizziert Steiner, wie die Individualität durch Teilhabe an einem umfassenden Geistesleben gefördert werden kann. Im Mittelpunkt sollen das Hereinwachsen des einzelnen in die Menschheitsentwicklung und die Förderung des ästhetischen Sinnes stehen; an diese Erweckung des Sinnes für die Menschheit kann sich dann das Hereinwachsen in die Wissenschaften anschließen.

Ein dritter Themenkreis, dem sich Steiner in der «Deutschen Wochenschrift» zuwendet, ist der Klerikalismus. Anlaß dieser Artikel waren die Aktivitäten des politisch organisierten Katholizismus, der zusammen mit konservativen Kräften und slawischen Gruppen den parlamentarischen Rückhalt der Regierung Taaffe ausmachte. Steiner neigte nicht dazu, den Gegner zu unterschätzen. Hier, an dieser Stelle nennt er Taaffe einen im konventionellen Sinne nicht unbedeutenden Politiker (31/119), und er erinnert daran, «wie scharf die Waffen sind, welche der Jesuitismus noch immer gegen die moderne Wissenschaft zu führen vermag» (31/129). Ihm ist auch klar, daß der Katholizismus in breiten Bevölkerungsschichten Österreichs über erheblichen Rückhalt verfügt und daß freiheitliche Anschauungen nur schwer auf volkstümliche Art zu vermitteln sind.

Deutsch-gesinnte Politiker erwogen in jenen Tagen eine Zusammenarbeit mit den deutschen Klerikalen. Gegen eine solche Koalition nimmt Steiner energisch Stellung: «Die Feindseligkeit der slavischen Nationen gegenüber der deutschen Bildung fällt zusammen mit der Feindseligkeit, mit der die römische Kirche der hauptsächlich von den Deutschen getragenen modernen Kultur sich entgegenstemmt. Nur wer den Boden geschichtlicher Betrachtung nie betreten, kann sich einer Täuschung darüber hingeben, daß es eine Versöhnung zwischen deutschem Wesen, deutscher Kultur und römischer Kirche gibt.» (31/117) Steiner, dem die

Kämpfe gegen das Infallibilitätsdogma von 1870 ebenso deutlich vor Augen stehen wie der Jahrhunderte währende deutsche Protest gegen Rom, begründet historisch die Unmöglichkeit einer Koalition mit den Klerikalen: «Mit einer solchen Partei ist ein Zusammengehen nicht möglich, solange wir uns selbst nicht verlieren wollen, solange wir das nicht aufgeben wollen, wodurch wir ganz allein verdienen, den deutschen Namen zu tragen.» (31/118) – An diesem Beispiel erkennt man eindeutig, daß Steiner seine politischen Urteile nicht pragmatisch, sondern kulturpolitisch oder, wenn man so will, geistig begründete.

Was Steiner besondere Sorge bereitete, war die damalige Änderung der Kampftaktik des Katholizismus. Von 1846 bis zu seinem Tode hatte Papst Pius IX. radikal gegen alles Moderne Front gemacht. Durch das Dogma, das auch die jungfräuliche Geburt der Maria durch ihre Mutter Anna proklamierte (1854), durch den Syllabus errorum (1864) und durch das Unfehlbarkeitsdogma (1870) hatte er den Zeitgeist frontal bekämpft. Ganz anders sein Nachfolger Leo XIII., der unter anderem 1891 in der Enzyklika *Rerum novarum* die katholische Soziallehre neu formulierte, der in der Enzyklika *Aeterni Patris* (1879) dazu aufrief, im Sinne des Thomas von Aquino Glaube und Wissenschaft miteinander zu versöhnen. Im Juni 1888 hatte Leo XIII. die Enzyklika *Libertas praestantissimum* veröffentlicht, in der er Sinn und Grenzen der menschlichen Freiheit beschrieb. Steiner nahm diese Enzyklika zum Anlaß, sich mit den Bestrebungen Leos XIII. auseinanderzusetzen. Dieser Papst hatte bereits früher das Studium der modernen Wissenschaften empfohlen, «einesteils um es, soweit das tunlich ist, es im Sinne des Katholizismus zu verwerten, andererseits, um es vom Standpunkte der Kirche aus wirksam widerlegen zu können. ... Er sieht es nicht ungerne, wenn an den theologischen Fakultäten Darwinsche und ähnliche Theorien vorgetragen und vom Standpunkte der katholischen Wissenschaft aus beleuchtet werden. ... Für den Katholizismus ist diese veränderte Kampfesmethode ein großer Vorteil, für die moderne Kultur aber ein ebenso erheblicher Nachteil.» (31/135) Der neue sachliche Ton der katholischen Propaganda erschien Steiner vor allem deshalb gefährlich, weil zum Beispiel der Mißbrauch des Freiheitsprinzips durch den wirtschaftlichen Liberalismus der katholischen Lehre von der Notwendigkeit autoritativer Regelungen den Anschein der Berechtigung gab.

Die Stellungnahmen Steiners gegen Klerikalismus und Katholizismus folgten in erster Linie aus seinem Verständnis des Freiheitsprinzips. Er glaubte daran, daß die Bürger ihre Angelegenheiten durch Vernunft selber regeln könnten, und lehnte die Vormundschaft der Kirche ab. Sein Ideal war ein «vernünftig geordnetes System ..., innerhalb welchem sich der einzelne wirklich frei bewegen kann. In diesem System wird jeder seine Aufgabe erfüllen, ohne von dem anderen eingeschränkt, bekämpft oder ausgebeutet zu werden; er wird weder durch eine Autorität, wie in der katholischen Weltanschauung, noch durch den Egoismus des andern, wie beim modernen pseudoliberalen Staate, in seiner Freiheit beengt sein.» (31/138) Dieses ideale Bild entspringt einer Geschichtsauffassung, die auf eine Fortentwicklung der Menschheit blickt, und hier kennt Steiner einen eindeutigen Maßstab: «Das Barometer des Fortschritts in der Entwicklung der Menschheit ist nämlich in der Tat die Auffassung, die man von der Freiheit hat, und die praktische Realisierung dieser Auffassung.» (31/136)

Wie zeitbedingt und wenig glücklich einige Urteile in diesen Aufsätzen Steiners sind, zeigt sich vor allem an einem Artikel über die Rede, die Wilhelm II. anläßlich seiner Thronbesteigung hielt. Dem deutschen Kaiser werden ein tiefer Einblick in geschichtliche Erfordernisse, Selbstlosigkeit, Überparteilichkeit und andere schöne Dinge attestiert. Kein kritisches Wort. Die Rede wird ausschließlich gepriesen. «Dank dem neuen Herrscher, daß er es verstanden, solche wahrhaft balsamischen Worte zu seinem Volke zu sprechen.» (31/132) Es sollte nicht lange dauern, bis Steiner Anlaß hatte, diese Einschätzung Wilhelms II. zu korrigieren. 1918 wird er ihn dann als preußischen Renommierer, der ohne zu denken redet, kennzeichnen (185a/28).

Die nur ein halbes Jahr währende Redaktionstätigkeit nötigte Steiner, sich viel intensiver mit dem öffentlichen Leben auseinanderzusetzen, als er es von sich aus getan hätte. Diese Arbeit gehört zu den retardierenden Momenten, die zu einer Ausbildung vielseitiger Interessen führten. Aus mancherlei Zeugnissen ergibt sich, daß Steiner von dieser Zeit an das politische Leben mit ständiger Aufmerksamkeit und Teilnahme verfolgt hat. Später hat er in seiner Idee der Dreigliederung des sozialen Organismus die so erworbenen Einsichten fruchtbar gemacht. Immer wieder findet man in seinen Vorträgen Hinweise auf die seit jener Zeit gemachten Beobachtungen.

So sehr die Redaktionstätigkeit für Steiner zeitaufwendig und manchmal lästig war, so sehr belebte ihn zugleich die Tatsache, daß diese Arbeit ihn mit vielen Menschen zusammenbrachte. Für den Journalisten war der tägliche Besuch des Café Griensteidl Pflicht. Dort trafen sich – in der Regel zwischen zwei und vier Uhr nachmittags – auch wichtige Politiker. So begegnete Steiner dort Viktor Adler, dem damals unbestrittenen Führer der österreichischen Sozialdemokraten: «In dem schmächtigen anspruchslosen Mann steckte ein energischer Wille. Wenn er am Kaffeetisch sprach, hatte ich stets das Gefühl: der Inhalt dessen, was er sagte, sei unbedeutend, alltäglich, aber so spricht ein Wille, der durch nichts zu beugen ist.» (28/148) Ferner traf er im selben Café Engelbert Pernerstorfer, in dessen Zeitschrift «Deutsche Worte» Steiner später manchen Artikel plazieren konnte. Hier begegnete er auch den Ideen von Marx und Engels und anderen sozialökonomischen Schriftstellern und wurde so veranlaßt, sich erstmals mit ihnen zu befassen. In den Jahren nach 1898, als Steiner Lehrer an der Berliner Arbeiterbildungsschule war, hat er dann die ganze Bandbreite marxistischer Theorien kennengelernt. – Zugleich jedoch wußte er, daß die in den Diskussionen aufgeworfenen Fragen ungemein komplex sind und nicht schnell theoretisch gelöst werden können. Die gesellschaftlichen Fragen beschäftigten ihn immer wieder und führten zunächst zu dem Ansatz, wo sie vom Gesichtspunkt des Individuums aus erscheinen und angegangen werden können. Das ist der Gesichtspunkt der *Philosophie der Freiheit.*

10.
ÄSTHETIK

Nachdem Rudolf Steiner die Last der Redaktionsarbeit los war, nachdem auch der Prozeß, der um die Wochenschrift geführt wurde, unter reger Anteilnahme beendet worden war, nachdem dann ferner in einer «Hetzerei sondergleichen» (38/179) eine Anzahl von Artikeln für das Pierersche Lexikon angefertigt worden waren, nahm er seine Studien zur Ästhetik, die er im Herbst zuvor begonnen hatte, wieder auf. 1887 hatte Eduard von Hartmann ihm im Herbst seine *Geschichte der Ästhetik* geschickt und ihn dann zu Weihnachten mit seiner *Philosophie des Schönen* überrascht. Das Thema dürfte ihn schon, seitdem er Robert Zimmermann über Ästhetik vortragen gehört hatte, beschäftigt haben. Jedenfalls waren ihm Friedrich Theodor Vischers Ästhetik und manches andere bekannt, und im Schlußkapitel der *Grundlinien* war Steiner bereits auf die Frage des künstlerischen Schaffens eingegangen. Am 9. November 1888 hielt er dann im Wiener Goethe-Verein einen Vortrag *Goethe als Vater einer neuen Ästhetik*, in dem er seine ersten Ideen zur Kunst zusammenfaßte. Es ist der erste überhaupt von Steiner überlieferte Vortrag. Er eröffnet das umfangreiche Vortragswerk, das mit der letzten Ansprache Steiners am 28. September 1924 abschließt.

Dieser Vortrag ist nun biographisch für Steiner in mehrfacher Hinsicht bedeutsam. Nach dem Vortrag kam der Zisterzienser Professor Neumann auf Steiner zu und machte eine Bemerkung, «die gar nicht anders aufzufassen war, als daß der Mann in diesem Augenblicke ein volles Verständnis hatte für einen Menschen der Gegenwart und für die Beziehung dieses Menschen der Gegenwart zu seiner früheren Inkarnation. Und was er da über den Zusammenhang von zwei Erdenleben sagte, das war richtig, war nicht falsch.» (240/161) Wie Steiner später

Rittelmeyer mitteilte, wurde er so wie von außen auf sein früheres Erdenleben hingewiesen.

Man darf deshalb davon ausgehen, daß man an der Hauptidee dieses Vortrags Rudolf Steiner in besonderem Maße erkennen kann. Und in der Tat ist der Gedanke dieses Vortrags, nämlich daß alles künstlerische Gestalten vom Wirklichen ausgeht und diese Wirklichkeit dann so gestaltet, daß sie ideell erscheint, ein wichtiges Lebensprinzip Rudolf Steiners. Er lebte im Ergreifen der Aufgaben, die die Wirklichkeit an ihn herantrug. Besonders begegnet man diesem Prinzip in seinem sozialen Handeln. Immer geht er von den Menschen aus, mit denen er es in der Wirklichkeit zu tun hat. Immer wieder geht er von den Fragen aus, die andere an ihn stellen. Er geht auf andere ein; ob das nun Berliner Arbeiter oder Theosophen sind, ist ihm nicht so wichtig. Vor allem aber versucht er, die Menschen so zu fördern und so zu gruppieren, daß das Wirkliche schließlich einen geistigen Glanz erhält und wie ideal zu scheinen beginnt. Er hob viele seiner Schüler über sich hinaus, indem er ihnen Vertrauen schenkte und Wirkensmöglichkeiten eröffnete.

Natürlich darf dieses Prinzip nicht banal so verstanden werden, als habe Steiner später nur auf direkt gestellte Fragen geantwortet und von anderen ausgesprochene Aufgaben übernommen. Er hat manches selbstverständlich ganz neu geschaffen, und nach diesem Neuen und Unerwarteten konnte niemand direkt fragen. Man denke hier beispielsweise an die Schöpfung der Eurythmie. Diese neue Kunstform, die ihm schon 1908 geistig vor Augen stand, entwickelte er im Jahre 1912, als eine Mutter nach Ausbildungsmöglichkeiten für ihre Tochter fragte. Die Eurythmie wird so zu einer unerwarteten Antwort auf eine Lebensfrage, zugleich bringt sie geheime Gesetze der menschlichen Sprachbewegung zur Erscheinung, die bis dahin unerkannt im geistigen Bewegungsorganismus des Menschen geschlummert hatten.

Vor allem aber ist dieser Vortrag das erste größere Dokument eines aktiven Kunst-Interesses Steiners und eines Bemühens um künstlerische Gestaltung, das man nur schwer überschätzen kann und das Werk und Leben Steiners ständig durchdringt. Man begegnet dieser tiefen Liebe zur Kunst und zum Künstlerischen sowie zu Künstlern und seiner anhaltenden Beschäftigung mit ästhetischen Fragen bis in seine letzten Lebenstage. In den drei Jahren, die diesem Vortrag folgen, versucht Steiner zunächst, sich gedanklich zu orientieren. Er beginnt eine «Ästhetik» zu schreiben, von der sich nur der Entwurf eines Kapitels über das Komische erhalten hat, der Text eines weiteren Kapitels über das Prinzip des Naturalismus in der Kunst scheint verloren gegangen zu sein; ferner weiß man aus den Briefen an die Familie Specht, daß er besondere Studien zur Idee des Tragischen getrieben hat. Vor allem aber hat er Pauline und Richard Specht noch 1889/90 in einer größeren Anzahl von Privatvorträgen seine Ideen zur Ästhetik mitgeteilt.

Gleichzeitig veröffentlicht er in einem Wiener Blatt eine Reihe von Aufsätzen über Wiener Theaterverhältnisse sowie Theaterkritiken. Das gab dann wiederum zu erregten Wortgefechten im Café Griensteidl Anlaß, wo Steiner zum ersten Mal auf Hermann Bahr traf, der damals – am Anfang vieler weiterer Verwandlungen – als Prophet des Naturalismus auftrat. Friedrich Eckstein berichtet: Es «war für uns immer ein besonderes Vergnügen, zuzuhören, wenn die beiden hart aneinandergerieten und gegeneinander ein Feuerwerk von scharfen Invektiven abbrannten. ‹Rudolf Steiner ist nicht fähig, meinen Gedanken zu folgen›, erklärte einmal Bahr, ‹denn er ist in seinen gänzlich überlebten, primitiven Ideen unbeweglich eingerostet.› ‹Ganz im Gegenteil!› erwiderte Steiner, ‹nichts leichter für mich, als gerade Hermann Bahr zu verstehen: dazu habe ich nur nötig, mich ganz in jene Zeit zurückzuversetzen, da ich noch gar nichts gelernt hatte!›» (Eckstein, S. 131) – Die intensive Beschäftigung mit künstlerischen Fragen wurde in der Weimarer Zeit zu einem Ringen um Gedanken-Gestaltung und bricht in Berlin dann wieder für jedermann sichtbar und von neuen Maßstäben geleitet hervor.

In dem Vortrag vom 9. November 1888 geht es Steiner darum, - Goethes künstlerisches Schaffen und seine ästhetischen Prinzipien darzulegen. Schon Merck hatte zu Goethe gesagt: «Dein Bestreben, deine unablenkbare Richtung ist, dem Wirklichen eine poetische Gestalt zu geben; die anderen suchen das sogenannte Poetische, das Imaginative, zu verwirklichen, und das gibt nichts wie dummes Zeug.» Goethe, der diese Worte sich «selbst wiederholte und oft im Leben bedeutend fand» bemerkt: «Faßt man die ungeheure Differenz dieser beiden Handlungsweisen, hält man sie fest und wendet sie an; so erlangt man viel Aufschluß über tausend andere Dinge.» (HA, 10, S. 128) Illustrierend spricht Goethe dann sogleich über Verrücktheiten, die «aus dem Begriff entstanden».

Steiner wendet diesen Gedanken ins Philosophische und versucht zu zeigen, wie der Künstler vom Sinnenfällig-Wirklichen ausgeht, durch seine Phantasie das Bedeutende im Wirklichen ergreift, das Verborgene zur Erscheinung bringt. «Der Inhalt des Schönen, der demselben zugrunde liegende Stoff ist also immer ein Reales, ein unmittelbar Wirkliches, und die Form seines Auftretens ist die *ideelle*. Wir sehen, es ist gerade das Umgekehrte von dem richtig, was die deutsche Ästhetik sagt; diese hat die Dinge einfach auf den Kopf gestellt. Das Schöne ist nicht das Göttliche in einem sinnlich-wirklichen Gewande; nein, es ist das Sinnlich-Wirkliche in einem göttlichen Gewande. Der Künstler bringt das Göttliche nicht dadurch auf die Erde, daß er es in die Welt einfließen läßt, sondern dadurch, daß er die Welt in die Sphäre der Göttlichkeit erhebt.» (30/ 43) Etwas anders faßt Steiner diesen Gedanken in einem seiner Notizbücher aus jener Zeit: «Der Künstler *schafft* das Individuum um, er verleiht ihm den Charakter der Allgemeinheit; er macht es aus einem bloß Zufälligen zu einem Notwendigen, aus einem Irdischen zu einem Göttlichen. Nicht der *Idee* sinnliche Gestalt zu geben, ist die Aufgabe des Künstlers, nein, sondern das Wirkliche in idealem Licht erscheinen zu lassen. Das *Was* ist der Wirklichkeit entnommen, darauf aber kommt es nicht an, das *Wie* ist Eigentum der gestaltenden Kraft des Genius, und *darauf kommt es an.*» (B 6, S. 13)

So treffend nun die im Ansatz ausgeführte Charakteristik des Goetheschen Kunstschaffens war, so umstritten war in diesem Vortrag die Kennzeichnung der Ästhetik des deutschen Idealismus, namentlich Hegels. Hegel hatte in seinen Vorlesungen zur Ästhetik gesagt: «Das Wahre, das als solches ist, existiert auch. Indem es nun in diesem seinem äußerlichen Dasein unmittelbar für das Bewußtsein ist und der Begriff unmittelbar in Einheit bleibt mit seiner äußeren Erscheinung, ist die Idee nicht nur wahr, sondern *schön.* Das *Schöne* bestimmt sich dadurch als das sinnliche *Scheinen* der Idee.» (Hegel, *Werke,* Bd. 13, S. 151)

Steiner hat diesen der Interpretation bedürftigen Gedankengang, der viele Voraussetzungen in den vorhergehenden Ausführungen Hegels hat, auf die Formel gebracht: «Das Schöne ist das sinnliche Scheinen der Idee», und er hat hinzugefügt, damit gebe Hegel auch zu, «daß er in der ausgedrückten Idee das sieht, worauf es in der Kunst ankommt» (30/37f). Daß Hegel das nicht meint, geht aus seiner weiteren Darstellung hervor, wo es zum Beispiel heißt: «Ein idealischer Anfang in der Kunst und Poesie ist immer sehr verdächtig, denn der Künstler hat aus der Überfülle des Lebens und nicht aus der Überfülle abstrakter Allgemeinheit zu schöpfen, indem in der Kunst nicht wie in der Philosophie der Gedanke, sondern die wirkliche äußere Gestaltung das Element der Produktion abgibt. In diesem Element muß sich daher der Künstler befinden und heimisch werden.» (Hegel, *Werke*, Bd. 13, S. 364) Daß die Auslegung Hegels an dieser Stelle in der Tat schwierig ist, zeigt sich darin, daß auch in neueren Darstellungen Hegel in dem Sinne gedeutet wird, wie Steiner es getan hat.

Das Neue der in der Skizze «Goethe als Vater einer neuen Ästhetik» postulierten Kunstbetrachtung zeigt sich vor allem im Vergleich zu Steiners eigenen früheren Darstellungen. In den *Grundlinien einer Erkenntnistheorie* hatte Steiner ausgeführt, daß sich der Mensch im Geist zu jenem Quell erheben kann, in dem die unendlichen Möglichkeiten aller Gestaltungen leben. Aus der Anschauung dieses Quells flössen Kunst und Wissenschaft: «Wissenschaft und Kunst sind nun die Objekte, denen der Mensch einprägt, was ihm diese Anschauung bietet. In der Wissenschaft geschieht es nur in der Form der Idee, das heißt in dem unmittelbar geistigen Medium; in der Kunst in einem sinnenfällig oder geistig *wahrnehmbaren* Objekte. In der Wissenschaft erscheint die Natur als ‹das alles Einzelne Umfassende› rein ideell; in der Kunst erscheint ein Objekt der Außenwelt dieses Umfassende *darstellend.* Das Unendliche, das die Wissenschaft im Endlichen sucht und in der Idee darzustellen sucht, prägt die Kunst einem aus der Seinswelt genommenen Stoffe ein.» (2/132) Und etwas weiter schreibt Steiner: «Alles kommt beim Kunstwerke darauf an, inwiefern der Künster dem Stoffe die Idee eingepflanzt hat.» (2/133) Ähnlich wird in der Einleitung zum zweiten Bande von *Goethes Naturwissenschaftlichen Schriften* auch Goethe verstanden: Die Kunst ist eine «Interpretin der Weltgeheimnisse, wie es die Wissenschaft in einem anderen Sinne ist. So hat Goethe auch stets die Kunst aufgefaßt. Sie war ihm die *eine* Offenbarung des Urgesetzes der Welt, die Wissenschaft war ihm die *andere.*» (1a/XI)

Der Schritt, der in dem Vortrag vom 9. November 1888 getan wurde, wird deutlich, wenn man den Unterschied zwischen seiner älteren Auffassung und der neuen bedenkt. Gemäß der älteren Ansicht, die Steiner Hegel zuschreibt, ist das Schöne die Inkarnation der Idee; dem Stoff wird die Idee eingepflanzt. Das kann natürlich auf verschiedene Weise gedacht werden. Die Idee kann im Genie leben und in seiner Schöpfung hervortreten, die Idee kann erkannt und der sinnlichen Welt aufgeprägt werden, in jedem Falle ist aber die Idee etwas, das das Sinnliche bestimmt. Gemäß der neu-gefaßten Ästhetik wird nun das sinnlich Wirkliche, Individuelle gesteigert und entfaltet. Das Wirkliche wird verwandelt. Dabei ist keine vorgefaßte Idee, sondern die schöpferische Phantasie am Werke. Diese Phantasie bringt das, was noch nicht ist, was aber als Möglichkeit veranlagt ist, zum Vorschein. Damit wird das Kunstwerk zur Enthüllung dessen, was im Geheimen da ist und zur Erscheinung strebt, etwas, das wie eine Idee erscheint. Es geht also nicht um die Inkarnation der Idee, sondern um die Transsubstantiation der Welt. Die Kunst bringt also nicht eine Idee, die schon da war, zur Erscheinung, sondern schafft etwas Neues, das bisher noch nicht existierte.

Die Kunst ist somit nicht mehr die Magd der Idee oder Wissenschaft, sie bringt nicht Richtiges, sondern frei Geschaffenes hervor, sie bringt zur Erscheinung. Goethe nennt das, was sie zur Erscheinung bringt, «geheime Naturgesetze»: «Das Schöne ist eine Manifestation geheimer Naturgesetze, die uns ohne dessen Erscheinung ewig wären verborgen geblieben.» Diese geheimen Gesetze sind nun nicht jene Gesetze, die man auch auf andere Weise – etwa durch wissenschaftliche Forschung – herausfindet, sondern solche, die vom schöpferischen Genius erlebt und dargestellt werden. Am leichtesten ist das in der Musik zu bemerken, die im höchsten Grade gesetzmäßig verfährt und doch eine ganz neue Welt schafft, die es außerhalb der Musik überhaupt nicht gibt. – In diesem Sinne hat Steiner dann von 1912 an in der Eurythmie eine ganz neue Kunstform geschaffen, die geheime Gesetze des Sprechens und der Musik in die Erscheinung zu rufen trachtet.

11.
ERSTE REISEN

Bis zu seinem 29. Lebensjahr war Steiner, der von 1905 an ungemein häufig unterwegs war und in manchem Jahr viele tausend Kilometer reisen sollte, kaum gereist. Er kannte fast nur die Gegend um Wiener-Neustadt und Wien, die einzige Ausnahme waren zwei oder drei kleinere Reisen zum Attersee, wo die Familie Specht ihr Sommerhaus hatte. Das änderte sich im Jahre 1889, in dem Steiner gleich drei Reisen unternahm, die wichtig für ihn waren: «Ich konnte mir durch sie den Blick für die Außenwelt anerziehen, der mir nicht leicht geworden ist» (28/189).

In diesem Sinne war der sich selbst erziehende Steiner ein sehr beflissener Reisender. So gedenkt er noch in seinen Lebenserinnerungen des Eindrucks, den bei seiner ersten Reise nach Budapest im Frühsommer 1889 das Franz Deak-Monument auf ihn machte. Aus Weimar berichtet er im Juli seinem Schüler Otto Specht: «Auf jedem Platze fast ein erhebendes Standbild und alles voll großer Erinnerungen. ... Vor allem erhebend wirkt das Doppelstandbild Goethe-Schiller. Es ist eine herrliche Schöpfung, ebenso das Standbild Herders.» (38/201) So fanden Denkmäler und Bauwerke, und zwar nicht nur die altehrwürdigen, sondern auch und gerade die zeitgenössischen, sein interessiert offenes Auge (30/562). Später wird er seine Reisen zu theosophischen Kongreßen nach London zu ausgiebigen Besuchen der verschiedensten Museen nutzen. «Ich darf sagen, daß mir an den naturwissenschaftlichen und historischen Sammlungen manche Idee über Natur- und Menschheitsentwickelung aufgegangen ist.» (28/398) Aus Paris berichtet er 1902 von seinem Besuch im Louvre: «Ich gehe mit dem Buche in der Hand von Bild zu Bild. Aber ich habe bis jetzt nur einen kleinen Teil gesehen.» (39/418) So nahm er auf seinen Reisen bis 1924 vieles in sich auf, keineswegs allein Museen, Konzerte und Theater-Aufführungen. In Paris wanderte er durch die Stadtviertel, die Zola geschildert hatte, ihn faszinierten die Stätten der französischen Revolution ebenso wie das Verkehrswesen, die Landschaften, die Buchhandlungen und die Eigenarten der Menschen. Die Einkaufstempel hingegen fanden sein Interesse ebensowenig wie Truppenparaden oder die Stätten des kulinarischen Genusses.

Auf die Reise nach Budapest folgte am 15. Juli eine kurze Fahrt über den Alpenkamm nach Graz, wo Steiner zusammen mit Peter Rosegger und dem Bildhauer Hans Brandstetter auf dem kleinen Friedhof zu St. Leonhard an der Beerdigung Robert Hamerlings teilnahm (154/28). Daran schloß sich von Ende Juli bis Mitte August die erste große Reise nach Deutschland. Schon 1886 war Rudolf Steiner zur Mitarbeit an der Weimarer (Sophien-)Ausgabe der Werke Goethes eingeladen worden, um die Schriften zur Farbenlehre herauszugeben. Dieser ursprüngliche Plan hatte sich zerschlagen, und Steiner sollte nunmehr die morphologischen Schriften edieren. Jetzt führte ihn dieser Auftrag zum ersten Mal nach Weimar. Die Wochen in Weimar waren für ihn ein großes Fest. Zum ersten Mal betritt der Goethe-Forscher das Goethe-Haus, und das «Salve» empfängt ihn an der Schwelle zur Wohnung. Ehrfürchtig und staunend betritt er das kleine Arbeitszimmer Goethes, und stumm verweilt er in dem bescheidenen Schlaf- und Sterbezimmer des Dichters. Weimar war damals noch nicht museal geworden. Die Pferdefuhrwerke klapperten über das Kopfsteinpflaster der Gassen, das Bäuerlich-Ländliche spielte noch in die Stadt hinein, und mancher lebte noch, der Goethe selbst gesehen hatte.

Dann hält er im Archiv Goethes eigene Aufzeichnungen in den Händen und vertieft sich in die Handschrift des Forschers Goethe. Er entdeckt, wie viel Unbekanntes noch in Konvoluten und Ablagen verborgen ist. Voller Spannung sucht er nach Dingen, deren Vorhandensein er vermutet oder ahnt, und wirklich: Ein von ihm rekonstruierter Aufsatz findet sich in der vorhergesagten Form, und bald wird ihm klar, daß die Schätze des Nachlasses einen wesentlichen Beitrag zum Bilde des Naturforschers Goethe geben werden. Ein Arbeitsplan wird aufgestellt und von Steiner und dem Archiv-Direktor Suphan unterzeichnet.

Auch ganz persönlich wird er mit unerwarteter Herzlichkeit aufgenommen. Bernhard Suphan, der Direktor des Archivs, freut sich über den kenntnisreichen und enthusiastischen Mitarbeiter. Julius Wahle nimmt den neuen Kollegen unter seine Fittiche. Nach der Arbeit geht es nachmittags mit den Genossen vom Archiv nach Tiefurt und Belvedere, zu Goethes Gartenhaus und auf den Ettersberg, ja sogar nach Eisenach zur Wartburg. Steiner spürt die historische Atmosphäre dieser Orte. Noch immer lag etwas von den Strömungen, die die Wartburg durchzogen hatten, in der Luft: Der Sängerkrieg, die heilige Elisabeth, Luther und die Studenten des Jahres 1817 waren ihm noch gegenwärtig. So schreibt er aus Weimar an Richard Specht: «Es ist ein ganz eigenes Gefühl, den Boden unter den Füßen zu haben, der die größten deutschen Meister getragen hat. Ich meine da zunächst gar nicht Weimar allein. Denn ich muß Ihnen sagen, ich habe im Leben wenig Augenblicke gehabt wie gestern, als ich in das Lutherzimmer in der Wartburg eintrat. Es war, als empfand ich den Geist in seiner Unmittelbarkeit, der sich wie der belebende Saft in unsere ganze deutsche Entwicklung in den letzten Jahrhunderten ergossen hat. Es wird wohl wenige Punkte in Deutschland geben, die auf uns so wirken wie die Wartburg, die so viel historische Erinnerungen in sich schließt.» (38/204) An Friedrich Lemmermayer berichtet er von den Empfindungen, die das Erlebnis Weimar in ihm weckte: «Da war mir, als ob ein ganz frischer Hauch durch jenes Gebiet meiner Seele zöge, wo die Goethe- und Schillergedanken wohnen. Das Doppelstandbild machte auf mich einen überwältigenden Eindruck. Goethes Antlitz trägt wirklich in jedem Punkte den gewaltigen Geist an sich, und ich konnte den Künstler, dem wir es verdanken, nicht genug bewundern. ... Es ist etwas ganz anderes um das geistige Leben in Deutschland als in unserem Österreich. Es trägt doch alles den Stempel eines selbst- und zielbewußten einheitlichen Volkes in sich.» (38/208)

Von Weimar führte ihn der Weg nach Berlin, wo er sich Herman Grimm, einem der Herausgeber der Goethe-Ausgabe, vorstellte und vor allem den verehrten Eduard von Hartmann aufsuchte, um mit ihm erkenntnisphilosophische Fragen zu besprechen. Hartmann war damals für Steiner der entscheidende Repräsentant des zeitgenössischen Denkens. Der durch ein Knieleiden behinderte Denker empfing ihn auf einem Sofa liegend, den Oberkörper aufgerichtet. Es kam zu einem recht langen Gespräch über das Wesen des Bewußtseins und der Vorstellung. Scharf und klar formulierte Hartmann seine Auffassungen, und kritisch beleuchtete er ihm entgegenstehende Auffassungen. «Da redete ein Offizier über Philosophie, ohne Begeisterung, gleichgültig, mit einem gewissen Rauhton, über die höchsten Wahrheiten.» (235/161) Für Steiner wurde es zum einschneidenden Erlebnis, wie fern sein eigenes Denken und Trachten der zeitgenössischen Philosophie war. Es fröstelte ihn, und «auf der Weiterreise im Eisenbahnwagen», hingegeben an die Erinnerung an den so wertvollen Besuch, «wiederholte sich das seelische Frösteln» (28/156).

So gelangte er nach Stuttgart, wo er Professor Kürschner, den Herausgeber der «Deutschen National-Litteratur», aufsuchte, um mit ihm über den Fortgang seiner Goethe-Ausgabe zu sprechen. Vielleicht ist er damals von der Alexanderstraße, wo Kürschner arbeitete, die wenigen Schritte zum Kanonenweg oder gar zur Uhlandshöhe hinaufgegangen, um einen Blick auf Stuttgart zu werfen. – Auf der Rückreise nach Österreich machte er schließlich in München Station, um auch dort die berühmteren Museen aufzusuchen. Glücklicherweise konnte er, bevor er wieder ins Wiener Leben eintauchte, noch einige Wochen im Salzkammergut am Attersee verbringen und die Eindrücke der Reise nachklingen lassen. Aber er wird kaum geahnt haben, daß diese Reise ihn gerade durch jene Orte Deutschlands geführt hatte, die in seinem künftigen Leben eine wichtige Rolle spielen sollten: durch Weimar, wo er sieben Jahre im Dienst der Goethe-Arbeit leben sollte, durch Berlin, das fast zwanzig Jahre lang sein offizieller Wohnsitz sein sollte, durch Stuttgart, das vom Jahre 1919 an ein Zentrum der anthroposophischen Arbeit wurde, und durch München, jenen Ort, an dem seine Mysteriendramen ihre Uraufführung erlebten.

Eine dritte Reise führte Steiner zu Weihnachten 1889 nach Hermannstadt in Siebenbürgen. Die Fahrt ging über die weiten Ebenen Ungarns. In Budapest wurde der Anschlußzug versäumt, die Reise führte über Szegedin, und nachmittags kam Steiner in dem Grenzort Mediasch an. Der nächste Zug fuhr um zwei Uhr nachts. Im Gasthaus waren außer ihm nur noch an einem Tisch Kartenspieler. «Da waren alle Nationalitäten beisammen, die in Ungarn und Siebenbürgen damals gefunden werden konnten. Menschen spielten da mit einer Leidenschaftlichkeit, die in Zeiten von einer halben Stunde sich immer überschlug, so daß sie wie in Seelenwolken sich auslebte, die sich über den Tisch erhoben, sich wie Dämonen bekämpften und die Menschen vollständig verschlangen.»

(28/187f) Am nächsten Morgen erreicht er schließlich Hermannstadt. Wie eine Oase die Welt der Siebenbürger Sachsen, ein Vorposten des Deutschtums, wo man auf einfache Weise das väterliche Erbe pflegt und sehnsüchtig nach Österreich und ins «Reich» schaut: «Ein edles Volkstum, das im Untergange, den es nicht sehen möchte, sich wacker bewahren möchte.» Hier also spricht er am 29. Dezember in einem Vortrag über «Die Frau im Lichte der Goetheschen Weltanschauung – ein Beitrag zur Frauenfrage». Er kennzeichnet den Mann, der sich von der Natur und der Unmittelbarkeit der Empfindung entfernt und trocken, pedantisch und unnatürlich wird, während die Frau in Harmonie den ganzen Menschen ausbildet, sich vor den Einseitigkeiten bewahrt und den ganzen Menschen darlebt. «So stehen uns die Frauen als rechte Boten Gottes gegenüber, in denen der Mann das findet, was er selbst verloren hat.» (B 61/62, S. 9)

Am folgenden Tage eine Schlittenfahrt : in dichte Pelze gehüllt bei eisiger Kälte, durch den leise knisternden Schnee südwärts zu den Karpaten, die zuerst wie eine schwarze, waldige Bergwand aufragen und sich – wenn man sie erreicht hat – als wild zerklüftete Berglandschaft zeigen. Schauerliche Abgründe taten sich auf. – Mit wehmütigen Gefühlen nahm Steiner Abschied von seinem Freund Moriz Zitter und seinem Siebenbürgener Kreis und kehrte zu Beginn des Jahres 1890 nach Wien zurück.

12.
FRIEDRICH ECKSTEIN – THEOSOPHIE – ROSA MAYREDER

Friedrich Eckstein und Rudolf Steiner haben einander vermutlich im Café Griensteidl kennengelernt. In seinen Erinnerungen schildert Eckstein, wie ihm der Steiner der späten achtziger Jahre in Erinnerung geblieben ist: «Um diese Zeit tauchte in unserem Kreise ein völlig bartloser Jüngling auf» – Eckstein, am 17. Februar 1861 geboren, war eine gute Woche älter als Steiner! –, «ganz schlank, mit langem Haar von dunkler Färbung. Eine scharfe Brille gab seinem Blick etwas Stechendes, und mit seinem langen, bis über die Knie reichenden schwarzen Tuchrock, der hochgeschlossenen Weste, der schwarzen Lavallière und dem ganz altmodischen Zylinderhut, machte er durchaus den Eindruck eines schlecht genährten Theologiekandidaten.» (Eckstein 1936, S. 130) Rosa Mayreder wiederum schildert das wesentlich exotischere Aussehen Ecksteins in diesen Jahren: «Auch seine Erscheinung hatte das Gepräge des Ungewöhnlichen; eine Art härenes Pilgergewand, das an der Hals- und Ärmelöffnung keine weiße Wäsche sehen ließ, umschloß seine magere Gestalt, und wallende Locken stark gekrausten Haares rahmten sein Gesicht ein, in dem ein ebenfalls stark gekrauster Bart zu einem Zwicker mit breitem schwarzem Hornrand hinaufwuchs. Mild und abgeklärt blickten hinter den Gläsern seine schwarzen Augen; sie machten den Eindruck, daß sie mehr an der Welt vorbei als in sie hineinsehen.» (Mayreder 1988, S. 165f)

Eckstein, Wagner-Verehrer, Bayreuth-Pilger und Vegetarier, war aber nicht nur äußerlich eine bemerkenswerte Erscheinung, er verfügte als Chemiker über beachtliche naturwissenschaftliche Kenntnisse, hatte sich mit schwierigen mathematischen Problemen befaßt und zugleich bei Anton Bruckner Musik studiert. Vor allem war Eckstein ein Kenner der okkulten Literatur und Symbolik. – In seiner Autobiographie erwähnt Steiner Eckstein nur kurz als Vertreter der Ansicht, daß esoterisches Wissen nicht an die Öffentlichkeit gelangen solle. Er nennt ihn einen ausgezeichneten Kenner des «alten Wissens» und fügt hinzu: «Friedrich Eckstein hat, solange ich mit ihm verkehrte, nicht viel geschrieben. Was er aber schrieb, war voll Geist. Aber niemand ahnt aus seinen Ausführungen zunächst den intimen Kenner alter Geisterkenntnis. Die wirkte im Hintergrunde seines geistigen Arbeitens.» (28/388f)

Nun hat sich aber ein Brief Steiners an Eckstein erhalten, der zeigt, daß die Begegnung mit Eckstein für Steiner – zumindest während einer kurzen Zeitspanne – sehr viel mehr bedeutete, als die Stelle in *Mein Lebensgang* erahnen läßt. Ende November 1890 schreibt Steiner aus Weimar an Eckstein: «Es gibt zwei Ereignisse in meinem Leben, die ich so sehr zu den allerwichtigsten meines Daseins zähle, daß ich überhaupt ein ganz anderer wäre, wenn sie nicht eingetreten wären. Über das eine muß ich schweigen; das andere aber ist der Umstand, daß ich *Sie* kennenlernte. Was Sie mir *sind,* das wissen Sie wohl noch besser als ich selbst; daß ich Ihnen unbegrenzt zu danken habe, das aber weiß ich. Ihr lakonischer Brief ‹Lesen Sie Jung-Stillings Heimweh› wiegt wohl viele dickleibige Schreiben auf. Solch ein Buch lehrt uns den Weg zu dem ‹Stirb und Werde!› Wissen Sie, daß Jung-Stilling auch einen ‹Schlüssel zum Heimweh› geschrieben hat?» (39/51)

Aus diesem Brief geht sehr eindeutig hervor, daß Steiner und Eckstein in vertraulicher Art esoterische Fragen – etwa das «Stirb und Werde!» erörtert haben. Ja, noch mehr. Eckstein, der sich damals mit «Mächtiger Eck» unterschrieb, war Steiner auf diesem Felde hilfreich. Leider hat sich Eckstein über seine Begegnung mit Steiner nur obenhin ausgesprochen, aber er berichtet doch etwas mehr als Steiner: «Ich hatte ihn früher des öfteren schon in der Gesellschaft des bekannten Goethe-Forschers Prof. Karl Julius Schröer getroffen, und wir hatten manche Auseinandersetzung über Goethes Symbolik gehabt. Mittlerweile war ihm irgendwie zu Ohren gekommen, daß ich mit der damals vielbesprochenen Madame Blavatsky und den führenden Mitgliedern der ‹Theosophischen Gesellschaft› in Madras in Verkehr war. – Dr. Steiner erklärte mir, wie sehr ihm daran liege, über diese Dinge Näheres zu erfahren, und bat mich, ihn in die ‹Geheimlehre› einzuweihen. Damit begann mein regelmäßiger Verkehr mit ihm, der viele Jahre währte und ihn schließlich,

Abb. 41:
Friedrich Eckstein (1861 – 1939), der ausgezeichnete Kenner des «alten Wissens» (28/388)

nach langen Wandlungen und Zwischenfällen, allmählich zur Ausgestaltung seines eigenen ‹anthroposophischen› Systems hinführte.» (Eckstein 1936, S. 131)

Diese Darstellung ist in einigen Punkten zu berichtigen und zu ergänzen. Friedrich Eckstein hatte im Jahre 1886 vergeblich versucht, H. P. Blavatsky in Elberfeld vorgestellt zu werden. In den ersten Monaten des Jahres 1887 konnte er sie, die krank, rauchend und fluchend in Ostende zu Bett lag, dann doch aufsuchen. Eckstein wurde von Blavatsky sofort zum Präsidenten der Wiener Loge der Theosophischen Gesellschaft ernannt und kehrte mit theosophischer Literatur versorgt nach Wien zurück. So wäre eine Begegnung zwischen Steiner und Eckstein auf theosophischem Felde erst ab Sommer 1887 möglich gewesen. Steiner berichtet aber, daß er den Kontakt zu den theosophischen Kreisen Wiens erst 1889, nach der Rückkehr von seiner Deutschland-Reise, mithin frühestens im September 1889 aufgenommen habe. Wenn Eckstein schreibt, sein regelmäßiger Verkehr habe viele Jahre gewährt, so ist das sicher nicht zutreffend. Selbst wenn dieser Verkehr schon – was eher unwahrscheinlich ist – im Sommer 1887 begonnen haben sollte, so währte er nur drei Jahre. Wahrscheinlicher ist es jedoch, daß die engeren

Kontakte mit Eckstein sich auf die Zeit vom Herbst 1889 bis zum September 1890 beschränkt haben.

Auch Ecksteins Aussage, er habe Steiner in die *Geheimlehre* eingeweiht, hat ihre Probleme. Die *Geheimlehre* der Blavatsky erschien gegen Ende 1888 in London, Eckstein könnte sie also zu Beginn des Jahres 1889 erhalten und Steiner darüber berichtet haben. Aber war wirklich die *Geheimlehre* der Blavatsky ihr Thema? Steiner selber erwähnt nur, daß er in jener Zeit den *Esoterischen Buddhismus* von A. P. Sinnett und *Licht auf den Weg* von Mabel Collins gelesen habe (B 83/84, S. 26). Über die *Geheimlehre* aber schweigt er an jener Stelle, wo er zeigen möchte, wie früh er bereits der Theosophie begegnet ist, und wo er allen Grund gehabt hätte, sie zu nennen. Spätere Aussagen Steiners und ein Brief aus dem Jahre 1902 hingegen legen nahe, anzunehmen, daß dieses Buch erst im Sommer 1902 in seine Hände gelangt ist.

Was durch zeitgenössische Dokumente hingegen wirklich bezeugt ist, ist die Tatsache, daß Steiner und Eckstein über Goethe und Goethes Symbolik gesprochen und korrespondiert haben. Hier fand Steiner einen Kenner der Symbolik, dem die Symbole nicht nur Zeichen, sondern Hinweise auf geistige Tatbestände waren. Daß diese ernst genommen wurden, war Steiner unendlich wichtig – daher die Schätzung Ecksteins. Dann verdient der Hinweis auf Jung-Stillings *Heimweh* besondere Beachtung. In seiner *Lebensgeschichte* spricht sich Jung-Stilling deutlicher und knapper über dieses Buch aus, als es ein Referat vermöchte: «Der Gemüthszustand, in welchen Stilling während dem Ausarbeiten dieses, vier große Octavbände starken, Buchs versetzt wurde, ist schlechterdings unbeschreiblich; sein Geist war wie in ätherische Kreise emporgehoben; ihn durchwehte ein Geist der Ruhe und des Friedens, und er genoß eine Wonne, die mit Worten nicht beschrieben werden kann. Wenn er anfing zu arbeiten, so strahlten Ideen an seiner Seele vorüber, die ihn so belebten, daß er kaum so schnell schreiben konnte, als es der Ideengang erforderte; … in dem Zustande zwischen Schlaf und Wachen stellten sich seinem inneren Sinn ganz überirdisch schöne, gleichsam paradiesische Landschafts-Aussichten vor … Mit dieser Vorstellung war dann allemal ein Gefühl verbunden, gegen welches alle sinnliche Vergnügen wie nichts zu achten sind.» (Jung-Stilling, *Lebensgeschichte*, 1976, S. 491)

Wann und in welchem Zusammenhang hat Eckstein Rudolf Steiner auf Jung-Stillings *Heimweh* aufmerksam gemacht? Fällt der lakonische

Brief Ecksteins in die Weimarer Zeit, als Rudolf Steiner sich im November und Dezember 1890 mit Goethes *Märchen* beschäftigte? Antwortete Eckstein auf eine persönliche Frage Steiners? Wir wissen es nicht. Merkwürdigerweise hat sich Steiner hier ausgeschwiegen und Jung-Stilling nur noch selten (172/18) erwähnt.

So ist es auch denkbar, daß dieses Buch Stillings Steiner gerade während seiner Auseinandersetzung mit dem mystischen Geistesstreben, von der er in seiner Autobiographie berichtet, begleitet hat. Sympathisch war ihm die «*Art* des innern Erlebens der Mystiker. Sie wollen mit den Quellen des menschlichen Daseins im Inneren zusammenleben, nicht bloß auf diese durch die ideengemäße Beobachtung als etwas Äußerliches schauen.» (28/169) Es ist durchaus möglich, daß Steiner sich gerade im Winter 1889/90 wie in einem inneren Experiment auf den christlich-mystischen Weg eingelassen hat, so wie er sich überhaupt immer wieder auf andere Denkweisen einließ und in sie eintauchte. In einem Brief aus Weimar spricht er von jenem mystischen Element, «in dem ich eine Zeitlang in Wien fast besorgniserregend geschwommen habe» (39/86). – Jedenfalls klärte ihn der Ausflug in die mystische Erlebnisweise darüber auf, daß die Mystik nicht sein Weg war: Er suchte die Wärme des inneren Erlebens durch die Versenkung in die Ideenwelt, in der der Geist sich offenbart. Die Vertiefung in die bloße Seelenwelt, in Bilder und Gefühle, so farbig sie auch sein mochten, erschien ihm als Abweg, als Ausweichen vor den Zeitfragen: «Indem ich mir dieses vor das Seelenauge stellte, wurden die Kräfte in meiner Seele, die zur Mystik in innerer Opposition standen, immer stärker.» (28/171)

Durch Friedrich Eckstein wurde Steiner in den Kreis um Marie und Edmund Lang eingeführt. Marie Lang war die Seele dieses Kreis. Schon ihre Schönheit und Anmut waren anziehend, ihre Haltung war von einer ernst und tief gelebten mystisch-theosophischen Lebensauffassung durchdrungen. Weil das Mystische bei ihr reales Leben war, zog sie nicht nur Theosophen wie Dr. Franz Hartmann, der sich bereits sechs Jahre zuvor der Blavatsky angeschlossen hatte, und den Diplomaten Carl zu Leiningen-Billigheim, der später Harrisons *Das Transzendentale Weltall* übersetzen sollte, sondern auch Künstler und Schriftsteller anderer Couleur an. So verkehrten der Komponist Hugo Wolf, der Architekt Julius Mayreder und Rosa Mayreder, die sich damals noch als Malerin

Abb. 42:
Marie Lang (1858 – 1934).
Sie war «zur Seele eines Kreises von suchenden Menschen wie geschaffen».
(28/157)

verstand, und eben für einige Monate Rudolf Steiner, der Marie Lang besonders schätzte, im Hause Lang.

Rosa Mayreder beschreibt Marie Lang als «eine Frau in meinem Alter» – sie war einunddreißig Jahre alt – «auf der Höhe ihrer Schönheit und eigenartigen Begabung. Mit ihrer glühenden Phantasie, die aus Träumen und Symbolen Aufschlüsse schöpfte, ihrem überströmenden Gefühlsleben, das keine Hemmungen durch Vernunftgründe kannte – einer ihrer Freunde charakterisierte sie einmal, indem er sagte: ‹Sie hat die Intelligenz der Völker auf der mythenbildenden Stufe› –, war sie der äußerste Gegensatz zu meiner Wesensart. Aber sie bestrickte mich durch die Wärme und Unmittelbarkeit ihres Empfindens so sehr, daß ich mich in einer Art Bezauberung ihr ganz zu eigen gab.» (Mayreder 1988, S. 177) Später wurde Marie Lang, wie auch Rosa Mayreder, eine der entschlossenen Führerinnen der österreichischen Frauenbewegung, die sich mit großer Energie für die Rechte der Frauen und der unehelichen Kinder einsetzte.

Für Steiner war nun mit dem Verkehr im Hause Lang auch die Gelegenheit gegeben, die theosophische Bewegung in ihrer Entstehungszeit kennenzulernen. Er berichtet, daß er mit Franz Hartmann und anderen Theosophen «in einem recht freundschaftlichen» Verkehr gestanden

Abb. 43: Rosa Mayreder (1858 – 1938), um 1895.
«Sie strebte nach der Anschauung der unmittelbaren menschlichen Persönlichkeit, ich nach der Weltoffenbarung, welche diese Persönlichkeit auf dem Grunde der Seele durch das sich öffnende Geistauge haben kann.» (28/161)

habe, daß ihn aber das «ganze Gebaren und das ganze Gehabe der Leute, das gewissermaßen Unechte» abgestoßen habe (B 83/84, S, 26f). Echt hingegen erschien Steiner das Erleben Marie Langs: «Sie trug aber ein mystisches Gut in sich, das auf ganz elementarische Art sich aus einem durch das Leben geprüften Herzen in das Bewußtsein gehoben hatte.» (28/157)

Mitte März 1890 ergriff Marie Lang die Initiative, Rosa Mayreder mit «Dr. Steiner», dem «feinen liebenswürdigen Mann, von dem wir unlängst sprachen», bekannt zu machen. Zunächst lernte Rudolf Steiner in Rosa Mayreder die Malerin kennen. Nach einiger Zeit jedoch stellte sich im Gespräch heraus, daß Rosa Mayreder auch einige Novellen geschrieben hatte. Nun ruhte Steiner nicht eher, bis er sie lesen konnte. Danach faßte er sein Urteil in die Worte: «Sie begehen eine Sünde, wenn Sie Ihrer schriftstellerischen Begabung auch nur eine Minute durch die Malerei entziehen.» Für Rosa Mayreder eröffneten diese Worte den Weg zu ihrem eigentlichen Beruf, was sie Steiner nie vergessen hat. Sie fügt aber ihrem Bericht hinzu: «Freilich behandelte er meine Manuskripte nicht gerade als Kostbarkeiten; drei davon gerieten durch ihn auf Nimmerwiedersehen in Verlust.»

Sehr bald kreisten die Gespräche mit Rosa Mayreder um philosophische Fragen. Rudolf Steiner fand in Rosa Mayreder nicht nur eine gebildete und konsequent denkende, sondern auch eine an philosophischen Lebensfragen brennend interessierte Gesprächspartnerin: «Rosa Mayreder ist die Persönlichkeit, mit der ich über diese Formen» – gemeint sind die Gedanken der *Philosophie der Freiheit* – «am meisten in der Zeit des Entstehens meines Buches gesprochen habe. Sie hat einen Teil der innerlichen Einsamkeit, in der ich gelebt habe, von mir hinweggenommen.» (28/161)

Zunächst aber ergab sich ein merkwürdiges Versteckspiel: «Da ich ihn», so berichtet Rosa Mayreder, «für einen überzeugten Theosophen hielt, vermied ich anfänglich, das Gespräch auf diesen Punkt zu lenken; allmählich aber stellte sich heraus, daß er seinerseits dasselbe von mir glaubte und aus demselben Grunde der Theosophie im Gespräch mit mir ausgewichen war. Auch er hatte sich in diesem Kreise nur mit dieser geistigen Richtung näher bekannt machen wollen, stand ihr aber viel entschiedener feindlich gegenüber als ich. Mir war die Theosophie ein Gebiet, auf dem ich mich nicht heimisch fühlte, weil ich keine geistige

Eignung für die Art des Erkennens besaß, die da gefordert wurde; er hingegen erklärte sie rundweg als eine Schwachgeistigkeit und ermahnte mich dringend, mich gründlich von ihr abzuwenden, da sie immerhin Gefahren für die geistige Entwicklung mit sich bringe. Seine Anschauungen über die Freiheit der Persönlichkeit stimmten völlig mit dem überein, was ich erstrebte, und er war es, der mir in seinen ersten philosophischen Schriften zur völligen Klarheit darüber verhalf.» (Mayreder 1988, S. 180)

Durch viele Gespräche über die Probleme des Materialismus, über literarische und ästhetische Fragen vertiefte sich die Freundschaft zwischen Rosa Mayreder und Rudolf Steiner bald. Steiner besuchte kurz vor seiner Übersiedlung nach Weimar das Ehepaar Mayreder in ihrer Sommerfrische in Waidhofen. In seiner Autobiographie erinnert er sich an einen «Gang durch die herrlichen Alpenwälder, auf dem Rosa Mayreder und ich über den wahren Sinn der menschlichen Freiheit sprachen» (28/161).

Bei diesen Gesprächen begegnete Steiner in Rosa Mayreder immer wieder einer Neigung zu einer naturalistisch-materialistischen Denkart. Es scheint deshalb möglich, daß ein auf den 23. September 1890 datierter Aufsatz Steiners, der sich erst 1935 in einem Wiener Nachlaß fand, eigens für Rosa Mayreder geschrieben wurde. Der Aufsatz unter dem Titel *Die Atomistik und ihre Widerlegung* stellt zunächst die zeitgenössische Theorie des Atomismus und die sich daran schließende Auffassung des menschlichen Lebens relativ ausführlich dar, um dann diese Theorie auf Grund ihrer eigenen Resultate zu widerlegen. Jedenfalls aber darf man vermuten, daß Steiner diese Gedanken Rosa Mayreder vorgetragen hat. – Ebenso hat Steiner im Sommer 1890 von jenen Gedanken gesprochen, die damals erst im Keim vorhanden waren: über die Deutung des *Märchens* von Goethe, das er vor Jahresfrist kennengelernt hatte. In dieser Deutung der Märchenbilder geht es um die Verwandlungen des Menschen, die zur Geburt seiner wahren Individualität führen. Diese Gedanken im Spiegel einer anderen Seele vor sich zu sehen, half Steiner auf seinem Wege weiter.

Insgesamt war dieses letzte Jahr in Wien eine besonders anregende Zeit für Steiner. Er begegnete dem ersten Aufdämmern der «Wiener Moderne», er traf auf die damaligen Wiener Theosophen, die ihm aus erster Hand von Frau Blavatsky berichten konnten, er hatte Gelegenheit, sich mit Friedrich Eckstein, einem ausgewiesenen Kenner des «alten Wissens» über spirituelle Fragen auszutauschen. In Marie Lang und Rosa Mayreder erlebte er zwei höchst gegensätzliche bedeutende Frauen, die beide später eine hervorragende Rolle in der Frauenbewegung spielen sollten. In der Stille begann die Beschäftigung mit Goethes *Märchen*, ein Motiv, das ihn von da an begleiten sollte. In Nietzsches *Jenseits von Gut und Böse* traf er zum ersten Mal auf ein Werk dieses Denkers, der ihn wie ein persongewordenes Zeiträtsel durch die kommenden Jahren begleiten sollte. Er selbst schrieb in diesem letzten Wiener Jahr die Einleitung zum dritten Bande von *Goethes Naturwissenschaftlichen Schriften,* einen faszinierenden Text, mit dem im folgenden Kapitel die Wiener Zeit Steiners abgeschlossen werden soll.

13.
GEIST UND NATUR – GRUNDZÜGE EINER SPIRITUELLEN PHILOSOPHIE

«Gäbe es nicht eine Pflicht, die Wahrheit rückhaltlos zu sagen, wenn man sie erkannt zu haben glaubt, dann wären die folgenden Ausführungen wohl ungeschrieben geblieben.» (1c/v) Mit diesen Worten beginnt die Einleitung zum dritten Band von *Goethes Naturwissenschaftlichen Schriften*. Man horcht auf. Der Satz zeigt an, daß Rudolf Steiner genau weiß, daß er sich mit seinen Ausführungen in einen radikalen Gegensatz zum *herrschenden* Denken seiner Zeit stellt, denn er rüttelt an den Grunddogmen der Denkweise seiner Zeit überhaupt. Nicht stellt er sich dieser oder jener Moralauffassung oder einer speziellen Theorie über die Natur entgegen – das wäre ohne erhebliches Risiko. Steiner jedoch wußte, daß er gegen jene Denkgewohnheiten zu Felde zog, die sich seit Jahrhunderten in der westlichen Welt tief verwurzelt hatten. Er konnte sich ausrechnen, daß man in seiner Arbeit nur «den dilettantenhaften Versuch eines Menschen sehen» werde, der «bei allen ‹Einsichtigen› längst gerichtet ist».

Es war ihm damals schon ganz durchsichtig, daß die moderne Naturwissenschaft, die er angriff, ihre Autorität aus den «gewaltigen, bewunderungswürdigen Errungenschaften» der Technik bezieht. Es war ihm völlig klar, daß die Faszination der funktionierenden Technik als Wahrheitsbeweis der modernen Naturwissenschaft gilt. Doch er steht nicht an zu behaupten, daß diese Errungenschaften «mit dem wahrhaften Bedürfnis nach Natur-Erkenntnis nichts zu tun» haben. Er stellt die These auf: «Es ist etwas ganz anderes, die Vorgänge der Natur zu beobachten, um ihre Kräfte in den Dienst der Technik zu stellen, als mit Hilfe dieser Vorgänge tiefer in das Wesen der Naturwirksamkeit hineinzublicken suchen. Wahre Wissenschaft ist nur da vorhanden, wo der Geist Befriedigung *seiner* Bedürfnisse sucht, *ohne äußeren Zweck.*» (1c/vif)

Angesichts der Probleme, die durch den technischen Umgang mit der Natur hervorgerufen werden, kann man heute durchaus auf den Gedanken kommen, daß die Technik allein auf Beherrschung und Ausbeutung der Natur ausgeht. Man kann im Hinblick auf die Folgen der technischen Verfahren ein Mißtrauen gegenüber der Technik entwickeln und so eine gefühlsmäßige Ahnung davon erhalten, daß etwas mit der Technik nicht stimmt. Aber zumeist wähnt man, man müsse die Technik nur verbessern und verfeinern, dann würde bereits alles wieder ins Lot kommen. Nur selten wendet sich das Mißtrauen gegen die moderne Naturwissenschaft und ihren Anspruch auf Naturerklärung überhaupt. Man kommt nicht auf den Gedanken, daß die moderne Naturwissenschaft vielleicht überhaupt keine Wissenschaft, sondern nur die Theorie der Beherrschung und Ausbeutung, der Berechnung und In-Dienst-Stellung der Natur ist. Man sieht überhaupt nicht, daß Erkennen und Wissenschaft etwas ganz anderes ist, als die auf irgendeinen Nutzen abzielende Untersuchung der Natur, daß Wissenschaft auch nicht allein die Aufgabe hat, die Naturgesetzlichkeit in der Sprache der Mathematik abzubilden, sondern daß sie im Sinne Goethes zur *Anschauung* der in der Natur wirkenden Ideen führen kann. Das aber versucht Steiner in philosophischer Sprache darzulegen.

Mit der Einleitung zum dritten Band der naturwissenschaftlichen Schriften, mit der theoretischen Begründung der Farbenlehre Goethes überschreitet Steiner deshalb einen Rubikon. Seine bis zu diesem Augenblick erschienenen Publikationen konnte man noch als eine Goethe-Deutung ansehen, die im Rahmen des allgemeinen Wissenschaftsbetriebs einen Platz hat. Mit dieser Einleitung jedoch wird der üblichen Wissenschaft der Kampf angesagt. Schon in der Form. Bereits der Text der Einleitung ist nicht das, was die philologische Wissenschaft von einer solchen Einleitung erwartet: Es fehlt eine historische Darlegung der Entstehung der Ansichten Goethes, in der die Stufen dieser Entwicklung nachgezeichnet werden, es fehlt die übliche Untersuchung, in der «Einflüsse» auf Goethe, sein Verhältnis zu zeitgenössischen Forschern treulich referiert werden. Steiner geht sofort auf die Sache selber los.

An Stelle der Philologie steht eine wissenschaftstheoretische Begründung der Farbenlehre Goethes, treten prinzipielle Ausführungen über

Wissenschaft überhaupt, steht eine Widerlegung des Materialismus, treffen wir auf grundlegende Ausführungen zu Raum und Zeit und auf eine Skizze des Systems der Naturwissenschaft. Zum Schluß wird die Theorie Newtons an ihren Ort gesetzt. Wollte man das Ganze im Sinne einer älteren Philosophie deuten, so könnte man diesen auf wenige Seiten komprimierten Text als den Entwurf einer Ontologie ansehen. Steiner nimmt diesen älteren Titel bewußt nicht in Anspruch. Er spricht vielmehr vom «System der Naturwissenschaft».

Das unerhört Kühne der Thesen Steiners wird am ehesten hervorspringen, wenn man einmal nicht seine Argumentationen referiert, sondern auf die Resultate seiner Gedankengänge blickt. Da geht es zunächst um das Wesen der Sinnesempfindungen. In der landläufigen Vorstellungsart sind die Sinnesempfindungen, also etwa der Ton, das Produkt bestimmter mechanischer Vorgänge. Töne, so meint man, werden durch die Schwingungen der Luft *hervorgebracht.* Steiner hingegen behauptet mit guten Gründen, der Ton bringe die Schwingung hervor: «Der räumlich-zeitliche Vorgang ist die *Wirkung* der Empfindung in einem räumlich-zeitlich ausgedehnten Dinge.» Mit anderen Worten: Der Ton wird je nach dem Medium, durch das er transportiert wird, in diesem Medium jene Wirkung hervorrufen, durch die dieses Medium seiner Natur nach auf den Ton reagieren kann; die Luft reagiert mit «Schwingungen», weil das ihre Art zu reagieren ist. Die Elektrizität, die den Ton durch ein Kabel oder auf andere Weise drahtlos transportiert, reagiert mit den entsprechenden «Wellen». Auch die Hörnerven «leiten» den Ton nach Nervenart. Auf einer Schallplatte wird der Ton wiederum so konserviert, wie es dieser Schallplatte entspricht. Aber der Ton ist Ton. Er ist weder «Schwingung» noch «Welle» noch Einprägung in eine Schallplatte. All dieses sind nur die Spuren des Tones, die sich wie Fußtritte in Bewegung, Substanz oder Elekrizität abdrücken. Daß diese Einprägungen des Tones – beispielsweise in den Nervenvorgängen – etwas mit dem Ton zu tun haben, wird nie zur unmittelbaren Erfahrung, es ist das Ergebnis wissenschaftlicher Forschung und Schlußfolgerung. In Wahrheit aber sind Wellen und Schwingungen nur Spuren und Einprägungen des Tons *in anderen Wahrnehmungen.*

In der Tat sucht man in den «Schwingungen» und «Wellen» den Ton vergebens. Die gewöhnliche Vorstellung aber hält heute die Schwingungen, Wellen oder Nervenvorgänge für die einzig objektive Realität. Unsere Sinneserfahrungen – Ton, Farbe, Geruch, Tasteindrücke und so weiter – hält man für «bloß subjektiv». Man vergißt dabei, daß wir über die Luft oder über die Vorgänge in den Nerven auch nur durch unsere Sinne Kunde erlangen. Man kann den Nerv sehen und tasten. Unser Wissen vom Nerv, von der Luft und so weiter ruht auf unmittelbaren Sinneseindrücken. Sie sind die primäre Realität, der unhintergehbare Ausgangspunkt unseres Forschens. Was die Wissenschaft in Wahrheit untersucht, sind deshalb keineswegs die Ursachen unserer Sinneseindrücke. Wenn man fragt, wie Vorgänge in unseren Nerven mit unseren Hörempfindungen zusammenhängen, so untersucht man den Zusammenhang zweier Wahrnehmungsfelder. Wenn man fragt, wie Bewegungen mit dem Ton zusammenhängen, so erforscht man wiederum den Zusammenhang zweier Wahrnehmungen. Die Forschung gelangt deshalb nie «hinter» die Wahrnehmungen, sie bleibt immer, auch wenn sie durchs Elektronenmikroskop schaut, auf das Wahrnehmen, auf die Sinnesempfindung angewiesen. Der Gegenstand der Wissenschaften ist also, soweit es um das Beobachten geht, die Summe der wahrgenommen Empfindungen. Die Welt löst sich also restlos in *Wahrnehmungen*, auf:

«*Die wahrgenommene Welt ist also nichts anderes als eine Summe von metamorphosierten Wahrnehmungen.*» (1c/XII)

Die zweite wichtige Darlegung betrifft die Zeitvorstellung. Der naive Mensch stellt sich die Zeit als unendlichen Zeitraum vor. In diesem Zeitraum existieren nach seiner Auffassung die Dinge. In der Zeit, die als Zeitraum vorgestellt wird, dauern die objektiven, materiell vorgestellten Gegenstände. Überdies meint man, daß die Zeit selbst als ein «Zeitraum» fortwährend existiere. Die ursprünglich elementare Zeiterfahrung übersetzt man in eine Raum-Vorstellung. Man bemerkt nicht, daß diese Vorstellung von der Zeit nichts mit der von jedermann erlebten, gegenwärtigen Zeit zu tun hat. Der Zeit-Raum ist nur die Hilfskonstruktion eines Vorstellens, das kein angemessenes Bild für die erlebte Zeit findet. Dieser Vorstellung hält Steiner eine andere entgegen: «Die Zeit ist ja nicht ein Gefäß, in dem die Veränderungen sich abspielen, sie ist nicht *vor* den Dingen und *außerhalb* derselben da. Die *Zeit* ist der sinnenfällige Ausdruck für den Umstand, daß die Tatsachen ihrem Inhalte nach voneinander in einer Folge abhängig sind.» Durch die Gesetzmäßigkeit, in der ein Wesen schrittweise zur Erscheinung gelangt, entsteht Zeit. In einer bestimmten Reihenfolge von Erscheinungen zeigt sich die Pflanze, in einer bestimmten Reihenfolge entwickeln sich geschichtliche Tatbestände. Die von Menschen erfahrene Zeit hat deshalb auch jeweils einen qualitativen Aspekt; sie ist Jugend und Alter, ist Morgen, Herbst oder Reformationszeit. «Hier sehen wir, daß die Zeit erst da auftritt, wo das *Wesen* einer Sache in die *Erscheinung* tritt. Die Zeit gehört der Erscheinungswelt an. Sie hat mit dem Wesen selbst noch nichts zu tun. Dieses Wesen ist nur ideell zu erfassen.» (1c/XIV)

Daß die Zeit mit dem Wesen einer Sache nichts zu tun hat, lehrt schon die einfache Sinnesempfindung. Es ist für das Erfassen des Orange oder Grün höchst gleichgültig, wann ich es sehe, entscheidend ist, *was* ich sehe. Noch deutlicher wird dieser Tatbestand, wenn man auf ein Phänomen blickt, das man für gewöhnlich durch die Zeit definiert: die Geschwindigkeit, die man als Kilometer pro Stunde bestimmt. Fragt man sich, was wirklich erfahren wird, so ist es das Elementare der Geschwindigkeit selber, Strecke und Zeit sind bloße Rechengrößen, durch die man die Geschwindigkeit zu fassen versucht, sie sind im wahren Sinne des Wortes von der Geschwindigkeit abstrahiert, sie sind Abstraktionen. Die Realität ist die Geschwindigkeit selber, die elementar erfahren wird. Damit ist deutlich, daß die Zeit kein selbständiges Wesen ist. Das Wesenhafte einer Sache bringt also die Zeit hervor. Dieses Wesenhafte besteht durch sich selbst und ist nicht darauf angewiesen, in einer vorgestellten Zeit als ein Dauerndes aufgehoben zu werden.

Faßt man den Zeitbegriff auf diese Weise, so besteht auch keinerlei Notwendigkeit, das in der Zeit dauernde Wesen als eine beständige Materie zu denken, die man sich hinter den Erscheinungen vorstellt. So gelangt Steiner zu der dritten entscheidenden These:

«Das sinnenfällige Weltbild ist die Summe sich metamorphosierender Wahrnehmungen ohne eine zu Grunde liegende Materie.» (1c/XIV)

Mit solchen Worten bestreitet Steiner den metaphysischen Status einer Materie, die hinter den Sinnesempfindungen als das eigentliche Sein gedacht wird. Das, was den Sinnen phänomenal erscheint, also die Erde im Garten, der Hammer in der Hand und der Mond am Himmel, wird damit nicht bestritten. Es handelt sich bei all diesen Dingen um eine Summe sinnlicher Tatsachen. Wir tasten die Erde, empfinden sie als kühl, wir riechen ihren Duft, spüren ihre Schwere und sehen ihre dunkelbraune Farbe und nennen dann die Summe dieser Empfindungen: Gartenerde. Wir wissen auch, daß sich diese Sinnesempfindungen unter entsprechenden Bedingungen verwandeln. Wenn die Sonne die Erde austrocknet, wird die Farbe der Erde heller, sie kann erwärmt worden sein und sich leichter anfühlen, und wenn man sie gar mit einem Raumschiff in eine entsprechende Umlaufbahn um die Erde befördern würde, verlöre sie für uns ihre Schwere. In diesem Sinne metamorphosieren sich die Wahrnehmungen fortwährend: Unter verschiedenen Bedingungen und Einwirkungen ändert sich die Erscheinung. Die verschiedenen zur Erscheinung kommenden Elemente bedingen sich wechselseitig. Wenn die Elemente A, B und C als Phänomene da sind und das Element D hinzutritt, so kann das Element D die Phänomene A, B und C verändern, so daß sie als A', B' und C' erscheinen. In diesem Sinne bedingen und bewirken sich die Phänomene wechselseitig, ohne daß man zur Hypothese einer zu Grunde liegenden Materie greifen müßte.

Ebensowenig wie die Zeit ein Gefäß ist, in dem sich die Ereignisse abspielen, ebensowenig ist der Raum eine Kiste, deren Wände unendlich weit entfernt sind. In dem Abschnitt über den Raumbegriff gelangt Steiner zu dem Resultat: «Der Raum ist eine Idee.» (1c/XXVI) Und zwar ist der Raum jene besondere Idee, die es erlaubt, die Welt als Einheit zu erfassen, ohne auf das innere Wesen der Dinge einzugehen: Rein äußerlich werden die Dinge zueinander in Beziehung gesetzt. Zwischen zwei äußeren Dingen besteht zumindest eine Beziehung, die der Nähe oder der Entfernung. So besteht auch zwischen zwei weiteren Dingen eine solche Beziehung. Indem man nun unter Außerachtlassung der konkreten Dinge die Beziehungen aufeinander bezieht, gelangt man zur Beziehung von Beziehungen. Diese Beziehung von Beziehungen ist kein absolutes Element, in ihrer ideellen Konkretheit bezieht sie sich auf die jeweiligen Dinge, von denen sie ausgeht. Denkt man diese Beziehungen als rein äußerliche, so hat man die Idee des Raumes.

Indem so die landläufigen Vorstellungen von Raum, Zeit und Materie überwunden werden, werden weder die erfahrbaren Entfernungen im Raum noch die gegenwärtig erlebbare Zeit geleugnet. Ebensowenig werden die individuellen Sinneserfahrungen des Drucks, des Gewichts oder des Tons und der Farbe bestritten. Steiner will den durch Abstraktion entstandenen Vorstellungen des metaphysischen Daseins eines absoluten Raumes, einer absoluten Zeit und einer absoluten Materie den Boden entziehen, damit eine methodisch geklärte Wissenschaft möglich ist.

Das System dieser Wissenschaft ruht auf zwei Grundsäulen: auf den durch die Beobachtung gegebenen Wahrnehmungen und den durch das Denken erfaßten Begriffen. Die Beobachtung liefert unmittelbare Qualitätseindrücke. «Die Qualitäten, die meiner Sinneswahrnehmung gegeben sind, kann ich durch kein begriffliches Nachdenken in etwas anderes verwandeln. Ich kann auch keine gedankliche Qualität finden, durch die ich dasjenige, was in der sinnenfälligen Wirklichkeit gegeben ist, konstruieren könnte, wenn mir die Wahrnehmung mangelte. Ich kann nie einem Rotblinden eine Vorstellung der Qualität ‹Rot› verschaffen, auch wenn ich ihm dieselbe mit allen nur erdenklichen Mitteln begrifflich umschreibe. *Die Sinneswahrnehmung hat somit ein Etwas, das nie in den Begriff eingeht; das wahrgenommen werden muß, wenn es überhaupt Gegenstand unserer Erkenntnis werden soll.*» (1c/XVIII)

Die Sinneswahrnehmung ist also ein begrifflich nicht zu Fassendes, sie ist sie selbst, sie kann nicht auf anderes reduziert werden, sie ist ein Ausgangspunkt unseres Erkennens, der als Wahrnehmung nicht hinterfragt werden kann.

Unser Denken kann nur Beziehungen *zwischen* einzelnen Wahrnehmungen stiften. Ich kann fragen, warum an meiner Wand ein Lichtfleck erscheint, und kann die Beziehung zwischen dem Lichtfleck, einer spiegelnden Fläche auf meinem Schreibtisch und der Sonne, die wiederum meinen Schreibtisch beleuchtet, aufdecken und in dem Begriff der Spiegelung die Erklärung für den Lichtfleck sehen. Durch das Denken finde ich die Gesetze der Spiegelung. Durch das Denken erfasse ich die Gesetze, die mich über den Zusammenhang der einzelnen Sinnesdaten aufklären. Durch das Denken und die vom Denken erfaßten Gesetze gelangt also der Zusammenhang der Phänomene zur Erscheinung. Diese Gesetze stehen insgesamt in einem durchgehenden Gesamtzusammenhang. So steht der oben verwendete Begriff der Spiegelung in Beziehung zu anderen Begriffen wie etwa Licht, Oberfläche, Einfallswinkel und so weiter.

«Die Sinne, die nicht in der Lage sind, diesen einheitlichen Inhalt zu erfassen, kleben an der Vielheit, sie sind geborene Pluralisten. Das Denken aber überwindet die Vielheit und kommt so durch eine lange Arbeit auf das einheitliche Weltprinzip zurück.» (1c/XIX)

Das System der Naturwissenschaft ergibt sich aus dem Verhältnis von Begriff und Gesetz einerseits und der phänomenalen Sinneswelt andererseits. «Gelangt das sinnenfällig wirkliche Wesen nur zu einem solchen

Dasein, daß es völlig außerhalb des Begriffes steht, nur noch von ihm als von einem Gesetze in seinen Veränderungen beherrscht wird, so nennen wir dieses Wesen *unorganisch*. Alles, was mit einem solchen vorgeht, ist auf die Einflüsse eines anderen Wesens zurückzuführen.» (1c/XIX) Das unorganische Sein wird also in seiner Erscheinung durch anderes bestimmt. Die Art, wie Wasser erscheint, ist zum Beispiel unter anderem durch die Wärmeverhältnisse bestimmt. Alle Eigenschaften in der physischen Welt sind durch die Verhältnisse der Dinge zueinander.

Es gibt aber auch sinnenfällige Erscheinungen, die als Einheit auftreten und die keineswegs allein durch äußere Faktoren bestimmt werden. Zum Verständnis dieser Erscheinungen muß man über das unmittelbar Gegebene hinausgehen und die Erscheinung in ihrem von innen bestimmten, gesetzmäßigen Werden verfolgen. Da «erscheint das begrifflich Erfaßbare als sinnenfällige Einheit. Die beiden sind nicht identisch, aber der Begriff erscheint nicht *außer* der sinnlichen Mannigfaltigkeit als Gesetz, sondern *in* derselben als Prinzip. Er liegt ihr als das sie Durchsetzende, nicht mehr sinnlich Wahrnehmbare zu Grunde, das wir *Typus* nennen.» (1c/XIX)

Innerhalb des menschlichen Bewußtseins tritt der Begriff schließlich als solcher auf. Der Begriff wird hier selbst zur Wahrnehmung, als Motiv aufgefaßt kann er das menschliche Handeln zweckvoll bestimmen.

In Steiners Zusammenfassung kommt das so skizzierte «System der Naturwissenschaft» besonders deutlich zur Darstellung:

«*Naturgesetz, Typus, Begriff* sind die drei Formen, in denen sich das Ideelle auslebt. Das Naturgesetz ist abstrakt, über der sinnenfälligen Mannigfaltigkeit stehend, es beherrscht die unorganische Naturwissenschaft. Hier fallen Idee und Wirklichkeit ganz auseinander. Der Typus vereinigt schon beide in einem Wesen. Das Geistige wird wirkendes Wesen, aber es wirkt noch nicht als solches, es ist nicht als solches da, sondern muß, wenn es seinem Dasein nach betrachtet werden will, als sinnenfälliges *angeschaut* werden. So ist es im Reiche der organischen Natur. Der Begriff ist auf wahrnehmbare Weise vorhanden. Im menschlichen Bewußtsein ist der Begriff selbst das Wahrnehmbare. Anschauung und Idee decken sich. Deshalb können auf dieser Stufe auch die ideellen Daseinskerne der unteren Naturstufen zur Erscheinung kommen.» (1c/XX)

Mit diesen Worten zeichnet Rudolf Steiner am Ende seiner Wiener

Zeit die Umrisse seiner eigenen Naturphilosophie. Er zieht damit die Summe der gedanklichen Arbeit eines Jahrzehnts. Die so gelegten Grundlagen hat er in seinem späteren Denken beibehalten. Vom Gesichtspunkt der ganz entfalteten Anthroposophie aus bemerkt man, daß die spätere Differenzierung von Tier- und Pflanzenwelt, von Astralischem und Ätherischem, noch nicht ausgesprochen ist. Auf diese Differenzierung kam es ihm aber hier auch noch nicht an. Genauere Ansätze zu dieser Differenzierung waren – wie aus der Einleitung zum ersten Bande der Naturwissenschaftlichen Schriften Goethes hervorgeht – aber durchaus vorhanden. Es ging ihm 1890 zuallererst um die Grundlegung einer spirituellen Naturerkenntnis.

Für diese Naturerkenntnis war es entscheidend, daß sie nicht in das Koordinatensystem der herkömmlichen Vorstellungen von Raum, Zeit und Materie gebannt werde, sondern daß sie sich aus der Idee des Wesens als einer spirituellen Entität entfalte. Dieses Wesenhafte erscheint als Idee, Begriff und Gesetz zunächst für das menschliche Bewußtsein, es erscheint in den abgestuften Naturreichen, sie von innen durchdringend oder von außen regierend. Das Wesenhafte lebt in der sinnenfälligen Welt im menschlichen Bewußtsein, als Typus und als abstraktes Naturgesetz.

In einem Aufsatz vom 23. September 1890 – also eine Woche vor der Abreise nach Weimar geschrieben – befaßte sich Rudolf Steiner, wie bereits erwähnt, nochmals mit der *Atomistik und ihrer Widerlegung*, also mit jener Theorie, die sowohl die sinnlichen Phänomene wie auch den menschlichen Geist aus hinter den Erscheinungen wirkenden Teilchen hervorgehen lassen will. Steiner bedient sich zur Widerlegung dieses materialistischen Atomismus eines ungemein einfachen Beispiels, das man erst wirklich durchdenken muß, um seine Bedeutung zu verstehen:

«Nehmen wir einmal an, jemand gibt in dem Orte A ein Telegramm an mich auf. Wenn mir das Telegramm überbracht wird, habe ich nichts vor mir als Papier und Schriftzeichen. Indem ich diese Dinge mir aber gegenüberhalte und zu lesen verstehe, erfahre ich wesentlich mehr, als was Papier und Schriftzeichen sind, nämlich einen ganz bestimmten Gedankeninhalt. Kann ich nun sagen: ich habe diesen Gedankeninhalt erst in meinem Gehirne erzeugt, und das einzig Wirkliche seien nur Papier und Schriftzeichen? Gewiß nicht. Denn der Inhalt, den ich jetzt in mir habe, ist genau ebenso auch im Orte A enthalten. Dieses Beispiel ist sogar das treffendste, das man wählen kann. Denn es ist doch auf sichtbare Weise nicht das Allergeringste von A herüber zu mir gekommen. Wer wollte behaupten, daß die Telegraphendrähte wirklich die Gedanken von einem Ort zum anderen tragen?» (B 63, S. 24)

Man kann gegen dieses Beispiel sofort einwenden, daß ein derart technischer Vorgang nichts über das Verhältnis von sinnlicher und geistiger Welt aussage. Wer so denkt, geht aber auf das Prinzipielle des Beispiels nicht ein. Das Beispiel konfrontiert uns nämlich mit der durchaus rätselhaften Tatsache, daß das Medium, durch das ein Inhaltliches vermittelt wird, für den Inhalt selber ohne Bedeutung sein kann. Gewiß ist der menschliche Geist darauf angewiesen, daß überhaupt ein vermittelndes Substrat da ist. Aber dieses Substrat hat gegenüber dem Inhalt immer nur sekundäre Bedeutung. Unser Geist richtet sich immer nur auf das Inhaltliche, das Bedeutungsvolle, und das sinnliche Substrat hat jeweils nur dadurch Bedeutung, daß es Träger und Vermittler eines solchen Inhalts ist. Wenn wir ein Gemälde anschauen, so interessiert uns das Gemälde als Bild, die physischen Farben, also zum Beispiel dick oder zart aufgetragene Ölfarben, interessieren nur, insoweit sie für das Bild von Bedeutung sind. Wenn man einen Baum sieht, so kann beispielsweise die Art oder der Gesundheitszustand des Baumes ins Auge fallen, und unter diesem Gesichtspunkt kann man dann nach der chemischen Beschaffenheit des Bodens fragen, auf dem der Baum steht. Nur unter solchen inhaltlichen Gesichtspunkten gewinnen dann die Untersuchungen des Substrats an Bedeutung. In diesem Sinne hängt schließlich alles an dem, was als ideell-inhaltliche Wesenhaftigkeit unsere Fragen und unsere Aufmerksamkeit lenkt.

14.
WEIMAR – AM GOETHE- UND SCHILLER-ARCHIV

Seit dem Frühjahr 1890 hatte Rudolf Steiner seine Übersiedelung nach Weimar stets aufs neue angekündigt und immer wieder verschoben. Am 29. September 1890 aber war es soweit: Rudolf Steiner reiste von Wien nach Weimar. Er fand in der Junkerstraße ein ordentliches, aber etwas teures Quartier. Am folgenden Morgen führte ein rascher Spaziergang über den Wielandplatz und den Frauenplan zum Archiv, das damals im zweiten Stock in der Nordostecke des Schlosses mehr schlecht als recht untergebracht war. Bernhard Suphan, der Direktor des Archivs, empfing ihn freundlich und meinte, er hoffe nun endlich in Steiner nicht nur einen Helfer im Archivdienste, sondern eine geistige Stütze zu finden, wie er sie seit seiner Ankunft in Weimar suche. Diese «Ernennung» zu einem besonderen Freunde (39/13) berührt Steiner merkwürdig: «Mir fehlt aber, sozusagen, der rechte Glaube.» (39/13)

In den nächsten Tagen wurde er der Großherzogin Sophie, der Besitzerin des Archivs, vorgestellt. Von dieser Fürstin aus dem Hause Oranien hat Rudolf Steiner stets mit gleichbleibender Hochachtung gesprochen und betont, daß sie ihrer Aufgabe durchaus gewachsen gewesen sei. Fürsorglich kümmerte sie sich um das Archiv, ihrer Initiative ist der Bau des Goethe-Archivs über der Ilm zu danken, sie war es auch, die Rudolf Steiner als Mitarbeiter an der Weimarer Ausgabe vorgeschlagen hatte. Die Schätzung, die Steiner von seiten der Großherzogin und des Großherzogs genoß, bedeutete aber keineswegs, daß er besonders gut bezahlt wurde. Sein Monatsgehalt lag mit 180 Mark nur wenig über dem Lohn eines Facharbeiters, und in den ersten Jahren erhielt er pro druckfertigen Bogen noch eine Prämie von 10 Mark. Diese Prämierung ergab sich wohl aus der Absicht, die Herausgabe der

Edition zu beschleunigen. Ursprünglich war geplant, daß zehn Bände pro Jahr erscheinen sollten.

Die ersten Monate der Arbeit im Archiv waren für einen Goetheforscher höchst befriedigend. Es verging zunächst kein Tag, an dem Steiner in den alten Papieren, die seit über fünfzig Jahren praktisch unberührt geruht hatten, nichts Neues aufstieß. Überall konnte er die Spuren der Arbeit Goethes verfolgen. Mit den gleichaltrigen Mitarbeitern Julius Wahle, einem temperamentvollen Wiener, und Eduard von der Hellen, einem stillen, in sich gekehrten Westfalen, konnte er sich stündlich austauschen und beraten.

Die Arbeitsbedingungen in dem beengt untergebrachten Archiv waren freilich alles andere als ideal. Man hatte mit der Herausgabe der Edition begonnen, ehe die ungezählten Papiere gesichtet, geordnet und archivalisch erfaßt waren. Sichten und Suchen gehörten also zur täglichen Arbeit. In den von Riemer und Eckermann beiseite gelegten Faszikeln tauchten Entwürfe, Notizen, flüchtig auf einen Briefumschlag hingeworfene Gedanken auf. Texte in der Schrift der Sekretäre und Mitarbeiter, von Goethes Hand korrigiert. Vieles nur schwer lesbar. Diese Papiere mußten geordnet und zugeordnet, datiert und bewertet werden. Schließlich waren die eigentlichen Druckvorlagen anzufertigen.

Die eigentliche Editionsarbeit wurde immer wieder durch die zahlreichen hochgestellten Besucher und in- und ausländischen Gelehrten, die zu betreuen waren, unterbrochen. Fragen waren zu beantworten, Original-Handschriften mußten hervorgesucht werden, die Besucher erwarteten, daß man mit ihnen plauderte. Dann galt es, wieder den Faden der eigenen Arbeit aufzunehmen. In bezug auf die Richtlinien der Arbeit selbst gab es sehr schnell Schwierigkeiten. Die Herausgeber der Weimarer Ausgabe wollten ursprünglich nur formell abgeschlossene Arbeiten und Texte in die Ausgabe aufnehmen. Dieses Editionsprinzip erschien Steiner für die naturwissenschaftlichen Schriften nicht angemessen: Entwürfe, Ideenskizzen, ja angefangene Arbeiten und sogar Notizen konnten nach Steiners Ansicht ein Licht auf die wissenschaftlichen Konzeptionen Goethes werfen. So verfaßte Steiner schon bald ein Gutachten für das Herausgeber-Gremium, in welchem er vorschlug, alles in die Weimarer Ausgabe aufzunehmen, was Goethes wissenschaftliche Intentionen verdeutlicht. Das Komitee der Heraus-

Abb. 44:
Bernhard Suphan (1845 – 1911).
«Wie ein Lasttier der Goethe-Arbeit … empfand er sich.» (28/208)

geber hat schließlich Steiners Vorschläge weitgehend akzeptiert. Von einem vollständigen Abdruck des hinterlassenen Materials war freilich damals nicht die Rede. Steiners eigene Absicht war keineswegs, eine chronologisch vorgehende historisch-kritische Ausgabe zu liefern. Er wollte ein Bild von Goethes Naturforschung, von ihrer Methode und von ihren Resultaten liefern.

Zunächst ging Steiner mit einem ungeheuren Eifer an seine Arbeit. Schon Ende Januar kündigte er an, daß der erste von ihm zu bearbeitende Band der morphologischen Schriften bald druckfertig sein werde; und nachdem einige Schwierigkeiten überwunden waren, lag der Band im Frühsommer 1891 wirklich gedruckt vor. Dieses rasante Tempo wäre auch unter günstigen Umständen nicht durchzuhalten gewesen. Nachdem Steiner in der ersten Zeit noch ein leidlich gutes Verhältnis zu Suphan, seinem Chef, hatte und zeitweilig sogar dessen Söhne betreute und mit ihnen arbeitete, klagt er bereits Mitte März: «Zu den Kleinlichsten der Kleinlichen gehört Suphan, der Direktor des Archivs. Eine echt philiströse Schulmeisternatur ohne alle größeren Gesichtspunkte. Wo irgend etwas sich frei, selbständig und unbehindert entwickeln sollte, da hängt seine Gesinnung wie ein Bleigewicht daran. Er

Abb. 45: Rudolf Steiner, 1891

kann natürlich nichts dafür. ... Aber wer mit solchen Menschen zu tun hat, fühlt sich in allem gelähmt.» (39/84)

Naturgemäß verlor sich auch der Reiz des Neuen, der Steiner anfangs beflügelt hatte. Nach einer ersten Durchsicht fand sich unter den Papieren Goethes nur noch selten etwas wirklich Neues, Bedeutendes. Schon im April 1891 klagt Steiner, daß «das archivarische Arbeiten, das den Geist dumpf macht» bei ihm «eine geistige Unbehaglichkeit» erzeugt (39/90). Die Masse des philologisch zu bearbeitenden Materials und die Prinzipien der Edition, die zur Feststellung und Notierung aller Lesarten verpflichteten, wuchs zu einem bedrohlichen Alptraum. Die zuerst faszinierenden Dokumente verwandelten sich zusehends in staubige Aktenberge, in deren Gegenwart man kaum atmen konnte. Es dämmerte Steiner, daß er die nächsten Jahre damit zubringen werde, Handschriften, Erstdrucke und weitere Drucke miteinander zu vergleichen, Druckfahnen und Umbruch zu korrigieren, Personen und Sachregister zu erstellen und immer wieder Lesarten-Verzeichnisse anzulegen. In den sechs von Steiner bearbeiteten Bänden umfaßt der Apparat der Lesarten und des Registers allein 670 engbedruckte Seiten. Für jemanden wie Steiner, der eine unüberwindliche Abneigung gegen Pedanterie hatte und dem die Orthographie höchst gleichgültig war, muß diese philologische Kärrnerarbeit eine ausgesuchte Quälerei gewesen sein. Im Mai schrieb Steiner an Pauline Specht: «Aber es liegt etwas Tragisches in dem Umstande, daß alle meine bisherigen Publikationen sich in irgendeiner Weise an Goethe anschließen. … Beim Goethefeste stellte sich mir ein Pfarrer aus Württemberg vor, der sich geradezu als schwärmerischer Anhänger meiner Ideen entpuppte, der aber nach kurzer Zeit die Tragik begriff, die für mich darinnen liegt, daß ich noch immer an die eigentliche Goetheforschung gefesselt bin. Er sagte: schon die Einleitung zum dritten Bande zeige, daß ich innerlich mit der Goetheforschung gar nichts mehr zu tun habe. Ach! Wenn doch nur meine hiesige Tätigkeit der Puppen-Schlafzustand sein könnte, aus dem ich als Schmetterling heraus und in den heitren Himmel der reinen, von aller Anhängerschaft freien, philosophischen Lehrtätigkeit fliegen könnte.» (39/93f) Und nicht weniger deutlich heißt es in einem Brief an Rosa Mayreder: «Und so sehe ich mich den ganzen vollen Tag hindurch in einer Tätigkeit, die mein ‹Ich›, wie es vor fünf bis vier Jahren war, mit großer Hingebung getan hätte. Indem ich sie *heute* vollbringe, tue *ich* sie nicht mehr.» Und: «Wie gesagt: bis auf den Umstand, daß ich die Haut endlich einmal abwerfen will, die, seit zwei Jahren organisch getrennt, mich nur noch wie eine anorganisch gewordene Schale umgibt. Sonst ist mein ganzes Dasein Lüge und Unsinn; mein Wirken nicht meines, sondern das einer elenden Marionette, gezogen von den Fäden, die ich vor Jahren gesponnen habe, die ich aber jetzt nicht einmal berühren, geschweige denn selbst führen möchte.» (39/97f)

So werden die Jahre, die Steiner im Goethe-Archiv verbringt, zunehmend Jahre der Goethe-Ferne. Symptomatisch ist, daß er in diesen Jahren – abgesehen von einer Festrede zu Goethes Geburtstag – persönlich nichts über Goethe schreibt, was irgendwie über die pflichtgemäße Goethe-Arbeit hinausgeht. Sobald die Tür des Archivs hinter ihm ins Schloß fällt, wendet er sich anderen Fragen zu. Er schreibt seine Dissertation, er schreibt *Die Philosophie der Freiheit*, er arbeitet an seinem Nietzsche-Buch – allesamt Werke, in denen Goethe praktisch nicht erwähnt wird. Er beschäftigt sich mit dem Theater, mit Hypnotismus und Suggestion, mit moderner Literatur, und er führt einen Kampf gegen die «Gesellschaft für ethische Kultur» – alles, ohne wesentlich Bezug auf Goethe zu nehmen. Erst als die Archiv-Arbeit hinter ihm liegt, wendet er sich im

Winter 1896/97 aus freien Stücken wieder Goethe zu und schreibt als persönliches Bekenntnis sein abschließendes Goethe-Werk *Goethes Weltanschauung*.

Es ist nicht abzustreiten, daß Steiner, dessen Interessen auf anderen Feldern lagen, kein vorbildlicher Philologe war. Die Manuskripte, die er lieferte, bedurften – wie aus den Akten des Archivs hervorgeht – häufig mehrfacher Korrekturen. Die Drucker hatten es mit seinen Vorlagen nicht leicht. Der Verlag Böhlau schreibt einmal an Suphan: «Auch sind die Correcturen, wenn sie zurückkommen, meist schlechter und schwieriger als ein herzlich schlechtes Manuskript. Bogen 18 ist augenblicklich in fünfter Correctur bei dem Bearbeiter ...» Nachweislich sind Steiner bei der Herstellung der Manuskripte in manchen Bänden – keineswegs in allen – auch zahlreiche Fehler unterlaufen: Texte wurden nicht richtig gelesen oder nicht richtig ins Manuskript übertragen. Auch bei der Textanordnung hat sich Steiner merkwürdige Eigenmächtigkeiten erlaubt. Ein Beispiel: Goethe hatte zwei Aufsätze geschrieben: «Zur Geologie, besonders der böhmischen» und «Ausflug nach Zinnwalde und Altenberg». In dem von Goethe selbst veröffentlichten Text folgt der eine auf den anderen Aufsatz, weil auch der Text unmittelbar anschließt. Der erste Aufsatz endet mit der Bemerkung: «Und so gebe ich denn hier vorerst das wenige, was ich auf einem Ausflug von Töplitz nach Zinnwalde notirt.» Dann folgt bei Goethe die Beschreibung des Ausflugs nach Zinnwalde. Steiner schiebt nun zwischen diese beiden Aufsätze einen anderen, der die Überschrift «Problematisch» trägt, und läßt dann erst in der folgenden Abteilung den Ausflug nach Zinnwalde folgen. In diesem Sinne hat Steiner manche Zusammenhänge nicht beachtet, andere nicht erkannt. In seiner Autobiographie schreibt er deshalb: «Ich werde nie in Abrede stellen, daß, was ich bei Bearbeitung der Weimarischen Ausgabe in manchem Einzelnen gemacht habe, als Fehler von ‹Fachleuten› bezeichnet werden kann. Diese mag man richtigstellen.» (28/314) Deutlicher spricht sich Steiner in einem für Mitglieder gehaltenen Vortrag aus: «Auf die eigentliche philologische Tätigkeit ist aber der Betreffende» – das heißt er selber – «nie besonders stolz gewesen, er könnte selbst viele Fehler in dieser Beziehung nachweisen und will manches, was ihm als Schnitzer passiert ist, nicht beschönigen.» (B 83/84, S. 28)

Für den Lebensweg Rudolf Steiners war die Arbeit im Goethe-Archiv und die Tätigkeit als Herausgeber im Rahmen der Weimarer

Ausgabe wieder eines jener retardierenden Elemente, das wie eine mächtige Bremse seine Entwicklung verlangsamte. Die Wüstenwanderung durch die Philologie der Lesarten und Texte kostete vor allem Zeit und Kraft. Hier war mit Genialität nichts auszurichten. Der Geist blieb an die Buchstaben gefesselt und mußte so im «Puppen-Schlafzustand» verweilen.

In späteren Jahren konnte Steiner in dieser weisen Führung des Schicksals einen Sinn erkennen. Seine aus historischer Distanz gegebenen Schilderungen seiner Weimarer Zeit lassen deshalb nichts oder doch nur wenig von der Bitternis ahnen, die ihn damals erfüllte: Als schlecht bezahlte wissenschaftliche Hilfskraft hatte er aus einem unaufgearbeiteten Material in nur sechs Jahren sechs Bände von Goethes Naturwissenschaftlichen Schriften zu edieren. Was das bedeutet, wird schlagartig deutlich, wenn man bedenkt, daß an der neuen Leopoldina-Ausgabe von *Goethes Schriften zur Naturwissenschaft*, die insgesamt elf Textbände umfaßt, eine Reihe von Forschern mehr als 25 Jahre lang arbeiteten, und dies, nachdem das Material immerhin archivalisch erschlossen und umfangreiche Vorarbeiten gemacht worden waren. Man wundert sich deshalb nicht, wenn Steiner nach fünf Jahren Arbeit in Weimar Ende 1895 schreibt: «Ich weiß jetzt, daß ich in dem Augenblicke, als ich hierherging, verraten und verkauft war. Ich muß die Weimarer Jahre einfach für verloren geben.» (39/273)

Rückschauend hingegen wird Rudolf Steiner seinen Blick auf die Lichtseiten der Weimarer Jahre richten. Der Mitarbeit an der Weimarer Ausgabe verdankte er, daß er dem von ihm so hoch geschätzten Herman Grimm begegnen konnte, daß dieser große Mann mit ihm über seine Ideen und Pläne sprach, wobei er – für Steiner faszinierend – die Idee einer Geschichte der nationalen Phantasie erwähnte (36/172). In diesem Sinne gedenkt Steiner mancher Begegnung, die durch das Archiv zustande kam: mit dem bereits sehr alten Heinrich von Treitschke, mit Gustav von Loeper, mit Otto Harnack, einem geistvollen Goethe-Kenner, und vielen anderen. Aber neben diesen persönlichen Begegnungen ermöglichte das Archiv noch etwas anderes. Rudolf Steiner hatte sich verpflichtet, in der von Kürschner herausgegebenen Reihe zwei weitere Bände von *Goethes Naturwissenschaftlichen Schriften* herauszugeben. Dabei handelte es sich neben den *Maximen und Reflexionen* vor allem um die *Geschichte der Farbenlehre*. Diese Aufgabe konnte man nirgends

Abb. 46:
Herman Grimm (1828 – 1901).
«Ich hatte einen Mann vor mir, dessen Seelenblick bis zu der schaffenden Geistigkeit reicht.» (28/211)

besser erfüllen als in Weimar, wo die entsprechenden Bibliotheken zur Hand waren, wo man jene zum Teil seltenen Bücher benutzen konnte, die Goethe selbst eingesehen und zitiert hatte. Rudolf Steiner hat diese Möglichkeiten gut genutzt, denn gerade diese beiden letzten Goethe-Bände enthalten die ausführlichsten Anmerkungen und Erläuterungen. Hier hat Steiner jedenfalls teilweise zeigen können, wie er sich eine Goethe-Edition vorstellte.

Man darf aber auch nicht verschweigen, daß Kürschner auf diese beiden letzten Bände, deren Fertigstellung für 1891 vorgesehen war, sechs Jahre warten mußte. Mit einer gewissen Rücksichtslosigkeit hat Steiner Kürschner vertröstet, Ablieferungstermine verschoben und schließlich Kürschners Briefe und Telegramme beiseite gelegt und sich anderen Aufgaben zugewandt. Als Kürschner längst resigniert hatte, trafen endlich Steiners Manuskripte ein.

Mit dieser Arbeit war nun eine weitere Chance verbunden, die Steiner wahrnahm: Die Arbeit an der Geschichte der Farbenlehre ermöglichte ihm ein ins einzelne gehendes Studium der Geschichte der Naturwissenschaften und auch weitere philosophische Studien. Man muß nur das Inhaltsverzeichnis dieser Bände durchgehen, um den Umfang dieser

Studien zu erkennen, die von Pythagoras, von Empedokles, Demokrit und den klassischen Philosophen und Naturkundlern des Altertums über Roger Bacon, Paracelsus und die Alchemisten bis zu den Forschern der Goethezeit führen, um zu begreifen, was dieses Studium für Steiner bedeutete. In späteren Jahren waren die Zuhörer Steiners oft durch seine umfangreichen Kenntnisse auch ganz abgelegener Zusammenhänge und ansonsten unbekannter Personen verblüfft; hier, in den Arbeiten zur *Geschichte der Farbenlehre*, liegt *eine* der Erklärungen für diese stupende Bildung.

Der anthroposophisch interessierte Leser dieser Anmerkungen findet in diesen Texten auch manches, was als methodischer Hinweis auf den Umgang mit der Anthroposophie genommen werden darf, so etwa das Folgende: «Wahrheiten, die einem ganzen System von Ansichten angehören, können zumeist nur im Zusammenhange richtig verstanden und gewürdigt werden. Man nennt dann ihren tieferen Sinn, den sie für sich alleinstehend nicht haben können, den esoterischen. Der letztere wird nur dem geläufig sein, der den ganzen entsprechenden Kreis von Anschauungen kennt, dem das Einzelne angehört. Wahrheiten, die für sich, außer allen Zusammenhängen verständlich sind, heißen exoterische. Die oberflächliche Art, die esoterische Wahrheiten aus dem Zusammenhange reißt und gleich exoterischen behandelt, kann zu den verhängnisvollsten Irrtümern führen.» (1d/127)

Wendet man diesen Hinweis auf unseren Zusammenhang, nämlich auf die Weimarer Jahre Rudolf Steiners an, so begreift man, daß die Arbeit im Goethe-Archiv nur ein Teil des Lebens dieser Jahre gewesen ist, eine Einzelheit, die, für sich betrachtet, höchst mißverständlich ist. Neben dieser Berufsarbeit entfaltete Rudolf Steiner seine eigentlich freien Initiativen, in deren Mittelpunkt die Arbeit an der *Philosophie der Freiheit* steht. Gleichzeitig knüpfte und pflegte er in den Weimarer Jahren zahlreiche Freundschaften. Er lebte keineswegs nur als Wissenschaftler und Schriftsteller, sondern in einem ganz ungewöhnlichen Maße als geselliger Mensch, der den freundschaftlichen Verkehr und den Austausch mit anderen Menschen wie die Luft zum Atmen brauchte. Im Hintergrund stand aber immer die Arbeit im Archiv. Gewiß eine graue Wand, doch unübersehbar.

15.
EINSAM INMITTEN VIELER FREUNDE

Der Alltag in Weimar bestand aus Arbeit, aus viel Arbeit – und die übliche Arbeit im Archiv war monoton und langwierig. Die Tagungen der Goethe-Gesellschaft brachten einige Unruhe in den Ablauf, und die namentlich im Sommer erscheinenden Goethe-Touristen bewirkten, daß die Mitarbeiter des Archivs neben ihren offiziellen Geschäften mit Führungen überbürdet wurden. So schreibt Rudolf Steiner in seinen Briefen aus dieser Zeit, daß von seinem äußeren Leben nicht viel zu berichten sei, er erwähnt, daß er praktisch keine Ferien habe und daß er unter dem rauhen Weimarer Klima leide: Erkältungen, ja totale Sprachlosigkeit suchen ihn heim. An die Eltern gewandt, äußert er die Hoffnung, daß ihn dieses Leben abhärte.

Zu der Arbeit, die im Archiv zu leisten war, bürdete sich Steiner aber in Weimar weitere Arbeiten auf. Zunächst waren die Dissertation zu schreiben und das Rigorosum vorzubereiten, dann begann die Arbeit an seiner *Philosophie der Freiheit.* 1895 veröffentlichte er sein Nietzsche-Buch, 1897 folgte *Goethes Weltanschauung*. Nebenher besorgte er eine zwölfbändige Ausgabe der Werke Schopenhauers und eine achtbändige Ausgabe der Werke Jean Pauls in Auswahl. Vielleicht zur Abwechslung oder Erfrischung verfaßte er nebenher einige Abhandlungen, Artikel und Buchrezensionen. Diese Überlast führte dazu, daß sich seine Arbeiten fortwährend verzögerten. Seine Verleger warteten oft jahrelang auf die zugesagten Arbeiten. Selbst die Fertigstellung der *Philosophie der Freiheit*, an der Steiner wahrlich gelegen war, verzögerte sich um mehr als ein Jahr. Steiner selbst stand dadurch ständig unter Druck, und erst kurz vor der Übersiedlung nach Berlin hatte er alle seine Verpflichtungen erledigt.

Angesichts dieser Arbeiten müßte man sich eigentlich vorstellen, daß Steiner nach Beendigung seiner Archivstunden umgehend in seine Wohnung geeilt sei, um dort am Schreibtisch bis Mitternacht zu lesen und zu schreiben. Aber in seiner Autobiographie berichtet er von seinem ausgedehnten geselligen Verkehr. Freundschaften über Freundschaften. Steiner selbst und seine Freunde berichten in ihren Erinnerungen von ausgedehnten Spaziergängen: mit der Schriftstellerin Gabriele Reuter quer durch Weimar, mit Oldens durch die Weimarer Parkanlagen, mit den Malern Otto Fröhlich und Joseph Rolletscheck in die Umgebung Weimars. Wir hören von langen Gesprächen bei den verschiedenen Freunden, von abendlichen Debatten in der Glasveranda des Hotels Chemnitius, von Feiern nach Theater- und Opernaufführungen. Man könnte, wenn man diese Berichte liest, das Bild vor der Seele haben, daß Rudolf Steiner an jedem Abend mit Freunden in heiterer Runde zusammen war. In Wirklichkeit werden sich – von manchen Ausnahmen abgesehen – die Gespräche, Debatten, Musikabende und Ausflüge zumeist auf die Wochenenden und den einen oder anderen jour fixe beschränkt haben.

Während der Arbeitsabende und -nächte war Rudolf Steiner in seinem Arbeitszimmer, dessen Schreibtisch mit Büchern und Manuskripten überdeckt und von einer von Spechts geschenkten Leselampe erhellt wurde, allein mit seinen Gedanken: «Ich mußte, was mit meinen Anschauungen vom Geistigen zusammenhing, ganz allein mit mir abmachen. Ich lebte in der geistigen Welt; niemand aus meinem Bekanntenkreise folgte mir dahin. Mein Verkehr bestand in Exkursionen in die Welten der andern. Aber ich liebte diese Exkursionen. ... Das war meine ‹Einsamkeit› damals in Weimar, wo ich in einem so ausgebreiteten geselligen Verkehre stand. Aber ich schrieb es nicht den Menschen zu, daß sie mich so zur Einsamkeit verurteilten.» (28/243)

Weimar war keine Universitätsstadt, in der das intellektuelle Leben den Ton angab. Weimar war in den neunziger Jahren des 19. Jahrhunderts neben einer Residenzstadt vor allem eine Stadt der Künste. Das Theater, die Musik und die Kunstschule beeinflußten das geistige Klima Weimars. In der Kunstschule wirkte damals noch intensiv der Impuls nach, der von dem Landschaftsmaler Leopold Graf Kalckreuth ausgegangen war. Kalckreuth, ein schwerblütiger Impressionist, hatte in Weimar mit seiner das Kolorit betonenden, realistisch-impressionistischen Malweise die ältere Kunstauffassung abgelöst. Nachdem er 1890 Weimar

Abb. 47:
Rudolf Steiner in Weimar, 1892
(Porträt von Otto Fröhlich)

verlassen hatte, wurde er später Präsident des Deutschen Künstlerbundes, jener Gruppierung, die in Opposition zur herrschenden wilhelminischen Kunst die liberale Moderne in sich vereinte. In diesem Sinne waren die Maler, mit denen Steiner in Weimar zusammenkam, damals modern. Sie suchten – wie die Impressionisten – Licht-, Farb- und Stimmungswerte zu erfassen. Einer dieser Maler, der darum rang, die Taten und Leiden des Lichts auf die Leinwand zu zaubern, war Otto Fröhlich (1869 bis 1940). Steiner, der ihn in seiner Autobiographie ausführlich schildert, versuchte ihn anzuregen, nur durch die Phantasie zu erfassende Sujets – Zarathustra im Tal des Todes – darzustellen. Das war aber Fröhlichs Metier nicht. Doch noch heute überzeugen seine durchlichteten Landschaftsgemälde, von denen sich einige in den Kunstsammlungen des Weimarer Schlosses befinden. In gleicher Art schlug Steiner seinem Freunde Curt Liebich (1868 bis 1937) vor, Goethes *Märchen* malerisch darzustellen, und Liebich ging, wie Fröhlich, auf diesen Vorschlag ein, aber auch er wurde später ein Landschaftsmaler, der sich vorzugsweise den Motiven seiner Heimat, dem Schwarzwald, zuwandte. Steiner selbst war in jenen Jahren ein Verehrer der Kunst Arnold Böcklins (1827 bis 1901). Im Jahre 1882 hatte er in Wien vier Bilder

Böcklins gesehen, die ihm als lebendiger Protest gegen die Malerei nach dem Modell erschienen. Zugleich bemerkt man, in welch hohem Maße Steiner damals an thematisch orientierten, inhaltlich erzählenden Bildern interessiert war. Erst 1902 sollte sich ein anderes Interesse bei Steiner anbahnen, als er in der National Gallery in London die Bilder William Turners für sich entdeckte und gestand, daß Turner ihm «noch bedeutungsvoller» als Böcklin erscheine (39/431).

Im Weimarer Theater herrschten hingegen noch ältere Traditionen, und es war für Steiner lehrreich zu verfolgen, wie einzelne Weimarer Künstler in ihrer Art um eine eigene «Moderne» rangen. Hier galt Steiners Anteilnahme dem ganz persönlichen Gestaltungswillen der Schauspieler. So gedenkt er in seiner Autobiographie des «Feuergeists» Paul Wiecke, der sich polternd und scheltend neue Rollen erarbeitete. Im Nachlaß Steiners fand sich auch eine ausführliche Würdigung der Darstellung des Gretchen aus Goethes *Faust* durch Frau Alwine Wiecke: Die Kunst der Frau Wiecke wird mit größter Hochachtung anerkannt. In *Mein Lebensgang* findet sie keine Erwähnung, und das hat seinen Grund in dem persönlichen Verhalten Frau Wieckes (39/352), das Steiner mißbilligte. Das hängt nun mit Steiners Auffassung von der Schauspielerei überhaupt zusammen. Über die Ansprüche, die er an den Schauspieler stellte, gibt die Passage in seiner Autobiographie Auskunft, in der er den damals viel umschwärmten Jugendlichen Helden des Weimarer Theaters, Dagobert Neuffer (1851 bis 1939), schildert: «Ich lernte den Schauspieler Neuffer, noch während er am Weimarischen Theater tätig war, kennen. Ich schätzte zunächst an ihm die ernste, strenge Auffassung seines Berufes. Er ließ in seinem Urteile über Bühnenkunst nichts Dilettantisches durchgehen. Das war deshalb wohltuend, weil man sich nicht immer bewußt ist, daß die Schauspielkunst in ähnlicher Art sachlich-künstlerische Vorbedingungen erfüllen muß wie z.B. die Musik.» (28/303) Mit der Familie Neuffer verband Steiner eine über die Jahre hinweg dauernde Freundschaft. Wie sehr Neuffer seinerseits Steiner verstand, offenbart das Weihnachtsgeschenk, das er seinem Freunde Steiner machte: eine Hegelbüste, die Steiner später nach Berlin und Dornach begleitete (28/304f).

In der Weimarer Musikwelt stand noch alles unter der Nachwirkung von Friedrich Liszt, der lange in Weimar gewirkt hatte, so sehr, daß Steiner die Zeit, die er in Weimar erlebte, als Liszt-Zeit bezeichnete.

Doch gerade auf diesem Gebiete zeigte sich Neues. Richard Strauss, das enfant terrible der damaligen deutschen Musikszene, war in jenen Jahren Kapellmeister in Weimar, vom Publikum stürmisch gefeiert. Mit seinen ersten Werken unterbrach er die Behäbigkeit des traditionellen Musiklebens. Als im Mai 1894 sein erstes Bühnenwerk *Guntram* am Hoftheater uraufgeführt wurde, war es Steiner, der bei der anschließenden Feier als erster das Wort ergiff und Strauss als den Mann rühmte, der in Weimar endlich wieder eine lang erwartete große Tat vollbracht habe. Nachts um halb zwei wurde Richard Strauss schließlich festlich mit einer Prozession brennender Kerzen heimgeleuchtet. Richard Strauss war es auch, der im Sommer 1894 Gustav Mahler nach Weimar einlud, wo dieser beim großen Tonkünstlerfest seine Erste Symphonie zur Uraufführung brachte. «Unauslöschlich der Eindruck, wie er den Taktstock führte, Musik nicht im Flusse der Formen fordernd, sondern als Erleben eines Übersinnlich-Verborgenen, zwischen den Formen sinnvoll pointierend.» (28/278)

Die Tradition Liszts wurde in Weimar vor allem durch den Pianisten und Komponisten Conrad Ansorge weitergeführt. Ansorge hatte Gedichte Nietzsches vertont. Steiner gehörte zu seinem Freundeskreis, und er war eigentlich immer zugegen, wenn in einem kleinen Kreis, der sich um Ansorge und dessen Schwager Ewans von Crompton gebildet hatte, diese Lieder zum ersten Mal erklangen. Hier verband sich nun das Musikalische mit dem Dichten und Denken Nietzsches, mit der Frage nach echtem und freiem Menschentum, das Melodie und Klang werden wollte. Rudolf Steiner galt in diesem Kreise als der eigentliche Nietzsche-Kenner, und so wurde er immer ins Gespräch gezogen, wenn es um das rechte Verständnis Nietzsches ging. Zugleich war aber dieser Kreis von der mit Ernst gestellten Frage bewegt: «Wie soll es mit der deutschen Kulturentwickelung weitergehen, wenn ein Ort wie Weimar so wenig seine ihm vorgezeichneten Aufgaben erfüllt?» (28/312)

Von den in Weimar lebenden Schrifstellern schätzte Steiner vor allen anderen Gabriele Reuter. In seiner Autobiographie spricht sich die ungetrübte Bewunderung für diese Frau freudig aus: «Zu den schönsten Stunden meines Lebens muß ich zählen, was ich durch Gabriele Reuter erlebte.» (28/230). Gabriele Reuter war zwei Jahre älter als Steiner. In Ägypten in Alexandria geboren, hatte sie zu den deutschen Dingen Distanz. Ein herbes Schicksal hatte sie gelehrt, auf das Wesentliche zu

Abb. 48:
Gabriele Reuter (1859 – 1941).
«Radikalismus des Herzens in ruhig-kluger Art ausgesprochen, von künstlerischem Sinn und eindringlicher Gestaltungskraft durchzogen, das offenbarte sich als Größe aus Gabriele Reuter.» (28/230)

blicken. Von Vorurteilen war sie frei, was sich darin zeigte, daß sie Steiner auf den Fahrten nach Naumburg ins Nietzsche-Archiv gern und oft begleitete und daß sie zu jenem kleinen Kreis gehörte, dem Fritz Koegel im Sommer 1894 Passagen aus Nietzsches noch unveröffentlichtem *Antichrist* vorlas. Für gewöhnlich aber trafen sich Gabriele Reuter und Rudolf Steiner im Hause von Hans und Grete Olden, also in jenem Haus auf dem Hügel der «Altenburg», wo früher Liszts «Neu-Weimar-Verein» getagt hatte.

Gabriele Reuter berichtet über diese Zusammenkünfte in ihren Lebenserinnerungen: «Jeder von uns war Herr der Welt und Mittelpunkt ihres Seins, und die Souveränität des Einzigen wurde mit grotesken Gründen und den gewagtesten Schlußfolgerungen bestätigt. Vorzüglich Rudolf Steiner war groß darin, barocke, unerhörte Prämissen aufzustellen und sie dann mit einem erstaunlichen Aufwand von Logik, Wissen, kühnen Einfällen und Paradoxen zu verteidigen. Was konnte er amüsant sein, wenn er so in Eifer geriet, der damalige Freidenker, mit dem schmalen Mönchskopf, der hohen strahlenden Stirn, wie erregte er sich, wenn Hans Olden sein liebenswürdiges Faunslächeln aufsetzte und ihm seinen witzigen Zynismus entgegenhielt. ... Steiner kämpfte mit Hunger und Not. Abends, oft war es spät in der Nacht, begleitete er mich den weiten Weg von Oldens heim, denn wir wohnten beide im Westen der Stadt. Dann wurde er ernsthaft, und ich verdanke diesem hervorragenden Geiste und seinem unglaublich ausgebreiteten Wissen eine Fülle von Gedanken und Anregungen auf philosophischem Gebiet. Besonders lehrte er mich Goethe in einer ganz neuen Weise kennen.» (Gabriele Reuter 1921, S. 450-452)

Steiner entwickelte in diesen Gesprächen namentlich auch die Gedanken seiner *Philosophie der Freiheit*, an denen er gerade arbeitete; insbesondere stellte er Gabriele Reuter die Idee einer moralischen Phantasie vor und zeigte, wie der freie Geist nur dann wirklich frei und schöpferisch handeln kann, wenn er phantasiebegabt eine Situation erlebt und aus dem phantasievollen Erleben eine weiterführende Idee zu ergreifen vermag. Gabriele Reuter leuchteten diese Gedanken ein, und dreißig Jahre nach den Gesprächen mit Steiner erinnerte sie sich an seine Gedanken, um dann hinzuzufügen, daß Steiner später durch seine Anthroposophie die moralische Phantasie vieler Menschen angeregt habe.

Rudolf Steiner seinerseits erinnert sich in seiner Autobiographie an die innere Entschiedenheit und Radikalität Gabriele Reuters, die nie laut wurde, die nie die Stimme erhob, sondern in gleichleibender Ruhe ihre scharf akzentuierten Gedanken aussprach. «Ich denke zurück und sehe mich mit ihr an einer Straßenecke stehen, bei glühendster Sonnenhitze diskutierend mehr als eine Stunde über Fragen, die sie bewegten. Gabriele Reuter konnte in würdigster Art, keinen Augenblick die ruhige Haltung verlierend, über Dinge sprechen, bei denen andere sogleich in sichtbare Aufregung geraten.» (28/230) In diesem Sinne erschien sie als eine wirklich moderne Seele, die ein starkes inneres Leben mit hoher Bewußtheit verband.

Ganz anders verhielt es sich mit Hans Olden (1859 bis 1932), einem scharfsinnigen Dramatiker und Journalisten, der seiner Kritiklust und seinem Zynismus immer wieder freien Lauf ließ. Es war ihm unmöglich, seine Einfälle bei sich zu behalten, die Bissigkeiten mußten heraus. Natürlich war vieles von dem, was Olden aussprach oder schrieb, berechtigt, es war wohltuend, wenn eine Stimmung, die sich sentimental aufblähen wollte, durch den spitzen Stich des Oldenschen Witzes wie ein Luftballon zerplatzte. Vor allem war es für Eduard von der Hellen und Rudolf Steiner eine Wohltat, sich im Hause Olden frei äußern zu

Abb. 49:
Hans Olden (1859 – 1932).
«Er hatte ein offenes Herz für die höchsten Interessen, die zu dieser Zeit im geistigen Leben vorhanden waren.»
(28/228)

können; täglich standen sie unter dem Druck der Schulmeisterei von Suphan, unter den Zwängen der kleinbürgerlichen Moral, die den Alltag Weimars beherrschte. Da war es dann befreiend, im Hause Olden ein Ventil zu finden und manches pointiert zu sagen, worüber man sonst zu schweigen hatte.

Die Kritik, die so laut wurde, lebte durchaus von höheren Interessen und Idealen. Diese blieben aber im Hintergrund, weil man das Pathos fürchtete und weil man meinte, bei der restlichen Menschheit die vollste Verständnislosigkeit für das wirklich Menschliche voraussetzen zu müssen. Die Kritik Oldens an den Weimarer Verhältnissen machte auch vor der Großherzogin nicht halt. Im «Magazin für Literatur» veröffentlichte er einen Artikel «Vom Musen- und Witwensitz», in dem er eine Indiskretion veröffentlichte. Danach waren seine Tage in Weimar gezählt. Nach dem Weggang Oldens hatte Steiner auch kaum noch das Bedürfnis, sich über die Weimarer Verhältnisse auszusprechen; er sah, daß da nichts zu machen war, und schwieg.

Zu den literarisch begabten Freunden Steiners zählte auch Franz Ferdinand Heitmüller (1864 bis 1919). Heitmüller war seit 1894 Mitarbeiter am Goethe-Archiv und mit der Herausgabe von Goethes Tagebüchern

Abb. 50:
Rudolf Steiner, um 1892

befaßt. Aber er war eine künstlerische Natur, die ihre Erlebnisse im Archiv und im Weimarer Milieu in Novellenform goß. Aufsehen erregte damals in Weimar eine in der «Neuen Deutschen Rundschau» erschienene Skizze *Neu-Vineta*, die Weimar als versunkene Stadt, ja als Friedhof darstellte. Steiners Briefe aus der Weimarer Zeit zeigen, daß er in jenen Jahren dieser Deutung der Situation gewiß völlig zugestimmt hätte. Sprach er doch schon Ende 1891 von der «geistigen Öde Weimars», in der es kaum Lichtblicke gebe, sondern «Zustände ..., die uns *fortwährend* das Gefühl des Ekels einflößen». Weimar war damals für ihn ein Ort, in dem im allgemeinen «die Jämmerlichkeit, die Kleinlichkeit, die Bornierheit» herrschten (39/127).

In eine ganz andere Welt wurde Steiner durch seine Verbindung zu Eduard von der Hellen (1863 bis 1927) geführt. «Die Unbefriedigtheit mit dem Philologischen warf von der Hellen in das rege politische Leben Weimars hinein.» (28/283) Die Politik gehörte nicht zu den ureigensten Interessen Steiners, aber so wie die Arbeit an der «Deutschen Wochenschrift» in Wien ihn genötigt hatte, die Politik in seiner Heimat intensiver zu verfolgen, so verschaffte ihm nun die Teilnahme an von der Hellens politischen Bestrebungen manchen Einblick in die deutsche politische Situation. Als Österreicher und Ausländer blieb er freilich ganz Beobachter. Von der Hellen versuchte mit einem nicht-marxistischen sozialen Programm aufzutreten. Damit war ihm selbstverständlich im konservativen Weimar kein Erfolg beschieden. Für Steiner jedoch, der von der Hellen in manche Wahlversammlung begleitete, ergab sich aus der Anteilnahme an diesen durchaus fortschrittlich und gut gemeinten Bestrebungen mancher Einblick in die Vorgänge in Deutschland.

In den Briefen, die Steiner nach Wien schrieb, finden sich einige Spuren seiner politischen Ansichten. So schreibt er an seinen Lehrer Schröer: «Die Reaktion, die ganz Mittel- und Westdeutschland überflutet, ist natürlich auch in Thüringen bemerklich. Es weht ein Wind, der in den nächsten Jahren schwerlich offene Ohren für freie Wissenschaft wird gedeihen lassen.» (39/230) Was Steiner besorgt machte, war das allgemeine Muckertum in Deutschland, die immer weiter um sich greifende Untertanengesinnung. Was ihn besonders erschreckte, war die Zunahme der Stimmen für antisemitische Parteien bei der Reichstagswahl im Juni 1893. So urteilt er in einem Briefe an Pauline Specht: «Im Ganzen muß man wohl sagen, wenn man diese Sache im Heiligen Römischen Reiche von innen mitangesehen hat: Durch die letzte Wahl hat sich eine Zunahme an Roheit und Unverstand in den Massen gezeigt, die ich wahrhaft erschreckend finde. Daß ein – von allem übrigen abgesehen – maßlos alberner Mensch, der alle Luegers» – ein führender Wiener Antisemit – «an *Lügen‹genie›* turmhoch überragt, zwei Parlamentssitze erobert und zahlreiche Anhänger hat, zeugt doch von einer Verkommenheit des öffentlichen Geistes, die man nicht genug beklagen kann.» (39/179) Angesichts des Machtkartells von Großagrariertum und Schwerindustrie war der freudige Eindruck, den Rudolf Steiner 1889 von seiner ersten Deutschlandreise heimgebracht hatte, gründlich ausgelöscht. Er kannte jetzt die Zustände im Reich von innen.

Daß Rudolf Steiner diese strapaziöse Zeit in Weimar einigermaßen unbeschadet überstanden hat, verdankt er einer Frau. Irgendwann im Sommer des Jahres 1892 war er aus der Junkerstraße, wo er als «möblierter Herr» gehaust hatte, in die ganz nah gelegene Preller-Straße in das Haus der Frau Anna Eunike umgezogen und hatte dort das Erdgeschoß bezogen. «Frau Anna Eunike, mit der ich bald innig befreundet wurde, besorgte für mich in aufopferndster Weise, was zu besorgen war.»

(28/294) Frau Eunike war ihrerseits froh, daß Rudolf Steiner ihr bei der Erziehung ihrer vier Töchter und ihres Sohnes zur Seite stand, denn sie war Witwe. Sehr schnell lernten Anna Eunike und Rudolf Steiner einander schätzen und lieben. Schon in einem Brief aus Wien – kurz vor Sylvester 1892 geschrieben – redet er sie «Meine liebe gute Anna» an und hofft von seinem «lieben Kerlchen ein paar Zeilen» zu erhalten (39/167f). Wenige Jahre später, als er für kurze Zeit im Nietzsche-Archiv in Naumburg arbeitet, schreibt er im Rückblick auf das Jahr 1895: «Ich glaube, in diesem Jahr hätte ich es ohne Deine immer so liebevolle Pflege und Teilnahme gar nicht aushalten können.» (39/277) Die acht Jahre ältere Anna Eunike hat – so muß man nach diesen Worten annehmen – Rudolf Steiner wirklich treulich bemuttert und geliebt. Steiner war auf diese Weise vieler Sorgen enthoben und hatte den Kopf für seine Arbeit frei. Ausdrücklich erwähnt er, daß er die *Philosophie der Freiheit* und *Nietzsche, ein Kämpfer gegen seine Zeit* im Eunikeschen Hause schreiben konnte. Steiner vergalt Anna Eunike das, indem er sich nicht nur um die Kinder, sondern um all die Dinge kümmerte, die ihr nicht lagen und mit ihrem Besitz zusammenhingen.

Frau Eunike nahm aber auch gerne an dem Leben Teil, das Steiner ins Haus brachte. Wenn es «gemütlich» sein sollte, so trafen sich die Freunde Steiners im Eunikeschen Hause. Franz Ferdinand Heitmüller, August Fresenius, Joseph Rolletscheck, Otto Harnack, Heinrich Zeller und vor allem Otto Erich Hartleben waren gerne in diesem Hause, denn hier war man ganz unter sich. Mit Otto Erich Hartleben stellte Steiner dort in wenigen Tagen das Goethe-Brevier zusammen, das Hartleben dann herausgab. Rudolf Steiner verdankte so Anna Eunike sein Weimarer Zuhause, das Gefühl der Geborgenheit, was auch deshalb wichtig war, weil er in jenen Jahren gesundheitlich anfällig war. Anna Eunike konnte ihm seine geistige Einsamkeit gewiß nicht nehmen, aber sie bereitete den Lebensgrund, auf dem er existieren konnte.

16.

DIE PHILOSOPHIE DER FREIHEIT

Als Rudolf Steiner nach Weimar ging, hegte er die Hoffnung, sich in Weimar die Basis seiner künftigen Berufstätigkeit schaffen zu können. Von Anfang an schwebte ihm eine philosophische Lehrtätigkeit vor, und die Briefe aus Weimar berichten wiederholt von Plänen, einen philosophischen Lehrstuhl oder doch zumindest eine Privatdozentur zu erlangen. Zuerst war von einer Lehrtätigkeit in Jena die Rede, später von einer Lehrkanzel in Wien, die mit Hilfe von Laurenz Müllner eigens für ihn eingerichtet werden sollte. Zunächst aber fehlte noch ein größeres philosophisches Werk, das eine Berufung nach Wien erst ermöglicht hätte. Ein solches Buch mußte geschrieben werden (39/176).

Im Juli 1891, als seine Dissertation abgeschlossen und die Promotion in Rostock in greifbare Nähe gerückt war, fand sich ein Gast in Weimar ein, mit dem sich Rudolf Steiner aufs beste und ganz unmittelbar verständigen konnte: Ludwig Laistner, der literarische Berater der Cotta'schen Buchhandlung in Stuttgart. Er schlug Steiner vor, ein Buch über «Die Grundprobleme der Metaphysik» zu schreiben. Steiner griff diesen Vorschlag freudig auf, nicht nur, weil er selbst mit größter Freude ein grundlegendes philosophisches Werk schreiben wollte, sondern auch, weil der renommierte Verlag Cotta eine vorzügliche Adresse für das Buch gewesen wäre. Anfang Oktober wurde bei einem Besuch Steiners in Stuttgart der Plan des Buches weiter diskutiert und wohl auch abgesprochen. Am 7. Oktober nach Weimar, «der Leichenstätte deutscher Größe» (39/119), zurückgekehrt, schreibt er, daß er hoffe, in allernächster Zeit sein philosophisches Buch in Angriff nehmen zu können. «Das ist eine Arbeit, die wirklich geeignet ist, einen Menschen zu tragen, weil auch sie nur mit Aufwendung aller Geisteskraft zu einem gedeihlichen Abschlusse kommen kann. Ich werde jetzt Gelegenheit haben, vieles zu sagen, was ich zu sagen und zu vertreten habe.» (39/119). – Die Aufgabe beflügelte Steiner ganz offensichtlich, schon im Dezember vermeint er, das Buch bis Ostern 1892 fertigstellen zu können. Im Januar berichtet er, daß sein Buch «vorwärts rückt, namentlich stehen Disposition und Stoffverteilung fest» (39/137). Es dauert dann aber noch bis zum November 1893, bis das Buch nach ständigem Drängen des Verlegers, der nun nicht Cotta, sondern Emil Felber heißt, unter dem Titel *Die Philosophie der Freiheit* erscheint.

Die Entwicklung der Idee der Freiheit

Die Idee, eine Philosophie der Freiheit zu schreiben, hatte Steiner bereits um das Jahr 1880 gefaßt. Schon im Juli 1881 schrieb er einem Freunde wie von einem schon bekannten Plan: «Der August wird mir hoffentlich die nötige Ruhe gewähren, einen großen Teil meiner lieben Freiheitsphilosophie zu Papier zu bringen.» Er stellte sich damals vor, daß man seine philosophischen Ideen «wie einen unterhaltenden und lehrreichen Roman» werde lesen können (38/18f).

Der Grundgedanke des ungeschriebenen Buches war noch ganz im Sinne des deutschen Idealismus gefaßt: «Dem Absoluten allein kommt die höchste Wirklichkeit zu. Alles was nicht im Absoluten aufgeht ist Schein, Täuschung, Irrtum, ‹des Sterblichen Meinung›, wie Parmenides sagte. Das Streben nach dem Absoluten, diese Sehnsucht des Menschen ist *Freiheit.*» Im Lichte des Absoluten, der Gottheit, verschwinden alle willkürlichen Ziele, die ein ‹Ich› sich setzt. «Nennen wir dieses Erkennen der höchsten Wahrheiten: das Zusammengehen des Menschen mit dem Absoluten, so finden wir, daß in diesem Zusammengehen seine höchste Freiheit erblüht. Er findet sich in einem Punkte des Universums und nun hat er seinen Standpunkt ..., von da aus überblickt er die Welt. Er beurteilt sie, beurteilt sich und ist zufrieden mit *sich*, der Welt und allem. In der höchsten Freiheit manifestiert sich das höchste Glück, die vollste Zufriedenheit. Der Mensch hat seine Bestimmung erkannt; er ist mit allem versöhnt.» (38/30f)

In solchen Worten spricht sich gewiß eine innere Erfahrung aus, die Steiner im Zusammenhang mit seiner Fichte-Lektüre aufgegangen war. Vom Gesichtspunkt der späteren *Philosophie der Freiheit* freilich wird bemerkbar, daß durch diese Konzeption der Freiheit das Individuum im Absoluten zu verschwinden droht; die Handlungen des Menschen können, so gedacht, nur ein Ausdruck des Absoluten sein. – Die Gedankenskizze aus dem Jahre 1881 zeigt deshalb vorzüglich an, welch weiter Weg von einer rein in der Idee erlebten Freiheit noch bis zu einer aus seelischer Beobachtung gewonnenen Empirie der Freiheit zurückzulegen war. Zugleich aber wird sichtbar, daß das Thema der Freiheit als das Fundamentalthema der menschlichen Existenz Steiner von Anfang an bewegte. Sein ganzes philosophisches Forschen und Ringen gilt von 1880 bis etwa zum Jahre 1895 der rechten Fassung dieser Freiheitsidee.

Einer zweiten Fassung des Freiheitsbegriffs begegnen wir in den *Grundlinien einer Erkenntnistheorie der Goetheschen Weltanschauung* im 19. Abschnitt. Dieser Abschnitt dürfte im Januar oder Februar 1886 niedergeschrieben worden sein. Seine Deutung stellt uns vor einige Schwierigkeiten. Eindeutig ist, daß Steiner sittliche Gebote ebenso wie jede außermenschliche Weltbestimmung oder Offenbarung abweist. «Nicht indem der Mensch irgendwelchen Geboten des Weltenlenkers nachforscht, handelt er nach dessen Absichten, sondern indem er nach seinen eigenen Einsichten handelt.» (2/125) Die Frage ist nur, wie diese Einsicht zustandekommt. Im Abschnitt 13 hatte Steiner den menschlichen Geist mit Auge und Ohr verglichen und behauptet: «Der Geist nimmt also den Gedankeninhalt der Welt wahr, wie ein Auffassungsorgan.» (2/78) Der so vom menschlichen Geist erfaßte Gedankeninhalt wird durch die menschliche Tätigkeit zur Erscheinung gebracht. Damit ergibt sich auch für das menschliche Handeln der gedanklich bestimmende Inhalt: «Wenn daher ein sittliches Ideal zustande kommt, so ist es die innere Kraft, die im Inhalte desselben liegt, die unser Handeln lenkt. Nicht weil uns ein Ideal als Gesetz gegeben ist, handeln wir nach demselben, sondern weil das Ideal vermöge seines Inhaltes in uns tätig ist, uns leitet.» Daraus ergibt sich für Steiner: «Der Antrieb zum Handeln liegt nicht außer, sondern *in* uns.» (2/124f) Hier könnte nun der Kritiker einhaken und fragen, ob denn die von innen her lenkende und leitende Macht des Ideals nicht doch auch eine innere Nötigung ist, die den Menschen zwar von äußeren Einflüssen befreit, ihn aber dafür der

Macht der Idee unterwirft. Diese Frage erscheint um so berechtigter, als Steiner das menschliche Denken als Auffassungsorgan begreift, das wie Auge und Ohr die Ideen auffaßt. Man könnte deshalb folgern, daß das Innere ein nur scheinbar Inneres ist, daß der Mensch in Wahrheit also von den Weltgedanken, die er doch von außen aufnimmt, geleitet werde.

Im Sinne der *Grundlinien* müßte man auf diese Einwände antworten, daß die Gedanken in ihrem gesetzmäßigen Zusammenhange vom Menschen hervorgebracht werden und daß die innere Gesetzmäßigkeit des Denkens nicht als Zwang erfahren wird (2/53). Ferner wäre vielleicht auch noch darauf hinzuweisen, daß die Bestimmungen des Gedankens nicht starr sind. Steiner spricht vom «immer flüssigen Gedanken» (2/67), der jeweils in einer bestimmten Form durch die äußere Anschauung fixiert wird. Die Konsequenz davon wäre, daß jeder Mensch den Gedanken durch seine Vorstellung auf bestimmte Weise festhält. Das aber ist nicht notwendig, man kann feste Vorstellungen auch wieder auflösen. Schließlich und vor allem spricht sich im Erkennen der menschliche Aspekt einer Sache aus: «So tritt das Wesen eines Dinges nur dann zutage, wenn dasselbe in Beziehung zum Menschen gebracht wird. Denn nur im letzteren erscheint für jedes Ding das Wesen. Das begründet einen Relativismus als Weltansicht, das heißt, die Denkrichtung, welche annimmt, daß wir alle Dinge in dem Lichte sehen, das ihnen von Menschen selbst verliehen wird.» (2/84) Mit diesen Worten eröffnet sich die Möglichkeit, die Gedanken, die Menschen hervorbringen, nicht allein als Weltgedanken, sondern auch als Menschengedanken anzusehen. Die Ideale, die menschliches Handeln bestimmen, wären dann die Schöpfungen des Menschen. – Diese letzte Konsequenz wird indes in den *Grundlinien* von Steiner noch nicht gezogen. Er entwirft vielmehr ein ambivalentes Bild eines «Weltengrundes», der sich in die Welt vollständig ausgegossen habe, um sie von innen zu treiben. Dieser Weltengrund erscheint im menschlichen Denken *und* in der menschlichen Persönlichkeit (2/125). – In dieser Ansicht spiegelt sich die Ambivalenz jener Denkerfahrung, die einerseits bemerkt, daß wirkliche Gedanken nur durch meine energische Tätigkeit als meine Gedanken produziert werden, und die andererseits die «objektive» Gesetzmäßigkeit der Gedanken erlebt. Diese Erfahrung wird in den *Grundlinien* noch als ein *Nachschaffen* der objektiven Gedanken gesehen: «Beim Gedanken bin ich mir klar, daß jenes *Werden* ohne meine Tätigkeit nicht möglich ist. Ich muß den Gedanken durcharbeiten, muß seinen Inhalt nachschaffen, muß ihn innerlich *durchleben* bis in seine kleinsten Teile, wenn er überhaupt irgendwelche Bedeutung für mich haben soll.» (2/47)

Kurz nachdem Rudolf Steiner die *Grundlinien* abgeschlossen hatte, lernte er Anfang Mai 1886 die damals zweiundzwanzigjährige Dichterin Marie Eugenie delle Grazie kennen. In ihren Dichtungen trat Steiner die poetische Konsequenz des materialistischen Nihilismus entgegen. Eines der Gedichte delle Grazies, mit dem Titel *Um Mitternacht*, endet mit den Worten:

> Allsiegend und frei nur herrscht
> Der Riese Tod: mit blinkendem Schwert mäht er
> Die gleißende Daseinslüge hinweg
> Und spricht, in Ewigkeit
> Auf Staub und Verwesung deutend,
> Die einzige, ewige Wahrheit: Es ist nichts!

Tief empfand Steiner die intellektuelle Redlichkeit, mit der delle Grazie den Materialismus nicht nur dachte, sondern auch fühlend, pessimistisch gestaltete. Die Begegnung mit dem radikalen Pessimismus wurde ihm eine geistige Herausforderung, und er verfaßte sogleich ein *Sendschreiben – Die Natur und unsere Ideale* an Marie Eugenie delle Grazie. In unserem Zusammenhang ist dieses Sendschreiben von Interesse, weil Steiner es in seiner Autobiographie als die *Urzelle* der *Philosophie der Freiheit* bezeichnet. Da es nahe gelegen hätte, in den bisher skizzierten Ideen zur Freiheit diese Urzelle zu sehen, läßt diese Selbstdeutung aufhorchen, und wir fragen uns, ob in den von Steiner 1924 zitierten Sätzen des Sendschreibens ein neuer, ein anderer Ton hörbar wird.

«‹Unsere Ideale sind nicht mehr flach genug, um von der oft so schalen, so leeren Wirklichkeit befriedigt zu werden. – Dennoch kann ich nicht glauben, daß es keine Erhebung aus dem tiefen Pessimismus gibt, der aus dieser Erkenntnis hervorgeht. Diese Erhebung wird mir, wenn ich auf die Welt unseres Innern schaue, wenn ich an die Wesenheit unserer idealen Welt näher herantrete. Sie ist eine in sich abgeschlossene, in sich vollkommene Welt, die nichts gewinnen, nichts verlieren kann durch die Vergänglichkeit der Außendinge. Sind unsere Ideale, wenn sie wirklich lebendige Individualitäten sind, nicht Wesenheiten für sich, unabhängig von der Gunst oder Ungunst der Natur? Mag immerhin die liebliche Rose vom unbarmherzigen Windstoße zerblättert werden, sie hat ihre Sendung erfüllt, denn sie hat hundert menschliche Augen erfreut; mag es der mörderischen Natur morgen gefallen, den ganzen Sternhimmel zu vernichten: durch Jahrtausende haben Menschen verehrungsvoll zu ihm aufgeschaut, und damit ist es genug. Nicht das Zeitendasein, nein, das innere Wesen der Dinge macht sie vollkommen. Die Ideale unseres Geistes sind eine Welt für sich, die sich auch für sich ausleben muß, und die nichts gewinnen kann durch die Mitwirkung einer gütigen Natur. – Welch erbarmungswürdiges Geschöpf wäre der Mensch, wenn er nicht *innerhalb* seiner eigenen Idealwelt Befriedigung gewinnen könnte, sondern dazu erst der Mitwirkung der Natur bedürfte? Wo bliebe die göttliche Freiheit, wenn die Natur uns, gleich unmündigen Kindern, am Gängelbande führend, hegte und pflegte? Nein, sie muß uns alles *versagen*, damit, wenn uns Glück wird, dies ganz das Erzeugnis unseres freien Selbstes ist. Zerstöre die Natur täglich, was wir bilden, auf daß wir uns täglich aufs neue des Schaffens freuen können! *Wir wollen nichts* der Natur, uns selbst *alles* verdanken!

Diese Freiheit, könnte man sagen, sie ist doch nur ein Traum! Indem wir uns frei dünken, gehorchen wir der ehernen Notwendigkeit der Natur. Die erhabensten Gedanken, die wir fassen, sind ja nur das Ergebnis der in uns blind waltenden Natur. – O, wir sollten doch endlich zugeben, daß ein Wesen, das sich selbst erkennt, nicht unfrei sein *kann!* ... Wir sehen das Gewebe der Gesetze über den Dingen walten, und das bewirkt die *Notwendigkeit.* Wir besitzen in unserem Erkennen die Macht, die Gesetzlichkeit der Naturdinge aus ihnen loszulösen und sollten dennoch die willenlosen Sklaven dieser Gesetze sein?›» (28/130f)

Als Karl Julius Schröer diese Zeilen gelesen hatte, vernahm er den neuen Ton, und er schrieb an Steiner, wenn das sein Ernst wäre, hätten sie, Schröer und Steiner, sich nie verstanden. Wer so über die Natur spreche, der zeige, daß er Goethes Worte: «Erkenne dich und leb' mit der Welt in Frieden», nicht tief genug nehmen könne. – In der Tat bricht in dem Sendschreiben eine bei Steiner bisher nicht gekannte Kluft zwischen Mensch und Natur auf. Mit jugendlichem Titanismus wird der schaffende, schöpferische Mensch, der sich vom Muttergrund der Natur gelöst hat, zum Zentrum. – Was sich hier ankündigt, aber noch nicht in begrifflicher Klarheit erscheint, ist der Individualismus, den Steiner in der ersten Hälfte der neunziger Jahre formulieren wird. Das Charakteristische dieses späteren Individualismus ist der Verzicht auf die Absicherung des Individuellen durch einen «Weltengrund», der sich in jede Individualität ausgegossen hat. Ganz ungoethisch stößt sich der Mensch von der Natur ab und baut nur auf sein eigenes Schaffen.

Wir sind nun in der glücklichen Lage, diesen Wandel im Denken Steiners dadurch genauer verfolgen zu können, daß Rudolf Steiner in der Einleitung zum zweiten Band von *Goethes Naturwissenschaftlichen Schriften* eine zweite Auslegung der goetheschen Erkenntnistheorie gegeben hat. Man kann diese zweite Darstellung der Erkenntnistheorie im Hinblick auf den neuen Akzent im Denken Steiners lesen. Dabei muß man freilich davon ausgehen, daß das gleiche Thema – die Erkenntnistheorie der Erkenntnispraxis Goethes – grundsätzlich eine Übereinstimmung bedingt. So bleibt die eigentliche Erkenntnistheorie dieselbe.

Dort aber, wo es um die Idee der Freiheit geht, wird eine neue Bildsprache verwendet: «Einen Weltlenker, der außerhalb unserer selbst unseren Handlungen Ziel und Richtung setzte, kennen wir nicht. Der Weltlenker hat sich seiner Macht begeben, hat alles an den Menschen abgegeben, mit Vernichtung seines Sonderdaseins, und dem Menschen die Aufgabe zuerteilt: wirke weiter. Der Mensch findet sich in der Welt, erblickt die Natur, in derselben die Andeutung eines Tieferen, Bedingenden, einer Intention. Sein Denken befähigt ihn, diese Intention zu erkennen. Sie wird sein geistiger Besitz. Er hat die Welt durchdrungen; er tritt handelnd auf, jene Intentionen fortzusetzen. Damit ist die hier vorgetragene Philosophie die wahre *Freiheitsphilosophie.*» (1b/XLVI)

In den *Grundlinien* hatte sich der Weltengrund «ausgegossen», um die Welt von innen zu treiben. Hier in der Einleitung aus dem Frühjahr 1887 hat der «Weltlenker» sein Sonderdasein vernichtet. Er hat nur sein Testament, seine Chiffren und Intentionen hinterlassen, die der Mensch frei fortsetzen soll. Im «Fortsetzen» – so problematisch dieser Begriff auch sein mag – liegt aber auf jeden Fall mehr als im bloßen Nachschaffen. Daß Steiner das Fortsetzen nicht als bloße Testamentsvollstreckung versteht, hat er im weiteren Text deutlich ausgesprochen, etwa dort, wo er schreibt: «Das ethische Handeln ist ja ein Produkt dessen, was sich im Individuum geltend macht; es ist immer im einzelnen Fall gegeben, nie im allgemeinen. Es gibt keine allgemeinen Gesetze darüber, was man tun soll und was nicht.» (1b/XLIX) Damit tritt erstmals der Hinweis auf das Handeln in einer konkreten unwiederholbaren Situation auf, ein Gedanke, der später bei Steiner entscheidend werden soll: In der konkreten Situation versagen alle Vorschriften und Normen. Das Fortsetzen der Intentionen des Weltlenkers kann also nur durch schöpferische Eigeninitiative realisiert werden.

Während Rudolf Steiner die *Philosophie der Freiheit* ausarbeitet, durchdenkt er diese Fragen noch genauer. In seiner Auseinandersetzung mit der «Gesellschaft für ethische Kultur», einer aus den USA stammenden Bewegung, die für moralische Grundsätze eintrat, formuliert er seine Einwände gegen die Propaganda ethischer Normen und Vorschriften. Er verweist auf das Fruchtlose der ethischen Propaganda, denn die bemühten Ethiker übersähen, «daß sich alle allgemeinen Regeln und Gesetze sogleich als ein wertloses Phantom erweisen, wenn sich der Mensch innerhalb der lebendigen Wirklichkeit befindet. Gesetze sind Abstraktionen, Handlungen vollziehen sich aber immer unter ganz bestimmten konkreten Voraussetzungen. Die verschiedenen Möglichkeiten abzuwägen und die im gegebenen Falle praktischste auszuwählen, das geziehmt uns, wenn es ans Handeln geht. Eine individuelle Persönlichkeit steht immer einer ganz bestimmten Situation gegenüber und wird nach Maßgabe der Sache eine Entscheidung treffen.» Und ferner: «In genau derselben Situation werden zwei Menschen verschieden handeln, weil sie sich, je nach Charakter, Erfahrung und Bildung, verschiedene Begriffe davon machen, was im gegebenen Falle ihre Aufgabe ist. – Wer einsieht, daß das Urteil über einen konkreten Fall das Maßgebende einer Handlung ist, der kann nur einer individualistischen Auffassung in der Ethik das Wort reden. Zur Bildung eines solchen Urteils verhilft allein der richtige Blick in einer gegebenen Lage und keine festbestimmte Norm.» (31/184ff) – Oder mit etwas anderen Worten: Welche ethischen Impulse und Entwürfe in einer konkreten Situation ins Spiel gebracht werden, hängt davon ab, wie der einzelne die Situation sieht und deutet; «das Urteil über einen konkreten Fall (ist) das Maßgebende».

In der Situation selbst, die ein bloßer Tatbestand ist, liegen keine moralischen Aufforderungen. Die moralischen Forderungen kann nur der einzelne an sich selbst stellen. Welche Forderungen er an sich stellt, hängt wiederum von seiner Weltanschauung ab. Durch die darwinistische Brille betrachtet, kann ein Krieg als wohltätiger Selektionsprozess gesehen werden, in den man besser nicht eingreift. Für andere hingegen ist durch ihre Weltsicht der Krieg eine moralische Herausforderung, ihn zu stoppen oder den Opfern Hilfe zu leisten. Rudolf Steiner lenkt deshalb die Aufmerksamkeit auf die Rolle, die die jeweilige Weltanschauungsart, das jeweils herrschende moralische Paradigma, spielt. Er stellt deshalb im Sinne einer Freiheitsphilosophie ganz unerwartete Anforderungen an das, was die Weltanschauung zu leisten hat: «Eine Weltanschauung, die uns wahrhaft befriedigen soll, muß uns wirklich von der Stelle im Weltall, wo wir ohne sie stehen, wegbringen, sie muß uns in absolute Bewegung versetzen. Wir müssen durch sie nicht bloß Aufschluß darüber erhalten, was wir *sind*, sondern wir müssen etwas durch sie werden. Da stellen sich freilich alle die Enthusiasten des Stehenbleibens ein und erklären: wir wollen eine Wissenschaft dessen, was *ist*, nicht eine Vermittlung von etwas nicht Seiendem. Das sind die Schwachen, die sich durchaus nicht zugestehen wollen, daß ihnen als Menschen das Recht zusteht, zu *schaffen*, und daß das durch sie *gewordene* Sein keinen niedereren Anspruch hat auf das Bestehen als alles andere Sein. Dies namentlich ist es, was mich nie an die *Gotteskindschaft* hat glauben lassen. Sie ist nur ein Auskunftsmittel, um die Gebilde, die wir schaffen, als bloß nachgeschaffen auszugeben. Der Mensch in seiner Schwäche bat um Verzeihung für seine Ideenschöpfungen und erklärte: sie sind ja gar nicht von mir, sondern von dem himmlischen Vater gewollt.» (39/132)

Der Freiheitsbegriff, der so formuliert wird, stellt sich als die Freiheit des Individuums dar, das sich in Selbsterkenntnis ergreift, das aus seinen Idealen lebt und frei in der konkreten Situation entscheidet. Diese Freiheit entfaltet sich im radikalen Gegensatz zur Natur: «Zerstöre die Natur täglich, was wir bilden, auf daß wir uns täglich aufs neue des Schaffens freuen können! *Wir wollen nichts* der Natur, uns selbst *alles* verdanken!» Dieser Freiheitsbegriff versteht aber die Freiheit auch nicht als Testamentsvollstreckung des Weltgeistes, als Erfüllung der Intentionen des himmlischen Vaters, weil irgendwelche Chiffren, denen diese Intentionen zu entnehmen wären, nirgendwo zu finden sind. In der konkreten Situation, die für sich genommen sprachlos ist, muß der einzelne selbst entscheiden und schöpferisch seine Intentionen ins Spiel bringen.

Das «Vorspiel» zur Philosophie der Freiheit

1892 veröffentlichte Rudolf Steiner seine erweiterte Dissertation als «Vorspiel einer Philosophie der Freiheit» unter dem Titel *Wahrheit und Wissenschaft*. Ursprünglich hatte die Dissertation den Titel *Die Grundfrage der Erkenntnistheorie mit besonderer Rücksicht auf Fichtes Wissenschaftslehre. Prolegomena zur Verständigung des philosophierenden Bewußtseins mit sich selbst* getragen. Anders als die *Grundlinien*, die an Goethe anschließen «und denen auch das Zurückgehen auf die ersten Elemente des Erkennens fehlt» (3/16), will *Wahrheit und Wissenschaft* eine allgemeine Erkenntnistheorie liefern. Diese Erkenntnistheorie soll das untersuchen, was alle anderen Wissenschaften voraussetzen: das Erkennen selbst. «Damit ist ihr von vornherein der Charakter der philosophischen Fundamentalwissenschaft zugesprochen.» (3/25)

Steiner hatte die zeitgenössische erkenntnistheoretische Diskussion seit Jahren verfolgt und namentlich aus den Schriften von Johannes Volkelt und Johannes Rehmke manche Anregung empfangen. Für den Ausgangspunkt seiner Arbeit wurde ihm ein in jenen Jahrzehnten vielmals herangezogener Begriff wichtig: das Postulat der Voraussetzungslosigkeit. Dieses Postulat verwendet Steiner nun nicht nur so, daß er alle vermeintlich sicheren Erkenntnisse als Bausteine einer Erkenntnistheorie abweist, sondern er stellt vor allem jeden vorgängigen Begriff des Erkennens selbst in Frage.

Schon in dieser Geste wird ein wichtiges Element der Freiheitsphilosophie sichtbar. Selbstverständlich kann eine voraussetzungslose Untersuchung keine vorgefertigten Erkenntnisse aus irgendwelchen Wissenschaften übernehmen, vor allem aber darf sie keine ungeprüften Vorstellungen von dem, was das Erkennen selbst sei, schon im Hinterkopf haben. Die üblichste Vorstellung ist bekanntlich die, daß die Welt an sich schon fix und fertig vorhanden ist und daß das isoliert gedachte Subjekt sich dieser Welt auf die eine oder andere Weise – abbildend, abstrahierend, analysierend, durchdringend, durchschauend oder sonstwie – geistig zu bemächtigen habe. Alle solche Vorstellungen gehören nicht, wie schon Hegel in der Einleitung zu seiner *Phänomenologie des Geistes* bemerkte, an den Anfang einer Erkenntnistheorie. Diese muß vielmehr in dem Sinne voraussetzungslos sein, daß alle

Erkanntheit aufgehoben und die Frage, was Erkennen überhaupt sei, bewußt offen gehalten wird.

Dem Postulat der Voraussetzungslosigkeit ist nicht dadurch zu entsprechen, daß man sich irgendwie biographisch an den Anfang des Erkennens zurückversetzt und sich ein Phantasiebild davon macht, wie das Baby erkennt. Will man an den Anfang des Erkennens zurückgehen und alles durch Erkenntnis Gewonnene aus unserem Weltbild eliminieren, so ist das nur durch eine künstliche Operation zu bewerkstelligen, die das uns Gegebene vom Erkannten trennt. «Die Grenze zwischen Gegebenem und Erkanntem wird überhaupt mit keinem Augenblicke der menschlichen Entwicklung zusammenfallen, sondern sie muß *künstlich* gezogen werden. Dies aber kann auf jeder Entwicklungsstufe geschehen, wenn wir nur den Schnitt zwischen dem, was ohne gedankliche Bestimmung vor dem Erkennen an uns herantritt, und dem, was durch letzteres erst daraus gemacht wird, richtig führen.» (3/52)

Den Gesamtumfang unserer Erfahrung bezeichnet Steiner als «das Gegebene». Um nun den Kunstschnitt zu vollziehen, der es ermöglicht, den Erkenntnisvorgang zu beschreiben, nennt er das zunächst Nichterkannte das unmittelbar Gegebene oder das fertig Gegebene. Über die Bedeutung des Gegebenen gilt nichts als ausgemacht; es kann sich also hierbei um Sinneseindrücke, Träume, Halluzinationen, Gefühle oder sonst etwas handeln. Im Kunstschnitt wird also die Gültigkeit aller Aussagen (Prädikate) über das Gegebene aufgehoben. Dem würde sprachlich ein Zustand entsprechen, in welchem es keine Aussagesätze geben würde. – Neben dem fertig Gegebenen gibt es auch das hervorgebracht Gegebene. Es tritt nicht gegenständlich durch irgendeine Form von Wahrnehmung auf, sondern als Begriff und Idee. Begriffe und Ideen werden nicht wahrgenommen, sie treten intuitiv in uns als die das fertig Gegebene bestimmenden Faktoren auf. Worte wie Funktion, System, Organismus, Ursächlichkeit und andere deuten auf Begriffe; auf Ideen verweisen Worte wie Liebe, Gerechtigkeit, Selbstbestimmung. Durch Begriffe versuchen wir, Zusammenhang in das ohne sie zusammenhanglose, fertig Gegebene zu bringen. Das Erkennen erscheint wie ein Experiment. Es gelingt nicht auf Anhieb, aber das Leben und die Geschichte der Wissenschaften zeigen, daß wir die Zusammenhänge immer besser denken und sehen lernen, daß Fehler korrigiert, Annahmen verworfen oder bestätigt und allmählich verbessert werden. Wir tragen zum Beispiel den Begriff des Organismus an ein Gegebenes heran und denken: Wenn dieses ein Organismus sein soll, so unterliegt es bestimmten Bedingungen. Zu diesen gehören beispielsweise Entwicklung, innere Gliederung in Funktionssysteme, Verhalten gegenüber einer Umwelt, und wir versuchen, die Einzelheiten des Gegebenen unter diesen Gesichtspunkten zu sehen und zu verstehen. Dieses Experiment kann gelingen oder mißlingen. Das Gegebene kann uns auch Anlaß sein, unsere Begriffe zu modifizieren oder andere Begriffe ihm gegenüber aufzubringen. Das Gegebene kann uns Anlaß sein, zwischen Selbstbewegung und Bewegtwerden zu unterscheiden, dort, wo wir Ursächlichkeit annahmen, ein reines Nacheinander zu sehen.

Während das nur fertig Gegebene ein zusammenhangloses Chaos, ein bloßes Nebeneinander im Raum und Nacheinander in der Zeit ist, erscheint das hervorgebracht Gegebene als Zusammenhang. Dieser Zusammenhang wird durch das Denken hervorgebracht. Das Denken produziert in immer neuen Varianten Begriffe, die den Zusammenhang und die Gesetzmäßigkeit des Gegebenen beleuchten. Wenn wir einen uns unbekannten Gegenstand erblicken und in uns eine Frage nach dem Was dieses Gegenstandes entsteht, so probieren wir eine Reihe begrifflicher Angebote aus und gehen ihnen nach. Wir versuchen, vielleicht erfolglos, das einzelne in einen Sinnzusammenhang einzuordnen. Dabei entscheidet eine Instanz in unserem Denken, die man als tätiges Ich bezeichnen kann, ob wir von unserer Erklärung – vorläufig – befriedigt sind.

Für das fragende Bewußtsein, das sich auf etwas Bestimmtes richtet, treten zunächst Einzelheiten auf; im Erkenntnisakt werden dann die für das Bewußtsein vereinzelt auftretenden Elemente verbunden: «Das Erkennen beruht also darauf, daß uns der Weltinhalt ursprünglich in einer Form gegeben ist, die unvollständig ist, die ihn nicht ganz enthält, sondern die außer dem, was sie unmittelbar darbietet, noch eine zweite wesentliche Seite hat. Diese zweite, ursprünglich nicht gegebene Seite des Weltinhaltes wird durch die Erkenntnis enthüllt. Was uns im Denken abgesondert erscheint, sind also nicht *leere* Formen, sondern eine Summe von Bestimmungen (Kategorien), die aber für den übrigen Weltinhalt Form sind. *Erst die durch die Erkenntnis gewonnene Gestalt des Weltinhaltes, in der beide aufgezeigte Seiten desselben vereinigt sind, kann* Wirklichkeit *genannt werden.*» (3/70)

Das Erkennen ist also nicht eine beliebige Zutat zur Welt, sondern das freilegende Hervorbringen dessen, was Gedankeninhalt der Welt ist. Die im Erkenntnisakt für die Entstehung von Bewußtheit erforderliche Trennung des bloß Gegebenen vom hervorgebrachten Begriff wird im Erkennen überwunden: Die denkende Tätigkeit bringt den Gedankeninhalt der *Welt* zum Vorschein.

Im letzten Kapitel von *Wahrheit und Wissenschaft* faßt Steiner dieses Ergebnis seiner Erkenntnistheorie zusammen, um aus ihm die Konsequenzen für das praktische Handeln zu ziehen. «Wir haben gesehen, daß sich in unserem Wissen der innerste Kern der Welt auslebt. Die gesetzmäßige Harmonie, von der das Weltall beherrscht wird, kommt in der menschlichen Erkenntnis zur Erscheinung.» (3/90) Da der Mensch in der Lage ist, die Gesetze der Welt zur Erscheinung zu bringen, kann er auch die Gesetze des menschlichen Handelns zur Erscheinung bringen. Hier sind nun zwei Fälle denkbar. Die Menschen können wie Naturwesen handeln, das heißt, diese in verschiedener Weise zu denkenden Gesetze des Handelns bestimmen dann den Menschen; sie können nachträglich von ihm selbst oder anderen erkannt werden. Wenn jedoch bestimmte Ideen oder Ideale, die wir selbst bewußt geschaffen haben, unser Handeln leiten, so geben wir unserm Handeln selbst die Gesetze. Steiner beschreibt diesen Vorgang folgendermaßen: Hat das Ich «sein Handeln dem Wesen nach wirklich erkennend durchdrungen, dann fühlt es sich zugleich als den Beherrscher desselben. Solange ein solches nicht stattfindet, stehen die Gesetze des Handelns uns als etwas Fremdes gegenüber, *sie* beherrschen *uns;* was wir vollbringen, steht unter dem Zwange, den sie auf uns ausüben. Sind sie aus solcher fremden Wesenheit in das ureigene Tun unseres Ich verwandelt, dann hört dieser Zwang auf. Das Zwingende ist unser eigenes Wesen geworden. Die Gesetzmäßigkeit herrscht nicht mehr *über* uns, sondern *in* uns über das von unserem Ich ausgehende Geschehen. ... *Die Gesetze seines Handelns erkennen heißt, sich seiner Freiheit bewußt sein.* Der Erkenntnisprozeß ist, nach unseren Ausführungen, der Entwicklungsprozeß zur Freiheit.» (3/91f)

Hier ist nun der Freiheitsbegriff auf eine neue Stufe gehoben. Im Unterschied zu Steiners früheren Äußerungen ist der Mensch nicht mehr schlechthin deshalb frei, weil sich der Weltengrund in sein Denken ausgegossen hat und er sich selbst Ziele setzen kann. In *Wahrheit und Wissenschaft* treten im Zusammenhang mit der Idee der Freiheit zum ersten Male die Wörter *verwandeln* und *entwickeln* auf. Der Mensch verwandelt und entwickelt sich, er ist nicht von vorneherein schlechthin frei, sondern er wird es, indem er die Gesetze seines Handelns ergreift, das blinde Walten im Handeln überwindet und sein Handeln vom Ich aus bestimmt.

Steiner denkt hierbei nicht in erster Linie an jenes naturhafte Handeln, das notwendigerweise mit unserer physischen Existenz zusammenhängt, sondern an das blinde Walten seelischer Antriebe. In einem Brief an Rosa Mayreder vom 19. November 1891, also aus der Zeit, in der die Schlußbetrachtung zu *Wahrheit und Wissenschaft* niedergeschrieben wurde, heißt es: «Nicht das dunkle, nebelhafte, magische Motiv kann uns zum frei handelnden Menschen machen, sondern nur das, welches in liebevoller Gestalt und deutlich in allen seinen Teilen vor uns steht. Erst wenn ich den Inhalt meines Geistes restlos durchdringe, so daß nichts als dunkles Gefühl, als mystische Macht in mir verborgen bleibt, kann ich sicher sein, daß auch dasjenige, was ich als mein Inneres nach außen hin darlebe, wirklich meine Tat sei: Und hierinnen sehe ich nur allein die wahre Freiheit und die volle Ausgestaltung der menschlichen Persönlichkeit.» (39/123f)

Mit anderen Worten: Der Mensch muß auch seine Ideale und Motive erkennend durchdringen, sich über seine idealen Triebfedern volle Klarheit verschaffen, wenn er sich zur Freiheit entwickeln will. Manch edle Tat – etwa aus Treue – kann auch aus einem durchaus edlen, aber letztlich dunklen Drange erfolgen. Solch eine Tat ist – von aller moralischen Bewertung abgesehen – noch nicht als freie Tat zu werten. Freiheit im Sinne von *Wahrheit und Wissenschaft* setzt Selbsterkenntnis voraus. Freiheit entsteht also in einem Prozeß der Selbstaufklärung, nicht aber aus bloßem Idealismus.

Vorstufen dieses Freiheitsbegriffs finden sich bereits 1886 im *Sendschreiben* an Marie Eugenie delle Grazie und 1887 in der Einleitung zum zweiten Band von *Goethes Naturwissenschaftlichen Schriften*, nämlich dort, wo Steiner die Stellung des Individuums zur Geschichte und zur Sozialwelt abhandelt. Jeder Mensch gehört einer bestimmten Zeit (Kulturepoche) und einem sozialen Zusammenhang (Volk) an: «Ich bin von der Kulturepoche abhängig, in der ich geboren bin; ich bin ein Kind meiner Zeit.» (1b/L) Die Einflüsse der Zeit und der Sozialwelt können unvermerkt auf den Menschen einwirken, ihn beispielsweise als Modeströmungen erfassen. Er kann sich aber diesen Tendenzen auch entgegenstellen, sie bewußt erkennen und beurteilen: «Durch sein Erkenntnisvermögen dringt der Mensch in den Charakter seiner Volksindividualität ein; es wird ihm klar, wohin seine Mitbürger steuern; wovon er so bedingt erscheint, das überwindet er und nimmt es als vollerkannte Vorstellung in sich auf, es wird in ihm individuell und erhält den ganz persönlichen Charakter, den das Wirken aus *Freiheit* hat.» (1b/L) Ebenso kann sich jeder zu den Tendenzen und Ideen seiner Zeit verhalten: Er kann sich zur Erkenntnis der leitenden Ideen *erheben* und *hinaufarbeiten*, er kann sich darum bemühen, seine Zeit zu verstehen, damit er nicht blindlings von ihr geleitet werde.

In den hier verwendeten Begriffen *überwinden, erheben* und *hinaufarbeiten* muß man spezielle Ausformungen eines auf den besonderen Fall angewandten Entwicklungsbegriffs sehen, der 1891 allgemein gefaßt und nicht nur auf Zeit- und Sozialtendenzen, sondern generell auf das Verhalten des Menschen sich selbst gegenüber angewandt wird. Damit ist der Ausgangspunkt der *Philosophie der Freiheit* erreicht, in der Steiner diese Maxime an das Ende des ursprünglich ersten Kapitels stellt: «Diese Schrift faßt deshalb die Beziehung zwischen Wissenschaft und Leben nicht so auf, daß der Mensch sich der Idee zu beugen hat und seine Kräfte ihrem Dienst weihen soll, sondern in dem Sinne, daß er sich der Ideenwelt bemächtigt, um sie zu seinen *menschlichen* Zielen, die über die bloß wissenschaftlichen hinausgehen, zu gebrauchen. Man muß sich der Idee als Herr gegenüberstellen, *sonst* gerät man unter ihre Knechtschaft.» (4a/250)

Gerade an einer solchen Äußerung kann man die Wegstrecke ausmessen, die Steiner in seiner Gedankenarbeit seit 1886 zurückgelegt hat. In den *Grundlinien* hieß es noch ganz unbefangen: «Nicht weil uns ein Ideal als Gesetz gegeben ist, handeln wir nach demselben, sondern weil das Ideal vermöge seines Inhaltes in uns tätig ist, uns leitet.» (2/125) – Seit dem Jahre 1891 ist es für Steiner hingegen ganz klar, daß uns das Ideal nicht unmittelbar leitet. Der einzelne stellt sich dem Ideal *gegenüber*, er durchdenkt es in seinen Konsequenzen, er *bemächtigt* sich des Inhalts, und er formt ihn zu seinen menschlichen Zielen um. Der naive Idealismus ist überwunden.

«*Ich lehre nicht, ich erzähle*»

Am 7. Mai 1902 fand im Berliner Giordano Bruno-Bund eine grundsätzliche Aussprache über Wissenschaft und Wahrheit und deren Bedeutung für eine fruchtbare Lebensanschauung statt. Rudolf Steiner, der das einleitende Referat hielt, spitzte seine provozierende These dahingehend zu, daß die produktiven Wissenschaftler jeweils über das bloß Tatsächliche hinausgingen, ja es fälschten und umdeuteten, um so die Wissenschaft über das jeweils Erreichte hinaus zu fördern und weiterzubringen. In seinem Schlußwort formulierte er nach einer höchst lebhaften Debatte, worum es ihm ging: «Das Forum, vor dem die Berechtigung der einen oder der anderen Anschauungsweise entschieden wird, kann allein das Forum des Menschen, seine souveräne Persönlichkeit sein.» Nur das Fruchtbare, das die Entwicklung fördert, ist im eigentliche Sinne das Wahre. Der schöpferische Mensch schafft über das bloß Faktische hinaus Neues; die Frage ist, ob es sich bewährt: «Deshalb ist die Frage nach der Gültigkeit der Weltanschauung vor dem Forum des *Lebens,* nicht vor dem Forum der Erkenntnis zu entscheiden.» (51/309f)

Diese Gedanken rücken die *Philosophie der Freiheit* in eine Perspektive, die man berücksichtigen muß, wenn man dem Werk gerecht werden will. Es ist ein «Lebensbuch», kein im Sinne der herkömmlichen wissenschaftlich ausgerichteten Philosophie geschriebenes Werk, das die Gedanken früherer Philosophen an dem Punkte aufgreift, an dem die Geschichte gerade angelangt ist, um dann die vorhandenen Probleme des Gedankenlebens weiterzuspinnen. Anders als Kant, der an die Probleme Humes anschließt, und anders auch als Fichte, der Kants System weiterführen wollte, schließt Steiner nur in geringem Maße an eine bereits vorhandene Philosophie an. Er gehört auch zu keiner «Schule», und dies macht es für Philosophen vom Fach so schwer, das Buch überhaupt ernstzunehmen, denn es geht in diesem Buch nicht um fachphilosophische Probleme, sondern um die beiden Lebensfragen: Wie steht der Mensch in der Welt? und: Darf sich der Mensch – zumindest teilweise – als frei bezeichnen?

In einem Brief hat Steiner sein Buch auch als «die Biographie einer sich zur Freiheit emporringenden Seele» bezeichnet und gesagt, es sei «in jeder Zeile als *persönliches* Erlebnis» zu nehmen; das bekannte Diktum Montaignes aufgreifend, fügte er hinzu: «*Ich lehre* nicht; ich erzähle, was ich innerlich *durchlebt* habe. Ich erzähle es so, wie ich es gelebt habe.»

(39/232) Diese Aussagen machen die Interpretation des Buches nicht leicht, denn der Leser bemerkt diesen biographisch-erlebnishaften Aspekt der Schrift zunächst überhaupt nicht. Scheinbar wird nichts Persönliches erzählt, scheinbar geht es um theoretische Fragen und nicht um die Biographie eines Menschen, der den Weg zur Freiheit finden will.

Für das wirkliche Verständnis des Werkes ist es also zunächst erforderlich, die Ebene zu finden, in der die Fragen dieses Buches zu persönlichen Lebensfragen werden. Dazu muß man sich jene weitverbreiteten Vorstellungen recht lebhaft vergegenwärtigen, die über den Menschen und sein Handeln im Umlauf sind.

Da ist zunächst jene Vorstellung, die meint, der Mensch stehe als ein einsamer Einzelner der Welt gegenüber. Diese Vorstellung war namentlich seit Kant dahingehend gesteigert worden, daß das einsame Subjekt, in seine Subjektivität eingeschlossen, nur von seinen eigenen Vorstellungen Kenntnis habe. Der Einzelne sitzt im Turm seiner Subjektivität und erhält von der Welt nur wie durch Morsesignale, die er selbst interpretiert, Kenntnis. «Die Welt ist meine Vorstellung» – dieser Satz galt damals für die meisten Philosophen, ob sie nun Neukantianer oder Anhänger Schopenhauers waren, als Grundwahrheit. Zumeist wird dieser Gedanke, der durch die Resultate der Sinnesphysiologie untermauert wird, nur in der abgeschwächten Form, daß «ja doch alles ganz subjektiv» sei, populär und als diffuse Unsicherheit erlebt.

Dramatisch aber wird dieser Gedanke, wenn ich mir intensiv vergegenwärtige, ich sitze im Turm meiner Subjektivität eingeschlossen und verfüge nur über illusionäre Vorstellungen von der Welt. Für philosophisch sensible Menschen ist eine solche Vorstellung wirklich ein «persönliches Erlebnis». Für den heutigen, den Medien ausgesetzten Menschen ist jedoch, ohne daß er es wach erlebt, die Vorstellungsillusion zum Repräsentanten der Wirklichkeit geworden. Die Theorie des 19. Jahrhunderts ist für den Gegenwartsmenschen zu einer Tatsache und damit zu einer drängenden Lebensfrage geworden. Treffend sagt Niklas Luhmann: «Was wir über unsere Gesellschaft, ja über die Welt in der wir leben, wissen, wissen wir durch die Massenmedien.» (Luhmann 1996, S. 9)

Die erste Frage, die sich also stellt, ist die nach Wahrheit und Wirklichkeit unseres Erkennens. Kann ich im Denken, Erleben und Erkennen ein wahres Verhältnis zur Welt gewinnen? Haben meine Einsichten Gültigkeit? Wie und wo finde ich den Weg zur Wirklichkeit?

Eine zweite gängige Vorstellung des 20. Jahrhunderts bezieht sich auf das menschliche Handeln. Da wird in immer neuen Variationen behauptet, daß jeder Mensch in einer Kette ununterbrochener Wirkungen existiere, daß all unser Handeln von außen durch Ursachen bedingt sei. Je nach Geschmack nimmt man Vererbung, Erziehung, Milieu, das unbewußte Seelenleben oder physiologische Vorgänge als Bewirkendes unserer Handlungen an. Die Freiheit sei eine Illusion, die dadurch entstehe, daß kein Mensch die Fäden sehe, an denen er gezogen wird. Ein dumpf dahinrollender Weltprozeß bestimme unser Dasein. Diese Vorstellung durchwirkt heute weitgehend unser soziales Leben: Man kann ja doch nichts machen.

Die Popularisatoren solcher Vorstellungen bedenken weder, daß schon mit unbewaffneten Augen zu bemerken ist, daß jeder Organismus nur dadurch existiert, daß er sich gegen von außen kommende Ursachen abschirmt und seinen eigenen Gesetzen zu folgen trachtet, noch, daß es geradezu das Grundsignum menschlichen Erfindergeistes ist, Herr über Ursachen zu werden und die Wirkungen so zu leiten, daß sie seinen Gedanken folgen. Die Leugnung der Freiheit und damit auch der Verantwortung liegt heute wie ein Zauberbann über allen sozialen Vorstellungen.

Die zweite Frage also, die eine positive Beantwortung der ersten voraussetzt, heißt: Kann ich in mir selbst einen frei geschaffenen Ansatzpunkt für selbstbestimmtes, freies Handeln gewinnen?

In diesem Sinne geht es in der *Philosophie der Freiheit* um die tiefsten Lebensfragen. Natürlich müssen diese Fragen mit gedanklicher Klarheit, wenn man so will: mit wissenschaftlicher Genauigkeit angegangen werden. Aber man sollte nicht wähnen, daß sie sich wie in einem gedanklichen Labor ausschließlich theoretisch behandeln lassen. Eine wahre Klärung der Fragen ist nur vor dem Forum des Lebens möglich. In diesem Sinne ist Steiners Werk eine wirkliche Existenzphilosophie, die im Leben entschieden wird und die das Leben entscheidet.

Die Frage, die sich im Leben für das Handeln stellt, heißt: Wo soll ich den Hebel ansetzen? Wo besteht überhaupt eine Chance, daß freies Handeln als denkbar erscheint? Im Leben wie in der Philosophie geht es um den biographischen Ausgangspunkt. Es gibt Bereiche im menschlichen Leben, in die wir ganz offensichtlich nicht oder nur peripher eingreifen können: Verdauung und Atmung regeln sich selbst. Anders, aber in dieser Beziehung ähnlich, ist es mit unseren Gefühlen: Sie treten unter bestimmten Umständen von selbst auf, wir können sie zu beherrschen trachten, aber sie sind zunächst da. Wir treten in diesen Bereichen mit unserer Umgebung in Wechselwirkungen, die wir nicht ganz kontrollieren, als physische Menschen stehen wir «mit der rein physischen Natur in einem innigen Kontakt» (30/335). In diesem Sinne könnte man noch manchen Bereich nennen, wo unser Leben nicht von uns bestimmt wird.

Ganz anders verhält es sich dort, wo wir bewußte Entschlüsse fassen und im eigentlichen Sinne handeln. Hier besteht die Möglichkeit, daß unsere Entschlüsse von unseren Einsichten geleitet werden. Einsichten können bewußt erworben, erweitert und überprüft werden; jeder kann unmittelbar verfolgen, daß und wie er sich Einsichten erwirbt, daß er weiter fragen kann, daß er abwägt und schließlich eine bestimmte Einsicht zum Motiv erhebt. Hier sind wir unmittelbar an der Lenkung der Handlungen beteiligt. Hier besteht die Möglichkeit der Freiheit, hier muß die Fragestellung ansetzen und untersuchen, ob wir den Kopf überhaupt frei bekommen können (4/15-26).

Wie kommt es dazu, daß wir überhaupt Entscheidungen treffen? Warum handeln wir nicht unvermittelt? Wer diese Frage klären will, wird auf das Problem der menschlichen Bewußtheit verwiesen. Steiner hat – in einem Aufsatz aus der Entstehungszeit der *Philosophie der Freiheit* – hier eine völlig neue Analyse der Bewußtheit geliefert: «Blicken wir auf den Inhalt der uns gegebenen Welt. Er ist eine kontinuierliche Ganzheit. Wenn wir unsere Aufmerksamkeit auf irgendeinen Punkt unseres Erfahrungsgebietes richten, so finden wir, daß sich ringsherum anderes anschließt. Ein Abgesondertes, für sich allein Bestehendes gibt es hier nirgends. Eine Empfindung schließt sich an die andere. Wir können sie nur *künstlich* herausheben aus unserer Erfahrung; in Wahrheit ist sie mit dem Ganzen der uns gegebenen Wirklichkeit verbunden. … Wir sind so organisiert, daß wir die Welt nicht als Ganzes, als eine einzige Wahrnehmung auffassen können. … Wir können den Blick aber nur nach *einer* Richtung wenden und das in der Natur Verbundene nur getrennt wahrnehmen. Unser Auge kann immer nur einzelne Farben aus einem vielgliedrigen Farbenganzen wahrnehmen, unser Verstand einzelne Begriffsglieder aus einem in in sich zusammenhängenden Ideengebäude.» (30/56) Gerade dieses Herauslösen der Einzelheiten aus dem Ganzen macht unsere Bewußtheit aus. Unsere Bewußtheit ist also eine jeweils auf Bestimmtes bezogene Aufmerksamkeit. Durch diese Aufmerksamkeit vereinzeln wir die Dinge. Aus dem diffus erscheinenden Ganzen heben wir eine Einzelheit heraus und unterscheiden sie von allen anderen. Das ist Bewußtheit. Das Bewußtsein erscheint also als menschliche *Tätigkeit,* die uns aus dem kontinuierlichen Strom der Welt herausreißt. Es ist der große Unterbrecher des Weltstroms. – Im Alltag zeigt sich diese Eigenart der Bewußtheit darin, daß wir einhalten und uns besinnen können.

Zugleich aber tritt in uns das Streben auf, das Einzelne wieder in den Gesamtzusammenhang zu stellen. Die Bewußtheit tritt also einerseits immer als ein je konkretes Ins-Auge-Fassen, Vereinzeln, Trennen und Unterscheiden auf und weckt andererseits das Suchen und Fragen nach dem Zusammenhang. So erleben wir uns als Fragende der Welt *gegenüberstehend*: «Das Universum erscheint uns in den zwei Gegensätzen: *Ich* und *Welt*. Diese Scheidewand zwischen uns und der Welt errichten wir, sobald das Bewußtsein in uns aufleuchtet.» (4/28)

Unter diesem Gesichtspunkt erscheint das Bewußtsein also nicht als irgendein menschlicher Innenraum, von dem aus ein Weg zur Welt zu finden wäre oder in dem sich die Welt wie in einer camera obscura abbilden müßte, sondern als etwas, was schon immer in der Welt ist, etwas auf die Welt in ihren verschiedensten Gegebenheiten Bezogenes, als Doppelaktivität des Unterscheidens und Suchens. In dieser Doppelaktivität müssen wir nun finden, was uns nicht gegeben ist. Die mit dem Unterscheiden auftretende Trennung fordert eine neue, in erlebbaren Schritten zu vollziehende Verbindung (vgl. 4/34). Ein Spezialfall dieses Verbindens ist die Entscheidung; sie ist der geistig bewußte Schritt, durch den wir uns handelnd in die Welt hineinstellen.

Es ist für das Weitere von größter Wichtigkeit, daß die so angedeutete Beschreibung des Bewußtseins als einer *Tätigkeit* zu einem persönlichen Erlebnis wird, weil man so das In-der-Welt-Sein der bewußten Tätigkeiten erfährt. Zu diesen Tätigkeiten gehört auch das spontan auftretende Fragen, das Suchen nach dem Zusammenhang des Getrennten. In diesem Fragen wirkt bereits ein hintergründiges Wissen vom Zusammenhang, das aus der Tatsache hervorgeht, daß man in Wirklichkeit in dem Zusammenhang lebt und daß das trennende Unterscheiden nur der Preis ist, den man für die Bewußtheit zu zahlen hat (vgl. 4/34).

In dem fragenden Suchen erfahren wir sehr deutlich eine Tätigkeit, durch die wir selber etwas hervorbringen. Wir hören ein Geräusch und fragen nach dem Was und Woher, und die Art, wie wir das Geräusch erfahren, gibt uns Anlaß, verschiedene Gedankenangebote zu erwägen, sie beim Wiederauftreten des Geräusches zu überprüfen und schließlich zu entscheiden, in welchen Zusammenhang wir das Geräusch einordnen. Bei dieser Tätigkeit wissen wir, daß es unsere eigene Tätigkeit ist. Wir nennen diese Tätigkeit «denken». Wir wissen, daß auch jede spätere Korrektur unserer Gedanken nur durch dieses Denken erfolgen sollte.

Die besondere Art, durch die wir der Gedanken inne werden, nennt Steiner «Intuition». Intuitionen leben in uns und wir in ihnen. Wenn wir irgendeinen Begriff denkend erfassen, so wissen wir, was wir damit meinen, und wir können aus diesem Erfassen den Begriff für uns entwikkeln, indem wir ihn in ein Verhältnis zu anderen Begriffen bringen. So werden wir den Begriff der Energie, der zunächst ganz abstrakt erscheint, in Zusammenhang mit Leistung, mit Energieträger, Energieverwandlung und anderem mehr bringen und damit unsere Intuition immer deutlicher fassen. Dieses Denken gibt unseren Gedanken, gibt sich selbst Sinn, Inhalt und Bestimmung. Es ist autonom und kann nicht weiter hinterfragt werden, da alles Hinterfragen selbst ein Denken ist (4/51). Für die Frage nach der Freiheit ist damit der Ort gefunden, wo sich die Möglichkeit der Selbstbestimmung eröffnet.

Zur Wirklichkeit wird diese Möglichkeit allerdings erst, wenn die Tätigkeit des Denkens nicht allein ein Ausprobieren von Gedankenangeboten gegenüber den Wahrnehmungen und damit etwas relativ Zufälliges bleibt, sondern wenn wir die unterscheidende Bewußtheit auch unseren Gedanken gegenüber aufbringen und ihren inneren Zusammenhang ebenso überprüfen, wie wir unsere Deutungen der Wahrnehmungswelt zu überprüfen trachten. Erst auf diese Weise werden Einfälle zu einem von uns selbst beherrschten Gedankengefüge. Im fünften Kapitel der *Philosophie der Freiheit* beschreibt Steiner diese Bewußtheit für das eigene Denken durch das Bild des Erwachens (4/85).

Damit ist auf einer geistigen Leiter, die über eine neue Beschreibung des Bewußtseins schließlich zum Erwachen im Denken führt, der biographische Punkt erreicht, an dem wir der Autonomie des Erkennens inne werden. Wir erleben, daß wir durch unser Bewußtsein, das die Dinge vereinzelt, der bloßen Wahrnehmungswelt als einem zusammenhanglosen Chaos gegenüberstehen. Die Dinge sagen uns nicht, was wir über sie zu denken haben. Den durch unsere Bewußtheit unterdrückten Zusammenhang der Wahrnehmungen schaffen wir erst durch unsere eigene Tätigkeit (4/95f). Diese Tätigkeit ist insofern eine freie Tätigkeit, als wir sie selbst kontrollieren können. Dabei wissen wir, daß wir ein und dieselbe Tatsache unter verschiedenen gedanklichen Gesichtspunkten betrachten können. Je nach unseren Gesichtspunkten stellen wir die gegebenen Wahrnehmungen in einen Gedankenzusammenhang hinein. Das Erkennen ist, so gesehen, kein Abbilden von etwas fertig Gegebenem, sondern ein Ergänzen der unvollständigen Wahrnehmungswelt zu einer je sinnvollen Wirklichkeit. Der einzelne steht also nicht unter dem Diktat der Fakten. Die Fakten erhalten ihre Bestimmung vielmehr durch das Denken.

Freilich ist hier eine Unterscheidung zu beachten. Soweit es sich um das Naturerkennen oder um das Erkennen bloßer Tatsachen handelt, wird der Begriff, der mit einem Tatbestand verbunden wird, durch diesen bedingt: «Der Begriff des Baumes ist für das Erkennen durch die Wahrnehmung des Baumes bedingt. Ich kann der bestimmten Wahrnehmung gegenüber nur einen ganz bestimmten Begriff aus dem allgemeinen Begriffssystem herausheben. Der Zusammenhang von Begriff und Wahrnehmung wird durch das Denken an der Wahrnehmung mittelbar und objektiv bestimmt. ... Anders ist das bei unserem Wollen.» (1. Auflage S. 136, vgl. 4/145) Der bestimmende Inhalt eines Willensaktes wird durch eine Intuition gewonnen, die nicht durch Wahrnehmungen bedingt sein muß. – Mit dem Wort «bedingt» wird allerdings auch bei den Naturtatsachen keineswegs auf eine absolute Determination der Begriffe durch die Wahrnehmungen gedeutet: Erstens wäre sonst kein Irrtum möglich, zweitens kann das absolut flüssige Denken den Begriffen immer neue Konturen geben und die Dinge von immer verschiedenen Seiten in immer neue Zusammenhänge stellen. Mit dem Worte «bedingt» wird also der einfachen Tatsache Rechnung getragen, daß wir angesichts des Weltmeers nicht «Eiche» denken.

Dieser Begriff des autonomen Erkennens hat Konsequenzen, die Steiner durchaus bewußt waren. Er formuliert deshalb: «Den begrifflichen Inhalt, den der Mensch durch das Denken mit der Wahrnehmung in Verbindung bringen muß, um sich der vollen Wirklichkeit zu bemächtigen, kann niemand ein für allemal festsetzen und der Menschheit fertig hinterlassen. Das Individuum muß seine Begriffe durch eigene Intuition gewinnen. Wie der einzelne zu denken hat, läßt sich nicht aus irgendeinem Gattungsbegriffe ableiten. Dafür ist einzig und allein das Individuum maßgebend.» (4/240)

Mit diesen Worten wird die Freiheit des Erkennens umschrieben. Das Denken des Menschen, der seine eigenen Begriffe durchschaut und beherrscht, kann also frei sein. Wie aber steht es um das Handeln?

Die einzelnen Individuen sind sehr verschieden ausgebildet, die einen neigen zu umfassender, ins einzelne gehender Beobachtung, anderen sind durch ihr Gefühlsleben intensive und differenzierte Eindrücke (Wahrnehmungen) gegeben; es gibt Individuen, die sich eine reichhaltige und bewegliche Gedankenwelt geschaffen haben und von hohen Ideen aus ihre Gedankenwelt durchdringen. In vielen Fällen begnügen wir uns nicht damit, die Wahrnehmungen nur auf einen einzigen begrifflichen Zusammenhang zu beziehen. Wir beziehen sie auch auf unsere besondere Person und das, was mit ihr zusammenhängt. In diesem Augenblick entsteht das Gefühl, das wie eine Wahrnehmung auftritt (4/108).

Während wir im Denken Weltzusammenhänge zu schaffen bestrebt sind, führt uns das Gefühl in unser persönliches Wesen. Diese Pole unseres Wesens können sich auf unterschiedliche Weise durchdringen: «Unser Leben ist ein fortwährendes Hin- und Herpendeln zwischen dem Mitleben des allgemeinen Weltgeschehens und unserem individuellen Sein. Je weiter wir hinaufsteigen in die allgemeine Natur des Denkens, wo uns das Individuelle zuletzt nur mehr als Beispiel, als Exemplar des Begriffes interessiert, desto mehr verliert sich in uns der Charakter des besonderen Wesens, der ganz bestimmten einzelnen Persönlichkeit. Je weiter wir herabsteigen in die Tiefen des Eigenlebens und unsere Gefühle mitklingen lassen mit den Erfahrungen der Außenwelt, desto mehr sondern wir uns ab von dem universellen Sein. Eine wahrhafte Individualität wird derjenige sein, der am weitesten hinaufreicht mit seinen Gefühlen in die Region des Ideellen. Es gibt Menschen, bei denen auch die allgemeinsten Ideen, die in ihrem Kopfe sich festsetzen, noch jene besondere Färbung tragen, die sie unverkennbar als mit ihrem Träger im Zusammenhange zeigt.» (4/109f)

Tritt nun innerhalb einer solchen Persönlichkeit in einer konkreten Situation eine bestimmte Intuition auf, die das Denken durchdringt, so ist die ganze Person von dieser Intuition durchdrungen. Alle geistigen und seelischen Kräfte werden in den Dienst der ideellen Intuition – sagen wir beispielsweise: der Hilfe – gestellt. Das Beobachten wird von den ausgebildeten Gedanken angeleitet, nach den Gründen der Notlage, Hemmnissen, Behinderungen und so weiter zu suchen. Das Mitgefühl regt sich. Gedanklich fragt man sich: Was kann hier wirklich helfen? In diesem Augenblick wird aber auch die Phantasie tätig und entwirft Hilfsmaßnahmen.

Hier wird nun die Freiheit konkret. Durch die Phantasie verbinden wir uns mit der sinnlichen Welt. Durch die Phantasie entwerfen wir freie Bilder eines neu zu Gestaltenden. Hätten wir nur ideelle Intuitionen, so stünden wir der Welt hilflos gegenüber, wir wüßten sie nur zu beurteilen. Die Phantasie aber zeigt uns, was werden könnte. Gewiß bedürfen wir als Handelnde auch der Einsicht in die Sachzusammenhänge, die uns technisch angemessenes Handeln ermöglichen, aber erst durch die Phantasie wird die Brücke zur Welt geschlagen, denn die Phantasie ist ein Weltkind.

Mit dem Thema Phantasie greift Steiner jene Gedanken wieder auf, die er in dem Vortrag *Goethe als Vater einer neuen Ästhetik* zum ersten Mal ausgesprochen hat. Der schöpferische Mensch geht von der wahrnehmbaren Wirklichkeit aus. Durch die Phantasie verbündet er sich mit der sinnlichen Welt, er erlebt, spürt und fühlt, was in ihr als Tendenz, als Problem schlummert. Indem er diesem nachspürt, ahnt seine Phantasie jene Gestalten, die noch verborgen sind, die aber ans Licht wollen. So kommt durch den Menschen etwas Neues, etwas Höheres als die platte Wirklichkeit zur Erscheinung. Daß der Mensch zu dieser Produktion fähig ist, verdankt er der Tatsache, daß in seiner Natur geistige Triebe, die der Natur verwandt sind, wirksam werden können. Der Geist des Menschen wirkt nicht allein in dem, was man für gewöhnlich Denken nennt, er offenbart sich nicht nur in Ideenform, sondern auch in der geistigen Triebnatur des Menschen.

Steiner nennt jene Phantasie, die uns zum sittlichen Handeln befähigt und beflügelt, die «moralische Phantasie». Die Darstellung dieser moralischen Phantasie ist das ganz Neue in seiner *Philosophie der Freiheit*: «Die sittlichen Ideale entspringen aus der moralischen Phantasie des Menschen. Ihre Verwirklichung hängt davon ab, daß sie von dem Menschen stark genug begehrt werden, um Schmerzen und Qualen zu überwinden. Sie sind *seine* Intuitionen, die Triebfedern, die sein Geist spannt; er *will* sie, weil ihre Verwirklichung seine höchste Lust ist. Er hat es nicht nötig, sich von der Ethik erst verbieten zu lassen, daß er nach Lust strebe, um sich dann gebieten zu lassen, wonach er streben *soll.* Er wird nach sittlichen Idealen streben, wenn seine moralische Phantasie tätig genug ist, um ihm Intuitionen einzugeben, die seinem Wollen die Stärke verleihen, sich gegen die in seiner Organisation liegenden Widerstände, wozu auch notwendige Unlust gehört, durchzusetzen.» (4/232)

Mit diesen Sätzen soll ein Tatbestand beschrieben werden. Steiner fordert nicht etwa, daß jedermann moralische Phantasie entfalten solle. Seine Leistung besteht vielmehr in der Entdeckung eines psychologischen Tatbestandes, den jeder, nachdem er durch Steiner auf ihn hingewiesen worden ist, selbst bei sich beobachten kann. Am leichtesten kann die oder der Verliebte verfolgen, wie seine Phantasie tätig wird. Sie oder er werden bemerken, daß die Phantasie Ideen eingibt, wie dem geliebten Wesen Freude oder ähnliches bereitet werden kann. In der ersten Auflage der *Philosophie der Freiheit* nennt Steiner denn auch eine freie Tat eine solche, in die ich verliebt bin. Man tut sie also gerne. Von dieser Beobachtung ausgehend fällt es dann nicht schwer, zu sehen, daß man nicht nur in Personen, sondern auch in Projekte und Aufgaben verliebt sein kann.

Im Rückblick zeigt sich, daß Steiner diese Idee der moralischen Phantasie in seiner Lebensmitte formuliert hat. Philosophisch hat er die Beschreibung dieser Entdeckung nur noch in seinem Nietzsche-Buch weitergeführt, und auf diesem Felde hilft auch keine weitere Deskription eines Tatbestandes, den jeder – wie gesagt – bei sich selbst entdecken kann. Gabriele Reuter aber, mit der Steiner auf seinen Gängen durch Weimar viel über die moralische Phantasie gesprochen hat, spricht in ihren Erinnerungen aus, daß Steiner diese Phantasie im späteren Leben umfassend betätigt und damit vielen Menschen einen Lebensinhalt gegeben habe. Und so ist es auch. Man kann die spätere Anthroposophie in vielfacher Hinsicht als eine bedeutende *Anregung* der moralischen Phantasie ansehen. So erweitern zum Beispiel die Ideen von Reinkarnation und Karma den Gesichtskreis der moralischen Phantasie über das bloße Hier und Jetzt hinaus in weite Zeitdimensionen. Darüber hinaus hat Steiner selbst durch sein Schaffen gezeigt, zu welchen künstlerischen Neuschöpfungen eine Phantasie, die auch das Übersinnliche zu erfassen trachtet, fähig ist.

So klingt in der Lebensmitte mit der Idee der moralischen Phantasie ein Zukunftsthema des weiteren Lebens Rudolf Steiners auf. Die meisten der übrigen ideellen Bauelemente der *Philosophie der Freiheit* finden sich in der einen oder anderen Form bereits in den früheren Werken oder Aufsätzen Steiners angedeutet, wenngleich sie erst in der Komposition dieses Hauptwerks ihren eigentlichen Ort finden. Die Entdeckung der moralischen Phantasie als Quell unseres sittlichen Strebens aber eröffnet den Weg in die Zukunft.

Ausblick

In dem Vortrag am 27. Oktober 1918, der in der Reihe der Vorträge über *Geschichtliche Symptomatologie* veröffentlicht wurde, skizziert Rudolf Steiner das Milieu, in dem *Die Philosophie der Freiheit* entstand, und schildert, wie dieses Werk von den Zeitgenossen aufgenommen wurde. Er hätte dort erwähnen können, daß sein Buch immerhin in vierzehn Zeitschriften zum Teil in ausführlichen Besprechungen gewürdigt und kritisiert wurde. Darüber aber schweigt er und bemerkt nur, daß die positiven Rezensionen «eben vereinzelte Vögel» geblieben sind, und er fügt hinzu, daß in der «ersten Zeit sehr wenige Exemplare des Buches verkauft worden sind» (185/134f).

In der Tat fand das Buch nur in wenigen, kleinen Kreisen Anklang: «Im Grunde genommen war auch die Zeit dem Verständnisse der *Philosophie der Freiheit* nicht günstig.» – Ein gewisses Interesse, namentlich am ethischen Individualismus, fand sich bei den theoretischen Anarchisten um John Henry Mackay*. Mackay hatte sich als Biograph und Herausgeber der Werke von Max Stirner einen Namen gemacht und einen Roman *Die Anarchisten* geschrieben. Der Beifall, den das Buch in diesen Kreisen fand, wirkte auf das Bildungsbürgertum allerdings nur abschreckend.

* Rudolf Steiner hat noch 1893 sein Buch an Mackay geschickt und im Begleitbrief auf Max Stirners Hauptwerk *Der Einzige und sein Eigentum* Bezug genommen: «Meiner Meinung nach bildet der erste Teil meines Buches den philosophischen Unterbau für die Stirnersche Lebensauffassung. Was ich in der zweiten Hälfte der ‹Freiheitsphilosophie› als ethische Konsequenz meiner Voraussetzungen entwickle, ist, wie ich glaube, in vollkommener Übereinstimmung mit den Ausführungen des Buches ‹Der Einzige und sein Eigentum›.» (39/193)

Auch unter den modernen Literaten fand sich der eine oder andere, den *Die Philosophie der Freiheit* aufhorchen ließ. Zu ihnen gehörten der Dramatiker Max Halbe, der das Buch in seinen Erinnerungen ausdrücklich erwähnt, sowie der Regisseur und Dramatiker Karl Weiser, der Steiner als Dank für das Buch ein Drama widmete. Schließlich soll nicht unerwähnt bleiben, daß Bruno Wille, selbst Autor einer *Philosophie der Befreiung durch das reine Mittel* und einer der führenden Köpfe der alternativen Berliner Kulturszene, eine kritisch-freundliche Besprechung des Werks schrieb.

In der akademischen Welt stieß Steiner auf Schweigen oder Ablehnung. Der von Steiner hochgeschätzte Eduard von Hartmann kommentierte das Werk durch Randbemerkungen ausführlich und schickte Steiner das so bearbeitete Exemplar. Hartmann kommt zu einem vernichtenden Urteil:

«In diesem Buche ist weder Humes in sich absoluter Phänomenalismus mit dem auf Gott gestützten Phänomenalismus Berkeleys versöhnt, noch überhaupt dieser immanente oder subjektive Phänomenalismus mit dem transzendenten Panlogismus Hegels, noch auch der Hegelsche Panlogismus mit dem Goetheschen Individualismus. Zwischen je zweien dieser Bestandtheile gähnt eine unüberbrückte Kluft. Vor allem ist übersehen, daß der Phänomenalismus mit unausweichlicher Konsequenz zum Solipsismus, absoluten Illusionismus und Agnosticismus führt, und nichts gethan, um diesen Rutsch in den Abgrund der Unphilosophie vorzubeugen, weil die Gefahr gar nicht erkannt ist.» (4a/420)

Steiner ist auf diese Kritik Eduard von Hartmanns sowohl durch manche Ergänzung bei der Neuauflage seiner Schrift 1918 wie auch 1894 in einem langen Brief eingegangen. In diesem Brief versucht er nicht allein, die Einwände Hartmanns, die sich aus dessen Grundposition ergeben, zu entkräften, sondern er spricht sich auch selbstkritisch über das in dem Buch noch nicht Erreichte aus. «Ich empfinde es auch als einen Mangel meines Buches, daß es mir nicht hat gelingen wollen, die Frage ganz klar zu beantworten, inwiefern das Individuelle doch nur ein Allgemeines, das Viele ein Eines ist. Aber dies ist vielleicht die schwierigste Aufgabe einer Philosophie der Immanenz.» Damit deutet Steiner auf den von Hartmann angesprochenen Gegensatz von Hegelschem Panlogismus und Goetheschem Individualismus, der in der *Philosophie der Freiheit* als Spannung zwischen dem allgemeinen Denken und der individuellen

Selbstbestimmung auftritt. Man könnte nämlich theoretisch die Frage aufwerfen, ob es überhaupt ein autonomes sittliches Individuum geben könne, wenn es sich nach jenen Intuitionen zu richten habe, die aus einem allgemeinen Denken stammen. In dem Brief an Hartmann macht Steiner einen Lösungsvorschlag: «Die sittliche Idee aber ist auch nur eine einzelne, ihrer Erscheinungsweise im Individuum nach, eine allgemeine aber im logischen Zusammenhange betrachtet. Die ganze Schwierigkeit scheint mir darin zu liegen, daß unser *Leben* ein *individuelles*, unsere Betrachtung als denkende eine ins *Allgemeine* gehende ist, beide Standpunkte scheinen mir aber im höheren Sinne wieder einer Vereinigung fähig zu sein, indem wir – zwar *nicht* in *mystischer*, wohl aber in logisch-ideeller Weise – das Individuelle des Bewußtseins abstreifen und erkennen, daß wir *im Denken* eigentlich gar nicht mehr Einzelne sind, sondern lediglich ein allgemeines Weltleben mitleben.» (39/227)

Offensichtlich ist Eduard von Hartmann auf diese Gedanken in seinem Antwortbrief vom 13. Juni 1897 nicht eingegangen. Das ist ebenso schade wie symptomatisch: Es kam zu keinem wirklichen Gespräch über *Die Philosophie der Freiheit*.

Die deutsche Fach- und Schulphilosophie, die, soweit sie sich nicht an der Lehre der katholischen Kirche orientierte, in jenen Jahren bis zum Ersten Weltkrieg, von wenigen Ausnahmen abgesehen, noch dem Neukantianismus verpflichtet und im Dogma «die Welt ist meine Vorstellung» sowie im konventionellen Moralismus befangen war, konnte mit dem Buch nichts anfangen.

Damit blieb das philosophische Hauptwerk Steiners zunächst fünfundzwanzig Jahre lang, bis zur Neuauflage im Jahre 1918, weitgehend unbekannt und wirkungslos. Nach 1918 wird es zunächst nur durch die junge Generation jener Anthroposophen aufgegriffen, die nach dem Ersten Weltkrieg ihren Weg in die Anthroposophie fanden. Bis 1945 wurden insgesamt 33 000 Exemplare des Buches gedruckt. Nach dem Zweiten Weltkrieg wurden – einschließlich der Taschenbuchausgaben – allein in deutscher Sprache über 160 000 Exemplare gedruckt. Auch wenn man in Rechnung stellt, daß nicht jedes gedruckte Buch gelesen wird, so zeigt die Auflagenhöhe doch ein beachtliches Interesse an diesem Werk. Für viele Menschen wurde es ein Lebensbuch. Das eigentlich philosophische Gespräch über *Die Philosophie der Freiheit* steht freilich bis zum heutigen Tage noch aus.

17.
FÜR UND GEGEN NIETZSCHE

Steiners Verhältnis zu Nietzsche kann durch manche Brille gesehen werden. Der Nietzsche-Philologe wird immer geneigt sein, Steiner als schlechten Philologen und Interpreten Nietzsches zu sehen. Der Fromme wird Steiners Begegnung mit dem Geist Nietzsches als Versuchungsgeschichte abhandeln, und der bemühte Moralist wird uns den frühen Steiner als «Nietzsche-Narren» präsentieren. So bebrillte Betrachter haben immer – jeder für sich – ganz recht, aber sie sehen an dem, was Nietzsche für Steiner war, vorbei. Nietzsche war für Steiner kein Philologen-Problem, kein Objekt akribischer Interpretation, er war ihm auch kein Teufel oder Versucher, sondern eine faszinierende geistige Instanz des zu Ende gehenden 19. Jahrhunderts, der er überhaupt nicht ausweichen konnte. Noch in seiner Autobiographie wiederholt er im September 1924 jene Worte, die er vor fast dreißig Jahren geschrieben hatte: «‹Ich gehöre zu den Lesern Nietzsches, welche, nachdem sie die erste Seite von ihm gelesen, mit Bestimmtheit wissen, daß sie alle Seiten lesen und auf jedes Wort hören werden, das er überhaupt gesagt hat.›» (28/251f)

Von Beginn an ist die Auseinandersetzung mit Nietzsche bei Steiner ein Prozeß des geistigen Lebens, ein Ein- und Ausatmen, ein Aneignen und Abstoßen, ein Erleben und Kämpfen, das nicht monoton verläuft. Von diesem geistigen Ringen zeugen die unterschiedlichsten Aussagen und Wertungen in Aufsätzen und Büchern. Betrachtet man diesen geistigen Umgang mit Nietzsche allein von den in den Schriften und Vorträgen hinterlassenen Spuren, so trifft man auf Unvereinbares. Sinnvoll werden diese Fußstapfen, sobald man sie als Wegzeichen einer fortschreitenden Bewegung, als Lebens-Gang ansieht. Es dürfte jedenfalls nicht Steiners Absicht gewesen sein, eine schiere historische Deskription der Entwicklung Nietzsches zu bieten oder eine bloße Interpretation zu schreiben. Steiner nahm sich die Freiheit, von dem ihm jeweils Wesentlichen auszugehen und zu sagen, was es ihm bedeutete.

Im XVIII. Kapitel seiner Autobiographie hat sich Steiner abschließend über sein Verhältnis zu Nietzsche ausgesprochen. Diese Darstellung ist deshalb so bemerkenswert, weil Steiner hier sein positives Verhältnis trotz aller anderen Aussagen, die er zwischen 1900 und 1924 über Nietzsche getan hat, in keiner Weise relativiert. Er bekennt: «Das Freischwebende, Schwerelose seiner Ideen riß mich hin. Ich fand, daß dieses Freischwebende in ihm manche Gedanken gezeitigt hatte, die Ähnlichkeit mit denen hatten, die in mir selbst auf Wegen, die den seinigen ganz unähnlich waren, sich gebildet hatten. So konnte ich 1895 ... schreiben: ‹Schon in meinem 1886 erschienenen kleinen Buche *Erkenntnistheorie der Goethe'schen Weltanschauung* kommt dieselbe Gesinnung zum Ausdruck, wie in einigen Werken Nietzsches.›» (28/251)

Steiner spürte also in Nietzsche eine verwandte *Gesinnung*, eine Gesinnung, die auf konsequente geistige Befreiung gerichtet war, die Vorurteile überwindet und den Blick auf die wahren geistigen Verhältnisse seiner Gegenwart frei bekommen möchte. Er bewunderte die vielfach hervortretende intellektuelle Redlichkeit des «Kämpfers gegen seine Zeit», der ehrlicher als andere die Zeitprobleme im eigenen Herzen erlebte. Aber Steiner geht in seiner Diagnose Nietzsches noch weiter: «Nietzsche war dazu veranlagt, alles, was er dachte und empfand, aus den Tiefen seiner Seele in rein geistiger Art heraufzuholen. Das Weltbild zu schaffen aus dem Geistgeschehen, das die Seele miterlebt, das lag in seiner Richtung.» (28/256)

Folgt man der Darstellung Steiners, so führte gerade diese Art des Erlebens, indem sie den Inhalten der Naturwissenschaft begegnete, zur Tragödie Nietzsches: Er trieb den naturwissenschaftlichen Positivismus ins Extreme. Nietzsche, zum spirituellen und persönlichen Erleben veranlagt, fand in der Welt seiner Gegenwart als ernst zu nehmenden Inhalt nur den Positivismus. So erscheint Nietzsche für Steiner einmal als jemand, der ihm selbst in der Art des geistigen Erlebens verwandt ist, der aber für diese Seelenart keinen entsprechenden Inhalt findet: «In meinem eigenen Geist-Erleben hatte diese Geistesart ihren Platz. Dieses Geist-Erleben konnte mit Nietzsches Ringen, mit Nietzsches Tragik leben; was gingen es die positivistisch gestalteten Gedankenergebnisse Nietzsches an!» (28/256f) Steiner war also von Nietzsches Art zu erleben, nicht von seinen inhaltlichen Aussagen angesprochen.

Es war noch in Wien, wohl im Jahre 1889, als Steiner Nietzsches *Jenseits von Gut und Böse*, das *Vorspiel einer Philosophie der Zukunft* in die Hände fiel und sofort einen tiefen, zwiespältigen Eindruck auf ihn machte. Der Stil und die Kühnheit der Gedanken faszinierten ihn, die Art, wie Nietzsche tiefste Fragen behandelte, stieß ihn ab. Drei Jahre vergingen, ehe sich Steiner erstmals zu Nietzsche schriftlich äußerte: In einer Rezension dreier Bücher über Nietzsche aus dem März 1892 finden sich bereits die Spuren einer umfangreichen Lektüre dieses damals bereits verstummten Denkers, der, kaum eine Bahnstunde von Weimar entfernt, in Naumburg von seiner Mutter gepflegt wurde.

Diese Besprechung von 1892 ist eine Gratwanderung. Nietzsches Denken, so lesen wir, «fußt auf durchaus berechtigten philosophischen Prinzipien» (31/459). Nietzsche wird gegen seine Kritiker und Ausleger verteidigt, einige Gedanken Nietzsches werden mit leichter Distanzierung referiert, bemerkenswert jedoch ist die persönliche Stellungnahme: «Ich empfand es als theoretische Ehrensache, ihm überallhin zu folgen. Manchmal war mir's, als ob sich mein Gehirn von seinem Boden löste, manchmal fingen die feinsten Fasern desselben zu zappeln an; ich glaubte es zu spüren, wie sie sich sträubten, die von allen Urvätern ererbten Lagen so ganz plötzlich verlassen zu müssen.» Nietzsche verzerre die Probleme, in denen er «manchmal ganz sinnlos» herumwühle. Er werde zu einem medizinischen Problem, die Leser Nietzsches bräuchten, um wieder zurechtzukommen, «keine theoretische Widerlegung, sondern mehrwöchentliche gesunde Gebirgsluft und sehr viele kalte Bäder» (31/457f).

Zum Schluß des Aufsatzes folgt als Diagnose ein geistiges Enzephalogramm: «Nietzsches Nerven bekamen allmählich etwas Elastisch-Widerstrebendes: sie sprangen federartig ab, wenn sie an einen Gegenstand herankamen. Nietzsche wurde immer mehr und mehr ein elektrischer Nervenapparat. Er kam mit einem Dinge der Welt zusammen, erzeugte einen elektrischen Funken, wurde aber sogleich abgestoßen und an eine andere Spitze angeworfen; und so ging es fort: so entstanden die Schriften seiner letzten Jahre. Der unerträgliche Zustand steigerte sich endlich zum Wahnsinn.» (31/460)

Steiners kritische Bemerkungen zielen in diesen Jahren auch und vor allem auf die sich damals bildende Gefolgschaft Nietzsches: auf «das Nietzschegigerltum» (31/458) und die «Nietzsche-Herde», «das Nietzsche-Affentum» (31/468). Eine Besprechung des vierten Teils des *Zarathustra* richtet sich direkt an die Nietzsche-Jünger und endet spöttisch unter Bezugnahme auf Zarathustras «letzte Sünde»: «*Also war Zarathustra aufgesessen.*» (31/466)

In einer weiteren Buchbesprechung deutet Steiner jedoch seine geistige Verwandtschaft mit Nietzsche vorsichtig an, obwohl das Pathologische der brillanten Gedanken Nietzsches im Vordergrund steht: «Der Reiz von Nietzsches Ideen liegt in dem abnormen Gewande, in dem sie auftreten. Durch Äußerlichkeiten wird man auf manches aufmerksam, woran man sonst vorüberginge. Mir erging es mit Nietzsches Ideen folgendermaßen. Ihr Inhalt erschien mir zumeist nicht neu. Ich hatte ihn in mir schon ausgebildet, bevor ich Nietzsche kennenlernte. Beim Durchgange durch Nietzsches Geist kamen mir aber diese Ideen verzerrt, karikiert vor. Ein an sich gesunder Gedankenfluß mußte sich durch eine Felsenge durchdrängen, der seinem ruhigen Laufe Gewalt antat. Nietzsche war mir nie ein philosophisches, sondern immer ein psychologisches Problem.» (31/468)

Nach dieser Besprechung aus dem Januar 1893 ist Nietzsche für länger als ein Jahr für Steiner kein Thema mehr. Steiner arbeitet mit Hochdruck an der Fertigstellung der *Philosophie der Freiheit*, in der Nietzsche mit keinem Wort erwähnt wird. Unmittelbar anschließend stürzt sich Steiner auf die Schopenhauer-Ausgabe, die im Verlag Cotta dringend erwartet wurde. Möglicherweise wäre Nietzsche nie für zwei Jahre zum Hauptthema Steiners geworden, wenn nicht am 11. Mai 1894 Elisabeth Förster-Nietzsche, die selber gerade ein Nietzsche-Archiv einrichten wollte, im Goethe- und Schiller-Archiv erschienen wäre, um sich über die Einrichtung dieses Dichter-Archivs zu orientieren. Selbstverständlich wurden ihr die Mitarbeiter des Archivs, Eduard von der Hellen, Julius Wahle, Franz Ferdinand Heitmüller, August Fresenius und auch Rudolf Steiner vorgestellt, und, wie es damals üblich war, wurden die Herren zum Gegenbesuch nach Naumburg eingeladen.

Abb. 51 (S. 244ff): Brief Rudolf Steiners an Marie Eugenie delle Grazie, 10.1.1893

J. K. 91. 217 Weimar, den 10. Januar 1893

Hochgeschätztes Fräulein!

Verzeihen Sie, dass ich Ihnen für die mich
ganz außerordentlich erfreuende Übersendung
Ihrer „Italischen Vignetten" erst heute danke.
Eine Verletzung an der rechten Hand machte
mir Monate hindurch das Schreiben unmöglich,
und so kommt denn mein Dankesbrief zu-
gleich mit dem Neujahrsleitartikel des „Mercur",
den ich über Ihre Dichtungen geschrieben habe.
Sie werden aus dem Artikel selbst ersehen, wie
hoch ich Ihre Schöpfungen stelle. Ihr Gedicht: „Zwei-

Wahnsinnige" ist besonders für mich von ganz besonderem Interesse gewesen. Ich bin ja in der letzten Zeit als „Nietzsche-Narr" angenagelt worden, und Prof. Tönnies in Kiel hat es für gut befunden, mich unter dieser Marke vor einen *moralischen* Richterstuhl zu fordern. (Die „ethische Kultur und ihr Geleite" Nietzsche Narren in Zukunft und Gegenwart). Sie wissen ja, dass ich keineswegs Nietzscheaner bin, sondern dass mir Nietzsche eines der interessantesten psychologischen Probleme ist. Ich habe deshalb auch mit grossem Interesse das von Conrad veröffentlichte Stück von Nietzsches Selbstbiographie: „Ecce homo" gelesen. Ich glaube, Sie werden beim Durchlesen desselben, vollbestätigt finden, was Sie dichterisch diesem Manne gegenüber empfunden haben.

Was macht Robespierre? Könnte ich doch wieder einmal etwas aus dieser Dichtung hören. Es ist möglich, dass ich im Februar auch

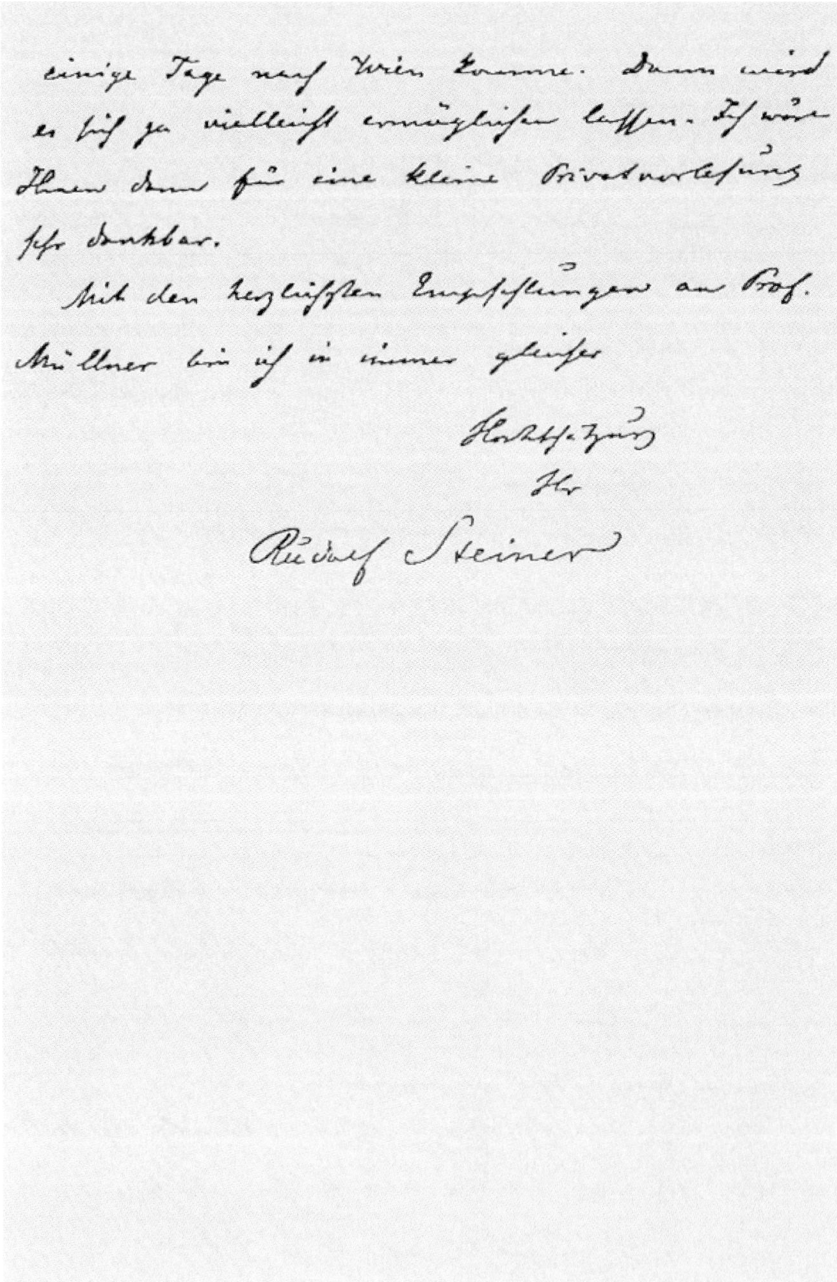

einige Tage nach Wien komme. Dann wird es sich ja vielleicht ermöglichen lassen. Ich wäre Ihnen dann für eine kleine Privatvorlesung sehr dankbar.

Mit den herzlichsten Empfehlungen an Prof. Müllner bin ich in immer gleicher

Hochschätzung
Ihr
Rudolf Steiner

Am 26. Mai 1894 reiste eine kleine Gesellschaft, zu der damals auch schon Gabriele Reuter gehörte, von Weimar nach Naumburg, um die «Papiere des unvergleichlichen Mannes» zu besichtigen. Gabriele Reuter erzählt, daß Heitmüller während der Bahnfahrt plötzlich von heftigen Gewissensbissen befallen wurde, was sein verstorbener Vater wohl von diesem Besuch seines Sohnes bei dem Gottesleugner denken würde?

In dem behaglich altmodischen Pfarrhaus in Naumburg wurde die Gesellschaft aufs freundlichste empfangen, man durfte die Manuskripte Nietzsches bewundern, während Frau Förster viel und bewegt, oft mit Tränen im Auge, von ihrem «geliebten Bruder» sprach. Rudolf Steiner erinnert sich: «Damals forderte ihr beweglicher, liebenswürdiger Geist meine tiefste Sympathie heraus.» (28/252) – Auf die erste Einladung folgte im Sommer eine zweite, bei der Fritz Koegel, der damalige Herausgeber Nietzsches, mit seiner warmen bewegten Stimme – unvergeßlich für die Anwesenden – den *Antichrist* aus dem Manuskript vorlas. Das Werk machte auf Steiner den tiefsten Eindruck, und im Dezember 1894 schrieb er an Frau Specht: «Eines der bedeutsamsten Bücher, die seit Jahrhunderten geschrieben worden sind! Ich habe meine eigenen Empfindungen in jedem Satze wiedergefunden. Ich kann vorläufig kein Wort für den Grad der Befriedigung finden, die dieses Werk in mir hervorgerufen hat.» (39/238)

Bei den Besuchen in Naumburg ging es aber nicht nur um Nietzsche oder den Austausch von Archiverfahrungen: «Es handelte sich in diesem Herbste um einen zweiten Herausgeber der Nietzsche-Ausgabe. Man hat mich zweimal nach Naumburg eingeladen. Man hat dann aber den ehemaligen Archivar des Goethe-Archivs, Dr. von der Hellen berufen, und mir wurde gesagt, daß ich ein zu selbständiger Mensch sei, um mit dem schon von früher hier funktionierenden Herausgeber zusammenarbeiten zu können. Die Sache hat nicht bloß auf mich, sondern auf noch andere Personen, die Einblick in die Sache hatten, einen höchst peinlichen Eindruck gemacht. Ich wurde von Anfang an als der prädestinierte Nietzsche-Herausgeber bezeichnet.» (39/237f) Wie sehr Steiner sich über diese Entscheidung geärgert hat, geht aus dem Ton eines Briefes an Karl Julius Schröer hervor: «Daß Dr. Eduard von der *Hellen* aus dem Verbande des Goethe-Archivs geschieden ist, werden Sie gehört haben. Er gibt jetzt mit demselben innigen Anteil an der Sache, der nämlich *keiner* ist, Nietzsche heraus, mit dem er bis zum 1. Oktober dieses Jahres Goethe herausgegeben hat.» (39/230) Steiner wäre nicht nur allzu gern der schlecht bezahlten Arbeit im Goethe-Archiv entflohen, ihn interessierte jetzt Nietzsche wirklich mehr als der «dicke Geheimrat mit dem Doppelkinn» (188/132). Er hatte gehofft, im Nietzsche-Archiv freiere Luft zu atmen – und die bessere Bezahlung hätte ihn auch nicht gleichgültig gelassen.

In Wirklichkeit hatte Steiner Glück gehabt, denn es kam schon kurz nach der Anstellung von der Hellens zu schweren Konflikten zwischen von der Hellen und Fritz Koegel, dem ersten Herausgeber der Werke Nietzsches, so daß von der Hellen sich bereits im Januar 1895 entschloß, das Nietzsche-Archiv wieder zu verlassen. Frau Förster teilte dies Steiner umgehend mit. Wieder wurde Steiner mehrfach nach Naumburg eingeladen, zögerte jedoch, durch das Schicksal von der Hellens gewarnt, den Wünschen sofort nachzukommen.

Im April 1895 beendete Steiner sein Buch *Friedrich Nietzsche, ein Kämpfer gegen seine Zeit*. Über die Entstehungsgeschichte dieses Buches tappt man im Dunklen. Steiner selbst erzählt, daß ihn Frau Förster-Nietzsche «bei dem ersten der vielen Besuche, die ich bei ihr machen durfte, in das Zimmer Friedrich Nietzsches» geführt habe. Der tiefe Eindruck, den er beim Anblick Nietzsches empfangen habe, habe sein Nietzsche-Buch inspiriert (28/252 u. 254). Das ist mit großer Sicherheit eine Erinnerungstäuschung. Denn Steiner, der immer wieder betont hat, daß er Nietzsche nur ein einziges Mal gesehen habe, sah Nietzsche erst am 22. Januar 1896. Sofort nach dem Besuch bei Nietzsche, bei dem die Mutter Nietzsches – nicht Frau Förster – zugegen war, hat er seinen Eindruck niedergeschrieben: «22. Januar 1896. Habe eben Nietzsche gesehen ...» (Rudolf Steiner-Studien VI/ S. 34) Das Buch, das im Mai 1895 erschien, wurde also ein Jahr, bevor Steiner Nietzsche sah, geschrieben. Auch die Behauptung Steiners in einem Vortrag vom 8. August 1924, sein Nietzsche-Buch sei geschrieben worden, bevor der *Antichrist* erschienen und bekannt gewesen sei, trifft nicht zu. Er zitiert den *Antichrist* in seinem Buch, aber er konnte seinem anthroposophischen Publikum im August 1924, nachdem er soeben dargelegt hatte, daß Ahriman, der Geist der Finsternis, in dem *Antichrist* als «Schriftsteller» aufgetreten sei, wohl kaum erklären, mit welcher Begeisterung er gerade dieses Werk Nietzsches begrüßt hatte. Jedenfalls signalisieren die beiden Erinnerungstäuschungen ein Problem.

Abb. 52: Elisabeth Förster-Nietzsche (1846 – 1935). «Damals forderte ihr beweglicher, liebenswürdiger Geist meine tiefste Sympathie heraus.» (28/252)

In der Vorrede zu seinem Werk dankt Steiner Frau Förster ausdrücklich für die vielen Freundlichkeiten, die er durch sie erfahren habe, und setzt hinzu: «Den im ‹Nietzsche-Archiv› in Naumburg verlebten Stunden verdanke ich die Stimmung, aus der heraus die folgenden Gedanken geschrieben sind.» Diese überaus freundlichen Worte, die sich vielleicht auf die Lektüre von *Ecce Homo* Ende 1895 beziehen, zu denen aber sonst allzu reichlicher Anlaß nicht vorhanden war, sowie die Tatsache, daß Fritz Koegel in der Vorrede als «der ausgezeichnete Herausgeber von Nietzsches Werken» besonders genannt wird, legen die Frage nahe, ob dieses Buch der Empfehlung Steiners als eines möglichen Nietzsche-Herausgebers dienen sollte, und zwar eines Herausgebers, der sich bereits durch eine Publikation als Nietzsche-Kenner ausgewiesen hatte.

Es ist nämlich durchaus vorstellbar, daß Steiner den heute knappe 110 Seiten umfassenden Text erst im Februar 1895 – nachdem er von dem Ausscheiden von der Hellens gehört hatte – begonnen und dann in zweieinhalb Monaten niedergeschrieben hat. Die Absicht, sich mit dem Buch als Nietzsche-Herausgeber zu empfehlen, würde auch die weitgehende Identifizierung mit Nietzsche und die wahrhaft erstaunliche völlige Unterdrückung der früher geäußerten Kritik, das Fehlen jeglichen

Hinweises auf den pathologischen Nietzsche zwar nicht ganz verständlich machen, aber doch erklären helfen. Des weiteren wird man aber auch berücksichtigen müssen, daß Steiner durch den *Antichrist* Nietzsches und möglicherweise durch intensive Nietzsche-Studien derart von Nietzsche beeindruckt war, daß er seine kritische Sicht Nietzsches zeitweilig verdrängte. Wie dem auch sein mag – im Jahre 1900 trat die kritische Betrachtung dann umso heftiger wieder in den Vordergrund.

In jedem Falle wollte Steiner das nach seiner damaligen Auffassung Berechtigte der Ideen Nietzsches rein darstellen, und als berechtigt erschien ihm vor allem Nietzsches Kampf gegen seine Zeit. Hier liegt der Schlüssel zum Verständnis des Buches. Nietzsche hatte den 6. Abschnitt seiner zweiten Unzeitgemäßen Betrachtung *Vom Nutzen und Nachteil der Historie für das Leben* mit den Worten beendet: «Und wenn ihr nach Biographien verlangt, dann nicht mehr nach jenen mit dem Refrain ‹Herr Soundso und seine Zeit›, sondern nach solchen, auf deren Titelblatte es heißen müßte ‹ein Kämpfer gegen seine Zeit›». Steiner greift diesen Vorschlag Nietzsches auf und zeigt, wie sich Nietzsche den herrschenden Meinungen, den Normen und Vorurteilen, dem allgemeinen Glauben entgegenstellt und ihnen den Spiegel vorhält.

Dort, wo Steiner meint, mit Nietzsche übereinzustimmen – in der Autonomie des souveränen Individuums –, liegt der Ansatz seiner Nietzsche-Deutung. Im Sinne der *Philosophie der Freiheit* wird für das Individuum, das Steiner in Nietzsches *Übermensch* zu erkennen meint, die vollständige Selbstbestimmung und Selbstverwirklichung reklamiert. Das Individuum bestimmt seine Wahrheit und seine Moral. Es vertraut auf seine Stärke. Es steht dem Geist der Zeit, der an den Unterwerfungstrieb der Schwachen und Unselbständigen appelliert, entgegen. Der Unterwerfungstrieb lechzt nach Vorschriften und Geboten, nach Anpassung und Gemeinsamkeit. Die schwache Persönlichkeit möchte es so machen, wie es alle machen. Der Herdenmensch unterwirft sich der allgemeinen Moral, dem Gewissen und den wissenschaftlichen Richtigkeiten. Er unterstellt sein Urteil der Rechenkunst und dem Experiment. Der Schwache, der sich unterwerfen will, verschweigt sich, daß er es ist, der sein Gewissen deutet und die Moralvorschriften auslegt. Er will denken, was alle denken. Er will sich in den Dienst einer «höheren» Idee oder Wahrheit stellen. Und selbst die führenden Denker haben keinen Mut zu sich selbst. Sie wollen «objektiv» sein und nur aussprechen, was

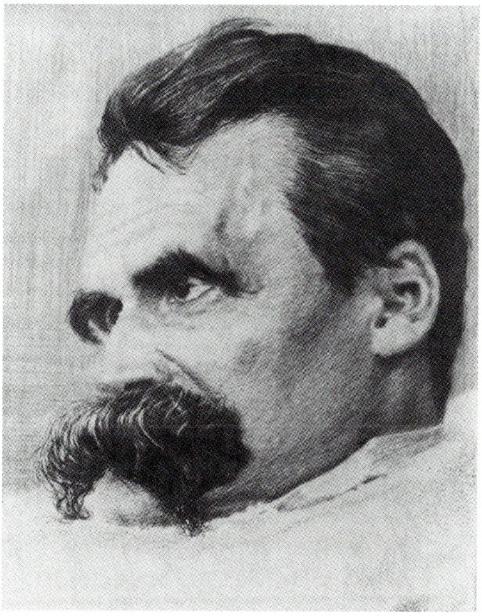

Abb. 53: Friedrich Nietzsche (1844 – 1900), Radierung von Hans Olde: Nietzsche auf dem Krankenlager

reine Vernunft ihnen gebietet. «Solche Menschen wollen ihre Person verleugnen, um behaupten zu können, daß ihre Aussprüche die eines höheren Geistes sind.» (5/32) Dagegen wolle Zarathustra-Nietzsche «den Menschen keine Vorschriften darüber machen, wie sie sein sollen; er will nur jeden Einzelnen auf sich selbst verweisen und ihm sagen: überlasse dich dir selbst, folge nur dir allein, stelle *dich* über Tugend, Weisheit und Erkenntnis.» (5/44) Ganz im Sinne einer individualistisch verstandenen *Philosophie der Freiheit* heißt es bei Steiner: «Der Mensch selbst ist der Schöpfer der Wahrheit. Der ‹freie Geist› kommt zum Bewußtsein seines Schaffens der Wahrheit. Er betrachtet die Wahrheit nicht mehr als etwas, dem er sich unterordnet; er betrachtet sie als sein Geschöpf.» (5/63)

Aus dieser Auffassung von Wahrheit und Erkenntnis folgt notwendig eine Ansicht des Lebens, die den Sinn des Lebens in der Selbstverwirklichung des freien Geistes erblickt: «Der Starke sucht in der Durchsetzung seines schaffenden *Selbst* seine Lebensaufgabe. Diese *Selbstsucht* unterscheidet ihn von den Schwachen, die in der *selbstlosen* Hingabe an das, was sie das Gute nennen, die Sittlichkeit sehen. Die Schwachen predigen die Selbstlosigkeit als die höchste Tugend. Ihre Selbstlosigkeit ist aber nur die Folge ihres Mangels an Schaffenskraft. Hätten sie ein schaffendes Selbst, so würden sie dieses auch durchsetzen wollen. Der Starke liebt den Krieg, denn er braucht den Krieg, um seine Schöpfungen gegen die widerstrebenden Mächte durchzusetzen.» (5/76)

So legt Steiner Nietzsche auch im Sinne der Philosophie Max Stirners aus, und zugleich kommentiert er damit seine eigene *Philosophie der Freiheit*. Den Sinn dieser Auslegung versteht man aber nur, wenn man auch auf den Punkt achtet, an dem Steiner seinen Widerspruch zu Nietzsche anmeldet. Nach Steiners Ansicht unterschätzt Nietzsche die Bedeutung der Bewußtheit für die menschliche Persönlichkeit. Nietzsche sieht in der Bewußtheit die letzte und späteste Entwicklungsstufe des Organischen. Deshalb erscheint ihm die Bewußtheit als das Unfertigste und Unkräftigste an Tier und Mensch. Sie ist es, die Fehlgriffe, Irrtümer und Verbiegungen des Ursprünglichen verursacht. Nietzsche fordert deshalb, daß das Bewußtsein so lange als möglich von den gesunden und unbewußten Instinkten beherrscht werde. Das Wissen soll einverleibt und instinktiv werden (*Fröhliche Wissenschaft*, Erstes Buch, § 11).

Steiner hält dem entgegen: «Zwar ist der dionysische Mensch kein Knecht des Herkommens oder des ‹jenseitigen Willens›, aber er ist *ein Knecht seiner eigenen Instinkte.*» Nur der Mensch, der in der Lage ist, durch moralische Phantasie seine eigenen Ziele zu schaffen ist frei. «Die moralische Phantasie fehlt in Nietzsches Ausführungen.» So gilt für Steiner, der die Bedeutung der Instinkte keineswegs leugnen will, dennoch, «daß der Mensch nur insoweit *frei* ist, als er sich gedankliche Triebfedern seines Handelns *innerhalb des Bewußtseins* schaffen kann» (5/92f). Für das menschliche Handeln, das nicht im Schlafe erfolgt, ist ebenso wie für jede Kommunikation unter Menschen und selbst für die Pflege oder Züchtung der starken Instinkte Bewußtheit unumgänglich. Ja, Steiner geht noch weiter und erklärt, indem er auf die unter Menschen glückende Kommunikation blickt: «Es ist eine Tatsache der Erfahrung, daß diese gedanklichen Triebfedern, die die Menschen aus sich heraus produzieren, bei den einzelnen Individuen doch bis zu einem gewissen Grade eine Übereinstimmung zeigen.» Nicht aus einer vorgegebenen Norm oder einem Sittengebot ergibt sich also die Übereinstimmung der Individuen, sondern – wie man im Rückblick auf die Handlungen der Menschen nachträglich sieht – aus der Erfahrung. Aus dieser

Erfahrung «folgt für den Freien die Berechtigung, anzunehmen, daß die Harmonie in der menschlichen Gesellschaft von selbst eintritt, wenn sie aus souveränen Individuen besteht» (5/93).

In der Tat ist für den Menschen Bewußtheit unumgänglich, und die Freiheit kann nur im freien Schaffen gedanklicher Antriebe und in der Erweckung der moralischen Phantasie ihren Ursprung haben. Das Ursprüngliche im Menschen sind für Steiner also nicht in erster Linie die tierischen Instinkte, sondern seine frei geschaffenen Gedanken. «Der freie Geist ist deshalb durchaus kein Anhänger jener Ansicht, welche die tierischen Instinkte absolut frei walten lassen und alle gesetzlichen Ordnungen deshalb abschaffen will.» (5/93)

Steiner plädiert also für den freien *Geist* und sieht in den geistigen Triebfedern die Instinkte der Menschen. So ist der Erkenntnistrieb, die Lust am Fragen, die man schon beim kleinen Kinde findet, beim Menschen ein nicht weniger elementarer Trieb als der Nahrungstrieb. Der Erkenntnistrieb zeigt sich als ein durchaus starker Trieb, der das Verhalten der Menschen motiviert. Ähnlich ist es auf sittlichem Felde. «Die moralischen Antriebe zum Beispiel sind eine besondere Stufe der Instinkte. Wenn auch zugegeben werden kann, daß sie nur höhere Formen sinnlicher Instinkte sind, so treten sie doch im Menschen auf eine besondere Art ins Dasein. Dies zeigt sich darin, daß es dem Menschen möglich ist, Handlungen zu vollführen, die nicht unmittelbar auf sinnliche Instinkte zurückzuführen sind, sondern nur auf jene Antriebe, die eben als höhere Formen des Instinkts zu bezeichnen sind. Der Mensch schafft sich Antriebe seines Handelns, die nicht aus seinen sinnlichen Trieben abzuleiten sind, sondern nur aus dem bewußten Denken.» (5/90)

So siegt denn – anders als bei Nietzsche – Apollo schließlich doch über Dionysos, und man sieht bereits hier, was Steiner in einem anderen Zusammenhang ausspricht: «Mein ethischer Individualismus war als reines Innen-Erlebnis des Menschen empfunden.» (28/372) Einer biologistisch-darwinistischen Nietzsche-Interpretation, die sich im Kult des biologisch Stärkeren, in Anbetung der blonden Bestie ergeht, wird ein Riegel vorgeschoben. Der von Steiner gemeinte Individualismus will in der Tat die Stärke des Individuums ganz zur Geltung bringen, aber aus dieser Stärke entsteht nicht der Krieg aller gegen alle, sondern, weil das starke Individuum für andere und anderes offen ist, letztlich doch

Verständigung. Die Formulierungen des Nietzsche-Buchs sind freilich nicht für Kinder gedacht, sondern – wie Novalis einmal in einem Brief an Friedrich Schlegel schrieb – für die «Mitglieder der Meisterklasse in der Loge der Sittlichkeit».

Die Rezeption des Nietzsche-Buches war gemischt. Elisabeth Förster-Nietzsche war von dem Buch, das sich fast unbeschränkt zu Nietzsche bekannte, natürlich angetan. In der Presse erschienen positive und kritische Rezensionen in größerer Zahl. Das Buch erlebte sogar recht schnell eine zweite Auflage. Das wohl aber treffendste Urteil lieferte Rosa Mayreder in einem Brief an Steiner: Alles was in dem Buch «Ihr Geisteseigentum ist, erscheint mir ausgezeichnet; solange in dieser Schrift Rudolf Steiner über Rudolf Steiner spricht, solange er aus Friedrich Nietzsche den Rudolf Steiner herausschält, höre ich mit ungeteiltem Beifall zu; aber als eine Interpretation Nietzsches kann ich diese Schrift nur in sehr eingeschränktem Maße nehmen. Es ist für mich fast ausschließlich eine Interpretation Steiners vermittels Nietzsche. Das war vielleicht auch Ihre Absicht; aber es scheint mir, als wäre das besser die Aufgabe eines Dritten gewesen. Eine selbständige geistige Individualität muß notwendigerweise, indem sie sich selbst entfaltet, eine andere geistige Individualität vergewaltigen; deshalb ist es die Sache der nichtschöpferischen Individualitäten, zu verdolmetschen, zu interpretieren.» (13. 8. 1895, Hoffmann 1991, S. 500)

Fritz Koegel sah das ähnlich, ihm mißfiel auch der Bezug auf Stirner, und er sprach von einer Vernüchterung, Rationalisierung und Vereinfachung Nietzsches. «Trotzdem», so schrieb er in einem Brief an Josef Hofmiller, «glaub ich, daß der Nutzen, den das kleine Buch stiften wird, den Schaden überwiegt: es zerstreut doch viele Vorurteile und Mißverständnisse und geht doch nicht von außen her mit so falschen Grundansichten an Nietzsche heran, wie, außer Peter Gast, bisher alle, die über ihn geschrieben haben.» (Hoffmann 1991, S. 501)

Es verging mehr als ein halbes Jahr nach dem Erscheinen des Buches, bis Rudolf Steiner, der Bitte Elisabeth Försters folgend, im Januar 1896 für zehn Tage nach Naumburg kam, um Nietzsches Bibliothek zu ordnen und zu katalogisieren. Bei diesem Aufenthalt lernte Steiner die ständig wechselnden Stimmungen der Frau Förster, ihre immer schwankenden Ansichten kennen. Sehr schnell begriff er, daß man sich in diesem

Hause nur mit größter Vorsicht äußern könne. «Man fühlt sich da in einer Unsicherheit, die einem jedes Wort sauer macht. Wenn dazu noch kommt, daß das alles sich abspielt an und um einen Ort, wo die hinterlassenen Schriften des größten Geistes unserer Zeit liegen, so wird einem das Herz recht beschwert.» (39/278)

Zugleich aber nahm Steiner aus dieser Zeit einen Eindruck mit, der ihn durch das spätere Leben begleiten sollte: Er sah den kranken Nietzsche. Sofort nach seinem Besuch notierte er: «22. Januar 1896. Habe eben Nietzsche gesehen. Er lag auf dem Sopha, wie ein Denker, der müde ist und ein lang gehegtes Problem liegend weiter denkt. Ich konnte ihm nicht ins Auge schauen. ... O, diese mächtige Stirn, Denker und Künstler zugleich verratend. Frische Röte über dem ganzen Gesichte. Friede des Weisen um sich verbreitend. Man glaubt hinter der Stirne die ganze gewaltige Gedankenwelt schlummernd. Ich hatte den Gedanken: er ist bei vollem Bewußtsein, sieht und hört alles, was um ihn vorgeht. Kann es nur nicht äußern. Empfindung von weltabgeschiedener Größe, die ich vor mir habe, überkam mich. ...» (Rudolf Steiner Studien VI, S. 34)

In der Erinnerung, nach manchen Jahren, wird dieses Bild geistig durchsichtig: «Und so stand vor meiner Seele: Nietzsches Seele wie schwebend über seinem Haupte, unbegrenzt schön in ihrem Geisteslichte; frei hingegeben geistigen Welten, die sie vor der Umnachtung ersehnt, aber nicht gefunden.» (28/253) Der Vergleich der beiden Darstellungen läßt erkennen, wie solche frühen Eindrücke zum Okular der geistigen Forschung wurden. Das 1896 intensiv aufgenommene Bild offenbart erst später seinen geistigen Hintergrund.

Am 1. August 1896 siedelte das Nietzsche-Archiv nach Weimar über. Von diesem Zeitpunkt an verstärkte Frau Förster ihre Bemühungen, Steiner an das Archiv heranzuziehen. Sie bat Steiner, ihr philosophische Vorträge zu halten. Steiner war das peinlich, weil er empfand, daß Koegel übergangen werde. Bevor er zusagte, sprach er also mit Koegel, diesem blieb nichts anderes als nolens volens zuzustimmen. Koegels Verhältnis zu Frau Förster war ohnehin spätestens seit dem Umzug nach Weimar gespannt. Als es dann – Anlaß war die Verlobung Koegels – zu einer Krise im Archiv kam, versuchte Frau Förster, Steiner als zweiten Herausgeber der Werke Nietzsches zu gewinnen. Damit brachte sie Steiner in eine höchst zwiespältige Lage. Einerseits kannte er die rechtliche Lage: Frau

*Abb. 54:
Fritz Koegel (1860 – 1904).
«Manches auf die Nietzsche-Ausgabe Bezügliche haben wir durchgesprochen.» (28/257)*

Förster war vertraglich an Koegel als Herausgeber gebunden und konnte Steiner nicht ohne die Einwilligung des Verlegers und Koegels zum zweiten Herausgeber ernennen. Darüber hinaus stand er so mit Koegel, daß er ihm nicht in den Rücken fallen wollte. Andererseits wäre er sehr gern als Nietzsche-Herausgeber tätig geworden. Jedenfalls schrieb er, kurz bevor Frau Förster ihr Angebot machte, an die ihm verbundene Anna Eunike: «Koegel und Frau Förster kommen immer mehr auseinander. Sie arbeitet jetzt ganz klar darauf hin, ihm den Stuhl vor die Tür zu setzen. Es sind fürchterliche Szenen vorgefallen. Auch ist es augenblicklich ganz klar, sie will haben, daß ich die Nietzsche-Ausgabe weitermache. Wir müssen, ich meine Du und ich, uns vielleicht einmal die Sache noch überlegen. Ich will Dir sagen, wie die Sache ist. Meiner Ansicht nach kann die ganze Nietzsche-Herausgabe in drei bis vier Monaten zu Ende geführt werden.» (39/301) Abgesehen davon, daß Steiner den zeitlichen Aufwand für die Herausgabe der noch unveröffentlichten Nietzsche-Manuskripte völlig falsch, nämlich viel zu knapp, einschätzte, war er also durchaus geneigt, positiv auf die Anfrage Frau Försters einzugehen. Als jedoch Frau Förster ihm plötzlich unter vier Augen ihr Angebot machte, konnte er sie nur auf das Unmögliche ihres Vorgehens hinweisen und ihr das Versprechen abnehmen, über das Gespräch überhaupt zu schweigen – was Frau Förster selbstverständlich nicht tat. So kam es zu dramatischen Auseinandersetzungen, zunächst zwischen Koegel und Steiner, dann, als sich die Sachlage geklärt hatte, zwischen Frau Förster einerseits und Koegel und Steiner andererseits. Fritz Koegel resümiert in einem Brief: «Rudolf Steiner, den ich für den geeignetsten Ersatz» – als Herausgeber – «gehalten hätte, hat Frau F. sich selbst unmöglich gemacht dadurch, daß sie vergeblich versucht hat, ihn gegen meinen Willen heranzuziehen, gegen mich auszuspielen u.s.w. Da Steiner mein Freund und loyal ist, hat er sich gegen die Intriguen verwehrt, die Frau Förster mit seiner Person angezettelt hat.» (Hoffmann 1991, S. 223)

Trotz dieser Erfahrungen wurde noch bis ins Jahr 1898 über eine Mitarbeit Steiners an der Herausgabe der Werke Nietzsches verhandelt. In einem letzten Brief vom 23. August 1898 an Frau Förster-Nietzsche faßt Rudolf Steiner seine endgültige Absage in folgende Worte: «Daß ich mich aber nie zu dieser für mich verlockenden Aufgabe gedrängt habe, daß ich namentlich in jener Zeit der unliebsamen Vorgänge nichts getan habe, um einen anderen zu verdrängen: das wissen Sie, hochgeschätzte gnädige Frau, am allerbesten. Glauben Sie mir: es ist das schwerste im Leben, eine Aufgabe nicht erfüllen zu dürfen, zu der man sich berufen fühlt. Aber man muß auch resignieren können, wenn man in solcher Weise, wie in diesem Falle ich, mißverstanden wird. Und Ihr letzter Brief zeigt mir, daß Sie mich gar sehr mißverstehen. ... Ich sehe die Sachen kommen, wie sie leider kommen müssen. Ich habe Fehler gemacht, die sich an mir bitter rächen. Doch dieses ist einmal mein Lebensschicksal. Ich kann nichts dagegen tun.» (Rudolf Steiner Studien VI, S. 231f)

Nun schlägt das Pendel zurück. Nachdem sich Steiner noch in einem Vortrag im Februar 1898 unkritisch und positiv über Nietzsche ausgesprochen hat, kann man in einem im November 1899 verfaßten Aufsatz verfolgen, wie die Beurteilung Nietzsches umschlägt. Steiner schildert die letzte Phase Nietzsches: «Allem Idealismus macht nun Nietzsche den Krieg. Die gesunde Natur betet er an. Er hatte die naturwissenschaftliche Überzeugung in sein Gemüt aufzunehmen gesucht. Aber er nahm sie in einen schwachen, kranken Organismus auf. Seine eigene Persönlichkeit war kein Träger, keine Pflanzstätte für den Übermenschen. Und so konnte er zwar diesen der Menschheit als Ideal vorsetzen, er konnte in begeisterten Tönen von ihm reden, aber er fühlte den grellen Kontrast, wenn er sich selbst mit diesem Ideal verglich. Der Traum vom Übermenschen ist seine Philosophie; sein wirkliches Seelenleben mit der tiefen Mißstimmung über die Unangemessenheit des eigenen Daseins gegenüber allem Übermenschentum erzeugte die Stimmungen, aus denen seine lyrischen Schöpfungen entsprungen sind.» (33/155 f)

Nachdem Steiner begonnen hatte, seine allzu einseitig positive Sicht Nietzsches zu überwinden, nachdem er nicht mehr die Verpflichtung fühlte, das Ansehen des «größten Geistes unserer Zeit» (39/278) unbefleckt zu bewahren, wurde ihm langsam im Nachhinein immer deutlicher, was sich im Nietzsche-Archiv abgespielt hatte. Im Februar des Jahres 1900 wurde dann die Broschüre *Nietzsches Lehre von der Ewigen Wiederkunft und deren bisherige Veröffentlichung* von Ernst Horneffer zum Anlaß einer Reihe von Artikeln, in denen sich Steiner darüber aussprach, *«in welchen Händen Nietzsches Nachlaß ist»*. Diese ersten Enthüllungen über das Nietzsche-Archiv haben damals allerdings weniger dem Nietzsche-Archiv als Rudolf Steiner geschadet: Die Leserschaft des «Magazins für Literatur» war über die in dem Blatte ausgetragene Fehde nicht sonderlich beglückt. Vor allem: Steiner stand mit seinen Anklagen allein. Koegel schwieg. Ebenso haben die Darstellungen Erich Friedrich Podachs zu ihrer Zeit (1932) keinen sonderlichen Eindruck gemacht. Erst mit dem «Philologischen Nachbericht» zur Nietzsche-Ausgabe von Karl Schlechta (1956) begann in interessierten Kreisen allgemeiner bekannt zu werden, in welchen Händen der Nachlaß Nietzsches gelegen hatte.

Noch vor dem Tode Nietzsches schrieb Rudolf Steiner zwei Aufsätze, in denen er sich von seiner einseitigen Schätzung Nietzsches verabschiedete. Diese Aufsätze stellen den Versuch dar, Nietzsche mit den Mitteln der Psychopathologie, so wie Steiner sie verstand, zu deuten. Schon der Titel des ersten Aufsatzes zeigt, daß jetzt nicht nur der kranke Organismus Nietzsches ins Blickfeld kommt: «Die Philosophie Friedrich Nietzsches als psychopathologisches Problem». Es geht also um die Philosophie Nietzsches und nicht um den kranken Körper. So findet man gleich auf der zweiten Seite der Abhandlung den Satz: «Eine Eigenschaft, die sich durch Nietzsches ganzes Wirken hindurchzieht, ist der Mangel des Sinnes für objektive Wahrheit.» (5/128)

Hatte Steiner noch 1895 Nietzsches Frage «*warum nicht lieber Unwahrheit?*» als einen Gedanken von «kaum zu überbietender Kühnheit» (5/21) gefeiert, so wird er nun, im Jahre 1900 zu einem Symptom des Kampfes gegen die Wahrheit (5/136f). Nietzsches Philosophieren mit dem Hammer wird nun zu einem «*Zerstörungstrieb,* der ihn in der Beurteilung gewisser Anschauungen und Überzeugungen weit über das hinausgehen ließ, was als *Kritik* psychologisch begreiflich erscheint» (5/138). Und Nietzsches aphoristische, assoziative Schreibweise wird jetzt zum Ausdruck der «*Inkohärenz* der Vorstellungen» (5/143). Freilich räumt Steiner gegen Ende der Arbeit ein: «Nietzsche war Genie, *trotzdem* er krank war.» (5/149)

Nach diesem Tiefpunkt der Schätzung Nietzsches pendelte sich wenig später die Bewertung wieder ein, und auch in seinen späten anthroposophischen Vorträgen ist Steiner immer wieder auf die Größe und Tragik Nietzsches eingegangen: «Es ist eine ungeheure Tragik, dieses Nietzsche-Leben. Und ich glaube nicht, daß jemand wirklich das Wesen der menschlichen Zivilisation im letzten Drittel des 19. Jahrhunderts und wie sie noch nachgewirkt hat im 20. Jahrhundert, in der richtigen Weise erfaßt, der nicht einmal hineingesehen hat in eine solche Tragik, wie sie sich in einer diese Zivilisation miterlebenden Seele, wie in Nietzsche, abgespielt hat. Es ist wirklich so, daß wir allen Zusammenbruch, den wir jetzt erleben, als eine Folge anzusehen haben dessen, was Nietzsche die Unredlichkeit der neueren Zivilisation nennt.» (16. 2. 1923, 221/104f)

Im Jahre 1900 jedoch mußte Steiner, der mehrere Jahre hindurch Nietzsche eingeatmet hatte, gründlich ausatmen. So scheut er sich nicht, in einem Nachruf auf Nietzsche zu schreiben, daß Nietzsche «dem wirklichen Leben der Gegenwart, den großen Bedürfnissen der Zeit ganz fernstand». Deshalb könne man ihn auch nicht als einen Geist hinstellen, der für unsere Zeit charakteristisch sei (31/491), und er endet den Nachruf mit den Worten: «Ein merkwürdiger Denker ist am 25. August gestorben; nicht einer der führenden Geister in die Zukunft.» (31/497) In anderer, aber doch verwandter Art kennzeichnet Steiner Nietzsche im zweiten Bande der *Welt- und Lebensanschauungen im neunzehnten Jahrhundert* (1901) in den zusammenfassenden Schlußsätzen: «Nietzsches Weltanschauung ist der Agnostizismus als *persönliche Empfindung, als individuelles Erlebnis und*

Schicksal». (a.a.O., S. 183) Bei der Neuauflage dieses Werkes 1914 wird Steiner diese Sätze in einer Art ändern, die auf das Berechtigte im Denken Nietzsches verweist (18/541ff).

18.
EINE NEUE WELT GEHT AUF

Im Jahr 1896 beendet Rudolf Steiner offiziell seine Arbeit am Goethe- und Schiller-Archiv, und er schließt auch die Arbeit an den beiden letzten Bänden der naturwissenschaftlichen Schriften Goethes, die von Joseph Kürschner herausgegeben wurden, ab. Seine Arbeit als Goethe-Forscher im engeren Sinne steht damit vor ihrem Ende, er faßt sie im Winter 1896/97 in dem Buch *Goethes Weltanschauung* zusammen. Damit endet auch sein Dasein als Gelehrter, und er dürfte spätestens im Jahre 1896 seine Absicht, eine Universitätslaufbahn einzuschlagen, aufgegeben haben. Sein ganzes Leben nahm nun eine neue Gestalt an.

So berichtet Rudolf Steiner auch in seiner Autobiographie, daß gegen Ende seiner Weimarer Zeit sich sein Seelenleben tiefgreifend verändert habe. Unabhängig von äußeren Einwirkungen sei er erst im sechsunddreißigsten Lebensjahr zur genauen und eindringlichen Beobachtung der sinnlichen Welt erwacht. Vorher habe ihm das Erfassen sinnlicher Einzelheiten die größten Schwierigkeiten gemacht: «Während es vorher für mich so war, daß große wissenschaftliche Zusammenhänge, die auf geistgemäße Art zu erfassen sind, ohne alle Mühe mein seelisches Eigentum wurden und das sinnliche Wahrnehmen und namentlich dessen erinnerungsgemäßes Behalten mir die größten Anstrengungen machte, wurde jetzt alles anders. Eine vorher nicht vorhandene Aufmerksamkeit für das Sinnlich-Wahrnehmbare erwachte in mir.» (28/316)

Steiner mißt dieser Tatsache, daß er zu einer viel späteren Zeit, als das bei anderen Menschen der Fall ist, für die sinnliche Welt erwachte, große Bedeutung bei. Daher habe er in der Zeit vor diesem Erwachen das ideelle Erleben in der geistigen Welt viel reiner, als das allgemein üblich ist, ausbilden können, nach dem Erwachen sei es ihm dann möglich gewesen, die sinnliche Welt ganz ohne Beimischung persönlicher Zutaten aufzufassen. «Für mich war in der Genauigkeit und Eindringlichkeit der sinnenfälligen Beobachtung das Beschreiten einer ganz neuen Welt gegeben.» (28/317) «Ich fand bald, daß ein solches Beobachten der Welt wahrhaft in die geistige Welt hineinführt. Man geht im Beobachten der physischen Welt ganz aus sich heraus; und man kommt gerade dadurch mit einem gesteigerten geistigen Beobachtungsvermögen wieder in die geistige Welt hinein.» (28/318)

Es ist klar, daß das Erwachen der Aufmerksamkeit für die sinnlich-wahrnehmbare Welt ein innerer, seelischer Vorgang ist. Das seelische Erleben dringt in die sinnlichen Erfahrungen ein; die äußeren Tatsachen, die von der Aufmerksamkeit vorher eher gestreift wurden, werden nun ganz substantiell erlebt; ihre Sprache wird im Innern hörbar. Töne, Farben, Worte, Formen beginnen eine eindringliche Sprache zu sprechen. Nun wird erlebte Erfahrung, daß auch der Sinnesmensch zum ganzen Menschen gehört, daß man durch die Sinne am Leben der Welt teilhat. Die Sinneswelt erscheint jetzt nicht mehr als eine äußere Welt, sondern als Teil des ganzen Menschen. Damit wird namentlich der Zusammenhang von ideeller Welt und sinnlicher Welt auf eine ganz neue Weise erfahren. Was sich in der Idee enthüllt, wird viel reicher, und die Sinnenwelt erscheint viel tiefer und bedeutungsvoller. Der Nachdruck liegt nun auf dem *und,* wenn von Idee *und* Wahrnehmung gesprochen wird.

Von dem, was der einzelne durch die Vertiefung in die Welt sinnlicher Wahrnehmungen erfährt, kann man kaum zu anderen reden, weil alles Reden bereits auf Gedanken zu verweisen scheint: Die Worte sind zumeist Ausdrücke für Begriffliches. Eigentlich kann man nur sagen: Sieh hierhin oder sieh dorthin! Und so schreibt Steiner auch in seiner Autobiographie: «Doch im Übergehen dazu, diesem Erleben Ausdruck zu verschaffen, lag etwas außerordentlich Schwieriges.» (28/321) Zunächst übte sich Steiner im reinen Anschauen, und er berichtet davon: «Ich habe zum Beispiel einmal Gelegenheit gehabt, ein Stück, das ein Sommertheater fünfzigmal gespielt hat in einem Orte, wo ich war, jeden Abend zu sehen. Ich ging jeden Abend hin, ließ jeden Abend dasselbe Stück auf mich wirken, und ich fand, daß es höchstens das fünfte Mal langweilig war, es zu sehen, das einundfünfzigste Mal war es nicht mehr langweilig.» (279/254) Immer deutlicher und eindringlicher traten die Nuancen, in diesem Falle des Unvollkommenen, für das reine Erleben auf.

Man findet dann weitere Spuren dieses Bemühens um genaue Beobachtung auch in einzelnen Aufsätzen. So schrieb Steiner für die «Dramaturgischen Blätter» eine Skizze über *Das Unbedeutende*, in der er darlegt, wie jede scheinbar unbedeutende Geste oder Miene eine Darstellung fördern oder verderben kann (29/68). In einer Studie *Vom Schauspieler* versucht Steiner zu zeigen, wie das individuelle Beobachten, das ständige Lernen vom Leben zu einer individuellen und nicht mechanischen Darstellung führen kann (29/78ff). Ein Versuch *Von der Vortragskunst* unternimmt es, auf die Geheimnisse der Rezitation hinzuweisen (29/97ff). Diese und andere Arbeiten zeugen von dem Bemühen, das Unaussprechliche in das Feld der Aufmerksamkeit des Lesers zu rücken und zur Beobachtung anzuleiten. Man kann in ihnen auch die Dokumente einer fortwährenden Selbstschulung Steiners erblicken.

Natürlich findet der seelische Umschwung auch seinen Ausdruck in dem in der letzten Weimarer Zeit geschriebenen Buch *Goethes Weltanschauung* (28/322). Man darf diesen Ausdruck aber nicht in erster Linie in einer Änderung des ideellen Inhalts der Auffassung Steiners suchen, denn rein gedanklich hatte er bereits in seinen früheren Schriften der Wahrnehmungswelt einen angemessenen Raum gegeben; doch erst in dieser Zeit wurde das vorher nur Gedachte «intensivstes Seelen-Erlebnis» (28/319).

Steiner beschreibt die neue Art des Auffassens, indem er sagt, daß das ideelle Erleben der früheren Jahre nun zu einem solchen Erleben wurde, an dem der ganze Mensch beteiligt ist. «Das ideelle Erleben, das aber das wirkliche Geistige doch in sich aufnimmt, ist das Element, aus dem meine *Philosophie der Freiheit* geboren ist. Das Erleben durch den ganzen Menschen enthält die Geisteswelt in einer viel *wesenhafteren* Art als das ideelle Erleben.» (28/323f)

Glücklicherweise hat es Steiner seinen Lesern einfach gemacht, diesen Übergang zum Erleben durch den ganzen Menschen in *Goethes Weltanschauung* wiederzufinden, weil er es in der schlichtesten Art darstellt: «In dem einfachsten Urteile über ein Ding oder Ereignis der Außenwelt können ein menschliches Seelenerlebnis und eine äußere Anschauung im innigen Bunde miteinander gefunden werden. Wenn ich sage: ein Körper stößt den andern, so habe ich bereits ein inneres Erlebnis auf die Außenwelt übertragen. Ich sehe einen Körper in Bewegung; er trifft auf einen anderen; dieser kommt infolgedessen auch in Bewegung. Mit diesen

Worten ist der Inhalt der Wahrnehmung erschöpft. Ich bin aber dabei nicht beruhigt. Denn ich fühle: es ist in der ganzen Erscheinung noch mehr vorhanden, als was die bloße Wahrnehmung liefert. Ich greife nach einem inneren Erlebnis, das mich über die Wahrnehmung aufklärt. Ich weiß, daß ich selbst durch Anwendung von Kraft, durch Stoßen, einen Körper in Bewegung versetzen kann. Dieses Erlebnis übertrage ich auf die Erscheinung und sage: der eine Körper stößt den andern.» (6/63)*

Nun ist das menschliche Erleben ja keineswegs auf so primitive Erfahrungen wie Kraft und Stoßen eingegrenzt. Diese leiblichen Erfahrungen sind vielmehr nur «die oberflächlichsten, die trivialsten» (6/65), die dem allgemeinen Gattungscharakter entsprechen und die bei allen Menschen die gleichen sind. Der Einzelne macht aber bei seiner Begegnung mit der Welt sehr viel differenziertere Erfahrungen, er erlebt das Keimen und Blühen einer Pflanze, die Anspannung eines jagenden Tieres, und vor allem die Vielfalt seiner Mitmenschen. Und überall kann er als ganzer Mensch, je nachdem mehr oder weniger, miterleben, was im anderen vorgeht. Er muß nur auf das achten, was in ihm selbst vorgeht, wenn er sich schauend, zuhörend und erlebend in das oder den anderen vertieft, wenn er sich für die Welt ganz öffnet. Er bemerkt dann, daß die Welt in ihm spricht, daß die Erscheinungen sich durch ihn selbst offenbaren.

In diesem Sinne faßt Rudolf Steiner auch Goethe auf und sagt: «Die Wahrheit *erkennen* heißt ihm *in der Wahrheit leben.* Und in der Wahrheit leben ist nichts anderes, als bei der Betrachtung jedes einzelnen

* Gerade an dieser Passage kann man Steiners «Seelenumschwung» gut verdeutlichen. In der *Philosophie der Freiheit* hat dieser Abschnitt eine Entsprechung im Anfang des heutigen III. Kapitels, wo Steiner von dem Beispiel, wie eine Billardkugel ihre Bewegung auf eine andere überträgt, ausgeht, um darzulegen, wie die bloße Beobachtung zu keiner Vorhersage der Bewegung der angestoßenen Kugel in der Lage ist, und dann fortfährt: «Anders ist die Sache, wenn ich über den Inhalt meiner Beobachtung nachzudenken beginne. Mein Nachdenken hat den Zweck, von dem Vorgange Begriffe zu bilden. Ich bringe den Begriff einer elastischen Kugel in Verbindung mit gewissen anderen Begriffen der Mechanik und ziehe die besonderen Umstände in Erwägung, die in dem vorkommenden Falle obwalten.» (4/36) Steiner nennt dann eine Reihe der Begriffe – Kugel, Elastizität, Bewegung, Stoß, Geschwindigkeit und so weiter –, die miteinander in Verbindung zu bringen sind. Es wird also ein Gedankengebäude errichtet. – Jetzt, 1897, heißt es einfach: «Ich greife nach einem inneren Erlebnis, das mich über die Wahrnehmung aufklärt.» Von langwierigem Nachdenken und einem Bilden und Verbinden von Begriffen ist nicht die Rede.

Abb. 55:
Rudolf Steiner, 1896

Dinges hinzusehen, welches innere Erlebnis sich einstellt, wenn man diesem Dinge gegenübersteht.» (6/67) Im leiblich-seelischen Menschen spricht sich auf diese Weise die Welt aus, denn der Mensch lebt in Wirklichkeit mitten in der Welt; von ihr gebildet und ernährt, ist er ein Teil des Universums und kein Eckensteher des Weltgeschehens. Der Mensch ist ein Mikrokosmos, der das Geschehen des Makrokosmos in verschiedenen Graden miterleben kann.

Solange man im bloß ideellen Erkennen zum Beispiel die Rede eines anderen Menschen so verfolgt, daß man nach Maßgabe der eigenen begrifflichen Kapazität die Gedanken des anderen mitvollzieht und für sich rekonstruiert, solange bleibt man in sich. Lenkt man das eigene Miterleben jedoch durch den ganzen Menschen auf Stimme und Klang der Rede des anderen, so erlebt man ihn als leiblich-sinnliches Wesen, man spürt, wie er mit seiner Seele den Leib ergreift: Das Sinnliche wird zur *unmittelbaren Offenbarung* des Geistig-Seelischen des anderen Menschen. Steiner hat das in pädagogischen Vorträgen beschrieben: «Indem man einem Kinde zuhören lernt, ob es eine harmonische, weich-sympathische Stimme oder eine schmetternde Stimme hat und dies zusammenhängen sieht mit den Lungenbewegungen, mit der Herzbewegung und Blutzirkulation – bis in die Finger- und Zehenspitzen hinein den ganzen Menschen durchvibrierend, da sieht man in dem, was in seiner Sprache sich ausdrückt, zugleich Seelisches. Da tritt sozusagen etwas auf wie ein höherer Mensch, der in diesem Bilde sich ausdrückt, das die Sprache zusammenfaßt mit den körperlichen Vorgängen der Zirkulation und der Atmung.» (310/40f) Alle sinnlichen Erscheinungen werden unmittelbarer Ausdruck eines Real-Geistigen. Ein solches Erkennen weiß dann auch, wo es anpacken und helfen kann.

Schon 1887 hatte Steiner vom «Gewahrwerden der Idee in der Wirklichkeit» als der wahren Kommunion des Menschen gesprochen. Jetzt, im Jahre 1897, wo diese Einsicht persönliches Erlebnis geworden ist, richtet sich sein Blick auch auf die geistesgeschichtlichen Entwicklungen, die die Offenbarung des Geistigen im Sinnlichen leugnen, die die Sinneswelt zum bloßen Schein degradieren. In Plato sieht Steiner den tonangebenden Exponenten dieser Denkart, die auf dem Mißtrauen in die Sinneswelt gründet und die bis in die Gegenwart fortwirkt. So finden sich in *Goethes Weltanschauung* längere Ausführungen über *die platonische Weltanschauung* und *die Folgen der platonischen Weltanschauung*. In diesen Darstellungen begegnet man einem ganz kämpferisch gestimmten Rudolf Steiner: Gegen den Platonismus und seine Folgen zieht er energisch zu Felde. Dieser neue kämpferische Ton gehört auch zu den Symptomen des angedeuteten seelischen Umschwungs.

So liest man über die platonische Weltansicht: «In zwei Teile reißt die platonische Anschauung die Vorstellung des Weltganzen auseinander, in die Vorstellung einer Scheinwelt und in eine andere der Ideenwelt, der allein wahre, ewige Wirklichkeit entsprechen soll.» (6/26) Während sich in Wahrheit die Welt dem Menschen als Idee *und* Wahrnehmung offenbare und der Mensch auf diesen *beiden* Wegen von der Welt Kunde erhalte, werte Plato die Sinneserfahrung ab, weil sich die sinnlichen Erscheinungen fortlaufend ändern. Sie sind nicht «ewig». So entsteht dann die Frage, wie sich die ewige Ideenwelt zur Scheinwelt der Sinne verhält. So schreibt Steiner 1897: Plato «hat damit dem abendländischen Denken eine Aufgabe gestellt, die vollkommen überflüssig war. Durch Jahrhunderte hindurch wurde unendlicher Scharfsinn auf die Frage verwendet: wie verhalten sich die im Inneren des Menschen offenbar werdenden Ideen zu den Dingen der äußeren Wahrnehmung? Ein großer Teil des

Inhalts aller auf die platonischen folgenden Philosophien besteht aus Lösungsversuchen dieser gar nicht vorhandenen Frage. Was das gesunde menschliche Empfinden in jedem Augenblicke lehrt: wie die Sprache der Anschauung und die des Denkens sich verbinden, um die volle Wirklichkeit zu offenbaren, das wurde von den grübelnden Denkern nicht beachtet. Statt hinzusehen, wie die Natur zu den Menschen spricht, bildeten sie künstliche Begriffe über das Verhältnis von Ideenwelt und Erfahrung aus. Um die Sehkraft für dieses Verhältnis ganz zu lähmen, verband sich mit dem Platonismus das Christentum. Dieses religiöse Bekenntnis mit seinem Jenseitsglauben und seiner Verachtung der Sinnenwelt ist nur eine volkstümliche Form des Platonismus.» (*Goethes Weltanschauung*, 1. Aufl., S. 13)

Während die platonische Vorstellungsart jedoch eine Angelegenheit der Gebildeten war und sich in den luftigen Höhen der Abstraktion bewegte, sorgten die Kirchenväter und die Kirche dafür, daß die Verachtung der äußeren Welt populär wurde und daß die Liebe zur Welt und ihren sinnlichen Erscheinungen und Genüssen stets von einem schlechten Gewissen begleitet wurde. Das «Gemütsleben der abendländischen Menschheit ist auf diese Weise geradezu nach der falschen Richtung hin umorganisiert worden. Was Plato nur gedacht hat, das haben die Kirchenväter dem Gemüte eingepflanzt. Was aber in dem Gemüte wurzelt, das ist viel schwerer auszurotten, als was bloß im Verstande ruht. Deshalb ist es bis heute noch nicht gelungen, die christlich-platonische unnatürliche Ansicht über die Wirklichkeit innerhalb der abendländischen Bildung zu überwinden.» (*Goethes Weltanschauung*, 1. Aufl. S. 14f)

Als Gegenbild des ungesunden Platonismus gilt für Steiner 1897 die Auffassung des Aristoteles. Aristoteles erscheint ihm als eine echte Forschernatur, der der Beobachtung vertraut und der die Fülle der Erscheinungen studiert. Er denkt sich keinen utopischen Staat aus, in dem die Philosophen regieren, sondern er fragt, wie denn die tatsächlich vorhandenen griechischen Poleis funktionieren. «Er sah in der Natur ein einheitliches Wesen, das die Ideen ebenso enthält, wie die durch die Sinne wahrnehmbaren Dinge und Erscheinungen. Nur im menschlichen Geiste können die Ideen ein selbständiges Dasein haben. Aber in dieser Selbständigkeit kommt ihnen keine Wirklichkeit zu. Bloß die Seele kann sie abtrennen von den wahrnehmbaren Dingen, mit denen zusammen sie die Wirklichkeit ausmachen. Hätte die abendländische Philosophie an die richtig verstandene Anschauung des Aristoteles angeknüpft, so wäre sie bewahrt geblieben vor den Irr- und Schleichwegen, die sie gewandelt ist.» (*Goethes Weltanschauung*, 1. Aufl., S. 15)

So zeichnet Steiner mit einfachen Strichen holzschnittartig ein Bild der abendländischen Gedankenentwicklung. Dabei ist er durchaus parteiisch. So kommt er zuletzt auf jenen Philosophen zu sprechen, der schon durch seine vorsichtige und asketische Lebensführung jedes abenteuerliche Erleben, ja jeden eigenen Blick in die Welt vermied und lebenslänglich an einem Orte weilte, um die Welt vorzüglich aus Büchern kennenzulernen: Immanuel Kant. «Der Platonismus hat in Kant eine böse Frucht hervorgebracht. Plato hat sich von der Wahrnehmung abgewendet und den Blick auf die ewigen Ideen gerichtet, weil ihm jene das Wesen der Dinge nicht auszusprechen schien. Kant aber verzichtet darauf, daß die Ideen eine wirkliche Einsicht in das Wesen der Welt eröffnen, wenn ihnen nur die Eigenschaft des Ewigen und Notwendigen verbleibt. ... Kant ist zufrieden, wenn er nur diese Eigenschaften von den Ideen behaupten kann. Sie brauchen dann gar nicht mehr das Wesen der Welt auszusprechen.» (*Goethes Weltanschauung*, 1. Aufl., S. 24)

Steiner hat diese Passagen der ersten Auflage später geändert und gemildert. Hier interessieren sie uns im biographischen Zusammenhang. Man sieht gerade in diesen kämpferischen Ausführungen, worum es Steiner damals vor allem ging. Zum einen ging es ihm um die rechte Schätzung der Wahrnehmung, der vollen und ganzen Wahrnehmungswelt, die zum Menschen in deutlicher Sprache spricht. So rühmt er Goethe, der «sich mit der Natur innig verwachsen» fühlte. «Er betrachtet sich als ein lebendiges Glied der Natur. Was in seinem Geiste entsteht, das hat, nach seiner Ansicht, die Natur in ihm entstehen lassen.» (6/46) Steiner lenkt den Blick auf Goethe, der als Künstler, als Praktiker und als tätiger Mensch in der Welt lebt und sie in seinen Werken zum Ausdruck bringt. Und zum anderen ist diese Welt, und darauf legt Steiner besonderen Wert, eine einheitliche Welt, die sich für uns durch Idee *und* Wahrnehmung ausspricht.

Das Goethesche Erkennen wird deshalb nicht als Abstraktion, als Reflexion oder als logisches Schließen beschrieben; es ist keine rein gedankliche Tätigkeit, sondern tätiger Umgang mit der Welt, der ständig die Erfahrung erweitert und vertieft. Als gärtnernder Botaniker, als Reisender, als Bergmann, als Zeichner und Experimentator faßte Goethe die Welt tätig auf. «Er mußte den Geist in die Erfahrung versenken, um zu den Ideen zu kommen. Die Wechselwirkung von Idee und Wahrnehmung war ihm ein geistiges Atemholen», sagt Steiner und zitiert Goethe, der das ganz ähnlich ausdrückte: «Durch die Pendelschläge wird die Zeit, durch die Wechselbewegung von Idee und Erfahrung die sittliche und wissenschaftliche Welt regiert.» (6/54)

Für die Biographie Steiners hat das, was er hier an Goethe beschreibt, noch einen anderen Aspekt. Er hatte bisher wesentlich als Gelehrter, als Gedankenmensch existiert und war als solcher gewiß aktiv und fleißig. Aber in finanzieller Hinsicht war er bisher noch unselbständig gewesen: Er war Stipendiat, angestellter Hauslehrer bei Spechts und angestellter Mitarbeiter am Goethe- und Schiller-Archiv gewesen. Nun drängte er auf eine selbständige Tätigkeit. Die Zeit in Weimar endet damit, daß er den Entschluß faßt, als Herausgeber und Redakteur das *Magazin für Litteratur* zu übernehmen. Damit wird er gewissermaßen Unternehmer. Er stellt sich auf seine eigenen Füße. Diese Tatsache ist jedoch ein weiteres Symptom für eine neue Beziehung zur Welt.

Diese neue Beziehung zur Welt, die sich, wenn man so will, mehr innerlich als Entdeckung der Wahrnehmungswelt äußert, ist in einem tiefgreifenden Wandel des ganzen Wesens begründet. Steiner beschreibt ihn in seiner Autobiographie zusammenfassend so: «Ich fühlte, wie das Ideelle des vorangehenden Lebens nach einer gewissen Richtung zurücktrat und das Willensmäßige an dessen Stelle kam. Damit das möglich ist, muß sich das Wollen bei der Erkenntnis-Entfaltung aller subjektiven Willkür enthalten können. Der Wille nahm in dem Maße zu, als das Ideelle abnahm. Und der Wille übernahm auch das geistige Erkennen, das vorher fast ganz von dem Ideellen geleistet worden ist.» (28/327)

Diese Neuorientierung, die das ganze Wesen Rudolf Steiners verwandelte, ereignete sich auf mehreren Ebenen. Im Erkennen ging es nun nicht mehr in erster Linie um gedankliche Einsichten, wenngleich die *Gestaltung* der Gedanken und Ideen auch im weiteren Leben eine vorrangige Aufgabe blieb, weil alles erkenntnismäßig Errungene in Ideenform mitgeteilt werden sollte. Die Gestaltung der Ideen und Einsichten ist jedoch bereits eine Aufgabe des künstlerisch arbeitenden Willens, und dieser Wille wird in jener Meditation tätig, in welcher die Idee täglich neu in ihrer Komposition und Plastik verdichtet und in ihren Zusammenhängen neu zur Anschauung gebracht wird. So spricht Steiner im XXII. Kapitel seiner Autobiographie, in der er den Umschwung seines Seelenlebens schildert, auch zum ersten Mal ausführlich von seiner inneren meditativen Arbeit.

Diese Arbeit geht naturgemäß langsam voran, denn die Entfaltung des Willens erfolgt auf wachstümliche Art, Jahresring legt sich um Jahresring. Der hier gemeinte Wille erschöpft sich nicht in plötzlichen äußeren Aktionen, sondern läßt schrittweise einen neuen Menschen entstehen; alles Erkennen durch den Willen ist ein Selbsterkennen, Selbstverwandeln. In diesem Sinne schreibt Steiner in seiner Autobiographie: «So sagte ich mir auch: die ganze Welt, außer dem Menschen, ist ein Rätsel, das eigentliche Welträtsel; und *der Mensch selbst ist die Lösung*. Dadurch konnte ich denken: der Mensch vermag in jedem Augenblick etwas über das Welträtsel zu sagen. Was er sagt, kann aber stets nur so viel an Inhalt über die Lösung geben, als er selbst über sich als Mensch erkannt hat.» (28/319)

Im praktischen Leben zeigt sich diese Entfaltung des Willens auf andere Weise. Der Leser, der in den beiden Bänden der Briefe Rudolf Steiners den Briefwechsel mit Joseph Kürschner verfolgt, ist immer wieder peinlich berührt, wenn er verfolgen muß, wie häufig Steiner Termine nicht einhält, wie er den armen Kürschner immer wieder mit Versprechungen, die er nicht einhält, vertröstet, so daß Kürschner zum Beispiel im Februar 1892 resignierend schreibt: «*Zwei Jahre* sind es in der nächsten Zeit, daß ich auf meine *wiederholten* Mahnungen das erste Telegramm von Ihnen erhielt ‹Manuskript folgt bestimmt Sonnabend›. Es sind seither 87 Wochen vergangen und mindestens 4 ganz gleich lautende Telegramme auf meine Mahnungen an mich gekommen, von dem letzten Bande der Naturwissenschaftlichen Schriften aber noch kein einziges Blatt Manuskript.» (39/139)

So galt Steiner in seinen Weimarer Jahren manchen als ein «österreichisches Bummelchen» (Hoffmann 1991, S. 273) – Nun, 1897, erledigt Steiner bis zum Beginn des Frühjahrs alle alten Verpflichtungen. Damit schließt er ein Kapitel seines Lebens ab. Dann entschließt er sich, das *Magazin* herauszugeben, ein Produkt, das jede Woche fertiggestellt und dem Leser zugesandt werden muß. Er schafft sich also zunächst ein äußeres Gerüst, das die Willensschulung unterstützt. Spätestens seit dem Jahre 1900 sieht man dann, daß Steiner auch neben der Arbeit für das «Magazin» alle Termine pünktlich einhält und eine gewaltige Arbeitslast bewältigt.

Ein dritter Aspekt kommt hinzu. Rudolf Steiner deutet das zu Beginn des XXIII. Kapitels seiner Autobiographie an: «Mit dem geschilderten Seelenumschwung muß ich meinen zweiten größeren Lebensabschnitt abschließen. Die Wege des Schicksals nahmen einen andern Sinn an als bis dahin.» (28/331) Bis etwa zum Jahre 1896, so führt Steiner aus, habe sich seine Arbeit an den Goethe-Ausgaben wie auch im Hause Specht aus den «Einsichten der eigenen Seele» ergeben und die an ihn gestellten äußeren Anforderungen seien nie in schwierige, grundlegende Konflikte mit seinen eigenen Zielsetzungen gekommen. Seit dem Jahre 1897 setzt Steiner sich ganz anders gearteten Anforderungen aus. Schon mit der Herausgabe des *Magazins für Litteratur* mußte er bis zu einem gewissen Grade den Erwartungen und dem Geschmack seiner Leser entgegenkommen. Er mußte den Wünschen der *Freien Literarischen Gesellschaft* entsprechen, vom Jahre 1899 an mußte er die Anforderungen, die die Arbeiterbildungsschule an ihn stellte, erfüllen. Später wird er sich dann dem Kreis der «Kommenden», dem Giordano Bruno-Bund, der von Mitgliedern desselben gegründeten «Freien Hochschule» und den Theosophen widmen. Überall folgt er seit dieser Seelenwende den Aufgaben, die das Schicksal *von außen* an ihn heranbringt. Dadurch aber ergab sich eine ganz andere Lebensweise; Rudolf Steiner hatte sich mit dem Strom der Welt auseinanderzusetzen: «Mit dieser Gestaltung meines Seelenlebens stand ich damals vor der Notwendigkeit, in meine äußere Wirksamkeit eine ganz neue Note hineinzubringen. Die Kräfte, die mein äußeres Schicksal bestimmten, konnten weiterhin nicht eine solche Einheit sein mit den inneren Richtlinien, die sich aus meinem Erleben der Geistwelt ergaben, wie bisher.» (28/339)

Steiner hat diesen Tatbestand deutlich illustriert: «Ich hatte somit für das *Magazin* einen Leserkreis, in dessen geistige Bedürfnisse ich mich hereinfinden mußte. Ich hatte in der *Freien Literarischen Gesellschaft* eine Mitgliederschaft, die ganz Bestimmtes erwartete, weil ihr bisher ganz Bestimmtes geboten worden war. Jedenfalls erwartete sie nicht das, was ich ihr aus dem Innersten meines Wesens hätte geben mögen.» (28/341)

Der wahrhaft befreite Wille wendet sich also den realen Welt-Aufgaben zu und verfolgt nicht monomanisch die selbstgesteckten Ziele. Der wirkliche Wille berauscht sich nicht an Missionen, er horcht in die Welt, er horcht auf das Schicksal, und er lernt, durch das Schicksal jene Aufgaben zu ergreifen, die aus der Welt auf ihn zukommen. Dieser Wille bedarf einer gewissen Schmiegsamkeit und nicht der starren Sturheit entschlossener ideeller Gewalttäter. Der vom Schicksal belehrte Wille kann dennoch seine eigenen Intentionen entfalten, weil die Aufgaben nicht eindeutig sind. Aber dieser Wille wird in jedem Falle auf die Menschen eingehen, die da sind, und nicht darüber klagen, daß es nicht bessere, vollkommenere und einsichtsvollere Mitmenschen gibt. Solches wäre müßig. Sinnvoll aber ist es, im Sinne der moralischen Phantasie, durch Teilnahme und Hilfe das verborgene Gute in den Mitmenschen zu fördern, indem man auf es eingeht. So wird der «Seelenumschwung» im sechsunddreißigsten Lebensjahre Rudolf Steiners zu einer Schicksalswende.

Dieser Seelenumschwung kam nicht plötzlich, er begann etwa im Jahre 1897, und erst im Laufe der folgenden Jahre erkennt Steiner, daß die Begegnungen, die ihm die Schicksalswende brachte, einen bestimmten und genauen Sinn hatten. So gedenkt er in seiner Autobiographie jener Persönlichkeiten, denen er durch seine Aufgaben näher kam, und er schreibt im Rückblick des Jahres 1924: «So stand noch manche Persönlichkeit dieses Kreises vor mir. Ich erkannte, daß *ihr zu begegnen,* für mich Schicksalsfügung (Karma) war.» (28/350)

Damit beendete Rudolf Steiner seine Weimarer Zeit, in der er «von außen die Entwickelung der Zeit» verfolgt hatte (185/136). Er wollte nun in den Strom der Zeit eintauchen. Dadurch begegnete er den Widerständen und Widersprüchen des Lebens. So wird auch die Übersiedlung aus dem doch recht idyllischen Weimar nach Berlin zu einem Symptom. Steiner tritt in eine neue Welt. Jetzt beginnt erst die eigentliche Auseinandersetzung mit den gegebenen Welttatsachen. Im Jahre 1900 erinnert sich Rudolf Steiner, daß er 1897 «zwar nicht mehr jung, aber doch noch unerfahren» (39/390) in das Berliner Leben eintrat.

Bei den Absprachen zur Übernahme des *Magazins* war mit dem früheren Herausgeber, Otto Neumann-Hofer, vereinbart worden, daß Otto Erich Hartleben als Mitherausgeber des Blattes fungieren sollte. Mit Hartleben war Steiner seit einiger Zeit befreundet. Er hatte ihn bei einem der Goethe-Feste in Weimar kennengelernt und ihm bei der Herausgabe eines Goethe-Breviers geholfen. Nun sollte Hartleben, der damals zur literarischen Avantgarde gehörte, durch seinen Namen und durch seine Beiträge dem alt-renommierten, aber schlecht rentierenden *Magazin* zum Erfolg verhelfen. Für Rudolf Steiner persönlich wurde der genialisch angehauchte Hartleben in den folgenden Monaten derjenige, der ihn in die Kreise der jüngeren Dichter und Künstler der Reichshauptstadt und in den Wirbel Berlins einführte. Auch das war für Steiner eine «schicksal-(karma-)gewobene Tatsache» (28/344).

19.
IM WIRBEL BERLINS

Als Rudolf Steiner am 1. Juli 1897 seine Arbeit am *Magazin für Litteratur* aufnahm, war Berlin nach London und Paris die drittgrößte Stadt Europas. Die rasch wachsende Zahl der Einwohner näherte sich schnell der Zweimillionengrenze. Die Bauwut verschlang das Umland. Dörfer verschwanden in der Stadt. Wo zehn Jahre zuvor noch Felder, Weiden und Kiefernwälder waren, erhoben sich jetzt sechsgeschossige Mietshäuser. Berlin um das Jahr 1900: eine Stadt mit vielen Gesichtern. Im Osten Industriestadt mit Firmen von Weltruf: Siemens, Borsig, AEG, Pintsch, Schering. Überall war Berlin Garnison: 18 Regimenter standen in Berlin. Berlin-Mitte war als Reichshauptstadt Verwaltungszentrum, Zentrum der Politik mit Reichstag und dem Hof des Deutschen Kaisers samt Hofstaat. Berlin war eine Pressestadt und Stadt der Verlage: Mosse, Ullstein und Scherl. Berlin war weiter die Stadt der ersten Universität des Deutschen Reiches, hier lehrten Max Planck, Robert Koch, Wilhelm Dilthey, Georg Simmel, Adolf von Harnack, Heinrich Wölfflin, Emil Fischer und viele andere Koryphäen.

Diese verschiedenen Gruppierungen und Bevölkerungsschichten existierten zumeist recht unverbunden nebeneinander. Man konnte in Berlin leben, ohne je den Kaiser zu sehen oder von der Existenz Max Plancks etwas zu ahnen. Ja, die verschiedenen Kreise waren – gewollt oder ungewollt – recht exklusiv. Man verkehrte nicht mit jedermann. Rudolf Steiner geriet zunächst in jenen Kreis von Literaten, zu dem Otto Erich Hartleben, Otto Julius Bierbaum, Paul Scheerbart, Walter Harlan, Franz Ferdinand Heitmüller und andere gehörten. Das brachte es damals mit sich, daß er in verschiedenen anderen Kreisen nicht verkehren konnte. Ihm war das schmerzlich: «Wie lieb wäre es mir auch gewesen, Eduard

Abb. 56:
Otto Erich Hartleben (1864 – 1905).
«Als graziös empfand ich alles, was sich aus seiner restlos ästhetischen Weltauffassung bei ihm, bis in seine Gesten hinein, offenbarte, trotz des oft recht fragwürdigen ‹Milieus›, in dem er mir entgegentrat.» (28/344)

von Hartmann öfters zu besuchen.» (28/345) Die Segmentierung der Berliner Gesellschaft führte sogar dazu, daß er zu den von der Großbourgeoisie unterstützten Künstlern der Berliner Sezession – Corinth, Liebermann, Slevogt – kaum Kontakt hatte und daß ihm die aufstrebenden Berliner Verlage Cassirer oder S. Fischer fremd blieben.

Rudolf Steiner verkehrte also in Berlin weder in den Kreisen der offiziellen Wissenschaft und der vom Hofe unterstützten Kunst noch in den Kreisen jener Kultur und Kunst, die vom Großbürgertum getragen wurde. Zunächst gehörte er zu den Literaten und Publizisten im Umkreis der *Freien Literarischen Gesellschaft*, und er verkehrte mit den Friedrichshagenern, also in jenen Gruppierungen, in denen auch der Darwinismus, der Sozialismus, der Anarchismus oder die Frauenemanzipation neben experimenteller Literatur und Dramatik ein Thema war. Doppeldeutig sprach man von *Grün-Deutschland*, wenn man an die am Müggelsee zwischen Kiefern und Heide lebenden Außenseiter dachte. Das war nicht die gut-bürgerliche Gesellschaft. Die Freunde Rudolf Steiners trafen sich dementsprechend am *Verbrechertisch* in einem Lokal in der Dorotheenstraße, dem «Restaurant zur alten Künstlerklause». Dorthin verirrte sich kein Berliner Professor.

Im Rückblick deutet Steiner auch das Schwierige, ja Fragwürdige seiner Existenz in diesen Kreisen an. In seiner Autobiographie heißt es: «Es lag nun an meinem Drinnenstehen in der geistigen Welt, daß ich diese Verhältnisse, in die ich da eintrat, wirklich ganz innerlich mitmachte. Ich versuchte ganz, mich in meinen Leserkreis und in den Mitgliederkreis der ‹Gesellschaft› zu versetzen, um aus der Geistesart dieser Menschen die Formen zu finden, in die ich zu gießen hatte, was ich geistig geben wollte.» (28/341f) Was damit gemeint ist, zeigt sich in einem Brief aus dem Jahre 1904 an Anna Steiner, die diese Vorgänge aus der Nähe miterlebt hatte: «Ich habe mich nie für etwas anderes interessiert, als was geistiger Art ist. Und wenn es in der Zeit, da ich zuerst in Berlin war, anders *schien,* so ist das doch auch ein Irrtum. Ich wollte damals die Literatur der jungen Leute ehrlich kennenlernen. Ich hätte deshalb mich allerdings nicht auf den Dreck dieser jungen Leute einlassen sollen. Aber das war ein ehrlicher Irrtum. Und ich habe es mit recht dreckigem Klatsch büßen müssen.» (39/435) Spätestens nach anderthalb Jahren endete diese Phase, in der Rudolf Steiner hauptsächlich in den Kreisen um Hartleben, Bierbaum und Scheerbart verkehrte.

Indem Rudolf Steiner 1899 an der Arbeiterbildungsschule zu lehren begann und dann bald an den verschiedensten Aktivitäten dieser Schule teilnahm und auch in gewerkschaftlichen Kreisen wirkte, erweiterte er seinen Umkreis. Er blieb auch hier nicht am Rande stehen, er nahm an den Sonntagsausflügen seiner Schüler teil, er war sich nicht zu gut, an Unterhaltungsabenden der Schule – geselliges Beisammensein mit «Concert und Tanz» – zu sprechen und sich überhaupt intensiv seinen Schülern zu widmen. Diese Aktivitäten entfernten ihn natürlich noch weiter von der «besseren Gesellschaft». Das aber scheint Steiner überhaupt nichts ausgemacht zu haben, denn hier lebte er wirklich im Strom der Zeit. Mit dem Jahre 1900 erweiterte sich das Berliner Wirkungsfeld Rudolf Steiners dann nochmals erheblich, doch davon später.

Das *Magazin für Litteratur* war 1832 gegründet worden und hatte seit seinem Bestehen wechselvolle Schicksale durchgemacht. Bereits bevor es Rudolf Steiner übernahm, stand es den Bestrebungen der damals jungen Literatur nahe, ohne allerdings einseitig auf die «Moderne» zu setzen. Das Blatt erschien wöchentlich an jedem Samstag. Das Jahresabonnement kostete 16 Mark. Obwohl die eigentliche Verwaltung des Blattes beim jeweiligen Verleger lag, erforderte die Redaktionstätigkeit einen großen Arbeitsaufwand, denn jede Nummer des Blattes, das im Folioformat erschien, enthielt zwölf engbedruckte zweispaltige Seiten. Otto Erich Hartleben war offizieller Mitredakteur. Rudolf Steiner schreibt, daß Hartleben sein Recht mitzuarbeiten oftmals geltend machte, «aber oftmals ganz lange Zeit auch nicht. Er war ja auch oft lange in Italien abwesend» (28/344). Ein Beobachter der Verhältnisse berichtet: «Von Zeit zu Zeit ließ sich auch Otto Erich wieder sehen. Er gab jetzt mit dem bisherigen Goethe-Gelehrten das *Magazin für Litteratur* heraus. ‹Ein vorzügliches Organ›, bemerkte er, wenn man sich teilnehmend danach erkundigte, ‹sein Inhalt aber ist mir unbekannt.› Alle Mühsal der Redaktion wälzte er kaltlächelnd auf Dr. Steiners geduldige Schultern ab.» (Martens, S. 209)

Für die erste von ihm herausgegebene Nummer des Magazins verfaßte Steiner einen Artikel, in dem er sich über die Prinzipien moderner Kunstkritik äußert. Scharf setzt er sich von jeder normativen Kunstbetrachtung und Ästhetik ab: Es gibt keine ewigen Kunstregeln, nach denen sich die Kunst zu richten hätte. Das, was Lessing, Carrière, Vischer und Lotze als allgemeingültige Ästhetik vorschwebte, ist ihm ein Aberglaube: «Nein, so wie jedes wahre Kunstwerk ein individueller, persönlicher Ausfluß eines einzelnen Menschen ist, so kann jede Kritik auch nur die ganz individuelle Wiedergabe der Empfindungen und Vorstellungen sein, die in der Seele der betrachtenden Einzelperönlichkeit aufsteigen, während sie sich dem Genusse des Kunstwerks hingibt. Ich kann niemals sagen, ob ein Gedicht objektiv gut oder schlecht ist, denn es gibt keine Norm des Guten oder Schlechten.» (30/541) Der wirkliche, individuelle Mensch allein soll Quell der Kunsterkenntnis sein!

Als 1898 eine neue Literatur-Zeitschrift, *Das literarische Echo,* erschien, die in reaktionärer Weise das Fehlen gültiger Maßstäbe und einer einheitlichen Richtung beklagt, spricht sich Steiner über die Art, wie er sein Blatt redigiert aus: «Der Herausgeber vertritt seine Ansicht mit aller Kraft, deren er fähig ist. Aber er läßt auch andere Meinungen zu Worte kommen. Er ist sogar stolz darauf, seinen Lesern einen ‹Tummelplatz für eine Kritik zu bieten, die nach allen Richtungen der Windrose auseinanderstrebt›. Er will, daß jede auf genügenden Voraussetzungen gebildete Anschauung vertreten wird.» (32/225) So hat Steiner sein Blatt in ganz liberaler Art geführt und alles zu Wort kommen lassen, was – seiner Ansicht nach – Qualität hatte.

Neben der immer zeitaufwendigen Redaktionsarbeit schrieb Steiner zahlreiche Beiträge für das *Magazin* und die von 1898 bis 1899 von ihm redigierten *Dramaturgischen Blätter.* Diese Beiträge umfassen in der heutigen Gesamtausgabe etwa 1200 Seiten. Die meisten Beiträge – weit über die Hälfte – beschäftigen sich mit der zeitgenössischen Literatur, mit Theater und Dramaturgie. Doch Steiner blickt auch über den Zaun hinaus: Er schrieb über publizistische, soziologische, psychologische und besondere politische Fragen. Auffällig ist, daß er sich über Musik, über Konzerte und Opern überhaupt nicht äußerte, und auch die allgemeine Wissenschaftsentwicklung kam, wenn man vom Problem des Darwinismus absieht, nur am Rande zu Wort: Rudolf Steiner hatte es mit einem literarisch interessierten Publikum zu tun.

Die Literatur- und Theaterkritiken erinnern an einen Satz aus Steiners Autobiographie, mit dem er sein Kunstverständnis in der Weimarer Zeit einschätzt: «Meine Kunstempfindung war damals noch nicht so weit wie mein Verhältnis zu den Erkenntnis-Erlebnissen.» (28/270) In Form und Inhalt wird er seinen eigenen Ansprüchen, ein ganz individuelles Erleben zu schildern, nur selten gerecht. In seinen Rezensionen geht er zumeist auf die Fabel und die entsprechenden Charaktere des Werkes ein. Die künstlerischen Gestaltungselemete der Sprache, der Darstellung, des Dramas finden kaum seine Aufmerksamkeit, oft bleibt es bei allgemeinen Klischees: «Er kennt sie alle, die ewig jungen Gefühle: das Jauchzen des seligen, trunkenen und die herbe Pein des unglücklichen Herzens. Und er hat zarte, weiche Töne, um von süßen Seelengeheimnissen und lieblichen Schwärmereien zu singen. Ebensowenig fehlt ihm die Kraft zu dem Aufschrei des gequälten Innern, das umsonst nach Labung für seinen Liebesdurst lechzt, oder dem der zeitweilig gewährte Genuß von dem herzlosen Schicksal entzogen wird.» (29/211)

Auch war Steiners Urteil in künstlerischen Dingen nicht sicher. So feiert er Jacobowskis Roman *Loki* als große Weltanschauungsdichtung, die das Menschlich-Alltägliche zum Sagenhaft-Mythischen steigere. Nun wird man Steiner zugute halten, daß er über seinen Freund Jacobowski nichts Abschätziges sagen wollte. Aber er hätte den synthetischen und germanentümelnden Met, den Jacobowski gebraut hatte, doch auch zurückhaltender charakterisieren können. – Die Urteilsunsicherheit, der fehlende ästhetische Sinn für das sprachliche Kunstwerk, ja auch mangelnde Sachkenntnis treten uns am deutlichsten in seiner Darstellung *Literatur und das geistige Leben im neunzehnten Jahrhundert* entgegen, eine Arbeit, welche er für ein monumentales Prachtwerk, *Das neunzehnte Jahrhundert in Wort und Bild,* verfaßte. So liest man dort über Hölderlin: «Er träumte von der alten griechischen Welt. Sie besingt er auch in seinen bedeutenden lyrischen Dichtungen. Man möchte Hölderlin den romantischen Geist nennen, der auf der ersten Stufe stehengeblieben ist; denn auch die Brüder Schlegel gingen von einer schwärmerischen Verehrung der griechischen Kunst aus und wandten sich später dem Mittelalterlich-Christlichen zu.» (33/22) Hätte der arme, bei den Griechen stehengebliebene Hölderlin sich etwa auch dem Mittelalter zuwenden sollen? Auch E. T. A. Hoffmann findet keine Gnade: «Bei ihm war alles launenhaft und subjektiv.» (33/23) Über Kleists *Käthchen* weiß Steiner nur zu sagen, daß sie «in hündischer Treue dem angebeteten Manne folgt» (33/25). Von Jacobowskis *Loki* aber lesen wir in dieser Literaturübersicht, daß er «tief in die Abgründe der menschlichen Natur hineinleuchtet und deren ewiges Streben durch den Kampf des zerstörenden Loki gegen die schaffenden Asen veranschaulicht» (33/102).

Was man wirklich aus diesen Theaterkritiken erfährt, ist, daß Steiner sich voll guten Willens der Moderne zuwandte, daß er die Werke seiner Freunde und Bekannten studierte, daß er sich mit Maeterlinck, mit Clara Viebig, mit John Henry Mackays Werken befaßte. Vor allem aber galt seine Liebe dem modernen Theater. Er hat in seiner Berliner Zeit 83 Theater-Kritiken geschrieben, nur fünf dieser Kritiken befassen sich mit Aufführungen klassischer oder älterer Dichter, der Rest gilt der damaligen Gegenwartsdramatik. Halbe, Hauptmann, Hofmannsthal, Bahr, Sudermann und viele andere zeitgenössische Dichter wurden von Steiner besprochen. Halbe und Hofmannsthal schätzte er, Sudermann und Hauptmann weniger.

Zusammen mit Hartleben versuchte sich Steiner in der «Dramatischen Gesellschaft» auch als Regisseur. Seit seiner Wiener Zeit schätzte er den heute praktisch unbekannten Dichter Gunnar Heiberg. 1890 hatte er in Wien Heibergs *König Midas* gesehen, und er hielt dieses Drama für das *Wetterleuchten einer neuen Zeit.* Nun brachte er Heibergs *Balkon* auf die Bühne. Die Inszenierung war ein schrecklicher Reinfall: Höhnisches Gelächter begleitete die ganze Aufführung. Steiner resümiert: «In

Lachen ging alles unter. Man saß tagelang und bereitete ernst ein ernstes Stück vor, und in Wirklichkeit hatte man eine – Ulkstimmung präpariert.» (29/258)

Viel treffsicherer als mit seiner unglücklichen Liebe zum Theater war Steiner in der Behandlung der allgemeinen Zeitereignisse. Schon zum Theater im allgemeinen macht er höchst bemerkenswerte Ausführungen, die ganze Sicherheit seines Urteils aber zeigt sich in seinen Stellungnahmen zum Fall Dreyfus, über den Steiner allein fünf Artikel geschrieben hat. Von Anfang an tritt er für die Unschuld dieses zu unrecht Verurteilten ein. Ausführlich bespricht er Zolas große Rede für Dreyfus, er geht auf Einzelheiten der politischen Machinationen ein, deren Opfer Dreyfus wurde, und liefert anhand der Dreyfus-Briefe eine durchaus treffende Charakteristik des Menschen Dreyfus: «Eine verbohrte Soldatennatur ist Dreyfus.» (31/279) Steiner wendet sich gegen die «staatsmännische Klugheit» jener deutschen Journalisten, die fordern, sich in die inneren Angelegenheiten Frankreichs nicht einzumischen: «Ja, hört denn menschliches Mitgefühl da auf, wo die Strafgesetzparagraphen eines Staates aufhören?» (31/223) Angesichts der staatlich-politischen Willkür fragt er sich: «Wie sollen wir unser Leben einrichten, wenn unser Glaube an den richtigen Fortgang der Weltereignisse jeden Tag in solcher Weise erschüttert werden kann? Um zu leben, müssen wir den Glauben haben, daß unsere Einsicht in die Menschheitsentwicklung nicht jeden Tag in dumpfe Ungewißheit und Unsicherheit verwandelt werden könne.» (31/224)

Eine Perle unter den Stellungnahmen zu den Zeitereignissen ist der in der Zeit der Bismarck-Euphorie geschriebene Nachruf auf Bismarck. Völlig zutreffend wird Bismark als genialer Pragmatiker gezeichnet, der sich nicht von Ideen leiten ließ, sondern Gelegenheiten beim Schopfe ergriff: «Bismarck verdankt seine Erfolge dem Umstand, daß er seiner Zeit niemals auch nur um wenige Jahre voraus war.» (31/264) «Bismarck hat nie darüber nachgedacht, wie die Welt sein soll. Solches Denken hat er als müßige Geschäftigkeit angesehen. Was sein soll, hat er sich von den Ereignissen sagen lassen; seine Sache war, im Sinne der von den Ereignissen gestellten Forderungen *kraftvoll* zu handeln.» (31/265) Bismarck hat drei Kriege geführt, in denen viele Tausend Menschen umgekommen sind. Das hat er, wie Steiner zitiert, *mit Gott ausgemacht.* So findet der Titan als treuer Diener seines Herrn trotzdem Harmonie. «Man fragt nach den Ursachen solcher Harmonie. Ich erkenne da die Wirkungen der Religion. Man kann ein Herrscher wie Wilhelm I. und man kann ein Staatsmann wie Bismarck *nur als Christ sein.*» (31/266)

Nicht weniger glücklich sind Steiners Arbeiten zur soziologischen Literatur. In dem Aufsatz *Die soziale Frage* kritisiert er die simple Übertragung des Darwinismus auf das soziale Leben als Denken in Schablonen. In dem folgenden Aufsatz *Freiheit und Gesellschaft* formuliert Steiner das, was er *das soziologische Grundgesetz* nennt: «Die Menschheit strebt im Anfange der Kulturzustände nach Entstehung sozialer Verbände; dem Interesse dieser Verbände wird zunächst das Interesse des Individuums geopfert; die weitere Entwicklung führt zur Befreiung des Individuums von dem Interesse der Verbände und zur freien Entfaltung der Bedürfnisse und Kräfte des Einzelnen.» (31/255f) In diesem Aufsatz finden sich daneben durchaus eindeutige Urteile über politische Ideen: «Keine sozialistische oder kommunistische Staats- oder Gesellschaftsform kann der natürlichen Ungleichheit der Menschen die gebührende Rechnung tragen.» (31/259) Oder: «Von allen Herrschaften die schlimmste ist diejenige, welche die Sozialdemokratie anstrebt.» (31/261) Sein eigenes Gesellschaftsideal, das er in diesen Jahren einmal dadurch ausspricht, daß er sich einen *individualistischen Anarchisten* nennt (31/284ff), kommt am besten und ohne jenes Schlagwort vom Anarchismus, das wilde Assoziationen herausfordert, in dem Aufsatz über *Freiheit und Gesellschaft* heraus: «Der Staat und die Gesellschaft, die sich als Selbstzweck ansehen, müssen die Herrschaft über das Individuum anstreben, gleichgültig wie diese Herrschaft ausgeübt wird, ob auf absolutistische, konstitutionelle oder republikanische Weise. Sieht sich der Staat nicht mehr als Selbstzweck an, sondern als Mittel, so wird er sein Herrschaftsprinzip auch nicht mehr betonen. Er wird sich so einrichten, daß der Einzelne in größtmöglicher Weise zur Geltung kommt. Sein Ideal wird die Herrschaftslosigkeit sein.» (31/256)

Mit Genuß und Gewinn kann man auch heute noch die Nachrufe oder die aus Anlaß eines Jubiläums geschriebenen Skizzen lesen, in denen Steiner einzelne Persönlichkeiten porträtiert. So schreibt er über den Begründer der modernen Geologie, Charles Lyell, über den Physiologen Wilhelm Preyer*, über den Popularisator des Materialismus, Ludwig Büchner, über den französischen Historiker Michelet oder über den englischen Historiker Macaulay. Man ist erstaunt, wie positiv zum Beispiel Ludwig Büchner gewürdigt wird. Steiner sieht in Büchner einen zwar einseitigen, aber doch fortschrittlichen Denker, einen Denker, der den reaktionären Kurs jener, die durch feingesponnene Gedankengewebe den alten Glauben retten wollten, nicht mitmachte. «Die feinsten Ideen moderner Philosophen, die die Welt aus einem besonderen Geistwesen herleiten, erscheinen antediluvianisch gegenüber den groben und derben Gedankengängen dieses Materialisten.» (30/386)

Über den großen Indologen Max Müller schreibt Steiner: «Er hat uns den Orient erschlossen, um das Übereinstimmende und Verschiedene der mannigfaltigen Kulturen zu zeigen und auf diese Weise zur Erkenntnis der in allen waltenden großen Gesetze zu gelangen.» (31/375)

Rückblickend hat Rudolf Steiner 1918 über seine Redaktionstätigkeit berichtet. Er sieht, wie es ihm damals nicht gelungen sei, das *Magazin* zu lancieren, er legte sich zum Beispiel wegen der durchweg negativen, verständnislosen Kritiken, die Max Halbes *Eroberer* gefunden hatte, mit allen Berliner Kritikern an, indem er ihnen «das Nötige» «über ihren Verstand» sagte. Das «war nicht gerade die richtige Art, das ‹Magazin› zu lancieren». Es wurde nicht «in das moderne Philisterium hineinlanciert. Ich aber wurde selbstverständlich ... nach und nach durch das moderne Philisterium herauslanciert.» (185/141) Besonders übel stieß dem deutschen Philistertum Steiners energisches Eintreten für den Juden Dreyfus und für Zola auf. Von dem Germanisten Max Koch erhielt er daraufhin eine Postkarte: «Hierdurch bestelle ich das *Magazin für Litteratur* ein für allemal ab, da ich ein Organ, das für den sein Vaterland

* Diese im Juli und August 1897 geschriebene Aufsatzfolge über Wilhelm Preyer widerlegt die manchmal geäußerte Ansicht, Steiner sei in dieser Zeit «Materialist» gewesen. In dem rühmenden Nachruf auf Preyer heißt es zustimmend: «Das Leblose leitet Preyer aus dem Lebendigen her. Das Weltall ist ihm ein großer, alles umfassender Organismus. Von dieser Anschauung ist nur ein Schritt zu der weiteren, sich die Welt als beseelten, geisterfüllten Organismus vorzustellen. Auch diesen Schritt hat Preyer getan.» Und: «Der Geist schlummert ursprünglich in der Materie, aber er ist in diesem Schlummerzustand tätig, er gestaltet die Materie, er organisiert sie, bis sie eine solche Form angenommen hat, daß er selbst in der ihm angemessenen Weise zur Erscheinung kommen kann.» (30/356)

verratenden Judensöldling Emile Zola eintritt, nicht in meiner Bibliothek dulden mag.» (185/137)

Die Lage des *Magazins* wurde freilich nicht nur durch Abbestellungen, denen immerhin auch einige Neuabonnements gegenüberstanden, kritisch, sondern auch durch die Tatsache, daß der Verleger Emil Felber zahlungsunfähig wurde. Im Sommer 1898 kam es zu einer ernsten Finanzkrise, in der Moriz Zitter, der Freund aus Studententagen, helfend einsprang; Steiner fand in Siegfried Cronbach einen neuen Verleger für sein Blatt. In seiner Autobiographie beurteilte er rückblickend die Aussichten des *Magazins* wohl recht realistisch: «Trotz all der Schwierigkeiten, die ich hatte, wäre die Wochenschrift zur Verbreitung zu bringen gewesen, wenn mir materielle Mittel zur Verfügung gestanden hätten. Aber eine Zeitschrift, die nur äußerst mäßige Honorare zahlen kann, die mir selbst fast gar keine materielle Lebensgrundlage gab, für die gar nichts getan werden konnte, um sie bekannt zu machen: die konnte bei dem geringen Maße von Verbreitung, mit dem ich sie übernommen hatte, nicht gedeihen. – Ich gab das *Magazin* heraus, indem es für mich eine ständige Sorge war.» (28/374)

20.
ZEIT DER PRÜFUNG

In seiner Autobiographie berichtet Rudolf Steiner, daß die Zeit vor der Jahrhundertwende eine «Prüfungszeit» (28/365) gewesen sei. Er spricht von einer «Prüfung der Seele» (28/366). Von dieser Prüfung haben die Zeitgenossen Steiners in Berlin nichts oder nur sehr wenig bemerkt, fehlte ihr doch die äußere Dramatik. Wer die Spuren dieses Vorgangs entdecken will, muß die inneren geistigen Entscheidungen, die sich im gedanklichen Werk Steiners abzeichnen, in ihrer ganzen Bedeutung sehen.

Es ist dennoch notwendig, bevor der innere Aspekt dieser Prüfung zur Rede kommt, einige Sätze über die äußeren Symptome zu schreiben. Das erste, was man bemerkt, ist, daß sich der Lebensumkreis Rudolf Steiners ändert: Die Zeit des intensiven Verkehrs mit Otto Erich Hartleben, Scheerbart, Harlan und anderen Literaten geht zuende. An ihre Stelle tritt ein neuer Kreis, für den Ludwig Jacobowski bezeichnend ist. Jacobowski war im Gegensatz zu Hartleben nicht nur Dichter, er war ein sozial und volkspädagogisch engagierter Mensch. Er leitete das Bureau zur *Abwehr des Antisemitismus*, er gab in Groschenheftchen deutsche Dichter für das Volk heraus, er sammelte Material zur Volkskunde der Vorzeit, und er war Mitherausgeber der Monatsschrift *Die Gesellschaft,* eines in jenen Jahren vielfach beachteten Blattes. Er gehörte zu den Menschen, die sich zu Tode arbeiten. – Im Januar 1899 übernimmt Rudolf Steiner selber auch eine volkspädagogische Aufgabe, indem er Lehrer an der von Wilhelm Liebknecht begründeten Arbeiterbildungsschule in Berlin wird. Im selben Jahr beginnt er neben der Redaktionstätigkeit mit größtem Fleiß zu schreiben. Es entstehen die längeren Arbeiten *Literatur und geistiges Leben im neunzehnten Jahrhundert; Der Egoismus in der Philosophie,* die

Abb. 57:
Ludwig Jacobowski (1868 – 1900).
«Er war eine Persönlichkeit, deren seelische Grundstimmung in innerer Tragik atmete.»
(28/382)

Studie *Lyrik der Gegenwart,* die Schrift *Haeckel und seine Gegner;* und vor allem beginnt er mit der Niederschrift des ersten Bandes von *Welt- und Lebensanschauungen im neunzehnten Jahrhundert*.

Diese immense Arbeitsleistung war nur durch eine Änderung der Lebensführung möglich. Aus der Überlieferung ist bekannt, daß Steiner mit seinen Freunden schon in der Wiener Zeit gerne in geselliger Runde ziemliche Mengen an Alkohol vertilgt hat. In einem Gruß schreibt er 1888: «Morgen wol Kater in zweiter Potenz. Wir tranken und tranken und können nimmermehr.» Aus der Berliner Zeit liegen ähnliche Berichte vor, sehr drastisch in Hartlebens *Briefen an seine Freundin,* und ein Beobachter erzählt: «Sehr weltlich war sein Lebenswandel, Otto Erichs alkoholischen Verlockungen widerstandslos preisgegeben, war er in dessen Gesellschaft ein häufiger Besucher dunkler Gaststätten.» (Martens, S. 209)

Von alledem im Jahre 1899 keine Spur mehr. Das Hauptgetränk wird nun Kaffee. Wenn er sich erholt, und das ist selten, macht er weite Spaziergänge mit Ludwig Jacobowski, dem er innerlich und äußerlich beistand. Er half Jacobowski bei seinen Verhandlungen mit Verlegern und tröstete ihn, denn er «war eine Persönlichkeit, deren seelische Grundstimmung in innerer Tragik atmete» (28/382). Ebenso nahm er sich der Fragen vieler

Abb. 58: Anna Steiner-Eunike (1853 – 1911)

einzelner Schüler der Arbeiterbildungsschule an. Es begann in einem neuen Sinne ein Dasein für andere. Nicht als ob Steiner nicht auch im Hause Specht für die Kinder dagewesen wäre, nun aber wurde er, wie Maria Stona berichtet, für Jacobowski «Halt und Führer» (Stern 1966, S. 35).

Schließlich veränderten sich auch die äußeren Lebensumstände. In der ersten Berliner Zeit hatte Steiner als «möblierter Herr» in einer eigenen Wohnung im Karlsbad 33 im dritten Stock gehaust, mehr schlecht als recht ohne irgendwelche Betreuung. Nun änderte sich das. In seiner Autobiographie berichtet Steiner: «Mein äußeres Privatleben wurde mir dadurch zu einem äußerst befriedigenden gemacht, daß die Familie Eunike nach Berlin gezogen ist, und ich bei ihr unter bester Pflege wohnen konnte, nachdem ich kurze Zeit das ganze Elend des Wohnens in einer eigenen Wohnung durchgemacht hatte. Die Freundschaft zu Frau Eunike wurde bald darauf in eine bürgerliche Ehe umgewandelt. ... Und das Leben im Eunike'schen Hause gab mir damals die Möglichkeit, eine ungestörte Grundlage für ein innerlich und äußerlich bewegtes Leben zu haben.» (28/373f)

Besucher haben das gastfreie Haus in Friedenau in der Kaiserallee 95 beschrieben: Im Wohnzimmer stand der über und über mit Büchern beladene Schreibtisch Steiners direkt am Fenster, Bilder und Bücherregale bedeckten die Wände, Anna Steiner und ihre Tochter Wilhelmine kümmerten sich um das Wohlergehen der Besucher und ließen erkennen, wie sehr sie Steiner schätzten und achteten. Für Rudolf Steiner, der auf diese Weise vielen kleinlichen Sorgen enthoben war, war die Betreuung durch Anna Steiner-Eunike eine Wohltat, und selbstverständlich führte er seine Frau in all die Kreise ein, in denen er verkehrte, sie begleitete ihn auf manchem Ausflug, der von den Gruppen der Arbeiterbildungsschule unternommen wurde, und sie erschien auch dann und wann im Kreise der *Kommenden.*

Die innere Seite der «Prüfungszeit» wird von Rudolf Steiner in seiner Autobiographie von drei Aspekten aus angedeutet: zum einen im Verhältnis zum naturwissenschaftlichen Denken, zum zweiten als Problem der individualistischen Lebensauffassung und zum dritten im Verhältnis zum Christentum.

Hier ist eine knappe Einschaltung erforderlich. Rudolf Steiner schreibt, indem er die Prüfungszeit charakterisiert, von «ahrimanischen Wesen». Obwohl aus seinen Worten klar hervorgeht, was er mit ahrimanischen

Wesen meint, ist es gut, diesen Ausdruck etwas zu erläutern. Zu Beginn des Jahres 1909 hat Rudolf Steiner erstmals beschrieben, wie sich für die Geist-Erkenntnis in Mensch und Welt zwei polarische Mächte wirksam zeigen. Die eine Macht, die den Menschen von der Erde und ihren Aufgaben losreißen möchte, nennt er die luziferische Macht, die andere, die das Denken an die irdischen «Tatsachen» fesseln will, nennt er ahrimanisch. Während also die ahrimanischen Mächte den Menschen auf den harten Boden sogenannter Tatsachen stellen, möchten die luziferischen Gewalten ihn von solchen Kleinlichkeiten befreien und auf die Höhen des Selbsterlebens führen. Als polarische Mächte treten diese Kräfte für den Menschen immer gemeinsam auf. Man könnte zum Beispiel eine Maschine als ahrimanische Konstruktion bezeichnen, die Begierden und Wünsche jedoch, denen die Maschine dient, wären als luziferisch anzusprechen.

Über die Prüfung durch die Gefahren des naturwissenschaftlichen Denkens berichtet er in *Mein Lebensgang*:

«Ich sah in dem Denken, das aus der Naturerkenntnis folgen kann – aber damals nicht folgte – die Grundlage, auf der die Menschen die Einsicht in die Geistwelt erlangen konnten. Ich betonte deshalb scharf die Erkenntnis der Naturgrundlage, die zur Geist-Erkenntnis führen muß. Für denjenigen, der nicht wie ich erlebend in der Geistwelt steht, bedeutet ein solches Sich-Versenken in eine Denkrichtung eine bloße Gedankenbetätigung. Für den, der die Geist-Welt erlebt, bedeutet sie etwas wesentlich anderes. Er wird in die Nähe von Wesen in der Geist-Welt gebracht, die eine solche Denkrichtung zur allein herrschenden machen wollen. Da ist Einseitigkeit in der Erkenntnis nicht bloß der Anlaß zu abstrakter Verirrung; da ist geist-lebendiger Verkehr mit Wesen, was in der Menschenwelt Irrtum ist. Von ahrimanischen Wesenheiten habe ich später gesprochen, wenn ich in diese Richtung weisen wollte. Für sie ist absolute Wahrheit, daß die Welt Maschine sein müsse. Sie leben in einer Welt, die an die sinnenfällige unmittelbar angrenzt.

Mit meinen eigenen Ideen bin ich keinen Augenblick dieser Welt verfallen. Auch nicht im Unbewußten. Denn ich wachte sorgfältig darüber, daß sich all mein Erkennen im *besonnenen* Bewußtsein vollzog. Um so bewußter war auch mein innerer Kampf gegen die dämonischen Mächte, die nicht aus der Naturerkenntnis Geist-Anschauung, sondern mechanistisch materialistische Denkart werden lassen wollten.» (28/363f)

Man kann diese Auseinandersetzung im Verhältnis zum Darwinismus

Abb. 59:
Ernst Haeckel (1834 – 1919).
«Er war eine bezaubernde Persönlichkeit. Ein Augenpaar, das naiv in die Welt blickte, so milde, daß man das Gefühl hatte, dieser Blick müßte sich brechen, wenn Schärfe des Denkens sich durch ihn durchdränge.» (28/221)

und zu Haeckel sehr gut verfolgen. Wenn Steiner schreibt, daß er «scharf die Erkenntnis der Naturgrundlage», die zur Geist-Erkenntnis führen muß, betont, so findet man dieses scharfe Betonen in seinem Eintreten für das Berechtigte der Haeckelschen Denkart. Ausdruck dieses Eintretens für Haeckel sind verschiedene größere Arbeiten: erstens die im August 1899 geschriebene Schrift *Haeckel und seine Gegner*, zweitens die im September 1900 verfaßten Aufsätze «Die Kämpfe um Haeckels Welträtsel» und «Bartholomäus Carneri, der Ethiker des Darwinismus» und schließlich das Kapitel «Darwinismus und Weltanschauung» im zweiten Bande von *Welt- und Lebensanschauungen im neunzehnten Jahrhundert.* Bei diesem letztgenannten Kapitel ist bemerkenswert, daß es von Steiner 1914 praktisch unverändert in das Buch *Rätsel der Philosophie* übernommen wurde, während er andere Passagen des Buches weitgehend umgestaltete und neue Akzente setzte. Das zeigt, daß er seine im Jahre 1900 eingenommene Position auch 1914 weiterhin billigte.

Haeckel, Darwin folgend, legte Nachdruck auf die natürliche Entwicklung der Lebewesen und der Arten. Er verneinte eine übernatürliche Schöpfung der Arten und dachte die Natur als einheitliches Ganzes; dabei stützte er sich auf Beobachtung und konnte ja auch bei der Individual-Entwicklung des Menschen zeigen, daß alles ganz naturgemäß zugehe: Der Mensch entwickelt sich aus dem befruchteten Ei. Haeckel war der Mann, der aus den Tatsachen mutig Konsequenzen zog, und nicht wie seine Gegner darüber spekulierte, wie die Konsequenzen zu umgehen seien. Die Gegner Haeckels wollten den Schöpfungs- und Zweckgedanken retten. So hatte Arthur Drews geschrieben: «‹Auch das menschliche Kunstwerk kommt auf mechanische Weise zustande, wenn man nämlich nur die äußerliche Aufeinanderfolge der einzelnen Momente dabei im Auge hat, ohne darauf zu reflektieren, daß hinter diesem allem doch nur der Gedanke des Künstlers steckt; dennoch würde man denjenigen mit Recht für einen Narren halten, der etwa behaupten wollte, das Kunstwerk sei rein mechanisch entstanden.›» In diesem Sinne war auch für Eduard von Hartmann der «Kampf ums Dasein» «nur ein Handlanger der *Idee*» (30/175).

Steiner verteidigte Haeckel gegen diese und andere Gegner, die durch höchst anthropomorphe und simple Analogien den alten Glauben retten wollten und nicht bereit waren, die Konsequenzen der Naturerkenntnis zu ziehen. Er wußte, daß es nicht nur hoffnungslos, sondern auch falsch war, das Natürliche durch anthropomorphe Analogien zu erklären. So schrieb er: «Wie entsteht das logische Denken, wie das ästhetische Urteil als Funktion des Gehirnes? Über diese Frage allein spricht sich die vergleichende Physiologie und Gehirnanatomie aus. Und diese zeigen, daß das vernünftige Bewußtsein nicht für sich abgesondert existiert und das menschliche Gehirn nur benutzt, um sich durch dasselbe zu äußern, wie der Klavierspieler auf dem Klavier spielt, sondern daß unsere Geisteskräfte ebenso Funktionen der Form-Elemente unseres Gehirns sind, wie ‹jede Kraft die Funktion eines materiellen Körpers ist› (Haeckel, Anthropogenie).» (30/174)

Steiner geht also nicht den Weg, die Naturwissenschaft und ihre Konsequenzen zu bekämpfen. Ihm ist klar, daß man mit dem, was er später «ahrimanische Wesenheiten» nannte, nicht dadurch fertig wird, daß man Wolkenkuckucksheime zum Zweck der Welterklärung erfindet: romantische Fiktionen, in denen gut ruhn ist. Er bleibt im Bereich des Beobachtbaren und Vernünftigen, macht aber anschließend darauf aufmerksam, daß kein naturwissenschaftlicher Denker der Ansicht ist, «daß darüber, was im logischen Sinne wahr oder falsch ist, die körperlichen-organischen Gründe Aufschluß geben können. Die geistigen Zusammenhänge können nur aus dem geistigen Leben heraus erkannt werden.» (30/174) So wie für die äußere, sinnlich zu beobachtende Natur die Einsichten gelten, die eine richtige Naturwissenschaft aus ihren Forschungen gewinnt, so gilt für die Natur des Geistes, was die Geisteswissenschaft beobachtet. Völlig unbefangen weist Steiner hier nach naturwissenschaftlicher Methode auf ein Tatsachenfeld, das die Selbständigkeit und Eigengesetzlichkeit des Geistes evident macht. Der Materialismus wird also nicht dadurch überwunden, daß man recht verstandene naturwissenschaftliche Tatsachen wie den Zusammenhang von Denken und Gehirn bestreitet, sondern dadurch, daß man die Beobachtung auf Weiteres lenkt: auf die Gesetze des Geistes, die sich im Denken offenbaren und die ganz offensichtlich selbständig sind. Auf diese Weise können einem die ahrimanischen Wesen nichts anhaben, man verweist sie vielmehr in den Bereich, in den sie gehören. Man wirft sich aber nicht auf der Flucht vor den ahrimanischen Wesen den ihnen entgegengesetzten luziferischen Wesen in die Arme, wie man es tut, wenn man eine nichtbeobachtbare Welt erfindet, in der es spukt.

Steiner folgt hier den Worten des alten Faust, der, bevor er von der Sorge ergriffen wird und erblindet, sein Bekenntnis spricht:

> Nach drüben ist die Aussicht uns verrannt;
> Tor, wer dorthin die Augen blinzelnd richtet,
> Sich über Wolken seinesgleichen dichtet!
> Er stehe fest und sehe hier sich um;
> Dem Tüchtigen ist diese Welt nicht stumm.

Aber in dieser Welt, im Hier und Jetzt zeigen sich nicht nur äußere Beobachtungen, sondern auch geistige Tatsachen. Das hatte Rudolf Steiner von Anfang an in allen seinen Werken betont und sich durch die Bewahrung dieser Einsicht auf die «Prüfung» vorbereitet. In *Haeckel und seine Gegner* faßt er diese Einsicht nochmals zusammen:

«Beobachtung und Denken sind die beiden Quellen unserer Erkenntnisse über die Dinge. Das gilt für alle Dinge und Vorgänge, nur nicht für das denkende Bewußtsein selbst. Ihm können wir durch keine Erklärung etwas hinzufügen, was nicht schon in der Beobachtung liegt. Es liefert uns die Gesetze für alles andere, es liefert uns zugleich auch seine eigenen. Wenn wir die Richtigkeit eines Naturgesetzes dartun wollen, so vollbringen wir dies dadurch, daß wir Beobachtungen, Wahrnehmungen unterscheiden, ordnen, Schlüsse ziehen, also uns Begriffe und Ideen über die Erfahrungen mit Hilfe des Denkens bilden. Über die Richtigkeit des Denkens entscheidet nur das Denken selbst. So ist es das Denken, das uns bei allem Weltgeschehen über die bloße Beobachtung, nicht aber über sich selbst hinausführt.» (30/176f)

Wer also seinen Blick auf das Wesentliche des Denkens, nämlich auf die inhaltliche Tätigkeit richtet, findet, daß es unmöglich ist, die Inhalte und die Gesetzmäßigkeit des *Denkens* durch anderes zu erklären. Das Denken erklärt sich inhaltlich selbst. Welche Rolle das Gehirn beim Zustandekommen des Denkens spielt, kann ebenfalls nur durch das Denken ermittelt werden. Damit zeigen sich das Denken und der im Denken erscheinende Geist als weltbestimmende Macht. Daran hat Steiner immer festgehalten. Deshalb durfte er in einem Vortrag rückschauend sagen: «Bei diesen Lebensbeobachtungen ... muß ich erwähnen, daß für mich in der Zeit, als ich solche Lebensbeobachtungen zu machen vom Schicksale gedrängt war, niemals irgendwie der Zusammenhang mit der geistigen Welt, das Drinnenstehen in der geistigen Welt irgendwie abgerissen war. Es war immer da.» (258/20)

Indem der menschliche Geist seine Souveränität gegenüber dem Tatsächlichen bewahrt, ohne die beobachtbare Tatsächlichkeit zu bestreiten oder zu verfälschen, werden die ahrimanischen Wesen in ihre Schranken verwiesen. Die von ihnen immer wieder versuchten Grenzüberschreitungen, die den Geist oder die Gesellschaft mechanisch als Maschine der einen oder anderen Art interpretieren wollen, werden durch den Hinweis auf die inhaltlich selbständige Natur des Denkens gegenstandslos.

Der zweite Gesichtspunkt, von dem aus das Inhaltlich-Wesentliche dieser *Prüfungszeit* in den Blick kommt, ergibt sich, wenn man die Probleme des ethischen Individualismus bedenkt. In seiner Studie über den *Egoismus in der Philosophie* hatte Steiner seine eigene Position mit den Worten umrissen, «daß im Ich das Wesen aller Dinge» liege (30/150). Eine solche Formulierung ist zweischneidig. Versteht man das «Ich» als abgeschlossene Persönlichkeit, als Zentrum des Eigenwillens, so droht die Gefahr des Titanismus, der Hybris. Das Problem der Kommunikation, der Weltoffenheit des Ich, das in der Welt lebt, wird ausgeblendet. Diese Gefahr lag nun eindeutig in der Philosophie

Max Stirners vor, mit der Rudolf Steiner übereinzustimmen meinte (39/193; 30/148).

Nun findet sich im ersten Bande der *Welt- und Lebensanschauungen im neunzehnten Jahrhundert* eine Passage, die uns dieses Problem präsentiert. Steiner schildert Stirner als den Verfechter der absoluten Souveränität des Individuums. Durch radikale Kritik aller das «Ich» unterdrückenden Mächte, durch Überwindung der außerweltlichen Menschenbestimmung habe Stirner das «Ich» befreit. «Wie aus der Pistole geschossen, erscheint durch ihn das freie, souveräne Individuum auf dem Plane der Weltanschauungsentwickelung. Durch geniale Intuition hat er es erkannt.» (a. a. O., S. 167) Steiner rühmt den «Zerstörungskampf» Stirners gegen die Illusionen, von denen der Mensch sich abhängig gemacht hat:

«Durch den wirklich frei denkenden Stirner kann man sehen, wie groß der Hang des Menschen ist, sich irgendeiner Macht in die Arme zu werfen. Glaubt nicht zum Beispiel Bruno Bauer den Menschen vollkommen zu befreien, indem er ihn zum *denkenden* Menschen machen will? Aber macht er ihn nicht dadurch gerade wieder abhängig, nämlich vom *Denken.* Der Mensch soll nicht der Sklave von Religion, Recht, Staat, Gesetz u.s.w. sein, er soll durch sein Denken nicht einmal einen bestimmten Gedankeninhalt hervorbringen, damit er nicht von einem solchen abhängig sei. Aber er soll sich doch rückhaltlos dem Denken ausliefern, sich zu dessen Sklaven machen.» (a. a. O., S. 159)

In dieser ganz voluntaristischen Fassung des «Ich», in der ein Gegensatz zwischen «Ich» und Denken postuliert wird, liegt die *notwendige* Gefahr. Diese Gefahr kann nicht dadurch umgangen werden, daß man vorsorglich das «richtige» Denken dem Ich von vorneherein als höhere Macht einokuliert. Jedes wirkliche Individuum geht nolens volens durch den Punkt des Eigenwillens und des selbständigen Denkens und muß dann sehen, was dabei herauskommt.

Nun war diese Erfahrung für Steiner nicht nur eine theoretische Frage, sie trat ihm in einer Person entgegen. Im Jahre 1898/99 schloß Steiner Freundschaft mit John Henry Mackay, dem Vertreter des Individualismus Stirnerscher Prägung in Berlin. «Ich faßte eine große Liebe zu dem Manne.» (28/370) In einem offenen Brief an Mackay bekannte er: «Ich lege Wert darauf, von Ihnen als Gesinnungsgenosse angesprochen zu werden.» (39/370) Die Herzlichkeit der Beziehung wird auch durch die

*Abb. 60:
John Henry Mackay (1864 – 1933), Herausgeber der Schriften Max Stirners und Vorkämpfer des individualistischen Anarchismus. «Ich lege Wert darauf von Ihnen als Gesinnungsgenosse angesprochen zu werden.» Steiner, 1898 (31/284)*

Tatsache illustriert, daß Steiner seinen Freund Mackay bat, bei seiner Trauung mit Anna Eunike als Trauzeuge zu fungieren, was dieser auch tat. In *Mein Lebensgang* faßt Steiner nun die innere Bedeutung dieser philosophischen und persönlichen Begegnung zusammen:

«Das Schicksal hatte nun mein Erlebnis mit J. H. Mackay und mit Stirner so gewendet, daß ich da untertauchen mußte in eine Gedankenwelt, die mir zur *geistigen Prüfung* wurde. Mein ethischer Individualismus war als reines Innen-Erlebnis des Menschen empfunden. Mir lag ganz fern, als ich ihn ausbildete, ihn zur Grundlage einer politischen Anschauung zu machen. Damals nun, um 1898 herum, sollte meine Seele mit dem rein ethischen Individualismus in eine Art Abgrund gerissen werden. Er sollte aus einem rein-menschlich Innerlichen zu etwas Äußerlichem gemacht werden. Das Esoterische sollte ins Exoterische abgelenkt werden.» (28/372)

Erst nach der Jahrhundertwende, so fährt Steiner fort, nachdem er sein Erleben so weiterentwickelt hatte, wie es in *Die Mystik im Aufgange des neuzeitlichen Geisteslebens und ihr Verhältnis zur modernen Weltanschauung* und in *Das Christententum als mystische Tatsache und die Mysterien des Altertums* zum Ausdruck kommt, «stand, nach der

Prüfung, der ‹ethische Individualismus› wieder an seinem richtigen Orte» (28/372).

Diese Darstellung hat einen anderen Klang als jene, in der Steiner sein Verhältnis zur Naturwissenschaft und den Kampf mit den ahrimanischen Mächten schildert. Nennt er die im Zusammenhang mit der Naturanschauung und den ahrimanischen Wesen geschilderte Prüfung eine «Prüfung der Seele», so spricht er in dem folgenden Kapitel, dem der obige Absatz entnommen ist, von einer «geistigen Prüfung». In bezug auf die ahrimanische Versuchung kann er sagen: «Mit meinen eigenen Ideen bin ich keinen Augenblick dieser Welt verfallen.» (28/364). Im folgenden Kapitel hingegen ist ausdrücklich von einer Gefährdung die Rede: Es «sollte meine Seele mit dem rein ethischen Individualismus in eine Art Abgrund gerissen werden». Und er fügt abschließend hinzu: «Ein inneres Bewegtsein, das alle meine Seelenkräfte in Wogen und Wellen brachte, war damals mein inneres Erlebnis.» (28/373)

Ferner: Erst im «Beginne des neuen Jahrhunderts» stand nach der Erweiterung des geistigen Umkreises der Individualismus wieder «an seinem richtigen Orte» (28/372). In den letzten Jahren des alten Jahrhunderts jedoch fand die Prüfung ihren Ausdruck in «gewissen allzu radikal erscheinenden Äußerungen» und Ausdrucksformen, namentlich dann, wenn Steiner von «sozialen Dingen sprach» (28/373). Offensichtlich meint Steiner damit die einseitige Betonung des Individualismus. Beispiele dafür finden sich unter anderem in dem *offenen Brief* an John Henry Mackay, wo davon die Rede ist, daß sich die Individuen im völlig freien Konkurrenzkampf zur Geltung bringen sollten und Steiner jeglicher Gewalt und Autorität, die sich im Staat manifestiert, den Kampf ansagt (39/371f).

Damit ist das Problem in philosophischer Form umrissen.

Esoterisch kann man in der einseitigen Betonung des Individuums und seiner unbeschränkten Freiheit einen luziferischen Impuls erblikken. Dieser luziferische Impuls ist in einem gewissen Sinne auf jedem geistigen Entwicklungsweg notwendig: Der Strebende muß sich von den Fesseln der Welt und der Umwelt befreien, wenn er sich höher in die geistige Welt hinaufarbeitet. Der geistig sich Entwickelnde kann nicht als schwache Persönlichkeit, als Neutrum in die höhere geistige Welt eintreten. Diese Stärke der geistigen Person, diese Kraft des Ich ist im geistigen Bereich auch ganz berechtigt. Sie wird indes zu etwas Unberechtigtem, wenn sie sich in anderen Weltgebieten geltend macht, etwa im äußeren Leben, im wirtschaftlichen Handeln (17/52-65). Andererseits kann allein das starke Ich wirklich Welt in sich aufnehmen und leben lassen.

Nun spricht Rudolf Steiner in unserem Zusammenhang von dem Abgrund, in den er gerissen werden sollte. Man würde Steiner nicht richtig verstehen, wenn man das Wort *Abgrund* als naive Metapher lesen würde. Das Wort Abgrund wird von Steiner in wichtigsten Zusammenhängen als okkulter Terminus verwendet. Wenn man das im Sinn behält, erscheint das Folgende im rechten Licht.

Friedrich Rittelmeyer berichtet in seinen Erinnerungen von vertraulichen Gesprächen mit Rudolf Steiner, in deren Verlauf dieser über sein eigenes Leben erzählte: «Das Eindrucksvollste war, wie er von den großen Lehrern sprach, die seinen Weg kreuzten. Außerordentliche Geistesmenschen, der Öffentlichkeit völlig unbekannt, waren in der rechten Stunde zur Stelle, halfen ihm in den entscheidenden Jahren zum Erkennen und Entwickeln seiner Fähigkeiten und standen gewissermaßen Pate beim Aufleuchten seiner Lebensmission. ... Unvergeßlich ist mir besonders der Blick, mit dem Rudolf Steiner von dem einen dieser beiden Geistesmenschen sagte: ‹Das war eine sehr bedeutende Persönlichkeit!› Sein Auge schaute ihm gleichsam lange nach. Und in dem Blick lag die Verehrung, die ein großer Wissender einem anderen Großen zollte. Daß er einmal von einem ‹Meister› plötzlich gerettet wurde, als er etwas zu tun im Begriff war, das ihm ‹den Tod gebracht hätte›, hat er mir später erzählt.» (Rittelmeyer 1980, S. 102 u. 103)

Aus Steiners eigener Darstellung wissen wir bereits von jener Begegnung mit seinem okkulten Lehrer, die im einundzwanzigsten, zweiundzwanzigsten Lebensjahr stattfand. Hier nun, an dieser Stelle, am «Abgrund» ruft ihn der andere der beiden Lehrer. Ohne zu sagen, daß es sich hier um eine autobiographische Darstellung handelt, hat Rudolf Steiner diese Begegnung mit jener Individualität, die in der geistigen Welt als Christian Rosenkreutz bezeichnet wird, beschrieben:

«Es geschieht diese Erwählung durch Christian Rosenkreutz so, daß irgendein Mensch in seinem Leben an einen entscheidenden Wendepunkt, an eine karmische Krise herankommt. Nehmen wir zum Beispiel an, ein Mensch sei im Begriff, eine Sache zu begehen, die ihn zum Tode führen würde. ... Der Mensch geht einen Weg, der für ihn sehr gefährlich werden kann, vielleicht bis in die Nähe eines Abgrundes, ohne es zu bemerken. Es geschieht dann, daß der Betreffende vielleicht wenige Schritte vor dem Abgrund eine Stimmer hört: Halt ein! – so daß er halten muß, ohne zu wissen warum. ... Das Ereignis ist immer so gestaltet, daß der Betreffende ganz genau weiß, daß die Stimme aus der geistigen Welt kam.» (130/69f)

Man kann den Eindruck gewinnen, daß durch die Zusammenschau dieser verschiedenen Mitteilungen Steiners durchsichtig wird, was sich hinter den Kulissen der äußeren Ereignisse geistig abgespielt hat. Es ist müßig, hier über Einzelheiten oder genaue Daten zu spekulieren. Zu erwähnen ist aber eine Aussage von Emil Bock, der aufgrund seiner Forschungen angibt, daß Rudolf Steiner «im Jahre 1899 einmal von einem Tag auf den anderen seine ganze Lebensart verändert» habe (Bock 1961, S. 164). Vielleicht sollte auch noch hinzugefügt werden, daß ein solcher *Ruf am Abgrund* eine neue und höhere Freiheit schenkt und keineswegs ein gängelnder Eingriff in das Schicksal ist.

So wie Rudolf Steiner nach der Begegnung mit seinem ersten okkulten Lehrer durch seinen Aufsatz *Einzig mögliche Kritik der atomistischen Begriffe* Zeugnis von der Begegnung ablegte, so hat er in geistiger Form auch von dieser späteren Begegnung berichtet. Dieser Bericht ist der Aufsatz *Goethes geheime Offenbarung,* der am 28. August 1899 zu Goethes hundertfünfzigstem Geburtstag im *Magazin* erschien. Der Aufsatz entstand also eben zu der Zeit, als Steiner auch Haeckel gegen seine Feinde verteidigte. Rudolf Steiner hatte ein Jahrzehnt mit der geheimen Offenbarung Goethes durch das *Märchen* gelebt. Vorzüglich in seiner letzten Wiener und ersten Weimarer Zeit war er den Geheimnissen dieses Märchens forschend und sinnend nachgegangen. Danach hatte das Märchen-Motiv – wie Steiner berichtet – in seiner Seele «einen Gang in die Unterwelt» angetreten (125/124). Nun stieg es wieder auf.

Schlaglichtartig beleuchtet die 1899 geschriebene Deutung des *Märchens* Steiners eigene innere Situation. In dem *Märchen* wird, auf verschiedene Personen verteilt, das Geheimnis der Verwandlung der menschlichen Seele geschildert. Goethe hatte in seiner inneren Anschauung das Zusammenwirken der unterschiedlichen Seelenkräfte vor Augen. Er läßt neunzehn Figuren erscheinen, die je ihre Rolle in diesem Prozeß spielen. Manch einem wird der Jüngling, die schöne Lilie oder der Alte mit der

Lampe als zentrale Figur in diesem Verwandlungsdrama erscheinen. Bei Steiner aber liest man über die grüne Schlange: «Sie ist das wichtigste Wesen in dem ganzen Prozesse.» (30/91) Bekanntlich ist im *Märchen* die Schlange das Wesen, welches das von den Irrlichtern verschleuderte Gold in inneres Licht verwandelt: Während sie sich am Erdboden entlangtastet, wird ihr die Weisheit durch Lebenserfahrung einverseelt. Und zugleich ist die Schlange die Gestalt, die sich aufopfert, um zu jener Brücke zu werden, die zum gemeinsamen Heile notwendig ist. Das selbstlose Opfer der Schlange steht im Zentrum der Verwandlung. Dieses Opfer wird 1899 in einem ganz bestimmten Sinne gesehen:

«Was ein Mystiker wie Jakob Böhme mit den Worten ausgesprochen hat: der Tod ist die Wurzel alles Lebens, das hat Goethe mit der sich opfernden Schlange zum Ausdruck gebracht. Wer nicht loskommen kann von seinem kleinen Ich, wer nicht imstande ist, das höhere Ich in sich auszubilden, der kann nach Goethes Ansicht nicht zur Vollkommenheit gelangen. Der Mensch muß als einzelner absterben, um als höhere Persönlichkeit wieder aufzuleben. … Im ‹Divan› lesen wir Goethes schönes Wort: ‹Und so lang du das nicht hast, dieses: Stirb und werde! Bist du nur ein trüber Gast auf der dunklen Erde.› Und einer der ‹Sprüche in Prosa› heißt: ‹Man muß seine Existenz aufgeben, um zu existieren.› Die Schlange gibt ihre Existenz auf, um die Brücke zu bilden zur Verbindung der beiden Reiche, dem der Sinnlichkeit und dem der Geistigkeit.» (30/94)

In diesen Worten spiegelt sich der Beginn der Überwindung des einseitigen Individualismus. Man muß sagen: der Beginn, weil gleichzeitig auch noch – bis etwa zum September des Jahres 1900 – der Stirnerschen Form des Individualismus das Wort geredet wird. Zugleich erkennt man aber in der Lebenswirklichkeit des Opfers die christliche Substanz, die gedanklich schon um das Jahr 1888 aufleuchtete. Der Weg, der zur Erkenntnis der christlichen Mysterien führen sollte, war in der Realität des Opfers im Keim angelegt. Dieser Keim entfaltet sich dann in den kommenden Jahren; 1899 beginnt er im Seelenleben Steiners zu wurzeln. Über diese Zeit, in der er äußerlich das Christentum noch ablehnte, heißt es: «In der Zeit, in der ich die dem Wort-Inhalt nach Späterem so widersprechenden Aussprüche über das Christentum tat, war es auch, daß dessen wahrer Inhalt in mir begann keimhaft vor meiner Seele als innere Erkenntnis-Erscheinung sich zu entfalten.» (28/366)

Dreizehn Monate, nachdem dieser Aufsatz geschrieben und erschienen war, hielt Rudolf Steiner am 29. September 1900 seinen ersten anthroposophischen Vortrag über *Goethes geheime Offenbarung.* Diesen Vortrag nannte er 1920 in einer Ansprache unmittelbar vor Eröffnung des ersten Goetheanums die «Urzelle» der anthroposophischen Bewegung: «Die Urzelle war jener Vortrag über Goethes geheime Offenbarung.» (Ansprache 25. September 1920)

Als Rudolf Steiner im Jahre 1910 das *Märchen* in seinem ersten Mysteriendrama auf einer neuen Stufe zur Offenbarung brachte, enthüllte er die Inspirationsquelle dieses Mysteriums, indem er das, was durch ihn gestaltet worden war, ein «Rosenkreuzermysterium» nannte.

1924 schließlich sprach Rudolf Steiner in den Karma-Vorträgen aus, daß in den Miniaturbildern des *Märchens* der Abglanz der realen, geistig-kosmischen Bewegung zu erkennen sei, die dann auf Erden als anthroposophische Bewegung erschien. Das *Märchen* war sozusagen das Zeichen, durch das sich die Anthroposophen-Seelen an ihre vorgeburtlichen Entschlüsse erinnerten. Deshalb hat Rudolf Steiner in den ersten Jahren seiner geisteswissenschaftlichen Tätigkeit immer wieder über das *Märchen* gesprochen.

Über die dritte Prüfung berichtet Rudolf Steiner in *Mein Lebensgang:* «Was damals im Anschauen des Christentums in meiner Seele vorging, war eine starke Prüfung für mich. ... Solche Prüfungen sind die vom Schicksal (Karma) gegebenen Widerstände, die die geistige Entwickelung zu überwinden hat.» (28/363) Das, was ihm als Christentum von außen entgegenkam, was in den Konfessionen und in der Theologie der Zeit vorhanden war, war ihm völlig fremd, und in Übereinstimmung mit Nietzsche hatte er es zurückgewiesen. So sagt er in seiner Autobiographie: «Ich fand das Christentum, das ich suchen mußte, nirgends in den Bekenntnissen vorhanden.» (28/365) Die Suche nach dem wahren Christentum führte ihn in die «Welt, in der das Geistige darüber spricht» (28/365). Damit lenkte er den Blick auf die geistigen Ursprünge des Christentums und auf den Ausdruck, den die christlichen Geheimnisse in der geschichtlichen Entwicklung gefunden hatten. Der erste Niederschlag des Findens, das auf das Suchen folgte, ist dann das Buch *Das Christentum als mystische Tatsache* (1902), in dessen Mittelpunkt die großen Mysterieninhalte von Geburt, Tod und Auferstehung in den verschiedenen Offenbarungsformen, die diese Inhalte hatten, stehen. – Hier mögen diese wenigen vorgreifenden Bemerkungen genügen, denn die Suche nach den christlichen Mysterien wird im 29. Kapitel dieses Buches im Zusammenhang dargestellt.

Im Überblick zeigt sich, daß die dramatische Wende, die sich in den Jahren 1898/99 anbahnt, zwar von einem auf den anderen Tag zu Änderungen des Verhaltens von Rudolf Steiner führte, daß aber der Prozeß der «Prüfung» sich länger hinzog. Steiner selbst nennt die Zeit «von meinem Abschiede von der Weimarer Arbeit bis zu der Ausarbeitung meines Buches: Das ‹Christentum als mystische Tatsache›» (28/363) die Zeit der Prüfung und fügt – wie angeführt – hinzu: «Solche Prüfungen sind die vom Schicksal (Karma) gegebenen Widerstände, die die geistige Entwickelung zu überwinden hat.» Die Prüfungszeit zog sich also durch fünf Jahre hin und ist durch mehrere Etappen gekennzeichnet.

Im Jahre 1899 steht der erste Abschnitt dieser Prüfung vor unserem geistigen Auge, und wir sehen, wie Rudolf Steiner, durch Christian Rosenkreutz gerufen, den Sinn seines Lebens zu ändern beginnt: Er stellt sich in den Dienst anderer Menschen, er realisiert nicht mehr in erster Linie seine eigenen Absichten, sondern er geht auf die Fragen, Lebensbedürfnisse und auf die geistige Verfassung anderer Menschen ein, er wird ein wahrer Lehrer, zunächst an der Arbeiterbildungsschule. So realisiert er praktisch die Idee des «Opfers».

21.

DREI VERSUCHE AN DER JAHRHUNDERTWENDE

Es dürfte wohl im Dezember des Jahres 1898 gewesen sein – die finanzielle Krise des *Magazins* war noch nicht ganz überstanden –, als der Vorstand der sozialdemokratischen Arbeiterbildungsschule mit der Frage an Rudolf Steiner herantrat, ob er den Geschichtsunterricht an der Schule übernehmen könne. Wenige Monate zuvor hatte Steiner noch von «dem sozialdemokratischen Nonsens der Herren Marx, Engels und Liebknecht» geschrieben (31/262) und auch sonst seine Abneigung gegen die Sozialdemokratie mehrfach kundgetan. Nun jedoch sah er die «schöne Aufgabe vor» sich, «gereifte Männer und Frauen aus dem Arbeiterstande zu belehren» (28/375). – So erklärte Steiner dem Vorstande, wenn er auf seine Art Geschichte unterrichten dürfe und nicht nach der Marxschen Schablone, wolle er den Unterricht übernehmen. Der Vorstand der Schule ging auf das Angebot ein. Steiner seinerseits dürfte das wenn auch schmale Honorar, das die Schule zahlte, in diesen Jahren nicht unwillkommen gewesen sein.

Ein Schüler der Schule schildert das Erscheinungsbild Steiners: «So einen Lehrer habe ich nie wieder gehabt. Eine hagere Gestalt, fast schäbig angezogen. Er trug immer einen alten Gehrock, die Hosen sahen aus wie Korkenzieher, viel zu kurz und ebenso abgetragen. Anfangs trug er einen Spitzbart, dann einen Schnurrbart, später ging er bartlos. ... Aber alle hingen mit großer Liebe an ihm, und ich wäre, wie wohl die meisten, für ihn durchs Feuer gegangen. ... Er war von einer Liebe und Güte, wie ich es bei keinem Menschen wieder angetroffen habe. – Sonderbar, ich sprach öfters mit meiner Braut darüber, ob er tatsächlich so arm wäre, denn in der Pause zog er immer eine trockene Schrippe aus der Tasche und aß sie, so eigentlich recht vergnügt, auf. – Aber wenn ihr denkt, sie hätten ihn in der Pause in Ruhe gelassen, weit gefehlt. Die ganze Bande rückte ihm auf den Leib, und des Fragens war kein Ende.» (B 111, S. 14)

Johanna Mücke, die spätere Mitarbeiterin von Marie und Rudolf Steiner und damals wohl Schriftführerin im Vorstand der Arbeiterbildungsschule, berichtet von der mit Spannung erwarteten ersten Unterrichtsstunde Steiners. Bisher nämlich war der Geschichtsunterricht so langweilig gewesen, daß sich die Kurse regelmäßig geleert hatten. «Ein schlanker, dunkler Herr trat vor uns hin, eine für uns Norddeutsche etwas fremdartig klingende, aber machtvolle Stimme ertönte, und alles lauschte mit größter Spannung. Nach dem Schluß des Vortrags hörte man lebhaft und angeregt die Schüler miteinander sprechen. Einer von ihnen, ein besonders tätiger Genosse, ein sehr geweckter Mensch trat auf mich zu und sagte mit einer gewissen Freude: ‹Na, materialistische Geschichtsauffassung war das ja nicht, *aber interessant war es.›* So nahm bald die Teilnehmerzahl der Kurse erheblich zu. «Besonders war es auch neuartig für uns, wie Herr Dr. Steiner die Zuhörer zur lebendigen Anteilnahme an dem Gehörten brachte; sonst hatten wir dem Vortrage still zugehört und waren dann mehr oder weniger befriedigt oder müde nach Hause gegangen. Nun entwickelte sich rasch ein lebhaftes Fragen und Diskutieren; in gütigster, hingebendster Art wurden alle Fragen beantwortet, alle Einwände freundlich angehört und sachlich widerlegt. Bald dehnten sich die Kurse bis 12 Uhr, noch länger aus ...» (Mücke 1955, S. 11)

Im Laufe der Jahre gab Steiner viele Kurse. Die Themen spannten sich weit. So sprach er über Kulturgeschichte von den Anfängen bis zur Gegenwart, über die Französische Revolution im besonderen, über die Geschichte des Industrialismus im 19. Jahrhundert, über Literatur-, Kunst- und Religionsgeschichte, aber auch über Anatomie des Menschen, über die Entwicklung des Weltalls. Er sprach oft zum Stiftungsfest der Arbeiterbildungsschule und hielt Sondervorträge über Gerhart Hauptmann, Ferdinand Freiligrath, Emile Zola, über Goethe und über Haeckels *Welträtsel.* Einmal sprach er über «Moderne Schwarmgeister und Wissenschaft» und setzte die modernen Bestrebungen der «Neuen Gemeinschaft» der Brüder Hart in Parallele zu den Wiedertäufern der Reformationszeit, ein anderes Mal behandelte er die in diesen Kreisen gewagte Frage: «Wie ist wissenschaftlicher Sozialismus möglich?»

Im Jahre 1900 richtete Steiner auch Redeübungen und Übungen im schriftlichen Aufsatz ein. Er folgte hier dem Beispiel seines Lehrers Karl

Julius Schröer, an dessen Redeübungen er zwanzig Jahre zuvor teilgenommen hatte. Die Schüler wurden aufgefordert, über irgendein ihnen am Herzen liegendes Thema zu sprechen, und Steiner gab Anregungen zur Verbesserung des Stils und der Rhetorik. Ein Teilnehmer erzählt, daß Steiner die ihm übergebenen Manuskripte sorgfältig korrigierte und «mit seiner charakteristischen kritzligen Gelehrtenschrift in roter Tinte» Anmerkungen an den Rand schrieb und zu neuer Produktion ermutigte. So stand unter einer Novelle, die ein Arbeiter verfaßt hatte: «Ich freue mich über Ihre Fortschritte. Die Novelle ist druckreif. Arbeiten Sie nur fleißig weiter. Doch merken Sie sich: Vor jedes neue Subjekt kommt ein Komma. Also ‹Er lächelte ihr freundlich zu, und sie ging.› ‹Sie› ist ein neues Subjekt.» (Unger-Winkelried 1934, S. 47)

Des öfteren nahm Steiner mit seiner Frau und deren Töchtern auch an den Sonntagsausflügen der Arbeiter teil: Man lagerte im hohen Gras, es wurde gespielt und gesungen, jüdisch-polnische Arbeiter führten ihre heimatlichen Tänze auf, und es entspannen sich vielfältige Unterhaltungen. «Steiner lagerte mitten unter uns. Wir unterhielten uns, oder wir fragten ihn aus über Bücher und Theater, über alte und neueste Literatur. ... Er erklärte uns die Blüten im Grase, die Farnkräuter, die herumschwirrenden Insekten ... Als wir glaubten, eine Raupe des Tagpfauenauges gefunden zu haben, konnte er uns sagen, daß es die eines Ligusterschwärmers sei, und er gab uns eine genaue Beschreibung der beiden mit all ihren Farben und Zeichen.» (Mücke 1955, S. 52)

Für Rudolf Steiner war die Lehrtätigkeit an der Arbeiterbildungsschule mit der Herausforderung verbunden, sich eine neue Sprache und Darstellungsart anzueignen. Er mußte sich auf seine Zuhörer einstellen, die zwar sehr lernbegierig waren, aber doch in einem spezifischen – heute durch die Medien längst verdrängten – Sprach- und Verständnismilieu lebten. Steiner erinnert sich: «Ich hatte selbstverständlich mit der Geistesart der ‹Schüler› zu tun. Ich mußte in Ausdruckformen sprechen, die mir bis dahin ganz ungewohnt waren. In die Begriffs- und Urteilsformen dieser Leute mußte ich mich hineinfinden, um einigermaßen verstanden zu werden.» (28/375) In den kommenden Jahren sollte Steiner immer wieder in die Lage kommen, sich auf neue Kreise einzustellen: Er mußte sich die Sprache der Theosophen aneignen, er mußte für

Abb. 61: Rudolf Steiner um 1901 in der Arbeiterbildungsschule

Engländer oder Holländer sprechen, zu Wandervögeln oder Theologen. Es ist bemerkenswert, wie weit er seinem jeweiligen Publikum und ihren Interessen und Verständnishorizonten jeweils entgegenkam.

Natürlich hat er in seinen Vorträgen die Arbeiter nicht gegen den Strich gebürstet. Seine Zuhörer waren zumeist von der Arbeit und dem Leben geprägt und dachten – so wie sie geschult waren – materialistisch. Steiner mußte von diesen Vorstellungen ausgehen. Er knüpfte deshalb an jene Tatsachen und Verhältnisse an, wo solche Vorstellungen berechtigt sind, und führte dann langsam zu neuen Einsichten. Wie gut ihm das gelungen ist, zeigt sich in der Tatsache, daß die Gewerkschaft der Setzer und Drucker ihn aufforderte, den Festvortrag zum Gutenberg-Jubiläum zu halten. Man kann diesen Vortrag heute nachlesen (31/341ff), und man wird finden, wie – ausgehend von den technischen Veränderungen – der Wandel des geistigen Lebens durch die Einführung des neuen Mediums meisterhaft beschrieben wird.

Einer der Schüler aus jenen Tagen, Emil Unger-Winkelried, faßt sein Urteil über Steiners Wirken in folgende Worte: «Hätten vaterländisch begeisterte deutsche Akademiker damals sich so hingebend und herzlich der jungen Arbeiterschaft angenommen, so wären die letzten zwanzig Jahre für Deutschland anders verlaufen. Ein so vielseitig begabter Mann wie Steiner hat diesen mühevollen Unterricht bestimmt nicht des kärglichen Honorars wegen erteilt, sondern weil es ihm Freude bereitete und die Schüler ihn vergötterten.» (Unger-Winkelried 1934, S. 47)

Interessanterweise spricht sich Steiner – wenn auch ohne vaterländischen Unterton – in seiner Autobiographie ganz ähnlich aus. «Ich habe den Eindruck, wenn damals von Seite einer größeren Anzahl unbefangener Menschen die Arbeiterbewegung mit Interesse verfolgt und das Proletariat mit Verständnis behandelt worden wäre, so hätte sich diese Bewegung ganz anders entfaltet. Aber man überließ die Leute dem Leben innerhalb ihrer Klasse, und lebte selbst innerhalb der seinigen.» (28/379f) Jedenfalls sah Steiner in dem «Wirken in diesen Kreisen eine Mission» (262/49), und so nahm es ihn sehr mit, als orthodoxe Marxisten – spätestens im Jahre 1903 – mit einer Wühlarbeit gegen ihn begannen. Am 7. Oktober 1904 kam es anläßlich der Generalversammlung der Schule zu einer Aussprache. Rudolf Steiner legte seine Auffassungen dar. Er führte aus, daß er jetzt dieselben Auffassungen wie vor fünf Jahren vertrete, als man ihn an die Schule geholt habe, und er bestritt die generelle Gültigkeit des

Historischen Materialismus. In der folgenden Debatte kam es zu einer fulminanten Redeschlacht, an deren Ende mit nur sieben Gegenstimmen eine Resolution angenommen wurde, in der es hieß, daß Steiner weiterhin das Vertrauen seiner Schüler besitze und in den Kursen der Schule weiter als Lehrer fungieren solle. Doch die Intrigen gegen Rudolf Steiner gingen weiter, und so verabschiedete er sich am 15. Januar 1905 mit der Festrede zum vierzehnten Stiftungsfest von der Schule.

Während man in der Arbeiterschaft dem neuen Jahrhundert in der Hoffnung auf das letzte Gefecht, in Erwartung des Sturzes der alten Gesellschaftsordnung entgegen ging, vollzog sich in den Wissenschaften – zunächst von der Öffentlichkeit kaum bemerkt – eine Revolution. 1898 hatte Marie Curie das Radium als radioaktive Substanz entdeckt und es schließlich 1902 rein darstellen können. Am 14. Dezember des Jahres 1900 trug Max Planck in der Physikalischen Gesellschaft zu Berlin die Gedanken, die zur Grundlage der Quantentheorie werden sollten, vor. Das Zeitalter der modernen Physik, die zur Erforschung der Elementarteilchen führen sollte, hatte begonnen.

In weiten Teilen der bürgerlichen Gesellschaft herrschte Aufbruchsstimmung. Schon waren die ersten Steglitzer Wandervögel, aus denen bald die Jugendbewegung hervorgehen sollte, unterwegs. Die Frauenbewegung, die schon im letzten Jahrzehnt begonnen hatte, ergriff immer weitere Kreise. Die Lebensreform fand immer mehr Anhänger. Ellen Key proklamierte das *Jahrhundert des Kindes* und leitete damit die pädagogische Reformbewegung ein. In der bildenden Kunst ging die Zeit des Impressionismus ihrem Ende zu, seit 1907 zeigten sich die ersten expressionistischen Experimente. In all diesen partikularen Bestrebungen, zu denen auch die Friedensbewegung zu zählen ist, lebte die Ahnung, daß eine neue Zeit anbrechen werde. Im Anschluß an eine der vielen indischen Traditionen hat Steiner später die Jahrhundertwende als das Ende des «Kali Yuga», des finsteren Zeitalters, bezeichnet.

Rudolf Steiner erlebte diese Jahrhundertwende als Ruf zu einem geistigen Erwachen: «Mir schwebte damals vor, wie die Jahrhundertwende ein neues geistiges Licht der Menschheit bringen müsse. Es schien mir, daß die Abgeschlossenheit des menschlichen Denkens und Wollens vom Geiste einen Höhepunkt erreicht hätte. Ein Umschlagen des Werdegangs der Menschheitsentwickelung schien mir eine Notwendigkeit.» (28/367)

«Auf geistigem Gebiet wollte in die Erkenntniserrungenschaften des letzten Drittels des Jahrhunderts ein neues Licht in das Werden der Menschheit hereinbrechen.» (28/381) Unter einer Wende zu neuer Geistigkeit verstand er aber nicht nur einen stimmungsvollen Aufbruch ins Neue, eine diffuse Bewegung zum «Guten» und ein verachtendes Hintersichlassen des Alten. Als zum Beispiel Julius Hart mit seinem Buch *Der neue Gott* und mit seiner *Neuen Gemeinschaft* eine kommende Kultur proklamierte, wehrte er sich. «Das neunzehnte Jahrhundert enthält eine im eminentesten Sinne aufbauende Kultur; es hat zu diesem Aufbau viel, sehr viel zusammengebracht. Julius Hart nimmt den Mund voll und sagt uns, daß wir ein rein Alexandrinisches Jahrhundert, ein Jahrhundert des abstrakten Wissens, der Gelehrsamkeit hinter uns haben. Und dann nimmt er den Mund ebenso voll und verkündet einige allgemeine Sätze, die eine Grundlage bilden sollen für die Kultur des kommenden Jahrhunderts, für den ‹Neuen Gott›.» (32/335f)

Der Rat des Mephisto: «Verachte nur Vernunft und Wissenschaft» war also nicht der Steiners, er wollte nicht ein paar gefühlsschwangere Schlagworte, die kaum den Titel der Abstraktion verdienten, an die Stelle ehrlicher Forschungsarbeit setzen. So suchte er nach Menschen, die ehrlicher strebten, als es die meisten taten. Er fand diese Menschen zunächst im Giordano Bruno-Bund, der sich im Mai des Jahres 1900 unter der Führung Bruno Willes konstituiert hatte. «Darinnen waren wirklich ausgezeichnete Menschen im Stil und Sinn der damaligen Zeit, Menschen, die schon ein gründliches Interesse hatten für dasjenige, für das man dazumal überhaupt Interesse aufbringen konnte. Und sogar in jener abstrakten Weise, in der das auch in der neueren Zeit geschieht, wurde sogar in diesem Giordano Bruno-Bund auf den Geist hingewiesen.» (258/65) Die Diskussionen im Bund hatten Weite, sie erstreckten sich von Haeckel bis zu Hegel, von der Psychologie des genialen Menschen bis zur Vererbungstheorie, und schließlich waren es auch Mitglieder des Bruno-Bundes, die mit der Gründung der «Freien Hochschule» die Initiative für ein soziales Wirken der Wissenschaft ergriffen.

Insgesamt bemühten sich die führenden Persönlichkeiten des Giordano Bruno-Bundes, Steiner mit Verständnis entgegen zu kommen, was damals nicht immer ganz leicht war, weil Steiners Vorstellungen in mancherlei Hinsicht von denen der anderen Mitglieder abwichen. Ihm war zum Beispiel das Gerede von einheitlicher Weltanschauung oder Monis-

Abb. 62: Bruno Wille (1860 – 1928), Begründer des Giordano Bruno-Bundes und Verfasser des Romans «Offenbarungen des Wacholderbaums». «Ein Weltanschauungsbuch aus dem schönsten Natursinn heraus geschrieben, durchdrungen von der Überzeugung, daß Geist aus allem materiellen Dasein spricht.» (28/385)

mus in aller Regel viel zu abstrakt und unreflektiert, und so hat er nach eigenem Bericht – nachdem er sich eine Zeitlang über das gut gemeinte Allgemeine geärgert hatte – die biederen Giordano Bruno-Bündler durch einen Vortrag provoziert, in welchem er das ganz durchdachte System des Thomas von Aquino als konsequenten, in sich gegliederten Monismus präsentierte: «Wirklich, die Leute wußten dazumal nicht, ob ich nicht über Nacht verrückt geworden bin, als ich diesen Vortrag gehalten habe. Sie wußten gar nichts daraus zu machen. Und es waren die erleuchtetsten Köpfe damals. Es fand sich eigentlich nur einer, der dann als eine Art Apologet aufgetreten ist. Das war der Dichter Wolfgang Kirchbach.» (258/67f) Kirchbach fand die Formel, Steiner habe nur zeigen wollen, daß der Katholizismus so stark sei, weil die Monisten zu schwache Gegner seien, und daß man sich geistig besser rüsten sollte.

Trotz dieser und anderer Schwierigkeiten stammt von einem damaligen Vorstandsmitglied des Bundes eine der eindrucksvollsten Beschreibungen Steiners aus jener Zeit. Ihr Verfasser ist der Jurist und Naturwissenschaftler Hermann Friedmann, ein bedeutender Denker, der später eine Morphologie geschrieben hat und in Deutschland nur deshalb unbekannt geblieben ist, weil er Deutschland bereits vor dem Ersten Weltkrieg verließ. Er erinnert sich an den Vorstandskollegen Steiner im Giordano Bruno-Bund, der schon damals «seine esoterischen Wege» ging. Friedmann schreibt: «Ich will nun einiges über Rudolf Steiner sagen. Meine große Auffassung seiner Persönlichkeit habe ich nicht aus bestimmten Eigenschaften desselben gewonnen, sondern aus dem *Verhältnisse,* in dem gewisse seiner Eigenschaften zueinander standen. Wenn ich zum Beispiel sagte, er sei in der Diskussion besonders hervorgetreten, so soll das nicht so verstanden werden, als habe er in der Diskussion viel und eindrucksvoll gesprochen. Das hätten andere auch tun können, ohne daß man ihnen aus diesem Grunde die Eigenschaft der Größe zuerkennen müßte. Zu Themen, die er nicht selbst aufgebracht hatte, äußerte sich Steiner im Gegenteil nur wortkarg oder gar nicht; aber er hörte gleichsam mit allen Organen, und niemand hätte sagen dürfen, daß seine ‹Teilnahme› am Gespräch nicht eine außerordentliche gewesen sei. Ich glaube, er hörte, sah, fühlte und verstand den redenden Menschen. Schon dies wäre ja an sich bewunderungswürdig. Groß aber wurde in meinen Augen erst das Verhältnis dieses beinahe mystischen Schweigens – d. h. des aufgeschlossenen Schweigens des Mystikers im Gegensatz zum Schweigen der Teilnahmslosigkeit –, das *Verhältnis* dieses wortlosen Hörens zur Wucht seiner eigenen Rede am eigenen Thema, wenn er daran zerrte und riß, keuchte und schrie. Aus diesem Verhältnisse ... sprang eine ungeheure Dynamik einen an, entlud sich eine beispiellose Spannung. ... Manchmal sagte er nur einen kurzen Satz: ‹Sie stehen genau da, wo ich stehe, Sie wissen es nur nicht›, und man glaubte es ihm, weil es keine Redensart oder Finte war, sondern die Beweiskraft seiner hingegebensten Aufmerksamkeit an die gegnerische Rede voraus hatte.» (Friedmann 1950, S. 173f)

So wurde Rudolf Steiner, sein Ernst und Einsatz im Giordano Bruno-Bund durchaus positiv erlebt und wahrgenommen. Aber in seinem Sinne verstanden wurde er nicht. Dennoch gab er nicht schnell auf, und er blieb bis zum Jahre 1905 im Giordano Bruno-Bund tätig.

Der zweite Kreis, dem Rudolf Steiner sich anschloß, war der im März des Jahres 1900 von Ludwig Jacobowski begründete Kreis «Die Kommenden», der sich jeden Donnerstag im Nollendorf-Casino in der Kleiststraße traf. Unter der glücklichen Leitung Jacobowskis blühte dieser Klub sehr schnell auf. Im ersten Stock des Nollendorf-Casinos versammelte sich eine bunte Gesellschaft, Dichter, Architekten, Musiker, Journalisten, russische Studenten und hellblonde Skandinavierinnen. Da war zunächst der Freundeskreis Jakobowskis: Clara Viebig und Anselma Heine, von der Jacobowski schrieb: «Ich weiß positiv, daß sie Mondschein aus Lilienkelchen trinkt.» Da war im Hintergrund still lauschend Johannes Schlaf, der zusammen mit Arno Holz als der Begründer des konsequenten Naturalismus galt; in einen grauen Wettermantel gehüllt sah man Peter Hille, der aus seinen Rocktaschen verknüllte oder auf Papier-Manschetten geschriebene Gedichte hervorholte und sie halb improvisierend vorlas; oft in Begleitung Steiners bemerkte man Else Lasker-Schüler, ferner kamen Käthe Kollwitz, Hans Pfitzner, Lulu von Strauß und Tornay, Ernst von Wolzogen, der Völkerkundler Leo Frobenius, der Naturwissenschaftler Hans Ostwald und der Literarhistoriker Samuel Lublinski.

Kaum bestand der Klub drei Monate, als schon auswärtige Besucher diese Kuriosität des freien künstlerisch-literarischen Lebens kennenlernen wollten und Einlaß begehrten. So kam auch der junge Stefan Zweig aus Wien als einer der jüngsten Gäste in diesen Kreis. Zweig verehrte besonders den Ältesten des Kreises, den damals achtundvierzigjährigen Peter Hille. Von Steiner berichtet Zweig – nicht ganz zutreffend: «Rudolf Steiner war in jener Zeit», also 1902, «noch nicht seiner eigenen Lehre nahegekommen, sondern selber noch ein Suchender und Lernender, gelegentlich trug er uns Kommentare zur Farbenlehre Goethes vor, dessen Bild in seiner Darstellung faustischer, paracelsischer wurde. Es war aufregend ihm zuzuhören, denn seine Bildung war stupend und vor allem gegenüber der unseren, die sich allein auf Literatur beschränkte, großartig vielseitig; von seinen Vorträgen und manchem guten privaten Gespräch kehrte ich immer zugleich begeistert und etwas niedergeschlagen nach Hause zurück.» (Zweig, S. 143)

Keine neun Monate nach Gründung der «Kommenden» verstarb Jacobowski dreiunddreißigjährig, von Arbeit aufgezehrt, am 2. Dezember 1900. Der Verlust dieses persönlichen Freundes traf Steiner schwer. Am ersten Jahrestag des Todes schrieb er einer Freundin Jacobowskis: «Es ist mir heute sehr schwer ums Herz. Es ist nun schon ein Jahr: da ging ich in tiefer Betrübnis vom Krankenhaus ‹Urban› nach Hause, mehr betäubt als klar denkend. Und die Wunde, die ich damals erhalten, blutet noch heute schwer.» (39/407) Steiner hat Jacobowski die Grabrede gehalten und seinen Nachlaß redigiert, auch «erbte» er die Leitung der «Kommenden» von Jacobowski.

Anders als im Giordano Bruno-Bund, wo es in erster Linie um gedankliche und weltanschauliche Fragen ging, stand bei den «Kommenden» die künstlerische Produktion, die Präsentation eigener Gedichte und Erzählungen im Vordergrund. Die Leitung der Abende war deshalb eine heikle Sache, denn naturgemäß trafen da auch allerlei Empfindlichkeiten aufeinander. Noch vor dem Tode von Jacobowski war es – Jacobowski selbst war abwesend – zu einem kleineren Eklat gekommen, als der Vorsitzende des Abends Else Lasker-Schüler kränkte. Das hatte einigen Wirbel ausgelöst, zahlreiche Briefe wurden hin- und hergeschrieben, und die «Kommenden» konstituierten sich neu unter Ausschluß des Störenfrieds.

Einer der jüngeren Literaten, der bei den «Kommenden» auftauchte, war Erich Mühsam, ein überzeugter Sozialist, der als revolutionärer Tendenzdichter sich gerne als Anwalt des Teufels gab. Er berichtet in seinen *Unpolitischen Erinnerungen* aus der Zeit, als bereits Steiner die Abende der «Kommenden» leitete: «Der Ort, wo die Geister sich allwöchentlich raufen durften, um den besten Platz auf dem Parnaß zu erobern, war das Nollendorf-Casino in der Kleiststraße. Dort tagten jeden Freitag ‹Die Kommenden›, eine lose Vereinigung der jungen Dichter und Künstler. Ihr Gründer war Ludwig Jacobowski gewesen. Er war, als mich Margarete Beutler in diese Gemeinde einführte, schon tot. Als Leiter der Abende fungierte Dr. Rudolf Steiner. ... Die literarischen Diskussionen dirigierte er mit viel Geschick, provozierte scharfe Polemiken, trieb mit unauffälliger Regie möglichst heterogene Charaktere gegeneinander und beendete schließlich die erregten Debatten mit einem ausgleichenden Sermon ...» Das mißfiel Mühsam, der selbstverständlich Partei war, und er glaubte deshalb in Steiners ausgleichenden Schlußworten einen «falschen Unterton mitschwingen zu hören» (Mühsam 1978, S. 516f)

Auf die Dauer war der schiere Literatur-Betrieb nicht durchzuhalten. Rudolf Steiner ermunterte Mitglieder des Kreises, Vorträge zu halten. So sprach zum Beispiel Eugen Reichel mehrfach über Gottsched (vgl. 32/401-415), auch Wolfgang Kirchbach und andere dürften vortragend zu den Abenden beigetragen haben. Im Oktober 1901 jedoch ging Steiner dazu über, selbst religionsgeschichtliche Vorträge unter dem Titel «Von

Buddha zu Christus» zu halten. Im folgenden Jahr folgte eine Vortragsreihe «Von Zarathustra bis Nietzsche. Entwicklungsgeschichte der Menschheit an Hand der Weltanschauungen von den ältesten orientalischen Zeiten bis zur Gegenwart, oder Anthroposophie». Es dürfte kein Zufall sein, daß von diesen Vortragsreihen kein Bericht, kein Zeugnis in der Memoiren-Literatur vorliegt. Die Vorträge versickerten sozusagen im Publikum, denn die Zuhörer Steiners waren eigentlich nur bereit, sich von seinen Ausführungen anregen zu lassen und sie literarisch aufzunehmen. Für Steiner selbst war es jedoch wichtig, auch diesen Versuch zu machen, seine Saat möglichst breit auszustreuen: in der Arbeiterschaft, im Giordano Bruno-Bund, im Kreis der «Kommenden», denn nur durch diese vielfachen Versuche konnte er das Leben, das Schicksal erkunden: Er stellte durch seine Versuche Fragen an das Schicksal, und das Schicksal gab Antwort.

Marie Steiner, damals Marie von Sivers, hat die letzte Phase der Tätigkeit Steiners im Winter 1902/03 noch miterlebt. Sie war bereits zu jener Zeit Steiners wichtigste Mitarbeiterin, und so hat er sie zu den Abenden bei den «Kommenden» mitgenommen. Der streng erzogenen Aristokratentochter mißfiel das ganze Milieu, in dem sich Steiner selbst ganz unbefangen bewegte: «Es war ein literarischer Zirkel, in dem das Allermodernste an Dichtung zu erleben war: ‹Die Kommenden›. Man fragte sich staunend, wie Rudolf Steiner da hineingeraten sei. ... Aber wie ein verkappter Prinz unter Raben, so sah er eigentlich dort aus. Denn die Flügel jener Dichter und Dichterinnen hingen schwer an den Boden herab; der Alltagsstaub klebte ihnen an, die Nervenpeitsche Berlins flakkerte in ihren Augen, die unästhetische Umgebung breitete einen grauen Mantel um sie. So traten sie hervor und so trugen sie vor: Dolorosa, Maria Magdalena – das waren die bevorzugten Dichterinnen. Seltsam wirkten sie und bedrückend. Wie ein künstlich aufgepeitschtes Treibhaus. Herren traten an den Tisch. Mir ist die müde Lässigkeit und Ausgelöschtheit einiger besonders in der Erinnerung.» (M. Steiner, *Erinnerungen II,* 1952, S. 22)

Steiner selbst hat das wohl etwas anders gesehen, es war ja erst wenige Jahre her, seit er mit Hartleben und anderen am «Verbrechertisch» gesessen hatte. Für ihn eröffnete sich ein Blick in viele heimatlose Seelen und eine erweiterte Beobachtung des Lebens. So gilt wohl auch für seine Erfahrungen im Kreis der «Kommenden», was er über seine beobachtende Teilnahme an einem Wiener Kreis erzählt: «Natürlich war dies Beobachten nicht ein Beobachten mit einer kalten Hundeschnauze, sondern mit herzlich warmem Anteil, und ohne daß man ein Beobachter sein will, indem man eben mit drinnen ist – in aller Freundlichkeit und Liebenswürdigkeit und Höflichkeit selbstverständlich. So stand man darinnen und lernte die Menschen kennen, nicht um sie zu beobachten, sondern weil es das Leben von selber natürlich ergab.» (258/21)

22.

DER WEG IN DIE THEOSOPHISCHE GESELLSCHAFT

Im Spätsommer des Jahres 1900 muß sich Rudolf Steiner recht schnell entschlossen haben, die Redaktion des *Magazins für Litteratur* in andere Hände zu übergeben. Was im einzelnen den schnellen Entschluß herbeigeführt hat, wissen wir nicht. Bekannt ist aber, daß die aufreibende redaktionelle Arbeit nicht ausreichte, um den Lebensunterhalt Steiners zu sichern. Ständig war er darauf angewiesen, durch andere Tätigkeiten Geld zu verdienen. Wie es auch heute oft genug geschieht, unterstützte das «brüderliche» Geistesleben das «freie» Wirtschaftsleben. In dem Artikel, mit dem er sich von den Lesern des *Magazins* verabschiedet, spricht Steiner von den Opfern «mannigfaltigster Art», die er für das Blatt gebracht habe: «Ich darf sagen, daß ich drei Jahre willig der Sache wegen diese Opfer gebracht, diese Kämpfe auf mich genommen habe. Die Zustimmung so mancher Persönlichkeit, die mir schätzbar ist, hat mir über vieles hinweggeholfen. Länger diese Opfer zu bringen, übersteigt meine Kräfte.» (29/449f) Das war deutlich!

Offensichtlich aber wußte Steiner, als er den Entschluß zur Niederlegung der Redaktion faßte, noch nicht, wie er weiter seinen Lebensunterhalt bestreiten sollte. Erst in der zweiten Septemberhälfte bemühte er sich um eine Dozentur an der Humboldt-Akademie, doch sein Gesuch kam, wie man einem Brief Jacobowskis an Steiner entnimmt, zu spät.

Nun ereignete sich etwas Merkwürdiges. Nach dem Tode Nietzsches am 25. August 1900 hatte Steiner drei Gedenkreden auf Nietzsche gehalten. Eine dieser Reden muß ein Fräulein Schwiebs, Mitglied eines theosophischen Kreises, der sich um die Gräfin Brockdorff gesammelt hatte, entweder gehört oder davon erfahren haben. Sie empfahl Steiner der Gräfin, die bei Steiner anfragte, ob er seinen Nietzsche-Vortrag auch in der *Theosophischen Bibliothek* halten wolle (261/47). Am 22. September hielt Steiner diesen Vortrag, und er dürfte dabei Nietzsche als einen Menschen charakterisiert haben, der durch sein tiefes Erleben der großen Weltanschauungsfragen der Zeit Interesse beanspruchen kann: «Was die meisten nur mit dem Kopfe durchlebt haben, die Wandlung eines alten in einen neuen Glauben: das wurde für Nietzsche ein ganz persönliches, sein Herz zermarterndes, individuelles Erlebnis.» (31/487). Nun geschah das Seltsame und keineswegs Selbstverständliche: Die Art, wie Steiner sprach, ergriff die Zuhörer so, daß die Gräfin Brockdorff ihn unmittelbar nach dem Vortrag aufforderte, in der nächsten Woche einen zweiten Vortrag zu halten.

Steiner hatte seinerseits bemerkt, daß unter den Zuhörern einige waren, die ganz konkrete geistige Interessen hatten, deshalb schlug er als Thema *Goethes geheime Offenbarung* vor. Am 29. September also sprach Steiner anhand von Goethes *Märchen* über die Prozesse der seelischen Verwandlung. Hier wagte er es zum ersten Mal, die seelische Alchymie des «Stirb und werde» geistig anschaulich zu schildern. Er berichtet: «Und in *diesem* Vortrag wurde ich in Anknüpfung an das Märchen ganz esoterisch. Es war ein wichtiges Erlebnis für mich, in Worten, die aus der Geistwelt heraus geprägt waren, sprechen zu können, nachdem ich bisher in meiner Berliner Zeit durch die Verhältnisse gezwungen war, das Geistige nur durch meine Darstellungen durchleuchten zu lassen.» (28/392f)

Dieser Vortrag fand ganz offensichtlich bei den Anwesenden ein so deutliches Echo, daß sich die Gräfin Brockdorff entschloß, das theosophische Leben, das in Berlin seit einiger Zeit geschlummert hatte, neu aufleben zu lassen; und sie forderte Steiner auf, eine ganze Reihe von Vorträgen zu halten. Steiner, von der Last der Redaktionsarbeit befreit, sagte gerne zu und schlug vor, über die deutsche Mystik zu sprechen. Schon in der Woche darauf, am 6. Oktober, begannen die Vorträge, und sie wuchsen zu einer stattlichen Reihe von mehr als zwanzig Vorträgen heran.

An dieser Stelle muß erstens deutlich gesehen werden, daß Steiner in keiner Weise an die üblichen Inhalte der damaligen Theosophie - Blavatskys, Sinnetts oder Besants anknüpfte. Diese theosophische Literatur war ihm damals zum größten Teil auch ganz unbekannt. Ebensowenig nahm Steiner auf die alten indischen Überlieferungen Bezug.

Das Wirken innerhalb der theosophischen Kreise begann mit der Anknüpfung an Goethe, und in den kommenden Jahren griff er dasselbe Motiv – Goethes *Märchen* – noch etwa zwanzig Mal wieder auf. Der Vortragskurs über die Mystik, der am 6. Oktober begann, nahm ein zweites Grundmotiv der abendländischen Geistesentwicklung auf. Rudolf Steiner begann diese Reihe mit den Worten des delphischen Apoll «Erkenne dich selbst». Dieses Wort wird im Anschluß an Gedanken von Valentin Weigel, Hegel und Fichte ausgelegt. So hat sich Rudolf Steiner von Beginn an ganz eindeutig mit seiner theosophischen Arbeit in die abendländische Geistesströmung hereingestellt, die als individuelles Streben einzelner Menschen in vielen Formen zum Vorschein kommt.

Noch ein Zweites muß hier bemerkt werden. Man hat die Wendung zum Thema Mystik so gedeutet, als ob sie eine Wendung zu den Inhalten des Christentums gewesen sei. Nun behandelt Steiner allerdings die mitteleuropäische Mystik von Meister Eckart bis Jakob Böhme, und diese Mystiker sind sämtlich christliche Mystiker; aber nicht das Christliche der Mystik ist in dem Buch über die Mystik sein Thema, sondern die innere Entwicklung des Menschen und das Verhältnis dieser Entwicklung zu den modernen Weltanschauungen. Man kann das unter anderem an der folgenden Passage über Nikolaus von Kues erkennen:

«An der rückhaltlosen Verfolgung des Weges, den ihm diese Einsicht» – in die Form eines rein innerlichen, aus dem Menschen selbst hervorgehenden Erkennens der *docta ignorantia* – «gewiesen hat, wurde Nicolaus ‹durch das Priestergewand gehemmt›. So sehen wir denn, wie er mit dem Vorschreiten vom ‹Wissen› zum ‹Nichtwissen› einen schönen Anfang macht. Zugleich aber auch müssen wir bemerken, daß er auf dem Felde des ‹Nicht-Wissens› doch nichts anderes zeigt als den theologischen Lehrgehalt, den uns auch die Scholastiker darbieten. Allerdings weiß er diesen theologischen Inhalt in geistvoller Form zu entwickeln. Über Vorsehung, Christus, Weltschöpfung, Erlösung des Menschen, über das sittliche Leben stellt er Lehren dar, die durchaus im Sinne des dogmatischen Christentums gehalten sind. Seinem geistigen Ausgange hätte es entsprochen, zu sagen: Ich habe das Vertrauen in die Menschennatur, daß diese, nachdem sie sich in die Wissenschaften über die Dinge nach allen Seiten vertieft hat, aus sich selbst heraus dieses ‹Wissen› in ein ‹Nichtwissen› zu verwandeln vermag, daß also die höchste Erkenntnis Befriedigung bringt. Nicht die überlieferten Ideen von Seele, Unsterblichkeit, Erlösung, Gott, Schöpfung, Dreieinigkeit usw. hätte er dann angenommen, wie er es getan hat, sondern die selbstgefundenen hätte er vertreten.» (7/97f)

Nikolaus von Kues sei also an der Schwelle zur Selbsterkenntnis zurückgewichen. Er habe «seine Zuflucht zu einer von außen kommenden Offenbarung» genommen. Diese Beurteilung liegt nun in einer bruchlosen Kontinuität mit der kleinen Schrift *Der Individualismus in der Philosophie* aus dem Jahre 1899, in der Steiner zum ersten Mal den Versuch unternahm, die Schritte zu beschreiben, auf deren Weg das Innerste des Menschenwesens entdeckt wird. In dieser Darstellung erkennt Steiner in Jakob Böhme jene Stufe, in der Gott, der bis dahin zumeist als außerhalb des Menschen hausend gedacht wurde, im Inneren des Menschen entdeckt wird; das gilt Steiner als wichtiger Schritt in der Selbsterkenntnis. Aber so sehr er Jakob Böhme rühmt, so muß er doch zugleich enttäuscht sagen: Was ihm, Böhme, im Inneren des Menschen entgegentritt, «ist nicht das Ich des Menschen, sondern doch wieder nur der Christengott» (30/121).

Einige Jahre später sprach Rudolf Steiner selbst von jener Stufe der Selbsterkenntnis und Verwandlung des Menschen, deren Ziel in dem Wort des Paulus aus dem Galaterbrief «Ich lebe jetzt nicht als ich selbst, es lebt in mir Christus» ausgesprochen ist. Als Steiner die Vorträge über die Mystik hielt, war er auch auf dem Wege zu diesem Ziel, das sich aber noch verbarg und nicht unter Überspringung des ehrlichen Weges durch Rückgriff auf den Glauben vorweggenommen wurde. Es geht ihm im Winter 1900/01 um die Stufen der menschlichen Selbsterkenntnis. Im Sinne der *Philosophie der Freiheit* handelt es sich dabei zuerst um die Vertiefung in das Denken oder, anders gesagt, um die Entfaltung der Intuition. In den Vorträgen über die Mystik und in dem Buch *Die Mystik* bedient sich Steiner eines neuen Ausdrucksmittels. Er verwendet die Erlebnisse der Mystiker, um die Schritte intuitiver Erfahrungen vor die Seele zu rücken. Die Aussagen der Mystiker werden nicht in erster Linie historisch-philologisch interpretiert, sondern genutzt, um geistige Anschauungen auszusprechen. Steiner räumt das ganz offen ein: «Durch die Meinungen der Mystiker von Meister Eckhart bis zu Jacob Böhme fand ich die Ausdrucksmittel für die geistigen Anschauungen, die ich eigentlich darzustellen mir vorgenommen hatte.» (28/393)

In den ersten Kapiteln der *Mystik* werden die Stufen der Selbsterkenntnis beschrieben. Auf der ersten Stufe geht es um das bewußte Erleben der Intuition, auf der zweiten um die Zurückdrängung des Persönlichen, auf der dritten um die schöpferische Entfaltung der Intuition. Dann führt der Weg in die Welt hinaus, es geht um die Realisierung der Intuition in den Wissenschaften und um das Erkennen des intuitiv Erlebten in der wahrnehmbaren Welt.

Schon durch bloße Reflexion kann man festellen, daß man Intuitionen hat. Man muß nur darüber nachdenken, welch weltweiter Gedankenzusammenhang etwa mit dem Wort «Tulpe» angedeutet ist, und schon eine oberflächliche Reflexion zeigt, was da alles an Begriffen angesprochen ist; ein Netz von Zusammenhängen steht vor uns. – Für gewöhnlich bemerken wir aber nicht, daß wir diese Zusammenhänge samt und sonders denkend selber hervorbringen. Man stellt sich die Zusammenhänge als faktische Tatsächlichkeiten vor, obwohl wir als wahrgenommenes Faktum nur diese Tulpenzwiebel vor uns sehen. Es kommt also darauf an, kräftiger und bewußter zu denken, um dann zur Intuition zu erwachen, Schritt für Schritt bewußt zu verfolgen, wie in mir der Weltinhalt lebt. Hier gilt der Satz: «Wenn ich ein König wäre, und wüßte es nicht, dann wäre ich kein König.» (7/20) So gilt für die erste Stufe, durch die sich der Geist ergreift, der Satz:

Das Bewußtsein (oder das Erwachen) konstituiert im Geistigen das Sein. Geistig sind wir nur da, wenn wir auch wissen, daß wir da sind.

Die zweite Stufe der Selbsterkenntnis beschreibt Steiner am Beispiel Meister Eckarts. Meister Eckart will das Göttliche in sich erleben, er will das göttliche «Fünklein» in sich beleben: «‹Der himmlische Vater gebiert seinen eingebornen Sohn in sich und *in mir.*›» (7/41) Nicht im Äußeren ist Gott zu finden, sondern in uns. Aber die Seele, «die verstrickt ist in die Sinnenwelt und damit in die Endlichkeit, hat als solche den Inhalt des Urwesens *nicht* schon in sich. Sie muß ihn in sich erst entwickeln. Sie muß sich als Einzelwesen vernichten. In treffender Weise charakterisiert Meister Eckhart diese Vernichtung als ‹*Entwerdung*›.» (7/49) In die heutige Sprache übersetzt: Der Mensch, der sich seiner Intuitionen inne wird, hat allen Grund, sie zu durchfragen, sie zu klären, sie zu überprüfen, damit an Stelle seines subjektiven Meinens in seinem Geiste wirklich der Weltinhalt erscheinen kann. Auf der zweiten Stufe beginnt die eigentliche Entwicklung des Geistes:

Vertraut sich der Mensch dem einmal erfaßten und erlebten intuitiven

Weltinhalt an, so führt dieser tätig erfaßt zu ständiger Korrektur des anfänglich nur undeutlich Erlebten, zur Erweiterung der Gedanken, zur Zurückdrängung der eigenen, mitgebrachten Organisation.

Die dritte Stufe der Selbsterkenntnis tritt in dem Kapitel *Gottesfreundschaft* vor uns hin. Auf den Unterschied der Stufen macht Steiner gleich zu Eingang des Kapitels aufmerksam, wenn er sagt: «Erscheint Eckhart wie ein Mann, der in seligem Erleben der geistigen Wiedergeburt von ... dem Wesen der Erkenntnis wie von einem Bilde spricht, das ihm gelungen ist zu malen: so stellen sich die anderen dar wie Wanderer, denen diese Wiedergeburt einen neuen Weg gezeigt hat, den sie wandeln wollen, dessen Ziel sich ihnen aber in unendliche Ferne rückt. Eckhart schildert mehr die Herrlichkeiten seines Bildes, sie die Schwierigkeiten des neuen Weges.» (7/53) In einem solchen Bild kommt also «doch nur ein Abglanz, ein *Bild* des Allwesens zustande» (7/57). Man ist also – in der anthroposophischen Terminologie gesprochen – auf der Stufe der Imagination, der «Einbildung» im mehrfachen Sinne dieses Wortes. Deshalb führt der nächste Schritt der Selbsterkenntnis vom Bild zur Wirklichkeit. Es geht also um Verwandlung. Zunächst im Erkennen: «Nicht *bereichert* wird die Naturerkenntnis durch das Gotteswissen, sondern *verwandelt. Nicht anderes* weiß der Gotteserkenner als der Naturerkenner, sondern er *weiß anders.*» (7/56) Dann aber geht es um ein neues Leben: «Ein solcher Mensch *betrachtet* nicht allein die Welt anders als der bloß Verständige; er *lebt* das Leben anders. Er spricht nicht von dem *Sinn,* den das Leben schon hat durch die Kräfte und Gesetze der Welt; sondern er gibt erst diesem Leben einen neuen Sinn.» (7/65)

Auf dieser Stufe bringt der Mensch einen neuen Menschen hervor, seine neuen Gedanken, seine neue Denkart wurzeln in der Seele und verwandeln sie. Die Begriffe und Ideen werden zum wesenhaften Geist (vgl. 7/66).

Die vierte Stufe der Selbsterkenntnis und ihre Schwierigkeiten werden in der *Mystik* an der Gestalt des Kardinals Nikolaus von Kues geschildert. Nikolaus ist wie Meister Eckart ein Mystiker, der ein Bild der inneren Erfahrung hat, er ist jedoch zugleich auch Wissenschaftler und Weltmensch, der über eine reiche Erfahrung und ein tiefes Wissen verfügt. Die Frage, die sich erhebt, ist: Wie verhält sich das äußere Wissen zur inneren Erfahrung? – Für die moderne Vorstellungsart gelten die Sinnesdaten nur als *Zeichen* für die äußeren Dinge. Das Rot einer Beere ist das Anzeichen für ihre Reife. Die Sinnesdaten und Sinnesdinge bleiben auf dieser Stufe bloß äußere Tatsachen. Es liegt aber nicht an den Dingen, daß sie auf einer unteren Erkenntnisstufe «nur als äußere Dinge erscheinen; sondern es liegt daran, daß der Mensch sich zu der Stufe erst hinauf verwandeln muß, auf der die Dinge aufhören, äußere zu sein» (7/92). Es käme also darauf an, das Rot nicht als Anzeichen für etwas zu deuten, sondern in das Rot erlebend, mitfühlend, verstehend so einzutauchen, daß es unmittelbar zu uns spricht. Nikolaus von Kues erlebte dieses Problem, er wußte, daß das bloße Wissen über Welt-Zeichen kein wahres Erkennen ist, er erlebte, daß es ein ganz allein aus dem Inneren stammendes Erkennen gibt, das am äußeren Erkennen gebildet werden kann und das als nicht wißbares Wissen in der Seele lebt. «Er erschafft in sich eine geistige Welt. Mit dieser steht er einsam der Natur gegenüber. Er ist reicher geworden; aber der Reichtum ist eine Last, die er schwer trägt. Denn sie lastet zunächst auf ihm allein. Er muß, aus eigener Kraft, den Weg zurückfinden zur Natur. Er muß erkennen, daß er selbst seinen Reichtum nunmehr eingliedern muß in den Strom der Weltwirkungen, ... Hier lauern alle schlimmen Dämonen auf den Menschen. Seine Kraft kann leicht erlahmen. Statt die Eingliederung selbst zu vollziehen, wird er bei solchem Erlahmen seine Zuflucht zu einer von außen kommenden Offenbarung nehmen.» (7/98) Nikolaus von Kues nimmt – wie zu Beginn dieses Kapitels angedeutet – seine Zuflucht im positiven Kirchenglauben.

In Paracelsus tritt dann in der Schilderung Steiners jener Mensch auf, der den Weg zur Natur findet. Er ist nicht durch das Priestergewand gehemmt, er ist sein eigener Herr, der sich auf seine eigenen Kräfte verläßt. Steiner zeigt den Paracelsus, der sich durch seinen Wahlspruch kennzeichnet: «Eines Andern Knecht soll niemand sein, der für sich selbst kann bleiben allein.» (7/106) Paracelsus weiß, daß sich im forschend-tätigen Menschen die Natur ausspricht, daß der Mikrokosmos ein Organ des Makrokosmos ist. So geht Paracelsus den Weg der extensiven Erfahrung, er wandert durch das damalige Europa. Aus der gesteigerten Erfahrung durchdringen sich Welterkenntnis und Menschenerkenntnis. Paracelsus schafft sich eine eigene sinnlich-konkrete Sprache: Spricht er von Sulfur (Schwefel), so meint er ein Sinnlich-Übersinnliches, das im Menschen wie in der Natur als geistig-physischer Prozeß wirkt. Deshalb kann Steiner im Zusammenhang mit Paracelsus zum ersten Mal den konkreten siebengliedrigen Menschen entwickelnd darstellen (7/111f). Das ist möglich, weil Paracelsus den schöpferischen, höheren Menschen kennt und dem «Menschen eine Rolle im Weltenbaue zuweisen» kann, «die diesen selbst zum Mitbaumeister an dieser Schöpfung macht» (7/116). Schließlich und vor allem sind die Naturprozesse und Sinneserscheinungen für Paracelsus keine Äußerlichkeiten. Für ihn erscheint jedes einzelne im Zusammenhang mit dem All, das sich im Innern des Menschen offenbart, er «nimmt sie hin, wie sie sich den Sinnen darbieten; er deutet sie nicht erst um; denn so, wie die Naturvorgänge in ihrer sinnlichen Wirklichkeit vor uns stehen, offenbaren sie auf ihre eigene Art das Rätsel des Daseins» (7/118). Der Schritt aus dem Inneren zur Welt ist getan, die höhere Erkenntnis bewährt sich, indem sie im unmittelbaren Anschauen die Sprache der Natur versteht.

In der Darstellung der Ahnungen Jakob Böhmes geht Rudolf Steiner noch einen Schritt weiter. Er zeigt, wie Böhme die Rätsel der Kosmogonie und das Problem des Bösen im Lichte einer inneren Anschauung zu lösen trachtet. Böhme entwirft eine Kosmogonie, die in innerlich sinnvollen Bildern das Wesen der Welt in sieben Gestalten entfaltet. Er nimmt das, was seiner Zeit als das Tatsächliche galt, nicht einfach hin, sondern verwandelt das ihm Gegebene in ein sinnvolles, aus dem Inneren geschaffenes Bild. – In der Dichtung des Angelus Silesius, mit der Rudolf Steiner die Darstellung der Mystik beendet, erscheint schließlich das Bild des auf höherer Stufe neu entstandenen Menschen, der ganz im Weltall lebt.

Diese letzten Darstellungen sind nicht so gemeint, daß im Sinne einer Verstandesanalogie die Natur oder der Kosmos beseelt vorzustellen sind oder daß man den Geist, den man als Menschengeist kennt, nun in die Natur projiziert; das wird besonders an Giordano Bruno ausgeführt, der in sehr schöner und tiefsinniger Form solche Gedanken einer Allbeseelung dargestellt hat. Obwohl Steiner den Mut Giordano Brunos, den ganzen Himmelsraum in seine Weltbetrachtung einzubeziehen, anerkannte, muß er sagen: «Er hat den Geist in Wirklichkeit nicht in sich erlebt, deshalb denkt er ihn nach Art der Menschenseele, in der er ihm allein entgegengetreten ist.» (7/134)

Im letzten Kapitel der *Mystik* stellt Steiner die Frage, wie sich die Anschauungsart eines Jakob Böhme zu den Ergebnissen der modernen Naturwissenschaft verhält. Die Antwort, die Steiner auf diese Frage gibt, ist für den, der den späteren Steiner kennt, vielleicht überraschend. Aber Steiner selbst hat diese Sätze auch in der späteren Auflage des Buches ruhig stehen gelassen und nicht korrigiert: Er lehnt den alten Denkstil, der in der Natur Schöpfungsgedanken zu erkennen meint, konsequent ab; denn er weiß, daß solche Gedanken nur intellektuelle Projektionen und keine wahren Anschauungen sind. Er sagt ferner, daß ein in sinnenfälliger Form existierender Geist nur im Menschen zu finden ist (7/143). «Dieser Geist schafft nicht die Natur, sondern entwickelt sich aus ihr.» (7/113) Und so bekennt Steiner am Schluß des Buches: «Ich selbst stehe völlig auf dem Boden dieser Naturwissenschaft. Ich habe durchaus die Empfindung, daß bei einer Naturbetrachtung, wie diejenige Ernst Haeckels ist, nur derjenige verflachen kann, der schon mit einer flachen Gedankenwelt an sie herangeht. Ich empfinde ein Höheres, Herrlicheres, wenn ich die *Offenbarungen* der ‹Natürlichen Schöpfungsgeschichte› auf mich wirken lasse, als wenn die übernatürlichen Wundergeschichten der Glaubensbekenntnisse auf mich eindringen. Ich kenne in keinem ‹heiligen› Buche etwas, das so Erhabenes mir enthüllt, wie die ‹nüchterne› Tatsache, daß jeder Menschenkeim im Mutterleibe aufeinanderfolgend in Kürze diejenigen Tierformen wiederholt, die seine tierischen Vorfahren durchgemacht haben. Erfüllen wir unser Gemüt mit der Herrlichkeit der Tatsachen, die unsere Sinne schauen, dann werden wir wenig übrig haben für die ‹Wunder›, die nicht im Kreislaufe der Natur liegen. Erleben wir den Geist in uns, dann brauchen wir keinen solchen draußen in der Natur.» (7/143f) «Ich suche keinen Gottesgeist in der Natur, weil ich das Wesen des Menschengeistes in mir zu vernehmen glaube.» (7/144)

Damit ist nun eine bestimmte Stufe der Entwicklung Steiners markiert. Zum Glück sind wir hier nicht auf Mutmaßungen angewiesen. Steiner hat sich selbst in seiner Autobiographie an jener Stelle darüber ausgesprochen, wo er den Stand seiner Einsichten beim Abschluß des zweiten Bandes der *Welt- und Lebensanschauungen im neunzehnten Jahrhundert* beschreibt: «Die *wirkliche Entwickelung* des Organischen von Urzeiten bis zur Gegenwart stand vor meiner Imagination erst nach der Ausarbeitung der ‹Welt- und Lebensanschauungen›. Während dieser hatte ich noch die naturwissenschaftliche Anschauung vor dem Seelenauge, die aus der Darwin'schen Denkart hervorgegangen war. Aber diese galt mir nur als eine in der Natur vorhandene sinnenfällige Tatsachenreihe. Innerhalb dieser Tatsachenreihe waren für mich *geistige Impulse* tätig, wie sie Goethe in seiner Metamorphosenidee vorschwebten.» (28/402f) In bezug auf die Zeit nach dem Abschluß der *Welt- und Lebensanschauungen* sagt er weiter: «Und ein besonders regsames Hinzufinden auf geistigem Gebiete fand bald nach der Bearbeitung der ‹Welt- und Lebensanschauungen› statt.» (28/402)

Man kann dieses «Hinzufinden» dadurch genauer beschreiben, daß man sich die Position Steiners beim Abschluß des genannten Buches vor Augen führt. Er hatte dort im Oktober des Jahres 1900 auf den letzten Seiten geschrieben: «Das *Wesen* der Dinge kommt mir nicht aus ihnen, sondern ich füge es zu ihnen hinzu. Ich *erschaffe* eine Ideenwelt, die mir als das Wesen der Dinge gilt. Die Dinge erhalten durch mich ihr Wesen. Es ist also unmöglich, nach dem Wesen des Seins zu fragen. Im Erkennen der Ideen enthüllt sich mir gar nichts, was in den Dingen einen Bestand hat. *Die Ideenwelt ist mein Erlebnis.*» Das Erkennen ist – ebenso wie das sittliche Handeln – eine Fortsetzung der Weltentwicklung, sie wird als «neuer Trieb der vorhergehenden Entwicklung» aufgesetzt. In diesem Sinne ist es die Aufgabe, die Weltentwicklung weiterzuführen. (a.a.O. S. 188f)

Dieses Weiterführen der Entwicklung wird nun in dem Buch über die *Mystik* geschildert. Diese Entwicklung ist zunächst die Entwicklung des inneren Menschen: die Steigerung und Verwandlung der Intuition. Diese sich ausbildende Intuition bringt zunächst rein innerlich bestimmte Einsichten hervor und wird dann zum sich entwickelnden Geistes*leben*. Zugleich blickt Steiner auf die Anschauungen Darwins und Haeckels, ohne sie gewalttätig umzumodeln. Dadurch aber, daß diese Anschauungen im rechten Sinne intuitiv angeschaut werden, ist der Ausgangspunkt für etwas Neues gegeben.

1924 beschreibt Steiner den Weg, den er in den Jahren nach 1900 selbst gegangen ist, indem er diesen Weg seinen Zuhörern empfiehlt: «Studieren Sie heute, indem Sie von dem hier gemeinten rosenkreuzerischen Initiationsprinzip berührt worden sind, den Haeckelismus mit all seinem Materialismus, studieren Sie ihn, und lassen Sie sich durchdringen von dem, was Erkenntnismethoden sind nach ‹Wie erlangt man Erkenntnisse der höheren Welten?›: Was Sie in Haeckels ‹Anthropogenie› über die menschlichen Vorfahren in einer Sie vielleicht abstoßenden Weise lernen, lernen Sie es in dieser abstoßenden Weise, lernen Sie alles dasjenige darüber, was man durch äußere Naturwissenschaft lernen kann, und tragen Sie das dann den Göttern entgegen, und Sie bekommen dasjenige, was in meinem Buche ‹Geheimwissenschaft› über die Evolution erzählt ist.» (233a/89f)

Hier, 1901, in dem Buch über die *Mystik* sehen wir, wie sich Steiner auf der einen Seite mit dem rosenkreuzerischen Prinzip der Selbsterkenntnis und Selbstverwandlung durchdringt und auf der anderen Seite sich intensiv dem Studium Haeckels hingibt. Nicht ohne Grund erwähnt er im Vorwort zur *Mystik*, daß er in den «letzten Monaten etwa dreißig Vorträge» über Haeckels *Welträtsel* gehalten habe (7/14). Bis zum September 1901 – als er das Vorwort schrieb – hat sich Steiner mit höchster Intensität immer wieder mit Haeckels Anschauungen positiv befaßt und sie verteidigt. Dann wurde das so Aufgenommene immer tiefer vom Licht der Selbsterkenntnis durchdrungen und «den Göttern entgegengetragen». Vom Jahre 1903 an kehrt es dann verwandelt wieder.

Die Stufe aber, die Rudolf Steiner im Jahre 1901 erreicht hatte, findet an einer Stelle des Buches *Die Mystik* ihren Ausdruck. Nachdem das Erkenntnisschicksal des Nikolaus von Kues, der am Abgrund vor einer aus dem Menschen zu gebärenden Erkenntnis zurückgeschreckt und in die herkömmliche Offenbarung der Kirche geflohen war, umrissen worden ist, faßt Steiner die geistige Situation am *Abgrund* zusammen: «Es gibt nun drei Wege – im wesentlichen –, die man gehen kann, wenn man da ankommt, wo Nicolaus angekommen war: Der eine ist der *positive Glaube,* der von außen auf uns eindringt; der zweite ist die *Verzweiflung;* man steht einsam mit seiner Last und fühlt das ganze Dasein mit sich wanken; der dritte Weg ist die Entwicklung der tiefsten, eigenen Kräfte des Menschen. *Vertrauen* in die Welt muß der eine Führer auf diesem dritten Wege sein. *Mut,* diesem Vertrauen zu folgen, gleichviel wohin es führt, muß der andere sein.» (7/99)

Ganz offensichtlich spricht Rudolf Steiner hier von seinem eigenen Wege; in einem Nachtrag zur Neuauflage 1923 bestätigt er das auch ausdrücklich. Im Jahre 1901 war Rudolf Steiner entschlossen, von der modernen Naturwissenschaft Haeckels auszugehen und diesen Ansatz mutig zu entwickeln, «gleichviel wohin es führt».

Gerne würde man das Milieu, in dem die Vorträge über die Mystik stattgefunden haben, genauer schildern. Leider schweigen hier die Quellen weitgehend. Das Herz des Kreises aber war gewiß Sophie Gräfin Brockdorff, die in «ihrer liebevollen und zugleich für die weitesten Kreise so außerordentlich sympathischen Art die theosophische Bewegung in Deutschland immer wieder über Wasser zu halten wußte» (261/47). Als Steiner etwa bei den letzten Betrachtungen über Meister Eckart angelangt war, erschien eine zierliche goldblonde Dame bei den Vorträgen: Marie von Sivers. Steiner bemerkt einmal: «Es wäre interessant, einige kleine Details über diese Anwesenheit zu erzählen» (254/46) – aber er hat es leider unterlassen. Marie von Sivers, die in jenen Monaten in einem regen Briefwechsel mit Edouard Schuré stand – sie übersetzte zu dieser Zeit Schurés *Kinder des Luzifer* –, hat Schuré über den Kreis bei Brockdorffs berichtet. Leider ist auch dieser Brief verloren gegangen, aber Schuré antwortete: «Die Leute, die sich bei der Gräfin Brockdorff zusammenfinden, müssen ja eigenartig und amüsant sein.» (Rudolf Steiner Studien I, S. 85) Jedenfalls verkehrten bei Brockdorffs keineswegs allein wohlerzogene adlige Fräuleins, sondern Menschen, die den verschiedensten Klassen, Schichten und Berufen angehörten: Damen mit sehr kurzen und Herren mit sehr langen Haaren, Theosophen der verschiedensten Provenienz, Wagnerianer, Spiritisten, Lebensreformer – «heimatlose Seelen» nannte sie Rudolf Steiner –, Menschen aber auch, die die Courage hatten, aus dem konventionellen Denken und Verhalten auszubrechen.

Durch einzelne Menschen war aber jene Qualität des Zuhörens in diesem Kreise lebendig, die Steiner ermutigte, weiter zu reden. Unter den Zuhörern waren einige, die nicht nur etwas wissen wollten, sondern darüber hinaus danach strebten, das Gehörte selber zu erleben und ins eigene Streben aufzunehmen.

Für Steiner persönlich war der Winter 1900/01 eine äußerlich und innerlich bewegte Zeit. Er gab zwei Kurse an der Arbeiterbildungsschule, er erschien regelmäßig im Giordano Bruno-Bund, bei den Kommenden, er hielt nicht nur die etwa dreißig Vorträge über Haeckels *Welträtsel*, er sprach über Hebbel, Keller, über Freiligrath und über manches andere. Er korrigierte die Druckfahnen der *Welt- und Lebensanschauungen im neunzehnten Jahrhundert*. Ende November wurde sein Freund Jacobowski – angeblich mit Typhus – ins Krankenhaus eingeliefert und starb am 2. Dezember. Tief getroffen schreibt er in einem Nachruf: «Am 2. Dezember mußten wir ins leere, öde Nichts all die frohen, stolzen Hoffnungen versenken, die wir an die Persönlichkeit *Ludwig Jacobowskis* knüpften.» (32/92)

Erst im Frühsommer 1901 ließ die Arbeitslast der Kurse und Vorträge nach, und Rudolf Steiner ging an die Niederschrift des Buches *Die Mystik*. Er wohnte seit 1899 mit seiner Frau und zwei Töchtern Eunike in Friedenau und konnte so, wohlversorgt, die Tage in ruhiger Arbeit verbringen. Nur an drei oder vier Abenden der Woche führte ihn sein Weg in die Innenstadt Berlins, an die Arbeiterbildungsschule, zu den Kommenden und dann und wann in den Giordano Bruno-Bund. Nachdem das Buch beim Verlag abgeliefert war und die kulturelle Sommerpause in Berlin begonnen hatte, erlaubte Steiner zusammen mit seiner Frau sich sogar den «Luxus» einer Reise nach Österreich, wo er seine alten Freunde Josef Köck in Salzburg, Familie Specht am Attersee, Rosa Mayreder und Moriz Zitter in oder bei Wien und seine Eltern und Geschwister in Horn aufsuchte. Auf der Rückreise genoß er einige erholsame Tage bei einer Freundin Ludwig Jacobowskis, Maria Stona, auf dem Schloß Strzebowitz und korrigierte die Druckfahnen der *Mystik*. Dann hatte Berlin ihn wieder.

Den September dürfte Steiner zur Vorbereitung auf die Vorträge des Winters genutzt haben. Manches, wie die Darstellung des deutschen Geisteslebens im 19. Jahrhundert, die mit zwölf Vorträgen auf seinem Programm bis zum Dezember stand, ging ihm sicher leicht von der Hand. Die Vorträge über *Das Christentum als mystische Tatsache*, die er für die Theosophische Bibliothek angekündigt hatte, erforderten aber ganz neue Studien. So griff er wieder zu der von ihm hochgeschätzten *Geschichte des Idealismus* von Otto Willmann, der besonders bei der Darstellung der griechischen Philosophie den Ursprung der Philosophie aus den Mysterien behandelte; er studierte Edmund Pfleiderers *Die Philosophie des Heraklit von Ephesus im Lichte der Mysterienidee* und natürlich die antiken Texte selber: die Vorsokratiker und Plato.

Die in manchen Einzelheiten unzuverlässige und bisher unpublizierte Nachschrift der ursprünglichen Vorträge über *Das Christentum als mystische Tatsache* zeigt, daß Steiner viele weitere zeitgenössische Schriften studiert hat. Zugleich wird aus dieser Nachschrift deutlich, daß Rudolf Steiner bei Beginn seiner Vorträge das spätere Konzept des dann im Sommer 1902 geschriebenen Buches noch nicht vor Augen stand. Während der Vorträge tastete er sich Schritt für Schritt an seine Themen heran, und erst, nachdem er die verschiedenen Aspekte der Sache studiert und vorgetragen hatte, entwickelte er das Konzept des Buches mit den klaren Thesen.

Pünktlich mit dem 1. Oktober begann das Winterhalbjahr, wöchentlich fünf bis sechs Veranstaltungen. Die Vorträge in der Theosophischen Bibliothek begannen freilich erst am 19. Oktober. Wieder erschien Marie von Sivers, aber sie war nur auf der Durchreise vom Baltikum nach Italien zwei Wochen in Berlin. Zusammen mit einer Bekannten, Nina Gernet, wollte sie in Bologna eine theosophische Arbeit beginnen, zu der auch prominente Theosophen angesagt waren. Nina Gernet gab sich als eingeweihte Theosophin und meinte: Steiner spreche von Mysterien, ob er denn wisse, daß es auch heute solche Mysterien gebe? Er erinnere sich ja noch gut an die griechischen Mysterien. Warum er nicht von den gegenwärtigen Mysterien spreche …? Nina Gernet wollte Steiner für die damalige Theosophie Annie Besants gewinnen.

Auch Marie von Sivers suchte das Gespräch mit Steiner und fragte, «ob es nicht doch sehr notwendig sei, eine geistige Bewegung in Europa ins Leben zu rufen». Im Verlaufe des Gespräches erwiderte Steiner: «Gewiß, notwendig ist es, eine geisteswissenschaftliche Bewegung ins Leben zu rufen; ich werde mich aber nur finden lassen für eine solche Bewegung, die an den abendländischen Okkultismus und ausschließlich an diesen anknüpft und diesen fortentwickelt.» (254/48) Dabei dachte Steiner an das Griechentum und Goethe und wohl auch an die deutschen Mystiker, über die er bereits gesprochen hatte. Nach einer anderen Darstellung dieses Gesprächs hat Marie von Sivers Steiner gefragt, warum er sich nicht der Theosophischen Gesellschaft anschließe, und er habe darauf geantwortet, es gebe bedeutsamere geistige Impulse als die der orientalisierenden Mystik. Er würde sich einer falschen Beurteilung aussetzen, wenn er sich einer Gesellschaft anschlösse, die zu ihrem «Schibboleth» (Losungswort) «orientalisierende Mystik» habe (264/406).

Nachdem Marie von Sivers in den letzten Oktobertagen Berlin verlassen hatte, kam aber auch der Gräfin Brockdorff der Gedanke, daß man Rudolf Steiner für die theosophische Arbeit in Deutschland gewinnen sollte, und im Dezember begannen die Gespräche über eine dauernde Mitarbeit Steiners. Diese müssen einigermaßen merkwürdig verlaufen sein. Offensichtlich vermied Steiner es, einen Antrag auf Mitgliedschaft in der Theosophischen Gesellschaft zu stellen, auch stellte er die Bedingung, ihn von allen Mitgliedsbeiträgen zu befreien. «Dann wurde mir von England das unentgeltliche Diplom übersandt, und zugleich war ich Vorsitzender der Deutschen Theosophischen Gesellschaft.» (264/407)

Abb. 63: Marie von Sivers (1867 – 1948),
im Jahre 1901, kurz nach der ersten Begegnung mit Rudolf Steiner

«Deutsche Theosophische Gesellschaft» war der Name des bis dahin von den Brockdorffs geleiteten Berliner Zweiges. Das Mitgliedsdiplom Steiners trägt das Datum vom 17. Januar 1902.

Gleichzeitig hatten sich Brockdorffs – im Einverständnis mit Rudolf Steiner – auch an Marie von Sivers gewandt und sie gefragt, ob sie bereit wäre, beim Aufbau der deutschen Sektion mitzuarbeiten. Schon Ende Januar konnten sie mitteilen, daß Marie von Sivers zugesagt habe und in Berlin eine Wohnung suche; bis dahin werde sie in Italien arbeiten und dann nach London zur Zusammenkunft der europäischen Theosophen reisen. Dort traf sie schon im Mai 1902 ein und konnte so die theosophische Szene im nächsten Umkreis Annie Besants erkunden.

Bevor man auf die Vorträge und das Buch *Das Christentum als mystische Tatsache* eingehen kann, ist eine allgemeinere Bemerkung notwendig. Mit dem Thema dieses Buches begab sich Steiner auf ein neues Feld. Sein Interesse galt in den Jahren von etwa 1882 bis 1900 nicht religiösen oder gar theologischen Fragen. Zu religiösen Themen hat er sich nur nebenbei oder im Zusammenhang mit Fragen seiner Gesprächspartner geäußert. Das herkömmliche Christentum lehnte er als Jenseits-Religion zwar deutlich ab, aber es war nicht sein Thema. Auch später hat er wiederholt ausgesprochen, daß die Naturwissenschaft der Ausgangspunkt seines Forschens sei: «Derjenige, der die ja leider etwas lange Reihe meiner Schriften durchgeht, der wird sehen können, daß mein Ausgangspunkt nirgends in irgendwelchen religiösen Problemen liegt, wenn auch selbstverständlich Anthroposophie ihrem Wesen nach an das religiöse Empfinden und religiöse Anschauungen heranführen muß. Der Ausgangspunkt waren nicht religiöse Anschauungen, der Ausgangspunkt war die naturwissenschaftliche Weltanschauung, in welche ich in jungen Jahren hineingewachsen bin. Wer in diese naturwissenschaftliche Weltanschauung hineinwächst, der wird zunächst eine außerordentlich große Achtung empfangen vor demjenigen, was Naturwissenschaft in der neueren Zeit geleistet hat, und er wird vor allen Dingen eine noch größere Achtung bekommen vor sowohl den experimentellen, den Beobachtungsmethoden naturwissenschaftlicher Forschung, wie auch vor der Denkschulung … , in welche die Naturwissenschaft der Gegenwart den Menschen einführen kann.» (25. 5. 1921, B 116, S. 3)

In diesem Sinne betont Steiner auch in dem Vorwort zu *Das Christen-*

tum als mystische Tatsache, daß er die Entwicklung der Wahrheit und der Weltanschauungen im naturwissenschaftlichen Sinne erforschen wolle (8/15, 8/179f). Eine solche Forschung erfordert aber eine entsprechende Methode. Die historische Quellenkritik, die Erforschung literarischer Abhängigkeiten und so weiter können auf diesem Felde nur den Charakter von Hilfswissenschaften haben. Wer geistesgeschichtliche Zusammenhänge erforschen will, muß sie in erster Linie verstehen, das heißt, er muß in sich die Voraussetzungen schaffen, die ihn den Sinn der alten Urkunden erleben lassen. So wie ein Chemiker einen auf chemische Tatbestände bezogenen Text besser deuten kann als ein Philologe, so kann zum Beispiel jemand, dessen mystischer Sinn erschlossen ist, einen von mystischer Erfahrung handelnden Text besser verstehen als derjenige, der nur griechisch versteht oder nur registriert hat, bei wem ähnlich erscheinende Äußerungen vorkommen.

Im Jahre 1904 – als er bereits mehr als 1902 überschaute – hat Rudolf Steiner dieses methodische Prinzip in besonders einleuchtender Weise formuliert:

«*Gewiß* sollen solche Worte nicht gegen die Erforschung der ‹historischen Wahrheit› geltend gemacht werden. *Aber niemand kann die historische Wahrheit solcher Urkunden, wie es die Evangelien sind, richtig erkennen, der nicht zuerst den in ihnen liegenden mystischen Sinn in sich erlebt hat.* Alle Analysen und Vergleiche in dieser Richtung sind wertlos, denn niemand kann finden, wer ‹zu Bethlehem geboren ist›, der nicht in sich mystisch den Christus erlebt hat; und niemand kann entscheiden, wie das ‹Kreuz zu Golgatha› von dem Bösen erlöset, der es nicht in sich aufgerichtet gefühlt hat. ‹Rein historische› Forschung kann gegenüber der ‹mystischen Tatsache› nichts anderes entscheiden als etwa der zergliedernde Anatom über einen großen Dichtergenius erkunden kann.» (34/147f)

So ist das Buch *Das Christentum als mystische Tatsache* ein erster Versuch, die Sprache der Mysterien, der Mythen und der Evangelien aufgrund mystischer Erfahrungen zu entschlüsseln. Der neue Schritt, der in diesem Buch über die *Mystik* hinaus getan wird, wendet sich der Bildersprache dieser alten Urkunden zu. Die anschaulichen Erzählungen der Mythen und Evangelien werden als Bilder mystischer Vorgänge aufgefaßt und verstanden. Eine solche Deutung kann leicht als rationale Mythendeutung mißverstanden werden. Steiner versucht deshalb zu zeigen, daß die realen Seelenprozesse, die der Myste durchmacht, selber mehr als bloße Gedanken sind: Es sind reale Vorgänge, die angemessen nur in *Bildern* zum Ausdruck kommen. Am besten wird das durch eine längere Passage spürbar, die sich am Schluß des Kapitels über «Mysterien und Mysterienweisheit» findet: «Sofern du als *verständiger* Mensch die Dinge um dich herum betrachtest, mußt du Gottesleugner sein. Denn Gott ist nicht für deine Sinne und nicht für deinen Verstand, der dir die sinnlichen Wahrnehmungen erklärt. Gott ist eben in der Welt verzaubert. Und du brauchst seine eigene Kraft, um ihn zu finden. Diese Kraft mußt du in dir erwecken. Das sind die Lehren, die ein Einzuweihender empfing. Und nun begann für ihn das große Weltendrama, in das er lebendig verschlungen wurde. In nichts geringerem bestand dieses Drama, als in der Erlösung des verzauberten Gottes. Wo ist Gott? Das war die Frage, die dem Mysten im Herzen brannte. Gott ist nicht, aber die Natur ist. In der Natur muß er gefunden werden. In ihr hat er sein Zaubergrab gefunden. In einem höheren Sinne faßte der Myste die Worte: Gott ist die Liebe. Denn Gott hat diese Liebe bis zum äußersten gebracht. Er hat *sich* selbst in unendlicher Liebe hingegeben; er hat sich ausgegossen; er hat sich in die Mannigfaltigkeit der Naturdinge zerstückelt; sie leben und er lebt nicht. Er ruht in ihnen. Und der Mensch kann ihn erwecken. Soll er ihn zum Dasein kommen lassen, *muß* er ihn schaffend erlösen. – Der Mensch blickt nun in sich. Als verborgene Schöpferkraft, noch Dasein-los, pocht das Göttliche in seiner Seele. In dieser Seele ist eine Stätte, in der der verzauberte Gott wieder aufleben kann. Die Seele ist die Mutter, die den Gott aus der Natur empfangen kann. Lasse die Seele sich von der Natur befruchten, so wird sie ein Göttliches gebären. Aus der Ehe der Seele mit der Natur wird Gott geboren. Das ist nun kein ‹verborgener› Gott mehr, das ist ein offenbarer Gott. Er hat Leben, wahrnehmbares Leben, das unter den Menschen wandelt. Er ist der entzauberte Gott, der Sproß des Verzauberten. Der große Gott, der war, ist und sein wird: der ist er wohl nicht, aber er ist es doch in gewissem Sinne auch. Der *Vater* bleibt ruhig im Verborgenen; dem Menschen ist der *Sohn* aus der eigenen Seele geboren. Die mystische Erkenntnis ist damit ein wirklicher Vorgang im Weltprozesse. Sie ist eine Geburt Gottes. Sie ist ein Vorgang, so wirklich wie ein anderer Naturvorgang, nur auf einer höheren Stufe. Das ist das große Geheimnis des Mysten, daß er selbst seinen Gott schafft, daß er sich zuvor aber vorbereitet, um diesen von ihm geschaffenen Gott auch anzuerkennen. Ein Nicht-Myste kann diesen Gott nicht anerkennen. Dem Nicht-Mysten fehlt die Empfindung von dem Vater dieses Gottes. Denn dieser Vater ruht in der Verzauberung. Jungfräulich geboren erscheint der Sohn.» (*Das Christentum als mystische Tatsache,* 1. Aufl. 1902, S. 22ff, vgl. 8/36f)

Es ist ein Leichtes, diesen Text im Sinne der Philosophie Steiners begrifflich auszulegen. Gerade darauf aber kommt es Steiner nicht an. Die inneren Seelenvorgänge sollen real anschaulich werden, sie sollen nicht verstandesmäßig begriffen, sondern innerlich real *bildhaft* geschaut und «durchgemacht» werden. Sie sind nicht ein eindimensionales Gedankengespinst, sondern vielgestaltig. Deshalb schildert Steiner die mystischen Prozesse an den unterschiedlichsten Mythen – von Prometheus, von Herakles, den Argonauten und von Odysseus – in immer neuen Gestalten, durch die der verborgene Inhalt der Mysterien dem Volk dargestellt wurde. In den ägyptischen Mysterien findet er die großen Bilder von Tod und Auferstehung: Das Irdische im Menschen wird abgetötet, der Mensch gelangt in die Unterwelt, in die Welt der Toten und überwindet dann auferstehend den Tod. «Ich habe den Tod überwunden, aber nun bin ich ein anderer geworden. Ich habe nichts mehr zu tun mit der vergänglichen Natur. Diese ist bei mir durchtränkt von dem Logos. Ich gehöre nun zu denen, die ewig leben und die sitzen werden zur Rechten des Osiris.» (8/101)

So gewinnt Steiner 1902 die Mittel, um den mystischen Sinn des Christentums zu erkennen. Das Christentum wird – so die These des Buches in der Fassung aus dem Jahre 1902 – als Veröffentlichung der Mysterien gedeutet; was bis dahin in den Mysterien sich im Geheimen vollzog, vollzieht sich nunmehr vor aller Augen: «Was sich also für die alten Mysterienkulte im Innern der Mysterientempel abgespielt hat, das ist durch das Christentum als eine weltgeschichtliche Tatsache aufgefaßt worden.» (8/107) Die inneren Erlebnisse der Mysten in den Mysterien konnten freilich dem Volk nicht ohne weiteres vermittelt werden. Doch Jesus konnte den Glauben an das Göttliche erwecken: «Aber die Gewißheit wollte er allen geben von dem, was in den Mysterien als Wahrheit angeschaut wurde. Das Leben, das in den Mysterien strömte, wollte er durch die fernere geschichtliche Entwicklung der Menschheit strömen lassen.» (8/117)

Den theosophisch orientierten Zuhörern Steiners war durch diese Vorträge ganz deutlich geworden, daß Steiner nicht an die damalige, sich buddhistisch oder hinduistisch gebende Theosophie anknüpfte. Nirgends wurde auf Blavatsky oder Besant Bezug genommen, ja, nicht einmal wurde, was unverfänglich gewesen wäre, etwa die Bhagavadgita als Zeuge der Darlegungen angerufen. Steiner trat als Vertreter einer eigenständigen mystischen Erkenntnis vor seine Zuhörer. Offensichtlich verstand er, was er vortrug. Seine Ausführungen folgten einer bestimmten Methode, und eine Reihe seiner Zuhörer hat wohl gespürt, daß hier jemand zu ihnen sprach, der nicht nur vom Hörensagen über geistige Erfahrungen redete.

Am 2. Oktober 1902 sandte Steiner eines der ersten Exemplare des neuen Buches an Wolfgang Kirchbach, den Mitkämpfer aus dem Giordano Bruno-Bund, und schrieb in einem Begleitbrief: «Mein *Christentum* nehmen Sie bitte für nicht mehr als es sein will. Ich kenne seine Fehler, namentlich die *historischen*, ganz genau. Der Zusatz *als mystische Tatsache* will *ganz* ernst genommen werden. Und ich wollte mir den Eindruck nicht dadurch verderben, daß ich an gewissen Punkten auf andere, zum Beispiel auf Strauß hinwies. Ich lege den Wert auf die Erkenntnis-Gesinnung, die ich zum Ausdruck bringe. Ich weiß, daß ich etwas Ähnliches wage wie einst Fritz Schultze, von dessen *positiven* Aufstellungen heute nichts mehr als richtig gilt, während das biogenetische Gesetz – vielleicht noch korrigiert – in alle Zukunft weiterleben wird.» (39/422f)

Steiner geht es also eindeutig um jenen prinzipiellen Ansatz, der die historische Überlieferung im Licht der auch gegenwärtig möglichen mystischen Erfahrungen deutet. Wichtig ist ihm allein das hermeneutische Konzept, das Selbsterkenntnis und eigene innere Erkenntnisdramatik als die sachlich notwendige Voraussetzung für das Verstehen der mystischen und mythischen Überlieferung ansieht. Damit dieser Ansatz nicht verdunkelt werde, diskutiert er scheinbar ähnliche Ansätze, wie sie bei David Friedrich Strauß zu finden sind, nicht. In bezug auf die historischen Quellen konnte er nur in geringem Umfang eigene Studien treiben, denn er war, als er diese Vorträge hielt, reichlich mit Arbeit eingedeckt. Er griff deshalb für seine Darstellung oft auf das von anderen Gelehrten aufgearbeitete Material zurück. Ihm war klar, daß diese Basis schmal war und daß seine Auswahl des Materials angefochten werden konnte; deshalb räumt er pauschal historische Fehler ein. Das konnte er unbesorgt tun, weil es ihm nicht ums historische Detail, sondern um die Methode ging.

23.
DIE THEOSOPHISCHE GESELLSCHAFT

Schon im Januar 1902 war nicht allein geplant, daß Steiner die «Deutsche Theosophische Gesellschaft» in Berlin leiten sollte. Zumindest Brockdorffs wollten mehr: Es sollte eine «Deutsche Sektion» jener von H. P. Blavatsky und Henry S. Olcott begründeten Theosophischen Gesellschaft eingerichtet werden, die in Adyar (Madras) ihr Hauptquartier hatte. Bisher hatte sich Steiner nicht nur kritisch, sondern sogar spöttisch über diese Theosophie, die in Deutschland von Franz Hartmann vertreten wurde, ausgesprochen und geschrieben, man höre aus dieser Richtung «nichts als Redensarten, die den morgenländischen Schriften entlehnt sind, ohne eine Spur von Inhalt. Die inneren Erlebnisse sind nichts als Heuchelei.» (32/195) Ferner berichtet Steiner: «Als ich in den ersten Jahren in Berlin meine Vorträge gehalten habe, hatte ich von Blavatsky und Besant keine Schriften gelesen. ... Vor allen Dingen sind die Vorträge über die ‹Mystik im Aufgange› gesprochen und geschrieben worden, bevor ich irgend mich hatte entschließen können, von Blavatsky und Besant etwas zu lesen.» (Vortrag 5. 6. 1920: «Die Hetze gegen das Goetheanum»)

Nunmehr mußte sich Steiner entschließen, nicht nur Blavatsky und Besant zu lesen, sondern sich auch ein Bild von der Theosophischen Gesellschaft zu machen, da er sich kaum auf das allein verlassen konnte, was er in Wien 1889 en passant erfahren und gelesen hatte. Dazu war in der Bibliothek der Brockdorffs umfangreiches Material vorhanden. Unter anderem fand sich dort auch ein Werk, das Steiner gute Dienste leistete: C. G. Harrison *Das transzendentale Weltall* in der Ausgabe des Jahres 1897. Durch solche und andere Schriften, die auch die Hintergründe der Geschichte der Theosophischen Gesellschaft und den Wer-

Abb. 64:
Helena Petrowna Blavatsky (1831 – 1891).
«Es gibt aber einen Standpunkt, wo alles Äußere schwindet gegenüber der Empfindung von der unermeßlich bedeutungsvollen spirituellen Sendung H.P.B.'s und ihrer großen Aufgabe innerhalb der gegenwärtigen Geistesbewegung.» (262/65)

degang der Blavatsky beleuchteten, konnte sich Steiner relativ schnell orientieren. Das Bild, das sich ihm bis etwa 1904 ergab, muß hier kurz umrissen werden.

Nach diesem Bild hatte in der Mitte des 19. Jahrhunderts der Materialismus begonnen, seine Wirkung ganz zu entfalten. Die Vorstellungen des mechanischen Materialismus legten sich wie ein Panzer um die Köpfe der Menschen und drohten Mensch und Erde vom Übersinnlichen völlig zu isolieren. In dieser Situation faßten bestimmte okkulte Kreise den Entschluß, eine Gegenbewegung ins Leben zu rufen, die die Aufmerksamkeit auf das Übersinnliche lenken sollte. Der Spiritismus wurde lanciert und breitete sich seit den vierziger Jahren des 19. Jahrhunderts fast epidemisch aus. Er gewann an Ansehen und zog sogar angesehene Gelehrte wie Alfred Russel Wallace, der gleichzeitig mit Darwin die Deszendenztheorie entwickelt hatte, oder in Deutschland Friedrich Zöllner in seinen Bann. Die angeblichen Mitteilungen aus der Welt der Abgeschiedenen, die durch Medien kamen, waren sensationell genug. Der äußere Erfolg war beträchtlich. Allein, die Okkultisten waren entsetzt, sie hatten anderes erwartet. Ihnen war klar, daß die spiritistischen Mitteilungen keineswegs aus der Welt der verstorbenen Seelen stammen konnten.

Unter solchen Umständen seien – so wird berichtet – führende Okkultisten 1874 in Wien zu einer Beratschlagung zusammengekommen, um herauszufinden, wie Abhilfe zu schaffen sei. Ihr Blick fiel auf Helena Petrowna Blavatsky. Diese 1831 in Jekaterinoslaw geborene Frau war eine künstlerisch und okkult begabte Persönlichkeit. Nach langen – weitgehend nur legendär überlieferten – Reisen war sie 1873 nach New York gelangt. 1874 begegnete sie in Chittenden, Vermont, dem Spiritismus und Colonel Olcott. Olcott war ein geachteter Jurist und vorzüglicher Organisator, der sich, wie Blavatsky bemerkt, in die Geistererscheinungen verliebt hatte. Blavatsky selber war sich – so scheint es – über das Fragwürdige der Geistererscheinungen im klaren. Im Mai 1875 schrieb sie in ein Notizbuch: «Ich habe den Befehl erhalten, die Wahrheit über die Erscheinungen und die Medien zu sagen. Und nun wird mein Leidensweg beginnen! Ich werde die Spiritisten gegen mich haben und darüberhinaus auch die Christen und die Skeptiker.» Im Juli 1875 findet sich dann ein weiterer Eintrag in ihrem Notizbuch, der besagt, daß sie den Auftrag erhalten habe, eine philosophisch-religöse Gesellschaft zu begründen und mit Olcott zusammenzuarbeiten. So wurde dann am 17. November 1875 in New York die *Theosophical Society* in der Absicht begründet, dem Spiritismus eine neue Lehre des Übersinnlichen entgegenzusetzen.

Den Leidensweg der Blavatsky, die verschiedenen Einflüsse, denen sie unterworfen war, und ihr Wirken nachzuzeichnen, ist hier nicht der Ort. 1877 veröffentlichte sie ihr erstes Hauptwerk *Isis Unveiled* (Die entschleierte Isis), 1888 folgte *The Secret Doctrine* (Die Geheimlehre). Vor allem aber gelang es HPB, wie Blavatsky innerhalb der Theosophischen Gesellschaft genannt wurde, ein ernsthaftes Interesse an spirituellen Fragen zu pflegen und schließlich in der von ihr begründeten *Esoterischen Schule* geistig strebende Menschen zu fördern.

Eine auf das Große blickende Betrachtung wird die Leistungen von H. P. Blavatsky, wenngleich vieles zu kritisieren ist, anerkennen müssen. Unerschrocken trat diese Frau für die Realität einer geistigen Welt ein. Gewiß war sie nicht immer wählerisch in ihren Mitteln, aber sie stand, wissenschaftlich völlig ungebildet, mit ihren Eingebungen praktisch allein in einer Welt des Materialismus und konnte nur ihren wechselnden Eingebungen und «Meistern» vertrauen. Rudolf Steiner, der, solange er Mitglied der Theosophischen Gesellschaft war, Blavatsky loyal gegen allerlei kleingeistige Einwände verteidigte, hat sie in seiner Autobiographie kurz charakterisiert. Frau Blavatsky seien von den Hütern einer Tradition, die auf alte Mysterienschulen zurückging, okkulte Lehren übermittelt worden. «Sie verband dann, was sie da erhielt, mit Offenbarungen, die ihr im eigenen Innern aufgingen. Denn sie war eine menschliche Individualität, in der das Geistige durch einen merkwürdigen Atavismus wirkte, wie es einst bei den Mysterien-Leitern gewirkt hat, in einem Bewußtseinszustand, der gegenüber dem modernen von der Bewußtseinsseele durchleuchteten ein ins Traumhafte herabgestimmter war. So erneuerte sich in dem ‹Menschen Blavatsky› etwas, das in uralter Zeit in den Mysterien heimisch war.» (28/424f)

Helena Petrowna Blavatsky hatte das Glück, 1889 in Annie Besant eine bedeutende Schülerin zu finden, die zwar keine kongeniale Nachfolgerin, aber doch eine höchst engagierte Führerin der Theosophischen Gesellschaft werden sollte. Als Annie Besant HPB begegnete, hatte sie bereits ein Leben voll stürmischer Kämpfe hinter sich. In ihrer Jugend war sie eine eifernde Christin gewesen, nach einer gescheiterten Ehe mit einem anglikanischen Geistlichen hatte sie sich dem militanten Atheismus angeschlossen und sich als Sozialistin an die Seite der Arbeiter gestellt. Mutig war sie bei Protestversammlungen der berittenen Polizei entgegengetreten, sie hatte einen Streik organisiert und erfolgreich zu Ende geführt. Einige Jahre lang zählte man sie zur *Fabian Society,* die für eine soziale Gesellschaftsordnung eintrat. Mit George Bernard Shaw war sie zeitweilig eng befreundet. Jedoch ihre erste Begegnung mit HPB entschied über ihr weiteres Schicksal, und als HPB am 8. Mai 1891 starb, hatte sie in Annie Besant eine durchaus begabte, wenn auch in theosophischen Kreisen zunächst umstrittene Nachfolgerin gefunden.

Neben Annie Besant wirkten in der Theosophischen Gesellschaft eine Anzahl ernstzunehmender Theosophen, so etwa Mrs. Kenningdale Cook, die unter dem Pseudonym Mabel Collins neben anderem das tiefgründige Brevier *Light on the Path* geschrieben hatte, sowie Bertram Keightley, der wohl zwischen rechten und gefährlichen Wegen okkulter Entwicklung zu unterscheiden wußte. So konnte Rudolf Steiner 1925 in seiner Autobiographie schreiben: «Nur innerhalb der englischen Theosophen fand ich inneren Gehalt, der noch von Blavatsky herrührte und der damals» – 1902 bis 1904 – «von Annie Besant und anderen sach-

*Abb. 65:
Annie Besant (1847 – 1933), seit 1907 Präsidentin der Theosophischen Gesellschaft (Adyar). «Sie hatte kaum eine Möglichkeit, die moderne Art der Geist-erkenntnis zu begreifen. Aber was sie von der Geist-Welt sagte, war doch aus dieser heraus.» (28/429)*

gerecht gepflegt wurde. Ich hätte nie in dem Stile, in dem diese Theosophen wirkten, selber wirken können. Aber ich betrachtete, was unter ihnen lebte, als ein geistiges Zentrum, an das man würdig anknüpfen durfte, wenn man die Verbreitung der Geist-Erkenntnis im tiefsten Sinne ernst nahm.» (28/412f)

Annie Besant hatte in der Zeit bis zu ihrer Begegnung mit Frau Blavatsky einen Teil ihres persönlichen Schicksals ausleben können. Durch die Wendung zur Theosophie war sie für einige Jahre eine Lernende geworden, und so hörte sie um die Jahrhundertwende auf den kritischen Rat ihrer Freunde und wurde zeitweilig zu einem Organ, durch das bedeutende Impulse kraftvoll wirken konnten. Rudolf Steiner bemerkt in seiner Autobiographie, daß ihr Geist-Erleben einen traumhaften Charakter hatte. «Aber was sie von der Geistwelt sagte, war doch aus dieser heraus.» (28/429) «Ich bemerkte an ihr, daß sie ein gewisses Recht habe, von der geistigen Welt aus ihren eigenen inneren Erlebnissen zu sprechen. Das innere Herankommen an die geistige Welt mit der Seele, das hatte sie.» (28/428)

Gleichzeitig aber blieb es Steiner nicht verborgen, daß in Annie Besant bestimmte äußere und politische Aspirationen lebten. Diese waren jedoch in der Zeit, als Steiner sich der Theosophischen Gesellschaft anschloß, in den Hintergrund getreten und brachen erst später, namentlich im Zusammenhang mit der Krishnamurti-Affäre und während des Ersten Weltkrieges, wieder für jedermann sichtbar hervor. – Zu den prominenten Mitarbeitern Annie Besants zählte auch Charles Webster Leadbeater, der Verfasser überaus zahlreicher Büchlein. Er galt in theosophischen Kreisen als bedeutender Hellseher. Der besonnene Bertram Keightley war im Blick auf Leadbeater der Ansicht, er verfolge dauernd «trotz vieler freundlicher Warnungen einen sehr risikoreichen Pfad psychischer Entwicklung. Dieser bewirkt durch die forcierte Entfaltung und den dauernden Gebrauch der astralischen und niederen geistigen Sinne eine gewaltige Betonung des Persönlichen auf Kosten des wirklichen höheren Selbstes und würde schließlich zu höchst unheilvollen Ergebnissen führen.» (Tillett 1982, S. 93) – Doch um 1902 herum wurden die Tendenzen, die von Leadbeater ausgingen, durch andere führende Theosophen noch ausgeglichen.

Nicht ohne Humor hat Steiner 1923 die Verhältnisse in der Theosophischen Gesellschaft (258/31ff) beschrieben. Die Gesellschaft lebte völlig in den Vorstellungen, die man von den okkult fortgeschrittenen verehrungswürdigen Führern, die auf den höheren Planen lebten, hatte. Neben dem Lächerlichen hatte das aber auch etwas außerordentlich Positives:

«Das ist etwas, was in einer außerordentlich intensiven Weise die Theosophical Society zu einem Ganzen zusammengeschmiedet hat, was wirklich gemacht hat, daß ungeheures Zusammengehörigkeitsgefühl vorhanden war, daß jeder einzelne sich als einen Repräsentanten der Theosophical Society fühlte. Diese Society war etwas für sich, außer dem, daß jeder einzelne da war, war diese Gesellschaft etwas. Sie hatte, man kann schon sagen, ein Selbstbewußtsein für sich. Sie hatte ein eigenes Ich. Dieses eigene Ich war so stark, daß, selbst als dann die Absurditäten der führenden Persönlichkeiten in einer geradezu kuriosen Weise an die Oberfläche getreten sind, diejenigen Menschen, die sich einmal als zugehörig gefühlt haben, mit eiserner Gewalt festgehalten haben und so ein Gefühl dafür hatten: Das ist etwas wie Verrat, wenn auch bei großen Fehlern der führenden Persönlichkeiten nicht zusammengehalten wird.» (258/34f)

Im Frühjahr 1902 ging es darum, die von Brockdorffs angestrebte Gründung einer Deutschen Sektion der Theosophischen Gesellschaft (Adyar) zu betreiben. Das war eine delikate Sache; da sollte plötzlich ein Mann, der noch kein Jahr lang Mitglied der Gesellschaft war, auf Empfehlung der Brockdorffs hin die Leitung der deutschen Sektion übernehmen. Selbstverständlich gab es ältere Prätendenten für ein solches Amt. Da war zunächst Dr. Wilhelm Hübbe-Schleiden, ein ehemaliger Kolonialpolitiker, der am 27. Juli 1884 zusammen mit Frau Blavatsky und anderen die «Theosophische Societät Germania» begründet hatte. Zwar hatte sich diese Societät wieder aufgelöst, doch Hübbe-Schleiden hatte immerhin über viele Jahre hin die theosophische Zeitschrift *Sphinx* herausgegeben und so die theosophische Sache weitergetragen. Dann war da Richard Bresch, der in Leipzig die theosophische Monatsschrift *Vahan* herausgab. In München lebte der Schriftsteller Ludwig Deinhard, der zu den älteren und angeseheneren Theosophen zählte. In einigen Städten existierten theosophische Gruppen, in Hamburg um Bernhard Hubo, in Kassel um Dr. Ludwig Noll, in Düsseldorf um Bruno Berg, in Stuttgart um Adolf M. Oppel. Darüberhinaus gab es theosophische Gruppierungen anderer Observanz. So leitete Paul Raatz die «Theosophische Gesellschaft in Deutschland», die zur von Catherine Tingley geführten Theosophischen Gesellschaft gehörte, und schließlich existierte die Internationale Theosophische Verbrüderung, die der alte Genosse der Blavatsky, Dr. Franz Hartmann in München begründet hatte. Sonderlich aktiv war keiner der Prätendenten, aber sie hatten alle ihre Reputation und ihre Ansprüche und stellten insgesamt erhebliche Störpotentiale dar. Vielerorts wollte man auch nicht beim Warten auf die wissenschaftliche Begründung der Theosophie durch Hübbe-Schleiden gestört werden.

Es bedurfte also des ganzen Geschicks der Brockdorffs und der Geduld Steiners, um überhaupt die mögliche Basis für ein Handeln zu schaffen. 1911 berichtet Steiner über die Verhandlungen: «Dann ergab sich die Begründung der deutschen Sektion, unter ‹Hangen und Bangen, in schwebender Pein›, unter fürchterlichen Diskussionen, hin und her, damit will ich Sie verschonen. Es fand sich damals eine Persönlichkeit, die mittlerweile ausgetreten ist aus der Gesellschaft, die auch Vermittler des Karmas war, ... es ergab sich, daß Herr Richard Bresch, der damalige Vorsitzende des Leipziger Zweiges, nachdem er sich besprochen hatte mit verschiedenen Persönlichkeiten, eines Tages zum Grafen Brockdorff kam und sagte: Wenn Dr. Steiner nun schon Vorsitzender der Berliner Loge ist, kann er auch Generalsekretär der deutschen Sektion sein.» (264/407f)

Für die Prätendenten dürfte der Verzicht auf das Amt des Generalsekretärs auch nicht allzu schwer gewesen sein, denn mit diesem Posten war weder eine Bezahlung noch irgendwelche Macht verbunden. Das Amt versprach nur Arbeit und Pflichten. Schließlich handelte es sich bei der Gründung der deutschen Sektion zunächst nur um eine kleine Sache: Es war abzusehen, daß die zu gründende Sektion nicht sehr viel mehr als etwa hundert Mitglieder haben würde.

Mit der Nominierung im Frühjahr waren für Rudolf Steiner selbst noch keineswegs alle Würfel gefallen. Er war sich darüber klar, welche Risiken mit dieser neuen Aufgabe verbunden waren. Er wußte, daß er sich mit dem Eintreten für die Theosophie, an der so viele merkwürdige Dinge und Schicksale hingen, kompromittieren würde, und er hat dies auch ausgesprochen (51/311). Die unerquicklichen Diskussionen des Frühjahrs 1902 hatten ihm vor Augen geführt, mit welch fragwürdigen Existenzen ihn dieses Amt zusammenbringen würde. Nicht zuletzt dürfte er auch die inneren Risiken, die mit der theosophischen Arbeit verbunden waren, erwogen haben.

So richtete er denn eine Frage an das Schicksal, ob dieser Kelch nicht an ihm vorübergehen könne. Sein alter Freund Moriz Zitter hatte in Wien den Herausgeber der renommierten Wochenzeitung *Die Zeit*, Dr. Heinrich Kanner, aufgesucht und ihm vorgestellt, daß Rudolf Steiner für sein Blatt der geeignete Feuilleton-Redakteur sei, und damit ein Gespräch zwischen Steiner und Kanner vermittelt. In den ersten Tagen des Juni 1902 war Kanner in Berlin und empfing Rudolf Steiner, der am 10. Juni seinem Freund Zitter nach Wien berichtet: «Nun war Dr. Kanner hier. Aber ich kann Dir leider nicht von sonderlich guten Hoffnungen berichten. Er hat mich zu sich ins Hotel gerufen; dann noch einmal bestellt. Er hat sich von mir stundenlang erzählen lassen. Was er mir zuletzt gesagt hat, hätte er mir auch sagen können, bevor er mich angehört hat. Zuletzt sagte er mir: ich solle ihm schriftlich ausarbeiten, wie ich mir vorstelle, daß ein modernes Feuilleton geleitet werden müsse, und was ich, im Falle einer Anstellung dazu, alles tun wolle. Ich mache das natürlich alles. Es schien mir aber doch nur ein Mittel, um mich loszuwerden, ohne direkt ‹nein› zu sagen. Alles, was er mir sagte, hat er auch schon zu Dir gesagt. Es ist dasselbe, was Du mir schriebst, das er Dir sagte. Ich konnte zuletzt aber wirklich nicht verstehen, was er eigentlich von mir wollte. Ich habe auch alles Äußere getan, was Du mir aufgetragen hast, d. h. einen solchen Anzug erstanden, wie Du sagtest, einen steifen Hut, Handschuhe. Es schien mir, daß Du damit ganz recht hattest. (Es hat die Taschen völlig geleert.)

Ich habe ihm das Verschiedenste vorgestellt, was gerade einen Menschen zum Leiter eines modernen Feuilletons prädestiniert, der sich auf den allerverschiedensten Gebieten umgesehen hat. Das ist ein Punkt, von dem er sagte, daß er ihm unbedingt ‹einleuchtet›. Vorgebracht hat er überhaupt nichts gegen mich als die Anschauung, daß es ‹*für mich*› doch besser wäre, mich nicht dadurch von aller freien Schriftstellerei abzuschneiden, daß ich der bureauartigen Arbeit mich zuwende. Ich sagte natürlich, daß ich doch seit langem eine solche Stellung wollte und daß es gar nicht darauf ankäme, was für mich besser sei.» (39/409f)

Trotz aller Mühen erhielt Rudolf Steiner schließlich eine Absage. Wie er ganz richtig vermutete: Dr. Kanner wollte ihn nicht. So führte Steiner im Juni seine Kurse an der Arbeiterbildungsschule zu Ende und schrieb die letzten Kapitel des Buches *Das Christentum als mystische Tatsache,* die umgehend zur Druckerei expediert wurden. Wohl nicht ganz leichten Herzens verläßt er am 29. Juni Berlin, um zunächst in Hannover den «Senior» der deutschen Theosophen, Hübbe-Schleiden, aufzusuchen. In Hannover trifft Steiner nicht nur Hübbe-Schleiden, sondern auch Ludwig Deinhard, der es sich auch nicht nehmen lassen wollte, den designierten Generalsekretär der deutschen Sektion in Augenschein zu nehmen. Die Inspektion verlief zufriedenstellend, und Steiner fuhr am 30. Juni nachmittags weiter nach Vlissingen, wo er den Schnelldampfer nach England bestieg.

Am 1. Juli morgens kam Steiner in London an. An der Liverpool-Street-Station holte ihn Marie von Sivers ab, und dann ging es mit einer Droschke quer durch London nach Bayswater, wo ihn Bertram Keightley, der alte Mitarbeiter der Blavatsky, freundlich empfing und ihn zunächst ins Badezimmer dirigierte: «Ein reiner Segen: in England *muß* man in solchen Häusern jeden Morgen baden. Also erste Londoner Erfahrung: ein Bad.» (39/413) Mit Keightley ergab sich sofort ein guter Kontakt, ja eine Freundschaft, die vieles überdauern sollte; noch 1923 suchte Keightley Rudolf Steiner in Dornach auf. Keightley «kannte» Steiner schon, denn er hatte im *Theosophical Review* Steiners *Mystik* den Lesern vorgestellt, empfohlen und auszugsweise übersetzt. In vertraulichen Gesprächen erzählte Keightley vom persönlichen Umgang mit HPB, Rudolf Steiner berichtete von den Erfahrungen, die er mit den deutschen Theosophen gemacht hatte. Bei einem der Gespräche war auch der damals gefeierte Erforscher der Gnosis, G. R. S. Mead, anwesend. Das Gespräch berührte unter anderem Steiners *Mystik* und Mead bemerkte: «In Ihrem Buche steht ja die ganze Theosophie darinnen.» (264/409) – Auch eine andere alte Vertraute der Blavatsky lernten Marie von Sivers und Steiner kennen: die Gräfin Wachtmeister, die HPB seit ihrer schweren Zeit in Würzburg (1885), als sie verfehmt aus Indien nach Europa geflohen war und an die Niederschrift der *Secret Doctrine* ging, beigestanden hatte. So gewann Steiner durch die besten Repräsentanten der Theosophischen Gesellschaft ganz persönliche Einblicke in die Geschichte dieser Bewegung. Das also war das geistige Zentrum, an das Steiner «würdig anknüpfen durfte» (28/413).

Als designierter Generalsekretär der zu gründenden deutschen Sektion hatte Steiner selbstverständlich auch eine «Audienz» bei Annie Besant. Frau Besant war, als ihr der einundvierzigjährige Rudolf Steiner vorgestellt wurde, fünfundfünfzig Jahre alt und auf der besten Höhe ihrer geistigen Entwicklung. Beide Seiten gewannen einen sehr positiven Eindruck voneinander. Annie Besant, die vielbeschäftigte, sagte sogar zu, zur Gründung der deutschen Sektion nach Berlin zu kommen.

Über sein erstes Auftreten vor den versammelten Theosophen berichtet Steiner: «Ich habe, als ich 1902 zum ersten Male in London auf dem Kongreße der Theosophischen Gesellschaft sprach, gesagt: Die Vereinigung, die die einzelnen Sektionen bilden, soll darin bestehen, daß eine jede nach dem Zentrum bringt, was sie in sich birgt; und ich betonte scharf, daß ich für die deutsche Sektion dies vor allem beabsichtige. Ich machte deutlich, daß *diese* Sektion niemals sich als Trägerin festgesetzter Dogmen, sondern als Stätte selbständiger geistiger Forschung betätigen werde, die sich bei den gemeinsamen Zusammenkünften der ganzen Gesellschaft über die Pflege echten Geisteslebens verständigen möchte.» (28/415)

Die zehn kostbaren Tage in London nutzte Steiner keineswegs ausschließlich, um in die Geheimnisse der Theosophischen Gesellschaft einzudringen. Eifrig und begeistert erkundete er in den freien Stunden und Tagen die Londoner Museen und naturwissenschaftlichen Sammlungen. Damals entdeckte er für sich die Landschaften William Turners, die ihn derart faszinierten, daß Turner bei Steiner den bis dahin besonders geschätzten Arnold Böcklin vom ersten Platz moderner Maler verdrängte. Nicht weniger wichtig waren Steiner die naturhistorischen Museen. An ihnen ging ihm «manche Idee über Natur- und Menschheitsentwickelung» auf. «So hatte ich in diesem Londoner Besuch ein für mich bedeutsames Ereignis durchgemacht. Ich reiste mit den allermannigfaltigsten, meine Seele tief bewegenden Eindrücken ab.» (28/398)

Die Rückreise führte Steiner zunächst nach Brüssel, wo er das Wiertz-Museum aufsuchte. Hier trat er vor ein Gemälde, das vielleicht nicht eben zu den großen Kunstwerken zu zählen ist, das ihn aber offensichtlich tief bewegte, denn er hat über dieses Bild nach seiner Rückkehr in Berlin oft gesprochen und gesagt, es sei die Aufgabe des Gegenwartsmenschen, daß sich die Prophetie dieses Bildes nicht erfülle. (51/316) Antoine Wiertz (1806 bis 1865) stellt auf dem Bild *Die Dinge der Gegenwart vor dem Menschen der Zukunft* «einen Riesen dar, der in seiner Hand winzige Dinge hält und sie seiner Frau und seinem Kinde zeigt: unsere Kanonen, unsere Szepter, unsere Ehrenzeichen und Triumphbogen und die Fahnen unserer Parteien. – Winzig erscheinen diese ‹Errungenschaften unserer Kultur›, gesehen von diesem Gesichtspunkte einer zukünftigen Gedankenwelt und einer Zivilisation, die der unsern gegenüber ein geistiger Riese ist. – Von der eigentlichen prophetischen Idee des Bildes sei hier abgesehen: dem Beobachter des geistigen Fortschrittes kann aber, wenn er vor dem Bilde steht, eine andere Idee aufsteigen. Könnten nicht etwa auch unsere Gegenwarts-Vorstellungen über Welt und Leben ähnlich winzig vor der Gedankenwelt der Zukunft erscheinen?» (8/177)

Die Intensität, mit der Rudolf Steiner über dieses relativ bedeutungslose Kunstwerk spricht, legt den Gedanken nahe, daß ihm an diesem Bild seine eigentliche Aufgabe nochmals vor Augen getreten ist. Man kann den Eindruck haben, daß Steiner sowohl in dem Scheitern seiner Bemühung, Feuilleton-Redakteur zu werden, als auch in den ihn «tief bewegenden» Eindrücken, die er in London gewann, und auch in dem Bild von Wiertz Winke des Schicksals erkannte. Ja, vielleicht vernahm er gerade durch diese Winke die Sprache des «Meisters», der ihn aufforderte, mutig für die Anthroposophie einzutreten. 1905 schreibt er über die damals getroffene Entscheidung für die Anthroposophie, daß der «Meister» ihn von dieser Aufgabe überzeugt habe. «Ich kann Dir nur sagen, wenn der Meister mich nicht zu überzeugen gewußt hätte, daß trotz alledem die Theosophie unserem Zeitalter notwendig ist: ich hätte auch *nach* 1901 nur philosophische Bücher geschrieben und literarisch und philosophisch gesprochen.» (262/48) So hat das Schicksal zumindest das, was der «Meister» sagen wollte, in deutlicher Sprache bestätigt.

Als Historiker kann man nur festhalten: Die Entscheidung für das theosophische oder, besser gesagt, anthroposophische Wirken muß nach der Absage aus Wien und vor der Rückkunft Steiners nach Berlin gefallen sein; denn von dem Augenblick an, als er wieder in Berlin war, begann er ohne Zögern und energisch an der Sektionsgründung zu arbeiten.

Bevor er aber nach Berlin zurückkehrte, gönnte sich Steiner einen Abstecher nach Paris, wo er am 13. Juli abends eintrifft und die am 14. Juli folgenden Feiern als «großen Jahrmarkt» erlebte. Sein Weg führt ihn wieder in die Museen, zu den Markthallen und an die historischen Orte der französischen Revolution. Auf der Rückreise nach Berlin sucht er in Köln, Düsseldorf und Kassel und möglicherweise an anderen Orten theosophische Arbeitsgruppen auf, um so die Gründung der Sektion vorzubereiten und sich den Mitgliedern der Theosophischen Gesellschaft vorzustellen.

Erst am 29. Juli traf Rudolf Steiner wieder in Berlin ein. Am folgenden Tage begannen die intensiven Vorarbeiten, um die Sektionsgründung auf den Weg zu bringen. Dabei traten fast täglich neue Schwierigkeiten auf: Die Ankunft der Gründungsurkunde (Charter), die durch Olcott in Indien ausgestellt werden mußte, verzögerte sich; die Zweige in Leipzig (Richard Bresch) und Hamburg (Bernhard Hubo) machten allerlei Schwierigkeiten; die Loge in Kassel, also Ludwig Noll, schloß sich Bresch an; der Stuttgarter Zweig beantwortete keine Anfrage – kurz, es sah zeitweise so aus, als ob die Sache in letzter Minute scheitern würde, denn zur Gründung einer Sektion waren sieben Zweige erforderlich. Ebenso ergaben sich Schwierigkeiten bei der Schaffung eines Publikationsorgans der Sektion. In den freien Stunden neben diesen Scherereien korrigierte Steiner die Druckfahnen seines Buches *Das Christentum als mystische Tatsache.* Gleichzeitig korrespondierte er laufend mit Hübbe-Schleiden, der auch zur Sektionsgründung ein Buch mit dem Titel *Diene dem Ewigen – Was nützt die theosophische Gesellschaft ihren Mitgliedern?* veröffentlichen wollte. Steiner las auch die Bürstenabzüge dieses Buches und gab Hübbe-Schleiden fortwährend brieflich Anregungen zur Gestaltung und Formulierung des Textes.

In dieser Korrespondenz finden sich viele aufschlußreiche Bemerkungen darüber, wie Rudolf Steiner die Verhältnisse damals einschätzte. Die wohl wichtigste Stelle findet sich in dem Brief vom 16. August, in welchem Steiner Hübbe-Schleiden, dem langjährigen Verfechter der Theosophie in Deutschland, ganz offen über seine Absichten Auskunft gibt: «Aber, lieber, verehrter Herr Doktor: ist nicht auch in diesem Falle vielleicht das Beste der Feind des Guten. Das Beste wäre ja zweifellos etwas ganz Neues, ohne Anknüpfung an Bestehendes. Doch glaube ich, daß wir dieses Beste auch im Rahmen der Theosophical Society Section *vielleicht* doch durchführen können. Das wissen Sie aus unserem kurzen Zusammengehen, daß ich *nie* etwas anderes im Rahmen der Theosophical Society tun kann, als was auch Ihren Intentionen entsprechen wird. Das Risiko, dem ich mich aussetze, schwebt mir klar vor Augen. Und ich glaube, ich *muß* mich demselben aussetzen. Was kann denn nur kommen? Was *muß* vielmehr kommen? Entweder wir sind in der Lage, der Theosophical Society Section in Deutschland als Rahmen ein Bild einzusetzen, das wir für das richtige halten. Dann werden die bisherigen Persönlichkeiten sehen, wie sie sich zu uns stellen. Oder aber wir sind nicht in der Lage: *dann* ist die Summe der bisherigen Persönlichkeiten einfach durch diese Tatsache – selbst wenn sie eine Sektion zustande brächten – ins Nichts zusammengesunken. Denn damit hätten sie ein für allemal auf die Bewegung innerhalb der deutschen Geistesbildung verzichtet. Und wir hätten es dann mit einer tabula rasa zu tun, die nicht *wir* erst gemacht haben und die uns unser Wirkensfeld eröffnet. Solange aber das nicht der Fall ist, sind wir zur Untätigkeit bestimmt. Ich möchte am liebsten ganz *positiv* in meiner Tätigkeit sein; die nutzlose und wesenlose Opposition möchte ich den Herren Bresch und Hubo überlassen. Ich will auf die Kraft bauen, die es mir ermöglicht, ‹*Geistesschüler*› auf die Bahn der Entwicklung zu bringen. Das wird meine Inaugurationstat allein bedeuten müssen. Deshalb möchte ich in *allem* positiv sein. …

Ich glaube nämlich, daß die Bewegung, die H. P. B. und A. Besant eingeleitet haben, über H. P. Blavatsky und Annie Besant vordringen

Abb. 66:
Wilhelm Hübbe-Schleiden (1846 – 1916) begründete 1884 in Elberfeld die «Theosophische Societät Germania» und wollte die Theosophie dann wissenschaftlich begründen.

kann ... Und damit habe ich für Sie ... den Standpunkt präzisiert, den ja auch Sie einnehmen.» (*Briefe II,* 1953, S. 269ff)

Die Kühnheit dieses Briefes spricht für sich. Klipp und klar wird gesagt, daß die deutsche Sektion nur ein Rahmen sein soll, in den ein erst zu schaffendes neues Bild einzusetzen ist. Nicht weniger bemerkenswert ist die bereits hier ausgesprochene Ansicht, daß Steiner die Theosophie über die Ansätze Blavatskys und Besants hinaus weiterentwickeln will. Vor allem ist das Grundanliegen Steiners, das nicht in der Propagierung einer Lehre besteht, eindeutig formuliert: «*Ich will auf die Kraft bauen, die es mir ermöglicht ‹Geistesschüler› auf die Bahn der Entwicklung zu bringen.*»

Das war wirklich Steiners Vorhaben, dem er auch treu blieb. Nur in einer Hinsicht konnten die Absichten dieses Briefes nicht verwirklicht werden. In der Person Hübbe-Schleidens hatte Steiner sich gründlich getäuscht. Er sah in ihm etwas, was offensichtlich nicht da war. So hatte er am 20. August 1902 an Marie von Sivers geschrieben: «In Hübbe-Schleiden lebt eine wirkliche geistesentwicklungsgeschichtliche *Potenz*.» (262/23) Diese Fehleinschätzung Hübbe-Schleidens ist um so merkwürdiger, als Hübbe-Schleiden – wie Steiner selbst berichtet – seine höchst abstrusen

Theorien Steiner möglicherweise schon bei seinem ersten Besuch in Hannover vorgetragen hatte (258/114ff). Ja, noch mehr: 1892 hatte Steiner eine Schrift Hübbe-Schleidens *Das Dasein als Lust, Leid und Liebe* mit spöttischen Worten verrissen: «Zeus im Frack mit weißer Binde, das ist der Eindruck, den uns die indische Evolutionslehre als moderner Darwinismus drapiert, macht.» (30/510) 1902 dürfte Steiner über die Identität des Verfassers dieser Schrift, die ursprünglich anonym erschienen war, aufgeklärt gewesen sein. Man steht vor einem Rätsel.

Vielleicht löst sich dieses Rätsel, wenn man die Worte des oben zitierten Briefes bedenkt: «Deshalb möchte ich in *allem* positiv sein.» In diesem Entschluß zu größtmöglicher Positivität liegt ein Schlüssel, ohne den man das Wirken Steiners in den kommenden Jahren nicht verstehen kann. – Wie oft denkt nicht ein kritischer Betrachter Steiners angesichts bestimmter Vorgänge und Personen: Warum ist Steiner so weitgehend auf die Wünsche und Bestrebungen, die an ihn herangetragen wurden, eingegangen? Warum hat er hier nicht deutlich «Nein» gesagt oder genaueste Richtlinien angegeben? Warum hat er auch Initiativen, die ihm als fragwürdig erschienen, nach Kräften gefördert, anstatt sie zu verhindern? Offensichtlich wollte er in *allem* positiv sein und die Initiativen, die ihm entgegentraten, wo irgend möglich fördern.

Am 17. September traf Marie von Sivers in Berlin ein. Drei Tage darauf übernahm sie die eigentliche Geschäftsführung der in Gründung begriffenen Sektion, und schon nach weiteren fünf Tagen konnte Steiner beglückt berichten: «Fräulein von Sivers waltet bereits ihres Amtes. Sie ist wirklich eine glänzende große Erscheinung innerhalb der jetzigen Misere. Ich bin froh, daß sie da ist. In *jeder* Beziehung kann ich auf sie bauen.» (Briefe 1953, S. 300f) Eigentlich ist in diesem Satz schon alles gesagt, was über Marie von Sivers, die spätere Marie Steiner, zu sagen ist. Marie von Sivers, 1867 in der polnischen Stadt Wlotzlawek geboren, war die Tochter eines russischen Generals. In Petersburg aufgewachsen, hatte sie vor allem eine gründliche Ausbildung in den wichtigsten europäischen Sprachen und in der Schauspielkunst erfahren. Vom Jahre 1902 an stellte sie sich ganz in den Dienst der Aufgabe Rudolf Steiners. Mit minutiöser Genauigkeit erledigte sie die Geschäfte des Sekretärs der deutschen Sektion, und durch ihre Sprachkenntnisse war sie eine ideale Ergänzung für Rudolf Steiner, der eigentlich nur deutsch sprach. Marie von Sivers erlebte die kritischen Tage um den 29. September mit, als Rudolf Steiner erwog, auf die Einberufung der konstituierenden Generalversammlung überhaupt zu verzichten. Dann aber fiel die endgültige Entscheidung für die Gründung der Sektion, Annie Besant wurde benachrichtigt, sie könne kommen.

Am 8. Oktober hielt Rudolf Steiner vor dem Giordano Bruno-Bund im Bürgersaal des Berliner Rathauses den Vortrag, in dem er sich zur Theosophie bekannte: *Monismus und Theosophie*. Steiner war diese Form der öffentlichen Vorstellung der von ihm vertretenen Theosophie wichtig. Man sollte durch ihn selbst wissen, was er tat und vorhatte. Die deutsche Sektion sollte nicht klammheimlich im Winkel begründet werden.

Zwei Grundgedanken standen im Mittelpunkt dieses Vortrags: Entwicklung und Selbsterkenntnis. Die natürliche Entwicklung hat die Menschheit auf die gegenwärtige Entwicklungsstufe gebracht, auf der der Mensch das bewußte Erkennen entfaltet. Das Naturerkennen findet die Gesetze des Gegebenen. Nunmehr kann der Mensch, der das Erkennen auf sich selbst richtet, seine eigenen Gesetze schaffen und aus eigener Kraft seine Entwicklung weiterführen. Diese Steigerung der Erkenntnis durch Selbsterkenntnis und schöpferische Selbstentwicklung ist Theosophie.

Wenige Tage später berichtet Rudolf Steiner: «Unsere Würfel sind – sozusagen – gefallen. Ich habe im Giordano Bruno-Bund meinen öffentlichen Vortrag *Monismus und Theosophie* gehalten. Der Erfolg ist ein überraschend günstiger.» – «Wolfgang Kirchbach führte am Abend des Vortrags den Vorsitz, und auch er war im höchsten Maße interessiert. … Ich gebe mich gewiß keinen Illusionen hin, aber ich denke, die anwesend waren, haben zum größten Teil das Bewußtsein davongetragen, daß sie da vor etwas stehen, an dem sie nicht vorübergehen dürfen.» (Briefe 1953, S. 308f)

Eine Woche später, am 15. Oktober, wurde, wie es im Bruno-Bund üblich war, Steiners Vortrag öffentlich diskutiert. Der Vorsitzende des Abends, Otto Lehmann-Rußbüldt, sagte einleitend, es wäre sein persönlicher Wunsch gewesen, daß nicht bloß jene 250 bis 300 Hörer beim Vortrag Steiners zugegen gewesen wären, sondern «die 2000 bis 3000 Personen, die das geistig-öffentliche Leben in Deutschland ausmachen». Am Schluß seines Berichtes heißt er die theosophische Bewegung «mit einem Programm, wie es Dr. Steiner formuliert», willkommen (51/316-319). Steiners Einschätzung der Wirkung seines Vortrags dürfte also zutreffend gewesen sein.

Abb. 67: Marie von Sivers, 1903

Diese und manche andere Tatsache korrigieren Berichte und Darstellungen zu Steiners Lebensgang, die eine relativ weite Verbreitung gefunden haben. Es gibt die Auffassung, daß Steiners Beziehungen zu anderen Menschen und Kreisen mit dem Eintreten für die Theosophie abrupt abgebrochen seien. Es wird auch erzählt, der Vortrag Steiners vom 8. Oktober sei mit «eisiger Verwunderung» aufgenommen worden, und überhaupt habe sich Steiners Verhalten nach seiner London-Reise schlagartig verändert, namentlich habe er einen anderen Hut und einen anderen Anzug getragen. Daß der andere Hut und der neue Anzug für Herrn Kanner von der Wiener *Zeit* angeschafft worden waren und nichts mit der Theosophie zu tun hatten, wurde schon oben erwähnt. Daß Rudolf Steiner seine Tätigkeiten in allen Kreisen, in denen er bisher wirkte, zunächst fortgesetzt hat, ist gut belegt. Er wurde nach wie vor zu Vorträgen aufgefordert und hielt sie auch. Noch im Jahre 1904 gehörte er dem Vorstand des Bruno-Bundes an, seinen letzten Vortrag im Bruno-Bund hielt er im Jahre 1905; er schickte einigen Vorstandskollegen die von ihm seit 1903 herausgebene Zeitschrift *Luzifer*, und noch im Dezember 1905 bedankt sich Otto Lehmann-Rußbüldt bei Steiner: «Ich empfing mit vielem Dank die neue Nummer des *Luzifer*. Das vom ‹großen Hüter der Schwelle› erweckte mir außerordentliches Interesse.» (B 79/80, S. 30) Mit anderen Worten, Steiner brach keine Beziehungen von sich aus ab, noch umgab er sich mit dem Nimbus der Unnahbarkeit, er blieb allen, wie man früher sagte, ein «gemeiner Mann».

Nach diesen Vorbereitungen fand dann vom 19. bis 21. Oktober in Berlin die Gründungsversammlung der deutschen Sektion der Theosophischen Gesellschaft statt. In der Eröffnungsansprache entwarf Steiner ein Bild der «Zeichen der Zeit»: Die naturwissenschaftliche und die religiöse Gedankenentwicklung seien je an einem Endpunkt angelangt. Das naturwissenschaftliche Denken könne die menschliche Innerlichkeit nicht erfassen, das religiöse und moralische Empfinden habe alle Kraft verloren, über die Welt mitzureden. Zwischen beiden Anschauungen herrsche ein unüberbrückbare Kluft. Nur eine neue Entfaltung und Vertiefung der Geisteskräfte der Menschen könne weiterführen. Das deutsche Geistesleben sei zu der Aufgabe berufen, durch die Überwindung des naturwissenschaftlichen Materialismus eine wichtige Aufgabe zu übernehmen.

Über die Verhandlungen zur Konstituierung der Sektion berichtet Mathilde Scholl: «Diese Gründungsversammlung dauerte von morgens 10 Uhr bis abends 6 Uhr. Dr. Steiner leitete die Versammlung. Unter den Vertretern der deutschen Logen waren einige Querköpfe. Es war ihnen schwer, sich zu einigen. Nur durch Dr. Steiners weise Leitung kam es zu einem friedlichen Abschluß. Er imponierte mir gerade durch die taktvolle, ruhige, aber sichere und bestimmte Haltung in der etwas chaotischen Situation.» (Meffert 1991, S. 383) Schließlich wurde ein Vorstand gewählt. Dieser ist am besten dadurch zu charakterisieren, daß er kaum je nennenswerte Arbeit geleistet hat und daß schon in den nächsten Jahren sechs dieser Vorstandsmitglieder aus dem Vorstand ausschieden.

Danach begab sich etwa die Hälfte der Versammelten zum Bahnhof, um Annie Besant zu begrüßen. Rudolf Steiner aber verließ danach vorübergehend die Versammlung, um im Kreise der «Kommenden» jene Vortragsreihe fortzusetzen, der er den Untertitel «Anthroposophie» gegeben hatte. Am folgenden Tage wurde die Gründungsurkunde (Charter) der neuen Sektion durch Annie Besant feierlich übergeben. Damit war Rudolf Steiner offiziell bestallter Generalsekretär der deutschen Sektion der Theosophischen Gesellschaft. Am Abend des Tages sprach dann Annie Besant öffentlich vor 400 Zuhörern im Hotel «Prinz Albrecht» über *Theosophy, it's Meaning and Objects*, und Steiner referierte anschließend den Vortrag in deutscher Sprache. Schon am nächsten Tage verließ Annie Besant wieder Berlin, nachdem sie, vermutlich am letzten Tage ihres Aufenthalts, Marie von Sivers und Rudolf Steiner in die Esoterische Schule aufgenommen hatte. (28/424)

Für Rudolf Steiner war aber im Zusammenhang der Sektionsgründung eine andere Erfahrung viel wichtiger. Er beabsichtigte ursprünglich nicht, die Theosophie als ein großartiges Lehrgebäude mit gewaltigen Panorama-Ausblicken auf die höheren Welten und Schilderungen der Evolution zu entwickeln. Sein Ziel war es vielmehr, *Geistesschüler auf die Bahn der Entwicklung zu bringen.* Es ging ihm also darum, die individuelle Entwicklung einzelner Menschen zu fördern und ein individuelles Erkennen zu veranlagen. Solch ein individuelles Erkennen beginnt als Selbsterkenntnis, die sich nicht nur ins eigene Innere versenkt, sondern in den Weltaufgaben das eigene Schicksal ergreift. In seinem Buch *Die Mystik* hatte Rudolf Steiner erstmals – wie oben bereits erwähnt – von diesem Weg gesprochen, den er in der *Mystik* den dritten

Weg nennt und von dem er schreibt, daß es sein eigener Weg sei: «*Vertrauen* in die Welt muß der eine Führer auf diesem dritten Wege sein. *Mut,* diesem Vertrauen zu folgen, gleichviel wohin es führt, muß der andere sein.» (7/99) Der Weg in die Welt ist der Weg des eigenen Schicksals, des Schicksals, das uns durch seine Aufgaben und Herausforderungen führt.

Um diesen Weg in die Welt zu beschreiben, hatte Rudolf Steiner für die Gründungsversammlung einen Vortrag über *Karma-Studien* oder, wie er später formulierte, über *Praktische Karma-Übungen* angekündigt. Erst 1924, nachdem er wirklich mit solchen Übungen und Betrachtungen begonnen hatte, kam er auf diesen Versuch wieder zu sprechen. Sechsmal, in Prag, Stuttgart, Bern, Breslau, London und Dornach, erzählte er von dem Vorhaben, das damals nicht gelang. In London berichtet er: Es «trug der erste Vortrag, den ich dazumal hielt, innerhalb des Rahmens ... der Deutschen Sektion der Theosophical Society, den Titel *Praktische Karma-Übungen.* Aber die Persönlichkeiten, die dazumal mit bei der Begründung waren, bekamen einen furchtbaren Schreck, als sie diesen Titel vernahmen, und ich könnte noch heute mit voller Anschaulichkeit die astralischen Wellen des Bebens und Zitterns schildern, welche namentlich die alten Herren an sich zeigten.» (240/256) Die alten Herren wähnten, Steiner wolle ihre «jahrzehntelange Arbeit» zunichte machen, es kam zu allerlei Sitzungen, und schließlich konnte Steiner kaum sagen, was er sagen wollte (239/165). «Und da war es denn ganz unmöglich, bei dem Programm zu bleiben, weil es aussichtslos gewesen wäre. Und so kam eben die theosophische Bewegung in Deutschland in ein mehr theoretisches Fahrwasser.» (240/257)

Der Weg, der von der *Philosophie der Freiheit* über *Goethes Weltanschauung* und *Die Mystik* zur Karma-Erkenntnis geführt hätte, wäre ein geradliniger gewesen. Im fortschreitenden Selbsterkennen hätte sich das Ich zunächst als freies geistiges Wesen entdeckt, dann wäre dem Ich schrittweise die Tiefe des eigenen intuitiven Wesens aufgegangen, und ebenso schrittweise wäre es sich selbst im eigenen Schicksal begegnet. Man hätte erkennen gelernt, wie das, was uns scheinbar von außen begegnet oder trifft, zum Ich, zur eigenen Person gehört. Die Anthroposophie wäre dann in der Art, wie sie aufgefaßt worden wäre, bewußt als Ich- und Geisterfahrung von jeder einzelnen Individualität entwickelt worden. Dieser Weg aber war für die Menschen, die sich zunächst in der

Theosophischen und später in der Anthroposophischen Gesellschaft zusammenfanden, nicht gangbar; das Programm, mit dem Steiner beginnen wollte, erwies sich als zunächst «aussichtslos». So mußte er sein ganzes «Programm» umstellen und zunächst ganz anders, als es ihm entsprochen hätte, beginnen, denn es «war in Deutschland zu viel Hang zur Dogmatik, zur *bloß* intellektuellen Erfassung der Doktrinen vorhanden» (264/45).

So opferte Rudolf Steiner seine eigensten, innersten Intentionen und stellte sich in den Dienst jener Menschen, die da waren. Er ging auf ihre Fragen und tieferen Bedürfnisse ein, und es sollte einundzwanzig Jahre dauern, bis er das, was in seinen Intentionen lag, beginnen konnte.

24.
DER AUFBAU DER DEUTSCHEN SEKTION DER THEOSOPHISCHEN GESELLSCHAFT

In den Jahren 1903 und 1904 setzte Rudolf Steiner seine Arbeit an der Arbeiterbildungsschule und an der Freien Hochschule fort. Durch diese Vortragstätigkeiten bestritt er weitgehend seinen Lebensunterhalt, aber es reichte nicht ganz. Er kämpfte damals, wie er in einem Brief schrieb, «um jedes Stückchen Brot» (39/434), und deshalb unterrichtete er auch noch an einer Fortbildungsschule für Mädchen. Eine Schülerin erinnert sich an Steiner als an den «Lehrer, der nie schimpfte». Auf diese Weise ökonomisch ganz auf eigenen Beinen stehend, begann Rudolf Steiner mit dem behutsamen Aufbau der theosophischen Arbeit, zunächst in Berlin, dann in Weimar, Düsseldorf und Köln. Die einzige wirkliche Hilfe und Stütze, die er in dieser Zeit hatte, war Marie von Sivers. Sie übernahm schon damals die gesamte Organisationsarbeit und entlastete Steiner von vielfacher Schreibarbeit. Auch dürfte sie ihm im Spätherbst den Vorschlag gemacht haben, in ein ihr zur Verfügung gestelltes Häuschen am Schlachtensee zu ziehen. Vielleicht beabsichtigte sie dadurch Steiners finanzielle Situation zu erleichtern. Jedenfalls zog Steiner mit seiner Frau Anfang 1903 nach Schlachtensee und wohnte dort bis zum Oktober 1903.

Das Häuschen lag idyllisch in der Nähe des Sees, der nahe gelegene Wald war leicht zu erreichen. Hier konnte man ruhig arbeiten, aber Rudolf Steiner mußte die täglichen langen Fahrten nach Berlin in Kauf nehmen, denn auch samstags und sonntags hatte er Kurse zu halten. Mit Marie von Sivers entstand in der Zusammenarbeit eine tiefe Freundschaft. Marie von Sivers stand damals in ihrem sechsunddreißigsten Lebensjahr. Nun setzte sie ihre künstlerischen Kräfte ganz für die theosophische Sache ein. Schon im April 1903 schreibt Steiner ihr in einem

Brief aus Weimar: «Du verstehst mich; und das gibt mir Kraft, das macht mir die Flügel frei.» (262/31) Offensichtlich hat Steiner in diesen Monaten Marie von Sivers auch seine Grundgedanken vorgetragen. So gab er ihr im März 1903 mit einfachsten Mitteln – eine Kerze und Transparentpapier mußten genügen – einen Kurs über Goethes Farbenlehre (262/188; 291a/53ff). Vom 30. Juni bis zum 20. Juli 1903 reiste Steiner mit Marie von Sivers nach London zur Versammlung der europäischen Sektionen. Steiner und Marie von Sivers wurden als bevorzugte Gäste diesmal in Esher bei London in dem Quartier untergebracht, in welchem sonst Annie Besant wohnte, wenn sie in London war. Annie Besant war in diesem Sommer in Indien, aber Steiner lernte dafür den alten Colonel Olcott kennen und sprach, wie Elisabeth Vreede berichtet, mit außerordentlicher Wucht, aber nicht unbedingt Sympathie erheischend, in der Versammlung der europäischen Theosophen über die geistigen Hintergründe der deutschen Kultur (Vreede 1976, S. 16; 34/533f). Gemeinsam mit Marie von Sivers besuchte er wieder die Museen, stand wieder vor den Bildern Turners und gönnte sich einen Ausflug nach der «Stadt Oxford mit ihrem wunderbaren Charakter und ihrer ganz merkwürdigen Universität» (39/431). Dann ging es wieder zurück nach Berlin. Im Hochsommer waren Maria von Strauch-Spettini, die Freundin von Marie von Sivers, und zeitweilig auch Olga von Sivers zu Gast in Schlachtensee. In den ruhigeren Sommerwochen wurde in der Stille, nahe am See, intensiv geistig gearbeitet (Rudolf Steiner Studien I, S. 434).

Diese enge Zusammenarbeit führte aber auch zu Schwierigkeiten. Anna Steiner, die Frau Rudolf Steiners, spürte selbstverständlich die Intensität und Dichte dieser Freundschaft. Ihr blieb aber die theosophische Welt fremd, und so war sie innerlich nicht eingeschlossen. In ihr erwachte zunächst ein Mißtrauen. Solches Mißtrauen hatte sich schon früher gezeigt. Bereits 1897 hatte sie dem Weimarer Stadtklatsch Gehör geschenkt und Steiner allerlei Vorwürfe gemacht: er sei mit einer zweideutigen Person auf den Straßen Weimars gesehen worden. Steiner schrieb ihr damals: «Kein Mißtrauen, meine gute Anna! Solange Du nicht dieses unglückselige Mißtrauen aus Dir verbannst, wird Dich jede Kleinigkeit ängstigen.» (39/343 u. 350)

Nun führte die für das damalige bürgerliche Verständnis enge Zusammenarbeit Rudolf Steiners mit Marie von Sivers erneut zu allerlei Klatschereien. Obwohl Steiner immer wieder um Verständnis warb und seiner «lieben guten Anna» immer wieder versicherte, «daß ich Dich lieb, sehr lieb habe, wie früher» (39/428), konnte Anna Steiner weder Steiners theosophische Aufgabe noch die Zusammenarbeit mit Marie von Sivers, ohne die er seine Arbeit nicht leisten konnte, verstehen. Aber Steiner war nicht gewillt, sich in einen «Philister-Vogelkäfig» einsperren (39/434) zu lassen. Er war auf den ständigen engen Kontakt mit Marie von Sivers angewiesen. Anna Steiner zog daraufhin die von ihrem Gesichtspunkt aus einzig mögliche Konsequenz: Im Frühjahr 1904 verließ sie Steiner. Zu einer Scheidung kam es nicht. Sie starb im März 1911. Für Rudolf Steiner, der durchaus wußte, was er Anna Steiner zu danken hatte, war diese Situation nicht lösbar. Er hatte zu Anna Steiner in den verschiedensten Formen gesagt: «Suche zu verstehen, daß ich eine Lebensaufgabe habe, daß keine persönlichen Beweggründe mich leiten.» (39/436) Er konnte nicht anders. Aber er verstand Anna Steiner sehr wohl, denn er schrieb an Johanna Mücke, die Mitstreiterin in der Arbeiterbildungsschule: «Und vergessen Sie das eine nicht: meine Frau hat, *von ihrem Standpunkt,* recht.» (39/437)

Vor diesem doppelten Hintergrund begann die theosophische Arbeit zunächst in Berlin. Jeden Sonnabend hielt Steiner Vorträge im Berliner Zweig. Diese Vorträge fanden vor etwa zwanzig bis dreißig Menschen statt und behandelten das «Gesamtgebiet der Theosophie». Daneben veranstaltete Rudolf Steiner unter dem Titel «Theosophisches Konversatorium» wöchentlich am Dienstag und Samstag Gesprächsabende oder -nachmittage. An dieser Gesprächsarbeit nahmen jeweils nur fünf bis sechs Menschen teil. Diese geringe Teilnehmerzahl störte Steiner nicht. Er arbeitete mit den Menschen, die da waren, und klagte nicht, daß es nicht mehr oder interessantere Leute waren. Die äußeren Umstände waren mehr als nur bescheiden. 1923 erzählt Steiner: «Ich habe zum Beispiel in den ersten Jahren in Berlin vortragen müssen zunächst in einer Stube, in der hinten die Biergläser klirrten, weil es eine Schankstube war, die nach der Straße hinausging, und als diese nicht brauchbar war, wies man uns in etwas, was eine Art Stall war.» (258/87)

Möglicherweise betrachtete Steiner diese Veranstaltungen auch als Übungen, sich in die Vorstellungen der theosophischen Mitglieder und Interessenten hineinzuarbeiten: Er rang um Ausdrucksformen und Darstellungsweisen und mußte die Welt, in der er nun wirken sollte, richtig kennenlernen. Etwa ein Jahr lang tastete sich Steiner so in die theosophische Welt hinein. Dann begann er im Herbst 1903 in den Mitgliedervorträgen die Theosophie systematisch darzustellen und zugleich sein Buch *Theosophie* auszuarbeiten. Bis Weihnachten hielt er acht Vorträge über die astrale Welt, im Januar 1904 folgten zwei Vorträge über den versunkenen Erdteil Atlantis, im Januar und Februar sechs Vorträge über die Welt des Geistes.

Doch Rudolf Steiner hatte keineswegs die Absicht, die theosophische Arbeit bloß im kleinsten Kreise zu pflegen. Schon im Frühjahr 1903 begann er öffentliche Vorträge einzurichten, die dann vom März 1904 an regelmäßig bis 1918 in jedem Winterhalbjahr stattfanden. Das Vortragslokal war fast immer das «Architektenhaus» in der Wilhelmstraße. In diesen Vorträgen entwickelte Steiner in Anknüpfung an die Zeitfragen oder im Zusammenhang mit der Darstellung symptomatischer Persönlichkeiten die Theosophie und später die Anthroposophie. Im Laufe der Jahre fanden diese Vorträge ein immer größeres Publikum; zuerst benutzte man den kleinen Saal C im Architektenhaus, schließlich den größten Saal A. – In seiner Autobiographie berichtet Steiner: «Das Wirken innerhalb der damals bestehenden Zweige der Theosophischen Gesellschaft, das notwendig als Ausgangspunkt war, bildete daher nur einen Teil unserer Tätigkeit. Die Hauptsache war die Einrichtung von öffentlichen Vorträgen, in denen ich zu einem Publikum sprach, das außerhalb der Theosophischen Gesellschaft stand und das zu meinen Vorträgen nur wegen deren Inhalt kam. Aus denjenigen Persönlichkeiten, die auf diese Art kennen lernten, was ich über die Geist-Welt zu sagen hatte, und aus denen, die aus der Betätigung mit irgendeiner ‹theosophischen Richtung› den Weg zu dieser Art fanden, bildete sich im Rahmen der Theosophischen Gesellschaft dasjenige heraus, was später Anthroposophische Gesellschaft wurde.» (28/413)

Mit diesen Worten deutet Steiner zurückhaltend an, daß er praktisch durch sein und Marie von Sivers' Wirken allein erst die Theosophische Gesellschaft und dann die Anthroposophische Gesellschaft in Deutschland aufgebaut hat. Und so war es auch. Als die deutsche Sektion begründet wurde, umfaßte sie etwa 130 Mitglieder, durch die Vortragstätigkeit Steiners wuchs diese Zahl schon bis Ende 1910 auf 2000 Mitglieder an, die weitgehend durch die öffentlichen Vorträge Steiners den Weg zur Theosophie gefunden hatten. Von den 130 Mitgliedern, die bei der Gründung der deutschen Sektion vertreten waren, blieb aber nur ein kleiner Teil bei der Sache; namentlich die Prominenten der ersten Stunde schieden im Laufe der ersten Jahre aus oder spielten nur eine bescheidene Rolle.

Um die Theosophie in einer Form zu präsentieren, die sie für suchende moderne Menschen zugänglich machte, gründete Steiner die Zeitschrift *Luzifer.* Das Projekt einer eigenen Monatsschrift war schon im September 1902 erörtert worden. Es dauerte jedoch einige Zeit, bis die erste Nummer erscheinen konnte, denn es fehlte zunächst an allem: an Geld, an Abonnenten und an befähigten Mitarbeitern. Das für die ersten Hefte erforderliche kleine Startkapital kam erst im Frühjahr 1903 durch eine Reihe von Spenden zusammen. Dann erschien Mitte Juni 1903 die erste Nummer des *Luzifer* mit blaßblauem Umschlag und zinnoberroter Schrift: *Luzifer – Zeitschrift für Seelenleben und Geisteskultur – Theosophie.* Mit dem Namen *Luzifer* knüpfte Steiner bewußt an das von Frau Blavatsky Ende der achtziger Jahre herausgegebene Blatt *Luzifer* an (54/358). In dem Eröffnungsartikel nahm er jedoch keinen Bezug auf Blavatsky, sondern stellte dar, daß es darum gehe, eine wirkliche Wissenschaft vom Geist zu entwickeln, die in der Lage sei, auch die tieferen Seelenbedürfnisse der Menschen zu befriedigen. «Das bedeutsame Symbol der Weisheit, die uns durch Forschung gegeben wird, ist Luzifer, zu deutsch der Träger des Lichtes. Kinder des Luzifer sind alle, die nach Erkenntnis, nach Weisheit streben. Die chaldäischen Sternkundigen, die ägyptischen Priesterweisen, die indischen Brahmanen: sie alle waren Kinder des Luzifer. Schon der erste Mensch wurde ein Kind des Luzifer, da er sich von der Schlange belehren ließ, was ‹gut und böse› sei. … Was ihnen Luzifer gebracht, das leuchtete vor den Augen ihrer Seele als Göttliches. Dem Luzifer verdankten sie, daß sie einen Gott hatten. Es heißt das Herz mit dem Kopfe entzweien, wenn man Gott zum Gegner des Luzifer macht.» (34/28f) – Die Mitarbeiter des ersten Heftes waren Marie von Sivers, die begeistert über Annie Besant schrieb, diese selbst war auch mit einem Vortrag vertreten, Hübbe-Schleiden begann mit einer Artikelfolge über «Lebens-Ideale», und Ludwig Deinhard steuerte einen Artikel über die Wünschelrute bei.

In den folgenden Nummern des *Luzifer* findet man dann eine dreiteilige Aufsatzfolge *Einweihung und Mysterien*, die jeden sprachlich sensiblen Menschen überrascht. Plötzlich spricht Rudolf Steiner eine ganz andere Sprache. Schon die ersten Sätze lassen aufhorchen: «Einen ‹*Garten der Reife*› nennen alte Weise den Ort, den der Mensch betritt, wenn die Geheimnisse der Welt ihm offenbar werden. Keine Blume sei in dem Garten, die nicht ihre Frucht, kein Ei, das nicht das in ihm keimende Leben gereift hätte. Aber als dunkel und gefahrvoll werden zugleich die Pfade geschildert, die zur ‹engen Türe› führen, durch die dieser Garten abgeschlossen ist.» (34/34) Solche Worte wenden sich nicht an den Verstand oder an ein kühles Denken. Hier wird nicht argumentiert, hier wird auf einmal bildhaft, stimmungsvoll dargestellt. Der neue Hauch, der durch diese Worte weht, mutet uns ganz anders an als das, was wir bisher von Steiner vernahmen. Steiner war sich dieser neuen Ausdrucksmittel, die er von nun an immer wieder einsetzte, bewußt. In einem Brief an Marie Steiner schreibt er: «Ich hielt den Vortrag, der auch in mystischer Sprache gehalten war. Ich gab da mal keine Diskussion. – Ich wollte, daß an *diesem* Abend die Stimmung, auf die der Vortrag berechnet war, erhalten bliebe.» (262/42)

So findet man in dem genannten Aufsatz Abschnitte, die sich ganz unmittelbar an das in jeder Seele lebende Wahrheitsgefühl wenden: «Aber über dem Altare, an dem der wahre Mystiker seine Opfer darbringt, stand zu allen Zeiten, in die des Menschen Forschung reicht, mit Flammenschrift als höchstes Gesetz: ‹*Die Natur ist der große Führer zum Göttlichen; und des Menschen bewußtes Suchen nach den Quellen der Wahrheit soll folgen den Spuren ihres schlafenden Willens.*›» (34/39)

In dieser Sprache, in der höhere Wahrheiten unmittelbar verkündet werden, schreibt Rudolf Steiner ein Jahr später dann das Grundbuch, das den Seelenweg zum Geiste darstellt: *Wie erlangt man Erkenntnisse der höheren Welten?* Es ist offensichtlich, daß durch diese eindringlichen Darstellungen Menschen ganz unmittelbar angesprochen werden sollten.

Doch schon die nächste Folge von Aufsätzen *Reinkarnation und Karma, vom Standpunkte der modernen Naturwissenschaft notwendige Vorstellungen* und *Wie Karma wirkt* bringen wieder eine andere Sprache zum Erklingen: In einfachen und klaren Gedankenbildern – nicht in einseitig philosophischer Sprache – werden die Ideen von Reinkarnation und Karma so entwickelt, daß sich für eine unbefangene gedankliche *Anschauung* zeigt, wie diese Gedanken an die moderne Naturwissenschaft anschließen können. Gegen Ende der Darstellung tragen sich die Gedanken selber und bedürfen nur noch der Stütze der inneren Beobachtung. In diesen Aufsätzen findet man die Vorstufe eines anderen anthroposophischen Grundbuches, der *Theosophie*.

In den 1903 geschriebenen Aufsätzen des *Luzifer* kann man Rudolf Steiner begleiten und sehen, wie er sich in dem äußerlich wenig ereignisreichen Jahr 1903 ganz neue Darstellungs- und Gedankenformen schafft, durch die er als geistiger Lehrer wirken will. Zugleich spürt man aber auch in all dem eine mächtige Inspiration: Rudolf Steiner stellt sich in einen Strom, der im Einklang mit den großen geistigen Lehrern der Menschheit steht.

Die tätige Gesinnung, mit der die Arbeit für die Zeitschrift getan wurde, hat Rudolf Steiner mit einem Anflug von Humor beschrieben: «Nun wurde diese Zeitschrift *Lucifer-Gnosis* begründet. Wir haben natürlich mit einer ganz kleinen Anzahl von Abonnenten begonnen, aber die Abonnentenzahl ist tatsächlich verhältnismäßig außerordentlich rasch gewachsen, und wir haben eigentlich niemals ein Defizit gehabt, denn wir haben immer soviel gedruckt, als wir ungefähr haben verkaufen können. Und der Apparat der Expedition wurde so besorgt, daß, nachdem eine Nummer geschrieben und gedruckt war, mir die Exemplare wiederum in großen Postpaketen in die eigene Wohnung geschickt worden waren. Frau Doktor (damals Fräulein von Sivers) und ich selber klebten die Streifbänder drüber. Ich adressierte selbst, und dann nahmen wir jeder einen Waschkorb und trugen die Sachen zur Post. Wir fanden, daß sich das ganz gut schickt. Ich hatte die Dinge zu schreiben, die Vorträge zu halten, Frau Doktor organisierte die ganze Anthroposophische Gesellschaft, nur ganz ohne Sekretär, denn hätte sie einen Sekretär gehabt, so hätte sie auch noch für diesen zu arbeiten gehabt. Also machten wir das ganz allein, und wir machten niemals mehr, als man wollen konnte, ganz konkret. Man ging so viele Schritte vorwärts, als sich aus den Tatsachen ergab. Zum Beispiel trugen wir auch nicht größere Waschkörbe als solche, unter denen wir nicht zusammenfielen, nur beinahe. Wir gingen halt einmal öfter, als die Abonnentenzahl größer wurde.» (258/120)

Schon im Januar 1904 erschien die Zeitschrift *Luzifer* mit der *Gnosis* vereinigt und führte dann den Titel *Lucifer-Gnosis*. Das schöne Gewand der ersten sieben Hefte war einem eher sachlichen olivfarbenen Umschlag gewichen, das Format verändert. Steiner eröffnete den neuen Jahrgang mit einer vierteiligen Aufsatzfolge *Von der Aura des Menschen*.

Anschaulich und konkret beginnt Steiner nun mit der Beschreibung der übersinnlichen Anschauung. Nur durch solche Schilderungen der spirituellen Realitäten kann nämlich der Sinn für das Übersinnliche wirklich angeregt werden. Gleichzeitig erschienen aus Steiners Feder Bemerkungen zur Kultur der Gegenwart, über die theosophische Arbeit, Buchbesprechungen, Fragenbeantwortungen und anderes mehr sowie Beiträge anderer Autoren zu Fragen, die die Leserschaft interessierten.

Im Juni begann dann die Aufsatzfolge *Wie erlangt man Erkenntnisse der höheren Welten?* und im Juli die Reihe *Aus der Akasha-Chronik* zu erscheinen, so daß neben der Erkenntnismethodik auch immer inhaltliche Darstellungen zu ihrem Recht kamen. Bemerkenswert ist, daß die Schilderungen *Aus der Akasha-Chronik* ohne Angabe des Verfassers erschienen. Die kleineren Beiträge enthalten zahlreiche Winke für die Interessierten. Schon im August 1903 bringt Steiner seine Differenzen mit den von C. W. Leadbeater vertretenen Anschauungen zum Ausdruck, im November 1904 weist er auf die Entwicklung der modernen Physik hin, die den grobklotzigen Materialismus zugunsten einer elektrodynamischen Anschauung überwindet.

Lucifer-Gnosis wurde bald sehnlichst von den Lesern erwartet, die sich freuten, als einen persönlichen Gruß Rudolf Steiners oder Marie von Sivers' Handschrift auf dem Streifband zu sehen. Seit dem Frühjahr 1905 aber nahm die Beanspruchung Rudolf Steiners durch die Theosophische Gesellschaft, durch ständige Reisen und durch die bald sprunghaft zunehmenden Fragen und Wünsche der Theosophen so stark zu, daß das Erscheinen der Nummern der Zeitschrift sich zu verzögern begann. Zugleich fehlte es an Mitarbeitern, die förderliche und für die Mitglieder wirklich orientierende Beiträge geliefert hätten. So berichtet Steiner in einem Brief vom Anfang August 1906: «Das Heft 32 des *Lucifer* ist nun im Manuskript ganz fertig. Diesmal habe ich es ganz allein geschrieben, von der ersten bis zur letzten Zeile.» (262/96)

Da nun die Belastungen weiterhin zunahmen und da es Rudolf Steiner nicht darum ging, daß die Seiten des *Lucifer* nur irgendwie gefüllt wurden, erschien das Blatt immer seltener. In dieser Zeit kam Elise Wolfram, eine in ihrer Art nicht unbegabte, aber auch wohl etwas geltungsbedürftige Theosophin, wie Steiner berichtet, «auf einen ‹genialischen› Gedanken: ‹Lucifer› müsse regelmäßig erscheinen». Sie schlug Steiner deshalb vor, ihr Herausgeberschaft und Redaktion abzutreten. Steiner blieb nichts anderes übrig als «grob, grob, grob» zu werden und den Vorschlag in schärfster Form zurückzuweisen (262/111). Publizistische Fragen nahm er bitter ernst. Als er mit Albert Steffen 1921 die Wochenschrift *Das Goetheanum* begründete, nahm er sich, wenn nur irgend möglich, die Zeit, jede Nummer mit Steffen gründlich zu besprechen. Als *Die Drei* sich 1922 in fruchtlose und unsinnige Debatten einließ, rügte er das scharf. Als in der Wochenschrift *Anthroposophie* im Jahre 1923 einem Gegner der Anthroposophie das Wort erteilt wurde, wurde sogar der Redakteur der Wochenschrift fristlos entlassen. In jedem Falle sollte das von ihm geschaffene Blatt *Luzifer* einen bestimmten Inhalt und Stil haben und nicht ein gutgemeintes Publikationsorgan sein, von dem zwölf ein Dutzend machen, sondern ein Blatt, das die Leser auf Geistwege führen kann. – Noch wichtiger aber als das Schreiben von Aufsätzen war Steiner das unmittelbare Wirken von Mensch zu Mensch. So erschien im Mai 1908 die letzte, fünfunddreißigste Nummer dieses Blattes.

Mit dieser knappen Charakteristik der Zeitschrift sind wir der Zeit weit vorausgeeilt. Kehren wir nochmals ins Jahr 1903 zurück. Das ganze Jahr 1903 war für die theosophische Arbeit Steiners nicht nur ein Jahr der Vorbereitung, sondern auch der Umstellung und Neuorientierung. Wir erinnern uns, daß es ursprünglich die Absicht Rudolf Steiners war, «Geistesschüler auf die Bahn der Entwicklung zu bringen». Dieser Schulungsweg sollte mit *Praktischen Karma-Übungen* anfangen. Ein solches Vorhaben hätte es erforderlich gemacht, sich mit den einzelnen Schülern über die Grundkategorien der Schicksals-Anschauung und über die Geheimnisse des karmischen Lernens durch mutige Übernahme von Aufgaben, über das Lernen, aus dem was uns entgegenkommt, individuell zu beraten.

Nun sah sich Rudolf Steiner, der seine Aufgaben selber mit größter Energie anpackte und unverdrossen voranschritt, durch das Leben genötigt, eine ganz andere Aufgabe zu ergreifen. In einem Brief an Mathilde Scholl schrieb er am 1. Mai 1903: «Meine nächste exoterische Aufgabe ist, soviel ich nur kann, die Lehre zu verbreiten.» (264/45) Diese neue Aufgabe verlangte von Rudolf Steiner etwas, was so gar nicht in seinem eigenen Wesen lag. 1894 hatte er in einem Brief an Rosa Mayreder geschrieben: «Ich lehre nicht; ich erzähle, was ich innerlich durchlebt habe. Ich erzähle es so, wie ich es gelebt habe. Es ist alles in meinem

Buche persönlich gemeint. Auch die Form der Gedanken. Eine lehrhafte Natur könnte die Sache erweitern. Ich vielleicht auch zu seiner Zeit. Zunächst wollte ich die Biographie einer sich zur Freiheit emporringenden Seele zeigen. ... Vielleicht ist aber überhaupt die Zeit des Lehrens in Dingen, wie das meine, vorüber. Mich interessiert die Philosophie fast nur noch als Erlebnis des Einzelnen.» (39/232f) Ursprünglich also verstand sich Rudolf Steiner nicht als eine «lehrhafte Natur», ja ihm schien die Zeit des Lehrens in dem, worauf es ihm ankam, vergangen zu sein. Nun mußte er aber auf einmal doch Lehrer werden, einen Stil des Lehrens entwickeln und didaktisch wirken. Eine ganze Generation von Anthroposophen hat Rudolf Steiner so als «unseren großen Lehrer» erlebt.

Mit der neuen, *exoterischen* Aufgabe, «soviel ich nur kann, die Lehre zu verbreiten», war also von Steiner eine Umstellung, ja in mancher Hinsicht eine Verwandlung gefordert. Das bedurfte einer gewissen Zeit, und die Monate in Schlachtensee waren trotz aller Arbeit Monate, in denen Rudolf Steiner eine gewisse Distanz vom Trubel Berlins hatte. Er konnte zu See und Wald zurückkehren und an der Verwandlung der Gedankenformen arbeiten. So sind die Aufsätze über *Einweihung und Mysterien* in Schlachtensee entstanden.

Anfang Oktober 1903 war diese Zeit zu Ende. Rudolf Steiner zog mit seiner Frau nach Berlin in die Motzstraße 17. Gleichzeitig zog auch Marie von Sivers dorthin und nahm sich dort eine eigene Wohnung. Die Motzstraße, die dann bis 1918 zu einem Zentrum der Arbeit Steiners wurde, liegt westlich des alten Stadtzentrums zwischen Nollendorf- und Prager-Platz. Die Wohnungen, die Steiner und Marie von Sivers bezogen, lagen nicht im repräsentativen Vorderhaus, sondern durch dieses gegen Lärm geschützt im Hinterhaus an einem Innenhof. Hier hat Steiner dann mit der Niederschrift des Buches *Theosophie* begonnen und es im Frühjahr 1904 fertiggestellt.

An diesem Buch, das als Einführungs- und Übungsbuch geschrieben wurde, kann man sehen, wie Rudolf Steiner das Problem des Lehrens löste. In der Vorrede klingt in abgewandelter Form das «Ich lehre nicht, ich erzähle» wieder auf: «Der Verfasser dieses Buches schildert nichts, wovon er nicht Zeugnis ablegen kann durch Erfahrung. Durch die Art von Erfahrung, die man in diesen Gebieten machen kann. Nur in diesem Sinne Selbsterlebtes soll dargestellt werden.» (vgl. 9/12, zitiert nach der 1. Aufl., S. v)

In der Einleitung wird dann vollends deutlich, worum es geht. Das Buch soll nicht einfach nur Wissen vermitteln, sondern dem Leser zu einem Erkennen leiten, das ihn verwandelt. Rudolf Steiner stellt dar, daß man seine Aufgabe als Mensch sehr wohl erfüllen kann, ohne etwas von den üblichen Wissenschaften zu verstehen, «man kann aber nicht im vollem Sinne des Wortes ‹Mensch› sein, ohne der in der ‹höheren Weisheit› enthaltenen Wesenheit und Bestimmung des Menschen in irgendeiner Art nahe getreten zu sein.» (1. Aufl., S. 5) In einer späteren Auflage ändert Steiner diesen Satz um in: «... ohne der durch das Wissen vom Übersinnlichen enthüllten Wesenheit und Bestimmung des Menschen in irgendeiner Art nahegetreten zu sein.» (9/21f) – Hier wird nun ein Motiv aufgegriffen, das uns schon in der *Mystik* begegnet ist, das Motiv jenes Wissens, das für das Geistige konstitutiv ist: «Wenn ich ein König wäre und wüßte es nicht, dann wäre ich kein König» (Meister Eckart, *Deutsche Predigten*).

So wie kein Präsident sein Amt wahrnehmen kann, der nicht wüßte, daß er Präsident ist und der nicht die Aufgaben und Befugnisse seines Amtes kennen würde, so kann auch niemand wirklich Mensch sein, wenn er nicht auf eine zutreffende Art wüßte, was Wesen und Bestimmung des Menschen ist. Das 20. Jahrhundert hat mit hinreichender Deutlichkeit gezeigt, was fehlende und falsche Begriffe vom Menschen anrichten können. – Es besteht also ein ganz nüchterner Zusammenhang zwischen dem wirklichen Wissen, durch das sich der Mensch orientiert, und seinem Tun. Diesen Zusammenhang hatte Steiner bereits 1892 im Auge, als er im Kampf gegen die «Gesellschaft für ethische Kultur» schrieb: «Die Sitte ist immer eine notwendige Folge der Erkenntnis eines Zeitalters, Volkes oder Menschen. Darum werden große Individualitäten, die ihren Zeitaltern neue Wahrheiten verkünden, immer auch der Lebensführung ein neues Gepräge geben. Ein Messias einer neuen Wahrheit ist immer auch der Verkünder einer neuen Moral.» (31/172f)

In der *Theosophie* geht es aber nicht um die *Verkündung* einer neuen Wahrheit. Das Buch ist ein Übungsbuch, ein Weg, durch das der Einzelne einen Weg zum Erwachen im Geist finden kann. Schon im Kapitel *Das Wesen des Menschen* findet sich der Leser in einer schrittweisen Gedankenentfaltung wie in einer Spirale aufwärts geführt, bis er sein Menschenwesen in seiner gewordenen Leibesgestalt, als gegenwärtige Seele und als Geist in statu nascendi sehen lernt.

Ein besonderes Anliegen war Steiner das Kapitel *Wiederverkörperung des Geistes und Schicksal*, das er fast von Neuauflage zu Neuauflage immer weiter gestaltete. Steiner lenkt die Aufmerksamkeit auf das Wesen des menschlichen Lebens und zeigt, wie einerseits durch die Erfahrung Welt in den Menschen einströmt und durch das Gedächtnis für die Erinnerung bewahrt wird und wie andererseits durch das menschliche Tun der Welt ständig die Spuren der menschlichen Existenzen eingeprägt werden. Dann richtet sich der Blick darauf, wie das aus der Welt Aufgenommene und an der Welt Gelernte im Menschen in Fähigkeiten verwandelt wird und wie das, was vom Menschen durch seine Taten in die Welt strömt, in der Welt weiterlebt und vielfachen Verwandlungen unterliegt. Aus diesem Beobachtungsansatz werden dann die Gedanken von Wiederverkörperung und Schicksal dergestalt entwickelt, daß sie dem ernsthaften Leser einleuchten.

So heißt es dann zum Beispiel: «In den Wirkungen seiner Taten lebt des Menschen Seele ein zweites selbständiges Leben weiter. Dies aber kann die Veranlassung dazu geben, das Leben daraufhin anzusehen, wie die Schicksalsvorgänge in dieses Leben eintreten. Etwas ‹stößt› dem Menschen zu. Er ist wohl zunächst geneigt, ein solches ‹Zustoßendes› wie ein ‹zufällig› in sein Leben Eintretendes zu betrachten. Allein er kann gewahr werden, wie er selbst das Ergebnis solcher ‹Zufälle› ist. Wer sich in seinem vierzigsten Lebensjahre betrachtet und mit der Frage nach seinem Seelenwesen nicht bei einer wesenlos abstrakten Ich-Vorstellung stehenbleiben will, der darf sich sagen: ich bin ja gar nichts anderes, als was ich geworden bin durch dasjenige, was mir bis heute schicksalsmäßig ‹zugestoßen› ist.» (9/83) So wird man darauf gelenkt, das menschliche Ich nicht nur in sich zu erleben, sondern auch in dem zu erblicken, was von außen gestaltend auf uns einwirkt: das Schicksal. Geht man dieser Beobachtung weiter nach, so erlebt man das eigene Ich als im Schicksal wirkend.

In diesem Sinne schließt das ganze Buch Beobachtungen für den Leser auf und gibt, indem es die «Lehre» entfaltet, Beobachtungshinweise für praktische Karma-Übungen und deren Verstehen.

Großartig und bewunderungswürdig an der *Theosophie* ist schon der ganze Aufbau des Werkes, die klar gegliederte Gestaltung der Gedanken, die immerfort Anlaß geben, durch sie hindurch auf die gemeinten Tatsachen zu blicken: Das Buch lehrt das, wovon die Rede ist, *sehen*. Dabei sollte man aber nicht aus dem Auge verlieren, was Steiner über seine persönlichen Erfahrungen in dieser Zeit in *Mein Lebensgang* in knappen Worten andeutet: «Für mich waren die Jahre etwa von 1901 bis 1907 oder 1908 eine Zeit, in der ich mit allen Seelenkräften unter dem Eindruck der an mich herankommenden Tatsachen und Wesenheiten der Geistwelt stand. Aus dem Erleben der allgemeinen Geist-Welt wuchsen die besonderen Erkenntnisse heraus. Man erlebt viel, indem man ein solches Buch wie die *Theosophie* aufbaut. Es war bei jedem Schritte mein Bestreben, nur ja im Zusammenhang mit dem wissenschaftlichen Denken zu bleiben. Nun nimmt mit der Erweiterung und Vertiefung des geistigen Erlebens dieses Streben nach einem solchen Zusammenhange besondere Formen an.» (28/432f)

In Gestalt reiner Ideen hatte Steiner bereits, als er die *Philosophie der Freiheit* schrieb, eine umfassende Anschauung vom Menschenwesen gegeben; sie wurde in den Jahren nach dem «Seelenumschwung» durch willentliche Meditation zur Erfahrung des «inneren geistigen Menschen», der in «völliger Loslösung von dem physischen Organismus im Geistigen» lebt (28/326). Seit dem Jahre 1901 trat das, was vorher ideell und als innere Erfahrung in voller Klarheit vor ihm stand, in neuer Form an ihn heran. Er stand mit «allen Seelenkräften unter dem Eindruck der an» ihn «herankommenden Tatsachen und Wesenheiten der Geistwelt». Er erlebte damit die Natur- oder Wahrnehmungsseite des Geistes. Während nun zum Beispiel H. P. Blavatsky einfach die an sie herantretenden Eindrücke unvermittelt niederschrieb, brachte Steiner sie in eine gegliederte Gedankenform und überdies in Gedankenformen, die sich von Kapitel zu Kapitel je nach der Art des Darzustellenden änderten. In dieser ideellen Fassung der an sich durchaus überwältigenden geistigen Eindrücke liegt die große Leistung Steiners; er ließ sich von den gewiß mächtigen Tatsachen und Wesenheiten nicht überwältigen: «Ich schildere dem Stile nach nicht so, daß man in den Sätzen mein subjektives Gefühlsleben verspürt. Ich dämpfe im Niederschreiben, was aus Wärme und tiefer Empfindung heraus ist, zu trockener, mathematischer Stilweise. Aber *dieser* Stil kann allein ein Aufwecker sein, denn der Leser muß Wärme und Empfindung in sich selbst erwachen lassen. Er kann diese nicht in gedämpfter Besonnenheit einfach aus dem Darsteller in sich hinüberfließen lassen.» (28/435f)

In den Jahren 1902 bis 1904 fanden sich um Rudolf Steiner auch die ersten wirklichen Mitarbeiter ein. Mitarbeiter, die wirklich Arbeiten übernah-

Abb. 68: Marie von Sivers, 1906

men und nicht nur selber wieder Aufgaben waren. Als erste und überragende Persönlichkeit ist hier selbstverständlich Marie von Sivers zu nennen, ohne die Rudolf Steiner die ganze Arbeit überhaupt nicht hätte leisten können. Damit ist keine Geringschätzung Steiners ausgesprochen, aber es wäre ganz wirklichkeitsfremd, wenn man annehmen wollte, er hätte ohne diese Hilfe arbeiten können. So wie er später bei der Arbeit an der großen Statue in Dornach auf die Hilfe Edith Maryons angewiesen war, die ihm mit größter Gewissenhaftigkeit alle kleinen Sorgen abnahm und ihre Fähigkeiten in den Dienst der gemeinsamen Aufgabe stellte, so setzte Marie von Sivers ihre ganze Existenz für das Werk Steiners ein. Sie sorgte dafür, daß die Korrespondenz beantwortet wurde, daß Säle angemietet, Plakate gedruckt, Reisepläne im Detail ausgearbeitet und daß die Hotelreservierungen vorgenommen wurden. Sie kannte die Erfordernisse der Arbeit und richtete die Dinge bis ins Detail ein. Als Marie von Sivers wahrnahm, daß es für Rudolf Steiner unmöglich war, sich auf Anforderungen und Gepflogenheiten der Verleger einzustellen, gründete sie den Philosophisch-Theosophischen Verlag und leitete ihn zusammen mit Johanna Mücke so, daß dieser Verlag ein wirklicher Vermittler zwischen der geistigen Produktion Steiners und den Bedürfnissen der Leser wurde: im Sinne der späteren Dreigliederung ein wirtschaftlicher Musterbetrieb.

Dieser Einsatz Marie von Sivers' und ihr Verstehen waren für Steiner und die Erfüllung seiner Aufgabe unentbehrlich. Schon 1904 schrieb er ihr: «Ich werde mich *mit* Dir, meine Liebe, immer sicher fühlen.» (262/40) Als Marie von Sivers 1911 schwer erkrankte, nahm er seine eigene Tätigkeit zurück und schrieb, als er um Aufschub einer Reise nach Finnland bitten mußte: «Wenn ich alle mit obigem ein wenig charakterisierten Bedingungen erfüllen will und die Theosophen wirklich das Rechte bekommen sollen, dann können mir bei einem längeren Aufenthalt irgendwo die ganz notwendigen Anforderungen nur erfüllt werden, wenn Fräulein von Sivers dafür sorgt. Ich muß ja in Deutschland für kurze Aufenthalte allein reisen; es ist wahrlich nicht ohne die größten spirituellen Kraftaufwendungen möglich, wenn nicht mit jeder Reise ein gut Teil meiner physischen Kräfte zu Grunde gehen soll. Ersetzt werden kann ja Fräulein von Sivers durch niemand, wenn das auch nicht ganz für Außenstehende leicht einzusehen ist.» (262/301)

Bevor nun über die weiteren Mitarbeiter einiges gesagt wird, ist eine Zwischenbemerkung erforderlich. Es gibt heute bereits eine größere Zahl von Biographien, die sich den Mitarbeitern Steiners widmen, und es ist natürlich, daß sie den jeweiligen Helden oder die Heldin ihrer Darstellung in vollem Glanz erscheinen lassen. Dabei kommt es aber leicht zu einigen Überzeichnungen im Stile älterer Hagiographien. Man läßt manches, was nicht ins Bild paßt, fort oder unterläßt es, bestimmte Fragen zu stellen. Es ist nun nicht die Aufgabe dieser Biographie, solche Überhöhungen oder Verzeichnungen in anderen Darstellungen im Detail zu korrigieren. Nur hier und dort ist es sinnvoll, einige Bemerkungen zu machen, damit eine differenziertere Sichtweise ensteht.

Schon bei der Gründung der deutschen Sektion im Oktober 1902 stellte sich mit Mathilde Scholl (1868 bis 1941) eine suchende und strebende Theosophin ein, die recht schnell Steiners Größe wahrzunehmen begann, wenngleich sie zunächst ganz natürlich in erster Linie Annie Besant anhing, deren Buch *Esoterisches Christentum oder die kleinen Mysterien* sie übersetzt hatte. Ihre Übersetzung erschien im Jahre 1903. Sehr schnell wurde sie eine esoterische Schülerin Steiners, und im Jahre 1905 ergriff sie die Initiative, die *Mitteilungen* für die deutsche Sektion herauszugeben.

Das entsprach ihrem Talent, und damit hat sie sicherlich Rudolf Steiner und Marie von Sivers manche Arbeit abgenommen, zumal sie diese Arbeit im vollen Einklang mit Steiner durchführte und keine persönlichen Ambitionen zur Geltung brachte. Während der Krishnamurti-Affäre trat sie energisch und mit spitzer Feder für Steiner ein. Auf ihre Initiative hin trat der Vorstand der Deutschen Sektion der Theosophischen Gesellschaft den bedenklichen Aktionen Annie Besants entgegen. Mit dem Jahre 1914 brechen aber Mathilde Scholls Aktivitäten für die Anthroposophische Gesellschaft plötzlich ab, sie widmete sich fortan in Dornach Privatstudien und Privatkursen.

Daß Mathilde Scholl für Steiner zeitweilig auch ein Sorgenkind war, kann man einem Brief Steiners an Marie von Sivers vom März 1907 entnehmen: «Scholl läßt sich nun von Weiler magnetisieren. Ich kann solch Zeug *nachträglich* natürlich *nur* konzedieren. Denn handelte ich anders, so wäre das etwas gegen Weiler. Und der hat von *seinem* Standpunkt aus Recht. Aber daß Scholl nicht den Gedanken hat, daß sie abdiziert von der Position, die sie hier haben müßte, wenn sie solches tut, das ist schlimm.» (262/108)

Der nächste Mitarbeiter fand sich auf der Generalversammlung der Sektion im Oktober 1903 ein, es war Adolf Arenson (1855 bis 1936) aus Stuttgart. Arenson war an spiritistischen und okkulten Tatsachen interessiert gewesen, hatte dann selbständig zur Idee der Wiederverkörperung gefunden und war im Oktober 1903 als Delegierter des Stuttgarter Zweiges zur Jahresversammlung nach Berlin gekommen. Nach Stuttgart zurückgekehrt, berichtete er von seiner Begegnung mit Steiner: «Das ist der, auf den ich einundzwanzig Jahre gewartet habe.» Im Jahre 1905 gründete Arenson zusammen mit Carl Unger den später wichtigsten Zweig in Stuttgart. 1906 wurde er in der *Esoterischen Schule* als *Sub-Warden* für Stuttgart verantwortlich. Er unterzog sich vielen Arbeiten für Rudolf Steiner: Er komponierte die Musik für Steiners Mysteriendramen, er korrigierte eine große Zahl der Nachschriften der Vorträge Steiners und machte sie damit für den Philosophisch-Theosophischen Verlag druckreif und fertigte mit dem *Leitfaden durch 50 Vortragszyklen* das erste Schlagwortregister zu Steiners Vortragskursen an.

Im Februar 1904 kam Carl Unger (1878 bis 1929) nach Berlin in die Motzstraße, «um einen gelinden Krach zu machen, darüber, daß man von der Sektion nichts höre». Tatsächlich trug er seine Beschwerde

Abb. 69:
Adolf Arenson (1855 – 1936).
«Besonders erwähnt soll werden, daß die musikalischen Beigaben für die Aufführungen der vier (Mysterien-)Dramen von Adolf Arenson herrühren.»
(14/396)

Rudolf Steiner wohl eher moderat vor. Marie von Sivers wurde zu der Besprechung hinzugezogen und meinte, daß es an der Zeit sei, nun, da das Buch *Theosophie* bald fertig werde, die schon in Aussicht genommene Vortragsreise zu beginnen. Am Abend hörte Unger einen Vortrag Steiners. «Dieser Vortrag gab mir auf einen Schlag die unmittelbare Überzeugung, daß hier ein Mann stand, dessen Werk ich mein Leben zu weihen habe. Der stärkste Eindruck bestand darin: Hier steht ein Schauender *und Wissender.*» (Unger, *Schriften* I, 1964, S. 322f)

Dr. Carl Unger war der Ausbildung nach Techniker und Ingenieur. Sein weiteres Bemühen galt der methodischen und vernunftgemäßen Erarbeitung der Anthroposophie. Steiner schätzte diese Arbeit des philosophisch geschulten Technikers hoch ein. Unger gründete dann bald nach der Begegnung mit Steiner eine kleine Präzisions-Maschinenfabrik bei Stuttgart, die er so leitete, daß ihm genügend Zeit für seine geisteswissenschaftlichen Arbeiten blieb. 1913 wurde er zusammen mit Marie von Sivers und Michael Bauer in den dreiköpfigen Vorstand der neugegründeten Anthroposophischen Gesellschaft berufen. 1914/15 stellte er seine Arbeitskraft dem Dornacher Bau zur Verfügung: Wöchentlich kam er für drei Tage nach Dornach, um die Abrechnungen für den Bau zu machen.

Abb. 70:
Carl Unger (1878 – 1929)
schloß als selbständiger Denker an
Steiners philosophisches Werk
an und zeigte in der Beschreibung
des Erkenntnisprozesses Wege zur
anthroposophischen Forschung.

Ende März 1904 kam es in Weimar zur Begegnung zwischen Michael Bauer (1871 bis 1929) und Steiner. Bauer, von Beruf Volksschullehrer, war ein selbständig strebender Mystiker, der sich mit Strenge einer eigenen Schulung unterworfen hatte. Am 25. März war er nach Weimar gekommen, um dort einen Vortrag von Steiner zu hören. Auch hier dürfte die erste Begegnung entscheidend gewesen sein. Bald wurde Bauer der Leiter des von ihm begründeten Zweiges in Nürnberg, esoterischer Schüler Steiners und, wie Arenson in Stuttgart, Leiter der esoterischen Gruppe in Nürnberg. Auch Michael Bauer wurde 1913 in den Vorstand der Anthroposophischen Gesellschaft berufen. Er genoß in der Sektion und in der Gesellschaft ein hohes Ansehen, weil die Zuhörer seiner Vorträge erlebten, daß er aus eigenen Quellen schöpfte und eigene Wege ging. Auch Steiner gegenüber bewahrte er sich – bei aller Anerkennung und Verehrung – seine geistige Selbständigkeit und scheute sich nicht, seine eigene Ansicht zu vertreten.

Anfang April 1904 entdeckte auch Ita Wegman (1876 bis 1943), die Steiner schon 1902 aufgesucht hatte, als sie, aus Holland kommend, die deutschen Theosophen kennenlernen wollte, für sich Rudolf Steiner. Im Architektenhaus hörte sie einen Vortrag über Goethes *Märchen* und

Abb. 71:
Michael Bauer (1871 – 1929), selbständig forschender Anthroposoph und Mystiker, Gründer des Albrecht Dürer-Zweiges in Nürnberg und mit Marie von Sivers und Carl Unger Vorstand der Anthroposophischen Gesellschaft 1913

fühlte sich unmittelbar angesprochen. Schnell wurde sie eine esoterische Schülerin Rudolf Steiners. Zu jener Zeit arbeitete sie noch als Therapeutin mit einer schwedischen Massagetechnik. 1905 gab ihr Steiner den Rat, das Abitur nachzuholen und in Zürich Medizin zu studieren. So verschwand sie für viele Jahre aus dem unmittelbaren Blickfeld der Anthroposophen, bis sie 1921 in Arlesheim eine Klinik gründete und zur Mitarbeiterin Steiners wurde. Doch davon später.

Im Jahre 1904 kam es schließlich auch noch zu Begegnungen mit Sophie Stinde (1853 bis 1915) und ihrer Freundin Gräfin Kalckreuth (1856 bis 1929), die zusammen in vorbildlicher Art die Arbeit in München leiteten, sowie mit Günther Wagner (1842 bis 1930), der sich bald als Bibliothekar der Sektion zur Verfügung stellte. In überraschend schneller Zeit hatten sich damit 1903/04 viele der später wichtigen Mitarbeiter um Rudolf Steiner eingefunden. Arenson, ein stiller Gelehrter und Musiker, Unger, ein scharf denkender Ingenieur, Bauer, ein Mystiker, Sophie Stinde eine Malerin. Für die meisten Theosophen war aber zu jener Zeit Steiner nur ein theosophischer Führer neben anderen. Einige hielten ihn für Annie Besants begabtesten Schüler, andere nannten ihn mit Franz Hartmann in einem Atem, und man ging mit ihm sozusagen noch wie mit jedem anderen Menschen um. Das war leicht, da Steiner um seine Person kein Aufheben machte; bescheiden nahm er auf seinen Reisen mit einer einfachen Unterkunft vorlieb. Selbstverständlich suchte er in den verschiedenen Städten die Theosophen in ihren Wohnungen auf und lernte jeden so in seinem Milieu kennen. Sophie Stinde hat erzählt, daß sie ihn während des Besuchs von Annie Besant in München 1904 seelenruhig mit einem Auftrag zur Druckerei geschickt hat und daß Steiner den Auftrag selbstverständlich ausführte. Die Königin der Theosophischen Gesellschaft war eindeutig Annie Besant, so daß Sophie Stinde an einen Studenten, der Frau Besant nicht hatte hören können, tröstend schrieb: «Allerdings gibt es keinen zweiten so bedeutenden Redner auf der Welt, aber Dr. Steiner und Dr. Hartmann sind doch immerhin auch bedeutende Redner, und es wird sich für die Studenten lohnen, sie zu hören.» (Kleeberg 1961, S. 26)

1904 konnte Rudolf Steiner seine Reisetätigkeit im Dienst des Aufbaus der deutschen Sektion beginnen. 1903 hatte er nur kürzere Reisen nach Weimar, Köln, Düsseldorf und London machen können, weil ja seine Berliner Kursarbeit fortgesetzt werden mußte und er ganz offensichtlich die Arbeit innerlich vorbereiten und das Buch *Theosophie* fertigstellen wollte. Auch im Jahre 1904 mußten die Reisen möglichst in die kursfreien Zeiten, in die Oster- und Sommerferien, gelegt werden, weil die Kurse in Berlin, die die Lebensgrundlage für Steiner lieferten, fortzusetzen waren. Immerhin gelang es, fünf größere Reisen zu unternehmen. Die erste Reise führte nach Stuttgart, München, Zürich, Lugano und wieder über Stuttgart, München und Nürnberg zurück nach Berlin.

Die Erfahrungen, die Rudolf Steiner auf dieser ersten Reise machte, waren sehr unterschiedlich. In Stuttgart, wo bis zu diesem Zeitpunkt Theosophen noch nicht öffentlich gewirkt hatten, gewann Steiner sofort das Interesse: Bei dem ersten öffentlichen Vortrag fanden sich immerhin fast 500 Zuhörer ein. Die Stuttgarter Mitglieder strahlten, als sie den vollen Saal sahen, und Steiner gelang es, die Stuttgarter Theosophen, die zerstritten waren, zu einer anfänglichen Zusammenarbeit zu bewegen. In München waren die Verhältnisse viel schwieriger. Dort hatten bereits andere Theosophen öffentlich gesprochen und das Publikum wirksam abgeschreckt. Überdies existierten in München recht heterogene theosophische Gruppen, die Steiner alle einzeln aufsuchen mußte. Da gab es die

Abb. 72 und 73:
Sophie Stinde (1853 – 1915), Landschaftsmalerin, mit Pauline Gräfin Kalckreuth (1856 – 1929), Leiterin der Arbeit in München, 1. Vorsitzende des Johannes-Bauvereins. «Fräulein Stindes Arbeit ist auf eine echte Vertiefung des theosophischen Lebens gerichtet. Sie ruht auf Umsicht und richtiger Schätzung aller in Betracht kommenden Faktoren», schrieb Steiner bereits 1906 (34/564).

Baronin Wangenheim, Ludwig Deinhard und Sophie Stinde mit ihrer Freundin, der Gräfin Kalckreuth. Im kleineren Kreis hielt Steiner Vorträge und Aussprachen, um einen Boden für Weiteres zu schaffen. Dann ging die Reise – nun gemeinsam mit Marie von Sivers – über die Alpen nach Lugano, um die Arbeitsgruppe zu besuchen, die sich dort um Günther Wagner gebildet hatte. Die Rückreise führte nochmals über Stuttgart; es erschien Steiner sinnvoll, den positiven Beginn des ersten Besuchs sofort weiterzuführen. So sprach er in Stuttgart über *Goethe als Theosoph*. Unter diesem Titel hatte er drei Wochen vorher in Berlin über Goethes *Märchen* gesprochen. Nun klang dieses Grundmotiv der anthroposophischen Bewegung auch in Stuttgart auf. Auf der Rückreise suchte Rudolf Steiner Michael Bauer in Nürnberg auf. Auch hier ging es darum, die erste Begegnung mit Michael Bauer zu vertiefen und die wenigen Nürnberger Mitglieder kennen zu lernen.

Die nächste Reise vom 7. bis 14. Mai 1904 führte Rudolf Steiner nach London. Für den weiteren Aufbau der theosophischen Arbeit war es notwendig, für jene Menschen, die danach strebten, die Theosophie durch geistig-seelische Übungen zu vertiefen und zu einem selbständigen Erleben des Übersinnlichen vorzudringen, eine esoterische Schule zu schaffen. Da Rudolf Steiner innerhalb der Theosophischen Gesellschaft arbeitete, knüpfte er, wie man es von ihm damals auch erwartete, an die von Blavatsky begründete *Esoterische Schule* an, deren Leiterin Annie Besant war. So suchte Rudolf Steiner Annie Besant auf, «um von ihr volle esoterische Autorisation für alles zu erlangen, was ich auf diesem Felde tue» (264/54). Und Annie Besant ernannte Rudolf Steiner am 10. Mai zum «Arch-Warden of the E. S. in Germany and the Austrian Empire, with full authority, as my representative, to call meetings of the School, to organize groups and to appoint Wardens ...» (264/26)

Man würde gerne wissen, wie Rudolf Steiner diese Dinge erlebt hat. Er hat darüber geschwiegen. Sicher ist, daß er mit esoterischen Unterweisungen für Marie von Sivers bereits vor der Ernennung zum «Arch-Warden» begonnen hat (262/36). Sicher ist auch, daß seine Unterweisungen von dem, was ihm von Annie Besant überliefert wurde, praktisch unabhängig waren, obwohl er in der allerersten Zeit die noch von Blavatsky herrührende Eingangs-Meditation der E. S. («Strahlender als die Sonne ...») an seine Schüler weitergab, Mabel Collins' Buch *Licht auf den Weg* als Schulungsgrundlage empfahl und auch andere Materialien der E. S. verwendete. Aber Steiner war nicht so naiv, die Fragwürdigkeiten innerhalb der Theosophischen Gesellschaft und der Esoterischen Schule nicht zu durchschauen. Schon vier Monate nach der Ernennung zum «Arch-Warden» schrieb er an Marie von Sivers, um sie auf Kommendes vorzubereiten: «An eine Krise in der T. S., die auch uns mit treffen wird, muß einmal geglaubt werden.» (262/40) Ein solcher Satz zeigt, daß Steiner die vorhandenen Probleme bei seinem Besuch in London durchaus gesehen hat.

Im Blick auf die Menschen aber, die nach esoterischer Vertiefung strebten, konnte es nicht darum gehen, schon gleich zu Beginn Skepsis und Zweifel zu säen. Für die Schüler war es wichtig, den esoterischen Pfad überhaupt zu betreten und das Bewußtsein zu entwickeln, daß man nicht einsam und allein ist, sondern mit anderen Menschen gemeinsam strebt: «In Gemeinsamkeit erlebte Wahrheit / Wird Weltenkraft im Menschenstreben». (40/226) Deshalb nahm Steiner die Einrichtungen und die Mythen der Esoterischen Schule ganz positiv auf und ging auch auf die Vorstellungen, die innerhalb dieser Schule lebten, ganz positiv ein, weil er sich davon für die Entwicklung der Seelen, die ja keine kritischen Philosophen waren, Gutes versprach. Inhaltlich aber ging er in der Schulung seine eigenen Wege.

Rudolf Steiner selbst wußte sich in dieser Zeit selber geführt. In einem Brief an ein Mitglied der Esoterischen Schule schrieb er: «Ich kann und darf nur so weit führen, als der erhabene Meister, der mich selbst führt, mir die Anleitung gibt. Ich folge *ihm* mit vollem Bewußtsein bei allem, was ich Anderen sage.» (264/66) Man kann sich diesen «Meister», mit dem Rudolf Steiner auf rein geistige Art verkehrte, als rein geistige Gestalt vorstellen. Als Friedrich Rittelmeyer ihn einmal fragte, «ob er ihn manchmal sehe, antwortete er: ‹Das brauche ich nicht.›» (Rittelmeyer, S. 103) Rudolf Steiner schreibt von des «Meisters Stimme» (264/85) und von den Mahnungen, die die Meister «deutlich ertönen lassen» (262/48). Entscheidend aber ist, was der Meister sagt: «Ich habe die Weisung das christliche Element zu pflegen» (264/83), und: «Die deutsche theosophische Bewegung ist von besonderer Wichtigkeit», denn die Deutschen seien die Vorläufer einer kommenden Kultur, und so sagt des «Meisters Stimme: ... Lest Euere großen Idealisten: J. G. Fichte, Jacob Böhme, besonders aber Angelus Silesius.» (264/85)

Das ist nun höchst bedeutsam. Denn dieser Meister sagt ganz offensichtlich etwas anderes als die Meister, auf die sich Annie Besant beruft. Vielleicht darf man sogar sagen: Die spirituelle Autorität, auf die Rudolf Steiner hört, unterscheidet sich von den üblichen «Meistern», von denen Frau Blavatsky, Olcott, Sinnett und Besant sprechen, in bedeutsamer Weise. Indem sich Rudolf Steiner seinem eigenen «Meister» unterstellte, verselbständigte er seine Autorität und war so in einem gewissen Sinne gegen die Übergriffe und Eingriffe anderer «Meister» geschützt.

Man kann natürlich auch die Frage aufwerfen, wieso Rudolf Steiner, der zumindest bis zum Jahre 1901 als ein Vetreter des Individualismus anzusehen ist, nunmehr auf die Stimme der «Meister» hört. Die Antwort ist in einem gewissen Sinne einfach: So wie auch der Individualist durch andere Individualitäten Mitteilungen und Hinweise erhält oder auf Zusammenhänge aufmerksam gemacht wird, so nimmt auch der Geistesforscher Mitteilungen auf. Er folgt ihnen nicht in blindem Vertrauen, sondern einsehend, verstehend, begreifend, und er macht das, was er so aufnimmt zu seiner eigenen Sache. Er bleibt Individualist, aber sein Gesichtskreis erweitert sich, wie das bei jedem anderen Menschen auch der Fall ist, der Ideen aufnimmt und sie zu seinem Eigentum macht. Kein Mensch existiert als philosophischer Robinson.

Eine nächste kurze Reise führte vom 18. bis zum 22. Juni zum Kongreß der Föderation der europäischen Sektionen nach Amsterdam. Der Kongreß war eine wissenschaftlichen Kongressen nachgebildete, imposante Veranstaltung. In verschiedenen Sektionen trugen Theosophen Abhandlungen zu Wissenschaft, vergleichender Religion, Menschenverbrüderung, Okkultismus und so weiter vor. Steiner sprach in der Sektion «Philosophie» über *Mathematik und Okkultismus* und legte dar, wie die höhere Mathematik, die mit dem Unendlichen rechnet, in die höhere Geistwelt führen kann und so ein wesentliches Mittel okkulter Schulung ist (35/7-18). Die dominierende Gestalt des Kongresses aber war ohne Zweifel Annie Besant, die den Kongreß in überlegener Weise leitete und ihn durch ihre Vorträge über *Die neue Psychologie* und über *Das Wesen des Okkultismus* bereicherte. In höchst positiver Weise hat Steiner über diesen Kongreß und namentlich über die Vorträge Annie Besants in seinem Blatt *Lucifer-Gnosis* berichtet und das Augenmerk auf jene Impulse gelenkt, die – wenn auch in unvollkommener Weise – zur «Spiritualisierung der ganzen Zivilisation» beitragen wollten (34/539-552).

Am 15. September kam Annie Besant – von Rudolf Steiner eingeladen – zu einer zehntägigen Vortragsreise nach Deutschland. Diese Reise führte von Hamburg über Berlin, Weimar, München und Stuttgart nach Köln. Marie von Sivers und Rudolf Steiner sowie Mrs. Bright und Bertram Keightley begleiteten sie auf der ganzen Reise; Marie von Sivers fungierte als Dolmetscherin, Rudolf Steiner faßte jeweils nach den Vorträgen die Rede Annie Besants kurz in deutscher Sprache zusammen. In Berlin, Weimar und Köln sprach Frau Besant wieder über *Die neue Psychologie,* in München und Stuttgart über *Theosophie und Christentum.* Für die Mitglieder sprach sie über die theosophische Zweigarbeit und über *Der Mensch als Herr seiner Bestimmung.* Damals war diese Reise Annie Besants für die deutsche theosophische Bewegung sicher sehr wichtig. Nicht nur erhielten viele Mitglieder Gelegenheit zu einer persönlichen «Audienz» bei Frau Besant, vor allem erlebten sie sich als Glieder einer weltweiten Bewegung. Die allgemeine Öffentlichkeit wurde erreicht, zum Teil waren die Vortragssäle überfüllt.

Für Rudolf Steiner war es selbstverständlich, die so gewonnene Aufmerksamkeit zu nutzen, doch bevor er Ende November zu einer nächsten Vortragsreise aufbrach, hielt er zunächst im Oktober in Berlin für einen kleinen Kreis von etwa sieben Menschen eine Vortragsreihe über *Die planetarische Entwicklung*. Schon im Juni und Juli war er in einzelnen Vorträgen auf dieses Thema eingegangen, in *Lucifer-Gnosis* waren bereits einige Aufsätze über die Weltentwicklung erschienen. Nun wurde die Evolution zum ersten Male zusammenhängend dargestellt. Mit dieser Arbeit wurden das notwendige Gegengewicht und der Rückhalt für die Arbeit nach außen geschaffen. Dann brach Steiner zu einer Vortragsreise nach Nürnberg-Regensburg-München-Stuttgart-Karlsruhe-Heidelberg-Köln-Düsseldorf auf. So war er im Laufe eines Jahres viermal in Stuttgart, München, Weimar und Köln gewesen. Diese Art der Reisetätigkeit sollte er dann in den kommenden Jahren fortsetzen. So war er 1905 unter anderem beispielsweise fünfmal in München, viermal in Köln, Stuttgart, Hamburg und Düsseldorf. Es ist ganz offensichtlich, daß er die theosophische Arbeit vor Ort kontinuierlich pflegen wollte. Er tauchte nicht sporadisch auf, sondern regelmäßig, und er hielt dann mindestens einen öffentlichen und einen internen Vortrag, so daß die verschiedenartigen Bedürfnisse befriedigt werden konnten.

Man kann diese Reisetätigkeit, durch die Schritt für Schritt die deutsche Sektion aufgebaut wurde, überhaupt nicht hoch genug einschätzen. Äußerlich gesehen war das namentlich in den ersten Jahren eine gewaltige Anstrengung, auch durch die Unterbringung in schlecht geheizten Hotels oder bei wohlmeinenden Theosophen im Privatquartier, wo Steiner von früh bis spät in Beschlag genommen wurde. Warm und gut war allein die Unterbringung bei der Gräfin Kalckreuth in München. Sie und Sophie Stinde hatten auch die Empfindung, daß man Steiner dann und wann etwas Ruhe gönnen mußte. Steiner selbst aber legte den größten Wert darauf, mit möglichst vielen Menschen zu sprechen, und entzog sich kaum einer Einladung. So lernten in der Frühzeit der deutschen Sektion alle Mitglieder Rudolf Steiner persönlich kennen. Jeder hatte Gelegenheit, seine Probleme vorzubringen und um Rat zu fragen. Steiner seinerseits lernte die Menschen sämtlich durch

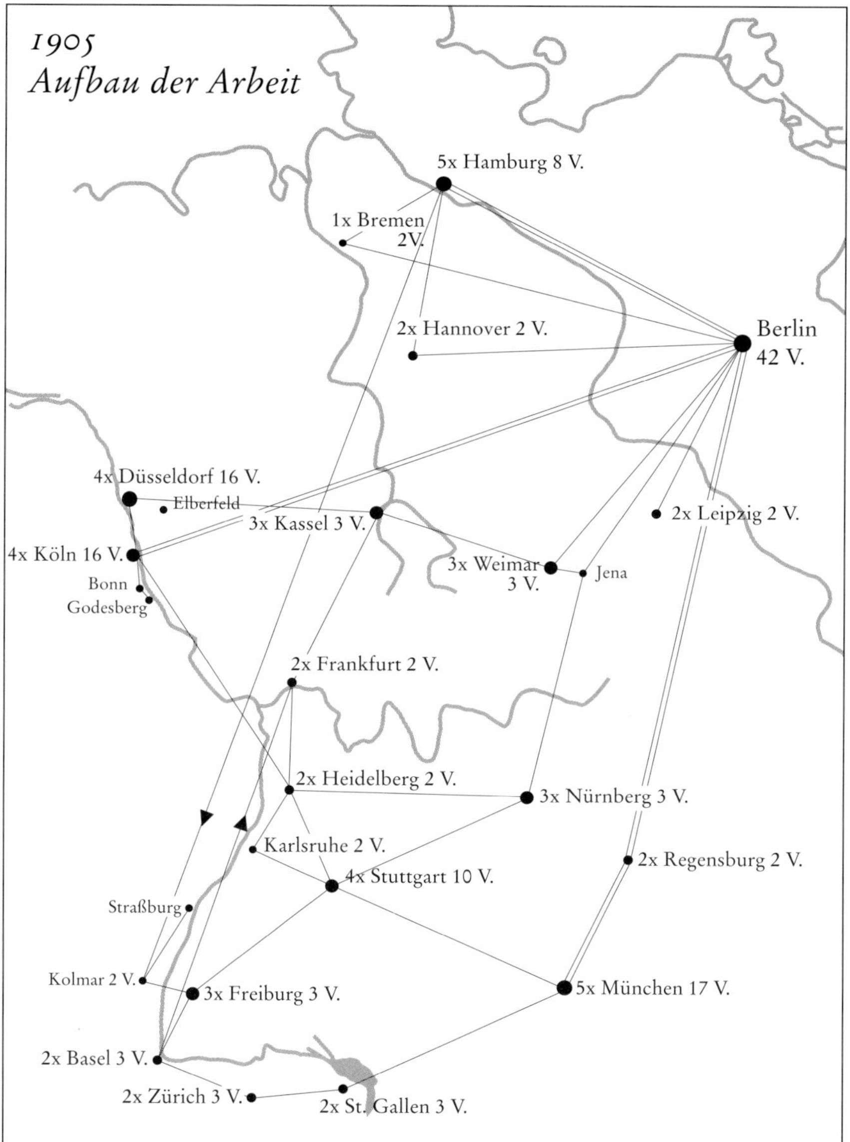

Karte 2: Reisen Rudolf Steiners 1905,
5 x Hamburg 8 V. = Rudolf Steiner war fünfmal in Hamburg und hielt dort 8 Vorträge. Orte ohne Zahlen: Rudolf Steiner hielt dort einen Vortrag.

Gespräche und Beratungen kennen. Damit entstand ein ganz dichtes Netz von Beziehungen, Bekanntschaften und Freundschaften, das eigentlich die deutsche Sektion ausmachte.

Im Hintergrund dieser Sektionstätigkeit entfaltete sich stufenweise die Tätigkeit für die *Esoterische Schule,* die offiziell von der Theosophischen Gesellschaft unabhängig war. Die ersten Esoterischen Stunden, die Rudolf Steiner in seiner Funktion als «Arch-Warden» hielt, fanden am 9. und 14. Juli 1904 in Berlin statt. Im August schrieb Steiner eine Reihe von Briefen an auswärtige Mitglieder der deutschen Sektion, die er in die Schule aufnahm oder die er, wie Michael Bauer, zum Eintritt in die Schule einlud. In Berlin fanden dann im Winterhalbjahr 1904/5 eine kleine Anzahl esoterischer Stunden statt. Anfang Juni 1905 wurde der erste Rundbrief an die Mitglieder der Schule versandt, in dem offiziell die Regeln der Schule mitgeteilt wurden. Erst vom Oktober 1905 an fanden dann mehr und mehr esoterische Stunden statt.

Erst in den folgenden Jahren aber wurde der Schulungsweg immer mehr ins einzelne gehend dargestellt: 1906 erhielten die Schüler unter dem Titel *Allgemeine Anforderungen, die ein jeder an sich selbst stellen muß, der eine okkulte Entwicklung durchmachen will* die genaue Beschreibung der sogenannten sechs Nebenübungen. Rudolf Steiner ging also behutsam vor und betreute jeden einzelnen Schüler. Dadurch entstand innerhalb der deutschen Sektion eine anfangs kleine Gruppe von Menschen, die danach strebten, die Theosophie in sich leben zu lassen. Die Sektion hatte damit eine «Seele».

Für das Vorgehen Rudolf Steiners ist es nun charakteristisch, daß er gleichzeitig mit der Bildung der *Esoterischen Schule* begann, in der Zeitschrift *Lucifer-Gnosis* eine Aufsatzfolge unter dem Titel *Wie erlangt man Erkenntnisse der höheren Welten?* zu veröffentlichen. Während er also im Stillen, im kleinen Kreise mit der esoterischen Schulung einzelner Menschen begann, wurden die Prinzipien dieser Schulung öffentlich dargestellt. Eine erste Darstellung des Schulungsweges war durch Rudolf Steiner bereits in dem Kapitel *Der Pfad der Erkenntnis* in dem Buch *Theosophie* gegeben worden. Dort hatte Rudolf Steiner den Anfang des Weges systematisch beschrieben.

Abb. 74 (S. 381ff): Brief Rudolf Steiners an einen esoterischen Schüler

Berlin, 12 August 1904

Mein verehrter lieber Herr von Henning!

Verzeihen Sie die verspätete Antwort. Ich werde *erst jetzt* allmählich aus der Arbeitslast herauskommen. Und künftig sollen Sie gewiss nicht mehr so lange zu warten brauchen. Ich war froh, Sie im Bade zu wissen, und hoffe, dass Ihre Erholung einen recht guten Fortgang genommen hat. *Practische* Meditationsarbeit während einer Erholungszeit zu beginnen, ist nicht gut. Weder für die Gesundheit, noch für die Meditation. Raten kann ich Ihnen nur, wenn Sie Meditation üben wollen, sie *während* der ganz gewöhnlichen Berufsthätigkeit zu *beginnen*. Denn Meditation soll keine Zeit rauben. Das ist sogar Grundbedingung, wenn sie fruchtbar sein soll. Ich will Ihnen nun „im Vertrauen" (d. h. nur für Sie) angeben worin die Meditation besteht. Abends vor dem Einschlafen – ganz kurz, 3–4 Min. Rückschau auf das, was man den Tag über gethan und erlebt hat. Es kommt dabei darauf an, dass man die wichtigsten Begebenheiten des Tages an sich vorüberziehen lässt. Man fragt sich dabei:

habe ich *dieses* Ereignis so mit beobachtendem Blicke verfolgt, dass ich für mein künftiges Leben daraus lernen kann; und wie hätte ich es thun müssen, um diesen Zweck zu erreichen? Oder bezüglich einer Handlung, die man gethan hat: habe ich diese so gethan, daß ich jetzt, wo ich nicht mehr mitten darinnen stehe, sondern mich betrachte, als ob ich ein anderer wäre, mir noch recht geben kann. Das alles soll so geschehen, dass man *von sich selbst* lernt, dass man das Leben zu einer Lection macht. Man erreicht dadurch wirklich nach und nach die Erhebung zum „höheren Selbst", das über das niedere hinausgeht. Und glauben Sie das der occulten Erfahrung –: nicht nur zur Erweiterung der menschlichen Fähigkeiten, sondern auch zur Gesundung in jeder Beziehung trägt das bei.

Dann am Morgen: Gleich nach dem Aufstehen. Bevor man Nahrung zu sich genommen hat, verwendet man ein paar Minuten – länger erst später – zur eigentlichen Meditation. Wenn ½ Stunde möglich ist, dann ist es besser. Sie besteht in einer *Erhebung* zum „höheren Selbst", wofür es eine ganz bestimmte Formel giebt, die man in Gedanken vor sich hinsagt. Ich teile Ihnen diese Formel „im Vertrauen" ***sofort*** mit, wenn Sie mir schreiben, dass Sie sie verwenden wollen. Dann schliesst sich zweitens daran eine *Concentration*, bestehend in einem Leermachen des Bewusstseins von allem, was uns das Leben des Alltags bringt. Da muss für ein paar Minuten alles aus dem Bewusstsein entschwinden, was uns sonst beschäftigt, auch die Erinnerung an die Geschäfte und Obliegenheiten des Alltags. Dann lassen wir in dieses also entleerte Bewusstsein einen Satz aus einer inspirierten Schrift eintreten und geben uns ganz seinem Eindrucke hin. Wir speculieren nicht über den Satz, wir <u>leben</u> mit ihm, wie wir mit einem geliebten Kinde leben. Und wir behalten diesen selben Satz dann wochenlange bei. Denn erst dann giebt er uns seine Kraft her. Erst dann, nach Wochen, ersetzen wir ihn durch einen andern Satz. So nehmen Meditierende z.B. „Licht auf den Weg" Satz für Satz durch, was ihrer Meditation lange Inhalt giebt. „Licht auf den Weg", „Die Stimme der Stille" „Bhagavad-Gita" gehören zu den besten Meditationsbüchern.

Der letzte Teil der Meditation ist dann das Erzeugen der devotionellen Stimmung in sich gegenüber dem, was Einem das höchste, das Göttliche ist. Da kommt nicht diese, oder jene Vorstellung vom Göttlichen in Betracht, sondern diejenige, welche uns – nach unserer Subjectivität – wirklich intim ist. Dem Christen kann es Christus, dem Hindu der „Meister", dem Mohamedaner „Mohammed" sein, ja es kann sich ein moderner Wissenschafter in die „göttliche Natur" devotionell versenken. Es kommt auf das <u>devotionelle Gefühl</u> an, nicht auf die Vorstellung, die man sich vom „Göttlichen" macht.

Wenn Sie, mein lieber Herr v. Henning, fortschreiten wollen in der Entwickelung der mystischen Kräfte, so kann ich Ihnen die Wege dazu noch weiter angeben. Ich sage Ihnen im Voraus, dass dadurch gewiss <u>keine</u>

Gesetz in irgend welcher Hinsicht verknüpft ist. Und im Anschlusse an Ihre Frage und bei der Art, wie ich Sie kenne, *darf* ich Ihnen sagen, dass es einen „engeren Kreis" giebt, in den ich *Sie* aufnehmen darf, wenn Sie *wollen*. Sonst giebt es für den Anfang *keine* Verpflichtung als die *gegen sich selbst*, die ich Ihnen schon in diesem Briefe ausgesprochen habe. Nur noch die völlige Enthaltung von Alkohol kommt in Betracht. Die aber muss sein, weil sonst alle occulte Arbeit unter gewöhnlichen Umständen umsonst ist. Wenn Sie also Meditation suchen, dann schicke ich Ihnen die „Regeln" und Sie können sich entscheiden. Wenn Sie aber ohne solchen Anschluss Meditation üben wollen, so stehe ich Ihnen auch ratend zur Seite; nur bietet der Anschluss an den „engeren esoterischen Kreis" zugleich die occulte Einschaltung, die an sich schon Hilfe und seelischen Fortschritt bringt.

Damit möchte ich Ihre mir so willkommene Karte beantworten. Wenn Sie den Anschluss nicht wünschen, dann bitte ich Sie über das zu schweigen, was ich Ihnen geschrieben habe.

Herzlichste Grüsse von Ihrem

Dr. Rudolf Steiner

Berlin W Motzstrasse 17

Abb. 75: Rudolf Steiner, 1904

Jetzt, in den Aufsätzen *Wie erlangt man Erkenntnisse der höheren Welten?*, wurde ein menschlich-persönlicher Ton angeschlagen, der äußerlich vielleicht am ehesten dadurch zu bemerken ist, daß der Autor seinen Leser immer wieder ganz persönlich anspricht. So heißt es beispielsweise: «Hast du einmal vor der Türe eines verehrten Mannes gestanden und hast du bei deinem ersten Besuche eine heilige Scheu empfunden, auf die Klinke zu drücken, um in das Zimmer zu treten, das für dich ein ‹Heiligtum› ist, so hat sich in dir ein Gefühl geäußert, das der Keim sein kann für deine spätere Geheimschülerschaft.» «Ein rechtes Wissen kannst du nur erlangen, wenn du gelernt hast, dieses Wissen zu achten.» «Schaffe dir Augenblicke innerer Ruhe und lerne in diesen Augenblicken *das Wesentliche von dem Unwesentlichen unterscheiden.*» «Alle Vorurteile müssen von dir fallen.» «Ohne gesunden Menschenverstand sind alle deine Schritte vergebens.» – So wendet sich zunächst der Geisteslehrer mit dem brüderlichen Du persönlich an seine Mitmenschen und Schüler

Es ist, als würde Rudolf Steiner damit aus dem Chor der sonst unbekannten Geisteslehrer heraustreten. Er spricht zu *jedem* Menschen. So beginnt das Buch mit den vielsagenden Worten: «Es schlummern in *jedem*

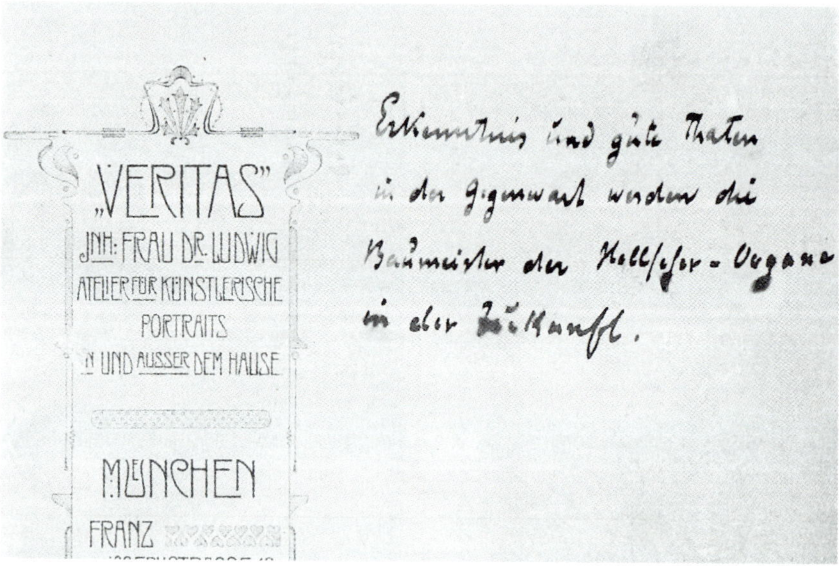

Abb. 76: Rückseite der Photographie von Abbildung 75 mit der Widmung: «Erkenntnis und gute Thaten in der Gegenwart werden die Baumeister der Hellseher-Organe in der Zukunft.»

Menschen Fähigkeiten, durch die er sich Erkenntnisse über höhere Welten erwerben kann.» Aber Steiner spricht zu jedem Menschen im Namen aller wirklichen geistigen Lehrer: «Alle wahren Lehrer des geistigen Lebens stimmen in bezug auf den Inhalt dieser Regeln überein, wenn sie dieselben auch nicht immer in die gleichen Worte kleiden.» (10/29)

Schließlich, am Ende der Darstellungen wird der Geheimschüler gar durch die geistigen Wesen selber angesprochen: Der «kleine» und der «große» Hüter der Schwelle wenden sich in längeren Reden an den Schüler. So beginnt die Rede des «großen Hüters» mit den Worten: «Du hast dich losgelöst aus der Sinnenwelt. Dein Heimatrecht in der übersinnlichen Welt ist erworben.» (10/211)

Auf diese Weise machte sich Rudolf Steiner zu einem Organ der Wesen, die aus der Geist-Welt zum Menschen sprechen wollen. In einem Brief berichtet er von dem, was die Veröffentlichung dieser Texte für ihn bedeutet: «Allein die Verantwortung lastet schwer auf mir. Und ich muß jede Zeile, jede Wendung zehnmal erwägen, um möglichst genau den geistigen

Inhalt wiederzugeben, der mir zu geben obliegt, und der mir doch selbst in ganz anderer Form und Sprache überliefert wird.» (264/95)

Um nämlich jene Seelenkultur und Sublimierung des seelischen Lebens anzuregen, durch die Seelen sich zum Übersinnlichen hin öffnen, mußten nicht einfach Inhalte mitgeteilt werden, etwa der schlichte Satz: Ehrfurcht vor Wahrheit und Erkenntnis ist unabdingbare Voraussetzung des höheren Erkennens! Vielmehr mußte eine Sprache gefunden werden, durch die die Gestimmtheit der Seelen angeregt wurde. Schon beim Lesen dessen, was als goldene Regel, als Übung gegeben wurde, sollten empfängliche Leser von ihrem Sinn ergriffen werden und jene Gefühle entwickeln können, ohne die alles Üben sonst leer bleiben würde. Darüberhinaus war ein Gleichgewicht zwischen den einzelnen Übungen zu schaffen. Zur Vertiefung ins eigene Innere, zum Sinn für die Offenbarungen der Natur mußten Urteilskraft, Unterscheidungsvermögen und ein gesundes In-der-Welt-Stehen kommen, damit ein ausgeglichenes Seelenleben zu einem Organ werden kann, in dem der Geist deutlich vernehmbar spricht.

Wenngleich Rudolf Steiner mit W*ie erlangt man Erkenntnisse der höheren Welten?* das Grundbuch für den anthroposophischen Pfad gegeben hat, so hat er angesichts der Differenziertheit der Seelen den Weg zu höherer Erkenntnis immer wieder neu und anders beschrieben. Noch in *Lucifer-Gnosis* erschienen die Aufsätze *Die Stufen der höheren Erkenntnis.* Auf diese Darstellungen folgten 1910 das Kapitel «Die Erkenntnis der höheren Welten» in der *Geheimwissenschaft,* 1912 *Ein Weg zur Selbsterkenntnis des Menschen* und 1913 *Die Schwelle der geistigen Welt.* Im Jahre 1923 veröffentlicht Steiner dann noch vier Aufsätze *Vom Seelenleben,* in denen nochmals genaue Übungsanleitungen vermittelt werden. All das, was er so schriftlich darstellte, ergänzte Steiner in zahlreichen Vorträgen und hat so für die Wanderer zur höheren Erkenntnis die mannigfachsten Wege und Pfade beschrieben.

25.
VERSUCHE, DIE LEBENSPRAXIS ZU BEFRUCHTEN

Am 15. Januar 1905 hielt Rudolf Steiner vor etwa 1300 Zuhörern seine letzte Rede in der Arbeiterbildungsschule: Er sprach zum 14. Stiftungsfest. Danach mußte er dem Vorstand der Schule mitteilen, daß die gegen ihn begonnenen Intrigen ein weiteres Wirken an der Schule unmöglich machten. Niedergeschlagen und blaß, ja völlig erschöpft kam er nach Hause. Marie von Sivers war von dem Anblick tief betroffen. Wenige Tage darauf schreibt ihr Steiner: «Du hättest Dich nicht sorgen sollen wegen meines Aussehens am Sonntag. Es war das ja doch wohl nur die Widerspieglung der Affaire in der Bildungsschule. Du weißt, daß ich in dem Wirken in diesen Kreisen eine Mission sah. Es ist wirklich etwas zerstört, was ich nicht wollte zerstört sehen.» (262/49) Mit großem Zeitaufwand hatte Steiner sechs Jahre lang seine Kraft in die Arbeiterbildungsschule gesteckt. Einem guten Teil seiner Schüler war er persönlich verbunden. Nun wurden diese Fäden zerschnitten, und dieses Feld praktischen, öffentlichen Wirkens war ihm entrissen.

Rudolf Steiner hatte in der Tat gehofft, daß durch ein entsprechendes Wirken die proletarische Bewegung sich anders entfaltet hätte. Er sah hier Chancen für ein wirklich soziales Wirken. Hätte – so äußerte er sich später – eine gewisse Anzahl von Menschen damals in einem ähnlichen Sinne zu wirken versucht, so wären andere Gedanken und Gesinnungen in die Köpfe der Menschen gekommen, die dann in größere Kreise hätten ausstrahlen können. Und das wäre im Jahre 1905, als die ersten Wetterwolken der kommenden Weltkonflikte bereits unübersehbar am Horizont standen – also im Jahre des russisch-japanischen Krieges, im Jahre der ersten russischen Revolution und im Jahre der ersten Marokkokrise –, besonders bedeutsam gewesen, denn seit 1905 verschärften und beschleunigten sich jene Entwicklungen, durch die «sich die Weltkatastrophe des zweiten Jahrzehnts des zwanzigsten Jahrhunderts schon vorbereitete» (28/380).

Im Blick auf die sich am Horizont abzeichnenden dunklen Wolken vervielfachte Rudolf Steiner, nachdem ihm mit dem Wirken in der Arbeiterbildungsschule ein Instrument der in die Breite gehenden und in die Praxis führenden Arbeit genommen war, seine Anstrengungen, die theosophische Tätigkeit zu einem Organ des praktischen Wirkens zu machen. Er wollte den selbstlaufenden Zeittendenzen entgegenwirken. So schreibt er im Januar 1905: «Nach und nach aber treibt unsere Zeit in eine Form des Lebens hinein, die das Zusammenwirken aller wirklich aufwärtsstrebenden Kräfte notwendig macht. Es wäre so notwendig in *alles* unsere geistige Weltanschauung hineinzugießen. ... Wenn ich so sehe, in welche Hände allmählich die Bildung unserer Demokratie kommt! Es ist nichts Schönes!» (262/49f) Mit wem aber kann man zusammenwirken? Steiner hält Umschau nach Bundesgenossen. In den Jahren 1905, 1906 und 1907 sehen wir ihn auf der Suche nach Menschen, mit denen zusammen er die Theosophie praktisch werden lassen kann.

Diese Bemühungen, das tätige Arbeiten durch geistige Impulse zu befruchten, kann man unter verschiedenen Blickwinkeln sehen. Zunächst wirkt in dem Bestreben, Arbeit und Alltag zu ergreifen, der Grundsatz aus dem Buch *Wie erlangt man Erkenntnisse der höheren Welten?*: «*Jede Erkenntnis, die du suchst, nur um dein Wissen zu bereichern, nur um Schätze in dir anzuhäufen, führt dich ab von deinem Wege; jede Erkenntnis aber, die du suchst, um reifer zu werden auf dem Wege der Menschenveredelung und der Weltentwickelung, die bringt dich einen Schritt vorwärts.*» (10/28) Die Ideen werden zu Idealen, die in uns tätig sind.

Die theosophischen Bestrebungen hätten verdorren, ja Rudolf Steiner selber hätte auf dem Erkenntnisweg nicht fortschreiten können, wenn er seine Kräfte nicht auf die Verwandlung des Lebens gerichtet hätte. Eisern befolgt Rudolf Steiner jetzt dieses geheime Gesetz des wirklich Erkennenden: Die geistige Welt offenbart sich nicht dem bloßen Erkenntnissucher, sondern auf die Dauer nur dem, der seine geistigen Gaben in den Dienst der Menschheits- und Weltentwicklung stellen will. Nur dem Tätigen neigt sich die Inspiration.

Noch ein weiteres Motiv des Pfades leuchtet hier auf. Es gehört zu den

Bedingungen der Geheimschulung und mahnt den Schüler, «sich als *ein Glied* des ganzen Lebens zu fühlen» (10/107). Bei allen Problemen, die einem begegnen, beginnt man, darüber nachzudenken, in wie weit man selber für das Fragwürdige, was einem entgegentritt, mitverantwortlich ist. Einem Verbrecher gegenüber kann man sich sagen, «daß mir etwas zuteil geworden ist, was ihm entzogen war, daß ich mein Gutes gerade dem Umstand verdanke, daß es ihm entzogen worden ist. Und dann wird mir die Vorstellung auch nicht mehr ferne liegen, daß ich nur ein Glied in der ganzen Menschheit bin und *mitverantwortlich* für alles, was geschieht.» (10/106) Aus solcher Gesinnung hört man auf, ein bloßer Kritiker seiner Zeit zu sein, und man fragt sich, wo und wie man seinen Beitrag zum Weltgeschehen leisten kann.

Schon in den Jahren 1905/07 hätte ein Beobachter über die Vielfalt der Versuche und Ansätze Steiners, zur tätigen Praxis zu gelangen, erstaunt sein können. Es geht ihm um die Erneuerung und Erweiterung der Heilkunst, es geht um die «soziale Frage», um den Frieden, um die Brüderlichkeit unter Menschen, es geht um Schul- und Erziehungsfragen, um die Frauenfrage, um Ernährungsfragen. Die Vielfalt der Bemühungen ist nicht etwa das Ergebnis der Tatsache, daß Steiner ein Hans Dampf in allen Gassen war. Es handelt sich vielmehr darum, daß die Lösung dieser Fragen nicht allein in diesen oder jenen einzelnen Maßnahmen oder in Einzelheiten überhaupt liegen kann, sondern in einer spirituellen Weltauffassung, in einem neuen und unbefangenen Denken ihren Grund haben muß.

An einem Beispiel macht Steiner das klar. Er schildert die Bedeutsamkeit guter sozialer Einrichtungen, um dann auszuführen, daß die guten Einrichtungen, allein für sich genommen, auch nur immer eine Steigerung des Egoismus bewirken und deshalb auf die Dauer Not und Elend erzeugen. Dann fügt Steiner hinzu: «Es ist eben in des Wortes ureigenster Bedeutung richtig: nur dem einzelnen kann man helfen, wenn man ihm bloß Brot verschafft; einer Gesamtheit kann man nur dadurch Brot verschaffen, daß man ihr zu einer Weltauffassung verhilft.» (34/217)

Aus diesem Grund ist die recht erfaßte spirituelle Weltauffassung selbst das Allerpraktischste. Aber allzuoft neigen die Menschen dazu, die theosophischen Wahrheiten nur theoretisch aufzufassen. Deshalb sieht sich Steiner von dieser Zeit an immer mehr dazu veranlaßt, auch die praktischen Konsequenzen der Geisteswissenschaft darzustellen. Am

Ende der kleinen Schrift über die *Erziehung des Kindes*, die in diesen Jahren entsteht, warnt er ausdrücklich vor den Gefahren einer bloß theoretischen Auffassung der Anthroposophie: «Erst dann, wenn in anthroposophischen Kreisen überall die Erkenntnis durchgedrungen sein wird, daß es darauf ankommt, die Lehren in der weitgehendsten Art für alle Verhältnisse des Lebens fruchtbar zu machen, nicht bloß über sie zu theoretisieren, dann wird sich auch das Leben verständnisvoll der Geisteswissenschaft erschließen. Sonst aber wird man fortfahren, die Anthroposophie für eine Art religiösen Sektierertums einzelner sonderbarer Schwärmer zu halten.» (34/344)

Nun wird selten bemerkt, wie weit Rudolf Steiner mit seinen Bestrebungen, die Theosophie lebenswirksam zu machen, zielte. Es ging ihm um nichts geringeres als um den Weltfrieden. Bekanntlich war der erste Grundsatz der Theosophischen Gesellschaft, «den Kern einer allgemeinen Verbrüderung der Menschheit zu bilden ohne Unterschied der Rasse, des Glaubens, des Geschlechtes und des Standes». Diese Idee eines allgemeinen Bruderbundes griff Steiner jetzt besonders auf. In den Jahren 1905 und 1906 spricht er immer wieder davon, wie durch die Theosophie ein Verständnis für die Menschenwürde geweckt werde und wie aus der Einsicht in das wahre Geistwesen des Menschen das Verständnis für Menschenwert und Würde erwachsen kann, das im Kern der Idee der Bruderschaft wirkt (96/14).

Hinter diesen Einsichten in die theosophischen Grundwahrheiten bleiben die Meinungsverschiedenheiten, die einzelne Menschen oder Gruppen trennen, fast bedeutungslos. Aus dieser Erkenntnis heraus sucht Rudolf Steiner gerade 1905 auch die wirklich brüderliche Zusammenarbeit mit den übrigen Theosophen. Im Jahre 1904 war zwischen England und Frankreich das «herzliche Einvernehmen», die Entente cordiale, verabredet worden. Als Rudolf Steiner darauf im Juli 1905 nach London zum Kongreß der europäischen Sektionen der Theosophischen Gesellschaft kam, hielt er eine kurze Ansprache, die er folgendermaßen referiert:

«Es war in der Zeit, als eben die Entente cordiale geschlossen worden war, und als alles unter dem Eindrucke der eben geschlossenen Entente cordiale stand. Ich hatte versucht zu charakterisieren, daß es sich in der Bewegung, die die ‹Theosophical Society› darstellen will, nicht darum handeln kann, von irgendeinem Zentrum aus irgend etwas als theosophische Weisheit zu verbreiten, sondern daß es sich lediglich darum handeln kann, daß das, was die neuere Zeit von allen Seiten der Welt heraufbringt, gewissermaßen an einer gemeinsamen Stätte eine Art Vereinigungspunkt hat. Und ich hatte dazumal geschlossen mit den Worten: Wenn wir auf den Geist bauen, wenn wir geistige Gemeinschaft in wirklich konkreter, positiver Weise suchen, so daß der Geist, der da und dort erzeugt wird, nach einem gemeinsamen Zentrum der ‹Theosophical Society› getragen wird, dann bauen wir eine andere Entente cordiale.» (185/145)

Diese Hoffnung auf ein herzliches Einvernehmen aller geistig Strebenden in der «Theosophical Society» vertraute auf die friedenstiftende Kraft des Geistes. So blickte Steiner 1905 auf die Theosophische Gesellschaft als auf die wahre Friedensbewegung, die ein Gegengewicht gegen die zum Kriege treibenden Kräfte bilden sollte: «Eine wirkliche Friedensgesellschaft ist eine solche, die nach Geisterkenntnis strebt, und die wirkliche Friedensbewegung ist die geisteswissenschaftliche Strömung. Sie ist die Friedensbewegung, so wie in der Praxis einzig und allein eine Friedensbewegung sein kann, weil sie ausgeht auf das, was im Menschen lebt und der Zukunft entgegengeht.» (54/53f)

In der weltweiten, von Indien bis nach Amerika reichenden Zusammenarbeit der Theosophen sah Steiner in jenen Jahren etwas, das dem Krieg entgegenwirkt. Diese Friedensmission der Theosophischen Gesellschaft war es auch, die ihn sogar noch im Dezember 1911, als der Konflikt um Krishnamurti und den «Stern des Ostens» seinem Höhepunkt entgegensteuerte, jeder aktiv betriebenen Trennung von der Theosophischen Gesellschaft widerraten ließ: Trotz aller Unvollkommenheiten schätzte Rudolf Steiner die homöopathische Wirkung einer erdumspannenden Zusammenarbeit hoch ein.

Und er selbst verhielt sich zur Leitung der Gesellschaft im höchsten Maße loyal. Zwar lehnte er einen theosophischen Zentralismus ab, doch war das kein Vorwand, hinter dem eine unterwandernde oder separatistische Politik betrieben worden wäre. Man muß nur Steiners Autoreferat seines Berichts über den Londoner Kongreß, den er der Mitgliederversammlung der deutschen Sektion am 22. Oktober 1905 gab, lesen. Ganz eindeutig werden Annie Besant und H. P. Blavatsky anerkannt. Der Vortrag Annie Besants über «Die Erfordernisse der Schülerschaft» wird von Steiner rückhaltlos gerühmt, und über Annie Besant sagt er schließlich: «Nicht aus Personenkultus, sondern aus dem geistigen Inhalte der Persönlichkeit heraus wurde mir die Überzeugung, daß in ihr das lebt, was zu den höheren spirituellen Welten führt.» (*Mitteilungen*, I, November 1905, S. 2, vgl. auch 264/92ff)

Vor Rudolf Steiner stand also wirklich das Ideal eines wechselseitigen Gebens und Nehmens, einer spirituellen Kooperation, bei der er von sich aus keineswegs die Hauptrolle beanspruchte. In einem Brief an Günther Wagner schreibt er darüber, wieviel ihm selber dieser Kongreß bedeutet habe, wie er sich als Lernenden erlebt habe, und er faßt die Idee solcher Kongreße in den Worten zusammen: «Ein Zentrum spirituellen Lebens sollten die Kongresse sein, von denen Ströme dann überall hingehen in die Welt.» (264/95)

In diesem Sinne sollte aber auch die lebendige Theosophie selber ein Zentrum geistigen Lebens sein, dessen Ströme auf vielen Wegen, bemerkt oder unbemerkt, ins Leben fließen, um dem Leben eine neue Richtung und einen neuen Sinn zu geben. Heilsame Einsichten, taugliche Gedanken sollten, von Mensch zu Mensch gesagt, gehört und aufgenommen, in die Zivilisation der damaligen Gegenwart eindringen und harmonisierend wirken.

Das war nicht chancenlos. Im ersten Jahrzehnt des 20. Jahrhunderts waren sehr viele Menschen davon überzeugt, daß die Dinge irgendwie anders werden müßten. Es gab zahlreiche Bewegungen, die irgendein Gebiet des Lebens reformieren wollten: Die Lebensreformer wollten Ernährung, Kleidung und Lebensweise verbessern, die Schulreformer wollten neue Lernformen schaffen, die Bodenreformer neue Besitzverhältnisse. Für die Frauenfrage, die Gesundheitsfrage oder die soziale Frage wurden die divergierendsten Rezepte angeboten und die verschiedensten Prinzipien aufgestellt. Jedermann, der irgendwo einen auch nur halbwegs vernünftigen Reformgedanken hatte, konnte zu jener Zeit auf offene Ohren rechnen.

Die Schwierigkeit für Rudolf Steiner lag nun darin, daß er nicht in diesem Sinne partikulare Rezepte und Lösungen anzubieten hatte. Er vertrat keine eindimensionalen Prinzipien und hatte auch keine simplen Rezepte anzupreisen. Wie leicht wäre es gewesen, das Lernen mit Kopf, Herz und Hand zum Erziehungsprinzip zu machen oder eine Bodenreform als Lösung der sozialen Frage zu propagieren. Nicht weniger einfach wäre es gewesen, den Vegetarismus oder die Rohkost zu lehren.

Es ging jedoch Steiner nie darum, irgend etwas nach Prinzipien, die dem Verstand einleuchten, zu reformieren. Er war davon überzeugt, daß alles bloße Herumreformieren letztlich nur gutgemeinte Kurpfuscherei sei.

Voraussetzung für jedwede Verbesserung der Verhältnisse ist eine umfassende Lebenserkenntnis, eine Einsicht in die offenbaren und geheimen Zusammenhänge des Lebens. Hier deshalb einige Beispiele, die wirklich nur als Beispiele gemeint sind.

Eine anthroposophische Erneuerung der Erziehung geht nicht von irgendwelchen Prinzipien aus, sie geht auch nicht, wie man damals häufig formulierte, «vom Kinde aus», sondern sie geht von der Erkenntnis des Wesens des Kindes und des sich entwickelnden Menschen aus. Und diese Erkenntnis muß erst errungen werden. Erst aus dieser Erkenntnis können wirklich angemessene pädagogische Methoden erwachsen.

Der allererste Beitrag der Anthroposophie zu solcher Einsicht ist die Herstellung der Unbefangenheit, die Vorurteile, Sentimentalität und Antipathie überwindet. In seinen Darstellungen zur sozialen Frage aus diesen Jahren findet sich zum Beispiel einiges über den Begriff der «Ausbeutung». Dieser Begriff ist im gewöhnlichen Sprachgebrauch zunächst einmal emotional aufgeladen; es ist kein neutraler, beschreibender Begriff, sondern ein Kampfbegriff. Das ist immerhin verständlich, aber der Begriff ist damit zugleich automatisch so gefaßt, daß sich mit ihm die Vorstellung verbindet, daß eben nur der Reiche den Armen ausbeute. Dieser Vorstellung gegenüber bemerkt nun Steiner: «Ob ich arm bin oder reich: ich beute aus, wenn ich Dinge erwerbe, die nicht genügend bezahlt werden.» (34/206) Also auch der Arbeiter, der etwas für einen zu geringen Preis erwirbt, beutet de facto aus. Die Aktualität der Klärung dieses Begriffs, die ihn von naiver Antipathie und von schematischem Vorstellen befreit, leuchtet heute angesichts der Ausbeutung der Natur unmittelbar ein.

Der zweite Schritt nach der Herstellung der Unbefangenheit, der dann zur Praxis führt, ist die beginnende Einsicht in die wahren Lebenstatsachen. Unter dem Einfluß einer egoistischen Gesinnung kann sich zum Beispiel in Hinblick auf soziale Probleme die scheinbar vernünftige Fragestellung bilden: «Welche gesellschaftlichen Einrichtungen müssen getroffen werden, damit ein jeder *für sich* das Erträgnis seiner Arbeit haben kann?» (34/211) Im Hintergrund dieser Frage scheint die Idee der Gerechtigkeit zu leben: Jeder soll das bekommen, was er wirklich erarbeitet hat. «Man rechnet vielmehr damit, daß das Ganze einer menschlichen Gemeinschaft am besten gedeihen könne, wenn der einzelne den ‹vollen› oder den größtmöglichen Ertrag seiner Arbeit auch einheimsen kann.» (34/211)

Hier kommt es nun darauf an, daß der Blick von solchen Theorien weg auf die Realität des Lebens gelenkt wird: In einer arbeitsteiligen Gesellschaft ist es völlig unmöglich, auseinanderzudividieren, wer was erarbeitet hat. Der Ertrag der Arbeit entsteht in modernen Gesellschaften gerade nicht durch die Leistung der einzelnen, sondern durch die Zusammenarbeit, und in diese Zusammenarbeit fließt zum Beispiel heute auch das ein, was frühere Generationen durch Organisation, Erfindungsgabe, Erziehung und Ausbildung geleistet haben. Eine derart «gerechte» Lösung würde Mozart und Faraday noch heute monatlich viele tausend Dollar einbringen.

In einer modernen Gesellschaft, die auf Zusammenarbeit beruht, geht es in Wirklichkeit dem einzelnen immer besser, als er es «verdient». Schon deshalb darf man nicht die Forderung aufstellen, die Erträgnisse seiner Arbeit einzuheimsen. Das «soziale Hauptgesetz» Steiners lautet vielmehr:

«*Das Heil einer Gesamtheit von zusammenarbeitenden Menschen ist um so größer, je weniger der einzelne die Erträgnisse seiner Leistungen für sich beansprucht, das heißt, je mehr er von diesen Erträgnissen an seine Mitarbeiter abgibt, und je mehr seine eigenen Bedürfnisse nicht aus seinen Leistungen, sondern aus den Leistungen der anderen befriedigt werden.*» (34/213)

Von dieser Grundeinsicht ausgehend, gelangt Steiner dann zu einzelnen Vorschlägen, die dem sozialen Hauptgesetz entsprechen.

Nun wurden diese Gedanken und Hinweise Steiners für die Lebenspraxis in den Jahren vor dem Ersten Weltkrieg praktisch kaum aufgegriffen, und die Gedanken zur sozialen Frage blieben völlig unberücksichtigt. Die wenigen Leser haben Steiners Ausführungen wohl für gut gemeinten Idealismus oder für eine Art Moralpredigt angesehen. Es wurde damals überhaupt nicht bemerkt, daß Steiner hier ganz sachlich und nüchtern ein Lebensgesetz des sozialen Organismus beschrieb.

Aber auch der Aufsatz über die *Erziehung des Kindes* fand nur ein geringes Echo, eifrige Theosophen erbaten von Steiner diese oder jene weiteren Ratschläge für die Erziehung ihrer Kinder, meist ging es dabei um Einzelheiten: die Farbe der Kinderkleider oder die Ernährung. Sieht man, welche Fülle von Vorschlägen Rudolf Steiner nach 1919 in wenigen Jahren entwickelt hat, so kann man das Desinteresse der frühen Theosophen an wirklicher Praxis nur bedauern. Was hätte doch im Laufe von zwanzig Jahren entstehen können!

Auffällig ist schließlich, daß Steiner gerade in diesen Jahren besonders eine Erweiterung der Heilkunst anstrebte, und das hat seinen Grund. Zum einen wirkt sich ja die Menschenerkenntnis des Arztes in der Heilkunst praktisch aus, zum anderen bestimmt gerade die Heilkunst das populäre Denken und Vorstellen über den Menschen. Durch nichts formuliert sich das populäre «Menschenbild» so markant und wirkungsvoll wie durch die Medizin. Die damalige Schulmedizin war, namentlich was die medikamentöse Therapie anlangte, nach Steiners Ansicht weitgehend ein Probieren oder Experimentieren. «Das rührt her von dem Mangel an Intuition. Besonders in der medizinischen Wissenschaft steckt manches, was von diesem Mangel herrührt.» (53/475) Und so war Steiner überzeugt: «Es ist unbedingt notwendig, daß gerade solche Studien wie die medizinischen von theosophischem Geiste durchtränkt werden. Denn darauf kommt es an, daß *mit* der Wissenschaft sich die theosophische Auffassung verbinde. Die naturärztliche laienhafte Pfuscherei kann und darf nicht von uns in Schutz genommen werden. Das wäre eine Gefahr.» (262/61) So hätte Steiner gerne bereits 1905 Perspektiven für eine intuitive Heilkunst entwickelt. Doch dazu bedurfte es der Mitarbeit ausgebildeter Ärzte.

Er ging deshalb unter den theosophisch orientierten Medizinern auf die Suche nach interessierten Kandidaten. In Tübingen suchte er eigens den Arzt Emil Schlegel auf, der eine «Reform der Heilkunde durch die Homöopathie Hahnemanns» geschrieben hatte und sich als unkonventioneller intuitiv begabter Arzt erwiesen hatte. In Kassel traf er mit Ludwig Noll und dessen Schwager Otto Eisenberg zusammen, und in Düsseldorf besprach er sich mit Felix Peipers. Schlegel, Noll und Eisenberg hatten aber bereits ihre eigenen Wege gefunden und hatten damals kein Interesse an möglichen Anregungen Steiners. Peipers war der einzige, mit dem sich in den nächsten Jahren eine anfängliche Zusammenarbeit ergab, und das, obwohl Steiner Marie von Sivers zunächst berichtete: «Peipers ist wenig entwickelt. Die medizinischen Studien haben den Armen eher in Verwirrung als zur Klarheit gebracht. Er will ja das beste.

Aber er hat noch kein inneres Zentrum gefunden.» (262/61) Der gute Wille aber führte dann bei Peipers doch dazu, daß Steiner 1908 jedenfalls die Anfänge einer Farbtherapie mit ihm entwickeln konnte.

Insgesamt aber fand Rudolf Steiner in diesen ersten Jahren kaum jemanden, der danach drängte, Theosophie zu einer Praxis werden zu lassen, die auch die allgemeine Zivilisation befruchtete. Dazu war die Theosophie den meisten wohl auch noch zu neu, zu ungewohnt; man mußte sie erst selber kennenlernen. Dennoch gab es eine Reihe von Persönlichkeiten, die zur Aktivität geneigt waren, aber aufgrund ihrer Ausbildung und sozialen Stellung praktische Arbeit nicht in professioneller Form ausüben konnten: die vielen Damen der besseren Gesellschaft oder Beamte, die zur Theosophie gefunden hatten. Den Bedürfnissen dieser Menschen folgend, entwickelte Steiner nun Formen des symbolischen Handelns, die sich an freimaurerische Rituale anschlossen. Dieses Bedürfnis, auf das Steiner immer wieder zu sprechen kommt (28/447, 28/451), muß sich schon früh gezeigt haben und, wie man an der Überlieferung erkennen kann, nachdrücklich zur Geltung gebracht worden sein.

Die Einrichtung dieser symbolisch-kultischen Veranstaltungen hat zu vielen Erörterungen Anlaß gegeben. Das Problem liegt nicht in der Tatsache, daß Steiner sich für die Ausbildung bestimmter Theosophen, die nach symbolischer Instruktion suchten, freimaurerischer Formen, die unmittelbar zur Anschauung und zum Gemüt sprechen können und die Entwicklungsschritte veranschaulichen, bediente, sondern in der Tatsache, daß er die Diplome, die ihn zu maurerischem Handeln ermächtigten, einem Manne, Theodor Reuß, abkaufte, der in der Geschichte der Winkelmaurerei keinen guten Ruf genießt.

Das Kapitel in seiner Autobiographie, in dem sich Steiner über die gesamte Problematik ausspricht, klingt merkwürdig gequält, und er räumt schließlich mit umständlichen Worten ein, daß er einem Schwindler aufgesessen ist. Zunächst berichtet Steiner, daß er aus Achtung vor dem historisch Gegebenen an historisch Vorhandenes angeknüpft habe. Nun ist gerade dieser Gedanke hier ganz merkwürdig: Inhaltlich hat Steiner nämlich an den Orden, der ihm das Diplom erteilte, überhaupt nicht angeknüpft, sondern im Stile der Freimaurerei, deren Texte ja bekannt waren, seine eigenen Rituale entwickelt. Es ist also schwer zu verstehen, warum sich Steiner für gutes Geld von Theodor Reuß ein

Diplom ausstellen ließ, das ihn berechtigte, als Großmeister zu fungieren. Auch war der Memphis-Misraim-Ritus, an den er anknüpfte, keineswegs eine irgendwie historisch besonders ehrwürdige Institution, wenngleich er natürlich, wie viele Freimaurerorden, eine Ordenslegende hatte, der ihn mindestens bis auf die Templer, wenn nicht gar bis auf die Essener zurückführte. In Wahrheit jedoch war er in der Form, in der er von Reuß vertreten wurde, eine Erfindung des letzten Drittels des 19. Jahrhunderts. Das hat Steiner sicherlich durchschaut. So spricht er 1906 auch nur von historischen Konzessionen, die er habe machen müssen (265/68).

Noch merkwürdiger wird das Vorgehen Steiners, wenn man den Brief liest, den er in dieser Sache am 30. November 1905 an Marie von Sivers geschrieben hat: «Die Freimaurer-Sache wollen wir nur ja bedächtig, ohne alle Überstürzung machen. Reuß ist kein Mensch, auf den irgendwie zu bauen wäre. Wir müssen uns klar darüber sein, daß *Vorsicht* so dringend dabei nötig ist. Wir haben es mit einem ‹Rahmen›, nicht mit mehr in der Wirklichkeit zu tun. Augenblicklich steckt gar nichts hinter der Sache. Die okkulten Mächte haben sich *ganz* davon zurückgezogen. Und ich kann vorläufig nur sagen, daß ich noch gar nicht weiß, ob ich nicht eines Tages doch werde sagen müssen: das darf nicht gemacht werden. Ich bitte Dich daher, doch ja nichts anderes, als etwas ganz vorläufiges mit den Leuten zu besprechen. Wenn wir eines Tages sollten genötigt sein, zu sagen: da können wir nicht mit, so dürfen wir vorher nicht zu stark engagiert sein. Es sind bei der Sache zum Teil persönliche, zum Teil Eitelkeitsmotive im Spiel. Und vor beiden fliehen die okkulten Mächte. Sicher ist, daß vorläufig es allen okkulten Mächten wertlos erscheint, daß wir solches tun. Doch ganz Bestimmtes kann ich auch heute noch nicht darüber sagen. Bemerken wir bei der nächsten Unterredung mit Reuß etwas Unrichtiges, dann können wir immer noch das Angemessene tun.» (265/81)

Der Grund dafür, gerade an die windige Figur von Reuß anzuknüpfen, die die von John Yarker begründete Richtung des Memphis-Misraim-Ritus in Deutschland vertrat, könnte in der Geschichte der Theosophischen Gesellschaft liegen. Denn John Yarker hatte auch die Begründerin der Theosophischen Gesellschaft in seine (Adoptions-)Loge aufgenommen. Frau Blavatsky hatte also die Richtung Yarkers akzeptiert, ja mehr noch, sie hatte den Plan gehabt, mit Yarker zusammen eine Art theosophischer Freimaurerei zu begründen. So hätte Steiner, indem er an diese Strömung anknüpfte, das Werk Blavatskys weitergeführt. Für die Jahre 1905/06 ist eine solche Intention durchaus denkbar.

Steiner ist sofort, nachdem die Transaktionen mit Reuß bekannt wurden, da Reuß sie sogleich in seinem Organ publizierte, auf den Widerspruch theosophischer Freimaurer gestoßen, die das Schwindelhafte der von Reuß vertretenen Maurerei durchschauten. Später ist aus dem Zusammenhang mit Reuß, der auch einen Ordo Templis Orientis (O.T.O.) begründet hat, mit dem Steiner nichts zu tun hatte, manche Verleumdung hervorgegangen, da der O.T.O. vorgab, allerlei magische Praktiken auszuüben.

Wichtiger aber als diese Anknüpfungen, die Steiner später selbst durchaus fragwürdig waren, ist der Inhalt, um den es ging. Dabei muß man in unserem Zusammenhang beachten, daß Freimaurerei eine Handlungs-Symbolik ist. Nicht umsonst ist die Bildsprache vom Handwerk des Maurers genommen. In diesem Sinne ist die Arbeit in der Loge die Vorarbeit für das, was die Maurer außerhalb des Tempels tun wollen. Aus der Loge soll der Impuls für die Arbeit in die Welt getragen werden. Das wird auch in den Logen-Texten deutlich ausgesprochen: «Was der Arbeiter am Tempelbau der Menschheit die ‹Stärke› nennt, möge inspirieren meinen Auftrag. Die gelernte Arbeit sollt ihr wirken lassen, wenn ihr zum Außenleben verlaßt die Pforte dieses Tempels; aus euren Herzen soll fließen in die andere Menschheit, was Herzen formen kann zu Bausteinen des großen Tempels; aus euren Gedanken soll wirken, was Bindeglieder schaffen kann für diesen Bau; aus eurem Willen soll sich ergießen, was Kitt sein kann für die Steine dieses Tempels. Tuet nur, was aus Echtheit eures Herzens kommt, wozu die Sorgfalt eurer Gedanken euch führt, wozu die Kraft eueres Willens ihr gestählt habt.» (265/156)

So wurde in symbolischer Form die praktische Aufgabe der Theosophie ins Gedächtnis gerufen: Den Mitgliedern der F. M. (Freimaurerei) wurde in kultischer Form gezeigt, daß die Erhebung zu den Höhen der Erkenntnis schließlich und immer wieder zur tätigen Arbeit in der Welt führen muß.

Die Verhältnisse ermöglichten es Rudolf Steiner in den Jahren 1905 und 1906 noch nicht, so wie er es beabsichtigte, zum äußeren praktischen Handeln auf den Feldern des sozialen Lebens, der Heilkunst und der Pädagogik zu führen. Es fehlten in den Kreisen der Mitglieder der

Theosophischen Gesellschaft die geeigneten Menschen. An die Stelle des äußeren Handelns trat in diesen und den folgenden Jahren das übend vorbereitende, symbolische Handeln in ritueller Form, das aber eines Tages aus dem Tempel der Innerlichkeit in die Praxis des Lebens herausführen sollte. Dieser Weg vom Bild zur Wirklichkeit wurde in den Jahren 1910 bis 1913 in den Mysteriendramen Steiners auch noch zur künstlerischen Anschauung gebracht, bevor er dann wirklich beschritten werden sollte.

26.
DIE LEHRE VON DEN DREI WEGEN

Es war zumindest in einer Hinsicht ein günstiger Umstand, daß die Einrichtung der symbolisch-kultischen Abteilung, von deren Inhalten und Aufgaben Steiner schon seit dem Frühjahr 1904 gesprochen hatte, in den ersten Tagen des Jahres 1906 realisiert wurde. Rudolf Steiner hatte sich nämlich mit dieser Einrichtung einen Raum geschaffen, der von den übrigen theosophischen Aktivitäten ganz unabhängig war: In der «Mystica Aeterna» genannten Loge war er weder Generalsekretär einer Sektion der Theosophischen Gesellschaft noch ein von Annie Besant benannter Arch-Warden der Esoterischen Schule. Hier war er sein eigener Herr; in maurischer Sprache: souveräner Großmeister. Und diesen Eigenbereich sollte er in den kommenden Krisen dringend benötigen. Darüber hinaus war dieser innere Kreis für die Arbeit in der Gesellschaft ein Element, das zusätzlich für Zusammenhalt und Stabilität sorgte, auch wenn das nicht unbedingt erforderlich war, denn Steiner genoß, wie sich bereits auf der Generalversammlung des Jahres 1905 gezeigt hatte, das volle Vertrauen aller produktiven Mitarbeiter.

In erster Linie brachte das Jahr 1906 eine Fortsetzung und Intensivierung der 1905 begonnenen Reisetätigkeit, die Steiner schon im Herbst 1905 zu Vorträgen in die Schweiz geführt hatte und der 1906 zwei weitere kurze Reisen in die Schweiz folgen sollten. Zu Pfingsten 1906 unternahm er eine dreiwöchige Reise nach Paris. Von nun an begann Rudolf Steiner große Vortragszyklen zu halten. Auf den ersten Zyklus von achtzehn Vorträgen in Paris folgten 1906 gleich drei weitere Vortragskurse – in Leipzig, Stuttgart und München –, daneben die Betreuung der übrigen Orte der theosophischen Arbeit. Fast zwei Drittel des Jahres war Steiner also unterwegs und nicht zu Hause in Berlin.

In seinen Briefen an Marie von Sivers konnte er in dieser Zeit auch berichten, daß ihm die Vorträge immer besser gelingen: «Gestern abend war in Hamburg der Saal gefüllt, und ich hatte das Gefühl und die Intuition, daß es besser war denn je.» (262/71) Oder er berichtet, daß er länger als geplant in Zürich geblieben sei: «Denn es war gestern ganz entschieden der beste bisherige Abend in Zürich. Wenn er auch infolge des ganz schlimmen Wetters und mancher anderer Umstände schlecht besucht war. Das Publikum ging gestern in seltener Weise mit.» (262/87)

Um den 20. Mai also brach Rudolf Steiner zusammen mit Marie von Sivers nach Paris auf. Die Idee war, dort für russische Freunde und Interessenten eine Vortragsreihe zu halten, da es wegen der politischen Situation in Rußland nicht angezeigt erschien, diese Vorträge, wie ursprünglich geplant, auf einem Gute in der Nähe von Kaluga zu halten. Margarita und Max Woloschin hatten in Passy in der Rue Renoir ein Haus gemietet, in dem man sich anfangs in einem kleinen Kreise zusammenfand. Marie Steiner berichtet: «In dem Wohnraum drängte sich Stuhl an Stuhl, Bretter, die wir im Garten fanden, wurden auf Koffer gelegt; man saß auch im Vorraum. Ein Bedienung hatten wir nicht aufgetrieben. So wurde denn das Ein- und Ausräumen von unserem kleinen Kreise selbst besorgt, ebenso wie unsere Wirtschaft unten im Souterrain, wo zugleich gekocht, gegessen und Geschirr gespült wurde und wo manch literarisch klingender Name unser Gast war.»

Der französische Schriftsteller Edouard Schuré versäumte keinen Vortrag und schrieb eifrig mit, um seine Notizen später zu veröffentlichen. Zu den Besuchern gehörten die Russen Konstantin Balmont, Dimitrij Mereschkowski, Sinaida Hippius und Nikolai Minski. Es gab in diesem Kreise erregte Debatten und kuriose Gespräche. Wie ein Inquisitor verhörte Mereschkowski Rudolf Steiner: «Wir sind nackt und arm und durstig und lechzen nach Wahrheit! Sagen Sie uns das letzte Geheimnis!» «Wenn Sie mir das vorletzte sagen», versetzte Steiner. «Und ohne Kirche kann man sich retten?» schrie Mereschkowski außer sich (vgl. Woloschin 1955, S. 165). Mitten in die Tage dieses Kurses fiel der Kongreß der Föderation der europäischen Sektionen der Theosophischen Gesellschaft. Nach dem Kongreß war die Zahl der Zuhörer so stark angeschwollen, daß die Vorträge im Hauptquartier der französischen Sektion in der Avenue de la Bourdonnais fortgesetzt werden mußten. Das wurde von einigen Franzosen als «nouvelle invasion allemande» nicht unbedingt begrüßt.

Allerdings regte sich damals kaum jemand über die *invasion allemande* auf. Was den Kongreß in Paris im Juni 1906 wirklich erregte, war der «Fall Leadbeater». Charles Webster Leadbeater, vielleicht der prominenteste Okkultist der Theosophical Society, war am 16. Mai 1906 vor einem Komittee der Englischen Sektion, das unter dem Vorsitz von Colonel Olcott tagte, erschienen, um über sein Verhalten gegenüber Knaben, die er zur Selbstbefriedigung angeleitet hatte, Rechenschaft abzulegen. Bevor er aus der Gesellschaft ausgeschlossen werden konnte, zog er es vor, von sich aus die Gesellschaft zu verlassen. In den Pausen des Kongresses waren also Leadbeater, sein Verhalten und seine Glaubwürdigkeit das Thema erregter Gespräche, und das Thema erhielt durch offizielle Rundschreiben eine entsprechende Publizität und Brisanz. – Annie Besant, die damals in Simla (Indien) weilte, schrieb in einem Brief an die Mitglieder der Esoterischen Schule unter anderem: «Ich möchte hiermit meine Ansicht zu Protokoll geben, daß es den schärfsten Tadel verdient, solche Anweisungen Männern und erst recht unschuldigen Knaben zu geben. Sie entstellen und pervertieren das Geschlechtsleben, das dem Menschen zum Erhalt des Menschengeschlechts gegeben ist.» (Tillet 1982, S. 89)

In der Geschichte der Theosophischen Gesellschaft war diese Leadbeater-Krise ein gewisses Alarmsignal. Denn in Wirklichkeit ging es keineswegs allein um die erregt diskutierten moralischen Fragen der Onanie, sondern um die Frage, welche geistigen Wege die führenden Theosophen beschreiten wollten.

Nun ist höchst bemerkenswert, daß Steiner in die allgemeine, gesellschaftsöffentliche Empörung nicht einstimmte, obwohl er Leadbeater sehr kritisch gegenüberstand und ihn wohl auch nicht mochte. In einem Rundbrief an die Mitglieder der Deutschen Sektion führte er aus, daß er die okkulten Methoden Leadbeaters schon immer abgelehnt habe und daß der Fall Leadbeater für ihn keine Überraschung gewesen sei. Aber er glaube nicht, daß «irgend jemand, der mit der methodischen Grundlage von Leadbeaters okkulten Forschungen einverstanden ist, jetzt einen Grund hat, ihn zu verurteilen». Es gebe keinen Grund, an den persönlich guten Absichten Leadbeaters zu zweifeln (264/277f).

Sehr viel deutlicher wird Rudolf Steiner in einem Brief an Annie Besant, in welchem er auf deren Schreiben vom 9. Juni antwortet. In diesem Brief heißt es: «Ich *muß* das Schlimme an der ganzen Sache in der Eigenart von Mr. Leadbeaters okkulter Methode sehen. Diese okkulte

Methode *muß* notwendigerweise in gewissen Fällen zu solchen oder ähnlichen Fehlern führen, wie sie bei Leadbeater sich finden, weil sie für den Menschheitszyklus, dem die abendländische Bevölkerung angehört, nicht mehr anwendbar ist. ... Denn diese Methoden können nur dann zu einem sicheren Resultat führen, wenn hinter jedem, der den Pfad betritt, eine so absolute Autorität eines Guru steht, wie sie im Abendlande wegen der allgemeinen Kulturverhältnisse ganz unmöglich ist. Eine Person darf im Abendlande zu der Stufe psychischer Entwickelung, auf welcher Leadbeater stand, nur geführt werden, wenn bei ihr der Teil von Führung, die nicht mehr vom Guru ausgehen kann, durch eine bis zu einem gewissen Grade gekommene *mentale* Schulung ersetzt wird. Und diese Schulung fehlt Mr. Leadbeater. Ich meine damit nicht eine bloß intellektuell-philosophische Schulung, sondern die Entwickelung jener Bewußtseinsstufe, welche im *gedanklich-inneren* Schauen besteht. ... Aus der guten Voraussicht in die Eigenartigkeit der fünften menschlichen Unterrasse haben die Meister der Rosenkreuzer-Schule für das Abendland den ‹Pfad› ausgearbeitet, der allein in dem gegenwärtigen Zyklus anwendbar ist.» (264/280f)

So schreibt Steiner auch, daß seiner Auffassung nach «Leadbeater *nicht* im gewöhnlichen Sinne des Wortes ‹moralisch gefehlt› hat, sondern daß er seiner Methode zum Opfer gefallen ist, daß dasjenige, was das Publikum hier moralisch verurteilt, nach dem Grundsatze zu beurteilen ist, ‹wo starkes Licht ist, muß auch starker Schatten sein›». «Es wird gar nicht darauf ankommen, daß wir über Mr. Leadbeater urteilen, den ja jetzt so viele verurteilen, sondern allein darauf, daß wir den rechten Weg finden, wie fruchtbar weiter zu arbeiten ist. Und der kann nur darin bestehen, daß der Rosenkreuzer-Pfad für europäische Verhältnisse als der richtige anerkannt wird.» (264/282)

Hier wird nun zum ersten Mal ausdrücklich die Rosenkreuzer-Schule und der Rosenkreuzer-Pfad als der anthroposophische Weg erwähnt. Zwar hatte Rudolf Steiner schon früher im Zusammenhang mit der Freimaurerei und der Tempellegende von Christian Rosenkreutz gesprochen – jetzt und hier aber ist vom Rosenkreuzer-Pfad als von dem Pfade, der allein dem abendländischen Menschen zieme, die Rede, und es wird

Abb. 77: Kongreß der europäischen Sektionen der Theosophischen Gesellschaft in Paris 1906

ganz eindeutig gesagt, daß der von Steiner in seinen Aufsätzen *Wie erlangt man Erkenntnisse der höheren Welten?* mitgeteilte «Pfad» der Rosenkreuzer-Pfad ist (264/281).

Für die deutschen Theosophen war diese Bezeichnung der Steinerschen Schulung neu und überraschend. Natürlich wußte der eine oder andere etwas über die Rosenkreuzer, doch Steiner nahm keineswegs auf die bekannte und ziemlich fragwürdige Rosenkreuzerei, die gegen Ende des 18. Jahrhunderts von sich reden gemacht hatte, Bezug, sondern nannte praktisch nur das, was er selber vertrat, die Rosenkreuzer-Schule.

Das Alarmzeichen des Falles Leadbeater forderte also eine scharfe spirituelle Unterscheidung. Rudolf Steiner traf diese Unterscheidung, indem er eine regelrechte okkulte Methodenlehre entwickelte. Bis zum Jahre 1906 hatte er immer die Gemeinsamkeiten mit Annie Besant betont und die von ihm vertretene Methode dargestellt, ohne sie von anderen Methoden abzusetzen. Nun entwickelt er ausdrücklich die Lehre von den drei Pfaden.

Nach den bisher vorliegenden Unterlagen hat Rudolf Steiner zum ersten Mal in einem sehr unvollständig erhaltenen Vortrag in Leipzig am 10. Juli 1906 die Lehre von drei verschiedenen Einweihungswegen dargestellt: Er spricht von einem orientalischen, von einem christlichen und von einem rosenkreuzerischen Wege. Sehr viel besser erhalten und ausführlicher ist die Darstellung der drei Wege dann in Stuttgart am 3. und 4. September 1906 am Ende des Zyklus *Vor dem Tore der Theosophie.* Es folgen Ausführungen am 19. September in Basel, in Berlin am 20. und 21. Oktober und dann immer wieder an verschiedenen Orten. Schriftlich findet sich diese Darstellung in den Aufsätzen *Die Stufen der höheren Erkenntnis* und später in der *Geheimwissenschaft im Umriß.*

Das Wesen der Rosenkreuzer-Schulung nennt Rudolf Steiner «wahre Selbsterkenntnis» (95/132). Im Grundsätzlichen nimmt er damit das Motiv wieder auf, mit dem im Oktober 1900 die Vorträge über die Mystik begonnen hatten. Er fügt aber nun sogleich hinzu: Wahre Selbsterkenntnis führt über das eigene engere Selbst hinaus. Selbsterkenntnis heißt zugleich: «Überwinde dich selbst». (95/135) Als erste Stufe des Pfades wird das «Studium» genannt. Durch das Studium vertieft man sich in die großen Weltgedanken, man studiert zum Beispiel die Kosmogonie oder die Kosmologie, man vertieft sich in die Gesetze der Evolution. «An den strengen Gedankenlinien ranken wir uns hinauf dazu, selbst streng logische Gedanken zu bilden. Dieses Studium reinigt auch wiederum unsere Gedanken, so daß wir streng logisch denken lernen.» (95/135)

Was Steiner hier populär andeutet, hatte er Annie Besant gegenüber als «gedanklich inneres Schauen» bezeichnet und hinzugefügt, daß der sinnlichkeitsfreie Gedanke, der in Selbsterkenntnis erfaßt wird, ein sicherer Führer durch alle Stufen der Erkenntnis sein kann: «Fehlt er, dann wandelt der Abendländer *steuerlos*, gleich ob er sich auf dem physischen oder einem höheren Plane bewegt. Und bei der im gegenwärtigen Zeitpunkt so nahen Verwandschaft aller höheren Menschenkräfte mit den Kräften, die auf niederer Stufe der Sexualsphäre angehören, kann in jedem Augenblicke eine Entgleisung ähnlich derjenigen Mr. Leadbeaters stattfinden.» (264/280f)

Man steht hier also vor der höchst dramatischen Tatsache, daß Rudolf Steiner durch die Leadbeater-Affäre veranlaßt wurde, die von ihm vertretene Schulungsmethode als «Rosenkreuzerischen Pfad» zu bezeichnen. In der Substanz wird damit die Methode nicht direkt verändert, denn das Buch *Wie erlangt man Erkenntnisse der höheren Welten?* entstammt einer rosenkreuzerischen Inspiration. Aber indem diese Methode nun einen Namen bekommt und von zwei anderen Methoden abgesetzt wird, bekommt sie eine bis dahin nicht sichtbare Kontur.

1906 wird das «Studium» ausdrücklich als zur Methode gehörig bezeichnet, jetzt wird das, was bereits in der *Theosophie* ausgesprochen worden ist, bewußt gemacht und unterstrichen. Schon in der *Theosophie* (1904) war das «Gedankenbild der höheren Welten» als der «erste Schritt zur eigenen Anschauung» bezeichnet worden (S. 147). Jetzt aber wird systematisch dargelegt, daß der freieste Weg zur höheren Erkenntnis es erforderlich macht, zunächst entsprechende Gedankenbilder zu schaffen, damit man von den höheren Impressionen nicht einfach überfallen wird und ihnen hilflos ausgeliefert ist. Die gedankliche Klarheit wird zum Unterpfand der Freiheit.

Des weiteren wird nun im Zusammenhang mit dem rosenkreuzerischen Weg auf das veränderte Verhältnis zum Lehrer oder Guru aufmerksam gemacht. Während der orientalische Weg, der unmittelbar in die Leibesorganisation eingreift, nur unter strikter Aufsicht und Anleitung eines spirituellen Lehrers, der seinen Zögling ständig korrigiert und das ganze Leben des Schülers regelt, gegangen werden darf, ermöglicht der rosenkreuzerische Weg ein anderes Verhältnis zum Lehrer. Keineswegs ist auf den Lehrer ganz zu verzichten: «Ein Lehrer muß bei der Einweihung immer da sein. Eine ernsthafte Einweihung ohne Lehrer gibt es nicht. Wer das behaupten wollte, würde etwas ebenso Törichtes sagen wie jemand, der die Geburt eines Kindes ohne das Zusammenwirken der beiden Geschlechter als möglich erachtete. Die Einweihung ist ein geistiger Befruchtungsprozeß.» (97/184, Aufl. 1981: S. 195) Aber der Lehrer wird hier zum Rater, der nicht das ganze Leben regelt, sondern nur Winke für die eigentliche Schulung gibt. Durch das «Studium» kann der Schüler sich überdies manchen Rat selbst geben.

Schließlich erwähnt Rudolf Steiner Annie Besant gegenüber den Zusammenhang der Kräfte, die für die geistige Forschung gebraucht werden, mit jenen, die der menschlichen Fortpflanzung dienen. Über dieses Problem äußert er sich sonst zumeist nur in verhüllter Form, indem er den Menschen mit der blühenden Pflanze vergleicht. Die Pflanze öffnet sich in der Blüte für den Sonnenstrahl, der seine heilige Lanze in die Blüte sendet. Der Mensch ist eine umgekehrte Pflanze. Was bei der Pflanze der Wurzel entspricht, ist bei ihm das Gehirn. Das Fortpflanzungswesen, die «Blüte», aber ist am unteren Menschen verhüllt. Damit ergibt sich folgendes Bild:

«Die Pflanze streckt ihre Befruchtungsorgane unschuldig in den Weltraum hinaus. Denke dir dies in seiner Umwandlung auf einer höheren Stufe. Betrachte zunächst das Tier und den Menschen und siehe, wie der Mensch das verhüllt, was die Pflanze der Sonne entgegenhält. Und dann sage dir: Eine künftige Stufe soll der Mensch einstmals erreichen, auf der alles Niedrige von seinen Organen gewichen ist. Auf dieser höheren Stufe wird er der Sonne das entgegenbringen, was heute bei der Pflanze der Kelch ist. Dann ist alles Triebhafte geläutert, die menschliche Individualität hat die Begierdennatur überwunden. Diese Umwandlung nennt man in der Weisheit der Rosenkreuzer den Gral, die heilige Schale.» (97/200; vgl. auch ebenda, S. 209, 227; Auflage 1981: S. 211, 221, 238; 55/193; 98/24; 98/50f)

In diesem Bilde ist das Geheimnis der rosenkreuzerischen Schulung ausgesprochen: Mit den reinsten Willens- und Lebenskräften, die in den Kräften der Fortpflanzung verborgen sind, öffnet sich der Geistesschüler für das, was als geistiges Licht in der Welt lebt. Der klare Gedanke ist die Grundlage des Strebens, die reine Liebe, die sich der Welt öffnet, aber ihr eigentliches Wesen. Die geistige Schulung stützt sich also durchaus auf jene Lebensenergien, die normalerweise in der Fortpflanzung wirken, aber sie führt zu einer Sublimierung dieser Kräfte und zu einem rein seelischen bewußten Umgang mit ihnen; das aber ist wiederum nur im Lichte rein geistiger Gedanken möglich.

So wurde der Fall Leadbeater für Rudolf Steiner zu einem Aufruf, die von ihm vertretene Geistesströmung in neue Gedanken zu fassen. Man versteht die Bedeutung dieses Neufassens vielleicht dann am ehesten, wenn man bedenkt, was es für den Anblick eines Edelsteins bedeutet, wenn er geschliffen und gefaßt wird. Die wertvolle Substanz kommt durch Fassung und Schliff erst wirklich zur Erscheinung. In Deutschland, Österreich und der Schweiz machte Rudolf Steiner konsequent die rosenkreuzerische Form der Theosophie zum Thema seiner Darstellungen; in Berlin, in München, in Basel und Wien, in Düsseldorf und anderen Orten schilderte er die spezifisch rosenkreuzerische Theosophie von immer neuen Gesichtspunkten, bis er 1907 in München im Anschluß an den Münchener Kongreß den großen, vierzehn Vorträge umfassenden Zyklus *Die Theosophie des Rosenkreuzers* hielt.

Für die weltweite theosophische Bewegung war die entscheidende Frage, wie sich Annie Besant auf Dauer zu Leadbeater stellen würde. Leadbeater war in den letzten Jahren ihr wichtigster Berater in allen okkulten Dingen gewesen. Jetzt stand sie allein da, und sie war zunächst über Leadbeater empört. Wer würde ihr neuer Berater in okkulten Dingen werden? Eine kurze Zeit lang schien sie sich wieder dem Inder Chakravarti zuzuwenden, doch Leadbeater betrieb zielstrebig seine Rehabilitierung, regelmäßig schrieb er Briefe an Annie Besant, die schließlich die Vorgänge des Frühjahrs 1906 in einem neuen Licht sah. Steiners eher zurückhaltende Hinweise – wenngleich wohl aufgenommen – fielen letztlich nicht auf fruchtbaren Boden.

Im Anfang des Jahres 1907 ereigneten sich in Adyar dann höchst fragwürdige Vorgänge, die zeigten, wie gut Rudolf Steiner 1906 daran getan hatte, seine Arbeit organisatorisch und geistig zu verselbständigen. Am Abend des 5. Januar erhielt der alte Präsident der Theosophischen Gesellschaft Olcott in Anwesenheit von Annie Besant und Marie Russak, Olcotts Privatsekretärin, «Besuch» der beiden «Meister» Morya und Koot Humi, die – so wird berichtet – erklärten, daß Annie Besant

Olcotts Nachfolger als Präsident der Theosophischen Gesellschaft sein sollte. Am 11. Januar erschienen die Meister wiederum, diesmal um - Olcott wegen seines Verhaltens im Falle Leadbeater zu tadeln und ihn aufzufordern, einen Brief an Leadbeater zu schreiben, der dann veröffentlicht werden sollte. Die Meister besuchten Olcott bis zu seinem Tode am 17. Februar noch einige Male, und die Vorgänge wurden in den theosophischen Organen berichtet und diskutiert.

Über das, was sich wirklich im Januar und Februar 1907 in Adyar abgespielt hat, kann man nur Mutmaßungen anstellen. Man fragt sich, wer die Sache auf die eine oder andere Weise in Szene gesetzt hat. Leider hat sich Steiner über die Vorgänge nur zurückhaltend ausgesprochen. So schreibt er am 25. Februar 1907 an Marie von Sivers: «Wie die Dinge nun auch kommen werden: für die T. S. wird alles fatal sein, für die spirituelle Bewegung doch nicht ungünstig. Auch der Verfall der T. S. als solcher darf uns keineswegs schrecken. Du mußt schon begreifen, daß ich selbst Dir gegenüber bei Andeutungen bleiben muß über die Meister-Affaire in Adyar.» (262/106)

Etwas später, als die Angelegenheit bereits kritisch diskutiert wurde und als George Mead bereits eine deutliche Stellungnahme abgegeben hatte, schrieb er an Marie von Sivers: «Wir können ja doch den Humbug nicht verschweigen, wenn alle andern [ihn] in die Welt hinausposaunen. Wenn wir aber in einem gewissen Zeitpunkt nicht sprechen, so unterhöhlen wir uns allen Boden.» (262/107)

Die Sache war für Rudolf Steiner aber doch sehr schwierig. Er wußte zu dem Zeitpunkt der nun anstehenden Präsidentenwahl keinen geeigneteren Kandidaten als Annie Besant. Diese hatte aber den Auftrag der Meister, an den sie offensichtlich glaubte, zu ihrer eigenen Sache gemacht, und so konnte er – wenn er Annie Besant und die ganze Mythologie der Meister nicht desavouieren wollte – die Affäre in Adyar nicht einfach als Schwindel darstellen. In seinen offiziellen Stellungnahmen erklärte er also einfach, man müsse in Bezug auf die Präsidentenwahl die Weisungen der Meister einfach ignorieren. Und er fügte vielsagend hinzu: «Keine derjenigen Individualitäten, die wir in übersinnlichem Schauen erkennen können, wird jemals sich in eine solche Angelegenheit mischen, wie [es] die gegenwärtige Präsidentenwahl ist.» (264/295)

Er selber sprach sich für die Wahl von Annie Besant aus, fügte aber in einem persönlichen Brief vom 26. März 1907 an die Russin Anna

Abb. 78:
Rudolf Steiner in Landin (Mark), 1906.
Links vermutlich Eliza von Moltke.
Die Dame in der Mitte ist unbekannt.

Minsloff hinzu: «Viel wichtiger, ob Mrs. Besant gewählt wird, ist, daß sie selbst wieder auf den richtigen Weg kommt. Wenn nicht ganz besondere Verwicklungen noch eintreten, so wird Mrs. Besant wohl gewählt werden müssen. Von allen älteren Mitgliedern der Gesellschaft muß sie bis jetzt als das geeignetste erscheinen.» (264/297)

Annie Besant selber aber verbreitete nun weiterhin, sie sei der festen Überzeugung, daß sie von den «Meistern» zur Leitung der Theosophischen Gesellschaft berufen sei und daß sie die Gesellschaft im Sinne der Meister zu leiten habe. Sie schrieb: «Man sondere die Gesellschaft von den Meistern ab, und sie ist tot.» Merkwürdigerweise sah sie nicht, daß unter solchen Umständen eine Wahl eine Unmöglichkeit ist. Rudolf Steiner war völlig klar, daß diese Amtsauffassung zu Schwierigkeiten und namentlich zu Problemen für die deutsche Sektion führen mußte. Er sprach das auch aus (264/306). Dennoch war er der Ansicht, daß mit Annie Besant jemand berufen würde, der es mit dem spirituellen Leben ernst meint, während die Gegner von Annie Besant gegen wirkliches geistiges Leben seien und dazu neigten, aus der Theosophischen Gesellschaft einen Verein für vergleichende Religionskunde oder ähnliches zu machen: «Es gibt eben eine Strömung in der Gesellschaft, welche, wenn sie durchdringen würde, das spirituelle Leben allmählich zum Erlöschen bringen würde.» (264/307) Deshalb gab er allgemein den Rat, Annie Besant zu wählen.

So wurden in der deutschen Sektion von 600 Stimmen nur 20 gegen Annie Besant abgegeben. In der Theosophischen Gesellschaft stimmten von insgesamt 12 984 Mitgliedern 7072 für Annie Besant, 152 gegen sie, während sich 5 760 der Stimme enthielten. Damit konnte Frau Besant am 28. Juni 1907 zum zweiten Präsidenten der Theosophischen Gesellschaft ernannt werden.

Aus all diesen Vorgängen der Jahre 1906 und 1907 mußte Rudolf Steiner jedoch eine Konsequenz ziehen; er mußte die von ihm geleitete Esoterische Schule aus der von Annie Besant geleiteten Schule herauslösen. So kam es nach dem Münchner Kongreß, über den hier gleich genauer zu berichten sein wird, zu einer Aussprache mit Annie Besant, die zu diesem Kongreß aus Indien gekommen war. In dieser Aussprache legte Steiner mit dem Respekt des Jüngeren gegenüber der verdienten Präsidentin dar, was er in seinen Briefen bereits ausgeführt hatte, und er machte Frau Besant klar, daß er in freundschaftlichem Einvernehmen seine Schule aus der ES der allgemeinen Theosophischen Gesellschaft herauslösen müsse. Annie Besant, die Steiner ihrerseits auch wirklich schätzte, reagierte großzügig und erklärte brieflich: «Dr. Steiners okkulte Schulung unterscheidet sich sehr von der unseren. Er kennt den östlichen Pfad nicht, und deshalb kann er ihn natürlich auch nicht lehren. Er lehrt den christlichen und rosenkreuzerischen Pfad. Dies ist sehr förderlich, aber es unterscheidet sich von unserm Weg. Er hat seine eigene Schule und seine eigene Verantwortung. Ich halte ihn in seiner Richtung für einen ausgezeichneten Lehrer und für einen Menschen mit wirklichen Erkenntnissen. Er und ich arbeiten in echter Freundschaft und Harmonie, aber auf verschiedene Art.» (7. Juni 1907)

Rudolf Steiner rief nach dem Münchner Kongreß seine esoterischen Schüler zusammen, um ihnen mitzuteilen, daß sich die bisher einheitliche Schule in zwei Schulen gegliedert habe, und er stellte seine Schüler vor die Alternative zu wählen, zu welcher Schule sie sich hinfort zählen wollten. Er mußte in der Verselbständigung der von ihm betreuten westlichen Schule einen real-geistigen Vorgang sehen, der nicht nur die äußere Einrichtung, sondern die Tatsachen auf den geistigen Planen selber betraf (266,1/221).

So muß man im Hintergrund des Münchner Kongresses auf die Tatsache blicken, daß eine geistige Strömung, die bis dahin fast unbemerkt den neuen westlichen Okkultismus vorbereitet hatte und hinter den alten und bekannten Formen der Esoterik des Osten zurückgetreten war, nunmehr hervortrat und ihre Unabhängigkeit verkündete.

Daß dieser Schritt nicht unnötig war, zeigt sich unter anderem auch darin, daß Annie Besant sehr bald nach dem Münchner Kongreß ihre Zusammenarbeit mit Leadbeater wieder aufnahm. Schon im August 1907 findet man Frau Besant mit Leadbeater, dem Inder Jinarajadasa, Miss Bright und Mrs. Russak in der Nähe Dresdens im Weißen Hirsch, wo sie okkulte Chemie betreiben und auf Exkursionen in die umliegenden Wälder die Naturgeister erforschen (Tillet, S. 94).

27.

DER MÜNCHNER KONGRESS – DIE TAGUNG IM ROSENKREUZERTEMPEL

Gegen Ende des theosophischen Kongresses in Paris war beschlossen worden, daß die deutsche Sektion den Kongreß des Jahres 1907 ausrichten sollte. Das war für die noch junge und vergleichsweise kleine Sektion gewiß eine große Ehre, aber auch eine nicht unerhebliche Belastung, vor allem in finanzieller Hinsicht. Die zunächst auf 5000 Goldmark geschätzten Kosten des Kongresses wurden jedenfalls weit überschritten. – Für Rudolf Steiner war es wohl von Anfang an klar, daß der Kongreß in Deutschland ein Zeichen setzen sollte. Zunächst dachte er vielleicht nur daran, das künstlerische Element stark zur Geltung zu bringen. Doch die im letzten Kapitel geschilderten Vorgänge ließen ihn in seinen Plänen schrittweise immer weitergehen, bis schließlich praktisch in letzter Minute der Entschluß gefaßt werden konnte, den Tagungsort andeutungsweise nach dem Urbild eines Rosenkreuzertempels zu gestalten.

Zunächst ergriff aber Marie von Sivers die Initiative; sie hatte die Idee, ein Drama von Edouard Schuré aufzuführen. Sie berichtet: «Im September desselben Jahres (1906) waren wir Gäste Herrn und Frau Schurés in Barr im Elsaß. Tagsüber erwartete Schuré mit Spannung die Feierstunde des Abends, wenn er Fragen stellen durfte, die in seinem Notizbuch bereits eingezeichnet, in der Beantwortung zu einem intimen Vortrag Dr. Steiners wurden. Anregende Gespräche wurden geführt während der Wanderungen zu den Ruinen alter Burgen, zum Odilienberg, zur Heidenmauer. Dort war es, daß ich, übergehend von einem Rückblick in die Zeit der Druidenmysterien zu den Griechen wagte, die Frage an Schuré zu stellen, die Dr. Steiner, soweit es ihn betraf, schon bejahend beantwortet hatte: ob wir uns an die Darstellung seines Dramas von

Eleusis wagen dürften, anläßlich des in München im nächsten Jahr zu haltenden Kongresses. Schuré war freudig überrascht und etwas ängstlich zugleich.» (M. Steiner, *Gesammelte Schriften*, II, S. 322)

Im Oktober 1906 wurde bei der Generalversammlung der deutschen Sektion zuerst nur mitgeteilt, daß man den Kongreß in München abhalten werde, weil allein in München die Kräfte zur Verfügung stünden, die für die lange und viel Hingabe erfordernde Arbeit notwendig sein würden. Auf die Anfrage von Herrn Hubo teilte Steiner dann aber mehr mit: «Aufgabe des deutschen Kongresses soll sein, alles in innigen Einklang zu bringen miteinander, so daß Kunstwerke, Musik und Rede stimmungsvoll mit dem übrigen Arrangement zusammenwirken und klingen – in seiner gedachten Wirkung dahin strebend, an die alten Mysterien zu erinnern. Hierzu sei auch die Aufführung eines Mysteriums geplant. Wieweit dies alles sich verwirklichen lassen wird, ist natürlich von den Umständen abhängig.» (*Mitteilungen*, IV, Januar 1907, S. 3)

Im November 1906 fuhren dann Marie von Sivers und Rudolf Steiner nach München, um in doppelter Weise den Kongreß vorzubereiten. Zuerst hielt Steiner einen Vortragszyklus über das Johannes-Evangelium, um bei den Münchner Freunden die geistige Basis für die Tagung zu schaffen. Zum anderen wurde mit Sophie Stinde und Gräfin Kalckreuth der Plan für den Kongreß entworfen und die Tonhalle angemietet. Dieser Saal verfügte über eine Bühne und war großzügig dimensioniert. Vor allem aber erfreute er durch Abwesenheit von allerlei Dekorationen. Im Dezember und Januar wurde München wieder aufgesucht, um die Vorbereitungen vor Ort voranzutreiben. Diese lagen bei Sophie Stinde und Gräfin Kalckreuth in absolut zuverlässigen Händen. Dabei verdient festgehalten zu werden, daß die beiden Damen völlig «geräuschlos» arbeiteten: Sie taten die Arbeit im Hintergrund, sie organisierten die ganze Technik des Kongresses, sie kümmerten sich um die mehr als fünfzig Mitarbeiter, die an den Vorbereitungsarbeiten beteiligt waren, und glätteten, wo es notwendig war, die Wogen der Erregung oder munterten erschöpfte Schneiderinnen oder Schauspieler wieder auf.

Zu Weihnachten und in den Tagen um die Jahreswende verschwanden Marie von Sivers und Rudolf Steiner – wie sie sagten – in der «Versenkung», das heißt, sie verreisten, ohne eine Adresse zu hinterlassen, um in Ruhe arbeiten zu können. Marie von Sivers dürfte in diesen Tagen wohl mit der Prosaübersetzung des «heiligen Dramas von Eleusis» begonnen haben, Rudolf Steiner arbeitete literarisch. Zu solchen Arbeiten wären sie schon damals kaum mehr gekommen, wenn sie in München oder Berlin geblieben wären; denn ständig wurde Steiner bereits damals von Rat- und Hilfesuchenden belagert. So verbrachten sie die Tage der Sammlung in Venedig. Nicht unbedingt eine gute Wahl: «Die Tagesarbeit wurde jeweils durch einen oder zwei Spaziergänge unterbrochen, die zwar viele Eindrücke vermittelten, aber eher trauriger Natur waren; denn der Verfall, die Dekadenz, drängt sich dem Blick stärker auf, wenn» (im Winter) «kein blendender Sonnenschein die alten Mauern in seine Strahlen hüllt, wenn kein tiefblauer Himmel seinen Zauber über Italien ausgießt.» (Rudolf Steiner Studien I, S. 190) Für Steiner, der das Leben an der Weite des Meeres liebte, war es dennoch eine Zeit, in der er Gedanken und Kräfte sammelte.

Im Januar 1907 verfaßte Rudolf Steiner, der sich dafür mühsam ein paar freie Stunden eroberte, das Kongreß-Programm. Einige Sätze aus diesem Programm werfen ein helles Licht auf seine Absichten: «Da die theosophische Weltauffassung ein Ideal der Zukunft darstellt, kann selbstverständlich ein solcher Gedanke in der Gegenwart nicht vollkommen zum Ausdruck gelangen. Allein, man kann vielleicht doch durch die Anordnung und Verteilung des Darzubietenden bewirken, daß in dem Ganzen des Kongresses die theosophischen Leitprinzipien: Konzentration und Übersichtlichkeit der Ideen, und im einzelnen die theosophische Grundstimmung: Ruhe und innere Sammlung zum Ausdrucke gelangen.» (284/25)

Bewußt nahm Rudolf Steiner also in Kauf, daß der theosophische Gedanke nicht in vollkommener Form zum Ausdruck kommen würde. Ihm war das unvollkommene Zukünftige viel wichtiger als das Alte und gut Gekonnte. Ja, im Herangehen an diesen Kongreß spürt man, wie Steiner hier Zukunft herbeiholt: Er geht nicht nach festen Plänen vor, sondern er tastet sich voran, um zu sehen, wie weit er kommen werde. – Rudolf Steiner beabsichtigte jedenfalls, die Tagung selber theosophisch zu gestalten und über den bloßen Austausch von mehr oder weniger abstrakten Gedanken hinauszuführen. Die Theosophie sollte erlebbar und anschaubar und damit wirklicher werden

Vom 6. April an ist Steiner dann mit einer kurzen Unterbrechung in München. Zunächst bringt er Marie von Sivers' Prosaübersetzung des heiligen Dramas von Eleusis in freie Rhythmen, dann beginnt die Pro-

Abb. 79:
Edouard Schuré (1841 – 1929), der Verfasser der Bücher «Die großen Eingeweihten» und «Heiligtümer des Orients». In dem letzteren findet sich die Rekonstruktion des Heiligen Dramas von Eleusis. 1909 inszenierte Steiner Schurés Drama «Die Kinder des Luzifer».

benarbeit. Steiner selbst führt Regie, macht Angaben für die Kulissen und Kostüme, die samt und sonders von den theosophischen Mitarbeitern in München angefertigt werden. Marie von Sivers berichtet, Rudolf Steiner habe «in allen Künsten und in allen Handwerken gearbeitet, alle angeleitet: Maler, Bildhauer, Musiker, Schreiner, Tapezierer, Schauspieler, Schneiderinnen, Theaterarbeiter, Elektriker. Wenn er das nötige Material und die Arbeiter zur Verfügung gehabt hätte, so hätte er in kurzer Zeit etwas Fabelhaftes zuwegegebracht: den Tempel der Zukunft. So konnte er nur Ideen skizzieren ...» (284/30)

Die Probenarbeit verlief dramatisch, zwei Damen, die die Persephone und Hekate spielen sollten, fielen – zum Glück gleich zu Beginn der Probenarbeit – aus. Eine der beiden Damen mußte in ein Irrenhaus gebracht werden. Andere Darsteller versagten, einige konnten nur mit Mühe die erforderliche stimmliche Kraft entwickeln, Marie von Sivers übte fortwährend mit den einzelnen Spielern. Besonders mußte sie sich um Alice Sprengel, die einspringende Darstellerin der Persephone, kümmern, die immer wieder die Hände in den Schoß legte und aufgeben wollte. Andere Darsteller, wie Dr. Felix Peipers, der die Rolle des Zeus übernommen hatte, erwiesen sich durch Habitus und natürliche Würde als glückhafte Besetzungen. Erst in der letzten Woche vor Beginn des Kongresses war es sicher, daß die Aufführung stattfinden konnte.

Zu diesem Zeitpunkt gab Steiner das Signal, die Wände der Tonhalle mit rotem Stoff auszuschlagen und die Umgestaltung des Saales in einen «Tempel» vorzunehmen. Diese Verwandlung war sehr kostspielig, und man stürzte sich erst in die großen Ausgaben, als man mehr oder weniger sicher war, daß man würde spielen können. Dann aber wurde mit unglaublicher Geschwindigkeit der Saal verwandelt. Es muß für die Besucher ein starker, für manche schwer zu ertragender Eindruck gewesen sein, in den völlig rot ausgekleideten Saal zu treten. Aber gerade auf dieses leuchtende und kräftige Rot legte Steiner den größten Wert. In seinem Bericht über den Kongreß stellt er die Gründe, die zur Wahl der roten Farbe geführt hatten, ausführlich dar: Das höhere Selbst sollte durch diese Farbe angesprochen, herausgefordert und emporgehoben werden.

Auf großen runden Tafeln waren im Saal dann die sieben apokalyptischen Siegel, so wie sie in der Rosenkreuzer-Tradition überliefert waren, aufgehängt. «Zwischen je zwei Siegel war eine Säule eingefügt. Diese sieben Säulen konnten nicht plastisch ausgeführt werden. Doch sind sie als wirkliche architektonische Formen gedacht und entsprechen den ‹sieben Säulen› des ‹wahren Rosenkreuzertempels›.» (284/39)

Im vorderen Teile des Saales, sozusagen vor der Bühnenöffnung, standen dann noch zwei weitere Säulen: die eine rot, die andere blau. Zu diesen Säulen gehörten vier Sprüche der «Säulenweisheit», in denen vier Stufen der geistigen Erhebung vom reinen Gedanken zum schaffenden Willen ihren Ausdruck finden sollten. Auf dem Programmheft schließlich standen neben einem gezeichneten Rosenkreuz die Initialen E. D. N / I. C. M. / P. S. S. R., durch die auf die drei Rosenkreuzersprüche: «Ex Deo nascimur, In Christo morimur, Per Spiritum Sanctum reviviscimus» hingewiesen wurde.

So begann am Samstag, dem 18. Mai um zehn Uhr morgens der Kongreß in ganz anderer Form, als man das bisher bei theosophischen Kongreßen gewöhnt war: Man betrat einen Raum, der als Bild eines spirituellen Tempels gemeint war. Neben den Vorträgen kam durch Rezitation und Musik das künstlerische Element stark zur Geltung, und am Nachmittag des Pfingstsonntag um 5 Uhr wurde *Das heilige Drama von Eleusis* in der Rekonstruktion Schurés aufgeführt, ein Mysteriendrama, das an die griechischen Mysterien erinnern sollte.

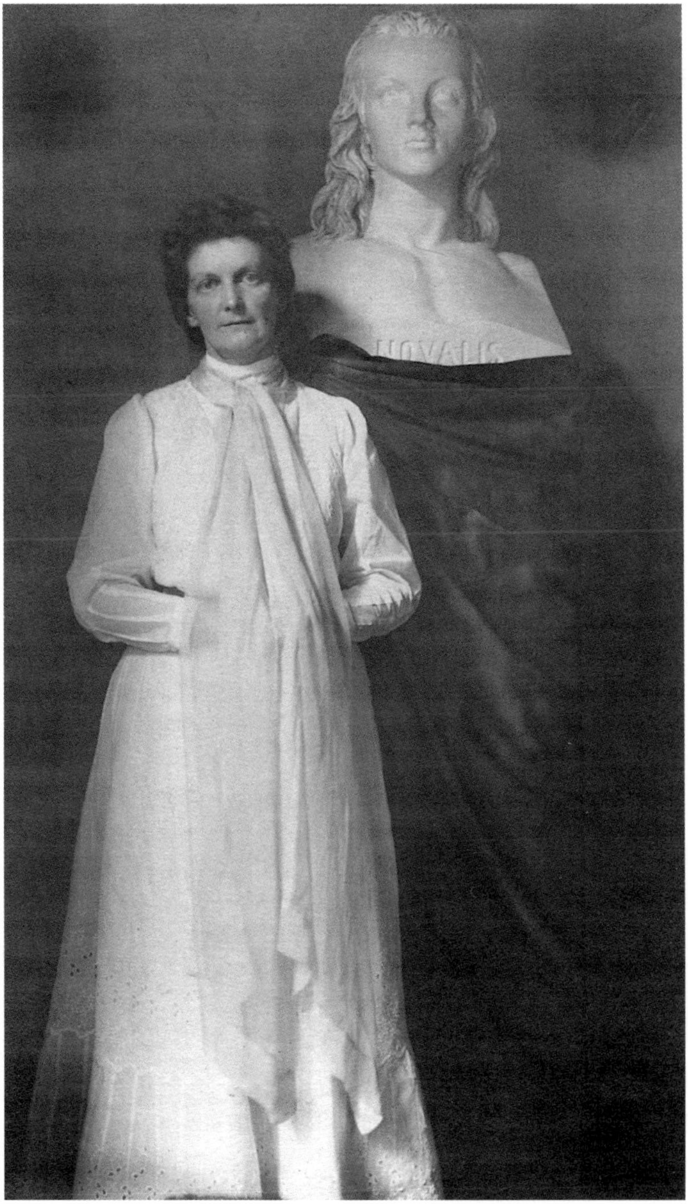

Abb. 80: Marie von Sivers, 1910

Waren die bisherigen theosophischen Kongresse eher wissenschaftlichen Kongressen nachgebildet gewesen – mit zahlreichen Vorträgen, mit Sektionen für Spezialgebiete und mit den entsprechenden Debatten –, so war das Ganze nun von einem intensiven Willen zu künstlerischer Gestaltung durchzogen: Der Kongreß wurde zur Feier, die nicht in erster Linie intellektuelle Bedürfnisse befriedigen, sondern erheben und gestalten wollte. Die Theosophie sollte nicht im Kopfe stecken bleiben und sich den Schein der Gelehrsamkeit geben, sondern um Ausdruck ringen und die Gemüter bewegen.

Steiner machte also mit dem Gedanken, daß die Theosophie der Keim einer neuen Kultur sein solle, ernst. Jede wirkliche Kultur führt zur Gestaltung und offenbart sich durch Gestaltung. Man muß sich nur an das Mittelalter erinnern: Was Geist und Frömmigkeit des christlichen Mittelalters war, wurde in den Domen und Dorfkirchen, in den Klöstern und Kapellen gestaltet. Und die künstlerische Prägung machte auch vor dem Kleinen nicht Halt; noch zu Beginn der 19. Jahrhunderts waren die Dinge des täglichen Lebens bis zum Türgriff hin gestaltet. Nun sollte ein neuer Anfang des künstlerischen Ausdrucks gesucht werden.

Rudolf Steiner war sich aber auch ganz klar darüber, daß das, was in künstlerischer Richtung innerhalb so kurzer Zeit und mit den vorhandenen Mitarbeitern zu erreichen war, weit von reifer Kunst entfernt war. Er hat das auch immer wieder ausgesprochen. Er kannte aber zugleich das Gesetz, daß alles einmal angefangen werden muß und daß es beim Anfang auf die spirituelle Intention und nicht auf die perfekte Ausgestaltung ankommt. Die gemalten Säulen beispielsweise waren keine Kunstwerke, aber sie waren der Hinweis auf mögliche künftige Kunstwerke. Die apokalyptischen Siegel waren gewiß in einer simplen Technik dargestellt, aber sie trugen die Keime inneren Lebens in sich (284/14). Schließlich hat Steiner dann auch den Mut oder die Kühnheit der theosophischen Freunde, die sich künstlerisch produzieren wollten, nicht übermäßig gebremst; vielmehr war es ihm lieb, daß so viele Mitglieder um Gestaltung bemüht waren. Insgesamt wurde so nämlich durch die zahlreichen Theosophen, die tätig als Künstler, Handwerker, als Laien und als Helfer im Saal oder bei der Organisation mitwirkten, ein soziales Klima geschaffen, das für weiteres fruchtbar war.

Abb. 81: Münchner Kongreß 1907

Die über sechshundert Besucher des Kongresses waren in der Mehrzahl Deutsche. Doch es waren natürlich auch Engländer, Franzosen, Belgier, Niederländer, Skandinavier, Italiener, Russen, Bulgaren und sogar Inder gekommen. Es wird nun immer wieder berichtet, daß bei den ausländischen Besuchern – bei Engländern, Franzosen und namentlich bei den Niederländern – die künstlerische Ausgestaltung auf Ironie, Spott und Kritik gestoßen sei. Schon unmittelbar nach dem Kongreß schreibt Marie von Sivers an Edouard Schuré, daß eine Reihe von Ausländern mit feindseligen Gefühlen gekommen seien (Rudolf Steiner Studien I, S. 271). Es dürfte manchem Kritiker auch leicht gewesen sein, hier oder dort an einer Gesangsdarbietung oder ähnlichem Kritik zu üben. Es muß aber auch festgehalten werden, daß zum Beispiel Annie Besant sich – wie Edouard Schuré berichtet – *begeistert* über den Versuch einer Mysterienaufführung ausgesprochen hat (Rudolf Steiner Studien I, S. 274).

Was in einem gewissen Sinne aber auch begreiflich ist, ist die Tatsache, daß ausländische Theosophen, die aus einer anderen Tradition kamen, doch die Differenzen, die sich aufzutun begannen, spürten. Da war zunächst mit dem Brauch gebrochen worden, Annie Besant das Präsidium des Kongresses zu übertragen. Marie Steiner berichtet, daß «das ausführende Kongreßkomitee, zu dem Dr. Steiner nicht gehörte, darauf bestanden hatte, nicht Mrs. Besant, die das als etwas Selbstverständliches erwartete, sondern Dr. Steiner zum Präsidenten des Kongresses zu wählen. Ihm blieb nichts anderes übrig, als ihr den Ehrenvorsitz anzubieten. Es war von seiten der Deutschen Sektion dadurch etwas Demonstratives geschehen.» (284/97)

Zweitens war es bekannt geworden, daß die Esoterische Schule in zwei Schulen gegliedert werden sollte. Steiner forderte von seinen Schülern eine Entscheidung, zu welcher Schule sie gehören wollten, und das führte namentlich in niederländischen Kreisen, in denen es sowohl Schüler Besants wie solche Steiners gab, zu einigen Konflikten. Die Differenzen zwischen Besant und Steiner blieben also keineswegs ganz verborgen, wenn auch in jeder Hinsicht die äußere Form gewahrt blieb. Dennoch merkte man unter den alten Theosophen, daß sich hier ein neuer Geist ankündigte – ein Grollen und Beben im Untergrund war in jedem Fall für den Feinfühligen vernehmbar.

Insgesamt setzte der Kongreß neue Zeichen. Zu einem theosophischen

Abb. 82: Münchner Kongreß 1907

Kongreß geladen, fanden sich die ausländischen Besucher auf einmal in dem Abbild eines Rosenkreuzertempels, und Rudolf Steiner hielt am Pfingstsonntag seinen Hauptvortrag über *Die Einweihung des Rosenkreuzers*. Zwar entfaltete er in diesem Vortrag nicht die Lehre von den drei Wegen, dem orientalischen, dem christlichen und dem rosenkreuzerischen, aber er sprach über den christlichen und den rosenkreuzerischen Weg und betonte, daß die rosenkreuzerische Initiation jene Initiation sei, «die den Menschen fähig macht, alle Mittel der modernen Kultur zu gebrauchen. Sie lehrt den Geist in der Materie begreifen, indem der Mensch den Zusammenhang selbst des Materiellsten noch mit dem Spirituellen erkennt, so daß er das Spirituelle ausfließen lassen kann in das Materielle.» (284/48) Unüberhörbar wurde auf diese Weise die nicht einholbare Modernität der rosenkreuzerischen Richtung verkündet – und das wurde auch durchaus wahrgenommen.

Was durch den Kongreß als Intention und Richtung sich andeutete, aber auch der Entzifferung bedurfte, kam in den vierzehn Tagen, die dem Kongreß folgten, in großer Klarheit zur Darstellung. Nachdem der Kongreß am Dienstag, dem 21. Mai abends geendet hatte, begann

Abb. 83: Annie Besant und Rudolf Steiner, 1907

Rudolf Steiner am Mittwoch einen Vortragskurs von vierzehn Vorträgen. In diesem Kursus entwickelte er erstmals in knapper Form einen Gesamtüberblick über die *Theosophie des Rosenkreuzers*: Mit wenigen Strichen werden nochmals – wie in dem Buch *Theosophie* – das Wesen des Menschen, die übersinnliche Welt und das Walten des Karma geschildert, dann aber folgt die erste zusammhängende Schilderung der Weltentwicklung, mit den planetarischen Verkörperungen der Erde beginnend bis zur eigentlichen Erdgeschichte.

Was während des Kongresses durch die Planetensiegel und die Säulen künstlerisch in die Erscheinung getreten war, wurde nun in großen Bildern geschildert, die durch ihre Begrifflichkeit und innere Folgerichtigkeit das, was in den Aufsätzen über die Akasha-Chronik skizziert worden war, weit hinausgingen. Und so, wie man im Studium der Siegel und Säulen jetzt den gesetzlichen Zusammenhang der Metamorphosen der Erde im Anschauen verstehen konnte, so trat nun erstmals ein Gesamtbild der Evolution vor die Zuhörer hin.

In diesem Zyklus *Die Theosophie des Rosenkreuzers* erlebt man in der Klarheit und Kraft der Durchführung, in der Reife der Darstellung, was geistig in diesem Kongreß durch Rudolf Steiner lebte. Man kann sich denken, was ein aufgeschlossener Zuhörer erlebte: Er spürte in den Vorträgen Steiners höchste Konzentration und Kompetenz und staunte zugleich, daß Rudolf Steiner dies nach den Strapazen des Kongresses und der Kongreßvorbereitung wie mühelos schaffte.

Marie von Sivers schildert in einem Brief an Schuré, wie das persönliche Leben Rudolf Steiners in diesen Tagen aussah: «Jeder Tag brachte Unerwartetes. Für den Zyklus Dr. Steiners in München waren etwa zweihundert Personen dageblieben, die uns einfach in Stücke rissen. Es war sehr schwierig abzureisen. Die letzten Tage hatten wir um neun Uhr abends noch zehn Personen, die darauf warteten empfangen zu werden. Wenn wir, wie auch in diesem Falle den Morgenzug nehmen, so packen wir unsere Koffer zwischen zwei und sechs Uhr morgens, ohne ins Bett zu gehen.» (Rudolf Steiner Studien I, S. 175) Die Fahrt führte nach Leipzig, wo Steiner aus dem Zug sofort zu einem öffentlichen Vortrag ging. Das war am 8. und 9. Juni, danach ging es für wenige Tage nach Berlin. Am 15. Juni geht die Fahrt nach Kassel, wo am 16. Juni in Kassel-Wilhelmshöhe wieder ein Vortragszyklus beginnt.

Hier ist bemerkenswert, daß Rudolf Steiner jetzt in Kassel – die zuhörenden Mitglieder hatten sich verabredet, ihn zu schonen – das Münchner Thema nochmals aufgreift: In Variationen, etwas leichter, locker wird die Theosophie des Rosenkreuzers erneut dargestellt. Die Zuhörerschaft ist nicht groß, es sind diesmal nur etwa vierzig Menschen anwesend, und manche der Münchner Zuhörer sind wieder dabei: Im Wiederholen erst werden die großen Inhalte – die ja völlig neu waren – ganz anwesend.

Gern würde man wissen, wie Rudolf Steiner selber diese Zeit erlebt hat. Leider liegen hier keine direkten Zeugnisse vor. Aber man darf sich etwa das folgende denken. Die Tatsache, daß sein Brief an Annie Besant in Sachen Leadbeater praktisch ohne Echo geblieben, hatte ihm sicherlich gezeigt, wie einsam er unter den Führern der allgemeinen Theosophischen Gesellschaft war. Als dann die Kundgebungen der «Meister» aus Adyar vernehmbar wurden, blickte er bereits in Abgründe und sah das Aberwitzige dieses Vorgehens. Zugleich wollte er sich aber den kleinlichen Kritikern Besants, den Leuten, die nichts als common sense zu verkaufen hatten, nicht anschließen. So stand er unter den theosophischen Führern ganz allein, ohne einen wirklichen Gesprächspartner, mit dem er sich hätte beraten können.

Unter seinen eigenen Schülern, den deutschen Theosophen, gab es eine Reihe von Menschen, auf die er sich verlassen konnte. In erster Linie natürlich Marie von Sivers, die am ehesten seine Partnerin und Kritikerin war, dann Sophie Stinde, Arenson, Unger und Michael Bauer. Mathilde Scholl hingegen war damals in einer Krise und keine Hilfe, und die begabte, aber auch ehrgeizige Leiterin des Leipziger Zweiges, Elise Wolfram, entdeckte gerade, daß sie selber bedeutend wurde. Kurzum, es gab eine Reihe tüchtiger Schüler, eine Anzahl von menschlichen Hoffnungen, aber auch viele Probleme.

Um so großartiger ist es, wie Steiner, zumindest äußerlich ganz auf sich gestellt, seinen Weg geht und zuerst die Lehre vom rosenkreuzerischen Erkenntnisweg entfaltet, dann auf dem Felde der Geisterkenntnis die Anschauung von der Weltevolution als innere Anschauung einer gewaltigen Metamorphose entwickelt und künstlerisch sowie imaginativ in die Sichtbarkeit bringt. Wer die innere Gesetzmäßigkeit und Konsequenz dieser Anschauung erlebt, der weiß, wie es Rudolf Steiner damals ging: Er hielt sich an den großen Weltgesetzmäßgkeiten aufrecht und folgte den aus diesen Einsichten stammenden Notwendigkeiten. Da durften die holländischen und französischen Theosophen meinen, was sie wollten, da konnte das allgemeine Unverständnis ziemlich groß sein – das war strapaziös, aber der Weg lag klar vor dem inneren Auge Steiners.

Von den Anstrengungen freilich, die das Nicht-Verstehen für ihn bedeutete, gibt ein Brief, den er aus Wien an Marie von Sivers schreibt, Kunde: «Viele dumme Theosophen gibt es; doch der Theosophen dümmste scheinen die Häupter der Wiener Loge zu sein. ... Prag ist da wirklich schon viel besser. Und der jetzige Aufenthalt dort scheint in einer gewissen Beziehung sehr erfolgreich zu sein. Wien ist ja auch sonst eine in jeder Beziehung zurückgebliebene Stadt; und die Theosophie nimmt sich hier aus wie die Essenz der Zurückgebliebenheit. ... Doch wollen wir vorläufig ganz schweigen über alles das. Außerdem wird es wirklich diesmal notwendig sein, einen Tag ‹Pause› in bezug auf Vorträge gerade vor stumpfsinnigen Zuhörern zu haben. Dies nämlich allein strengt an. Du kannst Dir keinen Begriff machen, wie alles zurückprallt, wenn man zu solchen Köpfen spricht, wie es vielfach der Fall ist.» (262/109f)

Nun darf man aber nicht annehmen, daß Rudolf Steiner zu irgendeiner Zeit in seinem Denken und Erleben ausschließlich auf theosophische Fragen fixiert war. Er verfolgte mit großer Wachsamkeit die politischen und ökonomischen Verhältnisse, vor allem auch die wissenschaftlichen Entwicklungen, und gerade hier findet man 1907 wichtige Aussagen, die zeigen, wie er unter anderem die Tendenzen in der modernen Physik und Chemie begleitete. Er war ja der Ansicht, daß gerade in solchen Entwicklungen die eigentliche Zeitgeschichte symptomatisch zum Ausdruck käme.

Zehnmal spricht Rudolf Steiner im Winter 1907/08 über das Thema *Die Naturwissenschaft am Scheidewege*, vorzugsweise in Universitätsstädten wie Basel, Straßburg, Heidelberg, Uppsala, Bonn, Leipzig und München. Er schildert in knappen Zügen die Entwicklung der Vorstellungen, die sich aus der Erforschung der Materie in den letzten zehn Jahren ergeben hatten. War vor der Jahrhundertwende die Auffassung allgemein, daß das Atom der unteilbare letzte Baustein der Welt sei, und stellte man sich die Atome als kleine Kügelchen vor, so war man um die Jahrhundertwende durch die Erscheinungen der Radioaktivität und des Atomzerfalls darauf gekommen, daß dieses Bild der Materie nicht zutraf.

In dem Berliner Vortrag führt Rudolf Steiner schließlich zu folgendem

Abb. 84: Rudolf Steiner, um 1910

Bilde: «Klar wird es werden, daß das, was wir sehen und hören, Wirklichkeit ist, und daß es eine tolle Phantastik war, hinter dieser Welt eine materielle Welt zu denken. Diese materielle Welt wird zerstäuben und zerfallen. Anerkannt wird werden, was dahinter ist. Dann wird nachrükken müssen, was man erlebt und erleben kann. Dann wird man erkennen, daß das Atom nichts anderes sein kann als gefrorene Elektrizität, gefrorene Wärme, gefrorenes Licht. Und dann wird man noch weitergehen müssen, daß man in allem verdichteten und gebildeten Geist zu sehen hat. Materie gibt es nicht. ... Alles was Materie ist, ist Geist, ist die äußere Erscheinungsform des Geistes.» (56/59)

Nur der Tatsache, daß Steiner auf diesem Felde wohl nicht genügend wirklich interessierte und auch sachverständige Zuhörer hatte, ist es zuzuschreiben, daß dieses Thema, das die übrigen Ausführungen des Jahres 1907 an die zeitgenössische Wissenschaft anknüpfte, unausgeführt blieb. Nur ganz allgemein kann Rudolf Steiner zeigen, daß das populäre Bild der Materie, das den Weg zum Geist verbaut, unzutreffend ist. Es gehört aber zur Gesamtfigur des Jahres 1907, daß nicht alleine der gedanklich klare und zuverlässige Weg zu jener geistigen Erkenntnis gezeigt wird, die dann auch praktisch wirksam werden kann, sondern auch die irdischen Verhältnisse in jenes Licht gerückt werden, in dem sichtbar wird, daß der Geist hier wirkt. Das große Gesetz «Wie oben, so unten» wird auf diese Weise eingehalten: Neben dem Weg in die Höhe wird auch jener in die Tiefe gezeigt.

28.
ERWEITERUNG UND VERTIEFUNG

Nach der entscheidungsreichen und rapiden Entwicklung bis zum Ende des Jahres 1907 tritt äußerlich gesehen im Jahre 1908 eine scheinbar ruhigere Zeit, ein gleichmäßigerer Fortgang der Dinge ein. Sobald man aber genauer hinblickt, wird deutlich, was in dieser «ruhigeren» Zeit neben anderem noch geschehen ist: Ganz offensichtlich muß Rudolf Steiner in diesem Jahr einen guten Teil des Buches *Die Geheimwissenschaft im Umriß* geschrieben haben, welches dann im Herbst 1909 fertiggestellt wurde. Der Biograph steht vor einem Rätsel: Wann hat Steiner dieses Buch, das in der ersten Auflage immerhin 440 Seiten umfaßt, eigentlich geschrieben? Diese Frage wird um so dringender, als man vermuten muß, daß Steiner, der bereits einen ersten, bisher unveröffentlichten Entwurf niedergeschrieben hatte, den eigentlichen Text der *Geheimwissenschaft* erst in den Jahren 1908 und 1909 zu Papier gebracht hat.

Neben der Arbeit an diesem zentralen Grundbuch der Anthroposophie hält Steiner aber allein 1908 sechs große, klassische Vortragszyklen von meist zwölf Vorträgen, darunter die Zyklen über das *Johannes-Evangelium* (in Hamburg sowie Oslo), über die *Apokalypse* (Nürnberg) und über *Ägyptische Mythen und Mysterien* (Leipzig). Ferner werden im Laufe dieses Jahres weitere 180 Vorträge gehalten. Das Ganze vor dem Hintergrund einer umfangreichen Reisetätigkeit.

Bei alledem ist aber nicht nur das Quantum der geleisteten Arbeit verblüffend, noch faszinierender ist der Tatbestand, daß nicht nur ständig Neues, Erweiterndes und Vertiefendes aus der geistigen Forschung mitgeteilt wird – was ja manchmal auch bei Visionären auftritt und sich aus den Inhalten ihrer Visionen, aus dem Schweifen ihres Blicks erklären läßt –, sondern daß sowohl die *Geheimwissenschaft* als auch die Vortragszyklen ein Maß an Komposition und Gestaltung zeigen, das – sobald man es einmal wahrgenommen hat – den Betrachtenden und Mitdenkenden in ehrfürchtiges Erstaunen versetzt.

Wer auch nur anfänglich mit Fragen der Mitteilung, der Darstellung und der Komposition geistiger Inhalte zu tun gehabt hat, der weiß, wieviel Mühen und Überlegungen auf diesem Felde investiert werden müssen. Anders als bei der Darstellung äußerer Sachverhalte, wo man noch immer bis zu einem gewissen Grade durch die räumlichen, zeitlichen oder logischen Verhältnisse geleitet wird und an die natürliche Anschauung der Leser appellieren kann, muß der Darsteller der übersinnlichen Welt diese nicht nur erforschen, porträtieren und kompositorisch zusammenfassen, er muß sie für seine Leser neu schaffen, sollen seine Texte und Darstellungen doch so sein, daß im Lesen der Texte sich der Anfang höherer Anschauung erschließt.

Die Arbeit des Darstellens, das Bauen der Texte, die Architektonik der Durchführungen ist eine besondere Leistung, die ein ungebrochenes Engagement des Willens verlangt. Später wird man Rudolf Steiner mit Hammer und Meißel bei der Gestaltung des Ersten Goetheanum oder beim Schnitzen an der Statue des Menschheitsrepräsentanten sehen können. In den Jahren von 1907 bis 1909 sieht man ihn «im Geiste» formen, meißeln, malen, bauen.

Zurück zum Ablauf der Ereignisse. Wer die äußeren Aufenthalte Steiners verfolgt, sieht ihn ständig auf Reisen. Insgesamt werden zwanzig Städte besucht, viele von ihnen zwei- bis dreimal. Für einen seßhaften Menschen ist es schwer vorstellbar, daß Rudolf Steiner nicht nur seine Vorträge auf Reisen ausarbeitete, sondern auch einen guten Teil seiner Bücher an wechselnden Orten schrieb. Bei den Reisen kann man zwischen den Vortragsreisen und jenen, durch die Steiner sich den Blicken seiner Freunde entzog, unterscheiden. Bereits zum Jahreswechsel 1906/7 war Rudolf Steiner zusammen mit Marie von Sivers nach Venedig gefahren, um dort in Ruhe zu arbeiten. Nach Beendigung der Kurse in München und Kassel im Fühsommer 1907 und nachdem publizistische Pflichten in Berlin erfüllt waren, brach Steiner am 4. oder 5. August zu seiner ersten großen Italienreise auf, der bis 1912 noch fünf weitere folgen sollten. Mit Sicherheit hat Marie von Sivers entscheidend dazu beigetragen, daß diese Reisen überhaupt unternommen wurden. In seiner Autobiographie gedenkt Steiner dieser gemeinsamen Reisen:

«Als nun die Reisen für die Anthroposophie in Gemeinsamkeit mit Marie von Sivers gemacht wurden, traten mir die Schätze der Museen im weitesten europäischen Umkreise entgegen. Und so machte ich vom Beginne des Jahrhunderts ab, also in meinem fünften Lebensjahrzehnt, eine hohe Schule des Kunststudiums, und im Zusammenhange damit, eine Anschauung der geistigen Entwickelung der Menschheit durch. Überall war da Marie von Sivers mir zur Seite, die mit ihrem feinen und geschmackvollen Eingehen auf alles, was ich in der Kunst- und Kulturanschauung erleben durfte, selbst in schöner Weise alles, ergänzend, miterlebte. Sie verstand, wie diese Erlebnisse in all das flossen, was dann die Ideen der Anthroposophie beweglich machte.» (28/453f)

So weilte Steiner auf diesen Reisen nicht nur immer wieder in den großen Museen und Kirchen in Florenz, Mailand und Rom, in den Uffizien und in der Sixtina, sondern er fand auch Gelegenheit, viele weniger bekannte Museen und Klöster aufzusuchen, in denen die Zeugnisse der Geistes- und Seelengeschichte vor sein Auge traten. Dabei galt sein Interesse besonders zwei Themen: zum einen der Baukunst und zum anderen der Entwicklung der Malerei von Cimabue bis Raffael und Michelangelo. In Süditalien konnte er durch die Trümmer der griechischen Tempel von Paestum und Segest streifen, in Rom das Kolosseum und die Peterskirche, in Florenz den Dom und seinen Campanile betrachten und lange auf sich wirken lassen. In Rom stieg Rudolf Steiner aber auch in die Katakomben hinunter, folgte den unterirdischen Gängen, bis er zu jenen Orten kam, wo die ersten Christen ihre Heiligtümer hatten. «Wir werden von einer sonderbaren Stimmung ergriffen, wenn wir heute durch die Katakomben schreiten, durch das unterirdische, verachtete Rom.» (106/174) Auf späteren Reisen besuchte er dann auch den Dom von Palermo und das altehrwürdige Benediktiner-Kloster Monte Cassino, Turin und manch anderen Ort.

Es ist bemerkenswert, daß Steiner nur selten sofort, nachdem er diese Eindrücke aufgenommen hatte, über sie sprach. Erst 1914, 1916 und 1917 griff er in Vorträgen die ästhetischen und kunstgeschichtlichen Probleme auf, die er seit 1907 studiert hatte. Zurückhaltend, mehr hinweisend als deutend führte er seine Zuhörer zu den Bildern, die er gesehen hatte. Für ihn selbst war wohl das Wichtigste, daß ihm die vergangene Kunst

Anregung zu eigenem künstlerischen Schaffen war: «Im stillen Anblick der Stilgestaltung erwuchs in meiner Seele, was ich dann in die Formen des Goetheanums prägen durfte.» (28/454)

Nie versäumte es Rudolf Steiner auf solchen Reisen, auch die Landschaft und die Menschen in der Landschaft wahrzunehmen. So riskierte er es 1908 – relativ kurz nach einem der schwereren Vesuv-Ausbrüche –, den Vesuv zu besteigen. Unter ihm grollte noch die Erde, und plötzlich öffneten sich vor dem Wanderer eine Reihe trichterförmiger Löcher, in die Asche und Schlacke hinunterrieselten. Solche Erscheinungen, wie auch die Solfatara, die er öfters erwähnt, faszinierten Steiner. Aus einigen Vorträgen kann man entnehmen, daß sich seinem Blick aber auch die geistige Geschichte des südlichen Italien enthüllte (144, 6. 2. 1913).

In einem Brief berichtet Marie von Sivers Edouard Schuré, daß Rudolf Steiner, kaum daß er von den Besichtigungen und Spaziergängen nach Hause kam, wieder an die Arbeit gegangen sei. Ein vierzehntägiger Aufenthalt in Rom verlief im Jahre 1907 so, daß Steiner den Lateran oder die Peterskirche besichtigte, dann – meist zu Fuß – zum Hotel zurückkehrte, um nach einem kurzen Imbiß auf sein Zimmer zu gehen und das mitgebrachte Manuskript aus der großen Ledertasche zu holen und zu schreiben, oft bis nach Mitternacht. Am nächsten Tage wurden dann beispielsweise die Stanzen im Vatikan betrachtet, und abends ging es wieder an die Arbeit.

Zu diesen Reisen kamen die Reisen im Dienste der Theosophie. Und hier bemerkt man, daß Rudolf Steiner in den Jahren 1907/8 seinen Wirkungskreis auszuweiten trachtete: Nachdem er bis Mitte 1907, von besonders bedingten Ausnahmen abgesehen, praktisch nur in Deutschland und in der Schweiz Vorträge gehalten hatte, sehen wir ihn in der zweiten Jahreshälfte 1907 nach Prag und Österreich, 1908 in die Niederlande, nach Dänemark, Schweden, Norwegen und Ungarn reisen. – Während Steiner in Prag auf aufgeschlossene und verständnisvolle Menschen stieß, die sehr bald eine eigene theosophische Gruppe innerhalb des von Steiner geleiteten Berliner Zweiges ausmachen und nach wenigen Jahren zu einer selbständigen böhmischen Sektion der Theosophischen Gesellschaft werden sollten, war die Reise durch Österreich für ihn bedrükkend: Wien erscheint ihm als Ausbund der Rückständigkeit, Graz wird ironisch als die «Hauptstadt» der Steiermark und Klagenfurt als ein «Alpennest» bezeichnet. «Die Natur zu beiden Seiten der Eisenbahn ist groß und schön; aber die Menschen – –.» (262/111) Dennoch, auch 1908 werden Wien und Klagenfurt wieder aufgesucht.

Im März 1908 unternahm Rudolf Steiner eine Vortragsreise in die Niederlande. Auch hier wird er in Den Haag das Mauritshuis und in Amsterdam das Rijksmuseum aufgesucht haben. Aber diese Reise war anstrengend. Zunächst schon deshalb, weil das Wetter so schlecht war. In einem Brief an die Eltern schreibt er nur: «Übrigens ist hier ganz abscheuliches Wetter. Es ist kalt und regnerisch. Und in Holland ist es gleich sehr unfreundlich, wenn es so schlechtes Wetter ist.» Aber das Klima dürfte auch sonst ungünstig gewesen sein. Die Holländer waren, wie Steiner berichtet, mit den Neuerungen des Münchner Kongresses besonders unzufrieden gewesen, und nun kam er mit Vortragsthemen nach Holland, die sehr deutlich den in München eingeschlagenen Weg fortsetzten: Er sprach über den christlich-rosenkreuzerischen Erkenntnisweg. Ja noch mehr: Abweichend von den üblichen theosophischen Vorstellungen schilderte Steiner, wie die Zeit im Leben nach dem Tode nicht einfach vorwärts weiterfließt, sondern daß für den Verstorbenen die Zeit ihren Richtungssinn ändert und gleichsam rückwärts geht (vgl. GA 258, 14. 6. 1923).

Die Theosophische Gesellschaft hatte in ihren Statuten die Regelung, daß der Generalsekretär eines Landes nicht ohne Einladung des Generalsekretärs eines anderen Landes in dessen Bereich Vorträge halten durfte. Der offiziellen holländischen Gesellschaft haben Steiners Ausführungen jedenfalls so wenig behagt, daß er fortan von der Theosophischen Gesellschaft nicht mehr nach Holland eingeladen wurde. Erst 1913, nach der Lösung der Anthroposophischen Gesellschaft von der Theosophischen, konnte Steiner wieder in Holland vortragen.

Ganz anders entwickelte sich das Schicksal Steiners mit Skandinavien. Im Frühherbst 1907 erhielt er, wohl durch Richard Eriksen, eine Einladung zum Besuch der skandinavischen Länder. Die Reise fand dann Ende März und Anfang April – für Stockholm fast noch Winter – statt. Sehr angetan erzählte Steiner, der damals noch nicht die Gewohnheit hatte, über seine Unternehmungen zu berichten, sowohl in Berlin als auch einige Wochen später in Nürnberg von den Eindrücken, die sich ihm in Skandinavien ergeben hatten: In dem für mitteleuropäische Verhältnisse fast menschenleeren Land – Schweden hatte soviel Einwohner wie London –, da sei Gelegenheit, «daß noch hereinspielen die alten nordischen Götter und Wesenheiten des geistigen Lebensumkreises. Man darf wohl sagen: für denjenigen, welcher etwas weiß vom Spirituellen, ist es in gewisser Beziehung so, daß an allen Ecken und Enden herausblicken die Geistesantlitze jener alten nordischen Götterwesen, welche vor dem geistigen Antlitz der nordischen Eingeweihten in den nordischen Mysterien standen in jener Zeit, in welcher noch nicht die christliche Idee hingeflutet ist über die Welt.» (102/117)

So wird Steiner für den ehest möglichen Termin wieder nach Skandinavien eingeladen: Schon nach drei Monaten, im Juli 1908, reist er wieder nach Oslo, das damals noch Kristiania hieß. In der Schule von Nordstrand kamen Theosophen aus vielen Weltgegenden zusammen, die – wie es in einem zeitgenössischen Bericht heißt – Steiner, dessen einzigartige Geistesgröße sie erkannten, in dieses tannenatmende Land mit seinen Fjorden und Inseln gefolgt waren. In der hellen Luft über dem Granitboden fanden sich so Zuhörer, bei denen Rudolf Steiner über das bisher Entwickelte hinausgehen konnte: In «grandiosen Bildern erschloß Rudolf Steiner vor den Zuhörern die Tiefen, die in den scheinbar einfachen Sätzen des Johannesevangeliums verborgen sind.»

Auf diese beiden Reisen nach Skandinavien sollten allein bis 1914 noch acht weitere folgen. Schon an dieser Tatsache sieht man, wie wichtig Steiner diese 1908 aufgeschlossene Verbindung mit dem Norden wurde. Damit zeichnet sich 1908 die bis zum Weltkrieg vorherrschende Nord-Süd-Achse in die Reisen Steiners ein: Von Berlin gehen die Reisen nach Stockholm und Kristiania im Norden, nach München und Rom im Süden. Der Weg nach Westen ist von 1908 an bis zum Jahre 1913 zunächst versperrt. Für die Russen, die Vertreter Osteuropas, konnte er 1912 und 1913 nur in Helsingfors (Helsinki) sprechen. Der Osten aber, Rußland selbst, öffnete sich ihm nicht.

Es ging Rudolf Steiner jedoch im Jahre 1908 nicht nur um die äußere Verbreitung der Geisteswissenschaft in Europa, sondern auch um die Intensivierung der Arbeit. So beginnt er die regelmäßigen Vorträge in Berlin am 6. Januar 1908 mit der Bemerkung, daß er nunmehr nicht einführend und einleitend für «Neulinge» in der Theosophie sprechen werde, sondern von höheren Gebieten der Theosophie handeln wolle; er werde für Theosophen in einem «vorgeschrittenen Stadium» sprechen. «Auch so etwas muß ja einmal möglich sein in einem theosophischen Zweig.» (102/13)

Damit beginnt Steiner nun eine sehr detailreiche Schilderung der Evolution, der höheren geistigen Wesen und des geistig-physischen Kosmos. Man hat deutlich den Eindruck, daß er einerseits an den Themen der *Geheimwissenschaft* arbeitet, aber auch eine Reihe von Nebenstudien und Ergänzungen in diesen Vorträgen mitteilt. Wo in der *Geheimwissenschaft* gradlinig und systematisch die Weltenevolution beschrieben wird, werden hier auch Nebenwege aufgezeigt; es wird ausgeführt, wie bestimmte geistige Vorgänge mit dem und im menschlichen Organismus zusammenhängen, wie sie sich im Mythos und in der Kunst spiegeln.

Auf drei Ebenen entwickelte Rudolf Steiner für seine Zuhörer im Jahre 1908 diese Inhalte. In den öffentlichen Vorträgen in Berlin sprach er für jedermann zugänglich über «Sonne, Mond und Sterne», «Erdenanfang und Erdenende», über «Die Hölle» und «Den Himmel». In den Vorträgen für Mitglieder schilderte er die verschiedensten Aspekte der Evolution. Im Zusammenhang der «Esoterischen Schule» gab Rudolf Steiner dann immer wieder Hinweise, die zeigten, wie man auf dem Weg der inneren Schulung und Erfahrung Verständnis, Ahnung und Anschauung der höheren Tatsachen gewinnen kann. So öffneten sich für die schon recht zahlreichen Schüler, die in Berlin Steiners gesamtes Vortragswirken mitmachten, immer neue Durchblicke in unabgeschlossene Fernen.

Es erschien Rudolf Steiner richtig, neben den Zentren in Berlin und München auch an anderen Orten die Theosophie in den Seelen tiefer zu verankern. Das Mittel dazu waren die sogenannten Vortragszyklen. Im Jahre 1906 hatte Steiner zuerst in Paris, dann in Leipzig, Stuttgart und München solche Zyklen gehalten. Schon da hatte es sich gezeigt, daß es günstig für das Verständnis der Theosophie und wohltätig für die Zuhörer war, sich über acht bis vierzehn Tage hin kontinuierlich mit Themen der Theosophie zu befassen und in die Stimmung des Lernens einzutauchen. Im Jahre 1907 folgten vier weitere Zyklen in München, Kassel, Hannover und Basel, und wieder bewährte sich diese Einrichtung, zumal sich nun die Zuhörer wie zu einem Fest zusammenfanden und die Theosophie tief einatmeten. Für die Mitglieder der «Esoterischen Schule» fand fast immer aus Anlaß eines solchen Zyklus auch eine Esoterische Stunde statt.

Vom Jahre 1908 an gewinnen nun diese Vortragszyklen langsam eine neue Gestalt. Bis Ende 1907 waren sie praktisch immer eine Einführung

Abb. 85: Rudolf Steiner 1908

in das Gesamtgebiet der Theosophie. Dieser Einführungscharakter blieb auch 1908 noch erhalten, aber die Einführung in die Theosophie erfolgt nun anhand besonderer Themen. 1908 gibt Steiner zweimal eine Einführung in die Theosophie anhand des Johannes-Evangeliums (Hamburg und Kristiania), er spricht in Nürnberg anhand der Apokalypse über die Theosophie, und er spricht in Leipzig und Stuttgart über Welt Erde und Mensch im Zusammenhang mit der ägyptischen Mythologie.

Dabei wird deutlich, daß Steiner nunmehr die Theosophie ganz behutsam zu «spezialisieren» beginnt. Aber erst als die *Geheimwissenschaft* ihrer Fertigstellung entgegenging und damit die Geisteswissenschaft im weiten Umriß schriftlich vorlag, ging er dazu über, wirklich speziellere Themen wie die Kosmologie, die Volksseelenkunde und die einzelnen Evangelien zu behandeln.

Gleichzeitig bilden sich nun weitere Schwerpunkte der theosophischen Arbeit, die durch die Zyklen hervorgehoben werden. Eine Zeitlang scheint sich Leipzig hoffnungsvoll zu entwickeln, Stuttgart wird mehrfach durch Zyklen ausgezeichnet, auch Basel, Kassel und Hamburg werden bevorzugt gepflegt, in Skandinavien ragt Kristiania aus den Orten, an denen Zyklen gehalten werden, besonders heraus. So ist bis Ende 1908 eine ganze theosophische Landschaft entstanden, in der an etwa sechs Orten aus der Zahl der Theosophen immer deutlicher eigenständige Mitarbeiter hervortreten: Sophie Stinde und Gräfin Kalckreuth in München, Carl Unger und Adolf Arenson in Stuttgart, Michael Bauer in Nürnberg, Mathilde Scholl in Köln, Ludwig Noll in Kassel, Richard Eriksen und andere in Kristiania. Das Zentrum der Arbeit, zu dem Rudolf Steiner immer wieder zurückkehrte, war Berlin, wo sich um ihn und Marie von Sivers eine Reihe treuer Mitarbeiter, namentlich Johanna Mücke und Kurt Walther, sammelten. Insgesamt gab es 1909 etwa zwanzig Theosophen, die in verschiedenen Städten, also außerhalb ihres Zweiges Vorträge und Kurse hielten.

Am 1. August 1908 gründete Marie von Sivers in Berlin den «Philosophisch-Theosophischen Verlag». Aus bescheidensten Verhältnissen wuchs in diesem Verlag durch die anspruchslose Mitarbeit von Johanna Mücke bald ein blühendes Unternehmen heran, das zunächst einzelne Vorträge und dann bald ganze Vortragszyklen Rudolf Steiners veröffentlichte. Die Zuhörer der Vorträge Rudolf Steiners hatten nämlich begonnen, Vorträge und Kurse mitzuschreiben. Allerlei unkontrollierte

Abb. 86: Rudolf Steiner vor einer norwegischen Stabkirche, 1908, mit Marie von Sivers und einer dritten, nicht bekannten Person

Nachschriften kamen in Umlauf. Nun nahm sich Marie von Sivers der Sache an, sorgte dafür, daß einigermaßen zuverlässige Stenographen mitschrieben, und sie korrigierte die Texte zunächst allein, später gab sie dann die transkribierten Nachschriften auch an Adolf Arenson und andere Mitarbeiter zur Durchsicht. So entstand seit 1908 die Sammlung der Vortragszyklen Steiners, von denen bis zum Ersten Weltkrieg etwa 25 Bände erschienen.

Im Jahre 1909 berichtet Marie von Sivers Edouard Schuré von ihrer Verlagsarbeit: «Wir haben nun mit der Vervielfältigung der Vorträge Rudolf Steiners begonnen. Statt eines Fräuleins habe ich vier anstellen müssen. ... Eine ganze Fabrik habe ich einrichten müssen, wir brauchen Maschinen, Zimmer voller Schränke und Regale für alle diese Papiere, und freiwillige Helfer, die alles in Ordnung halten. ... Drucken können wir nicht, weil Herr Steiner aus Zeitmangel nichts durchsieht. Wieviel einfacher das doch wäre!» (Rudolf Steiner Studien I, S. 381)

Der Ton, der in diesen Zyklen nun aufklingt, möchte die Zuhörer bewegen und sie in die Zukunft führen. Die Betrachtungen der Evolution sollen den Wurzelgrund für die weitere Entwicklung bilden. Das Neue soll sich aus dem Alten erheben. So heißt es beispielsweise am

Ende des zweiten Stuttgarter Vortrags im Zyklus *Welt, Erde und Mensch*: «Unsere Zeit muß nicht eine uralte Weisheit gebären, sondern eine neue Weisheit, die nicht nur in die Vergangenheit hineinweisen kann, sondern die prophetisch, apokalyptisch wirken muß in die Zukunft hinein. Wir sehen eine uralte Weisheit, bewahrt in den Mysterien der vergangenen Kulturepochen; eine apokalyptische Weisheit, zu der wir den Samen legen müssen, muß unsere Weisheit sein. Wir brauchen wieder ein Einweihungsprinzip, damit die ursprüngliche Verbindung mit der geistigen Welt wiederhergestellt werden kann. Das ist die Aufgabe der theosophischen Weltbewegung.» (105/46)

Damit dieses Einweihungsprinzip zu einem allgemeinen Kulturprinzip werden kann, schreibt Rudolf Steiner in diesen Jahren die *Geheimwissenschaft*. Wie das Buch *Theosophie* beginnt auch die *Geheimwissenschaft* mit einer Darstellung des Wesens des Menschen, freilich unter einem anderen Gesichtspunkt. Das Kapitel heißt nämlich *Das Wesen der Menschheit* und beschreibt in neuer Weise den Verwandlungsprozeß, in dem die Menschheit lebt, in dem der Mensch sich vom «Ich» aus verwandelt. Das wird unter anderem dadurch sichtbar, daß die Erinnerung als spezifische Fähigkeit des «Ich» beschrieben wird.

Der Mensch als sich erinnerndes Wesen lernt schrittweise die Vergangenheit zu umgreifen und vom «Ich» her zu durchdringen. Aus der Kraft der Erinnerung lernt er die Weisheit der Welt, aus der er geworden ist, zu durchschauen. Diese Erinnerung wird nun in dem Kapitel *Die Weltentwickelung und der Mensch* in höchstem Maße in Anspruch genommen: In der Rückschau auf die Weltentwicklung durch die Werdestufen Alter Saturn, Alte Sonne, Alter Mond und Erde entsteht das Bild der vierstufigen Schöpfung der Welt, in der wir leben. Jeder Mensch kann diese vier Stufen der Evolution im Physischen, Ätherischen, Astralischen und im Geistigen wiedererkennen und studieren und so in die Erinnerung rufen.

Das Studium der Welt enthüllt diese Welt in allen Einzelheiten als einen «Kosmos der Weisheit»: Vom Bau des menschlichen Körpers angefangen bis zum Sonnensystem erscheint die Welt von Weisheit durchdrungen. Diese Weisheit kann in vielfacher Weise studiert werden. Indem sie ins «Ich» aufgenommen wird, indem sie «erinnert» wird, erhält das «Ich» die Möglichkeit, im Sinne dieser Weisheit produktiv weiter in die Zukunft zu

Abb. 87: Rudolf Steiner und Marie von Sivers, 1908 in Stuttgart

wirken. Das «Ich» kann in sachgemäßer Liebe tätig werden. So schließt dann die *Geheimwissenschaft* mit einer Zukunftsperspektive:

«Und der ‹Kosmos der Weisheit› entwickelt sich in einen ‹*Kosmos der Liebe*› hinein. Aus alledem, was das ‹Ich› in sich entfalten kann, soll *Liebe* werden. Als das umfassende ‹Vorbild der Liebe› stellt sich bei seiner Offenbarung das hohe Sonnenwesen dar, welches bei der Schilderung der Christus-Entwickelung gekennzeichnet werden konnte. In das Innerste des menschlichen Wesenskernes ist damit der Keim der Liebe gesenkt. Und von da aus soll er in die ganze Entwickelung einströmen. Wie sich die vorher gebildete Weisheit in den Kräften der sinnlichen Außenwelt der Erde, in den gegenwärtigen ‹Naturkräften› offenbart, so wird sich in Zukunft die Liebe selbst in allen Erscheinungen als neue Naturkraft offenbaren.

Das ist das Geheimnis aller Entwickelung in die Zukunft hinein: daß die Erkenntnis, daß auch alles, was der Mensch vollbringt aus dem wahren Verständnis der Entwickelung heraus, eine *Aussaat* ist, die als *Liebe* reifen muß. Und so viel als Kraft der Liebe entsteht, so viel Schöpferisches wird für die Zukunft geleistet.» (13/415f)

Daß die Liebe im Menschen als Naturkraft veranlagt ist, offenbart schon die Mutterliebe. Die Mutter zwingt sich nicht dazu, ihr Kind zu lieben. Dort, wo die Mutter ihr Kind wirklich versteht, ist die Liebe von Verständnis und Weisheit durchdrungen. Für den Arzt, dem intuitiv aufgeht, wie einem Patienten zu helfen ist, ist es ebenso natürlich, seine Einsicht in tätige Hilfe zu verwandeln. An solchen Beispielen kann man erkennen, wie Einsicht zur Hilfe, zur Liebe wird.

«Die ‹Weisheit der Außenwelt› wird, von dem Erdenzustande an, innere Weisheit im Menschen. Und wenn sie da verinnerlicht ist, wird sie Keim der *Liebe.* Weisheit ist die Vorbedingung der Liebe; Liebe ist das Ergebnis der im ‹Ich› wiedergeborenen Weisheit.» (13/416)

So wird in der *Geheimwissenschaft* der Sinn der Erdenentwicklung sichtbar gemacht. Das menschliche Ich umgreift mit der Kraft der Erinnerung die Weisheit der Welt. Durch den Christus-Impuls empfängt das Ich die Kraft, aus Einsicht in diese Weisheit, aus dem Miterleben des Sinngefüges der Welt heraus zu handeln. So entsteht zur Zukunft hin durch das Einsehen und Handeln des Menschen der Keim der Liebe, so bereitet sich für eine ferne Zukunft der «Kosmos der Liebe» vor.

29.
DIE CHRISTLICHEN MYSTERIEN GEHEN AUF

Im Mittelpunkt der Erdenevolution steht in der Darstellung der *Geheimwissenschaft* die Christus-Tat, *das Mysterium von Golgatha.* Im Leben Rudolf Steiners ist die nach schweren inneren Kämpfen und Prüfungen neu errungene Erkenntnis des Ereignisses von Golgatha ein tief einschneidendes Ereignis: «Auf das geistige Gestanden-Haben vor dem Mysterium von Golgatha in innerster ernstester Erkenntnis-Feier kam es bei meiner Seelen-Entwickelung an.» (28/366) Hier, wo die Bedeutung dieser Erkenntnis überschaubar wird, ist der Ort, den Weg, auf dem diese Einsichten entfaltet wurden, rückblickend nachzuzeichnen.

Diese errungene Erkenntnis ist in ihrem inneren Gewicht von jenen Ideen, die Rudolf Steiner – wie er in *Mein Lebensgang* berichtet – bereits vor 1890 über Christus entwickelt und gegenüber dem Zisterzienser Wilhelm Neumann ausgesprochen hatte, deutlich zu unterscheiden; solche Ideen sind etwas anderes als eine durch Prüfungen errungene Erkenntnis. Steiner hat diese Ideen in den neunziger Jahren auch strikt abgewiesen – das geht aus vielfachen Äußerungen in der *Philosophie der Freiheit,* aus dem Nietzsche-Buch und aus manchen Aufsätzen hervor. So heißt es zum Beispiel in einer Darstellung aus dem Jahre 1898: «Wir gehen in das neue Jahrhundert hinüber mit wesentlich anderen Gefühlen, als sie unsere im Christentum erzogenen Vorfahren hatten. Wir sind wirklich ‹Neue Menschen› geworden, aber wir, die wir uns zur neuen Weltanschauung auch mit dem Herzen bekennen, wir sind eine kleine Gemeinde. Wir wollen Kämpfer sein für unser Evangelium, auf daß im kommenden Jahrhundert ein neues Geschlecht erstehe, das zu leben weiß, befriedigt, heiter und stolz, ohne Christentum, ohne Ausblick auf das Jenseits.» (33/129)

In dem Ton dieser Worte klingt gewiß nichts von dem mehr auf, was Steiner etwa 1888 mit dem Zisterzienser-Pater Neumann verhandelt hatte und was auch schon 1888 in einem hohen Maße kritisch gegen die Theologie eingestellt war (vgl. hierzu 343/219 und B 83/84, S. 24).

Nach der Jahrhundertwende, in den Jahren 1901/02 hatte Rudolf Steiner versucht, seine eigenen geistig-seelischen Erfahrungen als Schlüssel zum Verstehen und Erleben dessen, was aus den antiken Mysterien überliefert ist, einzusetzen. Was in philosophischer Sprache als Geburt des wahren Ich im Menschen und als Entwicklungsweg dieses Ich zum Welt-Ich und zur Wiedergeburt des Ich aus dem Geiste gefaßt werden kann, beschrieb er 1902 auf bildhafte Weise. Vom eigenen Erleben geleitet, schildert er die großen Prozesse der Geburt des Gottes-Sprossen im Menschen, die Prozesse des Leidens, des Todes, der Höllenfahrt und der Auferstehung, die einen wesentlichen Inhalt der Mysterien bildeten. Die inneren Erfahrungen der Eingeweihten der Mysterien werden in großen Bildern geschildert. Die Bilder dieser Erfahrungen erscheinen auch in den Evangelien und in der Apokalypse. Der wesentliche Inhalt des christlichen Geheimnisses von Tod und Auferstehung stand also als Erkenntnis-Erlebnis deutlich vor seinem inneren Auge. Die Frage war aber, wie sich dieses Mysterium in der Geschichte spiegelte.

Im Jahre 1902 deutete Steiner die Bildsprache der Evangelien und der Apokalypse noch von den antiken und ägyptischen Mysterien her: Aus den Mysterien sei das Christentum hervorgegangen, im Christentum aber seien die Mysterien-Inhalte veröffentlicht und jedermann zugänglich gemacht worden. «Die Mysterienweisheit ist eine Treibhauspflanze, die Einzelnen, Reifen geoffenbart wird; die christliche Weisheit ist ein Mysterium, das als Erkenntnis *Keinem*, als Glaubensinhalt *Allen* geoffenbart wird. … Das Christentum holte das Mysterium aus der Tempel-Dunkelheit in das helle Tageslicht hervor. Aber es verschloß zugleich die Tempeloffenbarung in das innerste Gemach, in den Inhalt des *Glaubens.*» (*Das Christentum als mystische Tatsache*, 1902, S. 140f)

So erscheint die Deutung sowohl des Christentums wie die der Mysterien durch Steiner im Jahre 1902 als ambivalent: Die Exklusivität der Mysterien erhält durch das Bild der Treibhauspflanze einen fragwürdigen Charakter, ebenso aber auch die Popularität des Christentums, die mit der Unerkennbarkeit erkauft worden sei. Im Prinzip jedoch haben

Mysterien und Christentum den gleichen Inhalt. Im Christentum werden die Mysterien veröffentlicht und verschlossen.

Diese ambivalente Deutung des Christentums sollte sich in den folgenden Jahren ändern. In der überarbeiteten Neuauflage des Buches *Das Christentum als mystische Tatsache* aus dem Jahre 1910 werden die Mysterien zur bloß bildhaften Vorherverkündigung des Mysteriums von Golgatha. Das Mysterium von Golgatha wird als Mittelpunktsereignis der Erdenentwicklung gesehen.

Diese Einsicht wurde von Rudolf Steiner von 1903 bis 1908 entfaltet, während in seiner Umwelt, soweit sie religiös interessiert war, die «liberale Theologie» dominierte. Diese liberale Theologie, die ursprünglich mit einem positivistischen, an der historischen Quellenkritik orientierten Kahlschlag der Überlieferung begonnen hatte, war um das Jahr 1900 auf der zweiten Stufe ihrer Entwicklung angelangt, auf der die Quellenkritik abebbte. Adolf von Harnack, ein feinsinniger Vertreter dieser neuen Richtung, war geneigt, in den drei synoptischen Evangelien eine getreue Überlieferung der Botschaft Jesu zu erkennen: die Botschaft von Gott dem Vater und den unendlichen Wert der Menschenseele. – In den Augen Rudolf Steiners war Harnacks Deutung Jesu aber doch eine sehr verkürzte Interpretation des Evangeliums, die den Durchblick auf die Weltbedeutung des Mysteriums von Golgatha nicht eröffnete.

Bevor wir den Stufenweg zu dieser Erkenntnis des Mysteriums von Golgatha zu beschreiben versuchen, müssen wir uns ein Bild von der Forschungsart Rudolf Steiners machen. Rudolf Steiner hat sich einige Male über seine Forschungen ausgesprochen, so 1925 in der Vorrede zu einer Neuauflage der *Geheimwissenschaft*: «Im Geist-Erkennen ist alles in intimes Seelen-Erleben getaucht. Nicht nur das geistige Anschauen selbst, sondern auch das Verstehen, das das nicht-schauende gewöhnliche Bewußtsein den Ergebnissen des Schauenden entgegenbringt.» (13/27)

Das seelische Erleben, die menschliche Seele und die seelische Entwicklung sind der Schlüssel zur Geisterkenntnis. Was im Geiste erkannt wird, muß das Leben der Seele ergreifen und sich im Leben selber spiegeln (129/44). So ist das, was Rudolf Steiner 1902 das mystische Erleben nennt, von größter Bedeutung: Der Myste, der Geisterkenner muß selber aufnehmen, verinnerlichen, was er erkennt. Rudolf Steiner verwendet hier immer wieder das Wort *durchmachen.* Das geistige Erkennen ist also nicht eine bloße Besichtigung höherer Welten und ferner Zeiten, sondern ein Erfahren und Durchleben geistiger Inhalte. Mit dem «Durchmachen» und Durchleben ist eine Wandlung des eigenen Lebens verbunden.

Aber noch mehr: Das geistig Erlebte und Geschaute wird nicht nur geschaut und erlebt, es muß auch verstanden werden. Gerade das gedankliche Verstehen ist für den Erlebenden eine besondere Aufgabe. Er muß dem Schauen gegenüber die rechten Gedanken entwickeln und gestalten (2/137f). Dabei tritt noch ein besonderes Problem auf, wenn man vom Erkennen des Geschauten zum Darstellen übergehen will: «Um aber ein solches Verständnis wirklich möglich zu machen, muß der Darsteller des geistig Geschauten seine Schauungen bis zu einem richtigen Hineingießen in die Gedankenform bringen, ohne daß sie innerhalb dieser Form ihren imaginativen Charakter verlieren.» (13/27)

Der geistig Erlebende und Schauende muß sich also nicht nur seine Schauungen zum vollen Bewußtsein und zur Klarheit bringen, er muß sie auch erkennen, gedanklich begreifen, für die Darstellung künstlerisch-imaginativ gestalten und schließlich in der Geschichte wiedererkennen. Nur der Laie auf diesem Gebiet stellt sich vor, daß dies alles im Handumdrehen geht. In Wahrheit ist geistiges Erkennen langwierig und zeitaufwendig, mancherlei Wege müssen gegangen werden.

Ganz allgemein beschreibt Rudolf Steiner seine Erfahrungen in den Jahren 1901 bis 1907 oder 1908 in seiner Autobiographie. Dabei legt er Wert darauf, «diesen Weg auch wirklich *nach seiner Innerlichkeit*» zu nehmen: «Für mich waren die Jahre etwa von 1901 bis 1907 oder 1908 eine Zeit, in der ich mit allen Seelenkräften unter dem Eindruck der an mich herankommenden Tatsachen und Wesenheiten der Geistwelt stand. Aus dem Erleben der allgemeinen Geist-Welt wuchsen die besonderen Erkenntnisse heraus.» (28/432)

Wie das zu verstehen ist, ergibt sich aus der 1925 geschriebenen Vorrede zur zwanzigsten Auflage der *Geheimwissenschaft*. Ursprünglich wollte Rudolf Steiner der allgemeinen Darstellung des Menschen und der Geistwelt in der 1904 erschienenen *Theosophie* eine besondere Darstellung der Weltentwicklung als letztes Kapitel anfügen. «Das ging nicht. Dieser Inhalt rundete sich damals, als die ‹Theosophie› ausgeführt wurde, nicht in der Art in mir ab wie derjenige der ‹Theosophie›. Ich hatte in meinen Imaginationen das geistige Wesen des Einzelmenschen vor meiner Seele stehen und konnte es darstellen, nicht aber standen damals schon die kosmischen Zusammenhänge, die in der ‹Geheimwissenschaft› darzulegen waren, ebenso vor mir. Sie waren im einzelnen da; nicht aber im Gesamtbild.» (13/25)

Als erstes gelangte Rudolf Steiner also zu einer geistigen Anschauung des *Einzel*menschen: Die menschlichen Wesensglieder standen bis zu den höheren geistigen Gliedern Manas (Geistselbst), Buddhi (Lebensgeist) und Atman (Geistesmensch) vor seiner inneren Anschauung, ebenso blickte er auf die Entwicklung der Seele durch die Reinkarnation des Geistes und auf die Wanderung der Seele durch die Seelenwelt und das Geisterland. Vom inneren Erfassen des Einzelmenschen ging Rudolf Steiner also aus.

In der *Geheimwissenschaft* aber wird das Wesen der *Menschheit* und deren Werden in der Weltevolution dargestellt. «1909 fühlte ich dann, daß ich mit diesen Voraussetzungen ein Buch zustandebringen könne, das erstens den Inhalt meiner Geistesschau bis zu einem gewissen, aber zunächst genügenden Grade, in die Gedankenform gegossen, brachte; und das zweitens von jedem denkenden Menschen, der sich *keine Hindernisse* vor das Verständnis legt, verstanden werden kann.» (13/10)

Diese Darstellung des Jahres 1909 ist die Grundlage alles dessen, was Rudolf Steiner später entwickelt hat. Vom Jahre 1909 an hat Rudolf Steiner das in der *Geheimwissenschaft* Gegebene, wie er sagt, «unausgesetzt» durch forschendes Schauen im Hinblick auf den Kosmos und das geschichtliche Werden «weiter fortgebildet», aber die *Geheimwissenschaft* bildet die Grundlage alles weiteren. – Die früheren schriftlichen Darstellungen, die von 1904 an ohne Nennung des Namens des Verfassers unter dem Titel «Aus der Akasha-Chronik» in der Zeitschrift *Lucifer-Gnosis* veröffentlicht wurden, sind im Vergleich zur *Geheimwissenschaft* eher als Vorstudien, nicht jedoch als Grundlage der späteren Anthroposophie anzusehen. Es fehlt in diesen Versuchen nicht nur jeder Hinweis auf das Mittelpunktsereignis der Evolution, das Mysterium von Golgatha, sondern auch manch anderer wichtige Gesichtspunkt, zum Beispiel die explizite Beschreibung des Wirkens der luziferischen und ahrimanischen Wesenheiten. Steiner hatte seine eigene Sprache noch nicht gefunden. Man muß nur einmal den Abschnitt «Die Lemurische Rasse» lesen, um sich davon zu überzeugen. Steiner selbst war sich denn auch der Problematik dieser Versuche wohl bewußt, und so schreibt er zum Beispiel einleitend in dem Kapitel über die lemurische Rasse: «Wenn auch beim Entziffern der ‹Akasha-Chronik› alle mögliche Sorgfalt angewendet worden ist, so muß doch betont werden, daß nirgends für diese Mitteilungen irgendwelcher dogmatischer Charakter in Anspruch genommen werden soll. Ist schon das Lesen von Dingen und Ereignissen, welche dem gegenwärtigen Zeitalter so fernliegen, nicht leicht, so bietet die Übersetzung des Geschauten und Entzifferten in die gegenwärtige Sprache fast unübersteigliche Hindernisse.» (11/57)

Diese Probleme veranlassen Steiner dann bereits im Oktober 1905, sich von dem damals üblichen und zuerst auch von ihm verwendeten Sprachgebrauch zu distanzieren. So sagt er zum Beispiel, daß das Wort «Rasse» gegen die Zukunft hin «allen Sinn verlieren» werde, und überhaupt die Bezeichnung «Rasse» «keine besonders glückliche sei» (11/208f).

Erst vor dem Hintergrund der so skizzierten allgemeinen Sprach- und Erkenntnisentwicklung Steiners kann man auf seinen Weg zur Erkenntnis des Christentums eingehen. Im Zusammenhang der Fragen der Akasha-Forschung mit der Beschreibung des Lebens Jesu hat sich Rudolf Steiner in einem wichtigen Augenblick des Jahres 1913 darüber in der Weise geäußert, daß ihm die Erforschung der mit dem Christentum zusammenhängenden Tatsachen besonders schwierig gewesen sei. Er begründet diese Schwierigkeit mit der Tatsache, daß er keine wirklich christliche Erziehung erhalten habe: «Ich will durchaus nicht sagen, daß ich heute schon imstande bin, alles das präzise zu sagen, was sich in der geistigen Schrift darstellt. Denn gerade ich fühle mancherlei Schwierigkeiten und Mühe, wenn es sich darum handelt, Bilder, die sich auf die Geheimnisse des Christentums beziehen, aus der Akasha-Chronik zu holen. Ich fühle Mühe, diese Bilder zu der nötigen Verdichtung zu bringen, sie festhalten zu können, und betrachte es gewissermaßen als mein Karma, daß mir die Pflicht auferlegt ist, dies zu sagen, was ich eben ausspreche. Denn ganz zweifellos würde ich weniger Mühe haben, wenn ich in der Lage gewesen wäre, in meiner Jugend eine wirklich christliche Erziehung erhalten zu haben. Das habe ich nicht gehabt; ich bin in einer vollständig freigeistigen Umgebung aufgewachsen, und auch mein Studium hat mich zum Freigeistigen geführt. Mein eigener Bildungsweg war ein rein wissenschaftlicher. Und das macht mir eine gewisse Mühe, diese Dinge jetzt zu finden, von denen ich zu sprechen verpflichtet bin.» (148/38)

Allerdings ergab sich aus dieser dezidiert nicht-christlichen Erziehung, für die vor allem der Vater Steiners verantwortlich war, auch eine wichtige Voraussetzung für ein vorurteilsfreies Erkennen:

«Auf der anderen Seite fühle ich mich gerade dadurch, daß ich in meiner Jugend dem Christentum fernstand, diesem um so unbefangener gegenüber und glaube, da ich erst durch den Geist zu dem Christentum und der Christus-Wesenheit geführt worden bin, gerade auf diesem Gebiete ein gewisses Recht zu haben auf Vorurteilslosigkeit und Unbefangenheit, um über diese Dinge Aussagen zu machen.» (148/38)

In dem autobiographischen Vortrag vom 4. Februar 1913 hat Steiner seine nicht-christliche Erziehung im Detail dargestellt, und in der autobiographischen Notiz für Edouard Schuré faßt er die Tatsachen so zusammen: «Den kirchlichen Kultus lernte ich zwar kennen, indem ich zu den Kultushandlungen als sogenannter Ministrant zugezogen wurde, doch war nirgends, auch bei den Priestern nicht, die ich kennenlernte, eigentliche Frömmigkeit und Religiosität vorhanden. Dagegen traten mir fort und fort gewisse Schattenseiten des katholischen Klerus vor Augen.» (262/7)

Die starken, von außen auf den jungen Steiner wirkenden Eindrücke einer nicht-christlichen Umwelt schatteten in sein Leben hinein und machten es ihm schwer, das, was er bereits als Kind im Zusammenhang mit dem Kultus und der lateinischen Sprache erlebt hatte, auch äußerlich zu erfassen: Er konnte nämlich mit niemandem darüber sprechen. So blieben die positiven frühen Erlebnisse ein reines Innenerlebnis, das sich nirgendwo in einer anderen Seele für den Knaben spiegelte.

Für einen speziellen Fall, nämlich für die Erforschung jener Geheimnisse, die mit dem heiligen Gral zusammenhängen, hat Steiner Weiteres über die Wege, die sein Forschen nahm, angedeutet. Zunächst erwähnt er, daß gerade bei diesen Forschungen «sich die Spur verloren hat; denn ich mußte suchen, wo sie wieder erschien». Dann meint er, daß gerade in älteren Zyklen und Büchern «zu dem Unbefriedigendsten das gehört, was ich im Zusammenhange mit den Namen des heiligen Gral gesagt habe» (149/82). Schließlich heißt es, das Geheimnis der schicksalhaft bedingten Forschung beleuchtend: «Bei der okkulten Forschung wird man auch, und zwar oft nur in Anlehnung an das, wozu einen das Karma führt, ganz stufenweise und sachte geführt; und man weiß nicht, wenn einem etwas entgegentritt, das auf irgendeine Sache Bezug zu haben scheint, was unter dem Einfluß der Kräfte, die aus der spirituellen Welt kommen, einmal in der eigenen Seele aus einer solchen Sache gemacht werden soll. Man weiß oft nicht einmal, daß sich irgendetwas, was man bekommt aus den Tiefen der okkulten Welt heraus, auf irgendein Problem bezieht, das man jahrelang verfolgt.» (149/83)

In diesem Sinne mag man sich vorstellen, daß der Weg Steiners in die Mysterien des Christentums erstens die Überwindung von Hindernissen und Widerständen erforderte. Dabei waren die Schwierigkeiten, die sich aus der nicht-christlichen Erziehung ergaben, nur ein Teil der Hindernisse. Ebenso war die theologische Literatur ein gewisses Dornengestrüpp, durch das sich Steiner, wie sich aus seiner Bibliothek ergibt, durchgearbeitet hat. Zweitens war es ein Stufenweg, ein Weg, auf dem er «sachte» geführt wurde. Das entspricht dem modernen Bewußtsein: Es wird nicht von Offenbarungen überfallen oder mit einer beseligenden Pan-Vision beglückt. Ein modernes Bewußtsein gelangt schrittweise zu Einsichten und prüft sie, es schreitet stufenweise im Erkennen fort, es fragt und versucht, welcher Gedanke hier angemessen und recht ist. Die Geheimnisse des modernen Bewußtseins bilden sich im Parzival-Mythos ab (144/81). Parzival geht seinen Weg durch Stufen und Krisen. Steiner deutete in diesem Sinne auch das Wort Gral und erklärte einer elften Klasse der Freien Waldorfschule: «‹Gral, das kommt von *gradalis*, das heißt stufenweise. Stufenweise vollzieht sich ja der Weg des Parzival, von der Dumpfheit über den Zweifel zur Saelde.›» (W. J. Stein 1928, S. 6)

Gewiß sind von diesem Stufengang in Steiners Entwicklung nur die Fußspuren, die Abdrücke in Vorträgen und Schriften erhalten. Man wird deshalb aus diesen Aussagen keine unbedingten Rückschlüsse auf seine inneren Erlebnisse ziehen können, aber sie markieren doch – wie sich deutlich zeigen wird – Wegstationen und sind für den, der zu lesen versteht, im höchsten Maße sprechend. Man versperrt sich dabei manche Einsicht, wenn man die Differenzen der einzelnen Aussagen zu nivellieren trachtet.

Die erste in diesem Zusammenhang hochbedeutsame Aussage findet sich in einer Notizbuch-Aufzeichnung Steiners aus dem Jahre 1924. Er vergegenwärtigt sich bei der Vorbereitung eines Vortrags autobiographische Daten und notiert: «1903 = die christl. Myst. gehen auf=»; ausgeschrieben also: 1903 – die christlichen Mysterien gehen auf (Grosse 1981, S. 125). Schon das Bild des Aufgehens, das an einen Sonnenaufgang erinnert, ist vielsagend und deutet auf ein langsames Erscheinen am inneren Horizont.

In der Tat ist aus dem Jahre 1903, in dem die Überlieferung von Vorträgen noch sehr spärlich ist, ein Zeugnis dieses Aufgehens erhalten. In dem Weihnachtsvortrag am 21. Dezember beschreibt Steiner, wie in den alten Mysterien und besonders bei den alten Ägyptern die Geburt des Lichts in der Winternacht gefeiert wurde. Dann sagt Steiner gegen Ende des Vortrags: «Was die Ägypter da gefeiert hatten, das wurde zur Weltentatsache, zum Weltereignis.» Ganz im Sinne der Aussagen des Buches *Das Christentum als mystische Tatsache* fügt Steiner noch hinzu, Jesus habe die Tempelgeheimnisse in alle Welt hinausgetragen. Dann aber klingt es im weiteren ganz anders: «Nicht nur drinnen in den Tempelstätten sollten sie jetzt die Seligkeit finden, sondern sie sollten die Reiche der Himmel, die ihnen als das harmonische Vorbild des Menschenschicksals vorgestellt wurden, in sich selbst finden, sie sollten hinaufschreiten zu dem Gipfel, wo ein Ausgleich zwischen dem wandelbaren irrenden Menschenherzen und dem unwandelbaren Gesetze des Makrokosmos stattfinden kann.» (B 32, S. 7) Welch ein gewaltiger Schritt! Jesus offenbart die Geheimnisse der Mysterien wirklich. Die Geheimnisse der Mysterien werden nicht mehr in den Glauben verschlossen, sie sind Weltentatsache geworden.

Etwa zwei Wochen später – am 4. Januar 1904 – spricht Steiner öffentlich in Berlin über das Thema «Theosophie und Christentum» und bezeichnet es nun geradezu als die Aufgabe der Theosophie, das Christentum «in seiner Wahrheit zu erkennen» (52/84). Diese Wahrheit faßt er am Ende des Vortrags in die Worte: «Ich bin bei euch alle Tage bis ans Ende der Welt.» So verkündet er den gegenwärtigen Christus!

Diese bedeutsame Wendung hat einen Hintergrund. Im Jahre 1904 beruft sich Rudolf Steiner manchmal auf jene geistigen Individualitäten, die innerhalb der theosophischen Bewegung «Meister» genannt wurden und die er selbst gerne als «unsere geistigen Führer» bezeichnet. In einem Brief spricht er nun aus: «Ich habe die Weisung, das christliche Element zu pflegen»; und er spezifiziert seinen Auftrag: «Christliche

Mystik, Interpretation der christlichen Symbole usw. soll betrieben werden. Es wird unsere Aufgabe gewiß sein, Prediger, sogar katholische Priester für das esoterische Christentum zu gewinnen. An diesen wird es dann sein, die Esoterik einströmen zu lassen in ihre Lehren.» (264/83)

Über die Weisungen der geistigen Führer ist sonst recht wenig überliefert. Nur mit Marie von Sivers scheint Rudolf Steiner darüber ausführlicher gesprochen zu haben. In einem Brief aus dem Jahre 1905 schreibt er – wie auf mündlich Besprochenes Bezug nehmend: «Ich kann Dir nur sagen, wenn der Meister mich nicht zu überzeugen gewußt hätte, daß trotz alledem die Theosophie unserem Zeitalter notwendig ist: ich hätte auch *nach* 1901 nur philosophische Bücher geschrieben und literarisch und philosophisch gesprochen.» (262/48) Vielleicht darf man dem Hinweis auf das Jahr 1901 entnehmen, daß Rudolf Steiner im Jahre 1901 für seine Aufgabe gewonnen wurde und daß er sich in den folgenden Jahren frei einsehend der Führung seines Meisters anvertraut hat, der ihm dann die Weisung erteilte «das christliche Element zu pflegen».

Ein solcher Hinweis des geistigen Führers bedeutet aber sicher nicht, daß der Rater und Führer Rudolf Steiner die eigentliche Erkenntnisarbeit, die geistige Forschung abgenommen hat. Indem für Rudolf Steiner die christlichen Mysterien aufgehen, zeigt sich ihm als erstes, daß die Christus-Tat eine objektive Weltbedeutung hat. Diese Weltwirksamkeit in der Menschheitsentwicklung wird nun erforscht. Ohne sich an die Bibel oder an eine Dogmatik anzulehnen, entwickelt Steiner, was sich ihm über die kosmische Bedeutung des Christus ergeben hat. Am 10. Juni 1904 stellt er zunächst in einem Vortrag dar, daß durch die Inkarnation des Christus in dem Jesus von Nazareth «in einer menschlichen Leiblichkeit das Buddhiprinzip selbst» auf der Erde gegenwärtig geworden sei. Dadurch seien die Verführer des Menschen, die Steiner 1904 noch «Rakshasas» nennt, gebannt und besiegt worden; er fährt fort: «Das wäre nicht möglich gewesen, wenn in Jesus von Nazareth nicht zwei Naturen vereinigt gewesen wären: auf der einen Seite der alte Chela, der ganz verbunden war mit dem physischen Plan, der auf dem physischen Plan wirken konnte und durch seine Kräfte ihn im Gleichgewicht halten konnte, und auf der anderen Seite der Christus selbst, ein reines Geistwesen. Das ist das kosmische Problem, das dem Christentum zugrunde liegt. Es ist damals auf okkultem Felde etwas geschehen; es ist dies die Bannung der Feinde des Menschentums, nachklingend in der Sage vom Antichrist, der gefesselt wurde, aber wieder erscheinen wird, wenn ihm nicht das christliche Prinzip in seiner Ursprünglichkeit entgegentritt.» (93/39)

Hier wird also in sehr klarer, keineswegs allgemein üblicher Weise zwischen Jesus und dem Christus unterschieden. Jesus wird als hoher Geistesschüler, als ein Chela angesprochen, der, wie Rudolf Steiner später darstellen sollte, «im 30. Jahre seines Lebens sein Leben dem herunterkommenden Christus» hingegeben hat (B 60, S. 5). Christus trägt das Buddhi-Prinzip auf die Erde und bringt es zur Inkarnation. Dieses Buddhi-Prinzip ist nach der *Theosophie* eines der Wesensglieder des Menschen, es ist der völlig verwandelte, geistdurchdrungene und geistgelenkte Lebensleib, also der Lebensgeist.

Am 1. November 1904 beschreibt Rudolf Steiner diesen Vorgang noch auf andere Art. Er führt zunächst aus, daß der «Funke des Buddhi» auch im Geistselbst, also im geistverwandelten Seelenleib des Menschen wirken könne: «Dann wird der Mensch Lehrer. Solche Lehrer waren Buddha, Zarathustra, Krishna, Moses, Hermes. Diese Menschen werden geboren, mit dem Ziel, Lehrer zu werden. Geht nun die Beeinflussung des Buddhi bis zu dem Kama», also bis in den Begierdenleib, «selbst, so muß in einem späteren Zeitpunkt des Lebens das Christus-Prinzip in einen schon vom Kama besetzten Körper hinuntersteigen. So war es bei Jesus, der erst im 30. Jahre den Christus aufnehmen konnte. Insofern wir die Jesus-Entwicklung betrachten, hatte dieser schon dadurch, daß in ihm Kama von Anfang entwickelt war, Karma auf sich geladen.» Das Christus-Prinzip, das den Buddhi inkarniert, dringt also tiefer in die Menschenwesenheit als bei den großen Lehrern, bei denen das Buddhi-Prinzip im Geist verbleibt. Steiner fährt dann fort: «Wollte der Christus unser Bruder werden, so mußte er in den Karma-beladenen Körper steigen. Der Körper zur Aufnahme des Christus, des Buddhi-Prinzips war gestaltet worden durch einen Chela des dritten Grades der Initiation (Zarathustra). Dieser Körper wurde zum Gebäude der Gottheit gemacht.» (B 69, S. 24f) – Im Jahre 1909 ändert Steiner diese Beschreibung, indem er darstellt, daß gerade der Leib des Jesus von Nazareth nicht im üblichen Sinne mit Karma beladen war. Aber er sieht schon im Jahre 1904 den Zusammenhang des Jesus von Nazareth mit der Wesenheit des Zarathustra.

Auch wird in den hier zitierten – im Inhaltlichen wohl durchaus zuverlässigen Vortragsnotizen – der Christus noch in indischer Terminologie beschrieben. Er wird als eine «dhyanische», das heißt engelhafte Wesenheit angesprochen: «Diese Dhyanis, die auf höheren Planen leben, die den Funken des Buddhi stufenweise in den Menschen hereinwerfen, nennt man eigentlich im höheren Sinne Buddhas oder im Christentum Christos. … Das sind wirkliche Götter.» (B 69, S. 24) – So wird der Christus also zunächst als ein Gott, der zu einer Göttergeneration gehört, gesehen, erlebt und gedeutet. Diese Auffassung findet sich – nebenbei bemerkt – auch in den Vorstellungen des frühesten Christentums, die den Messias als Engelfürst ansprechen. Von den anderen Göttern aber unterscheide sich der Christus durch jene Kraft, die es ihm ermöglicht, wesentlich tiefer als die anderen Götter in die Erden- und Menschennatur einzudringen: «Der erste lunarische Pitri, der mit Buddhi erfüllt war, in dem Mensch und Gottheit vereinigt sind, das ist Jesus Christus. Und da kommt in Betracht, daß bei Jesus die Buddhi-Gottheit am tiefsten gestiegen ist.» (B 69, S. 24)

In solchen Ausführungen kann man das Aufgehen der christlichen Mysterien vor Augen sehen: Die Göttlichkeit Christi wird erfahren, auch wenn sie zunächst noch nicht in ihrer ganzen Tiefe gesehen wird. Die befreiende Wirkung der Christustat wird beschrieben. Das Geheimnis der Inkarnation des Christus in Jesus – der hier zunächst als Zarathustra angesprochen wird – wird ausgesprochen. Daß der Christus aus einer Generation von Göttern – die hier als Engel gedeutet werden – wirkt, wird 1911 neu geschildert, indem zugleich klar und nachdrücklich der Unterschied der Wesenheit Christi von jenen Göttern betont und gezeigt wird, daß der Christus selbst einer ganz anderen Welt entstammt als jener Göttergeneration (129/174-181). In allen Darstellungen bemerkt man, wie die Mysterien des Christentums schrittweise ans Licht kommen.

Diese Gedanken, in denen sich Erkenntnisstufen abbilden, entwickelt Rudolf Steiner zumeist im engsten, vertrauten Kreise. Mathilde Scholl berichtet in ihren nachgelassenen Aufzeichnungen, daß bei diesen Lehrstunden, die im Herbst 1904 in der Privatwohnung von Marie von Sivers stattfanden, nur wenige, mit der theosophischen Literatur vertraute Damen anwesend waren. Es waren dies die Gräfin Kalckreuth aus München, Helene Lübke aus Weimar, Mathilde Scholl aus Köln und Marie und Olga von Sivers.

Im Frühjahr 1906 begegnet in den Vorträgen Steiners ein interessanter Versuch, Christus auf eine andere Weise zu beschreiben. Allerdings bleibt dieser Versuch eine Episode, da Steiner erfahren mußte, daß Zuhörer und Leser, die zu sehr an Worten festhielten, ihn allzuleicht mißverstanden. In der Tat ist es in diesem Zusammenhang besonders notwendig, auf das Gemeinte, auf die Intention zu achten und nicht die eigenen Vorstellungen oder die später von Steiner entwickelten Ideen an den Text heranzutragen. – Es handelt sich hier um Vorträge zum Thema «Luzifer». In diesen Ausführungen wird Luzifer als der Bringer des Lichts, als Bringer und Vermittler der Erkenntnis, als Befreier dargestellt, ähnlich wie er in der griechischen Sage als Prometheus geschildert wird. Soweit kann man leicht folgen. Doch Steiner fügt, das luziferische Prinzip charakterisierend, hinzu: «Es ist nicht der Gegner, es ist die notwendige Ergänzung des Christusprinzips. Es ist mit diesem Christusprinzip in einer Einheit verbunden, so wie alle scheinbar einander widerstrebenden Naturgewalten in einer Einheit verbunden gedacht werden von denen, welche die Natur und das Universum durchschaut haben.» (54/325)

In einem andern Vortrag formuliert Steiner: «Man sprach früher von Luzifer als dem anderen Pol, welcher der Menschheit Licht gebracht hat. Zwei Mächte müssen auf der Erde wirken: der Liebesträger Christus, der Lichtträger Luzifer. Für den Menschen sind Licht und Liebe die zwei Pole. Unter der Einwirkung dieser beiden polarisch auftretenden Kräfte lebt jetzt der Mensch.» (97/153; Aufl. 1981, S. 164) Ergänzend heißt es schließlich in einem dritten Vortrag: «Dies sind die zwei Strömungen in der Menschheit. Die eine Strömung ist die, welche nur selig werden will, die andern wollen das Licht dabei. Die, welche vor Erkenntnis Furcht haben, betrachten Luzifer als den Bösen. Aber für die anderen ist Luzifer der Lichtträger, der Lichtbringer.» (97/159, Aufl. 1981, S. 169)

Im Jahre 1909 greift Rudolf Steiner diesen Gedanken nochmals in deutlich modifizierter Form auf (vgl. 113/108 u. 124); und in den 1921 zu diesem Text geschriebenen Anmerkungen appelliert er ausdrücklich an den Leser, sich auf das Gemeinte einzulassen, unter dem Namen «Luzifer» verstehe er in *diesem* Zusammenhang eben den Lichtträger.

Die Ausführungen des Jahres 1906 lassen aber zumindest auch die Frage zu, ob sie nicht als Ausdruck einer noch nicht vollendeten Christus-Erkenntnis gesehen werden müssen. Später jedenfalls heißt es vom göttlichen Christus-Licht, daß es die Herzen erwärmt *und* die Häupter erleuchtet: Das Licht des Christus bringt Wärme, Liebe sowie Einsicht und Erkenntnis.

Kurz nachdem Rudolf Steiner im Frühjahr 1906 die erwähnten Vorträge über das luziferische Prinzip gehalten hat, kommt es in der Theosophischen Gesellschaft zu der bereits dargestellten Leadbeater-Krise, die für Rudolf Steiner zum Anlaß wird, die von ihm vertretene Theosophie von der östlichen Theosophie zu unterscheiden und in geistiger Hinsicht zu trennen. Indem Steiner nun von seiner rosenkreuzerischen Theosophie spricht und den östlichen Weg von dem von ihm selbst vertretenen rosenkreuzerischen Weg abgrenzt, befreit er sich von dem hochbedeutsamen, aber doch in mancher Hinsicht luziferischen Strom H. P. Blavatskys und Annie Besants.

Am 31. Mai 1906, nachdem der Entschluß zur inneren Trennung gefaßt war, hält Steiner in Paris jenen Vortrag, der im Referat von Edouard Schuré mit den Worten beginnt: «Das Christentum spielt in der Geschichte der Menschheit eine einzigartige, einschneidende und wesentlichste Rolle. Es ist sozusagen das zentrale Moment, der springende Punkt zwischen der Involution und der Evolution.» (94/48)

Dieser Vortrag endet in der Fassung Schurés wie folgt:

«Mit den Rosenkreuzern lehrt die neue Geisteswissenschaft den inneren Christus in jedem Menschen und den zukünftigen Christus in der ganzen Menschheit.» (94/52)

So gelangt Rudolf Steiner in der zweiten Hälfte des Jahres 1906 zu einer neuen Stufe der Christus-Erkenntnis. Dieses Neue bemerkt man, wenn man darauf achtet, daß Rudolf Steiner bis zu diesem Zeitpunkt das zentrale Wort vom *Mysterium von Golgatha* noch nicht verwendet und daß er noch nicht vom Christus als von dem hohen Sonnenwesen, von dem Sohn des Vaters gesprochen hat.

In der schriftlich fixierten und veröffentlichten Überlieferung erscheint, soviel ich sehe, das Wort vom *Mysterium von Golgatha* zum ersten Mal in dem Vortrag vom 2. Dezember 1906. Es ist aber natürlich nicht auszuschließen, daß Rudolf Steiner dieses Wort schon Wochen oder einige Monate vor dem Dezember 1906 geprägt und verwendet hat. Wichtig ist jedoch in unserem Zusammenhang die Tatsache, daß in diesem Vortrag ein neuer Ton anklingt und daß das Mysterium von Golgatha buchstäblich in einer neuen Perspektive gesehen wird. Nachdem Steiner anfangs an seine schon bis zu diesem Zeitpunkt entwickelten Gedanken anschließt, wonach der Christus den Menschen die Möglichkeit und Kraft bringt, das Buddhi-Prinzip zu empfangen, wird das Mysterium von Golgatha jetzt in seinen Auswirkungen aus kosmischer Perspektive beschrieben: «Könnten wir von einem fernen Stern herunterschauen auf die Erde durch lange Jahrtausende hindurch, so würden wir einen Zeitpunkt finden, wo Christus so auf der Erde wirkt, daß die ganze Astralmaterie von dem Christus durchdrungen ist. Der Christus ist der Erdengeist und die Erde ist sein Leib. Alles, was auf der Erde lebt und sprießt und wächst: das ist der Christus.» (97/61)

Wenige Wochen vorher hatte Rudolf Steiner in gedanklicher Hinsicht bereits ähnlich gesprochen; er hatte in einem Vortragszyklus über das Johannes-Evangelium den Christus als den Repräsentanten des «einen großen Erdenbewußtseins» bezeichnet (94/294) und ihn am Ende des Zyklus die «Sonne» genannt, die den Menschen leuchtet. «Niemals könnten Sie die Sonne sehen, wenn Sie kein Auge hätten. Wer aber hat das Auge des Menschen gemacht? Die Sonne hat es gemacht. Christus ist die Sonne, welche die Menschenseele in sich aufnehmen soll mit Hilfe dessen, wodurch wir den Christus schauen. Das Johannes-Evangelium ist dieses Auge. Dieses aber könnte nicht sehen, ohne den wirklichen Christus-Jesus, der dieses Auge erst dem Jünger geöffnet hat, den der Herr lieb hatte, den er selbst erweckt hatte, der sein intimer Schüler war.» (94/300)

Christus als geistige Sonne, die den Menschen leuchtet und die Erde durchdringt – dieses Motiv wird in den beiden nächsten Jahren weiter entfaltet. Unmittelbar nach den einschneidenden Ereignissen des Münchner Kongresses 1907 hält Rudolf Steiner den großen Vortragszyklus *Die Theosophie des Rosenkreuzers.* Dort findet man den Zusammenhang von Christus und Sonne nun eindeutig und nicht metaphorisch in seiner kosmischen Bedeutung dargestellt: «So haben wir es zu tun auf der Sonne mit einem Sonnenleib, gleichsam mit einem Leibe des Sonnenplaneten, mit Ich-Geistern, die Feuergeister sind, und mit einem Regenten dieser Sonne, dem höchstentwickelten Sonnengeist, dem Christus. Während die Erde Sonne war, war dieser Geist der Zentralgeist der Sonne. ... Als die Erde Erde ward, war er höchstentwickelt und verblieb bei der Erde, nachdem er sich mit ihr nach dem Mysterium von Golgatha vereinigt hatte.» (99/100)

In den Vorträgen, die Rudolf Steiner ein Jahr später in Hamburg über das Johannes-Evangelium hielt, wird diese Idee schließlich in ein großes Bild gebracht, in dem alle Motive, die bis zu diesem Zeitpunkt angeklungen waren, vereinigt und in eine umfassende Anschauung erhoben werden. Wieder führt Steiner, um die kosmische Perspektive der Betrachtung ins Bild zu bringen, einen Beobachter ein, der von einem anderen Stern aus die Entwicklung der Erde während des Mysteriums von Golgatha verfolgt. Dieser Beobachter würde *vor* dem Mysterium von Golgatha die Aura der Erde in ganz bestimmten Farben und Formen wahrgenommen haben. «Dann aber würde er sehen, wie die ganze Aura ihre Farben ändert von einem bestimmten Zeitpunkte an. Welcher Zeitpunkt ist das? Das ist derselbe Zeitpunkt, wo auf Golgatha das Blut aus den Wunden des Christus Jesus floß. Alle geistigen Verhältnisse der Erde als solche veränderten sich in diesem Augenblicke. ... In dem Moment, da das Ereignis von Golgatha geschah, hat die Kraft, der Impuls, der früher nur von der Sonne der Erde zuströmen konnte im Lichte, angefangen, sich mit der Erde selbst zu vereinigen; und dadurch, daß der Logos angefangen hat, mit der Erde sich zu vereinigen, dadurch ist die Aura der Erde eine andere geworden.» (103/122f)

So entsteht vor den Zuhörern der Vorträge das Bild des Mysteriums von Golgatha als eines kosmischen Ereignisses, das nicht nur für die Menschen Bedeutung hat, sondern das die ganze Erde verwandelt und sie auf den Weg in die Zukunft lenkt.

In den Jahren 1907 und 1908 entwickelt Rudolf Steiner eine weitere, für die Zukunft zentrale Erkenntnis: die Einsicht in die doppelte Gestalt des Bösen, der Widersachermächte. Diese Einsicht, die für die Darstellungen der *Geheimwissenschaft* fundamental ist und der man, wie erwähnt, in den Aufsätzen *Aus der Akasha-Chronik* noch nicht begegnet, wird von Steiner zum ersten Mal in einem Vortrag vom 1. Januar 1909 in Berlin ausgesprochen und im Laufe der folgenden Jahre immer weiter entfaltet und präzisiert. Diese vielfältigen Ausführungen erfordern ein eigenes Studium. Hier muß es genügen zu sagen, daß unter Luzifer jene Macht verstanden werden kann, die den Menschen der Erde entreißen will und ihn zu hochmütiger Selbstüberschätzung verleitet, während man in Ahriman jene Macht sehen kann, die das Denken selbstvergessen an das Irdische fesselt und die Sinneswelt als einzige Wahrheit erscheinen läßt. Die Wirkungen beider erstrecken sich über den Tod hinaus: Eine materialistische Auffassung führt zu einer völligen Vereinsamung des Menschen nach dem Tode; Luzifer hingegen verhüllt die innere Wahrheit der aus der geistigen Welt stammenden Seelenwelt.

In der im Jahre 1909 fertiggestellten und Anfang 1910 erschienenen *Geheimwissenschaft* beschreibt Rudolf Steiner dann das Mysterium von Golgatha als Überwindung der Widersachermächte: «In jenem Augenblicke seines Lebens, in welchem der Astralleib des Christus Jesus alles das in sich hatte, was durch den luziferischen Einschlag verhüllt werden kann, begann sein Auftreten als Lehrer der Menschheit. Von diesem Augenblicke an war in die menschliche Erdenentwickelung die Anlage eingepflanzt, die Weisheit aufzunehmen, durch welche nach und nach das physische Erdenziel erreicht werden kann. In jenem Augenblicke, da sich das Ereignis von Golgatha vollzog, war die andere Anlage in die Menschheit eingeimpft, wodurch der Einfluß Ahrimans zum Guten gewendet werden kann. Aus dem Leben heraus kann nunmehr der Mensch durch das Tor des Todes hindurch das mitnehmen, was ihn befreit von der Vereinsamung in der geistigen Welt. Nicht nur für die physische Menschheitsentwickelung steht das Ereignis von Palästina im Mittelpunkte, sondern auch für die übrigen Welten, denen der Mensch angehört.» (13/292)

In solchen Sätzen – auf deren Zusammenhang im Gesamttext der *Geheimwissenschaft* ausdrücklich verwiesen wird – findet man die Grunderkenntnis der Christologie Rudolf Steiners ausgesprochen. Er bestätigt dies wenige Monate vor seinem Tode aus Anlaß der Neuauflage des Buches: «Ich habe seit der Zeit, in der in meiner Seele die Imaginationen, die das Buch wiedergibt, in ein Gesamtbild zusammengeflossen sind, unausgesetzt das forschende Schauen in den Menschen, in das geschichtliche Werden der Menschheit, in den Kosmos und so weiter fortgebildet; ich bin im einzelnen zu immer neuen Ergebnissen gekommen. Aber, was ich in der ‹Geheimwissenschaft› vor fünfzehn Jahren als Umriß gegeben habe, ist für mich in nichts erschüttert worden. Alles, was ich seither sagen konnte, erscheint, wenn es an der rechten Stelle diesem Buche eingefügt wird, als eine weitere Ausführung der damaligen Skizze.» (13/31f)

Mit der Ausarbeitung und Entfaltung der Grundlehren der Anthroposophie in den Büchern *Theosophie, Wie erlangt man Erkenntnisse der höheren Welten?* und *Die Geheimwissenschaft im Umriß* geht für Rudolf Steiner selbst ein Lebensabschnitt zu Ende, ein Lebensabschnitt, in dem er vorzugsweise als Lehrer der Geisteswissenschaft wirkte. Vom Jahre 1909 oder 1910 an aber treten zum Lehren andere Formen des Wirkens, deren Ansätze sich bereits 1905 und 1907 deutlich gezeigt haben, hinzu.

Auch in der weiteren Entfaltung der Christologie beginnt mit dem Jahre 1909 eine neue Epoche. Nachdem die großen kosmischen Zusammenhänge in ihren Grundzügen dargestellt worden waren, wendet sich Steiner nun in besonderem Maße den Inkarnationsgeheimnissen, den Vorgängen in Palästina, den einzelnen Evangelien und dem Zusammenhang aller dieser Mysterien mit der Menschennatur zu. Diese Forschungsergebnisse, die schließlich in den Vorträgen über das fünfte Evangelium zu genauen Schilderungen aus dem Leben Jesu führen, lassen sich hier im Zusammenhang einer biographischen Darstellung nicht kurz und knapp referieren. Man muß sie in ihren Zusammenhängen studieren, wenn man sie wirklich verstehen will. Deshalb beschränke ich mich hier auf einige Hinweise.

Bereits in der *Geheimwissenschaft* hatte Rudolf Steiner eine besondere Krise in der Evolution der Menschheit beschrieben, die dazu führte, daß in der menschlichen Wesenheit grundlegende Veränderungen eintraten. Jener Teil des menschlichen Wesens, in dem die eigentlichen Menschenbildekräfte wirken, durch die der Mensch während des irdischen Lebens sich ständig erneuert, wurde im Verlauf dieser Krise der Einwirkung der menschlichen Seele, die dem luziferischen Einfluß unterlegen war, entzogen: «Ein Teil dieses Lebensleibes blieb außer dem physischen Leibe so, daß er nur von höheren Wesenheiten, nicht von dem menschlichen Ich beherrscht werden konnte.» (13/251) In der weiteren Evolution bleibt dieser Teil des wahren Menschenwesens in der Obhut hoher Wesenheiten, die auf der Sonne ihren Wohnsitz genommen hatten (13/251).

Im Jahre 1909 schildert Rudolf Steiner, daß seit jener Krise als rein gebliebene Seele ein besonderes Wesen existiert, das als Essenz dieser reinen Menschenbildekräfte angesehen werden kann: die eigentliche Adam-Seele. Er führt dann aus, daß sich diese reine Seele in jenem Jesus-Knaben verkörpert habe, von dem das Lukas-Evangelium berichtet.

Schon früher, im Jahre 1904, war Rudolf Steiner jedoch die andere Einsicht zuteil geworden, daß in Jesus ein Repräsentant der Menschheitsentwicklung lebte, der durch viele Erdenleben hindurchgegangen war und eine hohe Stufe der menschlichen Entwicklung erreicht hatte. 1909 kann er berichten, daß in jenem Jesus-Knaben, von dem das Matthäus-Evangelium erzählt und zu dem die Könige kommen, der wiedergeborene Zarathustra erschienen ist. – Steiner führt dann weiter aus, daß der wiedergeborene Zarathustra etwa im zwölften Jahre seines Lebens seinen Leib verläßt, um in jenem Jesus-Knaben zu leben, von dem das Lukas-Evangelium berichtet. So wird eine allerreifste, durch viele Tode gegangene Wesenheit der Betreuer der reinsten Kindheitskräfte, die in dem lukanischen Jesus anwesend sind. Kurz vor der Jordantaufe verläßt die Zarathustra-Wesenheit den Leib des Jesus von Nazareth, in den dann bei der Johannestaufe der Christus hinuntersteigt (vgl. GA 114 u. 123).

Diese Darstellungen, die noch heute bei vielen Menschen Anstoß erregen, waren im Jahre 1909 ein unerhörtes Wagnis. Ein Zuhörer des Kurses über das Lukas-Evangelium erinnert sich: «Bei den Zuhörern herrschte eine ungeheure Aufregung, von der man sich heute kaum einen Begriff machen kann – man schrieb ja das Jahr 1909 –, als für viele von uns dieses Geheimnis erstmals enthüllt wurde; und nicht alle wurden sogleich fertig damit, ja, es gab Ungläubige und Zweifler damals, ... die sich erst allmählich zurechtfanden.» (Treichler, S. 37)

Ausführungen wie die über die beiden Jesusknaben hatten nun für Steiner keineswegs die Aufgabe, das Mirakulöse in der Welt zu vermehren oder die Komplexität der anthroposophischen Lehren zu steigern. Die Einsicht in die den Menschen bildenden reinen Kräfte, die sich in Jesus offenbarten, sind unserer Zeit notwendig. In den nächsten Jahren wendet Steiner sich deshalb immer wieder dem Thema der reinen Menschenbildekräfte zu und zeigt, wie diese reinen, den Menschen gestaltenden und bildenden Kräfte auch in jedem kleinen Kind anwesend sind. Sie stehen etwa bis zum dritten Lebensjahr unter der Obhut des Christus. Durch die Führung des Christus gewinnt der Mensch in diesen ersten drei Jahren seine eigentliche Menschengestalt: Das Kind lernt aufrecht stehen und gehen, so daß es später in der Welt für andere arbeiten kann; es lernt sprechen, so daß es später sich mit anderen verständigen kann; es lernt denken, so daß es später mit anderen Menschen in einer gemeinsamen geistigen Welt leben und die Welt verstehen kann (vgl. GA 15). Das Mysterium des Christus Jesus wirkt in dieser Metamorphose fortwährend in der gegenwärtigen Menschheit.

Im Jahre 1913 ergänzt Rudolf Steiner diese Mitteilungen, indem er schildert, wie das, was als Essenz in der Adam-Seele individualisiert ist, die Menschheit als wahre Schöpfungskraft überhaupt fortwährend begleitet und allnächtlich durchdringt und erneuert. Rudolf Steiner enthüllt, wie dieses Wesen in den eigentlichen Generationskräften der Menschen tätig ist. Zwar sind diese Kräfte im gewöhnlichen Menschen nie rein und ungemischt tätig, aber ihnen verdankt es der Mensch, wenn er morgens erfrischt aus dem Schlaf erwacht (Vortrag 3. Juni 1913, GA 146). Durch solche Hinweise wird nicht nur eine weitere Metamorphose des Christus Jesus-Mysteriums sichtbar, unausgesprochen wird man so auch auf die Geheimnisse des Schlafes und des anthroposophischen Schulungsweges aufmerksam gemacht.

Im Jahre 1914 schließlich richtet Rudolf Steiner den Blick auf die kosmische Vorgeschichte dieser Menschenbildekräfte und schildert, wie in urfernen Zeiten der Christus durch drei vor-christliche Christus-Opfer diesen Menschenbildekräften ihre Gestalt gegeben hat. – Auf diese Weise entsteht vor 1914 eine christologische Anthropologie: In der Sinnesorganisation, in der Seelenorganisation und in den Lebensorganen erblickt Rudolf Steiner die Wirkung des Christus, die dann im Gehen, Sprechen und Denken des kleinen Kindes zur Erscheinung kommt (vgl. u.a. GA 149 u. GA 152). So entsteht eine christologische Menschenkunde, die offenbart, wie im Werden und in der Gestaltung von Seele und Leib des Menschen der Christus wirkt.

Scheinbar unabhängig von diesen menschenkundlichen Betrachtungen beginnt Rudolf Steiner im Jahre 1909 auch auf einer neuen Stufe mit der Untersuchung des Menschen überhaupt. Im Jahre 1909 stellt er erstmals in noch fragmentarischer Form seine Sinneslehre dar. In dieser Sinneslehre werden unter dem programmatischen Titel *Anthroposophie* die übersinnlichen Vorgänge in den physischen Sinnen beschrieben. Des weiteren gibt Steiner in der *Anthroposophie* eine Beschreibung jener Kräfte, die die menschliche Gestalt bilden. Im Jahre 1911 kann er einige dieser Anschauungen in umfassenderer Form in Prag unter dem Titel *Eine Okkulte Physiologie* (GA 128) vortragen.

Der Leser dieser Vorträge und schriftlichen Entwürfe kann verfolgen, wie Rudolf Steiner nun mit seinem Forschen tief in die physische Menschennatur eindringt und zu neuen Formen der Darstellung und Anschauung gelangt. Die Gesichtspunkte, die in den Jahren bis 1909 auf immer höhere Gipfel der Betrachtung führten, werden nun in der Erkundung der irdischen Verhältnisse angewandt. So wie die Christologie den Weg zu den Jesus-Mysterien und zur Beschreibung der konkreten Vorgänge in Palästina findet, so findet das menschenkundliche Fragen den Weg zum physischen Menschen.

Gleichzeitig wird auch der seelische Mensch immer anschaulicher und eindringlicher beschrieben. So entrollt Rudolf Steiner 1909 in den Vorträgen über «Die Mission des Zorns», «Die Mission der Wahrheit» und «Die Mission der Andacht» das Drama der verschiedenen menschlichen Seelenkräfte in höchst plastischer Art. 1910 trägt er in vier Vorträgen den Entwurf einer *Psychosophie* vor, in der Vorstellen, Begehren, Urteilen und Wahrnehmen so eindrucksvoll vor den Zuhörer hintreten, daß er diese Seelenkräfte wie mit inneren Augen zu sehen meint. In diesem Sinne gewinnen Steiners Darstellungen zur Menschenkunde nach 1909 eine ungemein dichte imaginative Qualität.

Auch hier ist zu berichten, daß die Forschungen für Steiner höchst aufwendig und schwierig waren. So hatte er seit 1909 die Absicht, die Lehre von den Sinnen und der Gestalt des Menschen in schriftlicher Form zu fassen. Er begann auch mit der Niederschrift, ja, etwa 90 Seiten wurden vom Drucker gesetzt, dann jedoch traten Probleme der Forschung und Darstellung auf, die – obwohl Steiner die Veröffentlichung der *Anthroposophie* dringend und wichtig erschien – die Niederschrift erst stocken ließen und dann, trotz vielfacher Einzelstudien, ganz zum Erliegen brachten, obwohl Rudolf Steiner unter anderem auch im Hinblick auf diese Aufgabe im Frühjahr 1911 seine Vortragstätigkeit stark zurücknahm.

Die *Anthroposophie* und die *Psychosophie* sowie die *Okkulte Physiologie* verbinden die hohen Einsichten der christlichen Menschenkunde mit den alltäglichen Erfahrungen und den Erkenntnissen landläufiger Anthropologie. Rudolf Steiner nennt sie einmal «eine ernste und würdige Fundamentierung unserer geistigen Strömung» (115/15), und an dieser Fundierung lag ihm viel.

Zugleich ist in dieser christlichen Menschenkunde in verhüllter Form Wichtigstes über den Weg zu höherer Erkenntnis gesagt. Die in jedem

Menschen schlummernden und wirkenden reinen Menschenbildekräfte sind es nämlich, die zum höheren Schauen führen. Das Buch *Wie erlangt man Erkenntnisse der höheren Welten?*, das in den «Garten der Reife» führt, beginnt mit den Worten: «Es schlummern in *jedem* Menschen Fähigkeiten, durch die er sich Erkenntnisse über höhere Welten erwerben kann.» Diese schlummernden Fähigkeiten sind ihrem Wesen nach der wahre, höhere Mensch, der die Welt erlebt. Damit sich aber diese Kräfte des reinen Lebensgeistes in unserer Welt nicht verirren, bedürfen sie eines Hüters, der sie, wie die Zarathustra-Individualität die Adam-Seele, durch die Welt leitet, bis sie unter eine höhere Leitung gelangen. Die inhaltlichen Erkenntnisse und Orientierungen, die man heute durch die Anthroposophie Rudolf Steiners gewinnen kann, haben diese Aufgabe: die reinen Menschenbildekräfte, die in unserem Jahrhundert erwachen wollen, bewußt zu erleben, zu behüten und durch die Welt zu steuern. Man kann in diesen Einsichten den Zarathustra-Impuls der Anthroposophie erleben.

Kehren wir am Ende dieses Kapitels zu seinem Anfang zurück. Gegen Ende des erwähnten Vortrags vom 3. Juni 1913 wirft Rudolf Steiner die Frage auf, warum denn das, was er in diesem Vortrag dargestellt hat, nicht bereits im Jahre 1909, als er zum ersten Mal vom lukanischen Jesus-Knaben berichtet hat, dargestellt worden sei. Er antwortet: «Das hängt mit der ganzen Art, wie die Sache gefunden ist, zusammen.» Und er berichtet, daß sich seine Einsichten aus der Beobachtung ergeben hätten und daß die okkulte Beobachtung «später erst durchdrungen wird von der menschlichen Vernunft». Zunächst sei der «Grundstamm der Erkenntnis der Wahrheit von den zwei Jesusknaben» dagewesen. «Dann hat sich das andere von selbst ergeben, hat sich angeschlossen an den Grundstamm dieser Erkenntnis der Wahrheit von den zwei Jesusknaben.» (146/122)

30.
DIE MYSTERIENDRAMEN

Im Rückblick kann es so scheinen, als habe Rudolf Steiner zwei Leitmotive lange Jahre konsequent und zielstrebig verfolgt: das in Goethes *Märchen* aufleuchtende Motiv der Verwandlung des Menschen und das Motiv des Dramas. Mit der Aufführung des ersten Mysteriendramas *Die Pforte der Einweihung* werden diese beiden Motive vereinigt, und aus ihrer Vereinigung geht wie aus einer Urgestalt der gesamte anthroposophische Kunstimpuls hervor: Für die Darstellung der Mysteriendramen wird der Dornacher Bau aufgeführt, und es entsteht damit die anthroposophische Architektur; für eines der Dramen malt Rudolf Steiner ein erstes Bild, in der Kulissenmalerei erkennt man die Keime weiterer bildnerischer Versuche; im Zusammenhang der Dramen tritt erstmals eine Andeutung der Eurythmie auf die Bühne, und Adolf Arenson schafft auf Bitten Rudolf Steiners die heute zu Unrecht vernachlässigten «musikalischen Beigaben» zu den Dramen.

Das Motiv des Dramas tritt einem bereits in der Idee der Erkenntnis, so wie sie Rudolf Steiner verstand, entgegen. Auf einem losen Blatt notierte er einmal: «Man soll nicht auf das Erkenntnisdrama zugunsten einer Erkenntnisgrammatik verzichten wollen; auch die *Furcht* darf davon nicht abhalten, daß man in den Abgrund des Individuellen fällt, denn man steigt aus diesem Abgrund im Verein mit vielen Geistern auf und erlebt sich mit ihnen in Verwandtschaft; dadurch wird man aus der geistigen Welt *geboren,* aber man hat den Tod aufgenommen, wird selbst Vernichter des Gewordenen, lebt dieses spiritualisiert dar und ist anwesend in seiner Vernichtung.» (Steiner, *Wahrspruchworte*, zweite Folge, 1953)

Durch solche Worte ist das Erkenntnisdrama in nuce umrissen, und wer – vielleicht nur aus Steiners Beschreibungen – eine Vorstellung von der Realität des Erkenntnisprozesses gewonnen hat, weiß, daß wirklich anthroposophische Erkenntnis dramatisch errungen wird.

Deshalb erstaunt es nicht, daß Rudolf Steiner seit seinem achtundzwanzigsten Lebensjahr ein ganz besonderes Interesse für das Theater und das Drama an den Tag legte. So erzählt er im Jahre 1898 von dem Eindruck, den ein Drama Gunnar Heibergs auf ihn machte: «Als ich vor zehn Jahren in Wien seinen ‹König Midas› sah, war ich halb verrückt. Ich kam aus dem Theater mit einer unbegrenzten Heiberg-Schwärmerei. Ich konnte nicht nach Hause gehen, ganz begeistert setzte ich mich in das nächste Gasthaus, ließ mir Tinte und Feder geben und stammelte Worte aufs Papier. – ‹Das Wetterleuchten einer neuen Zeit› schrieb ich darüber.» (29/256) Von solcher Begeisterung und von solchem Interesse getragen, tauchte er dann besonders in seiner ersten Berliner Zeit von 1897 bis 1900 in das Berliner Theaterleben ein und wurde sogar für zwei Jahre Herausgeber der *Dramaturgischen Blätter.* Nicht ohne Grund, denn das Drama erschien ihm «als literarische Vormacht der Gegenwart» (29/118).

In dieser Auffassung lebte eine tiefere Einsicht: Durch keine andere Kunstform kann das Walten des Schicksals so eindrücklich dargestellt werden wie durch das Drama. Keine andere Kunstform bietet so umfassende Möglichkeiten zur Darstellung von Individualitäten, Handlungen und Handlungsfolgen. Unter diesen Vorzeichen war das Drama auch in der Geschichte des Abendlandes als griechische Tragödie, in der sich Götter- und Menschenhandeln mit der Gesetzmäßigkeit des Schicksals verbanden, geboren worden. An dieses Urmotiv des Abendlandes wollte Rudolf Steiner anschließen, als er auf dem Theosophischen Kongreß in München das «Mysterium von Eleusis» in der Rekonstruktion von Schuré auf die Bühne brachte. Mit dem «Mysterium von Eleusis» war zugleich eine Erinnerung an das griechische Mysterienwesen angedeutet. Im vorletzten Absatz seiner Autobiographie gedenkt Rudolf Steiner dieses Versuchs: «Eine Anknüpfung an das alte Mysterienwesen, wenn auch in noch so schwacher Form, war damit gegeben – aber, was die Hauptsache war, der Kongreß hatte Künstlerisches in sich. Künstlerisches, das auf den Willen hinwies, das spirituelle Leben fortan nicht ohne das Künstlerische in der Gesellschaft zu lassen.» (28/465)

Im Jahre 1909 wiederholte Rudolf Steiner diesen Versuch, indem er *Die Kinder des Luzifer* – wieder ein Drama von Edouard Schuré – inszenierte. In dem Vortrag, der an die Uraufführung dieses Dramas anschloß, sprach sich Steiner über eine andere Intention, die mit dieser künstlerischen Übung verbunden war, aus: Das dramatische Handeln «auf dem Boden, der die Welt bloß bedeutet», sei die Vorübung zum wirklichen Handeln, der Weg zur Praxis. Man werde «durch die Kunst am sichersten das Tor finden, um mit unserer Praxis in die sogenannten praktischen Zweige des Lebens allmählich hineinzudringen» (113/15).

Gewiß wäre es einseitig, die Kunst nur als Vorübung für die Praxis, als pädagogische Veranstaltung anzusehen und ihr so die ihr eigene Würde zu nehmen. Doch Rudolf Steiner fand gerade in den Dramen Schurés, die er in seinen Vorträgen besonders würdigte, ein ihm geeignet erscheinendes pädagogisches Übungsmaterial. Nur im vertrauten Privatgespräch äußerte er sich gegenüber der Künstlerin Margarita Woloschin offen über die Frage, warum er die Dramen Schurés aufführe. «Dann fragte ich, warum er das Drama von Edouard Schuré in München aufführen lasse. ‹Ich finde es unkünstlerisch wie einen schlechten Öldruck.› ‹Es freut mich, daß Sie es unkünstlerisch finden, ich finde es auch. Aber ich kann doch nicht die naturalistischen Dramen von Gerhart Hauptmann spielen lassen!› Er meinte, Hauptmann sei ein sehr begabter Dramatiker, ‹aber es ist nicht das, was die Menschen in diesem Falle brauchen.› ‹Könnte man denn nicht Äschylos oder Sophokles aufführen?› belehrte ich Rudolf Steiner. ‹Mit diesen Spielern? O nein! Ich habe zuviel Ehrfurcht vor diesen Geistern, als daß ich es mit den Menschen, die ich bei der Hand habe, wagen dürfte. Sehen Sie›, fuhr er fort, ‹Sie sind eine kontemplative Natur, aber ich muß tätig sein. Und ich muß mit dem Material arbeiten, das ich unter den Händen habe.›» (Woloschin 1955, S. 215)

In diesem Gespräch tritt uns das Motiv des Tätigseins und Handelns in anderer Gestalt entgegen: Für Rudolf Steiner selbst war die Inszenierung dieser Dramen ein Handeln; er setzte seine Mitarbeiter in Bewegung, er riß sie aus ihren Gedanken, durch sein tätiges Vorbild weckte er ihre Aktivität, und so war das Drama wirklich das, was das griechische Wort *drama* ursprünglich bedeutet, nämlich Handlung, Geschehen, Tun. Diese Bedeutung des griechischen Wortes läßt an die ursprüngliche Bedeutung des indischen Wortes *karma, karman*, denken, welches auch Handlung und Tun bedeutet. So sind Handeln und Schicksal, Drama und Karma in diesem Motiv verschmolzen.

Zu dem Motiv des Dramas tritt das Motiv der Verwandlung oder Menschwerdung, so wie es uns in Goethes *Märchen* aus den *Unterhaltungen deutscher Ausgewanderten* begegnet. Dieses Märchen lernte Rudolf Steiner ebenfalls mit 28 Jahren, also 1889 kennen. Es muß ihn ebenso wie das Dramatische sofort fasziniert haben. Ganz offensichtlich hat er noch vor seiner Übersiedlung nach Weimar mit seinen Wiener Freunden – Pauline und Richard Specht, Friedrich Eckstein, Rosa Mayreder und anderen – über dieses Märchen gesprochen, denn kaum in Weimar angekommen, geht er dem nach, was im Goethe-Archiv über das *Märchen* zu finden ist, und berichtet darüber nach Wien, indem er an die Gespräche, die er über das *Märchen* geführt hat, anschließt.

Bei seinen Bemühungen um das *Märchen* schließt Rudolf Steiner immer wieder an Schillers Briefe *Über die ästhetische Erziehung des Menschen* an, in denen die Frage aufgeworfen wird, wie es dem einzelnen gelingen kann, mit jenem höheren, idealischen Menschen, den jeder Mensch in sich spürt, übereinzustimmen. Schillers Idee eines mittleren, ästhetischen Seelenzustandes, in dem der Mensch ganz Mensch ist und den er als ästhetischen Zustand beschreibt, hatte Steiner zu der Frage geführt, ob nicht auch ein Bewußtseinszustand zu denken sei, «der die Wahrheit im Wesen der Dinge vermittelt» (28/71). Es ging also, wie Steiner an anderer Stelle sagte, um nichts Geringeres als um die «Verständigung des menschlichen Bewußtseins mit sich selbst» (28/179).

Steiner sah, daß Schillers gedankliche Konstruktion, die den ästhetischen Zustand zwischen den Polen geistiger und natürlicher Notwendigkeit ansiedelt, für Goethe viel zu einfach erscheinen mußte. So nennt er Schillers Gedanken geistvoll, «aber für das wirkliche Seelenleben viel zu einfach. Dieses läßt seine Kräfte, die in den Tiefen wurzeln, im Bewußtsein aufleuchten, aber im Aufleuchten, nachdem sie andere ebenso flüchtige beeinflußt haben, wieder verschwinden. Das sind Vorgänge, die im Entstehen schon vergehen; abstrakte Begriffe aber sind nur an mehr oder weniger lang Bleibendes zu knüpfen. – Das alles wußte Goethe empfindend; er setzte sein Bildwissen im Märchen dem Schiller'schen Begriffswissen gegenüber.» (28/392)

Schon sehr früh bemerkte Rudolf Steiner, daß das *Märchen* nicht allein eine bildhafte Schilderung der Verwandlung und Einweihung der menschlichen Seelenkräfte ist, sondern die Spiegelung eines viel umfassenderen Prozesses. Er schreibt am 30. November 1890 an Richard

Specht in Wien: «Meine ‹Märchen›-Exegese habe ich vorläufig zurücklegen müssen, weil mir in der Lektüre etwas sehr Wichtiges aufgestoßen ist, das ich noch gehörig durcharbeiten muß, bevor ich weiter kann. Darüber *kann* ich aber jetzt noch gar nichts weiteres sagen. Soviel ist sicher: Goethes *ganzes* Glaubensbekenntnis liegt in diesem Märchen, und man kann es nicht erklären, ohne gewisse Dinge durchgemacht zu haben, die in der Zeit von 1790 – 1820 in Deutschland still und unsichtbar sich abspielten. Ich bin auf einer ganz besonderen Spur.» (39/37) Man kann vermuten, daß ihn diese Spur im Lauf der Zeit zu den Einsichten in die geistigen Hintergründe des *Märchens*, von denen er erst 1924 spricht, geführt hat.

Am 27. November 1891 stellte Rudolf Steiner im Wiener Goethe-Verein erstmals seine Märchen-Deutung im Zusammenhang dar. Da uns diese Ausführungen nur durch ein Referat bekannt sind, läßt sich nur sagen, daß die zweite zusammenhängende Darstellung, die Steiner zum 28. August 1899 im Magazin für Literatur veröffentlichte, eine bedeutende Weiterentwicklung der Deutung sichtbar werden läßt, denn in dem Referat vermißt man unter anderem das zentrale Motiv des «Stirb und Werde», das uns 1899 so deutlich entgegentritt.

In seiner Autobiographie gedenkt Rudolf Steiner jedenfalls in einer ins Auge fallenden Weise des Aufsatzes, den er zu Goethes hundertfünfzigstem Geburtstag veröffentlichte. Mit diesem Aufsatz wollte er nämlich erstmalig «das Esoterische, das in mir lebte, zur öffentlichen Darstellung bringen». Und er fügt hinzu: «In meiner Seele lebte der Inhalt des Märchens als ein durchaus esoterischer. Und aus einer esoterischen Stimmung sind die Ausführungen geschrieben.» (28/391) Trotzdem bezeichnet Steiner den Aufsatz selber als «noch wenig esoterisch» – mehr hätte er seinem Publikum nicht zumuten können.

Erst als der esoterisch interessierte Kreis, der sich um die Gräfin Brockdorff gesammelt hatte, die Frage nach spirituellen Inhalten stellte, sprach Rudolf Steiner in dem Vortrag vom 29. September 1900 «ganz esoterisch» über das *Märchen* (28/392f). Das Seelendrama des *Märchens* eröffnete Rudolf Steiners anthroposophische Arbeit.

So wird Goethe in zweifacher Weise der Pate der neueren Geisteswissenschaft: An seinem Vorbild kann Steiner das Methodische des Erkenntnisdramas darstellen und begründen; und der spirituelle Inhalt des *Märchens* ermöglicht es ihm, unmittelbar aus der Geistwelt heraus zu sprechen. In den folgenden Jahren hat Steiner das Motiv des Märchens genutzt, um gerade in einführenden Vorträgen die Seelen aufzuwecken. Denn auf keine andere Weise konnte die neue Esoterik so freilassend, so undogmatisch und so aus ihrem Mittelpunkt – dem Geheimnis der Menschwerdung – heraus zu Hörern sprechen. Alle anderen Inhalte hätten sich weniger zur Beförderung der neuen Geisterkenntnis geeignet: Rein naturwissenschaftliche Themen hätten viele Menschen nicht angesprochen, rein Religiöses hätte andere abgeschreckt und auch Mißverständnisse aufkommen lassen, das pur Theosophische wäre überhaupt nur bei ganz wenigen angekommen.

Für Rudolf Steiner selber sprach sich im Märchenbilde die geistige Wirklichkeit aus, die der Anthroposophie zugrunde liegt. Diese geistige Wirklichkeit drängte aber selber danach, wirklicher und klarer zu werden. Nachdem also in den Jahren 1907 und 1909 mit den Dramen Schurés die ersten Vorübungen zu dramatischer Darstellung unternommen worden waren, nachdem sich eine Gruppe von Laien- und Berufsschauspielern gebildet hatte, trat im Winter 1909/10 bei Marie von Sivers die Frage auf, wie es nun weitergehen sollte. Sie berichtet darüber am 27. Dezember 1909, als die Pläne für das Jahr 1910 gemacht werden mußten, ihren Münchner Freundinnen Sophie Stinde und Gräfin Kalckreuth: «Gestern nun bat ich den Doktor, sich zu entscheiden, weil so viele Anfragen vorliegen. Da sagte er, er würde gern wieder diesen Kursus» – in München – «mit Theater beginnen. Ja nun, meinte ich, die Münchner Damen» – Stinde und v. Kalckreuth – «werden an ihren Strapazen vom vorigen Jahr noch zu tragen haben, und wo es denn sein solle, ob in Karlsruhe, Stuttgart oder Frankfurt. Wenn zum Beispiel ‹Iphigenia auf Tauris› gespielt würde, könnte man es ja überall machen. Da sagte der Doktor, daß er doch gern das ‹Märchen› von Goethe stellen würde, evt. eine Wiederholung des ‹Mysteriums von Eleusis›. Das Märchen wird natürlich so viele Dekorationen und Kostüme verlangen, daß es schwer halten würde, sie an einem anderen Ort fertig zu stellen … Nun müßt Ihr alles genau erwägen und Euch nicht opfern, wenn Ihr nicht die Kräfte habt … Wir würden nach München kommen können wahrscheinlich gegen oder vor Mitte Juli, und man müßte die Vorstellung eine Woche oder zwei früher haben als im vorigen Jahr, da es Anfang September in Bern losgeht. Es könnte auch sein, daß sich dadurch der Kunstenthusiasmus unserer Mitglieder

Abb. 88: Mieta Waller (1883 – 1930) und Marie von Sivers als Phosphoros und Kleonis in Edouard Schurés «Die Kinder des Luzifer», München 1909

noch mehr steigert und man die Sammlung für ein Theater wagt.» (Rudolf Steiner Studien I, S. 298 und ausführlicher B 17, S. 5)

In diesem Brief ist also noch nicht von einem Mysteriendrama die Rede. Rudolf Steiner will, wie er zu Marie von Sivers sagt, «das Märchen stellen», und Marie von Sivers hat sich ganz offensichtlich vorgestellt, daß das Märchen in dramatisierter Form auf die Bühne gebracht werden sollte. Zugleich steht die Idee eines Theaterbaus als wünschbare Möglichkeit im Hintergrund. Diese beiden Vorstellungen wandeln sich sehr schnell: Aus der Inszenierung des Märchens wird das Mysteriendrama, an das erste Drama werden sich drei weitere anschließen, und auch das vierte Drama sollte nicht das Ende der dramatischen Folge sein. Marie Steiner berichtet von weiteren Dramen, die Rudolf Steiner im Sinn hatte. Aus dem Theaterbau wurde in der Konzeption Rudolf Steiners schließlich der Bau einer Freien Hochschule. So dämmerte um die Jahreswende 1909/10 eine Zukunftswelt, die erst Schritt für Schritt Konturen gewinnen sollte.

Zunächst aber brachte die erste Hälfte des Jahres 1910 ganz andere Aufgaben. Rudolf Steiner hielt vier große Vortragszyklen: einen Zyklus über das Johannes-Evangelium in Stockholm, einen Zyklus *Makrokosmos und Mikrokosmos* in Wien (GA 119), einen Kurs *Die Offenbarungen* des *Karma* in Hamburg (GA 120) und eine Vortragsreihe über die europäischen Volksseelen in Kristiania-Oslo (GA 121). Im übrigen ist er fast ständig auf Reisen. Man muß sich das vergegenwärtigen, und auch wenn es langatmig sein mag, die Vortragsorte einmal aufzählen: Er spricht in Norrköping, Lund, Straßburg, Freiburg, Karlsruhe, Heidelberg, Mannheim, Pforzheim, Berlin, Kassel, Dresden, Weimar, Frankfurt, Wiesbaden, Düsseldorf, Köln, Bonn, Koblenz, Elberfeld, Essen, Stuttgart, München, Klagenfurt, Rom, Palermo, Hannover, Bielefeld, Bremen und Kopenhagen. Insgesamt spricht er in 38 Städten.

Von Nord nach Süd, von Süd nach Nord reisend, spricht er über die Christus-Offenbarung im 20. Jahrhundert. Sein Blick geht in die Zukunft, auf die entscheidenden dreißiger Jahre des 20. Jahrhunderts, und von Stockholm bis Palermo verkündet er, daß es gilt, sich auf das große Ereignis des Jahrhunderts vorzubereiten. In den Menschenseelen würde – so sagt er – die Fähigkeit erwachen, in die ätherische Lebenswelt zu schauen und das Wirken des Christus in dieser Welt zu erfahren. Er weist beson-

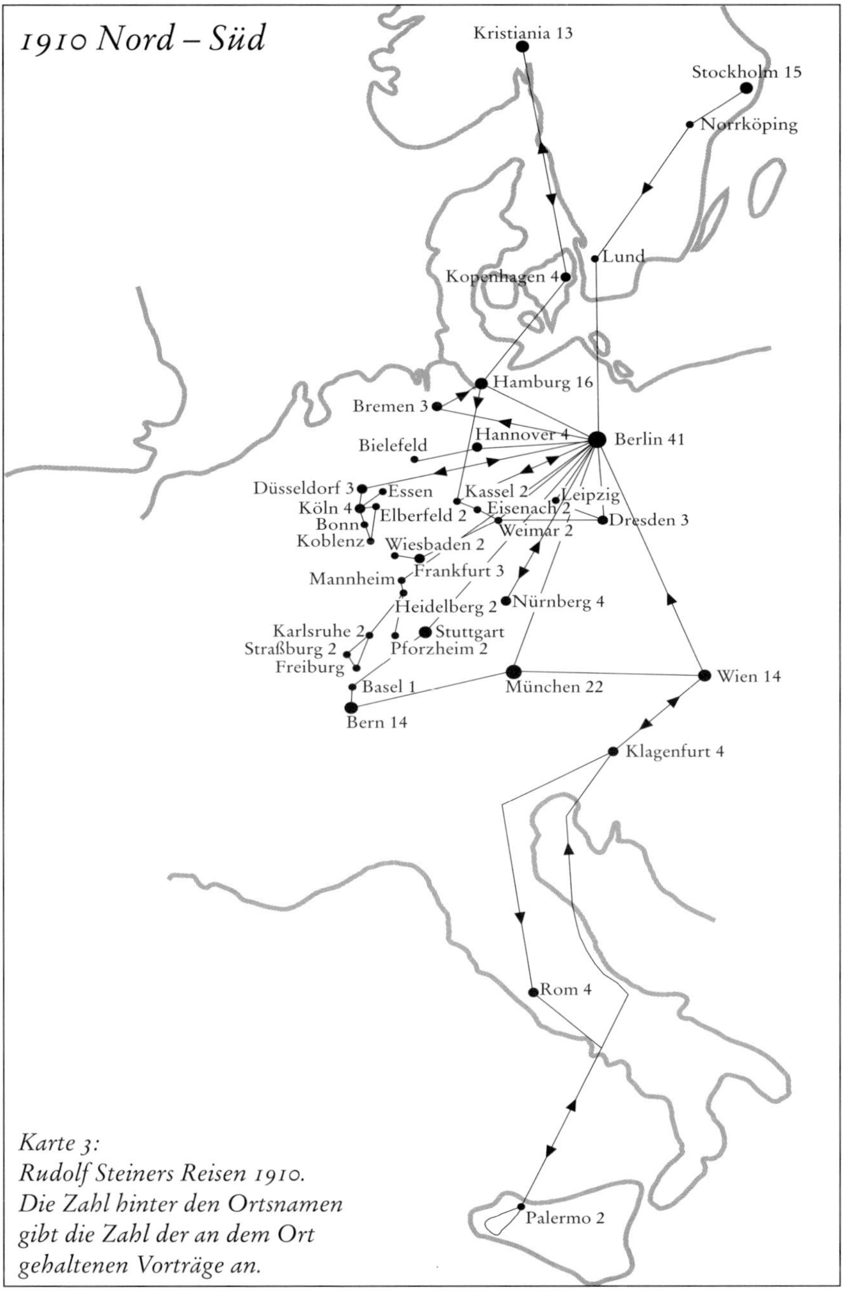

Karte 3:
Rudolf Steiners Reisen 1910.
Die Zahl hinter den Ortsnamen gibt die Zahl der an dem Ort gehaltenen Vorträge an.

ders auf das Jahr 1933, in dem – 33 Jahre nach dem Ende des Finsteren Zeitalters (Kali Yuga) – diese neue Fähigkeit in Menschen erstmals auftreten werde; zugleich warnt er: «Das alles wird immerhin während der nächsten 2500 Jahre von der Mitte des 20. Jahrhunderts ab mehr und mehr auftreten. Genügend viele Menschen werden das Ereignis von Damaskus dann selbst erlebt haben, so daß man es als bekanntes Ereignis auf der Erde zuletzt von allen Seiten anerkennen wird. Wir treiben Geisteswissenschaft, damit diese erst schwach entwickelten Fähigkeiten nicht unbemerkt, spurlos an den Menschen vorübergehen, damit die begnadeten Menschen nicht als Träumer und Narren angesehen, sondern von einer kleinen Gruppe Menschen verstanden und gestützt werden, die in ihrem Zusammenhang verhindern, daß der menschliche Unverstand diese zarten Keime und Anlagen brutal zu Tode tritt.» (118/147)

Immer wieder lenkt Rudolf Steiner seinen Blick auf die Gefahr, daß «man mit rohen Füßen zu Tode tritt in seinem Aufkommen, was unsere Erde mit einer neuen Fähigkeit überziehen will» (so 118/138; 118/119; 118/161). Indem man das heute liest, hört man den dröhnenden Marschtritt der Kolonnen, die das große Geheimnis unserer Zeit übertönen wollen, man sieht die «rohen Füße».

Obwohl Rudolf Steiner von diesen Aufgaben und Themen innerlich ganz erfüllt war, ging seine Phantasie in den spärlich bemessenen freien Minuten immer wieder zu der in München geplanten Aufführung, und in seine Hefte und Notizbücher trug er Szenenfolgen und dramatische Skizzen ein. In den ersten Aufzeichnungen hießen die Personen des Dramas noch Lilie, Mensch und Mann mit der Lampe. Ende Juni kam Rudolf Steiner aus Oslo nach Berlin zurück und begann dort mit der Niederschrift der ersten Entwürfe: Aus dem Märchen wird ein Drama, aus den bildhaften Gestalten werden jetzt sprechende Menschen, und die Rätsel des Märchens werden zu Seelenrätseln. Die ersten Niederschriften zeigen noch vieles und ganz Ursprüngliches, was in der endgültigen Fassung zugunsten der dramatischen Handlung getilgt worden ist.

Dann reiste Rudolf Steiner mit Marie von Sivers nach München. Irgendwann um den 7. Juli herum versammelte er die Schauspielerinnen und Schauspieler in dem großen Wohnzimmer der Gräfin Kalckreuth und Sophie Stindes und sprach zunächst von dem Drama, in dem «erstmals die Reinkarnationsidee konkret auf der Bühne erscheine». Er charakterisierte die handelnden Personen und teilte die einzelnen Rollen den entsprechenden Menschen zu. Dann erzählte er den Inhalt des Dramas. Zur Überraschung der Schauspieler zeigte es sich nun, daß Steiner das Drama noch nicht zu Papier gebracht hatte.

Am folgenden Tag fingen um zehn Uhr die Proben in einer Turnhalle an, und Steiner begann nun mit andeutender Charakteristik das erste Bild, den Dialog zwischen Sophia und Estella, vorzulesen. Die Schauspieler schrieben sich ihren Text aus den Heften Rudolf Steiners ab. An den folgenden Tagen brachte Rudolf Steiner dann die während der Nacht geschriebene Fortsetzung mit zur Probe, später übernahm es Elisabeth Vreede, den frisch geschriebenen Text mit der Schreibmaschine abzuschreiben und zu vervielfältigen. Während der Proben verbesserte Steiner an einzelnen Stellen den Text. Marie von Sivers, die in den Dramen die Rolle der Maria übernommen hatte, erhielt die Worte ihres letzten Dialoges erst bei der Hauptprobe. «Nicht wahr», sagte Steiner, «es wäre ja Unsinn, ein Drama zu schreiben, bevor es sich um eine Aufführung handelt.» (*Erinnerungen*, 1979, S. 85)

Das Mysteriendrama, das in den Nächten niedergeschrieben und an den folgenden Tagen geprobt wurde, war freilich viel mehr als eine szenische Darstellung des Goetheschen *Märchens*. Die Gestalten des Dramas sind Menschen, die eine Geschichte und ein Schicksal haben. So verwandeln sich zum Beispiel die beiden Irrlichter des *Märchens* in den Naturwissenschaftler Dr. Strader und in den Philologen Professor Capesius, zwei höchst unterschiedliche Charaktere; und auch die Handlung des Dramas gewinnt inhaltlich neue Dimensionen, es wird zu einem Drama seelischer und geistiger Entwicklungen und Prüungen.

Den Mitwirkenden erschien die Zuordnung der einzelnen Rollen zu den Schauspielern besonders glücklich. Marie von Sivers spielte die Maria, eine Rolle, die sie in jeder Silbe verkörperte. Mieta (Marie Elisabeth) Waller stellte den Johannes dar; Steiner zögerte also nicht, eine männliche Rolle durch eine Frau spielen zu lassen. Der Arzt Dr. Felix Peipers, hochgewachsen, stellte mit ruhiger Würde und edler Sprechweise den Benediktus dar. Nur wenige Rollen wurden durch Berufsschauspieler übernommen. Max Gümbel-Seiling brachte den Doktor Strader auf die Bühne und Otto Doser den Capesius.

Rudolf Steiner führte die Regie, indem er den Text vorsprach und die Rollen charakterisierte, ohne dann aber den Darstellern viele Vorschrif-

Abb. 89: Rudolf Steiner im Januar 1910 in Stockholm

ten zu machen. Dem Darsteller des Ahriman sagte er nur: «Sprechen sie breit.» Und Lutz Kricheldorff, der den Ahriman spielte, fügte hinzu: «Ich erinnere mich beim besten Willen nicht, daß er mich auch nur ein einziges Mal korrigiert hätte.» (*Erinnerungen*, 1979, S. 94) – Das lag durchaus in Steiners Absicht. Schon 1909 bei der Aufführung der *Kinder des Luzifer* von Schuré hatte er erläuternd gesagt: Was uns vorschwebte, war, «daß wir eine Einheit zustandebringen könnten, ohne daß irgendjemand nötig hatte, sich in eine Maschinerie hineinzubegeben, innerhalb welcher das Kommandowort ertönt und dann dieses oder jenes gemacht wird.» (113/16) 1910 wiederholte er dies: «Die Art und Weise, wie unsere lieben Freunde hier an diesem Ort zusammenarbeiteten, um das Werk zustande zu bringen, sie darf in einer gewissen Beziehung immer wieder für die anthroposophische Arbeit, vielleicht auch für das menschliche Zusammenwirken, als Vorbild bezeichnet werden. Insbesondere deshalb, weil es einem richtigen anthroposophischen Empfinden widersprechen würde, bei dieser Arbeit in irgendeiner Weise zu kommandieren. Da ist ein Fortschritt nur dann möglich, wenn die einzelnen Freunde mit ihrem Herzen voll dabei sind ...» (122/16)

Das bedeutet nicht, daß Steiner nicht auf die Details geachtet hätte. Er kümmerte sich um die Einzelheiten des Bühnenbildes, der Kostüme und um die Beleuchtung. Es wird berichtet, daß der Vorraum im ersten Bilde des *Hüters der Schwelle* dreimal neu getüncht werden mußte, bis der richtige Indigo-Ton getroffen wurde. «Indigo scheint wohl eine schwer definierbare Farbe zu sein», bemerkte Steiner. So ging er auch selbst mit dem Darsteller des Dr. Strader ins Kostümatelier des Schneidermeisters Mück, wo Schnitt und Farbnuance genau bestimmt wurden. Steiner wählte einen hellorange Stoff aus Samt, da die gesuchte Farbe in Tuch nicht aufzutreiben war. Viele andere Kostüme wurden allerdings unter der Anleitung der genialen Imme von Eckardstein, die von 1911 an auch den Luzifer spielte, hergestellt.

Noch vor Beginn der Proben ging Rudolf Steiner fast jeden Morgen in die Schrannenhalle, wo unter der Leitung der Maler Haß, Linde und - Volkert die Kulissen, Prospekte und Soffitten sowie andere Requisiten hergestellt wurden. In der großen hellen Halle lagen die Leinwände auf dem Fußboden. Mit großen Pinseln, die an langen Stielen befestigt waren, wurde die Leinwand bemalt. Andere Mitarbeiter knieten auf dem Fußboden und nähten die Soffitten, wieder andere fertigten Gestelle oder experimentierten mit zarten Schleiervorhängen, die für die Szene im Geistgebiet erforderlich waren. Rudolf Steiner ging von einem zum anderen, ermutigend, Hinweise gebend und sich – wie immer wieder erzählt wird – daran freuend, daß die Menschen eifrig und harmonisch zusammenwirkten. In der lebendigsten Weise faßt Marie Steiner dies alles in Worte. «Es war die schönste Zeit des Jahres, diese Festspielzeit in München. Denn da war es uns gestattet, im Zeitraum von ungefähr zwei Monaten uns auf *eine* Arbeit zu konzentrieren. Am Tage probten wir; in der Nacht schrieb Rudolf Steiner seine in Gedanken schon fertig gestalteten Dramen. Dazwischen leitete und überwachte er die verschiedenen Werkstätten, in denen nach seinen Angaben geschreinert, gezimmert, gemalt, modelliert, genäht und gestickt wurde. Schnell entstand unter seinen Fingern das Modell, nach dem der ausführende Künstler sich richten konnte. So schritt er einher, und überall unter seinen Schritten keimte es, sproßte es, fruchtete es zu neuem Leben heran. Da lagen sie, in den großen Speichern der Schrannenhalle, die Riesenleinenstücke, aus denen die Kulissen wurden; da gab er sie an, die Maße und Ornamente der Säulen der Sonnentempel, der unterirdischen Tempel, die Wolkengebilde des Geistgebietes, die Kluften, Felskegel und Kristalle aus Ahrimans Reich, die Zaubergebilde in Luzifers Landen ...» (*Erinnerungen*, 1979, S. 76)

Im Hintergrund – unauffällig und geräuschlos – wirkten Sophie Stinde und Gräfin Kalckreuth und kümmerten sich um die Versorgung der Mitarbeiter, um die Finanzen und die Organisation des Ganzen. Jahr für Jahr hatten sie umfangreichere Aufgaben zu bewältigen. 1909 wurden für etwa 600 Zuschauer *Die Kinder des Luzifer* aufgeführt, 1910 wurde dieses Drama am 14. August erneut aufgeführt, bevor am 15. August *Die Pforte der Einweihung* ihre Uraufführung erlebte. 1911 wurde *Das heilige Drama von Eleusis* von Schuré wiederaufgeführt, und zu dem ersten Mysteriendrama von Rudolf Steiner trat ein zweites, *Die Prüfung der Seele.* 1912 waren bereits über 1000 Zuschauer anwesend, und zu den 1911 aufgeführten Dramen trat das dritte Mysteriendrama *Der Hüter der Schwelle.* 1913 war die Zahl der Besucher so angestiegen, daß sich Rudolf Steiner entschließen mußte, den Plan, ein weiteres Drama von Schuré zu inszenieren, fallen zu lassen. Es wurden *Der Hüter der Schwelle* und das neue Drama *Der Seelen Erwachen* je zweimal aufgeführt.

Es bestand der Plan, 1914 ein fünftes Mysteriendrama aufzuführen. Ursprünglich war beabsichtigt, das Drama im August in Dornach im neu erstellten Bau auf die Bühne zu bringen. Als sich im Frühling zeigte, daß der Bau nicht wie beabsichtigt im Juli fertig sein würde, wurde eine Aufführung zu Weihnachten in Aussicht gestellt. Marie Steiner hat berichtet, daß das fünfte, ungeschrieben gebliebene Drama in Griechenland, in Delphi, am Kastalischen Quell und im Tempel des Apoll, spielen sollte. Der Ausbruch des Ersten Weltkrieges am 1. August 1914 machte diese Pläne jedoch zunichte. Gegen Ende des Jahres 1922 faßte Rudolf Steiner erneut den Gedanken, die Dramen in dem nunmehr fast fertigen Goetheanum zur Aufführung zu bringen. Unter den nachgelassenen Papieren Rudolf Steiners fand sich der Entwurf einer Ankündigung: Im August 1923 sollten alle vier Dramen je viermal aufgeführt werden (259/858). Der Brand des Ersten Goetheanum machte auch diesen Plan zunichte. Erst nach dem Tode Steiners und nach der Eröffnung des Zweiten Goetheanum konnten die Dramen in den Jahren 1928 und 1929, durch Marie Steiner inszeniert, wieder aufgeführt werden. Im August 1934 fand die erste Gesamtaufführung aller vier Dramen im Goetheanum statt.

Verschiedentlich hat Rudolf Steiner erzählt, daß er die Bilder, die sich in diesen Mysterien entfalten, nicht konstruiert oder ausgedacht habe. Er habe sie so aufgezeichnet, wie sie ihm gekommen seien, und erst nachträglich sei ihm selbst manches an den Dramen aufgegangen, was er dann kommentierend hinzugefügt habe. Im Mittelpunkt dieser Dramen steht die individuelle Entwicklung vieler Menschen, und das, was sich so im Individuellen zeigt, war Steiner wichtig. Der Blick auf das Individuelle spricht sich auch in der Tatsache aus, daß individuelle Charakterzüge wirklicher Menschen in diesen Dramen sichtbar werden: Der Felix Balde der Dramen ist dem Kräutersammler Felix Koguzki verwandt, Professor Capesius trägt Züge von Karl Julius Schröer, und Doktor Strader ist in seinen Seelenkämpfen Gideon Spicker nachgezeichnet.

In Goethes *Märchen* erscheint die Gestalt des Habicht, der auf die Weisung des Alten mit der Lampe einen Spiegel faßt, sich in die Lüfte erhebt und mit dem ersten in der Höhe aufgefangenen Sonnenstrahl die Schläferinnen weckt und damit die Prozession zum Tempel auf den Weg bringt. In der *Pforte der Einweihung* ist dieser Falke in die Seherin Theodora verwandelt worden. Aus ihrem Munde erklingt die Botschaft,

Abb. 90: Mieta Waller und Marie von Sivers als der Maler Johannes Thomasius und als Maria in «Die Prüfung der Seele», München 1911

die auch in diesem Drama die Menschen auf den Weg bringt. Es ist die Botschaft, die Rudolf Steiner seit diesem Jahr verkündet:

> Doch nahe ist die Zukunft,
> Da mit dem neuen Sehen
> Begabt soll sein der Erdenmensch.
> Was einst dic Sinnc schauten
> Zu Christi Erdenzeit,
> Es wird geschaut von Seelen werden,
> Wenn bald die Zeit erfüllt wird sein.

Damit wird von den größten, noch unter dem Horizont der Zeit verborgenen Wirklichkeiten gesprochen. – Überhaupt sind die Mysteriendramen Werke eines spirituellen Realismus: Sie wollen geistige Wirklichkeiten anschaubar machen. Steiner hat sich selbst in diesem Sinne ausgesprochen, indem er sagte, die Schilderung in den Dramen sei «viel intensiver, lebensrealer und wirklicher, weil viel individueller» als das, was er sonst allgemeiner ausführen konnte: «In einer solchen

Abb. 91: Mieta Waller und Marie von Sivers als Bergwerksmeister Thomas und als Mönch in «Die Prüfung der Seele», München 1911

Schrift wie zum Beispiel ‹Wie erlangt man Erkenntnisse der höheren Welten?› kann man das, was über die menschliche Entwickelung gesagt werden soll, doch nur so bringen, daß es gewissermaßen anwendbar ist auf jede menschliche Individualität. ... Dadurch gewinnt eine derartige Schrift bei aller Konkretheit dennoch einen abstrakten Charakter, man möchte sagen, einen halb theoretischen Charakter. Denn das eine müssen wir festhalten: Entwickelung ist nicht Entwickelung überhaupt! – Es gibt keine Entwickelung an sich, keine Entwickelung im Allgemeinen; es gibt nur die Entwickelung des einen oder des anderen oder des dritten, des vierten oder des tausendsten Menschen. Und so viele Menschen in der Welt sind, so viele Entwicklungsprozesse muß es geben.» (125/126)

So lenkt Steiner – sein eigenes Werk nachträglich kommentierend – die Aufmerksamkeit der Zuschauer und Zuhörer beispielsweise auf die Gestalt des Johannes Thomasius und erläutert, wohl zum Erstaunen seiner Zuhörer, im Jahr 1913 die Stufen des Weges, den Johannes Thomasius gegangen ist: «Wenn man nur diesen Teil der Dramen nimmt,

‹Die Pforte der Einweihung›, und betrachtet darin Johannes Thomasius, so kommt er da eigentlich nicht besonders weit. Er kommt nicht weiter als zu dem, was man nennen kann: imaginative Seelenerlebnisse mit all ihren Einseitigkeiten und Fehlern. Alles, was da dargestellt ist, sind subjektive Erlebnisse. ... Das ist auch ziemlich handgreiflich angedeutet, indem ganz klar geschildert ist, daß bei allen Szenen ... Johannes ... immer auf der Bühne ist. Und zu denken ist das alles in der Seele des Johannes als imaginative Erkenntnis. Wenn auch am Ende der ‹Pforte der Einweihung› Johannes Thomasius im Tempel allerlei Worte spricht, die theoretisch objektive Gültigkeit haben, so darf erwähnt werden, daß in den verschiedenen Tempeln manche Leute Worte sprechen, für die sie lange nicht reif sind, zu denen sie erst heranreifen müssen.» (147/120f)

In einem Entwurf gebliebenen Nachwort zum vierten Mysteriendrama verfolgt Rudolf Steiner dieses Motiv weiter und schreibt. «In der ‹Prüfung der Seele› sind die geistig-seelischen Vorgänge von dem Inneren des *Johannes Thomasius* schon losgelöst. Er lebt nicht mehr bloß in dem, was ihm subjektiv bleibt; er ist in die Lebensvorgänge hineingestellt, deren geistige Faktoren und Zusammenhänge er miterlebt. ... In der ‹Prüfung der Seele› beginnt das eigentliche Mit-einander-Erleben der geistigen Welt.» (44/449f)

Doch erst im *Hüter der Schwelle* beginnt der Übergang in die objektive Welt (147/121). Damit aber werden die Verhältnisse immer komplexer und schwieriger. Im letzten Bild des *Hüters der Schwelle* wird dann die Zukunftsperspektive sichtbar, in der sich zeigt, daß menschliche Individualitäten, die in die Objektivität hereinwachsen, Aufgaben «im Tempel» übernehmen müssen.

Nach diesen Vorbereitungen betreten die sich entwickelnden Menschen das Feld der äußeren Lebenspraxis. Der «Sonnentempel», der in den ersten beiden Dramen den geistigen Hintergrund der Entwicklung bildete und der im dritten Drama metamorphosiert als «Tempel des Mystenbundes» zu sehen war, tritt nicht mehr in die äußere Erscheinung. Gleich im ersten Bild findet man sich im Büro eines Werkes, in dem Holzsägearbeit verrichtet wird. Ein Sekretär und ein Bürochef treten auf und beraten die weitere Entwicklung des Betriebes, in dem Johannes Thomasius und Doktor Strader hinfort wirken sollen. Damit beginnen nun ganz neue Schwierigkeiten, und Benediktus, der geistige

Führer der Menschengruppe, die nach innerer Entwicklung strebt, ist «nicht mehr bloß über seinen Schülern stehend zu denken, sondern mit seinem eigenen Seelenschicksale in die Seelenerlebnisse seiner Schüler verwoben» (14/393).

Diese knappen Andeutungen müssen genügen, um zu zeigen, daß der spirituelle Realismus der *Mysteriendramen* aus den subjektiv geistigen Höhen herunter in die irdische Realität führt: Im Rosenkreuzermysterium ist die Vorahnung, das Bild und Ziel einer langen Entwicklung gegeben. In der *Prüfung der Seele* stehen innerseelische Lebenskämpfe im Mittelpunkt, im *Hüter der Schwelle* ist Johannes Thomasius bis an jenen Punkt gelangt, wo er in der äußeren Realität wirken soll. In *Der Seelen Erwachen* erst wird der Boden der praktischen Wirksamkeit erreicht, und dabei treten sogleich Krisen und Mißerfolge auf. Eine Entwicklung, die die anthroposophische Bewegung in den kommenden Jahren selber nehmen sollte, war damit prophetisch angedeutet.

31.
DIE TRENNUNG VON DER THEOSOPHISCHEN GESELLSCHAFT

Im Jahre 1889 hatte Frau Blavatsky – so wird berichtet – einer Gruppe theosophischer Schüler mitgeteilt, es sei der eigentliche Zweck der Theosophischen Gesellschaft, die Menschheit für die Aufnahme eines Weltlehrers vorzubereiten, der im 20. Jahrhundert auf der Erde erscheinen werde. Dabei deutete Frau Blavatsky allerdings auf das letzte Drittel des Jahrhunderts. Annie Besant hatte diese Vorstellung bekannt gemacht, und noch Mitte August 1909 hatte sie in Chicago in einer Rede über den kommenden Weltlehrer öffentlich erklärt: «Wir erwarten diesmal, daß er in der westlichen Welt erscheint – nicht im Osten wie Christus vor zweitausend Jahren.» (M. Lutyens 1981, S. 22) Dieser westliche Träger des Weltlehrers war auch bereits einige Jahre zuvor von C. W. Leadbeater ausgewählt worden; es war Hubert van Hook, der Sohn des Generalsekretärs der Theosophischen Gesellschaft in den USA.

Als Annie Besant in Chicago sprach, wußte sie noch nicht, was sich, seit sie Indien am 24. April verlassen hatte, in Adyar ereignet hatte. Charles Webster Leadbeater, der auf Betreiben von Annie Besant wieder in die Theosophische Gesellschaft aufgenommen worden und im Februar 1909 nach Adyar zurückgekehrt war, hatte am Strand Adyars zwei Hindu-Knaben, Krishna und Nitya, gesehen und seinen Begleitern versichert, der eine Knabe, Krishna, habe eine besonders schöne und große Aura, er werde ein großer geistiger Lehrer werden. Der eine der Begleiter, der den gemeinten Krishna kannte, weil er ihm Nachhilfestunden gab, war fassungslos, denn er hielt Krishna für besonders begriffsstutzig. Aber Leadbeater war nicht zu erschüttern, ungerührt sagte er Krishna eine große Zukunft voraus – womit er auch recht behalten sollte.

Dieser am 11. Mai 1895 geborene Jiddu Krishnamurti wurde sehr bald

Leadbeater zur Erziehung übergeben: Unter Mühen und Tränen wurden Krishna und sein Bruder für ihre weitere Laufbahn vorbereitet. Zugleich begann Leadbeater die früheren Leben dieses Knaben und der mit ihm verbundenen Persönlichkeiten zu «erforschen». Krishna wurde in den Darstellungen, die Leadbeater entwarf, «Alcyone» genannt, Frau Besant hieß «Heracles», Leadbeater «Sirius» und so weiter. Schließlich erfuhr auch Annie Besant, was sich in Adyar zugetragen hatte, und man verriet ihr, daß der viel besprochene «Alcyone» Krishnamurti sei.

Am 10., 11. und 12. Januar 1910 wurde Krishna unter der Ägide Leadbeaters «eingeweiht». Im April 1910 begann im «Theosophist» eine Artikel-Serie von Leadbeater, *Rents in the veil of Time*, zu erscheinen, in der er die früheren Erdenleben Krishnamurtis/Alcyones seit dem Jahr 23 650 vor Chr. zusammen mit den zugehörigen Menschengruppen darstellte. Später erschien *The Lives of Alcyone*, und sehr bald war es sozusagen ein theosophisches Adelsdiplom geworden, in den *Lives* vorzukommen. Natürlich gab es auch außerhalb Deutschlands eine größere Anzahl von prominenten Theosophen, die die Seriosität der Forschungen Leadbeaters bezweifelten oder einfach lächerlich fanden und spotteten: *In the Lives, in the Lives, I've had all sorts of husbands and wives.* Aber insgesamt war die Sache in theosophischen Kreisen doch recht erfolgreich, und der Kult um Krishna gedieh. Schließlich gründete George Arundale am 11. Januar 1911, dem Jahrestag der Einweihung Krishnas, den *Orden der aufsteigenden Sonne,* der kurz darauf zum *Order of the Star in the East* (= OSE) wurde und unter dem Protektorat von Besant und Leadbeater stand. Dieser Orden, der das Kommen des großen Weltlehrers vorbereiten sollte, entfaltete eine weitgespannte Propaganda. Wo irgend möglich, wurden nationale Vertreter dieses OSE berufen und nationale Gruppen des Sternordens begründet.

Im Frühjahr 1911 reiste Annie Besant mit Krishna, Nitya, George Arundale und anderen nach Europa. Am 8. Mai, dem Todestag von Helena P. Blavatsky, hielt sie im Londoner Hauptsitz der Theosophischen Gesellschaft eine Ansprache, in der sie andeutete, daß der Christus durch den Alcyone erscheinen werde, so wie er vor zweitausend Jahren in Jesus erschienen sei. Diesen Christus bezeichnete sie zugleich als «Lord Maitreya», als einen Bodhisattva.

Spätestens auf dem Kongreß in Budapest im Juni 1909 hatte Rudolf Steiner von den damals noch undeutlichen Plänen und Absichten Annie

Besants erfahren. Annie Besant, die Steiner ja durchaus schätzte, wollte ihn in ihre Pläne einbeziehen und machte ihm deshalb den Vorschlag, ihn als wiedererschienenen Evangelisten Johannes zu betrachten und ihm damit eine wichtige Funktion zu übertragen. Steiner hat das in höflicher, nicht verletzender Art zurückgewiesen und – nach seinem Bericht aus dem Jahre 1916 – gesagt: «Es ist gar keine Rede davon, daß ich jemals in einer okkulten Bewegung irgend etwas anderes sein will, als im Zusammenhange mit der deutschen Kultur – nur mit der deutschen Kultur, innerhalb Mitteleuropa.» (167/79) Darüber hinaus hat Steiner in Budapest versucht, Annie Besant in nicht nur höflicher, sondern in der einer Präsidentin gebührenden, ehrerbietigen Form auf das Fragwürdige und Riskante ihrer Pläne hinzuweisen. Und damals, im Juni 1909 – es war das letzte Mal, daß er Annie Besant überhaupt sah – konnte er hoffen, daß Annie Besant seine Worte wirklich bedenken würde. Steiner selbst wollte zu jenem Zeitpunkt jeden überflüssigen Streit vermeiden: Die von ihm geleitete Sektion war ja noch keine sieben Jahre alt und bedurfte noch Jahre ruhiger Entwicklung.

Als 1909 erstmals die Rede auf Differenzen zwischen seinen und den Lehren Besants kam, bemerkt er: «Besant und Steiner kommen also offenbar recht gut nebeneinander aus, auch wenn sie verschiedene Wege gehen»; und in dem Vortrag, den Annie Besant in Budapest unter dem Titel «The Christ, who is he?» gehalten hatte, erkannte er die «große Intuition und tiefe Empfindung», ja, er knüpfte an manche Passagen der Ausführungen Besants weitere interpretierend-zustimmende Gedanken. An einem Punkte nur merkte er 1909 eine Differenz an: «Vollkommen kann man dem beistimmen, daß der Christus – in Bezug auf die Art und den Zeitpunkt zeigen mir meine Erkenntnisse anderes als Mrs. Besant – wiederkommen wird, und daß ihn diejenigen erkennen werden, welche dazu vorbereitet sind. Man sollte aber vielmehr das Vorbereitetsein betonen, als das Wiederkommen.» (*Mitteilungen*, x, Januar 1910, S. 5, 11 u. 13)

Aus den auf der Generalversammlung der deutschen Sektion und in den *Mitteilungen* veröffentlichten Aussagen Steiners geht jedenfalls ganz eindeutig hervor, daß ihm viel daran lag, Frieden zu halten, in Ruhe zu arbeiten und die Verständigung nicht abzubrechen, obwohl er sicherlich schon im Jahre 1909 die Fragwürdigkeiten der Vorstellungen von Annie Besant durchschaute.

Im Jahre 1910 jedenfalls waren die äußeren Symptome des kommenden Konflikts noch kaum sichtbar. So erschien in einer Serie *Theosophical Worthies* im Oktober 1910 im *Theosophist* noch eine ausführliche Würdigung Steiners aus der Feder Annie Besants. Der Artikel endet: «Long may he live to guide the people whom he enlightens, and to carry his message through Europe.» (a. a. O. ; S. 122) Ja, noch im März 1911 erschien eine durchaus positive Besprechung der englischen Übersetzung des Buches *Theosophie* in demselben Blatt.

Selbstverständlich aber blieben die gegensätzlichen Auffassungen von Leadbeater/Besant einerseits und Steiner andererseits nicht unbemerkt: Während Annie Besant Krishnamurti als das *Fahrzeug* des kommenden Maitreya verkündete, sprach Rudolf Steiner vom Wiedererscheinen des Christus in der ätherischen Welt. Damit fand er in Mitteleuropa und Skandinavien durchaus Verständnis. Offensichtlich fragte man sich nun bei den Anhängern Annie Besants, wie der Einfluß Steiners zurückzudrängen sei. Eine erste Handhabe schien sich aus der Tatsache zu ergeben, daß Steiner auch in der deutschsprachigen Schweiz wirkte, wo sich die Zweige Basel, Bern, Lugano, St. Gallen und Zürich als zur deutschen Sektion gehörig betrachteten. Die drei in Genf existierenden Zweige hingegen waren an die französischen Sektion angeschlossen. Nun verfiel man auf den Gedanken, eine nationale schweizerische Sektion zu begründen: Die drei Genfer Logen wurden in sieben Logen umorganisiert und konnten sich damit gemäß den Statuten der Theosophischen Gesellschaft als Landesgesellschaft organisieren. Im Januar 1911 verkündete Annie Besant im *Theosophist:* «Unsere achtzehnte Landesgesellschaft (Sektion) wurde am 29. November 1910 bestätigt. Unsere Schweizer Brüder halten es für nötig, ihre eigene Organisation zu bilden, anstatt, wie es vom Präsident-Gründer früher genehmigt worden war, ein Teil Frankreichs zu bleiben. Damit haben wir nun eine T. S. in der Schweiz, die über die territoriale Jurisdiktion des Gebietes verfügt, das die schweizerische Republik einnimmt. Möge es unserem jüngsten Bruder wohl ergehen.» (*Theosophist*, Januar 1910, S. 478)

Nun hatten die «Brüder» in Genf nicht so ungemein brüderlich gehandelt, sie hatten nämlich die fünf bereits bestehenden deutschsprachigen Schweizer Zweige, die, nebenbei bemerkt, mehr Mitglieder hatten als die künstlichen sieben Genfer Zweige, überhaupt nicht um ihre Einwilligung gefragt. Diese hätten sie auch nicht erhalten, denn diese Zweige wollten weiterhin zur deutschen Sektion gehören. Mit der Sektionsgründung wollte man – durch die damit verbundene theosophische «Jurisdiktion» über das Gebiet der Schweiz – Rudolf Steiner in der Schweiz den Mund verbieten. Das führte zu einem Protest der deutschsprachigen Zweige in der Schweiz, über den sich Annie Besant auch nicht einfach hinwegsetzen konnte. Hinter vorgehaltener Hand sprach man nun aber mancherorts von ungerechtfertigter deutscher Expansion. Offensichtlich hatte Annie Besant verdrängt, daß bereits bei der Gründung der deutschen Sektion im Jahre 1902, bei der sie zugegen war, der Zweig Lugano zur deutschen Sektion zählte, ohne daß irgendjemand daran Anstoß genommen hätte. Auch war der Anschluß der deutschsprachigen Logen an die Deutsche Sektion damals nicht weniger sinnvoll als der Anschluß der Genfer Logen oder der Anschluß der Loge Mühlhausen (Elsaß) an die Französische Sektion – vor 1910 hatte auch niemand an diesen Verhältnissen Anstoß genommen.

Im Juni 1911 ernannte Annie Besant den alten Theosophen Wilhelm Hübbe-Schleiden zum Vertreter des *Order of the Star in the East* in Deutschland. In einem Brief vom 4. Juli zeigte Hübbe-Schleiden diese Ernennung Rudolf Steiner an. Gleichzeitig hatte Annie Besant Dr. Hugo Vollrath, der aus guten Gründen – mit Zustimmung Annie Besants – aus der deutschen Sektion ausgeschlossen worden war, zum Organisations-Sekretär des OSE ernannt. Rudolf Steiner erhielt diese Nachrichten in München, wo er seit dem 10. Juli mit der Inszenierung der Dramen beschäftigt war. Deshalb bat Hübbe-Schleiden seinen Münchner Freund Ludwig Deinhard, mit Steiner, der zu jener Zeit kaum eine ausführliche Korrespondenz führen konnte, zu sprechen. Am 25. Juli kam es zum Gespräch zwischen Deinhard und Steiner, und am folgenden Tag berichtete Deinhard seinem Freunde Hübbe: «Steiner steht dem Sternorden gegenüber auf dem Standpunkt, den Sie selbst in einem früheren Brief als den einzig verständigen bezeichnet haben. Er sagt einfach so: Was Frau Besant außerhalb der T. S. tut, sei es eine Ordensgründung oder eine sonstige Gründung, geht mich als Generalsekretär der deutschen Sektion nichts an. Ich mache meine Rosenkreuzerbewegung, suche meine Anhänger für den Gedanken der okkulten Entwicklung zu gewinnen u.s.w... Ebensowenig aber kümmert es Steiner, daß Sie sich zum Vertreter dieses Ordens in Deutschland ernennen ließen ... Der Orden selbst – sagte Steiner – erscheint als eine Sache, die man in Deutschland niemals ernst nehmen, für die man bei uns schon darum keine Stimmung machen sollte, weil sie so ganz und gar dem deutschen Denken und Empfinden widerspricht. Wer sich damit abgibt, der blamiert sich, der schadet sich bei allen vernünftigen Leuten. Dr. Vollrath ... wird eigentlich von niemand ernst genommen. So weit Steiner.» (Klatt 1993, S. 192f)

Ansonsten warnte Deinhard seinen Freund vor dem übernommenen Amt und schilderte den Eindruck, den er bei seinem Gespräch mit Steiner gewonnen hatte, wie folgt: «Jedenfalls nimmt er die okkulten Forschungs-Ergebnisse eines Leadbeater nicht ernst. – Von all dem Gerede über das Wiederkommen oder nicht-Wiederkommen des Christusgeistes erwähnt Steiner kein Wort. Daß Steiner in dem jungen Alcyone einen Concurrenten erblicken könnte, den Eindruck macht *Steiner* ganz und gar nicht. Er sieht in Alcyone nicht viel mehr als einen jungen Menschen, der trotz seiner 30 ... Vorleben und trotz seiner Initiation in die okkulte Welt zunächst etwas lernen muß, um etwas in *dieser* Welt leisten zu können.» (Klatt 1993, S. 193)

Gegen Ende des Briefes rät dann Deinhard seinem Freund, das Amt eines öffentlichen Vertreters des Sternordens im Interesse seines guten Namens niederzulegen. Hübbe-Schleiden folgte diesem Rat seines Freundes nicht, sondern sah sich in der Rolle dessen, der als der ursprüngliche Begründer der Theosophischen Gesellschaft in Deutschland 1884 nunmehr aufgerufen sei, für die «universelle, in die Zukunft schauende Bewegung» (Klatt 1993, S. 203) eintreten zu müssen.

Für die Zeit vom 16. bis 19. September 1911 war ein Theosophischer Kongreß in Genua angesetzt, und allseits erwartete man, daß es auf diesem Kongreß zu einer Aussprache über die anstehenden Fragen, namentlich zu einer Aussprache zwischen Annie Besant und Rudolf Steiner kommen würde. Am 10. September erhielt Steiner ein Telegramm des Generalsekretärs der Italienischen Landesgesellschaft, Otto Penzig, daß der Kongreß in Genua nicht stattfinden werde und daß man die Mitglieder benachrichtigen möge. Steiner fragte daraufhin telegraphisch bei Penzig an, warum der Kongreß nicht stattfinde: «Habe auf strikte Ordre der Präsidentin und des Sekretärs des Kongresses gehandelt», lautete das Antworttelegramm Penzigs. – Annie Besant hat später behauptet, sie habe nicht den Kongreß, sondern nur ihre Teilnahme am Kongreß abgesagt. Wie dem auch sei, merkwürdig ist auf jeden Fall, daß Annie Besant, die sonst im *Theosophist* ständig von ihrer Tätigkeit erzählt und alles mögliche zu berichten weiß, über die Absage des Kongresses völlig schweigt. In jedem Falle führte die unmotivierte Absage des Kongresses zu einem gewissen Unmut, weil sich bereits eine Anzahl von Theosophen – nicht nur aus Deutschland – auf den Weg nach Genua gemacht hatten.

Während in größeren und kleineren Gruppen außerhalb Deutschlands die Aktionen Annie Besants und des Sternordens auf Widerspruch stießen, regte sich zugleich Interesse für das, was Rudolf Steiner zu sagen hatte. In Skandinavien war das überhaupt kein Problem, weil die skandinavischen Sektionen sich weitgehend Steiner zugewandt hatten. Es gab aber auch in England, Frankreich und den Niederlanden Freunde der von Steiner vertretenen Geistesrichtung. In Frankreich waren Alice Sauerwein, Edouard Schuré und Eugène Lévy, in England Harry Collison und H. J. Heywood-Smith in diesem Sinne aktiv. 1911 und 1912 trat aber vor allem der dänische Baron Alfons Walleen-Bornemann in diesem Sinne hervor und versuchte seinen Standpunkt auch in England zu vertreten. Dabei stieß er auf allerlei Schwierigkeiten und fand den Widerspruch der Vertreter des Sternordens. Jedenfalls beschwerte sich Annie Besant in einem Brief vom 4. 1. 1912 über die aggressive Weise, in der Baron Walleen in England aufgetreten sei, und bat Steiner, mäßigend auf seine Anhänger einzuwirken (Unger 1913, S. 166f). Nach den vorliegenden Berichten ist es nicht unwahrscheinlich, daß beide Parteien wenig glücklich agierten, und Baron Walleen hat – anders als Steiner – wohl den Fehler gemacht, eine inhaltlich-dogmatische Auseinandersetzung vom Zaun zu brechen.

Der sich so anbahnende Konflikt erreichte auf der Generalversammlung der deutschen Sektion eine neue Stufe, weil der brisante Antrag gestellt worden war, Dr. Vollrath wieder in die deutsche Sektion aufzunehmen. Die deutschen Mitglieder waren über diesen Antrag aus verschiedenen Gründen empört, vor allem, weil er von einem taktlosen Brief Vollraths begleitet war und weil man meinte, Vollrath wolle nun die deutsche Sektion als Podium benutzen, um für den Sternorden Propaganda zu machen. Eine Reihe von Mitgliedern erwogen deshalb bereits die Gründung einer anderen Gesellschaft, und Rudolf Steiner war genötigt, die Feuerköpfe in den eigenen Reihen zu beruhigen. Er mußte auf der Generalversammlung das Wort ergreifen, nachdem Baron Walleen von den Widerständen erzählt hatte, denen er auf seiner Reise durch England begegnet war, und daran wohl den Gedanken geknüpft hatte, eine neue Gesellschaft zu begründen. Steiner sagte gegen Schluß seiner Ansprache, für ihn sei es das Maßgebende, daß bei den Individualitäten, «welche die Führenden unserer theosophischen Bewegung sind, die Meinung» besteht, «daß man die Gesellschaft so lange halten soll, als es nur irgend geht! Und das ist es, was es mir schwierig macht, irgendeine unmittelbare Initiative anzuempfehlen zu irgendeinem Zerstören der Gesellschaft. ... So daß das Zerstören der Gesellschaft als solches jetzt in diesem Augenblicke ganz gewiß nicht das Richtige ist; sondern das Richtige ist das Positive. Und was dieses betrifft, so ist das schwieriger zu machen als das Negative.» (264/417f)

Es gelang aber den Befürwortern einer Neugründung trotz dieser warnenden Worte Steiners, am 16. Dezember 1911 einen *Bund* zu gründen, der sich die Aufgabe stellte, «alle diejenigen zu vereinigen, welche rosenkreuzerische Geisteswissenschaft pflegen wollen». Man wollte dies durch eine Organisation erreichen, «welche auf Vertrauen und Verantwortung gegründet ist, zunächst ohne geschriebene Satzung, sondern in möglichster Annäherung an das, was im geistigen Sinne hierarchische Ordnung genannt wird». Ferner hieß es in der Verlautbarung: «Der Bund hat weder nach Form, noch nach Inhalt das geringste mit der Theosophischen Gesellschaft zu tun; seine Mitglieder mögen der Theosophischen Gesellschaft angehören oder nicht; er will den Bestand der Deutschen Sektion in keiner Weise gefährden; er ist überhaupt nicht im Gegensatz zu irgend Etwas gegründet worden, sondern in durchaus positiver Weise zur Pflege einer ganz bestimmten Geistesströmung, der rosenkreuzerischen Geisteswissenschaft, und er sucht sich eine Form, wie sie dem Inhalt dieser Geistesströmung entspricht.» (*Mitteilungen*, XIII, März 1912, S. 36)

Der Zweck dieses Bundes war ganz offensichtlich, eine Gruppe zu bilden, der Mitglieder und Nicht-Mitglieder der Theosophischen Gesellschaft ohne Unterschied der Nation angehören konnten. Die Verhandlungen dieses Bundes waren in dem Sinne öffentlich, als auch Vertreter der in Adyar gepflegten Theosophie Zutritt hatten. So konnte zum Beispiel Dr. Otto Schrader den Besprechungen des Bundes, die in München vom 27. bis zum 29. August 1912 stattfanden, beiwohnen, seine Ansichten darstellen und über die Vorgänge im *Theosophist* (Dezember 1912, S. 433ff) berichten. – Ansonsten blieb der Bund ein sehr lockeres und luftiges Gebilde, er hat weder Mitgliedskarten ausgegeben noch Mitgliedsbeiträge kassiert und ist, wie Steiner 1921 einmal bemerken sollte, «aus einem sanften Schlaf allmählich in den sozialen Tod übergegangen» (76/196).

Während sich diese Dinge in Deutschland zutrugen, hatte Annie Besant John H. Cordes, einen geborenen Österreicher und Betreuer Krishnamurtis, zum National-Repräsentanten für Deutschland in dem in Adyar tagenden internationalen Council der Theosophischen Gesellschaft ernannt. Sie beauftragte Cordes, der zur Deutschen Sektion keine Beziehungen hatte, sich mit Dr. Hübbe-Schleiden, Dr. Vollrath und Bernhard Hubo in Hamburg in Verbindung zu setzen. Cordes schrieb also im Januar 1912 in einem Brief an Hubo: «Können Sie mir helfen, kurze knappe Notizen für die Öffentlichkeit und soviel wie möglich private und intime Neuigkeiten zu bekommen. ... Wenn Sie mich mit privaten Nachrichten beehren wollten, werde ich natürlich strengste Diskretion bewahren.» (*Mitteilungen*, XIV, Dezember 1912, S. 9)

Mit dieser Anfrage hatte sich Cordes an den Falschen gewandt. Zwar hatte Bernhard Hubo bei Gründung der Deutschen Sektion 1902 Steiner mehr als skeptisch gegenübergestanden, inzwischen aber hatte sich dieser Leiter des Zweiges in Hamburg Steiner zugewandt. Hubo antwortete also Cordes, indem er zunächst sein Befremden darüber zum Ausdruck brachte, daß er ohne Rücksprache und Zustimmung des deutschen Generalsekretärs zum Vertreter der Deutschen Sektion ernannt worden war. Ganz sauer aber reagierte Hubo auf die Zumutung, irgendwelche persönlichen oder intimen Nachrichten nach Adyar liefern zu sollen: «Es ist wahrlich weit gekommen, daß vom Hauptquartier der Theosophischen Gesellschaft sogar Spionageversuche ins Werk gesetzt werden!» (*Mitteilungen*, XIV, Dezember 1912, S. 11)

Am 20. und 21. Februar trafen sich in Stuttgart die Vertreter des «Bundes» zu einer Beratung im Haus der Stuttgarter Zweige. Rudolf Steiner hat sich bei diesen Beratungen zurückgehalten. Er wollte sehen, welche Initiativen in den Mitgliedern lebten. Doch an den Abenden hielt er zwei Vorträge für die Mitgliedschaft, in denen er die Bedeutung der Gedanken von Reinkarnation und Karma für das Leben der Gegenwart darstellte. Seine Ausführungen zielten darauf zu zeigen, daß in den immer komplexer werdenden Verhältnissen der Zeit die Menschheit an den Gedanken von Reinkarnation und Karma eine innere Orientierung gewinnen könnte, so daß nicht neben jedem Menschen ein Schutzmann stehen müsse, «der ihm befiehlt rechts oder links zu gehen» (135/81). Dann deutete er an, wie wichtig die Ideen von Reinkarnation und Karma für die Bildung einer neuen Gemeinschaft seien: «Daß der Anthroposoph fühle, wie er in dieser Weise mitarbeitet an dem Hervorbringen einer neuen Kultur, das muß in seinem Bewußtsein leben. Diese Empfindung, dieses Gefühl von der intensiven Bedeutung von Reinkarnation und Karma für das Leben, dieses würde etwas sein, was zusammenhalten könnte heute eine Gruppe von Menschen, ungeachtet der äußeren Verhältnisse, in denen diese Menschen sind. Die Menschen, die von solcher Gesinnung zusammengehalten werden, können sich nur durch Anthroposophie zusammenfinden.» (135/82)

Dieser Appell ist damals wohl nicht wirklich verstanden und aufgenommen worden. Zu sehr waren die Gedanken der Anwesenden von den aktuellen Problemen beansprucht. Aber dieser Appell zeigt doch deutlich, welchen Sinn Rudolf Steiner mit der Bildung einer neuen, anthroposophischen Gesellschaft verbinden wollte.

Um die Dinge im Zusammenhang mit der Theosophischen Gesellschaft zu klären, schrieb Rudolf Steiner im März 1912 einen ausführlichen Brief an Annie Besant, den er später referierte. Er habe erklärt, «daß ich mir doch selbstverständlich nicht das Recht anmaße, ihr Vorschriften zu machen über Maßnahmen, die sich auf den ‹Stern des Ostens› beziehen, um den ich mich nie bekümmert habe, der mich also gar nichts angeht. Ich selbst habe auch gar nicht das geringste gegen die Ernennung Dr. Vollraths gesagt. Was in der Generalversammlung der deutschen Sektion zum Ausdruck kam, war nur das Konstatieren der Tatsache, daß Mrs. Besant, die doch seit 1909 die entsprechenden Tatsachen kannte, dem deutschen General-Sekretär durch dieses gänzliche Unberücksichtigtlassen seines Urteils ein Mißtrauensvotum ausgedrückt habe.» (*Mitteilungen*, XIV, Dezember 1912, S. 5)

Trotzdem schickte Annie Besant am 8. Mai einen Brief an die Herausgeberin der Mitteilungen der Deutschen Sektion, Mathilde Scholl. In diesem Brief nahm sie zu den Verhandlungen über Dr. Vollrath auf der Generalversammlung der Deutschen Sektion und zu der Ernennung Vollraths zum Sekretär des Sternordens in Deutschland Stellung. Sie bestritt, den Fall Vollrath, die Gründe, die zu seinem Ausschluß aus der Deutschen Sektion geführt hatten, und das von Vollrath gegen Steiner verbreitete Pamphlet überhaupt zu kennen, und behauptete, Dr. Vollrath nie zum Sekretär des Sternordens vorgeschlagen zu haben, wenn sie diese Dinge gekannt hätte.

Das entsprach nicht den Tatsachen, da Vollrath sich am 1. Dezember 1908 beschwerdeführend an Annie Besant gewandt hatte und da Annie Besant auf diese Beschwerde am 7. Januar und 18. März 1909 reagiert hatte. Sie kannte also den Fall Vollrath sowohl aus den Berichten Steiners wie auch aus denen Vollraths, und sie hätte deshalb auch die Pflicht gehabt, sich über die Publikationen Vollraths zu informieren, bevor sie ihn als Sekretär des Sternordens vorschlug. In jedem Falle aber mußte sie wissen, daß man in Deutschland die Ernennung Vollraths, eines notorischen Querulanten, von dem Ludwig Deinhard schrieb, daß er «bekanntlich geistig anormal» sei (Klatt 1993, S. 193), als Affront ansehen würde.

Mit ihrem Brief erreichte Annie Besant in der nicht-deutschen Öffentlichkeit durchaus ihre Zwecke, erschien Steiner doch nun allgemein als Unruhestifter. In Deutschland aber, wo man die Vorgänge genau kannte, weckte sie durch diese Selbstdarstellung in der Rolle der gekränkten Unschuld nur weiteren Unmut.

So schwelte der Konflikt weiter, bis am 19. Juni 1912 Wilhelm Hübbe-Schleiden in Hannover durch einen Vortrag *Botschaft des Friedens* Öl in die Emotionen goß und sie zur Flamme entfachte. In dem ersten Teil dieses Vortrags, den Hübbe-Schleiden alsbald im Druck veröffentlichte, ist viel von Frieden und Brüderlichkeit die Rede, und alle bestehenden Differenzen werden von Hübbe eingeebnet. Der Vorwurf, den Hübbe erhebt, ist, daß in der deutschen Sektion Dogmatik und Intoleranz herrschten und daß die Sektion nach dem Muster der katholischen Kirche organisiert sei (Hübbe-Schleiden 1912, S. 11). Im Anhang zu dem Vortrag wird das besonders deutlich: Die Haltung des neuen Bundes, so heißt es, kommt «auf etwas Ähnliches hinaus wie die des Jesuiten-Ordens ... Die Anthroposophen glauben blindlings an die Offenbarung ihres Lehrers, des Herrn Dr. Steiner. Die Theosophen glauben nicht an die Unfehlbarkeit irgend eines Menschen. Der Sinn der Theosophischen Gesellschaft ist nicht dogmatische Einseitigkeit; er ist nicht Kampf und Streit. Der Sinn der Theosophischen Gesellschaft ist vollkommene Geistesfreiheit und Selbständigkeit, ist brüderliche Liebe; er ist Friede und Glückseligkeit.» (Hübbe-Schleiden, 1912, S. 39f)

Hübbe konnte mit seinen Vorwürfen an vielen Orten auf Beifall hoffen, denn in der Tat gab es dogmatisch denkende, intolerante Anhänger Steiners, und es gab, wie man im Zusammenhang mit der Gründung des Bundes sehen konnte, auch eine gewisse Tendenz zur Hierarchiebildung. Hübbe sah jedoch die Dinge sehr einäugig. Denn Dogmatik und Schwärmerei feierten auch bei den Anhängern Leadbeaters, Besants und des Sternordens durchaus ihre Triumphe, und auch Hierarchien fehlten weder in der Theosophischen Gesellschaft noch im Sternorden. Einige Blicke in den *Theosophist* und die Lektüre der von Annie Besant in eigener Sache verfaßten Hofberichterstattung (*On the Watch-Tower*) genügen, um Personenkult und Hierarchien zu studieren. Die eigentliche Infamie aber lag in dem Vergleich mit den Jesuiten, denen man damals – anders als heute – auch unter Gebildeten alles Böse zutraute.

Nachdem Hübbe-Schleiden diesen Angriff lanciert hatte, brach Rudolf Steiner das Schweigen, das er bisher gegenüber dem Sternorden und den Angreifern gewahrt hatte. Gegen Ende eines Mitgliedervortrags am 20. Juni 1912 sagte er, was ihn bewegte. Diese Äußerungen sind für ihn besonders charakteristisch. An allererster Stelle spricht er über das Grundprinzip, das ihn leitet und das auch in der Theosophischen Gesellschaft ursprünglich ein wichtiges Motto war. Es geht ihm um Wahrheit, um das Streben nach objektiver Wahrheit und um die Wahrhaftigkeit, und er erinnert daran, «daß es immerhin schwierig ist, diesen Grundnerv theosophischen Strebens zu dem Grundnerv des eigentlichen theosophischen Wirkens zu machen» (133/164). Mit diesen Worten greift Steiner die alte theosophische Devise: «Kein Bekenntnis ist höher als die Wahrheit» auf, die in Deutschland manchmal auch in das Goethe-Wort: «Die Weisheit ist nur in der Wahrheit» gefaßt wurde.

Dann kommt Rudolf Steiner auf das allgemeine Toleranz-Gerede zu sprechen, das alle Unterschiede verwischen und die widersprechendsten Aussagen einfach ohne weitere Klärung nebeneinander bestehen lassen will: «Dies ist außerordentlich leicht zu sagen: alle Meinungen wären gleich in der theosophischen Bewegung. Das bleibt eine Phrase, wenn es nicht im Ernst genommen wird. Und insbesondere bleibt es eine Phrase, wenn die Meinung des anderen nicht in der richtigen Weise dargestellt wird.» Namentlich wendet er sich gegen jene von anderer Seite vertretene Auffassung, die behauptet, daß die Anthroposophie eben spezifisch auf den deutschen Charakter zugeschnitten sei. Diesem Relativismus, der das, was er selbst treibt, verherrlicht und das, was ihm nicht genehm ist, möglichst in nationale Grenzen einsperren und als deutsche Marotte abtun will, hält er entgegen: «Es ist eine Menschheitssache, wie die Mathematik, und nicht die Sache einer einzelnen Nation. Und das, was wir hier treiben, so darzustellen, als ob es die Sache einer Nation, eines eng begrenzten Territoriums wäre, das ist eine Unwahrheit.» (133/165)

Es ist bemerkenswert, daß Steiner hier methodisch spricht. Er sagt nichts über das Inhaltliche der Wahrheit; er fordert nur, daß man die Auffassungen des anderen nicht falsch darstelle und daß man die Erkenntnisse des anderen nicht sofort relativiere. Wo jede Erkenntnis sofort relativiert und zum bloßen Standpunkt gemacht wird, hört jedes Gespräch auf und alles verschwindet in einem gleich-gültigen Meinungsbrei. Darüberhinaus ist es eine Minimal-Forderung und die Basis jedes Gesprächs, den anderen richtig zu verstehen und korrekt wiederzugeben und nicht selbstgemachte Ansichten des anderen zu bekämpfen.

Erst ganz gegen Ende des Vortrags kommt Steiner auf den Sternorden zu sprechen. Er kennzeichnet dessen Unterfangen durch einen Vergleich mit anderen Vereinen und Orden: Man hat heute – so Steiner – in der Welt «verschiedene Vereine, hat Vereine für Friedensbewegung, für Vegetarismus, Antialkoholvereine und so weiter. Das sind doch Ziele, die man sich setzen kann.» Indes «Vereine oder Orden für das Herannahen von künftigen Weltheilanden» zu begründen, nennt Steiner grotesk, es sei so grotesk wie die Gründung eines Vereins «für das Kommen eines ‹Bismarck›» (133/167f). Damit wird kein Wort gegen Krishnamurti oder die Möglichkeit, daß sich in ihm vielleicht eines Tages eine bedeutende Individualität verkörpern könnte, gesagt, nur das Unsinnige der Ordensgründung kommt zur Sprache.

Anders als viele seiner Anhänger, die vor allem den Gegensatz der Lehren von Besant und Steiner betonten, lenkte Rudolf Steiner also die Aufmerksamkeit auf die Dinge, die der allgemeinen Einsicht zugänglich waren. Eine Debatte darüber, ob der Christus in der ätherischen Welt oder durch Krishnamurti erscheinen würde, hat er nicht geführt. Ausdrücklich lehnte er eine solche Debatte ab und bemerkte in unserem Zusammenhang: «Für jeden, der die eine oder die andere Wissenschaft kennt, gibt es Dinge, über die man streiten kann. – Aber es gibt doch solche Dinge, über die man nicht streiten kann, wo man, wenn der andere etwas anderes meint, sich sagen muß: Dann weiß er eben nicht, worum es sich handelt.» (133/19)

Auch später betonte er in diesem Sinne die Fragen der intellektuellen Redlichkeit und Wahrhaftigkeit sowie die Fragen des Verfahrens und Vorgehens. Gemäß der Verfassung der Theosophischen Gesellschaft wurden Dogmen auch von ihm abgelehnt; was den Sternorden auszeichnete, war gerade das Dogma, daß Krishnamurti als der Träger des zukünftigen Weltlehrers, des Maitreya oder Christus anzusehen sei. Für Steiner war dieses Dogma mit den Satzungen der Theosophischen Gesellschaft unvereinbar. Deshalb wehrte er die Versuche ab, die Organisation der Gesellschaft dadurch zu beeinflussen, daß man sie für den Sternorden umorganisierte, wie man es für die Schweiz versucht hatte, und daß man durch Gründung neuer Zweige, die auf das Dogma des Sternordens festgelegt waren, unterwandern wollte.

Nachdem mit Hübbe-Schleidens «Botschaft des Friedens» und Steiners Antwort der Kampf offen ausgebrochen war, fuhr Rudolf Steiner Ende Juni 1912 nach München, um die Aufführung der Mysteriendramen vorzubereiten und das dritte Mysteriendrama zu schreiben. Diese sieben Wochen bis zum Beginn der Aufführungen waren äußerst mühsam, denn Rudolf Steiner wurde von den verschiedensten Seiten bestürmt. Schon Anfang Mai war er in Köln von Holländern, Engländern und Belgiern, die dem Sternorden ablehnend gegenüberstanden, aufgesucht und bedrängt worden. Am 1. Juli berichtet Marie von Sivers ihrer Freundin Mieta Waller: «Vielleicht sind die äußeren Umstände für den Dr. niemals so schwer gewesen wie in diesem Jahr. Seit langen Wochen kommt jeden Morgen eine ‹Kröte› oder Hiobspost.»

So kam es, daß am 27. Juli – also drei Wochen vor der Aufführung! – erst ein Bild des neuen Dramas überhaupt geschrieben war.

Es gelang dennoch, bis zum 18. August mit den Proben und Inszenierungen fertig zu werden und insgesamt vier Dramen – Schurés *Heiliges Drama von Eleusis* und die drei Mysteriendramen *Die Pforte der Einweihung, Die Prüfung der Seele* und *Der Hüter der Schwelle* – zu proben und zu inszenieren. Rudolf Steiner selbst schrieb in dieser Zeit außerdem noch das Buch *Ein Weg zur Selbsterkenntnis des Menschen.* Persönlich kam in dieser Zeit noch hinzu, daß die Mutter von Marie von Sivers im Sterben lag und daß Marie von Sivers sie zusammen mit ihrer Schwester Olga zu betreuen hatte.

Nachdem die Aufführungen vorüber waren und während Steiner an den Abenden vom 25. bis zum 31. August den Vortragskurs *Von der*

Initiation hielt, trafen sich an den Vormittagen des 27., 28. und 29. August etwa 800 Menschen, um über den neu zu gründenden *Bund* zu beraten. Während dieser Unterredungen, bei denen die Notwendigkeit des Bundes erörtert wurde, sprachen sich die Repräsentanten des neuen Bundes, Marie von Sivers, Michael Bauer und Carl Unger dafür aus, in der Theosophischen Gesellschaft zu bleiben, um die Gesellschaft auf diese Weise zu retten. Nicht in Deutschland lebende Theosophen erklärten, der *Bund* sei eine Notwendigkeit, damit die von Rudolf Steiner vertretene theosophische Strömung auch außerhalb Deutschlands Gehör fände. Es kamen mit Otto Schrader (Adyar), Josef Elkan (München) und Alfred Ostermann (Colmar im Elsaß) auch Vertreter der anderen Richtung zu Wort.

Es fällt auf, daß sich Rudolf Steiner bei diesen Beratungen weitgehend zurückhielt. Nach den vorliegenden und im *Theosophist* veröffentlichten Aufzeichnungen – die nur bedingt als zuverlässiges Protokoll zu betrachten sind –, scheint er überhaupt nur zweimal kurz, mehr informatorisch als meinungsbildend, eingegriffen zu haben. In diesen Tagen muß er aber für die Neuformierung des bisherigen Arbeitszusammenhangs der Deutschen Sektion den Namen *Anthroposophische Gesellschaft* vorgeschlagen haben. Der *Bund* hingegen wurde, wie Steiner nach vielen Jahren nachdrücklich sagte, zu keiner sozialen Wirklichkeit; er blieb ein nebelhaftes Gebilde.

Alexander Strakosch, der die damalige Zurückhaltung Steiners bemerkte, schreibt in seinen Erinnerungen: «Von nun an erwartete er, daß von uns etwas geschehe.» Und, auf die künftige Entwicklung vorausblickend, fügt er hinzu, Steiner wäre es am liebsten gewesen, wenn diese neue Vereinigung aus ihren eigenen Impulsen gearbeitet hätte und er ihr die Früchte seiner Forschung vorgelegt hätte. «Es lastet schwer auf uns, daß wir in der Folge nicht fähig waren, ihm diesen Wunsch zu erfüllen, der kein persönlicher war, der aus seinem Auftrag hervorging.» (Strakosch 1947, S. 242; 1994, S. 155) In der Tat hoffte und erwartete Rudolf Steiner, daß zum Beispiel die Mitglieder der Gesellschaft ihm nicht alle Entscheidungen aufbürden, sondern durch wechselseitigen Rat und gegenseitige Hilfe ihre eigenen Fähigkeiten entwickeln würden; ebenso meinte er bereits zu jener Zeit, daß die tätigen Mitglieder viel produktiver mit der von ihm vorgelegten Geisteswissenschaft umgehen sollten und das selbständig weiter entfalten könnten, was beispielsweise in der *Geheimwissenschaft* entwickelt worden war (vgl. 156/72).

Rudolf Steiner blieb noch bis zum 7. September in München, um für Gespräche mit seinen Schülern zur Verfügung zu stehen. Nach wenigen Tagen Erholung bei seinem alten Freund Moriz Zitter in Tirol, fuhr er nach Basel, wo er vom 15. bis 24. September den Kurs über das Markus-Evangelium hielt. Niederländische Freunde, die verspätet zu dem Kurs kamen, berichteten, sie seien telegraphisch informiert worden, daß der Kurs nicht stattfände: Irgendein engagiertes Mitglied des Sternordens wollte die Holländer vor der Lehre Steiners bewahren.

In den Vorträgen dieses Kurses ging es Rudolf Steiner unter anderem auch darum, daß der nunmehr immer offener entbrennende Konflikt nicht mit einer falschen Überschrift versehen werde. Immer wieder brachte er in diesen Vorträgen – ebenso wie in den folgenden Vorträgen in Köln über die *Bhagavadgita und die Paulusbriefe* und in den Betrachtungen über *Die okkulten Grundlagen der Bhagavadgita*, die er 1913 in Helsinfors hielt – zum Ausdruck, daß es nicht um einen Konflikt zwischen Ost und West, zwischen abendländischem und östlichem Okkultismus gehe; die Anthroposophie erkenne die Weisheitslehren des Orients an und raube ihnen kein Jota.

Ebensowenig wollte Rudolf Steiner gegen den Sternorden oder seine Auffassungen kämpfen. Er stellte nur dar, was sich ihm seit seinen Vorträgen über *Das Christentum als mystische Tatsache*, die er vor Übernahme seines Amtes als Generalsekretär gehalten hatte, weiter über die christlichen Mysterien ergeben hatte, und überließ es seinen Zuhörern, sich ihr eigenes Urteil zu bilden.

So betonte Rudolf Steiner immer wieder, daß der Konflikt auf einer ganz anderen Ebene liege; er wehre sich dagegen, daß seine Lehren und Ansichten falsch dargestellt werden, er wehre sich gegen den Versuch, die Arbeit der deutschen Sektion einzuschränken, zu unterwandern, zu stören, und er wehre sich gegen falsche Darstellungen und Behauptungen, die von Annie Besant höchst kunstvoll, mit Toleranz und Brüderlichkeit gespickt und mit herablassender Güte gewürzt, in Umlauf gebracht wurden.

Nun griff die andere Seite zu einem Mittel, durch dessen Abwehr sich Rudolf Steiner, wo nicht ins Unrecht setzen, so doch zumindest als intolerant darstellen mußte. Man gründete einen neuen Zweig der Theosophischen Gesellschaft in Göttingen und richtete an Steiner als Generalsekretär der Deutschen Sektion einen Aufnahme-Antrag. Steiner lehnte es ab, seinen Namen unter die Begründungsurkunde dieses Zweiges zu setzen, schrieb ausführlich an den Antragsteller, Hübbe-Schleiden, in Göttingen und begründete seine Ablehnung damit, «daß die Art, wie Sie seit einiger Zeit die theosophische Sache vertreten wollen, von der deutschen Section als deren Intentionen direct entgegengesetzt und sogar feindlich empfunden wird». Gegen Ende des Schreibens heißt es dann: «Es ist aber ein Zusammenarbeiten mit Persönlichkeiten unmöglich, die einen anderen Standpunct (wie in diesem Falle den von der Mehrheit der deutschen Section eingenommenen) *nicht* wollen, dies aber nicht einfach zugeben, sondern von dem anderen ‹Dogmatismus› etc. behaupten. Es ist also nicht das ‹Was› der Standpuncte, um das es sich handelt, sondern das ‹Wie› des Arbeitens, wegen dessen ich im Namen der deutschen Sektion Ihr Ansuchen um die Aufnahme in die Deutsche Section des genannten Zweiges ablehnen muß.» (Klatt 1993, S. 222)

Ein zweiter Antrag wurde durch eine Leipziger Loge gestellt. Im Falle dieser Loge lagen die Dinge anders: Sie war bereits als eine von der Deutschen Sektion unabhängige Loge von Annie Besant aufgenommen und direkt an Adyar angeschlossen worden, weil sie ursprünglich gar nicht zur Deutschen Sektion gehören wollte. Sie konnte also nicht nochmals durch die Deutsche Sektion begründet werden.

Nun war es gewiß eindeutig, daß es weder Hübbe-Schleiden noch dem Leipziger Zweig daran lag, mit der Deutschen Sektion überhaupt zusammenzuarbeiten. Insofern die Aufnahmeanträge also ernst und nicht als Provokation gemeint waren, ging es um das Stimmrecht der Zweige auf der deutschen Generalversammlung und um die Möglichkeit dieser Gruppen, die dem Sternorden anhingen, innerhalb der Deutschen Sektion eine Plattform zu haben. Für den, der die Verhältnisse nur von weitem betrachtete, konnte jedoch die Zurückweisung dieser Zweige als Willkürakt gedeutet werden, zumal ihnen mit Hübbe-Schleiden ein Veteran der Theosophie in Deutschland angehörte.

Jedenfalls setzte Hübbe-Schleiden sofort Annie Besant über die Vorgänge in Deutschland in Kenntnis und versuchte außerdem, seine alten Freunde in Deutschland, unter anderem Ludwig Deinhard und A. W. Sellin in München, in seinem Sinne zu unterrichten. Durch diese und andere Vorgänge – zum Beispiel durch die von Annie Besant autorisierte Gründung einer Österreichischen Landesgesellschaft – gerieten nun viele Mitglieder der Deutschen Sektion in einige Aufregung. So reiste

Mathilde Scholl Ende November nach Berlin, um namentlich mit Marie von Sivers zu beraten, was zu tun sei. Marie von Sivers deutete an, daß Rudolf Steiner das ihm Mögliche getan habe und nun auf die Initiative der Mitglieder wartete. Mathilde Scholl erwog zunächst, ob sie zur Jahresversammlung (Convention) nach Adyar reisen sollte, um dort die Sache der Deutschen Sektion zu führen; dann überlegte sie, ob es sinnvoll sei, eine Dokumentation der Vorgänge in aller Eile drucken zu lassen. Beides verwarf sie.

Am Samstag, den 30. November 1912 kam Steiner aus München zurück. Mathilde Scholl trug ihm ihre Gedanken vor und machte den Vorschlag, zum kommenden Sonntag, den 8. Dezember den Vorstand der Deutschen Sektion nach Berlin einzuberufen. «Dr. Steiner hörte sich alles an, äußerte sich aber weder zustimmend noch abweisend. Ich fragte ihn dann: ‹Werden Sie am nächsten Sonntag hier sein, Herr Doktor?› Darauf antwortete er etwa so: ‹Wenn Sie das machen, dann werde ich hier sein.› Dann verließ er das Zimmer.» (Meffert 1991, S. 215)

So kam der Vorstand der Deutschen Sektion am 8. Dezember zusammen, prüfte nochmals alle in diesem Falle vorliegenden Dokumente und beschloß sodann, ein Telegramm an den Schriftführer (Recording Secretary) der Theosophischen Gesellschaft und ein Rundschreiben an alle Generalsekretäre zu schicken. Der entscheidende Abschnitt des Telegramms lautete: «Basing upon the recognition that the President has continually and even systematically violated this highest principle of the T. S. ‹No religion higher than the truth› and has abused the presidential power in arbitrary way, thus hindering positive work, the executive committee here assembled, after the minutest examination of documents can only see in the resignation of the President the possibility of further existence of the society.»

Dieses Telegramm, das Annie Besant zum Rücktritt vom Präsidenten-Amt aufforderte und für die Jahresversammlung der TG bestimmt war, trug die Unterschriften aller 28 Vorstandsmitglieder, nicht jedoch die Unterschrift Steiners. – Auch Gruppen aus Österreich, der Schweiz und Italien schickten Telegramme nach Adyar, der skandinavische Generalsekretär trat protestierend von seinem Amt zurück.

In ihrer Ansprache vor der Jahresversammlung in Adyar kam Annie Besant dann auf die Vorgänge zu sprechen und sagte unter anderem: «In one Section, out of twenty-two, there is trouble – the German. I say in one Section only, because the trouble in India is not from the Section, but from a handful of individuals. The German General Secretary, educated by the Jesuits, has not been able to shake himself sufficiently clear of that fatal influence to allow liberty of opinion within his Section. His repeated refusals to authorise admissions of individuals and of lodges, on the definitely stated ground that they did not work in the method of the German Section, have been laid by me before the General Council.»

Und damit die Sache auch wirklich klar werde, fügte Annie Besant im *Theosophist* weiteres hinzu. So konnten die erschreckten Mitglieder in der Januar-Nummer 1913 lesen: «Die T. S. steht einem organisierten Angriff gegenüber, der von den gefährlichsten Feinden der Gedanken- und Rede-Freiheit angezettelt wird: von den Jesuiten. ... In Deutschland wirken sie nun, um die Vorherrschaft des Christentums in der T. S. zu sichern und um so die T. S. zu einer christianisierenden Sekte zu machen. Damit wollen sie die Zurückweisung der T. S. im Osten sicherstellen. ... Alle Mittel sind ihnen zum größeren Ruhme Gottes recht. Der *Schwarze General*, wie man das Haupt der Jesuiten nennt, hat seine Agenten überall. Angriffe werden in vielen Ländern in Umlauf gesetzt; Geld wird wie Wasser ausgeschüttet; die Post eines Tages bringt Angriffe aus Rom, Stockholm und Hongkong. Es ist sehr interessant, das zu verfolgen, und man erinnert sich an die warnenden Worte: ‹Der Teufel ist zu euch herabgestiegen mit großem Zorn, weil er weiß, daß er nur noch eine kurze Zeit hat›». (a. a. O., S. 481f)

Damit war das seit einiger Zeit verbreitete raunende Gemunkel vom verderblichen Jesuitismus Steiners und seiner Freunde, das zum ersten Mal in Hübbe-Schleidens *Botschaft des Friedens* greifbar hervorgetreten war, wirklich ans Tageslicht gekommen und dokumentarisch faßbar. – Für Annie Besant aber diente das apokalyptische Gemälde, das sie frei erfunden hatte, zur Legitimierung ihres Ultimatums an Rudolf Steiner, das vom 14. Januar 1913 datiert und in dem der Widerruf der Stiftungsurkunde angekündigt wird, weil Steiner erstens jenen beiden Logen in Göttingen und Leipzig keine Stiftungsurkunden ausgestellt habe und weil zweitens der Vorstand der Deutschen Sektion die Mitgliedschaft im Sternorden für unvereinbar mit der Mitgliedschaft in der Deutschen Sektion halte. Immerhin räumte Annie Besant Steiner noch eine Frist von einigen Wochen ein, innerhalb derer er sich verantworten könne.

Inzwischen war völlig formlos in Köln am 28. Dezember 1912 die

Anthroposophische Gesellschaft gegründet worden. Der folgende Rest war bloße Konsequenz. Am 2. Februar 1913 fand in Berlin eine letzte Versammlung im Rahmen der Deutschen Sektion statt. Während dieser Versammlung wurde das Antwortschreiben des deutschen Vorstandes auf das Ultimatum Annie Besants gebilligt. In diesem Schreiben stellte man fest, daß man nichts zu widerrufen habe und sich durch das Vorgehen der Präsidentin als ausgeschlossen betrachte. Besonders die Jesuiten-Lüge, die schnell nach Europa gelangt war, hatte jegliche weitere Diskussion unmöglich gemacht. – Ein immerhin erfreulicher Nebeneffekt dieser Lüge ist in der Tatsache zu sehen, daß Steiner diese Lüge zum Anlaß nahm, in einem ausführlichen Vortrag aus seinem Leben zu erzählen.

Vom 3. bis 7. Februar fand dann die erste Generalversammlung der Anthroposophischen Gesellschaft in Berlin statt. Der Kern dieser Gesellschaft, die schnell wuchs, war de facto die bis dahin existierende Deutsche Sektion der Theosophischen Gesellschaft. Die Leitung dieser neuen Gesellschaft bildeten Marie von Sivers, Michael Bauer und Carl Unger. Am 7. März 1913 übertrug Annie Besant die Stiftungsurkunde der Deutschen Theosophischen Gesellschaft auf Dr. Hübbe-Schleiden. Damit war Rudolf Steiner den bisherigen Verpflichtungen enthoben, und er konnte sich nun offen äußern. In einem Beitrag zu den *Mitteilungen für die Mitglieder der Anthroposophischen Gesellschaft* stellte er die Geschichte des Konfliktes ausführlich dar. Besonders setzte er sich in dieser dokumentarischen Darstellung mit den Vorwürfen auseinander, die Hübbe-Schleiden in seiner *Denkschrift über die Abtrennung der Anthroposophischen Gesellschaft von der Theosophischen Gesellschaft* erhoben hatte.

In diesen Darstellungen begegnet man einem Rudolf Steiner, der vielfach unbekannt ist. Mit größter Akribie und zahlreichen Belegen widerlegt Steiner die Vorwürfe Hübbe-Schleidens, indem er aus seinem Archiv die Briefe, die ihm Hübbe-Schleiden geschrieben hatte, zitiert und damit dokumentiert, wie es um die Ansprüche und Ansichten dieses Veteranen der Theosophischen Gesellschaft in Wirklichkeit bestellt war. Für die gedeihliche zukünftige Entwicklung der Anthroposophie und der Anthroposophischen Gesellschaft war es für Steiner wichtig, ja sehr wichtig, daß die von Hübbe-Schleiden in die Welt gesetzten Vorwürfe nicht einfach so stehen blieben, sondern ins rechte Licht gesetzt werden konnten.

Im März 1913 konnte Rudolf Steiner nach langen Jahren wieder in Holland sprechen. Zu Beginn dieses Vortragskurses geht er nochmals ausführlicher auf die Tatsachen ein, die zur Trennung von der Theosophischen Gesellschaft, die damals in Holland viele Anhänger hatte, geführt hatten, und sagt dann am Ende dieses Rückblicks: «Ich selber empfinde das, was geschehen ist, neben allem Herben, neben allem Leidvollen, zugleich als eine große Befreiung, als eine große Befreiung gerade von der Engigkeit, die seit Jahren bedrückend war innerhalb des Lebens der Theosophischen Gesellschaft von jenem Münchner Kongreß der Europäischen Sektionen an.» (Erste Auflage des Zyklus 27, Berlin 1913)

Mit diesem Gefühl der Befreiung verband sich für Rudolf Steiner die Hoffnung, daß nun ein erweitertes Leben, das sich neuen Impulsen öffnete, in der Anthroposophischen Gesellschaft möglich werden könnte.

32.
KÜNSTLER IM UMKREIS 1907 – 1918

Das erste Jahrzehnt des 20. Jahrhunderts war eine Zeit künstlerischer Aufbrüche und Experimente, wie sie so geballt in der Geschichte nur selten anzutreffen sind. Diese Epoche neuen Gestaltens, Schaffens, Sehens und Hörens erschien als europäische Bewegung mit Zentren in Berlin, Wien, München, Paris, Moskau, aber auch in Italien und Skandinavien. Gewiß, diese aufbrechende Moderne hatte ihre Vorläufer in Turner, van Gogh, Cézanne und anderen gehabt; mit der Jahrhundertwende jedoch war die Revolution in der Kunst allgemein geworden. Träger dieser Bewegung waren – anders als heute – die Künstler selbst, die gegen den herrschenden Geschmack und gegen einen der Entwicklung erst spät folgenden Kunstmarkt das Neue entwickelten.

Obwohl es viele Künstlervereinigungen und Bünde gab, von denen der Blaue Reiter, die Brücke und der Sturm nur die bekanntesten sind, entwickelte jeder Künstler seinen individuellen Stil; jeder experimentierte und suchte für sich. Da ist es dann verständlich, daß Künstler, deren künstlerisches Wollen über das bloß Geschmacklich-Ästhetische und das Ausleben individueller Begabungen hinausging, nach geistigen Anregungen und Orientierungen suchten. So gab es einen recht weiten Kreis von Künstlern, die der Anthroposophie begegneten und von ihr angeregt wurden.

Nicht jeder einzelne Fall kann heute noch nachgewiesen werden, aber es ist zum Beispiel gut belegt, daß Wassilij Kandinsky sowohl Steiners *Theosophie* wie auch *Wie erlangt man Erkenntnisse der höheren Welten?* studiert und diesen Büchern Anregungen sowohl für seine Farbentheorie wie auch für einzelne Gemälde entnehmen konnte. Auch in der Schrift *Das Geistige in der Kunst* finden sich sehr deutliche Spuren der

Beschäftigung mit Steiner. Steiner seinerseits schätzte das originelle Streben Kandinskys und hätte ihn gerne als Mitglied der Anthroposophischen Gesellschaft gesehen, doch Kandinsky wollte selbständig seinen eigenen Weg gehen. Eine seiner Schülerinnen aber, Maria Strakosch-Giesler, fand früh zu Steiner. – Zu den Zuhörern der Vorträge Steiners in München zählte auch Alexej Jawlensky, der nach malerisch-mystischer Vertiefung strebte. In den Niederlanden hatten Jacoba van Heemskerk und Marie Tak van Poortvliet 1913 Vorträge von Steiner gehört und sich der anthroposophischen Bewegung angeschlossen. Erstaunlich ist es, daß auch Piet Mondrian von der Theosophie angeregt wurde und den Kontakt mit Steiner suchte.

Steiner selbst war für diese neuen Richtungen der Malerei aufgeschlossen. Wo er konnte, förderte er sie. Als ein Mitglied seine Schwierigkeiten mit der modernen Malerei darlegte, sagte er nur: «Es ist eben ein neuer Ast am alten Stamm der Malerei.» (Strakosch 1994, S. 96) Er erkannte in ihr den Willen, sich vom Modell und den äußeren Gegenständen zu befreien, zugleich aber war er der Ansicht, daß auf die Dauer eine bloß gegenstandslose Malerei keine Zukunft habe, Kunst bedürfe eines Inhalts. Schon in dem ersten, ganz anspruchslosen Versuch, den Steiner 1911 unternahm, als er für die Bühnenausstattung der *Prüfung der Seele* ein Gemälde entwarf, ahnt man einen solchen Inhalt.

Besonders rege waren die Diskussionen über die Theosophie und Steiner in manchen literarischen Kreisen Rußlands. Von der Teilnahme der russischen Dichter Balmont, Mereschkowski, Minski an den Pariser Vorträgen Steiners 1906 ist schon berichtet worden. Über die Verhältnisse in Rußland etwa im Jahre 1911 berichtet Andrej Belyj in einem Brief an Alexander Blok: «Nach der Rückkehr nach Rußland kamen immer häufiger Nachrichten über Steiner: bald dieser, bald jener kam nach Rußland zurück, fasziniert von Steiner. In Moskau war in der Nachbarschaft des Symbolismus ein merkwürdig-absurdes Nest von Steiner-Anhängerinnen und -Anhängern heimisch geworden. Durch Moskau liefen immer häufiger *die neuesten Nachrichten über höhere Dinge;* in der Astral-Atmosphäre Moskaus verkauften Astral-Zeitungsverkäufer die *Abendbeilagen der Weltchronik.* Es gab da Revolutionsklatsch, Klatsch über den Symbolismus und das Ende der Welt.» (B 89/90, S. 12) Die entsprechenden Gruppen trafen sich im Umkreis des Verlages «Musaget».

Abb. 92:
Imme von Eckardstein (1871 – 1930) schuf die Kostüme für die Münchner Aufführungen, in denen sie als Darstellerin mitwirkte, und gestaltete die Tierkreisbilder für den Kalender 1912/13.

Das Interesse an Steiner in künstlerischen Kreisen spiegelte Steiners Liebe zur Kunst. Vor dem Weltkrieg war die anthroposophische Bewegung überhaupt in erster Linie künstlerisch orientiert. Das entsprach auch Steiners eigenen Intentionen, der ja um die Jahrhundertwende in Berlin vorzugsweise in einem künstlerisch-literarischen Milieu verkehrt hatte und seit dem Münchner Kongreß 1907 das Künstlerische in der theosophischen Arbeit sehr deutlich förderte. Wissenschaftler traten in anthroposophischen Kreisen vor 1914 kaum hervor, der Fabrikant und Techniker Dr. Carl Unger war eine Ausnahme. Man muß immer erwägen, was es bedeutet, daß die engste Mitarbeiterin Steiners, Marie von Sivers, Künstlerin war, die ihr Künstlertum über ein Jahrzehnt für den Aufbau und die Organisation der theosophisch-anthroposophischen Arbeit opferte und damit dem Leben der Gesellschaft einen unbürokratisch-beweglichen Stil gab. In der ersten Zeit des Aufbaus der anthroposophischen Arbeit konnte sich Marie von Sivers selbst nur ausnahmsweise ihrer künstlerischen Aufgabe widmen; und auch nachdem sie 1914 die Leitung der eurythmischen und sprachlichen Ausbildung übernommen hatte, mußte sie weiterhin einen guten Teil ihrer Kraft der Gesellschaft, dem Verlag und der Herausgabe der

Abb. 93:
Der Maler Hermann Linde (1863 – 1923), der neben seinen anderen Arbeiten an den Kulissen für die Münchner Aufführungen und bei der Ausmalung des Ersten Goetheanum mitwirkte.

Werke Steiners widmen, aber in all diesen Aktivitäten wirkte künstlerischer Geist.

Auch in München, wo der Brennpunkt der anthroposophisch-künstlerischen Aktivitäten vor 1914 lag, stellte die Landschaftsmalerin Sophie Stinde ihr persönliches Künstlertum zurück, um die Entwicklung der anthroposophischen Künste zu ermöglichen. Ihrer Gruppe in München schlossen sich jedoch bald weitere Künstler an, so schon 1906 der damalige Bildhauer und spätere Maler Ernst Wagner, der bis zum Jahre 1914 zu den engeren Schülern Rudolf Steiners zählte. Ein Freund Wagners war der zu jener Zeit hochgeschätzte Illustrator Walo von May, der durch Wagner mit der Anthroposophie bekannt wurde. Eine bedeutende Plastikerin war die zu Unrecht vergessene Cecile Peipers, die von 1908 bis 1920 in München arbeitete.

In den Dienst des von Rudolf Steiner angeregten künstlerischen Strebens stellten sich vor 1914 ferner die Maler Hermann Linde, Hans Volkert und Fritz Haß, die die für einen Maler entsagungsvolle Arbeit, die Kulissen für die Mysteriendramen Steiners zu malen, übernahmen. Die talentierte Malerin Imme von Eckardstein schuf die Kostüme für die Dramen und gestaltete die Tierkreisbilder für den Kalender 1912/13.

Abb. 94:
Die russische Malerin Margarita Woloschin (1882 – 1973) war seit 1905 Schülerin Rudolf Steiners. 1908 versuchte Steiner, sie auf die Möglichkeiten einer erneuerten Tanzkunst aufmerksam zu machen, doch Woloschin blieb Malerin und wirkte bei der Ausmalung der kleinen Kuppel des Goetheanum mit.

Hermann Linde ging 1914 nach Dornach, wo er hauptsächlich in der großen Kuppel des Ersten Goetheanum malte und später einen Zyklus von zwölf Bildern zu Goethes *Märchen* schuf. – So bestand also in München ein ganzes «Nest» anthroposophischer Künstler.

Als dann 1914 mit der künstlerischen Ausgestaltung des Goetheanum begonnen werden konnte, schlossen sich weitere Künstler dieser Arbeit an. Aus England kam die Bildhauerin Edith Maryon, aus Dänemark der Maler Arild Rosenkranz, aus Frankreich die Malerin Lotus Péralté (Baronin Paini-Gazotti), aus Prag Richard Pollack-Karlin, aus Polen kamen die Maler und Graphiker Thadeusz Rychter und Frantizek Siedlecki, aus Rußland Margarita Woloschin – allesamt in ihrer Heimat bereits anerkannte Künstler.

Leider wissen wir im einzelnen recht wenig über den sehr regen Verkehr Rudolf Steiners mit diesen Künstlern. Einzig Margarita Woloschin hat ausführlicher erzählt, wie Steiner immer wieder in die Ateliers kam, um sich mit den Künstlern zu beraten, ihnen Vorschläge zu machen und ihre Fragen zu beantworten. Ein Beispiel aus den Tagebuch-Aufzeichnungen Margarita Woloschins soll hier für die sicher über hundert Gespräche stehen, die Steiner mit den Malern am Goetheanum führte.

«Dr. Steiner kam – ganz gegen seine Gewohnheit, ohne anzuklopfen – in meine Werkstatt. Er wuchs sozusagen plötzlich hinter meinem Rücken auf. ‹Können Sie das malen?› In seinen Händen war eine Zeichnung, der ägyptische Eingeweihte mit einem Engel und einem Erzengel über ihm. Als ich fragte: ‹Herr Doktor, wie soll ich malen?› sagte er: ‹Ich möchte, daß Sie ganz frei bleiben.› Ich fragte nach dem Schatten, nach der Rolle des Hellen und Dunklen in der Malerei. ‹Das Dunkle soll nicht als Schatten verwendet werden, sondern nur, um einen seelischen Eindruck zu vermitteln, zum Beispiel von etwas, was sich für das Gefühl wie ein Tiefes, wie ein Brunnen ausnimmt. – Die Malerei darf nicht als Fläche wirken, sie muß einen Farbraum schaffen, damit die Wände aufgehoben werden.›» (Woloschin 1955, S. 73)

Wichtige Zeugnisse, in denen sich Rudolf Steiners Verhältnis zu seinen Künstler-Freunden spiegelt, sind die Nachrufe, die er für Sophie Stinde, Hermann Linde und Edith Maryon gehalten hat. Eine so herzliche Dankbarkeit für ihren Einsatz, rückhaltlose Anerkennung ihres Wirkens und Bewunderung für ihre Leistungen hat er in dieser Form sonst kaum ausgesprochen. Denn es waren gerade die Künstler, die sich selbstlos der anthroposophischen Sache widmeten und ihr Künstlertum nicht nur in ihrer Kunst, sondern auch und gerade im sozialen Handeln bewährten. Von Sophie Stinde weiß man, daß sie ein Auge für die Nöte ihrer Mitmenschen hatte und ihnen oft stillschweigend und manchmal unerkannt half. Hermann Linde war in den schwierigen Verhältnissen, die während des Krieges am Goetheanum herrschten, ein Ausgleicher, ein Vermittler, einer der Menschen zusammenführte. Das soziale Wirken des Künstlerischen konnte an diesen Menschen abgelesen werden.

Leichter als in den bildenden Künsten sind die Spuren der Anthroposophie in der Dichtung zu verfolgen. Auch hier gab es einen äußeren Kreis, der nur marginal mit der Anthroposophie in Berührung kam, wie es etwa von Franz Kafka und Max Brod bekannt ist, die beide 1911 in Prag Steiners Vorträge hörten. Zu den Dichtern, die sich Steiner zuwandten, gehören neben dem schon genannten Edouard Schuré Albert Steffen, Christian Morgenstern, Andrej Belyj, Manfred Kyber, Alexander von Bernus und zeitweilig auch Friedrich Lienhard.

Ganz offensichtlich schätzte Rudolf Steiner jede wirklich künstlerische Produktivität hoch ein. Er erblickte in der künstlerischen Phantasie eine Seelenkraft, die jenen Seelenkräften verwandt ist, die in der geistigen Forschung wirksam sind. So wies er seine Zuhörer immer wieder auf die Werke hin, die das Geistige in einer künstlerischen Form darstellen wollten. Dabei war er nicht kleinlich oder beckmesserisch: Gern durchwanderte er die unterschiedlichsten Seelenlandschaften, die die Dichter offenbarten; dabei blickte er in erster Linie auf das künstlerische Wollen und weniger auf das bloß Ästhetische, das ja von vielen Zeitgenossen in der einen oder anderen Form virtuos gehandhabt wurde. So spricht er sich zum Beispiel 1910 rühmend über Edouard Schurés Buch *Die Großen Eingeweihten* aus: «Man verwechselt so leicht die Art, wie man selber über Goethe, über Shakespeare, über Dante denkt, mit dem, was die Zeitgenossen fähig waren zu durchschauen und zu überblicken von den geistigen Kräften, die durch solche Persönlichkeiten dem fortschreitenden Menschengeiste einverleibt worden sind. Und wir müssen uns insbesondere als Anthroposophen zu Bewußtsein bringen, daß der Mensch in seiner eigenen Gegenwart am allerwenigsten ermessen kann, wie bedeutsam kräftigend die geistigen Arbeiten für die Seelen der Zeitgenossen sind. Wenn man sich besinnt, wie eine Zukunft die Dinge ganz anders beurteilen wird, als es die Gegenwart vermag, dann darf wohl gesagt werden, daß das Erscheinen der *Großen Eingeweihten* für den geistigen Inhalt und für die geistige Vertiefung unserer Zeit einstmals als etwas ungeheuer Bedeutungsvolles angesehen werden wird.» (122/13)

Dem heutigen Leser kommen bei diesen Sätzen Steiners natürlich manche Fragen, auf die zunächst nur geantwortet werden kann, daß Steiner – wie wir es schon früher bei Marie Eugenie delle Grazie gesehen haben – beim Preisen und Rühmen nie kleinlich war. Er beließ es aber nicht beim Rühmen, sondern inszenierte, wie schon gesagt, *Das heilige Drama von Eleusis* und *Die Kinder des Luzifer.* Ursprünglich beabsichtigte er 1913 auch Schurés *Sœur Gardienne* auf die Bühne zu bringen. Das gelang aber in der mit der Vorbereitung des Goetheanum-Baus verbundenen Überfülle der Arbeit nicht.

Vor allem aber kümmerte sich Steiner intensiv um Schuré. Vom Jahre 1906 bis 1912 besuchte er Schuré regelmäßig in dessen Landhaus in Barr im Elsaß, mit ihm wanderte er über den Odilienberg, ihm hielt er Privatvorträge, für ihn verfaßte er eine kurze autobiographische Skizze und andere Texte, die berühmten *Documents du Barr.* Im Jahre 1914 besuchte er mit ihm Chartres. Es gibt nur wenige Menschen, für die Rudolf Steiner so viel Zeit aufgewandt hat.

Einem scharfblickenden Auge entging es freilich nicht, daß Schuré von Steiner nicht grundlos besonders hofiert wurde. Andrej Belyj berichtet: «Er verstand sich darauf, wenn es nötig war, der sich selbst nicht durchschauenden, daher unverbesserlichen Eitelkeit ihren Tribut zu zollen; so reichte er den siebzigjährigen Schuré herum, der zu einem Zyklus gekommen war: zeremoniös wie einen gefüllten Kapaunen.» (Belyj 1975, S. 141)

Die Vermittlerin zu Edouard Schuré war Marie von Sivers. Sie war durch Schuré überhaupt erst auf die Theosophie aufmerksam geworden und hatte schon im Jahre 1900 einen Briefwechsel mit ihm begonnen. Sie war es, die Schurés Werke ins Deutsche übertrug, sie hielt bis 1914 fortwährend Kontakt mit ihm, auf ihre Initiative dürften die Aufführungen seiner Dramen durch Rudolf Steiner zurückgehen. Ganz offensichtlich hatte sie eine schicksalhafte Beziehung zu Schuré. – Während des Weltkriegs trübte sich das Verhältnis zwischen Steiner und Schuré. Im Herbst 1922 konnte der Kontakt beim *Französischen Kurs* wieder hergestellt werden: Unter den Besuchern des Kurses war der greise Edouard Schuré, den man – wie Emil Bock berichtet – am Tage «öfters mit Dr. Steiner vor dem Goetheanum im Freundes-Gespräch auf- und abschreiten sah.» (*Wir erlebten Rudolf Steiner*, S. 46)

Für Rudolf Steiner selber dürfte die Begegnung mit Christian Morgenstern zu den erfreulichsten und bedeutsamsten seines Lebens zählen. Morgensterns innerer Weg hatte ihn geradewegs zur Anthroposophie geführt. Schon bevor er Steiner begegnet war, hatte er sich ganz selbständig auf anthroposophische Weise mit dem Johannes-Evangelium befaßt, und am 6. November 1908 hatte er an seine Braut Margareta geschrieben: «Ich denke, wenn Dir das vierte Evangelium irgendeinmal ganz aufgegangen sein wird, dann wird Dir auch an mir nichts mehr Rätsel sein.» (*Ein Leben in Briefen*, S. 353) Und wenige Tage später, am 10. November, berichtete er: «Ich habe gestern einen seltsamen, mystischen Gedanken gedacht: warum Nietzsche nur ein Vorläufer, kein Erfüller, Vollender, kein – Buddha war.» (ebd.) In diesen Worten zeigt sich, was Morgenstern suchte, worauf sein Fragen sich richtete, wonach er strebte.

Zehn Wochen später, am 28. Januar 1909, hörte Morgenstern Steiner

Abb. 95: Christian Morgenstern (1871 – 1914). «Diese Seele, sie bezeugt so recht den Sieg des Geistes über alle Leiblichkeit» (Steiner bei der Einäscherung der sterblichen Hülle Morgensterns).

im Architektenhaus in Berlin sprechen. Das Thema: Tolstoi und Carnegie. Morgenstern wußte sofort, daß er den Menschen, den er suchen mußte, gefunden hatte, und er hörte die weiteren öffentlichen Vorträge Steiners. Anfang April erfährt er, daß Steiner Mitte April in Düsseldorf einen Vortragskurs für Mitglieder halten würde, und bittet Steiner, teilnehmen zu dürfen. Steiner spricht über *Geistige Hierarchien und ihre Wiederspiegelung in der physischen Welt (Tierkreis, Planeten, Kosmos).* Morgenstern erlebte den Kurs mit allen Seelenkräften, und im Winter 1913/14 faßte er seinen Eindruck in die Worte (*Werke und Briefe II*, S. 229):

> Er sprach. Und wie er sprach, erschien in ihm
> der Tierkreis, Cherubim und Seraphim,
> der Sonnenstern, der Wechsel der Planeten
> von Ort zu Ort.
> Das alles sprang hervor bei seinem Laut,
> ward blitzschnell, wie ein Weltentraum, erschaut,
> der ganze Himmel schien herabgebeten
> von seinem Wort.

Rudolf Steiner hatte dieses Erleben Morgensterns, das sich damals noch nicht äußerlich dokumentierte, unmittelbar wahrgenommen. 1914 erinnert er sich an die Art Morgensterns: «Wenn man die Seelenstimmung, die gesamte Seelenstimmung Christian Morgensterns in Betracht zieht, dann ersieht man, daß wohl kaum ein mehr vorbereitetes, mehr mit der ganzen Seele in unserer Welt lebendes Mitglied als eben Christian Morgenstern sich hätte dazumal, 1909, mit uns verbinden können.» (261/84; 10. Mai 1914)

Schon im Mai 1909 folgte Morgenstern Steiner zu einem Vortragskurs nach Kristiania-Oslo, wo Steiner über die Apokalypse sprach. Morgenstern berichtete seiner Braut zuerst über das Milieu, das ihm entgegentrat: «Ich werde hin- und hergeworfen. Das Äußerliche der Bewegung macht mir arg zu schaffen. Überall halt, wo Menschen sich zusammenscharen, fängt auch Narretei an zu blühen, wie ein Unkraut, auch in dem schönsten Garten. Man muß sich nur sagen, daß Narretei innerhalb der Theosophie immer noch zehnmal besser ist als außerhalb ihrer.» (*Ein Leben in Briefen*, S. 364) Bald aber kann er erzählen, daß er bei Steiner und Fräulein von Sivers zu Tisch war und daß man über Nietzsche und Lagarde gesprochen habe. Vor allem aber steigert sich zum Abschluß hin der Kurs: «Gestern, den 15. sprach er besonders hinreißend, es handelte von unserer Kulturepoche, der folgenden (in der Apokalypse als Gemeinde von Philadelphia – Bruderliebe bezeichnet) und der nächstfolgenden. Er ist wirklich ein großer Führer, und es ist keine Schande, sich ihm anzuschließen. Eine unendlich reine Geistigkeit und geistige Reinheit geht von ihm aus.» (*Ein Leben in Briefen*, S. 368)

Morgenstern folgt Steiner darauf zum Kongreß nach Budapest und dann nach Kassel, wo er die folgenden Vortragsreihen Steiners hört. Dann zwingt ihn die Gesundheit, im Schwarzwald Erholung zu suchen. Doch schon im August ist er wieder in München, um die Aufführung von Schurés *Die Kinder des Luzifer* zu sehen und um die nachfolgenden Vorträge Steiners zu hören. Dann zwingt ihn die sich schubweise verschlimmernde Lungenkrankheit fern der Zentren anthroposophischer Arbeit, in Obermais/Meran, in Arosa und Davos zu leben, doch seine Frau, die immer wieder zu den Vorträgen Steiners fahren kann, bringt ihm Kunde von dem, was sie hört. Endlich, im September 1910, kann er nach Bern reisen, um Rudolf Steiners Vorträge über das Matthäus-Evangelium zu hören, und er notiert: «14 ganz gewaltige unvergeßliche Tage. Die Evangelien blühen in diesem Lichte auf wie die Rosengärten.» (Bauer, S. 260) Im Jahr 1911 muß er allen Veranstaltungen fern bleiben, und wieder ist es - Margareta Morgenstern, die ihm Botschaft aus München bringt.

Im Jahre 1912 macht Rudolf Steiner auf seiner Rückreise aus Italien in Zürich Station, um Christian Morgenstern für einen Tag dort zu treffen. Sie verbrachten den Tag in Gesprächen. Morgenstern selber konnte nur noch ganz leise und mit großer Anstrengung reden. Steiner erzählte damals viel, von seiner Italienreise, von den Fresken Giottos und – für Morgenstern besonders eindrucksvoll – von einem Sonnenaufgang in Umbrien. Morgenstern sprach durch seine Augen, durch sein Lächeln, und er legte eine Reihe von Gedichten, die von seiner Verbundenheit mit der Anthroposophie zeugen, in Steiners Hände.

Schon vom Tode gezeichnet – doch seelisch und geistig trotz des zerbrechenden Leibes ganz anwesend –, kommt Morgenstern im August 1913 nach München und wird dort im Sanatorium des anthroposophischen Arztes Felix Peipers gepflegt. So konnte er der letzten Münchner Aufführung der Mysteriendramen *Der Hüter der Schwelle* und *Der Seelen Erwachen* beiwohnen. Er schrieb darüber seinem Freunde, dem Schauspieler Friedrich Kayßler, der selber mit den Dramen Steiners nichts anfangen konnte, einen langen, um Verständnis werbenden Brief, in dem es heißt: «Das Steinersche Mysterium dagegen ist kein *Spiel*, sondern es spiegelt geistige Welten und Wahrheiten *wider.* Es leitet ein, mag sein noch mit mancher Mühsal eines Anfangswerkes, einer ersten Tat beladen, eine neue Epoche der Kunst. Diese Epoche selbst ist noch fern; es können Hunderte von Jahren vergehen, bis die Menschen, die diese geistige Kunst wollen, so zahlreich geworden sind, daß in jeder Stadt Mysterien solcher Art würdig geboten und empfangen werden können – aber hier in der *Pforte* ist ihr historischer Ausgangspunkt, hier wohnen wir ihrer Geburt bei. –» (*Ein Leben in Briefen*, S. 461)

Vom 22. bis zum 24. November konnte Christian Morgenstern nach Stuttgart reisen, wo Steiner Vorträge hielt und wo am 24. eine Matinée stattfand, bei der Marie von Sivers Gedichte Morgensterns rezitierte. Rudolf Steiner leitete diese Matinée mit einer kurzen Conférence in einer für Steiner selbst ungemein charakteristischen Weise ein. So entwickelte er ein Bild: «Es gibt etwas in der Welt für jeden, der als Dichter-Individualität vor uns steht, was ein Heiligtum ist, zu dem kein anderer Mensch als nur er selbst kommen kann. Denn die Götter haben für jede solche Seele einen einsamen, isolierten Ort im weiten Weltenall geschaffen, wovon die Anderen ausgeschlossen sind, wenn der Betreffende sich ihnen nicht so nähert, daß der Dichter sie zu seinem Heiligtum hinführt .» (*Christian Morgenstern, der Sieg des Lebens*, 1935, S. 19)

Und Rudolf Steiner, der so häufig von den Mitgliedern der Anthroposophischen Gesellschaft gefragt wurde, ob man ihm nicht eine persönliche Freude machen könne, sagte gegen Ende seiner Conférence: «Persönliche Freude wird es mir immer sein, wenn viele Seelen, die innerhalb unserer Bewegung sich gerade vertieft haben durch das, was unsere Bewegung auf diesem Gebiete leisten kann, wenn viele Seelen sich hinzuwenden vermögen zu rechter, zu wahrer, schöner Aufnahme Morgenstern'scher Dichtungen! Und wenn ich eben von einer Freude, die der eine oder der andere mir persönlich machen will, sprechen soll, so kann er sie mir eigentlich am besten dadurch machen, daß er sich bereitfindet zu einem verständnisvollen Eindringen in so etwas, wovon wir Ihnen jetzt einige gute Proben geben möchten.» (ebd., S. 20)

Noch einmal konnte Christian Morgenstern an Vorträgen Steiners teilnehmen: In Leipzig folgte er dem Zyklus *Christus und die geistige Welt – Von der Suche nach dem heiligen Gral*. Ja, er war während dieser Tage fieberfrei, und wieder las Marie von Sivers vor Beginn des Vortrags am 31. Dezember Gedichte von Morgenstern. Erstmals wurden noch ungedruckte Verse Morgensterns rezitiert, die später in *Wir fanden einen Pfad* erschienen sind. In der einleitenden Ansprache charakterisierte Rudolf Steiner diese Dichtungen: «Ich möchte sagen, zu den allerhöchsten Beweisen des inneren Wahrheitskernes und Wahrheitswertes dessen, was wir mit unserer Seele suchen, gehört es, daß wir aus dem geistigen Boden, auf den wir uns zu begeben versuchen, heraussprossen sehen Dichtungen von einer solchen Herzenstiefe und Geisteshöhe, wie sie gerade diejenigen Christian Morgensterns sind. … Wenn ich solch ein Gedicht in Ruhe auf meine Seele wirken lasse, so habe ich noch etwas anderes als dieses Gedicht, etwas von dem, was allerdings jede wahre, wirkliche Kunst ebenso hat. Ich möchte das Wort aussprechen: ‹Diese Dichtungen haben Aura.› Sie werden durchflossen von einem sie durchdringenden und durchwebenden Geiste, der aus ihnen strahlt, der ihnen innerste Kraft gibt, und der von ihnen in unsere eigene Seele hineinstrahlen kann.» (*Christian Morgenstern, der Sieg des Lebens*, S. 23 u. 25)

In den letzten drei Monaten seines Lebens lebte Christian Morgenstern in Meran, wo er an dem Gedichtband *Wir fanden einen Pfad* arbeitete, den er Rudolf Steiner widmete. Es war ihm vergönnt, noch die Druckfahnen durchzusehen, bevor er sich am 31. März 1914 aus dem Leib löste. Durch eine besondere Fügung wurde es möglich, daß Rudolf Steiner – der zu dringenden Beratungen nach Dornach gerufen worden war – am 4. April in Basel den Nachruf für den Freund sprechen konnte.

Nach dem Tode Morgensterns, als die ewig tätige Indvidualität des Dichters nicht mehr in die Schranken der leiblichen Existenz gebannt war, zeigte sich für Rudolf Steiner die Frucht der von Morgenstern so innig aufgenommenen Geisteswissenschaft. Schon im Mai 1914 berichtete er – ohne Namensnennung – in einem Vortrag über das, was sich ihm in der geistigen Welt zeigte. «An der Persönlichkeit, die ich jetzt meine, die nach Jahren eines in Leiden zugebrachten Erdenlebens dahinging vor wenigen Wochen, bildete sich aus während der Erdenkrankheit – gleichsam wie sich abhebend von dem erkrankten, nach und nach dem Tode entgegengehenden Leibe – eine Welt von kosmischen Imaginationen. In dem Maße, als der Leib kränker wurde, gleichsam verdorrte, hob sich heraus aus dem dorrenden Leibe eine Welt von Imaginationen, kosmischen Imaginationen. Nun ist diese Persönlichkeit durch die Pforte des Todes gegangen, und die Imaginationen beginnen aufzuleuchten in wunderbarer Schönheit, so daß sie in der geistigen Welt wahrzunehmen sind wie ein wunderbares Kunstwerk der geistigen Welt, wie ein aus dem Kosmos heraus geschaffenes Kunstwerk ...» (*Christian Morgenstern, der Sieg des Lebens*, S. 42)

Immer wieder hat Rudolf Steiner dann im Laufe des folgenden Jahres von Morgenstern gesprochen und auf ihn als auf einen Schutzgeist des Dornacher Baus gewiesen. Zugleich aber blickte er auf das geistige Fortwirken Christian Morgensterns in den höheren Welten, und im Hinblicken auf den Jahrestag des Todes hat er darüber am Palmsonntag 1915 berichtet: «Man kann sagen, daß das Eintreten der Seele, die in Christian Morgenstern verkörpert war, in die geistigen Welten, ein Ereignis für diese geistigen Welten war, daß es im gewissen Sinne Epoche machte in diesen geistigen Welten. ... Eine Versammlung von durch die Pforte des Todes gegangenen Seelen erblicken wir im Geisterlande, welche im hervorragendsten Maße das Erdendasein, die hervorragendsten Zyklen des Erdendaseins hinaufgetragen haben in die geistigen Welten. In ihren Kreis trat Christian Morgensterns Seele, jene Seele, die mit dem innersten Drange nach der geisteswissenschaftlichen – oder sagen wir direkt Geister-Sprache ausgerüstet, in dem Irdischen schon dasjenige zu erleben trachtete, was überirdisch in den Sinnen, was übersinnlich ist, – dasjenige zu erleben trachtete, was in der Kraft der Seele den Erdenmenschen zugleich belebt und befeuert. ... Und so mancher könnte genannt werden von den hervorragendsten Geistern vergangener Jahrhunderte – Fichte, Schelling, Hegel – die hinaufgestiegen sind durch die Pforte des Todes und sagten: Wir haben mit unserem Erdenverstehen der Erde Geheimnisse durchmessen, erkundet, aber leer blieb unser Verständnis für dasjenige, was uns jetzt umgibt; öde und leer blieb dasjenige, was Antwort gibt auf die große bedeutungsvolle Frage: Was ist der Mensch, der lebendige Mensch im Geisterlande? – Und Kunde brachte in ihren Kreis herauf von dem, was der Mensch eigentlich ist, der Geist, der in Christian Morgenstern hier auf Erden verkörpert war. Und Hegel und Fichte, sie konnten sagen: Wir haben auf Erden zu ergründen versucht, was der Erde Geheimnisse erklärt. Aber in all dem Umfange desjenigen, was wir an Begriffen aus dem Erdenverstand heraus, aus den tiefen Schächten der Erdenerkenntnis Gewisses herausholten, war nicht die Frage beantwortet, die hier vor uns sich hinstellt: Was ist der Mensch? Was ist der Mensch in Wahrheit in seinem kosmischen Zusammenhang? Da tritt herauf und erklärt es uns durch das, was er ist, durch das, was er uns bringt, durch das, was er auf Erden schon für den Himmel vorbereitet hat, ein Mensch, ein Menschenstern!» (*Christian Morgenstern, der Sieg des Lebens*, S. 86 u. 88f)

Diese Sätze Rudolf Steiners zeigen, daß die Begegnung mit Christian Morgenstern zu den wichtigsten Erfahrungen im Leben Rudolf Steiners zu zählen ist. Äußerlich gesehen sind Morgenstern und Steiner zwar nur wenige Male zusammengetroffen. Morgenstern gehörte nicht zu jenen Menschen, um die sich Steiner kümmern mußte, die er stets zu beraten, zu trösten oder zurechtzuweisen hatte, mit denen er viele klärende Gespräche führen mußte. Morgenstern selbst genügte es, Rudolf Steiner zu hören und zu lesen: Das Hören und Lesen war für ihn bereits die ganz erfüllte Begegnung mit dem Geisteslehrer. Für das Zuhören Morgensterns offenbarte sich Steiner in seiner Tiefe und Höhe; er war auf den äußerlichen Kontakt kaum angewiesen, wenngleich es ihn gewiß auch im Kern berührt hat, mit Steiner persönlich zu sprechen. Die Begegnung des Geisteslehrers mit dem Dichter war aber vorzüglich eine rein geistige Begegnung, eine Begegnung auf den Ebenen, auf denen Rudolf Steiner eigentlich anwesend war. Für Rudolf Steiner selber dürfte diese Erfahrung, gesehen und verstanden zu werden, ein «Glück» gewesen sein. Durch seinen letzten Gedichtband *Wir fanden einen Pfad* war Morgenstern aber auch in dieser Welt ein Zeuge für die Bedeutung der Anthroposophie geworden. –

In ganz anderer Weise verlief die Begegnung Rudolf Steiners mit Andrej Belyj (1880 bis 1934), der nicht minder deutlich als Morgenstern für die Anthroposophie Zeugnis ablegte, dessen Bedeutung als Anthroposoph in den deutsch sprechenden Ländern jedoch erst sechzig Jahre nach seiner Begegnung mit Steiner wirklich wahrgenommen werden konnte. Belyj war neun Jahre jünger als Morgenstern und neunzehn Jahre jünger als Steiner. Vier Jahre hindurch lebte er im Umkreis Steiners: in Berlin, in München, Steiner zu dessen Vortragskursen folgend, und in Dornach am Bau des Goetheanum mitarbeitend. Als Schüler oder, wenn man will, als Lehrling vertraute er sich Steiner an, und Rudolf Steiner wußte, daß er von Andrej Belyj gesehen wurde.

Andrej Belyj, mit seinem bürgerlichen Namen Boris Bugaieff, war ein genialischer Mensch, in mancher Hinsicht begabter als Morgenstern. Er hatte, als er Steiner begegnete, bereits eine Reihe dichterischer Werke publiziert, unter anderem *Die silberne Taube,* und er arbeitete noch an dem Roman *Petersburg,* als er sich 1912 «der Sache Steiners» anschloß. Zugleich aber durchlebte Belyj in den Jahren, die er in Steiners Nähe verbrachte, tiefe Krisen. Das von ihm niedergeschriebene *Material zur Biographie (intim),* das man unter dem irreführenden Titel *Geheime Aufzeichnungen* veröffentlicht hat, gibt uns Einblicke in diese kritische Periode.

Doch aus diesen Krisen destillierte und sublimierte Andrej Belyj unter dem Titel *Verwandeln des Lebens* seine gewiß ganz persönlichen, wenn man so will subjektiven Erinnerungen an Steiner, die er 1928/29 in kurzer Zeit niederschrieb. Dieses Buch beschreibt eine große Zahl einzelner Beobachtungen, die Belyj durch seine gesteigerte Sensibilität, seine Offenheit und auch aufgrund seiner Bildung machen konnte, und aus den vielen einzelnen Beobachtungen ergibt sich eines der persönlichsten Bilder, die von Steiner gezeichnet worden sind.

Gewiß, einige Anekdoten, die er durch Hörensagen erfahren hatte, verdienen vielleicht nur das Prädikat: gut erfunden, aber Belyj ist Dichter, und er *erzählt*, vielleicht manchmal etwas geschwätzig. Doch welcher andere der zahlreichen Schüler Steiners hat sonst auch nur versucht, ein Bild etwa des vortragenden Steiner zu entwerfen? Wer hat sonst so von den inneren Erfahrungen des Zuhörens berichtet? Beispielsweise wie Steiner in den Vorträgen für Mitglieder immer höhere Formen der Aufmerksamkeit und des Mitgehens in Anspruch nahm, so daß seine Zuhörer zum Miterleben, zum Mitsehen der Imaginationen geführt wurden und schließlich auch im Vortrag Ungesagtes aufnehmen konnten. Wo findet man sonst so offenherzige und freimütige Berichte über die Art, wie Steiner tadelte, liebte und ermutigte? Rudolf Steiner seinerseits sah die Genialität Belyjs. Seine im Krieg in Dornach entstandene Schrift *Rudolf Steiner und Goethe in der Weltanschauung der Gegenwart*, die 1917 in Moskau erschien und leider immer noch nicht in deutscher Sprache vorliegt, nannte er ein «hervorragendes Buch» (B 89/90, S. 36).

Belyj verdanken wir auch den Bericht über die Art, wie Rudolf Steiner persönliche Schüler betreute, wie er sie beriet, erzog. So schildert er, wie er anfangs Belyj Woche für Woche kommen und sich von seinen meditativen Übungen berichten ließ, wie dann diese Beratungen seltener wurden und wie Belyj schließlich im Zuhören der Vorträge jene weiteren Weisungen und Ratschläge wahrnahm, deren er bedurfte. Vor allem, wie Steiner die Selbständigkeit, das Originelle und die Phantasie förderte. Offen bekennt Belyj auch, wie seine Entwicklung nicht ohne Rückschläge verlief und wie er sich schließlich in seine wissenschaftliche Arbeit über Steiner und Goethe retten konnte.

Daneben verdanken wir Belyj eine vorzügliche Beschreibung des Dornacher Milieus in den Jahren 1914 und 1915. Er berichtet auch von seinen Leiden in diesem Milieu, er berichtet aber vor allem auch von den von ihm geliebten vorzüglichen Schülern Steiners: Michael Bauer, Sophie Stinde und Carl Unger.

1916 kehrte Belyj nach Rußland zurück. In den ersten Jahren der russischen Revolution setzte er sich energisch für die Anthroposophie ein, hielt zahlreiche Vorträge, plante die Aufführung der Mysteriendramen Steiners in Rußland. 1922/23 weilte er wiederum in Deutschland, wo er schwere innere Konflikte durchzustehen hatte und am 30. März 1923 Rudolf Steiner noch einmal sprechen konnte. Dann kehrte er in die

Abb. 96: Boris Bugaieff (1880 – 1934), der sich als symbolistischer Dichter Andrej Belyj nannte, und seine Frau, Assja Turgenieff (1890 – 1966). Beide schnitzten an den Kapitellen und Architraven des Goetheanum. Assja Turgenieff besorgte die Radierungen für die Glasfenster de Zweiten Goetheanum.

Sowjetunion zurück, wo inzwischen die Anthroposophische Gesellschaft verboten worden und er selbst verfemt war. In der Stille arbeitete er an anthroposophischen Themen weiter. In den Jahren 1924 bis 1926 schrieb er sein fundamentales Buch *Die Geschichte des Werdens der selbsterkennenden Seele*, 1928/29 entstand *Verwandeln des Lebens.* Er starb am 8. Januar 1934. Das Buch *Verwandeln des Lebens* erschien erst vierzig Jahre nach seinem Tode in deutscher Sprache. –

Als dritter Dichter und Schriftsteller sei an dieser Stelle noch Alexander von Bernus genannt – von Albert Steffen wird später zu berichten sein. Alexander von Bernus hatte Rudolf Steiner 1910 in München, wo sich Bernus oft aufhielt, erstmals getroffen und war dann Schritt für Schritt auf Steiner zugegangen. 1912/13, in einer Lebenskrise, wandte er sich an Steiner um Rat, und dieser besuchte ihn am 27. Februar 1913 auf Stift Neuburg bei Heidelberg, damals in Bernus' Besitz. Über das Gespräch, das die beiden miteinander geführt haben, ist nichts bekannt, doch wenig später schreibt Bernus an seinen Freund Melchior Lechter: «Dieser Mann trägt in sich eine so rührende und tiefe Liebe und Güte, daß man ihm jedes Opfer bringen möchte. Und dann ist er tatsächlich einer der wenigen jetzt lebenden großen Seher.» (Sladeck 1981, S. 70)

Und wirklich, im August 1913 bot Alexander von Bernus, der über die genauere Entwicklung der Planung des Goetheanum nicht unterrichtet war, Rudolf Steiner in der Nähe von Stift Neuburg als Geschenk so viel Gelände an, als für die Bauten nötig war. Rudolf Steiner mußte dankend ablehnen, weil alle Schicksalszeichen auf Dornach deuteten. Bernus, der sich immer weiter in die Anthroposophie vertiefte, wollte aber auf jeden Fall für die Sache Steiners tätig werden, und so faßte er im Spätjahr 1915 den Entschluß, eine Vierteljahrsschrift zu begründen, in der auch Anthroposophen zu Wort kommen sollten, ohne daß dieses Blatt ausgesprochen «anthroposophisch» war. Bernus hatte diese Sache mit Steiner nicht abgesprochen, und als er um die ersten anthroposophischen Mitarbeiter warb, begegnete er einem starken Mißtrauen. Doch nach einigen Tagen kam einer der von Bernus Angesprochenen wieder zu ihm und berichtete über die Unterredung, die er mit Steiner gehabt hatte: «Ich wiederhole Ihnen wörtlich, was er gesagt hat: ‹Wenn endlich einmal einer eine Initiative hat, so fahrt ihm doch nicht gleich in die Parade.›»

So begann mitten im Weltkrieg im Zeichen einer inneren Sammlung

*Abb. 97:
Alexander von Bernus (1880 – 1965), Dichter und Alchimist eigener Prägung, Herausgeber der Zeitschrift «Das Reich», bot Steiner 1913 ein Gelände in der Nähe Heidelbergs für den Bau des Goetheanum an.*

die Vierteljahrsschrift *Das Reich* zu erscheinen. Rudolf Steiner und andere anthroposophische Autoren waren in jedem *Buch* vertreten. Aber, und das war die Absicht des Herausgebers, neben diesen erschienen Arbeiten von Richard Benz, Theodor Däubler, Walter Hasenclever, Alfred Mombert und Rainer Maria Rilke. Alexander von Bernus hoffte so, durch eine allgemeine Kulturzeitschrift für die Anthroposophie im deutschen Geistesleben Raum, Verständnis und Anerkennung zu schaffen.

Die Mitglieder der Anthroposophischen Gesellschaft waren erstaunt und teilweise empört, ihren Meister in dieser Umgebung zu sehen, und regten sich über das Unternehmen auf. Das veranlaßte Steiner, seinen anthroposophischen Freunden die Leviten zu lesen: Man hätte sich über diese Initiative freuen sollen, die Zeitschrift sei ein Zeichen allerbesten Willens, und man hätte sie deshalb fördern sollen, gleichgültig, wie man sich zum einzelnen stelle: «Daher war es mir selbst schwer, zu hören, daß Herr von Bernus Schocke von Briefen bekommen hat aus dem Kreise unserer Mitglieder, die dasjenige verlästert haben, was in der Zeitschrift stand.» (174b/230) An Bernus selber schrieb er: «Lassen Sie die Leute doch schreiben und machen Sie es, wie Sie es für richtig halten.» (Sladeck, S. 76) So stand er von Bernus treu zur Seite: Für acht Ausgaben seiner Zeitschrift lieferte er Beiträge. Auf ausdrücklichen Wunsch von Bernus' verfaßte Steiner einen ausführlichen Kommentar zu *Die chymische Hochzeit des Christian Rosenkreutz.*

Im November 1917 eröffnete Bernus in München das Kunsthaus *Das Reich* mit einer Ausstellung der Werke des im Kriege gefallenen anthroposophischen Graphikers Karl Thylmann, und in diesem Kunsthaus sprachen dann wiederum neben nicht-anthroposophischen Rednern Rudolf Steiner, Albert Steffen, Ernst Uehli und Hans Wohlbold. Alexander von Bernus hatte mit all diesen Bemühungen wenig Erfolg und erntete, wie Rudolf Steiner selbst, kaum Dank. Albert Steffen berichtet, daß Steiner ihn vor einem seiner Vorträge in München angesprochen habe: «Es geht und geht nicht, daß die Geisteswissenschaft aufgenommen wird. Wir stehen vor einer furchtbaren Katastrophe.» – Und Steffen fügt hinzu: «Ein übermenschliches Leid sprach aus seinem Auge.» (*Auf Geisteswegen*, S. 108)

Man kann also sagen: Zu der kleinen Schar vortrefflicher Menschen, die die Impulse Rudolf Steiners aufnahmen und ihn aus seiner Einsamkeit befreiten, gehörten vor allem bis zum Jahr 1918 Künstler, Maler und Dichter, die in ihrem Werk und Wollen die Fruchtbarkeit der Anthroposophie bezeugten. Ihre bewegliche, individuell-schöpferische Geistigkeit empfand die Fruchtbarkeit der Anthroposophie, und sie versuchten in ihren Werken für Rudolf Steiner einzutreten.

33.
BAUEN

Das zwanzigste Jahrhundert kennt manche Beziehungen zwischen Philosophie und Architektur. Es gab Denker, die bauen und gestalten wollten, und Architekten, die um weltanschauliche Prinzipien rangen. So hat der für die westliche Philosophie höchst einflußreiche Ludwig Wittgenstein auch als Architekt gewirkt: 1926 entwarf und gestaltete er in Wien das Haus Stonborough in der Kundmanngasse; jedes noch so kleine Detail war Wittgenstein wichtig. Andererseits haben die Architekten des Bauhauses ebenso wie Le Corbusier eigene Philosophien entwickelt. Symptomatisch zeigt sich in solchen Bestrebungen der Wille, über das bloß konventionelle Bauen hinauszukommen und zu einem neuen Stil zu gelangen. Bei Wittgenstein und den Architekten des Bauhauses sind die Gesinnung der modernen Naturwissenschaft und die Technik die Paten des neuen Stils. Funktionalität, Materialtreue und Klarheit waren ihre Devise.

Ein erstaunliches Beispiel des Ringens um einen neuen Stil stellt das Bauen Rudolf Steiners dar. Er hat nicht nur das Erste Goetheanum in einem völlig frei geschaffenen Stil gestaltet und dann ein knappes Jahrzehnt später das Zweite Goetheanum in einem ganz anderen Stil entworfen, sondern daneben eine Reihe von Wohnhäusern, ein Atelierhaus, ein Heizhaus und ein Umspannhäuschen in jeweils origineller Art geformt. Alle diese Bauwerke sind Zeugnisse einer ungewöhnlich fruchtbaren architektonischen Phantasie. Das Bauen Rudolf Steiners, das im Jahre 1913 begann, hat eine Vorgeschichte, auf die wir kurz zurückblicken wollen. Zuerst ein Wort über Steiners allgemeine Intentionen.

Als Rudolf Steiner nach dem Münchner Kongreß 1907 nach Berlin zurückgekehrt war, gab er den dortigen Mitgliedern einen kurzen Bericht über die mit diesem Kongreß verbundenen Absichten, und in diesem Bericht findet sich auch die Bemerkung:

«Die Theosophie kann man auch bauen: man kann sie bauen in der Architektonik, in der Erziehung und in der sozialen Frage. Das Prinzip des Rosenkreuzertums ist, den Geist in die Welt einzuführen, fruchtbare Arbeit für die Seele zu leisten.» (96/330)

Mit dem Bauen meinte Rudolf Steiner also praktische Arbeit überhaupt, Arbeit für andere, soziales Wirken. «Bauen» ist, so gesehen, eine Metapher für weltverwandelnde Arbeit. Es geht Steiner also nicht in erster Linie um das Errichten von Gebäuden, sondern darum, aus dem bloß Innerlichen herauszukommen. So kann man in diesem Vortrag über den Münchner Kongreß weiter lesen: «Er sollte eines zeigen, was immer und immer wieder von mir betont worden ist in bezug auf unsere theosophische Sache – er sollte zeigen, daß Theosophie nicht nur Gegenstand persönlichen Brütens und In-sich-Hineinlebens sein soll. Die theosophische Sache soll ins praktische Leben eingreifen, soll eine Sache der Bildung sein, eine Sache des Sich-Einlebens in alle Zweige des praktischen Daseins.» (96/328)

«Die Geisteswissenschaft soll und will nicht Stubenhocker und Sonderlinge erziehen, sondern sie will Menschen der Tat, wirkende Menschen hervorbringen, die hinaustreten in die Welt.» (96/335)

Mit diesem weltwärts gerichteten Wirken meinte Rudolf Steiner allerdings nicht bloße äußerliche Arbeit, nicht die bloß betriebsame Aktivität, sondern die Neu- und Umgestaltung der Kultur. Und alle Kultur bedarf – was in unserer Zeit der Formlosigkeiten und der Formwillkür schwer zu verstehen ist – wirklicher Formen, bedarf eines Stiles. Diesen Gedanken hatte Steiner schon früh, nämlich 1905, in einem Brief an Marie von Sivers ausgesprochen: «Dies sollte unser Ideal sein: *Formen* zu schaffen als Ausdruck des inneren Lebens. Denn einer Zeit, die keine Formen schauen und schauend schaffen kann, muß notwendigerweise der Geist zum wesenlosen Abstraktum sich verflüchtigen, und die Wirklichkeit muß sich diesem bloß abstrakten Geist als geistlose Stoffaggregation gegenüberstellen. … Bevor der Mensch nicht ahnt, daß Geister im Feuer, in Luft, Wasser und Erde leben, wird er auch keine Kunst haben, welche diese Weisheiten in äußerer Form wiedergibt.» (262/74)

Hier kann man verfolgen, wie Rudolf Steiner an seine frühesten Anschauungen anknüpfte. Bei Goethe hatte er den Satz gefunden: «So ruht

Abb. 98: Erstes Modell des Baus

der *Stil* auf den tiefsten Grundfesten der Erkenntnis, auf dem Wesen der Dinge, insofern uns erlaubt ist, es in sichtbaren und greiflichen Gestalten zu erkennen.» (HA, Bd. 12, S.32) Und Steiner hatte zu dieser Einsicht kommentierend hinzugefügt, daß die Kunst im Kunstwerk die Weltgesetzlichkeit zur Erscheinung bringe. Das Kunstwerk «erscheint somit als eine Welt im kleinen» (1b/XII). Diese in Goethes Weltanschauungsart wurzelnde Idee ist nun in der Grundidee des Bauens von Rudolf Steiner mit Händen zu greifen.

Von 1907 bis zum eigentlichen Baubeginn im September 1913 entwickelte Steiner geistig-innerlich jene Kräfte, Intuitionen und Erkenntnisse, die später dem Goetheanum-Bau zugrunde liegen sollten. Er gab auch bereits Hinweise auf bestimmte Gestaltungselemente; aber wie bei den Mysteriendramen, die er erst schrieb, als es bereits mit Riesenschritten der Aufführung entgegenging, kam der Baugedanke konkret erst im Sommer 1913 und dann weiter im Herbst und Winter 1913/14 zur Ausgestaltung. Doch so wie es vor der Aufführung der Mysteriendramen zu der Aufführung der Dramen von Schuré kam, so wurden auch vor 1913 zwei Bauten errichtet, die als Vorübungen oder Versuche anzusehen sind.

Abb. 99: Entwurf für den Baukomplex in München durch Carl Schmidt-Curtius

Im Jahre 1907 war bereits ein Grundmotiv des Baus, nämlich das der *Entwicklung*, klar in den sieben Säulenkapitellen, die in München in der Fläche malerisch ausgeführt wurden, zu erkennen. Mit dem Motiv der Entwicklung trat ein Element auf, das in dieser Form noch kaum in der Baukunst in Erscheinung getreten war. Nur am Parthenonfries und in den Darstellungen der Heilsgeschichte an romanischen und gotischen Kirchenportalen kann man plastische Vergegenwärtigungen einer in der Zeit verlaufenden Entwicklung sehen. Diese Bilderfolgen sind aber noch nicht das, was man seit der Goethezeit Entwicklung nennt, nämlich Werden, Gestaltung und Umgestaltung *eines* Wesens. In den sieben Säulen wurde nunmehr einerseits diese Entwicklung eines Wesens zum Hauptmotiv des Innenraums, zum anderen kommt in ihnen die gesetzmäßige siebenstufige Metamorphose, das Grundprinzip alles Werdens in der Zeit, zur künstlerischen Erscheinung. Mit diesen Ideen von Entwicklung und Metamorphose wird Goethe zum Paten dieses neuen Stils.

Im Jahre 1908 ergab sich für Rudolf Steiner, wie er in einem Vortrag vom 23. Januar 1920 berichtet, das zweite Hauptmotiv: die Idee der Doppelkuppel. In dieser Idee der Doppelkuppel spricht sich die Grundgesetzmäßigkeit von Sprechen und Zuhören, von Offenbarung und Aufnehmen der Offenbarung aus: «Zwei nicht ganz geschlossene Zylinder, von nicht ganz geschlossenen Halbkugeln bedeckt, drücken aus jene Zweiheit des sich Offenbarenden und des die Offenbarung Entgegennehmenden. Und das Prädominierende der beiden Kuppeln wird dem, der sich dem Bau nähert, zur Andeutung bringen: es ist hier etwas umschlossen, das umhüllt wird, das sich aber offenbaren soll.» (23. 1. 1920, in: *Architektur, Plastik und Malerei*)

Im Zusammenklang der beiden Grundmotive wird der soziale Aspekt des Baugedankens erkennbar: Im Zuschauerraum befinden sich die Vertreter einer sich entwickelnden Menschheit. Sie nehmen die Offenbarung auf, die ihnen aus dem Geistigen als Zukunftsziel entgegenkommt, und gewinnen aus der Offenbarung Kraft für weitere Entwicklung. So kommt das Soziale zur bildhaften Anschauung. Auch dies war Steiner im höchsten Maße wichtig, weil er wußte, daß das soziale Leben ohne Bildhaft-Künstlerisches nicht gedeihen kann: «Gerade dasjenige, was der Mensch ist, und auch dasjenige, durch das der Mensch sich in das soziale Leben hineinstellen soll, kann nur begriffen werden, wenn man sich erhebt zu bildlicher Anschauung.» (Ebd.)

Es ist nun spannend zu verfolgen, wie sich diese anfangs rein ideelle Bau-Idee tastend und schrittweise mit dem Impuls konkreter Bauabsichten, die wie von außen an Steiner herantraten, verbindet. Diese Verwirklichungsimpulse kamen von verschiedenen Seiten. Schon im Jahre 1908 begann E. A. Karl Stockmeyer, angeregt durch die Säulenmotive, die er auf dem Münchner Kongreß gesehen hatte, mit architektonischen Formen, die die Säulen einbezogen, zu experimentieren, und so entstand in Malsch bei Karlsruhe ein Modellbau.

Im übrigen schien es im Jahre 1908 natürlich so, als ob an die Verwirklichung eines solchen Baugedankens, der von vorneherein für eine gewisse Größe bestimmt war, nicht zu denken sei. Doch an einem hellen Sommerabend in Norwegen trat ein junger Mensch auf Marie von Sivers zu und schlug vor, dem Wirken Rudolf Steiners einen «Tempel» zu bauen. Unter den Holländern, die dem Münchner Kongreß beigewohnt hatten, waren nämlich auch solche, die Steiners Intentionen aufnahmen; dazu gehörten Ita Wegman, Elisabeth Vreede und die damals vierundzwanzigjährige Marie Elisabeth Waller, die etwas von dem gespürt hatte, was in den Motiven der Innendekoration des Münchner Kongresses Leben werden wollte.

Marie Steiner-von Sivers berichtet weiter: «Ich mußte dem jungen Menschen – es war Marie Elisabeth Waller – auseinandersetzen, was dazu gehöre. Da sah sie ein, daß es nur ein Baustein sein könne. Doch sollte ich sagen, was zu machen wäre – auf dem Gebiete der Kunst. Unsere Wünsche kamen sich entgegen und fanden die Zustimmung Rudolf Steiners. Das Resultat war die Aufführung des Dramas von E. Schuré *Die Kinder des Luzifer*, und ein Jahr später durften wir das erste Mysteriendrama Rudolf Steiners erleben: *Die Pforte der Einweihung*.» (*Nachrichtenblatt* 1925, S. 130) Marie Elisabeth Waller spielte in der *Pforte der Einweihung* die Rolle des Johannes Thomasius, Marie von Sivers die der Maria.

Mit Marie Elisabeth Waller begegnet man einem Menschen im Umkreis Rudolf Steiners, der es vorzog, im Stillen zu wirken. Äußerlich gesehen gehörte sie zu jenen Menschen, über die man, solange Steiner selbst Regie führte, nie viel sprach, die aber wirklich viel Geld für die anthroposophische Sache gaben: Zusammen mit ihrer Schwester Oda Waller trug sie einen guten Teil der sehr erheblichen finanziellen Lasten, die mit den Aufführungen der Mysteriendramen verbunden waren, sie brachte bedeutende Summen für den Bau und später für den Ausbau der heutigen Rudolf Steiner-Halde auf, doch niemals leitete sie aus diesen Leistungen irgendeinen Anspruch ab.

Rudolf und Marie Steiner (damals noch Marie von Sivers), die beide das Besondere dieses jungen Menschen bemerkten, nahmen Mieta Waller, wie sie genannt wurde, schon im Winter 1908/09 als Hausgenossin auf, und bis zu ihrer Eheschließung 1924 wohnte sie erst in der Motzstraße 17 in Berlin und dann in der «Villa Hansi» in Dornach im Haushalt Rudolf Steiners. Für den Fall ihres gleichzeitigen Todes hatten Rudolf und Marie Steiner Mieta Waller zur Erbin ihres Vermögens – mit Ausnahme des Verlages, der an Johanna Mücke gehen sollte – eingesetzt. Sie wäre damit die Erbin der Autorenrechte Rudolf Steiners geworden. Marie Elisabeth Waller war es auch, die Rudolf Steiner dazu bewegte, die Ausmalung der kleinen Kuppel im Goetheanum selber auszuführen, und sie war es, die 1917 offiziell den Vorschlag machte, den Bau, der bis dahin «Johannesbau» hieß, «Goetheanum» zu nennen.

Ganz wesentlich gehörte jedenfalls Mieta Waller zu denen, die sich für die Errichtung des Baus einsetzten und die dahin wirkten, daß sich in den ersten Apriltagen des Jahres 1911 in München der «Johannesbau-

Verein» begründete, wenngleich sie selbst an der Vereinsgründung nicht direkt beteiligt war. Am 9. Mai wurde dieser Verein ins Vereinsregister eingetragen. Zu den nur sieben ordentlichen Mitgliedern dieses Vereins gehörten Sophie Stinde, Pauline Gräfin Kalckreuth, Dr. Felix Peipers, Otto Graf Lerchenfeld und der Maler Hermann Linde sowie der Architekt Schmid-Curtius – nicht aber Mieta Waller. Bereits am 8. Juli erwarb der Verein in München-Schwabing einen günstig gelegenen Bauplatz zwischen der Germania- und der Ungererstraße, und schon unmittelbar nach den Mysterienspielen des Jahres 1911 konnte Dr. Felix Peipers den Zuhörern in Lichtbildern einige Grundrisse des geplanten Gebäudes zeigen; anschließend sprach Otto Graf Lerchenfeld über die Finanzierung des Baus. Hätten sich nicht alsbald allerlei Hindernisse in den Weg gestellt, so hätte der Grundstein zu diesem Bau Weihnachten 1911 gelegt werden können.

Während diese Dinge in München vorbereitet wurden, waren die Stuttgarter Anthroposophen als wackere Schwaben bereits zur Tat geschritten. Ein Mitglied hatte fünfzigtausend Mark gespendet, und man hatte sofort begonnen, für die theosophische Arbeit in Stuttgart ein Haus zu bauen. Im Januar 1911 war der Grundstein für das Haus gelegt worden, im Oktober konnte es eingeweiht werden. Da man sich in Stuttgart nicht gedacht hatte, daß Rudolf Steiner wesentliche Ratschläge für die Gestaltung eines Zweighauses geben würde, hatte er praktisch nur auf die Farbgebung der Räumlichkeiten Einfluß, wenngleich in einem besonderen Raum im Untergeschoß erstmals die von Rudolf Steiner gegebenen Säulenmotive an wirklich tragenden steinernen Säulen zu sehen waren. Von außen betrachtet erschien der Stuttgarter Bau jedenfalls nur als ein solides Bürgerhaus.

Rudolf Steiner griff also – wie das Beispiel Stuttgart zeigt – zunächst in alle Beratungen und Planungen nur dann ein, wenn er gefragt wurde, und im Jahre 1911 gab er auch nur recht spärliche Hinweise für den künftigen Johannesbau. Man kann sogar sagen, daß er durchaus eine gewisse Distanz zu dem Münchner Bauprojekt hielt. Ja, er hat sogar einmal später behauptet, er habe damals bei irgendeiner Gelegenheit gesagt, lieber als ein Theater zu bauen, würde er eine Bank gründen.*

* So in der bisher ungedruckten Ansprache bei der Gründung der Aktiengesellschaft «Der Kommende Tag» in Stuttgart am 11. März 1920.

Abb. 100: Marie Elisabeth Waller und Marie Steiner, 1915

Zudem hatte er gerade 1911 auch große andere Sorgen. Seine allerwichtigste Mitarbeiterin, Marie von Sivers, die sich in der theosophischen Arbeit völlig aufgerieben hatte, war Anfang des Jahres 1911 schwer erkrankt. Schon rein äußerlich war Rudolf Steiner auf die Mitarbeit von Marie von Sivers angewiesen: Bei ihr liefen die Fäden der Organisation zusammen, sie leitete den Verlag, sie war aber auch Steiners Schutz vor zudringlichen Besuchern und Fragern. Geistig-innerlich war Marie von Sivers noch wichtiger für ihn. Auf ihr Urteil baute er. Nur mit ihr konnte er viele Dinge, über die er sonst schweigen mußte, besprechen. Jedenfalls erkannte Rudolf Steiner in der Erkrankung von Marie von Sivers einen «karmischen Wink», seine nach außen gehende Tätigkeit, die Reisen, «ein wenig zu unterbrechen» und zunächst für die Gesundung von Marie von Sivers Sorge zu tragen. Darüber hinaus spürte er, daß er Zeit für die innere Arbeit benötigte. So lag auf seinem Schreibtisch das halbfertige Buch *Anthroposophie*, und die geistige Welt bedeutete ihm, «daß die Arbeit so bald wie möglich vorgelegt werden soll» (262/300ff).

Er fuhr also, während man in München den Bauverein gründete, in den letzten Märztagen des Jahres 1911 mit Marie von Sivers, die von Mieta Waller begleitet wurde, nach Istrien an die Adria. In dem malerisch gelegenen Portorose war ein Haus gemietet und vorbereitet worden, in dem Marie von Sivers gepflegt werden sollte. Trotz ihrer Erkrankung begleitete sie aber Steiner nach Bologna zum Philosophen-Kongreß, wo Rudolf Steiner am 8. April einen Vortrag über die philosophischen Grundlagen der Theosophie hielt. In Bologna setzte dann auch die langsame Besserung der Gesundheit Marie von Sivers' ein.

Rudolf Steiner blieb, von einer kurzen Unterbrechung abgesehen, die ihn Anfang Mai zur Besichtigung des in Aussicht genommenen Bauplatzes und zur Vorbereitung der Mysterienspiele nach München führte, bis Ende Mai in Portorose. Aus dieser Zeit dürften seine ersten genaueren Hinweise zur Gestaltung des Baus stammen. Doch insgesamt überließ Rudolf Steiner die eigentliche Bauplanung, die Fertigung der Entwürfe dem Architekten Schmid-Curtius. So stammen die Baupläne und Prospekte, die aus dieser Zeit vorliegen, sämtlich von Schmid Curtius.

Rudolf Steiner war in dieser Zeit mit der Innenseite künstlerisch-esoterischer Gestaltung befaßt. Er arbeitete an dem *Theosophischen Kalender 1912/13* und später, nachdem er von einer Reise nach Kopenhagen zur Generalversammlung der Skandinavischen Sektion zurückgekehrt war, an dem Buch *Die geistige Führung des Menschen und der Menschheit.* Die Arbeit an dem Buch *Anthroposophie* jedoch wollte kaum vorangehen. Bevor sie nach München zur Inszenierung der Dramen gingen, legten Marie von Sivers und Rudolf Steiner noch eine Pause von etwa drei Wochen in Veldes, dem heutigen Bled, ein, bis sie halbwegs gestärkt in der zweiten Juliwoche in München die Arbeit an den Dramen wieder aufnehmen konnten.

Nachdem dann im Sommer die Dramen in München aufgeführt worden waren und nachdem Anfang Oktober in Karlsruhe die Vortragsreihe *Von Jesus zu Christus* stattgefunden hatte, fanden sich zahlreiche Theosophen – von denen viele mit einem Sonderzug aus Karlsruhe gekommen waren – am 15. Oktober zur Einweihung des Zweighauses in Stuttgart ein. In liebenswürdiger Weise ging Steiner in seiner Ansprache auf die Intentionen der Stuttgarter Freunde ein, sprach über die Bedeutung der Farbgebung der Räumlichkeiten und würdigte die künstlerischen Versuche, wenngleich er selbst die «im Lichte elektrischer Flammen aufblühenden roten Rosen des an der Vorderseite des Rednerpultes

Abb. 101: Das Stuttgarter Zweighaus, Landhausstraße 70

angebrachten Kreuzes» mit höchst gemischten Gefühlen betrachtet haben dürfte. Am Abend des 16. Oktober ergriff vor Steiners Vortrag Marie von Sivers das Wort. Sie mahnte, über der Freude an dem schönen Stuttgarter Heim nicht das große Ziel, den Bau einer Hochschule für Geisteswissenschaft in München, zu vergessen, und sie bat die einzelnen Zweige, in der nächsten Zeit ihre eigenen Sonderinteressen zurückzustellen, um das Hauptanliegen in München zu fördern.

Kurz darauf wandte sich der Johannesbauverein ganz allgemein an die Mitglieder der Deutschen Sektion der Theosophischen Gesellschaft und stellte sich offiziell den Mitgliedern mit den Worten vor, es sei notwendig, für die Mysterienspiele und für die Vortragskurse eine würdige Umgebung zu schaffen: «Der Gedanke einer Hochschule für Geisteswissenschaft ist die notwendige Konsequenz, die aus der Auslieferung des spirituellen Wissens, dessen unsere Zeit gewürdigt worden ist, gezogen werden muß.» Hier hört man im Hintergrund Rudolf Steiner, der auch in der folgenden Zeit immer wieder die Devise ausgab, es werde kein Tempel, kein Theater, sondern eine Hochschule für Geisteswissenschaft errichtet.

Anläßlich der Generalversammlung der Deutschen Sektion sprach Rudolf Steiner dann am 12. Dezember erstmals vor einem größeren Forum über den Baugedanken, und in diesem Vortrag begegnet man – nachdem das Thema bereits in Stuttgart angedeutet worden war – einem dritten Grundmotiv des künftigen Baus: «Aus dem, was uns die Geisteswissenschaft geben kann, müssen wir die Möglichkeit finden, jenen Innenraum zu schaffen, der in seinen Farben- und Formenwirkungen und in anderem, was er an künstlerischen Darbietungen in sich enthält, zugleich abgeschlossen und zugleich in jeder Einzelheit so ist, daß die Abgeschlossenheit *keine* Abgeschlossenheit ist, daß sie uns überall, wo wir hinblicken, auffordert, die Wände mit dem Auge, mit dem ganzen Gefühl und Empfinden zu durchdringen.» Rudolf Steiner faßt dieses zusammen in das Motto: «Wände haben und keine Wände haben.» (286/25) Ein Jahr später wiederholt er diesen Gedanken und spricht davon, daß man aus diesem Bau differenziert nach allen Seiten in den Kosmos, ins Unendliche hinausgehen können müsse (286/36).

Nun stellten sich aber der Bauabsicht Hindernisse entgegen. Für den 27. Februar 1912 war die Grundsteinlegung des Johannesbaus geplant. Doch die Behörden erteilten keine Baugenehmigung, sondern verlangten allerlei Änderungen. Daraufhin wurde der 16. Mai für die Grundsteinlegung in Aussicht genommen, doch wiederum lag keine Baugenehmigung vor. Nachdem Rudolf Steiner in der zweiten Septemberhälfte in Basel den Kurs über das Markus-Evangelium und in der Nähe Basels für Lory Smits den ersten Kurs für Eurythmie gegeben hatte, zog er sich zusammen mit Marie von Sivers nach Dornach zurück: dort hatte ihm Dr. Emil Grosheintz sein Landhaus auf dem Dornacher Hügel zur Verfügung gestellt, in dem sich Rudolf Steiner, der völlig erschöpft war, für einige Tage erholen sollte.

Der Hügel, an dem die Eidgenossen 1499 in blutiger Schlacht ihre Freiheit gegen das Reich verteidigt hatten, lag friedlich und einsam da, die Bäume begannen in herbstlicher Pracht zu leuchten. Marie Steiner berichtet: «Merkwürdiges muß Dr. Steiner dort in einer Nacht erlebt haben, denn er trat wie verstört aus seinem Zimmer, und es war klar, daß er Schweres von seiner Seele abschütteln mußte. Wie mit einer Anstrengung strich er die düsteren Schatten von seiner Stirne weg. – Wir gingen dann hinaus ins Freie zu einem langen Spaziergang, um von der Höhe herab die Gegend in uns aufzunehmen. Nur mit Mühe bewältigten wir die sehr abschüssigen, manchmal pfadlosen Hänge, um spät abends erschöpft heimzukehren. Alles das geschah in so merkwürdig eindringlicher, bildhafter Art, die etwas Symbolisches an sich trug.» (*Briefe und Dokumente*, S. 294) Während dieser Gänge hat Rudolf Steiner, wie er später berichtete, sich vorgestellt, wie man hier den Bau von allen Seiten sehen könne und wie schön er im Freien stehen würde.

Einige Tage später suchte Rudolf Steiner – der ursprünglich nach Österreich reisen wollte – (Rudolf Steiner Studien I, S. 188) Dr. Grosheintz in Basel auf und fragte ihn schließlich: «Was haben Sie eigentlich vor mit diesem Land zu machen?» Grosheintz erinnerte sich, daß er, als er das Land kaufte, zu seiner Frau gesagt hatte: «Es wird mir die Zukunft zeigen, warum ich soviel Land kaufen mußte.» Das Gespräch wurde bald auf die Schwierigkeiten, denen der Bau in München begegnete, gelenkt. Grosheintz wußte: «Dornach hat keine Baugesetze!» – und Steiner fügte hinzu: «Und Basel hat ein günstiges theosophisches Karma.» Dann fielen die wichtigen Worte, die Steiner bald wiederholen sollte: «Zeit haben wir nicht.» Und Grosheintz antwortete: «Wenn Sie das Land brauchen, ist es ja da.»

Nachdem im Februar 1913 eine erneute Ablehnung des Johannesbaus durch die Münchner Baukommission bekannt geworden war, erwarben eine Reihe von Schweizer Freunden – Professor Gysi, Frau Hirter-Weber und Frau Schieb – das für den Bau erforderliche weitere Gelände und boten es dem Bauverein als Geschenk an. Nachdem Steiner das Gelände am 16. Mai nochmals in Augenschein genommen hatte, griff er nun sehr deutlich in das Geschehen ein. Er gab den Vertretern des Johannesbauvereins den Rat, die Münchner Pläne zu begraben und in Dornach zu bauen.

Am 18. Mai 1913 motivierte er diesen Vorschlag vor den in Stuttgart anwesenden Mitgliedern in ungewöhnlich deutlicher Sprache. Zunächst machte er klar, daß weder die Kirchen noch die staatlichen Behörden den Bauplänen ablehnend gegenübergestanden hätten; es seien die Leute von der Münchner Kunstkommission, «die uns die Knüppel zwischen die Räder geworfen haben!» – Die in München herrschende Kunst – so Steiner weiter – sei ein Absterbendes: «Und neue Kulturen, sie konnten niemals in dieses Absterbende sich hineinstellen. Gerade da, wo man heute die meisten Blüten vermutet, da ist Absterbendes, und die neuen Kulturen müssen sich mit dem Grundsatz bekannt machen: ‹Lasset die

Abb. 102: Emil Grosheintz (1867 – 1946), Zahnarzt in Basel, der zusammen mit Marie Hirter-Weber, Marie Schieb und Prof. Alfred Gysi das Gelände für den Bau des Goetheanum zur Verfügung stellte. Grosheintz war von 1915 bis 1924 1. Vorsitzender des Bauvereins.

Toten ihre Toten begraben – ihr aber folget mir nach.›» Die letzten Worte der Ansprache verweisen dann darauf, daß der Bau unter den «gegenwärtigen Umständen schnell zu Stande gebracht werden muß. Ich betone das Wort *schnell* nicht ohne Absicht, meine lieben Freunde!» (*An die Mitglieder der Anthroposophischen Gesellschaft, den Johannesbau betreffend*, München 1913, S. 7 u. S. 12)

Drei Wochen vorher hatte Steiner in einem Brief an seine Mutter und die Geschwister, denen er Geld schickte, geschrieben: «Und der Krieg droht fortwährend zu kommen.» (39/455) Mit großer Sorge verfolgte Steiner nämlich die politischen Vorgänge in Europa. Die immer schneller aufeinanderfolgenden Krisen und namentlich das Ungeschick der deutschen Politiker, die Dinge wie das Projekt der Bagdad-Bahn vorantrieben, ließen ihn Schlimmes befürchten (Polzer, S. 46). Merkwürdigerweise sprach er gegenüber seinen anthroposophischen Freunden kaum von diesen Dingen, wohl aber gegenüber seiner Mutter, und vielleicht war es auch nicht die weltpolitische Lage allein, die ihn zur Eile drängen ließ.

In den Monaten, die auf die Stuttgarter Ansprache folgten, wurde nun das ganze Bauprojekt – das inzwischen für München doch noch genehmigt worden war – schrittweise umgestaltet. Der erste plastische Entwurf vom Mai 1913 zeigte nur die auf zwei Zylindern ruhende Doppelkuppel. Der Bau wurde dann insgesamt auf einen Betonsockel als Untergeschoß gestellt, den Steiner auch als Rampe bezeichnete; und zu der Ost-West-Achse, in der die beiden Kuppeln lagen, kam – indem man einem Vorschlag Max Bezingers folgte – in nord-südlicher Richtung, dort wo sich die Kuppeln berühren sollten, je ein Seitentrakt hinzu. Diese ersten Entwürfe für die Außengestalt wurden mit Rudolf Steiner entwickelt. Der Architekt Schmid-Curtius hatte dann aufgrund dieser allgemeinen Angaben den Grundriß zu gestalten, wobei er besonders beim Betonsockel auf die Säulen und auf die tragenden Wände Rücksicht nehmen mußte. Erst nach der Aufführung der Mysterienspiele und nach Beendigung des anschließenden Vortragskurses konnte Rudolf Steiner im September 1913 an die Gestaltung der genaueren Modelle gehen.

Damit trat der entscheidende Umschwung ein. Rudolf Steiner hat ihn selbst im Rückblick auf zehn Jahre Goetheanum beschrieben: «Ich selbst betrachtete mich nur als den Beauftragten dieser Träger der Bauabsicht. Ich glaubte, meine Kraft auf den Ausbau der inneren geistigen Arbeit der Anthroposophie konzentrieren zu müssen, und nahm dankbar die Initiative hin, derselben eine eigene Wirkensstätte zu schaffen. In dem Augenblicke aber, in dem die Initiative ihrer Verwirklichung entgegenging, war die künstlerische Ausgestaltung für mich eine Sache der inneren geistigen Arbeit. Ich hatte mich dieser Ausgestaltung zu widmen.» (36/308)

Dieser Augenblick der Verwirklichung ist also der September 1913: Rudolf Steiner beginnt nun, den Bau erst allgemein, dann im Einzelnen zu gestalten. Noch in München wurde ein größeres Holzmodell gefertigt, in das man hineinschlüpfen konnte. Dieses ging alsbald auf die Reise nach Dornach und wurde später von Rudolf Steiner bearbeitet. Am 15. September trifft Rudolf Steiner, aus Kitzbühel kommend, wo er kurze Tage bei seinem Jugendfreund Moriz Zitter geweilt hatte, in Dornach ein. Am 17. legt er abends die genaue Lage des Baus fest, und gleich anschließend wird der erste Spatenstich getan. Am 19. September schreibt Steiner in einem Brief an Alexander von Bernus, der das Baugelände in der Nähe Heidelbergs angeboten hatte, daß das Schicksal ihn ungemein deutlich auf Dornach gewiesen habe: «Mit jedem Tag treten mir mehr spirituelle Gründe vor die Seele, welche den uns gewissermaßen aufgedrängten Punkt als den richtigen erscheinen lassen. So kann ich auch nichts mehr dagegen haben, morgen hier – nach Sonnenuntergang – den Grundstein zu legen. Und dies bedeutet für mich in okkulter Beziehung eine Verantwortung, die mir recht schwer auf der Seele lastet.» (Bock 1961, S. 231)

Am folgenden Tag ist die Grube für den Grundstein ausgehoben und der Betonsockel fertig, der den Grundstein aufnehmen soll. In allen Dingen übernimmt Rudolf Steiner nun die ganz konkrete Leitung: Genau hatte er angegeben, wie der Grundstein aus zwei kupfernen Pentagondodekaedern zu fertigen sei, selbst hatte er die Grundsteinurkunde geschrieben. So beginnt abends gegen halb acht am 20. September 1913 die feierliche Grundsteinlegung, da Merkur «als Abendstern in der Waage stand». Ein Augenzeuge der Grundsteinlegung, Ludwig Polzer-Hoditz berichtet: »Am Abend dieses Tages versammelten sich einige wenige Mitglieder auf dem Dornacher Hügel. Für die Versenkung des Grundsteins war in dem Lehmboden eine kreisförmige Grube gegraben, auf neun provisorischen Stufen erreichte man ihren Boden, wo der Grundstein untergebracht werden sollte. Der Ort war genau so berechnet, daß über diesem Grundstein nach vollendetem Bau das Rednerpult stehen werde. Der Grundstein selbst hatte die Form von zwei miteinander verbundenen Pentagondodekaedern, einem größeren und einem kleineren. Er war aus Kupfer gearbeitet. Die Urkunde, welche Rudolf Steiner zur Erinnerung an die Handlung der Grundsteinlegung verfaßte und welche die Bedeutung dieses Augenblicks und der Tatsache des Baues für alle Zeiten ausdrücken sollte, wurde in den Grundstein verschlossen. Vor Beginn der Handlung wurde ein Holzstoß angezündet, es regnete in Strömen. Einige von uns hielten brennende Fackeln. Wir standen dicht gedrängt im Kreise um die Grube, als Rudolf Steiner an sie herantrat. Zuerst rief er alle geistigen Hierarchien an, in der darauffolgenden Ansprache gab er eine kurze geistgeschichtliche Entwicklungsübersicht, bis zu dem gegenwärtigen Zeitpunkt, dem 20. Tage des September 1880 nach dem Mysterium von Golgatha, das ist 1913 nach Christi Geburt. ... Auf den Grundstein wurden zwölf rote und eine weiße Rose gelegt, auf in Kreuzesform gespannten Gurten wurde er versenkt.» (Polzer, S. 47f)

Mit dieser Grundsteinlegung sollte nicht allein der Grundstein des Johannesbaus gelegt werden. In sinnbildlicher Form war dieser Grundstein das Zeichen des Strebens nach einer neuen Mysterienkultur in materialistischer Zeit. In die allgemeine Menschheitsentwicklung sollte der Keim eines neuen Wollens, das sich der realen Welt der geistigen Wesen öffnet, eingepflanzt werden. So schloß Rudolf Steiner die feierliche Handlung beim Schein der Fackeln und bei strömendem Regen mit den Worten: «Das Bewußtsein, das von diesem Abend bleibt, soll in uns entzünden das Streben nach der Erkenntnis einer der Menschheit gegebenen Neuoffenbarung, nach der da dürstet die Menschenseele, von der sie trinken wird, aber erst dann, wenn sie gewinnen wird furchtlos den Glauben und das Vertrauen zu dem, was da verkünden kann die Wissenschaft vom Geiste, die wiederum vereinen soll, was eine Weile getrennt durch die Menschheitsevolution gehen mußte: Religion, Kunst und Wissenschaft.» (245/132)

So ist der Baugedanke des nach allen Seiten differenziert sich öffnenden Baus, dessen Wände keine Wände sind, das Wahrzeichen der Entwicklung und des Strebens der Seelen, die aus der Tiefe ihres Herzens sich zum Geistigen des Weltenalls nach Ost, West, Nord und Süd öffnen wollen, um die neue Offenbarung, die sich in der geistigen Welt zeigt, aufzunehmen.

Zwei Tage später, vor der Konstituierung des nunmehr erweiterten schweizerischen Johannesbauvereins, deutete Rudolf Steiner an, daß er in der Entwicklung, die zur Begründung des Baus auf dem Dornacher Hügel geführt habe, die Sprache des Schicksals erkenne, eines Schicksals, «das vielleicht erst nach und nach zum Vorschein kommen» werde. Für zahlreiche Gegner werde der Bau ein Stein des Anstoßes werden. Ja, man stünde jetzt erst am Beginn der wirklichen Schwierigkeiten (*Schicksalszeichen*, S. 20-25). Das waren wahrlich prophetische Worte. – Vielleicht verdient es vermerkt zu werden, daß – wenn das Protokoll zutrifft – Rudolf Steiner wie auch Marie von Sivers bei der anschließenden ersten ordentlichen Generalversammlung des Johannesbauvereins, Dornach, nicht anwesend waren.

Während nun in Dornach mit den Bauarbeiten begonnen, die Schreinerei errichtet und die Grundmauern betoniert wurden, reiste Rudolf Steiner nach Kristiania. Mit dieser Reise in den Norden und den in Kristiania enthüllten Offenbarungen aus dem Fünften Evangelium fällt ein Licht auf den Akt der Grundsteinlegung. Man blickt in die Neu-

Abb. 103: Rudolf Steiner 1913 auf dem Baugelände des Goetheanum

offenbarung, von der Rudolf Steiner bei der Grundsteinlegung gesprochen hatte. In dem Maße, in dem die Impulse der Anthroposophie sich mit der Erde verbinden und auf der Erde sichtbar werden, in diesem Maße öffnen sich neue Dimensionen der geistigen Erkenntnis.

So wie Rudolf Steiner vor der Grundsteinlegung und mit der Grundsteinlegung die Last der okkulten Verantwortung empfunden hatte, so war es ihm auch schwer, über das Fünfte Evangelium zu sprechen. Ausdrücklich erwähnt er die inneren Widerstände, die er zu überwinden hatte. Er sagt zum Beispiel in Kristiania: «Das Wort Überwindung werden Sie besser verstehen, wenn Sie mir gestatten, eine persönliche Bemerkung nicht zu unterdrücken: Es ist mir durchaus klar, daß für die Geistesforschung, der ich mich ergeben habe, zunächst manches außerordentlich schwierig und mühevoll herauszuholen ist aus der geistigen Schrift der Welt, gerade Dinge von dieser Art! ... Ich will durchaus nicht sagen, daß ich heute schon imstande bin, alles das präzise zu sagen, was sich in der geistigen Schrift darstellt. Denn gerade ich fühle mancherlei Schwierigkeiten und Mühe, wenn es sich darum handelt, Bilder, die sich auf die Geheimnisse des Christentums beziehen, aus der Akasha-Chronik zu holen.» (148/37)

Andrey Belyj hat die fünf Vorträge in Kristiania mit höchster Aufmerksamkeit miterlebt und in ganz persönlicher Weise beschrieben. Mit der ihm gegebenen Sensibilität spürte er das Besondere dieser Vorträge, die den Bau des Ersten Goetheanum, wie Belyj zutreffend bemerkt, einrahmten. Belyj vergleicht die Vorträge in Kristiania mit den im August 1913 in München gehaltenen: «In München kamen rund zweitausend Menschen zusammen; in Kristiania zwischen zwei- oder dreihundert. Sie durften anwesend sein, als der Doktor zum ersten Mal den Gipfel alles von ihm über Christus Mitgeteilten enthüllte. Und er selbst – nie habe ich ihn so erlebt. Normalerweise erschien er zu einem Kurs in der sicheren Gewißheit dessen, was er zu sagen hatte, und mit einem bestimmten, vorausblickend auf die Tage des Kurses verteilten Stoff. Innerhalb einzelner Abschnitte wuchs seine Beteiligung, und zu dem Durchdachten kamen spontane Einfälle; und immer bestimmte die Sicherheit das erste Worte: er hob den Arm über dem Rednerpult, wie ein Klavierspieler ihn über die Tasten erhebt.

In diesem Sinne kann ich sagen: zu einem Kurs ‹erschien› er.

Anders war es in Kristiania: während er in München ‹erschienen› war, streng und beherrscht, stürzte er hier beinahe herein, sprang mit einem Satz – in des Wortes direkter und nicht übertragener Bedeutung – auf das Rednerpult, er war irgendwie zerzaust, mit einem seitlich sich sträubenden Haarbüschel.» (Belyj 1975, S. 453f)

«Der Doktor war ein großer Pädagoge: er beherrschte Dutzende von Kunstgriffen. Aber damals stand ihm kein einziger zur Verfügung; da war die Stummheit des Zacharias, da zerbrach vor uns die Aureole des Lehrers, ein ‹Lehrer› kann niemals so sprechen, wie der Doktor damals sprach. So spricht ein *Bruder,* dem es nicht mehr um die Beherrschung des Stoffes als Voraussetzung einer ordnungsgemäßen Vermittlung geht. Das Mitgebrachte lastete damals so schwer auf ihm, daß der Lehrer nur hilflos auf das Mitgebrachte hindeuten und sich sogar an uns lehnen mußte, angesichts der enormen Diskrepanz zwischen der eigenen Persönlichkeit und dem Thema.» (Belyj 1975, S. 456)

Gewiß, das sind Belyjs eigene Erlebnisse und auch Deutungen. Eines wird aber ganz gewiß zutreffen: Rudolf Steiner sprach hier in Kristiania anders als sonst. Nicht als Lehrer, sondern als Zeuge. Weiteres berichtet Assja Turgenieff, die Gefährtin Belyjs: «Am 1. Oktober begann der Zyklus über das Fünfte Evangelium. Immer mehr verschwand während der Vorträge der banal ausstaffierte Saal mit seinen an die Decke gemalten Tauben. Die Tauben flatterten weg, und etwas wie eine Himmelskuppel, von Lichtwesenhaftem bevölkert, senkte sich über uns. Und unten reihten sich diejenigen, die man nicht sah, deren Anwesenheit man doch zu fühlen vermochte. In der Mitte Rudolf Steiner, so zart und zerbrechlich in seinem schwarzen Gehrock, mit weit auf das Geschaute sich öffnendem Blick.» (Turgenieff, S. 44)

Von Kristiania ging die Reise nach Bergen, und während dieser Reise sah Rudolf Steiner den Schiefer der vossischen Steinbrüche und fand damit das Material, mit dem das Dach des Goetheanum gedeckt werden sollte. Die Rückreise führte über Kopenhagen nach Berlin. Am 24. Oktober kehrte Steiner für vier Tage nach Dornach zurück, um sich um den Bau zu kümmern und um Einzelheiten zu besprechen. Genau in diesen Tagen liefen die Maschinen in der Schreinerei an, mit denen das Holz des Baus zugeschnitten wurde.

Während der kommenden Monate des Winterhalbjahrs reist Steiner insgesamt achtmal nach Dornach und dann immer wieder nach Berlin zurück und in weitere deutsche Städte, nach Nürnberg, Hamburg, nach

München und Köln, wo er überall aus dem Fünften Evangelium berichtet. Zum Jahresende spricht er in Leipzig über *Christus und die geistige Welt – Von der Suche nach dem heiligen Gral* und beginnt damit das Thema der Christus-Opfer vor dem Mysterium von Golgatha zu berühren, über das er auch im Februar in Berlin, im März 1914 in Stuttgart, Pforzheim und München, im Mai in Paris und im Juni in Basel spricht.

So wird der werdende Bau in die geistige Atmosphäre der christlichen Neuoffenbarung gehüllt. Immer wenn Rudolf Steiner nach Dornach zurückkehrt, hat er «draußen in der Welt» wieder von den Christustatsachen Zeugnis abgelegt und Menschen aus ihren Tiefen zu einem neuen Erleben geführt. – Friedrich Rittelmeyer, damals noch nicht Mitglied der Anthroposophischen Gesellschaft, wurde von Steiner zu dem Nürnberger Vortrag eingeladen, und er empfand den Abend als einen der denkwürdigsten seines Lebens: «Rudolf Steiner stand vor uns – ich konnte ihn, da ich in der ersten Reihe saß, in jeder Miene beobachten – und erzählte aus dem Leben des heranwachsenden Jesusknaben. Sein Blick ging etwas über die Versammlung weg, als ob er fest auf Bilder gerichtet sei, die er vor sich habe. Mit der größten Wachheit und Vorsicht zeichnete er diese Bilder nach. Gelegenlich floß es ein: ‹Ich weiß nicht genau, ob die Reihenfolge richtig ist; aber es scheint mir so zu sein.› Oder: ‹Ich habe den Namen des Ortes mit aller Mühe nicht finden können; es muß seinen Sinn haben, daß er wie ausgelöscht ist.› Die Ehrfurcht, in der er sprach, hatte nichts von Unfreiheit. Ganz aufrecht stand er vor dem Außerordentlichen. Eine reine Geistigkeit webte im Raum.» (Rittelmeyer, S. 59)

So entstand im Umkreis des Baus, durch Rudolf Steiner selbst mit dem Bau verwoben, eine geistige Landschaft, die bestimmt war, die Umgebung des Baus zu werden und ihn ins Geistige zu tragen und zu begründen.

Es war kalt und winterlich, die Dornacher Hänge waren tief von Schnee bedeckt, als Rudolf Steiner am 27. Januar 1914 zu seinem vierten Arbeitsaufenthalt auf dem Hügel eintraf. Schon ließ das Holzgerüst, das gelbgold in der Sonne leuchtete, die Dimensionen der kleinen Kuppel erkennen. Hell und rhythmisch dröhnte der Hammerschlag aus den Gerüsten; insgesamt 250 Arbeiter waren am Bau tätig. In diesen Tagen und Wochen trafen auch die ersten anthroposophischen Mitarbeiter am Bau ein. Edith Maryon, Assja Turgenieff, Boris Bugaieff – die Vorhut einer stattlichen Schar, die dann im Frühsommer am Bau arbeiten sollte.

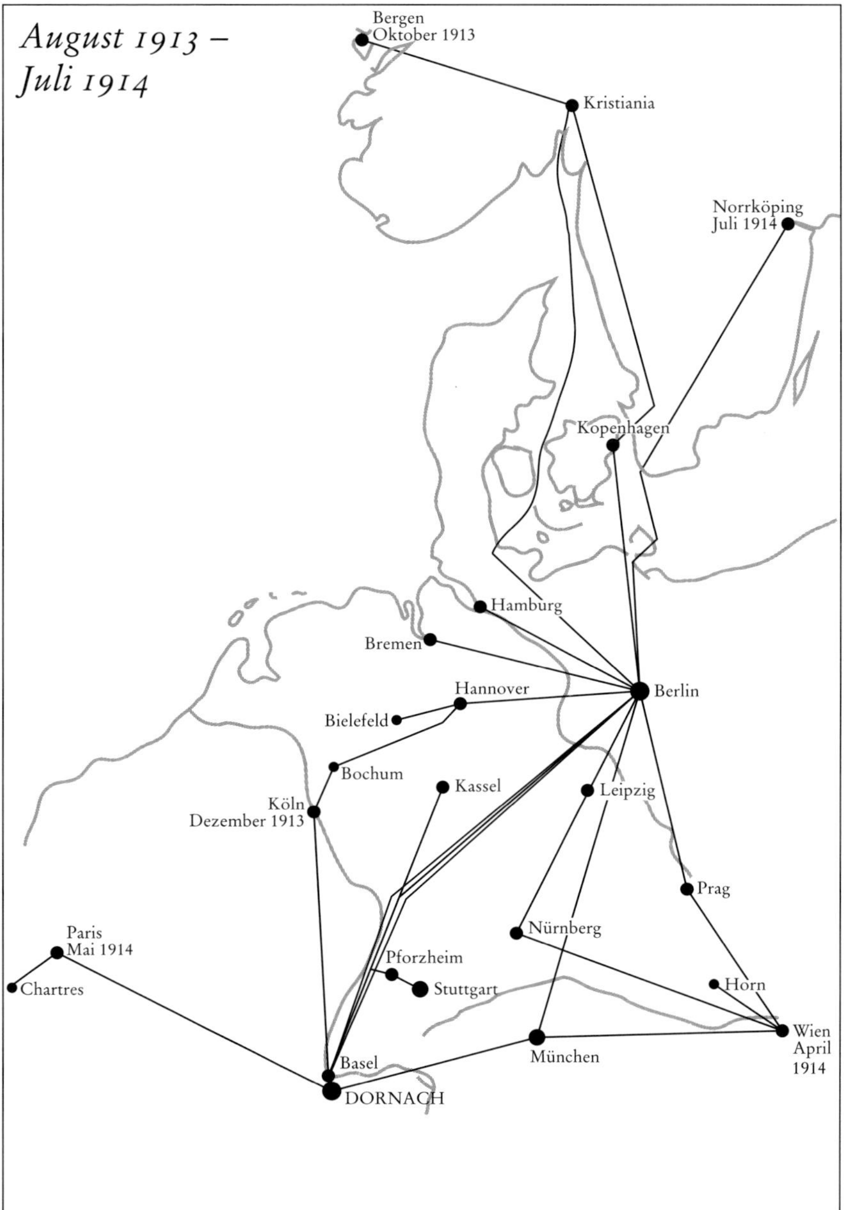

Karte 4:
Reisen Rudolf Steiners 1913/14. Itinerarkarte

Abb. 104:
Ernst Aisenpreis (1884 – 1949) arbeitete als Architekt am Ersten Goetheanum mit und war mit der Ausarbeitung der Entwürfe Steiners für das Zweite Goetheanum betraut

Rudolf Steiner arbeitete neben den Besprechungen in diesen Tagen hauptsächlich an den Modellen des Hauptportals und des Innenraums, die die Architekten Schmidt-Curtius, Moser, Aisenpreis und Bauer für den Fortgang der Arbeit benötigten. Marie von Sivers berichtet ihrer Freundin Mieta Waller am 2. Februar: « Jetzt muß ich Inspiratrice sein, wie das der Doktor nennt, das heißt stumme Figur neben ihm, wenn er schafft. ... Es war schon hübsch, die paar Stunden, in denen man alleine saß, aber meistens ists doch ein Geschwirre in der Werkstatt, daß einem der Kopf mitschwirrt ... Die anderen Inspirationsstunden verbringe ich im Modell drin; da ists wie in einem Keller. Unter der einen Kuppel schafft der Doktor emsig. In Wachs verdichtete Lebenswellen gehen aus einer Form in die andere über; unter der anderen Kuppel sitze ich recht unbequem mit Hamerlings Hymnen und inspiriere, bis ich steif werde. Heute habe ich mich etwas davon emanzipiert und einige Briefe geschrieben. Gestern saßen wir unter den Kuppeln bis 12 Uhr nachts.» (*Briefe und Dokumente*, S. 56)

Nach einem kurzen Aufenthalt in Berlin und Hannover, wo Rudolf Steiner wieder über das Fünfte Evangelium sprach, kehrte er bereits am 17. Februar nach Dornach zurück, um weiter an den Modellen zu arbeiten. Die Arbeit am Bau ging zügig voran: Die kleine Kuppel wurde bereits verschalt, während die Bögen für die große Kuppel aufgestellt wurden. Sorge bereitete es, daß bereits zu jener Zeit die Kostenvoranschläge nicht unerheblich überschritten wurden. Schließlich, am 11. März 1914, begann die eigentliche Schnitzarbeit an den Kapitellen. Die noch unbearbeiteten Kapitelle der großen und der kleinen Kuppel waren so, wie sie aus der Schreinerei kamen, in den noch rohen Betonräumen im östlichen Untergeschoß des Baus aufgestellt. Jedes der Hölzer hatte seine eigene Farbe und seinen eigenen Geruch. In aller Ruhe zeigte Rudolf Steiner nun seinen Mitarbeitern, wie man schnitzt. Stundenlang stand er auf zwei Kisten, ruhig und rhythmisch – in der einen Hand das Schnitzeisen führend, mit der anderen den Klöppel schwingend – schlug er Span um Span aus dem harten Holz, und langsam schälte sich die erste Form des Saturnkapitells aus dem rohen Block heraus. Die Umstehenden wurden müde vom Stehen, Steiner arbeitete weiter. Dann und wann stieg er von den Kisten und schaute seine Arbeit an, verglich sie mit dem Modell und nahm danach die Arbeit wieder auf.

Am folgenden Tage begann das allgemeine Schnitzen, und die meisten Mitglieder, die da schnitzten, mußten nach einer halben Stunde zum ersten Mal pausieren. Kaum ein Resultat war zu sehen, es sah aus, als hätte eine Maus am Holz genagt. Das Holz aus Buche, Eiche, Kirsche, Rüster war widerspenstig. Steiner hatte ihnen gezeigt, wie man Kraft durch Rhythmus ersetzen kann und wie man in ruhiger Arbeit stetig vorankommt. Viele der Mitarbeitenden lernten schnell, worauf es ankam. Unter der Leitung einiger erfahrener Künstler bildeten sich alsbald kleine Gruppen, die sich jeweils um ein Kapitell oder einen Sockel scharten und die Formen zur Erscheinung brachten. Schon damals, Mitte März, müssen recht viele – wohl über fünfzig Frauen und Männer – bei dieser Arbeit beschäftigt gewesen sein, und Rudolf Steiner freute es, daß so viele Mitglieder der Anthroposophischen Gesellschaft gekommen waren, wirklich am Bau zu arbeiten. In den folgenden Monaten kamen immer mehr Menschen, schnitzten an den Architraven und an anderen Formen. Steiner selbst sah man immer wieder unter den Schnitzenden. Er zeigte die Kunst der Formbehandlung: Die konvexen Flächen sollten möglichst flach gestaltet werden, die Kanten ergaben sich aus den Flächen, runde Beulen wurden als «astralisches Fett» sorgsam getilgt oder vermieden.

Am 1. April konnte das Richtfest des Baus gefeiert werden. Rudolf Steiner war nicht anwesend. Doch am folgenden Tage erschien er – zu einer dringenden Beratung herbeigerufen – in Dornach. Die Situation war so kritisch geworden, daß Rudolf Steiner sogar, was er sonst nie tat, einen für Berlin angesagten Vortrag verschob. Bis zu diesem Zeitpunkt hatte er darauf gedrängt, daß der Bau zum 1. August fertig werden sollte. Bei den Beratungen am 3. April zeigte sich, daß dieser Termin selbst unter den günstigsten Bedingungen nicht zu halten sei und daß überdies die Gewerkschaften den Termindruck dazu benutzten, immer neue Forderungen zu erheben. So mußte Rudolf Steiner am 14. April in Wien bekanntgeben, daß die üblichen Sommerveranstaltungen in diesem Jahr nicht stattfinden könnten, «da die nächste derartige Veranstaltung eben schon im Johannesbau stattfinden soll und dieser Bau sich etwas länger hinauszieht, als ursprünglich hat gedacht werden können. Es steht zu hoffen, daß wir in den letzten zwei Monaten dieses Jahres so weit sein werden, daß dann eine feierliche, festliche Eröffnung des Johannesbaus stattfinden kann.» (153/181)

Schwierige innere Probleme der Anthroposophischen Gesellschaft riefen Rudolf Steiner Ende April nach Berlin. Es ging um einen Norweger namens Marcello Haugen, der besonders in der anthroposophischen Damenwelt einiges Unheil anrichtete und der schließlich aus der Gesellschaft ausgeschlossen werden mußte (B 105, S. 6ff); überdies wollte Rudolf Steiner den aufschobenen Vortrag vom 2. April halten. Gegen Ende dieses Vortrags sprach Rudolf Steiner zum ersten Mal öffentlich über den Dornacher Bau. Immer mehr Menschen, so führte er aus, verspürten den fruchtbaren Impuls, der in der anthroposophischen Geisteswissenschaft lebe. «Zeugnis dafür ist, daß wir immerhin in der Lage sind, eine Hochschule für Geisteswissenschaft in Dornach bei Basel zu erbauen. Es ist damit nicht die Absicht vorhanden, die Geisteswissenschaft auf einen Ort zu konzentrieren. Sondern es soll damit der Beweis erbracht werden, daß wir in der Lage sind zu zeigen, wie die Geisteswissenschaft durch Schaffung von architektonischen, plastischen und malerischen Formen und in dem Zusammenstimmen dieser einzelnen Wirkungen in einem solchen Baue sich betätigen kann, schöpferisch sein kann. Es sollte mit diesem Bau nur ein Modell dafür gegeben sein, daß die Geisteswissenschaft das Leben unmittelbar anzufassen in der Lage ist.» (63/426)

Im Mai konnte Rudolf Steiner zweimal einige Tage in Dornach sein,

Abb. 105: Das Erste Goetheanum im Bau, Februar 1914

wo in der Zeit seiner Abwesenheit die Säulen aufgestellt worden waren und der verbindenden Architrave harrten. Wieder kümmerte er sich neben vielen anderen Dingen vor allem ums Schnitzen und lenkte den Blick der Künstler auf die Blüten und ihre doppelt gebogenen Flächen: «Studieren Sie die Pflanzen! Die ätherischen Formen bei den Menschen und den Tieren sind verdorben, bei den Pflanzen sind sie rein.» (Turgenieff, S. 70)

Nachdem Rudolf Steiner dann Ende Mai in Paris und Chartres gewesen war, kehrte er am 31. Mai nach Dornach zurück und blieb daraufhin bis zum 7. Juli in Dornach. Einer der Gründe für diese lange Anwesenheit am Bau lag darin, daß verschiedene Schwierigkeiten aufgetreten und Fehler gemacht worden waren. Fehler beim Holzeinkauf, Fehler bei bestimmten Maßen, Fehler bei dem Aufbau der Motive der Außengestaltung, allesamt Fehler, die viel Geld kosteten. Deshalb begann Rudolf Steiner den ersten der Vorträge, die er in der Bau-Schreinerei hielt, mit den Worten: «Ein Gedanke, der uns bei diesem Bau wohl oftmals kommen kann, das ist der Gedanke der Verantwortung, die wir zu tragen haben gegenüber den opferwillig dargebrachten Werten, welche unsere lieben Freunde zu diesem Bau zur Verfügung stellen. Diejenigen, die sich einmal bekannt gemacht haben damit, wie groß eigentlich nach und nach diese Werte geworden sind, werden begreifen, daß gegenüber solcher Opferwilligkeit das richtige Äquivalent ein wirklich starkes Gefühl der Verantwortlichkeit sein muß, dahin gehend, daß auch zustande gebracht wird dasjenige, was man erhoffen darf von diesem Bau.» (286/47)

Mit den Vorträgen, die nun folgten und im Herbst fortgesetzt wurden, beleuchtete Rudolf Steiner den Gedanken des Baus von immer neuen Seiten, und er zeigte, wie der Bau in der geschichtlichen Entwicklung der Architektur stehen sollte, wie er als eine Hülle für das in ihm gesprochene Wort gedacht war und wie seine Formen zu den Geistern der Bewegung leiten sollten.

Zugleich aber betonte Rudolf Steiner, wenn er über den Bau sprach, oft, daß dieser Bau nur ein Anfang und ein erster Versuch sei, zu einem neuen Baustil zu finden. So sagte er beispielsweise bei der Einweihung des Glashauses: «Vielleicht wird noch nicht mit unserem Bau schon alles das erreicht werden, weil wir eigentlich nur die ersten primitiven Anfänge aufrichten können.»

Daß der Bau dennoch eine Notwendigkeit sei, ergab sich für Rudolf Steiner aus dem Ernst der Zeit, aus dem Blick auf die vom Krieg bedrohte Welt. So führte er am 17. Juni, neun Tage vor den Morden von Sarajevo, aus: «Wenn die Ideen zu solchen Kunstwerken einmal in der Kultur Nachfolger finden werden, dann werden die Menschen, die durch die Pforten solcher Kunstwerke gehen und sich beeindrucken lassen von dem, was in diesen Kunstformen spricht, ... dann werden diese Menschen ihren Mitmenschen nicht mehr Unrecht tun, denn sie werden von den künstlerischen Formen Liebe lernen; sie werden lernen, in Harmonie und Frieden mit ihren Mitmenschen zusammenzuleben. Friede und Harmonie wird sich ergießen in die Herzen durch die Formen. ... wahre Heilung vom Bösen zum Guten wird in der Zukunft für die Menschenseelen darin liegen, daß die wahre Kunst jenes geistige Fluidum in die menschlichen Seelen und Herzen senden wird, so, daß diese Menschenseelen und Herzen ... dann, wenn sie lügnerisch veranlagt sind, aufhören zu lügen; daß, wenn sie friedensstörerisch veranlagt sind, aufhören den Frieden ihrer Mitmenschen zu stören. Baulichkeiten werden zu sprechen beginnen. ...

Heute versammeln sich die Menschen in Kongressen, um über den

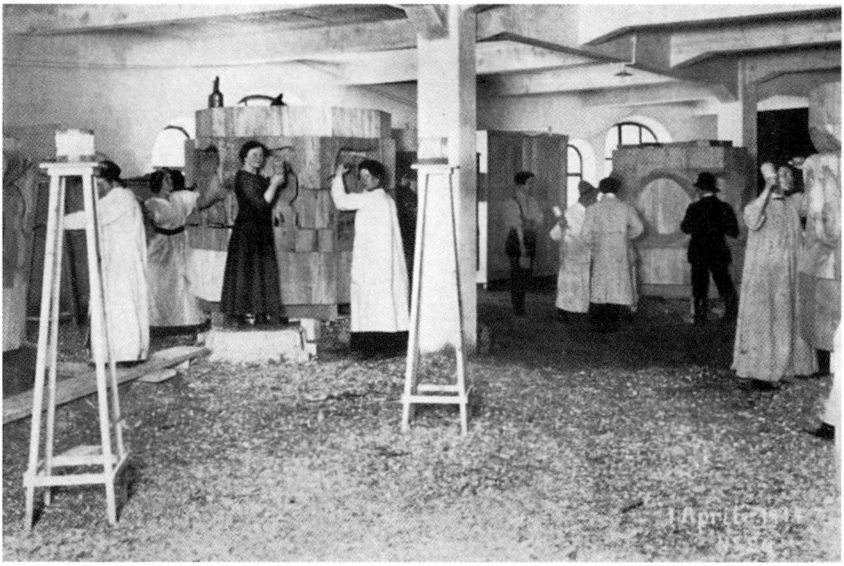

Abb. 106: Schnitzarbeit an den Kapitellen, 1. April 1914

Weltfrieden zu verhandeln. Sie glauben, daß das, was von Mund zu Ohr geht, wirklich Frieden und Harmonie schaffen könne. Aber Kongreße schaffen nicht Frieden und Harmonie. Friede und Harmonie, menschenwürdige Zustände werden erst erfließen können, wenn die Götter zu uns sprechen werden.

Wann werden die Götter zu uns sprechen?» (286/64)

Etwa in der Zeit dieser Vorträge wurden dann die beiden Seitenflügel aufgestellt. Mitte Juni begann man, die Architrave auf die Säulen zu setzen, am 17. Juni konnte das «Glashaus» seiner Bestimmung übergeben werden, jenes Atelier nördlich des Baus, in dem die Glasfenster geschliffen werden sollten. Am 20. Juni begann man die Kuppeln mit dem nordischen Schiefer zu decken. An den Formen des Baus arbeiteten in diesen Wochen bereits über 150 Mitglieder der Anthroposophischen Gesellschaft, denn die künstlerischen Arbeiten waren den Anthroposophen vorbehalten.

Am Morgen des 29. Juni brachte der Maler Hermann Linde, der mit den Vorarbeiten zur Malerei in der großen Kuppel beschäftigt war, aus Basel die Morgenzeitung auf den Bau. Als Rudolf Steiner ins Atelier trat, zeigte er ihm das Blatt, auf dem in großer Schlagzeile der am Vortag verübte Mord von Sarajevo gemeldet wurde. Eine Augenzeugin berichtet: «Nie vergesse ich den Ausdruck Rudolf Steiners in diesem Moment. Ungeheurer Schrecken und Trauer lagen in den weit geöffneten Augen, als er die Worte aussprach: ‹Nun ist die Katastrophe hereingebrochen.›» (Boos-Hamburger, S. 7) Assja Turgenieff berichtet, daß Rudolf Steiner in den folgenden Wochen immer wieder ernst und fragend mit den Mitarbeitern über die drohende Gefahr gesprochen hat, als erwarte er eine Antwort, eine Tat.

Trotz der politisch gespannten Lage unternahm Rudolf Steiner Mitte Juli eine zweiwöchige Reise, die ihn nach Norrköping in Schweden führte. Dort, in fast noch ländlicher Umgebung, faßte Rudolf Steiner in vier Vorträgen über *Christus und die menschliche Seele* die Essenz seiner Christologie zusammen. Im historischen Rückblick erscheinen diese vier Vorträge als Summe der vor dem Weltkrieg entwickelten Christologie. Nicht, daß Rudolf Steiner die Einzelheiten seiner bis zu jenem Zeitpunkt gehaltenen Vorträge referiert hätte, aber auf alles bis dahin Gesagte aufbauend, setzte er in diesen Vorträgen einen Schlußstein auf das Bisherige. Was dann später noch zur Christologie folgte, gehört in ein anderes Kapitel. Dann kehrte er über Stralsund, Hamburg und Berlin nach Dornach zurück.

Dort sprach er am 26. Juli über die schöpferischen Kräfte der Farben, die die Formen bilden. Gegen Ende des Vortrags lenkte er die Aufmerksamkeit der Zuhörer auf die zunehmende Aktivität der Feinde der anthroposophischen Geistesströmung. In den verschiedenen Lokalzeitungen waren seit Baubeginn eine Reihe von abschätzigen Artikeln über den Bau, die als «buddhistische Theosophie» apostrophierte Anthroposophie und die Dornacher Anthroposophen-Kolonie erschienen, auf die Steiner schon im Februar im *Tagblatt für das Birseck, Birsig- und Leimental* geantwortet hatte (35/156ff). Nun, da der Bau weithin sichtbar auf dem Dornacher Hügel stand, vermehrten sich diese Angriffe. Das erfüllte Rudolf Steiner mit «Wehmut». Doch «wenn wir auf das hinblicken, was einen heute mit Wehmut in den Geschicken Europas erfüllt, dann ist die Wehmut gegenüber unserer Bewegung nur eine kleine.» (286/108)

In dieser letzten Friedenswoche des Juli, als alle Architrave auf den Säulen ruhten, konnte Rudolf Steiner auch erstmals die künftige Akkustik des Saales ausprobieren, wenngleich die Gerüste noch standen. Es zeigte sich bereits damals, daß die Resonanz den Erwartungen entsprach

Abb. 107: Rudolf Steiner mit dem Modell des Ersten Goetheanum, 16. Juni 1914

und daß das Wort und die Musik im Bau so erklingen würden, wie sie erklingen sollten (174a/15).

Obwohl sich die politische Krise verschärfte, folgte Rudolf Steiner einer Einladung von Helene Röchling, zu einer Aufführung von Wagners *Parsifal* nach Bayreuth zu kommen. Am 1. August 1914, also am Tage der allgemeinen Mobilmachung in Deutschland, sahen Marie von Sivers und Rudolf Steiner den *Parsifal*. Marie Steiner berichtet: «Uns traf der Schlag in Bayreuth. Es war eine Nachmittagsvorstellung. Kirchhof sang den Parsifal. Gleich darauf mußte er abreisen, sich stellen. Wir sausten die Nacht durch im offenen Auto ... Fahl die Nacht, geisterhaft. Die gewehrbewaffneten Brücken- und Geleisewächter äußerst mißtrauisch, – wir zerzaust und ziemlich wild aussehend in unseren schnell gekauften Wolljacken und Kappen – und passlos. Die Liebenswürdigkeit und gewinnende Art Rudolf Steiners überwand die Schwierigkeiten; allein wäre es uns anders gegangen. Die Grenzbehörden waren coulant! – Woher kommen Sie? – Aus Bayreuth. – Ah, und das sind wohl ihre Kostüme? – Ja. Fertig. – Der Schlagbaum wurde hinter uns zugeklappt! ... Es war der schwerste Tag

Abb. 108: Erstes Goetheanum, Blick in den großen Kuppelraum

im Leben Rudolf Steiners. So niedergedrückt hatte ich ihn noch nie gesehen.» (*Nachrichtenblatt* 1925, S. 131)

Während der kurzen Abwesenheit Steiners waren im Innern des Baus die Gerüste, die später wieder aufgestellt wurden, entfernt worden. Eine provisorische elektrische Beleuchtung war montiert worden. Margarita Woloschin berichtet, wie sie an einem dieser Abende zur Zeit des Sonnenuntergangs und der folgenden Dämmerung im Bau weilte, als plötzlich das elektrische Licht anging, das die Architrave grell beleuchtete. Steiner kam, trat in den Raum und betrachtete die Plastik und begann das Gespräch: ‹Es muß noch ganz anders werden, es lebt noch nicht.› Und wieder weilte der Blick auf den plastischen Formen: ‹Es muß noch alles überarbeitet werden.›» (Woloschin, S. 284)

Aber wie? Der Krieg hatte die Reihen der Mitarbeiter gelichtet. In der Schreinerei arbeiteten nur noch 25 Mann, denn auch die Schweiz hatte mobil gemacht. So waren nicht nur der Großteil der deutschen, sondern auch ein Teil der Schweizer Arbeiter dem Mobilmachungsbefehl gefolgt. Ebenso viele der anthroposophischen Mitarbeiter. Nun mußte mit viel geringeren Kräften als vorher weitergearbeitet werden, und so kam es,

Abb. 109: Erstes Goetheanum, Blick in den kleinen Kuppelraum

daß sich die Arbeit am Bau noch lange hinzog. Vor allem wurden jetzt die Finanzen zu einem schwierigen Problem. Schon im Frühjahr 1914 hatte Marie von Sivers berichtet, daß die realen Kosten die Voranschläge weit hinter sich ließen. Dann kam es zu den erwähnten kostspieligen Fehlern bei der Ausführung des Baus, und schließlich mußte der Vorsitzende des Dornacher Bauvereins auf der Generalversammlung am 31. 12. 1914 feststellen: «Der Krieg hat uns bis jetzt 100 000 Franken gekostet, dazu kommt, daß sehr namhafte Beträge in Wertpapieren liegen, die uns geschenkt worden sind, und diese haben an Wert naturgemäß viel eingebüßt.» Grosheintz schätzte die Verluste auf 250 000 Franken. Mit anderen Worten: Von dem ursprünglich bereitgestellten, für ausreichend erachteten Geld fehlte etwa eine halbe Million Franken! Bis zu jenem Zeitpunkt waren für den Bau ohne Grundstücke 2 600 000 Franken ausgegeben worden. Zunächst reichten die finanziellen Reserven noch für einige Monate, aber es war absehbar, daß sie im Laufe des kommenden Jahres aufgebraucht sein würden. Wie sollte es dann weitergehen?

CHRISTOPH LINDENBERG
RUDOLF STEINER

CHRISTOPH LINDENBERG

RUDOLF STEINER

EINE BIOGRAPHIE

BAND II

1915 – 1925

VERLAG FREIES GEISTESLEBEN

ISBN 3-7725-1551-7

1. Auflage 1997 im Verlag Freies Geistesleben
Landhausstraße 82, 70190 Stuttgart

Einband: Walter Schneider
Umschlagabbildung: Photographie von Otto Rietmann
mit freundlicher Genehmigung des Verlages am Goetheanum
Druck: Offizin Chr. Scheufele, Stuttgart
Einbandarbeiten: Lachenmaier, Reutlingen

INHALT

BAND I: 1861 bis 1914

BAND II: 1915 bis 1925

34.
KRIEGSZEIT IN DORNACH

Wie oben bereits gesagt, hatte Rudolf Steiner den Krieg spätestens seit 1913 kommen sehen. Nicht, daß er alles genau vorhergesehen hätte. Was in seinen Augen den Krieg wahrscheinlich machte, war neben den zunehmenden politischen Spannungen und immer schneller aufeinander folgenden Krisen der praktische Materialismus und der Mammonismus, der große Teile der Menschheit ergriffen hatte. So nannte er im April 1914 die rasant und ohne Rücksicht auf den Konsum wachsende Produktion eine Karzinombildung und bemerkte: «Diese Tendenz wird immer größer werden, bis sie sich – wenn ich jetzt das Folgende sagen werde, werden Sie finden, warum – in sich selbst vernichten wird.» (153/174) In anderen Zusammenhängen sprach er von dem Krieg als der Folge, als dem Karma des Materialismus, von einer vulkanischen Entladung fehlgeleiteter Kräfte, von einem Versuch, durch die Krisis zu einer Katharsis zu gelangen.

Doch wenngleich der Krieg am Horizont sichtbar war – Steiners Drängen, der Bau solle am 1. August 1914 (also am Tage des Kriegsausbruchs) fertig sein, hängt nicht damit zusammen, daß er etwa den Kriegsausbruch für diesen Zeitpunkt vorhergesehen hätte. Das hat er selbst verschiedentlich klargestellt. So betont er in diesem Zusammenhang, daß es auch für den Okkultisten Überraschungen gebe, und er sagt am 30. September 1914, indem er auf den Juli 1914 zurückblickt: Anfang «Juli war nicht mehr zu sagen, als daß wir uns zum Münchner Zyklus versammeln würden und dann, wenn wir auseinandergehen würden, so konnte man erwarten, dann würden wir bedeutungsvollen Ereignissen gegenüberstehen.» (174b/21) In der ersten Julihälfte rechnete Rudolf Steiner also noch damit, daß der für die Zeit vom 18. bis 27. August geplante Vortragszyklus *Okkultes Lesen und okkultes Hören* wie angekündigt in München stattfinden würde. Erst am 20. Juli zeigte sich ihm eine bedeutsame Veränderung in der seelischen Welt, in der sich die nachfolgenden Ereignisse ankündigten (174b/22).

Als Rudolf Steiner dann am 2. August, aus Bayreuth zurückkehrend, wieder in Dornach ankam, hatte sich auch für ihn die Welt in vielfacher Weise tiefgreifend verändert. Assja Turgenieff berichtet: «Niedergeschlagen, erschüttert war Dr. Steiner in den Tagen des Kriegsausbruchs. Es war bedrückend, diese Zeiten mit ihm zu erleben, wenn man ihr Leid in seinem Blick wahrnahm. Er erlebte es viel intensiver als wir, vermochte es jedoch anders zu tragen.» (Turgenieff, S. 62) Für Rudolf Steiner bedeutete der Krieg äußerlich zunächst eine Einschränkung seiner Bewegungsfreiheit: Nur mit Mühe und durch gute Beziehungen vermittelt konnte er zwischen Deutschland und der Schweiz reisen, und dreimal durfte er während des Krieges auch Österreich besuchen. Die übrigen Länder Europas waren ihm verschlossen, und nach dem Kriege war es erst recht sehr mühsam und mit Paß- und Visa-Schwierigkeiten verbunden, zuerst wieder nach Norwegen, den Niederlanden und später nach England und Frankreich zu gelangen. Während des Krieges setzte auch eine politische Überwachung der Vortragstätigkeit ein, die zum Beispiel in Württemberg auch noch nach dem Krieg andauerte.

Mit dem Krieg endete für viele Jahre die Zeit der großen Vortragszyklen, die ein wichtigstes Instrument zur Vertiefung und Entfaltung der Anthroposophie gewesen waren. In Dornach sprach Rudolf Steiner nun an den Wochenenden: samstags, sonntags und montags, in Berlin an den Zweigabenden jeweils am Dienstag, während zugleich die öffentlichen Vorträge im Architektenhaus fortgesetzt wurden, und wenn Steiner deutsche Städte besuchen konnte, hielt er dort öffentliche Vorträge und Vorträge für Mitglieder. Auch inhaltlich änderten sich die Vorträge. Schon im Oktober 1914 machte Steiner die Mitglieder in Dornach darauf aufmerksam, daß es naiv wäre anzunehmen, «daß die ernste Kraft, die anzuwenden ist, um gerade ein Wichtigstes auf dem Gebiete der Geisteswissenschaft zu sagen, auch aufgebracht werden könnte in solchen Zeiten, wie die sind, in denen wir jetzt leben.» Und er fügte hinzu, daß «höchste Wahrheiten nicht in den Sturm hinein gesagt werden können» (156/9). Schließlich wurden auch die Unterweisungen der Esoterischen Schule und die kultischen Demonstrationen eingestellt, weil jegliche geheime Versammlung im geschlossenen Kreis während des Krieges Mißtrauen und Mißverständnisse hervorgerufen hätte. So fehlte während der ganzen Kriegszeit und noch darüberhinaus der vertrauteste Kreis um Rudolf Steiner, der, abgesehen von all seinen Problemen, doch auch ein wichtigstes Organ seines Wirkens war.

Man findet, durch diese Verhältnisse bedingt, unter den Weltkriegs-Vorträgen neben Darstellungen aus der Geistesforschung auch häufig ästhetische, kunstgeschichtliche, geschichtliche und zeitkritische Betrachtungen, bei denen Rudolf Steiner – wohl auch im Hinblick auf seine Zuhörer – keine neuen Einsichten aus der Geistesforschung mitteilt, sondern das gesunde Anschauen der Phänomene und Tatsachen übt. Für die nachgeborenen Generationen sind gerade die in Dornach gehaltenen kunstgeschichtlichen Vorträge oder die Betrachtungen zu Goethes *Faust* ein reichhaltiges, exemplarisches Schulungsmaterial.

In Dornach selbst war eine stark reduzierte Schar von Helfern am Bau zurückgeblieben, und Steiners erste Sorge war, daß «der Bau nicht stille steht» (157/17). Die Menschen am Bau schlossen sich enger zusammen: Die Vertreter der einzelnen Nationen reichten sich die Hände und scharten sich um den Bau. Aus der Ferne vernahm man den Kanonendonner, der aus dem Sundgau herübertönte, und nachts tasteten die Scheinwerfer vom Isteiner Klotz die Landschaft ab. Man erwartete einen Durchmarsch der Franzosen; deshalb war der erste Kurs, den Rudolf Steiner nach Kriegsbeginn gab, ein Erste Hilfe-Kurs.

Die Harmonie unter den Mitarbeitern wurde natürlich während des Krieges manchmal bedroht, denn es arbeiteten Vertreter der verschiedensten Nationen am Bau, die verschieden dachten, empfanden und informiert waren, und im Jahre 1915 brachen – nach einer ersten Phase der Einmütigkeit – auch Chauvinismen hervor. Zunächst aber halfen einfach die gemeinsame Arbeit und die von Steiner geförderten künstlerischen Aktivitäten: dramatische Aufführungen und Eurythmie, durch die das Zusammenspiel von Menschen gepflegt wurde.

Für die Eurythmie hatte Steiner eine erste Kraft gewonnen: Tatjana Kisseleff (1881 bis 1970). Tatjana Kisseleff hatte, nachdem sie aus politischen Gründen Rußland verlassen mußte, in Paris und Lausanne Jura studiert. 1911 hatte sie sich Rudolf Steiner angeschlossen und sich als eine der ersten der neuen Kunstform der Eurythmie zugewandt.

Schon vor Kriegsausbruch war sie nach Dornach gekommen und hatte im April 1914 begonnen, Eurythmiekurse zu geben. Damit begann eine Entwicklung, die Rudolf Steiner mit allen Kräften förderte.

Bereits im Herbst 1912 hatte Steiner – wie oben erwähnt – in der Nähe von Basel für die damals achtzehnjährige Lory Smits in neun Kursstunden die ersten Unterweisungen in Eurythmie gegeben, in denen vor allem die Grundgesten der Laute und elementare Bewegungen in eurythmischer Form entfaltet worden waren. Dieses eurythmische «Buchstabieren» war 1913 weiter entwickelt worden, und am 28. August 1913 hatte nach den Mysterien-Aufführungen in München eine allererste Eurythmie-Demonstration stattgefunden; weitere in Köln, Leipzig und Berlin waren gefolgt. Rudolf Steiner hatte von Zeit zu Zeit neue Hinweise gegeben, und bald widmeten sich eine Reihe jüngerer Damen der eurythmischen Kunst. Mit Tatjana Kisseleff war dann im April 1914 jene Künstlerin nach Dornach gekommen, der Rudolf Steiner über längere Zeit hin sehr viele Ausdrucksformen für die Entfaltung der Eurythmie vermitteln konnte, und so wurden 1914 und 1915 die Jahre der systematischen Ausbildung der eurythmischen Kunst. Dabei war Tatjana Kisseleff die Eurythmie-Lehrerin, während eine größere Zahl von Malerinnen und Bildhauerinnen, die am Bau arbeiteten, die Bühnengruppe bildeten.

Nachdem schon zu Weihnachten und zum Jahresausklang 1914 ein Bild aus dem ersten Mysteriendrama und eine Weihnachtsfeier eurythmisch gestaltet worden waren, begannen zu Ostern 1915 regelmäßige Eurythmieaufführungen in der Schreinerei des Goetheanum: Ostern wurde aus Goethes *Faust* die «Osternacht» aufgeführt, zu Pfingsten folgte die Arielszene; und nachdem im Juli Gedichte von Goethe und Morgenstern zur Darstellung gelangt waren, wurde am 15. August im Zusammenhang einer Tagung, die trotz der Kriegszeit von etwa 300 Mitgliedern besucht werden konnte, aus *Faust II* die «Himmelfahrt» aufgeführt; am 19. August folgte der «Prolog im Himmel», und am 29. August kamen die *Zwölf Stimmungen*, die Rudolf Steiner für die Eurythmie geschrieben hatte, zur erstmaligen Darstellung.

Für diese neue Kunst der Eurythmie hatte Steiner schon seit 1908 nach Menschen gesucht, durch die er sie realisieren könne. 1912 nahm er den Wunsch von Lory Smits, eine Tanz- oder Gymnastikmethode zu erlernen, zum Anlaß, die Grundelemente der Eurythmie zu entwickeln.

Abb. 110: Lory Maier-Smits (1893 – 1971); ihr gab Rudolf Steiner vom 16. bis 24. September 1912 in Bottmingen bei Basel den ersten Kurs für die Grundelemente der Eurythmie. Seit 1913 gab sie Eurythmie–Unterricht.

Abb. 111: Tatjana Kisseleff (1881 –1970) gab nach einem Studium der Jurisprudenz seit 1913 – erst in Berlin, dann in Dornach – Eurythmie-Unterricht und war von 1915 bis 1926 die erste Kraft der Dornacher Eurythmie-Gruppe.

Mit der nun ausgebildeten Eurythmie sollten die im Übersinnlichen veranlagten Bewegungen des ätherischen Leibes des Menschen zur Sichtbarkeit gelangen. Das Ätherisch-Geistige der Sprache sollte sichtbar werden. Im Sprechen betätigt der Mensch nämlich keineswegs allein seinen physischen Kehlkopf, Zunge, Zähne und Lippen; dem Sprechen liegt eine im Übersinnlichen verlaufende Bewegung zugrunde. Am 7. Oktober 1914 hatte Rudolf Steiner zum Abschluß der Vorträge über *Okkultes Lesen und okkultes Hören* diese Dinge bereits angedeutet: «Die Welt der Formen beherrscht den physischen Leib, die Welt der Bewegung beherrscht den Ätherleib. Es müssen nun die Bewegungen gefunden werden, die dem Ätherleib eingeboren sind. Es muß der Mensch angeleitet werden, dasjenige in Gesten, in Bewegungen des physischen Leibes zum Ausdruck zu bringen, was dem Ätherleib natürlich ist. …

Das wird in der Eurythmie versucht. Es wird sich herausstellen, daß der Mensch in seinen Bewegungen wirklich ein Zwischenglied zwischen den kosmischen Buchstaben, den kosmischen Lauten ist und dem, was wir gebrauchen in den menschlichen Lauten und Buchstaben in unseren Dichtungen. ...

Kurz, man kann Eurythmie definieren als die Erfüllung desjenigen, was nach seinen natürlichen Gesetzen der menschliche Ätherleib vom Menschen verlangt.» (277a/61)

In diesem Sinne gehörte die Eurythmie zu und in den Bau des Goetheanum, der durch seine bewegten Formen ebenfalls zu dem sich mit den Formen bewegenden Auge sprach und der selber Ausdruck eurythmischer Metamorphosen war. Nachdem im August 1915 die Schnitzarbeiten in der kleinen Kuppel des Baus beendet worden waren – Rudolf Steiner drängte auf die Einhaltung dieses Termins (Belyj 1992, S. 190) – und die erste Reihe der Faust-Aufführungen abgeschlossen war, gab Rudolf Steiner vom 18. August bis zum 11. September 1915 den zweiten Eurythmie-Kurs, an dem auch die drei anderen Euythmie-Lehrerinnen Lory Smits, Erna Wolfram und Elisabeth Dollfus teilnahmen.

Mit diesem zweiten Eurythmie-Kurs wurde die Eurythmie, die man bis dahin buchstabiert – oder besser: lautiert – hatte, auf eine neue Stufe geführt: vom Laut und Wort zum Satz und Sinn, zur Gestaltung seelischen Ausdrucks und zu einer differenzierten Behandlung der Satzglieder. In diesem Kurs wurden auch die ersten Elemente der musikalischen oder Ton-Eurythmie entwickelt. Schließlich wurde an diesen 18 Kurstagen das choreographische Element, die Zusammenbewegung großer Gruppen, erarbeitet – alles Elemente, die dann in den folgenden Jahren weiter entwickelt und entfaltet wurden.

Es ist wohl symptomatisch, daß die Pflege der harmonisierenden und auf chorisch bewegte Gemeinsamkeiten zielenden Übungen der Eurythmie in einer Zeit intensiviert wurden, in der eine schwere Krise die Dornacher Mitgliedschaft erschütterte. Diese Krise hatte eine Vorgeschichte. Schon lange hatten Marie von Sivers und Rudolf Steiner beabsichtigt zu heiraten. Dazu war es wegen der ständigen Überlast der Arbeiten nicht gekommen. Bereits im April 1913 hatte Steiner an seine Mutter geschrieben: «Da in diesem Winter soviel zu tun war, so ist auch der Plan mit Fräulein von Sivers, von dem ich Euch sprach, als ich in Eurer Mitte sein konnte, noch nicht weiter gekommen; doch wir denken daran für die Zukunft. Sie war sehr erfreut, als ich ihr sagte, daß ich mit Euch davon gesprochen habe.» (39/455)

Nach diesem Brief sollten noch eindreiviertel Jahr vergehen, bis der «Plan mit Fräulein von Sivers» zur Ausführung kam. Am 24. Dezember 1914 heirateten Marie von Sivers und Rudolf Steiner. Diese Eheschließung, die eine zwölfjährige treue und intensivste Zusammenarbeit besiegelte und vor der Welt dokumentierte, doch im Zusammenleben der beiden nichts änderte, enttäuschte vor allem eine bestimmte Dame, Alice Sprengel, die sich ganz offensichtlich zu Unrecht bestimmte Hoffnungen gemacht hatte. Alice Sprengel hatte seit 1907 bei den Münchner Aufführungen mitgewirkt und war dadurch gepflegt und gefördert worden. Nun verband sie sich in ihrer Enttäuschung mit einem Dr. Heinrich Goesch und dessen Frau. Dieses Kleeblatt, das sich bezeichnenderweise nur wenig oder gar nicht an der Arbeit am Bau beteiligte, kochte im Laufe mehrerer Monate die merkwürdigsten Anklagen gegen Steiner aus. Steiner, dem die Absurditäten nicht ganz verborgen bleiben konnten, reagierte zunächst, indem er in einer Reihe von Vorträgen über problematische okkulte Entwicklungen sprach. Dann, nachdem die Atmosphäre durch manche andere Vorkommnisse geladen war, brach das Gewitter los. Am 20. August erhielt Rudolf Steiner einen Brief von Gertrud und Heinrich Goesch, in dem ihm de facto schwarze Magie, Suggestion und die Ablehnung jeglicher Kritik vorgeworfen wurde (253/137ff). Das von Goesch vorgebrachte Tatsachenmaterial lag in der vorgeblich besonderen Art des Händedrucks von Rudolf Steiner. Durch diesen Händedruck seien – so Goesch – die also Bedrückten schwarzmagisch manipuliert worden. Steiner verlas den Brief Goeschs am folgenden Tag vor der versammelten Mitgliedschaft. Als dann einige der Mitglieder den «Geschmack» hatten, ein gutes Wort für die Goeschs einzulegen, verließ Rudolf Steiner zusammen mit Marie Steiner den Saal.

Am folgenden Tag wurde Steiner von Michael Bauer eine Vertrauensadresse mit den Unterschriften von dreihundert Mitgliedern übergeben. Steiner selbst sprach sich über die Vorkommnisse in einer Ansprache am 22. August deutlich aus. Er unterschied zwischen dem pathologischen Treiben des Dr. Goesch und den traurigen Verirrungen der Alice Sprengel. Letztere löste sich 1916 von Goesch, fiel aber leider sogleich auf den Schwindler Theodor Reuß herein und wurde, so wird berichtet, ein hochgraduiertes Mitglied eines Reußschen Ordens in Ascona.

Andrej Belyj erinnert sich an diese Zeit in Dornach, in der auch seine persönlichen Krisen einen gewissen Höhepunkt erreicht hatten: «Von Ende Juli bis Mitte November 1915 kämpfte Steiner an mehreren Fronten gleichzeitig: er kämpfte gegen unsere äußere Trägheit, und er unternahm viele Schritte, damit die Schweizer Regierung entgegen der beharrlichen Forderung gewisser Geheimdienste uns nicht des Landes verweise; er kämpfte gegen verschiedene okkulte Strömungen, die durch offene und maskierte Verleumdung sein ‹Dornach› unterminierten (Jesuiten, Protestanten, verschiedene okkulte Gesellschaften), er kämpfte mit dem ihn einkreisenden Spießbürgertum und mit den spezifischen Krankheiten der Anthroposophischen Gesellschaft; er kämpfte mit dem Mangel an Geld und Menschen, die fähig wären, den Bau zu vollenden; er kämpfte für die Jugend gegen die Alten; und er mäßigte unsere herausfordernde Haltung ‹den Alten zum Trotz›! – Ich werde die Zeit, in der diese Augiasställe gesäubert wurden, übergehen; bei dieser Arbeit standen ihm Bauer, M. J. Steiner und Sophie Stinde (bis zu ihrem Tod) mit mutigem Herzen zur Seite.» (Belyj 1975, S. 57)

In den Vorträgen dieser Wochen und der folgenden Monate spiegeln sich diese Vorgänge. Zeitweilig zog Steiner es vor, überhaupt nichts zu sagen und in seinen Vorträgen auf rein methodisch-gedankliche Betrachtungen auszuweichen. Er kommentierte dann eine Broschüre von F. von Wrangel *Wissenschaft und Theosophie,* danach wieder beleuchtete er die *Okulte Bewegung im 19. Jahrhundert,* und später sprach er über Dichtungen von Gutzkow, Krasinski, Julius Mosen und über Gustav Theodor Fechner.

Die Gegnerschaft gegen Rudolf Steiner, die hier aufgebrochen war, setzte sich in den folgenden Jahren fort. Bemerkenswerterweise waren es zunächst eine Reihe von Mitgliedern, die zum Teil nicht nur Mitglieder der Gesellschaft, sondern auch der Esoterischen Schule und der symbolisch-kultischen Freimaurerei gewesen waren, die Angriffe gegen Steiner lancierten. Neben Heinrich Goesch, der seine Angriffe bis in die zwanziger Jahre fortsetzte, traten bald Max Seiling, Ernst Boldt und

Abb. 112: Marie Steiner und Rudolf Steiner, 1915

Erich Bamler mit allerlei Gedrucktem auf den Plan. In Broschüren und in Aufsätzen in den Zeitschriften *Psychische Studien*, *Theosophie* und *Prana* wurden Unsinn und Unrat über Rudolf Steiner ausgegossen. Seriösere Gegner sahen sich später veranlaßt, wie sie sagten, diese «typischen Renegaten» nie anders als mit peinlichster Sorgfalt zu zitieren (Heyer 1932, S. 57).

Während dieser ganzen Zeit bereitete Rudolf Steiner, von außen unbemerkt, eine weitere große Arbeit vor. Hier ist eine Vorbemerkung erforderlich. Als Rudolf Steiner im Sommer 1913 daran ging, den Bau des Goetheanum im Großen zu planen, ging er nicht so vor, daß er sogleich den ganzen Bau in allen Einzelheiten entwarf: Er hatte stets einen offenen Sinn für das, was sich ihm zeigte, und für das, was Menschen an ihn heranbrachten. So folgte er bereitwillig dem Vorschlag Max Benzingers, den beiden Kuppelbauten zwei Flügelbauten anzugliedern.

Bis zum Herbst 1914 waren viele Details der Innengestaltung noch offen, beispielsweise die Ausmalung der kleinen Kuppel. Im Spätherbst war dann der in England lebende dänische Maler Arild Rosenkranz nach

Dornach gekommen. Zunächst schnitzte er, wie es alle neuen Mitarbeiter taten, an den Formen des Baus mit, doch Steiner fand, daß diese Arbeit für seine Malerhände nicht gut sei, und so kam er für einige Tage ins Glasatelier. Dort zeigte er Steiner einen Entwurf, den er in einer Kirche in London realisieren wollte: einen gekreuzigten Christus, von Engeln umgeben. Rudolf Steiner fand diese Darstellung zu traditionell und machte ihm andere Vorschläge. Als Rosenkranz ihm daraufhin wenig später eine zweite Skizze zeigte, soll Steiner gesagt haben: «Das müssen Sie in der kleinen Kuppel malen.» Am folgenden Tage habe Rudolf Steiner ihm dann seine Idee der Christusgestalt zwischen den Widersachermächten entwickelt, und so entstand in einer stufenweisen Zusammenarbeit durch Arild Rosenkranz die erste Christus-Darstellung in der kleinen Kuppel (sie wurde später freilich durch eine von Rudolf Steiner gemalte ersetzt).

Unter den ersten Künstlern, die Anfang Februar 1914 in Dornach zur Mitarbeit am Bau eingetroffen waren, war auch die englische Bildhauerin Edith Maryon. Eine schwere Erkrankung zwang sie von April bis Juni in England zu weilen, doch Anfang Juli 1914 konnte sie nach Dornach zurückkehren. Dort muß die außergewöhnliche Qualität ihrer Arbeit bald sichtbar geworden sein. Jedenfalls forderte Rudolf Steiner sie schon im Oktober auf, in seinem eigenen Atelier zu arbeiten, und er besprach mit ihr die Aufgabe, für die Ost-Nische im Bühnenraum unter der kleinen Kuppel eine Mittelpunktsplastik zu gestalten. In den folgenden Wochen begann Maryon mit den ersten Gestaltungsversuchen. Zunächst fertigte sie ein kleines Modell aus Wachs und Plastilin, das dann auf einer zweiten Stufe von Rudolf Steiner korrigiert wurde. Nach diesem Vorschlag entwickelte Maryon eine dritte, bereits 90 Zentimeter hohe Studie, die in Gips erhalten ist. Diesen Entwurf ergänzte Rudolf Steiner durch eine vierte Studie, in der ein weiteres Motiv zum Ganzen hinzugefügt wurde, und so ging der Gestaltungsprozeß in einem fortwährenden Dialog weiter.

Nach einer Entwicklungsarbeit von acht Monaten konnte Rudolf Steiner am 15. Mai 1915 in einem Mitgliedervortrag in Linz über die entstehende plastische Gruppe berichten. Für die Zuhörer entstand schon durch diese ersten Ausführungen ein deutliches, in vielen

Abb. 113: Die Gruppe des Menschheitsrepräsentanten, Christus zwischen Luzifer und Ahriman

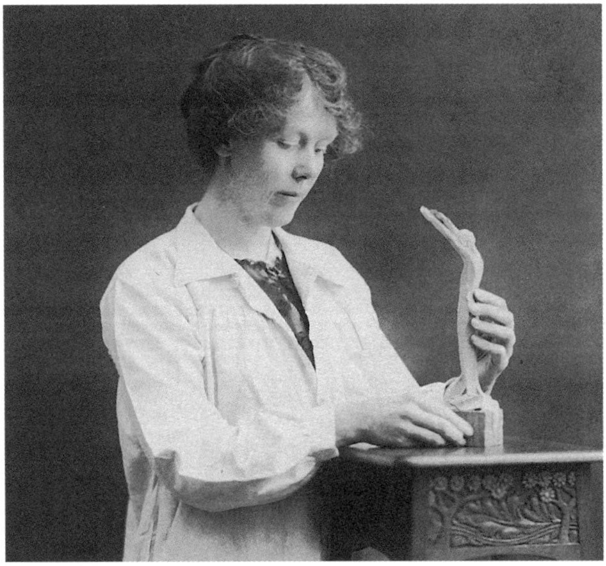

Abb. 114: Edith Maryon

Einzelheiten ausgeführtes Bild der großen Plastik, die zeigen soll, «welches Verhältnis in der Welt zwischen diesen drei Mächten Christus, Luzifer und Ahriman besteht» (159/250). Im Sommer 1915 wurde das erste große Modell, das zwei Meter hoch war, fertiggestellt. Vorher hatte Rudolf Steiner in zwei Einzelstudien für die große Plastik, die dann zehn Meter hoch werden sollte, einen Christus-Kopf und den Kopf des Ahriman entworfen. Einer der ersten, der diese Entwürfe betrachten konnte, war Friedrich Rittelmeyer, der im Hochsommer 1915 Steiner in Dornach besuchte. Er verweilte lange vor dem Christus-Kopf, und es wurde für ihn spürbar, welche Kraft und Bedeutung dieser Versuch gerade in unserer Zeit hat. Alles Allzumenschliche fehlt diesem Antlitz ganz: Man erkennt durch die menschlichen Züge die kosmische Größe.

Für Rudolf Steiner, der seit Mai 1914 in Dornach in einem Haus wohnte, das er selber vorsorglich «Villa Hansi» getauft hatte und in dessen erstem Stock in der Südostecke des Gebäudes er sein kleines

Abb. 115:
Dritter Entwurf zur Holzplastik, Gips, Edith Maryon

Abb. 116:
Vierter Entwurf zur Holzplastik, Plastilin, Rudolf Steiner

Schlaf- und Arbeitszimmer hatte, wurde seit 1916 das Atelier, an dem er an der «Gruppe» arbeitete und das 1916 zum Hochatelier umgebaut wurde, immer mehr zum äußeren Lebensmittelpunkt: Hier, an dieser Arbeitsstätte empfing er in den kommenden Jahren die ungezählten Besucher, die seinen Rat und seine Hilfe suchten, hier, wo er an der Gruppe des Menschheitsrepräsentanten arbeitete, war er – wenn er überhaupt irgendwo heimisch war – zu Hause, und in Edith Maryon hatte er eine Hüterin der Werkstatt gefunden, die die kleinsten Kleinigkeiten ebenso gewissenhaft wie zurückhaltend betreute.

Rudolf Steiner brauchte diesen Ort künstlerischer Arbeit, der ihm neben der Villa Hansi die eigene Arbeitsumgebung schuf, weil gerade während des Krieges immer größere Lasten auf ihn zukamen. Der herbste und in diesem Zusammenhang schwerste Verlust für Rudolf Steiner war der Tod Sophie Stindes. Sophie Stinde, die am Dornacher Bau die künstlerischen Arbeiten koordinierte und die Mitarbeiter betreute, starb am 17. November 1915 während eines Aufenthalts in München. Sie, die

Abb. 117: Rudolf Steiner während der Arbeit an der Gestalt des Menschheitsrepräsentanten, 1919

seit 1904 praktisch die Arbeit in München geleitet hatte und die eine Hauptlast der Münchner Aufführungen seit 1907 getragen hatte, war 1914 nach Dornach gekommen und hatte als Vorsitzende des Bauvereins Rudolf Steiner von vielen technischen Details der Arbeit befreit. Sie hatte dies alles geräuschlos besorgt, war selber nie hervorgetreten, so daß man in den meisten der Erinnerungen, die sich auf diese frühe Dornacher Zeit beziehen, nicht einmal ihren Namen erwähnt findet. Gerade diese Tätigkeit aber war für Rudolf Steiner eine wirkliche Hilfe gewesen. Nach dem Tode von Sophie Stinde kam ein guter Teil der Arbeit auf ihn zu, da der Nachfolger von Sophie Stinde im Vorsitz des Bauvereins, Dr. Emil Grosheintz, der als Zahnarzt in Basel praktizierte, nicht in der Lage war, die Aufgaben von Sophie Stinde wirklich zu übernehmen. Auch Rudolf Steiners Bemühungen, für sie einen Nachfolger zu finden, hatten keinen Erfolg.

So waren die ersten Kriegsjahre für Rudolf Steiner persönlich durch Belastungen, Hindernisse und durch diverse Schwierigkeiten geprägt, die zum größten Teil aus der Taktlosigkeit sowie den Wahn- und Wunschvorstellungen mancher Mitglieder erwuchsen. Er selber aber fand in der nach allen Seiten gesteigerten Kunstausübung ein Gebiet, in dem er leben und wirken konnte. Auch in den turbulenten zwanziger Jahren hat er durch die künstlerische Tätigkeit immer wieder neue Kräfte für seine Arbeit schöpfen können.

35.
DAS SCHICKSAL MITTELEUROPAS

Irgendwann nach dem 20. August 1914 hatte Rudolf Steiner die Nachricht erhalten, daß ihn Generaloberst Helmuth von Moltke, der Chef des deutschen Generalstabs, gerne sprechen würde. Seit dem Jahre 1904 war Steiner mit Frau Eliza von Moltke bekannt, und wenngleich Helmuth von Moltke die spiritistischen Neigungen seiner Frau nicht teilte – zu der Person Rudolf Steiners und seiner spirituellen Richtung hatte er Vertrauen gefaßt und manches von ihm gelesen. So folgte Steiner dem Wunsche des Chefs des deutschen Generalstabs, ihn aufzusuchen. Auf Umwegen, in Stuttgart und Mannheim Station machend, damit man nicht schon an der Fahrkarte erkennen konnte, wohin die Reise ging, fuhr er nach Koblenz, wo sich in jenen Tagen das Große Hauptquartier befand.

Moltke hatte im Zusammenhang mit der Mobilmachung am 1. August 1914 eine niederschmetternde Erfahrung mit dem Wankelmut des Kaisers gemacht: Der Kaiser hatte, nachdem um 17 Uhr die allgemeine Mobilmachung für den folgenden Tag befohlen worden war, wenige Stunden später diesen Befehl, der das minutiös geplante Räderwerk des Aufmarsches im Westen in Gang setzte, zurücknehmen wollen. Die Szenen, die sich dann abgespielt hatten, hatten Moltke zur Verzweiflung getrieben und die ohnehin labile Gesundheit des Sechsundsechzigjährigen nachhaltig erschüttert. Nun suchte er bei Steiner menschliche Hilfe, inneren Beistand.

Steiner selbst hat über diesen Besuch bei Moltke – man traf sich in einem Privathaus – nur lakonisch berichtet: «Im Monat August habe ich den General von Moltke ein einziges Mal, und zwar am 27. August in Koblenz gesehen. Unsere Unterhaltung drehte sich um rein menschliche

Abb. 118: Generaloberst Helmuth von Moltke (1848 – 1916), bei Kriegsausbruch 1914 Chef des Generalstabs. «Weil die deutsche Politik im Nullpunkte ihrer Betätigung angekommen war, lag Europas Schicksal am 31. Juli und am 1. August 1914 in der Hand des Mannes, der ‹seine militärische Pflicht tun mußte›. Der tat sie mit blutendem Herzen.» (24/388)

Angelegenheiten. Das deutsche Heer war noch im vollen Siegeszuge.» (24/404) Man darf annehmen, daß Rudolf Steiner in diesem Gespräch Helmuth von Moltke, auf dem die ganze Last der Verantwortung für die deutsche Kriegsführung ruhte, innerlich beigestanden ist. Er wird wohl schon in diesem Gespräch – wie auch später in manchen Briefen – davon gesprochen haben, daß der Genius des deutschen Volkes «mit erhobener Fackel Zuversicht verheißend steht» (Moltke II, S. 56) und ihn schützte. Vielleicht hat Rudolf Steiner bereits bei diesem Gespräch ermutigende Meditationsworte übergeben (Moltke II, S. 54):

Siegen wird die Kraft,
die vom Zeit-Geschick
vorbestimmt dem Volk,
das in Geistes-Hut
zu der Menschheit Heil
in Europas Herz
Licht dem Kampf entringt.

Der nachgeborene Leser kann vielleicht darüber erstaunt sein, daß Rudolf Steiner dem Führer des deutschen Heeres Mut zusprach, Zuversicht und Siegeshoffnung zu stärken trachtete und ihn sogar darauf hinwies, daß er mit schicksalhafter Notwendigkeit an dieser Stelle stehe (Moltke II, S. 54). Natürlich könnte man in diesem Zusammenhang auf ein historisches Urbild blicken, auf den Dialog im ersten Gesang der Bhagavadgita, in dem der Gott Krishna auf dem Schlachtfeld den Kämpfer Arjuna berät; aber man würde auch nicht umhinkönnen, den Unterschied zwischen den weltüberlegenen Weisungen des Krishna und dem Zuspruch Steiners zu bemerken.

Noch erstaunter wird man sein, wenn man von Steiner selbst erfährt, daß er 1916, also während des Weltkrieges – unmittelbar nach dem Tod Moltkes – bereit gewesen ist, in Zürich einen Pressedienst zu begründen, der die deutsche Sache in angemessener Weise vor der Weltöffentlichkeit vertreten sollte. Mitte Juni 1916 setzte sich der damalige Oberstleutnant von Haeften, der zeitweilig Adjutant Moltkes gewesen war, dafür ein, daß man Steiner mit dieser Aufgabe betraue: «Ich konnte jemandem [von Haeften] klar machen, daß man aus den alten Presseverhältnissen heraus überhaupt nichts erreichen kann. Die Sache war so weit gediehen, daß einmal an einem Dienstag ... man mir sagte: es ist alle Aussicht vorhanden, daß Sie in den nächsten Tagen nach Zürich übersiedeln können, um dort den Pressedienst einzurichten. – Am nächsten Tage kam die Absage vom Großen Hauptquartier, das ja allmächtig war, mit der Auskunft, auf einen solchen Posten warten ja so viele Menschen innerhalb Deutschlands, daß man einen Österreicher dazu nicht ausersehen kann.» (338/232)

Aus diesen Worten kann man unzweideutig entnehmen, daß Steiner selbst die Idee eines Pressedienstes ins Spiel gebracht und betrieben hat und daß er bereit war, die Sache der Mittelmächte von Zürich aus publizistisch zu betreiben. Es muß ihm unendlich viel daran gelegen haben, daß ein zutreffendes und differenziertes Bild Deutschlands in der Weltöffentlichkeit entstand, denn mit einem solchen Einsatz hätte er in der Schweiz durchaus seine Stellung in Dornach gefährdet.

Der eine oder andere, der bestimmte Vorstellungen von einem «Eingeweihten» hat, wird sich hier fragen: Darf denn ein «Eingeweihter» sich so in weltliche Kämpfe verstricken? Muß der Weise sich nicht jeder Parteinahme enthalten? Ist er nicht ausschließlich an dem Wohl der ganzen Menschheit interessiert? – Wenn man die Haltung Steiners, die sich symptomatisch in diesen Tatsachen zeigt, nicht – wie es geschehen ist – aus einer «Sucht, eine politische Rolle zu spielen» (24/418) oder aus bloßem Patriotismus erklären will, dann muß man ein wenig weiter ausholen.

Aus historischer Distanz ist es leicht zu sehen, daß Völker verschiedene Charaktere und Aufgaben haben. Man denke nur an die Griechen und die Römer, der unbefangene Sinn bemerkt, wenn er größere Zeiträume überschaut, daß die weltgeschichtliche Mission der Griechen in der Entfaltung des philosophischen Fragens, in der Entwicklung jener architektonischen, plastischen und dramatischen Künste lag, in denen die menschliche Gestalt und das menschliche Schicksal sich spiegeln. Nicht weniger deutlich ist es, daß die Römer allgemeine Sozial- und Rechtsformen sowie eine Jurisprudenz entwickelten, die über Jahrhunderte hinweg für fast ganz Europa maßgebend waren.

Schwieriger ist es bereits, jenseits völkerpsychologischer Anekdoten zu erkennen, daß auch heute den Völkern Europas spezifische Charaktere und Aufgaben zukommen. Aber man kann zumindest an der Geschichte der Neuzeit ablesen, wie zum Beispiel im Konzert der europäischen Völker die Italiener die klassische Form der Renaissance entwikkeln, wie die Franzosen eine besondere Form der rationalen Aufklärung zur Wirkung bringen und wie die Engländer und Schotten der modernen Naturwissenschaft und Industrie entscheidende Impulse geben und bestimmte soziale Formen – etwa die Praxis von Gewaltenteilung und Parlamentarismus – schrittweise verwirklichen.

Schon im Jahre 1910 hatte Steiner in den Vorträgen über die Mission einzelner Volksseeelen über Charakter und Aufgaben der Völker gesprochen. Durch den Ausbruch des Ersten Weltkriegs wurde die Volksseelenerkenntnis zu einem drängenden Problem, weil in diesem Völkerkrieg – anders als in den Kabinettskriegen vergangener Zeiten – das nationale Selbstverständnis und die Deutung der anderen Nationen eine zentrale Rolle spielten. Rudolf Steiner jedenfalls mußte den europäischen Krieg vor diesem Hintergrund sehen, und seine Sorge galt dem Schicksal der europäischen Mitte. Während man von den italienischen, französischen und englischen Kulturen sagen konnte, daß sie ihre jeweilige Aufgabe immerhin bis zu einem gewissen Grade erfüllt hatten, standen Deutschland und Österreich noch *vor* den Aufgaben, die sie für die weitere Entwicklung der Menschheit zu leisten hatten.

Bereits 1884 hatte – in einem der ersten uns erhaltenen Aufsätze – der

Dreiundzwanzigjährige sich darüber ausgesprochen, was er als die Aufgabe des Deutschtums ansah. In Deutschland, so hatte er geschrieben, treffen sich die Fäden der europäischen Kulturen wie in einem Kreuzungspunkte, in dem die großen Entwürfe der anderen Völker verinnerlicht und weitergeführt werden. Was zum Beispiel ein Darwin wissenschaftlich konstatiert hatte, wurde von einem Haeckel gedanklich zusammengeschaut und als persönliches Erlebnis gefaßt. Ebenso hoffte Steiner 1884, daß es in Deutschland gelingen würde, eine Staatsform zu finden, in der die «Vernunft die oberste Regentschaft führt» (30/236). Mitteleuropa und namentlich Deutschland hatte also schon 1884 in seiner Sicht eine doppelte Aufgabe: Vertiefung und Verinnerlichung der europäischen Kultur auf der einen Seite und andererseits die menschenwürdige Gestaltung sozialer Verhältnisse.

1910 und 1914/15 hatte Rudolf Steiner diesen Ideen Ausdruck gegeben, indem er sagte, daß in Mitteleuropa «das Streben nach Individualität» in besonderer Weise zum Ausdruck komme: «Und mit diesem Worte ‹Streben nach Individualität› können wir nicht etwa bloß die Deutschen charakterisieren, sondern müssen noch eine ganze Anzahl von anderen Völkern zu Mitteleuropa rechnen. Dieses Streben nach Individualität haben sie alle in allerhöchstem Maße. Wir finden es – trotz allem, was diese Völker äußerlich Verschiedenes haben – bei den Tschechen, bei den Ruthenen, bei den Slowaken, bei den Magyaren, und wir finden es endlich in dem anderen Pole des Deutschtums, bei den Polen.» (287/38)

Rudolf Steiner hat deshalb davon gesprochen, daß in den Volksseelen Mitteleuropas der «Ich-Charakter» in hohem Maße wirksam sei, und aus dieser Tatsache ergab sich ihm die spezifische Aufgabe Mitteleuropas, nämlich eine auf Individualität bauende Kultur, eine «Ich-Kultur» auszubilden. Er hat das jedoch nicht so gemeint, als wäre das «Ich» etwas Besseres oder Höheres als, sagen wir, die nüchterne, auf das Tatsächliche gerichtete Bewußtseinsseele, die im Engländertum zur Erscheinung drängt. Das ist zum Beispiel auch ganz klar der folgenden Charakteristik des «Ich» zu entnehmen: «Im Ich ist dasjenige Element in der Menschenseele gegeben, das vor allen Dingen mit sich selbst zurecht kommen muß. Es wird daher in diesem Ich-Elemente vor allen Dingen ein Brodeln und Quirlen in sich selbst geben. Was auch die Deutschen nach außen an Kriegen geführt haben und führen werden, die charakteristischen Kriege sind diejenigen, welche Deutsche gegen Deutsche ge-

Abb. 119: Rudolf Steiner, 1915

führt haben, damit im Innern das Ich zutage komme. Wenn man diese Kriege verfolgt, dann hat man ein getreues Abbild der Kriege, die im Ich des Menschen selber vor sich gehen.» (287/39)

Nun war es – wie gesagt – die Überzeugung Steiners, daß Mitteleuropa erst am Anfange seiner Mission stehe, und er hat diese Überzeugung in die häufig zitierten Worte gefaßt:

«Der deutsche Geist hat nicht vollendet, was er im Weltenwerden schaffen soll ...» (64/184) Deshalb spricht Rudolf Steiner in den Jahren 1914 und 1915 immer wieder und besonders in öffentlichen Vorträgen in Deutschland von der Aufgabe Deutschlands. Dabei knüpft er nicht, wie es sonst in jenen Jahren in Deutschland vielfach geschah, an die deutsche oder gar preußische militärische Tradition von Friedrich dem Großen bis zum älteren Moltke oder an Scharnhorst und Bismarck an, sondern an jene geistige Linie, die von Jakob Böhme und Angelus Silesius zu Goethe, Schiller, Fichte und Hegel führt. Und als Konsequenz aus diesen Betrachtungen ergibt sich für ihn: «Wir sehen die kontinuierliche Fortentwicklung der germanischen Seele zum deutschen Geist. Wir sehen den deutschen Geist in einer Anfangsetappe, sehen die Keime, die da sind und die versprechen, daß er noch auf Höhen steigen muß, die schon implizite in ihm liegen, und die nicht getötet werden dürfen, sondern die sich entwickeln müssen, weil sie zu seinem Wesen gehören.» (64/181)

Weil ihm in diesem Sinne die deutsche Sache als eine menschheitliche Angelegenheit erscheint, die für den Fortgang der Evolution überhaupt zentral ist, weil in der Entwicklung der Kultur des menschlichen «Ich» ein entscheidender Beitrag für die Zukunft der Menschheit geleistet werden kann, tritt Steiner in vielen Vorträgen der Jahre 1914 und 1915 für die deutsche Sache ein und versucht immer wieder, seine Zuhörer auf die wahre Mission des Deutschtums hinzuweisen.

Damit kommen wir zu einem sehr schwierigen Kapitel in dieser Darstellung. Im Lichte der späteren geschichtlichen Entwicklung, die durch die Jahre 1917, 1918, 1919 und dann vor allem durch die Jahre 1933 bis 1945 gekennzeichnet ist, erscheint manches, was Steiner in den Jahren 1914 und 1915 den Deutschen sagte, heute als fragwürdig. Geschichtliches Verstehen muß sich aber in den damaligen Zeithorizont zurückversetzen und versuchen, die damalige Situation zu sehen. Rudolf Steiner, der schon innerhalb der Theosophischen Gesellschaft stets betont hatte, daß er seine Aufgabe als eine Aufgabe innerhalb des Deutschtums begreife, und der sich stets als ein Vertreter deutscher Geistesart begriff, sah 1914/15 das echte Deutschtum und damit einen, wenn nicht *den* entscheidenden Faktor der weiteren Zukunftsentwicklung der Menschheit, bedroht, und zwar lebensgefährlich bedroht.

Äußerlich gesehen richtete sich diese Bedrohung gegen das Deutsche Reich und die österreichisch-ungarische Doppelmonarchie. Innerlich aber ging es um etwas ganz anderes. Es ging darum, ob die Kraft des transformierenden, aus dem Geiste heraus wirkenden «Ich» weltgeschichtlich zur Wirkung komme. Dieses Wirken aus dem Geiste, aus dem reinen Denken oder der wahren Intuition heraus war das Thema der Bestrebungen Rudolf Steiners spätestens seit seiner Arbeit an der *Philosophie der Freiheit* gewesen. Schon früh hatte er erkannt, daß diesem Wirken des «Ich» aus dem Geiste viele Widerstände entgegenstehen. Gegen das Walten der von der Person erfaßten umittelbaren Geistigkeit wehren sich andere Seelenkräfte: die Neigung zum verstandesmäßig-rationalen, an Prinzipien orientierten Denken und Wirken, der erfolgsorientierte Pragmatismus und die Neigung zur mystisch-gefühlsmäßigen oder die zur emotionalen Schwärmerei.

Der Widerstand dieser Seelenkräfte gegen das intuitive Wirken aus dem Geist durch das «Ich» ist ganz erheblich. Der Verstand verspottet das «Ich» und die Intuition und wirft ihm Irrationalismus vor, der Pragmatismus drängt den Ich-Impuls einfach zur Seite und orientiert sich am praktischen Erfolg, die Mystik schließlich beschwört undurchschaubare Werte, in deren Namen sie zu agieren und zu reden vorgibt.

In seiner Schrift *Gedanken während der Zeit des Krieges – Für Deutsche und solche, die nicht glauben, sie hassen zu müssen* (1915), in der er auf «zugrundeliegende okkulte Erkenntnisse» keine Rücksicht nahm (186/46, auch: 24/289), faßte Rudolf Steiner die im Winter 1914/15 gehaltenen Vorträge zusammen und versuchte damit, zuallererst die Deutschen selbst auf das eigentliche Wesen des Deutschtums aufmerksam zu machen. An den Ideen und dem Leben Johann Gottlieb Fichtes zeigte er, wie sich dieser Deutsche das Handeln und Leben aus dem Übersinnlichen dachte und wie er es darlebte. An Worten von Ralph Waldo Emerson zeigte er auf, wie sich das Wesen des Ich, das auf das Ganze blickt, in Goethe darlebt. Denkt man sich die Geistesart Fichtes und Goethes vereint, so repräsentieren beide zusammengenommen das Wesen des von Steiner gemeinten «Ich-Impulses»: In Fichte lebt der Aufblick zum Übersinnlichen und der Tatwille, in Goethe der Blick auf das Ganze, die inhaltliche Erkenntnis des Sinnlich-Übersinnlichen, die den Tatwillen zum sinnvollen Handeln führen kann.

Nun zeigte sich Rudolf Steiner in einer sehr weit gefaßten historischen Perspektive, daß die dem Ich-Impuls widerstrebenden Seelenkräfte seit Jahrhunderten dem geschichtlichen Ausleben des Ich-Impulses im Deutschtum entgegenwirkten (159/58 u. 70). Man könnte in diesem Zusammenhang auch auf den Dreißigjährigen Krieg hinweisen, der von den verschiedensten Richtungen der Windrose her eine beginnende geistige Blüte des Deutschtums zunichte machte. In der Schrift aus dem Jahre 1915 greift Steiner nicht so weit zurück. Er führt die Äußerungen von Ernest Renan an, der 1870 von einem «Vernichtungskampf gegen die germanische Rasse» sprach (24/304), er verweist auf Chomiakow und Danilewsky, die von der Weltmission Rußlands reden (24/310ff) und in deren Schriften er die Manifestation «der russischen Angreiferinstinkte im Kleide der Ideen von der weltgeschichtlichen Mission Rußlands» (24/314) erblickt.

Bei den Engländern sieht er ein für das Praktische zugespitzes Ideal wirken und meint: «Ein rein politischer, für das Praktische zugespitzter

Verstand errechnete, welche Gefahr für England aus einem gegen Rußland und Frankreich siegenden Deutschland erstehen könnte.» (24/327) Und Steiner illustrierte das geschichtliche Handeln Englands, indem er andeutete, wie sich England die Herrschaft über die Weltmeere errungen hatte: «Wie wirkte das politische Ideal Englands stets dann, wenn eine europäische Landmacht es von den weltgeschichtlichen Verhältnissen gefordert finden mußte, ihre Betätigung über die Meere hin auszudehnen? Man brauchte bloß auf das zu blicken, was dieses politische Ideal Spanien und Portugal, Holland und Frankreich gegenüber getan hatte, als diese ihre Betätigung zur See entfalteten.» (24/327)

Bei den Deutschen freilich wird man – so Rudolf Steiner – «vergeblich nach solchen Triebfedern suchen, die zu dem gegenwärtigen Kriege in ähnlicher Art führen mußten», wie sie Steiner bei den Franzosen und Russen ausgemacht hatte (24/320). Aber: «Die Deutschen konnten voraussehen, daß man diesen Krieg einmal gegen sie führen werde. Es war ihre Pflicht, sich für ihn zu rüsten. Was sie zur Erfüllung dieser Pflicht getan haben, nennt man bei ihren Gegnern die Pflege ihres Militarismus.» (24/321)

Gegen Ende seiner Schrift blickt Steiner auf die weltgeschichtlichen Notwendigkeiten, die sich aus den seit langem wirkenden Tendenzen des Völkerlebens ergeben haben, und schreibt: «Als sich die gekennzeichneten, gegen ‹Europas Mitte› gekehrten Wollensrichtungen zum gemeinsamen Druck zusammengefunden hatten, war es unvermeidlich, daß dieser ‹Druck› die Empfindungen bestimmte, die innerhalb der mitteleuropäischen Völker über den Gang der Weltereignisse sich bildeten. Und als die Tatsachen des Sommers 1914 eintraten, trafen sie Europa in einer weltgeschichtlichen Lage, in welcher die im Völkerleben wirksamen Kräfte in den Gang der Ereignisse so eingreifen, daß sie die Entscheidung darüber, was geschehen wird, aus dem Bereiche gewöhnlicher menschlicher Beurteilung hinwegnehmen und in das einer höheren Ordnung stellen, einer Ordnung, durch die die weltgeschichtliche Notwendigkeit innerhalb des Ganges der Menschenentwickelung wirkt.» (24/331)

Dieser Text wurde in den ersten Tagen des Juli 1915 geschrieben. In einem Vortrag am 10. November 1918 – also unmittelbar nach dem Zusammenbruch – blickt Rudolf Steiner auf die Situation zurück, in der er diese Schrift verfaßte. Er erinnert sich daran, daß er die Situation, die sich nach der deutschen Niederlage an der Marne ergeben hatte, nicht sogleich durchschaut hatte: «Ich schrecke auch nicht davor zurück, ruhig zu bekennen, daß ich nicht gleich nach der Marneschlacht durchschaut hatte, daß wirklich damit das herbeigeführt werden mußte, was nun herbeigeführt worden ist.» (185a/46)

Mit anderen Worten: Steiner war im September 1914 durchaus nicht klar, daß der Krieg mit einer deutschen Niederlage enden würde. Das wurde ihm erst klar, bald nachdem er dieses Büchelchen geschrieben hatte. Nachdem ihm deutlich geworden war, wie die Lage wirklich war, verzichtete er darauf, die geplante Fortsetzung des Buches zu schreiben, und hat sich dann auch «mit Händen und Füßen gesträubt, jemals eine weitere Auflage dieses Büchelchens erscheinen zu lassen». Nicht, daß er gemeint hätte, mit diesem Buch ein Unrecht getan zu haben. Noch 1923 weist er die Kritik, die in Anthroposophen-Kreisen an diesem Buch laut geworden war, scharf zurück: das Schreiben dieser Schrift sei seine Sache gewesen! (258/136). Aber – so sagt er 1919 – es komme eben nicht darauf an, daß irgendetwas abstrakt Richtiges ausgesprochen werde, «sondern, daß auch zur rechten Zeit dies oder jenes geschieht oder zur rechten Zeit unterlassen wird» (186/47). Ganz realistisch ändert Steiner also in geänderter Lage die Art seines Wirkens.

Man kann nun ganz klar verfolgen, wie Steiner im weiteren Verlauf des Krieges, nämlich schon im Winter 1915 auf 1916 den Ton seiner öffentlichen Vorträge ändert. Man lese beispielsweise den Vortrag vom 16. Dezember 1915 «Fichtes Geist mitten unter uns», und man wird bemerken, daß in diesem wie auch in anderen Vorträgen – so in dem Vortrag «Österreichische Persönlichkeiten in den Gebieten der Dichtung und Wissenschaft» vom 10. Februar 1916 – die aktuellen Zeitbezüge zur Verteidigung Deutschlands, die in den Vorträgen des Winters 1914/15 deutlich hervortraten, ganz fehlen und an ihre Stelle mehr erzählende Schilderungen treten. Rudolf Steiner gibt in diesen Vorträgen episch breite Schilderungen zum Beispiel des Lebens von Johann Gottlieb Fichte oder österreichischer Gestalten aus dem 19. Jahrhundert. Der Willensakzent fehlt in diesen Vorträgen, die Zuhörer können aus reinen Tatsachen ihre eigenen Impulse bilden. Die Themen dieser Vorträge faßt Steiner in seinem Buch *Vom Menschenrätsel* zusammen.

Mit diesem Buch lenkt Rudolf Steiner den Blick auf die Art, wie die deutsche «Volkheit» in deutschen und österreichischen Denkern wirkt.

Doch dieses Thema des Volksgeistes wird nicht hervorgekehrt. Man gewinnt aus der Lektüre dieser geistigen Porträts den Eindruck, daß Rudolf Steiner daran gelegen war, Deutsche und Österreicher an vorzügliche, tiefe und teilweise vergessene Denker zu erinnern. Er erblickte in den Werken dieser Geister eine «Seelennahrung» (169/48), wie sie den Menschen seiner Gegenwart notwendig ist. Und er verwandte große Mühen auf die Formulierungen der Schrift: «Es wird sich ja zeigen, ob das, was in diesem Buche geschrieben ist, daß manchmal zu einem Satze, der eine Viertelseite einnimmt, zwei Tage verwendet worden sind, um jedes Wort, jede Wendung vertreten zu können, gelesen werden wird, oder wiederum so schlecht gelesen wird, wie vorhergehende Bücher gelesen worden sind.» (169/138)

Das Gefühl, das Rudolf Steiner zu dieser Äußerung veranlaßte, trog ihn nicht: Das Buch *Vom Menschenrätsel* wurde eines der am wenigsten gelesenen seiner Werke.

Im Dezember 1916 und Januar 1917 sprach Rudolf Steiner in Dornach nochmals über die weltgeschichtliche Situation und die Ursprünge des Weltkriegs. Die Situation hatte sich wieder entscheidend geändert. Am 21. November 1916 war der Kaiser von Österreich, Franz Josef, gestorben, und sein Nachfolger Kaiser Otto und dessen Außenminister Ottokar Graf Czernin erwogen die Möglichkeiten eines Sonderfriedens für die Doppelmonarchie. Am 12. Dezember beschloß die Leitung des Deutschen Reiches eine Friedensdeklaration: Die USA wurden aufgefordert, den Alliierten mitzuteilen, daß Deutschland zu Friedensverhandlungen bereit sei. Die Entente-Mächte lehnten ab. Lloyd George wollte die «Knock out-Politik» fortsetzen, bis der preußische Militarismus ausgemerzt sei; Aristide Briand, der französische Ministerpräsident, erklärte, angesichts der Bedrohung der Freiheit sei schon der Gebrauch des Wortes Frieden ein Frevel. Am 21. Dezember richtete Wilson eine Note an die kriegsführenden und neutralen Mächte, in der er einen Meinungsaustausch über die Friedensbedingungen anregte. Diese Verhandlungen zogen sich erfolglos bis zum 31. Januar 1917 hin: Deutschland kündigte den USA für den 1. Februar den uneingeschränkten U-Bootkrieg gegen die Entente an und machte damit den Weg für den Kriegseintritt der USA frei.

Vor diesem Hintergrund muß man die Vorträge lesen, die im Dezember und Januar 1916/17 in Dornach gehalten wurden. Anders als in allen bis dahin gehaltenen Vorträgen geht Rudolf Steiner nun auf die geschichtlichen und diplomatischen Vorgänge im einzelnen ein. Ganz offensichtlich hatte er viel Zeit und Mühe auf das Studium der Fakten verwendet; davon zeugt noch heute seine Bibliothek, in der sich einige Meter Literatur zum Ausbruch des Weltkriegs befinden. Natürlich studierte er auch die Journale, wozu der Standort Basel ideale Bedingungen bot. – Emil Leinhas, der spätere Generaldirektor des «Kommenden Tages», hatte Gelegenheit, Steiner während der Kriegsjahre häufig zu sprechen. Er berichtet: «Rudolf Steiner verfolgte das politische und das militärische Geschehen während des Ersten Weltkrieges ständig bis in alle Einzelheiten mit der größten Aufmerksamkeit. Über alle Nachrichten, über die Auslassungen der verschiedenen in- und ausländischen Staatsmänner, über die Pressestimmen aus der ganzen Welt war er stets bis auf den Tag genau unterrichtet. Er wartete immer auf Äußerungen, die irgendeinen Hoffnungsschimmer auf Beendigung der Weltkriegskatastrophe aufkommen lassen sollten ...» (Leinhas, S. 29)

Auf der Grundlage dieser reichen Kenntnisse hielt Steiner insgesamt 25 Vorträge über die Zeitereignisse und ergänzte manche Tatsache durch Hinweise auf die ihnen zugrunde liegenden okkulten Vorgänge. Ganz offensichtlich ging es ihm darum, in letzter Minute, vor dem Kriegseintritt der USA und dem Ausbruch der russischen Revolution, die Tatsachen in ein Licht zu rücken, in dem das Berechtigte des Kampfes der Mittelmächte sichtbar werden sollte. Eine gute Zusammenfassung seiner Gedanken findet sich in dem Vortrag vom 8. Januar 1917 (174/72ff), und er hat sicher gehofft, daß seine geistigen Bemühungen irgendwo wahrgenommen und fruchtbar gemacht werden würden.

Rudolf Steiner verteidigt in diesen Vorträgen die Sache der Mittelmächte, er vertritt sie besonders gegen die schon damals keineswegs zimperliche Propaganda der Alliierten. Aber es geht ihm auch immer wieder um eine angemessene Geschichtsbetrachtung: Er lehnt es ab, bestimmte Moralbegriffe, die auf menschliche Individualitäten angewendet werden können, wie etwa Freiheit oder Recht, unbesehen auch auf Völker anzuwenden. Er fordert, daß man zum Beispiel eine Empfindung für das Tragische in der Geschichte entwickeln solle. Er meint damit das Tragische im strikten und ernsten Sinn und bemerkt, daß man das eigentlich Tragische «als eine Kategorie, als einen Begriff in die Menschheitsentwickelung» einführen müsse, weil man sonst «immer zu dem einfältigen Urteile» gelange, «daß sich dies oder jenes hätte vermeiden lassen» (174/61).

In diesen Vorträgen finden sich auch Aussagen, die weit in die Zukunft vorausdeuten. In seinem Vortrag vom 15. Januar spricht Rudolf Steiner von dem Gesetz der Zweispaltung, das zu beachten ist, wenn man eine ökonomisch gegründete Weltherrschaft anstrebt; dem einen herrschenden Gebiet muß ein anderes gegenüberstehen: «So muß es die Zwiespältigkeit geben. Und daß man dieses als einen großen Zug hereingebracht hat in die Sache, das ist ein großer, ein gigantischer Gedanke von jenen okkulten Brüderschaften, von denen ich gesprochen habe.» (174/163f) Damals sprach Steiner in bezug auf den Zwiespalt noch von dem Gegensatz zwischen dem britischen Imperium und der diesem Imperium gegenüberstehenden russischen Welt. Im Jahre 1945 wurde dann diese Zweispaltung der Welt als Gegensatz zwischen den USA und der Sowjetunion im Kalten Krieg mindestens für 45 Jahre Wirklichkeit. Im Jahre 1917 wurde diese Wirklichkeit durch den Kriegseintritt der USA und durch die russische Revolution, aus der dann die Sowjetunion hervorging, vorbereitet. Was sich hier anbahnte, war nicht nur der Untergang Deutschlands als einer geistig selbständigen Macht, es wurde auch der Niedergang Europas eingeleitet.

Mit den zeitgeschichtlichen Vorträgen im Winter 1916/17 enden die Äußerungen, die 1914 begonnen hatten und die man als pro-deutsche Äußerungen deuten kann. Man muß hier aber das Folgende beachten. Rudolf Steiner hat sich während des Krieges öffentlich überhaupt nicht und in Mitgliederkreisen nur spät und marginal über die deutsche Politik und deutsche Politiker und Heerführer geäußert. Als er aber im Februar 1917 wieder nach Berlin kam, hat er sich wenigen vertrauten Freunden gegenüber immer deutlicher kritisch über die deutsche Politik ausgesprochen. Friedrich Rittelmeyer berichtet, wie Steiner zunächst 1917 auf die fatalen Auswirkungen der Politik der verbrannten Erde nach dem Rückzug in die sogenannte Siegfriedstellung aufmerksam machte, wie er dann im Sommer 1917 über den Mangel an konkreten Friedensvorschlägen entsetzt war und wie er schließlich über den «Frieden» von Brest-Litowsk ganz verzweifelt war: «Es geht nun wirklich ins Chaos hinein!» rief Steiner aus (Rittelmeyer 1980, S. 113 – 116).

Nun wird man nicht leugnen können, daß Rudolf Steiner während der ersten Jahre des Weltkrieges mit seinem Herzen auf der Seite der

Mittelmächte war. Daß ihn nicht billiger Patriotismus leitete, sollte durch das Vorangehende deutlich geworden sein. Er wußte, was Mitteleuropa für den Fortgang der Weltgeschichte bedeuten sollte. Aber bereits zu Beginn des Krieges hatte er sich in einem Vortrag am 29. Oktober 1914 in Berlin gegen eine moralisierende Betrachtung der geschichtlichen Entwicklung und der Politik ausgesprochen. Er führte in diesem Zusammenhang Schillers Wort «Die Weltgeschichte ist das Weltgericht» an und fuhr fort: «Nehmen wir an, es sei mit der Neutralitätsverletzung Belgiens ein Unrecht geschehen. Wer wäre der Richter? Der, welcher in Goethes, in Schillers Denkart denkt, antwortet: ‹Nun, die Weltgeschichte!› Ihrem Urteil wird sich die deutsche Geschichte unterwerfen müssen.» (64/37) So also 1914! Er beruft sich an dieser Stelle auf das berühmte Wort Bismarcks, das jener sprach, als man 1866 die Bestrafung Österreichs von ihm verlangte: «Wir haben nicht eines Richteramtes zu walten, sondern deutsche Politik zu treiben; Österreichs Rivalitätskampf gegen uns ist nicht strafbarer als der unsrige gegen Österreich.» (64/38)

Nun ist es wirklich bemerkenswert zu sehen, daß Steiner diesen Gedanken nach der deutschen Niederlage durchhält. In einem Vortrag am 9. November 1918 – also unmittelbar nach dem Zusammenbruch Deutschlands – kommt er wieder auf den Einfall der deutschen Truppen in Belgien zu sprechen und macht seine Zuhörer mit der neuen Lage bekannt: «Man mag verurteilen wie man will: da in der Kriegführung der Erfolg entscheidet, wenn man siegt, so entscheidet selbstverständlich auch der Mißerfolg, wenn man geschlagen wird, wenn man mit irgendeiner militärischen Sache nicht dasjenige erreicht, was man sich verspricht. Es ist ganz selbstverständlich, daß von dem Augenblicke an – ich sage das ganz unbefangen, indem ich mich vielleicht auch der Gefahr aussetze, daß solch ein Urteil merkwürdig befunden wird –, wo durch den Einmarsch in Belgien nichts erreicht werden konnte, wo er durch die Tage der Marneschlacht kaputt gemacht worden ist, dieser Einfall ein Unrecht war. Das mag jemand von irgendeinem philiströsen Standpunkt aus so oder so finden, aber das ist niemals anders beurteilt worden.» (185a/34)

1918 bemerkt Steiner auch ganz unbefangen: «In Berlin gab es, wie ja in aller Welt, selbstverständlich eine kriegstreiberische Partei. Diese kriegstreiberische Partei hat durch ihre Organe gewirkt.» (185a/43) Ebenso ist von einer «Wiener Kriegspartei» (185a/47) die Rede. Und sehr bald wird

Rudolf Steiner vom völligen Versagen der deutschen und namentlich der österreichischen Politik sprechen, wenngleich er weiterhin die Auffassung aufrecht erhält, daß das *deutsche Volk* am Kriege nicht schuld sei (338/228). Aber Steiner unterscheidet scharf zwischen dem deutschen Volk und der deutschen Regierung. Die deutsche Politik wird «restlos» verurteilt (24/387). Über die «Schuld» des deutschen Volkes heißt es nach 1918: «Es ist die Schuld eines gänzlich unpolitisch denkenden Volkes, dem die Absichten seiner ‹Obrigkeit› durch undurchdringliche Schleier verhüllt worden sind. Und das aus seiner unpolitischen Veranlagung heraus nicht ahnte, wie die Fortsetzung seiner Politik der Krieg werden mußte.» (24/389)

Das ist zwar kein Kompliment für die politische Intelligenz der Deutschen, aber höchstwahrscheinlich trifft dieses Urteil jene Neigung vieler Deutscher, weltgeschichtliche und politische Fragen mit schlichten moralischen Kategorien und dem einfachsten Schwarz-weiß-Schema von «gut und böse» abzuhandeln oder nach dem Muster bürgerlicher Rechtsfragen zu betrachten.

Nach dem Kriege wandelt sich zwar nicht die menschliche Beurteilung, wohl aber die Charakteristik des Generals von Moltke. In einem im Mai 1919 geschriebenen Vorwort zu dessen Aufzeichnungen über die Vorgänge beim Kriegsausbruch erscheint der General nun als eine tragische Gestalt, der durch sein besonderes Schicksal und sein militärisches Denken verurteilt war, das deutsche Heer in einen Krieg zu führen, den es verlieren mußte (24/386ff). Und als Einsicht Moltkes aus dem nachtodlichen Leben teilt Rudolf Steiner 1921 mit: «Es war nicht möglich, im September 1914 durchzukommen. Es gab in Mitteleuropa nicht die geistigen Kapazitäten, einen solchen Sieg im Sinne des Fortschritts zu gebrauchen.» (Moltke II, S. 269)

Zwei Jahre später heißt es dann aus derselben Quelle noch viel gewichtiger und geistig anschaulicher: «1914 waren wir ganz götterverlassen. Wir überließen uns dem Treiben von Geistern, von denen der eine dahin, der andere dorthin zog. Ganz Europa war diesem Treiben unterworfen. Es war, wie wenn in dem Rheinfluß ein ganzes Heer von ahrimanischen Geistern gesessen hätte, die alle nur auseinanderstrebende Interessen hatten. Dazu kamen die anderen, die sich in der Weichsel mit den orientalischen Dämonen verbunden hatten. Alles das wirkte auf die Seelen. Man konnte nichts anderes machen als das, was geschehen ist.» (Moltke II, S. 295f)

Man darf sagen, daß Rudolf Steiner den ungeheuren Bogen von den anfangs real vorhandenen Hoffnungen bis zu den 1924 ausgesprochenen bitteren Einsichten selbst ganz durchlebt und durchlitten hat. Man kann innerlich verfolgen, wie er selbst zuerst im Jahre 1914 im Aufblick zu dem deutschen Volksgeist alles tat, um dessen Wirken in den Seelen und Herzen seiner Mitmenschen zu fördern, zu verankern. Wie er den Licht- und Wärmestrom, der von dem Volksgeist ausging, den Deutschen zu vermitteln trachtete, wie er auf das schicksalhaft Notwendige des Wirkens einer Ich-Kultur hinweist und diese gegen andere Formen der Geistigkeit verteidigen will. – Man sieht dann im Verfolg der weiteren Entwicklung, wie er zu durchschauen beginnt, was mit der Marneschlacht in Wirklichkeit geschehen war. Man spürt, wie sich Ende 1915 der Ton seiner Vorträge ändert, wie er erwartet, daß das von ihm Dargestellte von seinen Zuhörern aktiv ergiffen werde. Dann, im Augenblick der Peripetie des Krieges, im Winter 1916/17, unternimmt er es, seine Einsichten, durch reiches Tatsachenmaterial begründet, im Lichte der ihm damals möglichen okkulten Einblicke nochmals darzustellen: Er hofft, daß diese Einsichten an entscheidender Stelle zur Wirkung gelangen. Doch vergebens. Schließlich muß er 1918 nicht nur den Zusammenbruch des Deutschen Reiches, sondern die Betörung weiter Volkskreise durch die abstrakte und wirklichkeitsfremde Gedankenwelt der 14 Punkte Wilsons erleben. Er sieht, daß dem deutschen Volksgeist das Wirken fast unmöglich wird. In diesem Augenblick entschließt er sich, ganz persönlich für die von ihm 1917 vorbereitete Dreigliederung des sozialen Organismus – von der im übernächsten Kapitel die Rede sein soll – zu wirken. Nach dem Krieg enthüllt er das Wirken jener Gegenmächte auch im Deutschtum, auf die er 1914 den Blick nicht lenkte, damit der gute Volksgeist wirken könne. Unmißverständlich kennzeichnet er die Leiter der deutschen Politik und ihr geistiges Unvermögen. Er sieht, daß ein deutscher Sieg nicht möglich war, weil in Deutschland die geistigen Kapazitäten fehlten, die im Sinne eines Sieges hätten wirken können. «Die Weltgeschichte ist das Weltgericht.»

36.

DIE GEBURT DER IDEE DER DREIGLIEDERUNG DES MENSCHLICHEN ORGANISMUS

Am 10. September 1917 schloß Rudolf Steiner in Berlin die Arbeit an dem Buch *Von Seelenrätseln* ab. Gegen Ende dieses Buch findet sich als 6. Anhang auf vierzehn Seiten knapp formuliert ein Kapitel über «Die physischen und die geistigen Abhängigkeiten der Menschenwesenheit». Einleitend bemerkt Rudolf Steiner, daß er in diesem Kapitel «die Ergebnisse einer dreißig Jahre währenden geisteswissenschaftlichen Forschung verzeichne» (21/150). Hier soll nun versucht werden, die Wege und den Umfang dieser Forschung – wenn auch nur ganz umrißhaft – zu skizzieren, denn es geht bei der in dem 6. Anhang vorgebrachten Idee der Dreigliederung des menschlichen Organismus um die Mittelpunktsidee der Anthroposophie überhaupt, um jenes Forschungsergebnis Rudolf Steiners, das man als seine eigenste und ursprünglichste Idee ansprechen muß.

In diese Mittelpunktsidee sind wichtigste andere Inhalte der Anthroposophie einverwoben, in ihr ist die gesamte anthroposophische Menschenerkenntnis anwesend: Die Einsichten Rudolf Steiners über die Dreiheit von Gehen, Sprechen und Denken werden in ihrem Licht erst ganz verständlich, die Lehre von den ersten drei Jahrsiebten findet durch sie erst ihre Vollendung. Durch die Idee der Dreigliederung wird die Anthropologie, die sich aus dem Gedanken der Reinkarnation ergibt, konkret im einzelnen sichtbar. Die Idee der Dreigliederung verweist aber auch auf den Zusammenhang des Menschen mit den göttlichen Hierarchien und mit der Trinität.

Viele der anderen Inhalte, die Rudolf Steiner im Laufe der Jahrzehnte als Anthroposophie entwickelte, kann man in der einen oder anderen

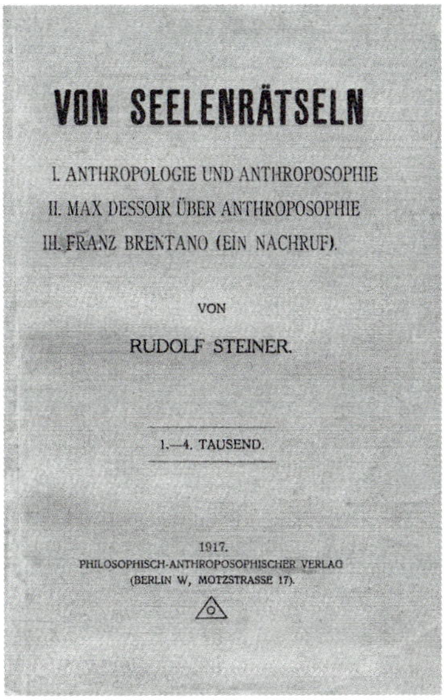

Abb. 120:
Erstausgabe des Buches «Von Seelenrätseln»

Form bei früheren Forschern vorgebildet oder angedeutet finden; so wird man die Gliederung des Menschen in physischen Leib, Ätherleib, Astralleib und Ich mit anderen Worten bei Paracelsus, wenn nicht gar schon bei Aristoteles ausgesprochen finden. Die Hierarchienlehre geht auf Dionysios Areopagita zurück. Die Idee der siebenstufigen Weltentwicklung tritt – wieder anders gefaßt – bei Blavatsky auf, die Idee der Reinkarnation ist, um mit Lessing zu sprechen, so alt wie das Menschengeschlecht selber. Aber alle diese und viele andere Inhalte der Anthroposophie erhalten erst durch die Idee der Dreigliederung ihre spezifisch anthroposophische Fassung und – wie zu zeigen sein wird – ihren Mittelpunkt.

Bevor auf die Geschichte der Forschung eingegangen werden kann, muß die Idee selber, so kurz es geht, umrissen werden. Rudolf Steiner geht in seiner Darstellung in *Von Seelenrätseln* von der Dreigliederung der menschlichen Seelenkräfte in «Vorstellen, Fühlen und Wollen» (21/150) aus. «Die körperlichen Gegenstücke zum Seelischen des Vorstellens hat man in den Vorgängen des Nervensystems mit ihren Ausläufern in die Sinnesorgane einerseits und in die leibliche Innenorganisation andererseits zu sehen.» (21/151) Das Vorstellen selber ist, was seinen

Inhalt anlangt, von Gehirn und Nerven jedoch weitgehend unabhängig. Die physiologischen Vorgänge in Gehirn und Nerven spiegeln nur die Vorstellungstätigkeit: «Was im Nervenleben *nicht* sinnlich beobachtbar ist, wovon aber das Sinnesgemäße die Notwendigkeit seines Vorhandenseins ergibt, das ist Nerventätigkeit.» (21/157) Man kann sich das beispielsweise am Auge vergegenwärtigen. Der äußerlich-physischen Beobachtung des Auges zeigen sich Linse, Iris, Retina und die mit dem Auge verbundenen Nervenstränge. Was so gegenständlich vor der physischen Beobachtung liegt, kann nur vom «Sinnesgemäßen», das nicht vorliegt, gedeutet werden: Durch unsere unmittelbaren Erfahrungen mit dem Sehen, interpretieren wir jede Einzelheit. Weil wir erleben, was Helligkeit und Blendung ist, verstehen wir die Verengung der Pupille, von der Erfahrung mit dem scharfen oder unscharfen Sehen her verstehen wir die Veränderungen der Linse – überall sind wir zum Verstehen der bloßen und nackten physiologischen Tatsächlichkeit auf unsere unmittelbaren Erlebnisse angewiesen. – Von der geistigen Seite her wird das Vorstellen von Imagination durchdrungen. Hinter dem schattenhaften Vorstellen leben und wirken die bildhaften Weltgedanken. Im Gespräch wie im eigenen Denken und Nachsinnen kann man verfolgen, wie ein gut gewähltes Bild das Vorstellen anregt und belebt. Eine genauere Betrachtung zeigt, daß unserer Orientierung im Denken häufig bildhafte Elemente zugrunde liegen.

Das Fühlen, das heißt die Summe der auf- und abwogenden Gefühle, muß man, folgt man Steiner, «zu demjenigen Lebensrhythmus» in Beziehung bringen, «der in der Atmungstätigkeit seine Mitte hat und mit ihr zusammenhängt» (21/151). Gefühle wie Trauer, Freude, Spannung, Erregung, Enttäuschung und so weiter ergreifen den Lebensrhythmus, steigern oder dämpfen, beschleunigen und verlangsamen, vertiefen oder verflachen ihn. Von der hochdifferenzierten Komplexität der rhythmischen Organisation und ihrem Zusammenhang mit dem Fühlen hat man heute allgemein nur sehr schwache Vorstellungen. Das Fühlen wird andererseits von dem geistigen Element durchdrungen, das Steiner als Inspiration bezeichnet. Mit dem Wort «Inspiration» meint Steiner aber keineswegs das, was man gewöhnlich darunter versteht. Er meint damit vielmehr jene belebende Kraft, die den Menschen vom ersten bis zum letzten Atemzug ergreift und deren Verhältnis zu den in das Alltagsbewußtsein dringenden Gefühlen Goethe im *Faust* in den Zeilen charakterisiert: «Die uns das Leben gaben, herrliche Gefühle, erstarren in dem irdischen Gewühle.» Durch das inspirierte Fühlen werden wir in ein unmittelbares Weltverhältnis versetzt, es verbindet uns mit unserer Umwelt, läßt uns in ihr und sie in uns leben.

Für das Wollen zeigt sich Rudolf Steiner, «daß dieses sich in ähnlicher Art stützt auf Stoffwechselvorgänge». Hier gilt dann: «Das Wollen, das nach dem Leibe hin auf den Stoffwechselvorgängen beruht, erströmt aus dem Geiste für das schauende Bewußtsein durch dasjenige, was ich in meinen Schriften die wahrhaftigen Intuitionen nenne. Was im Leibe durch die gewissermaßen niederste Betätigung des Stoffwechsels sich offenbart, dem entspricht im Geiste ein Höchstes: dasjenige, was durch Intuitionen sich ausspricht.» (21/161) Durch das intuitiv geleitete Wollen können wir unseren Umkreis tätig ergreifen.

Diese Dreigliederung ist nicht als Dreiteilung zu verstehen, vielmehr durchdringen sich im Leben, im wirklichen Organismus diese Tätigkeiten fortwährend: So wie alles Handeln von Vorstellungen begleitet und mit Gefühlen verbunden ist, so begleiten sich Nerventätigkeit, rhythmisches Geschehen und Stoffwechselvorgänge wechselseitig.

Im Folgenden kann Steiners Weg zur Erkenntnis der Dreigliederung nur umrißhaft und unvollkommen dargelegt werden. Vielleicht aber sind die sehr knappen Andeutungen zu diesem Thema für den einen oder anderen Leser eine Anregung zu eigenen Studien.

In seiner Autobiographie berichtet Rudolf Steiner, daß sein Blick bereits in den achtziger Jahren, vielleicht schon vor dem Jahre 1885, im Zusammenhang mit der sinnlich-übersinnlichen Form, von der Goethe spricht, «in einer noch ganz unvollkommenen Form auf die Dreigliederung der menschlichen Wesenheit gefallen» sei. Dabei sei ihm klar geworden, daß das Seelisch-Geistige sich am meisten in der Kopforganisation auspräge. «Die Gliedmaßenorganisation dagegen mußte ich als diejenige ansehen, in der sich das Sinnlich-Übersinnliche am meisten verbirgt.» (28/99) Diese Bemerkung ist deshalb so wichtig, weil hier sofort deutlich wird, worum es geht. Es geht um das Verhältnis des Geistes und der Seele zum Leibe und die unterschiedliche Art, in der Geist und Seele in den drei Systemen leben. Das erklärt auch, warum sich in Steiners Zeilenkommentar zu Goethes «Erstem Entwurf einer allgemeinen Einleitung in die vergleichende Anatomie» kein einziger Hinweis auf die Idee der Dreigliederung findet: Die bloße Unterscheidung von drei Teilen an tierischen Organisationen, die Goethe dort trifft (1a/245), hat mit der von Steiner intendierten Dreigliederung nur sehr wenig zu tun. Denn die Idee der Dreigliederung bezieht sich auf den Menschen; für das Verständnis der Tierwelt kann diese Idee nur modifiziert und für jede Tiergattung jeweils stark abgewandelt fruchtbar sein, da das Wirken des Geistes in der Tierwelt in ganz anderer Art als im Menschen vorzustellen ist.

Das folgende Jahrzehnt nach 1885 brachte Rudolf Steiner mannigfache Möglichkeiten, die verschiedenen Arten des Wirkens des Geistigen im Leben zu beobachten. Dabei fiel sein Blick besonders auf die Art und Weise, wie sich die vergangene Geistigkeit eines früheren Erdenlebens in der Gegenwart offenbart. An Menschen wie Fercher von Steinwand, Ernst Haeckel oder im Freundeskreis von Marie Eugenie delle Grazie offenbarte sich ihm, wie die durch eine Individualität in der Vergangenheit erworbene Vielfalt sich namentlich dann zeigt, «wenn der starke Eindruck nachwirkt und wie eine belebte Erinnerung wird, in der das im äußeren Leben Wesentliche sich auslöscht und das sonst ‹Unwesentliche› beginnt eine deutliche Sprache zu reden» (28/136).

Das Hauptproblem des Jahrzehnts von 1885 bis 1895 freilich, das im Vordergrund des Denkens stand, war die menschliche Freiheit, und bei dieser Frage stand die Polarität der Unabhängigkeit des intuitiven Denkens vom Nerven-Sinnes-System einerseits und das aus der moralischen Intuition erfließende, befreite Wollen, das den Leib ergreift, andererseits im Mittelpunkt. Damit verbunden waren Studien zu den Stufen der Bewußtheit in denen dargelegt wurde, wie sich das Geistig-Seelische von den Naturprozessen befreit (30/333-340; 4/149-161). In der in der *Philosophie der Freiheit* und in *Wahrheit und Wissenschaft* entfalteten Idee der reinen Wahrnehmung als eines *zusammenhanglosen Nebeneinander im Raum und Nacheinander in der Zeit* ist die entscheidende Idee der Unabhängigkeit des Denkens von der Nerven-Sinnesorganisation implizit bereits enthalten. In der Beschreibung des Wesens des Denkens als einer universellen Kraft, die wir nicht «bei ihrem Ausströmen aus dem Zentrum der Welt, sondern an einem Punkte der Peripherie» (4/91) erfassen, blickt man auf die geistigen Abhängigkeiten der Menschenwesenheit, die auch in den *Grundlinien einer Erkenntnistheorie* deutlich ausgesprochen werden (2/52).

Folgt man seiner Autobiographie, so erarbeitete sich Rudolf Steiner in den Jahren nach 1896 eine neue Art des Welt-Anschauens, in der das Denken nicht mehr allein zum «Erklären» der Wesen und Vorgänge der Welt verwendet wird. Das Denken schaut auf dieser Stufe vielmehr die Weltvorgänge in ihrem Zusammenhang an: Ein Vorgang erscheint als Rätsel, der andere als Lösung des Rätsels: «Damit aber war die Wahrheit der Vorstellung erlebt, daß in der Welt und ihrem Wirken *der Logos, die Weisheit, das Wort* waltet.» (28/334) Die bis zu diesem Zeitpunkt ideell erfaßten Zusammenhänge der großen Weltbilder stellten sich jetzt als angeschaute Zusammenhänge und in der Anschauung sprechende Weisheit dar. Für das Erkennen der Dreigliederung ist diese Art des Erkennens grundlegend, weil die Zusammenhänge der menschlichen Organisation *nur durch Anschauung* wirklich erkannt werden.

In die ersten Berliner Jahre fällt dann für Rudolf Steiner jene «Prüfungszeit», von der er schreibt: «Ich mußte damals meine Geistanschauung in inneren Stürmen retten. Diese Stürme standen hinter meinem äußeren Erleben.» (28/364) Nachdem diese Prüfungszeit vorüber war, konnte Rudolf Steiner in einer ganz neuen Art der objektiven Schilderung die *Grundlagen* zur Erkenntnis der Dreigliederung darlegen. Die erste Schrift, durch die die Voraussetzungen der Idee der Dreigliederung systematisch vorbereitet wurden, ist das Buch *Theosophie* (1904), in welchem die Gliederung des Menschen nach Leib, Seele und Geist zur Anschauung gelangt. Damit war der umfassende Rahmen für alles Weitere geschaffen. Denn ein Thema der Dreigliederung ist ja das unterschiedliche Zusammenwirken von Leib, Seele und Geist in den drei Systemen.

Hier ist nun eine Zwischenbemerkung möglich. Man kann die Frage aufwerfen, wie denn diese Dinge erforscht wurden? In der *Philosophie der Freiheit* ist die «seelische Beobachtung nach naturwissenschaftlicher Methode» das Forschungsverfahren. Die Schwierigkeit dieser Forschung besteht darin, sich die Tatbestände wirklich zu *innerer Anschauung* zu bringen und nicht Ideen, die man hat, durch gedankliche Spekulation zu rechtfertigen. Steiner spricht deshalb auch immer von der *Beobachtung des Denkens* und nie von einem Nachdenken über das Denken, welches er eindeutig verwirft (6/85f). Das seelische Beobachten beruht darauf, daß man im Seelischen vollbewußt tätig ist und zum Beispiel einen Gedanken in innerer Konsequenz bildet. Diesen Vorgang vergegenwärtigt man sich durch die Erinnerung. In der Erinnerung schaut man ihn erneut an. So wie man im Raum die Gegenstände in einem gewissen Abstand betrachtet, so kann man in der Erinnerung die Vorgänge aus einem Abstand betrachten. Die Zeit macht es möglich, die Vorgänge in Ruhe anzuschauen. Die zeitlich distanzierte Beobachtung eines inneren Vorgangs kann aber, wenn die seelische Tätigkeit vollbewußt war, ebenso «objektiv» sein, wie die Betrachtung eines von uns räumlich getrennten Gegenstandes. Genau genommen spielt die Zeit hier keine Rolle, sie wird durch die Erinnerung vielmehr getilgt.

Für die späteren Jahre kommt nun eine Erweiterung dieser Forschungsart in den Blick. 1918 hat Steiner einmal selbst seine übersinnliche Forschungsmethode mit folgenden Worten beschrieben: «Ich rede nicht gern, wenn ich von geistesforscherischen Dingen rede, von persönlichen Erlebnissen; *aber alle diese Dinge sind persönliche Erlebnisse, die bis zur Objektivität getrieben sind.»* (*Goetheanum*, Jg. 1941, S. 67) Achtet man auf Steiners Ausdrucksweise, so findet man im Zusammenhang mit der Geistesforschung immer wieder Wendungen wie: man muß es durchleben, durchmachen, man kann untertauchen und einswerden. Für die Geistesforschung ist es dann entscheidend, daß diese Erlebnisse vollbewußt verlaufen. Dadurch können sie in der Erinnerung angeschaut und in das Tagesbewußtsein aufgenommen werden. Das Forschen im Geiste zeigt sich also als vollbewußtes Leben und Erleben im Übersinnlichen mit dem ganzen Menschen. Wie sich das vollzieht, kann im Folgenden deutlich werden.

Im August 1905 verfaßt Rudolf Steiner das Kapitel des Buches *Wie erlangt man Erkenntnisse der höheren Welten?*, in dem die «Spaltung der Persönlichkeit während der Geistesschulung» beschrieben wird. Zunächst schildert er, wie im alltäglichen Leben bestimmte Erlebnisse unmittelbar Handlungen hervorrufen: «Man betritt ein Zimmer, findet es dumpfig und öffnet die Fenster. Man hört seinen Namen rufen und folgt dem Rufe. Man wird gefragt und gibt Antwort.» (10/185) Diese Beispiele illustrieren, wie im normalen Leben die Seelenkräfte unvermittelt ineinanderwirken, wie ein Erlebnis automatisch eine Aktion hervorruft. Im Laufe der Geistesschulung wird nun dieser Automatismus durch Kontrolle der Gedanken, durch freie Initiative in der Willensschulung, durch Aufmerksamkeit auf die eigenen Gefühle und anderes mehr langsam unterbrochen. «Bei der höheren Entwickelung des Menschen werden nun die Fäden, welche die drei Grundkräfte miteinander verbinden, unterbrochen. ... Die Organe des Denkens, Fühlens und Wollens stehen sodann ganz frei für sich da.» (10/186) Durch diese Mitteilung wird nun sichtbar, wie die seelische Beobachtung durch innere Entwicklung überhaupt erst möglich wird, bis nämlich – in diesem Falle – die sonst nur als Redensart vorhandene Gliederung des Seelenlebens nach Denken, Fühlen und Wollen real vor dem inneren Auge steht, bis der Geistesforscher die Beziehungen zwischen diesen Grundkräften des Seelenlebens selbst vom Ich aus bewußt vermittelt und durch die mit der Trennung der Seelenkräfte notwendig verbundenen inneren Kämpfe Denken, Fühlen und Wollen wesenhaft kennenlernt.

Dies ist – und das ist charakteristisch für Rudolf Steiner – noch längst nicht genug. Die so gewonnene Erkenntnis wird überprüft, denn wie Rudolf Steiner immer wieder betont, gehört das «Sich-Einwände-Machen» zu den wichtigsten Tätigkeiten der Geistesforschung. Bekanntlich findet man ja in der allgemeinen Psychologie ganz andere Gliederungen des Seelenlebens. Rudolf Steiner stellt also seine Resultate in Frage. Mit einem gewissen Recht könnte man zum Beispiel das, was man so leichthin als «Denken» bezeichnet, für ein merkwürdiges Sammelsurium halten: Einer gewissenhaften inneren Beobachtung zeigt sich das, was man pauschal «Denken» nennt, anfangs nur als ein Aggregat von Vorstellungen, Bildern, Erinnerungen, Worten, Sätzen, Assoziationen, Einfällen, Vorurteilen, Phantasiegebilden und so weiter. Bei Betrachtung dieser unterschiedlichen inneren Tatsachen entfällt einem der Begriff des Denkens. Mit welchem Rechte sprechen wir vom Denken? Solche und ähnliche Fragen muß sich der Geistesforscher stellen. Aus diesen Fragen hat Rudolf Steiner die Konsequenz gezogen, in *Von Seelenrätseln* und auch am Anfang der Vorträge über die *Allgemeine Menschenkunde* (1919) zunächst vom Vorstellen und von Vorstellung zu sprechen.

In einem langdauernden Prüfungsverfahren ließ sich Rudolf Steiner vor allem experimentell auch auf andere Denkweisen, die andere Gliederungen des Seelenlebens vorschlugen, ein. In exzeptioneller Weise machte er die Gedanken des Philosophen Franz Brentano zum Prüfstein seiner Anschauungen. Nicht ohne Grund. Franz Brentano hatte sich als gewissenhafter Denker besonders mit der Frage, wie die Seelenkräfte real zu unterscheiden seien, befaßt. In seiner *Psychologie vom empirischen Standpunkt* (1874) findet sich eine sehr gründliche Untersuchung

Abb. 121: Franz Brentano (1838 – 1917). «Brentano ist eine Persönlichkeit, bestimmt fortzuwirken im geistigen Entwickelungsgang der Menschheit durch Impulse, die sich nicht in der Fortführung der von ihm entwickelten Ideen erschöpfen.» (21/127)

über die Frage nach der «Klassifikation der psychischen Phänomene». Brentano kam zu dem Ergebnis, daß man drei Seelentätigkeiten zu unterscheiden habe, nämlich Vorstellung, Urteile und die Phänomene der Liebe und des Hasses. Nun ist es faszinierend zu sehen, wie weit sich Rudolf Steiner auf diesen Vorschlag Brentanos einläßt.

In seinen Vorträgen über *Psychosophie* (1910) übernimmt Steiner den Vorschlag Brentanos weitgehend und fügt, keineswegs im Widerspruch zu Brentano, nur noch das Wahrnehmen hinzu, um dann zu zeigen, wie die Brentanosche Gliederung durch eine anthroposophisch erweiterte Anschauung fruchtbar gemacht werden kann. Rudolf Steiner führt in den Vorträgen aus, wie im Urteilen das «Ich» sich geltend macht, wie das Wahrnehmen mit dem physischen Leib und der Sinnesorganisation zusammenhängt, wie das Vorstellen aus dem ätherischen Leib hervorströmt und von Seiten des astralischen Leibes durch die Kräfte von Liebe und Haß gelenkt werden kann. Stellt man sich nämlich auf den Standpunkt einer rein *inner*seelischen Phänomenologie, wie Brentano es tut, so kann man zu dieser Gliederung gelangen, weil das Wollen sich für die Beobachtung des gewöhnlichen Bewußtseins nicht im inneren Seelenleben zeigt. Für das gewöhnliche Bewußtsein tritt nämlich das Wollen zunächst nur für die äußere Beobachtung als Handeln auf. – So befragte und umkreiste Rudolf Steiner die Ergebnisse seiner Forschungen: Er betrachtete das Seelenleben von immer anderen Aspekten und vermied es peinlich, sich auf irgendeine dogmatische Setzung festzulegen.

Gegen Ende des Jahres 1905 begann Rudolf Steiner erstmals die Lehre von den drei Stufen der höheren Erkenntnis systematisch in der Zeitschrift *Luzifer-Gnosis* darzustellen. Der letzte dieser Artikel wird im April 1908 geschrieben. Doch erst in der *Geheimwissenschaft* (1910) findet man die vollendete Darstellung der Erkenntnisstufen von *Imagination, Inspiration* und *Intuition.* Bekanntlich verwendet Rudolf Steiner den Ausdruck Intuition schon bei der Beschreibung der Erkenntnisart Goethes. In der Einleitung zum ersten Band von *Goethes Naturwissenschaftlichen Schriften* spricht er vom intuitiven Begriff (1a/LIX), und auch in den *Grundlinien einer Erkenntnistheorie* (1886) ist von «Intuition» und vom intuitiven Begriff die Rede (2/109f). In der *Philosophie der Freiheit* (1893) hat dann die Idee der Intuition ihren festen, systematischen Platz gefunden (vgl. 4/95, 4/158ff, 4/232).

Man kann den Eindruck gewinnen, daß für Rudolf Steiner selbst die Intuition, die unbegrenzt vertieft und erweitert werden kann, der eigentliche Ausgangspunkt seiner höheren Erkenntnis war. Aus der Intuition, die einerseits im Anschauen der organischen Natur den Typus und andererseits im Moralischen die sittlichen Antriebe erfaßt, sind die höheren Erkenntnisstufen wie aus einer Urzelle heraus entwickelt und entfaltet worden, bis sie schließlich selbst als wesenhafte Grundbestandteile des Menschen objektiv anschaubar wurden.

In ihrer höchsten geistigen Form stehen Imagination, Inspiration und Inspiration mit den höheren Hierarchien in Zusammenhang und weisen schließlich auf die trinitarische Gottheit. In konzentriertester Form wurde dieser Zusammenhang des durch Imagination, Inspiration und Intuition lebenden höheren Menschen mit den Hierarchien in den *Leitsätzen* des Jahres 1924 ausgesprochen (26/46f). Doch bereits auf dem Münchner Kongreß 1907 begegnet man zum ersten Male dem mit größter Zurückhaltung angedeuteten trinitarischen Motiv der drei Rosenkreuzer-Sprüche: Ex deo nascimur – In Christo morimur – Per Spiritum Sanctum reviviscimus, die außer auf dem Programmheft auch an einem der apokalyptischen Siegel durch die Initialen E D N – I C M – PSSR sichtbar werden, um dann vom Jahre 1909 an langsam immer mehr in die Mitte der anthroposophischen Esoterik zu treten.

Spätestens im Jahre 1909 waren also die Grundlehren der Geisteswissenschaft, die Rahmen und Voraussetzung der Idee der Dreigliederung sind, ausgesprochen. 1904 war die Lehre von der Trichotomie, der Gliederung des Menschen nach Geist, Seele und Leib erneuert worden. 1905 wird unmißverständlich von Denken, Fühlen und Wollen als von wesenhaften Grundkräften des menschlichen Seelenlebens gesprochen. In den Jahren 1905 bis 1909 wird die Lehre von den höheren Erkenntnisstufen Imagination, Inspiration und Intuition schrittweise entfaltet, und mit dem Jahre 1907 beginnt Rudolf Steiner den trinitarischen Weltprozeß, der in den Rosenkreuzersprüchen zum Ausdruck kommt, deutlich als Zentrum seiner Esoterik auszusprechen.

Wenn man diese Daten festhält, behauptet man nicht, daß Rudolf Steiner diese Einsichten erst zwischen 1904 und 1909 aufgegangen seien. Mit vielen seiner Einsichten hat er lange gelebt, andere sind ihm besonders seit dem Jahre 1904 immer deutlicher geworden. An dem Zeitpunkt des Aussprechens aber kann man in den jetzt in Rede stehenden Jahren ablesen, wann die Einsichten für Rudolf Steiner reif zum Aussprechen geworden waren. Das ist wichtig, denn mit dem Darstellen und Aussprechen wird jene Stufe erreicht, auf der die Dinge objektiv in die Welt treten, weil sie für den Forscher abgeschlossen vor dem Geistesauge stehen.

Will man das, was mit diesen Daten nur spärlich und unbeholfen angedeutet ist, in ein Bild bringen, so könnte man von folgendem Gedanken ausgehen. Für gewöhnlich stellt man sich den Menschen als den irdischen Menschen, so wie er hier im Leib verkörpert ist, vor. Man hat dann, anthroposophisch gesehen, den physischen, ätherischen und astralischen Leib sowie das Ich, das in der Seele lebt, im Blick. Das aber ist nicht der ganze Mensch. Zum Menschen gehört nicht nur seine irdische Existenz, sondern auch der übersinnliche Mensch, der ein Leben zwischen dem Tod und einer neuen Geburt durchmacht. Erst wenn man diesen durch die Sphären sich entwickelnden Menschen, der durch verschiedene Inkarnationen wandert und immer wieder in den Sphären lebt, mit einbezieht, stellt man sich ein Bild des ganzen Menschen vor.

Dieser Gedanke liegt schon dem Buch *Theosophie* zugrunde. Dort wird in den Kapiteln «Wiederverkörperung des Geistes und Schicksal» und «Die drei Welten» diese Idee des ganzen Menschen im Umriß dargestellt. Eine zweite grundlegende Darstellung ist in der *Geheimwissenschaft* enthalten. So wurde in einem Ideengemälde der Umfang dessen, was der Mensch seiner Veranlagung und Bestimmung nach ist, überhaupt sichtbar gemacht. Freilich sind diese ersten großen Bilder des sich reinkarnierenden und durch die Sphären wandernden Menschen zuerst ein Gedankenbild. Vor allem wird der Zusammenhang dieses höheren Menschen mit seiner leiblichen Organisation in diesen Darstellungen noch nicht im einzelnen dargelegt.

Mit dem Herbst 1912 beginnt Rudolf Steiner, den kosmischen Menschen in seinem Gang durch die Sternensphären immmer anschaulicher zu beschreiben. Diese Beschreibungen gipfeln zu Ostern 1914 in dem Wiener Zyklus *Inneres Wesen des Menschen und Leben zwischen Tod und neuer Geburt.* In diesen Vorträgen geht Rudolf Steiner vom inneren Wesen des irdischen Menschen, der sich in Denken, Fühlen und Wollen zeigt, aus und schildert dann, wie Denken, Fühlen und Wollen nach dem Tode im Zusammenhang mit den göttlich-geistigen Wesen entfaltet und weiter entwickelt werden. Die im Erdenleben wirkenden Seelenkräfte werden vom Mittelpunkt des Leibes gelöst, wachsen in den kosmischen Umkreis hinein, werden umgestaltet und durch die kosmischen Tatsachen belehrt, bis sie durch die «Weltenmitternacht» gegangen sind und sich, indem sie sich umstülpen, zu einem neuen Erdenleben anschicken.

Durch gewaltige Imaginationen teilt Rudolf Steiner mit, wie und was der Mensch im nachtodlichen Leben erlebt, wie sein ganzes Wesen aus dem Göttlichen gewoben ist; deshalb schließen die ersten beiden Vorträge jeweils mit dem Satz: Aus dem Gott sind wir geboren – «Ex deo nascimur». In dem dritten und vierten Vortrag wird geschildert, wie der Christus die Menschen durch den Tod führt, wie er die Menschen bis zur «Weltenmitternacht» begleitet und den Zusammenhalt der Individualitäten ermöglicht: «Verstehen wir die Entwicklung recht, so sagen wir zu dieser Entwicklung: Wir sterben in den Christus hinein. In Christo morimur.» (153/123) In den letzten beiden Vorträgen tritt der Abstieg aus den geistigen Welten vor den Blick der Hörer und heutigen Leser, und es wird anschaulich, wie der Mensch durch den Geist zur Wiedergeburt geleitet wird: Per spiritum sanctum reviviscimus.

So werden also die Verbindungen des dreigliedrigen menschlichen Seelenlebens mit den kosmischen Tatsachen aufgezeigt; Denken, Fühlen und Wollen werden in ihren sphärischen Dimensionen dargestellt. Dieses Thema hat Rudolf Steiner mehrmals wieder aufgenommen: 1915 in den Vorträgen *Schicksalsbildung und Leben nach dem Tode* und dann vor allem, im Herbst des Jahres 1922 beginnend, mit dem Kurs *Philosophie, Kosmologie und Religion* bis zu den Haager Vorträgen vom November 1923 *Der übersinnliche Mensch – anthroposophisch erfaßt* und schließlich in den Karma-Vorträgen und in den Vorträgen für die erste Klasse der freien Hochschule des Jahres 1924.

Der Mensch in diesem Sinne ist also nicht jenes räumlich und zeitlich eng begrenzte Wesen, an das man zumeist denkt, wenn man vom Menschen spricht. In dem vor uns stehenden Menschen sind höhere Wesen, sind Vergangenheit und Zukunft real gegenwärtig. Das ist eigentlich eine selbstverständliche Einsicht, die sich jedermann ergeben kann, der über die Tatsache des Gedächtnisses oder der Begabungen, der Wünsche und Hoffnungen und über das Schicksal nachdenkt. Rudolf Steiner hat aber weit komplexere Zeitverhältnisse im Blick, wenn er den dreigliedrigen Menschen anschaut. Man findet bei ihm zum Beispiel die Aussage, daß das menschliche Haupt – in dem ja das Nervensystem sein Zentrum hat – der durch das Leben zwischen Tod und neuer Geburt verwandelte menschliche Leib des vorangegangenen Erdenlebens sei. Das ist für das Nerven-Sinnes-System des Menschen von größter Bedeutung: Es ruht im Schutze des Schädels, mithin ruht auch das Vorstellen auf dem Boden der unveränderlichen Vergangenheit.

Für die biographische Entwicklung der Forschung Rudolf Steiners wäre es nun wichtig zu wissen, wann Rudolf Steiner diese Einsichten aufgegangen sind. Das einzige aber, was man mit Sicherheit festellen kann, ist, wann Rudolf Steiner die Herkunft des Kopfes aus einem vergangenen Erdenleben zum ersten Mal erwähnt. Das geschieht im März 1911 in den Vorträgen zur *Okkulten Physiologie:* «Wir müssen unseren Schädelbau beurteilen wie ein Kunstwerk. Wir müssen allerdings in dem Schädelbau etwas Individuelles sehen, aber etwas Individuelles, das ein Ausdruck der Geschichte des Ich ist in einer vorhergehenden Inkarnation. So sehen wir, daß selbst diese Form des Knochenbaus, wie sie uns im Schädelbau entgegentritt, dem Ich so weit entzogen ist, daß es in der gegenwärtigen Inkarnation darauf keinen Einfluß mehr hat. ... Im menschlichen Schädel hat man handgreiflich den Beweis vor sich, wie der Mensch in der vorhergehenden Inkarnation war. Wer das nicht zugibt, wer darin etwas Paradoxes sieht, daß man aus der Art, wie etwas äußerlich geformt ist, schließen muß auf etwas früher Lebendiges, der hat auch kein Recht, sonstwie auf ein früher Lebendiges zu schließen, wenn ihm irgendwo eine plastische Gestalt entgegentritt.» (128/126f)

Rudolf Steiner meint: So wie man einer Muschel ansieht, daß in dieser Muschel ein Lebewesen gewohnt hat, so sehe man durch die individuelle Form des Schädels auf das Individuum der vorhergehenden Inkarnation. Hier wird der Schädel als Abbild eines vergangenen «Ich» angesprochen.

Rudolf Steiner redet also schon im März 1911 in so selbstverständlicher Weise über diesen Zusammenhang, als ob er von etwas spreche, das ihm selber seit langem geläufig ist. War ihm dieser Zusammenhang schon in den achtziger Jahren des 19. Jahrhunderts aufgegangen? Im Januar 1915 kommt er bei einer Behandlung der Gesetzmäßigkeit dieser künstlerischen Umformungen zum ersten Mal auf das genauere *Wie* dieses Zusammenhangs zu sprechen. Er stellt nunmehr dar, daß der Kopf der nachfolgenden Inkarnation der metamorphosierte Leib der vorangegangenen Inkarnation sei. Die Knochen des menschlichen Schädels seien durch *Umstülpung* aus den Röhrenknochen der menschlichen Gliedmaßen entstanden. Er formuliert damit erstmals das Gesetz der Umstülpung: Die Röhrenknochen des Leibes müssen wie ein Handschuh umgestülpt werden, um Haupt zu werden. Freilich wäre diese Umstülpung nicht mechanisch, sondern lebendig als Kräftezusammenhang zu denken. (275/150)

Während Rudolf Steiner 1911 und 1915 diese Metamorphose des Leibes in den Schädel nur wie en passant erwähnt, beginnt er im Jahre 1916 – und zwar in einem öffentlichen Vortrag im Berliner Architektenhaus vom 15. April – mit der ersten großen und zusammenhängenden Darstellung dieser Gesetze. Nunmehr werden diese Gedanken systematisch im Anschluß an Goethes Metamorphosenlehre abgehandelt und auch begrifflich durchdrungen. Es ist unmöglich diesen – im Druck immerhin 45 Seiten umfassenden – Vortrag hier auch nur andeutend zu referieren, zumal Rudolf Steiner auf die verschiedensten Aspekte der Dreigliederung eingeht. Ein leitender Gesichtspunkt ist aber der, daß sowohl im Physischen wie auch im Seelischen der Blick auf die Zeitverhältnisse und Werdestufen gerichtet wird und so das «Alter» oder die «Jugend» einer Bildung hervortritt. Schließlich formuliert Steiner «das große, bedeutsame Gesetz»: «In dem, was innere Bildungskräfte – wohlgemerkt: *innere* Bildungskräfte – unseres Hauptes sind, haben wir das Bildungsergebnis dessen, worauf der übrige Organismus, abgesehen vom Haupte, in einem vorigen Erdenleben veranlagt war, und in dem, was in unserem übrigen Organismus ringt und kraftet, haben wir dasjenige, was in die Hauptesbildung des nächsten Erdenlebens eingeht.» (65/666) Durch diese Einsicht werde einer künftigen Naturwissenschaft die Möglichkeit eröffnet, einst zu unterscheiden, was aus der Vererbungsströmung am Menschen gestaltet und was die menschliche Individualität selber im Physischen bewirkt.

Mit diesem Vortrag vom 15. April 1916 wird der *Zusammenhang* der Dreigliederung mit der Tatsache der wiederholten Erdenleben unmißverständlich ausgesprochen. Knapp ein Jahr später, am 15. März 1917, gibt Rudolf Steiner – bemerkenswerterweise wiederum in einem öffentlichen Vortrag – die erste zusammenfassende Darstellung der Idee der Dreigliederung des menschlichen Organismus. In Vortragsform wird dargestellt, was später im 6. Anhang des Buches *Von Seelenrätseln* zu lesen sein wird. Rudolf Steiner resümiert das Ergebnis seiner Gedanken: «Damit aber ist Menschenseele und Menschenleib so miteinander im Verhältnis gedacht, daß die ganze Seele mit dem ganzen Leibe in Beziehung steht, nicht bloß» – wie man in jenen Jahren vielfach annahm – «die Seele mit dem Nervenorganismus. Und damit habe ich Ihnen charakterisiert den Anfang einer wissenschaftlichen Richtung, die gerade durch die Entdeckungen der Naturwissenschaft, wenn diese in der richtigen Weise werden angeschaut werden, fruchtbar werden wird.» (66/142)

Der Weg durch die Erforschung des Sphärenmenschen und der Gesetze der wiederholten Erdenleben ist aber keineswegs der einzige Weg, den Rudolf Steiner zur Erforschung und Begründung der Dreigliederung des menschlichen Organismus ging. Der Forschungsweg durch die Höhen mußte durch einen zweiten Weg in die Tiefen ergänzt werden. Der Weg in die Tiefen führte zur Erforschung der menschlichen Leibesorganisation. Man kann an einzelnen Stellen des Vortragswerkes und durch andere Äußerungen Steiners verfolgen, wie er seit dem Jahre 1909 nicht nur einerseits zu einer immer umfassenderen Erforschung des kosmischen Menschen fortschreitet, sondern andererseits gleichzeitig zur geistigen Durchdringung der irdischen Organisation des Menschen ansetzt. Diese Forschungen sind im Vortragswerk nur teilweise überliefert. Man kann vermuten, daß Rudolf Steiner über die sich auf diesem Wege ergebenden Fragen gerne öfter gesprochen hätte, aber er fand gerade für dieses Gebiet wohl nur wenige entsprechend vorgebildete Zuhörer.

Sehr deutlich ist aber der Beginn dieser neuen Forschungsepoche überliefert. Zur VIII. Generalversammlung der deutschen Sektion der Theosophischen Gesellschaft hielt Rudolf Steiner vom 23. bis zum 27. Oktober 1909 vier Vorträge unter dem Titel *Anthroposophie.* Darin führte er gleich eingangs die Idee dessen, was er mit Anthroposophie meinte, aus: Die Theosophie erhebe sich zu den höchsten Gipfeln der Weltbetrachtung, aber es «liegt die Gefahr nahe, zu ihren Füßen nicht mehr die Wirklichkeit zu sehen» (115/17). Die Anthroposophie steigt nicht auf die höchsten Gipfel, «man bleibt sozusagen in der Mitte stehen» (115/16). Während die Theosophie anstrebt, das Göttliche im Menschen sprechen zu lassen, ist die Anthroposophie dadurch zu charakterisieren, daß man sagt: «Stelle dich in die Mitte zwischen Gott und Natur, laß den Menschen in dir sprechen über das, was über dir ist und in dich hineinleuchtet, und über das, was von unten in dich hineinragt, dann hast du Anthroposophie, die Weisheit, die der Mensch spricht.» (115/17f) Nach dieser Einleitung spricht Rudolf Steiner über die verschiedenen Wege, den physischen Leib des Menschen zu erforschen, und kennzeichnet dabei die moderne Anthropologie, die genau genommen ausschließlich den physischen Leib und die physiologischen Prozesse untersuchen und darstellen will, als Gegensatz zur Theosophie. Dann charakterisiert er nochmals die Anthroposophie: «Sieht man nun nicht hinauf in die Welt, sondern in den Menschen selber hinein und versteht die einzelnen Organe, den physischen Leib, Ätherleib, astralischen Leib, Empfindungsseele, Verstandesseele, Bewußtseinsseele, so wie der Mensch heute ist, so ist das Anthroposophie. Wir werden auch bei der Anthroposophie auszugehen haben von dem Untersten, um allmählich zum Höchsten aufzusteigen.» (115/25)

Daraus folgt: «Man muß zunächst von den menschlichen Sinnen, wenn man vom physischen Plan ausgeht, in der Anthroposophie sprechen, denn sie sind das, wodurch der Mensch überhaupt etwas weiß von der physisch-sinnlichen Welt.» (115/26)

Deshalb beginnt Rudolf Steiner mit der Darstellung einer anthroposophischen *Sinneslehre.* Diese Sinneslehre ist biographisch von allerhöchstem Interesse. Erstens, weil sie, wenn man an den allgemeinen Forschungsstand des Jahres 1909 denkt, sogleich mit einer Bereicherung der wissenschaftlichen Anthropologie beginnt; statt der damals üblichen sechs oder sieben Sinne stellt Steiner sogleich zehn Sinne dar – außer den bekannten fünf Sinnen und dem Gleichgewichts- und Wärmesinn spricht er auch schon in dieser ersten Darstellung vom Lebens- und Bewegungssinn, des weiteren von Sprach- und Gedankensinn. Zweitens aber kann man an der Sinneslehre aufzeigen, daß Steiner ein wirklicher Geistesforscher und nicht etwa ein gewöhnlicher Hellseher oder philosophischer Spekulierer war. Denn man kann die Schritte der Forschung, ihre Wege und Abwege nachvollziehen.

Als Steiner 1909 von zehn Sinnen spricht, bestreitet er das Vorhandensein des Tastsinns, den er später wieder unter die Sinne aufnehmen wird, und es fehlt auch noch die Darstellung des Sinnes für das andere Ich. Man sieht an dieser Tatsache, daß Rudolf Steiner nicht spekulativ und kombinatorisch von der so schönen kosmischen Zwölfzahl ausgegangen ist, sondern daß er durch die mühsame Analyse des Gesamtumfangs der menschlichen Erfahrung schließlich zu der Zwölfzahl der Sinne gelangte (206/10). Vor allem kann man aber auch die von Steiner gegebenen Beschreibungen der Innenseite der Sinnesvorgänge, die sich der gedanklich-imaginativen Schau ergeben und die die unterschiedlichen Qualitäten der Sinnesfelder beschreiben, gut selber nachvollziehen. Man wird durch die seelischen Beobachtungen darauf aufmerksam, wie unsinnig es ist, allgemein von Sinneswahrnehmung zu reden; man erlebt, wie höchst unterschiedlich beispielsweise Hören und Riechen oder Sehen und Wärmeerleben sind. Man merkt, wie man durch die einzelnen Sinne in stark zu unterscheidende Weltbereiche gelangt und durch jeden Sinn ein anderes Weltverhältnis hat. Diese Entdeckungen und die genauen Beschreibungen neuer Sinnesbezirke sind im wahren Sinne des Wortes sensationell, und man kann es eigentlich nicht verstehen, daß die moderne Phänomenologie, die in jenen Jahren von Husserl, Scheler und ihren Schülern entwickelt wurde, diese Entdeckungen nicht aufgenommen hat.

Nun aber wird es erst so richtig interessant. Rudolf Steiner beschließt, diese jetzt entwickelte *Anthroposophie,* die nicht nur die Sinneslehre, sondern auch die innere Beschreibung der Lebensvorgänge und manches weitere enthalten sollte, niederzuschreiben und als Buch zu veröffentlichen. Also begann er zu schreiben und eine große Anzahl von

Skizzen zu entwerfen. Wenn einmal die Gesamtheit der Aufzeichnungen Steiners, die bisher nur teilweise veröffentlicht (B34) worden sind, vorliegen werden, wird man sich ein besseres Bild von den Mühen und Arbeiten, die mit der Sinneslehre und der damit intendierten *Anthroposophie* verbunden waren, machen können. Es traten nämlich für Rudolf Steiner die verschiedensten Schwierigkeiten auf. Darüber berichtet er: «Ich konnte, weil ich das Ganze in dem Stil fortschreiben wollte, wie es angefangen war, einfach, weil die Sprache zunächst das nicht hergab für meine damalige Entwicklungsstufe, was ich erreichen wollte, nicht weiterschreiben.» (2. Oktober 1920; 45/8) An anderer Stelle erwähnt Steiner auch die inhaltlichen Probleme, die sich ergeben haben: «Ich habe damals soviel vorgetragen von dieser Anthroposophie, als sich eben meiner Geistesforschung ergeben hatte. ... Im Niederschreiben wurde wiederum etwas anderes daraus.»

Es ergab sich die Notwendigkeit, die Betrachtungen und die Forschungen weiterzuführen. So verging ein Jahr mit neuen Forschungen und Formulierungsversuchen. «Es kam die Zeit, in der ich mir sagte: Um die Sache nun wirklich so, wie ich sie nach einem Jahr haben müßte ..., zu Ende zu führen, dazu ist es notwendig, nun im genaueren auszubilden eine gewisse Vorstellungsweise, eine besondere Ausarbeitung des imaginativen, inspirierten Erkennens.» Und im weiteren ergab es sich, daß die Erkenntnis des Nerven-Sinnes-Systems, um die es sich bei der Sinneslehre zunächst handelte, so erweitert werden mußte, daß die Sinnesprozesse auch im Zusammenhang mit anderen Organen – etwa der Niere – angeschaut werden können (22. März 1921, 45/9f). Soweit Steiners rückblickender Bericht.

Man kann einzelne Etappen dieser Bemühungen genauer datieren. Der Text des Buches *Anthroposophie* war bis zum November 1910 bis «zur Hälfte» niedergeschrieben und auch gedruckt worden, allein das Buch konnte nicht fertig geschrieben werden, obwohl Steiner ungemein viel daran lag. Er berichtet darüber Ende Februar 1911 in einem Brief: «So ist es zum Beispiel gekommen, daß meine *Anthroposophie* seit November halb gedruckt vorliegt und nicht einmal seit jener Zeit berührt werden konnte, weil es unmöglich war, die Wahrheiten, die spirituell vor mir stehen, den Weg durch die Feder auf das Papier nehmen zu lassen. Dabei weiß ich aus der spirituellen Welt, daß die Arbeit sobald wie möglich vorgelegt werden soll.» (262/301)

Wohl auch in der Hoffnung, in der angegebenen Richtung voranzukommen, hielt Rudolf Steiner im März 1911 einen öffentlichen Vortragskurs über *Okkulte Physiologie,* an dem auch eine Reihe von Ärzten teilnahmen. In diesen Vorträgen konnte Rudolf Steiner erstmals im Zusammenhang und ausführlich auf die inneren Organsysteme des Menschen eingehen. Die Nachschriften der Vorträge erhielt er schon im Mai 1911 in Portorose. Er beabsichtigte, sie zu bearbeiten, um sie baldmöglichst zu veröffentlichen. Er schreibt darüber: «So müßte zum Beispiel der Prager Zyklus, den ich vom 18. bis 28. März halte, sogleich im Druck erscheinen. Denn es liegen wirkliche Gefahren vor, wenn das nicht geschehen kann.» (262/302)

Obwohl Rudolf Steiner im Frühjahr 1911 nur wenige Vorträge hielt und sich wegen der Erkrankung von Marie von Sivers neun Wochen gegen Besuche abgeschirmt in Portorose und in Veldes aufhielt, konnten beide Arbeiten – die an der *Anthroposophie* und die an der *Okkulten Physiologie* – nicht so weit gefördert werden, daß auch nur von ferne an eine baldige Veröffentlichung gedacht werden konnte.

Die Schwierigkeiten dürften diesmal nicht – wie sonst zumeist – in fehlender Zeit und Ruhe, sondern in sachlichen, nicht so schnell zu lösenden Erkenntnisproblemen gelegen haben. So ist es keineswegs erstaunlich, daß Rudolf Steiner in dem nächstfolgenden Kurs, in dem er wieder ausführlich auf menschenkundliche Fragen einging, nämlich in den in Kristiania-Oslo gehaltenen Vorträgen *Der Mensch im Lichte von Okkultismus, Theosophie und Philosophie* (1912), einen neuen Ansatzpunkt wählte. Steiner spricht in diesen Vorträgen von den unterschiedlichen Forschungsmethoden und ihren Gefahren und Hindernissen, um dann darzustellen, daß der Weg, zur Erkenntnis des menschlichen «Ich» zu gelangen, für den «okkultistischen Aspiranten» nicht über die Introspektion oder die mystische Vertiefung, sondern über die *menschliche Gestalt* führe. «Fassen Sie jetzt dieses Wort, damit wir uns über diesen schwierigen Punkt hinweghelfen ... ‹die menschliche Gestalt› ja so recht auf, wie es aufzufassen ist, nämlich, daß sie uns entgegentritt in der äußeren Welt. ... Im weiten Umkreise unserer Erfahrung erweist sich die menschliche Form, die menschliche Gestalt als der Ausdruck des menschlichen Wesens.» (137/91f)

Unter diesem Gesichtspunkt ergeben sich für Steiner zunächst zwölf Aspekte der menschlichen Gestalt, welche diese in ihrem Zusammenhang mit den Kräften des Tierkreises erscheinen lassen. Diese Darstellung unterscheidet sich nicht unwesentlich von der seit der Renaissance üblichen Zuordnung der Tierkreiszeichen zum menschlichen Leib. In unserem Zusammenhang ist diese Darstellung der Zwölfheit allerdings nur ein Vorspiel zu anschließenden Ausführungen, denn im folgenden Vortrag heißt es dann: «Das, was uns gestern wie ein Zusammenhang von zwölf Gliedern erschienen ist, teilt sich in Wahrheit in drei Menschen, und man muß verstehen, daß der Mensch eigentlich aus drei Menschen besteht.» (137/104)

In einer ausführlichen Darstellung folgt dann eine hochkomplexe Beschreibung der drei Menschen, die in sich je siebengliedrig sind. Diese Erkenntnis der drei siebengliedrigen Menschen wird – so Steiner – im Okkultismus als das «Mysterium magnum» bezeichnet. Daß diese Einsicht etwas mit der erst später entwickelten Dreigliederung zu tun hat, geht daraus hervor, daß Steiner gegen Ende seiner Ausführungen auf die Dreigliederung von Denken, Fühlen und Wollen zu sprechen kommt: «Im gewöhnlichen Leben sind diese drei Dinge, Denken, Fühlen und Wollen, zusammengefügt in der Ich-Natur, im Ich-Bewußtsein. Während also überall in unserem gewöhnlichen, alltäglichen Bewußtsein ineinanderspielen Denken, Fühlen und Wollen, gehen sie auseinander, sobald wir einen Schritt in das höhere Bewußtsein hinein tun. ... Da haben Sie die andere Seite des Mysterium magnum. Während der Mensch, wenn er den realen Schritt macht mit dem Überspringen seines Bewußtseins, seine Ich-Einheit in drei Glieder teilt, teilt sich uns die scheinbare Einheit der äußeren menschlichen Gestalt, sobald wir ihr näher an den Leib rücken, in drei siebengliedrige Menschen. Also sowohl unsere innere Ich-Natur wie unsere äußere Gestalt, sind je eine Einheit, die in je drei Menschen zu teilen sind. ... Das sind zwei Seiten eines mehrgliedrigen Mysterium magnum.» (137/119)

An einem solchen Beispiel kann man sehen, wie Rudolf Steiner auf die Erkenntnis der Dreigliederung der physischen Menschenorganisation hinarbeitete. Er verfolgte dabei die verschiedensten Erkenntniswege. Er untersuchte die menschliche Sinnesorganisation und wurde in der Folge zu Untersuchungen über die Lebensorganisation und zur okkulten Erforschung der inneren Organsysteme geführt. Er machte die menschliche Gestalt zum Gegenstand einer okkulten Untersuchung und wurde zur Dreigliederung der menschlichen Gestalt und zum Zusammenhang dieser dreifachen Gestalt mit der Dreiheit von Denken, Fühlen und Wollen geführt. Daneben aber führte er zahlreiche weitere Untersuchungen durch, die hier nur erwähnt werden können. So beschäftigte ihn die einheitliche Natur der Nervenorganisation (115/118f) oder die Polarität von Blut und Nerv (169/35ff) und vieles andere mehr. Ganz selbstverständlich verfolgte Steiner auch die physiologischen Forschungen seiner Zeit, und so wurde ihm die Tatsache der Dreigliederung der menschlichen Leibesorganisation in den Kriegsjahren, in denen manche äußere Aktivität unmöglich und bestimmte okkulte Forschungen nicht angezeigt waren, gerade durch das Studium der modernen Physiologie immer deutlicher.

Es ist aber noch ein dritter Tatsachenzusammenhang zu berücksichtigen, wenn man von der Erforschung der Dreigliederung des Menschen spricht. Bei der Grundsteinlegung der Allgemeinen Anthroposophischen Gesellschaft am 25. Dezember 1923 leitet Rudolf Steiner den Grundsteinspruch ein, und ganz zu Beginn dieser Einleitung sagt er über die Dreigliederung: «Wahrgenommen werden konnte jene Dreigliederung des Menschen, durch die der Mensch in seinem ganzen Wesen nach Geist, Seele und Leib sich in erneuerter Form beleben kann das ‹Erkenne dich selbst›, wahrgenommen konnte sie werden, diese Dreigliederung, seit Jahrzehnten. Ich selber konnte sie erst zur Reife bringen im letzten Jahrzehnt während der kriegerischen Stürme.» (260/62)

Mit diesen Worten wird auf ein Geheimnis hingewiesen. Man kommt diesem Geheimnis auf die Spur, wenn man sich fragt: Weshalb konnte die Dreigliederung erst seit einigen Jahrzehnten wahrgenommen werden? Denn ganz offensichtlich sagen die Worte: «wahrgenommen konnte sie werden … seit Jahrzehnten», daß die Dreigliederung nicht bereits vor Jahrhunderten wahrgenommen werden konnte. Wieso nicht? Ist die Dreigliederung nicht eine physiologische Tatsache, die, da sie vorhanden war, im Prinzip auch schon immer hätte wahrgenommen werden können?

Es gibt drei denkbare Antworten auf diese Frage. Zum einen kann man sich vorstellen, daß die Dreigliederung deshalb nicht wahrgenommen werden konnte, weil sie auf die eine oder andere geheimnisvolle Art verhüllt war. Im Werk Rudolf Steiners scheint aber ein Hinweis auf eine solche Verhüllung der Dreigliederung in früheren Jahrhunderten nicht vorzuliegen, darüberhinaus wäre eine solche Verhüllung recht schwer vorzustellen. Zum anderen kann man sich vorstellen, daß die Dreigliederung erst durch den geistigen Fortschritt in den Fragestellungen der Forschung erkennbar wurde. Doch dann hätte sie dennoch wahrnehmbar sein müssen. Drittens ist denkbar, daß die Dreigliederung erst im 19. Jahrhundert zu einer vollendeten Tatsache geworden ist; zur Bildung dieser Vorstellung gibt es allerdings einige Hinweise.

Im Zusammenhang mit der sozialen Dreigliederung und in geschichtlichen Zusammenhängen spricht Rudolf Steiner davon, daß die Menschheit als Ganzes – ohne es direkt zu bemerken – im 19. Jahrhundert die Schwelle zur geistigen Welt überschritten habe. Den Sinn dieser Aussage erläutert er durch den Hinweis auf das individuelle Überschreiten der Schwelle auf dem Weg zu höherer Erkenntnis. «Nun lesen Sie, wie der einzelne Mensch, wenn er in die übersinnlichen Welten hinaufrückt, anfängt, sich dreizuteilen. Lesen Sie es in ‹Wie erlangt man Erkenntnisse der höheren Welten?› Die Durcheinanderschmelzung von Denken, Fühlen und Wollen, die hier in der Sinneswelt beim Menschen das Natürliche ist – lesen Sie das Kapitel vom ‹Hüter der Schwelle› –, Denken, Fühlen und Wollen treten auseinander, wenn man in diese übersinnliche Welt hineinkommt. Das macht die Menschheit heute im geheimen durch im Unterbewußtsein. Da wird eine Schwelle überschritten. Die Menschen gliedern sich innerlich in einen dreigliedrigen Menschen *in anderer Weise, als das früher vorhanden war.* Dieses Beobachten des Durchgangs des Menschen durch eine gewisse Schwelle, die belehrt einen, daß aus den geistigen Untergründen des Daseins selbst heraus uns diktiert wird die Dreigliederung des sozialen Organismus.» (192/60, vgl. auch 192/62-65)

Im Laufe des 19. Jahrhunderts soll sich also das Wesensgefüge des Menschen verwandelt haben, oder vielleicht besser: es soll verwandelt worden sein. Es gab auch andere fein-empfindende Zeitgenossen, die den ungeheuren Wandel, der durch die Menschheit ging, zumindest verspürten. So hatte etwa Max Scheler, der von Rudolf Steiner sehr geschätzte Philosoph, den Eindruck, daß ein neues Weltalter heraufziehe, und er meinte: Der spürbar werdende Wandel «ist nicht nur eine Wandlung der Dinge, Umstände, der Institutionen, der Grundbegriffe und -formen der Künste und fast aller Wissenschaften – es ist eine *Wandlung des Menschen selbst,* der Artung seines inneren Aufbaues selbst aus Leib, Trieb, Seele, Geist.» (Scheler 1968, S. 91; Vortrag vom 5. November 1927)

In der ihm eigentümlichen konkreten Art hatte Rudolf Steiner im Jahre 1913 über diese Wandlung des Menschen gesprochen und aus seiner geistigen Anschauung berichtet, daß die Menschen physisch-physiologisch in den vorangegangenen Jahrhunderten wirklich verändert worden seien. In einer für die gewöhnliche Physiologie nicht feststellbaren Weise seien feine Strukturen in das Vorderhirn und nach und nach in die weitere menschliche Organisation eingepflanzt worden, durch die neue Formen der Erinnerung möglich werden (152/57ff; vgl. auch 152/20f; 190/122f).

Was so von der leiblichen Entwicklung der Menschheit für die Zeit von etwa 1400 bis etwa 1900 berichtet wird, gelte in noch viel stärkerem Maße von der Menschheitsentwicklung überhaupt. Die sich in großen Zeiträumen ereignende Evolution der Menschheit ist keineswegs allein eine natürliche Evolution im Sinne der naturwissenschaftlichen Vorstellungsart; in ihr sind vielmehr höchste geistige Impulse wirksam. Seit dem Jahre 1911 hat Rudolf Steiner namentlich über das Wirken des Christus-Impulses in den einzelnen Menschen und der Menschheit so gesprochen, daß die Gestaltung der menschlichen Organisation durch das Wirken des Christus in einem für unseren Zusammenhang entscheidenden Licht erscheint. In der Schrift *Die geistige Führung des Menschen und der Menschheit* beschreibt er gleich zu Beginn, wie die Leibesorganisation des Kindes in seinen ersten drei Jahren durch drei großartige Lernschritte gestaltet wird. Das Kind lernt erstens sich aufzurichten und zu gehen – die Seele, die sich so im Raum orientiert, bezwingt die vorgegebene Organisation und formt sie tiefgreifend um. Das Kind lernt zweitens zu sprechen, sich mitzuteilen, die Dinge zu benennen und greift so in die Entwicklung des Kehlkopfes, des Atems ein. Und schließlich entwickelt das Kind durch sich selber sein Gedankenleben, sein Fragen und gestaltet damit auch sein Gehirn.

Unschwer kann man erkennen, daß Gehen, Sprechen und Denken dem Wollen, Fühlen und Denken verwandt sind: Das Sichaufrichten und Gehen ist die elementarste und kräftigste Willenstätigkeit, das auf den Wogen des Atems sich vollziehende Sprechen zeigt gerade beim Kinde eine starke Gefühlsbeteiligung, und das kindliche Fragen ist der Beginn des späteren Denkens. Mit gewissen Einschränkungen kann man also sagen: Das Kind bildet in den ersten drei Lebensjahren die Grundlagen seiner Willens-, Gefühls- und Denkorganisation aus.

Die entscheidende Aussage Rudolf Steiners in diesem Zusammenhang ist nun, daß diese mächtige und weisheitsvolle Entwicklung des Kindes eine Tat, eine Offenbarung des Christus ist: «Die am Menschen im Kindheitsalter wirksamen Kräfte erkennen, heißt den Christus im Menschen erkennen. ... Denn eine wirklich seherische Selbsterkenntnis führt für *den gegenwärtigen Menschen* dahin, einzusehen, daß *in* der Menschenseele Kräfte gefunden werden können, welche von dem Christus ausgehen. In den ersten drei Kindheitsjahren wirken diese Kräfte, ohne daß der Mensch etwas dazu tut.» (15/25)

Diese Aussage legt nahe, über die Gestaltung der menschlichen Organisation und über die Entstehung der Dreigliederung des menschlichen Organismus nicht in einseitig naturalistischer Weise zu denken. Die Dreigliederung erscheint in diesem Lichte als eine göttlich begründete Tatsache.

Daß dieser Gedanke nicht unbegründet ist, ergibt sich vor allem auch aus den Vorträgen, die Rudolf Steiner 1913/14 über das Wirken des Christus vor und nach dem Mysterium von Golgatha gehalten hat und die in dem Vortragszyklus *Christus und die geistige Welt* und unter dem Titel *Vorstufen zum Mysterium von Golgatha* veröffentlicht worden sind. Aus der Reihe dieser Vorträge ragt der am 7. März 1914 in Pforzheim gehaltene in besonderer Weise hervor. Nur in diesem Vortrag hat Rudolf Steiner die vier mantrisch formulierten Metamorphosen der Anfangsverse des Johannes-Evangeliums ausgesprochen. Allein in diesem Vortrag findet sich jene Darstellung des Christus-Wirkens vor dem Mysterium von Golgatha, in der Rudolf Steiner beschreibt, daß der Christus in früheren Äonen das Urbild des Menschen, das die Menschheit auf ihrem Entwicklungsgang begleitet, dreimal so durchdrungen habe, daß die irdische Menschheit neue Gestaltungsimpulse erhielt (152/105ff). Mit der ersten Durchdringung des Menschenurbilds wurde der Menschheit der Impuls zur Aufrichtung, zum aufrechten Gang vermittelt. Durch die zweite Durchdringung der ätherischen Urform des Menschen wurden die menschliche Lebensorganisation, das menschliche Sprechen und die Sprache so verwandelt, daß der Mensch fähig wurde, nicht nur seine eigenen Schmerzen und Freuden zu äußern, sondern «das Objektive zu ergreifen». Eine dritte Durchdringung der menschlichen Urgestalt führte zu einer weiteren Verwandlung von Sprechorganisation und Sprache, so daß die Sprache zu einem wirklichen Verständigungsmittel unter Menschen wurde.

Rudolf Steiner führt die Betrachtung dann weiter und stellt dar, wie der Christus durch das Mysterium von Golgatha in besonderer Weise das menschliche Denken rettete und verwandelte: Der menschliche Gedanke kann das göttliche Leben aufnehmen, und das Leben dieses göttlichen Gedankens kann zum Licht für das Ich werden (152/113). Damit aber ist das Christus-Wirken für die Menschheit noch nicht abgeschlossen. In der Gegenwart bereitet sich durch das Fortwirken des Christus eine weitere Verwandlung im menschlichen Seelenleben vor. Nachdem «der Christus-Impuls in das aufrechte Gehen, in Sprechen und Denken» (152/112) hineingeleitet worden ist, gehe es in der Zukunft darum, «daß in die Erinnerungskraft allmählich der Christus-Impuls einziehen wird» (152/115f). Rudolf Steiner blickt auf dieses Zukünftige des Christus-Impulses in der Erinnerungskraft, indem er sagt: «Er ist jetzt noch nicht darinnen. Wenn er darinnen sein wird, wenn nicht nur im Verständnis des Menschen der Christus-Impuls lebt, sondern wenn der Christus-Impuls sich über den ganzen Saum, über den ganzen Streifen von Erinnerungen ausgießen wird, dann wird der Mensch zum Beispiel nicht nur angewiesen sein darauf, aus äußeren Dokumenten Geschichte zu lernen, denn dann wird sich seine Erinnerungskraft erweitern. Der Christus wird in dieser Erinnerung leben.» (152/116)

Faßt man die hier angeführten Tatsachen zusammen, so kann man vielleicht die zu Beginn dieses Abschnitts gestellte Frage, warum Rudolf Steiner 1923 sagte, daß die Dreigliederung des Menschen erst seit Jahrzehnten beobachtet werden konnte, so beantworten, daß man sagt: Erst seit dem Schwellenübergang der Menschheit in der Mitte des 19. Jahrhunderts war in den Seelenuntergründen die Dreigliederung des Seelenlebens zu einer Tatsache geworden. Gegen Ende der siebziger Jahre des 19. Jahrhunderts war das Organ, das der geistigen Erinnerung dient, so weit vorbereitet, daß eine vorgeschrittene Menschheit sich dieses Organs bedienen konnte. Erst durch diese beiden Tatsachen waren die Voraussetzungen zur Erkenntnis der Dreigliederung gegeben.

In der Kraft der Erinnerung, die die Zeitlichkeit überwindet, kann man, indem man den Ausführungen Rudolf Steiners in der *Geheimwissenschaft* folgt, die eigentliche Tätigkeit des menschlichen Ich sehen

(13/62ff). Durch die Erinnerung ist der Mensch in der Lage, die Seelenerlebnisse des Denkens, Fühlens und Wollens wie in einer Mitte zusammenzufassen und mit innerer Kontinuität durch den Wechsel der Zeit zu führen. Aus dieser Kraft der Erinnerung wird die Dreigliederung des Seelenlebens also ihre Mitte finden.

Nun sind auch die Kraft der Erinnerung, ihre Kontinuität, ihre Universalität und ihre Objektivität gefährdet. Deshalb beginnt in der Gegenwart die Durchdringung der Erinnerungsfähigkeit mit dem Christus-Impuls. Rudolf Steiner sieht diese Durchchristung der Erinnerung im Zusammenhang mit dem Wiedererscheinen des Christus in der ätherischen Welt: «In dem neuen Christus-Ereignis, das jetzt nicht physisch, aber ätherisch herankommt, das zusammenhängt mit der Entfachung der Erinnerungsfähigkeit, mit der ersten Entfachung des Durchchristetwerdens der Erinnerung, wird dieses Christus-Ereignis so sein, daß der Christus als engelartiges Wesen an den Menschen herantreten wird. Darauf müssen wir uns vorbereiten.» (152/118)

Schaut man das hier andeutungsweise Referierte zusammen, dann kann sich der Gedanke einstellen, daß die Dreigliederung des Menschen eine durch Christus gewirkte Tatsache ist, die erst im Lichte des in der ätherischen Welt wiedererscheinenden Christus, der die Erinnerungskraft durchdringt, wahrgenommen werden kann. Dieser Gedanke beleuchtet auch den durch Rudolf Steiner Weihnachten 1923 gegebenen Grundstein der anthroposophischen Gesellschaft. In den ersten drei Strophen dieses Spruches wird der, der den Spruch innerlich durchlebt, zum Erleben der Dreigliederung des Menschen geführt. Der Grundstein umfaßt aber einen vierten Spruch, in dem das göttliche Licht, die Christus-Sonne angerufen wird: Das Licht der Christus-Sonne durchdringt und umfaßt das Erleben der Dreigliederung.

Darüber, wie sich diese Erfahrungen für Rudolf Steiner auf seinem Lebens- und Erkenntnisweg im einzelnen ergeben haben, darüber hat er geschwiegen, und daher soll hier auch nicht darüber spekuliert werden. Vertieft man sich aber in die in diesem Kapitel nur umrißhaft angedeuteten Themen des Forschungsganges, der ja 1917 noch keineswegs ganz abgeschlossen war, so beginnt man etwas von den unermeßlichen Wegstrecken zu ahnen, die Rudolf Steiner auf seinen Forschungswegen gegangen sein muß.

37. DER EINSATZ FÜR DIE SOZIALE DREIGLIEDERUNG WÄHREND DES KRIEGES

Als Rudolf Steiner am 2. Februar 1917 von Dornach nach Berlin gereist war, mußte er in den folgenden Wochen und Monaten eine dramatische Änderung der Kriegslage mitansehen. Nach dem Scheitern der unzulänglichen Friedensbemühungen im Dezember und Januar 1916/17 hatte Deutschland am 1. Februar den uneingeschränkten U-Boot-Krieg begonnen. Man verband mit dieser neuen Art des Kampfes die Hoffnung, England und Frankreich von der lebensnotwendigen überseeischen Versorgung abzuschneiden. Die unmittelbare Folge dieser Maßnahme war, daß die USA die Verhandlungen mit dem deutschen Botschafter in Washington einstellten und die diplomatischen Beziehungen abbrachen. Nach zwei Monaten erklärten die USA dem Deutschen Reich den Krieg. – In Petrograd kam es nach Arbeiterunruhen am 8. März zur Revolution, am 12. März wurde eine provisorische Regierung eingesetzt, und am 15. März dankte Zar Nikolaus II. ab. Im April konnte Lenin durch Deutschland und über Schweden und Helsinki nach Petrograd reisen und schließlich im November die bolschewistische Revolution herbeiführen. Rudolf Steiner erkannte in dem Eingreifen der USA in Europa und in dem Umsturz in Rußland sehr schnell die Zeichen einer Epochenwende, ihm blieb aber zunächst nichts, als den Gang der Ereignisse schweigend zu beobachten.

Zu Beginn des Sommers 1917 wurde erkennbar, daß der deutsche U-Boot-Krieg sein Ziel nicht erreicht hatte, daß Frankreich unter der Führung des Generals Pétain die schwere militärische Krise des Frühjahrs gemeistert hatte und daß die erwartete Entlastung der Ostfront durch die russische Revolution ausgeblieben war: Am 30. Juni hatte die russische Armee die sogenannte Brussilow-Offensive begonnen. In den führenden politischen Kreisen Deutschlands wuchsen Verwirrung und Gegensätze. Vordergründig ging es zunächst um den Reichskanzler Bethmann-Hollweg. Die Oberste Heeresleitung, die Alldeutschen und die konservativen Kräfte wollten diesen Reichskanzler durch einen gefügigeren Mann ersetzen, die Parteien der politischen Linken stützten Bethmann nur halbherzig, weil sie keinen Kandidaten für dieses Amt hatten. Eine Regierungskrise kündigte sich an, die sich am 6. Juli schlagartig verschärfte, als der Zentrumsabgeordnete Matthias Erzberger, früher selbst ein glühender Verfechter der annexionistischen Kriegspolitik, im Hauptausschuß des Reichstags – es waren mehrere hundert Zuhörer anwesend – eine Rede hielt, in der er aufgrund des von ihm zusammengetragenen Materials die Lage Deutschlands schonungslos offenlegte: Der U-Boot-Krieg habe keineswegs seine Ziele erreicht, die Versorgungslage der Allierten sei – ganz im Gegensatz zu der Deutschlands – glänzend, die Darstellungen der Obersten Heeresleitung und der Marineleitung seien irreführend, und es bleibe überhaupt keine andere Wahl als ein schneller Friedensschluß ohne jegliche Annexionen. Die Schockwirkung dieser unverblümten Rede war ungeheuer, und an allen Orten begannen sofort sich wechselseitig konterkarierende politische Aktionen, die zunächst mit dem Rücktritt und der Entlassung Bethmanns am 14. Juli sowie mit einer «Friedensresolution» des Reichstags am 19. Juli endeten.

Rudolf Steiner hatte alle diese Symptome des inneren Zerfalls und des Zusammenbruchs in Berlin aus nächster Nähe von Tag zu Tag verfolgt und war durch manche seiner Freunde wie Alfred Meebold und Emil Leinhas und aus anderen Quellen ziemlich genau auch über die Hintergründe im Bilde, dies umsomehr, als in jenen Jahren auch der deutschen Presse noch vieles zu entnehmen war. Er hatte miterlebt, wie der seelische Schwung des Jahres 1914, dem der Halt im Geist gefehlt hatte, nunmehr völlig verebbt und in sein Gegenteil umgeschlagen war. Vor seinem geistigen Auge stand das Fehlen aller höheren Gesichtspunkte und wirklicher Ideen in der deutschen Politik wie ein verderbliches Vakuum, er sah, wie alle Seiten auf die schnödeste und fadenscheinigste Weise das betrieben, was sie jeweils für «Realpolitik» hielten.

Unter den Anthroposophen, die häufig in Berlin waren, verfügte vor allem Otto Graf Lerchenfeld (1868 bis 1938) – seit 1907 Mitglied der Anthroposophischen Gesellschaft, Mitwirkender bei den Münchner

Mysterien-Aufführungen und im Bauverein tätig – über vorzügliche politische Verbindungen. Er selber war Reichsrat der bayrischen Krone; und der langjährige bayrische Gesandte und Bundesratsvertreter in Berlin, Hugo Graf Lerchenfeld, war sein Onkel. In der bayrischen Gesandtschaft gingen viele führende deutsche Politiker ein und aus, so daß Otto Graf Lerchenfeld im direkten Gespräch oder durch seinen Onkel das meiste von dem, was verhandelt wurde, erfuhr. Damit waren Otto Graf Lerchenfeld für die damaligen Verhältnisse tiefere Einblicke in die meisten Vorgänge möglich, zumal sein Onkel die Dinge selber sehr klar und nüchtern sah und mit seinem Neffen ganz offen sprach. Seine Eindrücke hielt Otto Graf Lerchenfeld in persönlichen Aufzeichnungen fest: «Es ist nicht mehr zum Mitansehen! Alles regiert durcheinander: Kabinett – Reichskanzlei – Ministerium – Oberste Heeresleitung! Ordre – contreordre! In unserer Gesandtschaft geht es zu wie in einem Taubenschlag, Minister, Parlamentarier, die paar noch vorhandenen Diplomaten, der halbe Bundesrat drücken sich die Türklinke in die Hand. Onkel Hugo sieht man höchstens noch beim Frühstück. Er macht den Eindruck, als sei er vor den Kopf geschlagen, total abgearbeitet. Bei den meisten anderen, die kommen und gehen, schaut es nicht viel anders aus, aber alle tun mit mehr oder weniger contenance, als ob.» (Boos 1933, S. 57)

Mit diesen Eindrücken in der Seele – selbst verzweifelt – ging Graf Lerchenfeld zu Rudolf Steiner in die Motzstraße und schilderte ihm die Lage, wie er sie sah, und was ihn persönlich bewegte. Rudolf Steiner hörte sich alles an und bat ihn, am Nachmittag des folgenden Tages zu einer längeren Unterredung wiederzukommen. An diesem Nachmittag – es mag um den 20. Juni herum gewesen sein – entwickelte und umriß Steiner nun die Idee der Dreigliederung des sozialen Organismus und ging bereits auf erste Einzelheiten ein, die sich aus dieser Idee ergeben könnten. Durch die Ausblicke, die Rudolf Steiner entfaltete, schlug die Stimmung des Grafen in ihr Gegenteil um: «War heute drei Stunden bei Dr. Steiner in der Motzstraße. Vor mir steht die Lösung von allem. *Weiß*, daß es keine andere geben *kann.*» So notierte Lerchenfeld, der leicht und «wie auf Sprungfedern» durch den Tiergarten zur bayrischen Gesandtschaft zurückkehrte.

Mit größter Sorge hatte Steiner schon Jahre, bevor er das Gespräch mit Graf Lerchenfeld führte, beobachtet, wie ungeschickt, ja tolpatschig die

Abb. 122: Otto Graf Lerchenfeld (1868 – 1938) wirkte bei den Mysterienspielen in München mit, war im Johannesbauverein aktiv, setzte 1917 seine Beziehungen ein, um Menschen für die Idee der sozialen Dreigliederung zu gewinnen, und förderte nach 1924 die biologisch-dynamische Landbauweise.

deutschen Politiker operierten und wie sie sowohl die realen Verhältnisse wie auch die geistig-moralischen Faktoren in der Politik falsch einschätzten, sich auf «Rechtsstandpunkte» stellten und auf fiktive Rechte pochten. Die Entente hingegen hatte von Anfang an unter Ausnutzung aller Möglichkeiten einen geschickten Propagandakrieg geführt und Tatsachen wie den deutschen Überfall auf Belgien oder die Versenkung der Lusitania weidlich ausgeschlachtet und darüber hinaus immer aufs neue betont, daß man nicht nur für das eigene Land, sondern für die Menschheit, die Demokratie, die Freiheit, die Rechte der kleinen Völker und wie diese schönen Dinge alle heißen mögen, kämpfe. Mit dem Kriegseintritt der USA war dieser Kampf um die Weltmeinung in ein neues Stadium getreten: Wilson, der US-Präsident, trat als moralischer Schiedsrichter auf und machte aus dem Krieg der Mächte einen Krieg der Ideologien. Er wollte für die Sicherheit der Demokratie in aller Welt kämpfen, er trat für die Befreiung der Völker ein und sprach von einem Krieg ohne Sieger und Besiegte. Im Laufe des Krieges wurde, nachdem Lenin und Trotzki die sozialistischen Ziele der Sowjetunion verkündet hatten, aus den ersten Schlagworten Wilsons sein Programm der 14 Punkte. Diese Programme entfalteten beide eine ungemeine Werbekraft. Die Mittelmächte hatten dem nichts als den Glauben an den Sieg ihrer Waffen entgegenzusetzen.

So setzte Rudolf Steiner Graf Lerchenfeld als erstes auseinander, daß die Mittelmächte und namentlich Deutschland dieser Propaganda etwas entgegenstellen müßten. Er scheute sich nicht, das, was er nun entwikkelte, zunächst als «mitteleuropäisches Programm» (24/351) zu bezeichnen. Bisher hatte man in Deutschland und bei den übrigen kriegsführenden Ländern von Kriegszielen gesprochen, und bei der in Deutschland geführten Kriegszieldebatte war es besonders darum gegangen, ob Deutschland nach einem gewonnenen Krieg bestimmte Gebiete annektieren sollte. Diese annexionistischen Vorstellungen wischte Steiner sogleich mit einem Nebensatz vom Tisch und zeigte, wie verhängnisvoll in der Weltpolitik das Fehlen aller wirklich positiven Aussagen ist. In dem ersten Memorandum, das nach Abschluß der Gespräche von Steiner formuliert wurde, liest sich das so: «Wir in Mitteleuropa machen vorläufig den Eindruck, als ob wir uns vor dem Westen scheuten zu sagen, was wir wollen müssen, während dieser Westen uns nur so überschüttet mit den Kundgebungen seines Wollens. Dadurch ruft dieser Westen den Eindruck hervor, daß nur er etwas will für das Heil der Menschheit, und wir nur bestrebt seien, diese löblichen Bestrebungen durch allerlei solche Dinge wie Militarismus zu stören.» (24/357)

Das mitteleuropäische Programm, das Steiner vorschlug, sollte ein «menschenbefreiendes Programm» (24/359) sein; es ging ihm um die Freiheit der einzelnen Menschen, weil nur Menschen, nicht aber Völker und Staaten frei sein können. Er wollte deshalb «alle juristischen, pädagogischen und geistigen Angelegenheiten» in die *«Freiheit der Person»* geben. Also: «Der Staat überläßt es den sach-, berufs- und völkermäßigen Korporationen, ihre Gerichte, ihre Schulen, ihre Kirchen und so weiter zu errichten. Natürlich nicht etwa von Fall zu Fall, sondern auf eine gewisse Zeit.» (24/353)

Dieser Vorschlag zielte auf ganz konkrete, reale Gegebenheiten, nämlich auf die buntscheckige Mischung der Völker in Osteuropa und auf dem Balkan, wo damals noch viele Nationalitäten nicht nur neben-, sondern auch miteinander existierten. Man denke an eine Stadt wie Lemberg (Lviv, Lwow), in der Polen, Ukrainer, Russen, Juden, Deutsche und sogar Armenier lebten. Jede einförmige Regelung der Verhältnisse mußte an einem solchen Ort zur Unterdrückung von Minderheiten führen! Bis zum Ersten Weltkrieg war zum Beispiel von den herrschenden Mächten immer wieder versucht worden, bestimmten anderen Volksgruppen die eigene Sprache aufzuzwingen: Die preußische Regierung hatte polnisch sprechenden Menschen das Deutsche als Schul- und Amtssprache aufzuzwingen versucht, die Ungarn hatten eine radikale Magyarisierungspolitik verfolgt, und ähnliche Bestrebungen seitens anderer Nationalitäten gab es an vielen Orten auf dem Balkan, in Polen und in Rußland.

Will man aber die juristischen, sprachlichen, pädagogischen und kulturellen Dinge in die Freiheit der Person stellen, so darf man «nicht zurückschrecken vor der *völligen Freiheit* im Sinne der Autonomisierung und Föderalisierung des Volkslebens. Diese Föderalisierung ist vorgebildet im deutschen bundesstaatlichen Leben, das gewissermaßen das von der Geschichte vorgebildete Modell ist für dasjenige, was in Mitteleuropa fortgebildet werden muß bis zur völligen föderalistisch-freiheitlichen Gestaltung aller derjenigen Lebensverhältnisse, die ihren Impuls im Menschen selber haben. ... Die Gestaltung dieser Verhältnisse wird nur dann in gesunder Weise erfolgen, wenn das Nationale aus der Freiheit, nicht die Freiheit aus dem Nationalen entbunden wird. Strebt man statt der letzteren das erstere an, so stellt man sich auf den Boden des weltgeschichtlichen Werdens. Will man das letztere, so arbeitet man diesem Werden entgegen und legt den Grund zu neuen Konflikten und Kriegen.» (24/341)

Die Minderheitenprobleme, die nach 1919 in fast allen Staaten Mittel-Osteuropas aufbrachen und sich jüngst wieder in den Vorgängen im ehemaligen Jugoslawien zeigten, haben diese Aussage auf das Schrecklichste bestätigt. Obwohl Jugoslawien scheinbar föderalistisch verfaßt war, baute es nicht auf die Freiheit der Personen und auf kulturelle Autonomie. Die südslawische Föderation kannte vor allem die Freiheit und die Rechte der einzelnen Völker, und jede Volksgruppe innerhalb des Bundesstaates versuchte, den Einheitsstaat und seine Organe zum Werkzeug der eigenen Machtbestrebungen zu machen und so Vorteile zu gewinnen. Im Krieg zwischen den Völkern des ehemaligen Jugoslawien rächte sich das Fehlen der kulturellen Autonomie, und die Rache waren die sogenannten «ethnischen Säuberungen». – Als Rudolf Steiner im Sommer 1917 seine Gedanken formulierte, wollte er dieser Entwicklung, die die Konsequenz der Selbstbestimmung der *Völker* ist und die immer zur Unterjochung von Minderheiten führt, das «mitteleuropäische Programm» der Befreiung der *Menschen* und der Begrenzung der Staatsmacht entgegenstellen.

So tritt also die Idee der Dreigliederung als ein Gegenentwurf zu dem Programm Wilsons und der Westmächte auf den Plan. Neben der Autonomisierung der juristischen, pädagogischen und kulturellen Bereiche des Lebens sieht die Dreigliederung eine Einschränkung der demokratischen Entscheidungskompetenz vor: «Gegenstand einer demokratischen Volksvertretung können nur die rein politischen, die militärischen und die polizeilichen Angelegenheiten sein.» (24/351) Und beruhigend fügt er an die Adresse derjenigen, für die das damalige Memorandum bestimmt war, hinzu: Eine so in ihren Aufgaben begrenzte Demokratie werde sich «notwendig konservativ» entwickeln; dafür sei der Werdegang der Sozialdemokratie der beste Beweis.

Weiter seien auch die wirtschaftlichen Entscheidungen von den politischen Entscheidungen abzukoppeln und in die Hand eines besonderen Wirtschaftsparlaments zu geben; und eine «Art Senat, gewählt aus allen drei Körperschaften, welchen die Ordnung der politisch-militärischen, wirtschaftlichen und juristisch-pädagogischen Angelegenheiten obliegt, versieht die gemeinsamen Angelegenheiten, wozu auch die gemeinsamen Finanzen gehören» (24/354).

In dem Memorandum und in den Gesprächen mit Graf Lerchenfeld blitzten auch die Themen der in jenen Wochen aktuellen politischen Debatten auf. Von einer Reihe von Politikern wurde damals die Änderung der von Bismarck herrührenden Reichsverfassung angestrebt: Man wollte erreichen, daß der Reichskanzler nicht mehr – wie bisher – einseitig vom Kaiser ernannt, sondern durch den Reichstag gewählt werden sollte; die Ernennung durch den Kaiser sollte nur noch die formelle Bestätigung dieser Wahl sein. Man sprach also von der Parlamentarisierung des Reiches. Diesem Vorschlag stand Steiner skeptisch gegenüber und meinte, daß das in England funktionieren könne, «während doch ein deutsches und österreichisches Handeln nicht schon allein dadurch ein gescheites werden wird, daß es statt von ein paar Staatsmännern von einer Versammlung von etwa 500 Abgeordneten beschlossen wird. Man kann sich kaum etwas Unglücklicheres denken als den Aberglauben, daß es einen Zauber bewirken werde, wenn man zu dem übrigen, was man sich hat von England gefallen lassen, nun auch noch das fügt, daß man sich die demokratische Schablone von ihm aufdrängen läßt.» (24/350)

Mit solchen Äußerungen warb Steiner auch um das Gehör der mutmaßlich konservativen Empfänger der Denkschrift. Er sprach jedoch hier auch durchaus seine eigene Überzeugung aus, die er mehrfach in anderen Zusammenhängen vertrat (185/68f). Steiner, der in seinem Leben niemals selber zur Wahlurne gegangen war und dem die Gleichberechtigung der Menschen und das Wohl der Arbeiterschicht durchaus am Herzen lagen, war also keineswegs ein in der Wolle gefärbter Demokrat im heutigen Sinne. Das Wählen- und Abstimmen-Dürfen war ihm ziemlich gleichgültig, ihm ging es um die Befreiung der Menschen, allen Formen von Herrschaft stand er sehr skeptisch gegenüber.

Nicht weniger gewichtig als der inhaltlich positive Vorschlag der Dreigliederung war in den Augen Steiners die Abwehr der Anklage der Ententemächte, die da lautete, das Deutsche Reich habe die anderen Länder mutwillig überfallen, es allein trage die Verantwortung für den Ausbruch des Weltkrieges. Dieses schwerwiegende Thema, das bekanntlich auch heute noch nicht zur Ruhe gekommen ist, hat Steiner immer wieder beschäftigt, noch im Oktober 1921 gab er in dieser Sache dem französischen Journalisten Jules Sauerwein ein längeres Interview, das dann im *Matin* erschien und für einige Aufregung sorgte, weil es die Rat- und Planlosigkeit in der Reichsleitung illustrierte.

Sieht man zunächst einmal ganz von der Frage ab, ob Steiner mit seiner Bewertung der Vorgänge bei Kriegsausbruch recht gehabt hat, so erkennt man doch an der Hartnäckigkeit, in der er auf dieses Thema immer wieder einging, seinen Blick für politisch wichtige Fragen. Denn in der Tat wurde die These von der einseitigen deutschen Kriegsschuld, die im Vertrag von Versailles festgeschrieben wurde und die die Haftung des Deutschen Reiches für die angerichteten Kriegsschäden begründen sollte, dann nach 1919 als «Kriegsschuldlüge» eines der wichtigsten Instrumente der nationalistischen Propaganda in Deutschland. Um der These von der einseitigen deutschen Kriegsschuld entgegenzutreten, forderte Steiner gleich auf den ersten Seiten der Denkschrift eine «ganz ungeschminkte» Darstellung der Vorgänge bei Kriegsausbruch.

Was Rudolf Steiner mit der «ungeschminkten» Darstellung der Tatsachen meinte, hat er später einmal erläutert: Es solle schlicht berichtet werden, was sich Schritt für Schritt, von Stunde zu Stunde abgespielt habe. Bei einer solchen Schilderung wären die Verwirrung und das Chaos in Berlin zutage getreten, aber damit auch die Tatsache, wie sehr man von den Tatsachen überrascht worden war. Das war allerdings nicht harmlos, denn einer der Gesprächspartner, dem Steiner 1917 seine Ideen vortrug, wußte sogleich, daß eine solche Schilderung notwendig zum Rücktritt des Kaisers führen müßte (186/32; 185a/44f). Vor allem aber hoffte Rudolf Steiner, daß aus einer wahrhaftigen Schilderung der Ereignisse hervorgehen würde, daß die Initiative zum Kriege nicht von Deutschland ausgegangen sei, daß die maßgebenden deutschen Politiker vielmehr das Opfer einer weitgehenden Fehleinschätzung der wirklichen Verhältnisse geworden seien. Zugleich warnte er davor, in solche Darstellungen doktrinäre Elemente oder fragwürdige Behauptungen aufzunehmen, etwa die in Deutschland verbreitete Legende von der Einkreisung Deutschlands durch den englischen König Eduard VII. Er lehnte diese Legende ab und schrieb: «Die Wahrheit ist, daß England seit vielen Jahren es verstanden hat, eine aus den realen Verhältnissen Europas heraus orientierte Politik zu treiben in einem Sinn, der *ihm* günstig schien, der wie eine im naturwissenschaftlichen Charakter gehaltene Ausnützung der vorhandenen Völker- und Staatenkräfte war. Nirgends außer in England trug die Politik einen ganz sachgemäßen, in sich zusammenhängenden Charakter.» (24/347)

Durch diese und weitere Bemerkungen erläuterte Rudolf Steiner die unterschiedlichen Politikstile und versuchte zunächst, den Grafen Lerchenfeld und später eine Reihe weiterer Gesprächspartner auf weltpolitisch entscheidende Zusammenhänge, die allgemein überhaupt nicht bemerkt wurden, aufmerksam zu machen.

In den ersten Tagen des Juli 1917 waren die Beratungen mit Graf Lerchenfeld so weit gediehen, daß Lerchenfeld versuchen konnte, zu einigen einflußreichen Leuten Kontakte zu knüpfen. Nach dem Bericht von Graf Polzer-Hoditz wandte sich Lerchenfeld auf verschiedenen Wegen unter anderem an den Fürsten Lichnowsky, den letzten deutschen Botschafter in London, an Albert Ballin, den Direktor der Hamburg-Amerika-Linie, an Maximilian Harden, den Redakteur der *Zukunft* und an andere Persönlichkeiten. Diese Herren ließen sich entschuldigen. Dann telegraphierte Rudolf Steiner an den Grafen Polzer-Hoditz und bat ihn, aus Österreich nach Berlin zu kommen. Als Polzer am 13. Juli in Berlin eintraf, steuerte die Regierungskrise ihrem Höhepunkt zu, und Steiner konnte Polzer zunächst nur von den Absagen berichten.

Graf Polzer wurde von Rudolf Steiner umgehend mit dem Gedanken

Abb. 123: Ludwig Graf Polzer-Hoditz (1869 – 1945) setzte sich für die Idee der Dreigliederung und die anthroposophische Arbeit in Österreich und für die biologisch-dynamische Landwirtschaft ein.

der Dreigliederung und dem Inhalt des Memorandums vertraut gemacht. Dieses, so sagte Steiner, solle nicht Literatur bleiben, sondern möglichst bald von einer maßgebenden Stelle, auf die die Welt blickt, als mitteleuropäisches Friedensprogramm verkündet werden. Am 18. Juli reiste Steiner mit dem Grafen Polzer nach München, wo für den folgenden Tag durch Graf Lerchenfeld eine Unterredung mit dem letzten deutschen Botschafter in Washington, Graf Bernstorff, arrangiert worden war. Steiners Gedanken machten auf Bernstorff offensichtlich keinerlei Eindruck, und so fuhr man am 20. Juli wieder nach Berlin zurück, wo Rudolf Steiner sogleich daran ging, ein zweites spezielles Memorandum für den Bruder des Grafen Polzer, der Kabinettschef des österreichischen Kaisers Karl war, niederzuschreiben.

In diesem zweiten Memorandum – etwa vierzehn Tage nach dem ersten geschrieben und für einen besonderen Menschen bestimmt – klingt ein ganz anderer Ton auf. Gleich zu Beginn des Textes wird «Herr W. Wilson» zitiert, bei dessen erbaulichen Worten, «schriebe sie ein schriftstellernder Menschenfreund», man es ohne weiteres bei der «Anerkennung ihrer Selbstverständlichkeit» belassen könnte (24/363). Aber: «Wilsons Worte sind nicht von einem schriftstellernden Menschenfreund gesprochen. Sie sind die Fahne der Taten, zu denen sich die Amerikaner waffnen, und welche die Entente seit drei Jahren gegen Mitteleuropa vollbringt. Die Tatsachen stehen so, daß Mitteleuropa gegen das zu kämpfen hat, das hinter dieser Fahne behauptet, zum Heile der Menschheit, zur Befreiung der Völker zu Felde zu ziehen. Die Entente und Wilson *sagen*, wofür sie zu kämpfen vorgeben. Ihre Worte haben *Werbekraft.* Ihre Werbekraft wird immer bedenklicher. ...

Denn das real Aussichtsvolle dieses Programmes – neben seinem moralisch Blendenden – liegt darin, daß es die Instinkte der mittel- und osteuropäischen Völker dazu benutzen will, diese Völker durch moralisch-politische Überrumpelung in wirtschaftliche Abhängigkeit von dem Anglo-Amerikanismus zu bringen. Die geistige Abhängigkeit würde dann nur die reale Folge sein.» (24/365)

In diesem Stil und ohne die im ersten Memorandum waltende Zurückhaltung fährt Steiner sodann fort, von den drohenden Gefahren, von der Weltherrschaft der anglo-amerikanischen Völker und der Zerdrückung Mitteleuropas zu sprechen, um schließlich mit allem Nachdruck zu sagen, welche Gedanken und Kundgebungen für Mitteleuropa notwendig seien und entscheidend sein könnten.

Dieses zweite Memorandum also wurde am 22. Juli Ludwig Graf Polzer gegeben, und Steiner hoffte, daß Arthur Graf Polzer-Hoditz, der Vertraute Kaiser Karls, von dem man vermutete, daß er bald zum österreichischen Außenminister ernannt werde, von diesem Programm Gebrauch machen würde. Ludwig Graf Polzer erzählt noch anschaulich, wie er von Steiner verabschiedet wurde: «Als er sah, daß ich unter der Schwere der Verantwortung unruhig und ängstlich wurde, sagte er in der liebevollsten Art: ‹Seien Sie nur ganz ruhig. Man muß auch zusehen können, wie Völker zugrunde gehen. Wenn das, was ich Ihnen als rettende Möglichkeit auseinandergesetzt habe, nicht zustande kommt, wird eine Reihe von Katastrophen folgen. Das, was sich aus der Vernunft nicht vollziehen kann, wird nach den größten Umwälzungen schließlich doch geschehen müssen, denn es wird vom Weltenwillen gefordert.›» (Polzer 1985, S. 75)

Graf Polzer konnte schon am 24. Juli seinen Bruder mit dem Inhalt der beiden Memoranden vertraut machen und am 26. Juli auch das erste Memorandum dem österreichischen Ministerpräsidenten Ernst von Seidler überreichen. Beide Versuche blieben ohne weitere Wirkung, ob-

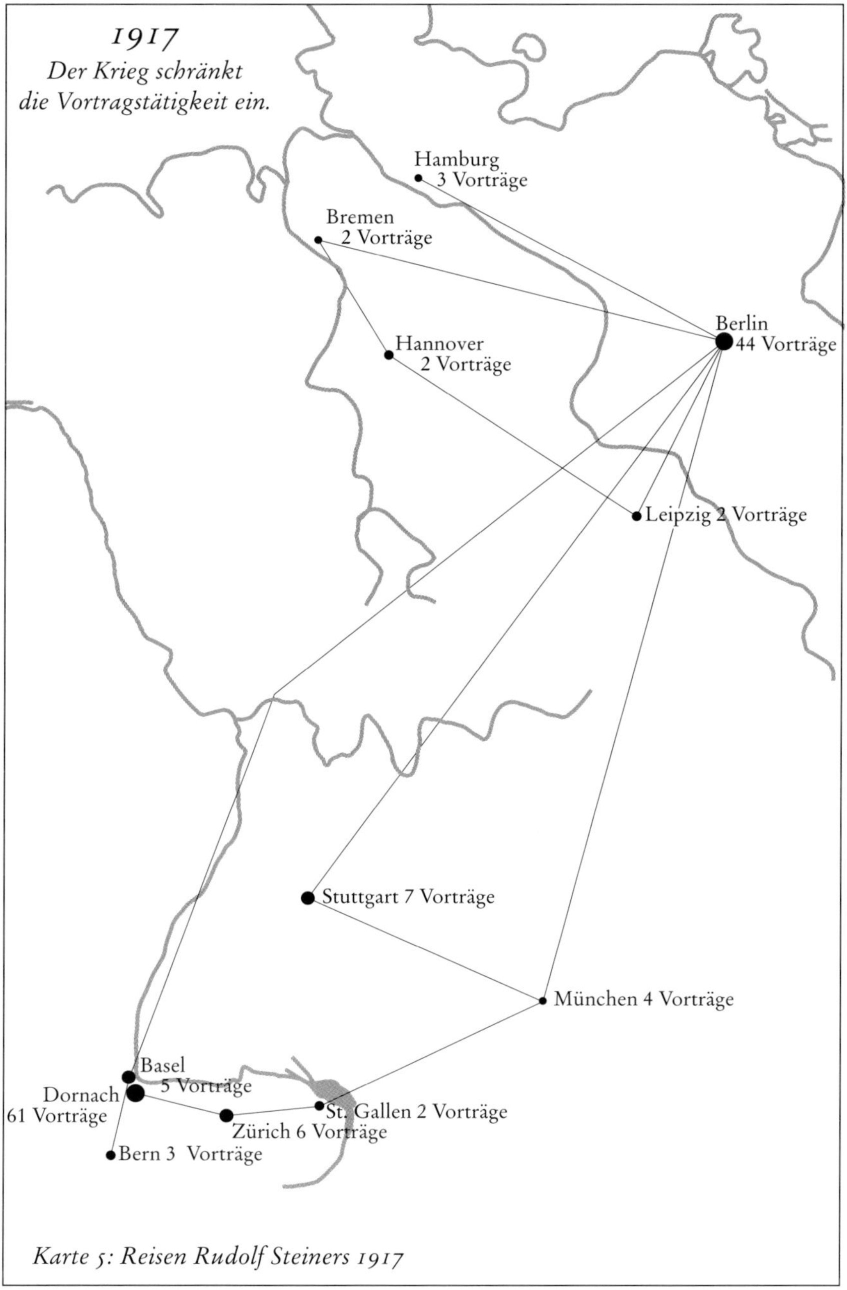

Karte 5: Reisen Rudolf Steiners 1917

wohl Arthur Graf Polzer-Hoditz, wie er in seinen Memoiren berichtet, die Memoranden gründlich studierte und erkannte, daß die Vorschläge Steiners nicht nur sinnvoll, sondern auch praktikabel waren.

Rudolf Steiner selbst blieb in Berlin nicht untätig. Ganz im Stillen, ohne daß es irgendjemand außer den unmittelbar Betroffenen erfuhr, sprach er mit einer Reihe von Menschen, die den Lauf der Dinge hätten beeinflussen können. Er berichtet darüber ohne Namensnennungen: «Ich habe die Ausarbeitungen einem Manne gegeben – nicht nur einem, sondern vielen, aber von einem will ich Ihnen als Beispiel einen Fall erzählen –, der mir nach Monaten schrieb. Das war ein gutes Zeichen, denn er hatte die Sache wirklich studiert, hatte sich redliche Mühe gegeben, hatte auch mit mir darüber gesprochen.» (185a/220)

Der Mann, er war Geheimrat, machte die merkwürdigsten, ja völlig unverständliche Einwände; er brachte nämlich *gegen* die Dreigliederung vor, daß sie Wirtschaftskriege und auch sozialdemokratische Politik unmöglich mache.

Das vielleicht wichtigste, wenn auch nicht aussichtsreiche Gespräch konnte Rudolf Steiner mit Richard von Kühlmann (1873 bis 1948), dem damaligen deutschen Staatssekretär des Äußeren (Außenminister) führen. Das Gespräch muß irgendwann zwischen dem 1. August und dem 25. September 1917 stattgefunden haben. Steiner hat diese Unterredung einige Male kurz erwähnt, so in Stuttgart am 21. April 1919, als er die beginnende Dreigliederungsaktion in Württemberg vor den Mitgliedern der Anthroposophischen Gesellschaft begründete: «Ich habe Kühlmann dazumal gesagt: Sie haben die Wahl entweder jetzt Vernunft anzunehmen und auf das hinzuhorchen, was in der Entwickelung der Menschheit sich ankündigt als etwas, was geschehen soll ... oder Sie gehen Revolutionen und Kataklysmen entgegen. – Statt Vernunft anzunehmen, bekamen wir den Frieden von Brest-Litowsk. Denken Sie, was es gewesen wäre ..., wenn gegenüber den sogenannten Vierzehn Punkten dazumal in den Donner der Kanonen die Stimme des Geistes hineingetönt hätte. Ganz Osteuropa hätte dafür Verständnis gehabt.» (192/16f)

An anderer Stelle ergänzt Steiner diese Bemerkung, indem er hinzufügt, man habe damals seine Vorschläge durchaus verstanden, aber nicht «die Brücke vom Verstandesverstehen bis zur Entfaltung des Willens» gefunden (330/40).

Erst gegen Ende September kehrte Rudolf Steiner in diesem Jahr nach

Abb. 124: Richard von Kühlmann (1873 – 1948) war 1917/18 Staatssekretär des Auswärtigen Amtes. «Ich habe Kühlmann dazumal gesagt: Sie haben die Wahl, entweder jetzt Vernunft anzunehmen und auf das hinzuhorchen, was in der Entwicklung der Menschheit sich ankündigt, ... oder Sie gehen Revolutionen und Kataklysmen entgegen.» (192/16)

Dornach zurück. Er hatte sehr viel Zeit und Kraft verbraucht, um das Notwendige auf den Weg zu bringen und unter merkwürdigsten Umständen Gespräche zu führen. Jetzt war er zwar nicht persönlich verzweifelt, aber doch objektiv tief enttäuscht, daß sein Versuch, eine geistige Abwehr gegen den Westen aufzubauen und eine Öffnung zum Osten hin zu bewirken, kein tatkräftiges Echo gefunden hatte. Am 25. September verabschiedete er sich von den Berliner Mitgliedern mit folgenden Worten: «Ich konnte heute auf manches nur hinweisen und mußte manches verhüllen, das aber in Ihrer Seele, wenn Sie über das heute Gesagte nachdenken, sich enthüllen wird. Jedenfalls das eine werden Sie bemerkt haben, daß ich in ernster Weise, in recht bitterernster Weise sprechen wollte, und in dieser Weise möchte ich diese Vorträge vorläufig beschlossen haben.» (176/367)

Von Dornach aus konnten diese Versuche nicht weiter betrieben werden; sowohl die Briefzensur wie auch die Rücksichtnahme auf die Neutralität der Schweiz verboten dies. Erst am 20. Januar 1918 reiste Rudolf Steiner wieder nach Berlin, und dort muß es schon in den ersten Tagen nach seiner Ankunft zu einem Gespräch mit dem Oberstleutnant Hans von Haeften gekommen sein. Von Haeften leitete noch immer die

«Militärische Abteilung des Auswärtigen Amtes» und war so Untergebener und auch Vertrauter Ludendorffs. Zugleich jedoch pflegte er intensive Kontakte mit bestimmten süddeutschen Liberalen, die zu jener Zeit ganz im Stillen die Kandidatur des Prinzen Max von Baden für das Amt des Reichskanzlers betrieben. Exponent dieser Gruppe war ein Mitarbeiter von Haeftens, Kurt Hahn, der später die Schloßschule Salem begründete. Der Gehorsam hielt von Haeften an der Seite Ludendorffs, die Vernunft zog ihn zu den südwestdeutschen Liberalen.

Mit von Haeften also, der interessiert war, von Steiner einen direkten Bericht über die Verhältnisse in der Schweiz und das, was man von dort aus erfahren konnte, zu erhalten, kam es zu einer längeren Unterredung, und im Laufe dieses Gesprächs kam man auch auf die geplante deutsche Frühjahrsoffenive zu sprechen. «Das Gespräch nahm ungefähr die Wendung, daß ich sagte: Ich will mich nicht der Gefahr aussetzen, daß man mir vorwerfen könnte, ich wolle in militärisch-strategische Dinge hineinreden, sondern ich will von einem gewissen Ausgangspunkt sprechen, von dem aus dieser militärische Dilettantismus, den ich haben könnte, nicht in Betracht käme. – Ich sagte, daß in einer Frühjahrsoffensive Ludendorff möglicherweise alles das erreiche, was er sich überhaupt nur träumen lassen könne; aber ich halte trotzdem diese Offensive für ein Unding –, und ich führte die drei Gründe an, die ich dafür hatte.» (174b/378)

Diese drei Gründe, die Steiner in seinem Bericht nicht nennt, waren gewiß allgemeiner und politischer Natur. Jedenfalls aber trafen Steiners Argumente in eine hochbrisante Situation. Eine Reihe deutscher Männer – Alfred Weber, Robert Bosch, Friedrich Naumann und die Gewerkschaftsführer Karl Legien und Adam Stegerwald – planten damals eine Intervention gegen die Frühjahrsoffensive und verlangten zugleich eine offizielle deutsche Erklärung, daß die Souveränität und Integrität Belgiens nach dem Kriege sofort wiederhergestellt werden solle. Für diese Ziele wollte sich auch Prinz Max von Baden einsetzen. Oberstleutnant von Haeften, der bereits mit der Idee der Dreigliederung bekannt war und begriffen hatte, worum es ging, erkannte Steiner jetzt als einen wichtigen Verbündeten in dieser Sache, und so vermittelte er umgehend ein Gespräch zwischen Steiner und Prinz Max. Im Jahre 1921 erzählt Rudolf Steiner in Oslo von dem Besuch beim Prinzen Max, den er in Karlsruhe noch im Januar 1918 aufsuchte: «Dieses Gespräch führte auch

Abb. 125: Prinz Max von Baden (1867 – 1929), im Herbst 1918 für wenige Wochen Reichskanzler, wurde von Steiner im Januar 1918 auf die Notwendigkeit der sozialen Dreigliederung hingewiesen.

darauf, daß von seiten dieser Persönlichkeit bemerkt wurde, wie notwendig es eigentlich sei, eine Psychologie, eine Seelenkunde der europäischen Völker zu haben; denn das große Chaos, in das man hineinsegelt, werde fordern, daß diejenigen, die einigermaßen führend sein wollen, sich auskennen in der Wirksamkeit, in den Kräften der europäischen Völkerseelen. Und es wurde von dieser Persönlichkeit sehr bedauert, daß eigentlich keine Möglichkeit sei, bei der Behandlung der öffentlichen Angelegenheiten so etwas wie eine Seelenkunde der europäischen Völker zugrunde legen zu können. Ich erwiderte, daß ich über diese Seelenkunde der europäischen Völker hier in Kristiania einen Vortragszyklus gehalten habe, und ich habe dann dieser Persönlichkeit diesen Vortragszyklus mit einer aus der damaligen Situation – Januar 1918 – heraus geschriebenen Vorrede geschickt. ... Genützt hat es allerdings nichts.» (209/10)

Selbstverständlich hat Rudolf Steiner mit dem Prinzen Max auch über die geplante Frühjahrsoffensive gesprochen und vor allem auch über die Dreigliederung des sozialen Organismus, ja, er erklärte sich bereit, die Ideen für die veränderten Zeitverhältnisse umzuarbeiten, wenngleich es schon «ziemlich zu spät» sei (185a/216). Und Prinz Max verstand durchaus, worum es ging. In seinen Memoiren, in denen er über das Treffen mit Steiner schweigt, finden sich die Sätze: «Es ging nicht an, Wilson und Trotzki den Ideenkampf allein zu überlassen, wir mußten westlichen und östlichen Phrasen ein eigenes durchdachtes Programm europäischer Neuordnung gegenüberstellen, das die Realitäten berücksichtigte.» (Max von Baden 1968, S. 210)

Max von Baden spricht an dieser Stelle sogar von der Aufgabe, als Befreier und Ordner Osteuropas zu wirken, und er kreidet es den deutschen Journalisten und Diplomaten an, von der Angst besessen gewesen zu sein, es an realpolitischer Schlauheit fehlen zu lassen und als Idealisten verschrieen zu werden. Aber auch Prinz Max selber konnte sich zu den wirklich großen Einsichten nur für Stunden aufschwingen, zumeist verhandelte er über untergeordnete Probleme und rieb sich in diesem Kampf auf, so daß auch er den Weg von der Einsicht zum wirklichen Handeln nicht finden konnte. Als er dann schließlich für wenige Wochen Reichskanzler wurde, war es zu spät.

Rudolf Steiner selbst drängte es wahrhaftig nicht, eine politische Rolle zu spielen. Er hielt sich völlig zurück und wußte auch genau, daß er als Geistesforscher andere Aufgaben hatte, als in die Politik einzugreifen. Aber der handelnde Unverstand der führenden Männer in Deutschland war in seinen Augen mehr als verhängnisvoll und objektiv schmerzlich; er zeigte den geistigen Zustand der gesamten deutschen Oberschicht, die irgendwie am Hergebrachten festhalten wollte und sich bis in den Oktober 1918 letztlich nichts anderes als die geringfügig modifizierte alte Ordnung vorstellen konnte. «Ein Grundzug ist in unserer schnellebigen Zeit der, daß die Menschen so furchtbar langsam denken.» (181/16)

Steiner selber war sich nicht zu schade, für die Dreigliederung werbend Gespräch um Gespräch zu führen, obwohl er sich hätte sagen können, daß es doch nichts nütze. Er stellte sich aber nicht die Frage, ob er Erfolg haben würde, er fühlte sich seiner Erkenntnis verpflichtet und dazu, für diese Erkenntnis zu wirken, denn irgendwo hätte sich ja doch ein Tor tätigen Verständnisses öffnen können. Friedrich Rittelmeyer berichtet: «Rudolf Steiner sah ich oft erschöpft von solchen Gesprächen mit führenden Männern zurückkehren. Einer sagte ihm: ‹Sie mögen recht haben. Aber ich bin nicht der Mann dazu.› ‹Sie müssen der Mann dazu sein› war die Antwort, ‹denn Sie stehen an der Stelle›.» (Rittelmeyer 1980, S. 112)

«Rudolf Steiner hatte für sich gar keine persönlichen Wünsche. Er wäre ganz einverstanden gewesen, im Hintergrund zu bleiben und den Verantwortlichen in selbstloser Weise zu helfen.» (Rittelmeyer 1980, S. 117f)

Durch den fatalen «Frieden» von Brest-Litowsk wurden im März die letzten Möglichkeiten, zu einem vernünftigen Frieden zu gelangen, endgültig zerstört, und so wandte sich Rudolf Steiner anderen Aufgaben zu.

38.

VORARBEITEN FÜR DIE ZEIT NACH DEM KRIEGE – VON DER GESCHICHTE UND DEM GESCHICHTLICHEN ORT DER ZEIT

Im März 1918 begann Rudolf Steiner, der seit 1910 jährlich wenigstens eine neue Schrift veröffentlicht hatte, eine Reihe seiner früheren Schriften für Neuausgaben oder Neuauflagen zu bearbeiten, und zwar zunächst im März und April *Die Philosophie der Freiheit* und *Goethes Weltanschauung*, im Mai und Juni entstand das Buch *Goethes Geistesart*, in dem zwei ältere Arbeiten in ganz neuer Fassung Verwendung fanden, im Juli wurde die *Theosophie* durchgesehen und in einem Kapitel erheblich erweitert, schließlich ging Steiner Ende Juli an die Bearbeitung der *Geheimwissenschaft*, die aber erst im Mai 1920 beendet werden konnte. Ferner wurden vier weitere vergriffene Bücher durchgesehen und mit Vor- oder Nachworten versehen. Auch der 1912 gehaltene Zyklus über das Markus-Evangelium wurde erstmals veröffentlicht und erhielt ein Vorwort, das die besonderen Umstände des Jahres 1912 vergegenwärtigte; ebenso wurde der Zyklus über das Matthäus-Evangelium nunmehr zum Druck gegeben. Damit war dafür gesorgt, daß unmittelbar nach Kriegsende die Mehrzahl der Werke Steiners erhältlich war, und zudem wurde das vorhandene Kapital des Verlages auf sinnvolle Weise in Sachwerten gesichert.

In den letzten Jahren vor dem Krieg und auch während des Krieges hatte Rudolf Steiner gesehen, daß eine Reihe junger Akademiker sich auf den Weg zur Anthroposophie gemacht hatten. Zu diesen, die, bevor sie dreißig Jahre alt waren, Rudolf Steiner begegneten, gehörten unter anderem Dr. Caroline von Heydebrand (*1886), Dr. Friedrich Husemann (*1887), Dr. Oskar Schmiedel (*1887), Dr. Karl Heyer (*1888), Dr. Karl

Schubert (*1889), Dr. Roman Boos (*1889), Dr. Maria Röschl (*1890), Dr. Herbert Hahn (*1890), Dr. Walter Johannes Stein (*1891), Dr. - Eugen Kolisko (*1893), Dr. Hans-Erhard Lauer (*1894), Lic. Emil Bock (*1895) und Dr. Eberhard Kurras (*1897). Es war absehbar, daß zu dieser Gruppe, die bis 1918 mit Rudolf Steiner bekannt geworden war oder zumindest seine Vorträge gehört hatte, bald eine nächste Generation von Akademikern stoßen würde.

Für diese Menschen war es wichtig, daß die philosophischen Grundwerke Steiners vorlagen, denn diese Werke enthielten das gedankliche Rüstzeug für eine wissenschaftliche Vertretung der Anthroposophie. Deshalb nahm sich Rudolf Steiner 1918 als erstes die beiden Bücher *Die Philosophie der Freiheit* und *Goethes Weltanschauung* zur Durchsicht vor. Nun waren gerade diese beiden Werke in jener Seelenstimmung geschrieben worden, die sich aus dem konsequenten Individualismus und dem Protest gegen Überkommenes ergab. In den Jahren 1892 bis 1900 bewunderte Steiner zum Beispiel den Philosophen des radikalen Egoismus, Max Stirner, und in einem Brief an den Stirner-Forscher John Henry Mackay hatte Steiner sogar geschrieben, daß der zweite Teil der *Philosophie der Freiheit* in vollkommener Übereinstimmung mit Stirners Hauptwerk *Der Einzige und sein Eigentum* stehe (39/193). Diese Ansicht hatte Steiner – wie manches andere auch – bereits in *Die Rätsel der Philosophie* (1914) revidiert. Aber obwohl er manche Akzente nach 1903 anders setzte, blieb das Grundkonzept seiner Werke unverändert.

Es ist an dieser Stelle für das Verständnis des Lebens von Rudolf Steiner und auch für einen Einblick in sein Selbstverständnis entscheidend, zu sehen und zu verstehen, daß Steiner die Grundlagen, die er in seinen philosophischen Werken gelegt hat, nie verlassen hat. Diesen Tatbestand wird derjenige notwendigerweise verkennen, der nicht Steiners philosophische Fragestellungen im Blick hat, sondern sich auf jene, für die Probleme Steiners eher marginalen, Äußerungen stürzt, die sich aus der Stimmung des frühen Steiner oder aus Stellungnahmen zu damaligen Verhältnissen ergeben, und in diesen Nebenbemerkungen das Wesentliche festzuhalten meint.

In einem Vortrag vom 25. Mai 1921 hat Steiner seinen Ausgangspunkt und seine Fragestellung umrissen und abgegrenzt: «Dieser Ursprung und Ausgangspunkt liegt durchaus in der naturwissenschaftlichen Weltanschauung der neueren Zeit. Derjenige, der die ja leider etwas lange

Reihe meiner Schriften durchgeht, der wird sehen können, daß nirgends mein Ausgangspunkt in irgendwelchen religiösen Problemen liegt ... Der Ausgangspunkt waren nicht religiöse Anschauungen, der Ausgangspunkt war die naturwissenschaftliche Weltanschauung, in welche ich in jungen Jahren hineingewachsen bin.» (B 116, S. 3) Man kann das heute nur bestätigen: Theologische Fragen und Probleme lagen Steiner persönlich überhaupt immer ganz fern, das religiöse Element im engeren Sinne betrachtete er nicht als seine Aufgabe. Zu Friedrich Rittelmeyer bemerkte er 1917 einmal: «Ich muß mich in meiner Lebensaufgabe beschränken auf das Okkulte. Sonst komme ich nicht durch. Das Religiöse ist Ihre Aufgabe.» (Rittelmeyer 1980, S. 95) Wenngleich ein solches Wort sicher nur cum grano salis zu nehmen ist, so zeigt es doch hinlänglich, worin Steiner seine Aufgabe *nicht* sah. Deshalb durfte er in der Vorrede zur Neuausgabe der *Philosophie der Freiheit* 1918 mit Bezug auf die von ihm vorgenommenen Änderungen schreiben: «Aus dem so Geänderten wird wohl nur ein Übelwollender sich veranlaßt finden zu sagen, ich habe meine Grundüberzeugung geändert.» (4/10)

Mit solchen Worten sollen nicht diejenigen als boshaft und übelwollend hingestellt werden, die Änderungen in der Neuausgabe bemerkt und beschrieben haben. Steiner weist nur in aller Deutlichkeit darauf hin, daß seine *Grundüberzeugung* unverändert sei. Und das trifft zu. Denn sowohl die Beschreibung des Erkennens wie auch die Beschreibung des sittlichen Handelns, und damit die ganze Anthropologie, die sich in der ersten Auflage der *Philosophie der Freiheit* finden, werden kaum verändert in die Neuausgabe übernommen. Daß man über die Änderungen in den Neuausgaben auch anders denken kann, wenn man sie zum Beispiel durch eine theologische Brille sehen will, erstaunt Steiner überhaupt nicht. Im Nachwort zur Neuauflage von *Goethes Weltanschauung* bemerkt er deshalb: «Daß man mir auch angesichts dieses Buches vorgeworfen hat, meine Anschauungen haben sich seit dem Erscheinen desselben geändert, wundert mich nicht, da ich nicht unbekannt bin mit den Voraussetzungen, von denen man sich bei solchen Urteilen leiten läßt.» (6/212)

Für den, der auf Steiners Grundintention eingeht, erweisen sich aber auch die scheinbar gravierenden Änderungen eigentlich als Präzisierungen. Im Sinne des ethischen Individualismus und der sittlichen Autonomie muß der von Steiner vertretene Monismus jeden jenseitigen, metaphysischen Einfluß auf das sittliche Leben abweisen. Dieser Gedanke ist auch wirklich nur die Konsequenz der sittlichen Autonomie des Menschen und findet sich schon bei Kant in der *Grundlegung der Metaphysik der Sitten,* wo er davon spricht, daß selbst «der Heilige des Evangelii zuvor mit unserem Ideal der sittlichen Vollkommenheit verglichen werden muß, ehe man ihn dafür erkennt» (Kant 1952, S. 28). Steiner also sagt über den von ihm vertretenen Monismus in der ersten Auflage von 1893: «Er kann keinen fortdauernden übernatürlichen Einfluß auf das sittliche Leben (göttliche Weltregierung von außen), noch einen zeitlichen durch besondere Offenbarung (Erteilung der zehn Gebote) oder durch Erscheinung Gottes auf der Erde (Göttlichkeit Christi) zulassen. Die sittlichen Prozesse sind dem Monismus Naturprodukte wie alles andere Bestehende und ihre Ursachen müssen *in* der Natur, d.i. weil der Mensch Träger der Sittlichkeit ist, im Menschen gesucht werden.» (a.a.O., S. 186)

Diese Passage liest sich nun in der revidierten Fassung von 1918 folgendermaßen: Der individualistische Monismus «kann das Wesen eines Wollens als eines sittlichen nicht damit erschöpft finden, daß er es auf einen fortdauernden übernatürlichen Einfluß auf das sittliche Leben (göttliche Weltregierung von außen) zurückführt, oder auf eine zeitliche besondere Offenbarung (Erteilung der zehn Gebote) oder auf die Erscheinung Gottes auf der Erde (Christi). Was durch alles dieses geschieht an und in dem Menschen, wird erst zum Sittlichen, wenn es im menschlichen Erlebnis zu einem individuellen Eigenen wird. Die sittlichen Prozesse sind dem Monismus Weltprodukte wie alles andere Bestehende, und ihre Ursachen müssen *in* der Welt, das heißt, weil der Mensch Träger der Sittlichkeit ist, im Menschen gesucht werden.» (4/199f)

Der Leser bemerkt, daß der siebenundfünfzigjährige Steiner milder und differenzierter formuliert als der zweiunddreißigjährige. Er will niemanden vor den Kopf stoßen und nicht schon durch bloße Formulierungen Anstoß erregen. Deshalb nennt er zum Beispiel die sittlichen Prozesse nicht mehr «Naturprodukte», sondern bezeichnet sie als «Weltprodukte». Aber in der Sache hält er weiter dafür, daß Sittlichkeit im und durch den Menschen hervorgebracht wird, denn wäre Sittlichkeit das Produkt irgendeines außermenschlichen Einflusses, dann wäre die Freiheit hinfällig.

Man kann auch beobachten, wie Rudolf Steiner nunmehr behutsam und pädagogisch formuliert. In der ersten Auflage schrieb er mit herzerfrischender Deutlichkeit: «Ich prüfe nicht, ob meine Handlung gut oder böse ist; ich vollziehe sie, weil ich in sie verliebt bin.» (a. a. O., S. 151f) 1918 wird das alles mit Vorsicht und Rücksicht auf mögliche Mißdeutungen formuliert, und es heißt nun: «Ich prüfe nicht verstandesmäßig, ob meine Handlung gut oder böse ist; ich vollziehe sie, weil ich sie liebe.» Und erläuternd wird hinzugefügt: «Sie wird ‹gut›, wenn meine in Liebe getauchte Intuition in der rechten Art in dem intuitiv zu erlebenden Weltzusammenhang drinnen steht; ‹böse›, wenn das nicht der Fall ist.» (4/162) Der Ton des fröhlich-vehementen Protests ist getilgt.

Bei der Bearbeitung von *Goethes Weltanschauung* wurde der Hauptteil, der von Goethes Weltanschauung handelt, von minimalen Änderungen abgesehen, unverändert übernommen. Umfangreichere Änderungen finden sich vor allem in den beiden Kapiteln «Die platonische Weltanschauung» und «Die Folgen der platonischen Weltanschauung». 1897 hatte Steiner der platonischen Weltansicht vorgeworfen, sie reiße das Weltganze in zwei Teile auseinander, und zwar «in die Vorstellung einer Scheinwelt und in eine andere der Ideenwelt, der allein wahre, ewige Wirklichkeit entsprechen soll» (6/26). Diese Trennung führe zu der Frage: «Wie kommen Idee und Sinnendinge zueinander?» Diese «vollkommen überflüssige Frage» habe die abendländische Geistesentwicklung auf einen Irrweg gebracht; die Denker zumindest hätten – anders als Aristoteles und Goethe – nicht gesehen, daß die Idee *in* der Welt unmittelbar gegenwärtig ist und daß forscherische Tätigkeit in Wirklichkeit darin bestehe, sich durch Beobachten, Handeln, Experimentieren und inneres Nachschaffen die gegenwärtigen Ideen in der Welt zur Anschauung zu bringen. Die platonische Weltansicht aber vermittele den «bösen Blick» (6/35), der die Sinnenwelt als minderwertig und geistentblößt erscheinen lasse. So sehen unendlich viele Menschen das wahre Verhältnis von Idee und Erfahrung nicht. – An dieser prinzipiellen Auffassung hält Steiner auch 1918 fest, und indem er sie wieder drucken läßt, zeigt er, daß ihm das Erleben der Idee *in* der Sinnenwelt auch jetzt und für die Zukunft wichtig ist.

In der ersten Auflage fährt Steiner dann unverblümt fort: «Um die Sehkraft für dieses Verhältnis ganz zu lähmen, verband sich mit dem Platonismus das Christentum. Dieses religiöse Bekenntnis mit seinem

Jenseitsglauben ist nur die volkstümliche Form des Platonismus. Es macht eine nach menschlichem Bilde gedachte persönliche Wesenheit zum Urheber der Welt. Die christlichen Kirchenväter versetzten einfach die platonische Ideenwelt in den Geist dieses persönlichen Gottes.» (a. a. O., S. 13) In der Auflage von 1918 stellt Steiner diesen 1897 in neun Zeilen knapp formulierten Sachverhalt auf etwa zwei Seiten (6/29-31) sehr viel differenzierter dar. So sagt er zum Beispiel, daß die angedeutete Strömung des Platonismus «durch eine einseitige philosophische Erfassung der christlichen Wahrheit im Laufe der abendländischen Gedankenentwicklung eine Verstärkung erfahren» habe (6/30). Der Platonismus wird nun 1918 nicht mehr ganz so herb wie in der ersten Auflage abgefertigt, und der Begriff eines «echten Christentums» (6/32) tritt auf. Man bemerkt so eine gewisse Milde des älter gewordenen Steiner, der das, was er 1897 noch ganz unumwunden und unverblümt ausgesprochen hatte, umsichtiger und weniger verletzend, im Kern der Sache aber unverändert zum Ausdruck brachte.

Für Rudolf Steiner persönlich war also das Jahr 1918 ein Jahr der Aufarbeitung der eigenen Vergangenheit und damit auch ein Jahr der Rückschau. Zu solcher Rückschau gab auch eine Reise, die ihn Ende Mai und Anfang Juni zuerst nach Wien, dann zu seiner Mutter und seinen Geschwistern nach Horn, darauf zum Grafen Polzer nach Tannbach und schließlich nach Prag führte, vielfach Gelegenheit. In Wien besuchte er seine alten Freunde Rosa Mayreder, Frau Breitenstein und manch andere. Einige Tage lang war er in Wien mit einem «Tages-Fiaker» unterwegs, um alle die Bekannten früherer Zeiten erreichen zu können. Auch hatte Maria Strakosch Wiener Künstler in ihr Atelier eingeladen; Rudolf Steiner sprach für sie über künstlerisches Schaffen und konnte damit selbst in den anschließenden Gesprächen nochmals in die Wiener Atmosphäre eintauchen. In Horn sah er dann seine vierundachtzigjährige Mutter – die Weihnachten 1918 verstarb – noch einmal: Bilder alter Tage tauchten gewiß auf.

Am 7. Juni konnte Rudolf Steiner nach Linz und von dort über Gutau nach Tannbach, dem Besitz von Ludwig Graf Polzer-Hoditz, reisen, und Graf Polzer führte ihn durch die Wälder und Schluchten entlang der Bäche zu abgelegenen Quellen. Am Sonntag den 9. Juni besuchte man gemeinsam die Messe in Gutau, und anschließend vollzog Rudolf

Steiner in einem alten Raum des Schlosses eine feierliche Handlung unter dem Zeichen des Rosenkreuzes. Von Tannbach ging am 11. Juni die Reise nach Prag. Auch in Prag nahm sich Rudolf Steiner Zeit zu Ausflügen in die Vergangenheit. Lange blickte er aus den Fenstern der Ratsstube des Hradschin sinnend auf das alte Prag, er besuchte die ehrwürdige Bibliothek des Klosters Strahov, und am 17. Juni fuhr er mit einer kleinen Gruppe von Anthroposophen zur Burg Karlstein. In diesem an der Schwelle der Neuzeit von Kaiser Karl IV. errichteten Bau begegnete er den letzten Spuren jener Spiritualität Karls IV., der in der Kreuzkapelle des Bergfrieds ein spätes Nachbild der Gralskapelle geschaffen hatte.

Es ist wohl auch kein Zufall, daß Rudolf Steiner in diesem Jahr der Rückschau und Vorbereitung den geschichtlichen Ort der Gegenwart, die Geschichte selbst, die Geschichtswissenschaft und ihre Methodologie immer wieder behandelt und vieles klärend zusammengefaßt hat, was sich ihm zur Geschichte und Geschichtsforschung ergeben hatte.

Geschichte hatte den Naturwissenschaftler Rudolf Steiner immer interessiert. Wir erinnern uns, daß er bereits auf der Schule selbständig mit der Lektüre Rottecks und Tacitus' begonnen hatte, daß er in Weimar Goethes Geschichte der Farbenlehre mit umfangreichen Anmerkungen ediert und daß er an der Arbeiterbildungsschule durch Jahre Geschichte vorgetragen hatte.

Schon seit dem Beginn der anthroposophischen Arbeit waren auch die Vertiefung der Geschichte, der Blick auf die tieferen Impulse, die sich durch die Geschichte offenbaren können, ein eminent wichtiges Thema seiner Arbeit. Es begegnet uns in den Büchern *Die Mystik im Aufgange des neuzeitlichen Geisteslebens* und in *Das Christentum als mystische Tatsache.* Bereits in diesen beiden Werken wird die Methode der anthroposophischen Geschichtsforschung erkennbar: Nur der Geschichtsforscher, der innerlich erfährt, erlebt und erkennt, wovon die Mystiker oder die Evangelisten und die Mysterientraditionen berichten, kann überhaupt in das Innere dieser Welten vordringen. Den Schlüssel zur Geschichte schafft die Seele, die sich erweckt und die auf ihrem Grunde die Kämpfe erlebt, die sich in der Geschichte geäußert haben.

Am 18. Oktober 1903 hatte Rudolf Steiner dann bei Gelegenheit der Generalversammlung der Deutschen Sektion der Theosophischen Gesellschaft einen programmatischen Vortrag über *Okkulte Geschichts-*

forschung gehalten. Im Anschluß an die gewaltige Kosmogenie der - Blavatsky werden die Aufgaben einer okkulten Geschichtsforschung entwickelt, in der schließlich auch zu zeigen sei, «wie der *Gesamtgeist* des Universums eingreift in die Menschengeschicke, wie in das höhere Selbst eines großen Menschheitsführers sich das Leben dieses Gesamtgeistes ergießt, und auf diese Weise durch Kanäle dieses höhere Leben sich der ganzen Menschheit mitteilt.» (34/537) Das Autoreferat des Vortrags durch Steiner läßt erkennen, daß mit diesem Vortrag weniger ein methodischer Ansatz gegeben werden sollte, sondern daß es vielmehr darum ging, in den Zuhörern ein spirituelles Gesamtbild der Geschichte zu veranlagen. In diesem Sinne hat Rudolf Steiner dann auch nach Jahresfrist vier Vorträge über die Prometheussage, die Argonautensage, die Siegfriedsage und den Trojanischen Krieg gehalten.

Danach scheint das Thema Geschichte für einige Zeit in den Hintergrund zu treten, fast nur in den großen einführenden Vortragszyklen wird jeweils ein Überblick über die Evolution gegeben, der stets mit einem knapp gefaßten Ausblick auf die Kulturentwicklung schließt. In der *Geheimwissenschaft* findet man 1910 die ausgearbeitete Darstellung der Evolution und auf etwa dreißig Seiten eine tief gegründete Darstellung der Kulturentwicklung von der alten Atlantis bis zur Gegenwart.

An der Jahreswende 1910/11, sieben Jahre nach dem Vortrag über *Okkulte Geschichtsforschung*, nimmt Rudolf Steiner in Stuttgart dieses Thema mit den sechs Vorträgen über *Okkulte Geschichte* wieder auf. Erstmals schildert er den welthistorischen Gang großer Individualitäten durch wiederholte Erdenleben und das spezielle Einwirken höherer Hierarchien in den Lauf der Geschichte. Das Bemerkenswerte in diesen Darstellungen ist, daß die geistige Entwicklung im Zusammenhang mit einzelnen historischen Persönlichkeiten verfolgt wird. – Unmittelbar anschließend folgte dann in den öffentlichen Vorträgen in Berlin eine Reihe von Darstellungen über Zarathustra, Hermes, Buddha und Moses sowie ein Vortrag über Galilei, Giordano Bruno und Goethe. Alle diese Vorträge zeigen anschaulich, wie die Geschichte durch große Menschen impulsiert wird oder sich durch sie in ihren tieferen Tendenzen offenbart. Im folgenden Winterhalbjahr 1911/12 werden diese Betrachtungen fortgesetzt, unter anderem mit Vorträgen über den Propheten Elias, über Kopernikus und seine Zeit sowie mit einer Darstellung über die

Entwicklung des Prophetentums. Im Sommer 1911 veröffentlicht Rudolf Steiner das kleine, aber gewichtige Buch *Die geistige Führung des Menschen und der Menschheit.*

In den folgenden Jahren bleibt das Thema Geschichte nicht mehr im Hintergrund – das Zeitgeschehen gibt hinreichend Anlaß zu historischen Betrachtungen –, doch mit dem Herbst 1917 beginnt eine neue Art der Geschichtsbetrachtung, die dann vor allem 1918 ausgearbeitet wird. Den Anfang macht Steiner mit einem Vortrag in Zürich, in dem er die Frage stellt, wie die Geschichte zu einer Wissenschaft werden kann. Der Sinn dieser Frage liegt darin, daß in anderen Wissenschaften die Tatsachen wirklich erklärt und verstanden werden. Der Zoologe kann unter anderem die Funktionen der Organe eines Tieres, sein Werden wirklich erklären und auch einigermaßen genau vorhersagen, wie sich das Tier verhalten wird; eine vertiefte Zoologie kann zum Verstehen der Tiere fortschreiten. Die Geschichte jedoch verwendet ihre ganze Mühe bereits auf die Rekonstruktion der bloßen Tatsachen und erschöpft sich im Hererzählen dessen, was faktisch geschehen ist. Sie gelangt also nur bis zur Beschreibung des Faktischen und hält das bereits für Wissenschaft. Alles das aber, was in der Geschichte als «Erklärung» auftritt, ist umstritten und hat den Charakter des bloßen Mutmaßens. Nachdem Steiner einleitend diesen Sachverhalt beschrieben hat, stellt er die Frage: «Womit im Menschen haben wir es denn überhaupt zu tun, wenn von geschichtlichem Werden die Rede ist? Was ist denn vom Menschen beteiligt an diesem geschichtlichen Werden? Was wirkt denn im Menschen, wenn er eingesponnen ist, eingewoben ist in das geschichtliche Werden?» (73/68)

Etwas anders formuliert Steiner diese Frage wenige Monate später in Berlin: «Hier muß man einsetzen, wenn man das geschichtliche Werden und seine Rätsel im Lichte der Geisteswissenschaft betrachten will. Man muß sich die Frage vorlegen: Ist denn überhaupt schon im allgemeinen Bewußtsein gefunden, was das Objekt der Geschichte ist? Weiß man denn schon, was man eigentlich beurteilen will, wenn man an die Geschichte herangeht?» (67/192)

Die eigentlichen geschichtlichen Impulse, das, was Geschichte gestaltet, verbirgt sich in den Tatsachen und lebt nicht hauptsächlich in den bewußten Vorstellungen, sondern in tieferen Schichten des Menschen, die er nicht wach und vollbewußt vor Augen hat. Aus dem Fühlen und aus dem Wollen, die der Mensch verträumt und verschläft, gehen die historischen Impulse hevor. «Diese Erkenntnis ist das erschütternde Ergebnis jener Beobachtung, die sich vom Menschen weg zum geschichtlichen Werden hinwendet, und sie zeigt, daß wir diese Vorstellungen, die das äußere vollbewußte Leben regieren, nicht gebrauchen können, um geschichtliches Leben irgendwie zu fassen. Denn das, was man im alltäglichen Bewußtsein als einzelner Mensch erlebt, wird wachend erlebt. Aber in diesem ganzen wachen Tagesleben ist das gar nicht drinnen, was Geschichte ist. Geschichte wird vom Menschen nicht wach erlebt, Geschichte wird geträumt. Der große Traum des Werdeganges der Menschheit, das ist Geschichte, und niemals tritt Geschichte in das gewöhnliche Bewußtsein ein.» (67/196)

Damit ist Ungeheures ausgesagt. Es bedeutet das nämlich, daß auch der Mensch in seiner Gegenwart zwar vielleicht die Fakten in einem beschränkten Maß überschauen kann, daß er die eigentliche Geschichte, die wirklich großen Veränderungen verträumt und verschläft. Wer kann schon wirklich sagen, daß er das, was seit 1989 geschehen ist, wirklich versteht? Liest man die Darstellungen zur jüngsten Geschichte mit dieser Frage, dann bemerkt man die Hilflosigkeit der Autoren in bezug auf die Beantwortung der Frage, was sich denn im Großen abspiele und wohin die gegenwärtige Entwicklung sich bewege.

Wirkliche Geschichte kann man also nur durch die höheren Erkenntnisformen der Imagination und Inspiration zu erfassen beginnen. Rudolf Steiner nimmt hier jedoch Bezug auf bedeutende Versuche, sich diesen Tiefendimensionen der Geschichte immerhin zu nähern. Er spricht in diesem Zusammenhang gerne und oft von Herman Grimm, der sich mit der Idee trug, eine Geschichte der im Volksleben fortströmenden Phantasie zu schreiben. In dem, was in der Phantasie, in Mythen, Märchen und Sagen aus dem Halbbewußten heraufwogt und an der Oberfäche des Bewußtseins seine Wellen wirft, lebt ein wenig von dem, was der Geschichtstraum der Menschheit ist. In der Parzival-Sage und der Sage von Faust, spricht sich das weltgeschichtliche Werden deutlicher als in manchen Kongreß- und Reichstagsakten aus.

Die bloße geschlossene Decke der Tatsachen, die sich von Tag zu Tag, von Jahr zu Jahr hinziehen, die der Historiker aus Archiven und Funden mühsam und sorgfältig, wenn auch notwendigerweise immer unvollkommen, rekonstruiert und dann als Geschichte vorstellt – sie sind bloß der tote Leib der Geschichte: «Zu ihrem seelischen Inhalte, der von

Menschen nur geträumt wird im Verlaufe des geschichtlichen Werdens, verhalten sich die äußeren geschichtlichen Tatsachen nun nicht wie ein Leib, der den Tod in sich trägt, sondern wie ein schon toter Leib, aus dem die Seele bereits heraußen ist. Das heißt, in den historischen Tatsachen ist die Seele nie drinnen!» (73/79)

Bestenfalls sind die historischen Tatsachen, die Ereignisse, für den begabten Historiker Fenster, durch die er auf die tiefer liegenden Impulse blicken kann, Symptome, in denen sich etwas ausspricht, was hinter den Symptomen verborgen ist wie hinter den Schriftzeichen eines Buches der Sinn. Um allerdings diese Schrift lesen, diese Impulse erfassen zu können, bedarf es nicht etwa einer logischen Dechiffriermaschine, sondern eines Menschen, in dem selber geschichtliche Kräfte leben. Das war Steiner schon früh klar. So schrieb er bereits 1896: «Geschichte schreiben kann eigentlich nur der, der in den historischen Personen und Ereignissen das aufsucht, was hinter dem bloß Tatsächlichen steckt. Dazu muß er ein mächtiges Eigenleben führen, denn die Triebkräfte des persönlichen Wirkens kann man nur in sich selbst beobachten.» (1e/489)

1918 würde Steiner diesen Worten sicher noch manches hinzugefügt haben. Er würde wohl davon gesprochen haben, daß die historisch forschende Persönlichkeit in den Strom der geschichtsbewegenden Mächte so hineinsteigen müsse, daß er mit den geistigen Wesen, Impulsen, Kräften, die in der Geschichte wirken, selber kämpfen und ringen muß. Solche Kämpfe hatte Steiner seit 1907, besonders aber im Sommer 1917 durchgefochten.

Nachdem Rudolf Steiner die methodischen Probleme vom Herbst 1917 bis zum Frühsommer 1918 in fünf Vorträgen behandelt und dargelegt hatte, folgten dann im Oktober 1918 eine Reihe von historischen Vorträgen, besonders die exemplarischen Vorträge zur *Geschichtlichen Symptomatologie,* die den Grundfragen unseres Zeitalters und gleichzeitig der symptomatischen Methode gewidmet waren. In den ersten fünf Vorträgen dieses Kurses wurde in großen Zügen die Symptomatik der Bewußtseinsseelen-Entwicklung, die besonders in Naturwissenschaft und Technik hervortritt, bis zur damaligen Gegenwart und dann im weiteren die Perspektive ihrer zukünftigen Entfaltungsmöglichkeiten vorgeführt.

Damit lag genau am Ende des Weltkriegs eine geistige Beschreibung zwar nicht des Standorts, wohl aber der geistig seelischen Situation der Zeit, der damals gegenwärtigen Etappe der Menschheitsentwicklung vor.

Die Diagnose, die sich Rudolf Steiner für die Gegenwart ergeben hatte, kommt vor allem in dem Vortrag vom 25. Oktober zur Sprache. In der Mitte des 19. Jahrhunderts, als das eigentliche Proletariat sich erst bildete und noch nicht klassenbewußt geworden war, als die industriellen und kapitalistischen Mächte in Deutschland noch in den Kinderschuhen steckten und Adel und Fürstenhäuser ihr Ansehen schon weitgehend eingebüßt hatten, bestand für das Bürgertum die Chance, aus Einsicht und Freiheit die sozialen Verhältnisse wirklich freiheitlich im Sinne der Selbstverwaltung, sozial im Sinne des Genossenschaftlichen zu gestalten, zumal man etwa im Jahre 1845 aus dem Rückblick auf die Französische Revolution hätte lernen können, wie man es nicht machen sollte. Diese Chance, die sich in den Jahren von 1845 bis zum Ende der liberalen Ära 1879 geboten hatte, habe das Bürgertum verschlafen und verpaßt. An die Stelle einer gesunden Entwicklung waren gewalttätige pathologische Tendenzen getreten, so der Imperialismus, der in den achtziger Jahren vehement seinen Todeslauf begann, so der Antisemitismus, der zum gleichen Zeitpunkt als rassistische Ideologie die Hirne zu verpesten begann.

Als 1917 das alte zaristische Regime zusammenbrach, kamen bürgerliche Kreise unter Führung des Rechtsanwalts Kerenski an die Regierung. «Was ist denn da eigentlich geschehen? Nun, was geschehen ist, war das, daß die sozialrevolutionären Menschewiki absolut ideenlos waren. Sie waren in der überwiegenden Mehrzahl, aber sie waren absolut ideenlos; sie hatten gar nichts zu sagen, was geschehen soll mit der Menschheit gegen die Zukunft hin. Sie hatten zwar allerlei ethische und sonstige Sentimentalitäten im Kopfe, aber mit ethischen Sentimentalitäten ... kann man nicht die wirklichen Impulse, welche die Menschheit weiter treiben können, finden.» (185/87)

In dem geistigen Vakuum der Ideenlosigkeit entstand dann ein ungemeiner Sog, und in dieses saugende Vakuum konnte der Bolschewismus hereindrängen. Denn Lenin und Trotzki wußten durchaus, was sie wollten, sie hatten konkrete Pläne: Friedensschluß, Enteignung der Industriebetriebe, Landaufteilung – und das alles sofort. Damit konnten sie die Macht, die auf der Straße lag, auflesen. Mit anderen Worten: das Bürgertum hatte wiederum seine Aufgabe nicht ergriffen. Dadurch war die Gegenwartslage, die ohnehin durch Nationalismus, Imperialismus und Industrialismus bestimmt war, weiter erschwert, denn der Bolschewismus war in den Augen Steiners eine äußerst gefährliche Macht.

In dieser Lage – und hier blicken wir in das Selbstverständnis Steiners tief hinein – konnte man nicht hoffen, daß sich die Dinge irgendwie wieder von alleine zurechtrücken würden. Zwei Elemente waren erforderlich: wirkliche Zukunftsideen und bewußte geistig-soziale Anstrengung. Steiner verstand sich als ein Mensch, der in dieser Zeit, nachdem die allgemeine Entwicklung in den vorangegangenen vierzig Jahren in falsche Richtungen gegangen war, aus geistiger Einsicht wirklich leitende Ideen vermitteln kann und muß und der auch die Aufgabe hat, den Einzelnen geistig-seelische Wege für das soziale Leben aufzuzeigen. Das letztere tut er in dem hier referierten Vortrag: «Und so muß gerade im sozialen Leben aus dem Spirituellen heraus eine viel tiefer greifende, eine viel intensivere Idee den Menschen eigen werden. ... Dasjenige, was der Menschheit einzig und allein Heil bringen kann gegen die Zukunft hin – ich meine der Menschheit, also dem sozialen Zusammenleben –, muß sein ein ehrliches Interesse des einen Menschen an dem anderen. Dasjenige, was dem Bewußtseinszeitalter besonders eigen ist, ist Absonderung des einen Menschen vom anderen. ... Aber diese Absonderung muß einen Gegenpol haben, und dieser Gegenpol muß in dem Heranzüchten eines regen Interesses von Mensch zu Mensch bestehen.» (185/95f)

Dieses Interesse bestehe in einer Gesinnung der «Positivität». Anstatt von Sympathie oder Antipathie geleitet andere Menschen zu beurteilen, und oft genug abzuurteilen, gelte es, Interesse und Verständnis zu entwickeln auch für das, was Steiner mit einem Wort Goethes als die «Mißbildungen» bezeichnet. Gerade das tiefere Interesse für das Schwierige und Pathologische kann «unendlich aufklärend sein für die tiefsten Geheimnisse des Lebens» (185/98). So kennzeichnet Rudolf Steiner am Ende des Erstens Weltkriegs die geistige Weltlage: Nur durch außergewöhnliche, über das Natürliche hinausgehende, neue Verhaltensweisen und Ideen kann der Weg in die Zukunft geöffnet werden.

Rudolf Steiner erscheint so – im kleinen Kreis in der Dornacher Schreinerei sprechend – als ein Botschafter jener Zukunft, die aus Einsicht, aus ideellem Erleben, aus menschlicher Initiative Wirklichkeit werden und die alte selbstlaufende Geschichte ablösen will. Deshalb zieht sich als Leitmotiv durch die Vorträge dieser Zeit der Appell, sich nicht im Pessimismus zu ergehen, sondern aufzuwachen.

39.
DER KAMPF FÜR DIE DREIGLIEDERUNG DES SOZIALEN ORGANISMUS
1919

Als 1918 in den ersten Novembertagen die alte Ordnung in Deutschland zusammenbrach, änderte Rudolf Steiner Ton, Inhalt und Intensität seiner Vorträge. Eine Zuhörerin des Vortrags, den er am 8. November in Basel hielt, berichtete in einem Brief: «Gestern abend hat Dr. Steiner in dem letzten seiner öffentlichen Vorträge auf eine Weise – wie wohl nie vorher – sich zu einer Posaune gemacht, durch die aus lichteren Welten ein ‹Wacht auf› in unser schläfriges Ohr geschrien wurde und wodurch das gute Basel bis zur Rheinbrücke gezittert hat. Die Menschen saßen verstört da, und als der Sturm vorbei war, schauten sie mit runden Augen und verdutzten Mienen dem Mann nach, der durch den Saal ging, um einige Bekannte zu begrüßen. Viel eher hätten sie erwartet, daß er mit flammendem Schwert direkt durch die Decke in einen Abgrund von Licht verschwinden werde.» (J. M. Bruinier, siehe *Chronik*, S. 397)

Dieser Weckruf hallt nun auch durch die folgenden Dornacher Mitgliedervorträge. Offen und heftig spricht er über das, worüber er in den letzten Jahren schweigen mußte, wollte er – ein Österreicher mit einer «russischen» Frau – nicht seine Wirkungsmöglichkeiten in Deutschland aufs Spiel setzen. Schonungslos werden Wilhelm II., Kaiser Franz-Joseph und der Zar Nikolaus II. als höchst unbedeutende Figuren gekennzeichnet, hinter denen Industrie und Finanzwelt als die eigentlichen Schieber standen (185a/25). Über Ludendorff, über den er im vertrauten Kreis sich schon 1917 ganz klar ausgesprochen hatte, heißt es nun klipp und klar: «Der Bolschewismus ist von Ludendorff in Rußland erzeugt worden, weil Ludendorff meinte, mit niemandem anderen in Rußland Frieden schließen zu können als mit dem Bolschewisten, so daß nicht nur dasjenige, was als Unglück über das deutsche Volk hereingebrochen ist, in vieler Beziehung von einem einzelnen Menschen im Laufe von zweieinhalb Jahren bewirkt worden ist, sondern auch das Unglück Rußlands in vieler Beziehung mit den grotesken Irrtümern dieses einzelnen Menschen zusammenhängt.» (185a/212)

Mit solchen und anderen Bemerkungen war zunächst ein Signal gegeben. Was dieses Signal bedeutete, machte Rudolf Steiner einem rührigen Anthroposophen klar, der Anfang 1919 mit einem Vertreter der alten Ordnung gesprochen hatte und dem es gelungen war, diesen Mann, einen höheren Beamten im Auswärtigen Amt, dazu zu bewegen, Rudolf Steiner telegraphisch zu einem Gespräch nach Berlin einzuladen. Steiner beantwortete das Telegramm nicht einmal und sagte einige Zeit später zu dem betreffenden Mitglied: «Ich habe Ihr Telegramm damals nicht beantwortet; man kann sich mit diesen Leuten jetzt nicht mehr einlassen; die haben abgewirtschaftet.» (Leinhas 1950, S. 39)

Die Initiativen, auf die Rudolf Steiner nunmehr einging, kamen von anderer Seite. Während des Krieges hatte er seine politischen Aktionen mit größter Diskretion betrieben. Die Anthroposophenschaft hatte durch ihn nichts von dem, was er unternahm, erfahren. Auf einem heute unbekannten Wege gelangte jedoch ein Exemplar des Steinerschen Memorandums an einen Major Fessmann, der Nachrichtenoffizier im Stuttgarter Generalkommando war, und kam auf diesem Weg in die Hände des Anthroposophen Emil Molt, eines Mannes, der sich aus kleinen Verhältnissen zum Chef einer Zigarettenfabrik heraufgearbeitet hatte. Molt, der zunächst einigermaßen erstaunt war zu lesen, was Rudolf Steiner im Stillen betrieb, fühlte sich durch diese Lektüre aufgerufen, nun auch etwas zu unternehmen; für ihn wurde das Memorandum «zum Schicksal» (Molt 1972, S. 156). Er begriff, daß er als Anthroposoph in die Weltgeschicke eingreifen dürfe, ja müsse!

Am Samstag, den 9. November 1918 hielt sich Molt in Geschäftsdingen in Zürich auf, als er vom Staatsumsturz in Deutschland hörte. Anstatt sofort nach Hause zu reisen, fuhr er umgehend nach Dornach, um zu hören, was Rudolf Steiner zu sagen habe. Er kam gerade zum Abendvortrag zurecht und hörte jene Worte, die ihn trafen: «Keiner von uns kann wissen, wann er vielleicht in kleinerem oder größerem Maßstabe aufgerufen wird, dies oder jenes mitzuberaten, mitzubeeinflussen. ... Es wird in der Zukunft notwendig sein, daß man mit offe-

Abb. 126: Emil Molt (1876 – 1936) impulsierte zusammen mit Carl Unger und Hans Kühn die Dreigliederungsbewegung in Württemberg und begründete mit Rudolf Steiner die Waldorfschule. «Ich habe das Gefühl, daß Herr Molt auch finanziell die ganze Waldorfschule als Privatmann gegründet hat.» (Rudolf Steiner in einer Konferenz zu den Lehrern; 300,1/187)

nen Augen und wachem Bewußtsein sich dem gegenüberstellt, was geschieht.» (185a/9f) Molt berichtet: «Das war für mich die einzig richtige Antwort.» (Molt 1972, S. 161)

Dieser Vorgang ist ungemein symptomatisch: Man sieht, daß Rudolf Steiner überhaupt keine Anweisungen gab, er weckte seine Zuhörer und ermutigte Initiativen. Das erzählt auch Alfred Meebold in seinen unveröffentlichen Erinnerungen an Rudolf Steiner. Meebold durfte im Oktober 1918 Steiner beim Malen in der kleinen Kuppel des Goetheanum zusehen. Nach längerem Schweigen drehte sich Steiner plötzlich um und sprach Meebold an: «‹Wir werden jetzt eine Revolution haben in Deutschland.› ‹Ja, ich weiß› antwortete ich. ‹Dann können Sie zeigen, ob Sie Männer sind.› Dabei lachte er vergnügt. Es wurde mir sehr unbehaglich zu Mute. Ich fragte, wie ich das zu verstehen hätte. ‹Sie müssen aufstehen und reden.› ‹Es wird ein Hexenkessel sein›, wandte ich ein. ‹Was soll man da reden?› ‹Stellen Sie sich nur hin, das Rechte wird schon kommen!› war die Antwort. Dann wandte Steiner sich wieder seiner Malerei zu. Aber nach ein paar Minuten kehrte er sich nochmals um und wiederholte: ‹Ja, dann können Sie zeigen, ob Sie Männer sind.›»

In der folgenden Zeit begannen Emil Molt, Carl Unger und Hans

Kühn in Stuttgart wirklich energisch tätig zu werden. Man verfolgte im großen Stil den Plan, eine württembergische Industrie-Treuhandgesellschaft zu gründen, um Arbeit für die aus dem Kriege heimkommenden Soldaten zu schaffen. Vor allem Molt blieb nicht in seinem Büro sitzen, sondern wurde politisch an vielen Stellen aktiv. So wurde ihm zunächst nicht voll bewußt, was ihm begegnete, als er Mitte November auf einem seiner vielen Gänge durch den von ihm geleiteten Betrieb seinen Werkmeister Speidel traf, der ihm erzählte, daß der Sohn eines seiner Kollegen auf Empfehlung der Lehrer hin auf die höhere Schule versetzt worden war. Molt spürte instinktiv, was das im Gefühl seines Mitarbeiters auslöste. Für Molt ergab sich aus diesem Gespräch die Idee einer Schulgründung für die Kinder der Arbeiter.

Doch zunächst drängten sich die Tagespolitik, die Idee der Treuhand-Gesellschaft, die Sozialisierung und die Ernährungsfrage in den Vordergrund des Bewußtseins. Molt war schon am 23. und 24. November wieder in Dornach, um sich mit Steiner zu beraten. Und Rudolf Steiner sprach dann auch, wohl durch die Anwesenheit Molts veranlaßt, besonders im Vortrag am 24. November zum ersten Mal recht konkret vor den Dornacher Mitgliedern über die Dreigliederung, indem er auf Einzelheiten der sozialen Gestaltung einging.

Schon bei diesen Gesprächen im November und nochmals im Dezember hat Molt Steiner nach lauter einzelnen, konkreten Verwirklichungsmöglichkeiten für die Dreigliederung gefragt; Rudolf Steiner hat daraufhin jene Leitsätze zur Sozialisierung niedergeschrieben, die sich im Nachlaß von Molt gefunden haben (24/434). Ein gewiß unvollständiges Bild der Fragen, die Steiner in diesen Monaten gestellt wurden, hat sich in den Notizen über eine ähnliche Unterredung vom 27. Januar erhalten: Damals wurde Rudolf Steiner von Emil Molt, Hans Kühn und Roman Boos zu vielen weiteren Details befragt. Es ging um Geld, um Banken, um Währung und Steuern, um Sozialisierung, um Betriebsleitung, Unternehmerhonorar, um Eigentum und Kredit – insgesamt Themen, auf die es Rudolf Steiner nicht in erster Linie ankam.

Mitten unter diesen Fragebeantwortungen findet sich ein Satz, in welchem Rudolf Steiner nicht auf Fragen antwortet, sondern unvermittelt äußert, was er selbst denkt und will: «Wir müssen zuerst mit dem Geld, das wir noch haben, freie Schulen gründen, um den Leuten das beizubringen, was sie brauchen.» (Molt 1972, S. 231)

Dieser Hinweis, der auf etwas konkret Mögliches zielte, wurde aber von den Teilnehmern des Gesprächs zunächst gar nicht wahrgenommen. Sie steckten so in ihren Problemen, Fragen und Vorurteilen, daß sie überhörten, was Steiner hier von sich aus äußerte. Das zweite Thema, das er von sich aus anschnitt, war die notwendige Darstellung der Vorgänge beim Kriegsausbruch.

Rudolf Steiner hat manchmal durchblicken lassen, daß ihm die Behandlung von sozialen Einzelproblemen sehr fragwürdig, ja quälend erschien. Schon 1917 hatte er in diesem Zusammenhang geschrieben: «Es ist daher selbstverständlich, daß sich das hier Auszuführende alles Eingehens auf Einzelheiten enthält. Solche Einzelheiten ergeben sich bei wirklich praktisch gedachten Impulsen erst in der Ausführung. Nur der Utopist kann im einzelnen ausdenken, dafür sind seine abstraktem Denken entsprungenen Aufstellungen auch nicht durchführbar.» (24/373)

Nach den Erfahrungen in den Gesprächen, die er vom November 1918 bis zum Januar 1919 geführt hatte, in denen er wieder nach sogenannt konkreten Vorschlägen zu allen denkbaren Einzelheiten befragt worden war, ging er auf dieses Problem der Einzelreformen nochmals ein, obwohl er wußte, daß dieses gut gemeinte Fragen nach Details nicht so schnell aufhören würde: «Sie können gewiß die Frage aufwerfen: wie soll das eine oder das andere geschehen? Das sind zum großen Teil falsch aufgeworfene Fragen in dem Stadium, in dem heute die Sache steht. Der Geist desjenigen, was in dieser Dreigliederung lebt, der läßt sich etwa in der folgenden Weise umschreiben. Nicht wahr, es gibt zum Beispiel, um etwas herauszugreifen, das beste Besteuerungssystem. Nun handelt es sich heute gar nicht darum, dieses beste Besteuerungssystem auszudenken, sondern es handelt sich darum, hinzuarbeiten auf die Dreigliederung. Und wenn diese Dreigliederung sich immer mehr verwirklicht, so wird durch diese Tätigkeit der Dreigliederung das beste Steuersystem entstehen.» (189/32f)

So ging ihm selber dieses gutgemeinte Fragen nach Details ziemlich gegen den Strich, aber er wollte die hilflosen Hilfesuchenden andererseits auch nicht enttäuschen. Als Emil Molt nach den vielen Gesprächen schließlich sah: «Es geht über unsere Kraft, die Sache von Anfang an zu machen», und darum bat, daß die ganze «Sache durch den geistigen Urheber selbst» begründet werden müsse, war das natürlich nicht das, was sich Steiner wünschte, doch er stellte nur die praktisch notwendige

Bedingung, daß man ihm zuerst eine gewisse Plattform für sein Wirken schaffe: Er könne einen Aufruf verfassen; und wenn dieser von etwa hundert Menschen unterzeichnet werde, könne man eine Aktion von Stuttgart aus in die Wege leiten (Molt 1972, S. 225f).

Über diese Situation hat sich Rudolf Steiner später verschiedentlich ausgesprochen. In dem unveröffentlichten Teil des Vortrags vom 25. Mai 1921 betont er, die Dreigliederungsaktion sei dadurch zustande gekommen, daß nach dem Krieg eine Anzahl von Menschen zu ihm gekommen sei und gefragt habe, wie er über den Fortgang des sozialen Lebens denke: «Ich bin gefragt worden, die Leute sind zu mir gekommen, ich erwähne das ausdrücklich aus dem Grunde, weil es viel zu wenig gesehen wird, weil gewöhnlich die Dinge so dargestellt werden, als wenn ich irgendein fanatischer Agitator wäre, der die Dinge mit aller Gewalt an die Leute herantrüge.» 1922 in Oxford wurde er noch deutlicher und äußerte über das für die Dreigliederungsaktion geschriebene Buch *Die Kernpunkte der sozialen Frage*, es sei von Stuttgarter Freunden von ihm gefordert worden: «Ich habe es nicht aus eigenem Antrieb geschrieben, es ist mir abgefordert worden.» (305/203)

Diese Schrift hat er nicht aus dem Ärmel geschüttelt. Schon die Arbeit an dem *Aufruf an das deutsche Volk und die Kulturwelt!* kostete Rudolf Steiner viel Zeit. Erst sechs Tage, nachdem er zugesagt hatte, den Aufruf zu verfassen, am 2. Februar, konnte er ihn Emil Molt, Roman Boos und Hans Kühn überreichen. Diese machten sich sofort mit einer Reihe von Helfern an die Arbeit, Unterschriften zu sammeln. Sie hatten damit auch durchaus Erfolg: Unter anderem unterschrieben zwei Mitglieder der deutschen Nationalversammlung, Hugo Sinzheimer und Wilhelm Vershofen, bekannte Gelehrte wie die Professoren Hans Driesch, Walter Goetz und Paul Natorp, Künstler wie Hermann Hesse, Wilhelm Lehmbruck und Jakob Wassermann. Rudolf Steiner wird sich gefreut haben, daß auch Gabriele Reuter und Marie Eugenie delle Grazie unterschrieben hatten.

In einem Vortrag am 15. Februar stellte Rudolf Steiner diesen *Aufruf* den Dornacher Anthroposophen vor und berichtete, wie er zustande gekommen sei und daß er in der letzten Zeit manches Gespräch über die Frage geführt habe: «Wie kann man Zugang zum Verständnisse finden –, oder: Ist es denn überhaupt noch möglich, bevor ein vollständiges Debakel hereinbricht, den Weg zum Verständnis zu finden?»

In der Antwort, die Rudolf Steiner auf diese Frage gibt, hat man nicht nur einen wichtigen Schlüssel für das Verständnis der folgenden Dreigliederungsbewegung, man erfährt auch sehr viel über das Denken und die Haltung Rudolf Steiners: «Nun, die letztere Frage kann ja für einen in der Wirklichkeit denkenden Menschen nicht aufgeworfen werden. Denn ein in der Wirklichkeit denkender Mensch stellt nicht Hypothesen auf, über dasjenige, was möglich oder unmöglich ist, sondern er greift zu dem, von dem er für notwendig hält, daß es getan werde. Wenn man einen Weg geht, dann handelt es sich darum, den ersten Schritt zu machen. Und man soll ja nicht glauben, wenn der erste Schritt anders ausschaut als das, was man als Ziel ansehen will, daß dann dieser erste Schritt unzweckmäßig sein könnte. Der erste Schritt eines Weges kann sich ja immer nur erstrecken über eine sehr kleine Strecke dieses Weges.» (189/15)

Im übrigen komme es darauf an, so bemerkt Steiner weiter, daß man nicht in die verkehrte Richtung gehe, daß man nicht nach rechts und links vom Wege abweiche, sondern daß man den Willen habe, bei der Wegrichtung zu bleiben und daß man überall mit offenem Sinn an die gegebenen Wirklichkeiten anknüpfe.

Dieses Anknüpfen an die Wirklichkeit vollzieht sich nun auf erstaunliche Weise. Bevor Steiner nämlich den Beginn der Dreigliederungsarbeit in Dornach ankündigte, hatte er zwischen dem 3. und 12. Februar in Zürich vier öffentliche Vorträge über *Die soziale Frage* gehalten. Unmittelbar im Anschluß an diese Vorträge, mit dem Echo aus dem Hörerkreis im Ohr, begann Rudolf Steiner noch im Hotel in Zürich mit der Niederschrift des Buches *Die Kernpunkte der sozialen Frage.* Während in Deutschland die vorbereitende Phase der Dreigliederungsaktion in vielen Städten – vor allem in Stuttgart – anlief, blieb Rudolf Steiner zunächst in der Schweiz und hielt dort achtzehn öffentliche Vorträge, um so die Idee der Dreigliederung in Zürich, Basel, Bern und Winterthur bekannt zu machen: Man sollte, bevor er in Deutschland auftrat, in der Schweiz, wo er nun de facto lebte, aus erster Hand erfahren, wofür er sich einsetzte. Außerdem war es für Rudolf Steiner, der bis zum 24. März am Manuskript und bis zum 12. April an der Fahnenkorrektur der *Kernpunkte* arbeitete, wichtig, ja notwendig, gerade dieses Buch in fortlaufendem Kontakt mit den verschiedensten Menschen, mit Arbeitern und Akademikern, mit Politikern und Wirtschaftsleuten zu schreiben.

So traf Rudolf Steiner bei einem Aufenthalt in Bern vierzehn Tage vor dessen Ermordung Kurt Eisner, den damaligen bayrischen Ministerpräsidenten, um mit ihm über die Frage der Publikation von Akten über den Kriegsausbruch 1914 zu sprechen. Bei demselben Aufenthalt in Bern versuchte er, auch mit dem deutschen Gesandten in Bern, Wilhelm Förster, über diese Frage zu sprechen. Vor allem aber hörte er auch immer wieder auf das hin, was in den Diskussionen, die sich an seine Vorträge anschlossen, vorgebracht wurde, um die inneren Hindernisse, die sich der Dreigliederungsidee entgegenstellten, besser zu durchschauen.

In dieser Zeit der Vorbereitung der Dreigliederungsaktion vernachlässigte Rudolf Steiner seine übrigen Aufgaben keineswegs. So wurde Ende 1918 gemeinsam mit Tatjana Kisseleff beschlossen, nach jahrelangem Üben die Eurythmie in die Öffentlichkeit zu tragen. Man wählte als Ort der ersten öffentlichen Aufführung Zürich. Der Schweizer Maler Walo von May hatte das Deckblatt für das Programmheft gestaltet. Die farbige Zeichnung zeigte: Alles ist in Bewegung. So angekündigt, begann am 24. Februar nach einleitenden Worten Rudolf Steiners das Programm mit Worten aus dem ersten Mysteriendrama: «Des Lichtes webend Wesen». Nachdem die ersten Nummern in überraschter Stille aufgenommen wurden, kam es dann bald zu einem starken, sich steigernden Beifall. Die Presse freilich äußerte sich widersprüchlich. Eine zweite öffentliche Eurythmie-Aufführung folgte am 27. Februar in Winterthur und eine dritte am 13. März in Dornach selbst. In Deutschland fand dann am 25. Mai 1919 – mitten in den heißen Auseinandersetzungen um die Dreigliederung – die erste öffentliche Eurythmie-Aufführung in Stuttgart im kleinen Haus des Landestheaters statt.

Nachdem alle Vorarbeiten erledigt und *Die Kernpunkte der sozialen Frage* in Druck gegeben waren, rief Rudolf Steiner am Karsamstag den 19. April die Dornacher Freunde zu einer Abschiedsansprache zusammen, in der er unter anderem sagte: «So möchte ich namentlich, daß Anthroposophie nicht unfruchtbar bleibe gerade in dieser sozialen Arbeit, daß Sie nicht etwa nur die Dinge wie zwei nebeneinander gehende Sachen betrachten, sondern sie durchaus so betrachten, daß das eine das andere trägt und Sie sich bewußt sind, daß die Menschen, die niemals in der letzten Zeit hören wollten auf irgendeine geistige Vertiefung der Weltanschauung, natürlich zunächst möglichst ungeeignet sind, diejenigen sozialen Impulse zu verstehen, die hier gegeben sind. Aber umso mehr muß man an die Verpflichtung denken, wenn man die anthroposophische Grundlage hat, etwas zu tun, um die Dinge den Menschen verständlich zu machen. Heute handelt es sich gar nicht darum, bei jeder Gelegenheit nach Einzelheiten zu fragen. Wer bei jeder Gelegenheit um Einzelheiten frägt, der will nur in den alten Geleisen fortfahren. Heute handelt es sich wahrlich nicht darum, im Allerspeziellsten die Dinge ausgeführt zu haben. Um die großen, bedeutsamen über die Welt hin gehenden Züge einer Neugestaltung handelt es sich. ...

Dieses Sich-hineingestellt-Fühlen in die Zeit, das wird die Grundnuance abgeben müssen für das, was gerade die auf anthroposophischem Boden gewachsenen Ideen und Ideale zu durchdringen hat.» (*Nachrichtenblatt* 1943, S. 34)

Als Rudolf Steiner am Morgen des Ostersonntag 1919 nach Deutschland fuhr, war die Lage dort im höchsten Maße angespannt und – was oft vergessen wird – noch erregter als während des Umsturzes im November 1918. In Württemberg war am 31. März ein Generalstreik ausgerufen worden, der das öffentliche Leben lähmte. In Stuttgart, Cannstatt und Esslingen war es zu Straßenkämpfen gekommen. Sogenannte Sicherheitskompanien schlugen die Bewegung der Arbeiter nieder, und als am 7. April die Streikfront abbröckelte, waren 16 Tote und 50 Verwundete zu beklagen. In München war am 7. April die Räterepublik ausgerufen worden, Freikorps sammelten sich, um auch diese Bewegung zu unterdrücken. Im Ruhrgebiet waren am 14. April 300 000 Bergarbeiter im Ausstand, vielerorts sprach man von einer zweiten revolutionären Welle. Steiner scheute sich also keineswegs, in diesen Wirbel einzutauchen.

Andererseits war in Stuttgart durch die Dreigliederer durchaus manche Vorarbeit geleistet worden. Am 5. März hatte das Stuttgarter Tagblatt den Aufruf Steiners veröffentlicht, und schon am 21. März hatte das Komitee, das aus Emil Molt, Carl Unger und Prof. Wilhelm von Blume bestand, in der Halle des Stadtgartens das Unternehmen vorgestellt. Das war eindrucksvoll gewesen, weil Professor von Blume, der Schöpfer der württembergischen Verfassung, als Nicht-Anthroposoph in kluger und populärer Weise die Idee der Dreigliederung – unter anderem anhand der Schäden des alten Systems – dargestellt hatte. Hans Kühn, ein jüngerer Anthroposoph, hatte während der kritischen Tage des Generalstreiks mit einigen radikalen USPD-Leuten Fühlung aufgenommen und dort Interesse geweckt. Auch Emil Molt hatte vor seinen Arbeitern und im Demokratischen Verein in Cannstatt über die Dreigliederung gesprochen.

Nach seiner Ankunft ließ sich Rudolf Steiner, der frisch und ausgeruht wirkte, von der bisherigen Arbeit berichten. Die Besprechung wandte sich bald der Frage zu, ob man sich mit der Dreigliederungspropaganda vor allem an die Proletarier wenden sollte, denn es hatte sich gezeigt, daß vor allem die Stuttgarter Arbeiter für die neuen Ideen aufgeschlossen waren. Rudolf Steiner aber warnte sogleich vor einer einseitigen Orientierung der Bewegung und legte großen Wert darauf, auch die bürgerlichen Kreise zu interessieren, weil deren Haltung schließlich auch für die Arbeiter Bedeutung hätte. Vor allem käme es darauf an, die Dreigliederung selbst zu vertreten und sie nicht zu einer Parteisache zu machen.

Am Abend des 21. April sprach Rudolf Steiner zu den Mitgliedern der Anthroposophischen Gesellschaft. Außer den Stuttgarter Anthroposophen war eine größere Anzahl von Mitgliedern, die sich für den Aufruf eingesetzt hatten, aus vielen Städten angereist. Steiner versuchte zu zeigen, wie das Denken der Menschen mit den gewaltigen Umwälzungen der letzten Jahre und Jahrzehnte nicht Schritt gehalten habe und wie es darauf ankomme, innerhalb und aus dem sozialen Leben ein neues soziales Denken zu entwickeln. Diese Gedanken entfaltete er in den am 23. April und am 1. Mai folgenden Vorträgen weiter, indem er zeigte, wie die Menschheit unbewußt im 19. Jahrhundert jene Schwelle überschritten hatte, jenseits derer die Menschen aufgerufen sind, das soziale und geschichtliche Leben nicht mehr selbstlaufenden Tendenzen zu überlassen, sondern es bewußt aus Einsichten und wirklichen Ideen zu gestalten.

Am Morgen des folgenden Tages war dann eine Besprechung des Dreigliederungskomittees mit den auswärtigen Gästen anberaumt. Diese waren nicht nur aus der näheren Umgebung Stuttgarts, sondern auch aus Wien und Berlin, aus Köln und Skandinavien – zum Teil auf abenteuerliche Weise – herbeigeeilt. In der Besprechung wurde sofort das ganze Spektrum der Probleme, die die einzelnen mitgebracht hatten, erkennbar: Die Debatte erstreckte sich von der internationalen Politik über die Kriegsschuldfrage, Währungs- und Sozialisierungsprobleme bis zu Fragen des praktischen Vorgehens.

Am Abend dieses Tages, es war der 22. April, fand schließlich Steiners Vortrag für die Unterzeichner des Aufrufs in der bis auf den letzten

Platz gefüllten Stadtgartenhalle statt. Nach der Eröffnung durch Professor von Blume griff Steiner – wie im ersten Kapitel der *Kernpunkte* – den Grundwiderspruch unserer Zeit auf, daß in der Gegenwart, die in Technik, Wirtschaft und Politik durch lauter Gedanken regiert werde, das geistige Leben selber schwach und abhängig sei und von den Menschen als Ideologie, das heißt als wesenloser Schein erlebt werde. Für eine gedeihliche, bewußte Gestaltung des sozialen Lebens in der Zukunft sei es erforderlich, das unübersichtliche, verknäulte und verfilzte soziale Leben zu entflechten und in die drei autonomen Systeme, die nach je anderen Gesetzen funktionierten, zu gliedern. Das so befreite Geistesleben könne nur unter diesen Bedingungen die geistige Kraft gewinnen, die erforderlich sei, um aus Einsicht das soziale Leben zu leiten. – In diesem Konzept leuchtet ein biographisches Grundmotiv Rudolf Steiners auf: das Handeln aus Erkenntnis. Durch die Dreigliederung des sozialen Lebens soll ein soziales Leben aus Erkenntnis, aus Einsicht möglich werden; nur so werde soziales Leben in Freiheit möglich.

Nach einer lebhaften Aussprache wurde unmittelbar im Anschluß an den Vortrag der *Bund für Dreigliederung des sozialen Organismus* gegründet. Das Komitee wurde durch Emil Leinhas, Max Benzinger, Hans Kühn und Theodor Binder ergänzt, erweiterte sich also zu einem siebenköpfigen Arbeitsausschuß. Dieser trat unter Steiners Vorsitz am 24. April wiederum gemeinsam mit den auswärtigen Vertretern zusammen. In dieser Aussprache, in der es unter anderem auch um die Beteiligung der dörflichen Bevölkerung an der Dreigliederung ging, berichtete E. A. K. Stockmeyer, daß er in den Aussprachen oft dem Einwand begegnet sei, die Machtgrundlage würde dem Staat durch die Dreigliederung entzogen. Steiner bemerkt dazu ganz einfach: «Das will man ja!» und spricht damit eine Grundintention der Dreigliederungsidee aus. Montesquieu hatte die Idee entwickelt, durch die Dreiteilung der Gewalten zu bewirken, daß die drei Gewalten einander die Waage hielten und sich wechselseitig kontrollierten. Steiner ging es um die Überwindung der Macht, die aus jenen politischen Entscheidungen hervorgeht, durch die der Staat ins geistige und wirtschaftliche Leben eingreift und damit bestimmten Richtungen oder Gruppen Vorteile verschafft oder andere nicht zum Zuge kommen läßt. Die Überwindung der Macht überhaupt ist eine zentrale Absicht der Dreigliederung. Menschen, menschliche Einsicht und Ideen sollen anstatt der Macht regieren. An die Stelle mechanischer Reglementierungen sollte im öffentlichen Leben, dort wo Entscheidungen fallen, durch Menschen, durch offene Beratungen entschieden werden.

In den folgenden Tagen und Wochen sprach Rudolf Steiner in Stuttgart und Umgebung in vielen Vorträgen vor allem zu den Belegschaften großer Betriebe: vor den Arbeitern der Waldorf-Astoria Zigarettenfabrik, der Bosch-Werke, der Daimler-Werke, der Kartonagen-Fabrik Delmonte, der Firma Werner & Pfleiderer. Er sprach immer wieder öffentlich in Stuttgart, dann auch in Esslingen, Cannstatt, Feuerbach, Ludwigsburg, Waiblingen und in Ober- und Untertürkheim. Die Vorträge fanden in verrauchten Sälen, in der Brauerei Dinkelacker, in einer Eisenbahnerwerkstätte – im Beisein von Clara Zetkin – und in den Betrieben selbst statt. Nebenher liefen Besprechungen und Besuche bei wichtigen Persönlichkeiten. So suchte Rudolf Steiner zusammen mit Emil Molt Robert Bosch auf, der sich aber ablehnend verhielt. Neben Rudolf Steiner waren auch die übrigen «Dreigliederer» mit Molt an der Spitze unermüdlich tätig, so daß die Idee der Dreigliederung besonders in der Arbeiterschaft ins Gespräch kam.

Wie auch sonst hat sich Steiner über seine persönlichen Gefühle bei dieser Aktion nicht weiter ausführlich geäußert. Doch seiner Mitarbeiterin Edith Maryon, der Hüterin des Bildhauerateliers, berichtete er am 10. Mai nach Dornach: «Jeden Tag wenigstens einen Vortrag mit dran sich schließender Diskussion zu halten, mutet dem alten Organismus viel zu, und ich wäre froh, wenn ich dazwischen an unserer künstlerischen Arbeit in Dornach auch noch andere Körperglieder anstrengen könnte als hier nur den Kehlkopf. Doch das alles muß eben sein. Und seit vorgestern scheint es, als ob man mich besser verstehen würde als bisher. Aber das kann immer anders werden.» (263,1/28)

Ursprünglich hatten bei der Staatsumwälzung in Deutschland im November die schnell gebildeten Arbeiter- und Soldatenräte eine gewisse Rolle gespielt, doch bereits auf dem Reichsrätekongreß am 19. Dezember 1918 hatte die überwältigende Mehrheit der Rätevertreter selber beschlossen, zum frühestmöglichen Termin Wahlen zu einer verfassunggebenden Nationalversammlung anzuberaumen. Damit war das eigentliche Rätesystem verworfen worden. Was aber übrig blieb, war die Idee der Betriebsräte. Als Rudolf Steiner nach Stuttgart kam, gab es in Stuttgart einen Arbeiterrat, und auf der Sitzung der Vollversammlung des Arbeiterrats von Groß-Stuttgart wurde der Antrag gestellt, Rudolf Steiner bei der nächsten Sitzung zu hören. So kam es, daß Steiner am 7. Mai vor der Vollversammlung des Arbeiterrats sprach und dort die Grundzüge der Dreigliederung erläuterte. Dieses Auftreten Steiners im Arbeiterrat paßte, wie man der sozialdemokratischen Presse entnehmen kann, bereits in diesem Augenblick den Parteihäuptern nicht, aber sie konnten nicht verhindern, daß Steiner schon für den folgenden Tag zu einer Versammlung der Arbeiterausschüsse der großen Betriebe Stuttgarts eingeladen wurde, wo er besonders auf die Frage der Betriebsräte einging und in einer für ihn typischen Weise Stellung nahm: «Lasse man die Betriebsräte entstehen und und patze nicht in ihre Entstehung hinein durch Gesetze über dieselben! Sie sollen zuerst da sein, sie sollen zuerst in den einzelnen Betrieben entstehen, aber sie müssen sich besonders für die Übergangszeit unbedingt eine solche Stellung schaffen, daß sie gegenüber den bisherigen Chefs und Betriebsleitern ganz unabhängig sind. Sie müssen selbstverständlich eine unabhängige Stellung haben.» (331/31)

Nach dieser grundsätzlichen Aussage, die deutlich macht, daß Rudolf Steiner eine spontane und sich selbst organisierende, nicht reglementierte Bewegung im Sinn hatte, schlug er vor, daß sich die Betriebsräte aller größeren Betriebe schnell in einem gewissen Gebiet zusammenschließen und daß schließlich die Funktionen der Betriebräte aus deren Selbstkonstitution hervorgehen sollten. Nachdem so die allgemeine Richtung klar sei, entstünden dann die Ideen aus der Praxis für die Praxis.

In der Diskussion, in deren Verlauf es zu einer immer besseren Verständigung mit den Arbeitern kam – was Steiner ja auch Edith Maryon berichtet –, fallen dann noch hochbrisante Worte. Im Rückblick auf die Novemberereignisse bemerkt Steiner, daß damals die Räte nicht gewußt hätten, was sie eigentlich wollten; die Ideen, was man positiv tun wolle, hätten gefehlt: «Das zeigt doch, daß es eine gewisse Wichtigkeit hat, nicht bloß wie ein hypnotisiertes Hühnchen immer der Frage nachzulaufen: Wie erlangen wir die Macht? –, sondern sich zu fragen: Was tun wir mit der Macht? – Ich muß immer wieder fragen: Wie handeln wir?» (331/39)

So gehe es in dem Zusammenbruch der alten Mächte darum, die Macht, die man bereits hat, zu nutzen, um Betriebsräte einfach zu bilden und die wirtschaftlichen Aufgaben, die da sind, zu ergreifen. Natürlich sollten diese Betriebsräte nicht eine bloße soziale Dekoration sein, sondern in das Wirtschaften tatkräftig eingreifen (331/44). Diese Sprache verstanden die Arbeiter, und sie forderten Steiner zur weiteren Zusammenarbeit auf.

Nun wußte Rudolf Steiner ganz genau, daß er das, was er so möglicherweise veranlagte, nicht im Stillen oder im Winkel betreiben konnte. Bevor er also die Arbeit mit den Betriebsräten fortsetzte, verkündete er in einem öffentlichen Vortrag vor einem überwiegend bürgerlichen Publikum im Gustav Siegle-Haus, was er über die Rätebewegung dachte. Er wies auf die großartige Tatsache hin, daß viele Menschen die Dinge nicht einfach weiterrollen lassen wollten, sondern sich zum gemeinsamen Handeln zusammengeschlossen hatten: «Menschen haben sich erhoben, Menschen, die in der verschiedensten Weise als Räte, als Menschenräte, die Weiterentwicklung nun in die Hand nehmen wollen, die von sich aus, von ihrer menschlichen Einsicht, von ihrem menschlichen Willen aus eingreifen wollen in die Entwicklung.» (330/198)

«Es ist untunlich heute, das zeigt gerade das Streben nach dem Rätesystem, von oben herab irgendeinen Sozialisierungsversuch zu machen. Es ist heute der einzige Weg, in gemeinsamer Arbeit mit denjenigen, die heraufstreben nach dem Rätesystem, in unmittelbar menschlichen Ideen wirklich Meinungs- und Erfahrungsaustausch zu schaffen.» (330/200)

Nach diesem Vortrag kam es zu einer bewegenden Szene. Der in Stuttgart bekannte Führer der USPD, Siegfried Dorfner, ergriff das Wort «als Proletarier» und sprach zuerst über die in den vergangenen Jahrzehnten trotz aller gegenläufigen Bemühungen gewachsenen Klassengegensätze, wodurch die Klassenparteien Todfeinde geworden seien. Dann fuhr er fort: «Nun hat Herr Dr. Steiner gezeigt, daß in den Parteien überhaupt kein Heil zu suchen ist für die Zukunft. Er hat gesagt, daß nur starkes Wollen, neue Gedanken und die Tat uns aus dem Chaos retten können. Und Sie, verehrte Anwesende, haben Herrn Dr. Steiner begeistert zugejubelt. Nun möchte ich Ihnen verraten, daß in der vorigen Woche und in dieser Woche in allen Versammlungen die Proletarier aller Parteischattierungen, Mehrheitssozialisten, Unabhängige Partei, Kommunisten voll und ganz mit Herrn Dr. Steiner einverstanden waren und ihm ebenso begeistert, ja noch mehr als Sie zugejubelt haben, und daß sie alle die Resolution gefaßt haben, zu verlangen, daß Dr. Steiner in die Regierung gerufen werde. Nun fragen Sie: ist das nicht eine Brücke? Hätten wir jetzt gar kein Mittel, um jetzt zusammen zu kommen? Wir Arbeiter bieten Euch die Hand an (starker Beifall), stellen wir uns auf den Boden der Dreigliederung und der Klassenkampf wird verschwinden: In Freiheit und Gleichheit wollen wir Brüder sein. Wenn wir so zusammen schaffen, dann geht Deutschland nicht unter, dann gehen wir trotz allem und allem doch noch einer schönen Zukunft entgegen!» (Aus einer Stuttgarter Zeitung; vgl. *Die Drei* 1985, S. 661.)

Hier blickt man nun auf die tieferen Bestrebungen Rudolf Steiners. Es ging ihm darum, zumindest Teile des deutschen Volkes, Arbeiter und Bürger geistig und praktisch zu aktivieren. Er wollte den Fatalismus und die Obrigkeitsgläubigkeit der Menschen überwinden, eine Volks*bewegung* ins Leben rufen, durch die Arbeiter und Bürger selbst ihr Schicksal in die Hand nehmen. In der sachlichen Tätigkeit selber, so hoffte er, würde sich eine Offenheit für geistige Impulse ergeben.

Diesen Einsatz für die damalige Rätebewegung darf man nicht als grundsätzliche Option Steiners für das *Rätesystem* mißverstehen. Es ging ihm nicht um die Räte an sich und schon gar nicht um das, was damals als Theorie der Räte formuliert wurde. Es ging ihm um tätige Menschen und darum, mit tätigen Menschen zusammenzuarbeiten. Und diese Menschen fanden sich damals in der Rätebewegung.

Innerhalb eines Monats war mit geringen Mitteln und einer sehr kleinen Zahl von Mitarbeitern ein beachtlicher Erfolg erzielt worden. Zugleich aber begannen von diesem Zeitpunkt an die Gegenkräfte erst zögernd, dann immer nachdrücklicher wirksam zu werden: Rückschläge setzten ein, und es wurden von seiten der Dreigliederer Fehler gemacht. Ende Mai hatte Hans Kühn, der Leiter der Geschäftsstelle des Bundes für Dreigliederung, ein Flugblatt «An die Handarbeiter! – An die geistigen Arbeiter! – An die Fabrikanten!» herausgegeben, auf dem in einer wilden Rhetorik und in demagogischem Stil zur Bildung von Betriebsräten aufgerufen wurde. Während es Steiner darum ging, die Arbeiter zu beraten, die tatsächlich Betriebsräte gebildet hatten, und während er sich bemühte, Tatsachen zu schaffen, die man hätte akzeptieren müssen, rief die wilde Proklamation notwendig den Widerstand der Fabrikanten hervor, die nunmehr entschlossen auf Gegenkurs gingen und sich auch durch ihre Gegenerklärungen festlegten.

Auch den linken Parteien und Gewerkschaften war eine selbständige Betriebsrätebewegung verdächtig. Die Parteiführer, die sich durch ihr Taktieren von der Basis entfernt hatten, sahen ihren Einfluß schwinden.

Sie wollten keine spontane Bildung von Betriebsräten, ihr Ziel war vielmehr ein Betriebsrätegesetz, durch das Bildung, Verfahren und Zuständigkeit der Betriebsräte obrigkeitlich festgeschrieben wurden. So taten sie alles, um der spontanen Bewegung das Wasser abzugraben.

Sehr zurückhaltend kennzeichnet Rudolf Steiner die entstandene Lage in einem Brief vom 4. Juni 1919 an Edith Maryon: «Hätte man nicht zu allem übrigen noch immerfort die entstehenden Mißverständnisse gegen sich, so wäre natürlich alles leichter. Allein alles was man sagt, wird sogleich zu etwas ganz anderem, wenn es wieder erzählt wird. Man sieht, daß einen die Leute bekämpfen von allen Seiten, weil sie falsch berichtet werden. Die Menschen haben das Bestreben, alles in eine Parteischablone hineinzuschieben, und wenn es eben etwas ist, was mit gar keiner Parteischablone zu tun hat, dann machen sie etwas ganz anderes daraus. Das tun nicht nur Gegner, das tun auch Menschen, die wohlwollend sich zu der Sache verhalten, die ich vertrete. Und so ist alle wirkliche Arbeit sehr schwer.» (263,1/29)

Gleichzeitig aber war durch die Unterstützung der Betriebsrätebewegung ein Ungleichgewicht entstanden. Die Dreigliederungsbewegung drohte zu einer Spezialbewegung zu werden, während die Dreigliederung – so wie sie von Steiner intendiert war – nur als Ganzes sinnvoll war. So drängte Rudolf Steiner, den Betriebsräten einen Kulturrat an die Seite zu stellen. Dieser Kulturrat sollte für die Autonomie des Geisteslebens, für ein freies, sich selbst verwaltendes Schul- und Hochschulwesen eintreten. Obwohl eine Reihe angesehener Künstler wie Thomas Mann, der Maler Hans Thoma, der Dirigent Fritz Busch den Aufruf zur Bildung eines Kulturrats unterschrieben, blieb dieser Versuch im wesentlichen Papier. Am 22. Juni 1919 mußte Steiner in einem Vortrag für Mitglieder der anthroposophischen Gesellschaft über die Bemühungen zur Bildung eines Kulturrats berichten: «Seit drei Wochen patzen wir an der Sache herum, und sie ist nicht vom Platze gekommen.» (192/224)

Ein dritter Mißerfolg ergab sich bei dem Versuch Steiners, einen Beitrag zur Klärung der Vorgänge beim Kriegsausbruch zu leisten. Er stellte sich vor, daß durch die Veröffentlichung der Aufzeichnungen, die Generaloberst Helmuth von Moltke im November 1914 für seine Frau angefertigt hatte, ein Beitrag zu dieser Klärung geleistet werden könne. Er hoffte, daß Deutschland durch eine ehrliche Darstellung des Kriegsausbruchs in der nicht-deutschen Welt etwas von dem verlorenen moralischen Kredit wiedergewinnen werde, zumal auch die Dreigliederung ohne diesen moralischen Kredit nicht realisiert werden könne. So bat er am 3. Mai 1919 Frau Eliza von Moltke um die Genehmigung, diese Aufzeichnungen zu veröffentlichen.

Diese Idee war indes aus verschiedenen Gründen nicht besonders glücklich, denn die Aufzeichnungen endeten mit der Bemerkung: «Ich habe diese flüchtigen Aufzeichnungen gemacht, ohne Notizen oder irgendwelches Material zur Hand zu haben. Es mögen daher manche Irrtümer in Bezug auf Daten usw. darin sein. Auch war ich noch krank, wie ich sie schrieb. Sie sollen nur für meine Frau bestimmt sein und dürfen niemals der Öffentlichkeit bekannt werden.»

Andererseits erkannte Steiner das Problem der sogenannten Kriegsschuld in seiner ganzen Tragweite. Die Aufzeichnungen Moltkes waren das einzige Dokument, dessen er sich bedienen konnte. Es belegte zumindest die Verwirrung, die in Berlin bei Kriegsausbruch geherrscht hatte, mit hinlänglicher Klarheit und schien so jedenfalls die These, daß die Reichsleitung zielstrebig auf den Krieg hingearbeitet habe, zu widerlegen. Deshalb machte sich Steiner die Mühe, in jenen mit Arbeit bis zum Rande gefüllten Tagen noch längere, erläuternde und beurteilende «Vorbemerkungen» zu den Aufzeichnungen Moltkes niederzuschreiben.

Am 28. Mai, als sich Rudolf Steiner anschickte, die ersten Exemplare der Broschüre an Frau von Moltke abzusenden, erfuhr er zu seinem Entsetzen, daß sich bereits am Vortage Anthroposophen die ersten Exemplare aus der Druckerei geholt hatten. Unter ihnen Emil Molt, der in dem Glauben, damit ein gutes Werk zu tun, mit der Broschüre stracks zur preußischen Gesandtschaft in Stuttgart marschierte und dem dort tätigen Gesandten, Hans Adolf von Moltke, einige Exemplare übergab. Dieser verständigte unverzüglich Familie, Auswärtiges Amt und Generalstab, die ihrerseits sofort alle Hebel in Bewegung setzten, um die Veröffentlichung der Broschüre zu unterbinden. Eliza von Moltke wurde durch das «Oberhaupt» der Familie unter Druck gesetzt, und die Auslieferung des Werkes wurde sistiert.

Am 1. Juni erschien General von Dommes, der 1914 als Oberst im Generalstab tätig gewesen war, mit einem dicken Aktenbündel bei Rudolf Steiner, um das Erscheinen der Aufzeichnungen Moltkes endgültig zu verhindern. Zu diesem Zweck behauptete er, daß die Aufzeichnungen nachweislich an drei Stellen falsch seien, und Steiner fragte von

Dommes, ob er als Zeuge der Vorgänge seine Aussage eidlich bekräftigen könne. Ohne Zögern bejahte von Dommes. Später berichtete Steiner über diese Unterredung: «Er bemerkte nichts von dem, was ich durchmachte, während er sprach: jedes Wort ein Vorurteil; aber starr und unbeugsam so urteilend, wie wenn die Weltkriegskatastrophe nicht dagewesen wäre.» (Moltke II, S. 247)

Da die drei Punkte, die von Dommes genannt hatte, nicht zuverlässig überliefert sind, läßt sich heute kaum ausmachen, ob von Dommes' Vorwürfe berechtigt waren oder nicht. Rudolf Steiner glaubte es jedenfalls nicht und bemerkte später einmal: «Ich bin völlig überzeugt, daß die drei Punkte richtig sind, denn sie sind auch psychologisch als richtig zu konstatieren.» (174b/372) Doch damals mußte er befürchten, daß man mit allen juristisch möglichen Mitteln gegen die Broschüre vorgehen und sie ihrer Wirkung berauben würde. Deshalb gab er nach, die gesamte Auflage der Broschüre, immerhin 50 000 Exemplare, wurde – auf Kosten der Familie Moltke – eingestampft, und alle Anstrengungen waren umsonst gewesen.

Bereits Mitte Juni zeichnete sich also ab, daß der Dreigliederungsbewegung kein äußerer Erfolg beschieden sein würde. Ludwig Graf Polzer-Hoditz, der in jenen Tagen in Stuttgart weilte, berichtete seinem Freund Walter Johannes Stein nach einer Besprechung mit den Arbeitervertretern am 17. Juni: «Ich blieb dann noch zum Nachtessen bei Kinkel, und da erlebte ich einen furchtbaren Pessimismus von Seiten des Herrn Doktor. Er sagte: Sie haben bisher keine schönen Eindrücke erlebt, die nächsten, die Sie erleben werden, werden auch nicht besser sein. Mit den Führern der sozialistischen Parteien kann man gar nichts machen, man hätte müssen rascher und fortgesetzt die Massen gewinnen, bevor die Führer eingriffen, dann wären unsere Arbeiter des Ausschusses auch weiter mitgegangen, aber jetzt haben sie doch zuviel Angst vor ihren Führern.»

Dennoch gab Rudolf Steiner nicht auf: Er setzte die Besprechungen mit den Arbeitervertretern bis zum 23. Juli fort, obwohl auch die Diskussionen mit den Arbeitern schwieriger wurden. In Stuttgart hielt er viele weitere Vorträge und sprach auch noch in Göppingen, Heilbronn, Weil im Dorf, Ulm, Mannheim und Schwenningen. Die Erfahrungen, die er machte, finden sich in einem Briefentwurf vom 28. Juni zusammengefaßt: «Wir würden ganz zweifelsohne im Proletariat gute Fortschritte machen, wenn die Parteihäupter sich nicht so energisch bemühten, uns den Boden gründlich abzugraben; und da gehorcht das Proletariat folgsamer als nur je die Katholiken den Häuptern ihrer Kirche gehorcht haben. Und das Bürgertum als Masse schläft den Seelenschlaf, läßt sich daraus aufrütteln ab und zu zu ‹Erklärungen› und steht in der Hand der Drahtzieher, die von wirksamen Mitteln doch nur die kennen, die dem Geist entgegengesetzt sind. Alles das zusammen wird böse Früchte tragen.» (B 27/28, S. 43)

Im Laufe des Juli war dann vollends klar geworden, daß mit irgendeinem Durchbruch der Dreigliederungsidee nicht so bald zu rechnen war: Zu sehr stemmten sich die vorhandenen Denk- und Empfindungsgewohnheiten gegen die ganz andere Art des Denkens, die für das Verständnis und das mutige Handeln im Sinne der Ideen Steiners erforderlich war. Obwohl die Dreigliederungskampagne im Juli äußerlich durch das Erscheinen der Wochenschrift «Dreigliederung des sozialen Organismus» – in den ersten Wochen mit einer Auflage von immerhin 40 000 Exemplaren – gesteigert wurde, obwohl Mitarbeiter wie Carl Unger, Ernst Uehli, Kurt Walther, Adolf Arenson, Emil Leinhas und Emil Molt in Stuttgart und Umgebung vortragend tätig waren, obwohl seit Mai 30 000 Exemplare der *Kernpunkte* verkauft worden waren, begann Rudolf Steiner nun wieder anthroposophische Themen im engeren Sinne in seinen Vorträgen zu behandeln. Er berichtete an Edith Maryon in Dornach: «In der letzten Zeit habe ich zu den andersartigen Vorträgen auch anthroposophische hinzu gehalten. Man kann sogar sagen, daß für diese mehr Entgegenkommen jetzt ist als für die anderen.» (263,1/34)

Für Rudolf Steiner hatten sich aus dieser Aktion viele Erfahrungen ergeben. Er hatte sehen müssen, daß trotz der Weltkriegskatastrophe gerade im Bürgertum die überlieferten Gedanken und Wertvorstellungen fast unerschüttert weiterlebten, daß selbst wohlwollende Menschen seinen kämpferischen Einsatz für seine Ideen, sein Auftreten innerhalb der Arbeiterschaft nicht verstanden (192/349f). Er hatte gesehen, daß seine eigenen Mitstreiter, die zumeist bürgerlicher Herkunft waren, Fehler machten. Zugleich aber sah er, daß ein Teil der Anthroposophenschaft, obwohl sie auf ein öffentlich-politisches Wirken nicht eigentlich vorbereitet war und aus ganz anderen Seelenbedürfnissen heraus den Weg zur Anthroposophie gefunden hatte, sich mutig ins Getümmel stürzte und daß alsbald in vielen deutschen Städten Ortsgruppen des

Bundes für Dreigliederung entstanden, von denen eine ganze Reihe auch wirklich aktiv wurden. Aber es hatte sich niemand gefunden, dem er die Leitung und Impulsierung dieser Bewegung überlassen konnte: Sie war letztlich während der ganzen Kampagne auf ihn gestellt.

Auf ihn aber warteten andere Aufgaben. In Dornach wartete man auf ihn, in Berlin, wo er im Januar die angekündigten Vorträge hatte absagen müssen, hofften die Anthroposophen nach Jahresfrist ihren Zweigleiter wieder zu sehen. Die Eurythmie, die ihre ersten Schritte in die Öffentlichkeit getan hatte, bedurfte neuer Anregungen, vor allem aber stand mit der Gründung der Freien Waldorfschule schon das nächste konkrete Projekt vor der Tür. So mußte er seinen persönlichen öffentlichen Einsatz für die Dreigliederung im Tageskampf in den ersten Augusttagen beenden und sich wieder auf seine engeren Aufgaben zurückziehen. Nicht daß er sich zur Dreigliederung nicht mehr geäußert hätte: Er schrieb zunächst regelmäßig, 1920 seltener Beiträge für die Dreigliederungszeitung; im Oktober 1919 hielt er in Zürich sechs Vorträge unter dem Titel *Soziale Zukunft* über die Dreigliederung, und 1921 fanden noch zwei Kurse für Redner statt, die sich für die Dreigliederung einsetzen wollten – doch von den politischen Aktionen zog sich Rudolf Steiner nun völlig zurück.

Für Rudolf Steiner war dieses Unternehmen, durch das er sich in der Öffentlichkeit ja durchaus politisch und auch – wenn man so will – agitatorisch exponierte, ein Wagnis. Für seinen Ruf war es eine zweischneidige Angelegenheit: Einerseits wurde er eigentlich erst jetzt in der Öffentlichkeit bekannt, Steiner wurde ein Diskussionsthema und ein Objekt der Karikaturisten; zum anderen aber setzte er sich Mißverständnissen aus, ganz neue Gegnerschaften entstanden. Jetzt erst bricht die Flut der Bücher, Broschüren und Artikel gegen Steiner so richtig los. Doch auch geistig – man kann auch sagen: okkult – war das Eintreten in den Tageskampf nicht ohne Risiko. Rudolf Steiner mußte sich auf viele Dinge einlassen, in Vorgänge und Denkweisen eintauchen, die seine Aufmerksamkeit stark auf äußere materielle Probleme richteten. Er erlebte diese Tendenzen, die sich nicht an Ideen, sondern an materiellen Tatbeständen orientierten, wie Bleigewichte. Im Laufe der Aktion spürte er immer mehr, wie wenig sich die meisten seiner Zuhörer über die Tagesfragen erheben und zu Gesichtspunkten aufschwingen konnten, durch die soziale Zukunft gestaltet werden kann. So kam er dann 1923 im Rückblick zu folgendem Urteil über den Verlauf der Dreigliederungskampagne: «Man möchte sagen, als von dem Dreigliederungsimpuls im sozialen Leben gesprochen worden ist, da war das gewissermaßen eine Prüfung, ob der Michael-Gedanke schon so stark ist, daß gefühlt werden kann, wie ein solcher Impuls unmittelbar aus den zeitgestaltenden Kräften herausquillt. Es war eine Prüfung der Menschenseele, ob der Michael-Gedanke in einer Anzahl von Menschen stark genug ist. Nun, die Prüfung hat ein negatives Resultat ergeben. Der Michael-Gedanke ist noch nicht stark genug in auch nur einer kleinen Anzahl von Menschen, um wirklich in seiner ganzen zeitgestaltenden Kraft und Kräftigkeit empfunden zu werden.» (223/50f)

Mit solchen Worten kennzeichnet Rudolf Steiner das Kleben der Gedanken am einseitig Faktischen. Der Michael-Gedanke, von dem er 1923 spricht, ist der Gedanke, der sich aus reinem Denken ergibt und sich zum Geiste, zum geistigen Wesen des Menschen, zum Geist in Natur und Geschichte öffnet und im Sinne des Geistes handelt. In dem ersten Aufsatz, den Rudolf Steiner Anfang Juli 1919 für die Dreigliederungszeitung verfaßte, hat er das Gegenbild dieses Michael-Gedankens beschrieben: «In dem Proletariat hat sich der zerstörende Aberglaube festgelegt, daß alles Rechts- und alles Geistesleben naturnotwendig aus den Wirtschaftsformen entsteht. Große Kreise auch von Nichtproletariern sind heute schon von diesem Aberglauben befallen. – Was in den letzten Jahrhunderten als eine Zeiterscheinung sich entwickelt hat: die Abhängigkeit des Geistes- und Rechtslebens vom Wirtschaftsleben, das sieht man als eine Naturnotwendigkeit an. Man bemerkt nicht, was die Wahrheit ist: daß diese Abhängigkeit die Menschheit in die Katastrophe getrieben hat; und man gibt sich dem Aberglauben hin, daß man nur eine andere Wirtschaftsordnung brauche, eine solche, die ein anderes Rechts- und Geistesleben aus sich hervortreiben werde.» (24/18f)

Ein Gegengewicht gegen diese Tendenz sollte durch eine Tat, eine wirklich sichtbare Gründung, geschaffen werden; und so kommt Rudolf Steiner am Ende der Dreigliederungsaktion auf die Intention zurück, die er schon im Januar geäußert hatte: «Wir müssen mit dem Geld, was wir noch haben, freie Schulen gründen, um den Leuten beizubringen, was sie brauchen.» So geht er an die Begründung der Waldorfschule, deren Geistesleben sich nicht an ökonomischen oder staatlichen Vorgaben, sondern an der Erkenntnis des heranwachsenden Menschen orientieren soll.

40.
DIE FREIE WALDORFSCHULE

Nie, so berichtet Emil Molt in seinen Erinnerungen, habe er Rudolf Steiner so heiter und vergnügt erlebt wie am 19. August, als er ihn zu den Lehrerkursen, die zur Begründung der Freien Waldorfschule führen sollten, abholte und mit ihm von Freiburg durch das Elztal, dann über Haslach und Freudenstadt nach Stuttgart fuhr. Nie, so erzählen andere Zeitzeugen, habe Rudolf Steiner so glücklich gestrahlt wie am 7. September beim Festakt zur Eröffnung der Waldorfschule. Ob diese Freude nun wirklich einmalig war, sei dahingestellt. Die Begründung einer neuen Pädagogik war jedenfalls eine Sache, auf die Rudolf Steiner schon viele Jahre hingearbeitet hatte. Sie ergab sich aus dem Innersten der Anthroposophie selbst. Hier fühlte sich Rudolf Steiner vor einer Aufgabe, durch die Anthroposophie, wie kaum anderswo, praktisch im Gegenwartsleben wirksam werden konnte, und das freute ihn über alles.

Seit vielen Jahren hatte er über pädagogische Fragen gesprochen. Im Jahre 1907 hatte er die kleine Schrift *Die Erziehung des Kindes vom Gesichtspunkte der Geisteswissenschaft* veröffentlicht, in der er Grundzüge einer an den Werdestufen des Kindes sich orientierenden Erziehung dargelegt hatte. Doch enttäuscht mußte er in den Jahren von 1907 bis 1918 bemerken, daß diese Schrift kaum aufgenommen wurde. Zwar wurde er von anthroposophischen Eltern vielfach um Rat gefragt, wie Kinder zu kleiden oder zu ernähren seien, doch die wesentlichen Anregungen seiner Schrift blieben vorerst praktisch unbeachtet. Dennoch wurde er nicht müde, in seinen Vorträgen immer wieder auf pädagogische Fragen einzugehen.

Der Impuls zur Schulgründung tauchte jedoch von anderer Seite auf, und zwar unmittelbar aus den Lebensforderungen und nicht aus der Lektüre der Schrift Steiners. Wie berichtet, war Emil Molt bereits im

November 1918 durch ein Gespräch mit einem seiner Werkmeister die Idee einer Schulgründung gekommen, doch dann hatten sich andere Probleme in den Vordergrund seiner Aufmerksamkeit gedrängt. Im März 1919 aber hatte Molt einen jungen Anthroposophen, den aus dem Baltikum stammenden Herbert Hahn, nach Stuttgart berufen, um für seine Arbeiter allgemeinbildende Vorträge zu halten, die, nachdem einige anfängliche Schwierigkeiten überwunden worden waren, auch gut ankamen. Am 23. April, also drei Tage nach seiner Ankunft in Stuttgart, sprach Rudolf Steiner dann zu den tausend Arbeitern der Waldorf-Astoria Zigarettenfabrik und beschrieb dabei das Schicksal des Proletariats, das, von der geistigen Bildung ausgeschlossen, nur einen Teil der menschlichen Möglichkeiten entfalten könne. Anschließend an den Vortrag fand in Gegenwart Rudolf Steiners eine Betriebsratssitzung statt, bei der Emil Molt seine Idee, eine Schule zu gründen, aussprach und Rudolf Steiner offiziell aufforderte, die Leitung der Schule zu übernehmen. Molt, der praktisch dachte, unterließ es nicht, zu erwähnen, daß er aus dem Gewinn des Vorjahrs die Summe von 100 000 Mark zurückgestellt habe, und war, wie er später erzählte, etwas «belämmert», als Steiner in aller Seelenruhe sagte, das sei ja ein ganz netter Betrag.

Zwei Tage später kam es schon zum ersten Gespräch über die zu gründende Schule. Nach einem recht anstrengenden Vortrag für die Arbeiter der Daimler-Werke traf sich Rudolf Steiner zu vorgeschrittener Stunde mit Emil Molt, Herbert Hahn und Karl Stockmeyer, der von Molt eigens für die Schulgründung berufen worden war. Stockmeyer – seit 1907 mit der Anthroposophie verbunden – war Lehrer für Mathematik und Naturwissenschaften im badischen Schuldienst und befaßte sich damals mit Fragen der Erneuerung der Schule. Zu Beginn des Gesprächs ging Rudolf Steiner auf Fragen ein, die Herbert Hahn ihm stellte, dann entwickelte er tastend seine Gedanken über die neue Schule. Dabei sprach er von so großen Klassen, daß Stockmeyer geneigt war, die Mitarbeit an dieser Schule abzulehnen. Rudolf Steiner bat ihn aber dringlich, sich der neuen Sache anzunehmen, und in den folgenden Wochen ging Stockmeyer daran, den Plan für die neue Schule auszuarbeiten.

Nachdem die Gründung der Schule eine beschlossene Sache war, suchten Steiner, Molt und Stockmeyer den sozialdemokratischen Kultusminister Heymann auf und trugen ihm am 13. Mai den Plan der Schule vor. Heymann gefiel es, daß hier von einem «Kapitalisten» der

Abb. 127: Herbert Hahn (1890 – 1970). «Hahn ist dabei, die sprachwissenschaftlichen Ergebnisse der jüngsten Vergangenheit und Gegenwart in umfassender Art innerlich zu durchdringen, um sie zu einer anthroposophisch orientierten Wissenschaft zu vollenden. Frische, kernhafte Erfassung der Aufgaben, liebevolle Hingabe als Lehrer und Forscher bringt ihn zu wertvollen Resultaten als Wissenschaftler, zu fruchtbarer Wirksamkeit als Pädagoge.» (Steiner in: «Das Goetheanum», 1922)

Plan einer «Einheitsschule» für Schüler aller Schichten realisiert werden sollte, und aufgrund eines weitmaschigen Schulgesetzes aus dem Jahre 1836 konnte er die Schule nach einigen Wochen genehmigen.

Zur selben Zeit begann Rudolf Steiner – noch immer tastend – in drei Vorträgen für Mitglieder der Anthroposophischen Gesellschaft erste Gedanken über die neue Schule zu skizzieren. Die Grundgedanken dieser Vorträge waren, daß die Lehrer aufgrund einer intuitiven Menschenerkenntnis die Kinder erziehen und unterrichten sollten, daß die Inhalte des Unterrichts wirklich ins gegenwärtige Leben einführen müßten, daß alles Spezialistentum zu überwinden sei, daß eine lebendige Naturanschauung und eine großzügige Auffassung der Geschichte zu gewinnen sei und daß schließlich die Schule sich selbst verwalten müsse. Aber Rudolf Steiner forderte damals auch schon die Abschaffung des üblichen Stundenplans, dieser «Mördergrube für alles dasjenige, was wahrhafte Pädagogik ist» (192/128). Eine Idee, die er später durch die Einführung des Epochenunterrichts realisieren sollte.

Emil Molt kümmerte sich inzwischen um die Frage des Schulgebäudes und fand schließlich das Gelände auf der Uhlandshöhe, wo ein in Stuttgart beliebtes Ausflugslokal zum Verkauf stand. Am 30. Mai be-

Abb. 128: E. A. Karl Stockmeyer (1886 – 1963) errichtete den Modellbau in Malsch, trat 1918/19 mit Schriften zur Erneuerung des Schulwesens hervor, wirkte von 1919 bis 1938 als Lehrer und Verwalter an der Waldorfschule. Nach 1945 beteiligte er sich an der Gründung der Waldorfschule in Freiburg.

sichtigte er es mit Rudolf Steiner, dessen Blick auf den unbebauten Platz hinter dem Lokal fiel und der beim Anblick der sich am Rande des Geländes erhebenden «roten Wand» freudig bemerkte, da könnten ja die Schüler sogleich den schönsten geologischen Anschauungsunterricht erhalten. So griff Molt zu: Er setzte praktisch sein keineswegs großes Privatvermögen ein und kaufte Haus und Gelände für 450 000 Mark.

Wichtiger als das sehr glücklich gewählte Schulgelände mit dem umzubauenden Restaurant waren die zukünftigen Lehrer. Da Rudolf Steiner selbst die anthroposophische Arbeit in Deutschland aus den Anfängen aufgebaut und mit den meisten Mitgliedern persönliche Gespräche geführt hatte, kannte er viele der in Frage kommenden Mitarbeiter, die er um ihre Mitarbeit an der neuen Schule bitten konnte. Unter ihnen waren neben Herbert Hahn und Karl Stockmeyer der Musiker Paul Baumann, die Eurythmistin Elisabeth Baumann, Dr. Caroline von Heydebrand, Dr. Rudolf Treichler, Dr. Walter Johannes Stein, Johannes Geyer sowie drei weitere Lehrerinnen und ein Lehrer, die noch zu Lebzeiten Rudolf Steiners durch Krankheit oder Heirat wieder aus der Schule ausschieden.

Abb. 129: Caroline von Heydebrand (1886 – 1938), Klassenlehrerin. «Sie ist eine geborene Pädagogin. Die pädagogische Sendung lebt in jedem ihrer Sätze, wie sie lebt in ihren Maßnahmen in der Stuttgarter Waldorfschule. Ihr Fundament ist anthroposophische Menschenerkenntnis, ihr Wirkungsimpuls von Einsicht getragene Menschen- und namentlich Kinderliebe.» (Steiner in: «Das Goetheanum», 1922)

Bevor Rudolf Steiner den Begründungskurs für das Kollegium hielt, fuhr er für zwölf Tage nach Dornach, wo die dortigen Mitarbeiter und die Fragen des Baus auf ihn warteten. Kaum in Dornach angekommen, sprach er am 9. August über pädagogisch-soziale Fragen und schlug damit die Brücke von seinen 1907 entwickelten Ideen zur Gegenwart. Er führte aus, wie das Kind in der ersten Lebensphase bis zum siebten Jahr seine Leiblichkeit durch aktive Nachahmung gestaltet und wie durch gute und gründliche Nachahmung der Leib so konfiguriert wird, daß er dem Menschen im späteren Lebensalter keine Hindernisse in den Weg stellt: Damit werde die gesunde Nachahmung zur Grundlage der Freiheit. Nur *der* Mensch könne im späteren Alter frei sein, der auch über sich selbst verfügen könne. In einem verwandten Sinne bedürfe der junge Mensch in der zweiten Lebensepoche vom siebten bis zum vierzehnten Jahr eines Lehrers, der ihn in die Welt auf bildhafte Weise einführt. Der Lehrer müsse in diesem Alter eine wirkliche Autorität sein: So wie die Weinrebe eines Stabes bedarf, an der sie sich heraufrankt, so bedarf der Mensch in der zweiten Lebensepoche einer vermittelnden Autorität, zu der er aufblicken kann. Aus diesem Aufblick zur Autorität erwachse im späteren Lebensalter das Rechtsgefühl, das das gleiche Recht des

Abb. 130: Walter Johannes Stein (1891 – 1957), Lehrer für Geschichte. «Er ist ein scharfer Denker und trägt Anthroposophie wie die Selbstoffenbarung der eigenen Persönlichkeit mutvoll vor. Sein umfassender Überblick über die heute schon vorliegenden anthroposophischen Ergebnisse verhilft ihm dazu, Belege, Begründungen, Erläuterungen aus den verschiedensten Ecken für das von ihm jeweilig besprochene Thema zusammenzutragen.» (Steiner in: «Das Goetheanum», 1922)

anderen Menschen anerkennt. Nach dem vierzehnten Lebensjahr, wenn sich beim Menschen die Möglichkeit der geschlechtlichen Liebe entwickelt, müsse diese spezielle Liebe zu einer allgemeinen Menschenliebe und zu einer liebevollen Einsicht in die Weltverhältnisse erweitert werden. Diese von Liebe getragene Einsicht kann zur Grundlage des brüderlichen Verhaltens des reifen Menschen werden (296/17-22).

Die Pädagogik der Gegenwart stehe auch noch vor anderen großen Aufgaben. In rasanter Weise verbreite sich heute die technische Intelligenz, und diese technische Intelligenz neige dazu, einseitige Interessen zu verfolgen und schließlich sich Böses auszudenken: die Intelligenz habe schon jetzt einen deutlichen Hang zum Bösen. Die Intelligenz dürfe zwar nicht unterdrückt werden, «aber es gehört für den Einsichtigen in der Zukunft ein gewisser Mut dazu, der Intelligenz sich hinzugeben, weil die Intelligenz die Versuchung bringt zum Bösen und zum Irrtum.» (296/93) Solche Verhältnisse müßten von den Lehrern und Erziehern erkannt und berücksichtigt werden, damit in jedem Kind die Liebe zum Guten, die sich aus dem Christus-Impuls ergibt, der Möglichkeit nach veranlagt werden kann.

Insgesamt waren es große und menschheitliche Gesichtspunkte, die der Begründung der Freien Waldorfschule zugrunde lagen, als am Vorabend des Kurses die Teilnehmer zusammenkamen. In seiner Ansprache sagte Rudolf Steiner, daß die neue Schule eine wirkliche Kulturtat sein müsse, die reformierend auf das ganze Schulwesen wirke. Freilich müsse man Kompromisse mit den bestehenden Verhältnissen eingehen, aber man werde die eigenen Ziele nicht aus dem Auge verlieren.

Die Schule, so führte Steiner weiter aus, solle eine echte Lehrer-Republik sein, in der jeder für das, was er tue, selbst voll verantwortlich sei: Nicht Vorschriften und Verordnungen sollten das Schulleben bestimmen, sondern die freie pädagogische Initiative, die aus wirklicher Menschenerkenntnis erwachse. Für die Lehrer sei ferner ein lebendiges Interesse für alles, was in der Gegenwart vorgehe, dringend notwendig: «Durch das Interesse für die Welt müssen wir erst den Enthusiasmus gewinnen, den wir brauchen für die Schule und unsere Arbeitsaufgaben.» Dann werde aus der Not und den Aufgaben der Zeit, die «man sich beide nicht groß genug vorstellen kann», der Mut zur Tat geboren werden (293/16).

Am Morgen des 21. August fingen dann die Lehrerkurse an. Um 9 Uhr begann Rudolf Steiner mit einem Vortrag über allgemeine Menschenkunde, dem sich nach einer viertelstündigen Pause ein zweiter Vortrag über spezielle Methodik und Didaktik anschloß. Das dauerte bis etwa halb zwölf. An den Nachmittagen folgte das Übungsseminar von drei bis sechs Uhr – so durch vierzehn Tage bis zum 5. September.

Die Begeisterung Rudolf Steiners für diese Schulgründung tritt in diesen Vorträgen nicht äußerlich in Erscheinung. Freude, Anteilnahme und Begeisterung verwandeln sich in die unerhört dichten und konzentrierten Vorträge, in praktische Ratschläge und in die Übungen für die Lehrer. Im Mittelpunkt der Vorträge über allgemeine Pädagogik steht die Menschenkunde, eine dreifache Beschreibung des dreigliedrigen Menschen, so wie sie Rudolf Steiner weder vorher noch nachher in solcher Zusammenschau entwickelt hat. Die Lehrer gewannen aus diesen Vorträgen die Anfangsgründe einer lebendigen Menschenerkenntnis, einer Erkenntnis, die das Pädagogische aus dem Erleben des Menschen entstehen läßt (291/42). Unmittelbar nach Abschluß der Kurse hat Rudolf Steiner deren Sinn in zweifacher Weise in Berlin zusammengefaßt. Er sagte, daß es darauf ankomme, eine Pädagogik zu begründen, «welche mit der Tatsache rechnet: in dem Kinde wächst eine Seele heran, die aus einem anderen Erdenleben kommt». Der Erzieher «wird ein feines Gefühl haben müssen für das, was sich aus einem früheren Erdenleben herüberentwickelt in dem werdenden Kinde» (193/115). Zugleich aber komme es darauf an, prophetisch für die Aufgaben der Zukunft zu erziehen: «Daß wir prophetisch erziehen müssen, daß wir voraussehen müssen, was die nächste Generation als Aufgaben hat, das ist ernst. Das steht in der Welt drinnen.» (193/117)

In diesem Sinne erinnernd und vorausschauend müsse der Lehrer die Brücke schlagen, die Vergangenes und Künftiges verbindet, und seine Aufgabe sei es, den Zukunftsstrom in der Gegenwart heilsam mit dem zu verbinden, was aus früheren Erdenleben in der Gegenwart anwesend ist. Um diese große Aufgabe zu lösen, bedürfe der Lehrer eines lebendigen Gefühls und einer intuitiven Anschauung dessen, was in den Schülern, denen er täglich begegnet, lebt und werden will.

Nachdem das junge Kollegium – das Durchschnittsalter der Lehrerinnen und Lehrer lag bei 32 Jahren! – von Rudolf Steiner vierzehn Tage hindurch impulsiert und geschult worden war, wurde am 7. September die Freie Waldorfschule im Stadtgartensaal Stuttgarts, einem Gebäude, das durch den Krieg 1944 zerstört wurde, feierlich eröffnet. Etwa tausend Menschen waren gekommen, in erster Linie die etwa 250 Kinder und ihre Eltern und Verwandten, Angehörige der Waldorf-Astoria-Zigarettenfabrik, Menschen, die im Zusammenhang der Dreigliederungsbewegung tätig waren, sowie eine größere Zahl Anthroposophen.

Die Feier begann und schloß mit Musik von Bach: Zur Eröffnung spielte Paul Baumann das Präludium C-Dur aus dem Wohltemperierten Klavier, zum Schluß erklang ein Air für Violine. Nach der Begrüßung durch Emil Molt hielt Rudolf Steiner die Festansprache, in der er auch sagte, was diese Schulgründung für ihn selber bedeute: «Für mich, meine sehr verehrten Anwesenden, war es eine heilige Pflicht, dasjenige, was in den Absichten unseres Freundes, des Herrn Molt, bezüglich der Gründung der Waldorfschule lag, so aufzunehmen, daß diese Schule herausgestaltet werden könne aus dem, was man glauben darf, in der Gegenwart durch die Geisteswissenschaft gewonnen zu haben.» (298/22)

Vor seinem Auge stünde die «heilige Verpflichtung» (298/23), die mit aller pädagogischen Arbeit verbunden ist, und so fragte er: «Und ist es nicht schließlich eine höchste heilige, religiöse Verpflichtung, das Göttlich-Geistige, das ja in jedem Menschen, der geboren wird, neu erscheint und sich offenbart, in der Erziehung zu pflegen? Ist dieser Erziehungsdienst nicht religiöser Kult im höchsten Sinn des Wortes? Müssen nicht zusammenfließen alle unsere heiligsten, gerade dem religiösen Fühlen gewidmeten Menschheitsregungen in dem Altardienst, den wir verrichten, indem wir herauszubilden versuchen das sich als veranlagt offenbarende Göttlich-Geistige des Menschen im werdenden Kinde!

Lebendig werdende Wissenschaft!
Lebendig werdende Kunst!
Lebendig werdende Religion!

das ist schließlich Erziehung, das ist schließlich Unterricht.» (298/23)

Nach Rudolf Steiners Ansprache folgten Rezitation, Gesang und ernste und heitere Eurythmie. Für die Lehrerschaft sprach Karl Stockmeyer, für die Arbeiterschaft Herr Saria. Nach der Feier zog die Schar der Schüler im festlichen Zuge quer durch die Stadt zur Schule auf der Uhlandshöhe, wo die Kinder in Klassen gegliedert und mit ihren Lehrern bekannt gemacht wurden. Für das Kollegium endete der Tag, indem man gemeinsam eine Aufführung der *Zauberflöte* im Großen Haus des Staatstheaters besuchte.

Für Rudolf Steiner ging es bei der Begründung der Waldorfschule in dem erwähnten Sinne um einen heiligen Dienst, zu dem jede ältere Generation berufen ist. In der Eröffnungsansprache fielen aber auch die Worte von der «Erziehungs- und Unterrichtskunst», ja, Rudolf Steiner forderte, daß der Lehrer «künstlerischer Erzieher des werdenden Menschen sein» solle (298/24). Damit klingt ein Lebensmotiv Steiners auf, das zuerst in dem Vortrag *Goethe als Vater einer neuen Ästhetik* hörbar geworden war. Künstlerisches Handeln im Sinne Steiners besteht nicht im Realisieren irgendeines Ideals, indem also ein Ideal der Wirklichkeit aufgesetzt oder aufgezwungen wird, sondern alles künstlerische Tun nimmt für ihn seinen Ausgang von der vorhandenen Wirklichkeit und versucht das, was in dieser Wirklichkeit verborgen lebt, zur Erscheinung zu bringen.

So hat Steiner die Dressur der Kinder auf ein Ideal hin abgelehnt. In dem vorletzten pädagogischen Vortragskurs, den er 1924 in Arnheim hielt, hat er das sehr deutlich formuliert: «Das Kind wird uns übergeben zur Erziehung, zum Unterricht. Wir betrachten, wenn wir auf anthroposophischem Boden pädagogisch denken, das Kind nicht so, daß wir uns vorstellen: da gibt es irgendein soziales oder sonstiges Menschenideal, und wir müssen nun das Kind so entwickeln, daß es diesem Ideal immer ähnlicher wird. ... Das ist für den, der erziehen und unterrichten will auf anthroposophischem Boden, durchaus kein Ausgangspunkt. Er geht nicht vom Idol aus. Denn ein abstraktes Menschenbild, zu dem man irgendein Kind hinleiten will, ist ein Idol, ist etwas Ausgedachtes, ist keine Wirklichkeit.» (310/13)

Im weiteren beschreibt Rudolf Steiner dann, wie die Erzieher das Kind beobachten; wie ihnen das Kind in den ersten Lebenstagen zuerst mit einer unbestimmten Physiognomie und unorganisierten, unorientierten Bewegungen entgegegentritt. Dann verfolge man, wie die Physiognomie bestimmter und allmählich zum Ausdruck eines Seelischen wird, das sich an die Oberfläche arbeitet, und ein wenig später bemerke man, wie die Bewegungen des Kindes harmonischer und orientierter werden. Schon durch diese Beschreibung wird bemerkbar, wie der echte Erzieher in wahrnehmender Hingabe an das Kind lebt. Rudolf Steiner fährt dann fort: «Da fragt man sich mit heiliger Ehrfurcht und Andacht: was arbeitet sich denn da an die Oberfläche? – Da wird Herz und Sinn zurückgeführt zu dem, was vom Menschen selbst an Geistig-Seelischem da war in der geistig-seelischen, vorirdischen Welt ... und man sagt sich: Du Kind, jetzt, nachdem du durch die Geburt ins irdische Dasein eingetreten bist, bist Du unter Menschen; vorher warst du unter geistig-göttlichen Wesenheiten. – Was gelebt hat unter geistig-göttlichen Wesenheiten, das ist heruntergestiegen, um unter Menschen zu sein! Man sieht das Göttliche im Kinde werden. Man fühlt sich wie vor einem Altar. Nur daß auf den Altären, die man in den Religionsgemeinschaften gewohnt ist, die Menschen den Göttern opfern, damit ihre Opfergaben hinaufsteigen in die geistige Welt; jetzt fühlt man sich gewissermaßen vor dem umgekehrten Altar: die Götter lassen ihre Gnadenströme heruntersteigen als göttlich-geistige Wesenheiten, damit diese sich hier auf dem Altar des physischen Lebens als Göttersendlinge menschlich entfalten! Man schaut in jedem Kinde die göttlich-geistige Weltenordnungsentfaltung: wie Gott schafft in der Welt.» (310/14)

Die Betrachtung endet dann mit der Bemerkung, daß sich Lehrer und Erzieher eigentlich als Gehilfen dieser Weltordnungsentfaltung, als Helfer dessen, was im Kinde sich an die Oberfläche arbeitet, verstehen sollen. Sie sind Pfleger dessen, was sie erst kennenlernen sollen, wenn sie dem Kinde gegenüberstehen.

Abb. 131: Eugen Kolisko (1893 – 1939), Schularzt, Lehrer für Menschenkunde, Biologie und Chemie. «Persönlichkeiten wie Dr. med. Eugen Kolisko können von der anthroposophischen Bewegung nicht hoch genug eingeschätzt werden. ... Man hat bei Kolisko nirgends das Gefühl, daß er von vorneherein Anthroposophie in seine Welt-Erkenntnis hereinträgt, sondern überall das, daß er in einem sachgemäßen, aber intimen Denken aus den konkreten Problemen die anthroposophische Anschauung gewinnt.» (Steiner in: «Das Goetheanum», 1922)

Es könnte nun dem, der Rudolf Steiner nicht genauer kennt, erscheinen, daß gerade durch das starke religiöse Motiv, das mit der anthroposophischen Pädagogik verbunden ist, ein allzu gefühlsschwangeres oder gar rückschrittliches Motiv in diese Pädagogik eindringe. Wer Steiner so versteht, mißversteht ihn allerdings gründlich, denn mit dem, was er über den Altardienst der Pädagogik ausführt, ist für ihn nichts anderes als die sachgemäße Beschreibung dessen gemeint, was in der Erziehung zu leisten ist. Für ihn ist die Aussage, daß die Kinder «Göttersendlinge» sind, keine Beschwörungsformel, sondern eine Beobachtung.

Die Waldorfschule nimmt unter den anthroposophischen Einrichtungen eine Sonderstellung ein. Zunächst schon durch die Tatsache, daß Rudolf Steiner selbst Leiter der Schule war und die Pflichten und Befugnisse eines Leiters auch durchaus wahrnahm, insbesondere dadurch, daß er alle Personalfragen selber entschied. Dabei ging es ihm darum, Talente, wirkliche Individualitäten heranzuziehen. Sein Blick richtete sich auf den Menschen und nicht auf sein weltanschauliches Bekenntnis. Mit Hannah Lang und Hans Rutz hat er Lehrer ins Kollegium aufgenommen, die zunächst keine Anthroposophen waren. Höchst instruktiv ist in diesem Zusam-

Abb. 132: Karl Schubert (1889 – 1949) hatte an der Waldorfschule die Hilfklasse übernommen. Er engagierte sich für die Aufführung der Oberuferer Weihnachtsspiele durch das Lehrerkollegium. Auf der Weihnachtstagung 1923/24 sprach er über «Anthroposophie, ein Führer zu Christus».

menhang das Gespräch, das Hans Rutz mit Rudolf Steiner führte, als er sich um eine Anstellung an der neuen Schule bewarb. Nach den Eröffnungsworten Steiners sagte Rutz: «Das sage ich Ihnen aber gleich von vorneherein, ich bin kein Anthroposoph; ich muß meine volle geistige Freiheit haben!» (*Lehrerkreis*, S. 298) Hans Rutz wurde Waldorflehrer.

Die glückliche Hand, die Steiner bei seiner Wahl der Lehrer zeigte, kann man daran erkennen, daß viele dieser Lehrer geistig produktiv waren oder wurden. Nicht nur als Vortragsredner und Vertreter der Waldorfschul-Pädagogik, sondern auch als Verfasser von Aufsätzen und Büchern. Dabei ist bemerkenswert, daß nicht nur die wissenschaftlich Ausgebildeten wie Hermann von Baravalle, Ernst Bindel, Erich Gabert, Herbert Hahn, Caroline von Heydebrand, Eugen Kolisko, Erich Schwebsch, Walter Johannes Stein, Martin Tittmann und Rudolf Treichler zur Feder griffen, sondern daß auch die Handarbeitslehrerin Hedwig Hauck, der Gymnastiklehrer Fritz Graf Bothmer über ihre Arbeit schrieben, daß Paul Baumann Lieder für die Waldorfschule komponierte und daß Max Wolffhügel neben Gemälden ein Oeuvre von Wandtafelzeichnungen schuf, während wieder andere Kollegen Klassenspiele schrieben.

Rudolf Steiner förderte die Lehrer auch nach Kräften, indem er ihnen besondere Aufgaben stellte, indem er sie zu Vorträgen und Kursen heranzog. Wenn er selbst pädagogische Kurse in der Schweiz, in England und Holland hielt, sprachen auch Waldorflehrer über ihre Arbeit, und Rudolf Steiner unterließ es nie, gute und besondere Leistungen zu würdigen und in seinen Vorträgen und Berichten auf die Arbeiten der Waldorflehrer hinzuweisen. So rühmte er das Referat, das Caroline von Heydebrand auf dem Stuttgarter Kongreß im Herbst 1921 gehalten hatte, und über den Vortrag, den sie im April 1922 in Den Haag hielt, schrieb er: «Die pädagogische Sendung lebt in jedem ihrer Sätze, wie sie lebt in ihren Maßnahmen in der Stuttgarter Waldorfschule.» (*Goetheanum*, 1. Jg., S. 310) – Er freute sich auch über die jüngeren Kollegen, so über Hermann von Baravalle, der schon als Zweiundzwanzigjähriger an die Waldorfschule gerufen wurde und dem die Auszeichnung zuteil wurde, zu den Rednern zu gehören, die bei der Eröffnung des Goetheanum 1920 vortrugen. Auch während des letzten pädagogischen Kurses, den Rudolf Steiner 1924 in Torquay hielt, konnte von Baravalle durch eigene Vorträge die Arbeit Steiners unterstützen. In diesem Sinne förderte er auch viele der anderen Lehrer: Dr. Kolisko, Dr. Schubert, Dr. Schwebsch, Dr. Hahn und Dr. Stein, über die noch in anderem Zusammenhang zu sprechen sein wird.

Selbstverständlich sprach Rudolf Steiner auch offen über Fehlleistungen der Lehrer. So monierte er nach der Erziehungstagung 1923 das «allzustarke Betonen der negativen, kritischen Elemente»: «Man kann schon mit Keulen schlagen, ich habe nichts dagegen. Nur dürfen nicht die negativen Instanzen in der Veranlagung schon drinnen liegen.» Bei der gleichen Besprechung merkte er an, daß der Redner sein eigentliches Thema verfehlt habe (300,3/18f).

Die eigentliche Betreuung und Leitung der Schule nahm Rudolf Steiner vor allem durch die Konferenzen und die Unterrichtsbesuche wahr. Es sind Aufzeichnungen von insgesamt 70 Konferenzen, die Rudolf Steiner geleitet hat, überliefert. Man darf ferner annehmen, daß er an mindestens 140 Tagen den Unterricht besucht hat. Durch diese fortwährenden Unterrichtsbesuche konnte er nicht nur den Lehrern Ratschläge und Winke geben, vor allem lernte er auch die Kinder immer besser kennen. Zum Erstaunlichsten in den Aufzeichnungen der Konferenzen gehört die Tatsache, daß Rudolf Steiner fast alle besprochenen

Schüler kannte. Im Laufe der fünf Schuljahre, in denen er die Arbeit der Schule begleiten konnte, wurden allein in den Konferenzen über hundert Kinder besprochen. Die Kinderbesprechungen waren das Herz der Konferenzen: Auf manche Kinder wurde vier oder fünfmal eingegangen. Im Laufe der Jahre wurden alle Kinder vom Schularzt, Dr. Eugen Kolisko, untersucht, so daß auch die körperlichen und gesundheitlichen Verhältnisse in den Blick kamen.

Wegweisend für die Arbeit in den Konferenzen war das Vorbild Rudolf Steiners, der die Devise ausgab, jeder Lehrer müsse durch das Kennen und Erkennen der Kinder ein intensives Verhältnis zu ihnen gewinnen. «In Psychologie wirken! Wenn Sie nachdenken darüber, werden Sie finden, was ich darunter verstehe. Nicht so sehr die Idee haben, die Kinder müssen dies oder jenes erreichen, sondern sich fragen, was können die Kinder nach ihrer psychologischen Beschaffenheit erreichen? Ganz aus den Kindern heraus arbeiten! Das kann man im einzelnen sich nur angewöhnen, wenn man ein richtig reales Bestreben hat, das Kind in seinen verschiedenen Varianten kennenzulernen. Jedes Kind ist interessant!» (300,1/156) Oder: «Wie die Kinder wirklich sind, das psychologisch zu erkennen, muß man sich mit schwerem Studium erringen. Dies ist eines, wovon ich meine, daß wir es nach dem ersten Jahr als Hauptsache betrachten: Verstehenlernen der Kinder. Sich gar nicht vornehmen, sie müßten so oder so sein.» (300,1/156)

Oft ist in den Konferenzen zu bemerken, daß Rudolf Steiner die Kinder gegen die Urteile und Auffassungen der Lehrer und Erwachsenen verteidigt. Immer wieder rät er den Lehrern, bestimmte Unarten der Kinder mit Humor zu behandeln. Er macht auch auf die Folgen falscher Urteile der Lehrer aufmerksam. «Es ist schlimm, wenn die Kinder die Meinung haben, der Lehrer durchschaut nicht das Richtige. In dieser Beziehung dürfen wir nicht gleichgültig sein; wir müssen uns darum bekümmern, daß die Kinder nicht glauben, man fällt über sie ein ungerechtes Urteil. Wenn sie dies glauben, dürfen wir uns nicht wundern, wenn sie frech werden.» (300,2/152)

In einem Falle war ein Mädchen aus der sechsten Klasse, deren Eltern nicht in Stuttgart wohnten, von den Leuten, bei denen sie untergebracht war, ausgerissen, unter anderem, weil sich die Pensionsmutter abträglich über sie ausgesprochen hatte. Rudolf Steiner verteidigte das Kind: «Sind wir denn eine Anstalt zur Bewunderung braver Kinder? Die Kinder sind nicht so, wie man sie gerne haben will. Das ganze zeigt nur, daß die Frau N., bei der sie wohnt, keine Hand für das Kind hat. ... Wir haben die Aufgabe, die Kinder zu erziehen, und nicht die Kinder in ihrer Bravheit zu behandeln. Der Fall würde begründen, daß man der Frau N. niemals ein Kind übergibt. ... Es ist schon ärgerlich, wenn man so etwas über ein Kind sagt. ‹Dirne› ist eine solche Albernheit, daß man kein Wort findet, um diese Albernheit zu charakterisieren. ... Das Kind hat einen ausgezeichneten Charakter.» (300,3/132f)

In diesem Sinne war Rudolf Steiner immer wieder ein Anwalt der Kinder, der Unarten und Streiche, mangelnde Leistungen und fehlendes Interesse der Schüler meist sehr gut verstand und der die Lehrer und Erzieher immer wieder an ihre Verantwortung und auch an ihre Versäumnisse erinnerte. In vielen Fehlleistungen der Kinder erblickte Steiner also das Versagen der Lehrer und Erzieher.

Die Waldorfschule entwickelte sich insgesamt gut. Im ersten Jahr 1919 begann sie mit 12 Lehrern und 256 Schülern in acht Klassen. 1924 hatte sie 47 Lehrer und 784 Schüler in 23 Klassen. Jahr für Jahr wurde von 1920 bis 1924 die Oberstufe aufgebaut, und wegen des großen Schülerandrangs mußten Parallelklassen eingerichtet werden. Schon im Laufe des ersten Jahres war das Kollegium erweitert worden. Als Schularzt kam Dr. Eugen Kolisko aus Wien, der auch Unterricht gab, eine neue Form des Chemie-Unterrichts entwickelte und Menschenkunde erteilte. Dr. Karl Schubert, ebenfalls aus Wien, übernahm die Klasse der besonders hilfsbedürftigen Kinder, Helene Rommel erteilte Handarbeitsunterricht, und Edith Röhrle sowie Nora Stein wurden als Eurythmie-Lehrerinnen hinzugezogen.

Namentlich in den ersten beiden Jahren wirkten die Lehrer mit der Begeisterung des Neuanfangs, über dem ein besonderer Zauber lag. Rudolf Steiner war sich aber darüber klar, daß ein so gewagtes Unternehmen wie eine freie Schule ständig neuer Impulse bedurfte. Denn in vielerlei Hinsicht war die Schule – wie es einmal ein Nicht-Anthroposoph bemerkte – die einzig wirkliche Reformschule, die auf *allen* Gebieten mit Neuerungen aufwartete. Es gab nicht allein die Koedukation von Mädchen und Buben, nicht allein den Epochen-Unterricht, sondern es wurden auch mit der Eurythmie, dem Handwerk, der Handarbeit (auch für Knaben!), dem Gartenbau ganz neue Fächer eingeführt. Englisch und Französisch wurden von der ersten Klasse an erteilt, was die Entwicklung einer neuen Methodik erforderte. Die Lehrer unterrichteten in allen Fächern frei, ohne auf der Schiene eines Schulbuches zu fahren. Sie mußten sich selbst ihre Unterrichtsinhalte erarbeiten. Darüber hinaus mußten sie ihre Schule selbst verwalten.

Das alles war nicht nur neu und begeisternd, sondern auch anstrengend, um nicht zu sagen strapaziös. Rudolf Steiner stand deshalb vor der Aufgabe, die Begeisterung immer wieder neu zu entfachen. Er tat dies nicht nur in den Konferenzen, sondern auch durch Vorträge, die er speziell und ausschließlich für die Waldorflehrer hielt. Zu Beginn des zweiten Schuljahrs hielt er die vier Vorträge, die unter dem nicht ganz zutreffenden Titel *Meditativ erarbeitete Menschenkunde* gedruckt wurden und die man wohl besser «Meditativ zu erarbeitende Menschenkunde» nennen sollte. Diese Vorträge enthalten – vergleicht man sie mit den Begründungskursen des Jahres 1919 – ganz neue Inhalte und Gesichtspunkte. In der Konferenz, die auf diese Vorträge folgte, machte Rudolf Steiner das Kollegium darauf aufmerksam, daß es keineswegs leicht gewesen sei, die zur Begründung der Schule entwickelten und die nun ergänzend dargestellten Inhalte auf geistigen Initiationswegen zu erforschen, und daß das, was er vorgebracht habe, keineswegs auf bloße Autorität hin aufgenommen werde dürfe. «Wir sind eben in jenem Entwikkelungsstadium der Menschheit, in dem es notwendig ist, daß immer mehr und mehr Freiheitsimpulse aus den dazu reifen Menschen in die Welt gesetzt werden. Wir dürfen gerade dasjenige, was die Welt aus dem Geiste heraus vorwärtsbringen will, wenn wir so arbeiten, wie Lehrer arbeiten müssen, wir dürfen das unter keinen Umständen auf ein seelisch aufgezwungenes Autoritatives hin aufnehmen. Alles muß aufgenommen werden ideal auf den guten Willen, auf die Einsicht des Zuhörers, daß derjenige, der spricht über die Dinge, nach dem Gefühl des Zuhörers etwas zu sagen hat.» (300,1/215)

Mit solchen Bemerkungen über seine eigene Stellung als geistiger Lehrer im Kollegium deutet Rudolf Steiner einerseits sein Selbstverständnis an, zum anderen macht er aber auch klar, daß er auf die freie Empfänglichkeit seiner Mitarbeiter angewiesen ist. Man ersieht daraus, daß die esoterischen Impulse der Geisteswissenschaft in einen zwar besonders ausgewählten, aber doch ganz freien Menschenkreis hineingegeben wurden.

Auch zu Beginn des dritten Jahres der Schule hielt Rudolf Steiner wieder einen Vortragskurs. Er umfaßte diesmal acht Vorträge und ging ganz besonders auf die Fragen der Unterrichtsgestaltung, auf die Gestaltung des Hauptunterrichts, auf das innere Zusammenwirken der Fächer und auf die Fragen eines geistgemäßen naturwissenschaftlichen Unterrichts ein. Zum Schluß dieser acht Vorträge rief Rudolf Steiner die guten über der Schule waltenden Geister an und sagte: «Helft uns, bringt lebendige Geistigkeit unter uns, träufelt sie in unsere Seelen, in unsere Herzen, damit wir in der richtigen Weise wirken. Wenn Sie empfinden, daß das auch ein Gefühlserlebnis sein soll, was wir an den Ausgangspunkt unseres Jahresanfangs stellen, dann werden Sie eine Absicht, die mit diesen Betrachtungen verbunden ist, empfinden, und deshalb möchte ich etwas wie eine kurze Meditationsformel an den Schluß dieser Betrachtungen hinsetzen. Diese Meditationsformel soll lauten: ‹Wir wollen arbeiten, indem wir einfließen lassen in unsere Arbeit dasjenige, was aus der geistigen Welt heraus auch auf seelisch-geistige und auf leiblich-physische Weise in uns Mensch werden will.›» (302/138)

So wollte Rudolf Steiner im Kollegium der Waldorfschule ein Organ der geistigen Welt bilden. Man kann in dieser Gemeinschaft, die sich so zu geistigen Inhalten erhebt und aus ihnen wirken will, das Urbild einer modernen Gemeinschaft sehen. Denn die Waldorfschul-Lehrerschaft war eine durchaus weltliche Gruppierung, keine klösterliche Gemeinschaft mit festen Regeln und ständiger Aufsicht, kein verschworener Orden, der sich von der Welt absonderte, sondern eine Gruppe freier Menschen, von denen jeder nach seiner Art lebte und dachte.

Nun hatte diese Freiheit auch ihre Probleme und Schattenseiten. Zwar konnte Rudolf Steiner nach zwei Jahren Waldorfschule feststellen, «daß die Methode und das methodische Arbeiten des Unterrichtens und Erziehens einen wesentlichen Fortschritt aufzuweisen hat» (302/9), aber er mußte auch bemerken, daß die Kinder im jeweiligen Augenblick zwar Verständnis für das Dargestellte entwickelten, «allein es ist noch nicht alles das erreicht, was zu einem bleibenden Besitz desjenigen führt, was wir den Kindern beigebracht haben, namentlich zu einem solchen bleibenden Besitz, daß die Dinge mit der ganzen Wesenheit des Kindes zusammengewachsen sind, so daß sie sie wirklich dann ins Leben so mitnehmen, wie wir ihnen das oftmals ermahnend bei gewissen feierlichen Gelegenheiten sagen.» (302/9f)

Vor allem bemängelte Rudolf Steiner bei einer Anzahl von Lehrern, daß sie fortwährend dozierten, Lehrvorträge hielten, die sie bestenfalls mit scheinbar sokratischen Fragen, welche aber nur auf Banalitäten zielten, unterbrachen. Offensichtlich kannten die Lehrer die Methode des entdeckenden Lernens nicht oder wußten sie nicht zu handhaben. Die Schüler verharrten gegenüber diesen Monologen mit verteilten Rollen – namentlich in den höheren Klassen – in einer aufnehmenden Passivität und erwarteten, daß jeder Unterricht eine Sensation bringe. «Das ist etwas, was tatsächlich kultiviert worden ist. Es geht zu wenig nach dem Können hinaus, sondern dem einfachen Aufnehmen.» (300,2/146)

Im März 1922 wurde durch den Schulrat eine Inspektion durchgeführt. Die Waldorflehrer beklagten sich danach bei Rudolf Steiner eindringlich über das Unverständnis und Übelwollen des Schulrats, und man überlegte, ob man dieser Inspektion irgendwie publizistisch entgegentreten sollte. Nach einem halben Jahr bekam Rudolf Steiner den Bericht des Schulrats an das Ministerium zu lesen, und daraufhin mußte er in der Konferenz sagen: «Etwas Bedrückendes war für mich der Bericht des Schulrats. Ich habe aus dem, was Sie mitgeteilt haben, die Meinung gehabt, daß er unwohlwollend abgefaßt sei. Wohlwollend ist der Bericht! Ich muß gestehen, daß ich alles notwendig fand, was er hineingeschrieben hat, zum Beispiel, daß nicht darauf geschaut wird, daß die Kinder fortwährend voneinander abschreiben. *Die Dinge sind wahr, die darin stehen, das ist das Bittere!* Sie haben die Vorstellung erweckt, als ob er das ganz unwohlwollend gemacht hätte. Es ist eigentlich abgefaßt so, daß man sieht, der will gar nicht der Schule auf den Leib. Natürlich kommt es heraus, daß er so spricht, wenn wir die Kinder total ruinieren! Dann natürlich werden wir die Folgen haben, daß dasjenige, was im Prinzip gut ist, dadurch schlecht gemacht wird, daß es schlecht angewendet wird. Das Gute muß gut angewendet werden. Was wir brauchen, ist ein gewisser Enthusiasmus, eine gewisse innere Betätigung. Die ist nach und nach geschwunden.» (300,2/141)

Rudolf Steiner war also – wie diese Äußerung zeigt – keineswegs geneigt, eine berechtigte Kritik an «seiner» Schule, auch wenn sie von einem normalen Schulmann kam, der nach den üblichen Maßstäben urteilte, einfach abzuweisen; im Gegenteil, er kannte die Probleme seiner Schule genau und nahm die Kritik durchaus ernst, er blockte sie nicht unter Berufung auf höhere Gesichtspunkte ab.

Das zeigte sich auch in der folgenden Zeit. Er sprach sich gegenüber seinen Mitarbeitern, die zumindest teilweise in hehren Illusionen lebten, immer wieder sehr ungeschminkt aus. So bekam einer der Lehrer zu hören: «Ich war so wenig mit Ihrem Unterricht einverstanden, daß ich dafür nicht die Verantwortung übernehmen könnte. Sie müssen verzeihen, nachdem Sie mir die Enttäuschung bereitet haben, daß ich ganz frisch von der Leber weg rede. Nach dem, wie ich an Ihrem Unterricht teilgenommen habe, kann ich die Verantwortung nicht übernehmen.» (300,2/167)

Eine besondere Sorge war durch längere Zeit hindurch die Disziplinfrage, und im Sommer 1922 mußte Steiner sehen, daß das Kollegium mit den damals obersten Klassen «nicht eigentlich fertig geworden» war (300,2/93). Die Schüler waren innerlich nicht erreicht worden und der Lehrerschaft «etwas über den Kopf gewachsen» (300,2/94). Ähnliches mußte er auch ein Jahr später konstatieren. Er sagte dem Kollegium, daß man den Waldorfschulgedanken «noch in einer viel größeren Gediegenheit und Vollkommenheit» durchführen müsse. «Denn darüber dürfen wir uns auch keiner Illusion hingeben: tatsächlich wissen unsere Schüler – das ist Amtsgeheimnis! – zu wenig für die Behauptung, daß die Waldorfschule das gibt, was notwendig ist zu wissen bis zum achtzehnten Lebensjahr eines Menschen. Sie wissen zu wenig. Es ist bisher nicht gelungen, eine genügend große Anzahl von Schülern bis zu unserem Lehrziel zu bringen.» (300,3/45)

Nun ist es charakteristisch, daß Rudolf Steiner das Problem geistig angeht. Zur Überwindung der Krise lenkt er den Blick der Lehrer auf die Unterrichtsvorbereitung. Er bittet immer wieder, daß die Lehrer sich intensiv vorbereiten. Der Unterrichtsstoff muß so gut verarbeitet sein, daß der Stoff selber gar keine Rolle mehr spielt und der Lehrer sich auf das Methodische konzentrieren kann (300,3/83). Aus diesem Grund hat Rudolf Steiner, solange er die Leitung der Schule innehatte, auch streng darauf geachtet, daß die Lehrer wirklich die Zeit zu gründlicher Vorbereitung hatten. Für einen Sprachlehrer, so meinte er zum Beispiel, seien 16 bis 18 Wochenstunden wirklich genug.

Unter der völligen Verarbeitung des Lehrstoffes verstand Rudolf Steiner nicht nur das Fachlich-Sachliche – das, so meinte er, könne man sich schnell aneignen; und so setzte er auch Lehrer «fachfremd» ein, übergab beispielsweise einem Naturwissenschaftler den Geschichtsunterricht. Ihm war viel wichtiger, daß die Unterrichtsinhalte im Lehrer wirklich lebendig werden: Der Lehrer muß von dem, was er vorbringt, überzeugt und begeistert sein. Von einer solchen Begeisterung, die von der Bedeutung dessen, was man vorzubringen hat, auch wirklich durchdrungen ist, hängt alles ab. Ein Lehrer, der mit dem lebt, was er sagt, setzt dadurch – ohne es anzustreben oder zu wollen – Maßstäbe, an denen sich die Schüler orientieren. Die Schüler nehmen nämlich seelisch wahr, wie ernst es dem Lehrer mit seiner Sache ist, und dementsprechend entfalten sie ihren Eifer. «Es ist diese Disziplinfrage in erster Linie eine Frage der guten, methodischen Vorbereitung. Das ist es in allen Gegenständen und Klassen. Es ist eine Frage der Vorbereitung. Es ist vielleicht schon dies als Grundfrage zu berücksichtigen, ob denn keine Zeit ist zur Vorbereitung. Es mag sein, daß mir viele sagen, es ist zur richtigen Vorbereitung keine Zeit, aber daran liegt es. Es könnte eingesehen werden, daß die Waldorfschule das notwendig macht, gründliche Vorbereitung, daß man mit dem Stoff keine Schwierigkeiten mehr hat, wenn man vor der Klasse steht. Das merken die Schüler sehr bald und fühlen sich dann enthoben der Autorität. Dann fängt es an.» (300,3/83f)

Ein anderes schwieriges Problem war die anthroposophische Durchdringung des Unterrichts. Denn die Waldorfschule war nicht deshalb gegründet worden, um die materialistischen Anschauungen unserer Zeit einfach an die Schüler weiterzureichen. Durch die Anthroposophie sollten die Schüler zum Beispiel zu einem wirklichen Anschauen und dann zu einem Verstehen der Naturerscheinungen geführt werden, zu einem Verstehen, das ins Innere der Natur und ihrer Bildekräfte hineinführt. Dr. Eugen Kolisko war bemüht, den Chemie-Unterricht in diesem Sinne zu entwickeln. So standen die Lehrer allesamt vor der Aufgabe, den Stoff umzuarbeiten. Es bestand aber immer auch die Gefahr, daß man in ganz unpädagogischer Weise einfach die Anthroposophie zum Unterrichtsinhalt machte. Das war Rudolf Steiner überhaupt nicht recht (300,2/143), und er litt erheblich unter solchen Mißgriffen. Einem Lehrer mußte er sagen: «Manche Dinge dürfen Sie, Herr X., nicht so arg mißverstehen. Ich hatte eine Art Starrkrampf bekommen, als Sie die *Chymische Hochzeit* heute durchnahmen. Ich habe gesagt, daß für Sie selbst, um den Gang des Geisteslebens zu verstehen, dies so gemacht werden kann. Nun haben Sie es flugs durchgenommen.» (300,2/274) Oder ein wenig später: «Die andere Klippe ist, daß man viel zu anthroposophisch wird, wie Herr X. Ich war auf Nadeln gesessen, daß die Besucher von gestern zu sehr den

Geschichtsunterricht ins Religiöse umgesetzt gefunden haben. Es läßt sich das nicht so machen, daß man den Geschichtsunterricht zu sehr auf das Religiöse hin orientiert. Dazu ist der Religionsunterricht da.» (300,3/74)

So trat Rudolf Steiner immer wieder dem entgegen, «daß zuviel von Anthroposophie in den Unterrichtsinhalt hineingetragen werde» (300,3/75). Denn die Waldorfschule sollte keine Weltanschauungsschule sein, das Anthroposophische sollte in der Methode und in jener Verwandlung der Unterrichtsinhalte liegen, die dem Kind diese Inhalte zugänglich und verständlich macht.

Eine andere wichtige Sorge war für Rudolf Steiner die Schulverfassung im doppelten Sinn. Die Schule war als freie Lehrerrepublik eingerichtet, in der jeder Lehrer aus freier Initiative in seinem Unterricht tätig war und für ihn verantwortlich zeichnete. Die Schulverwaltung im engeren Sinne wurde durch einen Verwaltungsrat und natürlich auch in den gemeinsamen Konferenzen geregelt. In allen Verwaltungsangelegenheiten achtete Rudolf Steiner auf die Einhaltung der geregelten Formen und Verfahren. Darüber hinaus war ihm die menschliche Harmonie innerhalb des Kollegiums von größter Wichtigkeit. Natürlich erwartete er nicht, «daß jeder jedem gleich sympathisch ist». Aber für die wirklich menschlich entscheidenden Dinge galt: «Hier muß lautere Harmonie herrschen.» (300,2/238)

Als er zu Beginn des Jahres 1923 beobachtete, daß innerhalb des Kollegiums allerlei Parteiungen und Animositäten auftraten, als in der Konferenz manche Untertöne hörbar wurden, versuchte er eine offene Aussprache anzuregen. Er ließ ein Komitee wählen, das Vorschläge für die Verwaltung der Schule ausarbeiten sollte. In der folgenden Konferenz brachte das Komitee seine Vorschläge vor und schlug zugleich einen dreiköpfigen Verwaltungsrat vor. Kaum war dieser Vorschlag auf dem Tisch, als sich ein Lehrer meldete, der ein viertes Mitglied des Verwaltungsrates vorschlug. Unter dem Vorsitz von Rudolf Steiner entfaltete sich nun eine Aussprache über diesen neuen Vorschlag, und ganz offensichtlich lag Rudolf Steiner daran, daß sich das Lehrerkollegium hier offen aussprach. Ihm war sofort klar, daß der Vorschlag, den dreiköpfigen Verwaltungsrat zu erweitern, keine Harmlosigkeit war, daß auf diese Weise sozusagen unter seinen Augen verdeckt Politik betrieben wurde. Er hoffte zunächst, daß man im Kollegium erkenne und ausspreche, was mit diesem Ergänzungsvorschlag geschehen war. Da das nicht geschah, betonte Steiner ganz scharf das Formale und forderte, «daß wir uns gewöhnen, die Dinge unter Verantwortung zu sagen. Jetzt handelt es sich darum, daß dieses Komitee neulich gewählt worden ist. Von diesem Komitee nehmen wir an, daß es die Vorschläge nach reiflicher Überlegung und Verantwortung macht. ... Das wollen wir doch nicht in den Wind hauen! Wir hauen es sofort in den Wind, wenn jetzt ein Gegenvorschlag gemacht wird und das Kollegium ein Mißtrauensvotum erteilt. Die Annahme des Antrags Y bedeutet ein Mißtrauensvotum gegen das Komitee.» (300,2/244)

Es war ihm unerträglich, daß die vorhandenen Konflikte um des lieben Friedens willen unter den Teppich gekehrt wurden. So drang er auf eine ehrliche Aussprache. Denn: «Unter- und Hintergründe bestehen, ich gebe mich keiner Illusion hin.» Man dürfe, so sagte er, Disharmonien nicht einfach in einer «Atmosphäre von Augenzudrücken übergehen»: «Ist es denn unmöglich, daß sich die Leute sagen, ich habe dies und jenes auf dem Herzen gegen dich, und man leidet sich deshalb nicht weniger gern, und arbeitet deshalb nicht weniger gern zusammen. Warum soll man sich nicht die Wahrheit unter die Augen sagen und sich trotzdem schätzen und achten?» (300,2/246)

Die ganze Problematik wurde dann in Anwendung parlamentarischer Formen zuende geführt: Die Vorschläge des Komitees wurden Punkt für Punkt zur Debatte und zur Abstimmung gestellt, und schließlich wurde über das Ganze nochmals en bloc abgestimmt, denn, so Steiner, es schadet nicht, «wenn man sich einmal durch eine Probe auf dieses Parlamentarische ein wenig der Präzision bequemt. Die muß unter uns herrschen.» (300,2/247)

Obwohl sich vieles besserte, blieben bis in das letzte Schuljahr, das Rudolf Steiner leiten und begleiten konnte, Probleme und Schwierigkeiten bestehen. Für Rudolf Steiner, der mit einem Minimum von Schlaf auskam, der immer neue Initiativen entfaltete und sich ständig an Aufgaben aktivierte, war es wohl nicht ganz verständlich, wenn mancher Lehrer Ermüdungserscheinungen zeigte. So sagte er dem nach bürgerlichen Maßstäben gewiß eifrigen Kollegium: «Sie kleben auf ihren Sitzen, Sie sind müde. Ein Mensch kann doch nicht müde sein, wenn er im Geiste leben soll. Müde sein ist eine Sache der Interesselosigkeit.»

Steiner klagte auch darüber, daß der moralische Kontakt zu den Schülern der Oberstufe fehle (300,3/183) und daß noch immer, ja noch mehr doziert werde (300,3/187). So beabsichtigte er einen «neuen Einschlag» zu geben (300,3/189), und in der letzten Konferenz, die er im September 1924 mit den Waldorflehrern halten konnte, kündigte er an, er wolle in der ersten Oktoberwoche Vorträge über die moralische Seite der Erziehung und des Unterrichts halten (300, 3/194). Zugleich aber konnte er bemerken, daß die Schüler intellektuell-geistig sehr weit gebracht worden waren (300,3/182) und daß sie doch an der Waldorfschule hingen und die Schule und die Lehrer schätzten (300,3/194).

In der Tat war die Waldorfschule trotz vieler Schwächen zu einem Modell geworden, das Interesse erregte. Wie die Dinge damals lagen, machte sich dieses Interesse nicht in der pädagogischen Wissenschaft, bei den beamteten Professoren oder bei den staatlichen Behörden bemerkbar, sondern trat eher bei einzelnen Lehrern auf. Eine Ausnahme machte allerdings das Erziehungsdepartement in Basel, das bereits im November 1919 Steiner zu einem Vortrag über Geisteswissenschaft und Pädagogik aufforderte. Nachdem Rudolf Steiner diesen Vortrag gehalten hatte, bildete sich eine Gruppe von sechzig Schweizer Lehrern, die Rudolf Steiner baten, einen ganzen Kurs über Waldorfschul-Pädagogik zu halten. So kam es vom 20. April bis zum 11. Mai zu dem Kurs *Die Erneuerung der pädagogisch-didaktischen Kunst durch Geisteswissenschaft* für Lehrerinnen und Lehrer Basels und der Umgebung. Der Kurs wurde von den Anwesenden überaus gut aufgenommen, und der Sprecher der Zuhörer bedankte sich am Schluß des Kurses mit herzhaften Worten bei Rudolf Steiner und meinte, wenn er der Chef eines eidgenössischen Erziehungsdepartements wäre, so würde er Herrn Doktor Steiner zum Leiter eines Lehrerseminars machen, er habe den rechten Geist, junge Leute «emporzuziehen».

Auf diesen ersten Kurs in der Schweiz folgten zwei weitere: 1923 der Kurs *Die pädagogische Praxis vom Gesichtspunkte geisteswissenschaftlicher Menschenerkenntnis* in Dornach und 1924 der Kurs *Anthroposophische Pädagogik und ihre Voraussetzungen.* An beiden Kursen wirkten Waldorflehrer mit. 1923 waren es Caroline von Heydebrand, Hermann von Baravalle und Walter Johannes Stein. Sie trugen nicht nur durch ihre eigenen Darstellungen bei, sondern standen vor allem während des gesamten Kurses zu Aussprachen und Gesprächen zur Verfügung; damit schufen sie für manchen der Schweizer Lehrer, die aus Zürich, Bern, Aargau oder aus der Ostschweiz gekommen waren, eine Brücke zu Rudolf Steiner. Vor allem waren die Waldorflehrer in den Augen ihrer Kollegen aus den staatlichen Schulen der Schweiz die Gewähr dafür, daß Steiners umfassende Ideen in eine menschliche Praxis umgesetzt werden konnten. An dem letzten Kurs, den Rudolf Steiner in Bern hielt, wirkten dieselben Lehrer und dazu noch Eugen Kolisko mit. Wieder zeigte sich in den Aussprachen, daß die anthroposophische Pädagogik in der Schweiz Verständnis fand.

Die Früchte dieser Arbeit wurden erst nach dem Tode Rudolf Steiners sichtbar: Die anthroposophische Pädagogik wurde in der Schweiz vorzüglich auf methodischem Felde höchst originell weiterentwickelt.

Auch in England zeigte sich früh ein Interesse an der Pädagogik Rudolf Steiners. Die englische Pädagogin Millicent Mackenzie, Professorin am University College in Cardiff, kam schon zu Weihnachten 1921 mit einer größeren Gruppe pädagogisch Interessierter nach Dornach, und Rudolf Steiner hielt für diese Gruppe einen sechzehn Vorträge umfassenden Kurs im Goetheanum. Bei diesem Kurs hielten Caroline von Heydebrand und Walter Johannes Stein sowie Ernst Blümel von der Fortbildungsschule am Goetheanum je zwei Musterstunden. Diese Veranstaltung führte dazu, daß Rudolf Steiner im folgenden Sommer nach Oxford eingeladen wurde.

Mit der Konferenz in Oxford ereignete sich etwas, was Rudolf Steiner in seiner gesamten anthroposophischen Laufbahn in Deutschland nie widerfahren war. Seine Vortragsreihe wurde im alt-ehrwürdigen Oxford zu einer mit allem akademischen Decorum zelebrierten Veranstaltung: Das Ehrenpräsidium hatte der englische Erziehungsminister übernommen; Professor Findlay, ein bekannter Psychologe, stellte Rudolf Steiner dem Publikum vor, es gab ein ganzes Komitee von Honoratioren, zu denen Professor Mackenzie und der Principal Jacks gehörten, es begrüßte ihn feierlichst in ihren Talaren, und die englische Presse berichtete in völlig unbefangener Weise über den Kurs. Im *Manchester Guardian* wurde als Ergebnis der Konferenz unter anderem resümiert: «Unsere komplizierte und schwerfällige Zivilisation erfordert nunmehr ein reicheres und freieres Einfließen grundlegender geistiger Impulse. Ein solches Hineintragen des Geistigen kann nur durch die neuen Individualitäten geschehen, welche in die Welt hineingeboren werden und ihre Fähigkeiten in ihr zur vollen Entfaltung bringen können. Die Erziehung, im weitesten Sinne des Wortes, muß diesen Weg ebnen.» (a.a.O., 31. August 1922)

Ähnlich unbefangen berichteten auch viele andere Blätter, unter anderen *The Nation, The Athenaeum, The Oxford Times.* Man gründete gegen Ende der Konferenz ein Komitee für freie Erziehung und Pädagogik und faßte die Gründung einer englischen Waldorfschule ins Auge; eine Schule in King's Langley nahm sich vor, nach den Ideen der Waldorfschule zu arbeiten. Die Verwirklichung dieser Pläne nahm freilich einige Zeit in Anspruch, aber immerhin hatte die anthroposophische Schulbewegung auch England erreicht.

Nach dem Erfolg in Oxford wurde Rudolf Steiner auch 1923 zu pädagogischen Vorträgen nach England eingeladen. Diese Holiday Conference fand in Ilkley, Yorkshire statt. Wieder konnten eine ganze Reihe von Waldorflehrern ihn begleiten. Caroline von Heydebrand, Julie Lämmert, Hermann von Baravalle, Karl Schubert und Erich Schwebsch sprachen, und befriedigt konnte Rudolf Steiner melden: «Die Waldorflehrer mit ihren Abendvorträgen und Diskussionen haben großen Erfolg.» (263,1/135) Über seine eigenen Absichten berichtet er: «Ich gebe mir Mühe, in den Vorträgen ein anschauliches Bild des Waldorfschulunterrichts zustande zu bringen. Und es scheint mir, daß das Verständnis gut ist.» (263,1/139)

Eine besondere Freude war es für Rudolf Steiner, daß er in der Präsidentin der Tagung, Margaret Macmillan, einer engagierten und bedeutenden praktischen Pädagogin begegnete, die einerseits in Deptford bei London eine Pflege- und Heilanstalt für 300 Kinder aus den ärmsten Bevölkerungsschichten aufgebaut hatte und die zum anderen just ein Buch *Education through Imagination* veröffentlicht hatte. Rudolf Steiner war durch die Begegnung stark beeindruckt. In einem Artikel im *Goetheanum* beschrieb er *Margaret Macmillan und ihr Werk:* «Mit wirklichem Erziehergenie sucht Macmillan die Eigenheiten des kindlichen Gemüts zu durchschauen. Das Buch ist eine Schatzkammer der kostbarsten Beobachtungen der kindlichen Seele und von Erzieher-Anweisungen, die aus diesen Beobachtungen geholt werden. Ein Kapitel wie ‹The Child as Artisan› kann man nur mit tiefster Befriedigung lesen.» (*Goetheanum*, 3. Jg., S. 33)

So nimmt Rudolf Steiner sich auf der Rückreise die Zeit, Margaret Macmillans Heim zu besichtigen und schildert die Leistungen Macmillans, die völlig verwahrloste, rachitische, tuberkulöse Kinder von der Straße geholt hatte. «Und man sieht, nachdem die Pflege gewirkt, geistig regsame, seelisch glückliche, gesundende, sittsame junge Menschenwesen in den einzelnen Klassen. Es ist ebenso befriedigend, diese Kinder spielen, wie lernen, wie essen, und nach dem Essen ruhen zu sehen.»

Über Margaret Macmillan schreibt er: «Diese Frau reden zu hören, über die Seite der sozialen Frage, die in der Erziehung der Kinder der Armen liegt, ist ein großes Erlebnis.» (*Goetheanum*, 3. Jg., S. 34)

Die rückhaltlose Anerkennung der Arbeit Margaret Macmillans spricht aus jeder Zeile des Berichts. Ganz offensichtlich war für Rudolf Steiner der Besuch an jener Stätte in Deptford, wo knapp 300 Jahre zuvor Shakespeare vor dem Hofstaat der Königin Elizabeth gespielt hatte und wo er den Geist der Schwester Margaret Macmillans, der 1917 verstorbenen Rahel Macmillan, in allen Räumen wahrnahm, höchst beeindruckend.

Gegenüber den Waldorfschul-Lehrern hat sich Rudolf Steiner noch differenzierter ausgesprochen: Er empfiehlt jedem Lehrer, das Buch anzuschaffen und es zu lesen. Dann weist er nochmals auf die sehr gute empirische Beschreibung seelischer Phänomene in dem Buch Macmillans hin und fügt hinzu: «Diese Oberschichte, diese Analyse der Oberschichte der Seele, insofern die Seele imaginative Kräfte entfaltet, das ist also sehr interessant in dem Buche dargestellt. Eine deskriptive Beschreibung der Kindesseele, ausgezeichnet, nur kennt sie nicht die Kräfte, aus denen das entsteht. Ich glaube, daß gerade, wenn aus der Anthroposophie heraus die Unterlagen geliefert werden, all die Dinge, die bloß deskriptiv sind, überall gut beleuchtet werden können, daß jeder, der Anthroposoph ist, gerade dadurch sehr viel von dem Buch hat, weil er ungeheuer viel von der Anthroposophie hineinlesen kann.» (300,3/91)

Hier sollte vielleicht ein kleiner Einschub gemacht werden. Rudolf Steiner hat sich über die zeitgenössische Reformpädagogik kaum geäußert. Die Namen von Georg Kerschensteiner, Berthold Otto oder Maria Montessori fallen in seinen Vorträgen nicht, und wir wissen auch nicht, ob er deren Schriften gekannt hat. Er erwähnt die Jenenser Pädagogen Theodor Vogt und Wilhelm Rein sowie zustimmend den Veranstalter der Kunsterziehungstagungen Alfred Lichtwark. Er kannte durch einen Besuch in Haubinda ein Lietz'sches Landerziehungsheim, war aber von dem, was er dort sah, wenig angetan.

Man kann sich fragen, warum Steiner sich nicht mit den besten Vertretern der reformpädagogischen Bewegung verbündet hat. In der Auseinandersetzung mit dem Werk Macmillans findet man die Antwort: An Macmillan konnte er anknüpfen, weil hier ein – wenn auch nur deskriptiver, aber doch vorzüglicher – anthropologischer Ansatz zu einem Verstehen der Kinderseele vorlag. Auf diesen anthropologischen Ansatz mußte er den Nachdruck legen, bloß einzelne methodische Erfindungen fanden sein Interesse nicht. Es ging Steiner bei der Entwicklung der Waldorfschulpädagogik eben nicht um methodische Handgriffe oder Prinzipien, sondern um eine Methode, die auf einer umfassenden Einsicht in die menschliche Wesenheit aufbauen sollte.

Im Jahre 1924 konnte Rudolf Steiner seinen letzten pädagogischen Kurs in England halten, und zwar für die Lehrer der in der Nähe Londons zu gründenden Schule. In London hielt er dann seine letzten pädagogischen Vorträge überhaupt. Im letzten, der am 30. August 1924 stattfand, faßte er Grundgedanken seiner Pädagogik in allerknappster Form und höchster Einfachheit zusammen, indem er sagte:

«Gestaltende Erziehung	=	vor dem Zahnwechsel;
belebende Erziehung	=	zwischen dem Zahnwechsel und der Geschlechtsreife
erweckende Erziehung	=	nach der Geschlechtsreife.» (304a/181)

Die mit diesen Vorträgen vorbereitete Schule kam auch wirklich zustande, sie konnte 1925 ihre Pforten öffnen und wurde damit die erste Schule im englischen Sprachraum; schrittweise folgten dann viele weitere Schulen in England, Schottland, in den USA sowie in Kanada, Australien, Neuseeland und Südafrika.

Am 9. September 1923 wurde in Den Haag eine ganz kleine Schule eröffnet; zunächst betreuten drei Lehrer nur zehn Kinder. Rudolf Steiner konnte diese Schule, deren Schülerzahl inzwischen zugenommen hatte, am 14. und 17. November 1923 besuchen, sich mit den Lehrern beraten und am Unterricht teilnehmen. Auch hier kümmerte er sich um einzelne Kinder und darum, daß die Lehrer, die bis dahin kein Gehalt empfingen, ein wirkliches Gehalt erhielten. – Im Sommer 1924 konnte Rudolf Steiner auch in den Niederlanden einen pädagogischen Kurs halten. In diesem Kurs ging er zum ersten und einzigen Mal in einer öffentlichen Vortragsreihe auf die Bedeutung der Karma- und

Schicksalserkenntnis für die Pädagogik ein, um zu zeigen, wie diese Anschauungen im Erzieher leben können und wie aus diesen Einsichten heraus Krankheiten vorgebeugt und Gesundheit gefördert werden kann. Auch in den Niederlanden ist die Schulbewegung aus dieser ersten Keimzelle gewachsen und hat sich dann, besonders nach dem Zweiten Weltkrieg, weiter entfaltet.

In Deutschland, wo bereits außer der Schule in Stuttgart zwei weitere Schulen in Hamburg und Essen entstanden waren, um die sich Steiner aber nur aus der Ferne kümmern konnte, kam schließlich eine große öffentliche Erziehungstagung zustande. Sie fand vom 7. bis 13. April 1924 in Stuttgart im Siegle-Haus statt und wurde von 1700 Menschen besucht. Rudolf Steiners Vorträge über *Die Methodik des Lehrens und die Lebensbedingungen des Erziehens* waren seine letzten öffentlichen Vorträge in Deutschland überhaupt, und sie wurden zu einer großen Ovation für Rudolf Steiner. Am Schluß der Vorträge wollte der Beifall nicht enden, und viele Lehrer haben von dieser Tagung unauslöschliche Eindrücke mitgenommen. Auf der Bühne des Siegle-Hauses saß die Waldorfschul-Lehrerschaft, vor ihnen stand die schlanke Gestalt des schon damals schwer kranken Rudolf Steiner, der mit feuriger Kraft sprach und die Vorträge mit einem Spruch beendete:

Dem Stoff sich verschreiben,
Heißt Seelen zerreiben.
Im Geiste sich finden,
Heißt Menschen verbinden.
Im Menschen sich schauen,
Heißt Welten erbauen.

Als die schwere Erkrankung Rudolf Steiners ein weiteres Reisen unmöglich machte und er in seinem Dornacher Atelier bleiben mußte, konnte er aus der Ferne nur noch in wenigen Personalfragen der Waldorfschule um Rat gefragt werden. Zu seinem 64. Geburtstag schickten ihm die Waldorfschüler Proben ihrer Arbeit ans Krankenlager, für die er sich noch bei den Schülern brieflich bedankte. Auch der Lehrerschaft der Waldorfschule schrieb er am 15. März 1925, daß er die Entscheidungen, an denen er bisher teilgenommen hatte, nun in die Hand der Lehrerschaft legen müsse. In diesem Brief an die Lehrer steht auch der Satz: «Die Waldorfschule ist zwar ein Kind der Sorge, aber vor allem ist sie auch ein Wahrzeichen für die Fruchtbarkeit der Anthroposophie innerhalb des geistigen Lebens der Menschheit.» (260a/405)

Mit diesen Worten beschrieb er die damalige Situation: Vieles in der Waldorfschule bereitete ihm noch Sorgen, doch vieles war auch schon erreicht. Namentlich war die Lehrerschaft so weit gefördert worden, daß Rudolf Steiner hoffen konnte, daß die Lehrer aus dem Geist der anthroposophischen Pädagogik die Schule nunmehr selbständig leiten konnten. Durch einen weiteren offiziellen Brief übertrug er der Waldorfschul-Lehrerschaft die Leitung über sämtliche in Deutschland befindlichen Schulen, die die anthroposophische Pädagogik anwenden wollten. Diese Verpflichtung hat die Stuttgarter Lehrerschaft, solange es ging, intensiv und mit einem erheblichen Einsatz an Kraft und Zeit wahrgenommen. Vor allem aber war der Hingang Rudolf Steiners für die Waldorfschul-Lehrerschaft auch ein Ansporn, ihre eigene Arbeit zu vertiefen, zu verbessern und zu intensivieren. Nachdem der Schulrat Hartlieb vom 19. Oktober bis zum 13. November 1925 die Waldorfschule wiederum einer gründlichen Visitation unterzogen hatte, kam er zu einem überraschend günstigen Urteil. So finden sich in dem allgemeinen Teil des Berichts folgende Beurteilungen: «Wer mit der Waldorfschule Fühlung nimmt, der wird vom ersten Augenblick an sich dem Eindruck nicht verschließen können, daß ein *einzigartiges Lehrerkollegium* der Schule vorsteht. Vorbildlich scheint mir die Verbundenheit der Lehrkräfte untereinander; einer dient dem anderen in Liebe; jeder strahlt Kräfte aus, um wiederum Kräfte in sich aufzusaugen; fern ist dieser Lehrerschaft kleinliches Gezänke, Neid und Eifersucht. ...

Die *Schulkinder* hängen mit inniger Liebe an ihren Lehrern und Lehrerinnen, die mit Verzicht auf körperliche Züchtigung durch Liebe, Güte und Weisheit und durch vorbildliches Tun, besonders durch geeignete unterrichtliche Maßnahmen Leib, Seele und Geist der ihnen anvertrauten Knaben und Mädchen bilden.» (*Nachrichtenblatt,* 1926, S. 5 u. 6)

Der große Einsatz, den Rudolf Steiner für die neue Pädagogik geleistet hatte, zeigte also Früchte. Wenn man auf diese Früchte blickt, sollte man aber nicht vergessen, daß Rudolf Steiner keinen anderen Menschenkreis so intensiv schulen konnte wie die Waldorflehrer. Für das Kollegium der Waldorfschule hat er gut vierzig Vorträge gehalten, er hat in Seminaren und in siebzig Konferenzen mit ihnen gearbeitet, er hat zusätzlich besonders für die Waldorflehrer drei naturwissenschaftliche Kurse mit insgesamt 46 Vorträgen gegeben. Waldorflehrer hatten die Chance, an vielen Tagungen in Dornach, Stuttgart, Den Haag und Wien mitzuwirken, und einige Lehrer konnten bei den pädagogischen Kursen mitarbeiten, so daß sie Steiners pädagogische Ideen in immer neuen Formen erlebten. Damit war die neue Pädagogik in vielen Herzen verankert. – Für Rudolf Steiner selber war aber die anthroposophische Pädagogik nicht nur eine Angelegenheit, die ihm am Herzen lag, sondern auch ein Arbeitsfeld, wo er sein Bestes geben konnte, weil ihm viel Verständnis entgegenkam.

Nach dem Tode Rudolf Steiners wuchs die Zahl der Waldorfschulen nach und nach an. Vor ihrem Verbot durch die nationalsozialistischen Machthaber in Deutschland gab es insgesamt sechzehn Waldorfschulen, davon acht in Deutschland. 1969, fünfzig Jahre nach Begründung der ersten Waldorfschule, waren es bereits achtzig Schulen in aller Welt, 1996 lag ihre Zahl schon über sechshundert. Die Fruchtbarkeit des Ansatzes der anthroposophischen Pädagogik zeigt sich darin, daß sie in verschiedene Richtungen weiterentwickelt wurde und sich auch unter schwierigen Bedingungen in sozialen Brennpunkten bewährt, so in Alexandra, einer der Townships Südafrikas, und in Milwaukee in einer Inner City-School, wo es jeweils darum geht, benachteiligte schwarze Kinder zu fördern. Die anthroposophische Pädagogik wird unter den verschiedensten Bedingungen realisiert: in Rußland und Brasilien, in Israel und Ägypten. So lebt der sich wandelnde Impuls der Pädagogik Steiners heute auf allen Kontinenten und in den unterschiedlichsten Kulturen.

41.
WIRTSCHAFTLICHE UNTERNEHMUNGEN

Die wirtschaftlichen Unternehmungen, die 1920 begonnen wurden, stellen uns vor eine Reihe von Rätseln. Es ist nicht leicht, die Haltung Rudolf Steiners in diesen Zusammenhängen zu verstehen. Als im Jahre 1924 offenbar geworden war, daß die gegründeten Unternehmen mit erheblichen Verlusten für die Aktionäre liquidiert werden mußten, schrieb Rudolf Steiner einen Brief an die Aktionäre der Futurum AG, in dem er die Frage stellte: «Warum habe ich damals zu den Dingen ‹Ja› gesagt? Nun, diejenigen, die sie inauguriert haben, würden, wenn ich anders als warnend aufgetreten wäre, vielleicht heute sagen: hätte man uns damals gewähren lassen, so könnte man jetzt das Goetheanum mit dem erwirtschafteten Futurumerträgnis aufbauen. Man *mußte* den Leuten Gelegenheit geben, zu zeigen, was sie können.» (260a/442)

Steiner führt in diesem Brief auch aus, daß er sich von den Leuten, die mit den Gründungsplänen an ihn herangetreten waren, im Stich gelassen fühle, und sagt zu der Tatsache, daß er ja doch immerhin den Aufsichtsrats-Vorsitz in der Futurum AG übernommen hatte: «Ich habe mich nur mit dem größten Widerwillen seinerzeit entschlossen, den Vorsitz des Futurums, dessen Gründung nicht von meiner Initiative ausging, zu übernehmen. Ich bin in keiner Weise unterstützt worden von den Persönlichkeiten, die diese Initiative ergriffen haben. Meine Warnungen blieben ungehört.» (260a/442)

Die Warnungen, die Rudolf Steiner vor Beginn der Unternehmen ausgesprochen hat, sind gut belegt. So erinnerte er kurz vor der Gründung der Aktiengesellschaft *Der Kommende Tag* an jene Worte, die er gesprochen hatte, als zum ersten Mal durch Emil Molt der Gedanke einer solchen Unternehmung vorgebracht wurde. Er sagte damals im Oktober 1919 und wiederholte am 11. März 1920:

«Ich muß gestehen, weniger Sorge macht mir die Beschaffung von Geldmitteln, denn diese werden doch mehr oder weniger gerade von den verständigen Menschen gegeben werden, weil sie darauf kommen werden, daß nun doch heute einmal in einer rationellen Weise gearbeitet werden muß – sogar auf wirtschaftlichem Gebiet ... – also darum habe ich nicht einmal so große Sorgen als um das Auffinden von denjenigen Persönlichkeiten, die nun diese Geldmittel in der richtigen Weise verwerten und ausnützen können.» (unveröffentlichte Ansprache)

In eben diesem Sinne berichtet auch Oskar Schmiedel, daß Rudolf Steiner zu seinem Mitarbeiter Dr. Roman Boos, einem Schweizer Juristen, der gerne die Futurum AG begründen wollte, gesagt habe: «Sie werden dazu nicht die geeigneten Menschen finden.» Dr. Boos antwortete: «Doch, ich habe sie.» Darauf habe Steiner geschwiegen und Boos gewähren lassen (Zeylmans, *Wegman* III, S. 421). Mit anderen Worten: Rudolf Steiner sah das Zentralproblem, das die neuen Unternehmungen ständig begleiten sollte, sehr deutlich vor sich. Und er ließ die Leute nicht nur gewähren, sondern er setzte sehr viel Zeit und Kraft für die Unternehmen ein, ja er verband seinen guten Namen mit diesen doch höchst riskanten Versuchen.

Hier entsteht die Frage: Warum? Mit diesen Unternehmungen setzte Rudolf Steiner ja nicht nur seine eigene Reputation, sondern auch das Geld jener aufs Spiel, die im Vertrauen auf seine Person nicht ganz unbeträchtliche Mittel in die beiden Gesellschaften steckten. Hätte er hier nicht bremsen müssen oder doch zumindest sagen müssen: da mache ich nicht mit, wo er doch die Fragwürdigkeiten des Unterfangens von Anfang an erkannt hatte? Der 1924 angegebene Grund, daß man den Initiatoren dieser Unternehmungen Gelegenheit geben mußte, zu zeigen, was sie können, beantwortet diese Frage nicht, und er überzeugt auch deshalb nicht, weil Rudolf Steiner keineswegs nur gewarnt und abgeraten, sondern auch gefördert und zugeraten hat. Jedenfalls erklärt er nicht, warum Steiner sich so weitgehend mit dem, was er selbst, wie er 1924 schreibt, nicht wollte, verbunden hat.

Gewiß hat Rudolf Steiner – gerade, weil er sich als Eingeweihter verstand – versucht, seinen Mitarbeitern Freiheit zu lassen, und er hat sie auch durchaus ihre Erfahrungen machen lassen. Fühlte er sich auch verpflichtet, die Verantwortung für seine Mitarbeiter zu übernehmen, sie auf ihren gewagten Wegen zu begleiten und zu fördern? Hat er vielleicht bestimmte Menschen falsch eingeschätzt? Oder gab es übergeordnete Gesichtspunkte, die es notwendig erscheinen ließen, solche Unternehmungen zu lancieren? Diese Fragen, die sich um weitere Fragen vermehren ließen, sollten gestellt werden, bevor nun in knappen Zügen von der Geschichte dieser Gründungen berichtet wird.

Am 12. Oktober 1919, nachdem die Waldorfschule begründet und eine erste Reise nach dem Krieg Steiner auch nach Berlin und Dresden geführt hatte, hielt er in Dornach einen ungemein ernsten Vortrag, in dem er von der Dekadenz, dem Untergang des Alten sprach und betonte, daß nur mit großen Kulturimpulsen ein Fortschritt der Menschheit zur Zukunft hin zu erreichen sei. Zum Schluß lenkte er die Gedanken auf den Bau des Goetheanum, der noch unfertig dastand, und sagte: «Wir kommen nicht zurecht, wenn wir uns auch ferner nur an kleine Mittel halten, wenn wir nicht daran arbeiten, mit Bewußtsein vor die Menschheit die Notwendigkeit einer neuen Geisteskultur hinzustellen. Denn *die* allein wird der wahre Ausgangspunkt sein für eine neue soziale Kultur. Das Soziale wird nicht mehr aus dem Wirtschaftlichen herausgeholt, sondern allein aus dem Geistigen in das Wirtschaftliche hereingesenkt werden können. ... Es müßte eigentlich der Dornacher Bau so angesehen werden, daß man ihn, ohne unbescheiden zu werden, wirklich als den Ausgangspunkt nimmt für eine große Weltbewegung, die völlig international ist und die alle Gebiete des geistigen Lebens umfaßt.» (191/ 121f)

Nachdem Rudolf Steiner geendet hatte, stand Emil Molt auf, wandte sich an die Anwesenden, unter denen zum ersten Mal nach dem Krieg auch Engländer und Skandinavier waren, und machte den Vorschlag, durch eigene wirtschaftliche Unternehmungen die notwendigen finanziellen Mittel für eine umfassende Arbeit des Goetheanum zu schaffen. Darauf antwortete Rudolf Steiner mit dem ersten Hinweis auf den Mangel an geeigneten Persönlichkeiten.

Ganz offensichtlich wurde der Vorschlag Molts in den nächsten Wochen und Monaten weiterverhandelt, und im November 1919 (nicht, wie manchmal zu lesen ist, im November 1920) verfaßte Rudolf Steiner *Leitgedanken für eine zu gründende Unternehmung.* Diese Leitgedanken müssen hier etwas ausführlicher referiert werden, weil in ihnen der

Schlüssel zum Verständnis der Auffassung Rudolf Steiners liegt. Die Leitgedanken beginnen mit dem Wort *notwendig,* und dieses Wort muß man auf dem zeitgeschichtlichen Hintergrund sehen.

Nachdem die Dreigliederungsaktion in Württemberg ein äußeres Ziel nicht erreicht hatte, nachdem die wirtschaftliche und politische Situation in Deutschland langsam, aber deutlich auf eine abschüssige Bahn geraten war, hatte Rudolf Steiner schon am 3. Oktober 1919 in Dornach die kritische Situation in Deutschland gekennzeichnet: «Für Mitteleuropa stehen die Dinge so, daß es sich handelt um Leben und Tod, um Leben und Tod des Volkstums.» (191/15) In dem schon erwähnten Vortrag vom 12. Oktober hieß es dann: «Die Erde ist in der Dekadenz, und dasjenige, was sich als Zivilisation bis in unsere Tage erhalten hat, das geht mit in den Verfall.» (191/121) Diesen Niedergangstendenzen mußte etwas Aufbauendes entgegengestellt werden, und zwar nicht etwa nur für das Goetheanum, sondern für Mitteleuropa, ja für die ganze Erde. Daher das Wort *notwendig.* «Notwendig ist die Gründung eines bankähnlichen Instituts, das in seinen finanziellen Maßnahmen wirtschaftlichen und geistigen Unternehmungen dient, die im Sinne der anthroposophisch orientierten Weltanschauung sowohl nach ihren Zielen, wie nach ihrer Haltung orientiert sind.» (24/460)

Rudolf Steiner erkennt also die Notwendigkeit, eine Art Bank einzurichten, in der Kapital für bestimmte Zwecke gesammelt wird. Diese Bank sollte nun nicht unter den üblichen finanziellen Gesichtspunkten der Gewinnmaximierung und der Sicherheiten operieren, sondern sich in den Dienst bestimmter Unternehmen stellen und deren Tätigkeit sachkundig beraten und begleiten. «Der Bankier soll also weniger den Charakter des Leihers, als vielmehr den des in der Sache stehenden Kaufmanns haben, der mit gesundem Sinne die Tragweite einer zu finanzierenden Operation ermessen und mit Wirklichkeitssinn die Einrichtungen zu ihrer Ausführung treffen kann.» (24/461)

Die von dieser Bank betreuten Unternehmen sollten sich wechselseitig helfen und assoziativ zusammenarbeiten. Innerhalb dieser Assoziation sollte das geistige Leben so gestaltet werden, «daß berechtigte Begabungen in eine Position gebracht werden, durch die sie ihre Begabung in einer sozial fruchtbaren Art» einbringen können. Ansonsten sollen die wirtschaftlich gut rentierenden Unternehmen jene anderen tragen, die erst in späterer Zeit «durch die jetzt in sie zu gießende Geistessaat wirtschaftliche Frucht bringen können». Dabei war zum Beispiel daran gedacht, jemanden zu fördern, der eine Idee hat, die wirtschaftliche Fruchtbarkeit und rechte soziale Folgen verspricht; eine solche Unternehmerpersönlichkeit wäre zu beraten und zu fördern.

Rudolf Steiner dachte aber auch ganz praktisch an das Goetheanum. Dieses war begründet worden, als noch alte, zum Teil ererbte Kapitalien zur Verfügung standen. Diese Kapitalien waren nun aufgebraucht, deshalb mußte eine zeitgemäße Form der Förderung des Goetheanum gefunden werden: «Im Mittelpunkt muß stehen, die Zentralen der anthroposophisch orientierten Geistesbewegung selbst zu tragen. Der Bau in Dornach kann zum Beispiel zunächst nichts tragen; dennoch wird er einen mächtigen auch wirtschaftlichen Ertrag in späterer Zeit bewirken. Es muß Verständnis dafür hervorgerufen werden, daß ihn jeder auch bei Achtung seines finanziellen Gewissens fördern kann, wenn er nur mit der materiellen Fruchtbarkeit in einer längeren Zeit rechnet.» (24/462)

Es ist an dieser Stelle wichtig festzuhalten, daß der Dornacher Bau ja nicht wie eine steuereinnehmende Kirche gedacht war, der man einen Zehnten abzuliefern hatte. Vielmehr erwartete Rudolf Steiner, daß die Anthroposophie auf vielen Feldern wirtschaftlich fruchtbar gemacht werde und daß die mit dem Goetheanum «verbundenen Persönlichkeiten solche Unternehmungen ins Leben rufen, die sich selbst tragen und den sie haltenden Menschen gehörigen Unterhalt geben und dann noch soviel übrig lassen, daß das von einer geistigen Unternehmung immer geforderte Defizit gedeckt werden kann» (24/464).

In den *Leitgedanken* finden sich noch weitere bemerkenswerte Ausführungen, aus denen hervorgeht, daß Rudolf Steiner mit der bankähnlichen Einrichtung eine neue, heilsame Wirtschaftskultur zu begründen hoffte. Das hier knapp Umrissene läßt erkennen, was Rudolf Steiner dachte, als er von der Einrichtung eines «bankähnlichen Instituts» sprach, und in der Tat sollten der *Kommende Tag* und die *Futurum AG* solche kulturschaffenden Einrichtungen werden. Faßt man diese von Steiner beschriebenen Aufgaben ins Auge, so ist auch unmittelbar evident, warum er daran zweifelte, daß man jene Menschen finden könnte, die es verstehen würden, das Geld richtig zu verwerten und auszunützen.

Zu Silvester 1919 fand in Stuttgart eine Besprechung über die in Deutschland zu gründende bankähnliche Einrichtung statt, bei der

Rudolf Steiner sich auf Bitten Emil Molts hin entschloß, sich mit der Unternehmung zu verbinden und den Vorsitz im Aufsichtsrat zu übernehmen. Am 3. März 1920 erläuterte Steiner auf einem Studienabend für Dreigliederung die «Kursänderung», die mit der Begründung des *Kommenden Tags* in Aussicht genommen wurde. Nachdem die Dreigliederungsbewegung 1919 nicht «den nötigen Erfolg» gehabt hätte, müsse man nun auf einem anderen Wege versuchen, die Zeitgenossenschaft von der Praktikabilität der Ideen der Dreigliederung zu überzeugen. «Wir müssen wenigstens den Versuch machen, durch Institutionen, die im Wesentlichen selbst wirtschaftlich gedacht sind, ... erste Musterinstitutionen zu schaffen, an denen man sehen wird, daß in solchen wirtschaftlichen Institutionen unsere Ideen praktisch verwirklicht werden können, und die dann Nacheiferung finden können in dem Sinne, daß man dann den Tatsachen das glaubt, was man den uns überzeugend erscheinenden Worten nicht glauben konnte.» (ungedruckt)

Auch aus diesem Referat geht ganz eindeutig hervor, daß es Steiner bei der Begründung des *Kommenden Tags* auch um eine neue Wirtschaftskultur ging, auch um den Kampf gegen das schiere Profitdenken. Menschen und wirtschaftliche Unternehmungen sollten sachlich und fachlich zusammenarbeiten, sich beraten und zusammenfinden und schließlich auch die Konsumenten einbeziehen. Vor der Begründung der Aktiengesellschaft hat er dann am 11. März noch betont, daß die neue Unternehmung ganz auf die Menschen gebaut werden solle: Es gehe darum, nicht auf das Unpersönliche, auf Zeugnisse und Empfehlungen zu schauen, nicht Programme zu verwirklichen, sondern «in einem Kreis von Menschen die fruchtbaren Begabungen zu erkennen, damit aus dem lebendigen Leben heraus» geschöpft werde.

Am 13. März 1920 wurde dann «Der Kommende Tag – Aktiengesellschaft zur Förderung wirtschaftlicher und geistiger Werte» in Stuttgart mit einem Grundkapital von 300 000 Mark begründet. Auch Rudolf Steiner selbst zeichnete 20 000 Mark und war dadurch keineswegs nur formell an der Sache beteiligt. Weiteres Kapital floß relativ schnell zu, schon am 16. September 1920 konnte das Aktienkapital auf 10 Millionen Mark erhöht werden, am 18. Juni 1921 wurde es um weitere 25 Millionen auf 35 Millionen erhöht, und im April 1922 betrug das Kapital der Gesellschaft bereits 53 Millionen Mark. Wenn man von diesen Beträgen heute hört, muß man jedoch ein Doppeltes bedenken. Namentlich im ersten

Jahr hatte das Geld noch einen realen Wert; im Juli 1920 waren 40 Mark immerhin noch 1 Dollar wert. Die Inflation verschärfte sich erst vom Jahre 1922 an, und die Hochinflation trat erst 1923 ein. Die Inflation war gewiß ein Problem, doch der *Kommende Tag* verfügte schon bald über erhebliche Sachwerte, über Fabriken, Güter, Liegenschaften und anderes mehr, was bekanntlich trotz der Inflation seinen Wert behielt.

Die Leitung des Unternehmens lag zunächst in den Händen von Konradin Haußer, Hans Kühn und Wilhelm Trommsdorf. Von diesen zeigte Konradin Haußer später, daß er ein äußerst tüchtiger Geschäftsmann war. Aber insgesamt erwies sich sehr bald, daß die drei Männer ihren Aufgaben nicht gewachsen waren. So mußte schon im ersten Geschäftsjahr Eugen Benkendoerffer als Generaldirektor berufen werden, und dieser wurde dann bereits im September 1921 durch Emil Leinhas ersetzt. Dieser rasche Wechsel an der Spitze des Unternehmens zeigt, daß nicht das Geld, sondern die Personen das Hauptproblem waren.

Man kann im nachhinein natürlich leicht an den Personen Kritik üben und ihnen Versagen vorwerfen. Man wird aber auch sehen müssen, daß die meisten der in diesen Unternehmen Engagierten vor völlig neuen Herausforderungen standen, denen sie kaum gewachsen waren. Schon die Tatsache, daß an die Stelle einer patriarchalisch-direktoralen Leitung der Betriebe eine auf Zusammenarbeit und Beratung gebaute Betriebsverfassung getreten war, durch die Entschlüsse gemeinsam erarbeitet wurden, war für die Mitarbeiter völlig neu und führte zu ständigen Reibungen. Das Problem war, daß keine Menschen da waren, die eine kollegiale Zusammenarbeit kannten. So fiel die Last der Verantwortung immer wieder auf Rudolf Steiner. Er mußte ständig koordinieren, beraten und die Entscheidungsprozesse begleiten. Und diese Last drückte nicht nur äußerlich auf ihn. 1924 hat er einmal – ohne es weiter auszuführen – angedeutet, daß durch die verschiedenen Dinge, die aus dem Schoß der Anthroposophischen Gesellschaft versucht worden waren, «auch innerlich im okkulten Sinn eine schwere Zeit» über die Gesellschaft gekommen sei (240/201).

Nimmt man diese Bemerkung ernst, denkt man über sie nach, so gibt sie auch einen Hinweis auf Rudolf Steiners persönliche Lage. Schon während der Dreigliederungskampagne 1919 hatte er an Edith Maryon geschrieben: «Viele Arbeit lastet auf mir. Und Arbeit, bei der wirklich alles lange bedacht sein will.» (263,1/29)

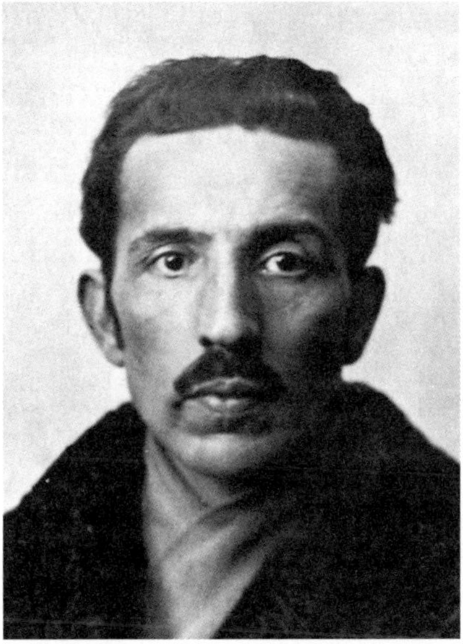

Abb. 133: Emil Leinhas (1878 – 1967) befaßte sich seit 1903 mit Schriften Steiners, begegnete Steiner 1908 und wurde sein persönlicher Schüler. 1919 berief ihn Emil Molt in die Leitung der Waldorf-Astoria-Zigarettenfabrik. 1921 wurde er Generaldirektor der Aktiengesellschaft «Der Kommende Tag» und Mitglied des Vorstandes der Anthroposophischen Gesellschaft. Steiner schätzte Leinhas wegen seiner Zuverlässigkeit und der Art, wie er schwierige Aufgaben, so die Liquidation der Futurum AG, übernahm und ihn persönlich wirksam entlastete.

Ein solch scheinbar harmloser Satz zeigt, daß Rudolf Steiner gerade über die äußere Arbeit lange nachdenken mußte; diese Arbeit nahm seine Zeit stark in Anspruch. Und das verstärkte sich mit den 1920 begonnenen Unternehmungen. Nun ist aber der Verbrauch von Zeit und Kraft etwas, was nicht nur eine äußerliche Bedeutung hat. In einem Vortrag in Stuttgart am 24. Juni 1920 sprach Rudolf Steiner, nachdem er sich mehr als zwei Wochen lang mit den in Stuttgart auf ihn zukommenden Fragen befaßt hatte, über das Zeitproblem und sagte, die fruchtbare Arbeit litte sehr: «Die leidet vor allen Dingen dadurch, daß es eigentlich immer notwendig ist, endlose Debatten über Dinge zu führen, die in einer halben Stunde abgetan sein könnten, weil immer sich Dinge hineinmischen, die eigentlich gar nicht da sein sollten. ... Denn es gibt heute Praktiker, die sich rühmen, den ganzen Tag zu tun zu haben. Wenn sie nicht die Zeit verschwenden würden, könnte ihre vielleicht zehnstündige Arbeit in einer Stunde reichlich gemacht werden. Zeit totgetreten wird gerade im heutigen sogenannten praktischen Leben. Und man erzeugt dadurch, daß die Zeit totgetreten wird, ein Auseinanderzerren der Gedanken. Man hat eigentlich das Gefühl ..., daß man sich fortwährend in einer Nudelfabrik glaubt, wo die Gedanken, die konzentriert da sein sollten, wie der Nudelteig auseinandergezogen werden, wo alles breit auseinandergezogen wird. Es ist entsetzlich, diesen auseinandergezogenen Gedanken zu begegnen, die heute als Lebenspraxis kultiviert werden.» (197/93)

Diese Schilderung, die auch für die Verhältnisse in den kommenden Jahren bis Ende 1923 symptomatisch ist, zeigt, was Rudolf Steiner ganz persönlich erlebte. Er hätte auch sagen können: Mir wird fortwährend für meine eigentliche Aufgabe, für die geistige Arbeit die Zeit gestohlen. Zu dem nudelförmigen Auseinanderwalzen und Auseinanderziehen der Sitzungen und Gedanken kam ein zweites hinzu, das dem notwendigen geistigen Arbeiten die Zeit dermaßen entzog, daß Rudolf Steiner davon sprach, man müsse das Gleichgewicht zwischen «dem Leben in Sitzungen» und der geistigen Arbeit, die ja doch die Grundlage von allem sei, «zurückerobern». «Aber wir kommen natürlich nicht dazu, wenn fortwährend sich hier solche Dinge abspielen, daß man gesagt bekommt: Da ist wiederum etwas Schreckliches geschehen, da ist ein Mensch, der stänkert fortwährend, der ist schädlich für alle übrigen. – Das mag sein, das kann richtig sein. Aber es ist mir bis jetzt, trotzdem mir solche Dinge während meiner jetzigen Anwesenheit unzählige Male entgegengetreten sind, nicht gelungen, eine solche Sache so weit zu verfolgen, daß, wenn ich zu dem zweiten gekommen bin, er mir dasselbe gesagt hätte wie der erste. Und beim fünften, sechsten wurde es schon das Gegenteil von dem, was mir der erste verkündet hatte. Ja, ich erzähle nur Tatsachen. Ich will keine Kritik üben, ich will nicht tadeln oder loben, wirklich auch das erstere nicht, aber es ist so. Dasjenige aber, was notwendig ist, daß es auf anthroposophischem Boden sich entwickele, ist ein absolutes, treffsicheres Wahrheitsgefühl. Es ist sehr schwierig, in all diesen Dingen weiter zu arbeiten, wenn nicht die Grundlage da ist von Wahrheit, von unmittelbar wirklicher Wahrheit.» (197/89)

Man würde das, was Rudolf Steiner in diesen Worten berichtet, mißverstehen, wenn man sich nur vorstellen würde, daß die Stuttgarter Mitarbeiter insgesamt unehrlich und unaufrichtig gewesen seien. Sie erlebten die Ereignisse, die ihnen widerfuhren, eben sehr verschieden. Sie unterließen es aber in vielen Fällen, ihre eigenen Erlebnisse und Deutungen zu überprüfen und die Tatsachen selber hinreichend ins Auge zu fassen. In jedem Falle aber kosteten die Konflikte zwischen den einzelnen Mitarbeitern Steiner wiederum viel Zeit: Er mußte gerade zur Aufklärung der Anschuldigungen und Probleme laufend Einzelgespräche führen. Zu diesem Zeitaufwand traten dann die sachlich berechtigten Fragen, die auch keineswegs einfach waren.

Die Sorge Rudolf Steiners war also, daß die neuen Unternehmungen seine Energie und die seiner Mitarbeiter völlig aufsaugen würden und daß sie «die ursprüngliche anthroposophische Bewegung auffressen». So warnte er bereits ganz frühzeitig vor den Gefahren, die durch die praktischen Aktivitäten gegeben waren. «Aber wenn in gewissen Dingen nicht Änderungen eintreten, dann wird es die ursprüngliche geistige Bewegung auffressen, und dann würde man durch den Willen der sogenannten Träger dieser geistigen Bewegung einen neuen Materialismus haben, indem eben die geistige Bewegung, die zugrunde liegt, zum Abtreiben gebracht worden ist. Der Geist will gepflegt sein, wenn er nicht zum Absterben kommen soll.» (197/91)

Wer den Sprachgebrauch Rudolf Steiners kennt, weiß, daß er mit dem Wort «ursprüngliche anthroposophische Bewegung» auch durchaus sich selber meinte (240/141f). Für den spirituellen Realisten, der die Dinge nicht nur obenhin betrachtet, war mit dem Engagement des Denkens und Wollens Rudolf Steiners in den äußeren Angelegenheiten auch eine spirituelle Realität gegeben. Auf diese Realität hat Rudolf Steiner mit der größten Zurückhaltung ab und zu aufmerksam gemacht. So deutet er an Beispielen an, daß er zu seinen eigenen Aufgaben nicht komme, daß man ihn mit endlosen Kleinigkeiten belästige, dann aber die Hauptsachen schnell ohne ihn entscheide und daß er danach dann in endlosen Sitzungen die Nebensachen mitzuverhandeln habe (*Aufbaugedanken*, 1942, S. 29). Die Sorgen um die äußeren Dinge nahmen jedenfalls die Zeit Steiners so sehr in Anspruch, daß er seine Besorgnisse darstellte und schließlich sagte: «Das ist nicht bloß aus dem Grunde gesagt, weil man diese Dinge bejammern will, sondern aus dem Grunde, weil Arbeitskraft dadurch in Anspruch genommen wird, die in anderer Richtung wirken sollte. Man hat natürlich für diese Dinge zu sorgen, wenn andere nicht dafür sorgen. Und da Arbeitskraft beansprucht wird, so ist es selbstverständlich, daß dann wiederum die ideelle und spirituelle Arbeit darunter leidet und nicht auf die Höhe kommen kann, auf die sie eigentlich kommen sollte.» (*Aufbaugedanken*, S. 39)

Das also ist ein Aspekt der auch im okkulten Sinne schweren Zeit, die mit den zahlreichen Aktivitäten über die anthroposophische Arbeit hereingebrochen war. Die Anthroposophen überließen Rudolf Steiner wie einem Übervater die Verantwortung für das Ganze und für die gravierenden Probleme – und Rudolf Steiner nahm diese Verantwortungen wahr, weil ihm vor Augen stand, was eintreten würde, wenn sich niemand um die Lecks im Schiff der anthroposophischen Unternehmungen kümmern würde.

Damit wurden Rudolf Steiners spirituelle Kräfte durch die Sorgen um Geld, durch die Konflikte der Mitarbeiter untereinander und durch deren zeitweilig auftretendes Versagen aufgezehrt.

Obwohl dies alles Rudolf Steiner klar vor der Seele stand, obwohl er, seitdem die anthroposophische Bewegung zu äußeren Realitäten geführt hatte, immer wieder erfahren hatte, daß die Hauptlast der Arbeit auf ihn selber zukam, ließ er sich auf diese Dinge ein und stellte seine Kraft zur Verfügung. In seiner Stellung als Aufsichtsrats-Vorsitzender hätte er sich gewiß nicht um alle Einzelheiten kümmern müssen, aber er tat es. Denn, so sagte er 1920: «Wir stehen vor Unternehmungen, die nicht mißlingen dürfen, die gelingen müssen, bei denen gar keine Rede davon sein kann, daß sie irgendwie mißlingen, von denen wir heute sagen müssen: sie werden gelingen.» (197/90)

Und so handelte er. Als es darum ging, für die Aktiengesellschaft *Der Kommende Tag* Güter zu erwerben, fuhr er selber mit einigen Sachverständigen quer durch Württemberg, um die zum Verkauf stehenden Güter in Augenschein zu nehmen. Er machte sich Gedanken darüber, wo und wie anthroposophische Erkenntnis fruchtbringend wirken könne. So schlug er vor, ein Mittel gegen die damals in Württemberg grassierende Maul- und Klauenseuche des Rindviehs zu entwickeln, er gab Hinweise, wie das Medikament zuzubereiten sei, und nahm selber an den ersten Versuchen in Dischingen teil, um weitere Ratschläge zu geben. Er half, das Programm des Verlages *Der Kommende Tag* zu entwikkeln und schrieb selber das Vorwort zum Bücherverzeichnis. In der Schweiz fuhr er nach Bönigen, um eine Stock- und Schirmfabrik zu besichtigen, die von der *Futurum AG* erworben werden sollte, dann ging es wieder in geschäftlichen Dingen nach Bern – und das sind nur diejenigen einzelnen Dinge, die aus der Anfangszeit des Jahres 1920 mit Sicherheit überliefert sind. Viele der Arbeiten Rudolf Steiners sind der Nachwelt überhaupt nicht überliefert worden, aber man muß annehmen, daß er sich um die meisten Details, so gut es ging, kümmerte. Das alles neben den übrigen Aktivitäten: Besuchen und Konferenzen in der Waldorfschule, Beratung der Abgesandten anthroposophischer Arbeitsgruppen aus nah und fern, Eurythmieproben, Vorträgen. An Edith Maryon schreibt er aus dem Trubel der Stuttgarter Tage am 23. Juni 1920: «Woran es fehlt, das sind zielbewußte, fachtüchtige Leute; und die sind heute kaum zu finden. Eine so große Arbeit, wie die hier angefangene, lastet eben schwer auf der Seele; und gegenüber solcher Last kommt wenig in Betracht, ob man etwas mehr oder weniger müde wird. Gewisse Dinge *müßten* eben geschehen.» (263,1/49)

Neben der Begründung einer menschengerechten Wirtschaftskultur war das zweite Ziel, das mit der Begründung des *Kommenden Tags* verbunden war, «die Förderung geistiger Werte». Dieses Ziel verfolgte Rudolf Steiner ganz konsequent, indem er wissenschaftliche Forschung, das Klinisch-therapeutische Institut in Stuttgart und auch teilweise die Waldorfschule durch den *Kommenden Tag* finanzieren ließ. Innerhalb des wissenschaftlichen Forschungsinstituts ging es um physikalische, chemische und biologische Forschung. In der Anlage zu einem im Dezember 1921 ausgegebenen Prospekt heißt es unter anderem über die physikalischen Forschungsvorhaben, daß es im Institut durch Konstruktion empfindlicher Meßapparate gelungen sei, «neue physikalisch-chemische, insbesondere photo-chemische Phänomene aufzudecken, welche sich in ihrer Form ähnlich den Erscheinungen des Erdmagnetismus, der Luftelektrizität verhalten. Diese Untersuchungen sind geeignet, die Zusammenhänge irdischer Prozesse mit solchen im Weltenraum zu beleuchten und können unter Umständen bald große praktische Bedeutung erhalten.»

Ferner ging es in der chemischen Abteilung um die Herstellung neuer, leuchtkräftiger Farbstoffe sowie um die Entwicklung einer Torffaser für Bekleidungszwecke. Es ließe sich manches über die Absichten dieser von Rudolf Steiner angeregten Forschungen sagen. Man braucht nur an die Kunstfasern im heutigen Alltag denken, um zu sehen, welche Bedeutung die Entwicklung einer alternativen Faser aus Naturstoffen hätte haben können.

Charakteristisch ist, daß Rudolf Steiner diese Dinge großzügig vorantrieb und häufig das bei der Waldorfschule gelegene Institut besuchte. Zeitweilig waren neun Forscher mit den verschiedenen Vorhaben befaßt. Leider aber sind die meisten Projekte nicht über ein Anfangsstadium hinausgekommen, unter anderem deshalb, weil sie – so jeden-

Abb. 134: Lili Kolisko (1889 – 1976) arbeitete in der biologischen Abteilung des Stuttgarter Forschungsinstituts. Rudolf Steiner schätzte die unermüdliche experimentelle Arbeit Frau Koliskos, und als das Forschungsinstitut geschlossen werden mußte, löste er das Institut Frau Koliskos heraus. Es wurde in Stuttgart unter der Bezeichnung «Biologisches Institut am Goetheanum» weitergeführt. Durch ihre bildschaffenden Untersuchungen gelang Frau Kolisko u.a. der Nachweis der Wirksamkeit kleinster Entitäten.

falls Rudolf Steiner – nicht energisch genug betrieben wurden (259/226f).

Eine größere Bedeutung erlangte allerdings die biologische Abteilung des Forschungsinstituts, die von Lili Kolisko geleitet wurde. Lili Kolisko hat darüber berichtet, wie Rudolf Steiner diese Arbeit betreut hat. So ging es einmal darum, in mikroskopischen Präparaten ein bestimmtes Phänomen zu entdecken. Rudolf Steiner ließ sich die einzelnen Präparate zeigen, und schließlich sah er in einem der Präparate das Phänomen. Lili Kolisko erzählte dann weiter, daß sie die Sache zunächst nicht bemerken konnte und im Lauf der Zeit von Steiner angeleitet wurde, das Phänomen zu sehen und dann sogar zu photographieren. In diesem Sinne erhielt sie immer neue Hinweise, die sie mit Begeisterung und Beharrlichkeit verfolgte und die unter anderem dazu führten, daß sie mit den Steigbildern eine Methode entwickelte, in der sie viele sonst verborgene Phänomene sichtbar machen konnte (*Gäa Sophia*, 1926, S. 114-122).

Das Klinisch-therapeutische Institut, das im Sommer 1921 in Stuttgart eröffnet werden konnte, sollte «nicht im Gegensatz zu den berechtigten Anschauungen der heutigen Medizin, sondern im Sinne einer Erweiterung derselben» arbeiten. Zum einen war die selbstverständliche Aufgabe der immer gut belegten Klinik, Kranke zu pflegen und zu heilen, zum

Abb. 135: Dr. Ludwig Noll (1872 – 1930). Ein hochgeschätzter Arzt, der aber den Hoffnungen, die Steiner in ihn gesetzt hatte, nicht entsprach.

anderen ging es in dieser Klinik auch um die Entwicklung neuer Heilmittel. Deshalb arbeiteten an dieser Klinik vier Ärzte: Dr. Otto Palmer, Dr. Ludwig Noll, Dr. Felix Peipers und Dr. Friedrich Husemann. Auch diese Klinik besuchte Rudolf Steiner immer wieder, wenn er in Stuttgart war, er nahm an den ärztlichen Konsultationen teil und gab viele therapeutische Anregungen. Die auf diese Weise entwickelten Heilmittel für typische Krankheiten wurden dann in Schwäbisch Gmünd, in den späteren Weleda-Werken, in größerem Umfang hergestellt.

Rudolf Steiner war jedoch auch hier mit den Leistungen mancher Forscher und der Stuttgarter Ärzte keineswegs zufrieden. Zum Beispiel hatte er den Ärzten den Auftrag erteilt, ein medizinisches Vademecum zu schreiben. Dieses Vademecum wurde indes nicht geschrieben. Es fehlte nach Ansicht Rudolf Steiners diesen Ärzten, die nach normalen Maßstäben gute Fachleute waren, die geistige Energie und die spirituelle Potenz, die sie über das Normalmaß hätte hinauswachsen lassen. So formulierte er seine Kritik bereits 1922 mit deutlichen Worten und ließ das – im Falle von Friedrich Husemann – sogar drucken. Auf diese Kritik werden wir später noch zurückkommen. Rudolf Steiner selbst empfand die zögerliche und nach dem Beifall der Schulmedizin heischende Haltung als gegen ihn persönlich gerichtete Opposition. Er schrieb an Marie Steiner: «Von dem Ärztekollegium ist eine krassere Opposition ausgegangen als von irgend jemand in der Gesellschaft.» (262/171) Und er rügte das «Schweifwedeln vor der Wissenschaft»: «Darauf brauchen wir keinen Anspruch zu machen, daß die Universitätsprofessoren unser Vademecum loben.» (259/255)

Nachdem sich gezeigt hatte, daß unter den schwierig gewordenen Verhältnissen der Jahre 1923/24 die wirtschaftlichen Unternehmungen des *Kommenden Tags* weder in der Lage sein würden, die geistigen Unternehmen auf Dauer zu finanzieren noch eine neue Kultur des Wirtschaftens zu begründen, und weil auch die physikalisch-chemischen und medizinischen Forschungen und Entwicklungen nicht erfolgreich genug vorankamen, zog sich Rudolf Steiner 1923 von der Aktiengesellschaft – die rein finanziell gesehen keineswegs in Schwierigkeiten war – zurück. Er schrieb darüber Ende Mai 1923 an die Mitglieder der Anthroposophischen Gesellschaften* in Deutschland, daß die Unternehmungen in «durchaus berechtigter Art aus den Absichten» ihrer Initiatoren entstanden seien und daß es auch begreiflich gewesen sei, daß man wünschte, ihn in «den Verwaltungen der entsprechenden Institutionen drinnen zu sehen. Ich bin diesem Wunsche entgegengekommen, obwohl ich mir bewußt war, daß dieses Entgegenkommen einer naturgemäßen Verpflichtung mich von meiner eigentlichen Aufgabe, der Pflege des Zentralen der anthroposophischen Arbeit, für einige Zeit zu stark wegziehen würde. Aber ebenso muß ich jetzt mich auf den Standpunkt stellen, daß ich weiterhin nur innerhalb des Zentralen des anthroposophischen Lebens mit seinen künstlerischen und pädagogischen Auswirkungen tätig sein darf.» (259/144)

Im Jahre 1924 wurde es aufgrund von Schenkungen möglich, die fruchtbaren geistigen Unternehmungen, insbesondere die Waldorfschule und das biologische Forschungsinstitut und auch den pharmazeutischen Betrieb, aus dem *Kommenden Tag* auszugliedern und das Klinisch-therapeutische Institut Dr. Palmer zu übertragen. Anschließend konnte der *Kommende Tag* liquidiert werden, das heißt, die ihm angeschlossenen wirtschaftlichen Unternehmen fielen weitgehend an ihre früheren Besitzer zurück.

* Zur Tatsache der zwei Gesellschaften in dieser Zeit siehe weiter unten.

Ganz anders entwickelten sich die Verhältnisse der Schweizer *Futurum AG*. Während in Stuttgart mit Emil Molt, Emil Leinhas, José del Monte und Carl Unger anthroposophische Wirtschafter ansässig waren und damit auch Betriebe existierten, die kooperieren konnten, waren diese Voraussetzungen in der Schweiz nicht gegeben. Die Initiative zur Gründung der *Futurum AG* ging zunächst von Dr. Roman Boos und von Emil Molt aus. Boos war von Hause Jurist mit einiger volkswirtschaftlichen Bildung, aber ohne jede Erfahrung im Geschäftsleben. Später zeigte sich, daß Boos seelisch nicht ganz gesund war: In seinem Leben wechselten Phasen hoher Aktivität mit schweren Depressionen. Seit dem Frühsommer 1920 leitete er das Sekretariat im Haus Friedwart am Goetheanum und stand dadurch als Einunddreißigjähriger im Mittelpunkt der Dornacher Vorgänge.

Es ist für den Historiker nicht leicht, die Vorgänge, die zur Gründung der *Futurum AG* führten, zu rekonstruieren. Man wird davon ausgehen müssen, daß es wünschenswert war, außerhalb des währungsschwachen Deutschland ein wirtschaftliches Unternehmen zu haben, das zur Finanzierung des Goetheanum beitragen konnte. Nicht zu ermitteln ist, ob oder wie Roman Boos die Zustimmung Rudolf Steiners für seinen Plan der Gründung einer Aktiengesellschaft gewonnen hat oder ob er Steiner vor vollendete Tatsachen gestellt hat. Arnold Ith, einer der späteren Leiter des Unternehmens, berichtet jedenfalls, daß ihn Roman Boos Anfang des Jahres 1920 gefragt habe, ob er bereit sei, die Leitung eines bankähnlichen Unternehmens zu übernehmen. Ith, der zu jener Zeit Chefredaktor einer bernischen Zeitung war, lehnte ab. Boos aber ließ nicht locker und schickte Ith Rudolf Steiners *Leitgedanken*, die hier schon vorgestellt worden sind. Mitte Februar suchten dann Boos und Molt Arnold Ith in Bern auf und erreichten, daß Ith zumindest in Dornach über die Sache verhandelte. Es wurde dann drei Tage lang verhandelt. Ith berichtete später: «Am dritten Tag fand eine Besprechung mit Rudolf Steiner in seinem Atelier statt, bei der wir allein waren. Da ich mich bisher nicht hatte entschließen können, die vorgesehene verantwortungsvolle Tätigkeit in der neu zu gründenden Unternehmung in Dornach zu übernehmen, fragte mich Dr. Steiner: ‹Wie alt sind Sie jetzt?› Als ich antwortete: ‹30 Jahre alt›, sagte er: ‹Wenn man mir mit 30 Jahren eine solche Stellung angeboten hätte, würde ich mit Freuden zugegriffen haben.› Daraufhin entschloß ich mich, das vorgesehene Amt zu übernehmen.» (*Nachrichtenblatt*, 1965, S. 108)

Gute zwei Monate später, am 26. April 1920, sprach Steiner in Basel anläßlich der Mustermesse und kündigte de facto die Gründung der *Futurum AG* an, indem er sagte, nach dem Muster des *Kommenden Tags* sei auch in der Schweiz eine ganz praktische Tätigkeit im Gange zur Gründung einer Aktiengesellschaft zur Förderung wirtschaftlicher und geistiger Werte (334/194 u. 226).

Von Mitte März bis zum 7. Juni war Rudolf Steiner in Dornach, dann bis zum 28. Juni in Stuttgart. Just in dieser Zeit, am 16. Juni 1920, wird in Dornach unter der Ägide von Roman Boos die *Futurum AG* gegründet. Es war Boos gelungen, eine Reihe von wirtschaftlich erfahrenen Leuten, unter ihnen den Präsidenten des Verwaltungsrats der Schweizerischen Nationalbank in Bern, Johann Hirter, als Mitglieder des Verwaltungsrates zu gewinnen. Rudolf Steiner wurde in Abwesenheit zum Präsidenten des Verwaltungsrates, das heißt zum rechtlich verantwortlichen Leiter des Unternehmens gewählt. Roman Boos wurde zum Vizepräsidenten bestimmt.

Nun gibt es eine Reihe von Zeugnissen, aus denen hervorgeht, daß Rudolf Steiner mit diesem Vorgehen nicht einverstanden war. Rudolf Steiner selbst spricht davon, daß er den Vorsitz der *Futurum AG*, deren Gründung nicht von ihm ausgegangen sei, nur mit «größtem Widerwillen» übernommen habe (260a/442). Albert Steffen berichtet von einem Gespräch aus dem Jahre 1922, daß Steiner gesagt habe, er habe diese Unternehmen niemals beginnen wollen (*Auf Geisteswegen*, S. 114). Und auch Pieter de Haan erzählt, daß Steiner sich beschwert habe, niemand habe ihn gefragt, ob er das wolle, und er «habe sich das gefallen lassen müssen» – hätte er sich zurückgezogen, so wäre «gleich am Anfang alles mißglückt» (*Mitteilungen*, 1982, S. 216).

Man steht aber auf der anderen Seite vor der Tatsache, daß Rudolf Steiner sich von Roman Boos auch zur Eröffnung des Goetheanum und zu den damit verbundenen Hochschulkursen bewegen ließ und daß er Boos freie Hand bei der Gestaltung des Eröffnungsprogramms gab. Am Vorabend der feierlichen Eröffnung des Goetheanum, am 25. September 1920, hielt Rudolf Steiner eine Ansprache, in der er nicht nur auf die Geschichte der anthroposophischen Arbeit zurückblickte, sondern sich auch ausführlich über Roman Boos äußerte und seine Leistung würdigte: «Dr. Boos, der Begründer, der Führer des schweizerischen Drei-

Abb. 136: Roman Boos (1889 – 1952) war der Ausbildung nach Jurist. Mit großer Begeisterung vertrat er die Idee der Dreigliederung in der Schweiz und war 1920 die treibende Kraft bei der Begründung der Futurum AG. Im Herbst 1920 veranstaltete er den ersten anthroposophischen Hochschulkurs, mit dem das Goetheanum eröffnet wurde.

gliederungsbundes, der ist es vor allem, dem diese Stoßkraft innewohnte, die dann zu dem führen konnte, was wir morgen beginnen.

Man mußte in einer gewissen Weise zunächst ganz darinnenstehen in der Einsicht in die Notwendigkeit, alles wissenschaftliche, alles künstlerische, soziale Leben von der Anthroposophie aus zu befruchten. Man mußte mit der innerlichen Kühnheit ausgerüstet sein, wirklich zu verbinden absolut klares, scharf umrissenes Denken mit jener Intuition, die einsieht, daß dasjenige, was durch die Ströme des Anthroposophischen fließt, wirklich in die Wissenschaft hinein dasjenige liefern kann, was geliefert werden muß. Dann muß man jenes heilige Feuer haben, das sich eben einer solchen Arbeit widmet. Das ist in einer Weise, für die man nicht genug danken kann, durch unseren Freund Dr. Roman Boos geschehen, und ihm haben wir es eigentlich zu danken, daß wir dieses sein Werk vor uns haben, diesen anthroposophischen Hochschulkurs, der morgen beginnen soll.

Selbstverständlich dürfen ja nicht vergessen werden alle diejenigen, die in reichlichem Maße mitgearbeitet, mitgewirkt haben; aber eine treibende Kraft muß in all solchem stecken. Und diese treibende Kraft muß, ich möchte sagen, ein sozialer Impetus sein. Das haben wir mit Bezug auf diese Unternehmungen gehabt, und ich möchte nur wünschen, daß wir mit Dr. Boos noch recht viele Unternehmungen hätten; dann werden wir schon vorwärts kommen!» (*Blätter für Anthroposophie*, 1955, S. 87)

Wenn man diese Worte, die ohne den kleinsten Vorbehalt formuliert sind, heute liest, kann man sich schwerlich vorstellen, daß Rudolf Steiner mit den Handlungen von Boos zu dem Zeitpunkt, als er diese Worte sprach, nicht einverstanden war. Wer aber die Grundhaltung Steiners kennt, weiß, daß es ihm weniger darauf ankam, mit allem, was andere Freunde taten, einverstanden zu sein; er blickte vielmehr vorzugsweise auf den Enthusiasmus, auf das Wollen, und die Initiative war ihm heilig. Er förderte die tätigen Initiativen seiner Schüler, gleichviel, ob er mit allem einverstanden war. Schon in der *Philosophie der Freiheit* findet sich der Satz: «*Leben* in der Liebe zum Handeln und *Lebenlassen* im Verständnisse des fremden Wollens ist die Grundmaxime der *freien Menschen*.» (4/166)

Man kann natürlich zum anderen vermuten, daß Rudolf Steiner in mancher Hinsicht auch resigniert hatte. Er wies deutlich darauf hin, daß das Goetheanum nicht eingeweiht, sondern nur eröffnet werde, weil es mit den Hochschulkursen noch nicht seiner eigentlichen Bestimmung übergeben wurde. Er sträubte sich, das Goetheanum selbst feierlich zu eröffnen (36/329). Aber eines scheint sicher: Rudolf Steiner hat mit seiner Anerkennung die Aktivität von Roman Boos in keiner Weise gebremst. Bei seinen Zuhörern jedenfalls mußte nach solchen Worten der Eindruck entstehen, daß er die Tätigkeit von Roman Boos restlos billige.

Auch die *Futurum AG* bekam einigermaßen schnell relativ viel Geld zusammen. Das Problem war, das Geld sinnvoll auszugeben. Es mußten also rentierende Firmen erworben werden. Das aus dem Stand zu machen, war nicht leicht, und hier haperte es, obwohl auch Rudolf Steiner die Firmen begutachtete. Es wurden eine alte Strickwarenfabrik, eine Schirm- und Stockfabrik, ein Handelskontor für Südfrüchte, eine Kaltleimfabrik, eine Kartonagenfabrik und eine Firma für Büro-Einrichtungen erworben. Bei einer Reihe dieser Firmen hatte man sich indes völlig verkalkuliert. Molt berichtet zum Beispiel von dem Handelskontor: «Der Geschäftsführer war leichtsinnig, und sein Export von Orangen und Zitronen speziell nach Dänemark brachte Verlust über Verlust; denn die Ware kam zumeist verdorben an Ort und Stelle an.» (Molt 1972, S. 198) Die

Firma für Büro-Einrichtungen war zu teuer erworben worden und litt überdies an der in der Schweiz rückläufigen Konjunktur, die Kartonagenfabrik fand kaum Absatz für ihre Produkte, und die Schirm- und Stockfabrik mußte kurz nach der Übernahme ihre Produktion einstellen. Kurzum: per Saldo machten die wirtschaftlichen Betriebe Verlust.

Ende Mai 1921 erkrankte Roman Boos an einer schweren Depression und schied aus der Leitung der *Futurum AG* aus. Am 28. Juni 1921 trat auch Johann Hirter, der die Situation durchschaute, aus dem Verwaltungsrat zurück.

Der *Futurum AG* wurden auch die beiden chemisch-pharmazeutischen Laboratorien in Arlesheim, in denen Heilmittel entwickelt und hergestellt wurden, die von Ita Wegman aus eigener Kraft im Juni 1921 gegründete Klinik sowie der Verlag am Goetheanum, der die Wochenschrift *Das Goetheanum* herausgab, angegliedert. In Stuttgart sorgte Rudolf Steiner dafür, daß die geistigen Unternehmen gefördert wurden. Die Leitung der *Futurum AG* hatte hingegen für diese Unternehmen, die wirtschaftlich weit gesünder waren als die «wirtschaftlichen» Betriebe, keinen Sinn. Sie mußten sich deshalb aus eigener Kraft entwickeln. Die Klinik nahm Obligationen auf den Namen «Futurum AG Abteilung klinisch therapeutisches Institut Arlesheim» auf, Ita Wegman selbst finanzierte den Grundstock der «Internationalen Laboratorien AG» (ILAG), aus der später der Betrieb der Weleda in Arlesheim erwuchs.

Im März 1922 kam es zum Eklat: Auf der Generalversammlung der Gesellschaft am 23. März traten die Direktoren der *Futurum AG*, Arnold Ith und Emil Oesch, zurück, nachdem sie die desolate Lage des Unternehmens dargestellt hatten, und verließen den Raum. Rudolf Steiner stand auf einmal als Präsident des Verwaltungsrates praktisch allein da, da auch der in der Firma leitend tätige Emil Molt nicht zur Generalversammlung erschienen war. Nach dramatischen Szenen wurde ein neuer Verwaltungsrat gebildet, der aus Willy Storrer, Willy Stokar, Edgar Dürler, Karl Day und aus den bisherigen Verwaltungsratsmitgliedern Ernst Gimmi und Christian Krebs bestand. Rudolf Steiner trat als Präsident zurück.

Ita Wegman, die Leiterin des Klinisch-Therapeutischen Instituts, ergriff sofort die Initiative, ihr Institut und die Laboratorien aus der *Futurum AG* herauszulösen und durch Ausgabe neuer eigener Aktien zu erweitern. Nach kurzer Zeit wurde klar, daß die *Futurum AG* liquidiert werden mußte. Es zeigte sich, daß die Gesellschaft ihr Vermögen weitgehend verbraucht hatte. Ein Teil der Aktionäre verzichtete zugunsten des Goetheanum auf seinen Aktienbesitz, ein anderer Teil wurde schließlich mit Aktien der ILAG entschädigt. Die ILAG, die bald den Namen *Weleda* erhielt und aus dem Klinisch-Therapeutischen Institut herausgelöst wurde, gab Aktien im Wert von 450 000 Franken aus, die gegen Futurum-Aktien eingetauscht wurden, und übernahm damit die Last der liquidierten *Futurum AG*. Das Bemerkenswerte an diesem Vorgang ist, daß ein aus den Anregungen der Anthroposophie hervorgegangenes Unternehmen schließlich für das Versagen der wirtschaftlichen Unternehmen gerade stand.

Es muß aber auch gesagt werden, daß die anthroposophische Mitgliedschaft sowohl bei der Auflösung des *Kommenden Tags* wie auch bei der Liquidation der *Futurum AG* nicht unerhebliche Opfer gebracht hat: beim *Kommenden Tag*, um die Weiterexistenz der Waldorfschule und anderer geistiger Unternehmen zu ermöglichen, bei der Liquidation der *Futurum AG*, um für die Fehler der Leitung des Unternehmens zu haften. Sie halfen damit auch Rudolf Steiner selbst aus einer höchst unangenehmen Situation, in die ihn seine Achtung vor der Freiheit und Initiative anderer gebracht hatte. Sein Selbstverständnis als geistiger Führer, der in der Hoffnung auf Initiative und Verantwortung seiner Mitarbeiter lebte, verbot ihm das Kommandieren. 1924 hat er die Situation rückblickend gedeutet: «Und so ist es gekommen, daß nach dem Jahre 1918, ich möchte fast sagen der Zustand, der da war, benützt worden ist von allen möglichen Seiten, um das oder jenes zu tun. Hätte ich dazumal gesagt, das soll nicht geschehen, dann würde heute natürlich die Rede dahin gehen, daß man sagt: hätte man das geschehen lassen, so hätte man heute florierende Unternehmungen nach allen Seiten.

Deshalb war es auch immer zu allen Zeiten Sitte, möchte ich sagen, daß die Leiter einer okkulten Bewegung sozusagen von denen, die etwas tun wollten, erproben ließen, wie das wird, damit durch die Tatsachen Überzeugungen hervorgerufen werden können. Das ist ja die einzig mögliche Art, Überzeugungen hervorzurufen. Und das mußte denn auch schon in diesem Falle geschehen.» (260a/205)

So leidvoll für Rudolf Steiner diese Unternehmen auch waren – auf lange Sicht gesehen haben die Impulse, die mit ihnen gegeben wurden, doch in der anthroposophischen Forschung, in Pharmazie und Medizin nach Jahrzehnten Früchte getragen, und fünfzig Jahre nach dem ersten Versuch mit «bankähnlichen» Einrichtungen wurde in verantwortungsvoller Arbeit auch diese Idee in verschiedenen Ländern fruchtbar gemacht. Letztlich haben sich damit die Impulse und Ideen, die zu neuen Formen des Wirtschaftens führen sollen, doch bewährt. Die Saat der Ideen und Impulse ist heute, nach 75 Jahren, schließlich doch aufgegangen.

42.
VON DER NOTWENDIGKEIT, IMPULSE ZUR ERNEUERUNG DER ZIVILISATION ZU VERMITTELN

Mitte Juni 1920 las Rudolf Steiner in Stuttgart den ersten Band von Oswald Spenglers *Untergang des Abendlandes.* Das Buch, das in jenen Jahren – besonders in Kreisen der akademischen Jugend – viel und intensiv diskutiert wurde, beeindruckte ihn so stark, daß er in den folgenden drei Jahren häufig über Spengler sprach. Wie ein kühler naturwissenschaftlicher Beobachter sagte Spengler in seinen Diagnosen den völligen Niedergang der abendländischen Kultur und ihr Ende in einer allgemeinen Barbarei voraus.

Steiner reagierte sofort, und in einem öffentlichen Vortrag in Stuttgart am 15. Juni 1920 ging er auf Spenglers Buch ein. Wenn alle Menschen glauben, daß die Kultur des Abendlandes untergehe, «dann werden wir auch zugrunde gehen! Deshalb nenne ich dieses Buch ein furchtbares Buch. Denn diejenigen, die von diesen Ideen, von diesen Impulsen angesteckt sind, die sie aufnehmen in einer ehrlichen Weise, die müssen zu Trägern des Niedergangs werden aus den tiefsten Tiefen ihrer Seele heraus. Die müssen Seelenwege betreten, welche in den Abgrund hineinführen auf den Lebenswegen.» (*Drei Gegenwartsreden*, S. 27)

Unmittelbar nachdem er nach Dornach zurückgekehrt war, sprach er auch vor den Dornacher Mitgliedern über Spenglers Buch. Wiederum sagte er, daß man dieses Buch, das von der naturwissenschaftlichen Denkweise inspiriert sei, bitter ernst nehmen müsse: «Nur der gewöhnliche Lebensleichtsinn kann über solche Dinge oberflächlich hinwegsehen.» (198/139)

Natürlich war die Untergangsdiagnose, die Spengler stellte, für Steiner weder neu noch eine Überraschung. Schon in manchen frühen Aufsätzen der achtziger Jahre hatte Steiner selbst die Niedergangstendenzen seiner Zeit beschrieben, aber er zählte nicht zu denen, die stets die vergangenen Zeiten preisen und die Gegenwart schmähen, und er war schon gar nicht einer der zahlreichen Unheilspropheten. Sein Wirken galt der Erneuerung, und wenn er besonders seit 1917 davor warnte, daß manche Zeittendenzen ins Chaos führten, so nur, um auf die Notwendigkeit neuer geistiger Impulse für die Zivilisation hinzuweisen. Bei der Lektüre von Spengler sah Steiner jedoch sogleich, daß dieses grandiose und heillose Buch den Untergang selbst befördern und beschleunigen würde. Gewiß war Spengler nur ein Symptom unter vielen, doch durch ihn sprach sich die Destruktivität der Zeit selber aus. Deshalb hat Steiner sich nach dem Erscheinen des zweiten Bandes des Spenglerschen Buches im August 1922 in drei Aufsätzen gründlich über dieses Werk ausgesprochen (36/81-100).

Dem einseitig naturwissenschaftlichen Denken, das auf notwendige fortlaufende Prozesse blickt und sich diese Prozesse als kausal bedingt vorstellt, wollte Rudolf Steiner von Beginn an ein Wirken aus Freiheit entgegenstellen. Er wußte jedoch genau, daß man den mächtigen Zerfallstendenzen mit mehr als bloßem Idealismus entgegentreten mußte. Schon der Gedanke der Dreigliederung des sozialen Organismus zielte nicht auf diese oder jene partikulare Reform, sondern auf eine Neugestaltung der Gesellschaft aus Einsichten, die aus der Geistwelt stammten. – Seit dem Anfang des Jahres 1920 hatte er dann gemahnt, «daß die Gegenwart an die Menschheit Fragen stellt, die anders nicht zu beantworten sind als aus der Wissenschaft der Initiation heraus» (196/9).

Die Notwendigkeit der Impulsierung der Gegenwartskultur durch die Initiationswissenschaft wurde zum Thema der Vorträge Steiners. Oft wiederholte er: «Ich habe versucht, Ihnen zu zeigen, wie im Fortgange der menschlichen Entwickelung die Menschheit gegenwärtig dabei angekommen ist, unbedingt angewiesen zu sein auf … die Wissenschaft der Initiation. Das heißt, es wird notwendig, daß erstens die Erkenntniszweige des menschlichen Kulturlebens durchdrungen werden von dieser Wissenschaft der Initiation, zweitens aber auch, daß das soziale Denken und das soziale Empfinden durchdrungen werde von denjenigen Gefühlen, Empfindungen, die für die menschliche Seele aus dem Bewußtsein resultieren: es gibt eine Geistesoffenbarung, eine übersinnliche Offenbarung – man braucht sich ihr nur zuzuwenden.» (196/71, vgl. 196/106)

Auch als Steiner am 2. Juli 1920 zum ersten Mal in Dornach über Spenglers *Untergang des Abendlandes* gesprochen hatte, klang dieses Motiv wieder auf: «Wer sich heute wirklich bekannt macht mit dem inneren Wesen dessen, was im sozialen, im politischen, im geistigen Leben wirkt, wer da sieht, wie alles das, was wirkt, nach dem Niedergang hinstrebt, der muß sich sagen, wenn er nur Geisteswissenschaft kennt, wie sie hier gemeint ist: Eine Heilung kann es nur geben, wenn die Weisheit der Initiation in die Menschheitsentwickelung hineinfließt.» (198/139)

Solche Worte waren nun keineswegs bloß diagnostisch gemeint. Einzelnen ihm geeignet erscheinenden Anthroposophen hatte Steiner direkt geraten, sich zur Initiation auszubilden (Tautz 1989, S. 87). Jetzt, da der Goetheanumbau seiner Fertigstellung entgegenging, wäre es unbedingt notwendig gewesen, daß Rudolf Steiner von einer Gruppe von Geistesschülern, die ernsthaft zur Initiation strebten, umgeben gewesen wäre und daß er gemeinsam mit diesen Menschen nach einer entsprechenden Vorbereitung und im inneren Einklang mit ihnen das Goetheanum seiner Bestimmung hätte übergeben können.

So machte Rudolf Steiner den Versuch, die bei Beginn des Weltkriegs eingestellten esoterischen Unterweisungen wieder aufzunehmen. Wie dieser Versuch im einzelnen in die Wege geleitet wurde, ist nicht überliefert. Jedenfalls aber waren Mitglieder der Anthroposophischen Gesellschaft für Sonntag, den 9. Februar 1920 zu einer esoterischen Unterweisung eingeladen worden. Am Vorabend dieses Tages hatte Steiner in einem sehr ernsten Vortrag die Zuhörer aufzurütteln versucht und mit der Bemerkung geschlossen, daß man – bildlich gesprochen – übermorgen kein Brot mehr haben werde, wenn man nicht die irdischen Institutionen aus einer neuen Geistigkeit heraus begründen würde: «Denken Sie darüber nach, denn es handelt sich um ernste Angelegenheiten.» (196/195)

Offensichtlich aber hatte die Ankündigung der Wiederaufnahme der esoterischen Stunden zu allerlei Diskussionen und zu Kritik geführt; wahrscheinlich wollte man Leute zu der esoterischen Stunde mitbringen, die nicht von einem sachlichen Interesse geleitet wurden. So mußte Rudolf Steiner gleich zu Beginn der Stunde aussprechen, er habe erwartet, daß zumindest die älteren Mitglieder nicht die in aller Welt üblichen Urteils- und Kritikformen in dieser Sache zur Geltung gebracht hätten;

es fehle den Menschen der gebotene Ernst. – Am 17. Februar 1920 fand eine zweite esoterische Stunde statt. Dann brach Rudolf Steiner den Versuch, die esoterischen Unterweisungen wieder aufzunehmen, ab.

Diese Tatsache spricht durch sich selbst, und Rudolf Steiner wird sich über seine Gründe, den Versuch abzubrechen, nur zu wenigen ganz vertrauten Menschen geäußert haben. Neben diese Tatsache stellt sich eine zweite. Im Sommer 1920, nachdem man die Bestuhlung für den großen Saal fertiggestellt hatte, mußte der Goetheanumbau irgendwie in Betrieb genommen werden. Man konnte den zwar noch nicht beendeten, aber doch benutzbaren Bau nicht einfach leer stehen lassen. Das Merkwürdige ist hier, daß nicht das Selbstverständliche geschah, daß nämlich Rudolf Steiner die Sache in die Hand nahm und die Eröffnung des Baus gestaltete, das Programm festlegte und Redner einlud. Vielmehr überließ er Dr. Roman Boos die Initiative und gab ihm völlige Handlungsfreiheit. Rudolf Steiner war offensichtlich entschlossen, sich zurückzuhalten und dann zu sehen, wie weit die Anthroposophie in den Menschen ohne sein direktes Zutun entwickelt war.

So organisierte Roman Boos mit Verve die ganze Tagung. Er war es, der die Redner einlud, er nahm Einfluß auf die Formulierung der Themen und legte schließlich auch das Programm für einen dreiwöchigen Hochschulkurs fest: Über dreißig Redner sollten mitwirken und aus ihren Arbeitsgebieten berichten. In jeder Woche sollten etwa dreißig Vorträge gehalten werden, für Diskussionen war Zeit vorgesehen, während die Kunst weitgehend an den Rand gedrängt wurde (vgl. hierzu Kühne 1989, S. 16f; Lauer 1977, S. 45).

Mit diesem Hochschulkurs trat eine neue Generation von Anthroposophen in Erscheinung. Von den Mitarbeitern der ersten Jahre wirkten nur Elisabeth Vreede, Adolf Arenson und Carl Unger mit. Vertreter einer mittleren Generation, die zwischen 1907 und 1914 Mitglieder der Anthroposophischen Gesellschaft geworden waren, traten jetzt als Sprecher in Erscheinung. Zu den jüngsten Vortragenden gehörten der siebenundzwanzigjährige Eugen Kolisko, der vierundzwanzigjährige Rudolf Meyer und der zweiundzwanzigjährige Hermann von Baravalle.

Rudolf Steiner hatte von sich aus wohl darauf gedrängt, daß man nicht von einer «Einweihung» des Goetheanum, sondern von einer «Eröffnungshandlung» sprach. An die «Eröffnungshandlung» am Nachmittag des 26. September 1920 erinnert sich Lili Kolisko: «Wer das Glück hatte, an der Eröffnung teilzunehmen, dem hat sie wohl einen unauslöschlichen Eindruck gemacht. Das durch den Raum brausende Vorspiel von Orgel und Orchester, die feierlich erwartungsvolle Stimmung der gegen tausend anwesenden Menschen, die farbigen Lichtfluten, die durch die Fenster hereinströmten, die mächtigen Säulen, die wunderbaren Malereien der Kuppel und die Worte Rudolf Steiners, die aus einer tiefen Bewegung heraus erklangen.» (Kolisko 1961, S. 28)

In der Tat muß die Eröffnung eine tief bewegende Feier gewesen sein: Marie Steiner rezitierte, Roman Boos, Richard Seebohm, Emil Grosheintz, Emil Molt, und Carl Unger hielten Ansprachen. Rudolf Steiner beschränkte sich auf eine recht knappe Rede über das Zusammengehen von Wissenschaft, Kunst und Religion. Er begann mit den Worten: «Mit bewegtem Herzen spreche ich die ersten Worte in diesem Goetheanum. Denn das ernste Ziel steht vor meiner Seele, dem dieser heute noch unvollendete Bau in der Zukunft dienen soll.» (*Waldorf-Nachrichten*, III. Jg., S. 82)

Was damals nicht bemerkt wurde, war, daß Rudolf Steiner in jener Ansprache weder von seiner Freude noch von der Befriedigung, den Bau nach siebenjähriger Bauzeit endlich nutzen zu können, sprach. Vor seinen Augen stand das Ziel, dem der Bau in *Zukunft* dienen sollte! Später, nachdem das Goetheanum niedergebrannt worden war, sprach er offen aus, daß es in ihm sich damals «sträubte, das Goetheanum selbst festlich zu eröffnen, als in ihm die erste Veranstaltung eingerichtet wurde. Es konnte eben das Programm jener Vortragsreihe nicht zum Anlaß eines solchen Festes genommen werden. Das sollte erst dann stattfinden, wenn einmal eine Veranstaltung möglich geworden wäre, deren Ganzes mit der ursprünglichen Bauidee vollkommen in Einklang gestanden hätte. Es ist nicht dazu gekommen.» (36/329)

Für Rudolf Steiner war die Eröffnung des Goetheanum also ein schmerzlicher Vorgang. Er empfand in manchen Vortragsreihen des ersten Hochschulkurses und in den abendlichen Diskussionen die Disharmonie der aus dem Wissenschaftsbetrieb stammenden Rede- und Argumentationsgewohnheiten mit den Formen des Baus: «Der Bau ist gerade durch das Fehlen der gekennzeichneten Harmonie bei der ersten Veranstaltung eng mit dem Schicksal der anthroposophischen Entwickelung in den letzten Jahren verbunden. Die erste Vortragsreihe als Ganzes offenbart sich als etwas, das nicht ganz organisch aus derselben Idee herausgewachsen war, wie der Bau selbst. Sie war wie etwas in den rein anthroposophischen Bau Hineingetragenes. – In der äußeren Wirklichkeit des menschlichen Zusammenlebens gehen eben die Dinge nicht immer den aus dem Innern eines geistigen Zusammenhangs geforderten Gang.» (36/328)

Übersetzt man sich diese Worte, in denen Steiner mit größter Zurückhaltung seine eigenen Empfindungen und Erlebnisse andeutet, in eine konkrete Situation, so sieht man Rudolf Steiner in der ersten Reihe des Goetheanum sitzend und die Vorträge der Redner anhörend. Immer wieder vernahm er in Vorträgen neben dem, was mit dem Bau harmonierte, den schrillen Mißklang von Rede und Gedanke mit den Formen des Baus. «Ich ließ also meinen geistigen Blick schweifen über die Art und Weise, wie diese Innenarchitektur, Plastik und Malerei dem entsprach, was die Redner vom Podium herunter sagten. Und da fand ich – es war ja nicht nötig, den Leuten das damals an die Nase zu binden: Alles dasjenige, was, im besten Sinne des Wortes sei es gesagt, ein anthroposophisches Tableau war, wo aus der Anthroposophie im engsten Sinne heraus gesprochen wurde, es paßte wunderbar zum Baustil. Für eine ganze Reihe von Vorträgen hatte man aber das Gefühl: Ja, die dürfen eigentlich erst gehalten werden, wenn das Goetheanum einmal dazu gekommen sein wird, eine Reihe von Nebenbauten zu errichten, die in ihrem Baustile wiederum so eingerichtet werden, daß sie stimmen zu diesen Spezialstudien und Spezialbetrachtungen.» (257/139)

Vor allem aber sollte das Goetheanum als freie Hochschule für Geisteswissenschaft keineswegs dem bloßen Wissenschaftsbetrieb dienen, nicht einmal dem bloßen Goetheanismus. Das Goetheanum sollte ein Ort der Geistesschulung, der Initiationserkenntnis sein. Was Rudolf Steiner spürte, war, daß der Bau seiner eigentlichen Aufgabe entrissen zu werden drohte.

Rudolf Steiner hat von dem, was in ihm vorging, kaum etwas merken lassen. Nur gegen Ende des Hochschulkurses hat er gebeten, in das Eurythmie-Programm jene von ihm 1915 während einer schweren Gesellschaftskrise geschriebene Satire *Das Lied von der Initiation* (40/ 57ff) aufzunehmen (277/189). Das hätte für jeden, der Steiner ein wenig kannte, ein Signal sein können.

Rudolf Steiner selbst hielt während dieses ersten Hochschulkurses sechs Vorträge unter dem Titel G*renzen der Naturerkenntnis.* Vergleicht man diesen Kurs mit den Vortragszyklen, die er vor dem Weltkrieg gehalten hat, so fallen in Stil und Inhalt gewichtige Unterschiede auf. In den Jahren vor dem Kriege konnte Steiner zu Menschen sprechen, die bereit waren, große geistige Inhalte, Ergebnisse der Geistesforschung aufzunehmen. Aus der Anschauung sprach Rudolf Steiner über die geistigen Wesenheiten, über Christus, über das Leben der Seele nach dem Tode. Im ersten Hochschulkurs und in den großen öffentlichen Vortragsreihen, die diesem Kurs in den Jahren 1921 und 1922 folgten, sprach er zu wissenschaftlich orientierten Menschen. So wurden die Vorträge über die *Grenzen der Naturerkenntnis* zu einer methodologischen Einführung in die anthroposophische Forschungsart. Rudolf Steiner führte seine Zuhörer zu den Grenzerfahrungen der Naturerkenntnis und des Denkens, um dann zu zeigen, wie eine anthroposophisch orientierte Erkenntnis die Grenzen des herkömmlichen Denkens und Wahrnehmens überschreitet. – Außerdem sprach Rudolf Steiner dreimal über den Baugedanken von Dornach und gemeinsam mit Marie Steiner über die Kunst der Deklamation.

Obwohl der Hochschulkurs als Ganzes in den Augen Steiners also keineswegs gezeigt hatte, daß alle Mitarbeiter den Anforderungen, die sich aus der Anthroposophie und aus der Zeitlage ergaben, schon gewachsen waren, ließ er doch in seinen Bemühungen, die Anthroposophie für die allgemeine Zivilisation und für eine Erweiterung der Wissenschaften fruchtbar zu machen, keinen Augenblick nach, obwohl ihm klar war, daß fachtüchtige Mitarbeiter fehlten. Er gab zum Beispiel noch während des Hochschulkurses die Anregung, einen Weltschulverein zu gründen, um der anthroposophischen Pädagogik den Weg in die Welt zu eröffnen. «Die Waldorfschule ist schön; aber damit, daß wir die Waldorfschule begründet haben, ist noch nichts getan auf diesem Gebiete. Es ist höchstens ein allererster Anfang gemacht. Sogar nur der Anfang eines Anfangs. Die Waldorfschule haben wir erst begründet, wenn wir im nächsten Vierteljahr zu zehn neuen solcher Waldorfschulen den Grund gelegt haben.» (*Menschenschule*, 46. Jg., S. 118)

Deshalb schlug er vor, beispielsweise in Holland einen solchen Weltschulverein ins Leben zu rufen, der in den westlichen Ländern Verständnis für die neue Pädagogik wecken und die entsprechenden finanziellen Mittel, die in Deutschland nicht mehr aufzubringen waren, beschaffen sollte. Bei der Idee des Weltschulvereins ging es aber nicht nur um die

Geldmittel für weitere Waldorfschulen, sondern um die Finanzierung eines freien Geisteslebens überhaupt und namentlich auch um Mittel für die Aufrechterhaltung der Arbeit am Goetheanum.

Im Februar 1921 hat Rudolf Steiner in Holland nochmals über diesen Vorschlag gesprochen und betont, daß die Waldorfschulen nicht als «Winkelschulen» irgendwo in einer kleinen pädagogischen Ecke errichtet werden sollten, wo sie dann von «Staates Gnaden» bestehen, sondern daß sie nur fruchtbar werden, wenn die anthroposophische Pädagogik offen und im großen Stil vor die Welt hintritt. Der Gedanke fand kein Echo, sondern «in bezug auf diese Forderung nach dem Weltschulverein ... schläft alles auch in weitesten Kreisen einen sanften Schlaf» (76/93).

Auch wurde während der letzten Woche des Hochschulkurses ein «Bund für anthroposophische Hochschularbeit» begründet, der in der akademischen Jugend tätig werden sollte und der auch wirklich die sich damals bildenden anthroposophischen Studentengruppen an den verschiedensten Universitäten betreute. Auch hier warb Rudolf Steiner dafür, die Aufgaben im großen Stile anzugehen. «Ich bitte Sie zum Schlusse nur: Treiben Sie die Dinge nicht partikularistisch, sektenmäßig, sondern im weitesten Stile. Schließen Sie niemanden aus, sondern schließen Sie alle ein, die mitarbeiten wollen. Es kann nichts anderes ausschlaggebend sein als lediglich der Wille, daß jemand ehrlich in unserer Richtung mitarbeiten will.» (217a/39)

Dieser Bund erhielt ein Büro in Stuttgart und war bemüht, mit den zahlreichen Studentengruppen Kontakt aufzunehmen, indem er viele Rundschreiben versandte, doch er kam nicht zu einem rechten Leben. Vielleicht aber ist es dieser Studentenarbeit doch zu danken, daß zu dem anthroposophischen Hochschulkurs in Stuttgart im März 1921 immerhin 800 Teilnehmer kamen. Rudolf Steiner sprach während dieser Veranstaltung über *Naturbeobachtung, Experiment, Mathematik und die Erkenntnisstufen der Geistesforschung.* In einem Brief an Edith Maryon konnte er über seine Vorträge berichten: «Im Ganzen nimmt die anwesende Studentenschaft die Sachen bisher gut auf. Man hat nur immer das Gefühl: man kann in so kurzer Zeit den Menschen so wenig geben, daß es ihnen doch recht schwierig wird, ein eigenes Urteil sich zu bilden. Und darauf kommt es ja doch an.» (263,1/63f)

Besucher dieses Hochschulkurses haben berichtet, daß Rudolf Steiner bei den meisten Veranstaltungen des Kurses anwesend war und oft, wenn es schwierig wurde, in die Diskussionen eingriff. So diskutierte er über die Relativitätstheorie, über ostasiatische Malkunst und synthetische Geometrie, so extemporierte er eine Betrachtung über Dante und schaltete einen Vortrag über den Ausbruch des Weltkriegs in den Kurs ein.

Ein dritter Hochschulkurs folgte schon im April in Dornach. Das Thema war «Anthroposophie und Fachwissenschaften». Im Rückblick auf die bei diesem Kurs gehaltenen Vorträge konnte Steiner feststellen, daß die Fachvorträge der anthroposophischen Gelehrten «einen wesentlichen Fortschritt» gegenüber dem, was im Herbst 1920 geleistet worden war, aufwiesen. Doch die an den Abenden stattfindenden Diskussionen waren in seinen Augen etwas «Fürchterliches». (*Aufbaugedanken und Gesinnungsbildung*, S. 37)

Wenngleich Rudolf Steiner also an dem Echo, das die Kurse in den Diskussionen fanden, erkennen mußte, daß solche Kurse geeignet waren, Mißverständnisse hervorzurufen, weil namentlich die jüngeren Menschen nicht anthroposophisch verbrämte Wissenschaft, sondern Anthroposophie selber suchten, so stellte er sich doch auch weiterhin den Intentionen seiner Mitarbeiter zur Verfügung, und auf die ersten drei Kurse folgten noch drei weitere: die Vorträge über *Anthroposophie, ihre Erkenntniswurzeln und Lebensfrüchte* auf dem Stuttgarter Kongreß «Kulturausblicke der anthroposophischen Bewegung» vom 28. August bis 7. September 1921, der «Anthroposophische Hochschulkurs» vom 5. bis 12. März 1922 in Berlin und der «Anthroposofisch-Wetenschappelijke Cursus» in Den Haag vom 7. bis 12. April 1922. Wenn man will, kann man auch den «West-Ost»-Kongreß, der vom 1. bis 12. Juni 1922 in Wien stattfand, noch zu jenen großen, an die wissenschaftliche Öffentlichkeit gerichteten Selbstdarstellungen der anthroposophischen Arbeit zählen.

Alle diese Kurse wurden nicht von Rudolf Steiner, sondern von tätigen Anthroposophen veranstaltet, die davon überzeugt waren, die Anthroposophie als eine alle Wissengebiete umfassende Geistesrichtung der Öffentlichkeit eindringlich präsentieren zu müssen. Dem Bericht, den Steiner über den Berliner Hochschulkurs gab (81/159-180), muß man entnehmen, daß ihm das Fragwürdige namentlich dieser Unternehmung durchaus deutlich vor Augen stand. – Andererseits konnte er nach dem Kongreß in Stuttgart sagen, daß der große Ernst, mit dem die Zeitfragen durch die anthroposophischen Redner – namentlich durch Caroline von Heydebrand – behandelt worden waren, auf die über 1600 Zuhörer einen großen Eindruck gemacht hatten.

Erst nachdem im Laufe von zwei Jahren wirkliche Erfahrungen gemacht worden waren, sprach Rudolf Steiner im Februar 1923 vor Vertretern der jungen Generation ein Urteil über die Hochschulkurse aus: «Ich will nichts sagen gegen ihren Wert. Aber die Hochschulkurse waren ein Mißverständnis. Es ist von Ihnen das gar nicht gesucht worden, was dort ausgesprochen worden ist. Sie suchten Anthroposophie an sich. Das konnten diejenigen nicht verstehen, die in früheren Zeiten als Akademiker in die anthroposophische Gesellschaft hineingekommen waren. Diese wollten ihre akademische Arbeit mit der Anthroposophie zusammenschschweißen. *Sie* haben das nicht akzeptiert.» (217a/97)

Während seine akademischen Mitarbeiter auf diese Weise Anthroposophie als Wissenschaft der Welt nahebringen wollten, sah Rudolf Steiner noch ganz andere Aufgaben. Obwohl er sich im August 1919 von der Dreigliederungskampagne in Württemberg zurückgezogen hatte und nicht mehr in den Tageskampf um die Dreigliederung eingriff, sondern ihn anderen überließ, stand die Notwendigkeit der Dreigliederung unverändert vor seiner Seele. Durch die Artikel, die er in der Dreigliederungs-Zeitung schrieb, und durch Vorträge über Dreigliederungsfragen gab er sein Engagement klar zu erkennen, und wie oben bereits erwähnt, sollten auch die wirtschaftlichen Unternehmungen als Musterbetriebe für die soziale Praxis der Anthroposophie Zeugnis ablegen.

Nachdem sich aber das politische Leben seit dem Sommer 1919 zwar nicht stabilisiert, wohl aber wieder verhärtet hatte, war es schwierig, wenn nicht unmöglich, mit den geringen Mitteln, die zur Verfügung standen, einen Punkt zu finden, wo die Dreigliederungsbewegung ihren Hebel ansetzen konnte. Selbstverständlich wäre zu einer Vielzahl von Themen etwas zu sagen gewesen, doch man hätte keinerlei Aufmerksamkeit erwecken können. Im November 1920 jedoch schien sich eine – für lange Zeit – letzte Möglichkeit zu eröffnen, Gehör zu finden. In einem Brief wandte sich Moritz Bartsch im Namen schlesischer Anthroposophen aus Breslau an die Geschäftstelle des Bundes für Dreigliederung in Stuttgart und fragte an, ob man bei der für den März 1921 angesetzten Abstimmung über die Staatszugehörigkeit Oberschlesiens nicht die Dreigliederungsidee zur Geltung bringen könne. In der Tat konnte die vorgesehene Abstimmung über die Frage, ob Oberschlesien zu Deutschland oder zu Polen gehören solle, in jedem Falle nur Unheil bringen, da, wie sie auch ausgehen würde, die jeweils verbleibenden Minderheiten das Nachsehen haben würden.

Als dieser Brief eintraf, war Rudolf Steiner gerade in Stuttgart in der Geschäftsstelle des Bundes für Dreigliederung, und so wurde ihm die Anfrage von Moritz Bartsch sofort vorgelegt. Karl Heyer berichtet: «Dr. Steiner stellte sich sofort durchaus positiv zu der Initiative der Breslauer Dreigliederer. Er bejahte sie stark. Ich erinnere mich, wie er – auch später noch – dem Sinne nach erklärte, es sei unsere Aufgabe, die soziale Dreigliederung besonders da hinzustellen, wo Entscheidungen zur Lösung der Gegenwartsfragen zu treffen seien. Wenn wir die Dreigliederung an solche Stellen, auf welche die Augen der Welt gerichtet seien, hinstellen, dann würde die Welt dort die Dreigliederung sehen.» (*Mitteilungen*, 1962, S. 34)

Trotz aller negativen Erfahrungen, trotz der sicher geringen Chancen einer Dreigliederungsaktion ging Steiner also ohne Zögern auf diese neue Möglichkeit zu. Vor ihm stand die Aufgabe, das Ziel, und nicht alle jene Bedenken und Zweifel, die man natürlicherweise haben konnte. Sofort gab er Dr. Karl Heyer und Dr. Guenther Wachsmuth den Auftrag, einen Aufruf für eine Dreigliederungsaktion in Oberschlesien zu entwerfen. Zugleich stellte er klar, daß an einer solchen Aktion nur Schlesier teilnehmen sollten.

Am folgenden Tage erschien Steiner erneut in der Geschäftsstelle des Bundes, nahm den Entwurf des Aufrufs zur Kenntnis, fand ihn noch nicht befriedigend und verfaßte den Aufruf, der ihm schon vor Augen stand, schnell selbst. Steiners Aufruf endete mit einem konkreten Vorschlag, der die Alternative deutsch oder polnisch ablehnte: «Das oberschlesische Gebiet lehnt die Angliederung an einen angrenzenden Staat vorläufig ab, bis dort Verständnis für die Dreigliederung erweckt ist. Es konstituiert sich so, daß seine Wirtschaftsfaktoren sich selbst verwalten – ebenso seine geistigen Faktoren. Es schafft ein Zusammenstimmen der beiden durch einen provisorischen, nur über sein Gebiet sich erstreckenden rechtlich-polizeilichen Organismus und bleibt in diesem Zustand bis zur Klärung der gesamten europäischen Verhältnisse.» (B 93/94, S. 36)

Mit anderen Worten: Oberschlesien sollte sich als autonomes Gebiet im Sinne der Dreigliederung konstituieren. Die geistigen, kulturellen und sprachlichen Entscheidungen sowie die richterliche Rechtsprechung sollten in die Freiheit der Einzelnen gestellt werden, damit Polen und Deutsche in ihren jeweiligen Einrichtungen friedlich nebeneinander und miteinander existieren könnten. Das wichtige oberschlesische Industriegebiet sollte weder Deutschland noch Polen zufallen.

Nachdem Rudolf Steiner am 1. und 2. Januar 1921 den wenigen als Sprecher vorgesehenen Oberschlesiern einen Überblick über die geschichtliche Situation gegeben hatte, begann die Aktion im Januar. In der von Volkstumskämpfen bereits reichlich vergifteten Situation hatten es die Dreigliederer, die in vier Gruppen jeweils zu zweit von Stadt zu Stadt und in die Dörfer zogen und mutig ihre Ideen vortrugen, nicht leicht. Sie fanden auch in einigen Zeitungen Verständnis und hätten vielleicht einen Achtungserfolg erzielen und das gewünschte Interesse erregen können, wenn sie früher mit ihrer Arbeit begonnen hätten. Jetzt aber stießen sie in einem Hexenkessel auf den erbitterten Widerstand beider Parteien und katholischer Kreise, die – wie berichtet wird – besonders auf die Artikel-Serie *Jesuitica* von Roman Boos, die in der Dreigliederungszeitung erschienen war – mit einer Woge von Haß reagierten.

Schließlich hatte die oberschlesische Aktion böse Rückwirkungen im restlichen Deutschland. Am 4. März 1921 erschien in der «Frankfurter Zeitung» ein Artikel *Verräter am Deutschtum,* in dem dem Bund für Dreigliederung vorgeworfen wurde, die Sache Polens zu betreiben: «Wer nicht für Deutschland stimmt, arbeitet, auch wenn er sich nur von der Abstimmung fern hält, für Polen. Das ist die klare Sachlage, nach der sich jeder zu entscheiden hat. Und so treiben Steiner und seine Leute in Wahrheit polnische Propaganda, genau so, als ob sie von den Polen direkt dafür bezahlt würden.» (B 93/94, S. 39)

Dieser Artikel wurde sofort in deutschen Tageszeitungen ausführlich zitiert und verstärkte eine Stimmung, die sich durch die zahlreichen Schriften, Artikel und Vorträge der Gegner Steiners in den letzten beiden Jahren gebildet hatte.

Unabhängig von der oberschlesischen Aktion hatte man sich schon vor Jahresfrist, im Frühjahr 1920, überlegt, wie man nach dem ausgebliebenen Erfolg der ersten Dreigliederungsaktion in Deutschland doch noch Verständnis für die Dreigliederung erwecken könne. Immer wieder war von einer besonderen Schulung der Redner durch Rudolf Steiner die Rede gewesen. Doch es fanden sich zunächst weder Mittel noch Menschen. Anfang 1921 erschienen Rudolf Steiners *Kernpunkte der sozialen Frage* in großer neuer Auflage und schönerer Aufmachung, mit einer neuen Vorrede Steiners versehen. In dieser Vorrede war Steiner den Mißverständnissen, die ihm in den letzten drei Jahren in Sachen Dreigliederung begegnet waren, in einfacher und klarer Weise entgegengetreten.

Nach dieser Vorbereitung hielt Steiner endlich vom 12. bis 17. Februar 1921 einen Schulungskurs für Redner, die für die Dreigliederung eintreten wollten. Die Zahl der Teilnehmer an diesem Kurs ist nicht genau bekannt – nach einer Überlieferung sollen es etwa fünfzig gewesen sein. Diese Redner sollten unmittelbar im Anschluß an den Kurs vom 20. Februar bis zum 11. März in ganz Deutschland über Anthroposophie und Dreigliederung sprechen. Leider ist diese Unternehmung praktisch nicht dokumentiert. In der Zeitschrift *Dreigliederung des sozialen Organismus* findet sich von der ganzen Aktion, man mag es kaum glauben, keine Spur. Aus einem Vortrag Steiners vom 11. März 1921 ist aber doch zu entnehmen, daß die Kampagne stattgefunden hat. Steiner, der offensichtlich große Hoffnungen auf diesen «starken Vorstoß» setzte, berichtet: «Die Vortragstätigkeit hatte namentlich zu ihrem Inhalte, auf der einen Seite zu zeigen, wie anthroposophische Geisteswissenschaft sich hineinzustellen hat in die großen Kultur- und Zivilisationsaufgaben der Gegenwart, und dann daraus zu zeigen, welche Konsequenzen für das soziale Leben aus dieser anthroposophischen Grundauffassung zu erfolgen haben.» (203/244)

Als Rudolf Steiner dies im März 1921 sagte, lagen ihm wohl nur einige Erfolgsmeldungen vor. Später, im Jahre 1923, nachdem er das Echo der Kampagne in Deutschland hatte wahrnehmen müssen, kam er zu sehr drastischen Urteilen über dieses Unternehmen: «Da war dieser von mir gehaltene Rednerkurs, bevor eine Horde auf das deutsche Publikum losgelassen worden ist. Schauen Sie sich das Echo dessen an, was durch diesen Hordenzug angerichtet worden ist! Was da alles draußen verzapft worden ist, das ist manchmal etwas gewesen, was an Groteskheit alles übertrifft.» (259/296)

Auch wenn man die Schärfe dieser Äußerung bis zu einem gewissen Grad auf die schmerzliche Situation im Jahre 1923 zurückführen kann, so bleibt doch ein sehr massiver sachlicher Kern: Der letzte Versuch eines großen Einsatzes für die Dreigliederung richtete beträchtlichen

Flurschaden an. Gewiß wurden damals auch treffliche Vorträge von einzelnen Rednern gehalten, doch per saldo war das Echo negativ.

In diese Tage der großen Vortragsaktion fällt der sechzigste Geburtstag Rudolf Steiners. Er war zu dieser Zeit – Ende Februar 1921 – zum ersten Mal nach dem Krieg wieder in Holland, und am 27. Februar, der als sein Geburtstag galt, war er in Den Haag. Die üblichen bürgerlichen Feierlichkeiten hatte sich Steiner verbeten, der Tag war ein Arbeitstag wie jeder andere auch. Am Vormittag dieses Tages sprach er zu den dortigen Anthroposophen, nachmittags leitete er eine Eurythmie-Aufführung ein, und am Abend hielt er einen öffentlichen Vortrag über Erziehung, Unterricht und soziale Fragen. Als man ihm vor dem Mitglieder-Vortrag zum Geburtstag gratulierte, sagte er nur: «Die Zeiten, in denen wir leben, sind so ernst, daß es nicht angeht, irgendwie gegenwärtig an persönliche Verhältnisse zu denken.» (203/225)

In kürzester Form bedankte er sich bei der «verehrten Vorsitzenden» und kam zur Sache, indem er den Ernst der Zeit, ihre Prüfungen und ihre schwer zu erkennenden Aufgaben charakterisierte.

Den Ernst der Situation mußte Rudolf Steiner auch ganz persönlich wahrnehmen. Seit die Anthroposophie durch den Bau in Dornach sichtbar und eindrucksvoll in der Welt stand, also seit 1914, waren Stimmen laut geworden, die die Anthroposophie bekämpften. Das war zunächst noch harmlos gewesen und im Lärm des Weltkriegs untergegangen. Von 1915 an hatten dann abgefallene Anthroposophen, namentlich Heinrich Goesch, Max Seiling und Erich Bamler, begonnen, Steiner persönlich zu verunglimpfen. Im Sommer 1918 hatte der Jesuit Otto Zimmermann Steiner und die Anthroposophie in den *Stimmen der Zeit* in zwei Aufsätzen scharf attackiert. Im Juli 1919 hatte die Kongregation des Heiligen Offiziums in Rom verboten, theosophische Bücher zu lesen und theosophischen Vereinigungen beizutreten. Papst Benedikt XV. befahl die Veröffentlichung dieser Entscheidung, die allgemein und verbindlich so ausgelegt wurde, daß sie sich auch auf die Anthroposophie und die Anthroposophische Gesellschaft bezog.

Nachdem 1919 Rudolf Steiner und die Anthroposophie durch die Dreigliederungsaktion in Württemberg vollends in die größere Öffentlichkeit getreten waren, verging dann seit Anfang 1920 kaum eine Woche, in der Steiner nicht durch Artikel, Broschüren und Vorträge attackiert wurde. Das Spektrum der Gegner der Anthroposophie reichte von der äußersten politischen Rechten, also von Dietrich Eckart, Adolf Hitler und Erich Ludendorff, bis zur intellektuellen Linken, die unter anderem von Kurt Tucholsky und Ernst Bloch vetreten wurde. Sie umfaßte Vertreter der Konfessionen ebenso wie Universitätsprofessoren sowie selbsternannte Weise vom Schlage des Grafen Hermann Keyserling. Es gab Gegner der Anthroposophie, die im Lande herumreisten und wie Arthur Drews von Köln bis Konstanz Vorträge hielten. In Dornach wurde am Eidgenössischen Bettag 1920 von katholischer Seite eine regelrechte «Anti-Theosophen Tagung» – musikalisch vom Arlesheimer Kirchenchor umrahmt – zelebriert.

Ein Teil der gegen Steiner gerichteten Schriften war durchaus seriös und sachlich im Ton, so etwa die Broschüren von Friedrich Gogarten und Georg Hauk. Aber in vielen Fällen wurde einfach ohne weitere Beachtung der Tatsachen gegen die Anthroposophie «Stellung bezogen», zum Teil, indem behauptet wurde, die Anthroposophie sei ein mystisch-indisches Gebräu und nicht neu, jedenfalls bedenklich und gesundheitsschädlich, zum Teil wurden Kenntnisse aus zweiter Hand – namentlich von anderen Feinden Steiners übernommene Behauptungen – wiederholt. An einigen Stellen steigerte sich die Feindschaft gegen Steiner zur offenen Hetze und Verleumdung. In den alldeutschen Kreisen war einer der beliebtesten Vorwürfe, Steiner sei Jude und die ganze Anthroposophie jüdisches Machwerk. Andernorts hieß es, Steiner sei «dem Vernehmen nach» ein abgefallener katholischer Priester. Einen gewissen Gipfel erreichte die Verleumdung in den Veröffentlichungen des Pfarrers von Arlesheim, Max Kully, der offensichtlich ständig über den gesamten Dornacher Klatsch vorzüglich informiert wurde und darüber ausführlich, besonders im zweiten Teil der Broschüre *Die Geheimnisse des Tempels von Dornach,* zu erzählen wußte. Ein Thema, das von manchen politisch rechts stehenden Bekämpfern der Anthroposophie gern aufgegriffen wurde, war der Vorwurf, Rudolf Steiner habe den Chef des deutschen Generalstabs, Generaloberst von Moltke okkult beeinflußt, die Niederlage an der Marne herbeigeführt und sei damit der Hauptschuldige der deutschen Niederlage im Ersten Weltkrieg.

Dieses Material machte schnell die Runde. So kam es, daß zum Beispiel vor dem Vortrag, den Steiner am 28. Februar in Amsterdam hielt, Flugblätter «Dr. Steiner, ein Schwindler wie keiner» von einem Dr. K. H. J. de Jong verteilt wurden, mit denen Steiners Ruf unterminiert werden sollte. Kully druckte alsbald Teile dieser Auslassungen de Jongs wieder in einer seiner Broschüren ab. Die zwischen Den Haag, Oslo, Stuttgart und Dornach mit einiger Umlaufgeschwindigkeit zirkulierenden Schmähungen und Verleumdungen erschwerten Rudolf Steiner die Arbeit zunehmend.

In der Oktobernummer 1920 des von Karl Rohm herausgegebenen Blattes *Der Leuchtturm* wurde auch der Brand des Goetheanum angekündigt: «Geistige Feuerfunken, die Blitzen gleich nach der hölzernen Mausefalle zischen, sind also genügend vorhanden, und es wird schon einiger Klugheit Steiners bedürfen, ‹versöhnend› zu wirken, damit nicht eines Tages ein richtiger Feuerfunke der Dornacher Herrlichkeit ein unrühmliches Ende bereitet.»

Steiner nahm diese Dinge zur Kenntnis, und er wußte sehr wohl, daß diese versteckte Drohung in der durch Hetze vergifteten Atmosphäre sehr ernst zu nehmen war (203/127).

Selbstverständlich traten die Freunde Steiners für ihn ein. Männer wie Eugen Kolisko, Walter Johannes Stein, Karl Heyer, Carl Unger, um nur einige zu nennen, widerlegten in Wort und Schrift, was gegen Steiner vorgebracht wurde. Auch Rudolf Steiner selbst trat den falschen Behauptungen in öffentlichen Vorträgen entgegen, indem er über seine Herkunft, seinen Werdegang und seine Gedanken Rechenschaft ablegte. Das rückte manches zurecht, doch einer ganzen Reihe von Feinden der Anthroposophie wie Max Kully, Arthur Drews, Hans Leisegang oder Jakob Wilhelm Hauer kam es auf eine sachliche Auseinandersetzung überhaupt nicht an. Sie wollten die Anthroposophie schlichtweg vernichten. Der Tübinger Professor Hauer glaubte schließlich in der Zeit der Hitler-Diktatur, dieses Ziel mit Hilfe Himmlers und der Gestapo zu erreichen, indem er – nicht ohne Erfolg – durch «Gutachten» und Briefe die Anthroposophie denunzierte. So war kein Mittel im Kampf gegen Rudolf Steiner zu schlecht, um nicht eingesetzt zu werden.

Der sechzigste Geburtstag Rudolf Steiners war aber auch Anlaß zu einer öffentlichen Würdigung. Es war Friedrich Rittelmeyer, zu jener Zeit Pfarrer an der Neuen Kirche in Berlin, dem es, obwohl er erkrankt war, gelang, ein repräsentatives Buch *Vom Lebenswerk Rudolf Steiners* herauszugeben, in dem neun Autoren Aspekte des Werkes von Rudolf Steiner positiv beschrieben. Mutig und offen traten die Autoren in ihren Essays für Steiner ein, ohne in propagandistische oder agitatorische

Töne zu verfallen. So wurde gerade dieses Buch ein Erfolg, und es erlebte – was bei solchen Festschriften selten ist – nach wenigen Monaten eine zweite Auflage.

Rudolf Steiner hat sich über diesen Einsatz seines Freundes herzlich gefreut und später bemerkt, daß dieses Werk in jenen Jahren das wirksamste Buch zur Vertretung der anthroposophischen Sache gewesen sei (259/248).

Auch in der Anthroposophischen Gesellschaft versuchte man ähnliches. Man gründete eine Monatsschrift, *Die Drei,* durch die die Anthroposophie namentlich in der wissenschaftlichen Öffentlichkeit wirken sollte. Für den Abdruck in dieser Monatsschrift stellte Rudolf Steiner den 1909 in München gehaltenen Vortragskurs *Der Orient im Lichte des Okzidents. Die Kinder des Luzifer und die Brüder Christi* in einer von ihm durchgesehenen Fassung zur Verfügung und zeigte damit, daß er durchaus bereit war, Mitgliedervorträge, die Fragen der esoterischen Geschichte behandelten, zu veröffentlichen, wenn nur der Text von Fehlern und Mißverständnissen gereinigt war. Vielleicht wollte er durch sein Beispiel die anderen anthroposophischen Autoren auch ermutigen, sich zu freien, wirklich anthroposophischen Darstellungen aufzuschwingen.

43.
ANREGUNGEN ZU EINER ERWEITERUNG DER HEILKUNST

Zu den Versuchen, die allgemeine Zivilisation durch die Initiationswissenschaft zu befruchten, gehörten neben dem Kampf für die Dreigliederung des sozialen Organismus, neben den künstlerischen Bemühungen und der Begründung einer neuen Pädagogik auch die Bestrebungen zu einer Erweiterung der Heilkunst. Während Rudolf Steiner aber bei der Begründung der Waldorfschule so vorgehen konnte, daß er eine Anzahl befähigter Lehrer berief, denen er die Grundlagen der anthroposophischen Pädagogik impulsierend vermittelte, und dann die Leitung der Schule selbst übernahm, mußte er bei der Erweiterung der Heilkunst anders vorgehen: Er entfaltete das, was er hier vermitteln wollte, in einem Dialog und in ständiger Zusammenarbeit mit Ärzten.

Im Kapitel «Versuche, die Lebenspraxis zu befruchten» dieser Biographie ist berichtet worden, daß Rudolf Steiner schon 1905 nach Ärzten Ausschau hielt, denen er Anregungen zu einer Erweiterung der medizinischen Kunst geben könnte, und daß er dann 1908 Felix Peipers erste Hinweise für die Arbeit auf therapeutischem Felde gab. Auch kam es seit 1908 zu einer sporadischen Zusammenarbeit mit Marie Ritter, die Heilmittel herstellte und der Steiner auf Anfrage hin den Rat gab, ein Mistelpräparat gegen Krebs herzustellen. Die durchaus wirksamen «photodynamischen» Mittel Marie Ritters spielten jedenfalls in der Zeit von 1910 bis 1914 in anthroposophischen Kreisen eine gewisse Rolle, doch Marie Ritter war keine Ärztin, sondern Heilpraktikerin, die auf einem unnachahmlichen Wege jene Mittel fand, die Krankheiten heilen konnten. Steiner aber suchte nicht nur wirksame Heilmittel, sondern er wollte allgemeine Wege zu einer rationellen Therapie zeigen.

Als im Jahre 1913 das Münchner Bauprojekt nach Dornach verlegt wurde, notierte Rudolf Steiner auf einem Zettel: «Dr. Peipers Sanatorium ist auf Basel-Land-Boden als Teil des Joh.-Baues zu bauen.» Mit der Hochschule für Geisteswissenschaft sollte also von Anfang an ein Ort zur Entwicklung der Heilkunst verbunden werden. Der Weltkrieg behinderte dann diese Pläne, aber Rudolf Steiner konnte 1917 der inzwischen zur Ärztin ausgebildeten Dr. Ita Wegman, die in Zürich praktizierte, einen Rat zur Herstellung eines weiteren Mistelpräparats gegen Krebs geben, das dann von Ita Wegman auch erfolgreich angewendet werden konnte.

Im Winter 1919/20 begann der aus dem Krieg nach Dornach zurückgekehrte Chemiker Dr. Oskar Schmiedel, der schon 1914 am Bau mitgearbeitet hatte, nach Angaben von Dr. Ludwig Noll, der selbst nach den Vorschriften der homöopathischen Pharmakopöe vorging, medizinische Präparate, zum Beispiel ein Mittel gegen Grippe namens Infludo herzustellen. Für Schmiedel war es aber wenig befriedigend, einfach irgendwie homöopathische Präparate herzustellen. Für ihn stellte sich die Frage nach einer wirklich anthroposophisch orientierten Pharmazie.

So von Fragen nach möglichen Heilmitteln bewegt, war Oskar Schmiedel hellwach, als er Steiner am 6. Januar 1920 in einem öffentlichen Vortrag in Basel sagen hörte: «Krankheiten haben ihre Ursachen. Wichtiger als die Erkenntnis ihrer Ursachen ist der Prozeß ihrer Heilung. Und hier handelt es sich darum, daß allerdings die Geisteswissenschaft auch etwas zu sagen hat … über die Medizin selber. Es ist zwar eine von vielen geleugnete, … aber doch bestehende Tatsache, daß viele gründlich denkende Menschen, die durch das medizinische Studium gegangen sind, wenn sie sich dann losgelassen fühlen auf die leidende Menschheit, von den herbsten Seelenqualen befallen werden, weil ihnen dann vor Augen tritt, welche Anforderungen der menschliche Organismus, wenn er vom Gesunden abirrt in das Kranke hinein, an die menschliche Einsicht stellt, und wie wenig gerade aus den Erkenntnismitteln und Erkenntnismethoden der rein naturwissenschaftlichen Betrachtungsweise für dieses medizinische Wirken gewonnen werden kann.» (334/47)

In diesen Sätzen über die Fragwürdigkeit einer ausschließlich naturwissenschaftlichen Medizin spiegelten sich die Erfahrungen, die Steiner seit seiner Bekanntschaft mit dem therapeutischen Nihilismus der Wiener Medizinischen Schule gemacht hatte. In Steiner lebte die Anschauung, daß die naturwissenschaftlich zu beschreibenden Stoffe und Prozesse etwas grundsätzlich anderes werden, wenn sie in einem menschlichen Leib sind und wirken. Schon in der Pflanzen- und Tierwelt werden Substanzen und Prozesse aus den rein physikalisch-chemischen Gesetzmäßigkeiten herausgerissen und in einen höheren Zusammenhang gebracht. Im menschlichen Leib aber treten die Substanzen und Prozesse in den Zusammenhang der Ich-Tätigkeit, wodurch sie um einen weiteren Schritt von der physischen Gesetzmäßigkeit entfernt werden.

Ebenso wichtig wie diese Anschauung war Steiner die Auffassung, daß es in der Medizin nicht in erster Linie darum gehe, die Ursachen einer Krankheit zu ergründen, sondern den Weg zur Heilung zu finden. Eine Diagnose ist gut und notwendig, allein aus ihr ergibt sich noch nicht die Therapie, auf die alles ankommt. Eine Therapie kann allein aus einer Anschauung gewonnen werden, der sich zeigt, durch welche Mittel die in Unordnung geratenen Prozesse des Kranken wieder auf den Weg der Gesundung gebracht werden können. Auf eine solche Anschauung hatte Steiner schon 1905 gedeutet und gemeint, das bloß experimentelle Herumprobieren in der Medizin beruhe auf einem Mangel an Intuition (53/475). Nun sagte er: «Geisteswissenschaft muß die Perspektive eröffnen auf eine intuitive Medizin. Wer sich einläßt auf diese Geisteswissenschaft, der wird vernehmen, wie ich heute nur in großen Strichen und im allgemeinen, im Abstrakten einen Weg charakterisiert habe zu einer intuitiven Medizin, wie aber manches von dem, was ich hier skizziert habe, schon ausgebaut ist, wie manches nur wartet auf den Moment, an dem die offiziellen Vertreter medizinischen Wissens kommen und sich die Einsicht aneignen, daß es aufgenommen werden müsse.» (334/55)

Nachdem Steiner dann noch bemerkt hatte, wie gern er sich vor Menschen, die wirklich sachverständig sind, aussprechen würde, ergriff Schmiedel die Initiative und fragte ihn, ob er tatsächlich einen Kurs für Ärzte halten wolle und ob es ihm recht sei, wenn er, Schmiedel, diesen Kurs arrangiere. Steiner bat ihn, den Kurs gemeinsam mit einem anerkannten Arzt zu arrangieren, und verwies ihn an den Gründer und Leiter des Iselin-Spitals in Basel, Dr. Edwin Scheidegger.

Dieser Versuch, Anregungen und Hinweise zur Erweiterung der Heilkunst zu geben, gehört zu den Bemühungen des Jahres 1920, in denen es Steiner darum ging, die geistige Erkenntnis in der allgemeinen Zivilisation fruchtbar zu machen. Es ging hier nicht nur um die Heilkunst, sondern Rudolf Steiner war sich bewußt, daß gerade durch die medizinische Kunst nicht nur Leiden gelindert und Kranke geheilt werden können, sondern daß die populäre Deutung der menschlichen Existenz in einem besonderen Maße durch die Medizin bestimmt wird. Das Selbstverständnis vieler Menschen wird in unserer Zeit nicht etwa durch die Philosophie, sondern viel eher durch die Medizin geprägt. Das hatte Steiner bereits in seiner Wiener Zeit, besonders im Hause Specht, erlebt. Ob sich der Mensch als bloß natürlichen Apparat vorstellt, der durch einige chemische Mittel kuriert werden kann, oder ob er sich als geistige Individualität versteht, die auf ihren Leib einwirken kann, wenn solche Wirkung durch eine entsprechende Medikation ermöglicht wird – das entscheidet sich an der allgemeinen Auffassung dessen, was Medizin ist und sein soll.

So kam der erste Kurs für 35 Mediziner, der vom 21. März bis zum 9. April 1920 in Dornach stattfand, zustande. Steiner achtete strikt darauf, daß, von drei Ausnahmen abgesehen, nur Mediziner teilnahmen. Bei dem Kurs ging Rudolf Steiner ganz anders vor als bei den Vorträgen über *Allgemeine Menschenkunde,* die er zur Begründung der Waldorfschule hielt. Während er bei den Ausführungen für die Waldorflehrer einem leicht überschaubaren und klar gegliederten, systematischen Konzept folgte und die Inhalte der Darstellung von sich aus entwickelte, bat er die Ärzte gleich im ersten Vortrag, ihre Wünsche und Fragen auf einem Zettel zu notieren und ihm zu geben. Und im letzten Vortrag sagte er rückblickend: «Diese Vorträge zu halten ist schwer, denn wo soll man beginnen?» (312/378f) In der Tat sprach Rudolf Steiner, nach der Einleitung, aus einer lebendigen inneren Anschauung, scheinbar ganz unsystematisch. Eine Teilnehmerin berichtet: «Erzogen in den fest konturierten anatomischen Vorstellungen, konnten wir den Metamorphosen alles Lebendigen nur mühsam folgen. Es kam zum verzweifelten inneren Widerstand.» (Deventer, S. 9)

So wurde, wie Steiner zu Beginn des 15. Vortrages erwähnt, von einer «recht kompetenten Seite» die Bemerkung gemacht, daß die medizinischen Vorträge «zu den schwerverständlichsten aller anthroposophisch orientierten Vorträge gehören». Und Steiner meinte, daß man das

Abb. 137: Die Teilnehmer des zweiten Medizinerkurses 1921

«innerhalb gewisser Grenzen auch zugeben» müsse (312/280). Aber, so deutete er in einem Bild an, nur durch eine Beschreibung der geistig zu erfassenden Prozesse komme man an das Lebendige und an die Heilwirkungen heran.

An den Nachmittagen berichteten Ärzte – unter anderem Prof. Otto Römer, Dr. Edwin Scheidegger, Dr. Eugen Kolisko – aus ihrer ärztlichen Praxis, und auch Dr. Ita Wegman referierte in knapper Form ihre Erfahrungen in der Krebstherapie. An einem Nachmittag fuhren die Teilnehmer auch mit der Tram nach Basel, um von Dr. Scheidegger durch das Iselin-Spital geführt zu werden. Damit traten die Chancen, die ein eigenes Institut eröffnen würde, sehr deutlich vor die Augen der Besucher. So fragte Ita Wegman bei dieser Gelegenheit die Ärztin Hilma Walter, ob sie bereit sei, in einem von ihr zu gründenden Sanatorium mitzuarbeiten. Hilma Walter sagte zu. An einem der letzten Tage des Kurses machte Wegman dann Dr. Ludwig Noll, der als Senior der anthroposophischen Ärzte galt, brieflich den Vorschlag, mit ihr zusammen in Arlesheim oder Dornach ein Sanatorium zu gründen, um dann zusammen mit Rudolf Steiner die anthroposophische Medizin weiter auszuarbeiten. Noll ging auf diesen Vorschlag nicht ein. Die Teilnehmer des Kurses forderten aber in einer «Erklärung» die Schaffung eines «medizinisch-wissenschaftlichen Arbeitsinstitutes».

Rudolf Steiner selbst suchte offensichtlich nach einem Arzt, mit dem er die anthroposophisch zu erweiternde Heilkunst weiter würde ausarbeiten können. Aus seinen langjährigen Erfahrungen wußte er, wie schwer der geeignete Mensch zu finden war, weil die Gedanken, die durch das offizielle Studium vermittelt werden, «geradezu Widerstand» (262/61) für das Erfassen der auf geistigem Wege zu erkennenden Zusammenhänge leisteten. Auch von anderen medizinischen Orientierungen, namentlich von der Naturheilkunde, versprach sich Steiner nur wenig Hilfe. Mit dem Kurs für Mediziner hatte er nun eine Angel ausgeworfen, und er wartete, wer anbeißen würde.

Im Sommer 1920 kam in der Tat Dr. Noll nach Dornach, um zusammen mit Oskar Schmiedel Versuche über die Herstellung von Heilmitteln zu machen. Ludwig Noll beriet sich oft mit Rudolf Steiner und kam glücklich und höchst angeregt von diesen Unterredungen ins Laboratorium, er brachte immer neue Rezepte, die Schmiedel dann in ständiger Fühlungnahme mit Rudolf Steiner und Ludwig Noll entwickelte und realisierte.

Man kann an all diesem ablesen, daß Rudolf Steiner viel daran lag, die neue Medizin gemeinsam mit Ärzten auszuarbeiten. Er hatte es nicht nur stets abgelehnt, selber irgendwie als Arzt aufzutreten oder Kranke zu behandeln, er strebte auf dem Felde der Medizin nach neuen Formen des Miteinander, so, als ob die Heilkunst selbst darauf angewiesen wäre, sich aus zwischenmenschlicher Zusammenarbeit zu ergeben. Deshalb hoffte er zunächst auf ein fruchtbares Zusammengehen mit Dr. Noll und widmete ihm viel Zeit.

Es war dann für Rudolf Steiner eine schwere Enttäuschung, daß Dr. Noll am 7. Oktober 1920 während des ersten anthroposophischen Hochschulkurses zu den von ihm angekündigten drei Vorträgen *Physiologisch-Therapeutisches auf Grundlage der Geisteswissenschaft* einfach nicht erschien und nicht einmal eine Absage geschickt hatte. Rudolf Steiner sprang selbst für Noll ein und hielt schließlich sogar vier Vorträge, die diesmal allerdings für ein allgemeines Publikum bestimmt waren.

Vom 11. bis 18. April 1921 folgte ein zweiter Kurs für etwa vierzig Mediziner, Zahnmediziner und Medizinstudenten. Rudolf Steiner nannte den Kurs einen Ergänzungskurs und ging diesmal besonders auf die Wirkungsweise der vier menschlichen Wesensglieder und die entsprechenden Heilmittel ein. Gleichzeitig gab er einen Kurs über Heileurythmie. Auch während dieses Kurses hielten Ärzte Vorträge, und es kam an den Nachmittagen zu mancherlei Aussprachen.

Aus einer Bemerkung, die Rudolf Steiner während dieses Kurses machte, geht hervor, wie er sich die eigentliche ärztliche Arbeit dachte, nämlich keineswegs so, daß der Arzt einfach eine Diagnose stellt, um dann in einem Buch nachzuschlagen, welches Medikament er zu verordnen hätte. Steiner ging davon aus, daß die Ärzte – zumindest auf ihrem Arbeitsfeld – höhere Formen der Erkenntnis handhabten: «Es stellt sich sehr häufig bei der, sagen wir, imaginativen Beobachtung irgendeines Krankheitsbildes, überhaupt irgendeines Symptomenkomplexes das ein, daß man ein unmittelbares, intuitives Wissen bekommt von dem Heilmittel, und daß man dann, wie es ja selbstverständlich ist, versucht ist, über die Sache nachzudenken, nach den Urteilen, die einem da eben vorliegen innerhalb der Sache als äußere wissenschaftliche Erkenntnisse, und man findet dann, die Sache ist falsch, kann nicht so sein. Das ist eine ganz gewöhnliche Erscheinung, die nicht nur in bezug auf das Therapeutische derjenige, der überhaupt okkulte Untersuchungen machen kann, sehr häufig herausfindet. Wenn man dann näher über die Dinge nachdenkt, weiter verfolgt die Dinge, kommt man dann erst darauf, inwiefern die Dinge doch richtig sind. Die Sache, die sich durch eine imaginative Untersuchung mit nachfolgender Intuition herausstellt, die ist ja immer die Richtige; natürlich, wenn sie auf guten Erkenntniskräften beruht. Aber das Urteil muß sich immer erst, ich möchte sagen, hinaufschwingen zu demjenigen, was man auf diese Weise erkennt.» (313/98)

Es leuchtet unmittelbar ein, daß ein derartiges therapeutisches Vorgehen vom Arzt Mut verlangt. Er muß darauf verzichten, nach allgemein anerkannten, schematischen Verfahren vorzugehen, er muß den Mut haben, sich nach pflichtgemäßer Prüfung auf sein Urteil, auf seine Intuition zu verlassen und im individuellen Fall ganz individuell zu handeln, zu heilen. Das heißt, daß der Arzt die starken Suggestionen, die von einer rein naturwissenschaftlich orientierten Medizin ausgehen, überwinden muß. Das war natürlich nicht jedermanns Sache.

Nach dem ersten Medizinerkurs war mit den Vorbereitungen zur Gründung von zwei Kliniken begonnen worden. Die eine Klinik entstand, wie erwähnt, als wissenschaftlich-medizinisches Forschungsinstitut in Stuttgart. Durch den *Kommenden Tag* war das Sanatorium Wildermuth an der Gänsheidestraße gekauft worden. Als leitender Arzt war, da Dr. Noll abgesagt hatte, Dr. Otto Palmer gewonnen worden. Palmer, seit 1908 mit der Anthroposophie verbunden, gab auf die Bitte Steiners hin eine blühende Praxis in Hamburg auf und stellte sich in den Dienst der neuen Aufgabe. Er berichtet: «Als ich Dr. Steiner bei Übernahme der Leitung des neu begründeten Instituts in Stuttgart nach meinen Aufgaben fragte, antwortete er: ‹Machen Sie eine Bewegung unter zweitausend bis dreitausend Ärzten›. Bei dieser Antwort hätte einem das Herz fast in die Schuhe sinken können, wenn nicht begütigende Worte den Ausspruch gemildert und wieder Mut gegeben hätten.» (*Natura*, 1. Jg., S. 274)

Die Äußerung zeigt, in welchen Maßstäben Steiner dachte. Der erschütternde allgemeine Niedergang ließ eine entsprechend große Gegenbewegung, die die Erkenntnisse der Initiation der Kultur vermitteln sollte, erforderlich erscheinen. Steiner hat sich deshalb nach Kräften um das Klinisch-therapeutische Institut in Stuttgart gekümmert. Kaum ein Aufenthalt in Stuttgart verging, ohne daß er die Klinik – oft mehrmals –

aufsuchte, um an den ärztlichen Konsultationen teilzunehmen, die Kranken zu sehen und Ratschläge zu geben. Man sah dann Rudolf Steiner – wie immer im schwarzen Gehrock – durch die Gänge der Klinik eilen, hinter ihm im fliegenden weißen Kittel Dr. Palmer und ein anderer Arzt, die beide Steiners Tempo oft kaum folgen konnten. Für die Patienten jedoch nahm sich Steiner viel Zeit, geduldig hörte er sich an, was die Kranken zu erzählen hatten. «Niemals», so berichtet Palmer, «hörte man den Doktor ein Urteil abgeben über die Dauer, Heilbarkeit und Nichtheilbarkeit einer Erkrankung. Immer nur war die Annahme der Heilbarkeit oder Besserungsfähigkeit das erste Prinzip des ärztlichen Handelns, und durch das Zusprechen von Mut und Hoffnung wurde bei den Patienten eine Saite der Seele angeschlagen, die mitschwingen konnte im Sinne des Heilerwillens.» (*Natura*, 1. Jg., S. 275)

Am Klinisch-therapeutischen Institut in Stuttgart sollte auch medizinische Forschung betrieben und in deren Gefolge Heilmittel entwickelt werden. Deshalb waren außer Dr. Palmer auch Dr. Noll, Dr. Husemann, Dr. Peipers und zeitweilig auch Dr. Ederle und Dr. Knauer an diesem Institut tätig. Obwohl Rudolf Steiner der Entwicklung der Heilmittel große Aufmerksamkeit zuwandte und auf die zahlreichen Fragen der Ärzte nach der Wirkungsweise der Mittel immer wieder einging, sah er es nicht für richtig an, etwa durch einzelne Aufsehen erregende Heilmittel Propaganda für eine erweiterte Heilkunst zu machen. Er hielt es für erforderlich, daß die Methode und die Grundideen einer geisteswissenschaftlich erweiterten Heilkunst durch einen Arzt dargelegt wurden. So gab er bereits 1920 Dr. Noll als dem erfahrensten Arzt den Auftrag, ein ärztliches Handbuch, ein Vademecum zu verfassen. Nachdem das Institut in Stuttgart seine Arbeit aufgenommen hatte, hoffte Steiner nunmehr, daß das Vademecum möglichst bald erscheinen würde. Nach einiger Zeit mußte er indes enttäuscht bemerken, daß es in dem gut ausgestatteten Stuttgarter Institut, obwohl er manche Stunde an die Besprechung dieses Projekts gewandt hatte, nicht zustande kam.

Das Klinisch-Therapeutische Institut in Arlesheim, das einige Wochen vor dem Stuttgarter Institut eröffnet werden konnte, hatte einen ganz anderen Werdegang. Es ging einzig und allein aus der Initiative Ita Wegmans hervor, die auch die Mittel zur Gründung selber aufbrachte. Ita Wegman hatte erst im Alter von dreißig Jahren, als sie schon Schülerin Rudolf Steiners war, mit dem Medizinstudium begonnen und, nachdem sie ihre Ausbildung absolviert hatte, eine Praxis und später bis zum Herbst 1920 in Zürich eine eigene Krankenstation geführt. Schon bevor sie im Januar 1921 eine Praxis in Basel eröffnete, hatte sie, ohne darüber viel zu reden, ein Haus in Arlesheim erworben, in dem sie ein Sanatorium einrichten wollte. Nachdem das Haus durch einen Umbau erweitert worden war und über die entsprechenden Räume verfügte, richtete es Ita Wegman mit wenigen Hilfskräften selbst ein und bat Rudolf Steiner, das Institut zu besichtigen. «Mit klopfendem Herzen zeigte ich ihm die Zimmer, in ihren verschiedenen Farben, die Behandlungszimmer, die Wirtschaftsräume. Was wird er sagen? Und unvergeßlich bleibt mir der Moment, als wir, in der obersten Etage angelangt, zur offenen Veranda uns begaben, um den schönen Ausblick zu sehen, den Arlesheim auf die Vogesen hat, und Dr. Steiner sich mir zuwandte, mir die Hand gab und die Worte aussprach, daß er mit mir arbeiten wolle und daß es ihm Freude mache, daß das Institut zustande gekommen sei. Er gab ihm den Namen ‹Klinisch-Therapeutisches Institut› und wollte jetzt mit mir zusammen einen Prospekt ausarbeiten.» (*Natura*, 1. Jg., S. 268)

Was Rudolf Steiner beeindruckt haben dürfte, war, daß das Haus mit sparsamsten Mitteln bis in viele Einzelheiten hinein sorgsam eingerichtet war, weil sich Ita Wegman um jedes Detail – von den Vorhängen in den Krankenzimmern bis zur Einrichtung der Küche – gekümmert hatte. Wichtiger aber war noch, daß ihm das neue Institut zwar klein, aber perfekt präsentiert wurde, ohne daß man ihn vorher mit Sorgen und Fragen belästigt hatte. Zunächst konnte Steiner für das Institut nur den Prospekt verfassen, da er schon an einem der nächsten Tage nach Stuttgart fahren mußte. Eine Passage aus dem Prospekt aber verdient hier festgehalten zu werden, weil in ihr Steiners Intentionen für ein allgemeines Publikum klar umrissen werden: «Der Kranke wird in diesem Institute nicht etwa gegen die heutige Medizin, sondern im Sinne einer Erweiterung derselben behandelt. Es werden in demselben alle Krankheiten im Sinne dieser Erweiterung und Vertiefung auf das eingehendste untersucht, die Heilmittel mit aller Sorgfalt gewählt und in jedem einzelnen Falle individualisiert.

Es handelt sich in keiner Weise um einseitige Behandlungsmethoden, wie sie üblich sind in der Allopathie, Homöopathie oder dem Naturheilverfahren. Es wird nach Allseitigkeit gestrebt, sowohl in der Diagnose wie in der Therapie.»

Abb. 138: Ita Wegman (1876 – 1943) begegnete Steiner bereits 1902 in Berlin, wo sie als Physiotherapeutin arbeitete. Auf Anraten Steiners entschloß sie sich zu einem Medizinstudium in der Schweiz, das sie 1912 abschloß. Von 1912 bis 1920 arbeitete sie als Ärztin in Zürich. 1921 begründete sie aus eigener Kraft das «Klinisch-Therapeutische Institut» in Arlesheim.

Als nächstes sorgte Ita Wegman dafür, daß Dr. Oskar Schmiedel, der bis dahin die Heilmittel in einer Holzbaracke nahe dem Goetheanum hergestellt hatte, an Stelle dieses viel zu kleinen Labors in Arlesheim ein Haus und geeignete Laborräume auf einem Grundstück erhielt, das eine spätere Erweiterung nicht ausschloß; da die *Futurum AG* diese Sache nicht finanzieren wollte, brachte Wegman das Geld zusammen und legte damit den Grundstock der späteren Weleda.

Sehr bald nahm Steiner wahr, daß Ita Wegman seine Ratschläge unmittelbar verstand und in die Tat umsetzte. Während man ihn in Stuttgart stets in lange Gespräche verwickelte und allerlei theoretische Auskünfte von ihm verlangte, zeigte Wegman Initiative und praktischen Sinn. So kam er immer häufiger in das kleine Institut Wegmans, um an den ärztlichen Konsultationen teilzunehmen. Doch erst im Jahre 1923 entstand dann jene Zusammenarbeit, durch die Steiner das, was ihm vorschwebte, zu verwirklichen beginnen konnte. Davon später.

44.
DIE BEGRÜNDUNG DER CHRISTENGEMEINSCHAFT

Als Ministrant hatte Rudolf Steiner im Alter von etwa zehn Jahren bei der Messe gedient und dabei den Kultus als eine Vermittlung zwischen der sinnlichen und der übersinnlichen Welt erlebt. «Von Anfang an war mir das alles nicht eine bloße Form, sondern ein tiefgehendes Erlebnis.» (28/28) Der tiefe Eindruck des Kultus hat Steiner in verschiedenen Verwandlungen stets begleitet, doch in den Jahrzehnten bis zur Jahrhundertwende traten diese Erfahrungen zunächst in den Hintergrund. Sein Sinnen kreiste vornehmlich um philosophische Fragen, und auch seine religiösen Ideen faßte er in eine gedankliche Sprache. Mutmaßlich in den achtziger Jahren hatte er ein *Credo – Der Einzelne und das All* geschrieben, in dem es hieß: «Es gibt vier Sphären menschlicher Tätigkeit, in denen der Mensch sich voll hingibt an den Geist mit Ertötung alles Eigenlebens: die Erkenntnis, die Kunst, die Religion und die liebevolle Hingabe an eine Persönlichkeit im Geiste. Wer nicht wenigstens in einer dieser vier Sphären lebt, lebt überhaupt nicht. *Erkenntnis* ist die Hingabe an das Universum in Gedanken, *Kunst* in der Anschauung, *Religion* im Gemüte, *Liebe* mit der Summe aller Geisteskräfte an etwas, was uns als ein für uns schätzenswertes Wesen des Weltganzen erscheint. Erkenntnis ist die geistigste, Liebe die schönste Form selbstloser Hingabe. Denn Liebe ist ein wahrhaftes Himmelslicht in dem Leben der Alltäglichkeit. Fromme, wahrhaft geistige Liebe veredelt unser Sein bis in seine innerste Faser, sie erhöht alles, was in uns lebt. Diese reine fromme Liebe verwandelt das ganze Seelenleben in ein anderes, das zum Weltgeiste Verwandschaft hat.» (40/274f)

In diesem Sinne kannte Rudolf Steiner eine Frömmigkeit, die ihn nie verließ, wenngleich sie natürlich in den einzelnen Lebensphasen unterschiedliche Ausdrucksformen – insbesondere als Erkenntnisfrömmigkeit – fand.

Als Steiner nach der Jahrhundertwende die anthroposophische Geisteswissenschaft entwickelte, sah er seine Aufgaben vornehmlich auf den Feldern der Erkenntnis und des Okkultismus. Stets betonte er mit großem Nachdruck, daß die Geisteswissenschaft keine neue Religion begründe, daß er selbst kein Religionsstifter sei. Immer wieder hieß es, die Geisteswissenschaft versuche durch ihre Forschungen in das Wesen der verschiedenen Religionen tiefer einzudringen und sie neu verstehen zu helfen, aber sie wolle die religiöse Überzeugung der Einzelnen in keiner Weise beeinträchtigen, sondern im Gegenteil bewußter begründen. «Niemand braucht irgendwie abgewendet zu werden von seinem religiösen Leben durch die Geisteswissenschaft. Daher kann man auch nicht davon sprechen, daß die Geisteswissenschaft als solche ein religiöses Bekenntnis sei. ... Geisteswissenschaft will nur die ganze Welt in ihre Betrachtung einbeziehen; sie will auch das geschichtliche Leben betrachten, auch dasjenige, was an höchster Geistigkeit in das geschichtliche Leben eingetreten ist. Daß sie aus diesem Grunde auch Betrachtungen über die Religionen anstellt, das widerspricht durchaus nicht demjenigen, was ich eben ausgesprochen habe.» (35/199)

Dieser Gedanke wird von Steiner als ein übergeordneter Gesichtspunkt immer wieder zur Geltung gebracht, und auch 1923 wird zum Beispiel bei der Begründung der Allgemeinen Anthroposophischen Gesellschaft formuliert, daß jedermann ohne Unterschied der Religion Mitglied dieser Gesellschaft sein kann. Das war auch kein bloßes Lippenbekenntnis, denn für Steiner galt, daß für das menschliche Leben die Einhaltung religiöser Gebräuche und Formen segensreich sei; der einfachste Mensch und der höchste Weise könne in solchen unterschiedlich überlieferten Formen das je ihm Gemäße erkennen.

So wie sich für Rudolf Steiner aus seiner Geistesforschung ergeben hatte, daß die Christus-Tatsache Achse und Mittelpunkt der Menschheitsentwicklung bildet, so hatte er doch zugleich oft genug betont, daß andere religöse Strömungen wie der Buddhismus und die Religion des Zarathustra in diese zentrale Strömung der Entwicklung vollgültig einbezogen werden können. Deshalb sollte die Anthroposophie niemanden in seinen religiösen Überzeugungen und Übungen stören. Jeder religiöse Weg, recht verfolgt, führt die Menschen über sich hinaus.

Steiner war jedoch auch davon überzeugt, daß durch die Einsichten der Geisteswissenschaft die menschliche Frömmigkeit unendlich vertieft werden könne.

Im Herbst 1916 tritt zu diesen Auffassungen etwas Neues. In öffentlichen Vorträgen in Basel und Zürich spricht Rudolf Steiner davon, daß die Anthroposophie Menschen zum Religiösen und zur religiösen Übung, ja zum christlichen «Zeremoniendienst» wieder zurückführen möchte (Gädeke 1990, S. 250). Wenige Monate später, am 20. Februar 1917, warnt Rudolf Steiner dann in Berlin die Mitglieder der Anthroposophischen Gesellschaft, die Anthroposophie als Ersatz für die religiöse Übung aufzufassen, und macht, wie er sagt, eine «Einschaltung» in den Vortrag: «Geisteswissenschaft kann im höchsten Maße und insbesondere auch mit Bezug auf das Christus-Mysterium eine Stütze, eine Unterbauung des religiösen Lebens und der religiösen Übung sein; aber man sollte Geisteswissenschaft nicht geradezu zur Religion machen, sondern man sollte sich klar sein darüber, daß Religion in ihrem lebendigen Leben, in ihrem lebendigen Geübtwerden innerhalb der menschlichen Gemeinschaft das Geistbewußtsein der Seele entfacht. Soll dieses Geistbewußtsein im Menschen lebendig werden, so kann der Mensch nicht bei abstrakten Vorstellungen von Gott oder Christus stehen bleiben, sondern er muß immer erneut in der religiösen Übung, in der religiösen Betätigung, die ja für die verschiedenen Menschen die verschiedensten Formen annehmen kann, darinnenstehen in etwas, was ihn als ein religiöses Milieu umgibt.» (175/56)

Noch deutlicher formuliert Rudolf Steiner die Notwendigkeit des individuellen religiösen Lebens in einem öffentlichen Vortrag, den er am 11. Dezember 1918 in Bern hält: «Der Mensch braucht zu seinem vollen Menschentum stets, daß er zum Übersinnlichen ein unmittelbar individuelles Verhältnis habe, ein Verhältnis, das er unmittelbar subjektiv ausleben kann. Der Mensch braucht nicht nur den Zusammenhang mit der übersinnlichen Welt, so wie die Wissenschaft, die Geist-Wissenschaft ihn bieten kann, der Mensch braucht den Zusammenhang durch Kultus, durch Sakramentales ... Geisteswissenschaft wird dasjenige, was da lebt im äußeren Kultus, was lebt in den äußeren Bekenntnisformen, Geisteswissenschaft wird es geistig vertiefen.» (72/412)

Mit diesen und ähnlichen Bemerkungen wandte sich Steiner möglicherweise an bestimmte Zuhörer. Man hat in diesem Zusammenhang darauf aufmerksam gemacht, daß Friedrich Rittelmeyer bei dem Vortrag am 20. Februar 1917 wahrscheinlich anwesend war, und gemeint, daß sich die Bemerkung über die notwendige Pflege des religiösen Lebens besonders an ihn richtete. Bedenkt man jedoch den Inhalt dieser «Einschaltung», so mußte Rittelmeyer sie wohl eher als Bestätigung seiner eigenen Haltung und als Appell an die anthroposophischen Mitglieder verstehen.

Was Rudolf Steiner zu diesen Aussagen in den Jahren 1916 bis 1918 führte, war zunächst die Wahrnehmung, daß sich bei manchen Zeitgenossen «der Drang zum Kultischen» (184/310) in vielen Formen zeigte. Wichtiger aber als dieses Symptom war für Steiner das, was sich seinem Blick auf die tiefere Seelenverfassung der Menschen zeigte. So sprach er von einer Krankheit, die den Menschen eingeimpft sei und die zur Leugnung des Vatergotts führe. Er verwandte für diese Krankheit das Bild des Paulus, der von einem Stachel in seinem Fleisch schrieb, und sagte: «Dieser Stachel wird sich immer mehr ausbreiten, wird immer bedeutungsvoller sein.» (182/172) Wenig später schildert Rudolf Steiner einen «Defekt», mit dem die Menschen geboren werden und der nur dadurch ausgeglichen werden könne, daß die Menschen den Weg zu Christus suchten (193/60). Eine besondere Sorge ergab sich für ihn aus dem Blick auf die zukünftige Entwicklung der Intelligenz, so daß er in den gegenwärtigen Tendenzen ein «Böse-Werden» der Intelligenz, das sich damals erst in den Anfängen befand, erkannte (296/90).

Religiös gesprochen: Die Sünde, die Sündenkrankeit standen vor dem geistigen Auge Steiners, und er nennt das, was sich in seiner Gegenwart als Weltkriegskatastrophe zeigte, «nur ein Wetterleuchten für ganz andere Dinge, die über die Menschheit kommen sollen» (185/112). Selbstverständlich sollen auch die ernsthaft und kraftvoll gepflegte Geisteswissenschaft und die entsprechenden gedanklichen Orientierungen sowie die meditativen Erkenntnisbemühungen ein Damm gegen diese Tendenzen sein. Doch sowohl für Anthroposophen wie auch für die Menschen, die sich nicht der Geisteswissenschaft zuwenden, sei die religiöse Übung jene Kraft, die so tief in die Seelen, ja bis in die Lebenskräfte wirke, daß auf sie kaum verzichtet werden könne. Der Mensch nehme Schaden an seinem ganzen Wesen, wenn er nicht unmittelbar – im tiefsten Sinne glaubend und fromm – mit Gott verbunden sei.

Diese Verbindung könne unter vielen Formen existieren. In Zusammenhang mit der anthroposophischen Pädagogik hat Rudolf Steiner – wie schon berichtet – davon gesprochen, daß Erziehung und Unterricht zu einem Altardienst werden kann, und er hat sich nicht gescheut zu sagen, daß «der Erzieherberuf zum Priesterberuf» werden könne (310/15). Im Herbst 1918, als er in den angeführten öffentlichen Vorträgen von einer Vertiefung des religiösen Lebens durch kultische Formen sprach, sagte er zu den Dornacher Anthroposophen: «Ja, man muß im Zeitalter der Bewußtseinsseele sehr bald zu einem Menschen werden, der die Möglichkeit hat, nicht bloß jene abstrakte, trockene, den ganzen Menschen petrifizierende Naturwissenschaft zu haben, ... sondern jene Naturwissenschaft, die sich vertiefen kann zu einem betenden Anschauen desjenigen, was in heiligen Symbolen die Gottheit ausbreitet über die ganze Welt in all den Taten, die den Menschen befriedigen, aber auch in alldem, womit die Gottheit die Menschen prüft. Ist man wieder imstande, sakramental, auf höherer Stufe das Laboratorium ... und die Klinik zum Altar zu machen, ... dann ist die Zeit gekommen, die gefordert wird durch die göttliche Entwicklung für unsere heutige Seele.» (184/311f)

Der Ernst der Zeit, die Entwicklung der Menschheit machten also in Wissenschaft und Praxis überhaupt eine religiöse, das Gemüt und den Willen ergreifende Erneuerung notwendig, die das Handeln unter eine hohe Verantwortung stellt. Für eine solche Erneuerung stand Rudolf Steiner ein innerliches kultisches Handeln in der Klinik, im Laboratorium, in der Schule und in der Landwirtschaft ebenso wie im überlieferten religiösen Leben vor Augen; und in den Jahren nach 1916, als es darum ging, die Impulse der Initiationswissenschaft für die allgemeine Zivilisation fruchtbar zu machen, versuchte er, dort, wo ihm Menschen entgegen kamen – in Pädagogik, Naturwissenschaft und Medizin – entsprechende Impulse zu vermitteln. Vor seinem Auge stand aber auch die Notwendigkeit, den Menschen, die danach strebten, Hilfen für eine Erneuerung der religiösen Übung zu geben. Wo aber war der Menschenkreis, der diese Notwendigkeit spürte und nach Hilfen durch Rudolf Steiner fragte?

Es gab unter den Anthroposophen eine Reihe von evangelischen Pfarrern und auch zwei altkatholische Priester. Die beiden letzteren hatten Steiner des öfteren um Rat gefragt, und für den in Basel amtierenden Hugo Schuster hatte Rudolf Steiner auch die lateinische Messe ins Deutsche übersetzt und ein Bestattungsritual aufgezeichnet, das dann von

1919 an für einige Jahre bei der Bestattung anthroposophischer Mitglieder verwendet wurde. Rudolf Steiner pflegte, nachdem der Priester das Ritual vollzogen hatte, den Nachruf zu sprechen. Noch an der Jahreswende 1919/20 vermittelte Rudolf Steiner den Text einer Sonntagshandlung für Kinder der Freien Waldorfschule an Waldorflehrer; dem folgte dann im Frühjahr 1921 das Ritual für die Jugendfeier. Rudolf Steiner ging also seit 1919 auf die Bitten und Fragen nach Kultischem ein, weil ihm dessen Erneuerung als Zeitnotwendigkeit erschien, allerdings wurden die neu gegebenen kultischen Formen zunächst nur in einem kleinen Rahmen gepflegt.

Es sollte sich aber zeigen, daß Rudolf Steiner durchaus bereit war, in einem viel größeren Maße zu raten und zu helfen, und es gibt Anzeichen dafür, daß ihm Friedrich Rittelmeyer als derjenige erschien, der eine Bewegung zur religiösen Erneuerung würde führen können. Rittelmeyer war 1872 geboren und hatte in Erlangen und Berlin Theologie und Philosophie studiert. Danach war er in Würzburg, wo er mit einer Arbeit über *Friedrich Nietzsche und das Erkenntnisproblem* zum Doktor der Philosophie promoviert wurde, Vikar und anschließend von 1903 bis 1916 Pfarrer in Nürnberg. Im August 1911 war er Rudolf Steiner begegnet und hatte ein intensives, zunächst durchaus kritisches Studium der Anthroposophie begonnen, wobei Michael Bauer, der Zweigleiter in Nürnberg war, in den ersten Jahren Pate stand. 1916 war Rittelmeyer an die Neue Kirche in Berlin berufen worden, wo sich unter seiner Kanzel ein «ausgesucht gebildetes Publikum» (Bock) versammelte.

Rudolf Steiner hatte Rittelmeyer sehr bald auf seine Weise ausgezeichnet, ihn als Nicht-Mitglied zu Mitgliedervorträgen der Anthroposophischen Gesellschaft eingeladen und ihm später in Berlin erlaubt, weitere Zuhörer zu Mitgliedervorträgen mitzubringen. Vor allem hatte er ihm manche Stunde gewidmet und ihm auch vertraulich aus seinem Leben erzählt. 1917 und 1918 pflegte er nach seinen Vorträgen gerne auf Rittelmeyer zuzugehen und mit ihm ein Gespräch über den Inhalt seines Vortrags zu beginnen. Als Steiner im Februar 1919 nicht, wie vorgesehen, nach Berlin kommen konnte, bat er Rittelmeyer, an seiner Stelle einzuspringen. Rittelmeyer berichtet nun über ein Gespräch mit Rudolf Steiner aus der Berliner Zeit: «Einmal, wohl im Jahr 1917, als ich ihn auf dem Weg zum Vortrag traf und ein paar Schritte begleitete, fing er an: ‹Ich muß mich in meiner Lebensaufgabe beschränken auf das Okkulte.

Sonst komme ich nicht durch. Das Religiöse ist Ihre Aufgabe.› Auch dies faßte ich damals durchaus als Ermutigung auf, meinen Weg weiterzugehen. Heute freilich, rückschauend, sehe ich, daß da wieder eine Stunde gewesen wäre, wo ich hätte weiterfragen sollen.» (Rittelmeyer, S. 95)

1920 und 1921 laborierte Rittelmeyer an den Folgen eines Unfalls, den er beim Klettern in den Bergen 1918 erlitten hatte, deshalb konnte er in dieser Zeit nur ruhend und behutsam arbeiten. Dennoch gelang es ihm, im Jahr 1920 das Buch *Vom Lebenswerk Rudolf Steiners – Eine Hoffnung neuer Kultur* zusammenzustellen, zu redigieren und zum Teil selbst zu schreiben. Sein Nürnberger Kollege und Kampfgenosse Christian Geyer schrieb für dieses Buch den Beitrag «Rudolf Steiner und die Religion». Dieses mutige Bekenntnis zweier weithin geschätzter Theologen konnte den Gedanken entstehen lassen, daß auf deren Mitwirkung in einer Bewegung für religiöse Erneuerung zu rechnen war.

Der Impuls zu einer religiösen Bewegung aber kam von anderer Seite. 1920 hatten zwei Studenten der Philosophie und der Theologie nach möglichen Anregungen für eine religiöse Erneuerung gefragt, Rudolf Steiners sehr positive Antworten jedoch für sich behalten. Erst im Mai 1921 fanden sich diese beiden Studenten mit anderen Studenten zusammen, und einer von ihnen, Gottfried Husemann, formulierte eine «Eingabe an Herrn Dr. Steiner», in der sie nach den Möglichkeiten einer religiösen Wirksamkeit im Sinne der anthroposophischen Bewegung fragten. Dieser erhielt das kurze Schreiben am 21. Mai und lud sofort zwei der Studenten, Gertrud Spörri und Werner Klein, zu einem Gespräch am 23. Mai ein.

Er fragte zunächst, ob denn das, was die Unterzeichner der Eingabe wollten, nicht zu früh sei, worauf Werner Klein erwiderte: «Herr Doktor, wir können nicht anders!» Rudolf Steiner erklärte daraufhin, mit denen, die auf dem Boden der Eingabe stünden, zusammenarbeiten zu wollen, und lud die Studenten zum frühestmöglichen Termin – mitten im Semester – für den 12. bis 16. Juni 1921 zu einem Kurs ein.

Unter den Studenten, die zu diesem Kurs kamen, war auch Emil Bock (1895 bis 1959), der in Berlin zunächst mit Rittelmeyer bekannt geworden und dann durch Rittelmeyer auf Rudolf Steiner hingewiesen worden war. Rittelmeyer stellte Emil Bock und auch Eberhard Kurras Steiner vor, dadurch konnten die beiden Steiners Vorträge für Mitglieder der Anthroposophischen Gesellschaft hören und wuchsen auf diese

Weise in die Anthroposophie hinein. Als Bock von dem Kurs erfuhr, verschob er das auf diese Tage angesetzte theologische Abschlußexamen, wurde schnell der natürliche Sprecher der Kursteilnehmer und übernahm die Organisation des Ganzen. Bereits am vierten Tage des Kurses kam es zu einer Besprechung, in der gemeinsam mit Rudolf Steiner das weitere Vorgehen geplant wurde: Die Teilnehmer wollten möglichst zügig jene Menschen erreichen, die auch nach religiöser Erneuerung strebten, und sie zu einem Kurs nach Dornach zusammenrufen. Man hoffte etwa hundert Gleichgesinnte zu finden. Rudolf Steiner ging auf alle Vorschläge bereitwillig ein, ja, er rechnete selbst schnell aus, welche Kosten durch einen Kurs in Dornach entstehen würden: «Unterkunft haben wir ja. Aber Sie müssen für jeden Teilnehmer pro Tag 4 Schweizerfranken rechnen. Das sind für 100 Leute 400 Schweizerfranken. Für 14 Tage sind das 5600 Schweizerfranken. Es werden also vielleicht 6000 Schweizerfranken nötig sein.» (342/171)

Man sprach ferner über Fragen des Studiums, über mögliche Mitarbeiter und einen zu schreibenden Aufruf. Nachdem Rudolf Steiner in manchen Aussprachen die Intentionen der Teilnehmer kennengelernt hatte und nachdem unter der Führung von Emil Bock ein Aufruf entworfen und von Steiner durchgesehen worden war, mahnte er, keine Zeit zu verlieren. Die Kursteilnehmer gingen also an ihre Arbeit.

Man sieht, daß Rudolf Steiner hier der Initiative, die an ihn herantrat, sofort entgegenkam. Anders als bei den wirtschaftlichen Unternehmungen 1919/20, bei denen er warnte, man habe für die Aufgaben nicht die geeigneten Menschen, bemerkte er unter den Kursteilnehmern einen energischen Willen und vor allem in der Gestalt von Emil Bock auch Handlungskompetenz. Deshalb konnte Rudolf Steiner sich mit diesen jungen Theologen in freien Unterredungen beraten und mit ihnen zusammen planen, was unternommen werden solle. Im August 1922 hat er den anthroposophischen Mitgliedern von dem ersten Eindruck, den die fragenden Studenten auf ihn machten, berichtet: «Es ist nun einige Zeit verflossen, da kamen einige jüngere Studierende der Theologie zu mir, um von ihren inneren Nöten zu sprechen, und die Art und Weise, wie sie sprachen, machte den Eindruck des ungeheuersten Ernstes. Das war aus dem Grunde, weil aus diesem Sprechen heraus ein ganz bestimmter Seelenunterklang ertönte, der im Grunde dazumal nicht deutlich ausgesprochen war, der aber außerordentlich stark in diesen jüngeren Seelen lebte. ... Nun, es war schon so, daß damals dieses Unausgesprochene, das aus diesen Seelen kam, mehr auf mich wirkte als dasjenige, was ausgesprochen wurde ...» (B 110, S. 16)

Vor Rudolf Steiner stand also eine ernste, willensbetonte Gruppe recht junger Leute – der Kern der Gruppe war 1921 zwanzig bis sechsundzwanzig Jahre alt –, die bereit waren, sich auf eigene Füße zu stellen und freie Gemeinden zu gründen.

Es gelang den Teilnehmern des Kurses auch, weitere Interessenten zu gewinnen. Am 1. August lagen bereits 60 Anmeldungen vor, schließlich kamen im September 110 Menschen zu dem Kurs nach Dornach. Hermann Heisler, evangelischer Pfarrer, Anthroposoph und in der Dreigliederungsbewegung engagiert, brachte das notwendige Geld zusammen, und Bock und Gertrud Spörri machten in Dornach so Quartier, daß es gelang, mit einem Minimum an Geld die 110 Teilnehmer des Kurses 16 Tage lang zu versorgen.

Dieser zweite «Theologenkurs» begann dann schon am 26. September 1921 in Dornach und dauerte bis zum 10. Oktober. Während dieser 16 Tage fanden insgesamt 29 Vorträge und Aussprachen statt. Rudolf Steiner hatte den «Weißen Saal» im Obergeschoß des Südflügels des Goetheanum als Raum für diese Arbeit bestimmt.

Rudolf Steiner, der in der Kindheit den katholischen Kultus und seine Bedeutung kennen gelernt hatte, stand bei diesem Unternehmen vor der Aufgabe, eine Gruppe, die vornehmlich aus prostestantischen Theologen bestand, mit dem Impuls einer christlichen Erneuerung durch den Kultus vertraut zu machen. Das war schwierig, denn die Mehrzahl der protestantischen Theologen waren in der Tradition der Predigt und der Erörterung theologischer, exegetischer Fragen erzogen worden. So berichtet Emil Bock: «Nun waren unter die Teilnehmerschaft im September doch eine Reihe solcher protestantischer Theologen geraten, die kein Gefühl dafür hatten, daß das intellektuelle Diskutieren, wie es ihnen zum Lebenselement geworden war, den Tod der Religion bedeutet. Sie okkupierten durch ihre Fragen, die gar keine echten Fragen, sondern Diskussionsthesen waren, das ganze Feld unseres Zusammenseins; und so fühlten wir mit Beklemmung die Gefahr heraufziehen, daß wir, statt zum Aufbau eines neuen priesterlich-kultischen Wirkens vorzuschreiten, im intellektuellen Vorfelde festgehalten würden. Wir kämpften einen verzweifelten Kampf in den Zwischenbesprechungen, in denen die an Dr. Steiner zu richtenden Fragen herausgearbeitetet wurden.» (*Wir erlebten Rudolf Steiner*, S. 42)

Rudolf Steiner sah diese Situation in historischer Perspektive. Er wußte und erlebte, was hier als in vierhundert Jahren gewachsene, neuzeitliche Tradition vor ihm stand, und so bemühte er sich – indem er aus der Anthroposophie neue Themen einführte – für möglichst viele den Weg zu einem neuen Wirken zu eröffnen, und mahnte zur Geduld. Emil Bock berichtet: «Ich holte vor jeder Stunde Dr. Steiner von seinem in der ‹Schreinerei› gelegenen Atelier ab und begleitete ihn hinüber zum Goetheanum und dort durch viele Treppen hinauf zum ‹Weißen Saal›. Vom dritten Tage an bat ich ihn inständig, statt der sogenannten Diskussionsstunden – diese wechselten mit den Vorträgen ab – Vorträge zu halten. Er aber sagte: ‹Haben Sie Geduld; wir müssen durch alles das hindurch!› Als gelte es, über den persönlichen Anteil der Beteiligten hinaus eine ganze Menschheitsströmung umzuschmelzen, ging er mit der größten Ruhe auf die Fragen ein, die uns ärgerlich und ungeduldig machten.» (*Wir erlebten Rudolf Steiner*, S. 42)

Im zweiten Teil des Kurses konnte Rudolf Steiner dann den Teilnehmern schrittweise und behutsam die ersten Texte für das neue sakramentale Wirken vermitteln. Daß das möglich war, ist zu einen guten Teil dem damals sechsundzwanzigjährigen Emil Bock zu danken, der – das große Ziel vor Augen – die Teilnehmerschaft auf Kurs hielt. Daß Bock diese Arbeit praktisch allein leisten mußte, ergab sich aus der Tatsache, daß Rittelmeyer wegen seiner Erkrankung an dem Kurs nicht teilnehmen konnte und daß Christian Geyer zwar an dem Kurs teilnahm und auch Steiners überlegene Behandlung theologischer Fragen bewunderte, sich aber relativ wenig aktiv beteiligte. Für diesen genialen Prediger war es nicht nachvollziehbar, an Stelle der Predigt den Kultus in den Mittelpunkt des Gottesdienstes zu stellen.

Im Verlauf des Kurses bildete sich eine Gruppe von etwa sechzig Menschen, die in dem angegebenen Sinne weiterarbeiten wollten und sich in der Folgezeit immer wieder zu gemeinsamer Arbeit zusammenfanden. Der tragende und vorwärtsdrängende Kern dieser Gruppe bestand zu einem guten Teil aus führenden Mitgliedern der Jugendbewegung, die erkannt hatten, daß diese Bewegung ohne geistige Inhalte zerfallen würde, und die ihre ganze Energie der religiösen Erneuerung widmeten. Rudolf Steiner war glücklich, daß sich hier ein Kreis von Frauen und

Abb. 139: Friedrich Rittelmeyer (1872 – 1938) und Emil Bock (1895 – 1959), die beiden ersten Erzoberlenker der Christengemeinschaft.

Männern gebildet hatte, die wirklich selbständig miteinander arbeiteten und mit denen er viele Dinge in Gesprächen entwickeln konnte. In einer Konferenz mit den Waldorflehrern sagte er rückblickend im November 1921: «Sie sehen, jetzt ist diese wunderbare Bewegung da, die zum Theologenkurs geführt hat. Sie war sehr esoterisch gehalten. Sie schloß die Begründung des Kultusartigen, Kultushaften im höchsten Sinne des Wortes in sich. Daran können Sie sehen, daß man einig war.» (300,2/58)

Das Esoterische, von dem Rudolf Steiner hier sprach, muß man nicht in besonderen gedanklichen Inhalten, in außergewöhnlichen Mitteilungen aus der Geistwelt sehen, sondern in der konsequenten Entschlossenheit, mit der die neue Aufgabe von den jungen Menschen ergriffen wurde. Nicht ohne Trauer schaute Steiner zugleich auf die Verhältnisse in der Anthroposophischen Gesellschaft, wo es nur wenige Kapazitäten vom Format Rittelmeyers und Bocks gab. Und obwohl er wohl kaum wünschte, daß die Bewegung für religiöse Erneuerung nicht auf den Weg gekommen wäre, äußerte er doch Anfang 1923 einmal vor den Verantwortlichen der Anthroposophischen Gesellschaft: «Denken Sie, wenn Sie in der Anthroposophischen Gesellschaft die Kraft gehabt hätten, sie zu absorbieren! Dr. Rittelmeyer und Bock sind aber weggegangen.» (259/217)

Im Winter 1921/22 erwartete Rudolf Steiner jedoch, daß es mit der Begründung der neuen Gemeinschaft schneller vorangehe, und als man während des Berliner Hochschulkurses am 7. März 1922 zusammenkam, drängte er, keine weitere Zeit zu verlieren. Den September 1922 hielt er für den spätesten Termin, um mit der Arbeit zu beginnen. Zugleich warnte er davor, sich für den Anfang der Arbeit auf die Anthroposophen zu verlassen; gesund wäre es, andere, weitere Kreise für die Bewegung zu interessieren.

Die Führer der jungen Bewegung taten auch viel, um in der Öffentlichkeit zu wirken. Auf dem Hochschulkurs in Berlin wurde am 10. März ein theologischer Tag veranstaltet, an dem Bock, Rittelmeyer und Geyer sprachen. Rudolf Steiner empfand die Formulierung der Vortragsthemen, die einseitig den Untergang des Alten zum Thema machten und nur die protestantische Welt berücksichtigten, wenig gelungen und meinte in seinem Bericht über den Hochschulkurs: «Es waren immer nur Hinweise, daß das von der Anthroposophie kommen soll; aber wie es sich gestalten soll, davon war eigentlich im Grunde genommen nicht die Rede.» (81/177)

Nachdem die allgemeinen Vorbereitungen abgeschlossen waren, fuhren Rittelmeyer, Geyer und Bock nach Dornach, wo Rudolf Steiner zwischen dem 21. Juli und dem 7. August sich in sieben Gesprächen für ihre Fragen zur Verfügung stellte. In einem dieser Gespräche schlug Rudolf Steiner für die Bewegung den Namen «Christengemeinschaft» vor. In einem anderen umriß er auch die Haltung der Anthroposophie zur Erneuerung des Priestertums und des Kultus. Emil Bock notierte sich: «Die Anthroposophie ermöglicht die Begründung. Die Begründung selbst geschieht ganz durch uns. ... Die Anthroposophie bereitet alles vor und tritt dann zurück.»

Dann traf sich der Gründerkreis in Breitbrunn am Ammersee zu einer letzten gemeinsamen Vorbereitung. Hier erreichte sie die überraschende und Rittelmeyer tief treffende Mitteilung Christian Geyers, daß er sich der neuen Bewegung doch nicht anschließen könne. Kurz darauf versammelte man sich in Dornach, wo die 45 zukünftigen Priester gastfreundlich aufgenommen und versorgt wurden. Der Älteste, Rudolf von Koschützki war 56, die beiden Jüngsten 19 Jahre alt. Die drei Frauen, die dabei waren, repräsentierten den Beginn einer Ära, in der auch Frauen am Altar dienen können.

Bei den Beratungen, die zur Gründung der Christengemeinschaft führten, hatte Rudolf Steiner immer mit großem Nachdruck geltend gemacht, daß die Christengemeinschaft innerlich hierarchisch gestaltet werde. Die Leitung der Bewegung sollte durch drei Oberlenker besorgt werden, von denen einer, Friedrich Rittelmeyer, die Würde des Erzoberlenkers bekleiden werde. Das Wort dieser Oberlenker habe in allen Dingen, die das Ganze der Priesterschaft und das Leben der Gemeinde betreffen, entscheidend zu sein. Durch die Absage Geyers war noch vor Beginn der Gründung einer der vorgesehenen Oberlenker ausgefallen. Das war in den Augen Rudolf Steiners eine sehr ernste Angelegenheit, sowohl innerlich als auch im Hinblick auf das Echo einer Öffentlichkeit, die den Rücktritt Geyers natürlich mit Wohlgefallen zur Kenntnis nehmen würde.

Die Begründung fand vom 6. bis zum 22. September 1922 im Weißen Saal des Goetheanum statt, wo sich die Schar der zukünftigen Priester versammelt hatte. Täglich trat Rudolf Steiner in ihren Kreis, vortragend, beratend. Nachdem die Oberlenker und Lenker bestimmt worden waren und die zukünftigen Priester ihr Gelöbnis abgelegt hatten, demonstrierte

Rudolf Steiner Schritt für Schritt den neuen Kultus. Am 16. September 1922 konnte Friedrich Rittelmeyer die erste «Menschenweihehandlung» zelebrieren, bis zum 17. September wurden alle Priester geweiht, und in den folgenden Tagen gab sich die Priesterschaft ihre Gemeinschaftsordnung. Am 22. September wurden die Geweihten mit Abschiedsworten Rudolf Steiners und Friedrich Rittelmeyers ausgesandt.

Nach dem Brand des Goetheanum hat Rudolf Steiner in knappster Form über diesen Begründungsvorgang geschrieben: «Ende September und Anfang Oktober [1921] versammelten sich im Goetheanum eine Anzahl deutscher Theologen, die den Impuls zu einer christlich-religiösen Erneuerung in sich trugen. Was hier erarbeitet wurde, fand seinen Abschluß im September 1922. Ich selbst muß, was ich mit diesen Theologen in dem kleinen Saale des Südflügels, in dem später der Brand zuerst entdeckt worden ist, im September 1922 erlebt habe, zu den Festen meines Lebens rechnen. Hier konnte mit einer Reihe edelbegeisterter Menschen der Weg gegangen werden, der Geisterkenntnis in das religiöse Leben hineinführt.» (36/332)

Über den eigentlichen Gründungsvorgang am 16. September haben die Priester geschwiegen. In ihren Erinnerungen deuten sie an, daß es kaum möglich sei, darüber zu sprechen. Rittelmeyer schreibt: «Das gemeinsame Erlebnis der Urpriestergemeinde gehört in das Allerheiligste eines Tempels, aber nicht in die Hallen der Öffentlichkeit.»

Emil Bock betont, daß der Gründungsvorgang kein Theologenkurs, sondern die Geburt eines neuen Kultus gewesen sei: «Rudolf Steiner war in stiller Demut und Frömmigkeit und zugleich in höchster Geistesvollmacht in unserer Mitte. Die Zeit war reif und unsere Herzen waren offen; und so konnte er für uns vom Himmel herunterholen, was die mit Christus verbundenen und Ihm dienenden geistigen Mächte der zukünftigen Menschheit als Gabe des Segens zugedacht hatten. Als Träger eines neuen Priester-Auftrags sollten wir in die Welt hinausziehen.» (*Wir erlebten Rudolf Steiner*, S. 46)

Rudolf Steiner hatte aber drei Zeugen aus der anthroposophischen Bewegung zu dieser Geburtsstunde des Neuen hinzugebeten: selbstverständlich Marie Steiner, die schon bis zu jener Zeit immer wieder Zeuge der wichtigsten Ereignisse der anthroposophischen Entwicklung gewesen war; dann Ernst Uehli, Mitglied des Vorstandes der Anthroposophischen Gesellschaft, der einerseits an der Waldorfschule freien

Religionsunterricht gab und selber den Kultus in Sonntagsfeiern der Schule vollzog und andererseits die Dreigliederungszeitung redigierte; schließlich als dritten Albert Steffen, den Schweizer Dichter und Redaktor der Wochenschrift *Das Goetheanum*.

Noch 1938 – im Nachruf auf Friedrich Rittelmeyer – sagt Steffen über den Gründungsakt der Christengemeinschaft: «Diesen historischen Moment darzustellen, ist noch nicht die Zeit.» (Steffen 1974, S. 379) Doch im Jahre 1991 wurde eine Passage aus Steffens Tagebuch vom 16. September 1922 bekannt: «Heute fand die erste, auf der Erde aus dem Geist heraus vollzogene Menschenweihehandlung statt, wobei der Auferstandene Christus zugegegen war. ... Ich darf sagen, daß Christus dabei war, denn ich schaute, als das Wort von Brot und Wein gesprochen wurde, seinen auferstandenen Licht-Lebens-Leib. Es ist das erste Mal, daß ich Christus als Wesen vor mir sah. Die Arme waren ausgestreckt und das Haupt umleuchtet. Und ich erlebte dann, daß er heilte und heiligte. Er war da und ist da.» (*Hinweise und Studien zum Lebenswerk von Albert Steffen*, Heft 12/13, S. 54)

45. MÖGLICHKEITEN – WIRKLICHKEITEN

Mitte Juli 1921 erhielt Rudolf Steiner von Jules Sachs, einem der beiden Inhaber der zu jener Zeit hochrenommierten Konzert-Agentur Wolff und Sachs, die schon seit 1905 große Vortragsreisen Haeckels und anderer Gelehrter arrangiert hatte, einen Brief, in dem Sachs im Hinblick auf das wachsende Interesse an «metaphysischen Dingen» anfragte, ob Rudolf Steiner geneigt sei, «in unserem größten und vornehmsten Saale, der Philharmonie» in Berlin, und auch in anderen Städten öffentlich zu sprechen. Schon bevor dieser Vortrag am 15. September 1921 vor einem seit Tagen ausverkauften Hause stattfand, hatten sich durch die Tatsache, daß an dem Stuttgarter Kongreß *Kulturausblicke der anthroposophischen Bewegung* (28. August bis 7. September 1921) 1600 Menschen teilgenommen hatten, das wirklich rege Interesse an Anthroposophie und die damit für die anthroposophische Bewegung verbundenen Chancen gezeigt. All dies sollte sich in der folgenden Zeit noch deutlicher manifestieren: Auf den von Wolff und Sachs veranstalteten Vortragsreisen, die Rudolf Steiner im Januar 1922 durch zwölf, im Mai 1922 durch neun deutsche Städte führte, konnten die Säle oft die Zahl der Einlaß Begehrenden nicht fassen. Im Juni 1922 wurden die elf Vorträge, die Steiner auf dem Wiener Kongreß hielt, von 2000 Menschen besucht. So war die Zeit vom Frühherbst 1921 bis zum Sommer 1922 die Zeit der größten öffentlichen Wirksamkeit Rudolf Steiners, in der er von weit mehr als zwanzigtausend Menschen gehört wurde.

Für Rudolf Steiner war das, was sich durch die Fülle der Menschen, die zu seinen Vorträgen kamen, zeigte, nur ein Symptom dafür, daß in sehr vielen Menschen die Sehnsucht nach Anthroposophie lebte, und seine Sorge war, daß es möglich werde, geistig strebende Menschen auch wirklich zu erreichen und auf Dauer als Freunde der Anthroposophie zu gewinnen. Als er im September 1921 aus Stuttgart und Berlin nach Dornach zurückkam, konnte er einerseits vom Erfolg des Kongresses in Stuttgart, von den hervorragenden Referaten, die auf diesem Kongreß gehalten worden waren, berichten und den Stuttgarter Kongreß einen Markstein für die anthroposophische Bewegung nennen, zum anderen aber war ihm sehr drastisch vor Augen getreten, daß die Anthroposophische Gesellschaft «allmählich ein schweres Hindernis für die Ausbreitung der anthroposophischen Sache sein würde». So sprach Steiner davon, daß der Gesellschaft die anthroposophische Bewegung über den Kopf gewachsen sei, und von der Notwendigkeit, daß die Anthroposophische Gesellschaft in die anthroposophische Sache hineinwachse (*Östliche und westliche Kultur*, S. 55).

Wie er das im einzelnen meinte, hatte er drei Wochen vorher in Stuttgart zu erkennen gegeben. Bei einer Besprechung der anthroposophischen Mitglieder während des Stuttgarter Kongresses war mit Alfred Heidenreich ein führender Kopf der Jugendbewegung aufgetreten und hatte davon gesprochen, daß es die Aufgabe der aus der Jugendbewegung hervorgegangenen Anthroposophen sei, nicht nur «Anthroposophie an die Jugendbewegung heranzubringen, sondern daß es auch unsere Pflicht ist, unsere jungen Kräfte in den Dienst der Anthroposophie zu stellen, daß ein entsprechendes Tun daraus hervorgehen kann.» (*Mitteilungen des Zentralvorstandes,* 1, November 1921, S. 18)

In diesem Augenblick konnte sich Rudolf Steiner höchst lebhaft vorstellen, was geschehen würde, wenn Gruppen aus der Jugendbewegung Einlaß in die anthroposophischen Zweige suchen würden. So wandte er sich sofort an die alten, treuen Anthroposophen und rief ihnen zu: «Hier hat ein Vertreter der Jugendbewegung gesprochen! Hier sitzen eine ganze Anzahl von Vertretern der Studentenschaft, meine lieben Freunde! Daß die Angehörigen solcher Bewegungen oder solcher Körperschaften zu unserer Anthroposophischen Gesellschaft gekommen sind, das ist etwas, was wir als epochemachend innerhalb der Geschichte unserer anthroposophischen Bewegung betrachten müssen. Wir müssen die Notwendigkeit empfinden, alles zu tun, was von solcher Seite her mit Recht von der Anthroposophischen Gesellschaft erwartet werden kann. Auf der Studentenbewegung ... ruht ein großer Teil der Hoffnung auf das Gelingen unserer Gesellschaft.» (*Östliche und westliche Kultur*, S. 90)

Sehr hart brachte Steiner im Verlauf seiner Ansprache zum Ausdruck, was erforderlich sei: Das sektiererische Gehabe, die aus der alten Theosophischen Gesellschaft in die Anthroposophische verschleppten Usancen, die Reste «des theosophisch-gesellschaftlichen Empfindens» müßten aus der Gesellschaft verschwinden. Und Rudolf Steiner scheute sich nicht, diese sektiererischen Usancen drastisch-komisch zu kennzeichnen, damit das, was er meinte, auch wirklich begriffen würde. In der alten Theosophischen Gesellschaft habe man sich darin gefallen, zu sagen: «‹Ja, so irgendwo, an einem möglichst unzugänglichen Ort, da leben gewisse Individualitäten, die man *Meister* nennt. Das sind die Führer der Menschheit; die führen seit so und so langer Zeit die Entwicklung der Menschheit; wir alle stehen in ihrer Obhut; wir müssen ihnen Dienste leisten.› Man gefiel sich darinnen, an diesen Diensten ein besonderes Wohlgefallen zu haben, welches besonders dadurch erhöht wurde, daß ja diese Meister in einer unzugänglichen Ferne lebten, so daß man eigentlich niemals etwas darüber wußte, wem man als Akteur diente … Man kam sich, indem man das Licht löschte … und sich vor einen kleinen Tisch setzte, den Kopf in die Hände gestützt, in diesem Dienste der Meister so vor, daß man mittut an allen wichtigsten Angelegenheiten der Gegenwart. Namentlich gefiel man sich darinnen … Gedanken auszuschicken; dieses Gedankenausschicken, das wurde sogar in Zirkeln gerade innerhalb theosophischer Kreise mit einem großen Enthusiasmus getrieben.» (*Östliche und westliche Kultur*, S. 75f)

In den folgenden Monaten kam Rudolf Steiner immer wieder einmal auf die Jugendbewegung zu sprechen, so erklärte er den Waldorflehrern: «Die Jugendbewegung hat durchaus übersinnliche Gründe. Man muß die Sache sehr ernst nehmen.» (300,2/46) Die Jugendbewegung sei eine Kulturbewegung von großer Bedeutung (300,2/47). Auch vor den Dornacher Mitgliedern sprach er in diesem Sinne und fügte hinzu: «Ich betrachte es als etwas außerordentlich Bedeutsames, daß gerade bei einer Anzahl von Veranstaltungen unserer anthroposophischen Bewegung in der letzten Zeit, auch beim letzten Stuttgarter Kongreß, sich immerhin eine stattliche Anzahl von Angehörigen der Jugendbewegung eingefunden hatte und damals eigentlich den ganz positiven Entschluß gefaßt hat … sich zusammenzuschließen mit dem, was durch die anthroposophische Geistesströmung gewollt wird.» (209/68)

Zugleich beklagt er den Zustand der Anthroposophischen Gesellschaft, in der die menschlichen Umgangsformen nicht gewahrt werden, in der Cliquenwirtschaft herrsche: «In die Anthroposophische Gesellschaft ist eben das Cliquenwesen eingedrungen, und das Cliquenwesen hat sich innerhalb der Gesellschaft über alles gesetzt, leider auch über die Esoterik.» (300,2/57) In vielen Städten hatten sich Sondergruppen gebildet, die meist um sich selber kreisten und ein geheimnisvolles Gebaren an den Tag legten und die – wie Steiner andeutete – eine fragwürdige Mythologie der «Meister» kultivierten. Wenn jemand von außen zu einer solchen Gruppe hinzutrat, trat ein peinliches Schweigen ein, weil der Außenseiter für die Geheimnisse der Gruppe nicht «reif» war, oder man überschüttete ihn mit Spezialoffenbarungen und warnte ihn vor andersdenkenden Anthroposophen. Kurzum, es herrschte Sektiererei. Das war im höchsten Maße abstoßend und machte es für Tausende von Menschen – nicht nur für solche, die sich zur Jugendbewegung zählten – unmöglich, die anthroposophische Sache ernst zu nehmen.

Es ist kennzeichnend für Rudolf Steiner, daß er nur wenige Male auf diese Tatbestände hinwies und hoffte, daß die immerhin erwachsenen Mitglieder in der Lage wären, aus den wenigen Bemerkungen selbst Konsequenzen zu ziehen. Er machte aber auch vor Nicht-Mitgliedern aus seiner Auffassung kein Geheimnis. Als um die Jahreswende englische Lehrer nach Dornach gekommen waren, um einem Kurs Steiners über die Waldorfschulpädagogik zu besuchen, äußerte er in einer Aussprache am 3. Januar 1922: «Die anthroposophische Bewegung ist heute ein Faktor in der mitteleuropäischen Welt. Als geistige Bewegung ist sie ein Faktor. Wir haben keine Organisation, um diese Bewegung irgendwie zu lenken und zu leiten. Die Anthroposophische Gesellschaft – das muß gesagt werden, denn es ist gut, wenn es erkannt wird –, die Anthroposophische Gesellschaft ist nicht in der Lage, die anthroposophische Bewegung zu tragen. Denn die Anthroposophische Gesellschaft ist so stark durchsetzt von sektiererischen Neigungen, daß sie die anthroposophische Bewegung, wie sie heute ist … eben nicht tragen kann.» (303/325f) Zwei Tatsachen standen damit vor Rudolf Steiner: Einerseits bemerkte er eine recht große Zahl namentlich jüngerer Menschen, die Anthroposophie wirklich suchten; zum anderen mußte er feststellen, daß die Anthroposophische Gesellschaft das schlechte Erbe theosophischer Usancen nicht überwunden hatte und sich sektiererisch gegen die Welt absperrte.

Es ist erstaunlich, daß Rudolf Steiner in dieser Zeit dennoch fortfuhr, gerade in der nicht-anthroposophischen Welt für die anthroposophische Sache zu sprechen. So reiste er Ende November 1921 zum ersten Mal nach dem Krieg wieder nach Oslo, wo er während zweier Wochen zehn Vorträge vor der Öffentlichkeit oder nicht-anthroposophischen Gruppierungen hielt. In Dornach berichtete er ausführlich von der Arbeit in Oslo, von einer sehr erfolgreichen Eurythmie-Aufführung im dortigen Nationaltheater, von Vorträgen im Nobel-Institut, von einem öffentlichen Vortrag vor 2000 Menschen, von einem Vortrag im Staatsökonomischen Verein und einem Vortrag vor Theologen, auch von einer wüsten und üblen Hetze der Osloer Zeitungen, von der aber das Publikum der Vorträge und der Eurythmie-Vorstellungen nicht weiter beeindruckt gewesen sei. Zusammenfassend konnte Steiner sagen, daß die anthroposophische Bewegung «ihren Weg durch die Welt macht» und daß die praktischen Aktivitäten der Anthroposophie auf großes Interesse stoßen. «Aber es wächst auf der anderen Seite ins Ungeheuerliche die Gegnerschaft.»

Im Januar 1922 folgte dann die schon erwähnte erste große, von Wolff und Sachs arrangierte Vortragsreise durch zwölf deutsche Städte, die damit endete, daß Rudolf Steiner schließlich am 1. Februar in Breslau für Tage festsaß, weil ein Eisenbahnerstreik die Rückreise zunächst unmöglich machte. Auf dieser Reise ergab sich dieselbe Erfahrung wie in Oslo: Die größten Säle in den Städten waren jeweils bis auf den letzten Platz gefüllt, und das Interesse des Publikums stand wieder in einem krassen Gegensatz zum Echo in der Presse. Für Rudolf Steiner, der zwölfmal dasselbe Thema neu fassen und formulieren mußte, der nach oft unangenehmen Reisen am Abend mit seiner Stimme meist zu über tausend Menschen zu reden hatte, war diese Tournee eine Strapaze.

Nach Dornach zurückgekehrt, erwarteten ihn dort die verschiedensten Sorgen. In den kommenden Wochen verschärfte sich die oben erwähnte Krise der *Futurum AG* von Woche zu Woche. Aber er fand Mitte Februar in Dornach auch Erfreuliches vor. Seit einem halben Jahr erschien in Dornach die Wochenschrift *Das Goetheanum.* Der Redakteur dieses Blattes war Albert Steffen (1884 bis 1963). Steffen war Dichter, Dramatiker und Romancier und hatte, als er die Redaktion des *Goetheanum* übernahm, bereits öffentliche Anerkennung gefunden, seine ersten Romane waren im S. Fischer Verlag in Berlin erschienen.

1907 war er in Berlin Rudolf Steiner begegnet und hatte in ihm seinen Lehrer erkannt. Von 1908 bis 1920 hatte er in München im Umkreis der dortigen anthroposophischen Arbeit gelebt. Mit höchstem Ernst hatte er sich als Dichter und Anthroposoph geschult und war seit 1916 öffentlich für Rudolf Steiner eingetreten. Dieser schlug ihn nun im Frühsommer 1921 als Redaktor des *Goetheanum* vor. Von Anfang an hatte er als Redaktor der Wochenschrift eng mit Rudolf Steiner zusammengearbeitet und – wenn möglich – jede Nummer vor Erscheinen mit ihm besprochen. Jetzt fand Rudolf Steiner die neueste Nummer der Wochenschrift vom 12. Februar vor, in der Steffen ganz einfach und klar einen Vortrag des Zürcher Professors Chastonnay besprach, den dieser in Basel gegen die Anthroposophie gehalten hatte. Steiner war von dieser ganz unaufgeregten Besprechung sehr befriedigt. Bei der Begrüßung der Dornacher Mitglieder nannte er ihn ein Musterbeispiel für den Umgang mit Gegnern der Anthroposophie, weil die Besprechung in jedem einzelnen Punkt, den sie berühre, genau zutreffe.

An der Tatsache, daß Steiner Steffens Besprechung sogleich erwähnt, kann man aber auch ablesen, wie sehr ihm die damalige Gegnerschaft Sorgen bereitete und ihn schmerzte, wie sehr er darauf wartete, daß den Feinden der Anthroposophie in angemessener Weise entgegengetreten werde. Er schloß seine Bemerkung über Steffens Aufsatz mit den Worten: «Bei besonderen Anlässen möchte ich doch deutlich machen, daß diese richtige Einschätzung desjenigen, was innerhalb unserer Reihen geleistet wird, was natürlich auch bedingt die richtige Einschätzung dessen, was nicht geleistet wird und was geleistet werden sollte, daß diese richtige Einschätzung durchaus Platz greifen sollte. Wenn wir uns nicht bewußt werden desjenigen, was an Hervorragendem innerhalb unserer Reihen gemacht wird, so wird unsere Bewegung eben nicht gedeihen können.» (Vortrag am 11. 2. 1922, unveröffentlicht)

Nach gut zwei Wochen brach Rudolf Steiner wieder nach Deutschland auf, diesmal, um in Leipzig und Halle öffentlich über das Wesen der Anthroposophie zu sprechen und um dann am Hochschulkurs in Berlin mitzuwirken, in dessen Verlauf er zehn öffentliche Vorträge hielt. Zugleich sorgte Rudolf Steiner dafür, daß möglichst oft auch die Eurythmie zur Geltung kam, denn durch die Eurythmie, die von Marie Steiner betreut wurde, sollte die Anthroposophie in einer reinen, künstlerischen Gestalt zur Erscheinung gelangen. So fanden eine Eurythmie-Aufführrung in Leipzig und zwei in Berlin statt. Von Berlin führte die Reise zu einem kurzen Aufenthalt in Stuttgart, wo die Waldorfschule Rudolf Steiners Hilfe benötigte. In der Konferenz mit den Lehrern sprach sich Steiner auch offen über die Berliner Veranstaltung aus: «Die Regie in Berlin war unmöglich. Eine Aussprache von kaum einer Stunde! Es war wohl Gelegenheit gegeben, daß mancher etwas außerordentlich Dummes sagte, aber es war nicht Gelegenheit gegeben, daß man die Sache verteidigt. ... Das war in musterhafter Weise so eingerichtet, daß wenn man die Anthroposophie schädigen will, daß man es kann.» (300,2/70)

Nach diesen aufreibenden Wochen trat in Dornach der Zusammenbruch der *Futurum AG* ein. Alleingelassen von den ursprünglichen Initiatoren, versuchte Rudolf Steiner mit Hilfe Ita Wegmans und Albert Steffens zu retten, was zu retten war, bevor die nächste Reise begann.

Nachdem sich 1921 die Grenzen innerhalb Mitteleuropas für Rudolf Steiner wieder geöffnet hatten und er nach Holland und Norwegen hatte reisen können, war er 1922 auch nach England eingeladen worden. Verglichen mit den Tourneen in Deutschland war dies zunächst fast eine Erholungsreise, jedenfalls trat Steiner für zwei Wochen in eine andere, weniger aufgeregte Welt – und das war nach dem Debakel der *Futurum AG* auch dringend nötig. Zunächst jedoch ging die Reise nach Den Haag, wo Frau Droogleever-Fortuyn einen Hochschulkurs arrangiert und außer Rudolf Steiner eine Anzahl Stuttgarter Wissenschaftler und Elisabeth Vreede eingeladen hatte. Im geruhsamen Milieu Den Haags wurde der Hochschulkurs zu einer Veranstaltung im kleinen Kreise: Es nahmen insgesamt nur 200 Studenten teil, bei manchen Veranstaltungen waren es kaum sechzig Teilnehmer. Über die Eindrücke, die Rudolf Steiner durch die Vorträge seiner Mitarbeiter empfing, hat er im *Goetheanum* berichtet.

Am 13. April abends fuhr er in Begleitung von Marie Steiner, Mieta Waller und Edith Maryon nach England, wo er sogleich zwei Vorträge in London hielt. Danach wurde es am Morgen des 16. April – es war der Ostersonntag – möglich, im eng vertrauten Kreise englischer Mitglieder eine esoterische Stunde zu halten. Am Nachmittag wurde die Reformschule von Miß Cross in King's Langley besucht: ein erstaunliches Unternehmen, da die Kinder in diesem Heim – vom Kochen, Gärtnern bis zum Säubern der Räume – alles selbst besorgen mußten. «Und so wird das Kind wirklich recht allseitig ins Leben eingeführt und lernt noch eine ganze Menge.» (Vortrag am 30. 4. 1922, unveröffentlicht) In King's

Langley wurde auch die Frage erörtert, wie man diese Schule im Sinne der anthroposophischen Pädagogik weiter gestalten könne. Dann ging es nach Stratford on Avon zum Shakespeare-Festival.

Während dieser Woche in Stratford war Rudolf Steiner Gast bei einer Veranstaltung, für die er sich nicht verantwortlich fühlen mußte, bei der er einmal hören und sehen konnte, was andere taten. An jedem Abend war er im Theater. Die Darstellung der Komödien ergötzte ihn, in *Twelfth Night* bekam er einen solchen Lachanfall, daß sogar die Schauspieler auf der Bühne angesteckt wurden. Die Inszenierung der Tragödien erlebte er als weniger befriedigend, doch mit großem Interesse folgte er den Vorträgen des Festivals, er hörte die Dichter John Masefield und Sir Henry Newbolt sowie den Dramatiker John Drinkwater. Die formvollendete Art, in der Sir Henry Newbolt auftrat, faszinierte ihn, und ebenso verfolgte er – immer an den Fragen des Dramas Anteil nehmend – mit persönlichem Interesse, wie Lena Ashwell und Cicely Hamilton über die Nöte des englischen Theaters sprachen. Er selbst sollte ursprünglich nur zwei Vorträge halten, wurde dann aber noch um einen dritten gebeten: ein Zeichen dafür, daß er «gut ankam». Den Reisebericht im *Goetheanum* schloß Rudolf Steiner mit folgenden Sätzen: «Am 25. April verließ ich England, erfüllt mit dem Gedanken, daß es in England Persönlichkeiten gibt, welche die Pflege und Vertretung der anthroposophischen Sache als einen Teil ihrer Lebensaufgabe ansehen und tatkräftig in diese Richtung wirken. An sie muß ich mit dem Danke denken, der mir in der Seele lebt, wenn ich Menschen finde, die für diese Sache hilfreich eingreifen. Daß ich diese Hilfe finden konnte in der heutigen Zeit als Deutscher in London und Stratford, darf ich wohl als einen mich befriedigenden Schlußgedanken dieser subjektiv gehaltenen Reisebetrachtung aussprechen.» (*Goetheanum*, 1. Jg., S. 319)

Nach einer guten Arbeitswoche in Dornach und Besprechungen in Stuttgart brach Steiner am 11. Mai zur zweiten von Wolff und Sachs arrangierten Vortragstournee durch neun deutsche Städte auf. Nach Vorträgen in Leipzig, Berlin und Breslau sollte er am 15. Mai in München sprechen. Schon vor der Abreise von Dornach war bekannt geworden, daß sich in München etwas zusammenbraute. Einige lokale Blätter hatten begonnen, gegen Rudolf Steiner Stimmung zu machen, und geschrieben, es würden sich hoffentlich deutsche Männer finden, die es verhinderten, daß dieser Herr den Boden Münchens betrete.

Als Rudolf Steiner in München ankam, wurde er von Hans Büchenbacher über die zu seiner Sicherheit getroffenen Maßnahmen unterrichtet. Es waren eine Reihe anthroposophischer Freunde nach München geeilt, um sich buchstäblich vor Rudolf Steiner zu stellen. Die Konzertagentur hatte Boxer und Ringer engagiert, die verdeckt aufgestellt wurden. Der Vortrag begann in einer geladenen Atmosphäre. Als mitten im Vortrag das Licht ausging und nur ein Lämpchen am Tisch des Stenographen noch brannte, sprach Steiner weiter, klar und deutlich mit ruhiger Stimme. Nach kurzer Zeit wurde das Licht im Saal wieder eingeschaltet, und erst als der Vortrag beendet war und Rudolf Steiner wieder auf der Bühne erschien, um nochmals für den Beifall zu danken, brach ein Sturm mit Stinkbomben und Trillerpfeifen los. Die anthroposophischen Freunde schützten Steiner, der ohne Schaden ein Nebenzimmer erreichen konnte, dann begann eine Saalschlacht, die Boxer und Ringer traten in Aktion, es gab einige Leichtverletzte, und schließlich behielten die Anthroposophen die Oberhand. Die Demonstranten rückten mit dem Lied «Siegreich woll'n wir Frankreich schlagen» durch die Maximilianstraße ab.

Am nächsten Morgen verließ Rudolf Steiner vorzeitig München mit einem Personenzug. Am Abend desselben Tages sprach er in Mannheim. Beim nächsten Vortrag in Elberfeld gab es, wie Steiner lakonisch bemerkte, wieder «Radau». Auch hier hatten sich anthroposophische Freunde den Eindringlingen entgegengestellt. Emil Bock versperrte ihnen zusammen mit anderen die Tür. In einem Brief an Edith Maryon berichtet Steiner aus Bremen: «In Mannheim und Köln ist es ganz gut gegangen; in Elberfeld gabs Unruhe, aber alles ist abgewehrt worden. Über München werde ich erzählen. Es war ja nicht gerade erfreulich. … Mir geht es gut; nur gibt die Reise fast gar keine freie Zeit, da die Fahrten meistens sehr weit sind, und die Züge früh am Morgen abfahren.» (263,1/97)

Wieder in Dornach angekommen berichtete Rudolf Steiner diesmal nicht wie sonst über seine Eindrücke und Erfahrungen, eine Eurythmistin aber, die Steiner seit fast zehn Jahren kannte und seinen Ausdruck zu deuten wußte, erinnert sich: «Diese Reise muß unbeschreiblich anstrengend und aufreibend für ihn gewesen sein. Ich erinnere mich an den Eindruck, den ich hatte, als ich ihn das erste Mal in der Schreinerei wiedersah. Er stand in seinem weißen Arbeitskittel, den er immer im Atelier trug, hinter der Bühne, und es schien, als ob seine Gestalt schmaler geworden wäre, der Blick noch ernster und stiller. Es war, als ob er aus einem großen, schweren und gefahrvollen Kampfe zurückgekommen sei – und die wenigen Worte, die er über die Reise äußerte, gaben das auch in aller Schlichtheit und Zurückhaltung zu verstehen.» (Dubach 1983, S. 124)

Nach einer Woche in Dornach ging die nächste Reise dann nach Wien zum West-Ost-Kongreß. Es war ein gewagtes Unternehmen, in Wien, wo das Nachkriegselend einen Höhepunkt erreicht hatte, wo Menschen wie Schatten durch die Gassen gingen und das Geld fast wertlos geworden war, einen solchen Kongreß zu veranstalten. Doch das Wetter war günstig und Wien für die Ost-West-Fragen der geeignete Platz. Als Redner waren aus Dornach Albert Steffen, aus Deutschland Herbert Hahn, Erich Schwebsch, Caroline von Heydebrand, Friedrich Rittelmeyer, Ernst Uehli, Wilhelm Pelikan, Emil Leinhas, Friedrich Husemann, Carl Unger und Karl Heyer angereist; und auch die Österreicher Eugen Kolisko, Walter Johannes Stein, Hermann von Baravalle, Ernst Blümel und Karl Schubert waren wieder einmal nach Wien gekommen – insgesamt also die besten Redner, die die anthroposophische Bewegung aufzuweisen hatte. Rudolf Steiner war ganz offensichtlich mit den Leistungen seiner Mitarbeiter höchst zufrieden. Herbert Hahns Vortrag über die Spiegelung der Volksseelen in den Sprachen nannte er «ungeheuer einschneidend», Schwebschs norddeutsch getönte Ausführungen über Bruckner empfand er als außerordentlich wohltuend, und seine österreichischen Landsleute charakterisierte er auf launige Art, indem er die Frage beantwortete, welchem Mönchsorden sie in vortheresianischer Zeit wohl angehört hätten: «Unser lieber Kolisko wäre zweifellos Dominikaner geworden», Baravalle und Blümel Benediktiner, Schubert Piarist und Stein Zisterzienser.

Was Steiner besonders freute, war die ungemein freundliche und warme Aufnahme der Eurythmie-Darbietungen, er empfand dieses Echo als «epochemachendes Ereignis». Steiner nutzte die Gelegenheit, das Gedicht eines Lyrikers, Josef Kitir, dem er vor über dreißig Jahren begegnet war und der verarmt in Wien lebte, eurythmisch darstellen zu lassen und schließlich dafür zu sorgen, daß die Einnahmen der Gesamtaufführung Kitir zugute kamen.

Rudolf Steiner selbst hielt insgesamt elf Vorträge, einen über den Dornacher Bau, fünf über «Anthroposophie und Wissenschaften» und

fünf über «Anthroposophie und Soziologie». Für diese beiden Reihen hatte er sich vorgenommen, das Wort «Anthroposophie» in den Vorträgen nicht auszusprechen, und er hielt sich daran. In dem letzten der Vorträge gab er noch einmal einen Überblick über die Idee der Dreigliederung, in dem er seine Einsichten der letzten Jahre unter dem Gesichtspunkt, wie in den drei sozialen Systemen jeweils Urteile zu bilden seien, neu formulierte.

Der Kongreß hatte aber einen Geburtsfehler. Dr. Eugen Kolisko, der in Wien an der medizinischen Fakultät studiert hatte und überdies der Sohn des bekannten Wiener Anatoms Alexander Kolisko war, hatte einige Tage vor dem Kongreß in der Wiener Gesellschaft der Ärzte vor etwa 400 Zuhörern einen Vortrag über «Neue Wege in der Pathologie und Therapie» gehalten und über Migräne und deren Behandlung gesprochen. Dieser Vortrag war zu einem Skandal geworden und hatte dazu geführt, daß die wissenschaftliche Welt Wiens dem Kongreß fernblieb. Steiner schrieb Edith Maryon, daß die Aufregung, die der Vortrag Koliskos veranlaßt hatte, «nicht übertrieben ..., sondern diesmal im Gegenteil von den Zeitungen sogar recht milde dargestellt worden» sei (263,1/99).

In Wien hatte Rudolf Steiner selbstverständlich so viel zu tun, daß er nicht an den nachmittäglichen Aussprachen teilnehmen konnte. Zunächst galt es, an den Proben für die Eurythmie-Aufführungen teilzunehmen, dann fanden, da aus fernen Ländern Besucher zu dem Kongreß gekommen waren, manche Besprechungen statt. Steiner hatte Besuche zu machen, und noch in den Tagen nach Beendigung des Kongresses standen die letzten beiden Nachmittage hindurch ungezählte Menschen, die ihn sprechen wollten, vor seiner Tür im Hotel Imperial. Ein nicht-anthroposophischer Besucher, der Schrifsteller Max Hayek, erzählt, wie er endlich abends von Rudolf Steiner empfangen wurde. Er hatte ihn am Vortag auf dem Podium beim Vortrag über den Dornacher Bau gesehen, «wo er so jugendlich unverbraucht, so kraftvoll frisch und unermüdet gewirkt hatte. Wie lebendig war dieser Mann gewesen, wie behend, wie beweglich! Aus der Stimme, die sich zu vergeuden schien,

Abb. 140: Mitarbeiter des West-Ost-Kongresses in Wien 1922.
Von links nach rechts: Alfred Zeissig, Alexander Strakosch, Emil Leinhas, Ernst Uehli, unbekannt, Carl Unger, Ludwig Graf Polzer-Hoditz, Walter Johannes Stein, Eugen Kolisko, Otto Graf Lerchenfeld, Ernst Scheiffele.

loderte die Gesundheit eines geistdurchglühten Organismus, aus diesen Augen flammte der Sieg eines unwiderstehlichen Willens über den Stoff!

Und nun stand ich dem gleichen Manne gegenüber … Und das erste, was ich empfand, war der vehemente Imperativ: Mach's kurz, denn dieser Mann ist müde über alle Worte – er ist müder als ein Mensch sein darf!

Ich stand einem alten Manne gegenüber, einem alten niederösterreichischen Bauern. Ja, das war ein echter Österreicher … Ich sah einen alten Bauern, der sich auf seinem Grund zu Tode gearbeitet hatte, und nun, welk und verbraucht, vor mir stand, ein guter, guter Mensch, der alles eingesetzt und sich völlig ausgegeben hatte.» (*Blätter für Anthroposophie*, 1961, S. 435)

Am 11. Juni sprach Rudolf Steiner zu den in Wien versammelten Mitgliedern der Anthroposophischen Gesellschaft über die Fragen der anthroposophischen Bewegung. Schon am 13. April hatte er in Den Haag und dann am 21. und 23. Mai in Berlin und Stuttgart die geistige Lage, die in der letzten Zeit entstanden war, in ähnlicher Weise gekennzeichnet. Er lenkte den Blick auf die Kluft, die zwischen der altüberlieferten Zweigarbeit und der Tätigkeit in der Öffentlichkeit entstanden war, indem er die Gefühle namentlich der älteren Mitglieder der Gesellschaft in Worte faßte: «Ja, wir sind ja früher auf einem viel schnelleren Weg zu den Erkenntnissen und zu den Impulsen der geistigen Welt, viel schneller und auf eine innerlich wahrere Weise in das Erleben der geistigen Welt hineingekommen, und uns interessiert es im Grunde genommen gar nicht, ob das, was so Herzensgut werden kann, sich nach allen Seiten in strengen Gedankengängen rechtfertigen läßt. Viele dieser älteren Mitglieder sagen: das ist im Grunde genommen etwas, was uns weniger interessiert. Und sie empfinden es gewissermaßen als einen Verlust, daß die anthroposophische Bewegung nicht stehengeblieben ist bei der älteren Form.» (211/196)

Die anthroposophische Bewegung – so fuhr Steiner fort – habe von sich aus keinerlei Popularität und äußerliche Verbreitung angestrebt; die Wirklichkeit, die geistige Lage der Menschen habe das neue Wirken notwendig gemacht: «Und wenn Sie heute in wissenschaftlichen Klängen dasjenige verkünden hören, was früher in anderer Form verkündet worden ist, so ist das nicht die Schuld der anthroposophischen Bewe-

Abb. 141: Rudolf Steiner mit Albert Steffen (1884 – 1963) und Ernst Uehli (1885 – 1959) während des West-Ost-Kongresses in Wien.

gung, sondern ihr Schicksal. Es wurde von der Welt dieses gefordert. … Es handelt sich nicht darum, die Anthroposophie der Wissenschaft anzunähern, sondern die Wissenschaft mit Anthroposophie zu durchdringen. Und so haben wir es … zu unserer tiefsten Befriedigung zu erleben, daß fachlich geschulte Freunde gekommen sind, die nach allen Seiten hin in der Lage sind, was durchaus dem Keime nach schon in der Anthroposophie liegt, wissenschaftlich zu vertreten.» (211/197f)

Zwischen diesen beiden Formen, in denen Anthroposophie auftreten kann, hatte sich also eine Kluft aufgetan. In Den Haag, wo die Anthroposophische Gesellschaft eine kleine, in sich geschlossene Gruppe war, hatte Rudolf Steiner diese Charakteristik im Frühjahr mit der Warnung verbunden, man solle die anthroposophische Bewegung nicht im kleinen Kreis sektiererisch verschließen, sondern die Anthroposophie in die Öffentlichkeit tragen. In Stuttgart, wo sich die anthroposophische Gelehrsamkeit tummelte, warnte er hingegen vor dem Mißverständnis, «auf dem Umwege durch die Fachgelehrsamkeit die Anthroposophie verbreiten» zu können. (*Der Verfall des menschlichen Intellekts*, S. 10)

Nun ist das Bemerkenswerte, daß Rudolf Steiner, der die Kluft zwischen beiden Formen anthroposophischen Lebens so klar vor Augen hatte, in diesem Augenblick nicht dazu aufrief, nunmehr diese Kluft sofort zu schließen, obwohl er feststellen mußte, «daß gerade wegen dieses Abgrundes das Ganze unserer anthroposophischen Bewegung in gewisser Weise krankt, äußerlich und innerlich krankt» (*Der Verfall des menschlichen Intellekts*, S. 6).

Es blieb auch nicht unbemerkt, daß zwischen den Vertretern der beiden Formen gewisse Animositäten aufbrachen, doch Rudolf Steiner beschränkte sich darauf, die Kluft, den Abgrund bewußt zu machen, und er regte an sich vorzustellen, was ein Mensch, der zuerst die in wissenschaftlicher Weise gehaltene Anthroposophie kennengelernt hat, wohl empfinden möge, wenn er unvorbereitet in einen Zweig gerät, in welchem im alten Stile ganz esoterisch gearbeitet wird. So rechnete Rudolf Steiner damit, daß das vorhandene Problem durch Taktgefühl und Bewußtsein von dem, was in anderen Menschen lebt, einer Lösung näher kommen könnte. Er wendete sich damit an die menschlichen Tugenden der *Philosophie der Freiheit*, an die Einsicht und an den sittlichen Takt.

In der folgenden Zeit verbesserten sich aber die Verhältnisse überhaupt nicht, im Gegenteil, die Probleme nahmen noch zu. Jedenfalls klagte Rudolf Steiner schon kurz nach dem wirklich großen Erfolg des Kongresses in Wien, daß man nicht verstehe, diesen Erfolg auszumünzen. Dabei meinte er nicht oder jedenfalls nicht in erster Linie, daß der Kongreß publizistisch ausgeschlachtet werden sollte, sondern er dachte an das Verhalten der Mitglieder gegenüber der Umwelt. Im vertrauten Kreise des Kollegiums der Waldorflehrer sprach er am 22. Juni 1922 über das «Ausmünzen» des Erfolgs und mahnte: «Das können wir nicht, wenn wir uns einkapseln, wenn wir nicht neues Blut hineinkriegen. Wir treiben innerhalb der aktiv arbeitenden Leute starke seelische Inzucht. Das führt auf die Dauer zu einer Unmöglichkeit. Wir müssen die Kreise erweitern können; aber jedesmal, wenn man wieder einen nennt, der einem entgegengetreten ist, wird er refüsiert. Es muß frisches Blut herangezogen werden. Es ist im ganzen notwendig in unserer Bewegung, daß wir nicht das Gefühl haben, daß wir abwehren müssen, sondern daß wir die Leute heranziehen müssen.» (300,2/118)

Rudolf Steiner wußte Beispiele anzuführen, wie Leute durch einen

Abb. 142:
Rudolf Steiner beim Wiener Kongreß 1922

gewissen Rigorismus abgestoßen wurden, und wenige Tage später sagte er dann zu den Dornacher Freunden: «Das Kapitel *Der Hochmut der Anthroposophen*, das ist etwas, worüber man ganz dicke Bücher, nicht bloß einzelne Aufsätze schreiben könnte.» (*Aufbaugedanken*, 1942, S. 34) Rudolf Steiner, der ja von Jugend an ein starkes Interesse an anderen Menschen hatte, so daß man sich zum Beispiel in Brunn am Gebirge, wo seine Eltern eine Zeitlang wohnten, daran erinnerte, er sei auf die Menschen zugerannt, konnte das völlig mangelnde Interesse an anderen Menschen nicht verstehen. Darüber hinaus war ihm das Sich-nicht-Kümmern um die Angelegenheiten der Anthroposophischen Gesellschaft und um die Weltfragen völlig unbegreiflich. Er mußte nun aber zu seinem Schrecken bemerken, daß die Menschen, die durch die Kongresse von der anthroposophischen Sache angezogen wurden, von den Anthroposophen selber schnellstens wieder abgestoßen wurden.

Zu den Menschen, die immer wieder von den Mitgliedern verprellt wurden, gehörten auch die jungen Leute. Diese jüngeren Anthroposophen waren keineswegs alle Mitglieder der Jugendbewegung, zu ihnen gehörten auch Studenten, die keinen Sinn darin sahen, «in Heuschobern zu übernachten», und andere, die sich auf eigene Faust in anthroposophische Spezialstudien vertieften. Am Rande des West-Ost-Kongresses in Wien hatte sich eine größere Zahl von jungen Anthroposophen getroffen, verschiedene Pläne wurden erörtert und verworfen, und schließlich gelang es drei Teilnehmern an diesen Beratungen der jüngeren Anthroposophen zu Rudolf Steiner vorzudringen: Um den 20. Juli wurden Fritz Kübler, Ernst Lehrs und René Maikowski von Rudolf Steiner im Dornacher Atelier empfangen, und bei dieser Besprechung wurde der Plan eines «Pädagogischen Jugendkurses» geboren, eines Kurses, der sich im geistigen Dialog mit Rudolf Steiner entfalten sollte.

Vor Rudolf Steiner standen zu jener Zeit die Gespräche, die er in den folgenden Tagen mit Rittelmeyer, Bock und Geyer über die Begründung der Christengemeinschaft führen wollte, sowie die Reise nach Oxford zu dem dortigen pädagogischen Kurs; für die anschließenden Wochen waren ein Kurs für französische Teilnehmer und die Gründung der Christengemeinschaft geplant. Nun schlug Rudolf Steiner vor, den Kurs für die junge Generation am 1. Oktober in Stuttgart im Haus der Anthroposophischen Gesellschaft beginnen zu lassen. Er sah, daß er sich selber schnell der Jugend annehmen mußte.

Wie notwendig das war, zeigte sich an kleinen Symptomen. Da Rudolf Steiner erst am 3. Oktober in Stuttgart sein konnte, bat er einen führenden Anthroposophen, Ernst Uehli, sich der jungen Leute anzunehmen, die aber lehnten Uehli kurzerhand ab. «Der Bauverein Stuttgarter Anthroposophen» war befremdet, daß das Haus der Gesellschaft von den jungen Leuten benutzt wurde, und schickte ihnen eine Rechnung über 42 500 Mark (heute etwa 400 Mark) für die Benutzung des Hauses. Diese Rechnung wurde auch bezahlt.

Durch den *Jugendkurs* wurde ein neuer Arbeitsstil entwickelt. Die 83 Teilnehmer waren praktisch den ganzen Tag lang im Haus der Anthroposophischen Gesellschaft beieinander, und Rudolf Steiner hielt ihnen, frei auf dem Podium hin- und hergehend, Vorträge, aber er fand sich auch mit den verschiedenen Gruppen und mit einzelnen zu Gesprächen zusammen, ließ sich von den Nöten der jungen Leute berichten und beriet mit ihnen Lebens- und Studienfragen. Marie Steiner gab einen Kurs für Sprachgestaltung, bei dem Rudolf Steiner manchmal auftauchte und die Übungen erläuterte, gegen Ende des Kurses fanden zwei Malstunden statt, und schließlich kamen die Teilnehmer in den Genuß von zwei Eurythmie-Aufführungen.

In dem Kurs trat – durch die Nachfrage einiger Teilnehmer veranlaßt – auch das Motiv auf, das Rudolf Steiner zwischen 1913 und 1919 einige Male hatte anklingen lassen, das nun aber wie ein Präludium für die Jahre 1923 und 1924 ertönte: der Kampf Michaels mit dem Drachen. Im letzten Vortrag des *Jugendkurses*, am 15. Oktober 1922, tritt dieses Bild des Drachenkampfes prägnant-machtvoll hervor. Ganz unmittelbar sprach Rudolf Steiner seine jungen Zuhörer an. Er kennzeichnete das Drachenhafte der gegenwärtigen Zivilisation, das im gegenwärtigen Zeitalter *von außen* an die Menschheit herandringt:

«Aber der Drache muß besiegt werden, und er kann nicht anders besiegt werden, als indem wir gewahr werden, daß auch der Michael, der Sankt Georg, von außen kommt. Und dieser Michael, dieser Sankt Georg, der von außen kommt, der imstande ist, den Drachen zu besiegen, ist nichts anderes als eine wirkliche geistige Erkenntnis.» (217/189)

Diese geistige Erkenntnis überwindet unter anderem die Auffassung, daß das sogenannte Gesetz von der Erhaltung der Energie und der Materie auch für den Menschen zutreffe und ihn damit der physikalischen Kausalität unterwerfe. Rudolf Steiner bleibt aber bei diesem ersten Bild nicht stehen, sondern spricht ganz unverblümt aus, daß sich Menschen mit Michael verbinden können: «Wenn man in das geistige Gefüge der Welt eindringt, so findet man, daß gleichzeitig mit der Kulmination des Drachens auch das Eingreifen des Michael, mit dem wir uns verbinden können, um die Wende des neunzehnten, zwanzigsten Jahrhunderts eingetreten ist. Der Mensch kann, wenn er will, Geisteswissenschaft haben, das heißt, Michael dringt wirklich aus den geistigen Reichen bis in unser Erdenreich herein, doch drängt er sich uns nicht auf, denn heute muß alles aus der Freiheit des Menschen entspringen.» (217/190)

Damit wird die Geisteswissenschaft, die Anthroposophie als das Wirken, das Eindringen des Michael angesprochen. Schließlich wendet sich Rudolf Steiner unmittelbar an die Herzen der Zuhörer: «Wir müssen gewissermaßen lernen – wenn wir im Bilde sprechen –, uns zum Bundesgenossen des hereinziehenden Michael zu machen, wenn wir richtige Erzieher werden wollen.» (217/193)

Wenn die Einsichten des Erziehers aus der Erkenntnis des heranwachsenden Menschen fließen, dann «werden wir Michael das Fahrzeug zimmern, werden die Genossen des Michael werden können. Und dasjenige, was Sie wollen, meine lieben Freunde, werden Sie am besten dadurch erreichen, daß Sie sich bewußt werden: Sie wollen Genossen des Michael werden. Sie werden wiederum dazu kommen, folgen zu können einem rein geistigen Wesen, das nicht auf der Erde verkörpert ist, und Sie werden lernen müssen, an einen Menschen dadurch zu glauben, daß er Ihnen den Weg zu Michael vermittelt.» (217/195)

Daß so einfache und unverhohlene Worte möglich waren, kann man im Zusammenhang der Tatsache sehen, daß während des Jugendkurses zwölf – zum Teil jüngere, zum Teil schon ältere – Anthroposophen mit der Frage nach einer möglichen esoterischen Vertiefung und nach einer Gemeinschaftsbildung aus dem Geist an Rudolf Steiner herangetreten waren. Rudolf Steiner war auf diese Fragen eingegangen und hatte den Fragenden die notwendigen Inhalte vermittelt. Vierzehn Tage später, am 29. Oktober, empfing er eine Gruppe von vier Medizinstudenten, die nach einer Möglichkeit der spirituellen Vertiefung ihres Studiums fragten. Rudolf Steiner zeigte den Studenten, wo der Übergang vom Geistig-Moralischen zum Physiologischen zu finden ist, nämlich in der Wärme-Organisation des Menschen, und sagte schließlich, man möge ihm fünfzig oder sechzig junge Mediziner bringen, dann wolle er schon mehr darüber sagen, zu den älteren Ärzten könne man von diesen Dingen wirklich nicht sprechen (M. P. van Deventer 1982, S. 14ff).

So waren nach der Begründung der Christengemeinschaft, die zur Erneuerung des kultischen Handelns führte, zwei weitere Gruppen jüngerer Anthroposophen mit der Bitte um esoterische Vertiefung zu Rudolf Steiner gekommen. Für Rudolf Steiner waren diese Fragen der jungen Generation ein Zeichen dafür, daß die Zeit der nach außen gerichteten Tätigkeit, die durch Kongresse, Hochschulkurse und öffentliche Vorträge möglichst in die Weite wirken und möglichst viele Menschen erreichen sollte, zuende ging. Schon mit dem französischen Kurs im Herbst 1922 und dann in den Mitgliedervorträgen in Dornach, Den Haag und London begann er wieder in neuer Weise von den großen geistigen Inhalten der Anthroposophie zu sprechen: Die Erfahrungen der Menschenseele im Schlaf und nach dem Tode, der Zusammenhang des Menschen mit dem Kosmos und die Wirksamkeit des Christus-Impulses werden erneut von Rudolf Steiner beschrieben.

Doch offensichtlich wurden diese Wende und die mit ihr verbundene Absicht, das anthroposophische Leben und Denken wieder um die zentralen Themen der Anthroposophie zu sammeln, mancherorts nicht wahrgenommen. So arrangierten die Stuttgarter Ärzte Ende Oktober 1922 eine medizinische Woche, bei der sie auch Steiner zu Vorträgen verpflichtet hatten, obwohl er, wie er zu Beginn des ersten Vortrags bemerkte, nicht die Absicht hatte, innerhalb dieser ärztlichen Veranstaltung zu sprechen. Einige Wochen später planten Wissenschaftler am Goetheanum, zu Weihnachten eine naturwissenschaftliche Tagung durchzuführen, und obwohl Steiner kein Interesse für dieses Unternehmen zeigte, sollte er mitwirken. Lebhaft beschwerte er sich bei Lili Kolisko: «Die Leute behandeln mich wie ihren Stiefelputzer! Sie arrangieren Tagungen, ohne mich zu fragen, und legen mir dann das fertige Programm vor, und ich soll dann auf diesen Tagungen Vorträge halten. Ich lasse mir das nicht mehr gefallen.» (Kolisko 1961, S. 68) Erst im Rückblick ging einem der Veranstalter auf, daß Steiner selber wohl überhaupt etwas ganz anderes als eine naturwissenschaftliche Tagung im Sinn hatte (Schmiedel in: Zeylmans, *Wegmann*, III, S. 431).

In dieser Zeit bedrückten Rudolf Steiner außerdem die allerschwersten Sorgen. Da war zunächst die Sorge um den Fortgang der Arbeit am Goetheanumbau: Die Kassen des Goetheanum waren fast völlig geleert. Der Fortgang und Unterhalt des Baus brauchten Geld, die Mitarbeiter, die Eurythmistinnen benötigten ihren spärlichen Unterhalt, und im Oktober war deutlich geworden, daß man in einigen Wochen ganz ohne Mittel dastehen würde. Rudolf Steiner entschloß sich also, zusammen mit der Euythmietruppe eine Reise nach Holland und England zu machen, und er hatte die Freude, daß die Eurythmie namentlich in Den Haag besonders gut aufgenommen wurde und daß sich auch in London – unter ungünstigen Umständen – ein wachsendes Interesse an der neuen Bewegungskunst zeigte. Aber in Den Haag und London mußte er in den Mitgliedervorträgen seine Sorge aussprechen, daß für das Dornacher Zentrum das rechte Herz fehle, und er deutete auf die Konsequenzen: «In dem Augenblicke, wo das Dornacher Zentrum zusammenbricht, bricht alles zusammen.» (*Die verborgenen Seiten des Menschendaseins*, S. 34)

Er sprach sich aber auch darüber aus, wie er selbst die Lage erlebte: «Das Goetheanum ist mit Enthusiasmus zu bauen begonnen worden. Gerade bei denjenigen, die im Ausgangspunkte diesen Enthusiasmus entwickelt haben, ist der Enthusiasmus verrauscht. Und heute haben diese eigentlich mir allein die Sorge überlassen, wie es nun weitergehen soll.» (ebd., S. 33)

Rudolf Steiner fühlte sich im Grunde schon seit dem Tod von Sophie Stinde im November 1915 mit den Sorgen um das Goetheanum allein gelassen. Die Mitglieder freuten sich über den Bau, besuchten ihn gerne, aber kaum jemand teilte die Sorgen Rudolf Steiners, die im Herbst 1922, als namentlich aus Deutschland kaum noch Geld floß, kulminierten.

Eine zweite Sorge ergab sich durch die Begründung der Christengemeinschaft. Einige der Priester, die in Deutschland Gemeinden gründen wollten, hatten sich – arm und hilflos – bei ihrer Arbeit entgegen dem Rat Steiners doch auf die Mitglieder der Anthroposophischen Gesellschaft gestützt und in deren Reihen für ihre Gemeinden neue Mitglieder geworben. Die Nachrichten von diesen Vorgängen erreichten Rudolf Steiner, als er aus London zurückkam. Er sah die Gefahr, daß sich die Christengemeinschaft auf Kosten der anthroposophischen Bewegung entfalten würde: Der Kultus, die Begeisterung der jungen Priester zogen viele Anthroposophen an. In einer Konferenz mit den Waldorflehrern meinte Steiner zu dieser Lage: «Die Dinge, die mit dem Edelsten zusammenhängen, schließen auch die größten Gefahren in sich.» (300,2/199)

Die dritte, schon erwähnte, Sorge betraf die Führung der Anthroposophischen Gesellschaft selbst. Im Oktober hatte er Edith Maryon nach Dornach geschrieben, «daß auch die Stuttgarter Herren allen Zusammenhang mit der anthroposophischen Bewegung verlieren. Sie sitzen auf ihren Stühlen, spielen Vorstand, und die Leute wollen nichts von ihnen wissen.» (263,1/102)

Noch massiver sprach Steiner die Waldorfschullehrer an: «Wenn in Stuttgart das anthroposophische Leben ein harmonischeres wäre, dann würde auch die Schule profitieren. Es ist in der letzten Zeit schlechter geworden. Moralisch schließt sich jeder in seinen vier Wänden ab, und bald wird es dahin kommen, daß man sich nicht einmal mehr kennt. … Was der einzelne tut, muß fortströmen in den anderen, in den Kräften der Gesellschaft. Freudige Anerkennung und Wertschätzung dessen, was der einzelne leistet. Der gute Wille fehlt. Die freudige, entgegenkommende Anerkennung der Leistungen fehlt. Die Leistungn der einzelnen fallen unter den Tisch. Reden von dem, was anerkannt werden kann. Das Stuttgarter System: das Nichtanerkennen. Das hemmt die

Leistungen. ... Wenn ich arbeite und es geschieht nichts, bin ich gelähmt.» (300,2/155)

In dieser Situation wandte sich Steiner am 10. Dezember an Ernst Uehli, eines der drei Mitglieder des Zentralvorstandes der Anthroposoposophischen Gesellschaft, und bat ihn zu veranlassen, daß sich der Zentralvorstand in den allernächsten Tagen über die Gesellschaft berate, um unter Mitarbeit weiterer Stuttgarter Anthroposophen Vorschläge zu einer Konsolidierung der Gesellschaft zu machen, sonst sähe er sich gezwungen, den «Zentralvorstand weiterhin zu ignorieren» und sich direkt an die Mitgliedschaft zu wenden (259/209). Zweitens bat Steiner Uehli, der ja als Zeuge bei der Gründung der Christengemeinschaft zugegen gewesen war, die Mitglieder über die Christengemeinschaft ins Bild zu setzen.

Es scheint, daß Ernst Uehli die Dringlichkeit dieser Bitten überhaupt nicht begriffen hat. Der Zentralvorstand hatte ja seit dem Ende des Weltkriegs von sich aus keinerlei Initiative ergriffen. Seit 1914 hatte keine Generalversammlung der Gesellschaft stattgefunden. Von 1914 bis Ende 1922 war ein einziges Mitteilungsblatt des Zentralvorstands erschienen, in dem die Besprechungen abgedruckt wurden, die am 4. September 1921 stattgefunden hatten. Mit dem Abdruck dieses Protokolls war aber auch keine Initiative verbunden gewesen. Die Gesellschaft hatte also seit 1919 ohne Führung existiert, die anthroposophischen Arbeitszweige waren praktisch allein gelassen, vereinzelt und ohne wirklichen Zusammenhalt. Rudolf Steiner hatte den Zentralvorstand, der für seine Begriffe nichts unternahm, ignoriert. Jetzt kam – für Uehli völlig unerwartet – die Aufforderung, tätig zu werden, das Amt eines Vorstandsmitglieds wirklich wahrzunehmen. Es dauerte jedenfalls vierzehn Tage, bis er den Auftrag Steiners Carl Unger, einem anderen Vorstandsmitglied, mitteilte und mit ihm darüber sprach.

Rudolf Steiner erlebte die Trägheit und das Nicht-Verstehen in seinem Umkreis schmerzlich. Er arbeitete ohne jedes Echo. Schon am 14. Oktober 1922 hatte er einen Zweigvortrag in einem solchen Zustand völliger Überarbeitung und Ermüdung halten müssen, daß er nach Abschluß des Vortrags bemerkte, daß die Stuttgarter Tätigkeitstage seine «Kraft total zersplittern» (218/330), weil ihm keinerlei wirkliche Hilfe zuteil werde. Wenig später, beim Ärztekurs Ende Oktober, fiel einem Beobachter, dem Arzt Kurt Piper, «sein schlechtes, abgejagtes, ja vergrämtes

Aussehen» auf. Tief erschüttert sah Piper, wie sich Steiner nach einem Vortrag an einem Tisch niedersetzte und mit unendlich traurigen Augen aus dem Fenster blickte (*Anthroposophie*, 4. Jg., Nr. 21, S. 3). Am 11. Dezember fuhr Steiner in Begleitung von Eugen Kolisko und Annemarie Donath auf verschneiten Wegen über den Schwarzwald nach Dornach. Die letzte Stunde der achtstündigen Fahrt verbrachte man schweigend. Annemarie Donath erzählt, daß auf der entsetzlich schlechten Straße der Wagen rüttelte und stieß: «Alle paar Minuten fuhr man mit dem Kopf gegen die Wagendecke. Zu meinem tiefen Schrecken hörte ich Herrn Doktor ein paarmal leise aufstöhnen – er mußte sehr große Schmerzen haben. Unvergeßlich ist mir der Augenblick, in dem er sich plötzlich – als wir uns Basel schon näherten – zum Fenster wandte, auf die Sonne deutete, die blutrot über der weißen Schneelandschaft unterging, und mit merkwürdig veränderter, fast gebrochener Stimme leise sagte: ‹Die Sonne›. Es war etwas in seinem Ton und in seiner Geste, das einen unwillkürlich an den alten Faust denken ließ.» (Dubach 1983, S. 139f) Albert Steffen, der an diesem Tag Rudolf Steiner noch bei dem Vortrag Koliskos sah, notierte in seinem Tagebuch: «Er ist sehr gebrechlich und stützt sich sogar auf seinen Stock.»

Zu den Waldorflehrern hatte Rudolf Steiner ganz allgemein gesagt: «Wenn ich arbeite, und es geschieht nichts, bin ich gelähmt.» (300,2/155)

In Dornach war nun die Weihnachtstagung 1922/23 vorzubereiten. Proben für zwei große Eurythmie-Aufführungen standen an, Rudolf Steiner inszenierte selbst die Weihnachtsspiele, indem er den Spielern die verschiedenen Rollen vorspielte, und diesmal ergänzte er den Text, indem er zum Paradeisspiel den Vorspruch des Baumsingers schrieb und vorsprach, um die Rolle dann Karl Schubert anzuvertrauen. Diese künstlerischen Arbeiten erfreuten und erquickten ihn wieder, und ein Zeuge der Spielproben erzählt, daß sich Steiner frei und flink bewegen konnte. In den Vorträgen, die Rudolf Steiner in dieser Adventszeit hielt, glänzte auch das Bild des Erzengels Michael, des Zeitgeistes der Gegenwart, wieder auf. Michael wird als der Götterbote beschrieben, der das, was Menschen im Erdenraum als räumliche Erkenntnis erarbeiten und vergeistigen, empfängt: «Die Wissenschaft, die als anthroposophische Geisteswissenschaft das Raumesurteil wiederum vergeistigt, wiederum übersinnlich macht, arbeitet von unten nach oben, streckt gewissermaßen die Hände von unten nach oben aus, um die von oben nach unten ausgestreckten Hände des Michael zu erfassen. Denn da kann die Brücke geschaffen werden zwischen den Menschen und den Göttern.» (219/102)

Bei den Veranstaltungen, die in dieser Weihnachtszeit am Goetheanum stattfanden, erkennt man vier zu unterscheidende Reihen. Da waren zunächst die künstlerischen Aufführungen: zwei Eurythmie-Darbietungen und die Oberuferer Weihnachtsspiele. Dann fanden die Vorträge der anthroposophischen Naturforscher und eine Reihe von Aussprachen im Weißen Saal statt. Dabei kam es zu zwei Mißgeschicken: Einer der Forscher, Dr. Hans Theberath, erschien nicht zu dem von ihm zu haltenden Vortrag; ein Mitarbeiter des chemisch-pharmazeutischen Laboratoriums, A. P. Imrie, bestand darauf, am Morgen des 31. Dezember einen Vortrag zu halten. Seine sehr verworrenen Ausführungen hinterließen bei den Zuhören einen üblen Eindruck.

Rudolf Steiner hielt im Rahmen der naturwissenschaftlichen Tagung den Kurs über den *Entstehungsmoment der Naturwissenschaft in der Weltgeschichte und ihre seitherige Entwicklung.* An den Symptomen der entstehenden und sich entfaltenden Naturwissenschaft zeigte Rudolf Steiner ein Stück Menschheitsgeschichte auf. Er beschrieb, wie sich die Menschen schrittweise aus dem ursprünglichen Einssein mit der Natur und aus dem Naturerleben gelöst und sich der Natur gegenübergestellt hatten, um dann nach und nach ihre Naturvorstellungen zu konstruieren. Aus der zum Sinnenschein verflüchtigten Natur, aus dem inneren, scheinbar nur subjektiven Erleben, das den Menschen Freiheit ermögliche, könne etwas Neues geboren werden. Steiner faßte diese Vorträge selbst knapp zusammen: «Die Naturwissenschaft ist dazu gekommen, das Leichnamhafte an der Natur zu betrachten. Die anthroposophische Geisteswissenschaft muß zu diesem Leichnamhaften hinzufinden die Anfangszustände, die nur im Menschen selber erhalten sind und einstmals in älteren Epochen der Weltentwickelung, der Erdenentwickelung auch äußerlich reale waren.» (326/141)

«Dieser innerlich erlebte Schein wird sich einem enthüllen als dasjenige, was der Anfangszustand des Wesenhaften ist. Denn der Mensch erlebt diesen Schein, lebt sich selbst als Schein in den Schein hinein und macht ihn dadurch zum Keim künftiger Welten. Aus unserer, aus der physischen Scheinwelt herausgeborenen Ethik und Moral ... werden künftige physische Welten entstehen, wie aus dem Pflanzenkeim heute die Pflanze entsteht.» (326/143)

Am 23., 24., 29., 30. und 31. Dezember hielt Rudolf Steiner allgemein anthroposophische Vorträge. Von diesen Vorträgen scheint derjenige vom 30. Dezember 1922, in dem Steiner das Verhältnis der Anthroposophischen Bewegung zur Christengemeinschaft als Bewegung für religiöse Erneuerung kennzeichnet, aus der Reihe zu fallen. Es sieht so aus, als habe Rudolf Steiner in diesem Vortrag angesichts der beunruhigenden Nachrichten, die ihn vor Weihnachten erreicht hatten, die Notbremse gezogen, um die Abwanderung eines Teils der Anthroposophenschaft zur Bewegung für religiöse Erneuerung zu stoppen. In der Tat bewegte ihn, wie er wenig später sagte, «die allerschwerste Sorge für die anthroposophische Bewegung», und diese Sorge «war es, was auf einem besonderen Gebiete mir das Wort aus dem Mund gepreßt hat bei meinem vorletzten im Goetheanum gehaltenen Vortrag über die Bewegung für religiöse Erneuerung.»

Dieser Beschreibung seiner persönlichen Empfindungen fügte er ergänzend hinzu: «Diese Bewegung für religiöse Erneuerung werde ich doch ganz gewiß nicht in irgendeiner Weise kritisieren wollen, denn sie ist vor dreieinhalb Monaten in die Wirklichkeit getreten aus meinen eigenen Ratschlägen heraus, und es ist ja das Natürlichste, daß ich selber diese Bewegung so ansehen muß, daß ich die tiefste Befriedigung habe, wenn sie gedeiht. Ich meine, darüber kann gar kein Zweifel sein. Dennoch aber mußte ich schon nach diesen dreieinhalb Monaten der Wirksamkeit zu dem Wort greifen, das in Dornach dazumal an die Adresse nicht der religiösen Erneuerungsbewegung, sondern an die Adresse der Anthroposophen gerichtet war ... und dieses Wort konnte nicht anders lauten, als daß es eine Umschreibung war: Man freue sich der Tochter, aber man vergesse die Mutter nicht, vergesse nicht, daß die Mutter auch gehegt und gepflegt sein muß.» (257/20f)

Vordergründig ging es damals darum zu verhindern, daß die Mitglieder der anthroposophischen Zweige die Zweige im Stich ließen und sich dem Kultus der Christengemeinschaft als Höhepunkt der Anthroposophie zuwandten. Hinter dieser im Vordergrund stehenden Problematik, die sehr ernst zu nehmen war, ging es aber um etwas viel Wichtigeres, nämlich um eine Unterscheidung, die sich äußerlich in zu unterscheidenden Einrichtungen manifestiert, die aber vor allem auch in der Seele jedes Einzelnen gemacht werden muß. Steiner formulierte das im Vortrag vom 30. Dezember 1922 folgendermaßen: «Die einzelnen Systeme müssen in reinlicher Trennung voneinander im menschlichen Organismus wirken. Dann werden sie gerade in der richtigen Weise zusammenwirken. Daher ist es notwendig, daß ohne Rückhalt die Anthroposophische Gesellschaft mit ihrem Inhalte Anthroposophie bleibe, ungeschwächt durch die neuere Bewegung; daß derjenige, der versteht, was anthroposophische Bewegung ist, alles das – nun nicht in irgendeinem überheberischen, hochmütigen, sondern in einem mit den Aufgaben unserer Zeit wirklich rechnenden Sinne –, worauf es ankommt, in die Worte zusammenfaßt: Diejenigen, die den Weg einmal in die Anthroposophische Gesellschaft gefunden haben, brauchen keine religiöse Erneuerung. Denn was wäre die Anthroposophische Gesellschaft, wenn sie erst religiöse Erneuerung brauchte!

Aber religiöse Erneuerung wird in der Welt gebraucht, und weil sie gebraucht wird, weil sie eine tiefe Notwendigkeit ist, wurde die Hand zu ihrer Begründung geboten.» (219/172)

Eine Reihe von Aussagen aus diesem Vortrag machten – wie konnte es anders sein – mit Windeseile die Runde und bewirkten, daß sich manche Anthroposophen nun scharf von der Christengemeinschaft distanzierten, jedenfalls traf dieser Vortrag die gerade ihre ersten Schritte machende Christengemeinschaft schwer, und die jungen Pfarrer, die in ihren Gemeinden von dem Dornacher Vortrag hörten, waren tief betroffen.

Worum es Rudolf Steiner hier vor allem ging, war, daß die unterschiedlichen Wege der Anthroposophie und der Christengemeinschaft nicht verwechselt wurden. Der Kultus der Christengemeinschaft war in seinen Augen ein Hereinrufen, ein Hereinbitten des Göttlichen in die irdische Welt. Das Bemühen der Anthroposophie hingegen möchte vom Irdischen und Sinnlichen zum Übersinnlichen aufsteigen (vgl. 265/454; 257/117).

Was aber viel zu wenig gesehen wird, ist, daß Rudolf Steiner in diesen allgemeinen Vorträgen den anthroposophischen Weg bis zum erkennenden Aufstieg des Menschen zum kosmischen Kultus und bis zur geistigen Kommunion des Menschen dargestellt hat. Wer, wie wir Heutigen, das Spätere kennt, bemerkt, daß die Weihnachtsvorträge von 1922 das Präludium der großen Jahreszeiten-Vorträge des Jahres 1923 sind. Der gedankliche Blick der Zuhörer wurde zunächst auf das Erleben der Jahreszeiten in den alten und ältesten Mysterien gelenkt. Es wurde dargestellt, wie eine frühe Menschheit die Polaritäten des Erdenatems in ihren Feiern begleitete, wie im Hochsommer die Weisen sich und ihre

Gedanken ganz den kosmischen Weiten hingaben und wie sie im tiefen Winter das Licht in sich und in den Tiefen der Erde suchten. Diese Darstellungen kulminierten im Vortrag am 31. Dezember, in dem die Erkenntnis der Jahreszeiten mit der Menschenerkenntnis verwoben wurde. Zugleich wurde dargestellt, wie in dem, was sich in der Natur offenbart, sich die Weltvergangenheit verbirgt und wie der Mensch heute durch frei geschaffene, selbständige Gedanken seinen Weg in die kosmischen Tatsachen finden kann, so daß die damit entstehende spirituelle Erkenntnis «eine wirkliche Kommunion, der Beginn eines der Menschheit gemäßen kosmischen Kultus» werden kann.

Gegen Schluß des Vortrags hin faßte Rudolf Steiner das, was er im einzelnen ausführte, in einen Spruch zusammen, den er auf die hinter dem Rednerpult stehende Tafel schrieb. So empfingen die Zuhörer dieses letzten im Ersten Goetheanum gehaltenen Vortrages zusammen mit den notwendigen Verständnishilfen ein Mantram, eine spirituelle Übung, die den Weg zur geistigen Kommunion, zum kosmischen Kultus in sich birgt. Dadurch war das Goetheanum gerade in diesem letzten Vortrag das, was es sein wollte: eine Hochschule für Geisteswissenschaft.

Man darf sich vorstellen, daß Rudolf Steiner, wenn nicht der Brand das Goetheanum zerstört hätte, 1923 sofort in diesem Sinne weiter gestrebt und danach getrachtet hätte, den Bau seiner Bestimmung zuzuführen. Für den Sommer 1923 war die Wiederaufführung der Mysteriendramen, für die der Bau auch bestimmt war, in Aussicht genommen worden.

46.
DER BRAND DES GOETHEANUM

Am 31. Dezember fand um fünf Uhr nachmittags im Goetheanum eine Eurythmie-Aufführung statt. Es sollte die letzte in diesem Bau werden. Der große Saal war bis auf den letzten Platz besetzt, als nach den einleitenden Worten Rudolf Steiners der Vorhang zur Bühne sich öffnete und den Blick in den kleinen Kuppelraum freigab. Aus Goethes *Faust* wurde der «Prolog im Himmel» dargestellt: Es erschienen die drei Erzengel in Gold, Orange und Purpur, umgeben von Engelchören: Die Worte «Die Sonne tönt nach alter Weise ...» wurden von der farbigen Bewegung der Eurythmie aufgenommen, dann erhob sich aus der Tiefe wie eine gespenstische Fledermaus Mephisto: «Da ihr, o Herr, euch wieder einmal naht ...» Die Worte Mephistos wurden mimisch dargestellt, da, wie Steiner einleitend bemerkt hatte, «die Teufelseurythmie» noch nicht erfunden war.

Als zweiter Teil folgte ein fast ganz neues, festlich-fröhliches Programm, ein ausgelassenes Capriccio von Reger machte den Schluß. – Um acht Uhr fand der schon erwähnte Vortrag Rudolf Steiners statt, der gegen halb zehn Uhr endete. Dann verließen die Zuhörer den Bau und traten in die Sylvesternacht hinaus. Es war kühl, der starke Regen der Weihnachtstage hatte schon seit dem Morgen aufgehört, der fast volle Mond stand zwischen Wolken hoch am Südhimmel. Der Tag, über dem – so wird erzählt – manche Spannungen gelegen hatten, schien friedlich zu enden. Rudolf Steiner war nach Hause in die Villa Hansi gegangen.

Um zehn Uhr hatten die letzten Besucher den Bau verlassen. Kurz darauf bemerkten die beiden Nachtwächter im Goetheanum Rauch. Unverzüglich gaben sie Alarm: «Rauch im Weißen Saal!» Telefonisch wurde die «Weckerlinie» der Goetheanum-Feuerwehr in Tätigkeit gesetzt, Rudolf Steiner, das Haus Friedwart, die Eurythmiehäuser, die Klinik und wer sonst in Frage kam benachrichtigt. Als erste eilten Ernst Aisenpreis und Max Schleutermann im Südflügel zum Weißen Saal herauf: Der Saal stand voll dichtem Qualm, und Max Schleutermann, der in den Rauch vordringen wollte, bekam einen Erstickungsanfall, wurde ohnmächtig und mußte geborgen werden. Aisenpreis konnte konstatieren, daß innerhalb des Baus zunächst überhaupt kein sichtbares Feuer war.

Während die Anthroposophen aus allen Richtungen mit Löschgeräten herbeieilten, war Rudolf Steiner am Goetheanum eingetroffen. Er ging sofort mit Zeugen in den Bau, um die Elektrizitäts-Anlage zu überprüfen: Überall brannte Licht, und die Sicherungen waren intakt. Sodann ging er zum Heizhaus, um die Temperatur des rückfließenden Heizwassers zu kontrollieren, die sich aber mit 35 Grad als normal erwies. Danach ging er an jene Stelle im Innern des Baus, wo der Südflügel mit dem Hauptbau zusammentraf und die Treppe zum Weißen Saal hinaufführte. Dort war die Wand heiß, und Rauch quoll aus dem Treppenabsatz. An dieser Stelle wurde mit einer Axt ein Loch in die Wand geschlagen. Kaum war der Durchbruch geschafft, als mit heulendem Ton die Luft vom Brand im Inneren angesogen wurde, das Feuer erhielt frische Luft und breitete sich nun in rasender Geschwindigkeit aus. Mit erstickter Stimme sagte Rudolf Steiner: «Da ist keine Rettung mehr möglich.»

An der Wand, die man eingeschlagen hatte, war außen ein Gerüst mit einer Leiter, die zum Dach hinaufführte. Hier oben zeigte sich ein Loch, durch das man in die Glut des Brandes hineinblicken konnte. Wahrscheinlich war durch dieses Loch jenes Brennmaterial, mit dem der Brand gelegt worden war, zwischen die Innen- und Außenwand des Baus eingebracht worden. Zunächst mußte der Brand zwischen den Wänden stundenlang geschwelt haben, bis aus der Glut das offene Feuer entstanden war. Man nimmt an, daß er um sechs Uhr herum, also während der Eurythmie-Aufführung, gelegt wurde. Der Brandstifter muß sich in der Konstruktion des Baus ausgekannt und von dem Zwischenraum zwischen den Wänden gewußt haben, um den Brand so legen zu können.

Während Rudolf Steiner nach dem Brandherd suchte, waren andere Anthroposophen, die sich im Bau auskannten, in den Raum zwischen den Kuppeln gestiegen, um das Feuer von oben zu bekämpfen, doch die Schläuche gaben kein Wasser, es fehlte der Druck, der Rauch nahm zu, und man mußte weichen. Andere Freunde versuchten, aus dem Bau zu retten, was zu retten war: Modelle, Möbel, Geräte. Um viertel vor elf trafen die Feuerwehren von Arlesheim und Dornach ein. Sie konnten den Brand, der sich mit unglaublicher Geschwindigkeit ausgebreitet hatte, aber nur noch von außen bekämpfen. Die Weisung erging, den Bau zu räumen, das Licht wurde gelöscht. Die Feuerwehren von Arlesheim, Dornach und später die Berufsfeuerwehr von Basel konnten bald nur noch die Schreinerei schützen, damit das Feuer, dessen Hitze ständig zunahm, nicht auch noch diesen Holzbau in Brand setzte.

Rudolf Steiner stand zunächst vor der Schreinerei, zusammen mit Edith Maryon und Ita Wegman. Marie Steiner, die gehbehindert war, hatte in der Villa Hansi bleiben müssen. Es war genau Mitternacht, die Neujahrsglocken in den umliegenden Dörfern begannen zu läuten, als die feurige Lohe mit weithin sichtbaren Flammen die Kuppeln durchbrach. Ein Jahr später hat Rudolf Steiner dieses Augenblicks gedacht: «Die rote Lohe ging gegen den Himmel. Dunkelbläuliche, rötlich gelbe Flammenlinien züngelten durch das allgemeine Feuermeer, von den metallischen Instrumenten herrührend, die das Goetheanum barg, ein Riesenfeuermeer in den mannigfaltigsten farbigen Inhalten.» (260/249)

In einem anderen Zusammenhang, in dem er darstellte, wie die höchsten geistigen Wesen im kleinen Kind tätig sind und zu gleicher Zeit auch den Metallen verwandt sind, hat er einen Aspekt dessen, was sich ihm in der Brandnacht zeigte, geschildert: «Im Schmelzen und Verglühen der Metalle in Feuersgewalten hat sich ja dieser Erdball aufgebaut. Wir sehen hinein in ältere Zeiten, wo sich der Erdball aufgebaut hat: Im schmelzenden Metall durch Feuersgewalten sehen wir den einen Lauf der Taten der Seraphim, Cherubim, Throne innerhalb der irdischen Welt. Wir sehen sie da, diese Wesenheiten der ersten Hierarchie, wie sie durchmachen diesen Lauf, gestützt vorzugsweise auf die Throne. Wir blicken zurück in alte Erdenzeiten, wo dieses Glühendwerden, Flüssigwerden der Metalle in Feuersgewalten eine besondere Rolle bein Entstehen des Erdenkörpers gespielt hat, da waren die Throne besonders wirksam, die Seraphim und Cherubim haben ruhig mitgewirkt. In Denkenlernen, Gehenlernen und Sprechenlernen des Kindes dagegen spielen die Cherubim die größte, die Hauptrolle. Aber wir sehen immer im Einklange die Wesenheiten der ersten Hierarchie im einen und anderen wirken und weben.» (231/148)

Unter dem Eindruck dieser Offenbarung kosmisch-menschlicher Geheimnisse hat Rudolf Steiner dann 1923 immer wieder in künstlerisch anmutender Art über das Gehen-, Sprechen- und Denkenlernen der Kinder gesprochen.

Die «vielsprechenden» farbigen Flammen des Brandes, durch die der Ort für ein neues Mysterienwirken zerstört wurde, gaben aber auch den Blick frei auf einen anderen Brand, auf den Brand des Tempels von Ephesus, durch den dem alten Mysterienwesen ein Ende bereitet werden sollte. Rudolf Steiner beschreibt das zum ersten Mal in dem Vortrag vom 2. Dezember 1923 und faßt seinen Eindruck in die Worte, daß sich diese Feuerflammen «wie zu Schriftzeichen verdichten»:

Schaue den Logos
Im sengenden Feuer;
Finde die Lösung
In Dianens Haus.

«Die Feuer-Akasha vom Sylvesterabend spricht schon sehr deutlich diese Worte neben vielem anderen.» (232/102) In solchen Hinweisen zeigt sich, daß der Brand für Rudolf Steiner zu einem Okular wurde, durch das sich ihm Vielfaches offenbarte.

Zu den Menschen, die während jener Minuten, als sich die Farbenglut der verbrennenden Metalle entfaltete, bei ihm standen, sagte er: «Diesen Augenblick prägen Sie sich ein!» (Müller, S. 63) Bald mußte Rudolf Steiner sehen, wie das Dach ganz zusammenbrach, wie dann die Säulen des Baus noch als mächtige Fackeln in den Himmel ragten, am längsten – bis sieben Uhr morgens – blieben die großen Buchensäulen im Westen stehen. In dieser Zeit ging Rudolf Steiner in immer größeren Kreisen um den Bau. Kurz suchte er Marie Steiner in der Villa Hansi auf. Man sah ihn, wie er danach gebeugt und schweren Schrittes mit Edith Maryon wieder zur Schreinerei heraufging. Während dieser Zeit – oder möglicherweise auch später – räumten eifrige Freunde die Schreinerei und auch das Atelier Steiners aus. Die große Statue des Menschheitsrepräsentaten wurde zerlegt und hinter der Schreinerei gelagert. Als Steiner dies sah, ging eine Wolke des Unmuts über sein Gesicht, und er entfernte sich wortlos. Schließlich war er, der mit größter Geistesgegenwart Ruhe bewahrt und Weisungen gegeben hatte, vom Schmerz völlig erschöpft und zog sich, von Edith Maryon und Ita Wegman begleitet, in eine kleine Baracke zwischen Schreinerei und Heizhaus am Hang des Goetheanum zurück, von wo er, am Fenster stehend, in die Flammen schaute. Das Geschehen drohte ihn zu überwältigen.

Emil Leinhas berichtete unmittelbar nach dem Brand von dem Eindruck, den er von Rudolf Steiner während der Nacht hatte: «Dr. Steiner steht etwas abseits. Von Zeit zu Zeit nähert er sich langsam, schleppenden Schrittes dem Brandherd. Er muß mitansehen, wie nach soviel bitteren Enttäuschungen auch dieses Werk, dem er zehn arbeitsreiche und sorgenvolle Jahre seines Lebens und seine ganze Liebe gewidmet hat, in wenigen schicksalsschweren Stunden ein Raub der Flammen wird. Keinen Augenblick verliert er die ihm eigene ruhige und feste Gelassenheit. Aber Gram und Schmerz durchwühlen sein Antlitz. Es scheint, als sei er tausend Jahre alt geworden.» (Leinhas, S. 235)

Und Assja Turgenieff erinnert sich viele Jahre später daran, wie diese Nacht Rudolf Steiner verwandelt hat: «Das jugendlich heitere Lachen, das die ernsten Gesichtszüge Dr. Steiners früher oft erhellte, seine raschen, leichten Bewegungen, seinen rhythmischen Gang – niemand konnte so gehen wie er –, das alles erlebten wir seit der Brandnacht nicht mehr. Eine schwere Last lag auf seinen Schultern. Er mußte Kraft aufbringen, seine aufrechte Haltung zu bewahren, und der Gang war mit Anstrengung verbunden.»

In Briefen, die Rudolf Steiner von seinem Krankenlager im Herbst 1924 an Marie Steiner richtete, bestätigt er diese Beobachtung Turgenieffs. In einem Brief vom 26. Oktober heißt es: «Ich bin ja nun einmal, wie Du weißt, seit Januar 1923 meinem physischen Leibe sehr entfremdet. *Daher* ist ja notwendig geworden die immer mehr eintretende Pflege.» (262/252)

Indem Steiner an dieser Stelle das Wort daher unterstreicht, führt er die eigentliche Krankheit unmittelbar auf den Brand des Goetheanum zurück. In einem anderen Brief vom 15. Oktober 1924 heißt es: «Ich sagte Dir ja schon vor längerer Zeit, wie seit Januar 1923 die Verbindung der höheren Glieder meiner Wesenheit mit meinem physischen Körper nicht mehr voll war; ich verlor gewissermaßen im Leben im Geistigen den unmittelbaren Zusammenhang mit meiner physischen Organisation.» (262/242)

Rudolf Steiner sprach ansonsten nicht von seinem Schmerz und von dem, was er persönlich in dieser Nacht durchlebt hatte. Das erste Wort, das er an die versammelten Mitglieder richtete, war: «Der große Schmerz versteht zu schweigen.» (259/61)

Er deutete mit dem, was er sagte, nur auf Objektives und sagte während der Brandnacht: «Viel Arbeit und lange Jahre»; oder später zu den Mitgliedern: «Das Werk, welches durch die aufopfernde Liebe und Hingabe zahlreicher für unsere Bewegung begeisterter Freunde innerhalb von zehn Jahren geschaffen worden ist, ist in einer Nacht vernichtet worden.» (259/61)

Der Schmerz Rudolf Steiners wurde auch nicht dadurch gemildert, daß ihm von Anfang an bewußt war, daß der Bau nicht für die Dauer geschaffen war. Schon am 7. März 1914 hatte er von der Zeit gesprochen, in der «auch von unserem Dornacher Bau kein Holzstück mehr auf dem anderen liegen» werde: «Alles wird zerstört und verwüstet werden.» (286/110) Oswald Dubach, ein Mitarbeiter am Goetheanum hatte Steiner 1916 bei einer öffentlichen Führung durch den Bau sagen hören: «Dieser Bau wird ein Opfer der Flammen werden. Wir bauen ihn aber trotzdem.» (Raab 1993, S. 349) Und im Januar 1921 hatte Steiner die Branddrohungen zur Kenntnis genommen, die Mitglieder auf die Absichten aufmerksam gemacht und zu Wachsamkeit gemahnt. Er selbst aber war unbeirrt von diesen Kenntnissen und Einsichten seinen Weg gegangen, hatte seine prognostischen Fähigkeiten nicht verwandt, um das drohende Unheil zu erkunden, sondern hatte einzig seine Arbeit und seine Aufgabe vor sich gesehen.

Natürlich wurde jetzt der Spott der Feinde Rudolf Steiners laut, die triumphierten, daß der «hellsichtige» Steiner das Unglück nicht vorhergesehen habe. Dazu äußerte er sich gegenüber den Arbeitern am Bau: «Man braucht nur diese Feindseligkeiten in Betracht zu ziehen, braucht nur daran zu denken, welche Feindseligkeit darin liegt, daß Zeitungen den Geschmack haben, jetzt zu sagen, nachdem es geschehen ist: Hat denn der ‹hellsichtige› Steiner diesen Brand nicht vorausgesehen? Daß derlei Dinge außerdem eine Riesendummheit sind, darüber will ich jetzt nicht sprechen. Aber es liegt doch solch ein böswilliger Grad von Feindschaft darinnen, wenn man es jetzt für nötig findet, derlei Sätze überhaupt in die Welt zu setzen.» (259/71)

Es galt jetzt, die Arbeit unbeirrt weiterzuführen, damit die Feinde nicht doch ihr Ziel erreichten. Nachdem sich Rudolf Steiner am Morgen des

Abb. 143: Das Erste Goetheanum nach dem Brand

Neujahrstages davon überzeugt hatte, daß die von Löschwasser und Ruß arg mitgenommene Schreinerei wieder hergerichtet werden könne und daß die Kostüme für das Weihnachtsspiel gerettet worden waren, ließ er mündlich und durch einen Anschlag in der Schreinerei bekannt machen, daß die Veranstaltungen wie geplant fortgesetzt würden.

Zugleich lag ihm daran, daß die Öffentlichkeit richtig informiert werde und daß keinerlei Gerüchte in Umlauf kamen. So empfing er um vierzehn Uhr in der Villa Hansi Vertreter der Basler «National-Zeitung» und anderer Blätter und gab ein Interview, in dem er mit wenigen Worten den Ablauf der Ereignisse schilderte und konstatierte: «Die angeführten Tatsachen weisen auf Brandstiftung von außen hin.» (259/60) Dann teilte er mit, daß die Arbeit ohne Verzögerung fortgesetzt werde, um fünf Uhr am Nachmittag werde das Dreikönigsspiel aufgeführt und um acht Uhr der vorgesehene Vortrag stattfinden. Schließlich beantwortete er die Frage, ob er wieder bauen werde, mit dem Wort «unbedingt» und fügte hinzu, daß anders und bescheidener und nicht mehr in Holz gebaut werden würde: «Aber die künstlerische Grundtendenz bleibt.» (259/60)

Um fünf Uhr am Nachmittag trat Rudolf Steiner auf die provisorische Bühne der Schreinerei und sprach die Mitglieder an. Beim folgenden Weihnachtsspiel wollte dem Engel für eine Minute die Stimme versagen, doch dann überwand die Darstellerin das Schluchzen, das Spiel von den heiligen drei Königen und von Herodes wurde aufgeführt. Am Schluß machte die Kumpanei den Rundgang durch den Raum und umschloß damit alle Anwesenden. Vor dem Vortrag um acht Uhr gab Rudolf Steiner für die Zuhörer einen kurzen Überblick über die Ereignisse der vergangenen Nacht und betonte nochmals, daß alle Indizien auf eine Brandstiftung von außen hinwiesen. Dem Text des Vortrages – es war der sechste Vortrag in der Reihe über den Entstehungsmoment der Naturwissenschaft – ist nicht anzumerken, in welcher Situation er gehalten wurde.

In den folgenden Tagen, Wochen und Monaten ging es um die Klärung der Brandursache und um die Klärung der versicherungsrechtlichen Fragen. Schon am 3. Januar war die Polizei nach Einvernahme der entsprechenden Zeugen zu dem Ergebnis gekommen, daß Brandstiftung vorlag. Man vermutete, daß ein Jakob Ott aus Arlesheim der Brandstifter sei, weil Ott seit der Brandnacht vermißt wurde. Diese Vermutung kam ausschließlich dadurch zustande, daß Ott nach dem Brand vermißt wurde, Gerüchte wollten bald wissen, er sei ins Ausland geflohen. In Wahrheit war Ott beim Brand umgekommen. Am 10. Januar fand Ehrenfried Pfeiffer unter dem Schutt der abgebrannten kleinen Kuppel des Baus Knochenreste eines Menschen. Indizien wiesen darauf hin, daß es die sterblichen Überreste Otts waren. Das aber kann man nicht als hinreichendes Indiz dafür betrachten, daß er auch den Brand gelegt hat. So hat Rudolf Steiner auch zu der Frage, wer der Brandstifter gewesen sei, stets geschwiegen.

In der Folgezeit kümmerte sich Rudolf Steiner um alle Einzelheiten der Versicherungsfragen, die durch den Brand entstanden waren: Er ging das Risiko ein, keinen Rechtsanwalt mit der Angelegenheit zu betrauen, sondern alles in die eigenen Hände zu nehmen. Er entwarf selber die zu schreibenden Briefe und führte persönlich die Verhandlungen, die dann zur Auszahlung der Versicherungssummen führten. Schließlich wurde am 15. Juni die eigentliche Versicherungssumme von 3 183 000 Franken ausgezahlt. Vom ideellen Wert des Baus, vom Wert der in diesem Bau befindlichen Kunstwerke – Malereien, Schnitzereien und Glasfenster –

abgesehen, war durch den Brand ein erheblicher materieller Schaden von über 2 Millionen Franken entstanden, da die Versicherungssumme weit geringer war als der wirkliche Schaden.

Neben dem Schaden, dem Bitteren und dem unersetzlichen Verlust, den die Brandnacht gebracht hatte, hatten sich in dieser Nacht aber auch der Mut, der Einsatz und die Zusammengehörigkeit der Anthroposophen gezeigt; alle, junge wie alte Anthroposophen hatten in der Brandnacht getan, was sie konnten. Das hatte Rudolf Steiner wohl gesehen, und er unterließ es nicht, das deutlich auszusprechen. «In der Brandnacht hat, wie immer, wenn es darauf ankommt, das Nötige zu tun, die Mitgliedschaft nicht versagt, sondern sie hat so gewirkt, daß es jedem Ideal entspricht.» (259/209)

47. STUTTGART 1923

Als Rudolf und Marie Steiner am 16. Januar 1923 zu einer winterlichen Autofahrt nach Stuttgart aufbrachen, fuhren sie in ein Land, das seit der Besetzung des Ruhrgebiets durch die Franzosen am 11. Januar in einer sich stets verschärfenden Krise existierte. Die Inflation der vorangegangenen Jahre steigerte sich in den folgenden Monaten bis zum völligen Zusammenbruch der Währung. Das Deutsche Reich wurde von Unruhen heimgesucht, die im Herbst 1923 zu offenen Konflikten führten. Diese Ereignisse bewegten natürlich auch die Anthroposophen in Deutschland, und für die folgende Darstellung sollte man diesen Zeithintergrund nicht ganz aus dem Auge verlieren.

Rudolf Steiner erwartete, als er in Stuttgart ankam, daß man ihm konstruktive Vorschläge zur Konsolidierung der Anthroposophischen Gesellschaft machen würde, denn er hielt es für selbstverständlich, daß eine Reihe von Anthroposophen die Lage der Gesellschaft erkennen und die aus dieser Lage sich ergebenden Aufgaben ergreifen würden. Als er am 9. und 10. Januar kurz zur Begrüßung englischer Pädagogen, die die Waldorfschule besichtigen wollten, in Stuttgart gewesen war, hatte sich eine Gruppe von sieben Waldorflehrern, die eine Initiative ergreifen wollten, bei ihm gemeldet. Deshalb fuhr er nunmehr mit einigen Erwartungen nach Stuttgart, und er war erfreut, daß sich eine Anzahl von Menschen zusammengefunden hatten, die etwas tun wollten (259/253). Er empfing also diesen sogenannten «Siebenerkreis» sogleich nach seiner Ankunft im Haus der Gesellschaft in der Landhausstraße, wo auch seine Stuttgarter Wohnung war. Welche kritischen Punkte würden die sieben Lehrer sehen, welche Lösungen würden sie vorschlagen?

Außer den bereits genannten Problemen standen seit längerem eine

Reihe weiterer Fragen an. Seit 1919 hatte sich das Zentrum der anthroposophischen Aktivitäten in Deutschland von Berlin nach Stuttgart verlagert. Damit lagen der Norden und Osten Deutschlands eher im Windschatten der anthroposophischen Aktivitäten. Während in der Zeit vor 1914 Rudolf Steiner durch seine Reisen, die ihn regelmäßig zu allen Arbeitsgruppen und Zweigen geführt hatten, die anthroposophische Gesellschaft zusammengehalten und den Mitgliedern immer neue Impulse und auch das Gefühl der Zusammengehörigkeit vermittelt hatte, konnte er nach 1918 die über Deutschland verteilten Zweige kaum mehr betreuen. Zweige, die er früher öfter zu Vorträgen und Kursen aufgesucht hatte – wie etwa die in Düsseldorf, Hamburg, Hannover, Kassel, Karlsruhe, Nürnberg –, sahen ihn nach 1918 überhaupt nicht mehr, in anderen Orten, etwa in München, Leipzig oder Breslau, war er nur noch zu öffentlichen Vorträgen erschienen, und sogar in dem von ihm selbst gegründeten und geleiteten Zweig in Berlin trat Rudolf Steiner nur nach langen Pausen auf, da seine Zeit weitgehend von den Stuttgarter Initiativen und dem Dornacher Bau in Anspruch genommen wurde.

Anstelle Rudolf Steiners kamen dann und wann Redner aus Stuttgart in die übrigen Teile Deutschlands, es kamen Rundschreiben des Bundes für Dreigliederung oder des Hochschulbundes, die Zweige wurden als Ortsgruppen der Dreigliederungsbewegung in Anspruch genommen, und sie versuchten in alter Treue, den neuen Anforderungen zu entsprechen – aber es fehlte der Anthroposophischen Gesellschaft selber der innere Zusammenhalt und die ständig erneuerte Zielsetzung. Es fanden, wie gesagt, überhaupt keine Generalversammlungen der Gesellschaft statt, und das eine einzige Mitteilungsblatt, das zwischen 1914 und 1922 verschickt wurde, konnte auch keine dauerhafte Verbindung schaffen. Die außerhalb Stuttgarts lebenden Anthroposophen fühlten sich von «Stuttgart» vielleicht regiert, aber nicht wahrgenommen. Die Anthroposophen, die aus anderen Orten nach Stuttgart kamen, trafen dort oft auf eine mit sich selbst beschäftigte Bürokratie. Statt der von früher gewohnten Wärme wehte sie Kälte an.

In Stuttgart selbst bestanden folgende Institutionen: die Waldorfschule, die Aktiengesellschaft *Der Kommende Tag*, das *Klinisch-therapeutische Institut,* das Forschungsinstitut, der aus der Dreigliederungsbewegung hervorgegangene *Bund für freies Geistesleben*, der *Bund für anthroposophische Hochschularbeit* sowie die Wochenschrift *Anthropo-*

sophie und die Monatsschrift *Die Drei;* schließlich gab es noch zwei «Zweige» und eine Reihe anthroposophischer Arbeitsgruppen. Manche dieser Einrichtungen, wie etwa die Waldorfschule, absorbierten fast die ganze Kraft ihrer Mitarbeiter, anderes, etwa der *Bund für freies Geistesleben,* existierte sozial gesehen nur auf dem Papier. Die beiden Stuttgarter Zweige waren einander fremd. Den einen Zweig leitete Carl Unger, der auf strenge gedankliche Methodik sah, den anderen Toni Völker, die ein esoterisches Element pflegen wollte. Die eigentliche Anthroposophische Gesellschaft war jedoch zwischen diesen verschiedensten Aktivitäten praktisch nicht existent. Jedenfalls fehlten ihr jede Führung und Zielsetzung. Niemand sah wirklich das Ganze.

Diese Lage war durch die Tatsache verschlimmert, daß zwischen den einzelnen Einrichtungen kaum menschlicher Kontakt und Austausch bestand. Die einzelnen Gruppen, ja zum Teil einzelne Menschen arbeiteten isoliert vor sich hin. Man ließ sich wechselseitig in Ruhe, nur achtete man darauf, daß die Demarkationslinien zwischen den Bereichen strikt beachtet wurden. Jeder saß als Souverän in seiner Burg.

Als Rudolf Steiner am 16. Januar 1923 abends die Waldorflehrer empfing, mußte er sehr bald bemerken, daß sie diese eigentlichen Probleme nicht sahen. Sie bemerkten nicht, daß die Anthroposophische Gesellschaft, die alles mit einem gemeinsamen Leben, mit Impulsen durchdringen sollte, führungslos schlief. Die Sieben hatten das ganze Problem personalisiert. Walter Johannes Stein erklärte, der Zentralvorstand sei zum «Kindergespött» geworden. Eine besondere Animosität richtete sich gegen Carl Unger, der, so meinte man, mit seiner Methodik einerseits und seinen Anhängern andererseits kein freies Leben entstehen lasse.

Rudolf Steiner sah sofort die Gefahr, die durch diese Personalisierung der Krise drohte: Man würde Carl Unger als den Repräsentanten einer ganzen Generation von Anthroposophen aus dem Vorstand hinauswerfen und ohne Einsicht in die wirklichen Schäden versuchen, einen neuen Anfang zu machen; das aber würde ein Großteil der alten Mitglieder nicht mitmachen. Zu seiner großen Enttäuschung stellte sich bei dieser ersten Besprechung überdies heraus, daß Ernst Uehli die Bitte Steiners an den Zentralvorstand, Vorschläge zur Konsolidierung der Gesellschaft zu erarbeiten, so undeutlich weitergegeben hatte, daß nichts geschehen war. Das Ergebnis dieser ersten Besprechung – soweit man überhaupt von einem solchen sprechen kann – war, daß sich Ernst Uehli aus dem Vorstand zurückzog und daß zur nächsten Sitzung am folgenden Nachmittag Carl Unger eingeladen wurde. In dieser und in den folgenden Unterredungen im *Dreißigerkreis* zeigte sich dann die Tendenz, die Krise rhetorisch durch verschiedene Parolen zu lösen.

Diese Parolen waren unter anderem: Der Mensch solle dem Menschen begegnen, man solle Vertrauen haben, es solle aktive Energie aufgebracht werden, und man müsse sich nun der Lage wirklich bewußt werden. Diese Parolen, so gut sie auch gemeint waren, waren inhaltsleer. So sah sich Rudolf Steiner gezwungen, diese rhetorischen Lösungsversuche abzuwehren. Es kam ihm darauf an, daß die Dinge beim Namen genannt würden und daß die Lage gründlich gekennzeichnet werde. «Diese Darstellung», so bemerkte er zu einem der Vorschläge, «würde ein kleines Opiat sein. Wenn wir so beginnen, so ohne Klarheit, so fußen wir auf etwas, was nicht wahr ist.» (259/204)

Mit der bitteren Einsicht, daß auch die besten Anthroposophen noch nicht zur Erkenntnis der wahren Lage erwacht waren, reiste Rudolf Steiner am 18. Januar wieder nach Dornach zurück, wo seine Anwesenheit dringend erforderlich war, da die Verhandlungen über den Brand und auch das anthroposophische Leben in Dornach auf Irrwege geraten konnten.

Was Rudolf Steiner als notwendig erschien, hatte er schon sehr bald, am 14. Januar, durch ein Bild – das aber innerlich entfaltet werden muß, wenn man es verstehen will – vor den Dornacher Mitgliedern ausgesprochen; er sollte es später in immer neuen Variationen wiederholten: «Denken Sie, empfinden Sie, meditieren Sie über das Erwachen. Manche sehnen sich heute in dieser Zeit, wo die Verleumdungen zum Fenster hereinhageln, nach allerlei Esoterik. Ja, meine lieben Freunde, die Esoterik ist da. Fassen Sie sie! Aber dasjenige, was vor allen Dingen Esoterik ist innerhalb der ganzen Anthroposophischen Gesellschaft, das ist der Wille zum Erwachen, ... er muß zuerst Platz greifen innerhalb der Anthroposophischen Gesellschaft. Dann wird diese sein ein Ausstrahlungspunkt für das Erwachen der ganzen gegenwärtigen Zivilisation.» (259/87)

Was Steiner hier andeutet, ist, daß schon im alltäglichen Leben das Erwachen mehr ist als ein bloßes Augenaufschlagen, ein bloßes Verfolgen dessen, was um einen herum abläuft. Erwachen meint neben dem bewußten, verstehenden und erkennenden Beobachten, neben dem

Blick aufs Ganze auch ein Empfinden und Fühlen der Lage, ein Aufstehen, ein Zupacken dort, wo es nötig ist, eine Verständigung mit anderen Menschen über das, was vorliegt, und schließlich ein gemeinsames Handeln.

Am 22. Januar fuhr Rudolf Steiner wiederum nach Stuttgart. Diesmal erwartete ihn der auf etwa sechzig Mitarbeiter erweiterte *Dreißigerkreis.* In dieser völlig neuen Gruppierung mußte er die Anwesenden zunächst über das Bisherige ins Bild setzen. Dabei kam er nochmals auf den Ernst Uehli erteilten Auftrag zu sprechen und sagte, er habe erwartet, daß inzwischen Vorschläge zur Konsolidierung der Gesellschaft ausgearbeitet worden seien. Dann fügte er hinzu, «sonst sähe ich mich gezwungen, den Zentralvorstand weiterhin zu ignorieren und mich direkt an die gesamte Mitgliedschaft zu wenden, indem ich versuchen würde, den Anfang zu einer Konsolidierung der Gesellschaft zu machen.» (259/209)

Durch das Wort *weiterhin* erfährt man, daß der Zentralvorstand bisher ignoriert wurde. Ferner deutet Rudolf Steiner hier zum ersten Mal auf jene Alternative, die er dann schließlich Ende 1923 ergreifen sollte: über die Köpfe der bisherigen Führung hinweg direkt die Initiative zur Leitung der Gesellschaft zu ergreifen. In dieser Zeit aber hoffte er noch, daß sich aus dem Schoß der Mitgliedschaft eine Neugestaltung der Gesellschaft ergeben könnte. Er betont jedoch nachdrücklich, daß man nicht am grünen Tisch irgendetwas beschließen könne, daß man nicht der Gesellschaft einfach irgendetwas diktieren könne, sondern daß die Vorschläge in den realen Intentionen der Mitgliedschaft wurzeln müßten. Die Zeit des bloßen Projektemachens müsse jetzt ein Ende haben.

Wieder riefen die Dornacher Angelegenheiten Rudolf Steiner ans Goetheanum zurück. Als er die Besprechungen in Stuttgart am 29. Januar wieder aufnahm, erwartete er erneut, daß man ihm nunmehr mit konkreten Vorschlägen entgegentreten werde. Enttäuscht aber mußte er sehen, daß mit einem Mal die internen Stuttgarter Konflikte zur Debatte standen. Er brach die Diskussion über den Wert oder Unwert der Arbeit Carl Ungers einfach ab, sprach aber sehr dezidiert aus, daß der Zentralvorstand in den vergangenen Jahren nichts geleistet habe (259/222). Ohne Unger direkt anzuklagen, äußerte sich Steiner recht drastisch: «Das sind die absoluten Unmethoden: sein Amt erledigen, aber jede reale Aktivität vermeiden. Die Aktivität ist vermieden worden seit 1919.» (259/225)

Als man sich nach einiger Zeit wieder den Fragen der Zweigarbeit zuwenden wollte, schnitt er erneut die Aussprache ab und konstatierte: Seit 1919 sei keine Führung da, weil die Persönlichkeiten, die führen sollten, sich nicht bewußt seien, daß sie führen sollten (259/224).

In den folgenden Stunden wurde Rudolf Steiner immer deutlicher: Man habe in den Stuttgarter Institutionen – mit Ausnahme der Waldorfschule, wo Steiner die Lehrer selbst berief – alle Talente herausgeschmissen und geistige Inzucht getrieben (259/226). Die Arbeit in der Klinik und in den Forschungsinstituten gehe zu langsam voran, und das, was herauskomme, werde nicht zur Geltung gebracht.

Am folgenden Tag wurden dann einzelne Fragen ganz offen und schonungslos im Detail angesprochen. Insbesondere kamen das von Rudolf Steiner seit 1920 geforderte, aber trotz aller Hilfen nicht geschriebene *Vademecum* für Ärzte, ein unfruchtbarer, in der *Drei* geführter Streit über den Atomismus und eine mißverstandene phänomenologische Methode zur Sprache, und wieder deutete Rudolf Steiner die Alternative an, sich über die Köpfe der Stuttgarter Führung direkt an die Mitgliedschaft zu wenden (259/247). Was er in dieser Versammlung erlebte, sprach er offen aus: «Man möchte nur wünschen, daß irgendetwas im Positiven mit Wärme vorgebracht würde! Das ist dasjenige, was man brauchen würde. Und das ist das, was fehlt. Hier herrscht eine Kälte, die das Ungeheuerlichste ist, und die ganze Versammlung hat dieses gemeinsame Charakteristikum, daß sie kalt ist bis zum Exzeß, daß keine Wärme verspürt worden ist.» (259/249)

Gegen Ende der Sitzung, bevor er nochmals die Unarten des in die Anthroposophische Gesellschaft hereingetragenen Wissenschaftsbetriebs und die fehlende Führung ansprach, sagte er noch: «Wiederum mit der absoluten Ungewißheit über das Schicksal der Anthroposophischen Gesellschaft abreisen zu müssen – das ist hart.» (259/253)

Völlig erschöpft äußerte Rudolf Steiner am Ende dieser Sitzung, die sich bis in die Morgenstunden des 1. Februar hingezogen hatte, die Bitte, ihn von jenen Problemen zu entlasten, die die Wissenschaftler und Ärzte selbst angerichtet hatten; er müsse seine Tätigkeit auf die Waldorfschule beschränken und sich um das Schicksal der Anthroposophischen Gesellschaft kümmern.

Vom 5. bis zum 8. Februar mußte Rudolf Steiner zum vierten Mal nach Stuttgart reisen. Inzwischen war klar geworden, daß für Ende Februar zu einer Delegiertenversammlung nach Stuttgart eingeladen werden sollte. So mußten ein Aufruf und eine Einladung zu dieser Versammlung verfaßt werden. Natürlich fragte man Rudolf Steiner, was er meine und ob er nicht einen Rat geben wolle. Doch schon bei einer früheren Unterredung hatte er sich geweigert, jetzt zu raten: «Es nützt nichts, wenn Sie sagen, ich solle raten. Dann führt es dazu, daß irgendetwas, was ich anführe, weitergesagt wird. Ich tadle nicht, daß Sie es gesagt haben; nur hilft es nichts. Es hilft nur dasjenige, was auf eigenem Grund und Boden wächst, aber so, daß es gegenständlich wird und vom Willen durchsetzt.» (259/225)

So mußte er auch jetzt, wo es um den Aufruf ging, wieder sagen, daß nicht er die positiven Punkte formulieren könne. Er wußte, daß der geringste Hinweis sofort als «Man soll», «Der Doktor hat gesagt» oder als «Man soll nicht!» in Umlauf gesetzt werden würde – und das war ihm ein Graus (259/224). Ein Zuhörer notierte, daß Steiner gesagt habe: «Es wäre schädlich, wenn *ich* die positiven Punkte angäbe.» (259/281) An anderer Stelle begründete er seine Zurückhaltung: «Es kann sich nicht darum handeln, daß ich irgendwelche Direktiven gebe, die ausgeführt werden sollen. Denn ich habe angedeutet: Wenn der Zentralvorstand einen Sinn haben soll, so muß er etwas wollen, was natürlich über die bloßen Formalien hinausgeht. Der Willensinhalt des Zentralvorstandes darf nicht gleich Null sein.» (259/258)

Mit einer gewissen Unerbittlichkeit forderte er die Anwesenden zur selbständigen Initiative heraus, weil er von der Überzeugung durchdrungen war, daß diejenigen, die dann zu handeln hätten, nach ihren eigenen Richtlinien arbeiten müßten. Die Verhandlungen aber blieben ergebnislos. Ein Mitglied des Dreißigerkreises hatte gar in einer der Besprechungen den Rat gegeben, zu den Zuständen von vor 1918 zurückzukehren, woraufhin Rudolf Steiner nur erwidern konnte, ob es denn keine Mittel und Wege gebe, «sich nicht bloß in den Abgrund zu stürzen, sondern weiterzukommen» (259/246). Einen Weg zurück gab es jedenfalls für Rudolf Steiner nicht: «Der Zustand von 1918 ist nicht wiederherzustellen.» (259/264)

Für die Besprechungen am 7. Februar waren die Verantwortlichen auf den Gedanken gekommen, Friedrich Rittelmeyer einzuladen. Rittelmeyer, für eine geistige Bewegung in selbständiger Verantwortung stehend und nicht in die Stuttgarter Querelen verstrickt, traf sofort den richtigen Ton und entscheidende Punkte. Dennoch kamen die Dinge nicht voran, und so mußte Rudolf Steiner nach seiner Rückkehr in Dornach sagen, daß die Verhandlungen bis zum 8. Februar ergebnislos geblieben waren, allerdings sollte in den nächsten Tagen ein Rundschreiben verfaßt und an die Zweige versandt werden (259/115).

Als Rudolf Steiner zusammen mit Marie Steiner am 13. Februar zum fünften Mal nach Stuttgart kam, war der Aufruf zur Delegiertenversammlung versandfertig, und es ging nunmehr um die Vorbereitung der Versammlung selbst. Rudolf Steiner schlug sogleich einen formellen Ton an und bat zunächst darum, einen Vorsitzenden für diese Verhandlung zu wählen. Nach einigem Hin und Her wurde mit Emil Leinhas jenes Mitglied des alten Zentralvorstands gewählt, das zwar nicht innerhalb des Vorstandes, wohl aber im *Kommenden Tag* und bei der Liquidation der *Futurum AG* energisch versucht hatte, Steiner manche Sorge abzunehmen.

Gleich zu Beginn der Besprechungen ging es um die Frage, ob man auf irgendwelche Empfindlichkeiten bei diesem oder jenem besondere Rücksicht nehmen solle. An dieser Stelle griff Steiner, der ganz offensichtlich den Tanz um manche Empfindlichkeiten, die dann über falsche Rücksichtnahmen zu unsinnigen Entscheidungen geführt hatten, nur allzu oft verfolgt und in den vergangenen Versammlungen die Dinge, so wie er sie sah, beim Namen genannt hatte, kurz ein: Die Tatsache, daß die Empfindlichkeiten eine solche Rolle spielten, sei ruinös für die Gesellschaft, namentlich dann, wenn die Empfindlichkeiten maskiert auftreten: «Wenn man gleich wieder mit Empfindlichkeiten rechnet, ist die Neugestaltung vergeblich. Man muß anfangen die Unwahrhaftigkeit abzulegen und mit Wahrhaftigkeit zu sagen: Wir können eine Philister-Gesellschaft gründen, dann können Empfindlichkeiten eine Rolle spielen. Wir werden aber dann die Anthroposophie aus der Gesellschaft heraustreiben.» (259/314)

In den Sitzungen wurde dann die Delegiertenversammlung im Detail vorbereitet. Von der Wahl des Versammlungsleiters bis hin zur Frage, wer worüber wie sprechen sollte, wurden die Einzelheiten beraten, damit der Kreis, der die Führung wahrzunehmen hatte, nicht unvorbereitet in die schwierige und von vielen Unvorhersehbarkeiten gefährdete Versammlung hineingehe.

Die Einladung war – für eine Delegierten-Versammlung – denkbar offen gehalten. Einem Hinweis Steiners folgend, hatten sich die Stuttgarter davor gehütet, allerlei Modalitäten für die Benennung der Delegierten vorzuschreiben: «Wir möchten Ihnen in der Art, wie Sie die Delegierten bestimmen wollen, auch in der Anzahl der Delegierten völlig freie Hand lassen, insbesondere halten wir es für gut, wenn sich auch solche Gruppen vertreten lassen, welche innerhalb oder außerhalb der anerkannten Arbeitsgruppen gemeinsame anthroposophische Arbeit leisten.» (259/338)

Schon am 23. Februar fuhr Rudolf Steiner zur sechsten und letzten vorbereitenden Sitzung nach Stuttgart, in der am 24. nochmals über den Ablauf der kommenden vier Tage beraten wurde. Die Delegierten-Versammlung selbst mußte im Gustav Siegle-Haus stattfinden, da etwa 1000 Menschen trotz schwieriger Reisebedingungen und galoppierender Inflation aus vielen Teilen Deutschlands, aus Österreich und der Schweiz gekommen waren.

Die Zusammenkunft wurde am 25. Februar abends um 8 Uhr nach einer Begrüßung durch Emil Leinhas mit einem Referat von Eugen Kolisko über die Lage der Anthroposophischen Gesellschaft eröffnet; die anschließende rege Diskussion dauerte bis 11 Uhr. Rudolf Steiner hörte sich alles schweigend an. Auch am folgenden Tag gab er vormittags nur zwei kurze Voten ab, um zu zeigen, wo seiner Ansicht nach die Probleme lagen. Als dann am Nachmittag des 26. die Versammlung durch eine immer wilder werdende Geschäftsordnungsdebatte – aus dem Publikum erhob sich Widerspruch gegen vorbereitete Referate – aus dem Ruder zu laufen drohte, griff Steiner zweimal ganz kurz ein und bewirkte, daß man schließlich doch die Referate zur Kenntnis nahm, damit die Diskussion auf einem Gesamtbild der Situation fußen konnte. So wurde dann über die Dreigliederungsbewegung, über den Kommenden Tag, die Waldorfschule, das Klinisch-therapeutische Institut, über das Forschungsinstitut, über das Verhältnis zur Christengemeinschaft, den Bund für anthroposophische Hochschularbeit, über Jugendbewegung und Anthroposophie und über die Gegnerschaft referiert.

In dem Bericht, den Steiner kurz darauf in Dornach über die Zusammenkunft gab, erwähnte er positiv die herzhaften und tiefgründigen Worte, die Albert Steffen an die Versammlung gerichtet hatte, er lobte den genialen Vortrag von Louis Werbeck über die literarischen Gegner der Anthroposophie, und er erwähnte die frische Art, mit der Hans

Büchenbacher seine Erfahrungen und Begegnungen im Hereinkommen in die Anthroposophische Gesellschaft beschrieben hatte. Keinen der Stuttgarter Mitarbeiter erwähnte er auf diese Art.

Die Gedanken, die ihn dann am Abend des 27. Februar bewegten, nach dem also «Ausgezeichnetes, Großartiges, neben, ich will sagen: anderem» «abgerollt» war, beschrieb Steiner einige Tage später in Dornach: «Wenn das morgen – und morgen war der letzte Tag – so fortgeht, dann gehen die Delegierten wieder auseinander, wie sie zusammengetreten sind. Denn es war eigentlich nichts von dem zum Vorschein gekommen – natürlich vieles Anthroposophische, denn es war Ausgezeichnetes gesprochen worden –, was im Saale in den Menschen lebte, in den zahlreichen Menschen, die anwesend waren. ... Also es war ein Schulbeispiel von einem abstrakten Leben. Und es war ein wirkliches Chaos am Dienstagabend. Man redete ganz aneinander vorbei.» (257/155)

Es war wahrscheinlich in diesen Stunden des Chaos, die im Protokoll der Generalversammlung nicht genau überliefert sind, daß eine Situation auftrat, über die Rudolf Steiner erst einige Tage später in Dornach sprach, indem er erzählte, was in ihm vorgangen war: «Es gab da einen Moment, in dem ich eigentlich hätte sagen müssen: Ich ziehe mich nunmehr, nachdem das vorgekommen ist, von der Gesellschaft zurück. – Es geht natürlich aus anderen Gründen nicht, jetzt, nachdem die Gesellschaft das in sich aufgenommen hat, demgegenüber man sich nicht zurückziehen darf. Aber wenn es nur eben auf das angekommen wäre, was sich da in Stuttgart im Versammlungssaal entwickelt hat in dem einen Momente, dann wäre es vollberechtigt gewesen, demgegenüber zu sagen: Nun muß ich sehen, Anthroposophie auf eine andere Weise vor der Welt zu vertreten; ich muß mich von der Anthroposophischen Gesellschaft zurückziehen.» (257/196)

Dieser Gedanke, daß er sich eigentlich von jener Gesellschaft, die sich zu einem «argen Hemmschuh» (259/218) für die weitere Entfaltung der Anthroposophie entwickelt hatte, zurückziehen müsse, stand bei Rudolf Steiner während des ganzen Jahres 1923 bis in den Dezember hinein immerfort im Hintergrund, denn diese Enttäuschung über die Gesellschaft blieb nicht die einzige und letzte.

Trotz dieser Empfindungen und Gedanken ergriff Rudolf Steiner am Abend dieses Tages das Wort zu einem Vortrag über die «Bedingungen einer anthroposophischen Gemeinschaftsbildung» (257/106). Zwei Bilder stellte er einander gegenüber. Im ersten schilderte er die religiöse Kultushandlung, durch die ein Übersinnliches, das Menschen an ihr Leben im Geiste erinnern kann, in die irdische Welt hereingerufen wird. Diesem kultischen Geschehen stellte er das Bild eines «umgekehrten Kultus» (257/116ff) gegenüber, durch den Menschen sich aus dem Irdischen, aus dem Sinnlichen, durch das Sinnliche hindurch zum Geiste erheben, indem sie für das Geistig-Seelische des anderen Menschen erwachen. In diesem Erwachen für das Geistige im Anderen könne sich eine Gemeinschaft bilden.

In diesem Vortrag leuchtet etwas von dem auf, was 1924 das große Thema jener Vorträge sein würde, in denen Rudolf Steiner das Erleben des Geistig-Seelischen des Menschen zur Erkenntnis der schicksalgeformten geistigen Individualität steigerte. «Ist dieses wahre Verständnis für Anthroposophie da, dann ist dieses Verständnis der Weg nicht bloß zu Ideen vom Geiste, sondern zur Gemeinschaft mit dem Geiste. Dann aber ist das Bewußtsein dieser Gemeinschaft auch gemeinschaftsbildend. Und die Gemeinschaften, die vom Karma vorausbestimmt sind, werden sich bilden. Sie werden eine Wirkung des rechten anthroposophischen Bewußtseins sein.» (257/120)

Gegen Ende des Vortrags machte Rudolf Steiner sodann einen Vorschlag, durch den eine solche Erkenntnis der unterschiedlichen Schicksalsgruppierungen sogleich praktiziert werden sollte. Er schlug nämlich vor, die Anthroposophische Gesellschaft in zwei Gruppen zu gliedern: zum einen in die «alte Anthroposophische Gesellschaft» und zum anderen in eine «Vereinigung freier anthroposophischer Gemeinschaften» (257/122).

Dieser Vorschlag, durch den Rudolf Steiner einen Raum für die jüngere Generation, namentlich für diejenigen, die aus der Jugendbewegung und anderen unkonventionellen Gruppierungen stammten, schaffen wollte und durch den er unnötige Reibungsflächen zu beseitigen hoffte, indem er die Schicksalsströme gliederte, traf die Zuhörer völlig unvorbereitet. Einer der Redner, der anschließend an Rudolf Steiner sprach, der dreißigjährige Eugen Kolisko, hatte den Mut, seinen Empfindungen Luft zu machen, und wandte sich an die Versammelten: «Wir müssen bei einer solchen Spaltung der Gesellschaft alle die Hoffnungen zu Grabe tragen, die wir hatten! Machen Sie sich die Konsequenzen ganz klar! Die neue freie Gesellschaft würde sich um diese Institutionen» – von denen so viel die Rede war – «nicht kümmern. Es ist der letzte Moment, wo wir noch zu einer Einsicht kommen können, und ich glaube, daß es meine Aufgabe ist, von diesem Standpunkt aus zu sprechen, da ich meine ganze Kraft den Institutionen zur Verfügung gestellt habe, seit ich in der Bewegung wirke.» (259/422)

Rudolf Steiner traf mit seinem Vorschlag also – und das gab es in jenen Jahren nicht nur einmal – durchaus auf den Widerspruch eines der aktivsten und von ihm hochgeschätzten Anthroposophen. Dieser Widerspruch Koliskos entstammte einem berechtigten Gefühl. Rudolf Steiner hat zehn Monate später eingeräumt, daß sein Vorschlag «allen Grundfesten der Anthroposophischen Gesellschaft widersprach» (260/39). In jenen Tagen aber erschien eine Gliederung der Gesellschaft als der einzig gangbare Ausweg.

Nachdem die Versammlung um elf Uhr nachts beendet war, bildeten sich schnell an allen Stellen Gruppierungen, die die Vorschläge besprachen. Es herrschte eine gewisse Ratlosigkeit. Steiner begab sich («man war wirklich etwas müde») in seine Wohnung in der Landhausstraße.

«Da, um zwölf Uhr holte man mich. Ich war noch nicht ganz zum Antritt des Schlafes bereit, noch nicht ganz, aber man holte mich: Unten in der Landhausstraße wäre eine Versammlung. Ich wurde noch auf dem Weg von der zweiten Etage nach der ersten Etage aufgehalten in einer Zwischenversammlung, dann kam ich so ungefähr um dreiviertel ein Uhr in diese Versammlung. Da ergab sich aber sofort: die Sache war doch verstanden, war ganz richtig verstanden worden.» (257/159)

Bis viertel nach zwei sprach Rudolf Steiner mit diesen Vertretern der jüngeren Generation; im Laufe des folgenden Tages konnte der Vorschlag verständlich gemacht werden. In der Versammlung gab Rudolf Steiner die Devise aus: «Auf geisteswissenschaftlichem Boden vereinigt man sich dadurch, daß man differenziert, individualisiert, nicht daß man zentralisiert» (259/429)

So wurde ein Komitee der Freien Anthroposophischen Gesellschaft gebildet und obwohl es noch eine erhebliche Panne in der Tagungsregie gab, konnte die Versammlung mit einem Vortrag Steiners, in dem die Schwierigkeiten nochmals beleuchtet wurden, zu Ende gehen. In seinem Bericht in Dornach meinte er, «daß es nun wieder eine Weile gehen wird. Nicht immer; man kann nichts für die Ewigkeit begründen» (257/162).

Schon vom 6. bis zum 8. März war Rudolf Steiner wieder zu Vorträgen in Stuttgart, und am 7. März besprach er sich mit den Gremien der beiden Gesellschaften. Über diese Unterredungen wie auch über die folgenden am 25. März liegen keine inhaltlichen Berichte vor. Sicher ist nur, daß Rudolf Steiner wieder furchtbar enttäuscht wurde. Er schrieb noch am Abend des 25. März vertraulich an Edith Maryon: «Für die Gesellschaft habe ich eigentlich nur zu sagen, daß ich am liebsten nichts mehr mit ihr zu tun haben möchte. Alles, was deren Vorstände tun, widert mich an.» (263,1/117)

Am 11. Mai heißt es ähnlich: «Es schläft die A.G. weiter, man bringt sie zu keinem Erwachen.» (263,1/121)

Und am 1. August schreibt Steiner nicht minder deutlich: «Mir geht's gut; nur in der Gesellschaft geht es ganz unglaublich schrecklich. Aus allen Ecken kommen die Unmöglichkeiten.» (263,1/126)

Gegenüber den Mitgliedern äußerte sich Steiner nicht ganz so drastisch und persönlich, aber doch nicht weniger deutlich. So schließt er seinen Vortrag am 11. Mai in Stuttgart mit der Bemerkung, daß die Neigung zum Schlafen das Schädlichste für die Anthroposophische Gesellschaft sei und daß nach der Gliederung in zwei Gesellschaften nun beide Gruppen, die sich bisher im Schlaf gestört hätten, friedlich nebeneinander schliefen (224/112f).

Was erlebte Rudolf Steiner? Er sah, daß in Stuttgart eine Reihe hochbegabter, ja, nach seiner Einschätzung genialer Menschen versammelt war (259/229). Auf sachlichem Felde und als Redner hatten Unger, -Heydebrand, Kolisko, Schwebsch, Stein, Hahn, Baravalle und andere viele Proben ihres Könnens geliefert. So war Rudolf Steiner auch mit dem Verlauf der künstlerisch-pädagogischen Tagung, die Ende März 1923 stattfand, weitgehend zufrieden und äußerte in der Konferenz mit den Lehrern, die Tagung sei nicht nur «innerlich eine außerordentlich gute Veranstaltung» gewesen, sondern sie hätte auch auf die Besucher einen guten und tiefen Eindruck gemacht (300,3/16), wenngleich die negativen, kritischen Elemente in den brillantesten Vorträgen zu stark betont worden seien (300,3/18).

Ganz allgemein charakterisierte er nicht nur die Waldorflehrer, sondern die älteren Stuttgarter Mitarbeiter – mit Ausnahme von Emil Leinhas – in Dornach folgendermaßen: «Wenn ich nach Stuttgart komme und irgendetwas soll gemacht werden ... brauche ich nur auf einen Knopf zu drücken. Ein feines Verständnis haben diese führenden Persönlichkeiten in Stuttgart, sie verstehen gleich alles, man braucht nicht viel zu reden. ... Es ist ihnen absolut alles klar, man braucht nur etwas anzuschlagen. Aber sie tun es meistens nicht.» (257/157)

Nun könnte man diese Charakteristik, die gewiß sehr pointiert ist, für ungerecht halten, denn nach bürgerlichen Maßstäben arbeiteten wohl alle Mitarbeiter in Stuttgart über das normale Maß hinaus. Was Steiner erlebte, wird man nur dann annähernd verstehen, wenn man sich die geisteswissenschaftliche Idee des Willens vor Augen führt: Der wirkliche Wille lebt in der Welt, ist mit den Verhältnissen unmittelbar verbunden und handelt aus dieser Verbindung heraus. Der in der Welt lebende Wille verspürt in sich die Probleme und Mißverhältnisse, die bestehen, er spürt sie am eigenen Leibe, und er handelt dementsprechend aus den Verhältnissen. Er bändigt sich nicht aus abstrakten Einsichten zu irgendwelchen Aktionen heran, er tut das, was er als unmittelbar notwendig erlebt.

Im Erkenntnisbereich kann man das sehr leicht beobachten: Man kann den abstrakten guten Willen haben, dem anderen zuzuhören, man bändigt sich zum Zuhören. Dieser abstrakte Wille unterscheidet sich grundlegend von jenem Willen zum Zuhören, der einem elementaren Interesse am Anderen entspringt. Im wirklichen Interesse lebt jener Wille, der dann auch versteht und zum Beispiel helfen kann oder sonst zur Tat schreitet. So berichtet Rudolf Steiner im September 1923 von einer Tagung, die man in Stuttgart veranstaltet hatte: «Die Stuttgarter versprechen sich von dieser Tagung viel. Aber trotzdem sie allen ihren guten Willen aufnehmen, wird kaum das Rechte herauskommen. Denn dieser ‹gute Wille› ist eben nicht die geistige Kraft des Willens, sondern die Vorstellung (Illusion), daß man den Willen habe. Diese Persönlichkeiten haben die großen Fähigkeiten – das zeigt sich zum Beispiel bei den Waldorflehrern; sie sind sogar in vieler Beziehung genial –, aber vom Willen doch nur die ‹Vorstellung vom Willen›. Und so sagen sie sich: wir haben den ‹guten Willen›, aber wir verstehen nicht, was wir sollen. Die Wahrheit aber ist, daß sie sich sagen sollten: Wir verstehen so gut als nur möglich, was wir sollen; aber wir wollen nicht.» (263,1/158)

Besonders schmerzlich war für Rudolf Steiner in jenen Monaten nach dem Brand des Goetheanum, durch den ihm die angemessene Umhüllung für seine Arbeit genommen worden war, die Tatsache, daß er gegen die zahlreichen Anwürfe und Verleumdungen durch Gegner der Anthroposophie kaum geschützt wurde. Die Kampagne der Feinde der Anthroposophie hatte schon vor dem Brand des Goetheanum einen ihrer Tiefpunkte auf der «Konferenz nicht-anthroposophischer Kenner der Anthroposophie», die vom 29. bis 31. Oktober 1922 in Berlin stattfand, erreicht. Auf dieser Konferenz dominierten üble Feinde. So trat der 1915 aus der Anthroposophischen Gesellschaft ausgeschlossene Dr. Heinrich Goesch als «Kenner» der Anthroposophie auf. Goesch und andere schwadronierten von Sexualmagie, die Steiner betreibe, er behauptete, Steiner würde einem Willensteufel, einem «Asura» dienen und überhaupt schwarze Magie betreiben und besonders Frauen übel beeinflussen. Solches und anderer widerwärtiger Klatsch fand bei den versammelten gelehrten Theologen und Professoren offene Ohren und Glauben.

Wenig später wurde ein Bericht über diese Konferenz versandt, in dem es hieß, Goeschs Referat über die Persönlichkeit Steiners sei für die Gesamtkonferenz geradezu entscheidend gewesen, und es sei nun klar geworden, daß man es bei der Anthroposophie mit einer diabolischen Macht zu tun habe.

Friedrich Rittelmeyer meinte diesem Unfug, der unter jedem möglichen Niveau lag und jede Diskussion von vorneherein unmöglich machte, entgegentreten zu sollen. Er verfaßte für die Wochenschrift *Anthroposophie* eine Entgegnung, in vornehmer Sprache, in welcher er zwar den Klatsch Klatsch nannte und den von Goesch und anderen vorgebrachten Unsinn durch Zitate vorführte, doch er nannte die Lüge nicht Lüge und die Verleumdung nicht Verleumdung, sondern wahrte den «guten Ton».

Auf diesen Aufsatz Rittelmeyers hin erhielt die Redaktion der Wochenschrift *Anthroposophie* die Zuschrift eines Dr. R. Lempp, eines in Württemberg prominenten Kirchenmannes, der jener Tagung ein *umfassendes Bemühen nach Verständnis* der Anthroposophie attestierte und den Wert des Beitrags von Goesch unterstrich. Die Redaktion druckte diese Einsendung mit der Fußnote, daß der Abdruck «unlieb verspätet» sei, ab und fügte eine Erwiderung Rittelmeyers hinzu, die mit den Worten begann: «Erfreulich an dieser Einsendung ist ...» und in der Lempp mit «Lieber Herr Dr.» angesprochen wurde.

Rudolf Steiner, der stets die anthroposophischen Zeitschriften las, entdeckte den Vorgang sofort und war betroffen und verletzt. Er brachte, da er gerade in Stuttgart war, die Angelegenheit sofort im «Dreißigerkreis» vor und sprach seine Empörung offen aus: «Diese Zeitschrift macht sich zum Sprachrohr von Lumpen und moralischen Lügnern». (259/820)

Rittelmeyer warf er vor, Lempp freundschaftlich behandelt zu haben und ihn mit Glacéhandschuhen anzufassen. Und zwar auf seine, Steiners Kosten. Schließlich war er empört, daß kein Mitglied des «Dreißigerkreises» die Unmöglichkeit des Vorgangs überhaupt auch nur bemerkt hatte und daß er ihn selbst zur Sprache bringen mußte. Es handelte sich nicht darum, daß Steiner die Kritik scheute, er unterschied nur sehr genau, mit wem man sich in eine Diskussion einlassen könne und mit wem tunlichst nicht. So würdigte er zum Beispiel die Schrift des Benediktiners Alois Mager *Theosophie und Christentum*, in der sich Mager mit der Anthroposophie im gegnerischen Sinne befaßte, noch im November 1924 einer relativ eingehenden, scharfen Kritik. Zu sachlichen Auseinandersetzungen war Steiner also durchaus bereit.

Angesichts der zahllosen Unwahrheiten und Abstrusitäten aber, die sich die hochrenommierten «nicht-anthroposophischen Kenner der Anthroposophie» von Goesch und anderen hatten aufbinden lassen, verbot es sich, solche Leute auch nur von Ferne mit einer Beißzange anzufassen. Rudolf Steiner zog aus diesen Tatsachen die Konsequenz, daß er seit 1924 in seine veröffentlichten Vorträge die Vorbemerkung einrücken ließ, daß man sich mit niemandem, der nicht entsprechend qualifiziert sei, in eine Diskussion einlassen werde. Als man Steiner wegen dieser Vorbemerkung interpellierte und fragte, ob man sich wirklich in keine Diskussionen einlassen solle, antwortete Steiner knapp: «Selbstverständlich ja.» (260/153)

Der verantwortliche Redakteur der Wochenschrift *Anthroposophie*, Jürgen von Grone, wurde nach diesem Vorfall entlassen. In der Wochenschrift selber erschien eine größere Anzahl von Beiträgen und Zuschriften, die die Sache wieder zurechtrücken sollten. Doch Rudolf Steiner fühlte sich wirklich mißachtet. Er konnte den leichtfertigen Umgang mit der Wahrheit zugunsten friedlicher Gesten an die falsche Adresse nicht billigen, und er wußte, daß er in seinen eigentlichen Aufgaben durch dieses mangelnde Unterscheidungsvermögen ständig behindert wurde. So mußte er am Abschluß einer Besprechung in Dornach sagen: «Dasjenige, was auf mich Bezug hat, wird ja innerhalb ziemlich weiter Kreise der Anthroposophischen Gesellschaft betrachtet als eine Quantité négligeable. Man läßt mich ja allenfalls gelten; aber dann tut man doch nichts, was irgendwie damit zusammenhängt. Und wenn man in dieser Weise meine Person in den eigenen Zeitschriften so behandeln läßt, so wird die Sache gründlich darunter leiden. Aber die Empfindung der Quantité négligeable ist doch schon so groß, daß man die Dinge bis zu dem Punkte treibt, daß man drei, vier Wochen lang in Stuttgart einen solchen Anwurf liegen hat, daß sich niemand von den verantwortlichen Persönlichkeiten darum kümmert, daß er ihnen in die Zeitung hereinrutscht mit einer Verhimmelung des Gegners und daß dann eigentlich niemand recht verantwortlich dafür sein will.» (259/600f)

Nach all diesen Vorgängen ist es nicht verwunderlich, daß Rudolf Steiner seine Arbeit in Stuttgart, wo es möglich war, reduzierte. Schon im Mai 1923 gab er bekannt, daß die Anforderungen der anthroposophischen Aufgaben eine Änderung seiner Arbeitsweise erforderlich machten und daß er sich aus seinen Tätigkeiten innerhalb des *Kommenden Tages* zurückziehen müsse. Er legte den Vorsitz im Aufsichtsrat nieder (259/144f).

Dennoch mußte er sich noch bis zum Januar 1925 immer wieder mit Fragen des *Kommenden Tages* befassen. Er kümmerte sich auch weiter um die Stuttgarter Institute und vor allem um die Waldorfschule. Es fällt aber auf, daß die einzige größere, eigentlich anthroposophische Tagung, die Rudolf Steiner 1924 in Deutschland veranstaltete, in Breslau und nicht in Stuttgart stattfand, ja, Rudolf Steiner verzichtete 1924 darauf, in Stuttgart Stunden für die Erste Klasse der von ihm neu eingerichteten freien Hochschule zu geben.

48.
FRÜHJAHR 1923 – RINGEN UM DEN WIEDERAUFBAU DES GOETHEANUM

Daß Rudolf Steiner, obwohl er in Dornach genügend Arbeit hatte, sich so bald nach der Brandkatastrophe um die von ihm schon im Dezember geforderte Konsolidierung der anthroposophischen Arbeit in Deutschland bemühte und die Anstrengungen ständiger Reisen von Dornach nach Stuttgart in Kauf nahm, hatte seinen Grund. Die anthroposophische Arbeit war von Deutschland ausgegangen, und die Anthroposophische Gesellschaft hatte dort bei weitem am meisten Mitglieder: Es gab in Deutschland über hundert Arbeitsgruppen mit insgesamt etwa 10 000 Mitgliedern, und Steiner befürchtete, daß es ohne eine Konsolidierung in Deutschland zu einer allgemeinen Krise der Gesellschaft kommen würde.

Um aber die Situation in anderen Ländern von der Krise in Deutschland zu lösen, ging Steiner daran, die Verhältnisse zu entflechten. Bis zum Jahre 1921 hatte es im Wesentlichen nur eine Anthroposophische Gesellschaft mit einem «Zentralvorstand» in Berlin gegeben. Nur in Schweden bestand bereits seit 1913 eine eigenständige Landesgesellschaft. 1921 war der «Zentralvorstand» nach Stuttgart verlegt worden, und er galt als der Vorstand der Anthroposophischen Gesellschaft in aller Welt. 1922 hatte sich eine Anthroposophische Gesellschaft in der Schweiz mit Albert Steffen als Generalsekretär und etwa 700 Mitgliedern konstituiert. Anfang 1923 wurde klar, daß die Stuttgarter Leitung nur noch für Deutschland zuständig sein könne. So gab es seit der Delegiertenversammlung die «Anthroposophische Gesellschaft in Deutschland» und die «Freie Anthroposophische Gesellschaft» in Deutschland, die beide den Status einer Landesgesellschaft erhielten. Im Verlauf des Jahres 1923 wurden dann vier weitere Landesgesellschaften gebildet.

Schon am 8. Januar 1923 hatte Rudolf Steiner sich mit der Gründung einer französischen Landesgesellschaft durch Alice Sauerwein einverstanden erklärt und sie als zukünftigen Generalsekretär dieser zu gründenden Gesellschaft benannt (259/488). Bereits in dem Dokument für Alice Sauerwein wurde Dornach als das Zentrum der allgemeinen anthroposophischen Arbeit bezeichnet.

Im April 1923 ging es Rudolf Steiner zunächst um die Befestigung der Verhältnisse in der Schweiz. Zwischen dem 5. und 12. April hielt er in Bern, Basel, Zürich, Winterthur und St. Gallen öffentliche Vorträge unter dem Titel *Was wollte das Goetheanum und was soll die Anthroposophie?* In einer Art, die zeigte, daß er die öffentliche Meinung wohl kannte, ging er in diesen Vorträgen zunächst auf die allgemeinen Ansichten und Vorurteile über das zerstörte Goetheanum und die Anthroposophie ein, um dann seine Zuhörer eine Strecke auf dem anthroposophischen Erkenntnisweg mitzunehmen. Wie schon 1919 vor Beginn der Dreigliederungsaktion versicherte er sich so des Verständnisses in der Schweiz, in dem das Goetheanum angesiedelt worden war.

Doch damit nicht genug. Vom 15. bis zum 22. April veranstaltete Steiner unter Mitwirkung von Walter Johannes Stein, Ernst Blümel, Hermann von Baravalle und Caroline von Heydebrand einen Kurs für Schweizer Lehrer, an dem auch Lehrer aus der Tschechoslowakei teilnahmen. Wieder ging Rudolf Steiner mit großer Behutsamkeit vor. Im ersten Vortrag entfaltete er die pädagogische Problematik an Hand der Autobiographie des damals vielbeachteten indischen Gelehrten Rabindranath Tagore und führte dann über eine höchst lebendige Schilderung der Entwicklungsschritte des Kindes in Gehen, Sprechen und Denken langsam zur Waldorfschulpädagogik.

Als wohltuend erlebten die schweizerischen Lehrer die vermittelnde Tätigkeit der Waldorflehrer, die Selbsterarbeitetes aus der Praxis darstellten und darüber hinaus stets zu Gesprächen zur Verfügung standen. An vier Abenden während dieses Kurses beschrieb Rudolf Steiner anschaulich-praktisch Schritte des anthroposophischen Weges zur höheren Erkenntnis. Ein nicht-anthroposophischer Lehrer schilderte im *Berner Schulblatt* den Eindruck des Kurses: «Und jeden Morgen, wenn wir wieder Dr. Steiner selber lauschten, fühlten wir uns ihm einen Schritt näher, verstanden immer besser, was er zu sagen hatte, wie er es zu sagen hatte. Und dann standen wir Neulinge wieder zusammen, und jeden Tag eindringlicher mußten wir fragen: Warum sind nicht noch viel mehr Kollegen und Kolleginnen da. ...

Ich habe mit vielen Kursteilnehmern gesprochen. Ich weiß keinen, der enttäuscht weggehen mußte. Das mindeste war das: Ich habe für meine Schularbeit ungemein wertvolle Anregungen bekommen, anderes, speziell das Anthroposophische verstehe ich noch nicht ...aber ... die meisten (meinten): Ich bin hierher gekommen, für meine Schularbeit Anregung und Gewinn zu suchen, das habe ich in reichstem Maße gefunden; zu diesem Gewinn kommt unverhoffterweise noch viel größerer Reichtum für Herz und Seele.» (*Goetheanum*, 2. Jg., S. 357f)

Schon am letzten Tag der pädagogischen Tagung begann die Generalversammlung der Anthroposophischen Gesellschaft in der Schweiz. Diese verlief zunächst sehr harmonisch und schön, bis am Nachmittag Rudolf Steiner, der am Vormittag den Abschlußvortrag für die pädagogische Tagung gehalten hatte, hinzukam. Zwar war es in der Schweiz nicht notwendig, viele einzelne Schwierigkeiten zu besprechen, weil man das Debakel der *Futurum AG* sorgfältig aussparte, aber der Zustand der Gesellschaft war auch nicht besser als anderswo. Steiner warf die Frage auf: «Ja, was ist denn diese Anthroposophische Gesellschaft? Da kommen die Leute zusammen, lesen sich Vorträge vor und so weiter; das ist ja nur eine Summe von Cliquen!» (259/492)

Die schiere Beschäftigung mit sich selbst, das Anhören oder Vorlesen von Vorträgen und das Empfangen von esoterischen Übungen erschien Steiner nicht als der wirkliche Inhalt für eine Gesellschaft; solcherlei könne man ja auch ohne sie betreiben: «Das alles sind ja keine Aufgaben der Gesellschaft.» (259/495) Er war von der Auffassung durchdrungen, «daß es notwendig ist, daß die Anthroposophische Gesellschaft sich eine wirkliche Aufgabe setzt, so daß sie als *Gesellschaft* da ist, daß sie also etwas Besonderes noch ist neben der anthroposophischen Bewegung; also von Gesellschafts wegen sich eine Aufgabe setzt. Denn solange diese Aufgabe *nicht* da ist, so lange werden die Verhältnisse ... niemals anders werden, im Gegenteil, sie werden sich immer mehr und mehr verschlimmern.» (259/483f)

Diese Versammlung habe deshalb die Gelegenheit, ein Beispiel dafür zu geben, wie sich die Gesellschaft eine positiv wirksame Aufgabe setzt, «vor welcher auch der Mensch draußen Respekt haben kann». Auch die Gegner würden nicht dadurch wirksam bekämpft, daß man ihre Schriften widerlegt, sondern dadurch, daß man wirkliche Aufgaben ergreife. Wenn man weiter ergebnislos verhandle, würde das «notwendig machen, daß ich meine Tätigkeit für die Anthroposophische Gesellschaft einstellen müßte, daß ich mich zurückziehen müßte auf bloß persönliches Wirken, daß ich also die Anthroposophische Gesellschaft, die sich eben nicht entschließen könnte, sich eine Aufgabe zu stellen, nicht weiter zu meinem Arbeitsfelde machen könnte.» (259/485)

Würde die Gesellschaft die aus der anthroposophischen Arbeit hervorgegangenen Institutionen, etwa das Klinisch-Therapeutische Institut, so betrachten, daß man für diese Unternehmung wirklich einträte, so wäre ein Anfang gemacht. Darüber hinaus wäre es – so deutete Rudolf Steiner am Beispiel Albert Steffens an – auch wichtig für die Gesellschaft, sich der in ihr wirkenden produktiven Persönlichkeiten bewußt zu sein und ihr Wirken zu fördern.

Gegen Ende dieser Generalversammlung brachte Rudolf Steiner noch eine andere Sache zur Sprache. Ein schweizerischer Offizier, der Oberst-Divisionär Gertsch, hatte Rudolf Steiner sein in der Nähe von Winterthur liegendes Schloßgut Warth als Gelände zum Wiederaufbau des Goetheanum angeboten. Rudolf Steiner hatte Gut und Schloß gemeinsam mit Albert Steffen am 11. April besichtigt. Oberst Gertsch forderte für das Gut 1 300 000 Franken. In der Aussprache über dieses Angebot ergab sich sofort die Meinung, daß man nicht von Dornach weggehen wolle. Auch Rudolf Steiner war dieser Ansicht, aber er hielt es für ungeschickt und allzu naiv, das Angebot einfach auszuschlagen; mindestens sollte die Dornacher und Solothurner Öffentlichkeit wissen, daß man nicht auf Gedeih und Verderb auf Dornach angewiesen sei. In der weiteren Aussprache ergab sich dann, daß auch eine Anfrage aus Stuttgart vorlag, ob man den Bau eventuell in Stuttgart errichten wolle. – Schließlich bat die Versammlung Albert Steffen, in ihrem Namen eine Resolution zu verfassen, in der der Wiederaufbau des Goetheanum in Dornach begrüßt werde, in der aber zugleich mitgeteilt werden sollte, daß man auch die Möglichkeit habe, wenn besondere Hindernisse aufträten, anderswo zu bauen. Mit diesem Beschluß vertagte sich die Generalversammlung. Sie wurde erst nach sieben Wochen am 10. Juni fortgesetzt.

In der Zwischenzeit unternahm Rudolf Steiner neben manchem anderen zwei größere Reisen. Die erste Reise führte nach Prag, wo er seit 1918 nicht mehr gewesen war. Dort fanden eine Eurythmie-Aufführung im damaligen Deutschen Theater sowie zwei öffentliche und zwei Mitgliedervorträge Rudolf Steiners statt. Die öffentlichen Vorträge fanden das größte Interesse. Zum ersten Vortrag kamen 850 Zuhörer, und Rudolf Steiner mußte seinem allgemein-anthroposophischen Vortrag nach einer lebhaften Aussprache noch einen zweiten kleinen Vortrag über die Waldorfschule anschließen. Der zweite öffentliche Vortrag wurde vor etwa 1200 Zuhörern gehalten. Zu den beiden Zweigvorträgen, in denen die Themen der öffentlichen Vorträge vertieft wurden, vereinten sich die Mitglieder des tschechischen und des deutschen Zweiges, die sonst strikt getrennt arbeiteten.

Nach einer kurzen Arbeitswoche in Dornach führte die nächste Reise über Stuttgart und Berlin nach Oslo. Dort fand neben den öffentlichen Vorträgen ein Vortragszyklus statt, in dem Rudolf Steiner das geistige Leben des Menschen im Kosmos, das Wirken des Christus für die Menschheit und die geschichtliche Bedeutung des Mysteriums von Golgatha neu schilderte. In Oslo war es auch möglich, im kleinen Kreise eine esoterische Stunde zu halten. Das spricht dafür, daß die Gesellschaft in Norwegen innerlich konsolidiert war.

Am 17. Mai – dem norwegischen Nationalfeiertag – wurde dann auch ohne Komplikationen die norwegische Landesgesellschaft begründet, die beabsichtigte, sich zu gegebener Zeit an das Zentrum in Dornach anzuschließen. Deshalb konnte sich Rudolf Steiner nach seiner Norwegenreise voller Zufriedenheit äußern (259/143); an Edith Maryon berichtete er knapp: «In Norwegen ist alles gut gegangen: ich habe von Montag bis Montag dreizehn Vorträge gehalten und dann gab es noch mancherlei anderes zu tun.» (263,1/124)

Auf der Rückreise von Norwegen machte Rudolf Steiner in Berlin Station. Es sollte sein letzter Aufenthalt in Berlin werden. In dem Vortrag für die Mitglieder der Anthroposophischen Gesellschaft faßte er viele Motive der im Frühjahr gehaltenen Vorträge zusammen. Gegen Ende des Vortrags umriß er die kosmische und soziale Bedeutung eines künftigen Michael-Festes: «Könnten sich die Menschen heute in würdiger Weise dazu entschließen, ein Michael-Fest in den Ende-Septembertagen einzusetzen, so wäre das eine Tat von größter Bedeutung. Dazu müßte der Mut sich finden in den Menschen: nicht nur zu diskutieren über äußere soziale Organisationen und dergleichen, sondern etwas zu tun, was die Erde an den Himmel bindet, was die physischen Verhältnisse wieder an die geistigen Verhältnisse bindet. Dann würde, weil dadurch der Geist wiederum in die irdischen Verhältnisse eingeführt würde, unter den Menschen wirklich etwas geschehen, was ein mächtiger Impuls wäre zur Weiterführung unserer Zivilisation und unseres ganzen Lebens.» (224/214)

Mit solchen Worten deutet Rudolf Steiner auch auf eine mögliche Aufgabe einer anthroposophischen Gesellschaft: einen Beitrag zu leisten für das Entstehen einer neuen Festkultur. Eine solche Initiative hätte in jenen Jahren, denen solche Bestrebungen nicht fremd waren – sie sollten zehn Jahre später politisch pervertiert werden –, durchaus ein Echo finden können. – Zum Schluß des Vortrags gedachte Rudolf Steiner nochmals der Brandkatastrophe und der Flammen, die das Goetheanum vernichtet hatten: «Physische Flammen verzehren Tempel, die aus äußerem Material bestehen. Die Flammen echter spiritueller Begeisterung, echten spirituellen Lebens, die den Tempel durchdringen müssen, weil sie ihn erleuchten müssen mit dem, was im Geiste aufleuchtet, diese Flammen können den Tempel nicht zerstören, die können den Tempel nur immer herrlicher gestalten. Denken wir an das, was lebendige Anthroposophie ist, als diejenige Feuerflamme, die uns immer weiter und weiter führen wird, wie der lebendige Geist der Anthroposophie selber, der uns führen soll zum Fortschritt der Menschheit und zum Wiederaufbau desjenigen, was jetzt in einem so deutlichen Niedergange ist.» (224/216)

Mit diesen Worten verabschiedete sich Rudolf Steiner von dem Berliner Zweig, den er einundzwanzig Jahre zuvor begründet hatte, und von Berlin, wo er sechsundzwanzig Jahre zuvor zu wirken begonnen hatte. Nach einem kurzen Arbeitsaufenthalt in Stuttgart kehrte er am 26. Mai nach Dornach zurück, wo er – mit Ausnahme von drei kürzeren Arbeitsaufenthalten in Stuttgart – bis Ende Juli blieb.

Während der Abwesenheit Rudolf Steiners hatten eine Reihe von Mitgliedern in Dornach die Initiative für den Wiederaufbau des Goetheanum ergriffen. Albert Steffen hatte mit den anthroposophischen Gruppen in England, den USA und Holland Verbindung aufgenommen, da klar war, daß dieses Werk nur in Zusammenarbeit aller anthroposophischen Gruppen gelingen konnte. Ita Wegman hatte angefangen, Geld zu sammeln, und in wenigen Tagen 35 000 Franken zusammengebracht; sie hoffte darüber hinaus, bald aus Holland weiteres Geld beschaffen zu können. Diese Anstöße trugen dazu bei, daß man in den anthroposophischen Gruppen in aller Welt beriet, wie der Wiederaufbau des Goetheanum zu finanzieren sei.

Auch hatte sich durch die Initiative von Wolfgang Wachsmuth, der den Verlag «Der Kommende Tag» leitete, eine kleine Gruppe von Mitgliedern mit der Frage zusammengefunden, ob man Rudolf Steiner durch einen Menschenkreis gegen die Anfeindungen, die von allen Seiten an ihn herandrangen, spirituell schützen könne. Rudolf Steiner empfing diese Gruppe – es waren etwa fünfzehn Menschen – am Sonntag, den 27. Mai am frühen Nachmittag in seinem Wohnhaus. Albert Steffen notierte in seinem Tagebuch vom Beginn der Ansprache folgende Gedanken: «Er sagt: wenn er das in Büchern gegeben hätte, was er persönlich mitgeteilt habe, so wäre alles anders. Es hätte nicht so entheiligt werden können. Überall hätten sich Kreise gebildet, die durch die Art, wie es gegeben, sich ehrfürchtiger benommen hätten. Nun sprach er von der spielerischen Art, wie man es aufnahm. Auf der anderen Seite von der geistlosen Art, wie man wirtschaftliche Unternehmungen begründete. Und so wäre eben die Ansicht von dem Geistigen, das gut ist, verzerrt worden.»

Etwas anders berichtete Maria Röschl: «Wenn das, was in jenen alten esoterischen Zusammenhängen gegeben worden war, veröffentlicht worden wäre, dann wären dadurch viele Kulte in der Welt entstanden. Weil es aber nicht veröffentlicht wurde, ergab sich Haß und Verrat an der Sache.» (265/455)

Im übrigen wies Rudolf Steiner auf die Tatsache, daß dieser Kreis sich ja selbst gebildet habe und nicht von ihm zusammengerufen worden sei. Es gebe jedoch mehr Menschen, die für einen solchen Kreis in Betracht kämen, auch solche, die weiter fortgeschritten seien. Nach dieser Einleitung folgte die esoterische Unterweisung.

Als am 10. Juni die Generalversammlung der Schweizer Landesgesellschaft – an der Rudolf Steiner zumeist schweigend teilnahm – fortgesetzt wurde, zeigten sich erste, zaghafte Früchte der Aktivitäten. Eine Zusammenarbeit über die Ländergrenzen hinweg war zustande gekommen. Es lagen Briefe aus England, Italien, den USA und anderen Ländern vor, in denen Hilfe für den Wiederaufbau des Goetheanum angekündigt wurde, man begann Pläne für die wechselseitige Verständigung und die Beobachtung der Gegner der Anthroposophie zu entwerfen, und schließlich wurde zu einer internationalen Delegierten-Tagung vom 20. bis zum 23. Juli eingeladen.

Noch am Abend des 10. Juni begann Rudolf Steiner einen Zyklus von acht Vorträgen über *Die Geschichte und die Bedingungen der anthroposophischen Bewegung im Verhältnis zur anthroposophischen Gesellschaft* zu halten. Diese *Anregung zur Selbstbesinnung* gab einen historischen Überblick über den Werdegang der anthroposophischen Bewegung. In einem humorvollen, anekdotenreichen Seelengemälde schilderte Steiner die Entwicklung der «heimatlosen Seelen», die zunächst in der alten Theosophischen Gesellschaft und in den Kreisen um Richard Wagner nach geistigen Inhalten gesucht hatten, ging dann auf das Schicksal Helena Petrowna Blavatskys ein und führte über die Begründung der anthroposophischen Arbeit bis zu den Problemen der Gegenwart. Der Zyklus endete mit einer Besinnung auf die spezifisch anthroposophischen Impulse, die Steiner durch seine philosophischen Schriften, in Anknüpfung an Goethe und in Auseinandersetzung mit Nietzsche und Haeckel zur Geltung gebracht hatte. Der ganze Zyklus war ein großer Spiegel, in dem die Zuhörer ihre eigenen Probleme, Fragen, Verhaltensweisen reflektieren konnten. Jeder Zuhörer war frei, an diesem Spiegel seine eigenen Impulse zu erwecken.

Am 17. Juni fand in der Schreinerei die Generalversammlung des Vereins des Goetheanum statt. Nachdem mitgeteilt worden war, daß die Brandversicherungssumme ausgezahlt und nachdem die Formalien erledigt waren, hielt Rudolf Steiner eine Ansprache, in der er die nunmehr entstandene Situation bewußt machte: Das Erste Goetheanum sei aus der reinen Opferwilligkeit der Freunde des Baus errichtet worden, Opfergesinnung sei in jeden Kubikzentimeter Holz und in jeden Kubikzentimeter Stein eingebaut worden. Nun habe man jene drei Millionen Franken sozusagen aus den Taschen von jenen erhalten, die kein Interesse am Goetheanum haben, ja von solchen, die eher daran interessiert seien, daß das Goetheanum nicht sei. Solle man dieses Geld nun vielleicht wohltätigen Zwecken zuführen? Das sei nicht möglich. Aber man müsse jetzt ganz klar wissen, daß man einen tragischen Weg gehe, ja, daß man sich «in die Tragik hineinstürzt. Das darf aber nicht schlafend geschehen, sondern man muß sich mit Bewußtsein in die Tragik hineinstürzen und wissen, daß man in einem Gebiete steht, in dem man nicht das rein Anthroposophische machen kann. Man muß wissen, daß man also dasjenige, was man machen muß, trotzdem es nicht anthroposophisch ist, auf der anderen Seite durch ein um so stärkeres Anthroposophischsein ausgleichen muß.» (259/155)

Mit solchen Worten sprach Rudolf Steiner etwas aus, was seine eigene Lebenseinstellung zum Ausdruck bringt. Er hatte sich immer den Notwendigkeiten und Anforderungen gestellt und sich nie von einer puristischen Gesinnungsethik leiten lassen. Wie leicht wäre es in den vergangenen Jahren gewesen, bei manchen Sachen zu sagen: Da mache ich nicht mit, laßt auch ihr die Finger davon, das führt in einen fragwürdigen Bereich, wo man schmutzige Hände bekommen könnte. Er ging auf Risiken und Anforderungen ein, wagte sich vor und versuchte dann mit Energie ein Gegengewicht gegen das Fragwürdige zu schaffen. «Wenn man etwas wiegt, so nimmt man ja auch nicht von der Waagschale, bei der sich ergibt, daß etwas zu schwer ist für die Gewichte auf der anderen Seite, von dem weg, was zu wiegen ist, sondern man gibt die Gewichte auf der anderen Seite hinzu.» Und im weiteren: «Die Erde nur als ein sanftes Ruhebett haben wollen und nur dann sie göttlich finden, wenn sie sich so zeigt, daß sie immer dem entspricht, was man gerne hätte, das kann niemals die Gesinnung einer geistigen Bewegung bilden, denn das ist nicht Kraft, das ist Kraftlosigkeit.» (259/155)

Am 21. Juli trat unter dem Vorsitz von Albert Steffen die internationale Delegiertentagung zusammen. Aus fünfzehn Ländern waren Delegierte entsandt worden, um über die Finanzierung des Wiederaufbaus des Goetheanum zu beraten und zu beschließen. Die Situation war denkbar schwierig, weil zu diesem Zeitpunkt, durch die deutsche Gesetzgebung und die Inflation bedingt, Deutschland, das Land, in dem die meisten Anthroposophen wohnten, zunächst als Geldgeber ausfiel. Rudolf Steiner hielt während der Tagung drei Vorträge, die zu einer persönlichen Begegnung mit dem Wesen Anthroposophie führen sollten. Sonst sprach er wenig und stellte nur klar, daß man für die Planung nur von eindeutigen Zusagen ausgehen könne. Weiter führte er aus, daß ein Erinnerungsbau an das gewesene Goetheanum mit einer Summe von 1 bis 2 Millionen Franken erstellt werden könne. Das würde dann eine bessere Scheune werden, nach Art der Schreinerei, nur eben aus Beton. Man könne aber auch etwas Schöneres aufbauen, was dann aber 4 bis 5 Millionen Franken erfordern würde. Am Sonntag, den 22. Juli konnte dann zunächst ein Betrag von 865 000 Franken fest zugesichert werden. Damit schien jedenfalls eine vorläufige Planung möglich zu sein.

Für Rudolf Steiner selber war – trotz der gefaßten Beschlüsse – die Situation noch durchaus offen. Manches von dem, was in der Delegiertenversammlung verhandelt worden war, hatte seinen Beifall nicht gefunden. Deshalb sah er sich am Vorabend seiner Abreise nach England – wenige Tage nach der Delegiertentagung – veranlaßt, die Mitglieder in Dornach aufzufordern, darüber nachzusinnen, «wie man aus dieser Sektiererei herauskommt. Sonst stellt sich die Sache so, daß die Anthroposophische Gesellschaft immer weiter und weiter in die Sektiererei hineinkommt. ... Wie es möglich ist, die Sektiererei zu vermeiden, das ist etwas, was unsere Empfindungen beschäftigen muß. Und diesen Ton wollte ich kurz noch einmal anschlagen, weil es ungeheuer notwendig ist, ihn anzuschlagen.» (259/163) Er begründete diesen Appell mit dem Urteil, daß während der Delegiertentagung doch «starke Ansätze» zu einem Sich-Einspinnen in das Sektierertum zu verzeichnen gewesen seien (259/164). Namentlich die deutschen Delegierten hätten sich hier ausgezeichnet (300,3/89).

So verließ Rudolf Steiner am 30. Juli Dornach mit vielen Sorgen und Fragen; der Zustand der Anthroposophischen Gesellschaft war und blieb bedrückend. Außer Marie Steiner, die seit Jahren souverän und kompromißlos die Eurythmie betreute und die Sprachkunst pflegte, so daß die Eurythmie sich auch in der Welt einer wachsenden Anerkennung erfreute, waren nur wenige Mitarbeiter zu ihrer Aufgabe erwacht. Albert Steffen sorgte durch die gewissenhafte Arbeit als Redaktor des *Goetheanum* dafür, daß die Mitglieder außerhalb Dornachs Woche für Woche an der Dornacher Arbeit teilnehmen konnten. Rudolf Steiner unterstützte diese Initiative durch die wöchentlichen Beiträge, die auch in den folgenden Wochen stets aus England bei Steffen eintrafen. Ita Wegman, die mit sicherer Hand das Klinisch-Therapeutische Institut in Arlesheim führte, hatte in den letzten Monaten seit dem Brand begonnen, sich im großen Stile und geräuschlos für die Gesellschaft einzusetzen – aber sonst sah er zwar treue Helfer wie Emil Leinhas, ausgezeichnete Talente unter den Waldorflehrern, doch kaum wirklich selbständige Mitarbeiter, die die Bürde der Arbeit mit ihm geteilt hätten, und eigentlich kaum jemanden, mit dem er sich hätte rückhaltlos aussprechen können.

49. SOMMER 1923 IN ENGLAND

Über Steiners Reise nach England und Wales und seine dortige Arbeit im Sommer 1923 liegen recht ausführliche Berichte vor. Zunächst, weil Rudolf Steiner häufig an seine englische Mitarbeiterin Edith Maryon, die in Dornach krank danieder lag, berichtete, sodann, weil er verschiedentlich ausführlich von seiner Arbeit und seinen Eindrücken in England und Wales erzählte, und schließlich, weil neben den Vorträgen und Ansprachen Steiners eine Reihe ergänzender Berichte existieren. Dennoch gibt es vieles, was nur aus Andeutungen bekannt ist.

Die Reise, die ursprünglich von Stuttgart über London nach Yorkshire führen sollte, begann mit einer Panne, weil Rudolf Steiner, der sich beim Übertritt über die deutsch-holländische Grenze um das Gepäck und den Paß von Marie Steiner kümmerte, plötzlich bemerkte, daß der Zug, in dem Marie Steiner, Mr. Pyle und Guenther Wachsmuth saßen, ohne ihn davon fuhr. So wurde das Schiff nach England verpaßt, und Steiner fuhr erst am folgenden Tage von Hoek van Holland nach Harwich. Dort erwartete ihn George Kaufmann, der geniale Übersetzer seiner Vorträge, und die Reise ging über Cambridge und Ely durch Leeds, damals eine Industriestadt mit ungezählten Reihen ärmlicher, staubgeschwärzter Häuser. Kilometerweit kein Grün, der Himmel voll Rauch. Tief erschüttert sah Steiner aus dem Zugfenster und sagte zu Kaufmann: «Sehen Sie diese Gedankenformen – das ist doch die Hölle auf Erden.» – Auch in Dornach schilderte Steiner den Eindruck, den ihm diese Städte gemacht hatten, «wo unglaublich aussehende schwarze Häuser in abstrakter Weise aneinandergereiht sind, wo eigentlich alles so ausschaut, wie wenn es unmittelbar eine Kondensation wäre des schwärzesten Kohlenstaubs, der sich zusammengeballt hat, Häuser bildend aufgetreten ist.» (*Zivilisationsaufgaben*, S. 170)

So gelangte Rudolf Steiner nach Ilkley. Zunächst machte ihm dieser Ort keinen erfreulichen Eindruck, und er berichtete, daß die Gegend nicht besonders anziehend sei. Im Laufe der zwei Wochen, die er dort im Tal zwischen den verschiedenen moorigen Hochflächen verbrachte, entdeckte er aber an einigen Orten die Reste und Trümmer der alten steinzeitlichen Kulturen: Dolmen und Spuren alter Opferaltäre. So bestieg Steiner einen der Hügel in der Nähe Ilkleys, auf dessen Kuppe er einen Stein sah, in den ein Zeichen, eine Swastika, eingegraben war. Er erzählte später von seinen Eindrücken: «Denn was liest man in diesem Zeichen, wenn man vor einem solchen Stein steht? Man liest die Worte, die im Herzen des Druidenpriesters waren: Siehe da, das Auge der Sinnlichkeit schaut die Berge, schaut die Stätten der Menschen, das Auge des Geistes, die Lotusblume, die sich drehende Lotusblume – denn deren Zeichen ist die Swastika –, die schaut in die Herzen der Menschen, die schaut in das Innere der Seele. Und durch dieses Schauen möchte ich verbunden sein mit denjenigen, die mir als Gemeinde anvertraut sind. – Wie man sonst aus einem Buche einen Schrifttext liest, so liest man gewissermaßen dieses, indem man vor einem solchen Stein steht.» (*Zivilisationsaufgaben*, S. 172)

Wie sehr Rudolf Steiner diese Eindrücke einer uralten Geisteskultur bewegt haben, ersieht man aus der Tatsache, daß er einige Wochen später jene Schauungen, die sich ihm auf den Höhen über Ilkley vor die Seele gestellt hatten, in einer Pastellskizze *Druidenstein* wiederzugeben suchte.

In dieser Umgebung hielt Rudolf Steiner den Kurs *Gegenwärtiges Geistesleben und Erziehung,* in dem er in vierzehn Vorträgen, von der griechischen Kultur und Erziehungskunst ausgehend, die Grundzüge der Waldorfschulpädagogik entwickelte. Die Veranstaltung, bei der Margaret Macmillan den Vorsitz führte, wurde durch Vorträge von Hermann von Baravalle, Julie Lämmert, Caroline von Heydebrand, Erich Schwebsch und Karl Schubert sowie durch eine Eurythmie-Aufführung der Kinder der King's Langley-Schule und durch einen Eurythmiekurs von Edith Röhrle begleitet. Das Ganze wurde von den englischen Zuhörern mit größtem Interesse aufgenommen, und Rudolf Steiner scheint einigermaßen glücklich und zufrieden gewesen zu sein. Ausführlich und nachdrücklich bedankte er sich bei den Zuhörern und schloß seinen Dank mit folgenden Sätzen: «Ich habe die Waldorfschulpädagogik als dasjenige darstellen wollen, was in freier Weise hindeutet auf die tiefsten Bedürfnisse der Menschheit in der Gegenwart. Daß Sie dem haben Verständnis entgegenbringen wollen, das werde ich als gutes Angedenken gerade an diesen Kursus sehr, sehr in meinem Herzen und in meiner Seele bewahren.» (307/255)

Nach Beendigung des Kurses fuhr Rudolf Steiner am 18. August mit seinen Begleitern durch das dichtbevölkerte Industriegebiet von Manchester nach Penmaenmawr, das an der Küste von Nord-Wales liegt. Der damals kleine Ort, von dem aus man nach Nordwest über das offene Meer zur Insel Anglesey hinüberblickt, hatte es Rudolf Steiner sofort angetan. «Penmaenmawr ist ein Ort, wie er allerdings in diesem Jahr nicht besser hätte für diese anthroposophische Unternehmung auserwählt werden können. Denn dieses Penmaenmawr ist erfüllt von der unmittelbar erlebbaren astralischen Atmosphäre, die dasjenige in sich hereingestaltete, was ausgegangen ist von dem Druidendienst, dessen Spuren man ja da überall verfolgen kann.» (*Zivilisationsaufgaben*, S. 174)

In jenen Augusttagen des Jahres 1923 untermalte ein von Stunde zu Stunde wechselndes Wetter – heftigster Regen und strahlender Sonnenschein – auch äußerlich die Lebendigkeit dieser Welt, die immer frisch erglänzte. Das Spiel von Ebbe und Flut ließ das Meer und die frei werdenden Sandbänke in immer neuen Farben schimmern. – Nachdem Steiner den Ort und seine besonderen Qualitäten, in denen die Welt geistiger Bilder besonders kräftig und beständig sei, ausführlich beschrieben hat, kommt er nochmals auf sein Erlebnis bei der Fahrt von Ilkley nach Penmaenmawr zu sprechen und berichtet, «daß man es in der Tat wie eine Art wirklichen Überschreitens, fast wie das Überschreiten einer Schwelle empfindet, wenn man von Ilkley herüberkommend, das also ganz in der Nähe des Industrialismus liegt und nur ganz leise Spuren der alten Druidenzeit zeigt, nun in etwas hineinkommt, was in unmittelbarer Gegenwart einfach geistig ist. Geistig ist das alles. Man kann schon sagen, dieses Wales ist heute die Bewahrerin von einem ungeheuer starken spirituellen Leben, das allerdings in Erinnerungen besteht, aber in realen Erinnerungen, die dastehen.» (*Zivilisationsaufgaben*, S. 178)

Die Idee, in Penmaenmawr eine Sommerkonferenz zu veranstalten, war der Initiative Daniel Nicol Dunlops zu danken. Dunlop, ein Mann mit eigenständigen spirituellen Erfahrungen, hatte Steiner vor Jahresfrist kennengelernt und den Entschluß gefaßt, eine Tagung zu veranstalten, die dem Zentralanthroposophischen und der Eurythmie gewidmet sein sollte. Rudolf Steiner kannte Dunlop und seine Absichten zunächst noch nicht genauer, und in den ersten Tagen des Kurses meinte er in einem Brief an Edith Maryon, mit der er vor seiner Abreise über Dunlop gesprochen hatte: «Dunlop redet seinerseits elegant und tritt in der Art für die Anthroposophie ein, daß, wenn er andere Absichten hätte, er diese vorläufig schlecht und die Anthroposophie gut verträte.» (263,1/144)

Im Laufe der Tage lernte Steiner Dunlop immer mehr schätzen, und es wurde ihm klar, daß Dunlop durch die offiziellen Vertreter der Anthroposophie in England – er nannte Irene Groves und Harry Collison – wohl kaum einen zutreffenden Eindruck von der Arbeit in Dornach erhalten könne und es deshalb notwendig sei, daß er, Steiner, die Anthroposophie in England selbst vertrete (263,1/144). – Dunlop hatte davon abgesehen, vorher ein vollständiges Tagungsprogramm aufzustellen, der Tagungsverlauf sollte sich aus den unmittelbaren Gegebenheiten entfalten. Nur die Vorträge Rudolf Steiners fanden täglich um halb elf Uhr morgens statt, alles andere wurde von drei Tagen zu drei Tagen bestimmt.

Was Rudolf Steiner besonders schätzte, war, daß Dunlop mit Energie darauf gedrungen hatte, die eigentliche Anthroposophie in den Mittelpunkt des Kurses zu stellen: «Ich kann in diesen Vorträgen rein anthroposophisch sprechen; in Ilkley war es doch mehr das System, durch die Pädagogik den Leuten etwas zu sagen, was sie vom Anfang an nicht zu stark irritiert, um ihnen auf diesem Umwege Anthroposophie beizubringen. Dies wird ja von einer Gruppe unserer Freunde für das Richtige gehalten. Ich selbst bin anderer Ansicht. Ich weiß, daß unsere Pädagogik auch nur verstanden wird, wenn die Menschen erst anthroposophische Begriffe bekommen. Deshalb bin ich eigentlich froh, wenn die Veranstaltungen einen solchen Charakter tragen wie hier in Penmaenmawr. Und diesen Charakter herbeizuführen, hat sich Dunlop alle Mühe gegeben.» (263,1/143)

Für Rudolf Steiner war es in einem hohen Maße befriedigend, in einem Zyklus von dreizehn Vorträgen sein Thema wirklich ausführlich darstellen zu können. Er hatte den Kurs unter dem Titel *Die geistige und physische Welt- und Menschheitsentwickelung der Vergangenheit, Gegenwart und Zukunft im Lichte der Anthroposophie* angekündigt. Aus dem Inhalt kann nur eine Kleinigkeit erwähnt werden. Im März

1921 hatte Steiner in einem Kurs in Stuttgart davon gesprochen, daß eine bedeutende Urkunde aus der Zeit um 350 n. Chr. verloren gegangen sei: «Es liegt hier ein Problem vor – ich gestehe hier ganz offen, daß ich mit diesem Problem noch nicht fertig bin, aber dieses Problem kann weiter verfolgt werden –» (324/126) – Nun, hier in Penmaenmawr, gibt Rudolf Steiner eine Schilderung des geistigen Inhalts dieses Epos, das, aus der Überlieferung der alten Mysterien stammend, in mächtigen Bildern das Heruntersteigen des Christus in den Menschen Jesus von Nazareth schilderte und zeigte, wie durch das Christus-Wirken eine neue Metamorphose der alten Demeter- und Isis-Mysterien eingeleitet werden sollte (227/249f).

Trotz mancher Veranstaltungen – es fanden in Penmaenmawr fünf Eurythmie-Aufführungen und auch Vorträge von Hermann von Baravalle und von Caroline von Heydebrand statt – hatte Rudolf Steiner in diesen Tagen Zeit, einige Ausflüge in die nähere und fernere Umgebung zu machen. An einem Nachmittag – es könnte etwa der 23. August gewesen sein – entdeckten die Freunde, daß «der Doktor» verschwunden war. Nach einigen Stunden erschien er schmunzelnd wieder auf der Bildfläche: Er war mit Guenther Wachsmuth auf die sich südlich von Penmaenmawr steil erhebenden Berge gestiegen. Wachsmuth erzählt: «Es bleibt eines dieser unvergeßlichen Erlebnisse, als Rudolf Steiner mich eines Tages aufforderte, mit ihm allein die Hochebene auf den Felsen über Penmaenmawr zu ersteigen, um dort einige Druidenzirkel aufzusuchen. Trotz seiner 62 Jahre stieg er rasch und rüstig bergan. ... Als wir auf den Klippen hoch über Penmaenmawr angekommen waren, lag nun vor uns der einsame Kreis der von Felsenspitzen umrandeten Hochebene, in deren Mitte die gewaltigen Steinzeichen des Druidenzirkels standen. Es war ... ein einzigartig seltsames Bild, als nun Rudolf Steiner in der Einsamkeit dieser Hochebene in die Mitte des Druidenkreises trat. Er forderte mich auf, über die ragenden Steine des Zirkels die Spitzen der die Hochebene umschließenden Bergkuppen anzuvisieren, und schilderte mit einer Intensität der Rückschau, wie wenn sich dies im Augenblick vollzöge, wie einst die Druidenpriester durch dies Anvisieren der am Horizont im Jahreslauf vorbeiwandernden Sternbilder den Geistkosmos, die darin wirkenden Wesenheiten und ihren Auftrag an die Menschen erlebten.» (Wachsmuth, S. 547)

Auch Rudolf Steiner hat diesen Gang zu den beiden äußerlich sehr bescheidenen, halbverfallenen Steinkreisen, die zwischen zwei Bergköpfen in einer weiten, flachen Mulde stehen, beschrieben und bemerkt, daß die beiden Steinkreise, wenngleich sie sich nicht durchdringen, doch an den Grundriß des Goetheanum erinnern. (*Zivilisationsaufgaben*, S. 177, vgl. auch *Goetheanum*, 3. Jg., S. 41f, sowie 228/77ff)

Einige Tage später, am 25. oder 26. August, wurde mit dem Automobil ein zweiter «offizieller» Ausflug nach Caernavon und zur Insel Anglesey unternommen, an dem auch Marie Steiner und Harry Collison teilnahmen. Gemeinsam besuchte man die Grabkammer von Bodowyr. Auch hier enthüllte sich für Rudolf Steiner große Vergangenheit. Auf Anglesey habe sich – so berichtet er – manches von dem abgespielt, was sich in den Sagen von König Artus erhalten hat, das eigentliche Zentrum des Königs Artus sei allerdings weiter südlich zu suchen. Rudolf Steiner hatte aber auch Augen für die unmittelbare technische Gegenwart. In seinem Bericht in Dornach erwähnt er die genial konstruierte Hängebrücke über die Menai Straits aus dem Jahre 1826.

An den Abenden während des Kurses fanden einige Aussprachen statt, bei denen Rudolf Steiner zu verschiedenen Fragen Stellung nahm. Bei der ersten Aussprache beleuchtete er das Problem des anthroposophischen Sektierertums – «hier in England ist das ja noch nicht so stark ersichtlich» –, indem er betonte, daß die anthroposophische Bewegung nicht «mit irgendeiner Rechtgläubigkeit oder überhaupt einer Gläubigkeit» zu tun habe (259/170). Auch im Künstlerischen sollen keine anthroposophischen Dogmen realisiert oder illustriert werden (259/174). Anstelle von Sektierertum, Orthodoxie und Dogmatismus wäre es wünschenswert, ein lebendiges Interesse für die anthroposophische Bewegung in der Welt zu entwickeln, da hapere es. «Die einzelnen Anthroposophen sollten die Möglichkeit haben, sich ein Bild davon zu machen, was da und dort in der Welt in Bezug auf Anthroposophie geschieht. ... Der Anthroposophischen Gesellschaft fehlt es daran, daß man ja niemals weiß, was in anderen Gebieten vor sich geht, daß keine Verbindung, keine Kommunikation da ist.» (259/176)

An anderen Abenden wurde über Schlaf und Geruchswahrnehmungen, über Farben, Eurythmie, Sprache und an einem Abend ausführlich über die Heilkunst gesprochen. Am letzten Abend – nachdem er Dunlop für seine Initiative, das Zentralanthroposophische zur Geltung zu bringen, gedankt hatte – ging Steiner noch auf manche Fragen

Abb. 144: Daniel Nicol Dunlop (1868 – 1935), «der feinfühlige, nach weiten Zielen schauende Anthroposoph» (260a/366), der die Sommerkurse in Penmaenmawr und Torquay organisierte, war auch der Gründer der Weltenergie-Konferenz (World Power Conference), die noch heute fortbesteht.

ein. Offensichtlich hatte man ihn nach Dasein und Wirken höherer menschlicher Individualitäten gefragt; er wehrte diese Frage ab, indem er – ähnlich wie im Vortrag vom 29. August – bemerkte: «Der Bodhisattva wartet schon, aber die Menschen müssen sich erst in einer genügend großen Anzahl fähig machen, ihn zu verstehen.» (*Zivilisationsaufgaben*, S. 154) Es sei ja der Welt bereits vieles mitgeteilt worden, was nicht aufgenommen worden sei. In Zukunft, wenn die Erde von den Wellen der drahtlosen Telegraphie umsponnen sein werde, würde die geistige Verständigung wesentlich schwerer als in jenen Tagen, aus denen die Reste der alten Heiligtümer im Umkreis Penmaenmawrs stammten.

Schon in Penmaenmawr und später in Dornach und Stuttgart zögerte Rudolf Steiner nicht, die Veranstaltung in Penmaenmawr als einen «der bedeutendsten Abschnitte in der Entwicklung unseres anthroposophischen Lebens» zu bezeichnen (*Zivilisationsaufgaben*, S. 178). Nach der Misere der Monate nach dem Brand traf er in Penmaenmawr zunächst auf die geistig souveräne Gestalt Daniel Nicol Dunlops, der die Tagung – trotz kleinlicher Kritik aus den eigenen Reihen – in großzügiger Weise durchführte und der einen Blick für das Wesentliche bewies. Das gab Steiner in diesen Tagen Raum zum Atmen.

Abb. 145: Rudolf Steiner, Marie Steiner und Harry Collison (1868 – 1945) auf Anglesey bei der Grabkammer von Bodowyr.

Aber mehr noch. Steiner konnte in diesen zwei Wochen jenseits der Schwelle der technischen Zivilisation in die Welt der alten Mysterien eintauchen und, obwohl die Automobile auf der Uferstraße nach Bangor und Holyhead Lärm und Gestank verbreiteten, in einer ätherisch kräftigen Welt leben. Das Wirken der alten Eingeweihten, deren Spuren äußerlich kaum sichtbar waren, stand als riesengroße, leuchtende Bilderschrift in der Akasha-Chronik vor ihm. So leuchteten auch viele Motive aus den alten Mysterien in seinen Vorträgen auf. Diese Atmosphäre, die Steiner umgab und die er vergegenwärtigte, dürfte auch Ita Wegman erlebt haben, die auf Bitten Rudolf Steiners nachgereist war, weil Rudolf Steiner hier wie auch in London über medizinische Fragen sprechen wollte. Ita Wegman war jedoch nicht in der Lage, sich für den ganzen Kurs von ihrer Klinik zu beurlauben, sie konnte nur die zweite Hälfte der Veranstaltung mitmachen. Sie hatte aber Gelegenheit, vor dem medizinischen Vortrag mit Rudolf Steiner zu sprechen, und während dieses Gesprächs über Medizin sagte Ita Wegman: «Ich möchte eine Medizin haben, so wie es während der Zeiten der Mysterien war!» (Zeylmans, *Wegman* I, S. 310) Diese Frage, die Rudolf Steiner äußerlich zunächst nicht beantwortete, öffnete Tore, Möglichkeiten. Denn Ita Wegman meinte in diesem Augenblick und mit dieser Frage, daß sie ihr eigenes medizinisches Wirken so an das Mittelpunktsmysterium der Anthroposophie anschließen wolle, wie sich in früheren Zeiten die Heiler den höchsten Eingeweihten angeschlossen hatten.

Rudolf Steiner antwortete, indem er Ita Wegman über das Schicksalhafte ihrer Zusammenarbeit mit ihm selbst ins Bild setzte. In einem Notizbuch schrieb Wegman: «Penmaenmawr Karma vollständig geoffenbart.» (Zeylmans, *Wegman* I, S. 146) Später hat Rudolf Steiner den Sinn dieser Zusammenarbeit Ita Wegman in Form eines Spruches, durch den geistige Wesen sprechen, mitgeteilt (Kirchner-Bockholt, S. 94):

Sei ihm verständnisvoll ergänzend
Bei seiner Geistaufgabe Gelingen
Von der ein Bild sich darstellt
In seinem irdischen Vollbringen
Wir brauchen seines Geistes Wegesweite
Er braucht deines Wesens Mitgeleite.

Mit diesem Spruch wird die Notwendigkeit der Zusammenarbeit zwischen Rudolf Steiner und Ita Wegman angedeutet. Rudolf Steiner war in seinem Leben bei der Ausführung seiner Aufgaben immer wieder auf Menschen angewiesen, die mehr waren als bloße Helfer. Er bedurfte eines seelischen Elements, das sich ihm verständnisvoll und ganz widmete. Schon 1896 hatte er an Anna Eunike geschrieben: «Ich glaube, in diesem Jahr hätte ich es ohne Deine immer so liebevolle Pflege und Teilnahme gar nicht aushalten können, was ich gerade in diesem Jahr zu arbeiten hatte.» (39/277) 1903 heißt es in einem Brief an Marie von Sivers: «Du verstehst mich; und das gibt mir Kraft, das macht mir die Flügel frei.» (262/31) Und ein wenig später betont er die feste «Waffenbrüderschaft» mit Marie von Sivers: «Der Mit-*Glaube* ist eine positive Kraft, die magnetisch für uns wirkt, und diese *Mit-Glaubens-Kraft* hast Du mir durch Dein Verständnis gebracht und wir müssen sie uns *gegenseitig* geben.» (262/34) Tatsächlich hätte Rudolf Steiner ohne die hingebungsvolle Aufopferung Marie von Sivers' die anthroposophische Arbeit in Deutschland wohl kaum aufbauen können. Auch Edith Maryon hatte sich für eine spezielle Aufgabe Steiner rückhaltlos zur Verfügung gestellt.

Nun bahnte sich eine neue Zusammenarbeit an. Zunächst schien es nur um die Erweiterung der Heilkunst im Sinne einer «Mysterien-Medizin» zu gehen. In Wahrheit jedoch trat für Rudolf Steiner nun die Möglichkeit auf, konkret über Fragen der wiederholten Erdenleben und des Schicksals zu sprechen. Die Früchte des Verstehens, das ihm in Ita Wegman begegnete, sollten sich im kommenden Jahr zeigen.

Am Abend, unmittelbar nach diesem Gespräch, hielt Rudolf Steiner vor einem allgemeinen Publikum einen Vortrag, in dem er am Beispiel von Antimon, Quarz und Phosphor anthroposophische Heilmittelerkenntnis und Therapien durch die unterschiedlichen Arten, heilende Substanzen zur Wirksamkeit zu bringen, beschrieb. Gegen Ende des Vortrags kam Rudolf Steiner auf die Einrichtung zu sprechen, in der diese Heilmethoden angewendet wurden, und sagte: «Insbesondere soll hier hingewiesen werden auf das Klinisch-Therapeutische Institut in Arlesheim, das ja unter der ausgezeichneten Leitung von Frau Dr. Wegman steht, die insbesondere eine segensreiche Wirksamkeit für dieses Institut dadurch entfaltet, daß sie dasjenige hat, was ich den Mut des

Abb. 146: Rudolf Steiner inmitten der Teilnehmer der International Summer Conference in Penmaenmawr 1923

GRAND

Heilens nennen möchte. Denn es gehört gerade, wenn man einerseits hinblickt in die Kompliziertheit der Naturvorgänge, aus denen die Heilungsprozesse hervorgeholt werden sollen, auf der anderen Seite in die ungeheure Kompliziertheit der Gesundheits- und Krankheitsprozesse im Menschen, es gehört, wenn man dies unermeßliche Feld vor sich ... hat, dann zum Heilen der Mut des Heilens.» (319/29)

Am 1. September reiste der Großteil der Tagungsteilnehmer nach London, wo sich am folgenden Tage die «Anthroposophical Society in Great Britain» konstituierte und Harry Collison als Generalsekretär bestimmte. In seiner Ansprache gab Rudolf Steiner eine Reihe wichtiger Hinweise für das Gedeihen der anthroposophischen Arbeit. Es kann, so führte er aus, «eigentlich keine spirituelle Bewegung in unserer Zeit gedeihen, die irgendeine Spezialbewegung der Menschheit ist. Es ist das einfach ein okkultes – sagen wir – Gesetz, daß jede wirklich tragfähige fruchtbare spirituelle Bewegung allgemein menschlich ist.» (259/604)

«Wir müssen uns aber als Anthroposophen intensiv für dasjenige interessieren, was in der Welt vorgeht. Die Welt interessiert sich für Anthroposophie; wenn wir uns nicht interessieren, dann wird die Welt gegnerisch.» (259/606) – Über den Gründungsvorgang der englischen Gesellschaft ist sonst nur wenig bekannt. Steiner hat über die Versammlung nirgendwo offiziell berichtet. Am Abend dieses Tages hielt er jedoch einen Vortrag für die Londoner Mitglieder, den er mit einem Mantram, das «zur Gewinnung des Ich jedem Menschen der Gegenwart heute in die Seele geschrieben werden könnte», abschloß (228/75f):

Ich schaue in die Finsternis:
In ihr ersteht Licht,
Lebendes Licht.
Wer ist dies Licht in der Finsternis?
Ich bin es selbst in meiner Wirklichkeit.
Diese Wirklichkeit des Ich
Tritt nicht ein in mein Erdendasein.
Ich bin nur Bild davon.
Ich werde es aber wieder finden,
Wenn ich,
Guten Willens für den Geist,
Durch des Todes Pforte gegangen.

Die englischen Mitglieder empfanden dieses Mantram als eine besondere Abschiedsgabe nach erfüllten Arbeitswochen. Vor seiner Abreise sprach Rudolf Steiner in London auch noch in zwei Vorträgen zu eingeladenen Ärzten. Den Abschluß des Aufenthalts bildete eine Eurythmie-Aufführung in der «Royal Academy», die zu einem großen Erfolg wurde. Schließlich besuchte er – wie im Kapitel über die Waldorfschule berichtet – am 3. August auch die Wirkensstätte von Margaret Macmillan in Deptford. Am 5. September verließ er England und kehrte über Holland und Stuttgart nach Dornach zurück, wo er am 8. September ankam.

50.
HERBST 1923 – DER WEG ZUR ENTSCHEIDUNG

In Dornach konnte Steiner Anfang September nur wenige Tage bleiben, aber er ergriff die Gelegenheit, in zwei Vorträgen von seiner Reise nach England und der Druidenkultur ausführlich zu erzählen. Schon am 13. September reiste er wieder nach Stuttgart, um an einer Tagung der Anthroposophischen Gesellschaft in Deutschland mitzuwirken. Auch diese Tagung war für Rudolf Steiner, wie man aus verschiedenen Äußerungen entnehmen muß, eine Enttäuschung (259/643-653). Seine Sorgen galten aber nicht allein der Anthroposophischen Gesellschaft, sondern auch der deutschen Kultur, zu der die Anthroposophie beizutragen hatte. Bereits während der Delegiertentagung im Sommer hatte er in diesem Sinne zu den deutschen Abgesandten gesprochen, vor naiven Hoffnungen auf «deutsche Siege» aller Art gewarnt und betont, daß Mitteleuropa in geistiger Beziehung noch Entscheidendes zu leisten habe. Dann sagte er: «Die Anthroposophische Gesellschaft, sie hätte vor allen Dingen die Aufgabe, wach zu sein gegenüber dem, was auch in der unmittelbaren Gegenwart sich abspielt. Es kann sehr leicht der Zeitpunkt verpaßt werden, der eben doch, man möchte sagen, wie vorgezeichnet ist in der Geschichte, wo aus zahlreichen Zentren in der Peripherie, in der Mitteleuropa umschließenden Peripherie, die Ansicht auftaucht: Ja, wir haben zwar an äußeren Machtmitteln gegenüber Mitteleuropa Ungeheures errungen; aber, wenn wir jetzt nicht auf der Erde geistig zugrunde gehen wollen, müssen wir Mitteleuropa als den Quell des Geisteslebens ansehen.» (259/586)

Durch solche Worte wollte Steiner im Juli die deutschen Delegierten, die sich zumindest recht seltsam verhalten hatten, aus ihrer Kleinheit und ihren Kleinlichkeiten zu ihren Aufgaben emporreißen. – Nun, nach der für Steiner enttäuschenden Septembertagung, kam er wieder auf die Entwicklung des mitteleuropäischen Geisteslebens zu sprechen:

«Es harrt manches von dem, was sogar an Geistesleben Mitteleuropas wie begraben scheint, es harrt einer gewissen Zukunft. Man wird in weitesten Kreisen der Welt in verhältnismäßig gar nicht langer Zeit dasjenige, was sogar hier vielfach verleugnet wird, von älterer mitteleuropäisch-geistiger Gesinnung, mit Sehnsucht ergreifen. Man wird in der Welt mitteleuropäische Geistigkeit mit Sehnsucht ergreifen wollen.» (259/181)

Nach dieser Einleitung nahmen Steiners Abschiedsworte an die Tagungsteilnehmer dann jedoch eine neue Wendung. Es dürfe nicht sein, daß, wenn die Welt nach einer Auferstehung des mitteleuropäischen Geisteslebens riefe, daß dann in Mitteleuropa selber die Menschen nicht vorhanden wären, die auf diesen Ruf antworten könnten. «Denn das wäre ein allergrößter Verlust der Welt. Das wäre eine der furchtbarsten Katastrophen, ... wenn einmal gegen Mitteleuropa der Ruf ergeht, ... wenn man dann in Mitteleuropa niemanden hätte, der ein Verständnis für das Geben haben würde.» (259/182)

Mit dieser Mahnung an die Anthroposophische Gesellschaft in Deutschland, sich ihrer Aufgaben in Mitteleuropa bewußt zu werden, verabschiedete sich Steiner von der Tagung. Während der Konferenz mit den Waldorflehrern am folgenden Tage bemerkte er zur Tagung: «Die vier Tage waren doch furchtbar.» (300,3/94)

Wieder blieben anschließend nur wenige Tage in Dornach, bevor Rudolf Steiner nach einer durchwachten Nacht, die er im Klinisch-Therapeutischen Institut am Bett eines sterbenden Kindes verbrachte, am 25. September nach Wien aufbrach. Dort hielt er in diesen Michaeli-Tagen zwei öffentliche Vorträge und vier Vorträge über *Die Anthroposophie und das menschliche Gemüt,* in denen er schon im ersten Vortrag eine für die miterlebenden Zuhörer unmittelbar zugängliche Michael-Meditation gab: «Da wirkt in mir die Drachenkraft, die mich herunterziehen will; ich schaue sie nicht, ich fühle sie als das, was mich unter mich bringen will. Aber ich schaue im Geiste den leuchtenden Engel, dessen kosmische Aufgabe es immer war, den Drachen zu besiegen. Ich konzentriere mein Gemüt auf diese Leuchtgestalt, ich lasse ihr Licht in mein Gemüt hereinstrahlen.» (223/104)

Besondere Schwierigkeiten waren diesmal in Wien mit der Eurythmie-Aufführung verbunden. In den meisten Wiener Theatern waren nämlich die Bühnenarbeiter mehr oder weniger in den Ausstand getreten. Schon am 27. September verhandelte Steiner mit den Arbeitern des Volkstheaters, um die Aufführung zu ermöglichen: «Ich versuchte mein Glück beim Arbeitersekretär. Der Bursche blieb starr. So gings an das einzige Theater in Wien, das die Forderungen der Arbeiter bewilligt hat und deshalb keine passive Resistenz hat. Diese Verhandlungen nahmen mir den ganzen Donnerstag vormittag.» (263,1/163) So fand die Eurythmie-Aufführung im Wiener Neuen Stadttheater statt und hatte einen derartigen Erfolg, daß eine Woche später noch eine zweite Darbietung in Wien stattfinden konnte; und in der Woche zwischen den beiden Aufführungen spielte die Truppe noch in Gmunden im Salzkammergut und in Salzburg. Daß die Eurythmisten nicht unverrichteter Dinge aus Österreich wieder abreisen mußten, war aber – und das verdient bemerkt zu werden – ausschließlich der Initiative Marie und Rudolf Steiners zu danken.

Die österreichischen Mitglieder sahen wohl nicht, daß sie diese und andere Dinge Steiner hätten abnehmen können, und so berichtete er an Edith Maryon, «daß auch unsere Wiener Mitglieder schlafen» (263,1/163). Bei der Gründungsversammlung der österreichischen Landesgesellschaft jedoch wurde in langen und umständlichen Reden eine schöne Rhetorik über das Mündigwerden der nunmehr einundzwanzigjährigen Gesellschaft entfaltet. Rudolf Steiner, der alles schweigend und nur dann und wann mit dem Fuß wippend angehört hatte, quittierte die Volljährigkeit mit dem Hinweis darauf, aufzuwachen, Dinge zu bemerken, zu erkennen und Initiative zu entfalten: «Das ist es, was ich mir als Mündigwerden der Gesellschaft einmal erbeten habe. ... Erwachen heißt: Anfeuern der Aufmerksamkeit für die Umgebung, mitarbeiten an der Welt, mitarbeiten für unsere große Sache, wenn unsere große Sache in Betracht kommt. Theoretische Auseinandersetzungen, daß wir nun einundzwanzig Jahre alt werden, tun es nicht. Was hilft es, wenn man nun einundzwanzig Jahre alt geworden ist?» (259/658f)

So wie schon in London sprach Rudolf Steiner auch in Wien zu einer Reihe eingeladener Ärzte. Ita Wegman, die auch nach Wien gereist war, hatte diese Zusammenkunft angeregt, und Dr. Norbert Glas hatte die von Rudolf Steiner bezeichneten Mediziner persönlich aufgesucht und eingeladen. Der kurze Vortrag fand im Atelier Jo van Leers, der den Vertrieb der in Arlesheim hergestellten Heilmittel organisierte, statt.

Nach dem Vortrag blieb man noch eine Zeitlang gesellig beisammen, und Steiner unterhielt sich angeregt mit den Gästen. Bei einem dieser Gespräche hörte Ita Wegman, daß Rudolf Steiner zu einem der anwesenden Anthroposophen sagte: «Ich werde mit Frau Dr. Wegman ein medizinisches Buch schreiben.» Wegman war höchst überrascht, dieser Plan war ihr bis dahin unbekannt. In Dornach teilte Rudolf Steiner diese Absicht bald den Ärztinnen des Klinisch-Therapeutischen Instituts mit. Er hatte sich also zu einer Zusammenarbeit mit Ita Wegman entschlossen, die für beide ganz neuartig war. Er machte die Heilkunst nun zu seiner Sache, und so wie in Penmaenmawr, London und Wien sprach er dann auch einige Wochen später in Den Haag über Grundzüge einer anthroposophischen Heilkunst. Wieder erwähnte er den «Mut des Heilens», den Ita Wegman zeige (319/128), und er verwies nachdrücklich auf die unmittelbare Zusammenarbeit des Klinisch-Therapeutischen Instituts «mit dem Goetheanum, unserer anthroposophischen Hochschule in der Schweiz» (319/87).

Am 3. Oktober suchte Rudolf Steiner seine Geschwister in Horn noch einmal auf, und am Abend dieses Tages besuchte er Rosa Mayreder, die in ihrem Tagebuch notierte: «Er ist besonders herzlich: ‹Ich hätte Wien nicht verlassen können, ohne Ihre Stimme gehört zu haben›, sagte er.» So nahm Rudolf Steiner auf diese ganz persönliche Weise Abschied von Österreich, bevor er am 4. Oktober die Rückreise nach Dornach antrat.

Noch zwei Reisen waren vor Weihnachten fällig. Die eine führte wieder nach Stuttgart, wo Steiner zu den Mitgliedern sprach, drei Vorträge für die Waldorfschul-Lehrerschaft hielt, die Schule besuchte und mit Lehrern konferierte, sich um das Forschungsinstitut und das Stuttgarter Klinisch-therapeutische Institut kümmerte – all dies muß unsagbar anstrengend gewesen sein. Emil Leinhas erzählt, wie die auf 16 Uhr festgelegte Abreise am 16. Oktober wegen dringendster Dinge immer weiter verschoben wurde, bis es schließlich um 21 Uhr losging. Anders als sonst saß Steiner während der ganzen Fahrt schweigend im Auto, und ohne Halt ging es nach Dornach, wo man um drei Uhr morgens ankam. In Dornach angekommen, ging Rudolf Steiner – wie immer im Bett sitzend – an seine Arbeit und schrieb den ersten Artikel der Reihe *Vom Seelenleben,* denn schon am Morgen um acht Uhr kam der Bote, der den Artikel für den Druck abholte.

Die letzte der zweiundzwanzig Reisen des Jahres 1923 führte am 13. November nach Den Haag zu einer Reihe von Vorträgen und zur Begründung der niederländischen Landesgesellschaft. Auch die Begründung dieser Landesgesellschaft sollte sich als schwierige Angelegenheit erweisen. Schon nach ersten Vorbesprechungen am 16. November schrieb Steiner nach Dornach, daß alles gut gehe, «nur die Gesellschaft ist auch hier in einer greulichen Verfassung, Uneinigkeit, Ungenügendheit u.s.w.» (263,1/165)

Am Abend vor der Gründung der niederländischen Gesellschaft saßen eine Reihe von Mitgliedern, Pieter de Haan, Jo van Leer, Ita Wegman, Frederik Willem Zeylmans und andere im Hotel «Oude Doelen» in der Halle um ein offenes Feuer. Da kam, wie Zeylmans später erzählte, «Dr. Steiner blaß und ernst und zugleich so traurig herein, daß keiner von uns es wagte, das Gespräch zu eröffnen. Schließlich fragte Frau Dr. Wegman, ob etwas passiert sei? Ganz traurig und wie vor sich hin sprach er dann Worte, die zeigten, wie schwer es ihm zu schaffen machte, was er als Unverständnis der Mitglieder, bei allem subjektiv guten Willen, gegenüber den eigentlichen geistigen Notwendigkeiten erlebte:

‹Die Mitglieder wollen nicht ... Sie sind voller guter Absichten, aber ... Was soll ich tun ...? Soll ich denn einen Orden gründen?!›» (E. Zeylmans, *Willem Zeylmans*, S. 121)

Die eigentliche Gründungsversammlung fand dennoch am 18. November statt. Die Holländer hatten einen Statuten-Entwurf ausgearbeitet, in dem die Gesellschaft als eine «Menschengemeinschaft ... zur Pflege echter Geisteswerte» bezeichnet wurde und in dem es hieß, daß jeder, «der ein wahrhaftiges Interesse für die tieferen geistigen Kräfte» in Mensch und Welt habe, Mitglied werden könne. In solchen Formulierungen erblickte Steiner etwas Sektiererisches, etwas Ausschließliches, weil mit den echten *Geisteswerten* und dem *wahrhaftigen Interesse* bereits auf eng umschriebene bestimmte Inhalte abgehoben wurde. Wer sollte denn, so mußte man fragen, festlegen, was die *echten Geisteswerte* seien und wer sollte *das wahrhaftige Interesse* überprüfen?

In Dornach berichtete er später von dieser Gründungsversammlung, daß er die Tendenz beobachtet habe, «daß eigentlich die Anthroposophische Gesellschaft so ein bißchen eine ausgebreitetere Familie sein möchte, die sich absperrt gegen die Außenwelt. Und sie ist auch so in ihren Usancen.» (259/687)

Abb. 147: Frederik Willem Zeylmans van Emmichoven (1893 – 1961) begegnete Rudolf Steiner 1920, als er sich zum Abschluß seiner psychiatrischen Studien mit der Wirkung der Farben auf das Gefühl befaßte. Im November 1923 schlug Steiner ihn als Generalsekretär der neugegründeten niederländischen Landesgesellschaft vor. Sein Miterleben der Weihnachtstagung 1923/24 faßte Zeylmans in die Worte: «Jetzt bin ich als geistige Persönlichkeit geboren worden.» (Wir erlebten Rudolf Steiner, S. 265)

So legte Rudolf Steiner den Niederländern während dieser Versammlung immer wieder ans Herz, «weltmännisch», «weltfraulich» und weitherzig zu sein. «In vollem Ernste: Versuchen Sie mit der Welt zusammenzuwachsen! Das wird das beste, das wichtigste ‹Programm› sein!» (259/683)

Auf der Gründungsversammlung wurde der noch nicht ganz dreißigjährige Arzt Dr. Zeylmans van Emmichoven auf Vorschlag Rudolf Steiners als Generalsekretär der Landesgesellschaft bestimmt. Nach dem Mittagessen sagte Steiner zu Zeylmans: «Bedenken Sie, Sie haben von jetzt an die ganze esoterische und exoterische Verantwortung für alles, was auf anthroposophischem Gebiet hier in Holland geschieht.» (*Wir erlebten Rudolf Steiner*, S. 265)

Während Rudolf Steiner nach Dornach zurückfuhr, mußte Marie Steiner nach Berlin reisen, um die dortige Wohnung, die man in den letzten Jahren kaum noch benutzt hatte, aufzulösen. Es war eine entsagungsvolle Arbeit. Steiners Bibliothek mußte verpackt, endlose Papiere gesichtet, Überflüssiges vernichtet werden. Ferner war mit Hilfe von Johanna Mücke der Umzug des Philosophisch-Anthroposophischen Verlags nach Dornach zu organisieren. So wurde die Stätte, die

*Abb. 148:
Johanna Mücke (1864 – 1949),
eine der ältesten und engsten
Mitarbeiterinnen Rudolf Steiners.
Der von ihr betreute Verlag wurde
1923/24 nach Dornach verlegt.*

durch viele Jahre das Zentrum der Arbeit Rudolf Steiners gewesen war, vollends verlassen und endgültig nach Dornach verlegt.

Bisher ist vom Inhalt der Vorträge, die Rudolf Steiner 1923 hielt, kaum die Rede gewesen. Es ist auch nicht möglich, diese höchst verschiedenartigen Inhalte kurz zu referieren oder auch nur anzudeuten. Es fällt aber eine gewichtige Wandlung in der Art der Vorträge des Jahres 1923 auf. Diese Änderung hatte sich schon in der zweiten Jahreshälfte 1922 abzuzeichnen begonnen und wurde im Laufe des Jahres 1923 immer deutlicher. Ganz äußerlich kann man festellen, daß Rudolf Steiner im Herbst 1922 wieder – wie in der Vorkriegszeit – beginnt, in sich geschlossene, rein anthroposophische Vortragszyklen zu halten. Zu diesen Zyklen gehört der «Französische Kurs» *Philosophie, Kosmologie und Religion,* gehören die Vorträge über *Die geistige Kommunion der Menschheit* und die 1923 in Oslo und Penmaenmawr gehaltenen Zyklen.

Blickt man auf die übrigen Arbeiten Steiners, so fällt auf, daß er 1923 eine ganze Reihe von Pastellbildern skizziert, die zwar auch als Anregungen für den Malunterricht an der Friedwartschule und für den Malunterricht von Henni Geck gemeint waren, die jedoch zugleich zeigen, daß Rudolf Steiner sich offensichtlich gerne malerisch betätigte. Dieser Eindruck verstärkt sich, wenn man die heute veröffentlichten Wandtafelskizzen zu den Vorträgen, namentlich zu den Vorträgen des Herbstes 1923 anschaut: Immer wieder hat Rudolf Steiner während seiner Vorträge in wenigen Minuten stark beeindruckende Bild-Ideen, die Vorträge untermalend, an der Wandtafel entstehen lassen. In diesem Sinne wurden auch viele der Vorträge des Jahres 1923 im wörtlichen Sinne zu Schilderungen, zu farbigen, gestaltreichen Gemälden.

Man kann den Eindruck gewinnen, daß Rudolf Steiner, dem durch den Brand die Bilderwelt des Goetheanum geraubt worden war, mit Worten zu malen beginnt. Es ist, als schaffe er sich in diesen imaginativen Schilderungen einen neuen Hintergrund seines Wirkens. Besonders nach seiner Rückkehr aus Penmaenmawr, wo die imaginative Welt die ganze Atmosphäre durchdrang, gestaltet er mächtige Wortgemälde in großer Schönheit. Er spricht durch Bilder und Imaginationen zu seinen Zuhörern.

Eines der Themen dieser Gemälde, das bereits im Frühjahr aufklingt, ist der Jahreslauf. In den ersten Oktoberwochen entfaltet Rudolf Steiner vor seinen Dornacher Zuhörern jene Jahreszeiten-Imaginationen, durch die grandiose, tiefsinnige Bilder der Geist-Natur entstehen. Die stofflichen Prozesse des Schwefels und des Kalks, das Wachsen, Blühen und Welken, die Wolkenbildung, die Kristallbildung erscheinen als eine kosmische Alchymie, in deren Wandlungen die Himmelskräfte auf- und niedersteigen und wo im Hintergrund die mächtigen Erzengel zur Menschheit sprechen.

In den folgenden Vorträgen, die zwischen dem 19. Oktober und dem 11. November in Dornach gehalten werden, schildert Rudolf Steiner bis in Einzelheiten hinein die Tier- und Pflanzenwelt, so daß sich Adler, Löwe, Stier, Vögel, Schmetterlinge, Fledermäuse, Reptilien und Fische als Offenbarungen des in der Natur wirkenden Geistes zeigen. Dabei werden der Flug, die Flügel, die Federn, der Schnabel und die Krallen des Adlers, die Entwicklungsstadien und Metamorphosen des Schmetterlings vom Ei über Raupe und Puppe bis zur vollen Entfaltung der Imago vor den Zuhörern unmittelbar sinnlich-anschaulich gegenwärtig. Zugleich aber erscheint dabei das Sinnliche als konkreter Ausdruck der Naturgeistigkeit, die zum Menschen spricht. Rudolf Steiner las in diesen Vorträgen aus dem Buch der Natur vor. Die Schriftzeichen der Natur werden zu Worten, die im Menschen zusammenklingen, und die Gestalten der Welt erscheinen als der in der Welt ausgebreitete Mensch: *Der Mensch als Zusammenklang des schaffenden, bildenden und gestaltenden Weltenwortes.*

So führte Steiner in imaginativer Naturbetrachtung, nicht durch bloße Gedanken und Theorien, mit diesen Vorträgen sinnlich-bildlich zum Erleben der kosmischen Zusammenhänge, durch die der Mensch existiert: Die Verwandtschaft mit den Wesen der Welt kann erfühlt werden, und dem Erkennen offenbart sich die in der Welt waltende Weisheit.

Als Rudolf Steiner nach dem Aufenthalt in Den Haag am 23. November die Reihe der Dornacher Vorträge wieder aufnahm, blickte er auf die kommende Weihnachtstagung: Die Vortragsreihe *Mysteriengestaltungen* der folgenden Wochen sollte in den Zuhörern das lebendig machen, «was die anthroposophische Bewegung in die Herzen der Menschen hineinbringen kann. So, daß auch wirklich diejenigen, die hier sitzen werden bis Weihnachten, in ihren Gedanken etwas zu sagen haben gerade über dasjenige, was jetzt, ich möchte sagen: in letzter Stunde noch geschehen kann.»

In Erweiterung seiner in den vorangegangenen Wochen veröffentlichten Aufsatzreihe *Vom Seelenleben* sprach Rudolf Steiner in den ersten Vorträgen von den seelischen Übungswegen, die zu einem Durchschauen der Weltgeheimnisse führen sollen. In großen Schritten wird aber das Seelische über sich hinaus in die Welt geleitet, zunächst in den unmittelbaren Umkreis meteorologischer Erscheinungen, dann in den Tages- und Jahreslauf und vom vierten Vortrag an in die Substantialität der Erde: Der Quarz und die Metalle werden zu Organen eines Erkennens, das sich in der Welt findet, und schließlich führt die Betrachtung in die fernsten Weltvergangenheiten. Man hat den Eindruck, daß Steiner seine Zuhörer auf den Weg zur Erforschung der Akasha-Chronik mitzunehmen versucht. Hier ist aber auch wichtig wahrzunehmen, daß er sogar in diesen eher methodischen Vorträgen den Anwesenden alles höchst konkret, bildhaft und im Zusammenhang mit anschaubaren Naturvorgängen vor Augen führt.

Mit dem sechsten Vortrag erreicht Rudolf Steiner das Thema der Vortragsreihe: die Schilderung alter und ältester Mysterien. Er kehrt damit zu dem Thema zurück, mit dem er 1901/02 seine anthroposophische Arbeit vorbereitet hatte. Die bisher unveröffentlichten Nachschriften der Vorträge, aus denen dann das Buch *Das Christentum als mystische*

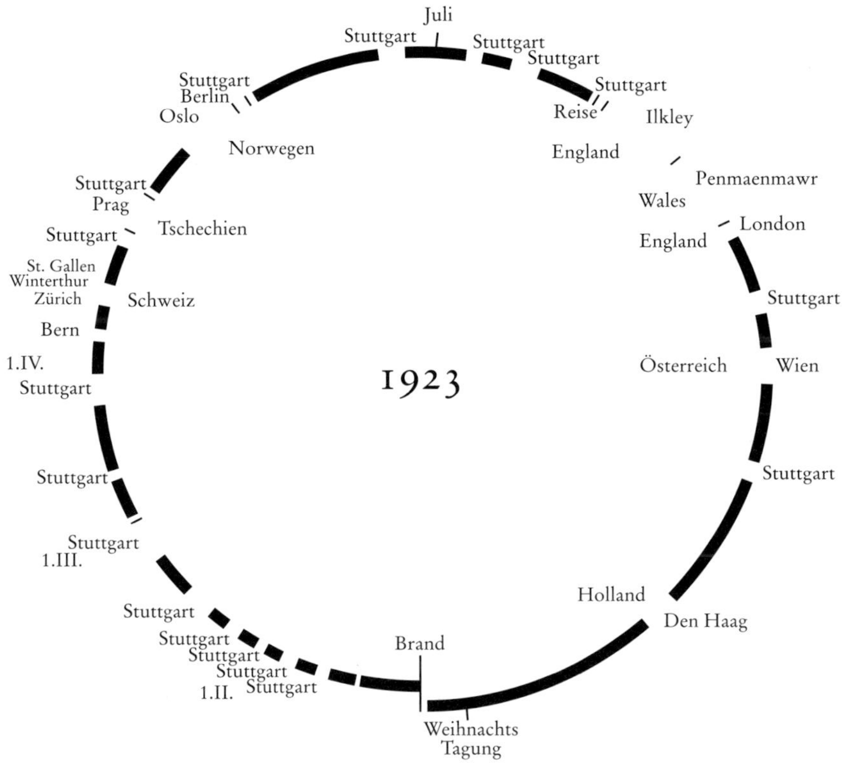

Karte 6: Das Jahr 1923 –
Rudolf Steiners Anwesenheit in Dornach ist schwarz gekennzeichnet.

Tatsache geworden war, zeigen eindringlich, wie Steiner sich dieses Thema im Jahre 1902 aufgrund der zu jener Zeit vorliegenden Darstellungen und anhand der aus den Mysterien überlieferten Texte erschloß und seine Deutungen durch Zitate belegte. Jetzt, im Dezember 1923, spricht er völlig frei, ohne ein Buch in die Hand zu nehmen, ohne einen gedruckten Text zu zitieren, aus unmittelbarer Anschauung der Mysterien. Am Anfang dieser Darstellungen steht das Logos-Mysterium von Ephesus in seinem Zusammenhang mit der Kosmogonie – wenig später, während der Weihnachtstagung und im Jahre 1924, hat Rudolf Steiner diese Darstellungen noch wesentlich ergänzt und erweitert. Dann folgen in drei Vorträgen die Mysterien Irlands. In einfach erscheinenden, äußerlich anspruchslosen Erzählungen wird das Erkenntnisdrama des Einzuweihenden geschildert. Am 14. und 15. Dezember erzählt Steiner von den Erlebnissen und Erfahrungen in den Mysterien Griechenlands. Der Bogen spannt sich von den kosmischen Einsichten, die in den chthonischen Mysterien lebten, über die Mysterien von Eleusis zu Plato und Aristoteles und schließlich zu der esoterischen Naturkunde, die Aristoteles dem Alexander überlieferte. Die letzten drei Vorträge, die Rudolf Steiner dann unmittelbar vor der Weihnachtstagung hält, rufen den Kult der Mysterien von Samothrake und die rosenkreuzerischen Mysterien der frühen Neuzeit als Initiation, die sich durch die Einblicke in die irdischen Substanzen bis zu den planetarischen Intelligenzen erheben will, in das Erinnern der Zuhörer.

So entwickelte Rudolf Steiner unmittelbar vor der Weihnachtstagung Bilder der alten und neueren Mysterien, damit «dienigen, die hier sitzen ... in ihren Gedanken etwas zu sagen haben werden gerade über dasjenige, was jetzt, ich möchte sagen in letzter Stunde noch geschehen kann» (232/9). In künstlerisch-bildhafter Art wurde den Zuhörern anschaulich, wie die Initiierten der früheren Jahrhunderte und Jahrtausende in den Mysterien vom Irdischen den Weg zu den kosmischen Intelligenzen fanden und wie alles Irdische unmittelbarer Ausdruck konkreter geistiger Wirkungen sei. Damit veranlagte Steiner die Gedanken und die Stimmung, die «die anthroposophische Bewegung in die Herzen der Menschen hineinbringen kann.» (232/9)

In dieser Vorweihnachtszeit begann Rudolf Steiner auf Bitten verschiedener Freunde, vor allem Albert Steffens, seine Autobiographie *Mein Lebensgang* zu schreiben. Der Anfang des ersten Kapitels wurde am 2. Dezember geschrieben und erschien am 9. Dezember. Allwöchentlich war nun dieser Lebensbericht im *Goetheanum* zu lesen, die letzte, siebzigste Folge erschien am 5. April 1925. Für Rudolf Steiner war die mit der Niederschrift seiner Erinnerungen verbundene Rückschau gewiß auch eine Besinnung auf sein persönlichstes Streben. Unmittelbar vor der Weihnachtstagung schrieb er jene Passagen, in denen er sein Verhältnis zur Geometrie als «das erste Aufkeimen» jener Geistanschauung bezeichnet, «die sich allmählich bei mir entwickelt hat» (28/21). – Zugleich aber war für Steiner das Verfassen seiner Memoiren eine seltsame Erfahrung. Er berichtet an Marie Steiner nach Berlin: «Ich fühle mich, indem ich diese Lebensbeschreibung schreibe, wie von der Erde abgereist.» (262/210)

Während Rudolf Steiner so sich seine ureigenen Intentionen erinnernd vor Augen führte, stand von Ende November an die ungemein schwere Frage, was mit der Anthroposophischen Gesellschaft geschehen sollte, vor seiner Seele. Rückblickend ist klar, daß er sich entschloß, die Leitung der Anthroposophischen Gesellschaft zu übernehmen. Fünf Monate nach der Weihnachtstagung sprach er in Paris über eine der Fragen, die mit diesem Entschluß verbunden waren: «Es war ein ganz bedeutender Entschluß, auch gegenüber der geistigen Welt, den ich damals fassen mußte. Denn es war ein Wagnis. Ein Wagnis aus dem Grunde, weil mit der Übernahme der äußeren Führung ebensogut es hätte sein können, daß die Offenbarungen von Seite geistiger Wesenheiten, auf die wir doch durchaus angewiesen sind, ... hätten weniger werden können dadurch, daß ich mich in Anspruch nehmen ließ von der äußeren Verwaltung der Gesellschaft.» (239/79f)

An anderer Stelle formulierte Rudolf Steiner diese Möglichkeit noch deutlicher: Die geistigen Mächte, die die anthroposophische Bewegung leiten, hätten von ihr «ihre Hände abziehen können» (240/143; vgl. auch 240/202f).

Man sagt wohl nicht zu viel, wenn man ausspricht, daß Rudolf Steiner mit diesem Entschluß seine geistige Existenz riskierte. So stand vor ihm die Frage, ob er sich von der Anthroposophischen Gesellschaft zurückziehen oder ob er die Leitung dieser Gesellschaft übernehmen solle. Der Prozeß, der zu diesem Entschluß führte, dauerte einige Zeit. Ita Wegman hat in den Vorarbeiten für einen Vortrag über die Situation im Spätherbst 1923 notiert: «Was da für Enttäuschungen an Menschen durch Rudolf Steiner erlebt wurde, war erschütternd zu sehen. Man verstand nicht, was Rudolf Steiner wollte, ... so daß es sogar schon so weit war, daß Rudolf Steiner daran dachte, mit einer kleinen Gruppe von Menschen, die er auserwählen wollte, die Anthroposophische Gesellschaft zu verlassen und irgendwo mit diesen Menschen zu arbeiten. In letzter Stunde entschloß er sich dann, das war Ende November 1923, mit aller Kraftanspannung, selber die Leitung der Anthroposophischen Gesellschaft zu übernehmen.» (Zeylmans, *Wegman* I, S. 315)

Diese Darstellung ist zutreffend und belegbar. Ita Wegman schrieb nämlich am 2. Dezember 1923 in einem Brief an ein Mitglied, das mit Vorschlägen nach Dornach kommen wollte: «Die Sache wird ganz anders gemacht wie bisher bei den Gründungen der einzelnen Landesgesellschaften. Es ist jetzt hier Herr Dr. Steiner, der die ganze Sache in die Hand nehmen will, er wird sogar den Vorsitz führen und ganz die Sache leiten, wie er es für gut findet. Er wird auch die Statuten geben, und die Geschäfte der internationalen Gesellschaft werden unter seiner direkten Führung mit Hilfe von Mitarbeitern, die hier in Dornach leben und von Herrn Dr. persönlich gewählt werden, geführt.» (Zeylmans, *Wegman* I, S. 163)

Man sieht hier, daß Rudolf Steiner über das künftige Vorgehen mit Ita Wegman gesprochen und sie in seine Gedanken miteinbezogen hat. Damit war der endgültige Entschluß aber auch noch nicht gefaßt. Denn am 6. Dezember schrieb Rudolf Steiner an Marie Steiner in Berlin, daß man zu Weihnachten eine phantastisch große Zahl von Tagungsteilnehmern zu erwarten habe. «Doch hängt jetzt alles davon ab, daß die Weihnachtsveranstaltung am Jahrtage des Brandes eine würdige werde, auch durch die Zahl der Teilnehmer. Wenn das nicht der Fall sein würde, so hielte ich es für das beste, überhaupt nicht mehr zu bauen. Nach den bitteren Versammlungen in London und Haag *kann* es doch hier gut gehen; aber man muß auch alles dafür tun.» (262/205)

Mit anderen Worten: Rudolf Steiner sieht am 6. Dezember die Möglichkeit, daß es mit der Neu-Gründung der Gesellschaft gutgehen *kann*, aber er sieht auch die andere Möglichkeit, «überhaupt nicht mehr zu bauen», weil nämlich ohne eine funktionierende Gesellschaft das Bauen keinen Sinn mehr haben würde. Wie deutlich ihm diese zweite Möglichkeit vor Augen stand, muß man aus der Tatsache entnehmen, daß er noch unmittelbar vor Beginn der Weihnachtstagung, nachdem er angekündigt hatte, daß er selbst die Leitung der Gesellschaft übernehmen wolle, abschließend bemerkt: «Es ist schon so, daß gegenwärtig die Dinge sehr, sehr ernst, bitter ernst genommen werden müssen. Sonst müßte eigentlich dennoch dasjenige eintreten, wovon ich ja oftmals gesprochen habe: daß ich mich von der Anthroposophischen Gesellschaft zurückziehen müßte.» (259/741)

Was von Rudolf Steiner in den Wochen vor der Weihnachtstagung veranlagt wurde, war also kein «unabänderlicher Entschluß», sondern, um Steiners eigene Worte zu gebrauchen, das zweite Glied eines hypothetischen Urteils. Das erste Glied hieß: «Wenn die Anthroposophen wollen», das zweite: «Dann kann ich meine Absichten verwirklichen und die Verantwortung übernehmen.» (300,3/111 u. 240/93)

Warum hat Steiner in jenen Wochen «nach schwerem inneren Überwinden» (260/39) diesen Entschluß gefaßt? Ganz allgemein hat er diese Frage damit beantwortet, daß er sagte: nach einer sehr gründlichen Beschäftigung mit der Frage, wie die Gesellschaft zu gestalten sei, nachdem er zahlreiche Versammlungen mitgemacht habe, müsse er aus «den Erlebnissen der letzten Jahre die Konsequenz ziehen, daß ich eigentlich nur mitarbeiten kann, wenn ich zum wirklichen Vorsitzenden gewählt werde» (259/736). Was Steiner in den letzten Jahren erlebt hatte, war – es ist ausführlich dargestellt worden – das Versagen der leitenden Persönlichkeiten als Führer der Gesellschaft. Es war eindeutig klar geworden, daß sich die Gesellschaft nicht selbst führen konnte. Deshalb hatte Rudolf Steiner die *Möglichkeit*, die Führung zu übernehmen: Er nahm niemandem die Initiative weg. In der Mitgliedschaft der Anthroposophischen Gesellschaft konnte er aber auf Menschen hoffen, mit denen die Zusammenarbeit aussichtsreich war, *wenn er sie führte*. – Wie weit er die andere Möglichkeit, sich von der Gesellschaft zurückzuziehen, real erwogen hat, wissen wir nicht. Ob er den Entschluß, die Gesellschaft nicht zu verlassen, auf die Bitte Ita Wegmans und Marie Steiners hin gefaßt hat und ob diese Bitten, wie behauptet wird (259/864f), überhaupt ausgesprochen wurden, muß dahingestellt bleiben, da nur recht ungesicherte Überlieferungen aus zweiter Hand vorliegen. Man kann sogar vermuten, daß weder Marie Steiner noch Ita Wegman solche Bitten geäußert haben und daß Rudolf Steiner den gewagten Entschluß, die Leitung der Gesellschaft zu übernehmen, in aller Einsamkeit alleine, auch ohne jegliche Weisung aus höheren Welten, fassen mußte.

Jedenfalls aber tat Rudolf Steiner in den Wochen vor Weihnachten alles, um ein Gelingen der Tagung zu ermöglichen. Er kümmerte sich um die Eurythmieproben, um die Weihnachtsspiele, um die Quartierbeschaffung für die zahlreichen anreisenden Teilnehmer, er sorgte dafür, daß der Raum der Schreinerei so erweitert wurde, daß er alle Teilnehmer der Tagung fassen konnte, und außerdem befaßte er sich in diesen Wochen noch mit den Problemen, die mit dem Umzug des Philosophisch-Anthroposophischen Verlags aus Berlin nach Dornach zusammenhingen.

Guenther Wachsmuth berichtet in seiner Biographie *Rudolf Steiners Erdenleben und Wirken* über die Zeit vor der Weihnachtstagung: «In dieser Epoche des Werdens fanden in einem Zimmer der Wohnung

Rudolf Steiners zunächst im engsten Kreise die Vorbesprechungen statt, bei denen Plan und Gestaltung der bei der kommenden Weihnachtstagung zu vollziehenden Neubegründung der Bewegung, der Gesellschaft, der Hochschule, ihre esoterischen Aufgaben, Sinn und Ziel des nun zu schaffenden Geistorganismus von ihm dargelegt wurden. Die Vorbesprechungen und Beschlüsse vollzog Rudolf Steiner in diesen Monaten gemeinsam mit Frau Marie Steiner, Albert Steffen, Dr. Ita Wegman und Dr. Guenther Wachsmuth. Im späteren Verlauf wurde auch noch Dr. Elisabeth Vreede hinzugezogen.» (Wachsmuth, S. 561)

Nur von einer dieser Besprechungen sind Datum und Inhalt bekannt, von der Besprechung, die am 16. Dezember in der Wohnung Steiners stattfand. Es ist möglich, ja wahrscheinlich, daß schon vor dieser Besprechung eine Erörterung des Tagungsprogramms, das unter dem Datum des 16. Dezember im *Goetheanum* erschien, aber bereits am 14. Dezember versandt wurde, abgehalten worden war. Ferner hat es einige Einzelgespräche gegeben. Es fehlt aber jeder Hinweis darauf, daß irgendwelche umfangreicheren Beratungen stattgefunden haben. Über die Besprechung mit Ita Wegman, Albert Steffen und Guenther Wachsmuth, die am 16. Dezember stattfand, notierte sich Steffen in sein Tagebuch: «Dr. Steiner liest die Statuten vor und sagt dann, wie er sich den Vorstand denke. Er: Präsident. Frau Dr. Steiner und ich Vicepräsident. Frau Wegman Protokollführerin. Wachsmuth Kassier. (Wachsmuth schlägt vor Schatzmeister, wozu Dr. Steiner lachend sagt: Der Name tut nichts zur Sache.) Dann Vorsteher der einzelnen Fächer. Dr. Steiner der ganzen Hochschule. Ich belles lettres. Wachsmuth Nationalökonomie. Er möchte lieber Naturwissenschaften. Aber Dr. Steiner sagt, es sei schade, daß er kein Mathematiker wäre.»

Aus diesem Tagebucheintrag geht hervor, daß Rudolf Steiner seine engsten Mitarbeiter erst in letzter Minute von Einzelheiten seiner Pläne unterrichtete und daß die am 22. Dezember genannte Elisabeth Vreede noch nicht zugegen war. Das hängt möglicherweise damit zusammen, daß Rudolf Steiner zögerte, weil er ursprünglich als dritte Frau Edith Maryon in den Vorstand berufen wollte, deren Gesundheitszustand jedoch dann eine Teilnahme an der Gründungsversammlung nicht zuließ.

Am 17. Dezember entwarf Rudolf Steiner das Modell für das Bücherlager des Verlages, das in den nächsten Monaten gebaut werden sollte, und besprach anschließend mit Albert Steffen die nächste Nummer des

Goetheanum. Am 18. Dezember reiste er früh mit dem Auto nach Stuttgart, wo er mit Marie Steiner wieder zusammentraf und sie über all das ins Bild setzte, was er inzwischen in Dornach vorbereitet hatte. Dann teilte Rudolf Steiner – wohl am späten Nachmittag des 18. Dezember – den Vorständen der beiden deutschen Gesellschaften mit, daß er zu Weihnachten die Gesellschaft neu begründen und selbst den Vorsitz der Gesellschaft übernehmen werde. Den älteren Mitarbeitern wurde damit klar, daß Rudolf Steiner seine Beschlüsse ohne sie gefaßt hatte und daß jetzt das eintreten würde, was Steiner schon im Januar angekündigt hatte: Er würde sich über ihre Köpfe hinweg unmittelbar an die Mitglieder wenden. Es ist verständlich, das die älteren Mitarbeiter betreten schwiegen (Lehrs, S. 251).

In einem Bericht nach Dornach, den Rudolf Steiner im Nachrichtenblatt vom 30. März 1924 abdrucken ließ, hat ein deutsches Mitglied, Dr. Hermann Poppelbaum, die Situation gekennzeichnet: «Da war es wie die Befreiung von einem Alpdruck, als Dr. Steiner an Weihnachten den Schwerpunkt unseres Wirkens wieder dahin rückte, wohin er gehört: Nach Dornach ins Substantiell-Anthroposophische. Freilich mußten wir uns auch sagen, daß die Übernahme des Vorsitzes durch Dr. Steiner die letzte Möglichkeit war und zugleich eine Bankerotterklärung für die bisherigen Bemühungen, besonders in Deutschland.» (a. a. O., S. 52)

Am 22. Dezember gab Rudolf Steiner vor Beginn des Abendvortrags den bereits recht zahlreich versammelten Zuhörern bekannt, daß er beabsichtige, die Leitung der Gesellschaft zu übernehmen, und daß Albert Steffen, Marie Steiner, Ita Wegman, Elisabeth Vreede und Guenther Wachsmuth mit ihm den Vorstand der neu zu gründenden Gesellschaft bilden würden. Diese Persönlichkeiten nahmen vom folgenden Tage an zunächst als «Probevorstand» neben dem Rednerpult, mit dem Gesicht zur Mitgliedschaft gewandt, Platz. So blickten dann auch während der folgenden Tage Mitgliedschaft und Vorstand einander an.

51. DIE WEIHNACHTSTAGUNG 1923

In seiner Autobiographie gedenkt Rudolf Steiner auch des Goethe-Forschers August Fresenius, der, so erinnert sich Steiner, in einer «kurzen, aber schwerwiegenden Miszelle» den Sinn einer Bemerkung Goethes erklärt hatte, in der der Dichter sagte, die Konzeption des *Faust* sei ihm *von vorneherein* klar gewesen. Die Erklärer dieser Äußerung hatten das früher so interpretiert, als habe der junge Goethe von Anfang an eine vollständige Idee oder einen Plan des ganzen Faustdramas gehabt. Fresenius wies nach, daß bei Goethe das Wort *von vorneherein* nur besagt, «daß ihm als jungem Menschen die *ersten Partien* klar waren, und daß er hie und da etwas von dem Folgenden ausgeführt habe» (28/296). Die Tatsache, daß Steiner dieser philologischen Entdeckung, die «ein bedeutsames Licht auf die ganze Goethe-Psychologie» werfe, in *Mein Lebensgang* so ausführlich gedenkt, kann hellhörig machen.

Auch Rudolf Steiner war das, was er mit der Begründung der Allgemeinen Anthroposophischen Gesellschaft plante, in diesem Sinne «von vorneherein» klar. In den letzten Tagen des November und in den ersten Dezembertagen «entstand die große Frage: wie man in der Zukunft *mehr Anthroposophie* treiben» könne (260a/99), und in den folgenden Wochen vor der Weihnachtstagung hatte Rudolf Steiner sich umfassend vorbereitet. Diese Vorbereitung hatte unter anderem ihren Niederschlag in dem Entwurf der Statuten der neuen Gesellschaft gefunden, den Rudolf Steiner bereits am 16. Dezember Wegman, Steffen und Wachsmuth vorgelesen hatte und der zu Beginn der Tagung für alle Teilnehmer gedruckt vorlag. Während der Spezialdebatte über die einzelnen Paragraphen der Statuten gab Rudolf Steiner zu erkennen, daß er auf die einzelnen Formulierungen die höchste Sorgfalt verwandt hatte (260/115ff).

Man kann aus den Statuten der Gesellschaft also sehr genau das Konzept ablesen, mit dem Rudolf Steiner in die Weihnachtstagung hereinging. Von den neu zu druckenden Mitgliedskarten bis zur Einrichtung einer Hochschule in drei Klassen stand alles *von vorneherein* vor seinem Geiste. Die ersten Schritte zur Neugestaltung der Gesellschaft sah er deutlich vor sich.

Entscheidend war der Entschluß Rudolf Steiners, mit der Gründung der Allgemeinen Anthroposophischen Gesellschaft selbst die Initiative zu ergreifen. Seit 1913 hatte er die Leitung der Anthroposophischen Gesellschaft anderen überlassen: Er hatte innerhalb der Gesellschaft als Lehrer gewirkt, sich jedoch in Fragen zu deren Gestaltung zurückgehalten, ja er war nicht einmal Mitglied der Gesellschaft gewesen. Besonders seit 1918 hatte er sich in den Dienst jener Initiativen und Forderungen gestellt, die von einer neuen Generation von Anthroposophen an ihn herangetragen worden waren. Er hatte sich der Kampagne für die Dreigliederung des sozialen Organismus gewidmet, wirtschaftliche Unternehmungen betreut, wissenschaftliche und pädagogische Kurse gehalten – wie es von ihm erbeten wurde. Aber er hatte von sich aus nichts unternommen, sondern getan, was ihm abgefordert worden war.

Vor allem im Jahre 1923 hatte er sich aller positiven Vorschläge enthalten und beobachtend, zuhörend, intensiv teilnehmend und auch leidend das Leben der Gesellschaft begleitet und sehen müssen, daß von seiner bisherigen Arbeit ein Trümmerhaufen geblieben war (260/32). So war die durch ihn bis zum Jahre 1912 aufgebaute Gesellschaft zerklüftet, das Goetheanum abgebrannt, die wirtschaftlichen Unternehmungen waren nicht geglückt. Mitte Dezember, als ganz klar war, daß sich zu Weihnachten etwa 800 Menschen am Goetheanum versammeln würden, trat Rudolf Steiner aus der bewußten Zurückhaltung heraus und übernahm auf allen Gebieten mit größter Entschiedenheit die Führung der neu zu bildenden Gesellschaft. Überall gab er klare Anweisungen und wehrte – zwar konziliant im Ton, doch fest in der Sache – alles, was seinem Impuls entgegenstand, deutlich ab. Von dem Augenblick an, als er sich entschlossen hatte, die Leitung der Gesellschaft zu übernehmen, stellte er die Aufgaben und bestimmte die Themen.

Wollte man Rudolf Steiners Grundintention für die Formung der Gesellschaft benennen, so könnte man das mit dem einfachen Wort tun: *geistiges Leben anfeuern und das wirkliche Leben bewußt gestalten.* Mit der Gründung dieser Gesellschaft sollte nichts Ausgedachtes, Prinzipielles, Ideelles «verwirklicht» werden, sondern das Wirkliche sollte geformt und ins Licht des Bewußtseins gehoben werden. Das ist freilich nicht in irgendeinem banalen oder bequemen Sinne zu verstehen, sondern so, wie Rudolf Steiner nach der Weihnachtstagung überhaupt von Anthroposophie spricht: «Wer über Anthroposophie etwa sprechen will, muß voraussetzen, daß zunächst dasjenige, was er sprechen will, eigentlich nichts anderes ist, als im letzten Grunde das, was das Herz seines Zuhörers durch sich selber sagt. In aller Welt ist niemals durch irgendeine Initiations- oder Einweihungswissenschaft irgendetwas anderes beabsichtigt gewesen, als auszusprechen, was im Grunde genommen die Herzen derjenigen durch sich selbst sprechen, die das Betreffende hören wollen. So, daß eigentlich das im allereminentesten Sinne der Grundton anthroposophischer Darstellung sein muß, aufzutreffen auf das, was das tiefste Herzensbedürfnis derjenigen Menschen ist, die Anthroposophie nötig haben.» (234/12)

So sind auch die «Statuten» zu verstehen: Durch sie soll beschrieben werden, was die Herzen der Menschen, die Anthroposophie nötig haben, im tiefsten Grunde selber sagen wollen. Das aber ist nicht so leicht zu hören, weil im Menschen nicht allein das Herz spricht, sondern weil sich auch andere Glieder des Menschen bemerkbar machen. Deshalb hatte Rudolf Steiner während der Spezialdebatte über die Statuten einigen Gedankenschutt wegzuräumen, bis sich am 28. Dezember Harry Collison, der englische Generalsekretär und Londoner Rechtsanwalt zu Wort meldete und sagte. «Als einem sehr alten Mitglied verzeihen Sie mir ein paar Worte zu diesen Statuten. Wir sind jetzt erst bei Punkt 4. Ich glaube, es kann nicht unsere Absicht sein, die Statuten auszubessern. Herr Dr. Steiner hat sich so viel Mühe gegeben dabei, und sie sind wirklich ganz umfassend. Es scheint mir, die Debatte über die einzelnen Punkte sollte nur den Zweck haben, etwaige Fragen zu stellen über die Bedeutung und Tragweite dieser Punkte.» (260/139)

Langanhaltender Beifall der achthundert Anwesenden dankte dem Vertreter wahrer englischer Geistespraxis für seine Worte, und noch am selben Tage wurden die weiteren elf Paragraphen in zweiter und die Statuten überhaupt in dritter Lesung angenommen. – Damit aber das, was so unter Einhaltung üblicher Formen als Prozeß der Bewußtseinsbildung durchgeführt wurde, nicht mißverstanden werde, hat Rudolf

Steiner schon bei der Darstellung der Bildung der Allgemeinen Anthroposophischen Gesellschaft im ersten Nachrichtenblatt *Was in der anthroposophischen Gesellschaft vorgeht* mit Nachdruck darauf aufmerksam gemacht, daß das «Statut» kein «Statut», «sondern die Darstellung dessen sein soll, was sich aus einem solchen rein menschlich-lebensvollen Gesellschaftsverhältnis ergeben kann» (260a/29). In Deutschland, wo man vielleicht dazu neigte, ein solches Statut zum Gegenstand einer Theorie zu machen, hat er das eindringlich wiederholt und von den Statuten gesprochen, «die eigentlich keine Statuten sind, sondern eine Erzählung desjenigen, was in Dornach besteht und was man von dort aus tun will» (260a/176).

Man kann das, was mit dieser Gestaltung der Gesellschaft veranlagt werden sollte, auch in ein Bild bringen. Im alltäglichen Leben ist das, was in den Tiefen der Herzen lebt, verborgen, es lebt nur gleichsam unterirdisch im Unbewußten. Aber es ist der wahre Tempel, in dem die Urbilder des Menschseins leben. Rudolf Steiner begann mit der Weihnachtstagung diesen verborgenen, unterirdischen Tempel ins Licht zu heben, und indem er die Aussicht auf den oberirdischen Tempel, die freie Hochschule, eröffnete, vollzog er das, was Goethe in den Schlußbildern des *Märchens* prophetisch vorweggenommen hatte. Der Tempel wurde in das taghelle Licht gehoben.

Rudolf Steiner hat aber keineswegs allein die Statuten und das, was mit ihnen verbunden war, gründlich vorbereitet, sondern auch das, was im Tagungsprogramm für Dienstag, den 25. Dezember, 10 Uhr morgens angekündigt war: die Grundsteinlegung der Anthroposophischen Gesellschaft. Mit Staunen wird man gewahr, daß der Grundstein zu dieser neuen Gesellschaft gelegt wurde, noch bevor sie durch Beratung und Annahme der Statuten in einem mehr äußeren Sinne formell konstituiert worden war. Diese Reihenfolge ist bedeutsam. Sie zeigt den Vorrang des Geistes und die Tatsache, daß die Anthroposophische Gesellschaft durch Rudolf Steiner aus dem Geist gegründet worden ist und daß die anwesenden Mitglieder diese Gründung aufnahmen. Bereits am Tage vor der Grundsteinlegung war diese Tatsache von Rudolf Steiner in der Eröffnungsansprache sehr klar ausgesprochen worden: «Eröffnet hat sich die Offenbarung eines Geistigen für die Menschheit. Und nicht aus irdischer Willkür, sondern aus der Befolgung des Rufes, der aus der geistigen Welt heraus erklungen ist, nicht aus irdischer Willkür, sondern im Anblick der großartigen Bilder, die aus der geistigen Welt heraus sich als die neuzeitlichen Offenbarungen ergaben für das Geistesleben der Menschheit, daraus ist der Impuls für die anthroposophische Bewegung erflossen. Diese anthroposophische Bewegung ist nicht ein Erdendienst, diese anthroposophische Bewegung ist in ihrer Ganzheit mit allen ihren Einzelheiten ein Götter-, ein Gottesdienst. ... Und als einen solchen wollen wir sie in unsere Herzen aufnehmen. Im Beginne dieser unserer Tagung wollen wir in unsere Herzen tief einschreiben, daß diese anthroposophische Bewegung die Seele eines jeden Einzelnen, der sich ihr widmet, verbinden möchte mit den Urquellen alles Menschlichen in der geistigen Welt, daß diese anthroposophische Bewegung den Menschen hinführen möchte zu jener letzten, für ihn vorläufig in der Menschheitsentwickelung der Erde befriedigenden Erleuchtung, die sich über die begonnene Offenbarung kleiden kann in die Worte: Ja, das bin ich als Mensch, als gottgewollter Mensch auf Erden, als gottgewollter Mensch im Weltenall.» (260/35)

In diesen Worten, besonders im letzten Satz, kündigt sich die Substanz des Grundsteins an, den Rudolf Steiner in den Wochen vor der Weihnachtstagung in sprachliche Form gefaßt hatte. Zu Beginn der Grundsteinlegung bezeichnet er die Worte des Grundsteins als die Zusammenfassung dessen, «was als wichtigstes Ergebnis der letzten Jahre» (260/60) gelten darf. Er hätte auch sagen können: In diesem Grundstein haben die Erkenntnisinhalte, um die ich in den letzten vierzig Jahren gerungen habe, Gestalt gewonnen. In dem Grundstein ist die Essenz der Anthroposophie zusammengeströmt.

Und doch war der Grundstein, der an jenem Weihnachtstage der anthroposophischen Gesellschaft gegeben wurde, mehr als die Summe der bisherigen Arbeit Rudolf Steiners. So wie er in den Vorträgen des Herbstes die anthroposophischen Erkenntnisse in künstlerischer, imaginativer Sprache darstellte, so faßte er die Erkenntnis des dreigliedrigen Menschen, die er 1917 in wissenschaftlicher Form dargelegt hatte, nunmehr in eine «Dreiheit von Sprüchen» (260/61), die sich durch ihre sprachliche Form für jeden Menschen als geistig-seelischer Weg eröffnen und jedermann durch die Tore der dreifachen Menschenorganisation zu den dreifach wirkenden Kräften der Trinität führen möchten. Die Wissenschaft von der Dreigliederung war in den Sprüchen des Grundsteins zu etwas Neuem geworden: zu einem meditativ-künstlerischen, unmittelbar zu den Herzen sprechenden Geistes-Lebens-Weg.

Die Weihnachtstagung war auf diese Weise im besonderen in zweifacher Weise vorbereitet: durch die Statuten, die das Leben der anthroposophischen Gesellschaft beschreiben sollten, und durch den Grundstein, in den die Quintessenz der Anthroposophie gefaßt und in ein imaginatives Kunstwerk gesteigert worden war. Auf diesem Grundstein sollte sich das Leben der Gesellschaft entfalten.

So trat Rudolf Steiner am Morgen des 25. Dezember vor die 800 Menschen, die sich im Saal der Schreinerei zusammengefunden hatten. Die Bühne, auf der sonst während der Tagung Platz für die Zuhörer war, war durch den blauen Vorhang geschlossen. Pünktlich um 10 Uhr wurden die Türen zur Schreinerei verschlossen. Dann schritt Rudolf Steiner zum Rednerpult, und mit einem dreifachen Klopfzeichen eröffnete er die Handlung. Nach wenigen einleitenden Sätzen erklangen die Worte des Grundsteins, die riefen: «O Menschenseele, erkenne dich selbst in deinem wesenden Weben in Geist, Seele und Leib!» (260/63)

Auf die Worte, die dreifach die Menschenseelen zum Selbsterkennen leiten, antworteten die trinitarischen Mächte der Höhen, des Umkreises und des Geistes, und indem menschliches Selbsterkennen mit dem Vater-Geist der Höhen, dem Christus-Willen im Umkreis und des Geistes Weltgedanken *zusammengefügt* wurden, formte sich der *doppelgestaltige* Grundstein, in dem das Menschenstreben von der Trinität gehalten wird. Ein vierter Spruch durchleuchtete und durchwärmte den Grundstein: Das göttliche Licht, die Christus-Sonne, die in der Zeitenwende in den Strom der Erdengeschichte eingetreten war, wurde in die Erinnerung gerufen (260/66):

Göttliches Licht,
Christus-Sonne,
Erwärme
Unsere Herzen;
Erleuchte
Unsere Häupter;
Daß gut werde,
Was wir aus Herzen
Gründen,
Was wir aus Häuptern
Zielvoll führen wollen.

Mit dem Akt der Grundsteinlegung wurde in die Herzen, in das Leben der sich begründenden Gesellschaft vor allem anderen der Sinn eingepflanzt, der die Seelen wie durch ein Auge oder ein Ohr mit den Ursprungskräften des Menschseins verbinden will. Auf diesem Grundstein, der Seelen durch Selbsterkenntnis zum Geistesmenschen im Weltenall führen möchte, sollte die künftige Arbeit gegründet werden.

Während der folgenden Tage eröffnete Rudolf Steiner die gemeinsamen Beratungen jeweils, indem er Teile des Grundsteinspruchs wiederholte, einzelne Elemente der Komposition hervorhob und damit den Inhalt der Sprüche durchsichtiger machte. Im abschließenden Abendvortrag am 1. Januar erklang der Grundstein noch einmal ganz. So wurde der Grundstein in den Verlauf der Tagung eingewoben. Am Ostersonntag 1924 wurde er durch Eurythmie dargestellt, während Marie Steiner die Worte rezitierte. Die Aufführung einleitend sagte Rudolf Steiner: «Solche Dinge müssen nur immer in der rechten Art verstanden werden. Alle Dinge dieser Art sind bisher viel zu sehr im theoretischen Sinne genommen worden, daß man dabei nicht gesehen hat, wie es einfach etwas bedeutet, nicht bloß, daß solche Dinge wie die Weisheitsworte existieren, sondern daß sie als lebendige Kraft laufen durch die anthroposophische Bewegung und sie tatsächlich impulsieren. Dann aber, wenn das stattfinden soll, darf man nicht nur schauen auf den Inhalt solcher Worte, sondern auf die reale Tatsache, wie solche Worte durch die anthroposophische Bewegung laufen. So daß also für das Goetheanum zunächst heute der zweite Entwicklungsschritt ist im Wirken dieser Worte.» (260a/215f)

Im Überblick über den Verlauf der Weihnachtstagung sieht man, wie in den ersten Tagen das Vergangene und Erreichte angeschaut wurde; danach, am 27. und 28. Dezember ging es um die gegenwärtige Bildung der Gesellschaft; in den letzten Tagen schließlich standen die Zukunftsaufgaben im Mittelpunkt. Albert Steffen eröffnete die Tagung am 24. mit dem Vortrag *Aus der Schicksalsgeschichte des Goetheanums.* Im Anschluß an die Grundsteinlegung und am folgenden Tage gaben die Generalsekretäre der Landesgesellschaften und Vertreter anthroposophischer Gruppen ihre Berichte, damit den Anwesenden der Umfang der bisher geleisteten anthroposophischen Arbeit sichtbar werde. Danach folgte an den nächsten beiden Tagen die Beratung der Statuten sowie deren Annahme durch die Anwesenden. Die letzten vier Tage waren den Zukunftsaufgaben, der anthroposophisch-naturwissenschaftlichen Forschung und dem Wiederaufbau des Goetheanum gewidmet. Dieser Weg von der Vergangenheit zu den Zukunftsaufgaben ist auch in den von Rudolf Steiner während der Tagung gehaltenen Abendvorträgen deutlich zu erkennen.

Die Bildung der Allgemeinen Anthroposophischen Gesellschaft, die in die Mitte dieser Tagung gestellt wurde, erfolgte aus der Intiative Rudolf Steiners, «im Anblick der großartigen Bilder, die aus der geistigen Welt heraus sich ergaben» (260/35), der Gesellschaft Inhalt und Form zu geben, um den Impuls der anthroposophischen Bewegung soziales Leben werden zu lassen. Am 26. Dezember enthüllte er darüber hinaus, was sich seiner Einsicht für den gegenwärtigen Moment ergeben hatte: «Die geistige Welt will mit der Menschheit in dem gegenwärtigen Augenblicke der historischen Entwickelung etwas, will dieses Etwas auf den verschiedensten Gebieten des Lebens, und an uns ist es, klar und wahr den Impulsen aus der geistigen Welt heraus zu folgen.» (260/94)

Mit den Worten «klar und wahr» meinte Rudolf Steiner das unverhohlene, offene und kompromißlose Eintreten für die Anthroposophie. In vielen Formen hat er während dieser Tage ausgesprochen, daß die Anthroposophie Schaden leide, wenn man den gegenwärtigen Wissenschaftsgeist in sie hereintrage; die Eurythmie werde ruiniert, wenn sie sich an die damaligen Tanzmoden anbiedere, die Medizin könne nur gedeihen, wenn sie konsequent aus der Anthroposophie entwickelt werde.

Deshalb bildete er den Vorstand aus Menschen, die sich in diesem Sinne ausgezeichnet hatten und die, was genauso wichtig war, bereits auf diese Weise gearbeitet hatten. Daß Marie Steiner in diesem Sinne seit einundzwanzig Jahren tätig war, daß sie mit Rudolf Steiner die anthroposophisch orientierte Sprachkunst und die Eurythmie kompromißlos entwickelt hatte und nun selbständig leitete und auf den Reisen vor der Welt vertrat, war von vorneherein klar. Deshalb wollte Rudolf Steiner sie auch ursprünglich zusammen mit Albert Steffen als Vizepräsidentin der Gesellschaft benennen. Marie Steiner lehnte das ab, weil es in der Öffentlichkeit doch als allzu merkwürdig erschienen wäre, wenn ein Ehepaar die Gesellschaft leitete. – Albert Steffen wurde nicht nur als Schweizer – gleichsam mit einer Verbeugung für das Land, in dem das Goetheanum seine Heimat gefunden hatte – in den Vorstand berufen, sondern vorzüglich deshalb, weil er durch viele Initiativen gezeigt hatte, daß ihm die Anthroposophische Gesellschaft am Herzen lag: Er hatte die Leitung der schweizerischen Anthroposophischen Gesellschaft übernommen, sich 1923 besonders für den Wiederaufbau des Goetheanum engagiert und vor allem – und das bedeutete für ihn den Verzicht auf die Realisierung dichterischer Pläne – die Redaktion der Wochenschrift *Das Goetheanum* mit sicherer Hand, mit Urteilskraft und Stilgefühl übernommen und es so geführt, daß die Mitglieder in aller Welt von dem erfuhren, was durch Rudolf Steiner am Goetheanum vorging.

Eine Überraschung für die meisten Mitglieder war die Berufung Ita Wegmans in den Vorstand. Sie war bis zu diesem Zeitpunkt nicht als Vortragende hervorgetreten. Sie war eine Frau der Tat, die auch während der Weihnachtstagung schwieg. Man kannte sie im Umkreis von Dornach als Leiterin des Klinisch-Therapeutischen Instituts, als eine Frau, die sich intensiv und, wo nötig, auch unentgeltlich um ihre Patienten kümmerte. Rudolf Steiner sah darüber hinaus noch ganz anderes. Er wußte, wie Ita Wegman nach dem Futurum-Debakel helfend eingesprungen war, um größeres Unheil abzuwenden, er wußte, daß sie ihr Institut ganz aus eigener Kraft aufgebaut hatte, und er wußte auch, daß Wegman ihren Enthusiasmus und «Mut des Heilens» in den Dienst der anthroposophischen Sache stellte. Mit ihr zusammen hatte er seit Ende November eine immer enger werdende esoterische Zusammenarbeit begonnen (260/57). – Dr. Lili Vreede, Mathematikerin und Astronomin, hatte sich um den Zweig am Goetheanum verdient gemacht, das Archiv am Goetheanum begründet und war vielfach auf Steiners Bitten hin helfend bei der Beschaffung von Geldern eingesprungen. – Dr. Guenther Wachsmuth schließlich war seit 1921 als Sekretär im Haus Friedwart, wo die Verwaltung der anthroposophischen Arbeit besorgt wurde, und als Organisator sowie als Reisebegleiter Rudolf Steiners unentbehrlich.

Als Rudolf Steiner diese Mitarbeiter in den Vorstand berief, bildete er aus den in Dornach ansässigen Mitgliedern einen Arbeits- und Initiativ-Vorstand. Er orientierte sich dabei an den realen Persönlichkeiten, die da waren. Indem er während der Zusammenkunft diesen Vorstand der Mitgliedschaft gegenüber Platz nehmen ließ, hob er diese Gestaltung ins Bild und erklärte den Anwesenden: «Also es handelt sich heute nicht um Prinzipien, sondern um Menschen. Sie sehen diese Menschen hier vor sich sitzen, die zunächst diese Überzeugung haben» – daß nämlich am

Abb. 149: Rudolf Steiner, 1923

Goetheanum in berechtigter Weise gearbeitet wird –, «als diejenigen, die hier seit längerer Zeit am Goetheanum aus dieser Überzeugung heraus gearbeitet haben. Sie» – die Anwesenden – «sind gekommen, die Anthroposophische Gesellschaft zu begründen. Sie erklären statuarisch ihre Zustimmung zu dem, was am Goetheanum in Dornach gemacht wird. Damit ist die Gesellschaft zunächst formiert, menschlich formiert; Menschen gliedern sich um Menschen, nicht erklären Menschen ihre Zustimmung zu Paragraphen, die man dann so oder so auslegen kann.» (260/118f)

Freilich war nicht beabsichtigt, daß sich die Mitgliedschaft schlicht um Rudolf Steiner und den Vorstand gliederte. Vom Vorstand sollte ein «fortwährendes lebendiges Hinauswirken» ausgehen. Wöchentlich sollten durch das Nachrichtenblatt Anregungen gegeben werden. «Aber Sie wissen, man braucht zu einer Blutzirkulation nicht nur Kräfte, die zentrifugal wirken, sondern auch solche, die zentripetal wirken, zurückwirken wiederum. Und daher sollte auch dafür gesorgt werden, daß eine Anzahl von Mitgliedern gewissermaßen eng in ihrer Seele mit dem Vorstande sich vereinigen in all dem, was nicht nur die Anthroposophische Gesellschaft in engerem Sinne betrifft, sondern das ganze geistige Leben der Gegenwart im Zusammenhang mit dem Wirken der Anthroposophischen Gesellschaft betreffen kann.» (260/108)

Rudolf Steiner schlug deshalb vor, daß die Vertreter der Landesgesellschaften – die er in *diesem* Zusammenhang einen «ganz gleichwertigen äußeren Kräftevorstand» nannte – in ständiger Korrespondenz mit dem Dornacher Vorstand stehen sollten und wöchentlich in einem Brief nach Dornach über das Leben in ihrem Lande und auf ihrem Arbeitsfelde erzählen sollten, so *wie es ihnen ums Herz ist* (260/200f). «Dadurch kommen wir zu einer völlig freien, auf freiem Verkehr beruhenden Konstitution der Anthroposophischen Gesellschaft.» (260/108)

Die Initiative Rudolf Steiners zielte also darauf, ein geistiges Leben, persönlichen Austausch in der Gesellschaft anzuregen. Bei der Bildung der Gesellschaft dachte er keineswegs an eine Verfassung im üblichen Sinne, in der Pflichten, Rechte und Verfahren festgeschrieben werden sollten. Wenn er das Wort «Konstitution» gebrauchte, so in dem Sinne, wie man beim Menschen von einer gesunden Konstitution spricht. Durch den Impuls der Weihnachtstagung sollten Leben, Austausch, völlig freier Verkehr im Sinne eines geistigen Blutkreislaufs hervorgerufen

Abb. 150:
Marie Steiner, 1924

werden. So schreibt er zum Beispiel vier Wochen nach der Weihnachtstagung im Nachrichtenblatt *Was in der Anthroposophischen Gesellschaft vorgeht:* «Anthroposophie kann nur als etwas Lebendiges gedeihen. Denn der Grundzug ihres Wesens ist Leben. Sie ist aus dem Geiste fließendes Leben. Deshalb will sie von der lebendigen Seele, von dem warmen Herzen gepflegt sein.» (260a/41)

Und wenig später heißt es: «In der Anthroposophie kommt es auf die *Wahrheiten* an, die durch sie offenbar werden können; in der Anthroposophischen Gesellschaft kommt es auf das *Leben* an, das in ihr gepflegt wird.» (260a/46)

Das, was dem Leben entgegensteht, nennt Rudolf Steiner Sektierertum und Dogmatik. Es gehört zum Merkwürdigen der von ihm formulierten Statuten, daß er diese beiden Feinde des echten anthroposophischen Lebens in den Statuten eigens erwähnt: «Die Gesellschaft lehnt jedes sektiererische Bestreben ab.» (260a/31) Und: «Eine Dogmatik auf irgendeinem Gebiete soll von der anthroposophischen Gesellschaft ausgeschlossen sein.» (260a/32; vgl. Beilage zu 260, S. 7)

Die bitteren Erfahrungen der vorangegangenen Jahre waren für Rudolf

Abb. 151: Albert Steffen (1884 – 1963) begegnete Steiner, nachdem er 1907 seinen ersten Roman «Ott, Alois und Werelsche» veröffentlicht hatte. 1908 zog er nach München, 1910 wurde er Mitglied der deutschen Sektion der Theosophischen Gesellschaft und konnte so die Uraufführungen der Mysteriendramen Steiners erleben. 1921 bat Rudolf Steiner den Dichter, der bereits eine Reihe von Romanen und Dramen sowie den Gedichtband «Wegzehrung» veröffentlicht hatte, die Redaktion der Wochenschrift «Das Goetheanum» zu übernehmen.

Steiner der Anlaß, diese beiden Sätze in die Statuten aufzunehmen. Das Sektiererische sah er in einem mangelnden Interesse an der Welt, in fehlender Weltoffenheit, in Einstellungen also, die sozusagen mit der Welt fertig sind, bevor sie sie gründlich erlebt haben; es kann als das Besserwisserische, das seine Weltkenntnis nur aus Journalen bezieht, um lediglich seine Vorurteile bestätigt zu finden, angesprochen werden. Offenes Weltinteresse lebt nicht ohne Liebe zu dem, was sich in der Welt offenbart: Es fühlt sich der Welt verbunden. In diesem Zusammenhang steht das nicht geographisch zu verstehende Wort Steiners, die anthroposophische Gesellschaft müsse «eine wirkliche Weltgesellschaft sein» (260/40).

Ferner ist zu bemerken, daß Rudolf Steiner nicht nur den Dogmatismus, also das sich verhärtende Beharren auf Lehrmeinungen, sondern auch jede Dogmatik, das heißt jede verbindliche Lehre überhaupt abweist. Das hängt damit zusammen, daß Anthroposophie nicht als Summe von richtigen Lehrsätzen zu verstehen ist. Die von Rudolf Steiner angesprochene Wahrheit besteht nicht in richtigen Sätzen «an sich», sondern in jeweils individuell erlebten Einsichten.

Es gibt noch zwei kleinere Feinde des Lebens, gegen die sich Steiner während der Gründungsversammlung immer wieder ausspricht: die

Abb. 152: Ita Wegman, 1925

Bürokratie und die Pedanterie (260/41, 260/173, 260/222). An die Stelle dieser Hemmschuhe wünscht sich Rudolf Steiner das Taktgefühl: «Man muß in den Fingerspitzen ein gewisses Gefühl haben, daß das oder jenes notwendig ist.» (260/173)

Alle diese Bestrebungen Rudolf Steiners hatten das Ziel, die Anthroposophische Gesellschaft vollgültig in das geistige Leben der Gegenwart zu stellen. Die Anthroposophie soll nicht in die Anthroposophische Gesellschaft eingekapselt sein, sondern frei und kompromißlos in die Welt hineinwirken. So wird in den Statuten formuliert, daß die Gesellschaft «eine durchaus öffentliche» sei und daß auch die Publikationen der Gesellschaft gleich denen anderer öffentlicher Gesellschaften öffentlich sein sollten.

In der Mitte dieser öffentlichen Gesellschaft, als Zentrum ihres Wirkens, begründete Rudolf Steiner die freie Hochschule für Geisteswissenschaft*. Zwar war das Goetheanum schon seit Jahren als freie

* Rudolf Steiner schreibt stets freie Hochschule und nicht: Freie Hochschule. Indem Steiner „freie" klein schreibt, zeigt er an, daß es sich hier nicht um einen bloßen Namen handelt, sondern daß die Hochschule wirklich frei sein soll.

Abb. 153: Elisabeth Vreede (1879 – 1943) war Mathematikerin und interessierte sich für Astronomie. Seit 1910 lebte sie erst in Berlin, dann in Dornach in der näheren Umgebung Steiners. Sie legte den Grundstock für die Bibliothek und das Archiv am Goetheanum.

Hochschule für Geisteswissenschaft bezeichnet worden, doch war dieses Wort vielfach so verstanden worden, als würden eben auch im Goetheanum im Sinne und Stil sonstiger Wissenschaft Inhalte – nur eben anderer Art – gepflegt. Jetzt griff Rudolf Steiner die von ihm ursprünglich gehegte Absicht, eine Hochschule für Geisterkenntnis, in der Schüler zu selbständigem geistigen Erkennen angeleitet werden, zu errichten, wieder auf. Bereits 1902 hatte er diese Intention, Geistesschüler auf den Weg der Entwicklung zu bringen, ausgesprochen. Von 1904 bis 1914 hatte er im Zusammenhang der Esoterischen Schule, die öffentlich nicht bekannt war, Anleitungen zur meditativen Praxis gegeben. Jetzt verkündete er öffentlich, daß er eine aus drei Klassen bestehende Hochschule mit entsprechenden fachlichen Sektionen errichten werde.

Schon in der Idee unterschied sich die jetzt von Rudolf Steiner zu errichtende Hochschule von den esoterischen Einrichtungen, die vor dem Weltkrieg bestanden. Erstens wurde sie von Rudolf Steiner ganz selbständig, ohne Anknüpfung an historisch Gegebenes errichtet. Auf die Richtung dieser Intention hatte Rudolf Steiner schon 1920 dadurch aufmerksam gemacht, daß er bestimmte Worte aus seinem Drama *Der Hüter der Schwelle* umformulierte. Im Drama heißt es (14/294):

Abb. 154: Guenther Wachsmuth (1893 – 1963) war 1919 nach ausführlichem Studium in Würzburg zum Dr. iur. et rer. pol. promoviert worden. 1920 arbeitete er für kurze Zeit in der Zentrale der Dreigliederungsbewegung in Stuttgart, seit 1921 war er in Dornach, wo er zusammen mit Ehrenfried Pfeiffer naturwissenschaftliche Experimente ausführte und organisatorische Aufgaben übernahm. Als Helfer und Reisebegleiter stand er Steiner zur Seite. 1923 schrieb er das Buch: «Die ätherischen Bildekräfte in Kosmos, Erde und Mensch».

Es sind bis jetzt ja alle Mystenschulen,
Die dies in Wahrheit sind, gerecht entsprungen
Der ersten, die von höhern Geistern stammt.
In Demut pflegen wir an diesem Orte,
Was uns von unsern Vätern übertragen.
Wir werden niemals von Verdiensten sprechen,
Die unsre Ämter uns erwerben ließen;
Allein von Gnade hoher Geistesmächte …

Bei der Eröffnungsfeier im Ersten Goetheanum lauten die Worte (40/125):

Es sind bis jetzt ja alle Wissensstätten,
Die dies in Wahrheit sind, gerecht entsprungen
Der höchsten, die in Geistessphären steht.
In ernstem Suchen streben wir allhier
Nach wahrem Geistes-Menschenerbe hin.
Wir werden niemals von Erkenntnis sprechen,
Die nicht des Geistes eignes Siegel trägt …

In diesem Sinne sollte die freie Hochschule, ohne daß eine äußere Tradition aufgenommen wurde, aus Geistessphären heraus errichtet werden.

Zweitens wurde von Anfang an gesagt, daß die freie Hochschule aus drei Klassen bestehen werde, in der die Schüler, je nach ihren Möglichkeiten, aufrücken könnten. Von 1906 bis 1914 hatte es die Esoterische Schule und dann zusätzlich die mit freimaurerischen Formen arbeitende «symbolisch-kultische Betätigung» (28/447) mit verschiedenen Graden gegeben. Diese galten als «geheim», über sie wurde weder öffentlich noch in der Öffentlichkeit der Gesellschaft gesprochen. In dieser Esoterischen Schule erhielten die Mitglieder «das, was auf der einen Seite zu ihrer Ideen-Auffassung sprach, auch noch so, daß das Gemüt in unmittelbarer Anschauung mitgehen konnte» (28/450). Die freie Hochschule jedoch wurde, wie sich zeigen sollte, ganz anders gestaltet.

Drittens war die freie Hochschule in Sektionen gegliedert, aus denen heraus die im Geist lebendig werdende Erkenntnis erdenwärts in die Praxis geleitet werden sollte.

Im Abschlußvortrag der Weihnachtstagung hat Rudolf Steiner Sinn und Aufgabe der Hochschule ganz allgemein umrissen: «Hier in Dornach muß eine Stätte sein, wo für diejenigen Menschen, die es hören wollen, gesprochen werden kann von allen wichtigen, unmittelbaren Erlebnissen in der geistigen Welt. Hier muß eine Stätte sein, wo die Kraft gefunden wird, nicht bloß in ausspintisierender, dialektisch-empirischer Wissenschaftlichkeit der Gegenwart hinzudeuten darauf, daß es da oder dort solche kleinen Spuren des Geistigen gibt, sondern wenn Dornach seine Aufgabe erfüllen will, dann muß hier offen von dem, was in der geistigen Welt vorgeht geschichtlich, was in der geistigen Welt vorgeht als Impulse, die dann ins natürliche Dasein hineingehen und die Natur beherrschen, es muß in Dornach von wirklichen Erlebnissen, von wirklichen Kräften, von wirklichen Wesenheiten der geistigen Welt der Mensch hören können. Hier muß die Hochschule der wirklichen Geisteswissenschaft sein.» (260/275f)

Auf welche Dimensionen solche Worte hinzielten, konnte sich für die Zuhörer aus dem während der Weihnachtstagung gehaltenen Vortragszyklus *Die Weltgeschichte in anthroposophischer Beleuchtung und als Grundlage der Erkenntnis des Menschengeistes* ergeben. In diesen Vorträgen spannte Rudolf Steiner den Bogen von der alt-indischen Kultur bis zur Gegenwart. Als ein Leitmotiv erklingt der innere Aspekt der Menschheitsentwicklung: Die Wandlungen der Erinnerung, der Todeserfahrung, des Naturerlebens und des Mysterienwesens erscheinen in großen Bildern und an bedeutsamen Schicksalen. Rudolf Steiner erinnerte an die Zeit, da in den alt-orientalischen Mysterien die Götter selbst unter den opfernden Priestern gegenwärtig waren, er beschrieb, wie in den griechischen Mysterien die Götter schließlich wie Bilder, ja, wie Schattenbilder in die Mysterien hereinwirkten und wie an der Grenze beider Mysterienarten die Mysterienstätte von Ephesus stand, wo dann durch die Tat des Herostrat die Mysterienkultur ausgelöscht werden sollte. – Wie in der darauf folgenden Zeit der Persönlichkeitskultur der Impuls der Mysterien verborgen weiterwirkte, wurde an den Schicksalen individueller Persönlichkeiten geschildert. Rudolf Steiner lenkte den Blick auf Aristoteles und den Unterricht, den Aristoteles Alexander dem Großen gab. Alexander wurde als derjenige beschrieben, der den Geist der eindringlichen, weltzugewandten, anschauend-denkenden Naturerkenntnis nach Asien und Nordafrika trug, während Theophrast das logisch-gedankliche Werk des Aristoteles dem Abendland überlieferte, wo es durch Jahrhunderte zur Schulung der Geister diente. Auf manchen verborgenen Kanälen gelangte später auch die Naturerkenntnis des Aristoteles ins Abendland und lebte in Paracelsus, Basilius Valentinus, Valentin Weigel, Jakob Böhme und anderen auf eigenwillige Weise wieder auf. Schließlich lenkte Rudolf Steiner den Blick darauf, wie im Rosenkreuzertum der Keim zu einer neuen, geist-erfassenden Menschenerkenntnis erstand.

Die Zuhörer der Vorträge konnten erleben, daß hier nicht abstrakt von Geschichte gesprochen wurde, sondern daß jedes Wort sie anging. Mit dem Bild der alten Mysterien, in denen die Götter verkehrten, tauchte vor ihrer Seele das Ziel der neuen Mysterien auf. Sie konnten verstehen: Solche Mysterien, in denen die Götter anwesend sind, soll es in Zukunft wieder geben. Im Schicksal des Aristoteles, der einerseits eine Schulung der logischen Seelenkräfte und andererseits eine Kultur willenshaften Wahrnehmens veranlagt hatte, konnten sie die Aufgabe erblicken, beide Elemente – ideelles Geisterschauen und beobachtendes Geisterkennen – in der Welt hinfort zusammenzufügen. So und auf manche andere Weise konnte die Vortragsreihe Selbsterkenntnis anregen.

Während der gesamten Tagung war Rudolf Steiner aufs äußerste beansprucht. Er leitete nicht allein alle Zusammenkünfte, er kümmerte sich auch um eine Vielzahl von Einzelheiten: von den Essensmarken angefangen über die Beheizung der Schreinerei bis zur Rückgabe der an Tagungsbesucher ausgeliehenen Decken. Nach dem Abendvortrag am 24. Dezember begab er sich an das Bett eines schwer erkrankten Mitgliedes. Neben den Beratungen im Plenum gab es noch Besprechungen mit den Generalsekretären der Länder, eine Sitzung des schweizerischen Schulvereins, eine Aussprache mit schweizerischen Delegierten und zwei Vorträge für Ärzte sowie eine Reihe von weiteren Unterredungen.

Am 1. Januar 1924 fand um halb fünf in der Schreinerei eine als «Rout» bezeichnete gesellige Zusammenkunft statt. Bei dieser Zusammenkunft wurden Getränke und Gebäck gereicht, und Rudolf Steiner, der vom Gebäck gegessen hatte, erlitt ganz plötzlich einen Schwächeanfall, zog sich in einen Raum hinter der Bühne zurück und brach dort mit den Worten «Wir sind vergiftet!» zusammen. Nach kurzer Zeit vermochte er sich wieder zu fassen, und um halb neun hielt er den Abschlußvortrag der Weihnachtstagung. Am folgenden Morgen um acht Uhr war der fünfte Abschnitt von *Mein Lebensgang* für die *Goetheanum*-Ausgabe vom 6. Januar geschrieben. Um zehn Uhr hielt Rudolf Steiner, der nach dem Schwächeanfall des vergangenen Tages ausnahmsweise im Sitzen sprach, einen Vortrag, in dem er gleich zu Beginn sagte: «Nun muß man sich klar sein darüber, daß der menschliche Organismus wirklich ein in sich abgeschlossenes System ist, und daß in größerem oder geringerem Grade für den menschlichen Organismus alles dasjenige giftig ist, was außerhalb seiner liegt. Also Gift ist eigentlich alles, was außerhalb des menschlichen Organismus liegt.» (314/200)

Mit diesen Worten machte er den Ärzten deutlich, daß er nicht etwa durch einen verbrecherischen Anschlag auf sein Leben «vergiftet» worden sei, sondern daß er das Gebäck nicht vertragen habe. Mehr zu sagen schien ihm zu diesem Zeitpunkt nicht nötig zu sein. Später, namentlich nachdem sich Rudolf Steiner aufs Krankenlager hatte zurückziehen müssen, verbreitete sich das Gerücht, er sei im üblichen Sinne des Wortes vergiftet worden. Steiner verfaßte, um dem zu wehren, einen Anschlag für das Schwarze Brett in der Schreinerei, durch den er der Gerüchtebildung entgegentrat: «Es scheint, daß von gewissen Seiten allerlei Gerüchte verbreitet werden, die im Zusammenhange mit dem gegenwärtigen Versagen meiner physischen Körperkräfte stehen. Nun wäre es mir eine angenehme Empfindung gewesen, wenn gerade bei dieser Gelegenheit die Gerüchte-Bildung in anthr. Kreisen keine Stätte gefunden hätte.» (260a, Beilage, S. 40)

Am selben Tag, dem 11. Oktober 1924, schrieb er an Marie Steiner, die auf einer Eurythmiereise war: «Dazu kommt, daß die Anthroposophen so viel Unsinn zu reden scheinen über meine Krankheit; wieder werden Versionen aufgebracht, die nur geeignet sind, böses Blut zu machen. Sogar der arme P. Trinchero wird mit der Sache in Zusammenhang gebracht.» (262/238)

Pater Giuseppe Trinchero war ein Anthroposoph und katholischer Priester – Rudolf Steiner hat ihm später noch, im September 1924, eine besondere Meditation übermittelt. Er wurde, wenn er in Dornach war, von den braven Anthroposophen – behutsam ausgedrückt – mit ungläubigem Staunen beobachtet.

In Wirklichkeit hatte Rudolf Steiner, der spätestens seit dem Brand des Goetheanum physisch geschwächt war, nach der immensen Anstrengung der Tagung das Gebäck, das ihm wie allen anderen Anwesenden angeboten worden war, nicht vertragen. Die Krankheit, die sich seit einem Jahr angekündigt hatte und die in den folgenden fünfzehn Monaten seinen Ärzten immer schwerere Sorgen bereiten sollte und zu immer verzweifelteren Bemühungen um eine angemessene Diät Anlaß gab, war manifest geworden.

Man hat diesen Schwächeanfall bei dem Rout am Neujahrstag – der im Einzelnen so unterschiedlich beschrieben wird, daß er nur schwer zu rekonstruieren ist – auch so gedeutet, daß Rudolf Steiner mit der Weihnachtstagung, in der er den Vorsitz der Allgemeinen Anthroposophischen Gesellschaft übernommen hat, das Karma der Gesellschaft auf sich genommen habe und daß in dem Schwächeanfall beim Rout sich dieses Karma ausgewirkt habe. Auch diese Deutung findet in den Äußerungen Rudolf Steiners keine Stütze.

Verfolgt man nämlich die Berichte, die Rudolf Steiner in Dornach nach seinen Reisen an andere Orte über die Aufnahme des Impulses der Weihnachtstagung durch die Mitgliedschaft gibt, so findet man recht eindeutige Beurteilungen. Eine erste Zusammenfassung dieser Berichte findet sich nach der Rückkehr Steiners aus Breslau am 20. Juni 1924: «Aus dem, was nun an den verschiedensten Orten erprobt werden konnte, in Prag, in Bern, in Paris, jetzt wieder in Breslau, darf ich sagen, daß dasjenige, was von der Weihnachtstagung ausgegangen ist, dieser esoterische Zug, der jetzt durch die ganze anthroposophische Gesellschaft geht, der das Neue, man könnte sagen eigentlich dasjenige ist, was nach der wirklichen Neubegründung der Anthroposophischen Gesellschaft jetzt da ist, früher nicht da war, daß das nun von den Herzen überall in einer wirklich, in einer deutlich befriedigenden nicht nur, sondern außerordentlich seelenhaften Weise entgegengenommen wird; so daß jetzt wirklich die begründete Hoffnung besteht, daß jetzt, nachdem die Anthroposophische Gesellschaft durch die Weihnachtstagung ihre Spiritualität gewonnen hat, bewußt spirituell schon von dem esoterischen Vorstand in Dornach gearbeitet wird, daß jetzt tatsächlich überall bemerkt werden kann, daß nicht nur die Strömung nach auswärts geht, sondern daß die Herzen der Teilnehmer dieser Strömung durchaus entgegenkommen.» (260a/305f)

Bedenkt man diese umfassende, nicht ganz einfach formulierte Aussage, so gelangt man in jedem Falle zu der Einsicht, daß Rudolf Steiner von der Art, wie der Impuls der Weihnachtstagung aufgenommen wurde, wirklich befriedigt war. Auch später, im September des Jahres 1924, als über tausend Mitglieder zu den verschiedenen Vorträgen und Kursen nach Dornach gekommen waren, wiederholte Steiner diese Aussage, indem er sagte, daß sich die Herzen der Anthroposophen «noch mehr aufgeschlossen haben allüberall», wo der Impuls der Weihnachtstagung durch die anthroposophische Arbeit fließe. (238/15)

Der Impuls der Weihnachtstagung wurde also von der Mitgliedschaft durchaus aufgenommen. Die Vorstellung, Rudolf Steiner habe mit der Weihnachtstagung das «Karma der anthroposophischen Gesellschaft» wie eine Sündenlast auf sich geladen und sei schließlich daran gestorben, entspringt einem Deutungsmuster, das eher in älteren theologischen Denkweisen zu Hause ist. Rudolf Steiner selbst hat den Vorgang anders dargestellt. Ihm hatte sich vor der Weihnachtstagung – besonders im Jahre 1923 – gezeigt, daß die Art, wie die Anthroposophische Gesellschaft als Verwalterin des von ihm vermittelten anthroposophischen Lehrguts fungierte, dem Wesen der Anthroposophie selber nicht entsprach. «Das hat sich im Laufe der Zeit nicht als dasjenige herausgestellt, was mit einer echten, wahren Pflege des Anthroposophischen zusammenhängen kann. Deshalb trat die Notwendigkeit ein, daß ich selbst, der ich bis dahin – ohne alle offizielle Verbindung mit der Anthroposophischen Gesellschaft – Lehrer des Anthroposophischen war, daß ich selbst mit dem Dornacher Vorstande zusammen die Führung in der Anthroposophischen Gesellschaft als solcher übernehmen mußte. Damit aber ist die anthroposophische Bewegung und Anthroposophische Gesellschaft eins geworden. Und seit jener Dornacher Weihnachtstagung muß das Entgegengesetzte gelten: Man muß nicht mehr unterscheiden zwischen anthroposophischer Bewegung und Anthroposophischer Gesellschaft, sondern beide sollen eins sein. Und diejenigen, die mir zur Seite stehen als der Vorstand am Goetheanum, sollen angesehen werden als eine Art esoterischer Vorstand. So daß das, was durch diesen Vorstand geschieht, so charakterisiert werden kann, daß es ist: Anthroposophie tun, während früher nur verwaltet werden konnte, was in Anthroposophie gelehrt wurde.» (240/142; ähnlich: 240/202f)

In sozialer Hinsicht bedeutete die Weihnachtstagung eine Umkehr der Verhältnisse, und für Rudolf Steiner war dies die Wende vom Lehren zum Tun, zum Führen und Leiten. Er ließ seit der Weihnachtstagung die spirituellen Impulse, die in ihm lebten, mit aller Kraft wirksam werden. Im Verlauf der folgenden fünfzehn Monate zeigte sich, daß Rudolf Steiner diese Führung bis ins kleinste irdische Detail wahrnehmen wollte und – wo immer es ging – auch wahrnahm.

Rudolf Steiner selbst sprach häufig von dem «Impuls dieser Weihnachtstagung» (240/253) oder vom «Weihnachtsimpuls» (240/254, 240/257), und als er im September 1924 zum letzten Mal vor der Mitgliedschaft von der Weihnachtstagung sprach, formulierte er: «Durch diese Weihnachtstagung sollte ja die Anthroposophische Gesellschaft einen neuen Impuls bekommen. ... Und wer in würdiger Weise dieser anthroposophischen Bewegung zugeneigt sein will, der muß sich schon auch damit bekannt machen, daß für das Gebiet der Anthroposophischen Gesellschaft selber die spirituellen Impulse gelten.» (238/11)

Indem Rudolf Steiner hier und anderswo das Wort *Impuls* gebrauchte, charakterisierte er das, was in dem lebte, was er selbst mit der Weihnachtstagung begann: Er gab neue Impulse, spirituelle Impulse von der Art, wie sie in großen geschichtlichen Ereignissen zu erkennen sind. Dieser Impuls ist auch einfach zu beschreiben: Das anthroposophische Tun sollte hinfort aus jener menschlichen Selbsterkenntnis entspringen, die durch den *Grundstein* zu gewinnen ist. Das anthroposophische Tun sollte sich nunmehr nicht an äußeren Wissenschaftlichkeiten, an pragmatischen Überlegungen oder an einem rationalen Kalkül orientieren, sondern unmittelbar aus dem bewußten Herzen impulsiert werden. In diesem Sinne sagte Rudolf Steiner im Abschlußvortrag der Weihnachtstagung: «Wenn man sich jetzt bei dieser Tagung hier einmal dies ernsthaftig gegenüber der eigenen Seele eingestanden hat, dann wird diese Weihnachtstagung einen kräftigen Impuls in die Seelen hineinsenden, der dann diese Seelen hinaustragen kann zu kräftigem Wirken, wie es die Menschheit heute braucht ...» (260/276)

Am Morgen vor dem abschließenden Vortrag hatte der niederländische Generalsekretär Dr. Zeylmans in diesem Sinne gesprochen und ausgeführt, daß es für die medizinische Arbeit darum gehe, nicht von der landläufigen Medizin her Brücken in die anthroposophische Heilkunst zu schlagen, «sondern ein völlig neues Reich im Herzen zu gründen» (260/267). Diese Worte Zeylmans griff Rudolf Steiner in seinem Abschlußvortrag auf und sagte: «Denn wichtiger als alles übrige, was wir mitnehmen, wird sein die Stimmung, die wir mitnehmen, die Stimmung für die geistige Welt, die Gewißheit gibt: In Dornach wird ein Mittelpunkt geistiger Erkenntnis geschaffen werden. – Deshalb klang es heute vormittag wirklich schön, als gesprochen worden ist für ein Gebiet, das hier in Dornach gepflegt werden soll, für das Gebiet der Medizin, von Dr. Zeylmans, daß heute nicht mehr Brücken gebaut werden können von der gewöhnlichen Wissenschaft aus in dasjenige, was hier in Dornach begründet werden soll.» (260/277f)

Selbst in den beiden öffentlichen pädagogischen Vortragsreihen, die Steiner im April 1924 in Stuttgart und Bern hielt, klingt dieser Ton auf. Viel stärker als früher betont Steiner in diesen Vorträgen, daß die naturwissenschaftliche Denkweise kein Weg zu einem wirklichen Menschenverständnis und zu einer lebendigen Pädagogik sein kann und daß wirkliche Pädagogik allein aus spiritueller Menschenerkenntnis erwachsen kann (308/7ff; 309/8f).

So zielt der Impuls der Weihnachtstagung darauf, aus menschlichem Erleben, aus spiritueller Menschenerkenntnis heraus die Gesellschaft zu bilden, kompromißlos für eine aus Selbsterkenntnis geborene Anthroposophie einzutreten und alles aus diesem Impuls neu zu gestalten. Diesen Impuls in die Gestaltung der Gesellschaft hereinzutragen und ihn in allem durchzuhalten, war nach jahrelanger Zurückhaltung ein ganz freier Entschluß Rudolf Steiners und bedeutete eine vollständige Umkehrung seiner bisherigen Praxis der Gesellschaft gegenüber, wenngleich dieser Impuls seinen ursprünglichsten Intentionen entstammte.

52.
GRUNDLEGUNGEN

Nach der Weihnachtstagung blieb Rudolf Steiner – von drei kurzen Besuchen in Bern, Zürich und Stuttgart abgesehen – bis zum 26. März in Dornach, um all das Neue, das mit der Weihnachtstagung veranlagt war, auf den Weg zu bringen. Schon am 2. Januar wurde er in der Medizinischen Sektion tätig, indem er für jüngere Mediziner und Medizinstudenten einen Kurs gab, der in einer neuen Sprache Anregungen zur esoterischen Vertiefung des medizinischen Studiums und der Heilkunst gab. Am 6. Januar wandte er sich, nachdem er von den prinzipiellen Schwierigkeiten des esoterischen Weges gesprochen hatte, an die Zuhörer: «Es müßte vom gegenwärtigen Zeitpunkte an, von dem Zeitpunkte an, dessen Ausgangspunkt in unserer Dornacher Weihnachtstagung liegt, von diesem Zeitpunkte an müßte in der ganzen Auffassung der anthroposophischen Bewegung auch auf den einzelnen Gebieten eine Art von Umschwung eintreten. Und indem Ihr zunächst Euren medizinischen Weg suchet, müßt Ihr Euch innerlich beteiligen gleich von Anfang an an diesem realen Umschwung so, daß es sich nicht handeln kann beim esoterischen Weg um eine Beigabe, sondern daß es sich nur handeln kann um eine völlige Erfüllung des Lebensweges mit den esoterischen Impulsen.» (316/74)

Mit solchen Worten, die in anderen Formen im Hintergrunde aller Vorträge Steiners nach der Weihnachtstagung aufklingen, wird gleich zu Beginn der ersten Sektionsarbeit unmißverständlich der ernste esoterische Zug, der jetzt alle Arbeit bestimmen sollte, wahrnehmbar.

Freilich nahm Rudolf Steiner in diesen Neuanfang auch das fortdauernd Gültige des Alten mit auf. Im ersten Mitgliedervortrag nach der Weihnachtstagung griff er in die fernsten Weltvergangenheiten zurück, indem er schilderte, in welcher Art die Evolution des Erdplaneten vom Alten Saturn über die Alte Sonne und den Alten Mond von den Wissenden des 9. und 10. Jahrhunderts geschaut worden war. Dann führte er in den weiteren Vorträgen über die Mysterienstätten des Mittelalters zu den Erkenntnisformen der wahren Rosenkreuzer bis zu den letzten Mysterien, die noch zu Beginn des 19. Jahrhunderts bestanden hatten. So wurde das Neue der Weihnachtstagung sogleich mit dem verborgenen Strom des Rosenkreuzertums verbunden.

Unter dem Datum des 13. Januar erschien schon am 11. Januar das erste Nachrichtenblatt *Was in der Anthroposophischen Gesellschaft vorgeht* mit Steiners Bericht über *Die Bildung der Allgemeinen Anthroposophischen Gesellschaft,* in dem auch der *Grundstein* enthalten ist. Vom 20. Januar an wandte sich Rudolf Steiner wöchentlich mit einem Brief *An die Mitglieder!,* wodurch die Mitglieder nun in ständiger Verbindung mit dem Goetheanum sein konnten. In den ersten Nummern des Nachrichtenblattes gab Rudolf Steiner – nach einem Rückblick auf die Geschichte der anthroposophischen Arbeit – Impulse zur Pflege des seelisch-geistigen Lebens in der Anthroposophischen Gesellschaft und eine erste Orientierung über die Arbeit der freien Hochschule. Mit dem Nachrichtenblatt vom 17. Februar begann er dann, *Anthroposophische Leitsätze als Anregungen vom Goetheanum* auszugeben. Durch diese Leitsätze entstand die Möglichkeit, daß in den anthroposophischen Arbeitsgruppen in aller Welt Schritt für Schritt Anthroposophie neu vergegenwärtigt wurde. Damit begann ein gemeinsames geistiges Leben durch die Gesellschaft zu pulsieren; es entstand ein Zusammenhang stiftendes Bewußtsein, an dem alle Mitglieder teilhaben konnten.

Im Zentrum der Arbeit, in Dornach, gab Rudolf Steiner auf eigentümliche Art zu erkennen, daß nunmehr nach einundzwanzig Jahren anthroposophischer Arbeit das Bisherige neu gefaßt und erneuert werden sollte. Am 19. Januar begann er eine Vortragsreihe zu halten, die «eine Art Einführung in die Anthroposophie selbst» sein sollte. Die alten Dornacher Mitglieder sahen zu ihrem Erstaunen, wie Anthroposophie aus den Grundfragen des menschlichen Erlebens in einer im Vergleich zum Bisherigen viel elementareren Sprache neu geboren wurde, wie die bekannten Vorstellungen vom ätherischen und astralischen Leib jetzt in ganz realistischen Zusammenhängen mit den kosmischen Kräften geschildert wurden und wie das Wesen des Ich aus den Metamorphosen der Erinnerung hüllenlos, «geistesnackt» (34/161) hervortrat.

So also wurden durch den Impuls der Weihnachtstagung die Grundelemente der Anthroposophie verjüngt, indem sie aus der mehr gedanklichen Beschreibung zu Formen des objektiven Erlebens umgestaltet wurden. In den *Leitsätzen* wurde diese erneuerte Form der Anthroposophie der gesamten Mitgliedschaft zugänglich gemacht und über das in der Vortragsreihe Ausgeführte hinaus wesentlich weiter geführt.

Rudolf Steiner lag jedoch ungemein viel daran, daß nicht nur die allgemeine Anthroposophie in diesem Sinne verjüngt werde. Auch die Arbeit in den übrigen Tätigkeitsfeldern bekam neue Impulse. So hielt er vom 19. bis zum 27. Februar einen Kurs über Toneurythmie, der «eine Anregung nach Verinnerlichung der Toneurythmie und der Eurythmie überhaupt» (278/127) sein sollte. Es folgte vom 24. Juni bis zum 12. Juli ein Kurs über Lauteurythmie, in dem die ursprünglichen Gesten und Gebärden neue Richtlinien erhielten. Im *Nachrichtenblatt* sprach Rudolf Steiner über den Sinn dieses Kurses: «Die Zuhörer dieses Kurses sollten nicht nur in der Erkenntnis der Eurythmie gefördert werden, sondern es sollte von ihnen erlebt werden, wie alle Kunst getragen sein muß von Liebe und Begeisterung. Der Eurythmist kann seine Kunstschöpfung nicht von sich ablösen und sie objektiv vor den ästhetisch Genießenden hinstellen wie der Maler, der Plastiker, sondern er bleibt in seiner Darstellung persönlich darinnen; man *sieht* an ihm, ob in ihm die Kunst wie ein göttlicher Weltinhalt lebt, oder nicht. In unmittelbar künstlerische Gegenwart muß am Menschen der Eurythmist das Künstlerische als anschauliches Wesen hinstellen können.» (260a/332)

Auch über die anthroposophische Pädagogik wurde 1924 in anderer Art gesprochen. Zwar konnte Rudolf Steiner nicht mehr, wie er es beabsichtigte, für die Waldorflehrerschaft über moralische Erziehung sprechen und damit den Impuls der Weihnachtstagung im innersten Kreis der Lehrerschaft vertiefen; es war ihm nur noch vergönnt, vier öffentliche pädagogische Kurse zu halten. Aber auch in diesen Kursen klingt in der bildhaften Gedankensprache das Neue, das Steiners Wirken 1924 kennzeichnet, deutlich genug auf. Überdies schildert Steiner in zwei Kursen erstmals den Weg der Lehrerbildung durch die Kunst und zeigt, wie durch entsprechendes Plastizieren der künftige Lehrer zum Verständnis des ätherischen Leibes angeleitet werden kann, wie er durch

Musik den astralischen Leib und durch Sprache und Dichtung das «Ich» ergreifen lernen kann. Diese völlig neue Idee der Lehrerbildung faßt Steiner umrißhaft zusammen: «Erste Periode des Lernens: Man lernt abstrakt logisch den physischen Leib kennen. Man wendet dann das plastische Gestalten an im intuitiven Erkennen: Man lernt den Ätherleib kennen. Und die dritte Periode: Man wird als Physiologe zum Musiker und schaut den Menschen an, wie man ein Musikinstrument anschaut, wie eine Orgel oder eine Geige, indem man in ihr darinnen die verwirklichte Musik schaut; so lernt man den astralischen Menschen kennen. Und lernt man nicht nur äußerlich gedächtnismäßig mit den Worten verbunden leben, sondern lernt man den Genius in den Worten wirksam kennen, so lernt man die Ich-Organisation des Menschen kennen.» (308/56)

Überall, in der Medizin, in der Eurythmie, in der Pädagogik wurden der Ausbildung solche Anregungen und Impulse vermittelt, die, wo sie ernsthaft ergriffen werden, Menschen verwandeln können. Den jüngeren Medizinern wird ein esoterischer Pfad zur Heilkunst gezeigt, die Eurythmisten werden begeistert, auf daß in ihrer Kunst ein göttlicher Weltinhalt lebe, die Lehrer sollen durch künstlerisches Üben zum empfindenden Erleben des übersinnlichen Menschen angeleitet werden.

In der Mitte all dieser Bestrebungen steht die freie Hochschule. Bereits im zweiten *Nachrichtenblatt* – unter dem Datum vom 20. Januar – hat Rudolf Steiner diese Hochschule, ihren Sinn und ihren Aufbau beschrieben. Es ist an dieser Stelle notwendig zu sagen, daß diese Beschreibung des Aufbaus der Hochschule die wirklichen Intentionen Rudolf Steiners wiedergibt, während eine Rudolf Steiner in den Mund gelegte und durch angebliche Aufzeichnungen des Grafen Polzer-Hoditz überlieferte Äußerung über den Aufbau der Hochschule, wonach die zweite Klasse der Hochschule nur 36 und die dritte nur zwölf Teilnehmer umfassen sollte, heute als Fälschung nachgewiesen ist. Die Ausführungen stammen weder von Steiner noch vom Grafen Polzer-Hoditz, sondern von einem Manne, der seine eigenen, höchst fragwürdigen Ziele verfolgte.

In dem ersten Aufsatz über *Die freie Hochschule für Geisteswissenschaft* führt Rudolf Steiner zunächst aus, daß der «allgemeinen Gesellschaft drei Klassen einer Schule eingegliedert werden», die «in Zukunft den esoterischen Bestrebungen ihrer Mitglieder nach Möglichkeit Erfüllung bringen müssen» (260a/107). Der Geistesforscher habe die Aufgabe, «gewisse Gebiete seiner Schauungen in Ideen zu gestalten, ... die dem gewöhnlichen Bewußtsein zugänglich sind». Diese Ideen sind von besonderer Art. Sie sind «für jeden, der sie in seiner Seele lebendig macht, in sich selbst begründet. Man kann solche Ideen nicht aus der bloßen Gedankenfähigkeit gestalten; man kann sie nur bilden, wenn man die geistigen Schauungen in sie umprägt. Sind sie aber einmal da, so kann sie jeder in sich aufnehmen und aus ihnen selbst ihre Begründung finden.» (260a/107f)

In der allgemeinen anthroposophischen Gesellschaft, so die Schreibweise Rudolf Steiners an dieser Stelle, lernt man die Ergebnisse der Geistesforschung zunächst in dieser Ideenform kennen, und im Studium und Verstehen dieser Ideen betritt man die notwendige Vorstufe der Geistesschulung. In der Hochschule jedoch soll in anderer Form gelehrt werden, und zwar in «Ausdrucksarten, die der geistigen Welt selbst entlehnt sind» (260a/108): «Da werden die Arbeiten aufsteigend einen immer höheren Grad der Esoterik erreichen. Die ‹Schule› wird den Teilnehmer hinaufleiten in die Gebiete der geistigen Welt, die nicht durch Ideenform geoffenbart werden können. Bei ihnen tritt die Notwendigkeit ein, Ausdrucksmittel für Imaginationen, Inspirationen und Intuitionen zu finden.» (260a/109)

In diesem Sinne waren die drei Klassen der Hochschule als Klassen mit unterschiedlichen Ausdrucksformen für die drei Erkenntnisstufen Imagination, Inspiration und Intuition projektiert.

Während jedermann, der die Anthroposophie kennenlernen möchte und in einer Einrichtung, wie es die freie Hochschule ist, etwas Berechtigtes sieht, Mitglied der Anthroposophischen Gesellschaft werden kann, knüpfte Rudolf Steiner die Mitgliedschaft in der Hochschule an bestimmte Bedingungen. Jeder, der Mitglied der Hochschule werden möchte, müsse sich fragen, «ob er denn nun wirklich eine Persönlichkeit werden will, die von vorneherein die anthroposophische Sache vor der Welt nicht nur vertreten, sondern repräsentieren will, mit allem Mut und in aller Weise» (260a/124).

Ferner wird von jedem Mitglied der Hochschule, das irgend etwas auf anthroposophischen Felde unternehmen möchte, verlangt, daß es sich vorher mit der Hochschulleitung verständigt: «Ob es nun die Einrichtung einer Gruppe ist, ob es irgendetwas anderes ist, es wird sich darum handeln, daß dies wirklich von den Angehörigen der Klasse der freien

Hochschule im Einklange mit der Leitung gemacht wird, so daß die Leitung tatsächlich zentralisiert hat diese Seite der anthroposophischen Sache.» (260a/127)

Die freie Hochschule wurde damit von Rudolf Steiner nicht allein als Ort der fortschreitenden esoterischen Unterweisung ins Leben gerufen, sondern und vor allem als geistiges Zentrum, in dem die Arbeit zusammengehalten werden sollte. Zwischen der Leitung der Hochschule und ihren Mitgliedern bestand ein «freies Vertragsverhältnis» (260a/133), durch das Rudolf Steiner sich verpflichtete, den Mitgliedern unmittelbares esoterisches Leben zu vermitteln, durch das aber auch die Mitglieder bestimmte Verpflichtungen übernahmen. Die Leitung der Hochschule war daher nicht gebunden, mit Mitgliedern zusammenzuarbeiten, die diese Verpflichtungen nicht übernahmen. Rudolf Steiner hat, in diesem Sinne handelnd, auch bis zum September 1924 zwanzig Mitglieder wieder aus der Hochschule ausgeschlossen.

Die Esoterik der Hochschule bestand keineswegs allein in der Vertraulichkeit der Unterweisungen, obwohl auch diese strikt beachtet wurde, sondern im übereinstimmenden Handeln. Die Hochschule sollte also eine Willensgemeinschaft sein, eine Körperschaft, die sich der gemeinsamen Verantwortung bewußt sein sollte und diese auch praktizierte. Wie das zu verstehen ist, hat Steiner in einem Aufsatz *In der freien Hochschule soll das unmittelbar Menschliche zur Geltung kommen* ausführlich erläutert: «Diesem Vorstand soll es ferne liegen, die Initiative in den einzelnen Teilen der Gesellschaft zu dem oder jenem in irgendeiner Art beschränken zu wollen. Aber man sollte es immer mehr als eine Notwendigkeit ansehen, daß alles, was in der Gesellschaft auftaucht, zum Wissen dieses Vorstandes gebracht werde. Er kann dann, was an dem einen Orte oder von der einen Menschengruppe gewollt ist, in Einklang bringen mit dem, was von anderer Seite beabsichtigt wird. Dieser Vorstand wird nicht in einseitiger Art wie eine Behörde ‹von oben› wirken wollen; er wird es sich zur Aufgabe machen, offenes Herz und verständnisvollen Sinn zu haben für alles, was aus der Mitgliedschaft heraus nach Verwirklichung strebt. Er möchte in dieser Beziehung nur auch auf Verständnis nach der Richtung hin rechnen dürfen, daß man ihm entgegenkommt, *tätig* entgegenkommt, wo er aus seiner Initiative, aus den Zielen der anthroposophischen Bewegung heraus, etwas durchführen möchte.» (260a/159f)

Am 15. Februar konnte Rudolf Steiner in Dornach die erste Stunde innerhalb der freien Hochschule halten. Bis zum 2. August folgten in Dornach achtzehn weitere «Klassenstunden», die insgesamt auf einem folgerichtigen Pfad fortschreitend den Teilnehmern die Grunderfahrungen des Weges in die geistigen Welten vermittelten. Im *Nachrichtenblatt* vom 20. April hat Rudolf Steiner ganz offen über den Inhalt dieser Vorträge gesprochen und ausgeführt, daß in diesen Vorträgen «ein Ausblick ... über das Erlebnis der ‹Schwelle› zwischen sinnlicher und übersinnlicher Welt» gegeben werden solle. In imaginativer Sprache vergegenwärtigte Rudolf Steiner die Schritte der Umwandlung des inneren Menschen, der sich zur Erkenntnis der übersinnlichen Welt erhebt (260a/202).

In der folgenden Zeit hat Rudolf Steiner dann auch in Prag, Bern, Paris, Breslau, Arnheim, Torquay und London für die Mitglieder der Hochschule gesprochen. Von den beiden Klassenvorträgen in Prag hat er im *Nachrichtenblatt* ausführlicher berichtet: «Ich hatte in zwei Veranstaltungen der ersten Klasse der allgemeinen anthroposophischen Sektion die ersten Schritte des übersinnlichen Erkenntnisstrebens vor die Seelen derjenigen Persönlichkeiten zu stellen, die sich für die Mitgliedschaft in dieser Klasse entschieden haben. ... Die Zahl derjenigen Persönlichkeiten, denen auf ihre diesbezügliche Erklärung hin die Mitgliedschaft zuerkannt werden konnte, war über hundert. ... Tief befriedigend war es mir, in diesen Stunden den Blick auf Seelen richten zu können, denen ich seit langem bei Prager Veranstaltungen gegenübergestanden habe. In den Augen vieler war das innige Zusammengeschlossensein mit dem anthroposophischem Lebensgehalt zu lesen. Ich wurde vieler aufgeschlossener Herzen gewahr.» (260a/198)

Mit diesen Worten gibt Rudolf Steiner Einblick in einen Teil dessen, was er selbst als Lehrer in der Hochschule erlebte. Freilich muß man diesen Bericht ergänzen. So ergibt sich ein weiterer Aspekt aus einem Brief an Ita Wegman, in dem Steiner von einer Störung der zweiten in Breslau gehaltenen Klassenstunde berichtet: «Es hat sich da das ganz Unmögliche ereignet, daß, nachdem längst begonnen war, die verantwortlichen Kontrolleure eine Reihe von Leuten einfach hereingelassen haben. Ich war mit meiner Sache beschäftigt, und da entging mir dieser Vorgang in der phys. Welt.» (Zeylmans, *Wegman*, I, S. 209) Man kann dieser knappen Andeutung entnehmen, daß Rudolf Steiners Aufmerksamkeit während des aktuellen Vollzugs der esoterischen Unterweisung weitgehend von den Inhalten, die er vermittelte, in Anspruch genommen war.

Rudolf Steiner beabsichtigte ursprünglich, nachdem er den ersten Abschnitt der esoterischen Unterweisungen für die erste Klasse am 2. August abgeschlossen hatte, nach seiner Englandreise im September zwei weitere Abschnitte folgen zu lassen, die unmittelbar in die übersinnliche kultische Vorbereitung der anthroposophischen Bewegung zu Beginn des 19. Jahrhunderts und in die im Übersinnlichen wirkende Michael-Schule des 15., 16. und 17. Jahrhunderts führen sollten. Als er aber Anfang September nach Dornach zurückkehrte, sah er, daß sich über tausend Menschen zu Kursen und Vorträgen in Dornach versammelt hatten, von denen eine große Zahl, die noch nie an einer Klassenstunde teilgenommen hatte, auch Klassenstunden hören wollte. Deshalb entschloß er sich, zunächst die ersten Stunden zu wiederholen, damit die neu in die Klasse Eintretenden den Anfang des Weges kennenlernen konnten. Seine Krankheit machte es ihm dann unmöglich, die beiden in Aussicht genommenen Abschnitte der Inhalte der ersten Klasse darzustellen und die beiden folgenden Klassen zu eröffnen. Durch seinen Tod blieb die Hochschule nicht nur für den Aufbau der Klassen, sondern auch für die Ausgestaltung der Sektionen unvollendet. Für manche der mit der Weihnachtstagung veranlagten Sektionen hatte Rudolf Steiner die esoterische Arbeit nicht einmal beginnen können.

Im Paragraph 7 der Statuten der Allgemeinen Anthroposophischen Gesellschaft hatte Rudolf Steiner formuliert: «Die Errichtung der freien Hochschule für Geisteswissenschaft obliegt zunächst Rudolf Steiner, der seine Mitarbeiter und seinen eventuellen Nachfolger zu ernennen hat.»

Schon diese Formulierung gibt zu erkennen, daß Rudolf Steiner nicht mit Sicherheit damit rechnete, einen Nachfolger für die Leitung der Hochschule ernennen zu können. Durch die Tatsache, daß er keinen Nachfolger ernannte, zeigte er an, daß er niemanden sah, der sein esoterisches Werk weiterführen konnte.

Einen Tag nach der ersten Klassenstunde in Dornach begann Rudolf Steiner innerhalb der Anthroposophischen Gesellschaft jene Arbeit, auf die er ursprünglich im Jahre 1902 sein Wirken begründen wollte. 1902 hatte er – wie bereits dargestellt – die Absicht, die damals theosophische

Arbeit auf praktischen Karma-Übungen aufzubauen: Die Mitglieder sollten angeleitet werden, im Buch ihres eigenen Schicksals zu lesen und die Sprache des Schicksals zu verstehen, damit jeder auf seinem individuellen Weg zur Selbsterkenntnis gelangen könne. Nun, einundzwanzig Jahre später, konnte er daran denken, diese Ursprungsintention wirklich auszuführen.

In den ersten sechs Vorträgen umriß Rudolf Steiner Grundzüge der Schicksalsgesetzmäßigkeiten, indem er die Bildung der karmischen Kräfte schilderte. Dann, am 8. März 1924, ging er zur Darstellung von beispielhaften Einzelschicksalen über. Am 8. März charakterisierte er zunächst drei Menschen, ohne bereits direkt auf deren Schicksalshintergründe einzugehen. Für die Zuhörer entstanden drei knappe biographische Skizzen. Am folgenden Tage begann er, einiges über die früheren Erdenleben dieser Menschen auszuführen.

Schon in früheren Jahren, im Zusammenhang mit der Entwicklung des Christentums, hatte Rudolf Steiner zentrale Zusammenhänge aufeinanderfolgender Erdenleben dargestellt, wie sie sich seiner Forschung ergeben hatten. Unabhängig von den in der Theosophischen Gesellschaft vorhandenen Einsichten, hatte er, durch ein Erlebnis von Marie von Sivers veranlaßt, erstmals wohl in München am 6. Januar 1909, über die Schicksalszusammenhänge und wiederholten Erdenleben des Elias gesprochen. Dieser Offenbarung folgten im Herbst 1909 die Hinweise auf die wiederholten Erdenleben des Zarathustra. Diese Darstellungen dienten einem vertieften Verständnis des Christentums. Später hat Steiner auch in besonderen Fällen vertraulich zu einzelnen Menschen – etwa zu Günther Wagner oder zu Helmuth von Moltke – manches über ihre früheren Erdenleben angedeutet oder ausgeführt.

Jetzt aber, 1924, wurde die Erkenntnis der früheren Erdenleben zum Inhalt der allgemeinen anthroposophischen Schulung. Dabei wurde an die jüngste Vergangenheit angeknüpft, und es wurden Zusammenhänge erörtert, die in die Gegenwart hineinspielten und die für das damalige geistige Leben kennzeichnend waren. Es sollten damit – und das war ganz neu – Anregungen zur unmittelbar praktischen Schicksalserkenntnis vermittelt werden. Das geschah in diesem ersten Schritt dadurch, daß überhaupt ganz konkret von Menschen gesprochen wurde, die zumeist erst vor kürzerer Zeit oder vor wenigen Jahrzehnten verstorben waren. Es wird berichtet, daß es für die Zuhörer fast einem Schock gleichkam, zu erleben, daß der Reinkarnationsgedanke aus dem religiösen und historischen Bereich ins unmittelbare Leben eintrat.

Bei den ersten Beispielen, die Rudolf Steiner ausdrücklich als Beispiele anführte, sagte er einleitend: «Die Untersuchungen sind eben solche des Anschauens, solche, die mit denjenigen geistigen Mitteln geführt werden, von denen schon gesprochen worden ist, über die nachgelesen werden kann in der anthroposophischen Literatur. Und deshalb ist keine andere Methode gerade in der Besprechung solcher Dinge möglich als eine Art erzählender Methode. Denn nur dasjenige, was sich der unmittelbaren Anschauung ergibt, kann eben auf diesem Gebiete mitgeteilt werden. Und in dem Augenblicke, wo man von einem Erdenleben auf ein früher zurückliegendes verweist, hört alles verstandesmäßige Begreifen auf. Da gibt es nur die Möglichkeit des Schauens.» (235/134)

Aus diesem Grund sprach Rudolf Steiner auch davon, daß man bei dieser oder jener Persönlichkeit im Anschauen «zur nächsten maßgebenden Inkarnation» *zurückgeführt* werde (235/135). Oder er sagte, daß sich ihm der Blick auf etwas Symptomatisches eröffnete und daß er dann «zurückgehen» konnte (235/158). In den nächstfolgenden Vorträgen ging er dazu über, jene Einzelheiten und karmischen Symptome zu verdeutlichen, durch die man auf frühere Erdenleben blicken lernt.

Steiner hat ausgesprochen, daß er die Anschauungen, die er nun darzustellen begann, schon lange Jahre vor Augen hatte. In *Mein Lebensgang* berichtet er, daß ihm in den achtziger Jahren des 19. Jahrhunderts, als er noch in Wien weilte, «manche Anschauung in dieser Richtung» aufgegangen sei. Besonders in der Begegnung mit dem Dichter Fercher von Steinwand hatten sich diese Anschauungen verdichtet: «In dem Mienenspiel, in jeder Geberde Ferchers zeigte sich mir die Seelenwesenheit, die nur gebildet sein konnte in der Zeit vom Anfange der christlichen Entwickelung, da noch griechisches Heidentum nachwirkte in dieser Entwicklung.» (28/135) Um das Jahr 1888 herum ergaben sich Rudolf Steiner also die ersten «bestimmten Anschauungen über die wiederholten Erdenleben des Menschen. Vorher lagen sie mir zwar nicht ferne; aber sie rundeten sich nicht aus den unbestimmten Zügen heraus zu scharfen Eindrücken.» (28/136)

Dieser Bericht wirft ein Licht auf die Tatsache, daß unter den ersten konkreten Darstellungen wiederholter Erdenleben eine Reihe von Persönlichkeiten sind, mit denen sich Steiner gerade in den achtziger Jahren intensiv beschäftigt hatte. Die Reihe beginnt nämlich mit Friedrich Theodor Vischer, dem Rudolf Steiner 1882 seine Abhandlung *Einzig mögliche Widerlegung der atomistischen Begriffe* geschickt hatte. Vischer hatte – was Steiner oft erzählte – ihm für die Abhandlung gedankt. Zu den ersten Beispielen gehören auch die Schilderungen Eugen Dührings, dem schon um 1881 Steiners Aufmerksamkeit galt, und vor allem auch die des Schicksals Eduard von Hartmanns, dessen Publikationen er seit etwa 1881 verfolgt und mit dem er seit 1884 manche philosophische Auseinandersetzung durchgefochten hatte. Auch Ernst Haeckel und Charles Darwin, die ebenfalls in diesen ersten detaillierten Aussagen zu wiederholten Erdenleben auftauchen, hatte Steiner in den frühen achtziger Jahren studiert. Er eröffnete also die genauen Darlegungen über die wiederholten Erdenleben mit Beschreibungen von Menschen, die ihn seit mehr als vierzig Jahren beschäftigt hatten.

Keineswegs alle, aber doch viele dieser Betrachtungen haben die Herkunft der damals herrschenden naturwissenschaftlichen Denkart zu ihrem Thema. Andere Betrachtungen werfen ein Licht auf die Herkunft der in jenen Jahren symptomatischen politischen Denkart Wilsons oder des Denkens von Marx und Engels. Nicht ausschließlich, jedoch an vielen Beispielen werden in der damaligen Gegenwart herrschende Vorstellungsrichtungen beleuchtet, und für die Zuhörer sicherlich völlig überraschend trat dabei der starke Anteil der aus dem Arabertum stammenden Gegenwartstendenzen hervor.

Vielleicht muß man hier hinzufügen, daß gerade in diesen ersten Karma-Vorträgen mehrfach Gegenströmungen der Anthroposophie – oft mit Verständnis und Einfühlung – beschrieben werden. Am Beispiel Vischers wird gezeigt, wie sich diese Gegenströmung im Laufe des Lebens gegen die ursprüngliche Orientierung Vischers durchsetzt; und Dühring wird zwar mit größtmöglicher Positivität beschrieben, doch im Hintergrund steht die Ansicht, die bereits der zwanzigjährige Steiner formuliert hatte: «Seine Philosophie ist der ärgste Ausbund aller philosophischen Rückläufigkeiten.» (38/21) Aus seiner Bewunderung Eduard von Hartmanns hat Steiner nie einen Hehl gemacht, aber ebensowenig aus den abgründigen Differenzen, die eine wirkliche Verständigung mit Hartmann unmöglich machten. Evident ist bei Steiner die Ablehnung von Wilson und Marx.

Ohne es direkt auszusprechen, enthüllt Rudolf Steiner auf diese Weise in der ersten Folge der Karma-Vorträge an exemplarischen Beispielen die schicksalhaften Hintergründe der Geistigkeit, die die jüngste Vergangenheit bestimmt hatte, die in das Denken der Gegenwart hereinwirkte und die dem Goetheanismus und der Anthroposophie entgegenstand. Er geht damit auf Probleme ein, die ihn seit vier Jahrzehnten bewegten. Vor Jahren schon, 1918, hatte Rudolf Steiner den von der Akademie von Gondischapur ausgehenden Impuls des dezidiert nichtchristlichen Aristotelismus und seiner gnostischen Weisheit, der namentlich in dem Franziskaner Roger Bacon weiterwirkte, in seiner geistesgeschichtlichen Bedeutung umrissen (184/280ff). In den Vorträgen vom März und April 1924 aber treten mit Harun al Raschid und anderen nunmehr die großen Protagonisten dieser Geistigkeit auf, und der Blick der Zuhörer wird auf den Propagandisten eines natur- und gesellschaftswissenschaftlichen Impulses, auf den englischen Lordkanzler Francis Bacon, gelenkt. Damit klingt ein Motiv an, dessen volle Bedeutung erst in den Vorträgen im Sommer 1924 ganz sichtbar werden wird.

In den Wintermonaten des Jahres 1924 versuchte Rudolf Steiner noch auf zwei weiteren Feldern den Grund für Zukünftiges zu gestalten: Er begründete die Sektion für das Geistesstreben der Jugend, und er schuf das Modell für den Bau des Zweiten Goetheanum. Bald nach der Weihnachtstagung hatte es sich gezeigt, daß die Anthroposophie suchenden jüngeren Menschen weiterhin unberaten und führungslos in der Gesellschaft lebten. So kündigte er im Nachrichtenblatt vom 9. März die Gründung einer Jugendsektion innerhalb der Freien Hochschule für Geisteswissenschaft an. In der ersten Mitteilung wandte er sich an die «älteren Mitglieder» und führte aus, daß die Jugend sich nicht deshalb von den älter gewordenen Menschen abwende, weil diese alt geworden seien, «sondern weil sie ‹jung› geblieben sind, weil sie nicht verstanden haben, in rechter Art ‹alt› zu werden» (260a/148). Der Jugend, die Esoterik sucht, stellte Steiner in Aussicht, daß sie in der anthroposophischen Esoterik den wahren Menschen finden und erleben könne. – Es gab jedoch zu jener Zeit auch Gruppen junger Menschen, die in ihrem Jungsein einen absoluten Wert sahen und denen das Aufnehmen einer allgemein menschlichen Esoterik bereits als ein Fremdkörper erschien. Zu diesen Gruppen gewandt äußerte Steiner, daß der Vorstand am

Abb. 155: Das im März 1924 von Rudolf Steiner gefertigte Modell des Zweiten Goetheanum (1:100; heutiger Zustand)

Goetheanum von seiner Einsicht nicht abweichen werde, daß nämlich «in der durch die Anthroposophische Gesellschaft versuchten Esoterik der Ewigkeitsstrom fließt, nach dem die Jugend hinstrebt. Er kann nicht in den Irrtum verfallen, daß die Esoterik *durch* das Jung-Sein erst ihre wahre Gestalt erhalten müsse.» (260a/157) Mit solchen Worten wehrte Steiner eine letztlich leere Jugendideologie ab, um den jüngeren Mitgliedern gleichzeitig positive Inhalte zu vermitteln. Im Juni 1924 wurde Dr. Maria Röschl als Leiterin der Jugendsektion berufen.

Schon während der Weihnachtstagung hatte Rudolf Steiner über das projektierte neue Goetheanum gesprochen und ein Grundmotiv des Baus sowie einen allgemeinen Bauplan skizziert. Mitte März sparte er sich drei Arbeitstage aus, um das Modell für den zweiten Bau zu schaffen. Ohne sich größere Ruhepausen zu gönnen, baute er das neue Modell aus rötlichem Plastilin. Die Uridee des Ersten Goetheanum, die in dem Holzbau Gestalt gewonnen hatte, wurde entsprechend den Anforderungen, die ein Bau aus Beton stellte, völlig neu realisiert. Während der alte Doppelkuppelbau als Rundbau geformt worden war, wurde der

Zuschauerraum des neuen Baus trapezförmig konzipiert, und der Bühnenraum, von dem es zu Weihnachten noch geheißen hatte, er solle einen Grundriß in Form eines Halbkreises erhalten, war nun eher rechteckig gedacht. Dementsprechend ergab sich die Außengestaltung, in der sich erst bei genauerer Betrachtung zeigt, daß sie eine Metamorphose der Uridee des ersten Baus ist. Am 26. März wurde das Modell den Architekten zur Ausarbeitung der ersten Bauzeichnungen übergeben.

Erst nach diesen einen Grund legenden Arbeiten konnte Rudolf Steiner Dornach für kürzere Zeiten verlassen, um den Impuls der Weihnachtstagung außerhalb Dornachs zur Geltung zu bringen.

53.

FRÜHLING 1924

Noch vor Ostern, das in diesem Jahr außergewöhnlich spät lag – Ostersonntag war am 20. April –, fanden drei größere Unternehmungen statt: In Prag hielt Rudolf Steiner vom 28. März bis zum 5. April elf Vorträge. Unmittelbar anschließend kehrte er zu einem Vortrag und zu Besprechungen nach Dornach zurück, um bereits am 8. April wieder nach Stutttgart zu fahren, wo er auf der Erziehungstagung fünf Vorträge hielt, zu den Mitgliedern und zur versammelten Jugend sprach und zahlreiche Besprechungen abhielt. Bereits am 11. reiste er nach Dornach zurück, hielt dort kurz nach seiner Ankunft eine Klassenstunde, am 12. einen Karma-Vortrag und fuhr dann am 13. April nach Bern, wo abends die bis zum 17. April dauernde Erziehungstagung begann, auf der Rudolf Steiner wieder fünf Vorträge hielt, während außerhalb der Tagung ein Karma-Vortrag und eine Klassenstunde stattfanden. Am 18. April war er dann wieder zur Ostertagung in Dornach, wo bis zum 28. ein ausgefülltes Programm von – wie sich zeigen sollte – zwanzig Vorträgen auf ihn wartete. Vom 29. April bis zum 1. Mai ging es dann zur Eröffnung des sechsten Schuljahres der Freien Waldorfschule und zu Beratungen nochmals nach Stuttgart.

Hält man sich diese Fülle von Tätigkeiten vor Augen, so spürt man, wie Rudolf Steiner trotz seiner fortschreitenden Krankheit nunmehr nach Frühjahrsbeginn mit aller Kraft daran ging, den Impuls der Weihnachtstagung in die Weite zu tragen. Die erste Reise führte ihn nach Osten: Wie im vergangenen April war Prag das Ziel. Marie Steiner und Guenther Wachsmuth begleiteten Rudolf Steiner. In Prag wurde er in dem Haus des von ihm sehr geschätzten Professors Adolf Hauffen und seiner Frau aufgenommen. Die Arbeit begann nach einer Nachtfahrt sogleich mit einer Eurythmie-Probe, abends folgte der erste von vier öffentlichen Vorträgen, am folgenden Tag begannen die Karma-Vorträge für Mitglieder, am 30. März fand vormittags die erste Eurythmie-Aufführung statt, am Nachmittag half Rudolf Steiner bei der Formierung der Landesgesellschaft, wobei es galt, auf die unterschiedlichen Sprachen tschechischer, slowakischer und deutscher Mitglieder Rücksicht zu nehmen. Am Abend und am nächsten Tag wurden der zweite und der dritte Vortrag für Mitglieder gehalten. Am 1. April folgte der zweite öffentliche Vortrag, am 2. sprach Rudolf Steiner zu eurythmischen Demonstrationen, und am 3. April konnte er vor über hundert Teilnehmern die erste Klassenstunde außerhalb Dornachs halten, der am 5. eine zweite folgte. So ging es fort, bis Rudolf Steiner am 5. April abends nach dem letzten Mitgliedervortrag den Nachtzug nach Stuttgart bestieg.

Während dieser Tage beriet Rudolf Steiner Ärzte, sah Kranke und gewährte gewiß manche persönliche Unterredung. Dennoch nahm er sich die Zeit, mit Guenther Wachsmuth die Prager Burg zu besuchen und einen Streifzug durch die so reichen Prager Antiquariate zu unternehmen. – Für Rudolf Steiner war es wichtig, in diese Atmosphäre Prags, wo sich damals noch Tschechen und Deutsche begegneten, den Impuls der Weihnachtstagung hineinzustellen: durch die Esoterik der Klassenstunden, durch den neuen Ton der Karma-Vorträge und durch vier öffentliche Vorträge, die von einer Eurythmie-Demonstration und zwei Eurythmie-Aufführungen begleitet waren. Dankbar berichtete er im *Nachrichtenblatt*: «Ein schöner Strom ernster Begeisterung und eifriger Hingabe an die anthroposophische Sache von seiten unserer Prager Freunde kam meiner Aufgabe ... entgegen. – Die Ausführung der Weihnachtstagung am Goetheanum fordert, daß ich die esoterische Grundlage der Anthroposophie nunmehr eindringlicher durch das tönen lasse, was ich mitzuteilen habe. Und dieser Ton hat bei unseren Freunden einen herzlichen Widerhall gefunden.» (260a/195)

Wenn man verfolgt, wie Rudolf Steiner am 5. April Prag mit dem Nachtzug verläßt, unmittelbar nach seiner Ankunft in Stuttgart ins Auto steigt und nach Dornach eilt, wo er sogleich am Abend des 6. April einen Vortrag für Mitglieder hält, am 7. den Tag mit verschiedenen Arbeiten und Besprechungen verbringt – er beginnt an diesem Tag das Aquarellbild «Ostern» zu malen – und dann am 8. April wieder nach Stuttgart zur Erziehungstagung fährt, so kommt einem die Frage: Warum fährt er nicht am 6. April gemächlich bei Tage nach Stuttgart, wo am 6. abends die Erziehungstagung beginnt? Was veranlaßt ihn, einen Zwischenaufenthalt in Dornach einzuschieben und die sicher nicht angenehme siebenstündige Extrafahrt von Stuttgart nach Dornach und zurück in Kauf zu nehmen?

Ging es ihm darum, in der Reihe der Karma-Vorträge keine lange Pause eintreten zu lassen? Drängten Besprechungen mit den Architekten über die Baupläne des neuen Goetheanum? Führte ihn die Sorge um die schwerkranke Edith Maryon oder die Arbeit an dem medizinischen Buch nach Dornach? – Wir wissen es nicht. Jedenfalls traf Rudolf Steiner am 8. April erst kurz vor Beginn seines ersten Vortrags in Stuttgart ein, wo er nicht einmal ganze drei Tage blieb. Offensichtlich hatte er keine Zeit zu verlieren.

Die fünf pädagogischen Vorträge in Stuttgart waren die letzten öffentlich zugänglichen Vorträge, die Rudolf Steiner in Deutschland hielt. Im Gustav Siegle-Haus, wo die Tagung stattfand, waren die 1700 Teilnehmer – unter ihnen viele Lehrer an staatlichen Schulen – kaum unterzubringen. Wie bereits erwähnt, schlug Rudolf Steiner auch in diesen Vorträgen einen neuen Ton an. Im einleitenden Vortrag stellte er zunächst fest, daß sich wahre Menschenerkenntnis nicht damit begnügen kann, «den einzelnen Menschen nach Leib, Seele und Geist, wie er sich vor uns stellt, aufzufassen, sondern daß sie vor allen Dingen dasjenige ins Seelenauge fassen will, was sich zwischen den Menschen im irdischen Leben abspielt» (308/9f).

Indem Steiner auf das geheimnisvolle, oft unbewußte Leben zwischen den Menschen, auf das zwischen Personen hin- und hergehende Spiel weist, glänzt in diesen Vorträgen die praktische Karma-Erkenntnis auf. Er beschreibt das, was zwischen den Menschen wirkt: «Wenn der Mensch dem Menschen begegnet – auch wenn man es sich nicht klar macht –, Sympathien, Antipathien steigen auf, Eindrücke sind da, die uns sagen, der andere Mensch ist geeignet, uns nahzukommen, oder er ist ungeeignet dazu, wir wollen ihn von uns fernhalten. – Ja auch andere Eindrücke können wir bekommen. Wir können nach dem ersten Eindruck etwa uns sagen: Das ist ein gescheiter Mensch, das ist ein weniger begabter Mensch. – So könnte ich vieles anführen. Es würde das alles zeigen, daß Hunderte und Hunderte von Eindrücken aus den Tiefen unserer Seele heraufwollen in das Bewußtsein, aber für die Unbefangenheit des Lebens hinuntergedrückt werden, daß wir jedoch mit ihnen als mit einer Seelenverfassung einem anderen Menschen gegenüberstehen und unser eigenes Leben nach diesen Eindrücken einrichten. Auch dasjenige, was wir Mitgefühl nennen, und was im Grunde genommen einer der bedeutungsvollsten Impulse aller Moralität der Menschen ist, auch das gehört zu der unbewußten Menschenerkenntnis, von der ich hier spreche.» (308/10)

In den folgenden Vorträgen stellte Steiner dann dar, wie Erzieher und Lehrer durch eine geistig-künstlerische Schulung zu einem Erleben und Verstehen und zum rechten Umgehen mit diesem zwischen den Menschen wirkenden Menschlichen gelangen können. Am Morgen des 11. April schloß er die Vortragsreihe mit dem bereits angeführten Spruch ab, der ein Ausdruck menschenverbindender Pädagogik sein möchte. Minutenlange, stehend dargebrachte Ovationen dankten Steiner für das, was er als Impuls vermittelt hatte. Er selbst vermerkte im *Nachrichtenblatt* nur, daß die Art, wie er über die Stellung der Erziehung im Kulturleben der Gegenwart gesprochen habe, aus der Stimmung der Zuhörerschaft hervorgegangen sei und «manchem einleuchtete».

Im übrigen waren die Tage in Stuttgart so ausgefüllt, daß er bei den Vorträgen der Waldorfschullehrer nicht anwesend sein konnte: Für die Mitglieder der Gesellschaft hielt er einen Karma-Vortrag, sowohl mit Vertretern der Gesellschaft wie auch mit den Stuttgarter «Vertrauensleuten» fanden Besprechungen statt. In der Waldorfschule wurden eine dringend notwendige Lehrerkonferenz und eine Aussprache mit den Schülern der 12. Klasse abgehalten. Erfreulich für Rudolf Steiner war eine Jugendversammlung: «An den Gesichtern dieser jungen Leute konnte man lesen, wie bei ihnen die Jugendempfindung mit Gefühl für die Anthroposophie zusammenfällt. Mit tiefster Befriedigung schaue ich auf diesen Teil der Erziehungstagung zurück.» (260a/201)

Nach dem letzten Vortrag in Stuttgart, der gegen halb elf Uhr morgens endete, verzögerte sich die Abfahrt nach Dornach noch, so daß sich Rudolf Steiner während der Reise im Automobil auf die siebente Klassenstunde vorbereiten mußte, die er dann unmittelbar nach seiner Ankunft um halb neun Uhr am Abend begann. Am nächsten Morgen um neun Uhr sprach Rudolf Steiner zu den Arbeitern, anschließend fuhr er ins Klinisch-Therapeutische Institut zu ärztlichen Konsultationen. Am Nachmittag besprach er mit Albert Steffen die nächsten Nummern des

Goetheanum und des *Nachrichtenblattes*, um dann am Abend für die Mitglieder einen weiteren Karma-Vortrag zu halten.

Vom 13. bis zum 17. April war Rudolf Steiner dann zu einer pädagogischen Tagung in Bern, die auf Wunsch von Berner Lehrerinnen und Lehrern eingerichtet worden war. Mit dieser Tagung fand der im April 1923 veranstaltete Kurs für Schweizer Lehrer eine Fortsetzung. Es galt, unter dieser Lehrerschaft Freunde für die anthroposophische Pädagogik zu gewinnen. Im Vergleich zu Stuttgart war die Zahl der Teilnehmer viel geringer, da man im Lande Pestalozzis das Bedürfnis nach pädagogischer Erneuerung nicht so intensiv empfand. Doch Rudolf Steiner war zufrieden, daß man seinen Darstellungen mit Verständnis begegnete: «Die schöne Teilnahme der Zuhörerschaft ist ein Beweis dafür, daß dem Gewollten, wenn auch noch von einem kleinen Kreis, so doch von diesem echtes Verständnis entgegengebracht wird. Daß auch Nicht-Lehrer bei der Veranstaltung erschienen sind, zeigt, wie die Sache als etwas empfunden wird, das in der Richtung eines allgemein menschlichen Bedürfnisses liegt.» (260a/221)

In der Tat sind die in Bern gesäten Samen im Laufe der Zeit aufgegangen. Nach dem Tode Steiners entstand zunächst aus kleinen Anfängen und dann immer kräftiger die anthroposophische Schulbewegung in der Schweiz, die auf methodischem Feld besonders fruchtbar wurde. – Für Rudolf Steiner war es wichtig, daß mit der pädagogischen Initiative eine Vertiefung der anthroposophischen Arbeit einherging, und so hielt er für die Berner Mitglieder einen Karma-Vortrag, bei dessen Beginn er nochmals eindringlich auf den Impuls der Weihnachtstagung hinwies, und eine Klassenstunde für die Mitglieder der Freien Hochschule.

Nachdem auf diese Weise in Prag, Stuttgart und Bern der neue Ton der Weihnachtstagung sowohl vor der interessierten Öffentlichkeit als auch vor den Mitgliedern der Anthroposophischen Gesellschaft vernehmbar gemacht worden war, begann unmittelbar nach der Veranstaltung in Bern die Ostertagung in Dornach. Trotz der Ungunst der Zeitverhältnisse waren zahlreiche Anthroposophen unter allerlei Schwierigkeiten gekommen, da sie spürten oder hörten, daß in Dornach etwas ganz Neues begonnen hatte.

Als Thema der Tagung hatte Rudolf Steiner angekündigt: Das *Osterfest, ein Stück Mysteriengeschichte.* Damit unterbrach er für die Dauer der Tagung die Karma-Vorträge und griff die Themen vom Dezember

1923 und Januar 1924 erneut auf. Indem nochmals das Mysterienwesen vergegenwärtigt wurde, sollte das, was mit der Weihnachtstagung beabsichtigt worden war, einsichtig werden und der Weihnachtsimpuls in einer österlichen Oktave erklingen. Das Osterfest war unmittelbarer Anlaß, im Hinblick auf das Mysterium von Golgatha die alte Mysterienkultur, die Mysteriendämmerung und die Erneuerung der Mysterien durch die Weihnachtstagung in den Herzen der Mitglieder erstehen zu lassen. Den Mitgliedern der Anthroposophischen Gesellschaft sollte die damals gegenwärtige Stufe der Erneuerung der Mysterien anschaubar werden. Das geschah auf mehreren Ebenen. Die zweimalige Darstellung des Grundsteins der Anthroposophischen Gesellschaft durch Rezitation und Eurythmie, die er zusammen mit Marie Steiner besonders vorbereitet hatte, hob ins Bild, daß die Worte des Grundsteins auch durch die Kunst als bewegt-bewegende Gestaltung sichtbar erstehen wollen.

In den vier Vorträgen stellte Rudolf Steiner den Wandel der Mysterien dar. In den alten Mysterien wurden die Schüler in den *räumlichen* Kosmos geführt, «seit der Begründung des Christentums tritt die *Zeit* an die Stelle des Raumes» (260a/225). Was man vor dem Mysterium von Golgatha außerhalb der Erde habe suchen müssen, könne seit der Zeitenwende als *geschichtliches* Ereignis auf Erden geschaut werden. Durch den Blick auf die Geschichte der Mysterien sollte ein Sinn für ein vertieftes Verstehen des Osterfestes gebildet werden. «Indem die Anthroposophie diese Vertiefung anstrebt, wird sie selbst von dem Gedanken der Auferstehung durchdrungen, ist sie eine Botschaft von dieser Auferstehung. Als solche wird sie aus einer Ideensache zu einer Herzenssache. So wollte die Oster-Veranstaltung des Goetheanums den Impuls der Weihnachtstagung zur weiteren Entwickelung bringen.» (260a/225f)

So Rudolf Steiners Darstellung im *Nachrichtenblatt*. Im letzten Vortrag der Tagung führte er das schriftlich knapp Formulierte im Einzelnen aus. Die alten Kulturen waren noch ganz vom Initiationsprinzip durchdrungen. Die Mysterien lenkten das geistige Leben der Menschen. Diese machtvolle Lenkung trat im Laufe der Zeit in den Hintergrund, die Menschen waren mehr und mehr auf sich selbst gestellt. In den Menschen der Gegenwart, die noch keineswegs die volle innere Freiheit erworben haben, lebe indes dumpf, was sie in früheren Erdenleben in den Mysterien erfahren haben. Nunmehr aber komme alles darauf an, die Früchte der Vergangenheit ans Licht zu holen und reif werden zu lassen: «Es ist schon so, daß, wenn jener Impuls, der durch die Weihnachtstagung von hier, vom Goetheanum, ausgegangen ist, wirklich sich einlebt in der Anthroposophischen Gesellschaft, dann wird die Anthroposophische Gesellschaft, indem sie weiter hinführt zu den Klassen, die einzurichten sind – zum Teil hat diese Einrichtung ja schon begonnen –, die Grundlage sein für das weitere Mysterienwesen. Es muß das weitere Mysterienwesen bewußt gepflanzt werden, durch diese Anthroposophische Gesellschaft.» (233a/155f)

Am Beispiel der ephesischen Artemis-Mysterien schilderte Rudolf Steiner sodann, wie der Schüler in jener Mysterienstätte zu einem Erleben des kosmischen, von den planetarischen Kräften durchdrungenen Ätherleibes gelangte, welchen Inhalt diese Erlebnisse gehabt haben und wie dann später Aristoteles im Nachklang dieser Initiation jene «Urformen der Nennbarkeit», die auch Kategorien heißen, aufgegangen seien. Heute gehe es darum, diese «Weisheitsoffenbarung», die eigentlich «wie im Grabe ruht», im Weltenlicht wieder auferstehen zu lassen. «Wir sind ja da, meine lieben Freunde, um das, was verborgen worden ist, wieder offenbar zu machen», ruft Rudolf Steiner aus. Das geschehe freilich nicht dadurch, daß man die Dinge historisch aus ihren Gräbern hervorhole, sondern dadurch, daß man das, was in den Herzen verborgen lebe, erschließe: «Es ruht schon Anthroposophie in den Menschenherzen. Diese Menschenherzen müssen nur sich selber richtig erschließen können. Und das sollten wir empfinden, dann werden wir in voller Besonnenheit, nicht wie es in alten Zeiten instinktiv war, zurückgeführt zu jener Weisheit, welche in den Mysterien leuchtete und lebte.» (233a/166)

Daß das möglich geworden ist, stellt Rudolf Steiner vor dem Hintergrund des Goetheanum-Brandes dar: So wie durch den Brand des Artemis-Tempels die geistige Substanz dieser Mysterienstätte in der Weise verwandelt wurde, daß sie in die Weiten der Lebenswelt getragen und von Aristoteles und Alexander als Weltenschrift neu gefaßt werden konnte, so wurde auch die in den Goetheanum-Bau hineingebaute Anthroposophie zu einer Welttatsache: «Was mehr oder weniger Erdensache vorher war, erarbeitet, begründet wurde als Erdensache, das ist mit den Flammen hinausgetragen in die Weltenweiten. Wir dürfen, gerade weil uns dieses Unglück getroffen hat, in dem Erkennen der Folgen dieses Unglücks sagen: Nunmehr verstehen wir es, daß wir nicht bloß eine Erdensache verteten dürfen, sondern eine Sache der weiten ätherischen Welt, in der der Geist lebt. Denn es ist die Sache vom Goetheanum eine Sache des weiten Äthers, in dem geisterfüllte Weisheit der Welt lebt. Es ist hinausgetragen worden, und wir dürfen uns von den Goetheanum-Impulsen als aus dem Kosmos hereinkommend durchdringen.» (233a/167)

Mit solchen Worten enthüllte Rudolf Steiner etwas von den Inspirationsquellen, aus denen sich der neue Strom, der nun durch die anthroposophische Arbeit ging, nährte. In den während der Ostertagung gehaltenen Stunden für die erste Klasse der freien Hochschule konnten die Teilnehmer die Praxis dieser neuen Mysterienschule erleben.

Noch während der Ostertagung setzte Rudolf Steiner im Rahmen der Medizinischen Sektion die Besprechungen mit praktizierenden Ärzten wie auch die Arbeit mit den jüngeren Medizinern fort. In der letzten Besprechung mit Ärzten wurden zwei von Dr. Ita Wegman beschriebene Fälle aus dem Buch, das Rudolf Steiner mit ihr erarbeitete, dargestellt und kommentiert, so daß den Ärzten Grundlegendes beispielhaft vorgeführt wurde. In den Vorträgen für die jüngeren Mediziner gab Steiner Anweisungen zur inneren Entwicklung des Arztes; aus der inneren Anschauung des kranken Menschen könne sich unmittelbar die entsprechende Heilmethode ergeben: «Dadurch entwickelt sich der Heilwille als die besondere Seelenstimmung, die der Arzt braucht. So wie in diesem Kurse die Entwicklung des Heilwillens dargestellt worden ist, erscheint derselbe nicht als eine abgesonderte – abstrakte – menschliche Fähigkeit, sondern er tritt immer, ganz individualisiert, entsprechend der sachgemäßen Anschauung der Krankheit auf; er identifiziert sich mit dem Wissen vom Heilen in dem individuellen Fall.» (260a/227)

Auf diese Weise war Rudolf Steiner bestrebt, durch höchst konkrete Anweisungen, die auch bestimmte meditative Inhalte umschlossen, das Geistige unmittelbar in der therapeutischen Praxis fruchtbar zu machen.

Am 29. April reiste Rudolf Steiner zu Besprechungen mit den Lehrern und zur Eröffnung des 6. Schuljahrs erneut nach Stuttgart. Mit den Lehrern besprach er vor allem den Lehrplan für die 12. Klasse, am Morgen des 30. April wurden um 9 Uhr die Schüler der ersten Klasse aufgenommen, um 10 Uhr wurde das Schuljahr mit einer Ansprache Rudolf Steiners eingeleitet, um 12 Uhr beriet er sich mit den Schülern der 12. Klasse, am Nachmittag fand die erste und einzige Konferenz mit den Lehrerinnen und Lehrern des Stuttgarter Eurythmeum statt, und am Abend wurden die Besprechungen mit den Lehrern fortgesetzt. Am folgenden Tag wurde Rudolf Steiner durch unaufschiebbare Fragen in Stuttgart aufgehalten, so daß er erst am Abend von Stuttgart abfahren konnte. Als er in den frühen Morgenstunden in Dornach ankam, fand er einen Brief Ita Wegmans vor, in dem sie mitteilte, daß seine Freundin und Mitarbeiterin Edith Maryon in der Nacht um viertel nach zwölf gestorben sei.

Der Tod Edith Maryons kam nicht überraschend. Schon vor seiner Reise nach Prag hatte Rudolf Steiner Albert Steffen gebeten, die Traueransprache zu halten, falls Edith Maryon sterben sollte, während er in Prag sei. Nun trat Rudolf Steiner am Morgen des 2. Mai an das Sterbelager Maryons, und das Leben der treuen Freundin stand vor seinem Geiste: ein Leben in Stille, ein Leben des Verzichts und der Hingabe an die anthroposophische Sache. Vor seine Erinnerung traten die Bilder der gemeinsamen Arbeit an der Mittelpunktsgruppe für das Goetheanum, trat jener Tag, an dem er, als er von dem Gerüst, wo er hoch oben an dem Modell der Gruppe arbeitete, in die Tiefe zu stürzen drohte, von Edith Maryon aufgefangen wurde, und er gedachte der Brandnacht, die ihre Krankheit erneut aufbrechen ließ. Während des ganzen Jahres 1923 hatte er ihr, wenn er nicht in Dornach war, Briefe geschrieben, die ihr Kraft und Mut geben und die Verbindung aufrecht erhalten sollten. Ursprünglich wollte er Edith Maryon zu Weihnachten 1923 in den Vorstand berufen, doch sie bat ihn, davon abzusehen, und so wurde sie mit der Leitung der Sektion für bildende Künste betraut. Auch nach der Weihnachtstagung hatte er Maryon regelmäßig besucht und ihr, die nun ganz ans Krankenbett gefesselt war, die Inhalte der ersten Klasse übermittelt.

Er war in Gedanken noch ganz bei Edith Maryon, als er später in das Atelier trat, das viele Jahre von Maryon behütet worden war; er setzte sich – noch immer in tiefem Sinnen – in seinen Sessel: Sein Blick fiel auf das gemeinsame Werk, die Gruppe, auf die von Maryon angeregten und von ihm gestalteten Eurythmie-Figuren, auf das von der Meisterin verlassene Werkzeug. So verharrte er, bis er sich schließlich Albert Steffen, der diese Augenblicke beschrieben hat, zuwandte.

Am Abend des folgenden Tages sprach Rudolf Steiner zu den Dornacher Mitgliedern. In diesem Vortrag gedachte er zunächst der in Mailand verstorbenen Charlotte Ferreri, dann unterbrach er den Vortrag, um bei der Schließung des Sarges von Edith Maryon, der zum Krematorium gebracht werden sollte, zugegen zu sein; nach einer Viertelstunde setzte er den Vortrag, der ganz dem Gedenken Maryons gewidmet war, fort. In dieser Gedenkrede charakterisierte er zunächst Edith Maryon, ihre absolute Zuverlässigkeit, ihren praktischen Sinn, ihr Wollen, das ein Können war. Vor allem aber beschrieb Rudolf Steiner die besondere Qualität ihrer spirituellen Zusammenarbeit: Miss Maryon habe den spirituellen Intentionen, die er habe geltend machen müssen, nie den geringsten Widerstand entgegengesetzt, nie habe sie Persönliches geltend gemacht, sondern sich rückhaltlos in den Dienst der anthroposophischen Sache gestellt. Diese mit Können und Zuverlässigkeit gepaarte Selbstlosigkeit sei unersetzlich.

Im Blick auf diesen Verlust teilte Rudolf Steiner mit, was es für ihn bedeute, daß sich innerhalb der anthroposophischen Bewegung so viel allzu Persönliches zur Geltung bringe. Seitdem er die Leitung der Gesellschaft übernommen habe, sei er der geistigen Welt gegenüber verantwortlich für alles, was in der anthroposophischen Bewegung geschehe. Die Leitung bedinge, daß er das, was im Zusammenhang mit ihm geschehe, in die geistige Welt hinauftragen müsse: «Irgend ein Mensch arbeitet mit in der anthroposophischen Bewegung. Er arbeitet mit; aber er arbeitet in das, was er mitarbeitet, persönliche Ambitionen, persönliche Intentionen, persönliche Qualitäten hinein. Nun hat man dann diese persönlichen Ambitionen, diese persönlichen Tendenzen. Die meisten wissen nicht, daß sie persönlich sind, die meisten halten das, was sie tun, eben für unpersönlich, weil sie sich selber täuschen über das Persönliche und Unpersönliche. Das ist dann mitzunehmen. Und das wirkt in den wirklich schaudervollsten Rückschlägen heraus aus der geistigen Welt auf denjenigen, der diese Dinge, die aus dem Persönlichen hervorquellen, mit hineinzutragen hat in die geistige Welt.» (261/306)

Diese Worte sind nicht leicht zu interpretieren, denn unwillkürlich fragt man sich: Wen meint er? Welche Vorgänge hat er im Blick? Wenn man sich umschaut, so ist man einigermaßen ratlos. Selbstverständlich kann man sich vorstellen, daß eine größere Zahl einzelner Mitglieder den Sinn der Weihnachtstagung noch nicht verstanden hatten und im Privaten noch so agierten wie vorher, aber es wäre ja wohl nicht wirklichkeitsgemäß gewesen, etwas anderes zu erwarten. Die Worte müssen sich auf Vorgänge und Aktivitäten innerhalb der Allgemeinen Anthroposophischen Gesellschaft beziehen, bei denen Rudolf Steiner auf Eigensinn und persönliche Aspirationen traf.

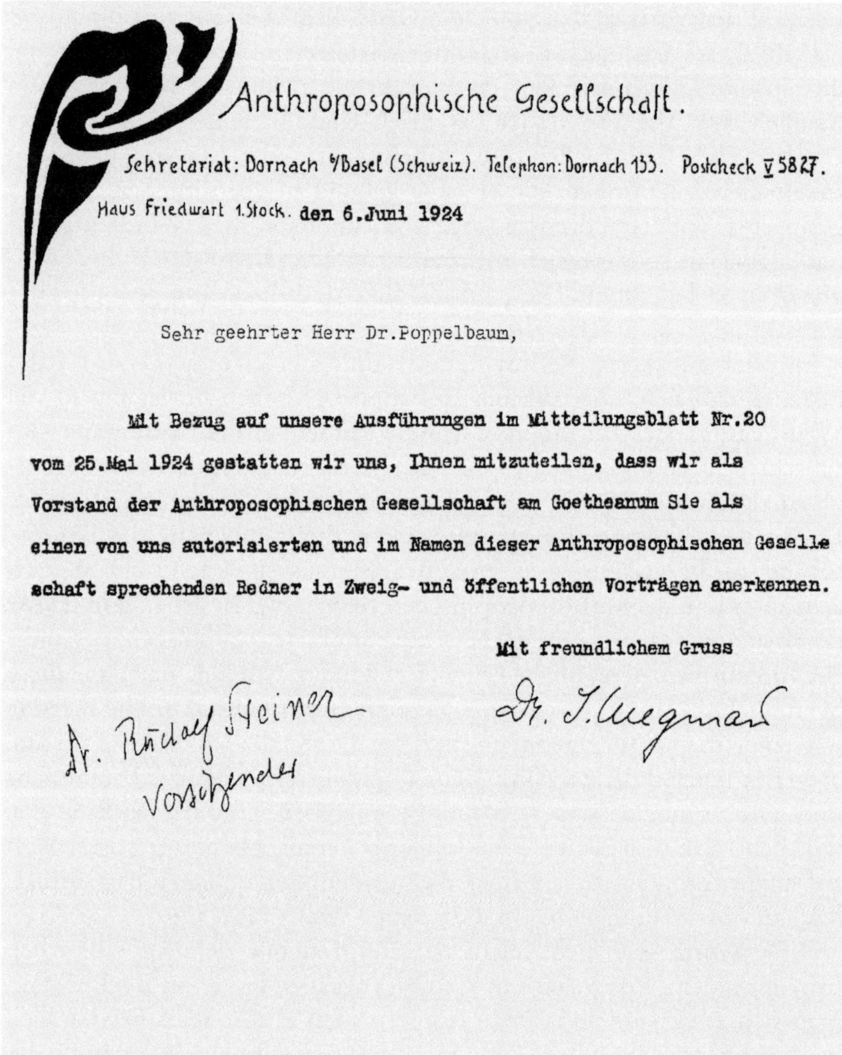

Anthroposophische Gesellschaft.

Sekretariat: Dornach b/Basel (Schweiz). Telephon: Dornach 133. Postcheck V 5827.

Haus Friedwart 1. Stock. den 6. Juni 1924

Sehr geehrter Herr Dr. Poppelbaum,

Mit Bezug auf unsere Ausführungen im Mitteilungsblatt Nr. 20 vom 25. Mai 1924 gestatten wir uns, Ihnen mitzuteilen, dass wir als Vorstand der Anthroposophischen Gesellschaft am Goetheanum Sie als einen von uns autorisierten und im Namen dieser Anthroposophischen Gesellschaft sprechenden Redner in Zweig- und öffentlichen Vorträgen anerkennen.

Mit freundlichem Gruss

Dr. Rudolf Steiner
Vorsitzender

Dr. I. Wegman

Abb. 156: Autorisierung Hermann Poppelbaums als Goetheanum-Redner. Das Bemerkenswerte daran ist, daß Poppelbaum bis zu diesem Zeitpunkt als Redner kaum hervorgetreten war. Während andere damals bekannte Redner keine solche Autorisierung erhielten, hatte Steiner, unter anderem aufgrund der damals erschienenen Schrift «Der Bildekräfteleib als Gegenstand wissenschaftlicher Erfahrung», die Befähigung Poppelbaums bemerkt.

Ein Hinweis auf das, was dieser Klage zugrunde liegt, findet man am ehesten in der im April in Stuttgart erwähnten und später in Bern und anderswo wiederholten Bestimmung Rudolf Steiners, daß unter dem Titel «Allgemeine Anthroposophische Gesellschaft» angekündigte Vorträge und ähnliches nicht anerkannt werden könnten, wenn sich die Veranstalter nicht vorher mit dem Dornacher Vorstand ins Benehmen gesetzt hätten. Auch innerhalb der Sektionen sei eine loyale Verständigung über alles, was man unternehme, erforderlich (260a/211, 260a/477). Unter dem Datum des 25. Mai kündigte Rudolf Steiner schließlich im *Nachrichtenblatt* offiziell an, daß in Zukunft einzelne Personen benannt werden sollten, die den Titel «Anthroposophische Gesellschaft» offiziell verwenden dürften, ansonsten dürfe dieser Titel nur mit dem ausdrücklichen Einverständnis des Dornacher Vorstandes benützt werden. Mit Briefen vom 6. Juni autorisierte Steiner dann Adolf Arenson, Hermann von Baravalle, Moritz Bartsch, Caroline von Heydebrand, Eugen Kolisko, Hermann Poppelbaum, Friedrich Rittelmeyer, Karl Schubert, Erich Schwebsch, Walter Johannes Stein und Carl Unger als Redner, die den Titel «Anthroposophische Gesellschaft» gebrauchen durften (260a/494).

Während in den ersten Maiwochen die Karma-Vorträge fortgesetzt, ein neues Eurythmie-Programm, mit dem Marie Steiner und die Eurythmie-Truppe am 18. Mai auf Tournee gingen, eingeübt und die Baupläne eingereicht wurden, standen noch ganz andere Eindrücke vor dem geistigen Auge Rudolf Steiners. Ita Wegman, mit der Rudolf Steiner in jener Zeit ganz intensiv zusammenarbeitete, hat darüber im Oktober 1925 berichtet. Am geistigen Horizont seien ihm die geistigen Gegenmächte der Anthroposophie erschienen und hätten sich höhnend und drohend vernehmen lassen: sie würden sich zur Geltung bringen, wenn die neuen Impulse nicht zum Durchbruch kommen würden (*Nachrichtenblatt*, 2. Jg., S. 153).

Als Rudolf Steiner Ende Mai mit Ita Wegman nach Paris fuhr, wo er öffentlich und im Rahmen der Hochschule sprach, erwähnte er diesen Tatbestand sogleich im ersten der Karma-Vorträge. Nachdem er von dem Impuls der Weihnachtstagung gesprochen hatte, führte er aus: «Es ist damit verbunden, daß allerdings auch – ich meine von der geistigen Seite her – sehr starke gegnerische Mächte, dämonische Mächte gegen die anthroposophische Bewegung anstürmen. Aber es steht durchaus zu hoffen, daß die Kräfte des Bündnisses, das wir durch die Weihnachtstagung mit guten geistigen Mächten schließen durften, in der Zukunft imstande sein werden, alle diejenigen gegnerischen Mächte auf geistigem Gebiete, die sich doch der Menschen auf Erden bedienen, um ihre Wirkungen zu erzielen, – alle diese gegnerischen Mächte aus dem Felde zu schlagen.» (239/80)

Den Drohungen der dämonischen Mächte begegnete Rudolf Steiner, indem er die geistigen Offenbarungen und Impulse, die seit der Weihnachtstagung reicher und mächtiger auf ihn zukamen, den Anthroposophen rückhaltlos vermittelte. So heißt es in dem Bericht über die Vorträge in Paris: «Das Ablegen aller Reserven und die ganz unmittelbare Darstellung dessen, was aus den Offenbarungen der geistigen Welt sich ergibt, kommt dem entgegen, was die Seelen von Anthroposophie erwarten. Man darf wohl ganz im allgemeinen sagen: seit Weihnachten gelingt es, die Seelenwärme, die zur Mitteilung anthroposophischer Anschauungen eine so große Wohltat ist, wirklich in den Vortragsräumen zu haben.» (260a/239)

Obwohl Rudolf Steiner auch in diesen Tagen in Paris zahlreiche Besucher empfing, an einem Abend zu Ärzten sprach, die kleine Eurythmieschule besuchte und bei der Begründung der französischen Landesgesellschaft eine Ansprache hielt, ließ er es sich – wie in Prag – nicht nehmen, wichtige Stätten zu besuchen. Er ging mehrmals in den Louvre, wo er zusammen mit Ita Wegman in der assyrischen Abteilung die Statue des Gilgamesch, in der griechischen eine Alexanderstatue betrachtete und länger bei dem Gemälde von Benozzo Gozzoli verweilte, das Thomas von Aquin zwischen Aristoteles und Plato zeigt, während zu seinen Füßen ein geistig besiegter arabischer Philosoph liegt. Doch damit nicht genug; trotz der nachlassenden physischen Kräfte wurden auch Notre Dame und die Sainte Chapelle besucht. In Dornach berichtete Rudolf Steiner von der Arbeit in Paris und betonte, daß in dieser Stadt, wo «ja von altersher viel in Okkultismus gestrebt worden» sei, der Impuls der Weihnachtstagung «durchaus innerlich sympathisch gefühlt wird. Und es wird aus solchen Dingen doch geschlossen werden dürfen, daß, wenn immer mehr und mehr dieser esoterische Zug der anthroposophischen Bewegung zum Vorschein kommen wird, dann auch die anthroposophische Bewegung vielleicht erst in das ganz richtige Fahrwasser kommen wird.» (260a/237)

Abb. 157: Ita Wegman und Alice Sauerwein (1865 – 1928), die 1923 von Steiner als Generalsekretärin der französischen Landesgesellschaft benannt wurde.

In Paris erreichte Rudolf Steiner auch eine Nachricht, in der er eines der vielen Symptome des Wirkens der der Anthroposophie feindlichen Geister erkennen mußte: Der bekannte Gegner der Anthroposophie und Pfarrer von Arlesheim, Max Kully, hatte sowohl Albert Steffen wie auch Dr. Grosheintz wegen Ehrverletzung angeklagt, und zwar wegen einiger Passagen in dem Werk von Louis Werbeck *Die christlichen Gegner Rudolf Steiners*, das in der Wochenschrift *Das Goetheanum* angezeigt und am Goetheanum vertrieben wurde. Zunächst war Rudolf Steiner nicht beunruhigt und schrieb an Marie Steiner: «Wenn ich ins Auge fasse, was vorliegt, so sehe ich, daß das Gericht kaum wird etwas machen können.» (262/218) Doch als er, nach Dornach zurückgekehrt, die entsprechenden Passagen in Werbecks Buch las, wo von Lüge, Verleumdung, Perfidie, Seelenroheit, falschen Zeugnissen, Fälschung und so weiter die Rede war (a. a. O., S. 124, 129f), wurde ihm sofort klar, daß die Sache nicht gut stand. Er schrieb an Marie Steiner: «Als ich nach Hause kam, sah ich die ganze Bescherung. Der Passus in dem Werbeck'schen Buch ist so, daß eine Verurteilung ganz unausbleiblich ist.» (262/219)

Rudolf Steiner zählte in dem Text Werbecks insgesamt 27 Verbalinjurien (260a/546). Er zog die Sache an sich und übernahm als Vorsitzender der Anthroposophischen Gesellschaft die Verantwortung für die Verbreitung des Buches, erschien am 30. Juli vor dem Amtsgericht in Dornach und führte seine Verteidigung. Erwartungsgemäß wurde er zu einer Geldbuße von 200 Franken und zur Zahlung der Gerichtskosten verurteilt. Im Revisionsverfahren vor dem Obergericht in Solothurn am 8. Januar 1925 wurde immerhin insofern ein Erfolg erzielt, als vom Gericht das Begehren Kullys nach einer Genugtuungssumme abgewiesen wurde. – Das Versagen in dieser Sache lastete Steiner weniger dem Autor, der sich durch seine Empörung über Kully zu gefährlichen Äußerungen hatte hinreißen lassen, als vielmehr dem Verlag und Lektorat an, die die Verbalinjurien nicht hätten durchgehen lassen dürfen. Insgesamt war ihm das «sogar ein recht angenehmes Gerichtsurteil», weil damit demonstriert werden konnte, daß er in letzter Instanz für alles, «was innerhalb der Anthroposophischen Gesellschaft geschieht», einstand (260a/546).

Abb. 158: Carl Wilhelm Graf Keyserlingk (1869 – 1928), der Initiator des landwirtschaftlichen Kurses in Koberwitz. Der Boden in Koberwitz ist ganz «eisengetränkt, und dort herrscht etwas Zielbewußtes und Energisches, so daß ich nichts andres sagen konnte, als: die eiserne Gräfin und der eiserne Graf. Es war auch tatsächlich in dem moralischen Verhalten etwas Eisernes.» (260a/302)

Nachdem Rudolf Steiner in den ersten Junitagen noch in Stuttgart gewesen war, wo er zu der Elternschaft der Waldorfschule gesprochen, mit den Lehrern konferiert und für die Mitglieder der Gesellschaft einen Karma-Vortrag gehalten hatte, brach er am 6. Juni in Begleitung von Elisabeth Vreede und Guenther Wachsmuth nach Breslau auf. Während der Fahrt schloß sich dieser Reisegesellschaft Marie Steiner mit ihrer Eurythmie-Truppe an. In Breslau wurden die Dornacher von einer Autokolonne erwartet, die die Reisenden zu dem südlich von Breslau gelegenen Gut Koberwitz brachte.

Hier in Koberwitz, auf dem Gut, das Carl Graf Keyserlingk zu jener Zeit verwaltete, sollte der *Landwirtschaftliche Kurs* stattfinden. Dieser Kurs hat eine Vorgeschichte. Rudolf Steiner hatte sich bereits im Rahmen des *Kommenden Tags* um die Bewirtschaftung der Güter, die zu diesem Unternehmen gehörten, gekümmert. Etwa im Jahr 1922 hatte ihn Ernst Stegemann, ein Landwirt, den die Degenerationserscheinungen des Saatguts besorgt machten, um Ratschläge für das Gedeihen der Landwirtschaft gebeten. Stegemann hatte die Anregungen Steiners sofort in die Tat umgesetzt und erste Erfahrungen gemacht. Wenig später wurde Steiner auch von anderen Landwirten um Rat gefragt. Wie

Guenther Wachsmuth berichtet, wurde im Herbst 1922 in Dornach mit landwirtschaftlichen Versuchen begonnen, und 1923 gab Rudolf Steiner Anweisungen zur Herstellung des ersten Präparats für die Landwirtschaft. Das Präparat, das tief in der Erde überwintert hatte, wurde im Frühsommer 1924 wieder ausgegraben, und Rudolf Steiner führte die Zubereitung und Verwendung des Präparats selber vor (Wachsmuth, S. 505 u. S. 585).

Während diese Dinge in Dornach vorbereitet wurden, hatte sich Graf Keyserlingk mit Ernst Stegemann beraten, und man war zu dem Entschluß gekommen, Rudolf Steiner um einen landwirtschaftlichen Kurs zu bitten. Dieser hatte aber die Anfrage zunächst dilatorisch behandelt. Schließlich schickte der Graf seinen Neffen Alexander nach Dornach mit dem Auftrag, nicht ohne Zusage eines festen Termins für einen landwirtschaftlichen Kurs zurückzukommen. Rudolf Steiner sagte daraufhin für Pfingsten 1924 zu. Graf Keyserlingk hatte das Gut Koberwitz als Ort für den Kurs angeboten und alle Teilnehmer eingeladen, seine Gäste zu sein.

Während der Kurs in Koberwitz mittags von elf bis drei Uhr stattfand, wurde vom 7. bis 16. Juni, in der Pfingstwoche, in Breslau gleichzeitig eine anthroposophische Tagung abgehalten, in deren Verlauf Rudolf Steiner neun Karma-Vorträge und zwei Klassenstunden hielt, Marie Steiner einen Kurs für Sprachgestaltung gab, eine Eurythmie-Aufführung stattfand und die Bühnengruppe von Georg Kugelmann Goethes *Iphigenie* aufführte. Zu diesen letzten Vorträgen, die Rudolf Steiner in Deutschland halten konnte, waren über 500 Menschen zusammengekommen. Rudolf Steiner nahm deshalb die Gelegenheit wahr, sich auch durch drei Ansprachen an die jüngeren in Breslau versammelten Mitglieder zu wenden. Es war durch diesen Tagesablauf in jedem Falle dafür gesorgt, daß – wie Steiner einmal scherzend bemerkte – er nicht zuviel müßig gehe, denn an einigen Tagen stellte Dr. Lutz Engel ihm außerdem noch Patienten vor, mancher verlangte nach einer persönlichen Unterredung, und schließlich mußten ja auch die täglichen Fahrten nach Breslau und zurück absolviert werden.

Abb. 159: Gruppenbild von Landwirten, größtenteils Teilnehmer am Landwirtschaftlichen Kurs in Koberwitz, 1924 (Ernst Stegemann: Dritter von links)

Für Rudolf Steiner war es keineswegs leicht, einen Kurs über Landwirtschaft zu halten. An Ita Wegman schrieb er aus Koberwitz, er sei zunächst mit «etwas wenig Hoffnung» an diesen Kurs herangegangen (Zeylmans, *Wegman*, I, S. 206), und den Landwirten gab er zu Beginn des ersten Vortrags zu bedenken, daß es ja das erste Mal sei, daß er einen solchen Kurs halte. Später bemerkte er noch: «Ich kann nicht wissen, ob dasjenige, was heute schon aus Anthroposophie heraus gesagt werden kann, uns wird nach allen Seiten befriedigen können. Aber es soll versucht werden, das zu sagen, was aus Anthroposophie heraus für die Landwirtschaft gegeben werden kann.» (327/32)

Im Verlauf der Vorträge ergab sich jedoch bald die Möglichkeit, die spirituellen Anregungen, die für das Gedeihen der Landwirtschaft nötig waren, zu vermitteln. Rudolf Steiner ging von umfassenden Gesichtspunkten aus: Im Gegensatz zur herrschenden materialistischen Lehre, die eigentlich nur auf Stoffe blickt und zum Beispiel die Ernährung der Pflanzen als eine Frage des Nachschubs entsprechender Stoffe ansah, ging es ihm um die Hege und Pflege des Lebendigen, und dieses Lebendige sah er mit sehr differenzierten kosmischen Kräften im Zusammenhang. Aus diesem Grund beschrieb Steiner zunächst das Zusammenwirken dieser kosmischen Kräfte mit dem Boden, mit den Gesteinen, mit Wasser, Luft und Wärme, um zu zeigen, wo und wie das Lebendige wirken und ansetzen kann.

Im vierten und fünften Vortrag ging er dazu über, den Landwirten wirkliche Rezepte zu vermitteln. Ganz anschaulich, einfach und konkret beschrieb er die Zusammensetzung der Dünger-Zusatzpräparate, ihre Herstellung und Verwendung. Natürlich wurden diese Rezepte auch begründet, damit die Landwirte wissen konnten, was sie tun. Durch seine Schilderungen der Pflanzen, die in den Zusatz-Präparaten zu verwenden sind, regte Steiner vor allem auch die Liebe und Schätzung dieser Pflanzen an. Seine Beschreibungen der Schafgarbe, der Kamille oder der Brennessel vergegenwärtigten das geistig-lebendige Aroma dieser Pflanzen in einer Weise, die bei den Landwirten das höchste Interesse für diese Pflanzenqualitäten entstehen lassen mußte. Und seine Anweisungen zur Herstellung und Zubereitung der Präparate waren so geistig-handgreiflich, daß der unmittelbare Sinn für die Prozesse der Geist-Natur geweckt werden konnte.

In den Beratungen und Fragebeantwortungen, die sich an die Vorträge anschlossen, ergab sich ein unmittelbarer Austausch zwischen den Landwirten mit ihren praktischen Fragen und Rudolf Steiner, der die Fragen zumeist ganz kurz und eindeutig beantwortete. Gerade an diesen Antworten kann man sehen, daß es Steiner hier vorzüglich um die praktische Anwendung der Rezepte und Hinweise nach den Regeln der Kunst ging. Durch den Forschungsring der anthroposophischen Landwirte, der während des Kurses in Koberwitz gebildet wurde, sollte möglichst bald ein reger Erfahrungsaustausch im Zusammenhang mit der freien Hochschule geschaffen werden. Bevor jedoch Weiteres zu erörtern war, mußte vor allem anderen mit der praktischen Arbeit begonnen werden.

Im Verlauf der letzten Vorträge wurden daher insbesondere praktische Fragen und Einzelheiten besprochen: das Düngen und der Dünger, der Umgang mit sogenannten Unkräutern und Schädlingen, das Verhältnis der Pflanzenwelt zu den Insekten, die Wechselwirkungen von Feld, Wiese und Wald und schließlich als leitender Gesichtspunkt der landwirtschaftliche Betrieb als geschlossener Organismus, der als «eine Art Individualität» (327/202) geschildert wurde, als ein Kreislauf, in welchem das eine das andere trägt, anregt, belebt und gesundet.

So sollte durch diesen landwirtschaftlichen Kurs ein Leben mit der Natur, ein Erleben der geistigen Prozesse in der Natur angeregt werden, um der Degeneration der Pflanzen und Tiere, die schon damals die Hauptsorge war, durch eine Belebung des Bodens entgegenzuwirken. Durch die Präparierung und Behandlung des Düngers sollten Feld und Wiese jene Substanzen zugeführt werden, die es kosmisch-geistigen Energien möglich machen, sich mit den Prozessen zu verbinden. Der Boden sollte also durch kosmische Belebung wieder genesen, und diese Genesung der Erde sollte der Anfang zur Gesundung der Pflanzen- und Tierwelt sein.

Dieser Impuls, zu einem Leben mit der Natur zu führen, das die Gesten der Pflanzen und die Sprache der Vögel versteht und die in Baum und Fels, in Wind und Wolke verborgene Geistigkeit zugänglich macht, kann die wirkliche Sehnsucht des Wandervogels erfüllen. Er ist deshalb auch besonders intensiv in den Ansprachen zu bemerken, die Rudolf Steiner für die in Breslau versammelte Jugend hielt. Zwei alte Sprüche rief er ihnen zu: *In sale sit sapientia* «Die Weisheit ruht im Salz»; und: *Naturalia non sunt turpia* «Es sind schön alle Dinge der Natur» (217a, 161-176).

Am Mittag des 17. Juni verließ Rudolf Steiner in Begleitung von Elisabeth Vreede und Guenther Wachsmuth Koberwitz. In Breslau bestieg man wieder den Zug, und nach einer Weile schweigenden Sinnens sagte Steiner freudig und befriedigt: «Nun ist auch dieses wichtige Werk geschafft!» (Wachsmuth, S. 593) Vielleicht hat Rudolf Steiner bei dieser Fahrt durch Schlesien in das weite Land hinausgeblickt und sich gefragt, warum dieser landwirtschaftliche Kurs so weit im Osten – immerhin 800 Kilometer Luftlinie von Dornach entfernt – stattgefunden hatte. Auf der Hinfahrt hatte er zu einem seiner Begleiter, zu Karl Lang, bemerkt: «Wenn es weiter nach Osten geht, wird die Landschaft lebendiger.» (Lang, S. 77)

Gegen Mitternacht langte man in Jena an. Dort wollte Rudolf Steiner das neugegründete heilpädagogische Heim, den «Lauenstein» anschauen. Am folgenden Morgen empfingen ihn die Mitarbeiter des jungen Instituts: Dr. Ilse Knauer, Franz Löffler, Werner Pache, Siegfried Pickert und Albrecht Strohschein. Rudolf Steiner besichtigte zunächst einmal das Haus und den Garten und bemerkte freudig die wunderbare Lage oberhalb Jenas. Dann schaute er sich die zu pflegenden Kinder eines nach dem anderen an, um entsprechende Ratschläge zu deren Behandlung zu geben.

Am späten Nachmittag fuhr Rudolf Steiner mit seiner Begleitung nach Weimar, um diese Stadt, in der er von 1890 bis 1896 gelebt hatte, noch einmal zu sehen. Auf einem Rundgang zeigte er seinen Begleitern die Stadt, die er vor 28 Jahren verlassen hatte. Am folgenden Tag ging es dann weiter nach Stuttgart, wo eine Konferenz mit der Waldorfschul-Lehrerschaft stattfand, anschließend führte die Reise im Auto nach Dornach, wo er abends ausführlich von der Breslau-Koberwitzer Tagung erzählte.

In diesen Tagen, als die Sonne ihren höchsten Stand erreichte, richtete Rudolf Steiner die Aufmerksamkeit auch der Hörer der Karma-Vorträge auf die Natur, die sich im Glanz ihrer vollen Entfaltung zeigte; er schilderte, wie auch der Kosmos, die Erde, die lebendige Natur ein Teil des zum Menschen gehörigen Schicksals sind und wie ihre Gesten eindringlich zum Menschen sprechen. So ruft er gegen Ende des Vortrags vom 22. Juni aus: «Wozu ist von diesem Gesichtspunkt aus der Kosmos da? Damit die Götter in dem Kosmos ein Mittel haben, um die erste Form des Karma an den Menschen heranzubringen.

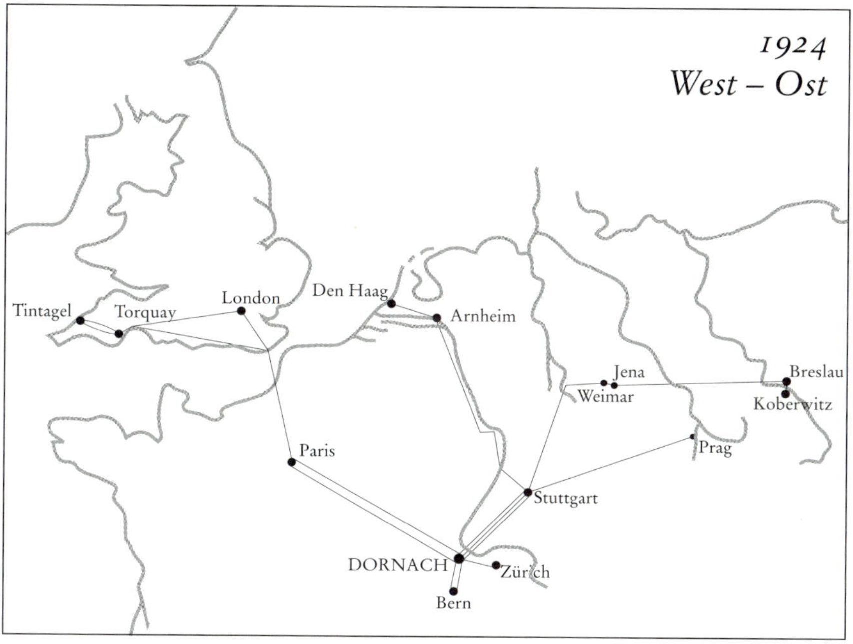

Karte 7: Rudolf Steiners Reisen 1924

Warum sind Sterne, warum sind Wolken? Warum sind Sonne und Mond? Warum sind die Tiere der Erde? Warum Pflanzen der Erde? Warum sind Steine der Erde? Warum sind Flüsse, Bäche und Ströme? Warum ist Fels und Berg? Warum ist alles das, was im Kosmos um uns herum ist? Das alles ist der Vorrat der Götter, um uns die erste Form unseres Karmas, je nachdem wir unsere Taten verrichtet haben, vor Augen zu führen.» (236/265f)

In Koberwitz war der praktische Impuls, das Kosmisch-Geistige in der Natur zu schauen und zu pflegen, veranlagt worden. Jetzt wurde in Dornach hinzugefügt, daß der Kosmos zum Menschen gehört, daß durch ihn sich den Menschen das Schicksal, das Karma offenbart. Und der Kosmos wartet darauf, daß er in seiner Zugehörigkeit zum Menschen erkannt wird. Man wird hier an die Worte des Paulus erinnert, der im Römerbrief schrieb: «Rings um uns her wartet alle Kreatur mit großer Sehnsucht darauf, daß in der Menschheit die Söhne Gottes zu leuchten beginnen. Die Kreatur ist der Vergänglichkeit unterworfen,

Abb. 160: Die Heilpädagogen Werner Pache (1903 – 1958), Franz Löffler (1895 – 1956), Siegfried Pickert (1898) und Albrecht Strohschein (1899 – 1962) zusammen mit Ita Wegman, 1931.*

nicht um ihrer selbst willen, sondern um dessentwillen, der sie in die Vergänglichkeit mit hineingerissen hat, und so ist in ihr alles von Zukunftssehnsucht erfüllt.» (Römer 8, 19-20, nach Emil Bock)

Am Johannitag, dem 24. Juni, versammelten sich die Eurythmisten in der Schreinerei zum bereits erwähnten Kurs für Laut-Eurythmie, durch den dieser Zweig der neuen Kunst noch einmal von den Elementen her in Augenschein genommen wurde. Marie Steiner berichtet: «Zu diesem Kurs vereinigten wir uns wie zu einer gemeinsamen Feier. Man war mit vielen Fragen an Rudolf Steiner herangetreten, man revidierte, man verständigte sich über Dinge, bei denen verschiedene Auffassungen entstanden waren. So trug das Ganze den Charakter der unmittelbaren frischen Improvisation; Zeichnungen wurden auf die Tafel schnell hingeworfen, Übungen zur Exemplifizierung von den jungen Damen ausgeführt; es stand alles im Zeichen des Gespräches und des Zusammenarbeitens, nicht des Dozierens.» (279/262)

Rudolf Steiner lag unendlich viel an der Pflege dieser neuen Kunst. Unermüdlich hatte er durch seine Ansprachen vor ungezählten Eurythmie-Aufführungen und auch in den Briefen an die Mitglieder um Verständnis für diese Kunst geworben, an ihr hing sein Herz. Mit launigen und ernsten Hinweisen forderte er die Mitglieder immer wieder auf, nicht nur zu seinen Vorträgen, sondern auch zu den Eurythmie-Aufführungen zu kommen; in ihnen werde für die Zuschauer wahre Anthroposophie sichtbar.

Einen Tag nach dem Kurs für Lauteurythmie begann am 25. Juni für nur zwanzig Teilnehmer der Kurs für Heilpädagogen. Außer den Mitarbeitern des Lauenstein aus Jena und den Mitarbeitern der «Holle», eines kleinen zum Klinisch-Therapeutischen Institut gehörigen Heims, in dem behinderte Kinder betreut wurden, waren nur ganz wenige qualifizierte Zuhörer eingeladen worden. In diesem vertrauten Kreis wurden nicht allein allgemeine Einsichten zur Erziehung und Behandlung «seelenpflege-bedürftiger» Kinder entwickelt. Hier wurde es möglich, anhand der Kinder, die Rudolf Steiner auf dem Lauenstein gesehen hatte, und durch das Vorführen jener Kinder, die in der «Holle» betreut wurden, das Prinzipielle individuell zu demonstrieren und zu zeigen, was vorlag und wie zu helfen sei; dadurch wurden die Hinweise Steiners besonders verständlich und eindringlich. So wurde nach der Eurythmie, der Pädagogik, der Medizin und der Landwirtschaft der letzte große Impuls zur Erneuerung eines Arbeitsbereichs vermittelt.

Für Rudolf Steiner, der vom 23. bis zum 29. Lebensjahr in Wien mit der Betreuung und Erziehung Otto Spechts als «Heilpädagoge» tätig gewesen war, war das Zustandekommen dieser Arbeit ein Anliegen. Während der Weihnachtstagung 1923/24 hatte er die drei Initiatoren dieser Bewegung, Franz Löffler, Siegfried Pickert und Albrecht Strohschein, zu einer Beratung empfangen und sie zum Kurs für jüngere Mediziner eingeladen; und während der Stuttgarter Ostertagung hatte er Strohschein Mut gemacht, das Risiko, das Heim auf dem Lauenstein zu begründen, einzugehen. Jetzt nahm er sich die Zeit, die Heilpädagogik durch zwölf Vorträge auf den Weg zu bringen: Ein Lebensmotiv, das ihn vierzig Jahre begleitet hatte, hatte sich damit erfüllt.

54.
LETZTE STEIGERUNGEN – DER GROSSE SOMMER 1924

Nachdem der Höhepunkt des Jahres überschritten und ein halbes Jahr des inneren Neuaufbaus seit der Weihnachtstagung verflossen war, wollte Rudolf Steiner daran gehen, auch die äußere Organisationsform der Gesellschaft neu zu fassen. So wurde für den 29. Juni eine außerordentliche Generalversammlung des Vereins des Goetheanum einberufen. In seiner Ansprache führte Steiner eingangs aus, daß im Sinne der Weihnachtstagung eine einheitliche Konstituierung der einzelnen realen Betätigungen vorgenommen werden sollte: «Diese Weihnachtstagung, meine lieben Freunde, sollte ja durchaus einen neuen Zug in die ganze anthroposophische Bewegung bringen. Es sollte vor allen Dingen bei diesem neuen Zug in der Zukunft vermieden werden, daß die Dinge bei uns auseinanderstreben, und es sollte bewirkt werden, daß sie in der Zukunft einheitlich wirklich aus der anthroposophischen Bewegung geleitet werden.» (260a/501)

Was Rudolf Steiner drängte, die Neuorganisation jetzt vorzunehmen, war der Neuaufbau des Goetheanum. Es war sein Wille, «diesen Bau so rasch als möglich zu fördern» (260a/502). Ja – und hier ist man erstaunt –, er hoffte damals, «daß schon zu Weihnachten in dem neuen Bau Versammlungen abgehalten werden können». Dieser Zeitplan sei, so merkte er an, zwar kein Versprechen, aber ein Wunsch von seiner Seite (260a/503). Um also den Neubau des Goetheanum ohne weitere Reibungsverluste fördern zu können, sollte der Bauverein der Allgemeinen Anthroposophischen Gesellschaft eingegliedert und jetzt auch offiziell von ihm, Steiner, selbst geleitet werden, zumal er diese Aufgabe de facto bereits in den letzten Jahren wahrgenommen hatte.

So projektierte er, unter dem Dach der Allgemeinen Anthroposophischen Gesellschaft die real arbeitenden Einrichtungen insgesamt zu vereinen: erstens «die Allgemeine Anthroposophische Gesellschaft im engeren Sinne» (260a/548), zweitens den Philosophisch-Anthroposophischen Verlag, drittens den Verein des Goetheanum und viertens das Klinisch-Therapeutische Institut. Diese Pläne Rudolf Steiners wurden auch ohne Widerspruch von der Generalversammlung gebilligt, und Rudolf Steiner, der mit dem gesamten Vorstand der Allgemeinen Anthroposophischen Gesellschaft in den Vorstand des Bauvereins eintrat und nun auch den Vorsitz im Bauverein übernahm, glaubte, daß man die Durchführung der Beschlüsse «dem künftigen Vorstande des Vereins des Goetheanum überlassen könne» (260a/514).

Es sollte sich aber sehr bald zeigen, daß die Eingliederung des Bauvereins in die Gesellschaft nicht ganz so einfach war, weil nach der Beschlußlage die Vermögenswerte des Vereins der Allgemeinen Anthroposophischen Gesellschaft hätten übertragen werden müssen, und das hätte beträchliche «Handänderungskosten», also Gebühren und Steuern gekostet. Der Ratsschreiber Altermatt, der als Urkundsbeamter der Generalversammlung beigewohnt hatte, machte alsbald auf diesen Sachverhalt aufmerksam, zumal es zur Durchführung des Beschlusses überdies erforderlich gewesen wäre, vorher die Allgemeine Anthroposophische Gesellschaft, die das Vermögen des Bauvereins empfangen sollte, ins Handelsregister einzutragen.

Die ununterbrochene Reihe von Veranstaltungen bis zu dem Zeitpunkt, da sich Rudolf Steiner auf das Krankenlager zurückziehen mußte, machten es in der Folge unmöglich, diese Pläne schnell zu verwirklichen. Erst im Februar 1925 konnte Rudolf Steiner sie ausführen lassen, indem er sich auf eine Hilfskonstruktion einließ: Der Bauverein änderte seinen Namen in «Allgemeine Anthroposophische Gesellschaft» und konnte damit unter dem Dach der Allgemeinen Anthroposophischen Gesellschaft schließlich als eine der projektierten Unterabteilungen geführt werden, doch davon später.

Ende Juni 1924 hatten sich viele auswärtige Anthroposophen, von Rudolf Steiners Vorträgen angezogen, am Goetheanum eingefunden. Er kündigte deshalb am 29. Juni an, daß er, da er so viele «Freunde jetzt hier sehe, die sich um den Schutthaufen Goetheanum herum bewegen» (260a/632), darauf reagieren wolle und schon am Dienstag, den 1. Juli die Vorträge – freilich über ein «ganz anderes Thema» – fortsetzen werde. Bis er am 14. Juli wieder auf Reisen gehen sollte, hielt er deshalb neben den laufenden Kurs- und Arbeitervorträgen sechs Karma-Vorträge und zwei Vorträge für die Mitglieder der freien Hochschule, auf daß die Angereisten von ihrem Besuch in Dornach etwas mit nach Hause nehmen konnten.

Das «ganz andere Thema», das von nun an in den Mittelpunkt der Betrachtungen über das Schicksal gestellt wurde, war das Karma der Anthroposophischen Gesellschaft selbst. Nachdem Rudolf Steiner in den ersten beiden Vorträgen allgemein in das Thema eingeführt hatte, warf er im dritten Vortrag die Frage auf, durch welche Vorbedingungen eine Seele in die Anthroposophische Gesellschaft hineingeführt werde. Wie kommt zum Beispiel ein Mensch dazu, seinen Weg in die Eurythmie zu suchen?

Auf diese Frage gibt Rudolf Steiner im Laufe der Vorträge immer neue, differenziertere Antworten. Zuerst weist er auf den Zusammenhang der Entwicklung der einzelnen Seelen mit dem Christentum hin, dann stellt er dar, daß die Seelen, die Anthroposophie suchen, gegen Ende des 18. und in der ersten Hälfte des 19. Jahrhunderts in der übersinnlichen Welt vor ihrer neuen Inkarnation gemeinsam in mächtigen Imaginationen einen kosmischen Kultus erlebt hätten und daß diese Erlebnisse tief in jenen Seelen schlummerten, die nach Anthroposophie strebten. Goethe habe von diesen Imaginationen etwas erlebt und sie in das Miniaturbild des *Märchens von der grünen Schlange und der schönen Lilie* übersetzt. Aus diesem Grund habe auch sein eigenes erstes Mysteriendrama dieselbe Struktur – jedoch nicht denselben Inhalt wie das Märchen Goethes. – Aus einem vorgeburtlichen Miterleben der kosmischen Imaginationen hätten die Seelen die Impulse gewonnen, die sie zur Anthroposophie leiteten, erhielten sie den Antrieb, in der Anthroposophie zu wirken.

In der Folge charakterisierte Rudolf Steiner zwei deutlich zu unterscheidende Gruppen von Seelen, die sich in der anthroposophischen Bewegung finden. Diese Gruppen unterscheiden sich durch die Art, wie und wo sie den Christus suchen. Während die eine Gruppe Christus als Jesus auf der Erde sucht, lebt in der anderen Gruppe eine Erinnerung der heidnischen Empfindung, die den Christus im Kosmos, als Herrscher im Sonnenreich verehrt. Schließlich warf Rudolf Steiner die Frage auf, ob man nunmehr anfangen solle, darüber nachzudenken, zu welchem Typus man gehöre. Auf diese Frage gab er eine ganz eindeutige Antwort. So, wie man irgendwann als Kind erfahre, daß man Pole, Engländer,

Holländer oder Deutscher sei, so müsse man in Zukunft auch herausfinden, zu welcher geistigen Gruppierung man gehöre: «Und unter dem, was man erkennen lernen soll, ist eben dieses, daß man nun auch selbstverständlich hineinwachsen soll in die Selbsterkenntnis: man gehört zu dem einen oder zu dem anderen Typus.» (237/71)

Für die Zuhörer mußte es als wenig anziehend erscheinen, dieser Entscheidung dadurch auszuweichen, daß sie sich als Misch- oder Übergangstypen definierten, denn Steiner kennzeichnete die Übergangstypen als Menschen, die über die Verhältnisse in der anthroposophischen Bewegung schimpften, und zwar auf kleinliche Art schimpften. Gegen Ende dieser Ausführungen heißt es: «Und wir müssen daher unter allen Umständen, selbst wenn es bisweilen eine Art Gewissenserforschung darstellt, eine Charakter-Gewissenserforschung, wir müssen schon dem Leben eine Möglichkeit abgewinnen, die anthroposophische Bewegung dahin zu vertiefen, daß wir an solche Dinge herantreten, uns ein wenig Gedanken darüber machen: Wie gehören wir unserer übersinnlichen Natur nach zu dieser anthroposophischen Bewegung?» (237/72)

Durch solche Aussagen wird unmittelbar deutlich, worum es Steiner in den Karma-Vorträgen überhaupt gegangen ist. Alles war praktisch gemeint. Überall, auch in den Mitteilungen zu den Schicksalen wichtiger Persönlichkeiten, sollte Selbsterkenntnis angeregt werden. Nirgendwo ging es Steiner schlicht um die Vermehrung wißbarer Kenntnisse und schon gar nicht um okkulte Sensationen. Vielmehr sollte durch diese Darstellungen eine vertiefte Selbsterkenntnis möglich werden: zuerst, indem man sich über seine Haltungen und Gefühle gegenüber repräsentativen Persönlichkeiten klar wird – denn das Studium eines Francis Bacon oder eines Karl Marx kann einen Menschen auch über sich selbst aufklären. Dann wurde durch die Beschreibung der zwei Typen von Anthroposophen angeregt, das eigene Verhältnis zur Anthroposophie zu durchschauen, und im weiteren konnte man verstehen lernen, daß auch andere Verhältnisse zur Anthroposophie möglich sind.

Vor dem Ersten Weltkrieg hatte Steiner Vorträge über Volksseelen-Erkenntnis gehalten, die ein Beitrag zur «Selbsterkenntnis des Volkstums» (121/9) sein und dadurch einen Beitrag zur Verständigung der Völker liefern sollten. Dies sei notwendig, «weil die nächsten Schicksale der Menschheit in einem viel höheren Grade, als das bisher der Fall war, die Menschen zu einer gemeinsamen Menschheits-Mission zusammenführen werden» (121/13). Ein entsprechendes Zusammenwirken in einer gemeinsamen Mission sei aber nur möglich, wenn man sich selbst, seine Aufgaben und Einseitigkeiten erkenne und den anderen schätzen lerne. In diesem Sinne waren auch die Karma-Vorträge in praktischer Absicht gehalten.

Rudolf Steiner beabsichtigte, nachdem die erste Folge dieser sechs Vorträge über das Karma der Anthroposophischen Gesellschaft mit einem Vortrag über die Schule von Chartres abgeschlossen war, am 16. Juli nach Arnheim zur dortigen anthroposophisch-pädagogischen Tagung zu reisen. Doch aus Stuttgart kamen schlechte Nachrichten. Die Aktiengesellschaft *Der Kommende Tag* war durch den kurzen wirtschaftlichen Abschwung und durch die Kreditsperre, die auf die deutsche Währungsreform vom November 1923 gefolgt waren, in eine Liquiditätskrise geraten. Obwohl Rudolf Steiner offiziell der Aktiengesellschaft nicht mehr verbunden war, eilte er zusammen mit Marie Steiner und Ita Wegman am 14. Juli nach Stuttgart, um zu retten, was zu retten war. Es mußte für ihn darum gehen, die geistig fruchtbaren Betriebe, vor allem die Waldorfschule, die zum *Kommenden Tag* gehörte, zu retten. In einer Vorbesprechung mit den anthroposophischen Aktionären des *Kommenden Tags* am Morgen des 15. Juli sah er sich gezwungen, die Inhaber der Aktien zu bitten, von den insgesamt 109 000 Aktien auf jene 35 000 Aktien zu verzichten, die dem Wert der geistig arbeitenden Betriebe des *Kommenden Tags* entsprachen.

So wurde der 15. Juli zu einem der ganz bitteren Tage im Leben Rudolf Steiners. Zu den Mitgliedern sagte er, indem er auf die ursprüngliche Idee dieser Unternehmung zurückblickte: «Wir begraben damit vielleicht denjenigen Gedanken, der uns als einer der allerheiligsten, ich möchte sagen, vorgeschwebt hat, wirtschaftliche Unternehmungen zu begründen, um dem geistigen Leben zu dienen.» (260a/525)

Schließlich ergab sich folgender Vorschlag: «Die Waldorfschule wird durch Schenkungen auf sich selbst gestellt. Das Klinisch-therapeutische Institut in Stuttgart wird verselbständigt, zu einem eigenen Betriebe gemacht; Gmünd», der pharmazeutische Betrieb der späteren Weleda, «bleibt dem Kommenden Tag weiter zur Ordnung überlassen. Das wissenschaftliche Forschungsinstitut muß aufgelöst werden.» (260a/525f)

Aus den Beständen des Verlages «Der Kommende Tag» übernahm der Philosophisch-Anthroposophische Verlag die Werke Steiners und einige wenige andere Bücher. Diese Pläne konnten dank der Opferbereitschaft der ohnehin verarmten Miglieder der Gesellschaft, denen diese Opfer keineswegs leicht wurden, weitgehend durchgeführt werden. Die Verhandlungen in Stuttgart nahmen aber noch den ganzen 16. Juli in Anspruch, so daß Rudolf Steiner erst am 17. Juli verspätet in Arnheim eintreffen konnte. – Zeylmans hat berichtet, daß Steiner, nachdem er die Örtlichkeit nahe Arnheim in Augenschein genommen hatte, von der Tatsache, daß man die Tagung gewissermaßen an einen «Ferienort» gelegt habe, wenig erbaut war (vgl. auch 217a/183). Zeylmans und seine Freunde hinwiederum waren erschrocken, wie todmüde und krank Rudolf Steiner aussah.

«Während dieser Tagung war nicht mehr zu verkennen, wie krank Rudolf Steiner war. Wenn andere vortrugen – Dr. Schubert, Dr. von Baravalle, van Bemmelen, Stibbe und ich im Rahmen der Pädagogik –, war es herzbedrückend zu sehen, wie erschöpft er schien; auch bemerkte ich voll Schrecken, wie abgemagert er war. Allerdings stellte sich dann jedesmal heraus, daß seiner Aufmerksamkeit trotz aller Müdigkeit nichts entgangen war, und als er dann auf dem Podium stand, war er sprühend wie immer, begeistert, voll Leben – man konnte nicht fassen, daß dies der gleiche Mensch sein sollte. Tief beeindruckend war, daß er sowohl in den pädagogischen Vorträgen wie in der Jugendansprache über Schiller und Schillers Tod sprach, über die Begeisterung, in der man sich verzehrt, über Schillers Herz, von dem schließlich kaum mehr physische Substanz vorhanden war. Man mußte den Eindruck haben, daß man vor sich sah, worüber er sprach: die Flamme, die den Leib verzehrte.» (*Wir erlebten Rudolf Steiner,* S. 269)

Die pädagogischen Vorträge, die Steiner in Arnheim hielt, sind hier schon erwähnt worden. In drei Vorträgen sprach er auch über die Erweiterung der Heilkunst. Wenn man von diesen Vorträgen auch nur den ersten liest, so wird man gewahr, wie Steiner trotz aller Erschöpfung auf die Bewußtseinslage seiner Zuhörer eingeht und mit höchster Konzentration und knappen Worten in kristallklarer Gedankenführung den anthroposophischen Erkenntnisweg beschreibt, damit den Zuhörern klar werde, wie sich anthroposophische Medizin als wahrhaft wissenschaftliche, rationelle Therapie begründet.

Auch in Arnheim gab Marie Steiner, wie schon in Breslau, wieder Sprachkurse, so daß die drei Hauptgebiete der praktischen Anthroposophie – Sprachkunst, Pädagogik und Heilkunst – zusammen in Erscheinung traten. In dem Bericht über die Tagung hat Rudolf Steiner das Wirken Marie Steiners eindringlich gekennzeichnet: «In der künstlerischen Gestaltung der Sprache kommt ja das gesunde Zusammenwirken und Sich-Harmonisieren von Leib, Seele und Geist zur Offenbarung. Der Leib zeigt, ob er sich den Geist in rechter Art einzugliedern vermag; die Seele offenbart, ob der Geist in ihr auf wahre Art lebt; und der Geist stellt sich in unmittelbarer physischer Wirkung anschaulich dar. Die an Sprachkursen teilnehmenden Persönlichkeiten *erleben* so die Offenbarung der Anthroposophie an der Betätigung des Menschen ganz unmittelbar.» (260a/349)

Ergreifend sind aber vor allem die in Arnheim gehaltenen Karma-Vorträge. Nachdem Steiner in Dornach in, fast möchte man sagen: epischer Breite in das Thema des Karma der Anthroposophischen Gesellschaft eingeführt hatte, wird in Arnheim in drei Vorträgen die Essenz der Dornacher Vorträge umrissen und dann gesteigert. Hier in Arnheim wird zum ersten Male mit aller Klarheit Michael als Lehrer und Impulsator der anthroposophischen Bewegung genannt. Hier wird die anthroposophische Bewegung als Michael-Strömung bezeichnet. Hier wird die Aufgabe dieser Strömung erstmals beschrieben, nämlich die zur Erde gefallene kosmische Intelligenz in ihrem michaelischen Sinne zu pflegen und sie gegen die Angriffe der ahrimanischen Mächte zu verteidigen. Hier wird die Wirksamkeit der sieben sich ablösenden Erzengelführungen beschrieben, hier wird die Michael-Prophetie des Zusammenwirkens der platonischen und der aristotelischen Geistesströmung am Ende des 20. Jahrhunderts erstmals ausgesprochen.

Das Michael-Motiv selber war schon früher in entscheidender Stunde angedeutet worden: Nach der Trennung von der Theosophischen Gesellschaft hatte Rudolf Steiner die Mission Michaels in London, im Vortrag vom 2. Mai 1913, beschrieben und diese Beschreibung – unmittelbar nachdem die Entscheidung, das Goetheanum nicht in München, sondern in Dornach zu errichten, gefallen war – am 18. und 20. Mai 1913 in Stuttgart wiederholt und weiter ausgeführt. Für tiefer aufmerkende Hörer wäre schon damals bemerkbar gewesen, daß die anthroposophische Geisterkenntnis eine Gabe Michaels ist (152/41). Doch jetzt in Arnheim und in den folgenden Monaten wird dies mit allem Nachdruck und unmißverständlich das zentrale Thema sowohl der Briefe *An die Mitglieder!* als auch der Vorträge Rudolf Steiners.

Abb. 161: Ita Wegman, Rudolf Steiner, Marie Steiner und Elisabeth Vreede in der Mitte von Teilnehmern der Arnheimer Vorträge 1924

Die Anwesenden erlebten, wie Rudolf Steiner sich mit höchster Energie zum Organ dieser Botschaft machte, wie er mit aller Kraft die Apokalypse des 20. Jahrhunderts verkündete. Durch diese Enthüllung der Michael-Geheimnisse sollten jene widerstrebenden Mächte überwunden werden, die es verhindern wollten, daß diese Ursprünge und Ziele der anthroposophischen Bewegung bekannt würden. Rudolf Steiner bekämpfte diese Gegenmächte durch den Mut und das Feuer der höchsten Begeisterung. In der Ansprache für junge Anthroposophen, die sich in Arnheim versammelt hatten, sprach er – ohne auf sich selbst zu deuten – aus, was er tat: «Innerlich zusammenwachsen mit der Flamme, die sich heute entzündet, auf daß die Michael-Impulse verwirklicht werden! Ohne daß Flammen da sind, können sie nicht verwirklicht werden. Aber um durchflammt zu leben und zu arbeiten, dazu ist notwendig, daß man selber Flamme wird. Nur die Flamme wird von der Flamme nicht verzehrt. Wenn wir so fühlen können, daß wir Flammen werden, die von den Flammen nicht verbrannt werden, dann können wir ruhig die physischen Herzen als leere Beutel zurücklassen, denn wir haben das ätherische Herz, das verstehen wird, daß die Menschheit in ein neues Zeitalter hineinrückt: in das Leben der Geistigkeit.» (217a/187)

In dem Bericht für das *Nachrichtenblatt* hat Rudolf Steiner Inhalt und Sinn der Arnheimer Vorträge lapidar zusammengefaßt: «In den Zweigvorträgen wurde die Art dargestellt, wie die Anschauung des übersinnlichen Elementes in der Menschheitsentwickelung zur Erkenntnis der Aufgaben führt, die der anthroposophischen Bewegung obliegen. Was man die ‹michaelische› Führung der Menschheit in einem übersinnlichen Geschehen im Altertum vom siebenten vorchristlichen Jahrhundert bis zur Alexanderzeit, dann wieder in unserer Gegenwart nennen kann, wurde zur Darstellung gebracht. Aus einer solchen Darstellung muß sich ja die Begeisterung ergeben, die das Leben der Anthroposophischen Gesellschaft durchdringen sollte.» (260a/349f)

Mit dem, was in Arnheim ausgesprochen wurde, erschien jetzt der Impuls der Weihnachtstagung in einem neuen Licht: Die Mitglieder der Anthroposophischen Gesellschaft bemerkten, daß die Weihnachtstagung, ja auch das, was ihr vorangegangen war, einem michaelischen Impuls entsprungen war. Daß dies nunmehr gesagt werden konnte und mußte, ergab sich aus den geistigen Kämpfen, in denen Rudolf Steiner stand. Diese Kämpfe waren es auch, die es erforderlich machten, daß er sich auf der Rückreise von Arnheim und Den Haag und nochmals nach seiner Rückkehr aus England um die Probleme des *Kommenden Tags* im Detail kümmerte: Den Gegenmächten sollte kein Einfallstor durch etwaige Versäumnisse geboten werden. – Daß es aber überhaupt möglich war, das Michael-Geheimnis der anthroposophischen Bewegung auszusprechen, ergab sich aus der Tatsache, daß der Impuls der Weihnachtstagung bis zu einem gewissen Grade aufgenommen worden war.

In diesen Arnheimer Vorträgen entdeckt man durch manche Schilderung Rudolf Steiners hindurch, wie sehr er selbst mit den Strömungen, von denen er erzählte, verbunden war. Seit seiner Schulzeit in Wiener-Neustadt und später vor allem in Wien war er immer wieder auf Menschen getroffen, durch die diese spirituellen Bewegungen – etwa die der Schule von Chartres – noch in die Gegenwart hereinragten. So gedenkt er oft des Zisterzienser-Paters und Professors Wilhelm Neumann, dem er im Kreise der Marie Eugenie delle Grazie begegnete und von dem er in Arnheim berichtet, daß er nach Steiners Vortrag über *Goethe als Vater einer neuen Ästhetik* (1888) eine Bemerkung gemacht habe, «die gar nicht anders aufzufassen war, als daß der Mann in diesem Augenblick ein volles Verständnis hatte für einen Menschen der Gegenwart und für die Beziehung dieses Menschen der Gegenwart zu seiner früheren Inkarnation. Und was er da über den Zusammenhang von zwei Erdenleben sagte, das war richtig, war nicht falsch. Aber er verstand gar nichts; er sprach das nur.» (240/161)

Wenige Wochen später erzählt Steiner in Torquay, wie er auch in seiner Weimarer Zeit die Vorgänge in jener Welt, die zunächst an die physische Welt angrenzt und nur durch einen hauchdünnen Schleier von ihr getrennt ist, geistig intensiv mitgelebt habe (240/214). So begegnet man in den Karma-Vorträgen immer wieder einem stark autobiographischen Element: Es wird nicht gelehrt, sondern erzählt, was erlebt und gelebt worden ist.

Als Rudolf Steiner in Dornach am 28. Juli die unterbrochenen Karma-Vorträge wieder aufnehmen konnte, wurden diese impulsierenden Inhalte der übersinnlichen Geschichte, die der anthroposophischen Gesellschaft ihre Aufgaben stellte, erweitert und vertieft auch im Zentrum des Wirkens dargestellt. Nachdem diese Ausführungen Anfang August zu ihrem ersten Abschluß gelangt waren, faßte Rudolf Steiner einen wesentlichen Gesichtspunkt dieser Inhalte – auf der Reise von Dornach nach Torquay – in dem Aufsatz *Im Anbruch des Michael-Zeitalters* für das *Nachrichtenblatt* zusammen. Dadurch erfuhren nun auch die Anthroposophen in aller Welt etwas von den Inhalten der Dornacher und Arnheimer Vorträge.

Das Thema des an die Mitglieder der Anthroposophischen Gesellschaft gerichteten Aufsatzes ist das Schicksal der Intelligenz. Bis zum neunten Jahrhundert nach Christus hatten die Menschen nicht das Gefühl, daß sie die Gedanken selbst hervorbringen, sie erschienen als Eingebungen aus einer geistigen Welt, die überall unmittelbar mit der lebendigen, wahrnehmbaren Welt verbunden war. Im Hochmittelalter aber verbreitete sich schrittweise das Gefühl: *Ich bilde* die Gedanken. Damit entstand die Frage nach dem Ursprung der Gedanken. Sind die Gedanken Offenbarungen der Welt oder nur Instrumente des Menschen, durch die er sich der Welt bemächtigt? – In frühen Zeiten war unmittelbares Erlebnis: Geistige Wesen inspirieren die Gedanken. «In alten Lehren hat man die Macht, aus der die Gedanken der Dinge erfließen, mit dem Namen *Michael* bezeichnet. Der Name kann beibehalten werden. Dann kann man sagen: die Menschen empfingen einst von Michael die Gedanken. Michael verwaltete die kosmische Intelligenz.» (26/60)

Mit diesen Sätzen bildet Rudolf Steiner also zunächst die *Idee* Michaels. Die Mitglieder der Anthroposophischen Gesellschaft wurden nicht zuerst auf die traditionell überlieferte *Vorstellung* des Drachenbekämpfers gewiesen, sondern sie wurden darauf aufmerksam gemacht, daß es ein geistiges Wesen gibt, aus dem «die Gedanken der Dinge erfließen». Dieses Wesen gilt es zu finden, indem man entdeckt, daß es eine geist- und weltgemäße Art der Gedanken geben kann, etwa von der Art, wie sie Goethe über die Natur bilden wollte, indem er sein Denken zum *Organ des Auffassens* der Weltgesetzmäßigkeiten ausbildete.

In der Neuzeit seien, da die Menschen zur Freiheit gelangten, die Gedanken Michael «entfallen» und dadurch in den Bereich der Subjektivität gerückt. In der Gegenwart hat sogar die Auffassung überhand genommen, daß die Gedanken ausschließlich subjektive Konstrukte sind und daß sie nur praktischen Zwecken, der Naturbeherrschung und der Kommunikation dienen, wenn man nicht gar meint, daß sie ganz beliebig subjektive Meinungen seien.

Jene Menschen aber, die in früheren Erdenleben mit der Führung Michaels verbunden waren, können sich in der Gegenwart in der Anthroposophischen Gesellschaft wiederfinden. Sie wollen Michael die Treue bewahren. Das wird aber nur dann wirklich, wenn die Gedanken wieder in den Wesen der Welt geschaut werden, indem Menschen die Gedanken aus der Abstraktion der subjektiven Vorstellungen im eigenen Kopf erlösen. Wenn Gedanken durch den ganzen Menschen erlebt werden, kann er sich zu den Weltgedanken erheben. Der Mensch «kann den Sinn ins Geistige lenken; da tritt ihm Michael entgegen, und der erweist sich als altverwandt mit allem Gedankenweben. Der befreit die Gedanken aus dem Bereich des Kopfes; er macht ihnen den Weg zum Herzen frei; er löst die Begeisterung aus dem Gemüte los, so daß der Mensch in seelischer Hingabe leben kann an alles, was sich im *Gedankenlicht* erfahren läßt. Das Michaelzeitalter ist angebrochen. Die Herzen beginnen, Gedanken zu haben; die Begeisterung entströmt nicht mehr bloß mystischem Dunkel, sondern gedankengetragener Seelenklarheit. Dies verstehen, heißt, Michael in sein Gemüt aufnehmen. Gedanken, die heute nach dem Erfassen des Geistigen trachten, müssen Herzen entstammen, die für Michael als den feurigen Gedankenfürsten des Weltalls schlagen.» (26/62)

In Sinne dieser Gedanken waren die Dornacher Vorträge, die Rudolf Steiner zwischen dem 28. Juli und dem 8. August hielt, durch ihren Inhalt ein Appell an die Zuhörer, den ganzen Menschen in einem Denken zu engagieren, das ihn mit der wesenhaft geistigen Welt verbindet. Ein solches Denken kann kein bloßes Vorstellen im «kleinen Kämmerchen» (237/153) bleiben, es erfaßt das an den Weltvorgängen teilnehmende Gemüt und wird zum Handeln.

Zu den wichtigen Dingen, die Rudolf Steiner zwischen dem 28. Juli und dem 8. August in Dornach zu besorgen hatte, gehörten vor allem auch die Vorbereitungen für den Wiederaufbau des Goetheanum. Schon am 29. Juli fuhr er nach Solothurn, um beim kantonalen Baudepartement vorzusprechen und auf die Erteilung der Baugenehmigung hinzuwirken. Am 4. August erschienen daraufhin die Vertreter der Regierungen von Solothurn und Baselland zusammen mit den Gemeinderäten von Dornach und Arlesheim im «Glashaus» des alten Goetheanum. Rudolf Steiner stellte ihnen das Modell vor und erläuterte das gesamte Bauprojekt. Erfreulich war für ihn, daß der Entwurf vom Dornacher Gemeinderat und der Einwohnerschaft Dornachs klar befürwortet wurde, indem der Gemeinderat eine Petition an den Regierungsrat in Solothurn richtete und die Genehmigung der unveränderten Bauvorlage empfahl.

Im übrigen gab Rudolf Steiner in diesen Tagen Weisung, die Schreinerei zu erweitern, damit die Tagungsbesucher im Herbst allesamt untergebracht werden könnten. Schließlich wurde gemeinsam mit den Architekten Aisenpreis und Moser die endgültige Baueingabe für das Wohnhaus Ita Wegmans fertiggestellt und eingereicht. Es war der persönliche Wunsch Steiners, daß Wegman, die bis dahin in ihrem Sprechzimmer geschlafen hatte, sich aus dem Klinikbetrieb zurückziehen könne. Er hatte deshalb ein einfach gestaltetes, transportables Holzhaus entworfen. Als Rudolf Steiner von England zurückkehrte, war es bereits fertig und stand im Garten der Klinik.

Nachdem dieses und manches mehr erledigt war, brach Rudolf Steiner am Abend des 9. August zu seiner letzten großen Auslandsreise auf. Über Paris und Boulogne ging es nach England. Eine Nachtfahrt mit dem Auto brachte ihn, Marie Steiner, Ita Wegman, Elisabeth Vreede und Guenther Wachsmuth nach Torquay, wo man am 11. August um ein Uhr morgens eintraf. Torquay war in jenen Jahren eines der kleineren, aber bereits sehr geschätzten Seebäder an der englischen Südküste in der Grafschaft

Abb. 162: George Kaufmann, später: George Adams (1893 – 1963), der geniale Übersetzer der Vorträge Steiners in England, wirkte später als Goetheanist und Mathematiker. Er entwickelte die projektive Geometrie des Gegenraums.

Devon. Torquay selbst und der Tagungsort, die Town-Hall, waren mit der elementaren Welt Penmaenmawrs nicht zu vergleichen, doch bereits zehn Meilen westlich erhoben sich die heidebedeckten Höhen von Dartmoor mit ihren mannigfachen Zeugen der Megalithkultur.

Für diese zweite International Summer-School hatte Rudolf Steiner auf Bitten der Veranstalter, Mr. Dunlop und Mrs. Merry, die mit Sorge die damals in England wieder zunehmende Neigung zum Spiritismus beobachteten, seinen Vorträgen den Titel *Die wahren und die falschen Wege der geistigen Forschung* gegeben. Auf Englisch lautete das Thema *True and False Paths of Spiritual Investigation.* Diese Vorträge vom 11. bis zum 22. August begannen täglich um halb elf, nur am Sonntag, dem 17. August, fanden keine Vorträge statt. Ferner hielt Rudolf Steiner einen Kurs von sieben Vorträgen für die Lehrer der Schule, die nahe London entstehen sollte, drei Mitgliedervorträge und zwei Klassenstunden. George Adams-Kaufmann übersetzte alle diese Vorträge.

Unter der Leitung Marie Steiners fanden fünf Eurythmie-Aufführungen statt, die zwar nicht besonders fleißig von allen Tagungsteilnehmern besucht wurden und die auch gegen die Atmosphäre der stillosen Town-Hall zu kämpfen hatten, die aber von denen, die anwesend waren, begeistert aufgenommen wurden. Hermann von Baravalle von der Stuttgarter Waldorfschule, Elisabeth Vreede und Guenther Wachsmuth hielten Vorträge in englischer Sprache. So klangen in dieser Tagung Anthroposophie, Kunst und Pädagogik zusammen.

In dem morgendlichen Hauptkurs verfolgte Rudolf Steiner das Motiv der Bewußtseinszustände, der Änderung der Bewußtseinsverfassung im Wandel der Jahrtausende, die Entwicklung höherer Bewußtseinsformen und einige abwegige Bewußtseinsentwicklungen. Es ist faszinierend zu sehen, wie er hier, auf die Mentalität seiner Zuhörer eingehend, die ganze Problematik höchst konkret im Zusammenhang mit den Kristallen und Metallen der Erde, mit den Lebensstufen der Menschen, mit Beispielen von individuellen nachtodlichen Schicksalen oder anhand seines gemeinsamen Forschens mit Ita Wegman erläuterte. Nachdem er seine Zuhörer durch zehn Vorträge in die Höhen und Weiten geisteswissenschaftlicher Forschung mitgenommen hatte, kehrte er im letzten Vortrag zum Ausgangspunkt im gewöhnlichen Bewußtsein zurück und sprach schließlich höchst eindringlich von dem Weg, den gegenwärtige Anthroposophen nehmen können: «Was ist denn daher das Notwendige? Daß sich die Anschauung entwickele: Es muß zunächst dasjenige erforscht werden, was aus der geistigen Welt erforscht werden soll, durch diejenigen Menschen, die in ihrem gegenwärtigen Leben Kräfte zur Hilfe nehmen können aus früheren Inkarnationen, die sie befähigen, dasjenige heraufzubringen, was notwendig ist, um zu forschen; daß ferner das, was so erforscht wird, von einer Anzahl von Menschen, von immer mehr und mehr Menschen aufgenommen werde, verstanden werde in Ideen, wie es verstanden werden kann; und daß dadurch, wenn im gesunden Verstehen das spirituell Erforschte aufgenommen wird, gerade für diese anderen Menschen aus dem Verstehen heraus die Grundlage geschaffen wird, auch wirklich in die geistige Welt hineinzuschauen. – Denn ich habe es oftmals ausgesprochen: Es ist der gesündeste Weg, um wirklich in die geistige Welt hineinzukommen, sich zunächst mit der Lektüre zu befassen oder mit dem Aufnehmen dessen, was aus der geistigen Welt verkündet wird.» (243/225)

Nachdem Steiner im weiteren vor übereilten Versuchen gewarnt hatte, irgendwie, auf undurchschaubaren Wegen oder durch Medien, die man noch weniger kontrollieren kann, in die geistige Welt hineinzuschauen, und auch den Anspruch, alles sofort selbst zu erforschen, zurückgewiesen hatte, betont er nochmals die Notwendigkeit, sich zuerst im Alltagsbewußtsein durch das Studium der geisteswissenschaftlichen Ideen Verständnis für die übersinnliche Welt zu erwerben: «Und wenn man glaubt, man könne nicht ein solches Verständnis haben, ehe man selber eindringen kann, so gibt man sich einem ganz großen Irrtum hin. Und es ist wieder einer der falschen Wege, auf die man sich heute begibt, zu sagen: Was geht mich die Geistwelt an, solange ich nicht selber hineinschauen kann. – Hier liegt einer der allergrößten, allergefährlichsten, allerdeutlichsten Irrtümer vor. Dieser Irrtum muß vor allen Dingen von einer Bewegung, wie sie die Anthroposophische Gesellschaft verkörpert, scharf ins Auge gefaßt werden.» (243/226)

Hier steht man also vor einer der letzten, einschneidenden Äußerungen Steiners zu der Frage: *Wie erlangt man Erkenntnisse der höheren Welten?* Hier, gegen Ende einer Vortragsreihe, die den wahren und falschen Wegen spiritueller Forschung gewidmet war, spricht er noch einmal vermächtnishaft aus, was sich wie ein Leitmotiv durch sein Wirken hindurchzieht und was er im Dezember 1922 einmal so aussprach: «Heute muß bewußt geistiges Wissen erworben werden, wohlgemerkt: geistiges Wissen, nicht Hellsehen! Ich habe immer betont: Hellsehen kann auch erworben werden, aber das ist es nicht, worauf es ankommt, sondern das Verstehen desjenigen, was durch die hellseherische Forschung zustandekommt, durch den gewöhnlichen gesunden Menschenverstand, denn es kann dadurch verstanden werden.» (219/71)

Über die Karma-Vorträge berichtete Rudolf Steiner, daß er zeigen wollte, wie Menschen, indem sie durch wiederholte Erdenleben gehen, deren Ergebnisse von Epoche zu Epoche tragen. Damit werde erklärlich, daß sich in der Gegenwart die verschiedenartigsten Geistesrichtungen offenbaren. Den Zuhörern in Torquay sprach er aber auch von seinen unmittelbaren Erfahrungen in der geistigen Welt der Gegenwart. Es sei ihm nun seit Monaten die Möglichkeit gegeben, über die karmischen Zusammenhänge rückhaltlos zu sprechen und die «Michael-Geheimisse» zu enthüllen. «Das ist eines von den konkreten Dingen, von denen ich vorher abstrakt gesprochen habe. ... In der Tat, durch alles dasjenige, was namentlich seit der Weihnachtstagung der Anthroposophischen Gesellschaft zu geben möglich geworden ist, durch die Art und Weise, wie es mir gestattet ist, seit jener Zeit selber okkult zu arbeiten – es sind ja nicht neue Dinge, man kann im Okkulten nicht Dinge, die man gestern entdeckt hat, sofort heute mitteilen, es sind alte Dinge, die erlebt worden sind, in der Weise, wie ich es Ihnen dargestellt habe –, aber hinzugekommen ist, daß die Dämonen schweigen müssen, welche vorher die Dinge nicht haben aussprechen lassen.» (240/215)

Und in der Tat setzte sich der Strom der geistigen Offenbarungen sowohl in Torquay wie auch in London gesteigert fort: In immer umfassenderen Bildern wurden die karmischen Gründe der Geschichte enthüllt. –

Obwohl für die Beobachter die Symptome der Erkrankung Steiners auch in Torquay erschreckend sichtbar waren, nutzte Rudolf Steiner den vortragsfreien Sonntag zu einer Fahrt nach Tintagel. Früh morgens regnete es in Strömen, und dichter Nebel verhüllte die Welt. Als die Fahrt um acht Uhr losgehen sollte, meinte Steiner jedoch, der Regen werde bald aufhören. In drei Automobilen brach die kleine Gesellschaft, zu der die anwesenden Mitglieder des Dornacher Vorstandes, Mr. Dunlop, Mrs. Merry und auch Mieta Waller-Pyle und ihr Mann gehörten, auf. Als man kurz vor Mittag in Tintagel anlangte, hatte die Sonne alle Nebelreste vertrieben. Die letzte Wegstrecke von den Küstenfelsen herunter und hinauf auf den Felsen von Tintagel wurde auch von Rudolf Steiner trotz seiner körperlichen Schwäche zu Fuß zurückgelegt. In Dornach hat Rudolf Steiner von den Eindrücken dort erzählt: «Von dieser Ruinenstätte, die, trotzdem sie ganz zerbröselt ist, noch einen gigantischen Eindruck macht, schaut man hinaus in das Meer. Es ist eine Bergkuppe, auf beiden Seiten davon das Meer. Indem man da in das Meer hinausschaut, in einer Gegend, wo fast stundenweise das Wetter wechselt, kann man, wenn man da steht, den glänzenden Sonnenschein, der sich im Meere spiegelt, anschauen; gleich darauf weht stürmisches Wetter. Man bekommt, wenn man das, was sich heute noch da abspielt, mit dem okkulten Auge überschaut, einen großartigen Eindruck. Es leben und weben elementarische Geister, die da sich herausentwickeln aus den Lichtwirkungen, den Luftwirkungen, den Wirkungen der sich stoßenden Meereswellen.»

In dieser Welt erschaute Rudolf Steiner die Inspirationsquelle jenes ursprünglichen Artus-Impulses, der von dort ausgegangen und kultivierend auf das westliche Europa gewirkt hat (240/242f). An den in Dornach gebliebenen und dort treu die «Stellung» haltenden Albert Steffen, schrieb Steiner von Tintagel aus einen Gruß: «Von vielsagenden Burges-

Es stört nur dies greuliche Hôtel, in dem sogar der Affe des Artus Tisches steht.

TELEGRAMS:
"CASTLE HOTEL, TINTAGEL."

KING ARTHUR'S CASTLE HOTEL,
TINTAGEL, CORNWALL.

Mein lieber Herr Steffen,

Von vielsagenden Burgestrümmern kommen wir.
Hier sanen einst die alten Dämonenbesieger
Verstärkend des Führers Kraft durch die Sternen-Zwölf.
Die Burgen sind in Trümmern;
Die Astralmoral ist verstummt;
Doch Geisteskraft wirktet um den Berg,
Und Seelenbildemacht stürmt vom Meer. –
Zaubrisch wechselnd sind Licht- und Lüfteringen,
Die kräftig zu der Seele dringen
Auch heute nach dreitausend Jahren;
Und aus der Elemente Erinnerungsbildern
Senden wir Ihnen in treuer Gesinnung
Und Herzlichkeit liebevolle Grüsse

Dr. I. Wegman   Rudolf Steiner
E. Vreede   M. Steiner
M. S. Waller Pyle   Guenther Wachsmuth
W. S. Pyle
Eleanor C Merry,
Marna Pease.
M. Cowell.
D. N. Dunlop
Annie Vieloff.

trümmern kommen wir. Hier saßen einst die alten Dämonenbesieger, verstärkend des Führers Kraft durch die Sternen-Zwölf.

Die Burgen sind in Trümmern. Die Astralmoral ist verstummt; doch Geisteskraft wuchtet um den Berg, und Seelenbildemacht stürmt vom Meer. – Zaubrisch wechselnd sind Licht- und Lüfteringen, die kräftig zu der Seele dringen auch heute nach dreitausend Jahren; und aus der Elemente Erinnerungsbildern.»

Auf die Tage in Torquay folgten sieben Tage in London, in denen Rudolf Steiner zu den Mitgliedern, zu Pädagogen und Medizinern sprach und auch zwei Klassenstunden hielt. Am 26. August fand eine Eurythmie-Aufführung in der Royal Academy of Dramatic Art statt, so daß auch in London sich die neuen Impulse der Anthroposophie in den verschiedenen Arbeitsfeldern zeigen konnten. Am 31. August reiste Rudolf Steiner nach Dornach zurück, von wo aus er noch in der Nacht wieder nach Stuttgart aufbrechen mußte, um sich dort am 2. und 3. September wiederum um die Angelegenheiten des *Kommenden Tags* zu kümmern, eine Konferenz mit der Waldorfschul-Lehrerschaft abzuhalten und sich mit den ehemaligen Schülern der 12. Klasse zu besprechen. Wieder in Dornach galt sein erster Arbeitstag den Angelegenheiten des Baus, denn die Beseitigung der Trümmer des alten Goetheanum ging jetzt dem Ende entgegen, und von seiten der Behörden war die Baugenehmigung erteilt worden. Damit standen Entscheidungen an, die angesichts der Größe des Projekts wohl überlegt werden mußten. Überdies sparte er sich – so jedenfalls der Bericht von Edwin Froböse – am Nachmittag dieses 4. September eine Stunde aus, in der er in seinem Atelier, zusammen mit Ita Wegman, eine große Zahl von Mitgliedern in die erste Klasse der freien Hochschule aufnahm. Insgesamt wurden im September 261 Mitglieder in die Klasse aufgenommen.

Als Rudolf Steiner am 5. September seine Vortragstätigkeit in Dornach wieder aufnahm, hatten sich über tausend Menschen versammelt: Schauspieler und Sprachgestalter, die Priesterschaft der Christengemeinschaft, anthroposophische Ärzte und zahlreiche Mitglieder, die zu den Karma-Vorträgen und Klassenstunden gekommen waren. Unter ihnen waren viele jüngere Anthroposophen, die in behelfsmäßigen Quartieren auf Strohlagern untergebracht waren, und langjährige Schüler Steiners; als

Abb. 163: Postkarte Rudolf Steiners an Albert Steffen

eines der ältesten Mitglieder war Günther Wagner anwesend, der schon 1902 bei der Gründung der Deutschen Sektion der Theosophischen Gesellschaft mitgewirkt hatte. Diese Tagung war – sieht man von der Waldorfschul-Lehrerschaft, die in Stuttgart den Unterricht zu besorgen hatte, ab – zu einem Zusammenströmen fast aller anthroposophischen Arbeitsrichtungen geworden. Denn im *Nachrichtenblatt* vom 17. August waren für die Zeit vom 4. bis 9. September sechs Vorträge für Theologen, für die Zeit vom 8. bis 15. September acht Vorträge für Mediziner und Theologen und für die Zeit vom 2. bis 15. September ein Kursus für Sprachgestaltung und Dramatische Kunst sowie Mitgliedervorträge und Klassenstunden angekündigt worden.

Doch in den drei Wochen, die jetzt mit dem 5. September begannen, sollte die Vortragstätigkeit Rudolf Steiners in unvorhergesehener Weise gipfeln. Es war, als ob er mit größter geistiger Kraft die Mitglieder, die Sprachgestalter und Schauspieler, die Ärzte und Priester für ihr Wirken ausrüsten wollte. Alle Kurse wurden verlängert. Der *Pastoralmedizinische Kurs* um drei, der *Dramatische Kurs* um acht und der *Apokalypse-Kurs* für die Priester um zwölf Vorträge. Die Tagung, die ursprünglich am 15. enden sollte, ging bis zum 23. September. Marie Steiner beschrieb im Jahre 1944 diese Wochen: «Im September vor zwanzig Jahren war es, daß Rudolf Steiner, wie in einem letzten glanzvollen Aufleuchten seines Geistes, dem im Feuer übersinnlichen Erlebens schon verglühenden Körper die äußerste Kraftleistung abrang, durch die eine unvorstellbare Fülle von geistigen Gaben uns zuströmte. Es war wie ein Zusammenfließen, eine Konzentration alles dessen, was er im Laufe seines vier Jahrzehnte langen Wirkens für die Erweckung der Menschheit getan hatte: zugleich reife Frucht und in sich gedrängte Zukunftskraft, welche kommende Zeitalter wird geistig befruchten können.» (*Gesammelte Schriften*, II. Bd., S. 375f)

So sehr man aus der Perspektive der weiteren Entwicklung diese Septemberkurse mit vollem Recht als ein Vermächtnis Rudolf Steiners ansehen kann, das er seinen Freunden mit auf den Weg gab, so wenig sollte man sich vorstellen, Rudolf Steiner selbst habe in diesen Wochen, auf ein kommendes Ende vorausschauend, abschließend gesprochen. Vor ihm selbst stand in diesen Tagen und Wochen – soweit er überhaupt Zeit fand, an anderes als an die unmittelbar gegenwärtigen Probleme zu denken – all das, was in Zukunft erst noch geschehen sollte: Eine Tagung in Berlin und ein Kurs für Waldorflehrer waren für den Oktober vorgesehen, der Aufbau der Hochschule sollte weitergeführt werden, und der Neubau des Goetheanum beschäftigte ihn fortwährend. Für die fernere Zukunft waren unter anderem ein zweiter Jugendkurs, Kurse für Künstler und ein Kurs für Krankenschwestern in Aussicht gestellt.

Was Rudolf Steiner während dieser Tage bewegte, waren die geistigen Offenbarungen, die Aufgaben und die Menschen, denen er gab, was er zu geben hatte. Nirgendwo entdeckt man bei ihm eine Rücksichtnahme auf seine Gesundheit, ein vorsichtiges Planen oder gar ein bedenkliches Vorausschauen auf Kommendes. So wie beim Beginn der Dreigliederungsaktion, wie beim Versuch, wirtschaftliche Unternehmungen zu begründen, wurden weder Verluste kalkuliert noch wurde gefragt, ob denn dies alles gehen würde, sondern angesichts der Aufgaben ohne allerlei Bedenken oder Rücksichten gehandelt. Einen Abbruch seiner Arbeit hatte Rudolf Steiner jedenfalls nicht vor Augen. Das sieht man deutlich an der «Vornotiz», die – am 22. September verfaßt – im *Nachrichtenblatt* vom 28. September 1924 erschien und in der es hieß: «In Berlin finden voraussichtlich vom 25. bis 31. Oktober eine Reihe von Mitgliedervorträgen, einige Jugendvorträge, die auch Nichtmitgliedern zugänglich sind, von Herrn Dr. Steiner statt.» Und der letzte Vortrag für Arbeiter am Goetheanum, den Rudolf Steiner am 24. September hielt, endete mit den Worten: «Damit habe ich angefangen, die Frage zu beantworten. Am nächsten Samstag wollen wir fortsetzen um neun Uhr; da will ich weiter die Frage beantworten.» (354/240)

Der erste Kurs, der am 5. September begann und den Rudolf Steiner gemeinsam mit Marie Steiner hielt, war der für Sprachgestaltung und dramatische Kunst. Marie Steiner hatte diesen Kurs bereits so, wie es angekündigt war, am 2. September begonnen. In der Schreinerei waren außer den Kursteilnehmern im engeren Sinne – also den Schauspielern, Sprachgestaltern und wenigen Lehrern –, die in den ersten Reihen saßen, über 600 Zuhörer versammelt. Als professionelle Schauspieler waren Gottfried Haaß-Berkow und Georg Kugelmann mit ihren Ensembles erschienen. Als einzelne Persönlichkeiten waren unter anderem Max Gümbel-Seiling, Otto Wiemer und Edwin Froböse anwesend. Mit Strenge und Scherz hatte Marie Steiner die Eingangsübungen zur Sprachgestaltung geleitet und über Rezitation und Deklamation, über Metrik und Formen der Dichtung gesprochen. Ernst Weißert erinnert sich: «Man lernte sie bewundern und verehren in ihrer blitzenden

Geistigkeit, in ihrer Majestät und in ihrem Humor.» (*Erinnerungen*, S. 490) Schweigend erwarteten die Teilnehmer am 5. September das Erscheinen Steiners. Friedrich Hiebel berichtet: «Pünktlich um zwölf Uhr kam Rudolf Steiner vom Bühnenraum an der Westseite hervor, ging mit langsamen, aber deutlich schleppenden Schritten an unseren Stuhlreihen entlang und begab sich dann mit einem Arm auf das Rednerpult gestützt zum Podium.

Es konnte wohl keinem entgehen, wie er von Tag zu Tag mit zunehmend schwereren Schritten an uns vorbeikam, kaum die Schuhsohlen vom Fußboden zu heben vermochte, was wir deutlich hörten, da doch bereits, ehe er erschienen war, vorher lautlose Stille im Saal herrschte.

Aber jedesmal während des Vortrages begann sich nach anfänglich zögernd gesprochenen Sätzen das Antlitz leuchtend zu beleben. Seine Darstellungen wurden immer lebendiger, seine Stimme lauter, sein Vortrag hinreißender, bis er nach einer Stunde völlig erfrischt, wie auf Flügeln getragen und beinahe jünglingshaft beschwingt den Saal wieder verließ.» (Hiebel, S. 339f)

Was Hiebel hier beschreibt, ereignete sich täglich immer wieder in allen Vorträgen: Rudolf Steiner regenerierte und verjüngte sich im Sprechen. Dabei war ihm der Kurs für Sprachgestaltung eine besondere Freude. Er schöpfte hier aus dem Vorrat jahrzehntelanger Übungen und Studien, er konnte, was er meinte, durch viele Beispiele mit leichter Hand illustrieren, und so führte der Kurs durch Sprachgestaltung und Bühnenregie zur Schauspielkunst. In drei Folgen stellte Rudolf Steiner im *Nachrichtenblatt* Motive dieses Kurses dar, in dem es darum gehe, «aus dem stillosen Naturalismus der Bühnenkunst wieder zu einem Stil zu kommen» (260a/387). – Die zweite Schilderung des dramatischen Kurses schließt mit folgenden Worten: «Marie Steiner hat seit vielen Jahren die Rezitations- und Deklamationskunst so ausgebildet, daß in ihr das Künstlerische der Sprachgestaltung zum anschaulichen Erlebnis erhoben wird. Daß nach dieser Seite hin das anthroposophische Wirken sich entfalten kann, ist ihr Verdienst. Sie hat denn auch diesen Kursus angeregt, und wirkt in demselben durch ihre Rezitationskunst mit. Es haben sich unter ihrer Anregung eine größere Zahl von Bühnenkünstlern hier am Goetheanum eingefunden, die unter ihrer Führung in die dramatische Kunst das aufnehmen möchten, was Anthroposophie geben kann.» (260a/392)

Unter diesen Auspizien begründete Marie Steiner aus jenen Schauspielern, die noch zu keiner Truppe gehörten, am Michael-Tag 1924 eine Schauspielgruppe am Goetheanum. Sie gab der Gruppe den Namen «Thespiskarren», denn Thespis, so sagte sie, sei der erste gewesen, der das Drama aus den Mysterien in die Welt gebracht habe, «und wir wollen versuchen, es wieder in das Mysterium zurückzubringen.» (Froböse, S. 95)

Am Nachmittag des 5. September begann auch der Kurs über die Apokalypse des Johannes für die Priesterschaft der Christengemeinschaft. In seinem Bericht für das *Nachrichtenblatt* und auch in anderen Zusammenhängen hatte Rudolf Steiner seine tiefe Zufriedenheit mit dem Wirken der Priesterschaft seit der Begründung der Christengemeinschaft vor zwei Jahren ausgesprochen: «Seither ist die Priestergemeinschaft der christlichen Erneuerung ihren Weg in der energischsten Weise gegangen. Sie entfaltet eine segensreiche und heilsame Wirksamkeit.» (260a/398)

Die tägliche religiöse Übung, das Zelebrieren der Menschenweihehandlung, das Ringen um christliche Verkündigung war für die Priester ein Weg innerer Weiterentwicklung geworden. Dabei entstand in ihnen der Wunsch, ein Verständnis der Apokalypse zu gewinnen. Es gab bereits den Vortragskurs *Die Theosophie an Hand der Apokalypse,* den Rudolf Steiner 1908 in Nürnberg gehalten hatte; allein in diesen Vorträgen ging es, wie es der Titel auch sagt, weniger um eine Auslegung der Apokalypse als um eine Einführung in die Theosophie. Im *Nachrichtenblatt* berichtete Rudolf Steiner über den Apokalypse-Kurs für Priester: «Meine Geisteswege hatten mir ermöglicht, den Spuren des Apokalyptikers nachzugehen. Und so meinte ich, daß ich in diesem Kurs eine Darstellung ermöglichen werde, die dieses *Priesterbuch* im wahren Sinne dem *Priester* als geistigen Führer übermitteln kann. Die Menschen-Weihehandlung steht in der Mitte des Priesterwirkens; von ihr strahlt aus, was durch Kultusart von der Geistwelt in die Menschenwelt dringt. Die Apokalypse kann in der Mitte der Priesterseele stehen, von ihr kann in alles Priesterdenken und Priesterempfinden einstrahlen, was die opfernde Menschenseele aus der Geistwelt gnadevoll empfangen soll. So dachte ich über die Aufgaben dieses Kurses für Priester, als an mich der Wunsch herangetreten ist, ihn zu halten. In diesem Sinne habe ich ihn nun gehalten.» (260a/398)

Da es in der Apokalypse auch um zukünftige Entwicklungen und um die Erscheinungsformen des Bösen geht, durfte sich Rudolf Steiner gerade bei diesen Vorträgen nicht auf eine bloße Auslegung des Textes beschränken. Gegenwart, Vergangenheit und Zukunft mußten in das Licht der *Geheimen Offenbarung* gerückt werden. Die ungemein ernsten Fragen der Erscheinungsformen des Bösen waren zu besprechen. Die Geschichte und namentlich die Zukunft mußten unter den höchsten geistigen Gesichtspunkten vom Übersinnlichen her angeschaut werden. Gewiß hatte das Forschen Steiners immer wieder um diese Fragen gekreist, und in manchen Vorträgen finden sich Andeutungen in dieser Hinsicht. Hier jedoch wurde er ganz konkret und sprach zum Beispiel von dem Tier, das im Jahre 1933 aus der Tiefe aufsteigen werde, und von anderen Dingen, die die nähere Zukunft betrafen (346/239f).

Es muß Rudolf Steiner unendlich wichtig gewesen sein, der Priesterschaft den Ausblick auf ihre tiefsten Aufgaben zu öffen und ihren Blick für die künftigen Entscheidungen zu schärfen. Vor ihm selbst standen die das Menschenmaß übersteigenden Herausforderungen der folgenden Jahrzehnte, und im Anblick dieser kommenden Krisen wollte er geben, was zu geben war. Emil Bock berichtet: «Das geradezu Bestürzende im hochgespannten Weiterschreiten von einem Tag zum anderen erlebten wir Mitarbeiter der Christengemeinschaft wohl auf eine besonders deutliche Weise. Und zwar nicht nur, weil wir an sämtlichen Kursen und Abendvorträgen teilnehmen durften. Wir mußten ja die Vorstellung haben, daß Dr. Steiner uns neben dem Kursus, den wir gemeinsam mit den Ärzten empfingen, nur in kurzgedrängter Form etwas über die Apokalypse sagen würde. Nun fing aber unser Apokalypse-Kurs sogleich am ersten Tage mit an und wurde Tag für Tag fortgesetzt, auch als die pastoralmedizinischen Vorträge bereits abgeschlossen waren. Als wir nun schon annähernd zwei Wochen so überreich beschenkt worden waren, hatte ich mich der nicht gerade angenehmen Aufgabe zu unterziehen, Dr. Steiner zu fragen, wie lange wohl die Kurse noch gehen würden. Wir hatten ja damals schon überall Gemeinden, die auf die sonntäglichen Gottesdienste rechneten und denen wir schon einmal telegraphisch von der Verschiebung unserer Heimkunft Nachricht hatten geben müssen. Die Antwort war: ‹Haben Sie noch einige Tage Geduld, dann wird sich absehen lassen, wie lange wir noch weitermachen werden.›» (*Wir erlebten Rudolf Steiner*, S. 50)

Nachdem Rudolf Steiner sich aufs Krankenlager hatte zurückziehen müssen, schrieb er am 2. Oktober an Marie Steiner, im Rückblick auf diesen Kurs und seine Teilnehmer: «Das ist es ja, daß diese Theologen auf der einen Seite wirklich so tief befriedigen durch ihr so ernstes Arbeiten; auf der anderen Seite ist das Wirken für sie so anstrengend, weil sie vieles bedürfen und so schwer an ihre Ideale herankommen. Es war wirklich so, daß mit Beendigung des Apokalypse-Kursus ein Maximum von meinen Kräften nach einer gewissen Richtung erschöpft war – ich hatte wirklich zu der spirituellen Höhe viel Kraft nötig – und ich hätte nun nicht noch den ganzen Sturm von Einzelbesuchen dieser bedürftigen Theologen haben sollen. Vorträge über Sprachgestaltung, die ich noch gehalten habe, machen es nicht aus.» (262/227)

Der dritte Kurs, der in diesen Wochen stattfand, war der Kurs über Pastoralmedizin. Auch er war aus den Fragen der Priesterschaft entstanden, die es in der Seelsorge immer wieder mit Menschen, die außergewöhnliche Erlebnisse haben, zu tun hatte. Für die Priester hatte sich die Frage gestellt, wie ihre Aufgabe gegenüber solchen Menschen zu verstehen sei, wo sie ihre Grenzen habe und wo eventuell nicht der Priester, sondern der Arzt gefragt sei. Aus diesem Grunde wurde dieser Kurs durch die medizinische Sektion veranstaltet, und es waren etwa 120 Kursteilnehmer, fast ausschließlich Ärzte und Priester erschienen. Rudolf Steiner begann seine Ausführungen damit, daß er priesterliches und ärztliches Handeln streng unterschied und von jeder Vermischung der beiden Bereiche abriet, obwohl – oder gerade weil – das sakramentale Handeln durch den Priester ein Heilen und das therapeutische Handeln des Arztes auch ein Heiliges sein können. Dann schilderte er an Beispielen außergewöhnliche oder pathologische Konfigurationen der menschlichen Wesensglieder und ihre Äußerungen in seelischen Erlebnissen. Er gab Hinweise, wie in solchen Zusammenhängen Freiheit und Verantwortung zu sehen sind, wie das Karma in diese Dinge hineinspielt, und er unterschied immer wieder, wo die Aufgaben des Arztes und wo die des Priesters liegen, und zeigte, wie die beiden zusammenwirken können.

Nach Beendigung des eigentlichen Kursus bat Rudolf Steiner die Ärzte, noch zu bleiben. Nachdem die Priester den Vortragsraum verlassen hatten, richtete er an die Mediziner eine Ansprache, in der er zuerst das, was er im Kurs ausgeführt hatte, in ein Bild faßte, welches das Zusammenwirken von Priester und Arzt kennzeichnen sollte: «Für den Priester der Opferkelch, für den Arzt der Merkurstab.» Und er fügte hinzu:

«Und im Besitz des Merkurstabes muß sich der esoterische Arzt wieder fühlen lernen.» (318/164, nur Ausgabe 1994)

Dann ging er auf die Frage der Gemeinschaftsbildung ein und deutete an, daß die Priesterschaft schon jetzt als eine Priestergemeinschaft vor die Welt hintreten könne. Für die Ärzteschaft sei das schwieriger: «Dennoch, diese Gemeinschaft ist möglich. Diese Gemeinschaft muß in den Herzen derjenigen, die sich ehrlich anschließen wollen an die Heilpraktik des Goetheanums, ausgeübt werden. Sie muß im Grunde genommen viel innerlicher sein, als es der Zusammenhalt der Priesterschaft ist.» (318/165)

Er forderte die Ärzte, die ja in ihrer Arbeit ganz auf sich gestellt sind, auf, den Weg zu einem Zusammenschluß zu finden und sich im Bewußtsein der Zusammengehörigkeit an den Quell der Wirksamkeit, die Frau Dr. Wegman und er zusammen am Goetheanum eröffneten, anzuschließen. «Daß damit ein erster Schritt getan werde, ist von Frau Dr. Wegman und mir Veranlassung genommen worden, zunächst einen ersten esoterischen Impuls dadurch zu geben, daß ein durchaus erweiterbarer esoterischer Kern geschaffen worden ist, der, wie gesagt, durchaus erweiterbar ist, der aber aus guten Gründen zunächst nur aus einer Anzahl von praktischen Ärzten besteht, welche ihrerseits jene Angelobung geleistet haben, die für das esoterisch-medizinische Wirken notwendig ist. Dieser Kern besteht aus den praktischen Ärzten: Dr. Walter, Dr. Bockholt, Dr. Zeylmans, Dr. Glas, Dr. Schickler, Dr. Knauer, Dr. Kolisko.» (318/165f, nur Ausgabe 1994)

So war, gewiß zum Erstaunen der übrigen Ärzte, innerhalb der medizinischen Sektion der freien Hochschule ein Sektionskreis gebildet worden, weil die genannten Ärzte von sich aus sich um die Sektionsleitung zusammenschließen wollten. – Hätte der Prozeß dieser differenziert sich gliedernden Gemeinschaftsbildung weitergeführt werden können, so wären in den verschiedenen Sektionen auf durchaus unterschiedliche Weise solche weiteren «Kerne» der Zusammenarbeit gebildet worden.

Die Zuhörer der vielen Vorträge, die im Strom dieser bis dahin nie ausgesprochenen Anregungen, Einsichten, ja Offenbarungen standen, waren überwältigt. So erinnert sich der Mediziner Kurt Magerstädt, der Rudolf Steiner im Winter zuvor noch scharf – und vielleicht auch kritisch – beobachtet und zu Ostern bemerkt hatte, wie Rudolf Steiners Kräfte nachließen, an sein Erleben während dieser Kurse: «Und als wir im September wieder nach Dornach kamen, in jenem Monat, in dem er über siebzig Vorträge hielt, und ich außer dem pastoralmedizinischen auch den Schauspieler-Kurs mitmachen konnte, blieb keine Möglichkeit zur besonderen Beobachtung. Die Frage schien vielmehr die: wie können *wir* all das ertragen, was da geboten wird? In unfaßlicher Fülle strömte der Geist. Jedes Gebiet, das Rudolf Steiner berührte, wurde taufrisch. Jeder Gesichtspunkt war vollkommen neu, es gab keine Wiederholung, nicht in der Formulierung, nicht im Gedankengang. Ein übersprudelnder Quell begnadete uns. Wir tranken und ahnten nicht, daß wir unseren Lehrer zum letzten Mal in seinem Erdenleib sahen.» (*Wir erlebten Rudolf Steiner*, S. 146)

Die schier unendliche Kraft der Darstellungen Steiners, die aus den heute gedruckt vorliegenden Kursen nur zu erahnen ist, läßt das kaum Verstehbare, daß Rudolf Steiner nämlich zwischen und neben den Kursen täglich um weitere Besprechungen, Ratschläge, Hilfen gebeten wurde, verständlicher werden; täglich standen Menschen vor dem Atelier Steiners Spalier, um ihm noch Fragen zu stellen, er hörte jeden an und empfing ungezählte Menschen zu Einzelunterredungen. Derjenige, der diese Ereignisse mit dem Wissen dessen, was nachher geschah, anschaut, fragt sich immer wieder: Warum haben damals diejenigen, die die fortschreitende Schwächung Steiners erlebten, nicht einen Schutzwall um ihn gebildet und die andrängenden Mitglieder davon überzeugt, daß ihre Fragen und Probleme auf anderem Wege zu lösen seien? Eine mögliche Antwort kann sich aus dem Bericht, den F. W. Zeylmans von diesen Wochen niederschrieb, ergeben. Zeylmans beschreibt den Bewußtseinszustand, in dem sich viele Teilnehmer der Kurse befanden: «Im September 1924 hatten wir alle, die zu den neuen Kursen in Dornach weilten, das Gefühl, weit über unser normales Bewußtsein hinaus zu leben; man war in andere Sphären gehoben, wir alle sahen anders aus, wir sahen und hörten jenseits unserer eigenen Möglichkeiten. Wenn wir uns gegenseitig anschauten, sagten wir uns: Ist das der? Es war etwas Unglaubliches und Unbeschreibliches. Man lebte schon in einer geistigen Welt, die man natürlich gar nicht beherrschte. Es gab Momente bei den letzten Vorträgen des Pastoral-medizinischen Kurses, da Rudolf Steiner nur Liebe und Geist ausströmte – so sehr, daß es beinahe schwer war, auf das zu hören, was er sprach. Es war wohl auch ein Auditorium, vor dem er sich ganz hingeben konnte.» (*Wir erlebten Rudolf Steiner*, S. 270)

Fast an jedem Abend dieser sonnendurchglühten Spätsommerwochen sprach Rudolf Steiner im Wechsel zu den Mitgliedern der allgemeinen Gesellschaft und dann wieder zu den Mitgliedern der ersten Klasse der Hochschule, die sich in der Schreinerei versammelten. Im ersten Vortrag stellte er nochmals den Impuls der Weihnachtstagung dar, nämlich, daß nunmehr «für das Gebiet der Anthroposophischen Gesellschaft selber die spirituellen Impulse gelten» (238/11). Nochmals, wie schon während der Weihnachtstagung, sprach er aus, daß alles hinfort auf die rein menschlichen Zusammenhänge gegründet werde und daß in «allen äußeren Maßnahmen Anthroposophie wirkt. – Dazu bedarf es der Anerkennung jener realen Kräfte, welche verbinden müssen die einzelnen in der Gesellschaft vereinigten Persönlichkeiten. Diese Kräfte können keine Kräfte sein, die unter irgendeinem Programm oder Satze stehen, die durch abstrakte Sätze zusammengefaßt werden. Allein dasjenige kann im esoterischen Sinne die Anthroposophische Gesellschaft begründen und halten, was als reale menschliche Beziehungen vorhanden ist.» Und er faßt diesen Gedanken in die Worte zusammen: «Allein wirkliches Leben kann die Esoterik aufnehmen.» (238/14f)

In diesem Sinne versuchte Rudolf Steiner ein Verständnis dafür zu erwecken, daß die neue Impulsierung und Gestaltung des Lebens eine schwierige Aufgabe ist, da man bisher einen anderen Duktus gewohnt gewesen sei. Er ging diese Aufgabe jetzt aber nicht so an, daß er laufend direkt über das neue Leben, das die Gesellschaft durchdringen sollte, sprach. Das Notwendige dazu hatte er schon in den Briefen *An die Mitglieder!* gesagt. Er wollte die neuen Impulse vielmehr durch den Inhalt seiner Vorträge vermitteln. Aus der Schilderung der karmischen Tatsachen sollten die Zuhörer seiner Vorträge die Einsichten gewinnen, die sie dann individuell im Leben umsetzten. Deshalb hieß es zu Beginn dieser Karma-Vorträge: «Unsere Freunde werden ja im Laufe dieser Vorträge oder aber sonst Gelegenheit haben, erkennen zu lernen, was es heißt, in tätiger Weise auf dem Erdenplane dasjenige auszuarbeiten, was sich heute in der spirituellen Welt offenbaren will. Und die Schwierigkeiten sollten eingesehen werden, welche damit verknüpft sind, wenn sozusagen zu diesem Verhältnis zur geistigen Welt eine äußere Verwaltung hinzutreten soll.» (238/13)

Der innere Zusammenhang dieser letzten zehn Karma-Vorträge besteht also vor allem in den mit diesen Vorträgen gegebenen *praktischen Hinweisen.* Das ist beispielsweise in dem letzten Vortrag vom 23. September mit Händen zu greifen. Das Thema dieses Vortrags sind die Schwierigkeiten, die Spiritualität in den Intellektualismus des gegenwärtigen Zeitalters hineinzutragen. Am Beispiel von Karl Julius Schröer, in dem aus vergangenen Erdenleben eine hohe und umfassende Spiritualität lebte, wird diese Schwierigkeit ausführlich dargestellt: «Verstehen Sie recht, was ich meine. Nehmen wir an, irgendeine Persönlichkeit lebte in der zweiten Hälfte des neunzehnten Jahrhunderts und hätte in sich gehabt eine starke Spiritualität aus früheren Inkarnationen: Sie lebt sich herein in die gegenwärtige Bildung, die damals gegenwärtige Bildung; die ist intellektualistisch, durch und durch intellektualistisch. Nun ist aber in der Persönlichkeit, die ich meine, die Nachwirkung der Spiritualität noch so stark, daß diese heraus will, richtig heraus will. Aber der Intellektualismus verträgt das nicht. Die Persönlichkeit wird intellektualistisch erzogen, die Persönlichkeit erlebt im gesellschaftlichen Umgange, in den sie hineinkommt, im Beruf, überall Intellektualismus; dahinein, in diesen Intellektualismus kann das nicht, was sie in der Seele trägt. Es würde das eine Persönlichkeit sein, von der man sagen kann: Die wäre eigentlich zur Anthroposophie wie berufen.» (238/154)

In solchen Beschreibungen, die Rudolf Steiner in diesem Sinne auch von Gideon Spicker, von Otto Weininger und anderen gab, konnten die Zuhörer an einzelnen, höchst individuellen Fällen wie in einem Seelenspiegel die Probleme erkennen, die auch sie hatten. Denn selbstverständlich stand die Mehrzahl der Zuhörer vor der Frage, wie sie das, was in ihnen selber mehr oder weniger verborgen in Seelentiefen lebte, in das gegenwärtige, vom Intellekt geprägte Verstehen heraufholen sollten.

Ein zweiter Aspekt kam hinzu. Rudolf Steiner schilderte in diesen Vorträgen die von bestimmten Individualitäten wie Aristoteles, Alexander, Bacon, Comenius und anderen getragenen geistigen Impulse und Willensrichtungen. Er beschrieb die Kämpfe, die im Übersinnlichen stattgefunden hatten, die Wirkungen, die von einem Bacon ausgingen, er lenkte den Blick auf die Seelen, die die Intelligenz im Sinne Michaels pflegen wollten. Durch diese Darstellungen sollten nicht historische Kenntnisse vermehrt, sondern die Gegenwart und die nähere Zukunft in das rechte Licht gesetzt werden. An die Stelle eines platten, eindimensionalen Gegenwartsverständnisses sollte eine Sicht der Verhältnisse treten, die es erlaubte, die Zeittendenzen unter dem Gesichtspunkt der wiederholten Erdenleben zu beurteilen und die Stellung der Anthroposophie in der Gegenwart zu erkennen.

Eine solche Beurteilung der Zeiterscheinungen im Sinne Rudolf Steiners orientiert sich weniger an äußerlichen Inhalten dessen, was vorgebracht wird, sondern an den Impulsen, die in Menschen leben. Für Steiner war es stets ein Ärgernis gewesen, wenn Mitglieder zu ihm gekommen waren, um ihm zu sagen, daß von diesem oder jenem ja fast dasselbe gesagt werde, was auch er sage. Dieser Schein des äußerlichen Inhalts von Aussagen galt ihm wenig, er ging den Wegen nach, die gegenwärtige Forscher verfolgten, und fragte nach den tieferen Intentionen, die sich aus ihrem Denken ergaben. So hatte er sich immer wieder die Mühe gemacht, die Zeitsymptome in Denkern wie Ernst Mach, Max Planck, Wilhelm Dilthey, Max Scheler, Franz Brentano und anderen zu verfolgen, um jene geistigen Untergründe zu erkunden, die die eigentliche Wirksamkeit ausmachten. Nunmehr ging es ihm darum, durch die Schilderungen karmischer Zusammenhänge ein derartiges Verständnis dessen, was in der Gegenwart sich zeigte, zu ermöglichen: «Anthroposophie ist ja schließlich doch herausgewachsen aus dem Geistesleben der Gegenwart. Wenn sie auch in ihrem Inhalt nichts unmittelbar gemein hat mit diesem Geistesleben der Gegenwart, karmisch ist sie vielfach aus ihm herausgewachsen, und man muß auf manches, das scheinbar nicht in die Reihe dessen gehört, was unmittelbar in der Anthroposophie wirkt, man muß auch schon dahin schauen, um alles das in sein geistiges Gesichtsfeld hereinzubekommen, was in den Strömungen, die ich genannt habe, im Laufe der Zeit mitgewirkt hat. Ich sagte ja, man bekommt eigentlich ein wirkliches Verständnis für das, was äußerlich auf dem physischen Plane geschieht, erst dann, wenn man auf dem Hintergrunde dieses Geschehens schaut, was vom geistigen Felde aus in diese auf dem physischen Plane vor sich gehenden Ereignisse hineingeströmt wird. Und wir müssen … wieder den Mut gewinnen, jene alte Mysterienempfindung in die Gegenwart hereinzuleiten, die nicht bloß in abstrakter Weise das physische Geschehen an ein allgemein pantheistisches oder theistisches oder wie immer geartetes Geistesleben anknüpft, sondern die konkret in der Lage ist, die einzelnen Geschehnisse, ja die menschlichen Erlebnisse innerhalb der Geschehnisse bis zu den geistigen Urgründen und Urwesen zurückzuverfolgen.» (238/81)

Dazu kam ein drittes. Rudolf Steiner erzählt aus seinem Leben, daß er in seiner Weimarer Zeit, während er äußerlich mitten im geselligen Verkehr mit vielen Menschen stand, sich aus diesem Leben doch ganz energisch zurückziehen mußte, um das zu suchen, was die spirituellen Grundlagen der künftigen Entwicklung waren. In dieser Lebensphase, in der er die an die physische nächst angrenzende Welt «stark miterleben mußte» (238/100), suchte er nach geistiger Orientierung, und er fand sie in der Lektüre des Spätwerks von Schelling, namentlich in der kleinen Schrift *Über die Gottheiten von Samothrake,* und indem er sich dieser Schrift als eines Hilfsmittels bediente, konnte er zunächst «nicht ganz deutlich» (238/101) bemerken, daß diese – wie auch einige andere Schriften – von der im Übersinnlichen tätigen Individualität, die als Tycho Brahe verkörpert war, inspiriert ist.

Auf diese Erzählung folgt nun der Ratschlag Steiners an seine Zuhörer, sich doch in analoger Weise derartiger Hilfsmittel zu bedienen: «Und sehen Sie, will man nun für das, was man erforschen soll für die Zukunft des zwanzigsten Jahrhunderts, einen bedeutsamen Helfer haben, der einem raten kann in bezug auf die übersinnliche Welt, wenn man Impulse braucht, die da drinnen sind, dann ist es die Individualität des ... Tycho de Brahe. Sie ist heute nicht auf dem physischen Plan, aber sie ist eigentlich immer da und gibt immer Auskunft über diejenigen Dinge, die sich namentlich auf das Prophetische in bezug auf das zwanzigste Jahrhundert beziehen.» (238/103)

Die Darstellungen Rudolf Steiners in den Karma-Vorträgen zielen also auch darauf hin, in den für solche Fragen und Forschungen vorbereiteten Mitgliedern Impulse zur Erforschung des eigenen Lebens und Schicksals lebendig zu machen. Überall zeigt er durch seine Beispiele, wie man das Schicksal erforschen kann, wie man durch das Beachten scheinbarer Nebensächlichkeiten auf Wichtiges aufmerksam werden kann und wie man zu Einsichten geführt wird. Er erwartete, daß zumindest eine gewisse Anzahl seiner Schüler durch diese Impulse zu selbständiger Schicksalserkenntnis angeleitet würden.

Gleich zu Beginn dieser letzten Vortragsreihe hatte Rudolf Steiner davon gesprochen, daß das spirituelle Leben seit der Weihnachtstagung, seitdem der Grundstein in die Herzen der Mitglieder gesenkt worden war, in reicherem Maße fließe, und dann hinzugefügt: «Fassen Sie die ganze Bedeutung dieses Wortes, wie ich es aus den Erfahrungen der letzten Monate heraus zu sprechen habe, in Ihrem Herzen auf, meine lieben Freunde! Ein solches Auffassen wird in der Zukunft vielfach mit beitragen, den rechten Boden jenem spirituellen Grundstein zu geben, den wir zur Zeit der Weihnachtstagung für die Anthroposophische Gesellschaft gelegt haben. Und damit komme ich auf das zu sprechen, was auch orientierend heute in diesem Einleitungsvortrage auf dasjenige hinweisen soll, was ich Ihnen in den nächsten Tagen zu sagen haben werde, hinweisen soll darauf, wie die anthroposophische Bewegung jetzt in diesem ernsten Augenblicke im Grunde genommen zu ihrem Keime zurückkehrt.» (238/15f)

Und er erzählte dann zum letzten Male, wie er im Oktober 1902 die damals theosophische Arbeit eigentlich mit *Praktischen Karma-Übungen* habe beginnen wollen und wie das unmöglich gewesen sei. Abschließend bemerkt er: «Damals war Absicht, was jetzt Wirklichkeit werden soll.» (238/17)

Der Impuls, zu praktischen Karma-Übungen anzuleiten, war innig mit dem anderen Impuls, *Geistesschüler auf die Bahn der Entwicklung zu bringen,* verbunden. So werden im Wechsel mit den Karma-Vorträgen die Stunden für die erste Klasse der freien Hochschule gehalten: vom 6. bis zum 20. September insgesamt sieben Stunden. In höchster Konzentration wurde nochmals der Inhalt der ersten acht Dornacher Stunden entwickelt. Neu aber war in diesen Stunden, daß jetzt ausgesprochen wurde, daß diese Schule die *Michael-Schule* der Gegenwart sei, in der Michael unmittelbar wirke.

In jenen letzten Stunden der ersten Klasse haben wohl über fünfhundert Menschen Rudolf Steiner als geistigen Lehrer erlebt, der aus der Vollmacht des Geistes den Weg zu einer Selbsterkenntnis führte, der aus Erkenntnis der Dreigliederung der Seelenkräfte über die Schwelle zu dem in geistigen Welten urständenden wahren Menschen leitet. Die gesamte Tagung stand dadurch im Zeichen einer esoterischen Vertiefung, die alle Kurse und Vorträge durchdrang und die Teilnehmer weit über ihr Alltagsbewußtsein emporhob.

Am 23. ging die Tagung, während der auch sieben Eurythmie-Aufführungen stattgefunden hatten, zuende: Rudolf Steiner hielt den letzten Vortrag des dramatischen Kurses, er empfing die Priesterschaft der Christengemeinschaft in seinem Atelier im Anblick der Christus-Statue, abends folgte der Mitgliedervortrag. Damit endeten die leuchtenden und warmen Spätsommertage, das Wetter schlug um. Als die Mitglieder am Abend des 26. September – es war bereits dunkel und hatte zu regnen begonnen – zur Schreinerei zum angekündigten Vortrag hinaufgingen, kamen ihnen schon Freunde entgegen, die berichteten, der Vortrag finde nicht statt. Man mochte es nicht glauben, ging selber zur Schreinerei – und fand die Nachricht bestätigt. Auch für den folgenden Tag wurden eine vorgesehene Besprechung mit Landwirten und der Vortrag abgesagt.

Am Nachmittag des 28. September, es war ein Sonntag, verbreitete sich in Dornach die Nachricht, daß Rudolf Steiner am Vorabend des Michael-Tages eine Ansprache halten wolle. Der Saal der Schreinerei war bis zum letzten Platz gefüllt, als Rudolf Steiner in einen Mantel gehüllt zusammen mit Marie Steiner und Ita Wegman den Saal betrat. Spontan erhoben sich die Anwesenden. Als alle wieder saßen, begann Rudolf Steiner, der seinen Mantel am Vorstandstisch abgelegt hatte, mit zarter Stimme die Ansprache. Gegen deren Ende sagte er: «Wenn in vier mal zwölf Menschen wenigstens innerhalb der nächsten Zeit der Michael-Gedanke voll lebendig wird, in vier mal zwölf Menschen, die aber nicht durch sich selbst, sondern durch die Leitung des Goetheanum in Dornach als solche erkannt werden können, wenn in solchen vier mal zwölf Menschen Führer erstehen für die Michael-Festesstimmung, dann können wir hinschauen auf das Licht, das durch Michael-Strömung und Michael-Taten über der Menschheit sich ausbreiten wird.»

Nach etwa zwanzig Minuten mußte Rudolf Steiner die Ansprache abbrechen, er schloß mit der *Michael-Imagination*, einem mantrischen Spruch, der das letzte große Mahnwort an seine Schüler war. Dann verließ er den Raum und war damit den Augen der allgemeinen Mitgliedschaft entzogen.

55.
KRANKENLAGER UND TOD

Am 30. September ging Marie Steiner auf eine seit einiger Zeit geplante längere Eurythmiereise. Sie hat sich nicht darüber geäußert, welche Gefühle sie bewegten, als sie von Dornach aufbrach. Für Rudolf Steiner war es jedoch beruhigend zu wissen, daß Marie Steiner jetzt, da er in Dornach bleiben mußte, fortfuhr, in der Welt für die Anthroposophie zu wirken. In Gedanken verfolgte er stets ihre Reisen und freute sich über die Meldungen, die von vielen erfolgreichen Aufführungen berichteten. Auch auf dem Krankenlager entwarf er in diesen Wochen, wie auch später noch, choreographische Formen für eurythmische Darstellungen, um dieser Kunstausübung neue Impulse zu geben. Da Marie Steiner erst am 17. November nach Dornach zurückkehrte und Rudolf Steiner ihr fortlaufend berichtete, ist man für diese Zeit über das Ergehen Rudolf Steiners aus erster Hand unterrichtet.

Am 1. Oktober war Rudolf Steiner, da sein Zimmer im Haus Hansi viel zu klein war und da die notwendigen Bäder dort nicht durchgeführt werden konnten, ganz in sein Atelier bei der Schreinerei gezogen. Ita Wegman, die in einem Nebenkämmerchen unterkam, übernahm seine Pflege. Am folgenden Tag gab Rudolf Steiner durch einen Anschlag am Schwarzen Brett in Dornach bekannt, daß er vorläufig keine Vorträge halten könne. An Marie Steiner schrieb er: «Nun liege ich hier und gehe aus der Wärme gar nicht einen Schritt heraus.» (262/228) Am 3. Oktober traf auch, von Ita Wegman gebeten, Dr. Ludwig Noll als zweiter pflegender Arzt ein. Am 6. Oktober mußte sich Rudolf Steiner entschließen, die für Ende Oktober geplanten Vorträge in Berlin abzusagen. An diesem Tage schrieb er an Marie Steiner: «Gescheiter wäre es allerdings *im rein persönlichen Sinne* gewesen, wenn ich auf Ita Wegman früher mehr gehört hätte; sie wollte viel früher die Ruhe für mich haben. Allein, Du weißt, es ist ein Pflichtgefühl gegenüber höheren Mächten gewesen, daß ich diese Septemberkurse hindurch ausgehalten habe. Aber, wie schon gesagt: es sind eben nicht die Kurse; es sind die Anforderungen, welche die Menschen daneben stellen.» (262/232)

Zunächst gelang es den Ärzten, ein lästiges Hämorrhoidalleiden, das ihm alle Beweglichkeit nahm, zu beheben. Die Eingriffe, die etwa vierzehn Tage in Anspruch nahmen, waren sehr schmerzhaft und fesselten Steiner völlig ans Bett. Er berichtete Marie Steiner, daß er vorzüglich gepflegt werde. «Nur ist die Pflege eben unbehaglich, und die Behandlung schmerzvoll. Es ist keine angenehme Stunde, wenn am Abend die beiden Ärzte an die Behandlung herantreten müssen. Aber dies alles eingerechnet, geht es doch gut vorwärts.» (262/239) – Allerdings war er noch so zerschlagen und «kaputt» (262/233), daß er sich in den ersten zwei Wochen seines Krankenlagers nur um das Allernotwendigste kümmern konnte. Vor allem vertrug er keinerlei Besuch, nur Mieta Waller, jetzt Frau Pyle, durfte ein- oder zweimal täglich fragen, ob etwas zu besorgen sei; und mit Albert Steffen konnten die kommenden Nummern des *Goetheanum* besprochen werden. Doch auch in dieser Zeit völliger Erschöpfung ließ es sich Steiner nicht nehmen, kurz mit Ernst Aisenpreis und Theodor Binder über den Fortgang des Baus, der ihm besonders am Herzen lag, zu sprechen. Aber: «Selbst Dr. Wachsmuth habe ich bisher nicht hereingelassen; er muß die Dinge bringen und durch Dr. Wegman werden sie ihm dann wieder gegeben.» (262/239)

Die Besserung schien nur sehr langsam voranzugehen. Am 13. Oktober kann Steiner immerhin berichten, daß er eine bessere Nacht gehabt habe, daß ihn aber die Behandlung sehr ermüde; und zwei Tage später heißt es: «Ich habe durch die Schmerzen der Behandlung viel zu ertragen.» (262/242) Doch am 18. Oktober scheint sich ein Lichtblick zu zeigen: «Von mir kann ich nur sagen, daß es langsam geht; man muß schon darüber zufrieden sein, daß eben in Übereinstimmung Wegman und Noll freudig zu dem Ausspruche gekommen sind: heute sehe ich viel besser aus. Also das ist doch der Fall. Dabei dauert die tägliche Behandlung fort.» (262/245)

Einige Tage später schreibt er dann, daß es ihm dank der unausgesetzten Behandlung nun besser gehe und daß er sogar Guenther Wachsmuth zu sich hereingelassen habe: «Es ging nicht anders. Aber er muß sich auch gewöhnen zu gehen, wenn ich ihm bemerklich mache, daß ich nicht weiter kann.» (262/249f) Die meisten Menschen waren also kaum zu ertragen, Wachsmuth wohl auch deshalb, weil er unglaublich schnell sprach und eine Fülle von Fragen an Steiner richten mußte.

Am 26. Oktober erwähnt Rudolf Steiner nebenbei, daß er jedenfalls nicht mehr ans Bett gefesselt sei, sondern sich zwischen Bett, Lehnstuhl und Baderaum bewegte: «Das sind alle meine jetzigen Reisen.» (262/252) Einige Tage später heißt es sogar, daß sein Zustand wesentlich gebessert sei, wenngleich alles nur sehr langsam vorangehe. «Alles, was ich so tue, daß es ganz von mir ausgeht, z.B. dies oder jenes schreiben, geht; aber nicht leicht geht, Anforderungen nachzukommen, die von außen gestellt werden. Da muß ich noch recht vorsichtig sein.» (262/253)

Man kann Steiners wieder zunehmende Fähigkeit, etwas zu schreiben, an der Länge der Beiträge für das *Goetheanum* und das *Nachrichtenblatt* ablesen. Die Abschnitte von *Mein Lebensgang*, die im *Goetheanum* erschienen, nahmen in ihrer Länge bis Anfang November um mehr als das Doppelte zu, und auch die Briefe *An die Mitglieder!* wurden etwas länger. Am 26. Oktober erscheint im *Goetheanum* zusätzlich Steiners Besprechung des Buches *Reformation oder Anthroposophie* von Edmund Ernst und gleichzeitig im Sonntagsblatt der *Basler Nachrichten* ein Beitrag unter dem Titel *Der Wiederaufbau des Goetheanum.* Am 1. November folgen ein weiterer Aufsatz Steiners in der *Basler Nationalzeitung* unter der Überschrift *Das zweite Goetheanum* und im *Goetheanum* eine lange Besprechung des Dramas *Das Viergetier* von Albert Steffen. Auch in der Nummer vom 9. November findet man von Steiners Hand eine ausführliche Besprechung, und zwar einer Schrift des Benediktiners Alois Mager.

Alle Aufsätze und die Fortsetzungen von *Mein Lebensgang* wurden in der Morgenfrühe geschrieben: In klarer und feiner Schrift entstanden, fast ohne Korrekturen, die druckfertigen Manuskripte. Ita Wegman berichtet: «Um 5 Uhr morgens war die Zeit, wo die Umwandlung stattfand; seine Stimme, die mich um diese Zeit weckte, klang schon anders, kräftig heiter und mit leiser Ungeduld darinnen, daß man sich ja eilen solle, damit die kostbare Zeit nicht verloren ginge. Ich eilte mich fieberhaft, ich wußte auch, wie wichtig diese Zeit war, machte alles rasch zurecht, und wenn dann zur Erfrischung eine Tasse Tee mit etwas Zitronensaft getrunken war, fing die Arbeit bei ihm an. Während dieser Zeit wurden alle die herrlichen Aufsätze geschrieben, die für uns unerwartete Geschenke waren. Ohne zu ruhen wurde geschrieben bis 7, 8 Uhr, und nachher war er nicht müde, im Gegenteil, frisch und aufgeweckt. Der Vormittag verlief dann weiter mit Lesen, Erledigen von notwendigen Geschäften, Empfangen der erwähnten Besuche.» (*Nachrichtenblatt*, 1925, S. 62)

Von Mitte November bis zum 23. Februar 1925, als sie wieder zu einer Eurythmiereise aufbrechen mußte, kam Marie Steiner täglich zur Mittagsstunde ins Atelier. Neben vielem anderen besprach sie mit ihm die Eurythmie- und Rezitationsprogramme, und manchmal fügte Rudolf Steiner zur Programm-Ankündigung einige erläuternde Worte hinzu. So schrieb er für die Aufführung am 1. Februar 1925: «Klassisches und Romantisches in Dichtung und Musik.

Im *zweiten Teil* ‹Eleusis› von Hegel, [durch] das auf die erste Anregung Rudolf Steiners hin Marie von Sivers ganz im Anfange der anthroposophischen Bewegung unsere Rezitationskunst inauguriert hat.» (277/491)

Wenn es ging, empfing Rudolf Steiner Guenther Wachsmuth um 11 Uhr morgens, um die eingegangene Korrespondenz, Verwaltungsfragen und die Gesuche zur Aufnahme in die freie Hochschule zu besprechen. Dadurch konnten noch während der Zeit des Krankenlagers über 300 Mitglieder in die erste Klasse durch Rudolf Steiners Unterschrift aufgenommen werden. Wachsmuth, der seit 1924 als Sekretär der Gesellschaft fungierte, berichtet, daß durch Rudolf Steiner innerhalb einer halben Stunde oft eine Fülle von Entscheidungen getroffen wurden. Mit knappen Worten habe Steiner Antworten auf Anfragen skizziert, mit einer bestimmten Formulierung oder Richtlinie sei er auf den individuellen Vorgang eingegangen. Freilich habe er sich auch das Recht vorbehalten, zu schweigen und einen Brief einfach «zu den Akten» legen lassen. Manchmal sei das Schweigen mißverstanden worden. «Man konnte es beispielsweise erleben, daß ein Besucher auf die Frage, ob und wie er dies oder jenes tun könne, im Gespräch die Antwort erhielt: ‹Machen Sie es, wie Sie es wollen› und diese Antwort dann gar als einen Auftrag auslegte, anstatt sich zu fragen, ob in solcher Antwort nicht eher ein Element der Distanzierung lag.» (Wachsmuth 1951, S. 575)

Von Zeit zu Zeit kamen die mit den Baufragen Befaßten, um Pläne und Zeichnungen vorzulegen und weitere Direktiven von Rudolf Steiner zu erfragen, denn mit dem Fortgang des Baus beschäftigte sich Rudolf

Abb. 164: Entwurfszeichnung des Zweiten Goetheanum – Südansicht, mit Unterschrift Rudolf Steiners. Zweites Baugesuch im November 1924

Steiner bis in seine letzten Lebenstage. Am 31. Oktober schreibt er an Marie Steiner: «Alle Welt hat in den letzten Tagen verlangt, über die Neuformung des Goetheanums einiges zu wissen; sogar Bilder zu bekommen. Ich habe für die Sache soviel gemacht, als – bei meiner reduzierten Arbeitskraft – möglich ist.» (262/253) So entstanden die Bauzeichnungen vom November 1924 nach Hinweisen Rudolf Steiners. Regelmäßig kam Albert Steffen, mit dem außer dem Inhalt des *Nachrichtenblattes* und des *Goetheanum* auch Fragen der Dichtung behandelt wurden. Anfang November empfing Rudolf Steiner Emil Leinhas; dieser Besuch «hatte einige Fragen, die mit der Liquidation des Kommenden Tages zusammenhingen zum Anlaß. Rudolf Steiner empfing mich im Schlafrock in seinem Lehnstuhl sitzend. Ich erschrak über seinen Anblick. Er war zum Skelett abgemagert. Aber er war über alle in Betracht kommenden Verhältnisse noch völlig im Bild. Er nahm zu dem, was ich vorzutragen hatte, klar und dezidiert Stellung. Die Besprechung war nur kurz, da ich Rudolf Steiner natürlich so wenig wie möglich in Anspruch nehmen wollte.» (Leinhas 1950, S. 191)

Abb. 165: Entwurfszeichnung des Zweiten Goetheanum – Westfront. Zweites Baugesuch im November 1924.

Am 11. November bat Rudolf Steiner Ludwig Polzer-Hoditz, der in Dornach war, zu ihm zu kommen. Der Grund war, daß Polzer sich um die in Horn in Nieder-Österreich lebenden Geschwister Rudolf Steiners kümmerte und das Geld, das Steiner schickte, für die Geschwister verwaltete. Polzer selbst berichtet, daß Steiner mit ihm über seinen verstorbenen Vater und über die Michael-Schule gesprochen habe: «Auf meine Frage, wie ich in Wien und Prag die Klasse halten solle, antwortete er mir liebevoll und betont: ‹Machen Sie es, wie Sie wollen.›» (Polzer 1985, S. 201) Am folgenden Tage schrieb Rudolf Steiner seiner Schwester in Horn zum Namenstag und berichtete: «Gestern war der Graf Polzer da; wir sprachen von Dir. Er nimmt Medikamente für Dich mit.» (39/480) Für Rudolf Steiner war es eine Beruhigung, in Österreich, ja relativ nahe bei Horn, wo seine Schwester und sein Bruder lebten, einen Freund zu haben, den er um Hilfe bitten konnte.

In diesen Tagen wurde der Widerstand gegen den Bau des Zweiten Goetheanum erneut organisiert. Zuerst erschienen abträgliche Artikel in zwei Blättern, und am 23. November wurde in Arlesheim eine öffentliche Protestversammlung gegen den Wiederaufbau abgehalten. Albert Steffen berichtet: «In jene Wochen fielen Angriffe der Feinde, die von erschreckender Roheit waren. Rudolf Steiner bat uns, daß wir uns um dieses Treiben nicht kümmerten. Er schien es kaum zu beachten. Aber Tatsache bleibt doch, daß sich in jenen Tagen sein Gesundheitszustand verschlimmerte, dergestalt, daß er den Lehnstuhl mit dem Bette vertauschen mußte.» (Steffen, *Begegnungen*, S. 352)

Rudolf Steiner schrieb deshalb seit Mitte November zunächst nur die Fortsetzungen seiner Autobiographie für das *Goetheanum* und die Briefe *An die Mitglieder!* für das *Nachrichtenblatt*. In diesen Wochen schrieb er einen Spruch, der in erschütternder Weise sein Erleben offenbart (260a/669):

Du Widersinnszauber des Lebens,
Du scheinest in der Nacht,
Und hehren Schicksalswebens
Gottgewollte ew'ge Macht
Durchlöchert die Gegenkraft –
Daß seelenquälend sich verbreitet,
Was dämonisch Unheil schafft
Und nach Schlangen-Art an mich gleitet.

Albert Steffen berichtet, wie er Mitte Dezember, als er zur üblichen Besprechung des *Goetheanum* Rudolf Steiner aufsuchen wollte, ihn erlebt hat: «Ich hörte, als ich anklopfte, daß er Fieber habe, und wollte mich sogleich zurückziehen, wurde aber, als ich schon den Rain hinuntereilte, doch – auf seinen Wunsch – noch gerufen. So unsäglich schmerzhaft der Leidenszug auf seinem Antlitz war, seine Hände sprachen in ihrer Abgezehrtheit noch Weheres aus. Kaum daß er mir die Manuskripte für das ‹Goetheanum›, die er geschrieben … überreicht hatte, streckte er die Hand sogleich zum Gruße aus. Sie war heiß von Fieber.» (Steffen, *Begegnungen*, S. 352)

Während dieser Herbstzeit auf dem Krankenlager schrieb Rudolf Steiner jene Kapitel aus *Mein Lebensgang*, die mit der Beschreibung seines Verkehrs mit den Künstlern in Weimar beginnen (28/269) und zu seiner Tätigkeit in der Dramatischen Gesellschaft führen (28/358). Erst nach Weihnachten begann er jene Zeit zu schildern, die er seine Prüfungszeit nannte. Wie ein Mittelpunkt steht in diesen Abschnitten das, was heute als XXII. Kapitel in *Mein Lebensgang* vorliegt: die Charakterisierung des «Seelen-Umschwungs» (28/327) in seinem sechsunddreißigsten Lebensjahr, die von Mitte bis Ende November niedergeschrieben wurde. In diesen Abschnitten beschreibt Rudolf Steiner, «wie das Ideelle des vorangehenden Lebens nach einer gewissen Richtung zurücktrat und das Willensmäßige an dessen Stelle kam» (28/327), ja, wie der Wille auch das geistige Erkennen übernahm und wie in dieser vom Willen durchdrungenen Erkenntnis «die Befestigung des geistigen Menschen in der Geisteswelt sich ins Unermeßliche steigert» (28/328).

In den Briefen *An die Mitglieder!* findet man eine Ergänzung zu diesen Darstellungen seines Lebensganges. Der in den ersten Oktobertagen geschriebene Aufsatz *Der Vor-Michaelische und der Michaels-Weg* endet in drei Leitsätzen, deren letzter lautet: «Es ist Michaels Aufgabe, den Menschen auf den Bahnen des Willens dahin wieder zu führen, woher er gekommen ist, da er auf den Bahnen des Denkens von dem Erleben des Übersinnlichen zu dem des Sinnlichen mit seinem Erdenbewußtsein heruntergestiegen ist.» (26/81)

Im folgenden, am 10. Oktober verfaßten Brief an die Mitglieder kennzeichnet Rudolf Steiner die Lage der Menschheit der Gegenwart seit dem 15. Jahrhundert: Die Menschheit ist zunehmend in eine Region geraten, in der eine tote und ertötende Intelligenz herrscht. Sie darf in dieser Sphäre nicht unbewußt verweilen. In Freiheit kann der Mensch, der wahre Anthroposoph Michael folgen: «Michael geht die Wege wieder aufwärts, welche die Menschheit abwärts auf den Stufen der Geistesentwickelung bis zur Intelligenzbetätigung gegangen ist. Nur wird Michael den Willen aufwärts die Bahnen führen, welche die Weisheit bis zu ihrer letzten Stufe, der Intelligenz, abwärts gegangen ist.» (26/86)

In dem Brief vom 19. Oktober, in dem *Michaels Erfahrungen und Erlebnisse während der Erfüllung seiner kosmischen Mission* beschrieben werden, wird aus kosmischer Perspektive das Problem der Freiheit des Menschen entfaltet und die damit für die Menschheit gestellte Frage, ob sie aus Freiheit den Weg zu Christus finden will, eindringlich vor den Lesern entfaltet. In den Leitsätzen schlägt Rudolf Steiner die Brücke zu seiner *Philosophie der Freiheit* und zeigt damit den Zusammenhang des in diesem Buch gegebenen Impulses mit der Mission Michaels auf: «In meiner ‹Philosophie der Freiheit› findet man die ‹Freiheit› des Menschenwesens in der gegenwärtigen Weltzeit als Inhalt des Bewußtseins nachgewiesen; in den Darstellungen der Michael-Mission, die hier gegeben werden, findet man das ‹Werden dieser Freiheit› kosmisch begründet.» (26/93)

Das in Rudolf Steiners Leben und Denken von Beginn an so zentrale Motiv der rechten Schätzung der Naturerkenntnis, ihrer Bedeutung und ihrer Grenzen wird am 25. Oktober im Zusammenhang mit der Michael-Tätigkeit noch einmal aufgegriffen. Bereits in den *Grundlinien einer Erkenntnistheorie* hatte Rudolf Steiner den Unterschied zwischen Natur- und Menschenerkenntnis beschrieben und ausgeführt, wie Menschenerkenntnis nur gewonnen werden könne, «wenn man auf die Beschaffenheit des Geistes als eines Tätigen eingeht» (2/121). Zugleich wehrte er den Versuch ab, «an die Stelle dieser Methode eine andere setzen zu wollen, welche die Erscheinungen, in denen sich der Geist darlebt, nicht *diesen selbst,* zum Gegenstande der Psychologie» macht (ebd). In dieser Art hatte er sich auch in der Schrift *Haeckel und seine Gegner,* in der er Haeckel gegen reaktionäre Ansichten verteidigte, ausgesprochen: «*Weil* Beobachtung der Geistesäußerungen *Selbstbeobachtung* ist, deshalb spricht sich im Geiste das eigene Selbst und nicht eine äußere Vernunft aus.» (30/178) In dem Buch *Theosophie* hat Steiner wenige Jahre später die Welten beschrieben, die sich dem sich selbst beobachtenden Geiste zeigen. Nun, im Oktober 1924, wird neben der naturwissenschaftlichen Denkweise und darüber hinaus auf ein Anschauen der Natur im Lichte der höheren Selbsterkenntnis gedeutet: «Man muß heute über die Natur so sprechen können, wie es die Entwicklungsetappe der Bewußtseinsseele fordert. Man muß die rein naturwissenschaftliche Denkungsart in sich aufnehmen können. Aber man sollte auch so *über die Natur* sprechen – das heißt *empfinden* – lernen, wie es Christus gemäß ist. ... Anthroposophie schätzt in rechter Art, was die naturwissenschaftliche Denkweise gelernt hat, seit vier bis fünf Jahrhunderten über die Welt zu sagen. Aber sie spricht neben *dieser* Sprache eben noch eine andere über das Wesen des Menschen und über das Werden des Kosmos, sie möchte die Christus-Michael-Sprache sprechen.» (26/97f)

Der biographisch interessierte Blick kann hier bemerken, wie michaelische Motive früh im Denken Steiners aufleuchten. Nunmehr aber tritt das, was bis zu dieser Zeit verhüllt war, in der Schilderung Michaels zutage. Insofern fällt gerade durch diese Briefe an die Mitglieder ein Licht auf das Wirken Rudolf Steiners.

Indem Wesen und Wirken Michaels von vielen Seiten immer neu geschildert und die Erfahrungen Michaels im geschichtlichen Werden dargestellt wurden, vermittelte Rudolf Steiner Einblicke in das geistige Wesen, das die Anthroposophie inspiriert. Dadurch ist in diesen Briefen an die Mitglieder eine Interpretation des Wesens der Anthroposophie gegeben. Durch die Darstellung Michaels konnten die Mitglieder lernen, wie die Anthroposophie zu verstehen ist, von welchen Gefahren sie bedroht ist. Man würde Michael nicht ganz angemessen beschreiben, wenn man nur sagen würde, daß Michael ständig eine Mitte zwischen den Gegenmächten hält oder daß er bloß das Gleichgewicht bewahre, es geht ihm vielmehr um die schöpferische Weiterentwicklung des Menschen, der im gedankengetragenen Erleben selbständig tätig durch die Tiefen seines eigenen Wesens die Welt versteht. Durch diese produktive Entwicklung werden sowohl die alten luziferischen Formen des Bild-Vorstellens (26/132) wie auch die kalte, rechenhafte ahrimanische Verstandesintelligenz überwunden. Die Mitte, die Michael hält, liegt also nicht zwischen zwei Abwegen, sondern gewissermaßen oberhalb von ihnen in einer Neuentwicklung.

Die Leser dieser scheinbar unsystematischen Briefe wurden auf diese Weise angeregt und angeleitet, im schaffenden Spiegel dieser Schilderungen Michaels ihr eigenes Verhältnis zur Anthroposophie von vielen Seiten anzuschauen. – Zuerst werden diese Darstellungen in großen kosmischen und kosmogonischen Bildern entfaltet, dergestalt, daß die Leser zum Beispiel bei der Betrachtung über *Die Weltgedanken im Wirken Michaels und im Wirken Ahrimans* sich auf den Flügeln einer nachschaffenden Phantasie zum Verstehen großer Imaginationen erheben können: «Eine der Imaginationen von *Michael* ist auch diese: Er wallet durch den *Zeitenlauf*, das Licht aus dem Kosmos wesenhaft als sein Wesen tragend; die Wärme aus dem Kosmos als Offenbarer seines eigenen Wesens gestaltend; er wallet als *Wesen wie eine Welt,* sich selber nur bejahend, indem er die Welt bejaht, wie aus allen Weltenstätten Kräfte zur Erde niederführend.

Dagegen eine solche von *Ahriman:* Er möchte in seinem Gange aus der *Zeit den Raum* erobern, er hat Finsternis um sich, in die er die

Strahlen des eignen Lichtes sendet; er hat um so stärkeren Frost um sich, je mehr er von seinen Absichten erreicht; er bewegt sich als Welt, die sich ganz in *ein* Wesen, das eigene, zusammenzieht, indem er sich selber nur bejaht durch Verneinung der Welt; er bewegt sich, wie wenn er die unheimlichen Kräfte finsterer Höhlen der Erde mit sich führte.» (26/116f)

Später, vom 23. November an, folgen bis Weihnachten eine Reihe von Betrachtungen, in denen das Wirken Michaels vor Beginn des neuen Michael-Zeitalters im Verhältnis zur Geschichte dargestellt wird. Damit werden für den Leser zahlreiche Hinweise gegeben, die darüber Auskunft geben, wie geschichtliche Persönlichkeiten und Vorgänge sich aus der Perspektive Michaels ausnehmen. Und es werden für das Verstehen dessen, was gemeint ist, Anhaltspunkte, ja Möglichkeiten zu eigenen Studien eröffnet. So werden Jan Hus und John Wicliff als Menschen beschrieben, in denen die Bewußtseinsseele hell aufstrahlte: «Sie machten aus der Michael-Stimme in ihrem Herzen heraus das Recht der Bewußtseinsseele geltend, sich aufzuschwingen zum Ergreifen der tiefsten religiösen Geheimnisse. Sie fühlten: die Intellektualität, die mit der Bewußtseinsseele heraufzog, muß fähig sein, in den Bereich ihrer Ideen das einzubeziehen, was in alten Zeiten durch Imagination zu erreichen war.» (26/142)

Von den Reformkonzilien der frühen Neuzeit hingegen heißt es, daß dort Menschen zusammenkamen, die die Bewußtseinsseele noch nicht in sich fühlten und auch aus den überkommenen Haltungen der Verstandes- und Gemütsseele keine Kraft und Sicherheit gewinnen konnten. Einzig Nikolaus von Kues erscheint hier als eine Persönlichkeit, die sich aus der modernen Intellektualität durch die ‹docta ignorantia› zu einem Schauen im Geist erheben will. In der am 14. Dezember geschriebenen letzten Betrachtung dieser Reihe werden dann auch Größe und Grenzen Goethes beschrieben (26/154).

Rudolf Steiner gibt mit diesen Betrachtungen ein Bild der gewaltigen Schwierigkeiten der ersten Etappen der Bewußtseinsseelen-Entwicklung: Nur auf intellektuellem Feld, dort, wo der Mensch an den Leib und sein Erkennen an die Sinne gebunden ist, erwacht die Bewußtseinsseele. Die Erkenntnis des Menschen hingegen geht ihr verloren, weil sie noch nicht zum Schauen des Geistes gelangt. Sie erkennt ihn weder im eigenen Innern noch in Natur oder Geschichte. Menschen wie Paracelsus und

Jakob Böhme bleiben zunächst eine Ausnahme. Damit wird Michaels Situation im Kosmos tragisch; denn er achtet die Freiheit der Menschen und ist auf ihr aktives Verstehen angewiesen: «Michaels Vorbereitung seiner Mission für das Ende des neunzehnten Jahrhunderts strömt in kosmischer Tragik dahin. Unten auf Erden herrscht oft tiefste Befriedigung über das Wirken des Naturbildes; im Gebiete, da Michael wirkt, waltet Tragik über die Hemmnisse, die sich dem Einleben des Menschenbildes entgegenstellen.» (26/154)

Als Rudolf Steiner diese Zeilen schrieb, hatten seine physischen Kräfte weiter abgenommen, er war ans Bett gefesselt, kaum in der Lage, Nahrung zu sich zu nehmen, und hatte – wie Steffen berichtet – Fieber. Im vollen Besitz seiner Geisteskräfte, war er äußerlich außerstande, auch nur das Geringste zu tun. Die regere schriftstellerische Arbeit, die ihm Anfang November möglich gewesen war, hatte er wieder reduzieren müssen. Der Baulärm, der durch die dünnen Wände des Ateliers von der Baustelle am Goetheanum, wo die letzten Trümmer beseitigt und die Fundamente für den Betonguß des neuen Baus ausgehoben wurden, den ganzen Tag zu hören war, drang in seine Glieder und schmerzte.

Vergegenwärtigt man sich diese Situation Rudolf Steiners, so hat man auch hier den Eindruck einer leidvollen Tragik. Vor seinem Geiste steht all das, was er tun möchte und tun könnte, wenn es ihm die Gesundheit gestattete: die Gestaltung des neuen Baus, der weitere Aufbau der freien Hochschule, die Impulse für die verschiedensten Lebensgebiete, Landbau, Medizin, Pädagogik und Kunst. Aber er vermag nur weniges zu tun. So durchlebt er die Tragik des gefesselten Geistes, der angesichts großer Aufgaben und Pläne in sein Atelier gebannt ist.

Das anthroposophische Leben auf dem Dornacher Hügel, das im Sommer weit über tausend Menschen angezogen hatte, war nach der Erkrankung Rudolf Steiners einer winterlichen Ruhe gewichen. Am 10. Dezember hatten sich die Mitglieder zur Feier von Albert Steffens vierzigstem Geburtstag versammelt, zu Weihnachten 1924 waren etwa 200 auswärtige Besucher gekommen, wohl allesamt von der bangen Frage bewegt, wie es Rudolf Steiner gehe. Ein ärztliches Kommuniqué gab es nicht, aber Marie Steiner verlas den Gruß Rudolf Steiners *An unsere jetzt am Goetheanum versammelten Anthroposophie-Freunde,* in dem er nochmals sagte, daß seine physische Kraft während der

Herbstveranstaltung durch die übermäßige Inanspruchnahme außerhalb der eigentlichen Kurstätigkeit zusammengebrochen sei.

«Das alles muß als ein Schicksal (Karma) hingenommen werden. Viele Worte darüber zu machen, wie schmerzlich das physische Getrenntsein von den Wirkensstätten am Goetheanum mir ist, wäre sentimental.» (260a/403)

Zweimal wurden während dieser Tagung den versammelten Anthroposophen, anstelle eines Weihnachtsvortrags von Rudolf Steiner, durch Marie Steiner die jüngsten Briefe *An die Mitglieder!* vorgelesen, Albert Steffen hielt einen Vortrag über Jakob Böhme, wie immer wurden die Oberuferer Weihnachtsspiele aufgeführt, und selbstverständlich fanden Eurythmie-Aufführungen statt.

Kurz vor Weihnachten hatte Rudolf Steiner einen Brief des Vorsitzenden der Schweizerischen Vereinigung für Heimatschutz, Dr. Gerhard Börlin, erhalten. Dieser hatte vorgeschlagen, durch einen Ideenwettbewerb unter in- und ausländischen Architekten ein neues Projekt für den Neubau des Goetheanum ausarbeiten zu lassen. Steiners Krankheitszustand ließ es nicht zu, daß er diesen Brief sogleich beantwortete, doch am 30. Dezember verfaßte er eine ausführliche Antwort, in der er Börlins Vorschlag mit ausgesuchter Höflichkeit ablehnte und betonte, wie sehr man es schätze, in der Schweiz sein zu dürfen. Gegen Ende des Briefes geht er aber auf die gegen den Wiederaufbau des Goetheanum gerichtete Agitation ein und bemerkt dann: «Am meisten gekränkt in den Ausführungen der gegnerischen Versammlungen hat mich der Vorwurf, daß die Größe des Baues eine Folge des Hochmutes, der Anmaßung, oder gar irgendwelcher Machtgelüste sei, da ich mir doch dessen vollbewußt bin, daß ich nur aus der Notwendigkeit der Sache heraus handle.» (260a/558)

Für Rudolf Steiner war es eine ungemeine Anstrengung, einen solchen Brief schreiben zu müssen. Dennoch ließ er ihn nicht durch Guenther Wachsmuth verfassen. Da das Zweite Goetheanum in rechter Weise in das soziale Milieu hineingestellt werden sollte, kam es ihm nicht nur auf jedes Wort des Briefes an, er wollte auch selber für den Bau eintreten. Am 1. Januar, also an dem Tage, da er ein Jahr zuvor einen Schwächeanfall gehabt hatte und da sich der Brand des Goetheanum zum zweiten Male jährte, ging Rudolf Steiner durch eine schwere gesundheitliche Krise, die Ärzte fürchteten um sein Leben, doch konnte er seine Arbeit bald wieder aufnehmen.

Emil Leinhas, der Rudolf Steiner auf der Generalversammlung des *Kommenden Tages* zu vertreten hatte, berichtet, daß er für den 2. Januar um 9 Uhr ins Atelier gebeten worden war. Als er erschien, bat ihn Dr. Noll, erst um 12 Uhr zu kommen, da Rudolf Steiner eine Herzschwäche gehabt habe; er wolle aber Leinhas unbedingt sprechen. Als Leinhas um 12 Uhr erschien, lag Rudolf Steiner zu Bett. Leinhas, der am Bett Platz nahm, erkannte jetzt den ganzen Ernst der Erkrankung, von dem, von wenigen Ausnahmen abgesehen, niemand etwas wußte. Steiner fragte, ob Leinhas, obwohl er Generaldirektor der Gesellschaft sei, ihn vertreten könne, und nachdem Leinhas diese Frage bejaht hatte, unterschrieb er die vorbereitete Vollmacht.

Umfangreichere Besprechungen konnte Rudolf Steiner von nun an nur noch mit ganz wenigen Menschen abhalten. So war er nicht in der Lage, den schweizerischen Baufachmann Professor Ernst Fiechter zu empfangen, der sich publizistisch für den Wiederaufbau des Goetheanum einsetzen wollte und der am 6. Januar eigens nach Dornach gekommen war, um diese Angelegenheit mit Steiner zu besprechen. Nur seinen Sohn, den zehnjährigen Nick Fiechter, der eine schwere Augenverletzung erlitten hatte und von Rudolf Steiner betreut wurde, sah er für wenige Minuten, um helfenden Rat zu geben.

Bis zum 10. Januar wurde außer der Fortsetzung von *Mein Lebensgang* und den Briefen an die Mitglieder die letzte Vorrede zur Neuauflage der *Geheimwissenschaft im Umriß* niedergeschrieben. Fünfzehn Jahre nach Erscheinen des Werkes legte Rudolf Steiner in dieser Vorrede noch einmal Rechenschaft über sein geistiges Forschen ab. Er ging auf die Entstehungsgeschichte dieses Hauptwerks ein, beschrieb die Art des Erkennens, dem die Schrift entstammte, betonte nachdrücklich, daß alles, was er vorgebracht habe, Ergebnis des eigenen Schauens und nicht Reminiszenz irgendeiner Lektüre sei, und vor allem, daß alle seine Einsichten aus einem voll-bewußten, kontrollierten Forschen hervorgegangen seien.

In der zweiten Hälfte des Januar wurden die Eintragung der Allgemeinen Anthroposophischen Gesellschaft ins Handelsregister und die endgültige Eingliederung des Vereins des Goetheanum in diese Gesellschaft vorbereitet. Rudolf Steiner beauftragte Guenther Wachsmuth, mit dem Amtschreiber Altermatt darüber zu sprechen. Dieser schlug vor, die Eingliederung des Vereins des Goetheanum dadurch vorzunehmen, daß man den Namen des Vereins in Allgemeine Anthroposophische Gesellschaft änderte. Auf diese Weise konnten langwierige Prozeduren – die notwendige Eintragung der Gesellschaft ins Handelsregister, die anschließende Übernahme des Vereins durch die Gesellschaft und auch die beträchtlichen Handänderungskosten – umgangen werden. Altermatt war des weiteren der Ansicht, daß die Statuten der Weihnachtstagung als zu umfangreich und zu weitschweifig für eine Eintragung ins Handelsregister ungeeignet seien. Guenther Wachsmuth berichtet: «So wurden die von ihm als fürs Handelsregister geeignet gehaltenen Punkte in wenigen Paragraphen zusammengezogen.» (*Nachrichtenblatt*, 1950, S. 84) Ganz offensichtlich hat sich Altermatt jedoch hauptsächlich an der alten Satzung des Vereins des Goetheanum orientiert. Wachsmuth berichtet weiter: «Dies übergab ich dann Rudolf Steiner und bemerkte dazu, daß das nun im Stil ganz anders klinge, als in den Weihnachtstagungs-Statuten. Vor allem war es ihm nicht recht, daß nun in den Handelsregister-Statuten der Vorstand als aus der Generalversammlung ‹gewählt› bezeichnet werden sollte … Rudolf Steiner sagte aber trotzdem: Machen wir es jetzt doch so, wie es da ist. Man könne ja am Text dann mit der Zeit immer noch etwas ändern.» (*Nachrichtenblatt*, 1950, S. 84)

Am 8. Februar 1925 fand dann die letzte Generalversammlung des Vereins des Goetheanum statt. An dieser Versammlung nahmen weder Rudolf Steiner noch Ita Wegman, wohl aber die übrigen Mitglieder des Vorstandes teil. Um halb zehn fand eine Vorbesprechung für Mitglieder statt, in der Wachsmuth die Anwesenden in dem geschilderten Sinne unterrichtete und mitteilte, daß Rudolf Steiner nicht wünsche, daß die neuen Statuten «im Nachrichtenblatt veröffentlicht werden, da es nur Verwirrung stiften würde. Für die Mitglieder seien nach wie vor die Statuten der Weihnachtstagung maßgebend.» (Hans Locher, in: *Mitteilungen aus der anthroposophischen Bewegung*, Heft 68, Ostern 1980, S. 34f)

In der anschließenden Generalversammlung wurden dann die neuen, für die äußeren Rechtsverhältnisse bestimmten Statuten der Allgemeinen Anthroposophischen Gesellschaft zur Eintragung ins Handelsregister beschlossen. Im ersten Paragraphen wird die Allgemeine Anthroposophische Gesellschaft als Rechtsnachfolgerin des Vereins des Goetheanum bezeichnet, im zweiten wird die Administration des Goetheanum-Baues als dritte Unterabteilung der Gesellschaft aufgeführt. Der während der Weihnachtstagung gebildete Vorstand wurde sodann einstimmig als Vorstand gewählt (260a/560ff). Die Anmeldung für das Handelsregister, in der nur von einer Namensänderung des Vereins des Goetheanum die Rede ist, wurde von Rudolf Steiner und allen Vorstandsmitgliedern unterschrieben (260a/566); und nachdem diese Änderungen im Schweizerischen Handelsamtsblatt veröffentlicht worden waren, wurde die Mitgliedschaft der Allgemeinen Anthroposophischen Gesellschaft im *Nachrichtenblatt* vom 22. März 1925 über die für die Gesellschaft relevante Gliederung der Gesellschaft in vier Unterabteilungen unterrichtet.

Diese Vorgänge haben Jahrzehnte nach dem Tode Steiners allerlei weitreichende Deutungen erfahren, die es erforderlich erscheinen lassen, sie im historischen Kontext zu erläutern. Angesichts der Tatsache, daß Rudolf Steiner während der Weihnachtstagung 1923/24 bei der Beratung und Annahme der Statuten der Gesellschaft peinlich genau auf die Wahrung der Formen bedacht war, erschien es merkwürdig, daß nunmehr durch eine Generalversammlung des Vereins des Goetheanum ohne offizielle Beratung und ohne Teilnahme der Allgemeinen Anthroposophischen Gesellschaft Statuten verabschiedet wurden, die Rechtsverhältnisse zwischen Menschen regeln sollten. Man kann darin eine rechtliche Unmöglichkeit sehen. Wer auf diese Tatsache Nachdruck legt, mißversteht die Intentionen Rudolf Steiners: Es sollten der eigentlichen Gesellschaft, die als ein Organ des Lebens des Geistes gebildet worden war, durch die Beschlüsse vom 8. Februar überhaupt keine Statuten gegeben werden. Die Statuten der Weihnachtstagung, die einen höheren Sinn, als den der Reglung von Rechtsverhältnissen hatten, blieben – wie sollte es auch anders sein – in Kraft.

So unerschütterlich ernst und wichtig, wie Rudolf Steiner die inneren Statuten der Gesellschaft waren, konnte er in der notwendigen Eintragung der Gesellschaft ins Handelsregister bestenfalls eine korrekt vorzunehmende Konzession an die Usancen des Vereinsrechts sehen. Er hat diese Haltung verschiedentlich in anderem Zusammenhang ausgesprochen. So formulierte er bei der Generalversammlung des Johannesbauvereins am 21. Oktober 1917: «Daher lege ich persönlich wirklich keinen Wert darauf, ob in den Statuten, die ja schließlich nicht für uns gemacht sind, sondern für die Vertretung der Sache nach außen gemacht sind, ob in den Statuten der Name ‹Johannesbau› oder ABC-Bau oder irgendein anderer Namen steht. ... Die anthroposophische Bewegung gewinnt wirklich nur ihre Bedeutung, wenn sie auf lebendigen Wirkungen beruht, auf den unmittelbar lebendigen Wirkungen. Meine lieben Freunde, für die Anthroposophische Bewegung ist es höchst gleichgültig, ob sie gute oder schlechte Statuten hat, ob sie eine gute oder schlechte Namensgebung hat, aber für die anthroposophische Bewegung ist es von dem größten, von dem denkbar größten Wert, wenn sie wertvolle Mitglieder hat, die aus vollem Herzen und aus vollem Verständnis heraus vor allem da, wo sie können, überall, wo es in ihrer Macht und in ihrem Karma liegt, in die gegenwärtigen Kulturströmungen eingreifen.» (Protokoll zur 5. ordentlichen Generalversammlung ..., S. 25)

Ganz ähnlich bemerkte Rudolf Steiner in einer Konferenz mit den Waldorflehrern, als ein Lehrer ein Statut vorlegen wollte: «Mir ist es schwer, zu einem Statut Stellung zu nehmen, weil mir jedes Statut gleichgültig ist. Man kann die Sache nur so machen, wie sie von Tag zu Tag gefordert wird. Statuten sind notwendig der Außenwelt gegenüber, daß es nach etwas aussieht. Deshalb ist es mir immer schwer, zu einem Statut Stellung zu nehmen, weil es mir viel zu gleichgültig ist. Ich glaube nicht, daß durch ein Statut in irgendeiner Sache irgend etwas Wesentliches geändert werden kann.» (300,1/206)

Außer diesen prinzipiellen Stellungnahmen zu Statuten, die «nicht für uns, sondern für die Vertretung der Sache nach außen» gemacht sind und die man nur so machen kann, «wie sie von Tag zu Tag gefordert» sind, kommt im Februar 1925 noch etwas anderes in Betracht. Man kann ja hypothetisch annehmen, daß Rudolf Steiner, wenn er im Vollbesitz seiner physischen Kräfte gewesen wäre, jetzt nach der Weihnachtstagung auch das Außenverhältnis der Allgemeinen Anthroposophischen Gesellschaft unter Einhaltung bestimmter Formen geregelt hätte, daß er also die für die Vertretung nach außen erforderlichen Statuten von einer Generalversammlung der Gesellschaft hätte verabschieden lassen. Doch Rudolf Steiner lag krank, wenngleich ständig auf Gesundung hoffend. So schrieb er an Felix Heinemann in Arlesheim: «Meine Gesundheit ist noch ganz labil, und ich muß die Augenblicke aussuchen, in denen ich es riskieren darf, mehr zu tun, als was gegenwärtig das Technische des Baues und das Notdürftigste der Verwaltung von mir fordern. Nur wenn ich dies tue, kann ich hoffen, was dringend notwendig ist, daß meine Arbeitskraft wieder in das Goetheanum fließe.» (260a/567)

In diesem Sinne ging es am 8. Februar in der Statutenfrage um eine notdürftige Verwaltungsmaßnahme, die allerdings ihren Sinn hatte.

Schon am 29. Juni hatte Rudolf Steiner, als er die Neugliederung der Gesellschaft vorschlug, einleitend vom Neubau des Goetheanum gesprochen, den er so schnell wie nur irgend möglich fördern wolle, und im Hinblick auf diesen Neubau hatte er – der ja bereits 1923 die Aufgaben der Leitung des Vereins am Goetheanum wahrgenommen hatte – gefordert, daß er selbst die Leitung dieses der Gesellschaft einzugliedernden Vereins übernehme, um für den Neubau freie Hand zu haben. Daß ihn dieser Gedanke an den Bau auch auf dem Krankenbett täglich bewegte, geht unter anderem aus einem Brief hervor, den er am 5. März 1925 an Marie Steiner schrieb: «Mein Zustand geht nur langsam vorwärts. Und ich *muß* bald arbeitsfähig sein, denn was nach allem, das sich abgespielt hat, wäre, wenn durch meine Krankheit der Bau unterbrochen werden müßte, ist gar nicht zu ermessen.» (262/266)

Vor diesem Hintergrund und in diesem Kontext sind die provisorisch gemeinten Regelungen vom 8. Februar 1925 plausibel und gut verständlich.

Im Nachhinein mag es so erscheinen, als habe Rudolf Steiner in den nun folgenden Wochen überall Begonnenes zu Ende geführt und seinen Abschied vorbereitet. Das lag aber nicht in seinen Absichten, es ergab sich vielmehr durch das Schicksal selbst, also durch Vorgänge, die eher von außen an ihn herantraten oder sich aus der Logik der Abläufe ergaben.

Im Laufe des Februar kam Emil Bock nach Dornach, um im Auftrag der Christengemeinschaft einige Fragen an Rudolf Steiner zu stellen. Der aber war gerade zu dieser Zeit so elend, daß Steffen in seinem Tagebuch notierte, sein Zustand sei «vollkommen hoffnungslos». So mußte Bock die Fragen durch Guenther Wachsmuth übermitteln. Rudolf Steiner bat daraufhin Bock, noch etwas zuzuwarten; er wolle ihm noch etwas mitgeben. Nach zwei Tagen übergab Wachsmuth Bock den Text der Einsetzungsfeier für das Amt des Erzoberlenkers der Christengemeinschaft. Damit erhielt die Priesterschaft das letzte noch fehlende Ritual übermittelt. Rudolf Steiner schlug vor, zu dieser Feier die Priesterschaft nach Berlin zusammenzurufen und die Feier vor der für Ende Februar geplanten Tagung abzuhalten.

Er bat Marie Steiner und Guenther Wachsmuth, an seiner Stelle an dieser Feier teilzunehmen. So mußte Marie Steiner am 23. Februar nach Berlin reisen. Für sie war das zugleich der Beginn einer Eurythmie-Tournee, die dann weiter nach Danzig, Stuttgart, Heidenheim, Karlsruhe, Mannheim und nochmals nach Stuttgart führen sollte. Es fiel Marie Steiner, wie Marie Savitch berichtet, unendlich schwer, dieser Verpflichtung nachzukommen. Doch Rudolf Steiner forderte, «daß die Tournee durchgeführt werde. Und Marie Steiner mußte jetzt die Aufgabe übernehmen, daß die Tätigkeit auswärts nicht aufhöre.» (Savitch, 1965, S. 156) So fand am 24. Februar die Einsetzungsfeier für Friedrich Rittelmeyer in Berlin statt, und auf Vorschlag Rudolf Steiners wurde bei dieser Feier Emil Bock als Nachfolger Rittelmeyers benannt. Wachsmuth mußte, als er wieder in Dornach war, sogleich von der Feier berichten. Er erzählte später, Rudolf Steiner habe diesen Bericht mit tiefster Erschütterung entgegengenommen (Bock, in *Wir erlebten Rudolf Steiner*, S. 52).

Am 27. Februar 1925 war in allen anthroposophischen Arbeitszweigen Rudolf Steiners Geburtstag gedacht worden, und die Schüler der Stuttgarter Waldorfschule hatten selbstgefertigte Geschenke gesandt: gemalte Bilder und Werkstücke aus dem Handwerks- und Handarbeitsunterricht. Auf den Gruß der Waldorfschul-Lehrerschaft antwortete Rudolf Steiner am 15. März, indem er auf die gemeinsame Arbeit zurückblickte: «Es ist mir eine große Entbehrung, so lange nicht unter Euch sein zu können. Und ich muß jetzt wichtige Entscheidungen, an denen ich naturgemäß seit dem Bestande der Schule teilgenommen habe, in Eure Hand legen. Es ist eine Zeit der Prüfung durch das Schicksal. Ich bin mit meinen Gedanken unter Euch. Mehr kann ich jetzt nicht, wenn ich nicht riskieren will, die Zeit der physischen Hinderung ins Endlose auszudehnen.» (260a/405)

Mit diesen Worten legte er die Verantwortung für die Schule in den «Eigenrat» der Lehrerschaft. Wenige Tage später ließ er der Lehrerschaft durch Guenther Wachsmuth darüber hinaus noch offiziell mitteilen, daß sie, die Waldorfschul-Lehrerschaft, autorisiert sei, die Leitung über sämtliche in Deutschland befindlichen Schulen auszuüben, welche die anthroposophische Pädagogik anwenden wollen (260a, Beilage, S. 61). Den Schülern dankte er für ihre Gaben und schloß: «Hoffentlich kann ich bald wieder unter Euch erscheinen.» (260a/406)

Seit dem Herbst 1923 hatte Rudolf Steiner gemeinsam mit Ita Wegman an «dem medizinischen Buch» gearbeitet, das dann unter dem Titel *Grundlegendes für eine Erweiterung der Heilkunst nach geisteswissen-*

schaftlichen Erkenntnissen erschien. Diese gemeinsame Arbeit bestand nicht nur äußerlich darin, daß Rudolf Steiner den einen und Ita Wegman den anderen Teil des Buches schrieb. Es ging darum, daß die entsprechenden Forschungen wirklich gemeinsam durchgeführt wurden. In Torquay hatte sich Rudolf Steiner dazu geäußert: «Es ist das möglich dadurch, daß dieses Zusammenarbeiten sich ergeben hat dadurch, daß in Ita Wegman wirklich nicht bloß jene Erkenntnisse vorhanden sind, die der heutige Arzt erwirbt, sondern diejenigen intuitiv-therapeutischen Impulse, welche unmittelbar aus dem Krankheitsbilde heraus in die geistige Welt hineingehen und von da zur Therapie kommen. – Da aber liegt der Weg, das Gebiet zu durchforschen, auf das ich hier hindeute. Und so wird hier versucht, durch diese Arbeiten die wirkliche initiierte Medizin auszubilden, die von selbst initiierte Naturwissenschaft ist.» (243/195)

Die Ausarbeitung eines grundlegenden Buches für eine aus Initiationserkenntnis hervorgehende Medizin erforderte Zeit: Die anthroposophische Menschenerkenntnis mußte für dieses Ziel neu gefaßt werden. – Die ätherischen Kräfte wurden hier zum Beispiel als aus dem Umkreis wirkende Kräfte, die von allen Seiten auf die Erde einstrahlen und durch die Wirkungen der Gestirne modifiziert werden, beschrieben (27/27f). Die Heilmittelerkenntnis und die ihr zugrunde liegende Substanzerkenntnis sollten exemplarisch dargestellt werden, und vor allem sollten in diesem ersten Band, dem weitere folgen sollten, auch charakteristische Krankheitsfälle und typische Heilmittel erläuternd charakterisiert werden. Diese Dinge wurden gemeinsam angeschaut und überprüft, damit das Buch seine rechte Wirkung tun könne.

Ende Februar oder Anfang März konnte das Buch, an dem Rudolf Steiner und Ita Wegman anderthalb Jahre gearbeitet hatten, zum Drukker gegeben werden, und im März konnte Rudolf Steiner die Druckfahnen noch korrigieren. Am 28. März las er die letzten Korrekturen und übergab Ita Wegman die Korrekturfahnen: «Bedeutsames ist in dem Buch gegeben worden.» (*Nachrichtenblatt*, 1925, S. 62)

Damit war auch diese erste Arbeit zur Erweiterung der Heilkunst mit einem «Vademecum» abgeschlossen worden, dessen Studium später für viele Mediziner zu einer wahren Inspirationsquelle werden sollte.

Nachdem die Allgemeine Anthroposophische Gesellschaft ins Handelsregister eingetragen worden war, berief Rudolf Steiner in Ausführung der Beschlüsse vom 8. Februar auch noch sieben Schweizer in die Leitung der Administration des Goetheanum-Baus: Emil Grosheintz, Rudolf Geering-Christ, Marie Schieb, Marie Hirter-Weber, Lucie Bürgi, Otto Rietmann und Ernest Etienne. Unter diesen Menschen, die sich für den Goetheanum-Bau eingesetzt hatten, waren auch jene, die 1913 die Grundstücke auf dem Dornacher Hügel erworben und für den Bau zur Verfügung gestellt hatten.

Eine andere Angelegenheit, die Rudolf Steiner noch von seinem Krankenlager aus ordnete, betraf seine Geschwister. Anfang März erfuhr er, daß Ludwig Graf Polzer-Hoditz in Dornach sei, woraufhin er ihn wiederum rufen ließ. Polzer berichtet in seinen *Erinnerungen*, daß Steiner, der im Bett lag und nur mühsam sprechen konnte, ihn wegen der Aufenthaltsbewilligung seiner Söhne, die in Dornach waren, kommen ließ. Aus dem letzten Brief, den Rudolf Steiner am 23. März an Marie Steiner schrieb, geht jedoch auch hervor, daß Polzer, dem Rudolf Steiner schon im November Medikamente für seine Schwester Leopoldine mitgegeben hatte, jetzt im März diese erneut aufgesucht hatte, und Steiner berichtet Marie Steiner, daß aus Horn schlimme Nachrichten kämen und daß Polzer, der «ja ganz unvergleichlich hingebungsvoll in dieser Sache wirkt», in Horn gewesen sei. «Meine Schwester ist schon fast ganz erblindet.» (262/275) Deshalb habe er auch Dr. Norbert Glas bitten lassen, sie zu untersuchen und einen genauen Bericht zu schicken. Die beiden allerletzten Briefe, die Rudolf Steiner am 25. und 27. März schrieb, galten der Sorge um seine Geschwister.

Bei dem Fortgang der Niederschrift seiner Lebensbeschreibung war Rudolf Steiner in der ersten Februarwoche im Jahre 1902 angelangt, in dem die gemeinsame Arbeit mit Marie von Sivers begonnen hatte. Die entsprechende Passage erschien am 14. Februar. Rudolf Steiner leitete die Darstellung dieser gemeinsamen Wirksamkeit mit Marie von Sivers durch folgende Worten ein: «Marie von Sivers war *die* Persönlichkeit, die durch ihr ganzes Wesen die Möglichkeit brachte, dem, was durch uns entstand, jeden sektiererischen Charakter fernzuhalten und der Sache einen Charakter zu geben, der sie in das allgemeine Geistes- und Bildungsleben hineinstellt.» Und er fügte hinzu: «Marie von Sivers und ich wurden bald tief befreundet. Und auf der Grundlage dieser Freundschaft entfaltete sich ein Zusammenarbeiten auf den verschiedensten geistigen Gebieten im weitesten Umkreis.» (*Goetheanum*, 4. Jg., S. 50)

In den folgenden Wochen setzte Rudolf Steiner diese Schilderungen fort, und so stand gerade im Februar und März 1925 der Beginn der gemeinsamen anthroposophischen Arbeit vor seinem inneren Auge. Für Marie Steiner war es im letzten Jahr nicht leicht gewesen, die ständige enge Zusammenarbeit Rudolf Steiners mit Ita Wegman zu verfolgen. Ita Wegman war so ganz anders als sie selbst. Jetzt mußte sie darauf verzichten, den ihr liebsten Menschen selbst zu pflegen. Ihr Beinleiden hinderte sie daran. Daß Rudolf Steiner mit ihr über diese Situation gesprochen hat, geht aus dem Brief hervor, den er an seinem offiziellen Geburtstag an Marie Steiner in Berlin schrieb: «Ungefähr um die Zeit, da Du sonst an meiner Seite sitzest, schreibe ich diese Zeilen. Ich kann nur mit tiefster innerer Bewegung denken, wie schön es ist, wenn ich der Darstellung Deiner Tätigkeit zuhören kann, und wenn wir das eine oder andere besprechen können über diese Deine Tätigkeit. Und wenn Du [ich von Dir] dann ab und zu in meinem ‹Lebensgang› die Beschreibung unserer gemeinsamen Tätigkeit gelesen weiß, dann fühle ich tief, wie verbunden wir sind. Daß Karma auch andere Personen in meine Nähe bringt, ist eben Karma. Und die Krankheit hat ja jetzt gezeigt, *wie* dieses Karma einschneidend ist. Aber Du hast Dich zum Verständnis durchgerungen; das ist ein Segen für mich. Im Urteil zusammenfühlen und -denken kann ich ja doch *nur* mit Dir. Und schon war es mir eine Entbehrung, daß ich Dir die letzten Seiten des Steffen-Aufsatzes nicht vorlegen konnte, bevor sie (gestern) in Druck gingen. Denn innere Kompetenz gestehe ich für mich doch nur *Deinem* Urteil zu.» (262/264)

Am 13. März erwähnt Rudolf Steiner nochmals «unsere gemeinsame Arbeit», die ihm, da er sie jetzt schildert, «so schön vor das Seelenauge tritt» (262/267). Mit Marie Steiner hatte er die ganze anthroposophische Arbeit aufgebaut, die anthroposophische Sprachkunst begründet und die Eurythmie auf den Weg gebracht. Jetzt im Jahre 1925 leitete Marie Steiner selbständig diesen Lebenszweig der Anthroposophie, durch den das Künstlerische in hierarchische Dimensionen gehoben werden sollte.

Für Rudolf Steiner war es notwendig, neben der künstlerischen Arbeit, der sein Herz gehörte, auch die medizinische Arbeit zur initiierten Heilkunst zu entwickeln. Durch das Schicksal ergab sich die esoterische Zusammenarbeit mit Ita Wegman, die, wie es gar nicht anders möglich war, im Geistigen und Seelischen zu einer Nähe und Gemeinsamkeit führte, die es sonst zwischen Menschen kaum gibt. Auch wenn es für sie schwer war, hatte sich Marie Steiner «zum Verständnis durchgerungen», und Rudolf Steiner konnte sagen: «Das ist ein Segen für mich.» Er konnte durch das, was er noch schrieb, Marie Steiner sagen, daß ihre beider Beziehung um keinen Deut verkürzt werde. «Denn innere Kompetenz gestehe ich für mich doch nur *Deinem* Urteil zu.»

Immer wieder gingen Rudolf Steiners Gedanken zu Marie Steiner. Jedem Bericht von der Eurythmie-Tournee sah er erwartungsvoll entgegen, und am 20. März schrieb er nach Stuttgart: «Ich schaue mit Bewunderung allem zu, was Du in solcher Hingabe vollbringst. Ich bin in Gedanken bei Dir.» (262/271) Zugleich mußte er Marie Steiner bitten, sich der Schwierigkeiten der anthroposophischen Arbeit in Stuttgart anzunehmen, was Marie Steiner dann auch tat und was dazu führte, daß sie länger als beabsichtigt in Stuttgart bleiben mußte und deshalb Dornach erst erreichte, als Rudolf Steiner bereits tot war.

Zu den Themen, denen Rudolf Steiners Aufmerksamkeit und Arbeit in dieser Zeit galt, gehörten auch die anthroposophischen Dichter. An Marie Steiner schrieb er über Kurt Piper – der ihm Sorgen bereitete, da er einige sehr unglückliche Artikel geschrieben hatte –, daß er doch eine «künstlerisch-poetische Natur» sei; «und wir haben solche wahrlich nicht viele» (260/271). Deshalb bat er sie, mit Piper zu sprechen. Sie erfüllte diesen Auftrag und war auch deshalb am Abend des 29. März bei einem Rezitationsabend, in dem Edwin Froböse Gedichte von Kurt Piper rezitierte.

Daß die künstlerische Produktivität innerhalb der anthroposophischen Kreise bemerkt und geschätzt werde, war Rudolf Steiner schon immer ein Anliegen. Aus diesem Grund schrieb er im Februar und März eine dreiteilige Folge von Aufsätzen über das Frühwerk Albert Steffens, an die sich weitere Darstellungen anschließen sollten, die aber nicht mehr geschrieben wurden. Über Albert Steffen heißt es in den ersten Abschnitten dieser Besprechung: «Daß *dieser* Dichtergeist mit den Personen seines Dramas in den rechten Augenblicken in eine Geist-Welt aufsteigt, dazu braucht er der Anlehnung an eine Theorie nicht. Er braucht den Weg in die geistige Welt nicht von der Anthroposophie zu lernen. Aber die Anthroposophie kann von ihm eine lebendige, im Seelenleben veranlagte ‹Pilgerfahrt› nach der Geist-Welt kennenlernen.

Ein solcher Dichtergeist muß, wenn er richtig empfunden wird, innerhalb der anthroposophischen Bewegung als der Träger einer Botschaft aus der Geist-Sphäre empfunden werden. Als gutes Schicksal muß es gefühlt werden, daß er innerhalb dieser Bewegung wirken will.» (36/210)

Offensichtlich wollte Rudolf Steiner durch diese Worte über Albert Steffen wie auch durch das, was er in seiner Autobiographie über Marie Steiner sagte oder durch das, was er über seine Zusammenarbeit mit Ita Wegman äußerte, die rechte Schätzung seiner engsten Mitarbeiter untereinander fördern.

Während dieser ganzen Zeit hoffte er auf Gesundung. Es war ihm und seinen Ärzten wohl klar, daß längst nicht mehr von einer vorübergehenden Überanstrengung und Erschöpfung die Rede sein konnte. Die Appetitlosigkeit hatte sich zumindest zeitweilig zu einem Ekel vor jeglicher Nahrung gesteigert. Der gesamte Verdauungsorganismus funktionierte nicht mehr. Nach jeder Nahrungsaufnahme trat Ermüdung ein. Dennoch ließ Rudolf Steiner den Mut nicht sinken. Am 5. März schrieb er – wie schon erwähnt – an Marie Steiner: «Mein Zustand geht nur langsam vorwärts. Und ich *muß* bald arbeitsfähig sein, denn was es nach allem, das sich abgespielt hat, wäre, wenn durch meine Krankheit der Bau unterbrochen werden müßte, ist gar nicht zu ermessen.» (262/266)

Im Brief vom 13. März findet sich ein Satz, der es nahe legt zu denken, daß er zu diesem Zeitpunkt ein wenig essen konnte: «Es war nur zu begreiflich, daß mein Appetit durch die oft erhöhten Temperaturen usw. nicht in Ordnung ist und ich eine Zeitlang kaum essen konnte.» (262/268) Am 20. März schreibt er an Marie Steiner in Stuttgart: «Meine Gesundung geht eben langsam. Hoffentlich komme ich nur zur rechten Zeit zur Arbeit am Baumodell, daß da keine Stockung eintritt.» (262/271) Und am 23. März schließlich heißt es: «Bei mir geht alles furchtbar langsam; ich bin eigentlich recht verzweifelt über diese Langsamkeit.» (262/274)

An dieser Stelle ist es wohl notwendig, einige Worte über Rudolf Steiners Krankheit zu sagen. Es ist öffentlich geäußert worden, Rudolf Steiner sei an Magenkrebs gestorben (Brügge 1984, S. 16). Eine solche Vermutung ist angesichts des Krankheitsverlaufs verständlich. Doch hat eine enge Mitarbeiterin Ita Wegmans, Dr. Margarete Kirchner-Bockholt, dieser Behauptung energisch widersprochen. Und Ita Wegman hat mitgeteilt, daß bei Rudolf Steiner der Ätherleib nicht mehr richtig in die Verdauuungsorgane eingreifen konnte: «So waren diese Organe nun zuviel den physischen Kräften unterworfen, die Abbaukräfte sind ...» (*Nachrichtenblatt* 1925, S. 62) – D. N. Dunlop berichtet in seinen Erinnerungen an Rudolf Steiner: «Wenige Wochen vor seiner letzten Krankheit sprach ich während der Sommerschule von Torquay von meiner Besorgnis um seine physische Gesundheit zu ihm. Fest, doch mit unendlicher Freundlichkeit zog er mich beiseite und machte mich darauf aufmerksam, daß auf seinen Zustand keine gewöhnlichen Krankheitsvorstellungen angewendet werden sollten.» (Meyer 1987, S. 459)

Albert Steffen, der Rudolf Steiner in diesen letzten Wochen regelmäßig besuchte, hat über diese Zeit berichtet: «Um fünf Uhr abends durfte ich ihn jeweilen in seinem Atelier, wo er auf das Krankenlager gebettet war, besuchen. Es ist dies ein hoher Raum mit Oberlicht. Nichts von der Erde schaut herein, kein Baum, kein Berg, kein Haus, nur das Licht des Himmels. Auf den Simsen stehen plastische und architektonische Modelle, von seiner eigenen Hand geschaffen, einige selbstgeformte Büsten; zu Füßen seines Krankenlagers ragt die selbstgemeißelte, hehre Christus-Statue hoch empor. Rings herum Tische und Ständer mit Büchern und Schriften.» (*Goetheanum*, 1925, S. 113)

«Sein Interesse gehörte bis zum letzten Tage der ganzen Welt. In seinem Atelier hat sich während des halben Jahres, da er es nicht verlassen konnte, eine ganze Bibliothek angesammelt.» (*Goetheanum*, 1925, S. 122)

Am 14. März konnte Albert Steffen sein jüngstes Drama *Hieram und Salomo,* das Rudolf Steiner gewidmet war, ihm überreichen. An den folgenden Tagen sprach Rudolf Steiner mit Steffen über die Entwicklungsstufen dieser Legende. Am 20. März bat Steffen Steiner, ihm für seine Arbeit in der Wochenschrift *Das Goetheanum* eine Aufgabe zu stellen, und am nächsten Tag schlug Rudolf Steiner ihm vor, Steffen möge die Frage lösen, warum Künstler meinten, sie würden ihre Produktivität verlieren, wenn sie Anthroposophen werden. Am 25. März konnte Rudolf Steiner freudig von den großen Erfolgen erzählen, die die Eurythmie-Aufführungen unter der Leitung Marie Steiners in Deutschland gehabt hatten. «Ferner von der Herausgabe des medizinischen Buches, das er mit

Abb. 166: «Von der Natur zur Unter-Natur» –
Autograph des letzten Briefes an die Mitglieder, März 1925.

1

An die Mitglieder!

Rudolf Steiner

Von der Natur zur Unter-Natur.

Man spricht davon, dass mit der Überwindung des philosophischen Zeitalters, das naturwissenschaftliche in der Mitte des neunzehnten Jahrhunderts heraufgezogen ist. Und man spricht auch so, dass dieses naturwissenschaftliche Zeitalter heute noch andauert, indem zugleich viele betonen, man habe sich zu gewissen philosophischen Intentionen wieder zurückgefunden.

Das alles entspricht den Erkenntniswegen, die die neuere Zeit eingeschlagen hat, nicht aber den Lebenswegen. Mit seinen Vorstellungen lebt der Mensch noch in der Natur, wenn er auch das mechanische Denken in die Naturauffassung hineinträgt. Mit seinem Willensleben aber lebt er in so weitem Umfange in einer Mechanik des technischen Geschehens, dass dies dem naturwissenschaftlichen Zeitalter seit lange eine ganz neue Nuance gegeben hat.

Will man das menschliche Leben verstehen, so muss man es zunächst von zwei Seiten her betrachten. Aus dem vorigen Erdenleben bringt sich der Mensch die Fähigkeit mit, das Kosmische aus dem Erden-Umkreis und das im Erdenbereich wirkende vorzustellen. Er nimmt durch die Sinne das auf der Erde wirksame Kosmische wahr, und er denkt durch seine Denkorganisation das aus dem Erden-Umkreis auf die Erde herein wirkende Kosmische.

So lebt er durch seinen physischen Leib im Wahrnehmen, durch

(1)

2

seinen Aetherleib im Denken.

Das, was in seinem astralischen Leib und in seinem Ich vor sich geht, waltet in verborgeneren Regionen der Seele. Es waltet zum Beispiel im Schicksal. Aber man muss es zunächst nicht in den complicierten Schicksalszusammenhängen, sondern in den elementaren, einfachen Lebensvorgängen aufsuchen.

Der Mensch verbindet sich mit gewissen Erdenkräften, indem er seinen Organismus in diese Kräfte hineinorientiert. Er lernt aufrecht stehen und gehen, er lernt mit seinen Armen und Händen sich in das Gleichgewicht der irdischen Kräfte hineinstellen.

Nun sind *diese* Kräfte keine solchen, die vom Kosmos hereinwirken, sondern die *bloss* irdisch sind.

In Wirklichkeit ist nichts eine Abstraction, das der Mensch erlebt. Er durchschaut nur nicht, woher das Erlebnis kommt, und so bildet er aus Ideen über Wirklichkeiten Abstractionen. Der Mensch redet von der mechanischen Gesetzmässigkeit. Er glaubt sie aus den Naturzusammenhängen heraus abstrahiert zu haben. Das ist aber nicht der Fall, sondern alles, was der Mensch an rein mechanischem Geschehen in der Seele erlebt, ist an seinem Orientierungsverhältnis zur Erdenwelt (an seinem Stehen, Gehen u.s.w.) innerlich erfahren.

Damit aber kennzeichnet sich das Mechanische als das rein Irdische. Denn das Naturgesetzmässige in Farbe, Ton, etc ist im Irdischen aus dem Kosmos zugeflossen. Erst im Erdenbereich wird auf dem Naturgesetzmässigen das Mechanische eingepflanzt, wie ihm der Mensch mit seinem eigenen Erleben erst im Erdenbereich gegenübersteht.

(2)

3

Das weitaus meiste dessen, was heute durch die Technik in der Cultur wirkt und in das er mit seinem Leben im höchsten Grade versponnen ist, das ist <u>nicht Natur</u>, sondern <u>Unter-Natur</u>. Es ist eine Welt, die sich nach unten hin von der Natur emancipiert.

Man sehe, wie der Orientale, wenn er nach dem Geiste strebt, herauszukommen sucht aus den Gleichgewichtszuständen, die bloss vom Irdischen kommen. Er nimmt eine Meditationsstellung an, die ihn in das blosse kosmische Gleichgewicht hineinbringt. Die Erde wirkt dann nicht mehr auf ~~seine~~ die Orientierung seines Organismus. (Dies sei nicht zur Nachahmung, sondern nur zur Verdeutlichung des hier vorgebrachten gesagt. Wer meine Schriften kennt, weiss wie sich in dieser Richtung östliches und westliches Geistesleben unterscheiden).

Der Mensch brauchte die Beziehung zu dem bloss Irdischen für seine Bewusstseinsseelenentwicklung. Da ~~[illegible]~~ kam denn in der neuesten Zeit die Tendenz zustande, überall auch im Tun das zu verwirklichen, in das sich der Mensch einleben muß. Er trifft, indem er sich in das bloss Irdische einlebt, das ahrimanische. Er muß sich mit seinem eigenen Wesen in das rechte Verhältnis zu diesem ahrimanischen bringen. —

Aber es entzieht sich ihm in dem bisherigen Verlauf des technischen Zeitalters, noch die Möglichkeit, auch gegenüber der ahrimanischen Kultur das rechte Verhältnis zu finden. Der Mensch muß die Stärke, die innere Erkenntniskraft finden, um von Ahriman in der technischen Kultur nicht überwältigt

(3)

zu werden. Die Unter-Natur muss als solche begriffen werden. Sie kann es nur, wenn der Mensch in der geistigen Erkenntnis mindestens gerade so weit hinaufsteigt zur ausserirdischen Über-Natur, wie er in der Technik in die Unter-Natur heruntergestiegen ist. Das Zeitalter braucht eine *über* die Natur gehende Erkenntnis, weil es innerlich mit einem ~~[illegible]~~ ~~[illegible]~~ gefährlich wirkenden Lebensinhalt fertig werden muss, der unter die Natur hinuntergesunken ist. Es soll hier natürlich nicht etwa davon gesprochen werden, dass man zu früheren Kulturzuständen wieder zurückkehren soll, sondern davon, dass der Mensch den Weg finde, die neueren Kulturverhältnisse in ein rechtes Verhältnis zu sich und zum Kosmos zu bringen.

Heute fühlen noch die Wenigsten, welche bedeutsamen geistigen Aufgaben sich da für den Menschen herausbilden. Die Electricität, die nach ihrer Entdeckung als die Seele des natürlichen Daseins gepriesen wurde; sie muss erkannt werden in *ihrer* Kraft, von der Natur in die Unter-Natur hinabzuleiten. Es darf der Mensch nur nicht mitgleiten.

In der Zeit, in der es eine ~~[illegible]~~ von der eigentlichen Natur unabhängige Technik noch nicht gab, fand der Mensch den Geist *in* der Naturanschauung. Die sich unabhängig machende Technik liess den Menschen auf das mechanistisch-materielle als das für ihn nun wissenschaftlich werdende hinstarren. In diesem ist nun alles göttlich-geistige, ~~[illegible]~~ das mit dem Ursprunge der Menschheitsentwickelung zusammenhängt, abwesend. Das rein ahrimanische ~~[illegible]~~ beherrscht diese Sphäre.

In einer Geisteswissenschaft wird nun die andere Sphäre geschaffen, in der ein ahrimanisches gar nicht vorhanden ist. Und gerade durch das erkennende Aufnehmen derjenigen Geistigkeit, zu der die ahrimanischen Mächte keinen Zutritt haben, wird der Mensch gestärkt, um <u>in der Welt</u> Ahriman gegenüberzutreten.

Goetheanum, März 1925

* * *

<u>Weitere Leitsätze, die für die Anthroposophische Gesellschaft vom Goetheanum ausgegeben werden.</u>

(Mit Bezug auf die vorangehenden Betrachtungen über Natur und Unter-Natur).

I. Im naturwissenschaftlichen Zeitalter, das um die Mitte des neunzehnten Jahrhunderts beginnt, gleitet die Kulturbetätigung der Menschen allmählich nicht nur in die untersten Gebiete der Natur, sondern <u>unter</u> die Natur hinunter. Die Technik wird Unter-Natur.

<u>II</u>. Das erfordert, dass der Mensch erlebend eine Geist-Erkenntnis finde, in der er sich eben so hoch in die Über-Natur erhebt, wie er mit der unternatürlichen technischen Betätigung unter die Natur hinuntersinkt. Er schafft dadurch in seinem Innern die Kraft, <u>nicht</u> unterzusinken.

<u>III</u>. Eine frühere Naturanschauung barg noch den Geist in sich, ~~der mit~~ mit dem der ~~Ges~~ Ursprung der menschlichen Entwickelung verbunden ist; allmählich ist dieser Geist aus der Naturanschauung geschwunden, und der rein ahrimanische ist in sie eingezogen, und von ihr in die technische Kultur ~~Cult~~ übergeflossen.

Frau Dr. Wegman vorbereitet hatte. Druckbogen mit Korrekturen von seiner Hand lagen auf der Decke.» (*Goetheanum*, 1925, S. 113)

Am folgenden Tage fand Steffen Steiner im Lehnstuhl sitzend, aus den weiten Ärmeln des Hausrocks schauten die ganz schmal gewordenen Hände. Das Gespräch der Vortage über Weltanschauung und Dichtung wurde fortgesetzt, Steiner machte Steffen auf ein Buch seines alten Freundes Vinzenz Knauer über Shakespeare aufmerksam. «Wie er so kraftvoll freudig sprach, konnte man glauben, daß die Krisis überwunden wäre.» – In diesen Tagen gab er den Auftrag, das Atelier nebenan herzurichten, damit er bald an dem Modell für den Innenausbau des Goetheanum arbeiten könnte.

Am 28. März erschien Rudolf Steiner nach dem Bericht von Ita Wegman still, traurig und schweigsam. Ita Wegman erinnert sich: «Es war mir, als ob er schwerwiegende Probleme zu lösen hätte. Die Leuchtkraft seiner Augen fand ich schwächer als sonst.» Es ist wahrscheinlich, daß er an diesem Tag den letzten Brief *An die Mitglieder!* geschrieben oder beendet hat. Dieser letzte Brief ist wie ein Vorblick auf die weitere Geschichte des 20. Jahrhunderts. Unter der Überschrift *Von der Natur zur Unter-Natur* charakterisiert Rudolf Steiner die Gefahren des technischen Zeitalters, die Aufgabe, die durch die Technik, die den Menschen den Anblick des Naturgeschehens entzieht und sich an seine Stelle setzt, der Menschheit erwachsen ist. Es heißt in diesem Brief: «Der Mensch muß die Stärke, die innere Erkenntniskraft finden, um von Ahriman in der technischen Kultur nicht überwältigt zu werden.» (26/257) Und: «Heute fühlen noch die wenigsten, welche bedeutsamen geistigen Aufgaben sich da für den Menschen herausbilden. Die Elektriziät, die nach ihrer Entdeckung als die Seele des natürlichen Daseins gepriesen wurde, sie muß erkannt werden in *ihrer* Kraft, von der Natur in die Unter-Natur hinabzuleiten. Es darf der Mensch nur nicht mitgleiten.» (26/258)

Als diese Sätze geschrieben wurden, lag Europa noch nicht unter einem Netz von Überlandleitungen, Radios waren noch eine Rarität, die elektronische Datenverarbeitung war unbekannt. Es war immer noch die Zeit der Dampfmaschinen und die Zeit, in der die Bücher noch mit der Hand in Blei gesetzt wurden. – Wie eine vermächtnishafte Orientierung für die Zukunft liest man deshalb die Leitsätze, die den letzten Brief an die Mitglieder zusammenfassen:

«I. Im naturwissenschaftlichen Zeitalter, das um die Mitte des neunzehnten Jahrhunderts beginnt, gleitet die Kulturbetätigung der Menschen allmählich nicht nur in die untersten Gebiete der Natur, sondern *unter* die Natur hinunter. Die Technik wird Unter-Natur.

II. Das erfordert, daß der Mensch erlebend eine Geist-Erkenntnis finde, in der er sich eben so hoch in die Über-Natur erhebt, wie er mit der unternatürlichen technischen Betätigung unter die Natur hinuntersinkt. Er schafft dadurch in seinem Inneren die Kraft, *nicht* unterzusinken.

III. Eine frühere Naturanschauung barg noch den Geist in sich, mit dem der Ursprung der menschlichen Entwickelung verbunden ist; allmählich ist dieser Geist aus der Naturanschauung geschwunden und der rein ahrimanische ist in sie eingezogen und von ihr in die technische Kultur übergeflossen.»

Als Albert Steffen am Abend des 28. März, an dem diese Gedanken niedergeschrieben worden waren, ins Atelier trat, fand er Rudolf Steiner wieder im Lehnstuhl, sehr schweigsam und mit traurig sinnenden stillen Augen.

Der März des Jahres 1925 war kalt und neblig gewesen, in der letzten Märzwoche begann es zu winden, schließlich zu stürmen. Der Regen peitschte von Westen und Süden gegen die Wände des Ateliers. An diesem stürmischen Tag, es war Sonntag, der 29. März, erwachte Rudolf Steiner mit Schmerzen: «An diesem Morgen wurde nicht gearbeitet, zum erstenmal. Wir sprachen eingehend über die Schmerzen, es waren keine Ursachen zur Besorgnis da. Die Schmerzen verschwanden auch im Laufe des Tages. Er war außerordentlich still und geduldig an diesem Tag und gab neue Angaben für seine Behandlung.» (Wegman, *Nachrichtenblatt*, 1925, S. 62)

Am Nachmittag um vier Uhr wiederholten sich die Schmerzen. Doch Rudolf Steiner erkundigte sich sogar, ob das Atelier nebenan für die Arbeit am Innenmodell des neuen Goetheanum bald fertig sei. Beide Ärzte, Wegman und Noll durchwachten die Nacht. Über die letzten Stunden hat Ita Wegman berichtet: «Da bemerkte ich um 3 Uhr morgens eine leise Veränderung in den Atemzügen, ich näherte mich dem Bette, er schlief nicht, schaute mich an und fragte mich, ob ich müde sei. Mit dieser Frage kam er mir zuvor, was mich unendlich rührte. Der Puls war jetzt nicht mehr so kräftig, als er gewesen war, auch viel rascher. Ich holte Dr. Noll, um zu beraten, was zu tun sei. Doktor war nicht erstaunt, ihn zu sehen so mitten in der Nacht, und begrüßte ihn freundlich. ‹Es geht mir gar nicht schlecht›, sagte er, ‹ich kann nur nicht schlafen›. So machten wir die Lichter aus. Aber um 4 Uhr rief er mich, weil die Schmerzen wiederkamen. ‹Und sobald es Tag wird, wollen wir die Behandlung fortsetzen, die ich angegeben habe›, sagte er. ... Wir warteten natürlich nicht auf den Tag und machten das, was notwendig war. Aber da veränderte sich bald die Situation, der Puls wurde schlechter, die Atemzüge rascher. Und wir mußten erleben, daß dieses Leben allmählich verlöschte. ... Als ob es sich von selbst verstände, ging er. Es war mir, wie wenn im letzten Augenblick die Würfel der Entscheidung fielen. Und als sie gefallen waren, war kein Kampf, kein Versuch mehr da, auf Erden bleiben zu wollen. Er schaute einige Zeit ruhig vor sich hin, sagte noch ein paar liebe Worte zu mir und schloß mit Bewußtsein die Augen und faltete die Hände.» (*Nachrichtenblatt*, 1925, S. 63)

Guenther Wachsmuth berichtet ergänzend: «Die letzten Augenblicke im Erdenleben Rudolf Steiners waren frei von von allem Kampf mit der Physis, frei von aller Ungewißheit, wie sie dem Sterben vieler Menschen sonst eigen ist, sein Antlitz sprach von Frieden, Gnade, innerer Gewißheit und geistigen Schauen. Er faltete die Hände über der Brust, die Augen waren licht und stark in die Welten gerichtet, mit denen er sich schauend vereinte. Als der letzte Atemzug kam, schloß er selbst die Augen, aber dies erfüllte den Raum nicht mit dem Erlebnis eines Endes, sondern eines höchsten geistigen Tuns.» (Wachsmuth 1951, S. 624)

Marie Steiner, die aus Stuttgart herbeigerufen worden war, traf Rudolf Steiner nicht mehr lebend an. Gegen zwölf Uhr betrat sie – von Mieta Waller-Pyle begleitet – das Atelier, wo die anderen Mitglieder des Vorstandes um das Sterbelager versammelt waren. Nach einer Zeit des Schweigens ließ sie Emil Leinhas, der sie auf dieser Fahrt nach Dornach begleitet hatte, rufen. «Sie saß, vom Schmerz gebeugt weinend am Sterbebett und hielt Rudolf Steiners Hand in der ihren. Sie reichte sie mir und sagte: ‹Sie ist noch warm.›» – Später fand Marie Steiner jene letztwillige Verfügung Rudolf Steiners vom 19. Februar 1907, die ihr das Recht gab, in Rudolf Steiners Namen zu handeln: «Was sie so thut, soll in meinem Namen getan sein.» Und weiter las sie die Worte: «Sie selbst soll meinen Tod als im Sinne höherer Mächte ansehen und ihn ja nicht als ein Rätsel ansehen. Die Dinge haben einen Zusammenhang, den man ehren muß, auch wenn man ihn noch nicht versteht.» (262/105)

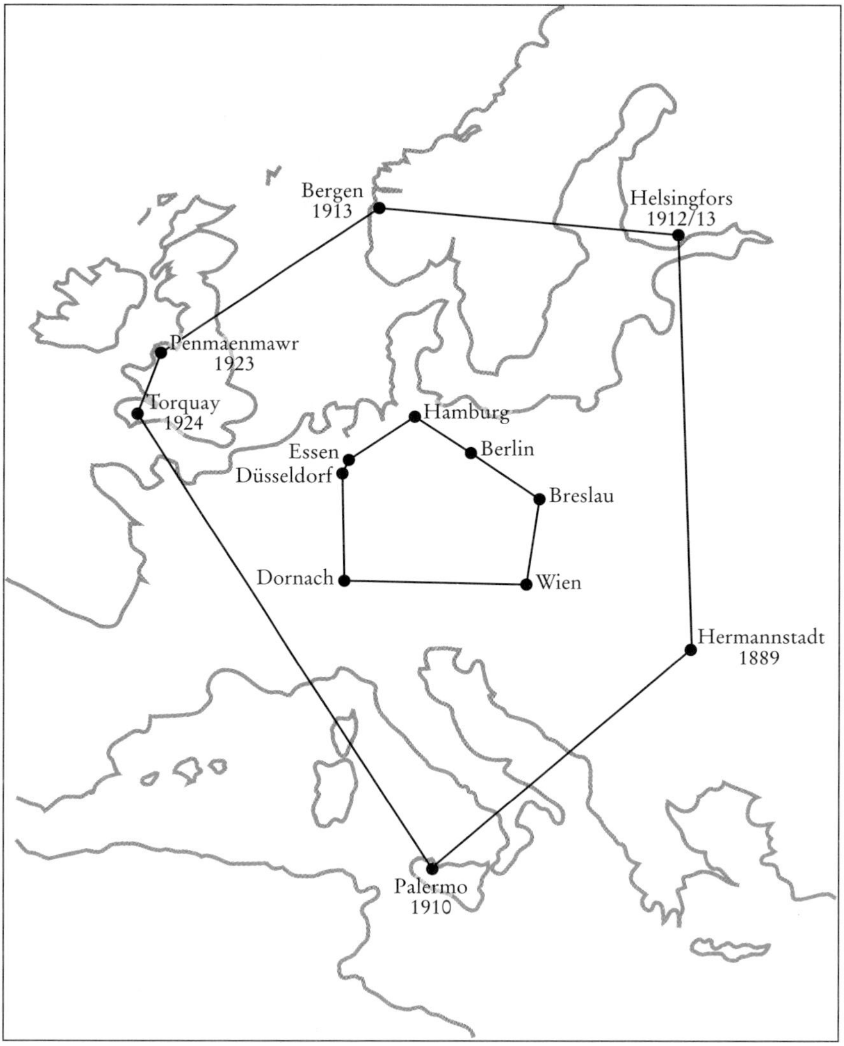

Karte 8: Die Ausdehnung der Vortragstätigkeit Rudolf Steiners

EPILOG

Zum Schluß möchte ich von einem persönlichen Erlebnis ausgehen. Im Sommer des Jahres 1953 betrat ich zum ersten Mal das damals noch einfach eingerichtete Atelier Rudolf Steiners. Dort lag auf einem kleinen Podest unter einem Schleier die Totenmaske, die man dem Verstorbenen abgenommen hatte. Ich hatte zu jener Zeit bereits viele Bilder und Büsten Rudolf Steiners gesehen und manche Schilderungen seiner Erscheinung in mich aufgenommen, die in mir die Vorstellung der Größe, ja einer mächtigen Erhabenheit hervorgerufen hatten. Als ich mit ehrfüchtiger Scheu den Schleier von der Totenmaske hob, erblickte ich einen zierlichen, fein gezeichneten Kopf, alles an diesem Kopf erschien mir zart, und die Gesichtszüge sprachen von leidvoller Entsagung: Alles Große und Mächtige verwandelte sich im Anblick dieses letzten Abbildes in rein geistige Intensität. Die Größe wurde Innigkeit, das Mächtige Subtilität. Die Anmutungen des beeindruckend Erhabenen, die von den Büsten und Bildern ausgegangen waren, verblaßten vor dem Totenantlitz. Es verwandelte meine verehrende Andacht in ein anfängliches Verstehen, das immer weiter führte.

Im Lauf der Jahre habe ich insgesamt – indem ich auch immer wieder das Atelier aufsuchte – den Eindruck gewonnen, daß man die Lebensleistung Rudolf Steiner besser verstehen lernt, wenn man bemerkt, wie das Werk irdisch bescheidenen Verhältnissen und einer zunächst schwachen Leiblichkeit abgerungen ist. Das bestätigt sich aus vielen Eindrücken und Beschreibungen. Auf dem Bild aus dem Jahre 1876 von jener Klasse der Wiener Oberrealschule, der Rudolf Steiner angehörte, erkennt man am rechten Rande in der zweiten Reihe von oben den fünfzehnjährigen Steiner (Abb. 15). Schaut man auf seine Mitschüler, so erscheinen sie zumeist größer und ausgeprägter. Es sind stabile Burschen, die sich um den Klassenlehrer Laurenz Jelinek scharen. Im Vergleich mit ihnen erscheint Rudolf Steiner jünger, zart und schlank. Und noch aus der zweiten Hälfte der achtziger Jahre erzählt – vielleicht etwas pointiert – Richard Specht: «Körperlich war er so schwächlich, daß er sofort zu Boden stürzte, wenn einer von uns Buben sich in einem Anfall von Liebe oder Übermut an seinen Hals hängen wollte.» (*Neues Wiener Journal*, 26. April 1925, S. 5)

Richard Specht fügt aber kontrapunktisch sofort hinzu: «Geistig aber war er von größter Energie.» Diese geistige Energie, die sich aus den kleinsten und bescheidensten Verhältnissen zunächst eine eigene geistige Welt schuf, sich durch alle Widrigkeiten und Ärmlichkeiten hindurcharbeitete und schließlich auch die körperlichen Schwächen überwand, kennzeichnet Rudolf Steiner. Aus Weimar, wo er immer wieder einmal von Krankheiten, von Katarrh und Kopfschmerz heimgesucht wurde, berichtet er an seine Eltern in der Sprache, die sie verstanden, daß ihn das Weimarer Klima «abgehärtet» habe, und fügt hinzu: «Ich glaube, wenn ich wieder nach Österreich komme, wird mir gerade diese Abhärtung gut tun.» (39/275) So verwandelte er sich bis in die leibliche Konstitution. Es wird berichtet, daß er beim Schnitzen an den Kapitellen des Dornacher Baus mit größter Ausdauer stundenlang Schnitzeisen und Klöppel führte, wo andere nach einer halben Stunde erschöpft waren. Die ursprünglich hohe Stimme war schon in der Berliner Zeit in einen kräftigen Baß oder Bariton verwandelt worden.

Aus dem Jahre 1920 berichtet Willem Zeylmans: «Rudolf Steiner ist mäßig groß und schlank, fast zart. Dem Zuhörer fällt dies sofort auf, denn die Stimme, mit der gesprochen wird, ist kräftig und schwer. Eine Stimme, deren Klang man nie vergessen wird. Etwas Ergreifendes ist in ihr, als trüge der Sprechende das Leid der ganzen Menschheit mit. Manchmal klingt die Stimme warm und umhüllend. Die lauschende Seele fühlt sich von ihr emporgetragen in Welten, die für das gewöhnliche Bewußtsein unzugänglich sind. Dann ertönt die Stimme kräftiger. Worte erschallen wie Posaunenstöße über die Erde. Dann wiederum hört man im Klang ein Inniges und Zartes, das die Seele des Zuhörers zutiefst bewegt und ihm das Gefühl des Erwachens in einer inneren Welt gibt, in der ein verborgenes Licht aufleuchtet.» (Zeylmans 1961, S. 12)

Der persönliche Lebenszuschnitt Steiners war denkbar sparsam und bescheiden. Er wohnte gern in kleinen Zimmern; ein schmales Bett, ein schlichter Tisch und ein ebenso schlichter Stuhl, ein einfaches Bücherbord genügten ihm für die Arbeit. Sein persönliches Verhalten im Gespräch nahm seinen Partnern wo irgend möglich alle Befangenheit, er war kein Mann der dramatischen Posen und großen Gebärden, mit Nietzsche rechnete er die Höflichkeit zu den vier Kardinaltugenden, die der gegenwärtigen Menschheit besonders notwendig sind (221/95).

So wie sich aus dem feingliedrigen, ungemein beweglichen, ja für unsere heutigen Verhältnisse kleinen Leib eine macht- und klangvolle Stimme erhob, so entfaltete sich aus einem äußerlich anfangs engbegrenzten Lebensumkreis zuerst das philosophisch-geisteswissenschaftliche, dann das völlig neue, vielgestaltige künstlerische und schließlich das lebenspraktische Werk. Aus den Impulsen des Erkennens erwuchsen zuerst die elementaren Grundformen neuer Architektur, Plastik, Dichtung und Bewegungskunst, später wie ein gewaltiger, heute reich-verzweigter Baum die Anregungen zur Erziehungs- und Heilkunst, zur Erneuerung der Landwirtschaft und des sozialen Lebens.

Das Feuer jugendlicher Frische und sich stets erneuernder Begeisterung blieb ihm bis ins Alter. So stand sein ganzes Leben bis ins letzte Lebensjahr im Zeichen der Neu-Anfänge.

Alle diese Impulse Steiners begegneten mannigfachen Widerständen, Gegnerschaften und ausgedehntem Mißverstehen. Bereits 1892 wurde Steiner von Ferdinand Tönnies als Nietzsche-Narr, der einem moralischen Richterspruch verfallen sei, apostrophiert. Später meinte Arthur Drews, die Anthroposophie sei ein unverdauliches Mischmasch von Willkür, Aberglauben und Phantastik. In den Jahren zwischen 1920 und 1923 verging oft keine Woche, in der Steiner nicht öffentlich angefeindet wurde. Nach dem Brand des Goetheanum schrieb kein geringerer als Karl Barth: «Von dem Brande des Goetheanum haben wir mit Genugtuung Kenntnis genommen. [Emanuel] Hirsch meinte: Noch ist der Arm des Herrn ausgestreckt.» (Barth 1966, S. 112)

Trotz dieser Feindlichkeiten, trotz der Schwierigkeiten, die er mit seinen eigenen Freunden hatte, trotz aller Enttäuschungen und Rückschläge ging Steiner unverzagt seinen Weg. Doch ihn leitete nicht das starre «Trotzdem», sondern die impulsierende Idee, die Fülle seiner Erkenntnisse und die Liebe zum Handeln. Schon 1892 antwortet er in jenem bekannten Fragebogen auf die Frage «Welcher Beruf scheint Dir der beste?»: «*Jeder, bei dem man vor Energie zu grunde gehen kann.*» So sieht man Steiner immer tätig, immer vor neuen Aufgaben und geistig nie müde. Seit 1919 wirkt er ohne jegliche Pause, ohne sich eine Erholungszeit zu gönnen, stets den Ernst der Zeit und die großen Aufgaben vor Augen. Gewiß, nach dem weitgespannten Wirken in der europäischen Öffentlichkeit beginnt er 1923 seine Kreise wieder enger zu ziehen und sich auf das Anthroposophische im engeren Sinne zu konzentrieren. Das Anthroposophische rückt wieder in den Mittelpunkt, das aus dem eigentlich Anthroposophischen Hervorgehende – die Künste, die Erziehungskunst, die Heilkunst – wird vertieft, Impulse für eine neue Landwirtschaft und Heilpädagogik werden gegeben. Die Anthroposophische Gesellschaft wird neu begründet, die Mysterien werden erneuert. Auf diese Weise wurden die Jahre 1923 und 1924 zum Höhepunkt der schöpferischen Tätigkeit Steiners.

Bis zur völligen Erschöpfung war er für andere da. Und sogar auf dem Krankenlager wurde die Arbeit einem immer schwächer werdenden, fast schon ganz verbrannten Leibe abgerungen und bis in die letzten Tage fortgeführt. – In der letzten Szene des vierten Mysteriendramas heißt es:

> Sein letztes Denken galt dem Werke noch,
> Dem er in Liebe sich gewidmet hatte. –

LITERATURVERZEICHNIS

1. Rudolf-Steiner-Gesamtausgabe

Herausgegeben von der RUDOLF-STEINER-NACHLASSVERWALTUNG, Dornach seit 1955. Zitiert wird die bibliographische Nummer des Bandes (= GA) und die Seitenzahl des Bandes; die Seitenzahlen weichen bei den verschiedenen Auflagen manchmal etwas voneinander ab, deshalb wird die benutzte Ausgabe durch eine in Klammern gesetzte Jahreszahl angegeben. – Im Folgenden sind die Bände genannt, aus denen zitiert wurde.

a. Schriften

GA 1 a-e J. W. Goethe: Naturwissenschaftliche Schriften. Mit Einleitungen, Fußnoten und Erläuterungen im Text herausgegeben von Rudolf Steiner. 1884 – 1897. (1975)

GA 2 Grundlinien einer Erkenntnistheorie. 1886. (1979)

GA 3 Wahrheit und Wissenschaft. Vorspiel einer «Philosophie der Freiheit». 1892. (1958)

GA 4 Die Philosophie der Freiheit. 1894. (1978)

GA 4a Dokumente zur «Philosophie der Freiheit». (1994)

GA 5 Friedrich Nietzsche, ein Kämpfer gegen seine Zeit. 1895. (1963)

GA 6 Goethes Weltanschauung. 1897. (1963)

GA 7 Die Mystik im Aufgange des neuzeitlichen Geisteslebens und ihr Verhältnis zur modernen Weltanschauung. 1901. (1987)

GA 8 Das Christentum als mystische Tatsache und die Mysterien des Altertums. 1902. (1976)

GA 9 Theosophie. 1904. (1978)

GA 10 Wie erlangt man Erkenntnisse der höheren Welten? 1904/05. (1961)

GA 11 Aus der Akasha-Chronik. 1904 – 1908. (1955)

GA 12 Die Stufen der höheren Erkenntnis. 1907/08. (1959)

GA 13 Die Geheimwissenschaft im Umriß. 1910. (1977)
GA 14 Vier Mysteriendramen. 1910 – 1913. (1956)
GA 15 Die geistige Führung des Menschen und der Menschheit. 1911. (1960)
GA 17 Die Schwelle der geistigen Welt. Aphoristische Ausführungen. 1913. (1972)
GA 18 Die Rätsel der Philosophie in ihrer Geschichte als Umriß dargestellt. 1914. (1968)
GA 21 Von Seelenrätseln. 1917. (1960)
GA 23 Die Kernpunkte der sozialen Frage. 1919. (1976)
GA 24 Aufsätze über die Dreigliederung des sozialen Organismus und zur Zeitlage 1915 – 1921. (1982)
GA 25 Kosmologie, Religion und Philosophie. Zehn Autoreferate zum «Französischen Kurs». 1922. (1979)
GA 26 Anthroposophische Leitsätze. Der Erkenntnisweg der Anthroposophie – Das Michael-Mysterium. 1924/25. (1976)
GA 27 Grundlegendes für eine Erweiterung der Heilkunst nach geisteswissenschaftlichen Erkenntnissen. Von Dr. Rudolf Steiner und Dr. Ita Wegman. 1925. (1977)
GA 28 Mein Lebensgang. 1923 – 1925. (1962)
GA 29 Gesammelte Aufsätze zur Dramaturgie 1889 – 1900. (1960)
GA 30 Methodische Grundlagen der Anthroposophie. Gesammelte Aufsätze 1884 – 1901. (1989)
GA 31 Gesammelte Aufsätze zur Kultur- und Zeitgeschichte 1887 – 1901. (1966)
GA 32 Gesammelte Aufsätze zur Literatur 1884 – 1902. (1971)
GA 33 Biographien und biographische Skizzen 1894 – 1905. (1967)
GA 34 Lucifer – Gnosis. Aufsätze aus den Zeitschriften «Luzifer» und «Lucifer – Gnosis» 1903 – 1908. (1987)
GA 35 Philosophie und Anthroposophie. Gesammelte Aufsätze 1904 – 1923 (1984)
GA 36 Der Goetheanumgedanke inmitten der Kulturkrisis der Gegenwart. Gesammelte Aufsätze aus der Wochenschrift «Das Goetheanum» 1921 – 1925. (1961)
GA 38 Briefe Band I: 1881 – 1890. (1985)
GA 39 Briefe Band II: 1890 – 1925. (1987)
GA 40 Wahrspruchworte. 1906 – 1925. (1961)
GA 44 Entwürfe, Fragmente und Paralipomena zu den vier Mysteriendramen. 1910 – 1913. (1969)
GA 45 Anthroposophie. Ein Fragment aus dem Jahre 1910. (1970)

b. Vorträge

GA 51 Über Philosophie, Geschichte und Literatur. 1901 – 1905. (1983)

GA 52 Spirituelle Seelenlehre und Weltbetrachtung. 1903/04. (1972)

GA 53 Ursprung und Ziel des Menschen. 1904/05. (1981)

GA 54 Die Welträtsel und die Anthroposophie. 1905/06. (1966)

GA 55 Die Erkenntnis des Übersinnlichen in unserer Zeit und deren Bedeutung für das heutige Leben. 1906/07 . (1959)

GA 56 Die Erkenntnis der Seele und des Geistes. 1907/08. (1965)

GA 63 Geisteswissenschaft als Lebensgut. 1913/14. (1959)

GA 64 Aus schicksaltragender Zeit. 1914/15. (1959)

GA 65 Aus dem mitteleuropäischen Geistesleben. 1915/16. (1962)

GA 66 Geist und Stoff, Leben und Tod. 1917. (1961)

GA 67 Das Ewige in der Menschenseele. Unsterblichkeit und Freiheit. 1918. (1962)

GA 72 Freiheit – Unsterblichkeit – Soziales Leben. Vom Zusammenhang des Seelisch-Geistigen mit dem Leiblichen des Menschen. 1917/18. (1990)

GA 73 Die Ergänzung heutiger Wissenschaften durch Anthroposophie. 1917/18. (1973)

GA 74 Die Philosophie des Thomas von Aquin. 1920. (1967)

GA 76 Die befruchtende Wirkung der Anthroposophie auf die Fachwissenschaften. 1921. (1977)

GA 78 Anthroposophie, ihre Erkenntniswurzeln und Lebensfrüchte. 1921. (1968)

GA 81 Erneuerungs-Impulse für Kultur und Wissenschaft. Berliner Hochschulkurs. 1922. (1994)

GA 93 Die Tempellegende und die Goldene Legende. 1904/06. (1991)

GA 94 Kosmogonie. 1906. (1979)

GA 95 Vor dem Tore der Theosophie. 1906 (1990)

GA 96 Ursprungsimpulse der Geisteswissenschaft. 1906/07. (1974)

GA 97 Das christliche Mysterium. 1906/07. (1968)

GA 98 Natur- und Geistwesen – ihr Wirken in unserer sichtbaren Welt. 1907/08. (1983)

GA 99 Die Theosophie des Rosenkreuzers. 1907. (1985)

GA 102 Das Hereinwirken geistiger Wesenheiten in den Menschen. 1908. (1984)

GA 103 Das Johannes-Evangelium. 1908. (1995)

GA 105 Welt, Erde und Mensch. 1908. (1956)
GA 113 Der Orient im Lichte des Okzidents. 1909. (1982)
GA 114 Das Lukas-Evangelium. 1909. (1985)
GA 115 Anthroposophie – Psychosophie – Pneumatosophie. 1909, 1910 und 1911. (1965)
GA 118 Das Ereignis der Christus-Erscheinung in der ätherischen Welt. 1910. (1965)
GA 119 Makrokosmos und Mikrokosmos. 1910. (1962)
GA 121 Die Mission einzelner Volksseelen. 1910. (1982)
GA 122 Die Geheimnisse der biblischen Schöpfungsgeschichte. 1910. (1984)
GA 123 Das Matthäus-Evangelium. 1910. (1988)
GA 125 Wege und Ziele des geistigen Menschen. 1910. (1973)
GA 128 Eine okkulte Physiologie. 1911. (1991)
GA 129 Weltenwunder, Seelenprüfungen und Geistesoffenbarungen. 1911. (1995)
GA 130 Das esoterische Christentum und die geistige Führung der Menschheit. 1911/12. (1962)
GA 133 Der irdische und der kosmische Mensch. 1911/12. (1964)
GA 137 Der Mensch im Lichte von Okkultismus, Theosophie und Philosophie. 1912. (1973)
GA 144 Die Mysterien des Morgenlandes und des Christentums. 1913. (1985)
GA 146 Die okkulten Grundlagen der Bhagavad Gita. 1913. (1962)
GA 147 Die Geheimnisse der Schwelle. 1913 (1982)
GA 148 Aus der Akasha-Forschung. Das Fünfte Evangelium. 1913/14. (1992)
GA 149 Christus und die geistige Welt. Von der Suche nach dem heiligen Gral. 1913/14. (1987)
GA 152 Vorstufen zum Mysterium von Golgatha. 1913/14. (1980)
GA 153 Inneres Wesen des Menschen und Leben zwischen Tod und neuer Geburt. 1914. (1978)
GA 154 Wie erwirbt man sich Verständnis für die geistige Welt? 1914. (1985)
GA 156 Okkultes Lesen und okkultes Hören. 1914. (1987)
GA 157 Menschenschicksale und Völkerschicksale. 1914/15. (1981)
GA 157a Schicksalsbildung und Leben nach dem Tode. 1915. (1981)
GA 158 Der Zusammenhang des Menschen mit der elementarischen Welt. 1912, 1913 und 1914. (1970)
GA 159 Das Geheimnis des Todes. 1915. (1980)

GA 169 Weltwesen und Ichheit. 1916. (1963)

GA 172 Das Karma des Berufes des Menschen in Anknüpfung an Goethes Leben. 1916. (1991)

GA 174 Zeitgeschichtliche Betrachtungen. Das Karma der Unwahrhaftigkeit – Zweiter Teil. 1917. (1966)

GA 174a Mitteleuropa zwischen Ost und West. 1914 – 1918. (1982)

GA 174b Die geistigen Hintergründe des Ersten Weltkrieges. 1914 – 1921. (1974)

GA 175 Bausteine zu einer Erkenntnis des Mysteriums von Golgatha. 1917. (1961)

GA 176 Menschliche und menschheitliche Entwicklungswahrheiten. Das Karma des Materialismus. 1917. (1964)

GA 177 Die spirituellen Hintergründe der äußeren Welt. Der Sturz der Geister der Finsternis. 1917. (1985)

GA 178 Individuelle Geistwesen und ihr Wirken in der Seele des Menschen. 1917. (1992)

GA 181 Erdensterben und Weltenleben. 1918. (1991)

GA 182 Der Tod als Lebenswandlung. 1917/18. (1986)

GA 184 Die Polarität von Dauer und Entwickelung im Menschenleben. 1918. (1983)

GA 185 Geschichtliche Symptomatologie. 1918. (1982)

GA 185a Entwicklungsgeschichtliche Unterlagen zur Bildung eines sozialen Urteils. 1918. (1963)

GA 186 Die soziale Grundforderung unserer Zeit – In geänderter Zeitlage. 1918. (1963)

GA 189 Die soziale Frage als Bewußtseinsfrage. 1919. (1980)

GA 191 Soziales Verständnis aus geisteswissenschaftlicher Erkenntnis. 1919. (1972)

GA 192 Geisteswissenschaftliche Behandlung sozialer und pädagogischer Fragen. 1919. (1964)

GA 193 Der innere Aspekt des sozialen Rätsels. Luziferische Vergangenheit und ahrimanische Zukunft. 1919. (1972)

GA 196 Geistige und soziale Wandlungen in der Menschheitsentwickelung. 1920. (1966)

GA 197 Gegensätze in der Menschheitsentwickelung. West und Ost – Materialismus und Mystik – Wissen und Glauben. 1920. (1967)

GA 198 Heilfaktoren für den sozialen Organismus. 1920. (1969)

GA 203 Die Verantwortung des Menschen für die Weltentwickelung durch seinen geistigen Zusammenhang mit dem Erdplaneten und der Sternenwelt. 1921. (1978)

GA 206 Menschenwerden, Weltenseele und Weltengeist – Zweiter Teil: Der Mensch als geistiges Wesen im historischen Werdegang. 1921. (1967)

GA 209 Nordische und mitteleuropäische Geistimpulse. Das Fest der Erscheinung Christi. 1921. (1968)

GA 211 Das Sonnenmysterium und das Mysterium von Tod und Auferstehung. Exoterisches und esoterisches Christentum. 1922. (1963)

GA 217 Geistige Wirkenskräfte im Zusammenleben von alter und junger Generation. Pädagogischer Jugendkurs. 1922. (1979)

GA 217a Die Erkenntnis-Aufgabe der Jugend. 1920 – 1924. (1981)

GA 218 Geistige Zusammenhänge in der Gestaltung des menschlichen Organismus. 1922. (1972)

GA 219 Das Verhältnis der Sternenwelt zum Menschen und des Menschen zur Sternenwelt. Die geistige Kommunion der Menschheit. 1922. (1994)

GA 221 Erdenwissen und Himmelserkenntnis. 1923. (1966)

GA 223 Der Jahreskreislauf als Atmungsvorgang der Erde und die vier großen Festeszeiten. Die Anthroposophie und das menschliche Gemüt. 1923. (1990)

GA 224 Die menschliche Seele in ihrem Zusammenhang mit göttlich-geistigen Individualitäten. 1923. (1966)

GA 227 Initiations-Erkenntnis. 1923. (1982)

GA 228 Initiationswissenschaft und Sternenerkenntnis. 1923. (1985)

GA 230 Der Mensch als Zusammenklang des schaffenden, bildenden und gestaltenden Weltenwortes. 1923. (1958)

GA 232 Mysteriengestaltungen. 1923. (1974)

GA 233 Die Weltgeschichte in anthroposophischer Beleuchtung und als Grundlage der Erkenntnis des Menschengeistes. 1923/24. (1991)

GA 233a Mysterienstätten des Mittelalters. 1924. (1991)

GA 234 Anthroposophie – Eine Zusammenfassung nach einundzwanzig Jahren. 1924. (1994)

GA 235 – 240 Esoterische Betrachtungen karmischer Zusammenhänge. Sechs Bände. 1924.

GA 243 Das Initiaten-Bewußtsein. 1924. (1993)

GA 253 Probleme des Zusammenlebens in der Anthroposophischen Gesellschaft. Zur Dornacher Krise vom Jahre 1915. (1989)

GA 254 Die okkulte Bewegung im neunzehnten Jahrhundert und ihre Beziehung zur Weltkultur. 1915. (1986)

GA 257 Anthroposophische Gemeinschaftsbildung. 1923 (1989)

GA 258 Die Geschichte und die Bedingungen der anthroposophischen Bewegung im Verhältnis zur Anthroposophischen Gesellschaft. 1923. (1981)

GA 259 Das Schicksalsjahr 1923 in der Geschichte der Anthroposophischen Gesellschaft. 1923. (1991)

GA 260 Die Weihnachtstagung zur Begründung der Allgemeinen Anthroposophischen Gesellschaft 1923/24. (1985)

GA 260a Die Konstitution der Allgemeinen Anthroposophischen Gesellschaft und der Freien Hochschule für Geisteswissenschaft. 1924/25. (1987)

GA 261 Unsere Toten. Ansprachen, Gedenkworte und Meditationssprüche 1906 bis 1924; 1914. (1963)

GA 262 Rudolf Steiner / Marie Steiner-von Sivers: Briefwechsel und Dokumente 1901 – 1925. (1967)

GA 263,1 Rudolf Steiner / Edith Maryon: Briefwechsel. Briefe – Sprüche – Skizzen, 1912 – 1924. (1990)

GA 264 Zur Geschichte und aus den Inhalten der ersten Abteilung der Esoterischen Schule 1904 – 1914. (1984)

GA 265 Zur Geschichte und aus den Inhalten der erkenntniskultischen Abteilung der Esoterischen Schule von 1904 – 1914, 1906 – 1914 sowie 1921 – 1924. (1987)

GA 275 Kunst im Lichte der Mysterienweisheit. 1914/15. (1966)

GA 277 Eurythmie. Die Offenbarung der sprechenden Seele. 1918 – 1924. (1980)

GA 277a Die Entstehung und Entwickelung der Eurythmie. 1912 und 1915. (1982)

GA 278 Eurythmie als sichtbarer Gesang. Ton-Eurythmie-Kurs. 1924. (1984)

GA 279 Eurythmie als sichtbare Sprache. Laut-Eurythmie-Kurs. 1922 – 1924. (1990)

GA 284 Bilder okkulter Siegel und Säulen. Der Münchner Kongreß 1907, 1909, 1911. (1993)

GA 286 Wege zu einem neuen Baustil. «Und der Bau wird Mensch». 1911, 1913, 1914. (1982)

GA 287 Der Dornacher Bau als Wahrzeichen geschichtlichen Werdens und künstlerischer Umwandlungsimpulse. 1914. (1985)

GA 291 Das Wesen der Farben. 1921 – 1924. (1991)

GA 292 Kunstgeschichte als Abbild innerer geistiger Impulse. 1916/17. (1981)
GA 293 Allgemeine Menschenkunde als Grundlage der Pädagogik. 1919. (1992)
GA 294 Erziehungskunst. Methodisch-Didaktisches. 1919. (1990)
GA 295 Erziehungskunst. Seminarbesprechungen und Lehrplanvorträge. 1919. (1984)
GA 296 Die Erziehungsfrage als soziale Frage. 1919. (1991)
GA 298 Rudolf Steiner in der Waldorfschule. 1919 – 1924. (1980)
GA 300, 1-3 Konferenzen mit den Lehrern der Freien Waldorfschule 1919 – 1924. (1975)
GA 303 Die gesunde Entwickelung des Menschenwesens. 1921/22. (1987)
GA 305 Die geistig-seelischen Grundkräfte der Erziehungskunst. 1922. (1991)
GA 307 Gegenwärtiges Geistesleben und Erziehung. 1923. (1973)
GA 308 Die Methodik des Lehrens und die Lebensbedingungen des Erziehens. 1924. (1986)
GA 309 Anthroposophische Pädagogik und ihre Voraussetzungen. 1924. (1981)
GA 310 Der pädagogische Wert der Menschenerkenntnis und der Kulturwert der Pädagogik. 1924. (1989)
GA 312 Geisteswissenschaft und Medizin. 1920. (1961)
GA 313 Geisteswissenschaftliche Gesichtspunkte zur Therapie. 1921. (1984)
GA 314 Physiologisch-Therapeutisches auf Grundlage der Geisteswissenschaft. Zur Therapie und Hygiene. 1920, 1922 – 1924. (1989)
GA 316 Meditative Betrachtungen und Anleitungen zur Vertiefung der Heilkunst. 1924. (1987)
GA 317 Heilpädagogischer Kurs. 1924. (1995)
GA 318 Das Zusammenwirken von Ärzten und Seelsorgern. Pastoral-Medizinischer Kurs. 1924. (1994)
GA 319 Anthroposophische Menschenerkenntnis und Medizin. 1923/24. (1994)
GA 324 Naturbeobachtung, Experiment, Mathematik und die Erkenntnisstufen der Geistesforschung. 1921. (1991)
GA 326 Der Entstehungsmoment der Naturwissenschaft in der Weltgeschichte und ihre seitherige Entwickelung. 1922/23. (1977)
GA 327 Geisteswissenschaftliche Grundlagen zum Gedeihen der Landwirtschaft. Landwirtschaftlicher Kurs. 1924. (1963)
GA 328 Die soziale Frage. 1919. (1977)
GA 330 Neugestaltung des sozialen Organismus. 1919. (1983)
GA 331 Betriebsräte und Sozialisierung. 1919. (1989)

GA 334 Vom Einheitsstaat zum dreigliedrigen sozialen Organismus. 1920. (1983)

GA 338 Wie wirkt man für den Impuls der Dreigliederung des sozialen Organismus? 1921. (1986)

GA 342 Vorträge und Kurse über christlich-religiöses Wirken. I. Anthroposophische Grundlagen für ein erneuertes christlich-religiöses Wirken. 1921. (1993)

GA 343 Vorträge und Kurse über christlich-religiöses Wirken. II. Spirituelles Erkennen – Religiöses Empfinden – Kultisches Handeln. 1921. (1993)

GA 346 Vorträge und Kurse über christlich-religiöses Wirken. V. Apokalypse und Priesterwirken. 1924. (1995)

GA 354 Die Schöpfung der Welt und des Menschen. 1924. (1977)

c. Nachrichten der Rudolf Steiner Nachlaßverwaltung. Heft 7 – 28 (1962 – 1969), fortgeführt seit 1970 als Beiträge zur Rudolf Steiner Gesamtausgabe. Zitiert: B.

2. Außerhalb der Gesamtausgabe

erschienene Erstausgaben der geschriebenen Werke sowie Briefe, Vorträge, Ansprachen und Diskussionsvoten Rudolf Steiners:

Architektur, Plastik und Malerei des Ersten Goetheanum. Drei Vorträge, gehalten in Dornach am 23., 24. und 25. Januar 1920. Dornach 1972.

Aufbaugedanken und Gesinnungsbildung, gesprochen zu den Generalversammlungen des Vereins des Goetheanum, Freie Hochschule für Geisteswissenschaft. Dornach 1942.

Briefe II, 1892 – 1902. Dornach 1953.

Christian Morgenstern, der Sieg des Lebens über den Tod. Dornach 1935.

Der Verfall des menschlichen Intellekts und das Sichwehren des Menschen gegen die Spiritualität. Vortrag am 23. Mai 1922 in Stuttgart. Dornach 1942.

Die verborgenen Seiten des Menschendaseins und der Christus Impuls. Vortrag am 5. November 1922 in Den Haag. Dornach 1939.

Die Hetze gegen das Goetheanum. Vortrag am 5. Juni 1920, zusammen mit Roman Boos herausgegeben. Dornach 1920.

Drei Gegenwartsreden: Fragen der Seele und Fragen des Lebens. Wer darf gegen den Untergang des Abendlandes reden? Die großen Aufgaben von heute im Geistesleben, Rechtsleben und Wirtschaftsleben. Vorträge am 15. Juni, 29. Juli und 20. September 1920 in Stuttgart. Dornach 1952.

Goethes geheime Offenbarung in seinem «Märchen von der grünen Schlange und der schönen Lilie». Gesammelte Vorträge aus den Jahren 1904, 1905, 1908 und 1909 und Aufsatz aus dem Jahr 1918: «Goethes Geistesart in ihrer Offenbarung durch sein ‹Märchen von der grünen Schlange und der Lilie›». Dornach 1982.

Östliche und westliche Kultur in geistiger Beleuchtung. Vorträge am 23., 24. und 25. September 1921. Dornach 1954.

Rudolf Steiner und die Zivilisationsaufgaben der Anthroposophie. Ein Rückblick auf das Jahr 1923. Ansprachen und Fragenbeantwortungen Rudolf Steiners, hg. von Marie Steiner. Dornach 1943.

Schicksalszeichen auf dem Entwicklungswege der Anthroposophischen Gesellschaft. Auszüge aus vor Mitgliedern gehaltenen Ansprachen (1913/14). Dornach 1943.

3. *Offizielle Publikationen*

des Johannes-Bauvereins und des Vereins des Goetheanum;

des Bundes für Dreigliederung;

der Aktiengesellschaft Der Kommende Tag Stuttgart;

der Futurum AG.

4. *Mitteilungsblätter und Rundschreiben*

Mitteilungen für die Mitglieder der Deutschen Sektion der Theosophischen Gesellschaft. Herausgegeben von Mathilde Scholl, Köln 1905 bis Januar 1913 (Nr. 1-15).

Mitteilungen für die Mitglieder der Anthroposophischen Gesellschaft (Theosophische Gesellschaft), herausgegeben von Mathilde Scholl, Köln März 1913 bis Juni 1914 (Nr 1-7).

Rundschreiben des Bundes für Dreigliederung, Stuttgart April 1919 bis Juli 1920.

Mitteilungsblatt des Bundes für Dreigliederung des sozialen Organismus, Stuttgart Juni 1919 bis etwa Februar 1920 (Nr. 1-9).

Mitteilungen des Zentralvorstandes der Anthroposophischen Gesellschaft, später: Mitteilungen, herausgegeben vom Vorstand der Anthroposophischen Gesellschaft in Deutschland, Stuttgart November 1921 bis Oktober 1923 (Nr. 1-8).

Was in der Anthroposophischen Gesellschaft vorgeht. Nachrichten für deren Mitglieder, herausgegeben von der Allgemeinen Anthroposophischen Gesellschaft, Dornach, Schweiz Jg. 1, 1924 und Jg. 2, 1925 (zitiert: *Nachrichtenblatt).*

5. *Zeitschriften*

Der Vahan. Unabhängige Monatsschrift für Theosophie, herausgegeben von Richard Bresch, Leipzig 1899 bis 1907.

Luzifer. Zeitschrift für Seelenleben und Geisteskultur. Theosophie, herausgegeben von Rudolf Steiner, Berlin 1903 (Nr. 1 – 7).

Lucifer-Gnosis, herausgegeben von Rudolf Steiner, Berlin 1904 bis 1908 (Heft 8 – 35)

The Theosophist, Edited by Annie Besant, Vols. xxx. – xxxiv.

Dreigliederung des sozialen Organismus, herausgegeben vom Bund für Dreigliederung, Schriftleiter Ernst Uehli, Stuttgart Juli 1919 bis Juli 1922.

Das Goetheanum. Internationale Wochenschrift für Anthroposophie und Dreigliederung, Redaktion Albert Steffen, Dornach ab 1921 (hier vor allem Jg. 1 – 4).

Anthroposophie. Wochenschrift für freies Geistesleben, Redaktion Ernst Uehli, Stuttgart, ab April 1923 Jürgen von Grone, ab August 1923 Kurt Piper, Jg. 4f.

Blätter für Anthroposophie, herausgegeben von Hans-Erhard Lauer, Basel 1951 bis 1969.

Nachrichten der Rudolf-Steiner-Nachlaßverwaltung. Heft 7 – 28 (1962 bis 1969, fortgeführt seit 1970 als Beiträge zur Rudolf Steiner Gesamtausgabe.

6. *Memoiren und Biographien*

Es werden nur Werke aufgeführt, die für diese Biographie herangezogen wurden.

Anthroposophische Gesellschaft, Zweig München (Hrsg.): Rudolf Steiner in München. München 1961.

Bauer, Michael: Christian Morgensterns Leben und Werk. München ³1941.

Beck, Walter: Rudolf Steiner – das Jahr der Entscheidung. Dornach 1984.

Beck, Walter: Rudolf Steiner – die letzten drei Jahre. Dornach 1985.

Beck, Walter: Karl Julius Schröer. Dornach 1993.

Belyj, Andrej (Bugajeff, Boris): Verwandeln des Lebens. Basel 1975.

Belyj, Andrej: Geheime Aufzeichnungen. Dornach 1992.

Bock, Emil: Rudolf Steiner – Studien zu seinem Lebensgang und Lebenswerk. Stuttgart 1961.

Boos-Hamburger, Hilde: Aus Gesprächen mit Rudolf Steiner über Malerei. Basel 1961.

DEVENTER, M. P. VAN: Die anthroposophisch-medizinische Bewegung in den verschiedenen Etappen ihrer Entwicklung. Arlesheim 1982.

DINNAGE, ROSEMARY: Annie Besant. Harmondsworth 1986.

DUBACH-DONATH, ANNEMARIE: Die Kunst der Eurythmie – Erinnerungen. Dornach 1983.

EASTON, STEWART C.: Rudolf Steiner: Herald of a New Epoch. New York 1980.

ECKSTEIN, FRIEDRICH: Alte unnennbare Tage. Leipzig, Zürich, Wien 1936.

Erinnerungen an Rudolf Steiner. HRSG. VON ERIKA BELTLE und KURT VIERL. Stuttgart 1979.

FRIEDMANN, HERMANN: Sinnvolle Odyssee. München 1950.

GÄDEKE, RUDOLF F.: Die Gründer der Christengemeinschaft. Dornach 1992.

GÜMBEL-SEILING, MAX: Mit Rudolf Steiner in München. Den Haag 1946.

HAHN, HERBERT: Rudolf Steiner. Stuttgart 1961.

HAHN, HERBERT: Der Weg, der mich führte. Stuttgart 1969.

HALBE, MAX: Jahrhundertwende, Danzig 1942.

HARTLEBEN, OTTO ERICH: Briefe an seine Freundin. Dresden 1910.

HARTMANN, GEORG: Das Wirken Rudolf Steiners 1890–1907. Schaffhausen 1975.

HECKER, JUTTA: Rudolf Steiner in Weimar. Dornach 1988.

HEMLEBEN, JOHANNES: Rudolf Steiner. Reinbek 1963.

HEYER, KARL: Aus meinem Leben. Basel 1990.

HIEBEL, FRIEDRICH: Entscheidungszeit mit Rudolf Steiner. Dornach 1986.

HUSEMANN, GISBERT / TAUTZ, JOHANNES (Hrsg.): Der Lehrerkreis um Rudolf Steiner. Stuttgart 1977.

KAČER-BOCK, GUNDHILD: Emil Bock, Leben und Werk. Stuttgart 1993.

KAFKA, FRANZ: Tagebücher 1910–1923. Frankfurt 1958.

KEYSERLINGK, ADALBERT VON (Hrsg.): Koberwitz 1924. Stuttgart 1974.

KISSELEFF, TATJANA: Eurythmie-Arbeit mit Rudolf Steiner. Basel 1982.

KLEEBERG, LUDWIG: Wege und Worte. Stuttgart 1961.

KOLISKO, LILI: EUGEN KOLISKO - ein Lebensbild. o. O. 1961.

KÜHN, HANS: Dreigliederungszeit. Dornach 1978.

LANG, KARL: Lebensbegegnungen. Benefeld 1972.

LAUER, HANS ERHARD: Ein Leben im Frühlicht des Geistes. Freiburg 1977.

LEHRS, ERNST: Gelebte Erwartung. Stuttgart 1979.

LEINHAS, EMIL: Aus der Arbeit mit Rudolf Steiner. Basel 1950.

LEMMERMEYER, FRITZ: Erinnerungen. Stuttgart 1929.

Lutyens, Mary: Krishnamurti. München 1981.

Maikowski, René: Schicksalswege auf der Suche nach dem lebendigen Geist. Freiburg 1980.

Martens, Kurt: Schonungslose Lebenschronik. Wien 1921.

Mayreder, Rosa: Tagebücher. Frankfurt 1988.

Mayreder, Rosa: Mein Pantheon. Dornach 1988.

Mayer-Flaschberger, Maria: Marie Eugenie delle Grazie. München 1984.

Meffert, Ekkehard: Mathilde Scholl. Dornach 1991.

Meyer, Thomas: D. N. Dunlop. Dornach 1987.

Molt, Emil: Entwurf meiner Lebensbeschreibung. Stuttgart 1972.

Moltke, Helmuth von: Dokumente zu seinem Leben und Wirken, hg. von Thomas Meyer. Basel 1993.

Morgenstern, Christian: Ein Leben in Briefen. München 1952.

Morgernstern, Margareta: Michael Bauer – ein Bürger beider Welten. Stuttgart 1965.

Mücke, Johanna und Rudolph, Alwin A.: Erinnerungen an Rudolf Steiner und seine Wirksamkeit an der Arbeiterbildungsschule in Berlin. Basel 1955.

Mühsam, Erich: Unpolitische Erinnerungen. In: Werke Bd. 2. Berlin 1978.

Müller, Heinz: Spuren auf dem Weg. Lebenserinnerungen. Stuttgart 1972.

Peters, Heinz Frederik: Zarathustras Schwester. München 1983.

Picht, Carlo Septimus: Gesammelte Aufsätze. Stuttgart 1964.

Polzer-Hoditz, Ludwig: Erinnerungen an Rudolf Steiner. Dornach 1985.

Raab, Rex: Edith Maryon. Dornach 1993.

Rath, Wilhelm: Die Jugendzeit Rudolf Steiners in Österreich 1861 – 1880. Schaffhausen 1975.

Reuter, Gabriele: Vom Kinde zum Menschen. Berlin 1921.

Rittelmeyer, Friedrich: Meine Lebensbegegnung mit Rudolf Steiner. Stuttgart [9]1980.

Savitch, Marie: Marie Steiner-von Sivers. Dornach 1965.

Schmiedel, Oskar: Aus dem Land, in dem Rudolf Steiner seine Kindheit und Jugend verbrachte. Dornach 1952.

Schneider, Camille: Edouard Schuré. Freiburg 1971.

Schöffler, Heinz Herbert: Das Wirken Rudolf Steiners 1917 – 1925, Bildband IV. 1987.

Schöffler, Heinz Herbert: Guenther Wachsmuth. Ein Lebensbild. Dornach 1995.

SCHÜHLE, ERWIN: Entscheidung für das Christentum der Zukunft – Friedrich Rittelmeyer. Leben und Werk. Stuttgart 1969.

SELAWRY, ALLA: Ehrenfried Pfeiffer. Dornach 1987.

SLADEK, MIRKO/SCHÜTZE, MARIA: Alexander von Bernus. Nürnberg 1981.

STEFFEN, ALBERT: In Memoriam Rudolf Steiner. Landschlacht 1925.

STEFFEN, ALBERT: Begegnungen mit Rudolf Steiner. Dornach 1975.

STEFFEN, ALBERT: Auf Geisteswegen. Dornach 1942.

STEFFEN, ELISABETH: Selbstgewähltes Schicksal. Dornach 1961.

STEINER, MARIE: Erinnerungen I und II. Dornach 1949 und 1952.

STEINER, MARIE: Briefe und Dokumente. Dornach 1981.

STERN, FRED B.: Ludwig Jacobowski, Persönlichkeit und Werke. Darmstadt 1966.

STRAKOSCH, ALEXANDER: Lebenswege mit Rudolf Steiner. Dornach 1994.

STRAKOSCH, MARIA: Die erlöste Sphinx. Freiburg 1955.

TAUTZ, JOHANNES: Walter Johannes Stein. Eine Biographie. Dornach 1989.

TILLET, GREGORY: The Elder Brother. London 1982.

TREICHLER, RUDOLF: Wege und Umwege zu Rudolf Steiner. Wiesneck 1974.

TURGENIEFF, ASSJA: Erinnerungen an Rudolf Steiner. Stuttgart 1973.

UEHLI, ERNST: Leben und Gestaltung. Stuttgart 1975.

UNGER, CARL: Schriften Band 1. Stuttgart 1964.

UNGER, CARL: Wider literarisches Freibeutertum!. Berlin 1913.

UNGER-WINKELRIED, E.: Von Bebel zu Hitler. Berlin 1934.

VREEDE, ELISABETH: Ein Lebensbild, hrsg. von M. P. van Deventer und Elisabeth Knottenbelt. Arlesheim 1976.

WACHSMUTH, GUENTHER: Rudolf Steiners Erdenleben und Wirken. Dornach 1951.

WEHR, GERHARD: Rudolf Steiner. Freiburg 1982.

WIESBERGER, HELLA: Aus dem Leben von Marie Steiner-von Sivers. Dornach 1956.

WIESBERGER, HELLA: Marie Steiner-von Sivers. Ein Leben für die Anthroposophie. Rudolf Steiner Studien Band 1. Dornach 1988.

WIESBERGER, HELLA und KUGLER, WALTER: Im Mittelpunkt der Mensch. Frankfurt 1985.

Wir erlebten Rudolf Steiner. Erinnerungen seiner Schüler. Hg. von MARIA JOSEPHA KRÜCK VON POTURZYN. Stuttgart 1956.

WOLOSCHIN, MARGARITA: Die grüne Schlange. Stuttgart 1955.

ZEYLMANS, EMANUEL: Willem Zeylmans van Emmichoven. Arlesheim 1979.

ZEYLMANS, EMANUEL: Wer war Ita Wegman? Eine Dokumentation. Band I. Heidelberg 1992.

ZEYLMANS, EMANUEL: Wer war Ita Wegman? Eine Dokumentation. Band III. Heidelberg 1992.

ZEYLMANS VAN EMMICHOVEN, FREDERIK WILLEM: Rudolf Steiner. Stuttgart 1961.

ZWEIG, STEFAN: Die Welt von Gestern. Frankfurt o.J.

7. Unveröffentlichtes

BENZINGER, MAX: Bauerlebnisse und Anderes.

BRUINIER, J. M.: Briefe aus Dornach 1914 – 1920.

KÜHNE, WALTER: Persönliche Erinnerungen an Rudolf Steiner und seinen Menschenkreis: Aus meiner Stuttgarter Zeit.

KÜHNE, WALTER: Aus meinem Leben.

MEEBOLD, ALFRED: Erinnerungen an einen Geistesriesen.

NAUMANN, GUSTAV: Der Fall Elisabeth Förster-Nietzsche.

SCHMIEDEL, OSKAR: Aufzeichnungen. (Jetzt in: Zeylmans, Wegman, Bd. III.).

STEFFEN, ALBERT: Daten und Auszüge aus den Tagebüchern 1920 – 1925.

WEGMAN, ITA: Aufzeichnungen.

WINTER, RENÉ DE: Rudolf Steiner in den Niederlanden.

RAUB, WOLFHARD: Rudolf Steiner und Goethe. Literatur und Wissenschaftstheorie im Werk Steiners. Dissertation. Kiel 1963.

Ferner wurden einzelne Erinnerungsaufsätze, die in verschiedenen Zeitschriften gedruckt sind, verwendet. Der Nachweis erfolgt im laufenden Text.

8. Weitere Literatur

BARTH, KARL – EDUARD TURNEYSEN, Ein Briefwechsel. München 1966.

BESANT, ANNIE: Esoterisches Christentum oder die kleinen Mysterien. 2. Aufl. Leipzig 1911.

BIESANTZ, HAGEN/KLINGBORG, ARNE: Das Goetheanum. Dornach 1978.

BOOS, ROMAN (Hrsg.): Rudolf Steiner während des Weltkrieges. Dornach o. J. (1933).

Brügge, Peter: Die Anthroposophen. Waldorfschulen, biodynamischer Landbau, Ganzheitsmedizin, kosmische Heilslehre. Reinbek 1984.

Fant, Ake / Klingborg, Arne / Wilkes, John A.: Die Holzplastik Rudolf Steiners in Dornach. Dornach 1981.

Gädeke, Wolfgang: Die Fortbildung der Religion. Flensburg 1990.

Goethe, Johann Wolfgang: Werke, zitiert nach der Hamburger Ausgabe (HA) 1975 – 1979.

Grosse, Rudolf: Die Weihnachtstagung als Zeitenwende. Dornach 1981.

Harrison, C. G.: Das transzendentale Weltall. 1897.

Heyer, Karl: Wie man gegen Rudolf Steiner kämpft. Stuttgart 1932.

Hoffmann, David Marc: Zur Geschichte des Nietzsche Archivs. Berlin 1991.

Hoffmann, David Marc: Rudolf Steiners Dissertation. Rudolf Steiner-Studien, Band V. Dornach 1991.

Hoffmann, David Marc: Rudolf Steiner und das Nietzsche-Archiv, Rudolf Steiner Studien, Band VI. Dornach 1993.

Hübbe-Schleiden, Wilhelm: Botschaft des Friedens. Leipzig 1912.

Hübbe-Schleiden, Wilhelm: Denkschrift über die Abtrennung der Anthroposophischen Gesellschaft von der Theosophischen Gesellschaft. Leipzig 1913.

Johnston, William M.: Österreichische Kultur- und Geistesgeschichte. Wien 1974.

Jung-Stilling, Johann Heinrich: Lebensgeschichte. Darmstadt 1976.

Kalischer, Salomon: Goethes Verhältnis zur Naturwissenschaft. Berlin 1877.

Kann, Robert A.: Geschichte des Habsburger Reiches 1526 – 1918. Wien 1982.

Kant, Immanuel: Grundlegung zur Metaphysik der Sitten. Hamburg 1952.

Kirchner-Bockholt, Margarete und Erich: Die Menschheitsaufgabe Rudolf Steiners und Ita Wegman. Dornach 1976.

Klatt, Norbert: Theosophie und Anthroposophie. Göttingen 1993.

Kugler, Walter: Rudolf Steiner und die Anthroposophie. Köln 1978.

Lesky, Erna: Die Wiener medizinische Schule im 19. Jahrhundert. Graz 1978.

Luhmann, Niklas: Die Realität der Massenmedien. Opladen 1996.

Prinz Max von Baden: Erinnerungen und Dokumente. Stuttgart 1968.

Morgenstern, Christian: Werke und Briefe. Band II. Stuttgart 1992.

Raske, Hilde: Das Farbenwort. Stuttgart 1983.

Ritter, Gerhard: Der Schlieffenplan. München 1956.

Ritter, Gerhard: Staatskunst und Kriegshandwerk. Bd. II. München 1973.

Scheler, Max: Philosophische Weltanschauung. Bern 1968.

SCHMELZER, ALBERT: Die Dreigliederungsbewegung 1919. Stuttgart 1991.

STEIN, WALTER JOHANNES: Weltgeschichte im Lichte des heiligen Gral. Stuttgart 1928.

STEINER, MARIE: Gesammelte Schriften. Band I, Dornach 1967; Band II, Dornach 1974.

STEINER, RUDOLF/BOOS, ROMAN; Die Hetze gegen das Goetheanum. Dornach 1920.

WAGNER, MONIKA (Hg.): Moderne Kunst, 2 Bde. Reinbek 1991.

WERBECK, LOUIS M. J.: Die christlichen Gegner Rudolf Steiners und der Anthroposophie durch sich selbst widerlegt. Stuttgart 1924.

WERBECK, LOUIS M. J.: Die wissenschaftlichen Gegner Rudolf Steiners und der Anthroposophie durch sich selbst widerlegt. Stuttgart 1924.

ZIMMER, ERICH: Rudolf Steiner als Architekt von Wohn- und Zweckbauten. Stuttgart 1971.

ZIMMER, ERICH: Der Modellbau von Malsch. Stuttgart 1979.

9. Hilfsmittel

PICHT, CARLO SEPTIMUS: Das literarische Lebenswerk Rudolf Steiners. Dornach 1926.

SCHMIDT, HANS: Das Vortragswerk Rudolf Steiners. Dornach 1978.

RUDOLF STEINER NACHLASSVERWALTUNG: Bibliographische Übersicht. Das literarische und künstlerische Werk von Rudolf Steiner. Dornach 1984.

LINDENBERG, CHRISTOPH: Rudolf Steiner – eine Chronik. Stuttgart 1988.

10. Arbeiten des Verfassers zu Leben und Werk Rudolf Steiners, im besonderen:

Vom Lesen geisteswissenschaftlicher Schriften. In: Mitteilungen aus der anthroposophischen Arbeit in Deutschland, Nr. 39, Ostern 1957.

Freiheitsphilosophie und Wiederverkörperung. In: Die Drei, Heft 3, 1962.

Über Unterschiede zwischen den erkenntnistheoretischen Schriften Rudolf Steiners. In: Beiträge aus der anthroposphischen Studentenarbeit, Heft 7, 1963.

Was heißt: das Denken beobachten? In: Beiträge aus der anthroposophischen Studentenarbeit, Heft 9/10, 1964.

Individualismus und offenbare Religion. Stuttgart 1970; zweite erweiterte Auflage Stuttgart 1995.

Der Ort der Wahrheit. Zum Entstehungsmoment der Geisteswissenschaft. In: Die Drei, Heft 10, 1975.

Zur Beobachtung des Denkens. Ansätze zur Geisterfahrung. In: Die Drei, Heft 2, 1976.

Rudolf Steiner (1861 – 1925) in: Klassiker der Pädagogik, Hrsg. v. Hans Scheuerl, München 1979.

Sprechen und Sprache. Nachwort zu: Rudolf Steiner, Themen aus dem Gesamtwerk, Bd. 2, Stuttgart 1980.

Die Vollzahl der Sinne. Nachwort zu: Rudolf Steiner, Themen aus dem Gesamtwerk, Bd. 3, Stuttgart 1980.

Freiheitsphilosophie und Wiederverkörperung. Ideen im Zusammenklang. In: Die Drei, Heft 10, 1980.

«Praktische Karmaübungen». Grundlagen der Anthroposophie. In: Die Drei, Heft 9, 1981.

Die symptomatische Geschichtsbetrachtung Rudolf Steiners. Nachwort zu: Rudolf Steiner, Themen aus dem Gesamtwerk, Bd. 8, Stuttgart 1982.

Vom geistigen Ursprung der Gegenwart. Stuttgart 1984. (Diese Schrift enthält eine Reihe von Aufsätzen zu Steiners Geschichtsauffassung.)

Der geschichtliche Ort der Dreigiederungsinitiativen Rudolf Steiners. In: Die Drei, Heft 9, 1985.

Kunsterkenntnis und Karmaforschung. Biographisches und Systematisches zu Rudolf Steiners Ästhetik. In: Die Drei, Heft 7/8, 1988.

Der 8. Februar 1925 – ein wichtiges Ereignis in der Geschichte der Anthroposophischen Gesellschaft? In: Die Kommenden, Heft 11, 1988.

Rudolf Steiner und die geistige Aufgabe Deutschlands. In: Die Drei, Heft 12, 1989.

An der Schwelle. In: Die Drei, Heft 10, 1991.

Rudolf Steiner. Rowohlts Monographien 500, Reinbek 1992.

«Es muß einmal mit dem wirklich Esoterischen begonnen werden ...». In: Mitteilungen aus der anthroposophischen Arbeit in Deutschland, Nr. 183, Heft 1, 1993.

Motive der Weihnachtstagung im Leben Rudolf Steiners. Stuttgart 1994.

«Allein wirkliches Leben kann die Esoterik aufnehmen». In: Das Goetheanum, 1994, S. 95.

Subjekt – Ich – Individualität. In: Die Drei, Heft 11, 1994.

ABBILDUNGSVERZEICHNIS

Band II

126 Emil Molt, 1876-1936. Verlag Freies Geistesleben.
127 Herbert Hahn, 1890-1970. Aus: Das Wirken Rudolf Steiners von 1917 bis 1925, hg. von H. H. Schöffler, Verlag am Goetheanum.
128 E. A. Karl Stockmeyer, 1886-1963. Verlag am Goetheanum.
129 Caroline von Heydebrand, 1886-1938. Verlag Freies Geistesleben.
130 Walter Johannes Stein, 1891-1957. Archiv am Goetheanum.
131 Eugen Kolisko, 1893-1939. Aus: Das Wirken Rudolf Steiners von 1917 bis 1925, hg. von H. H. Schöffler, Verlag am Goetheanum.
132 Karl Schubert, 1889-1949. Aus: Das Wirken Rudolf Steiners von 1917 bis 1925, hg. von H. H. Schöffler, Verlag am Goetheanum.
133 Emil Leinhas, 1878-1967. Verlag am Goetheanum.
134 Lili Kolisko, 1889-1976. Aus: Das Wirken Rudolf Steiners von 1917 bis 1925, hg. von H. H. Schöffler, Verlag am Goetheanum.
135 Ludwig Noll, 1872-1930.
136 Roman Boos, 1889-1952. Aus: Das Wirken Rudolf Steiners von 1917 bis 1925, hg. von H. H. Schöffler, Verlag am Goetheanum.
137 Die Teilnehmer des zweiten Medizinerkurses 1921. Archiv des Autors.
138 Ita Wegman, 1876-1943. Archiv von E. Zeylmans.
139 Friedrich Rittelmeyer, 1872-1938, und Emil Bock, 1895-1959. Verlag Urachhaus.
140 Mitarbeiter des West-Ost-Kongresses in Wien 1922. Archiv am Goetheanum.
141 Rudolf Steiner mit Albert Steffen, 1884-1963, und Ernst Uehli, 1885-1959, während des West-Ost-Kongresses in Wien. Archiv am Goetheanum.
142 Rudolf Steiner beim Wiener Kongreß, 1922. Archiv am Goetheanum.
143 Das Erste Goetheanum nach dem Brand. Archiv am Goetheanum.
144 Daniel Nicol Dunlop, 1868-1935. Verlag am Goetheanum.
145 Rudolf Steiner, Marie Steiner und Harry Collison, 1868-1945, auf Anglesey, 1923. Archiv am Goetheanum.
146 Rudolf Steiner inmitten der Teilnehmer der International Summer School in Penmaenmawr. Aus: Das Wirken Rudolf Steiners von 1917 bis 1925, hg. von H. H. Schöffler, Verlag am Goetheanum.
147 Frederik Willem Zeylmans van Emmichoven, 1893-1961. Archiv von Emanuel Zeylmans, Ludwigsau.
148 Johanna Mücke, 1864-1949. Aus: Das Wirken Rudolf Steiners von 1917 bis 1925, hg. von H. H. Schöffler, Verlag am Goetheanum.
149 Rudolf Steiner, 1923. Verlag am Goetheanum.
150 Marie Steiner, 1924. Aus: Das Wirken Rudolf Steiners von 1917 bis 1925, hg. von H. H. Schöffler, Verlag am Goetheanum.
151 Albert Steffen, 1884-1963. Verlag am Goetheanum.
152 Ita Wegman, 1925. Archiv von E. Zeylmans.
153 Elisabeth Vreede, 1879-1943. Verlag am Goetheanum.

Die Karten wurden nach Entwürfen des Autors durch Pellicci Kommunikation erstellt.

NAMENREGISTER